Deutsche Gesellschaft für Gartenkunst und Landschaftskultur e.V. (Hrsg.)

Ronald Clark

Garten Reiseführer

400 private und 900 öffentliche
Gärten und Parks in Deutschland

unter Mitarbeit von
Angelika Weißmann

Callwey

Streitfeldstraße 35, 81673 München
http://www.callwey.de
E-Mail: buch@callwey.de

Die Deutsche Bibliothek verzeichnet diese Publikation in der Deutschen Nationalbibliographie; detaillierte bibliographische Daten sind im Internet über: <http://dnb.ddb.de> abrufbar.

Idee und Konzeption: Ronald Clark und Robert Schäfer
Foto Umschlagvorderseite: © mauritius images / Blume
Foto Umschlagrückseite: © mauritius images / Knöll (links), Weinhäupl (rechts)
Satz: Diet – Text- und Bildverarbeitung, 87474 Buchenberg
Druck und Bindung: Druckerei Diet, 87474 Buchenberg

Printed in Germany 2005
ISBN 3-7667-1644-1

Inhalt

Vorwort	6
Einführung	7
Zeichenerklärung	8
Baden-Württemberg	9
Bayern	64
Berlin	135
Brandenburg	169
Bremen	199
Hamburg	209
Hessen	221
Mecklenburg-Vorpommern	258
Niedersachsen	274
Nordrhein-Westfalen	357
Rheinland-Pfalz	448
Saarland	474
Sachsen	480
Sachsen-Anhalt	526
Schleswig-Holstein	553
Thüringen	574
Anhang	606
Index	615

Vorwort

Deutschland ist ein reiches Gartenland. Das Angebot an Gärten und Parks ist ungewöhnlich vielfältig. Die Ursachen dafür liegen in der Geschichte. Durch seine Lage mitten in Europa wurde Deutschland immer wieder von verschiedenen gartenkulturellen Strömungen, vor allem aus Italien, Frankreich und England, beeinflußt. Klöster, Adel und Kaufleute ließen sich davon gern anregen.

Die (oft beklagte) deutsche Kleinstaaterei führte seit dem 17. Jahrhundert in der Gartenkunst zu einem fruchtbaren Wettstreit der regierenden Häuser. Sie alle wollten mit eigenen Gärten und Parks prunken und es bildeten sich im Rahmen der großen Stilrichtungen regionale, auch klimatisch und landschaftlich bedingte Besonderheiten heraus. Ein Garten im Oldenburger Land läßt ein völlig anderes Gartenbild erwarten als ein Garten in Brandenburg, Thüringen oder Oberbayern.

Den fürstlichen Vorbildern eiferten Hofadel, Gutsherren und Bürger nach. So sind Klein-Herrenhausen oder Wörlitz-en-miniature in den amüsantesten Varianten noch heute in vielen privaten und öffentlichen Gärten zu finden. Aber es entstand im 19. Jahrhundert auch eine eigenständige bürgerliche, sozialpolitisch hinterlegte Gartenbewegung, die sich in den großen Volksparks, Friedhöfen, Gartenschaugeländen und Erholungslandschaften wiederfindet und bis zum heutigen Tag dem jeweiligen Zeitgeist entsprechende Ausdrucksformen entwickelt hat.

Umso erstaunlicher ist, dass dieser Gartenschatz in einer breiten Öffentlichkeit kaum bekannt ist. Während im Bereich der Bildenden Kunst, der Literatur, des Theaters und der Musik in den Medien ein eifriger Meinungsaustausch stattfindet und viele sachverständig und klug darüber reden oder schreiben können, sind der gartenkulturelle Bildungsantrieb und das Wissen über Gartenkunst bei uns in Deutschland eher schwach ausgeprägt. Dabei haben viele Menschen einen Garten und interessieren sich dafür. Die seit etwa 15 Jahren entstandenen „Offenen Pforten", bei denen private Gartenbesitzer ihre Gärten an bestimmten Tagen für Besucher öffnen, zeigen die hohe Bereitschaft, sich für Gartenkultur zu engagieren.

Die Deutsche Gesellschaft für Gartenkunst und Landschaftskultur (DGGL) setzt sich seit langem dafür ein, schöne Gärten und Parks nicht nur zu schaffen und zu erhalten, sondern auch in ihrem kulturellen Wert darzustellen. Es ist deshalb hocherfreulich, daß mit diesem Gartenbuch von Ronald Clark, nun schon in der fünften Überarbeitung, eine Aufforderung auf dem Tisch liegt, sich auf Gartenreisen zu begeben und unser Land von einer Seite kennenzulernen, die ganz neue Einsichten in die Beziehung der Menschen zur Natur vermitteln kann. In Gärten und Parks ist ja zu jeder Zeit versucht worden, ein menschliches Idealbild von der Natur zu entwerfen und eine Harmonie zwischen Kultur und Natur zu erreichen. Gartenorte sind zu jeder Zeit im Jahr sehenswert. Sie zeigen neben ihrer Schönheit immer auch, daß es dauernder, nicht immer erfolgreicher Anstrengungen bedarf, an unserem Bild von einer humanen Umwelt zu arbeiten.

Kaspar Klaffke
Präsident der Deutschen Gesellschaft für Gartenbaukunst
und Landeskultur e.V. (DGGL)

Das Thema Garten liegt weiter sehr im Trend. Und schon werden die ersten Reisenden aus Großbritannien, Skandinavien, den Beneluxländern und Österreich in Deutschlands Gärten gesichtet. Deutschland ein Ziel für Gartentourismus? Selbstverständlich! Denn in kaum einem anderen Land ist die Vielfalt der öffentlichen und privaten Gärten so groß.

Wir glauben, daß unser Gartenreiseführer seit 1998 viel zur Verbreitung der Gartenkultur beigetragen hat. Besonders erfreulich ist die stetig steigende Anzahl der Gartenbesitzerinnen und -besitzer, die ihre Pforten für Interessierte und Neugierige öffnen. Waren es bei der ersten offenen Pforte in Hannover 1990 noch 25 Gärten, konnten 2005 in etwa 60 Aktionen schon über 2.500 Gärten besichtigt werden. Aus Platzgründen konnten wir nur 400 Privatgärten in den Gartenreiseführer aufnehmen. Im Anhang sind aber die Bezugsquellen von fast allen „Offenen Pforten" aufgeführt.

Für die fünfte Auflage wurden alle Angaben aktualisiert und einige Anlagen herausgenommen. Dafür sind aber fast 100 neue Gärten und Parks hinzugekommen. Nach Bundesländern sortiert werden nun 1.300 Gärten und Parks vorgestellt, davon 400 private Gärten. Alle Angaben zu den Anlagen sind auf dem Stand vom März bis Juni 2005 und stammen von den Besitzerinnen und Besitzern und den Gartenverwaltungen. Allen Privateigentümern, kommunalen, staatlichen und Stiftungsverwaltungen, Fremdenverkehrsvereinen und anderen Verantwortlichen möchten wir herzlich für das Material und die Hilfe danken, ohne die dieser Gartenreiseführer nicht zustande gekommen wäre. Besonderen Dank auch allen, die durch Kritik, Aufmunterung und wertvolle Hinweise auf Defizite aufmerksam machten und Tips für interessante neue Gärten gaben.

Obwohl die gelieferten Daten auf eventuelle Unstimmigkeiten überprüft wurden, können weder der Verlag, der Autor noch die Herausgeberin eine Gewähr für die Richtigkeit oder Vollständigkeit der Angaben übernehmen. Etwaige Fehler bitten wir zu entschuldigen und uns mitzuteilen. Genauere Informationen über die Anlagen sind, soweit nicht anders angegeben, von den Besitzern oder Gartenverwaltungen zu erhalten.

Leider konnten auf Grund des begrenzten Umfangs wieder nicht alle wichtigen Anlagen aufgenommen werden. Einige Gartenverwaltungen verweigerten leider auch Angaben zu ihren Parks und Gärten. Für eine neue Auflage wären wir für Tips über interessante Anlagen dankbar. Besonders würden wir uns über Hinweise auf weitere private Gärten und „Offene Pforten Aktionen" freuen. Ihre Hinweise, Anregungen und Kritik senden Sie bitte an
Ronald Clark, Sedanstr. 19, 30161 Hannover, E-Mail: Ronald.Clark@t-online.de.

Bitte respektieren Sie bei Ihren Besuchen in privaten Gärten unbedingt die jeweiligen Anmeldungswünsche und Einschränkungen, damit es für beide Seiten zu einem erquicklichen Austausch kommt.

Wir hoffen, daß dieser in Deutschland einmalige Gartenreiseführer Ihnen (wieder) viele Anregungen geben wird. Lassen Sie ich in Deutschlands Gartenparadiese (ver)führen.

Ronald Clark

Zeichenerklärung

Öffnungszeiten: Angegeben sind nur die jeweils längsten und kürzesten Öffnungszeiten im Sommer und im Winter.

U-Bahn*
Straßenbahn*

Bus*

S-Bahn*

Angegeben sind die nächstgelegenen Bahnhöfe.
Von hier aus besteht Anbindung mit weiteren öffentlichen Verkehrsmitteln.

Parkmöglichkeiten vorhanden. Aufgeführt sind nicht nur extra ausgewiesene Parkplätze, sondern oftmals auch Parkmöglichkeiten in angrenzenden Straßen.

Restaurant°

Café °

Hunde sind (angeleint) erlaubt.
Bei Blindenhunden wird in den meisten Anlagen eine Ausnahme gemacht.

Die Hauptbereiche sind rollstuhlgerecht. Bei schlechtem Wetter kann der natürliche Wegebelag in einigen Anlagen schwer zu befahren sein.

Hinweise zur Erreichbarkeit der Gartenanlage

Verkauf von Informationsmaterial und Andenken

Pflanzenverkauf. In einigen Gärten werden die angeführten Besonderheiten angeboten, die aber nicht immer ganzjährig verfügbar sein müssen.

* Soweit nicht anders angegeben fahren die Busse, Straßen- und U-Bahnen ab Stadtmitte beziehungsweise Hauptbahnhof.

°Die Gastronomiebetriebe sind zum Teil nur während der Saison geöffnet.

BaWü

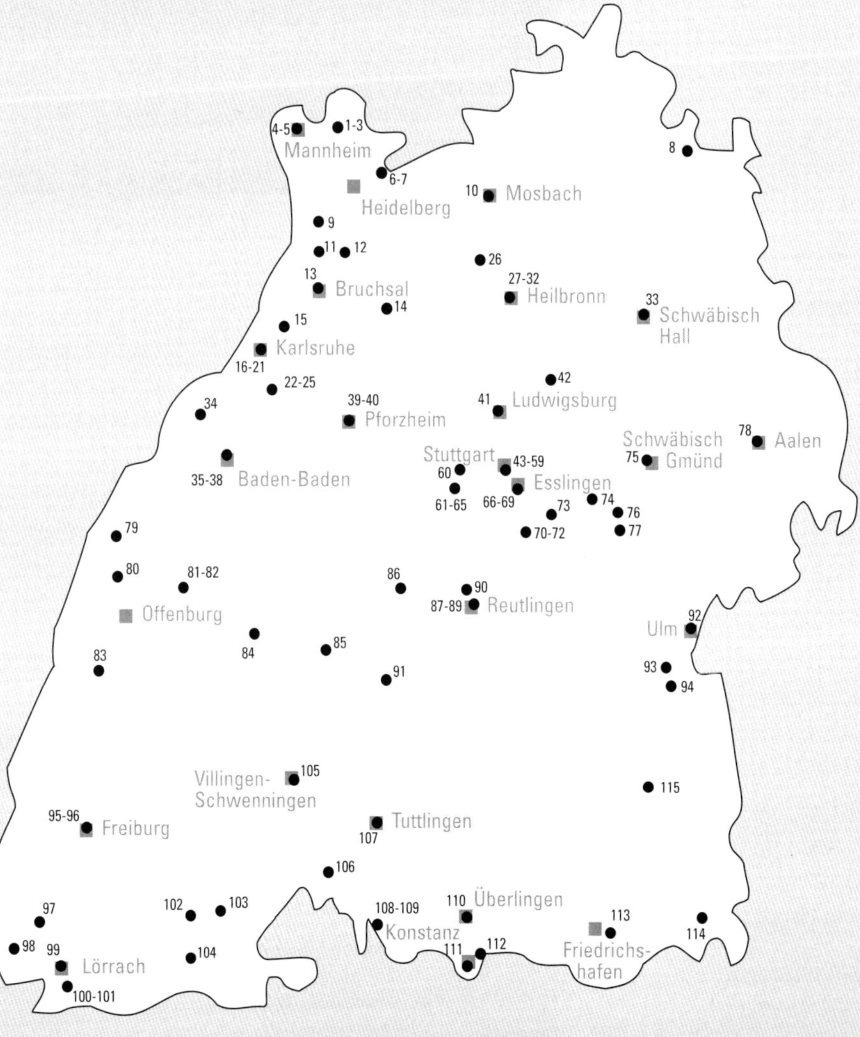

Mannheim
Heidelberg
Mosbach
Bruchsal
Heilbronn
Schwäbisch Hall
Karlsruhe
Ludwigsburg
Pforzheim
Schwäbisch Gmünd
Aalen
Stuttgart
Esslingen
Baden-Baden
Offenburg
Reutlingen
Ulm
Villingen-Schwenningen
Freiburg
Tuttlingen
Überlingen
Konstanz
Friedrichshafen
Lörrach
1-3
4-5
6-7
8
9
10
11
12
13
14
15
16-21
22-25
26
27-32
33
34
35-38
39-40
41
42
43-59
60
61-65
66-69
70-72
73
74
75
76
77
78
79
80
81-82
83
84
85
86
87-89
90
91
92
93
94
95-96
97
98
99
100-101
102
103
104
105
106
107
108-109
110
111
112
113
114
115

BaWü 1
Eigentümer/in: Schau- und Sichtungsgarten Hermannshof e.V., Babostraße 5, 69469 Weinheim an der Bergstraße, Tel. 06201/13652, Fax 06201/340535, E-Mail: sichtungsgarten-hermannshof@t-online.de
Internet: www.sichtungsgarten-hermannshof.de
Größe: 2,2 ha
Öffnungszeiten: ganzjährig geöffnet, April bis Sept. 10–19 Uhr, März und Okt. 10–18 Uhr
im Winter 10–16 Uhr, Mo–Fr
Eintritt: frei
DB Weinheim/Bergstraße
OEG-Bahnhof
P gebührenpflichtig
♿
✿ (Samen)

Schau- und Sichtungsgarten

Hermannshof, Babostraße 5, Weinheim an der Bergstraße

Foto: Cassian Schmidt

Auf einem alten Gartengelände in der klimatisch besonders begünstigten Lage westlich des Odenwaldes entstand ab 1980 ein Sichtungsgarten, in dem der Gartenwert von neuen und bewährten Kultur- und Wildpflanzen, vornehmlich Stauden, erprobt wird. Die Pflanzen sind nach Lebensbereichen wie Gehölz, Gehölzrand, Freiflächen, Wasser und Beet gegliedert. Im Hermannshof sind die Lebensbereiche zum Beispiel in der Schafgarben-Salbei-Pflanzung, in der Felssteppe, in Malven-, Astern- und den Wiesen- oder Präriebeeten wiederzufinden. Neben den prächtigen Beetstauden und den vielen Wildstauden prägen alte, in Deutschland zum Teil nur selten zu findende Bäume und Großsträucher den Garten: die immergrüne Eiche (Quercus turneri 'Pseudoturneri'), die Duftblüte (Osmanthus burkwoodii) und eine über 100jährige Brautmyrte (Myrtus communis). Die Blütezeit erstreckt sich vom Vorfrühling bis weit in den Spätherbst. Ein Höhepunkt ist der duftige Vorhang der Blütentrauben unter dem Glyzinienweg. Führungen: nach Voranmeldung für Gruppen bis 20 Personen, 60 €/Gruppe, für größere Gruppen: 3 €/Person, öffentl. kostenl. Führungen von April–Okt., Termine auf Anfrage.

BaWü 2
Eigentümer/in: Stadt Weinheim, Grünflächen-/Umweltamt, Obertorstraße 9, 69469 Weinheim, Tel. 06201/82400, Fax 06201/82506
E-Mail: gruenflaechenamt@weinheim.de
Größe: 5 ha, frei zugänglich
🚌 636, 637 Schloßpark

Schloßpark Weinheim

Rote Turmstraße, Weinheim

Die in Kleiner und Großer Schloßpark gegliederte Anlage geht auf das frühe 18. Jahrhundert zurück und wurde von dem Hofgärtner Friedrich Ludwig Sckell nach 1785 landschaftlich umgestaltet. Etwa 100 Jahre später pflanzte Christian Freiherr von Berckheim, Schöpfer des Exotenwaldes, zahlreiche fremdländische Bäume. Neben in dem milden Weinbauklima baumhoch wachsenden Eiben und Buchsbäumen steht hier die größte Libanonzeder Deutschlands.

Auch der Große Schloßpark zeichnet sich neben seinem Schloßteich mit Fontänen durch eine Vielzahl interessanter Baumarten aus, wie Schnurbäume, Ginkgo, Zürgelbaum, Amberbaum, Geweihbaum, Mammutbaum und eine 125 Jahre alte Atlas-Zeder. Vogelvolieren, ein Kräutergarten und das Berckheim-Mausoleum komplettieren die Anlage, von der aus man gute Aussichten auf das Schloß, Burg Windeck und die Wachenburg hat.

P gebührenpflichtig
Veranstaltungen:
Freiluftkonzert Anfang Juli
Infos: Stadt- und Tourismusmarketing Weinheim e.V., Hauptstraße 47, Tel. 06201/874450

Exotenwald Weinheim

Neben dem Schloß Weinheim

Die Ursprünge des Exotenwaldes gehen auf Christian Freiherr von Berckheim im Jahr 1872 zurück. Zwei Drittel des waldartigen Bestandes sind mit fremdländischen Baumarten bepflanzt, vielfach in Kleinbeständen. Die wichtigsten Bestände und besonders sehenswerte Einzelbäume sind auf mehreren Rundwanderwegen beschildert.
Führungen: nach Voranmeldung für Einzelpersonen: Verkehrsverein Weinheim, Tel. 06201/991117, Fachführungen nach Voranmeldung beim Forstamt: 100 €/Gruppe (Wochenende), 75 €/Gruppe (Mo–Fr)
Attraktionen: Herbstfärbung der nordamerikanischen Baumarten Anfang – Mitte Oktober

BaWü 3
Eigentümer/in: Land Baden-Württemberg, Staatliches Forstamt Weinheim
Geiersbergstraße 1,
69469 Weinheim,
Tel. 06201/901000,
Fax 06201/9010045
Größe: 60 ha
frei zugänglich
DB Weinheim
P
beim Forstamt oder Verkehrsverein Weinheim

Luisenpark mit Chinesischem Garten

Am Oberen Luisenpark, Mannheim

Der um 1900 von den Gebrüdern Siesmayer aus Frankfurt angelegte Park wurde nach Luise von Baden, Tochter von Kaiser Wilhelm I., benannt. Zur Bundesgartenschau 1975 erfuhr er nach den Plänen der Landschaftsarchitekten Wagenfeld, Leipacher und Boyer einschneidende Veränderungen und Erweiterungen. Heute ist der Park in verschiedene Nutzungsbereiche gegliedert. Neben dem alten, artenreichen Baumbestand und vielen Stauden- und Straucharten dominieren über 400 000 Frühjahrsblüher und 250 000 Sommer- und Herbstblumen. Weiterer Anziehungspunkt ist der mit der Parkanlage harmonisierende Tierbestand in Volieren und Gehegen (u.a. Stelzvögel, Humboldt-Pinguine, tropische Schmetterlinge, begehbare Ara-Voliere) sowie die verschiedenen Pflanzenschauhäuser, Spielbereiche und Sondergärten, darunter Exoten-, Heide- und Rhododendrongarten, sowie die Astilben, die Farne und die Rosenpromenade. Im September 2000 kam ein Chinesischer Garten mit dem größten Teehaus Europas hinzu.
Veranstaltungen: Konzerte, Theater u. a. auf der Seebühne. Infos bei: Tel. 0621/410050. Sonderausstellungen im Pflanzenschauhaus. Aktionstage und Ferienkurse mit der grünen Schule Luisenpark

BaWü 4
Eigentümer/in: Stadtpark Mannheim gGmbH
Gartenschauweg 12,
68165 Mannheim,
Tel. 0621/410050,
Fax 0621/4100555,
E-Mail: info@stadtpark-mannheim.de
Internet: www.stadtpark-mannheim.de
Größe: 42 ha
Eintritt: 4 €
Kinder frei bis 5 Jahre, ermäßigt 3 € für Gruppen ab 20 Pers., Studenten, Zivis, Soldaten
Öffnungszeiten: ganzjährig geöffnet im Sommer 9–21 Uhr, im Winter 9 Uhr bis Dämmerung
Führungen:
nach Voranmeldung
6 Luisenpark/Landesmuseum, OEG: 5 Luisenpark/Fernmeldeturm
P

BaWü 5
Eigentümer/in: Stadtpark Mannheim GmbH
Gartenschauweg 12, 68165 Mannheim,
Tel. 0621/410050,
Fax 0621/4100555,
E-Mail: info@stadtparkmannheim. de
Internet: www.stadtparkmannheim.de
Größe: 22 ha
DB Mannheim
1, 3 Neuer Meßplatz
4, 5 Grenadierstraße
E Carl-Benz-Straße

Herzogenriedpark

Max-Joseph-Straße, Mannheim

Foto: Walter Goerdes

In den 1930er Jahren wurde der Herzogenriedpark als öffentlicher Erholungspark mit unter anderem Schulsportplätzen und Festwiese auf 16 Hektar Fläche angelegt. Zur Bundesgartenschau 1975 erfolgte eine Umgestaltung und Erweiterung in einen attraktiven Stadtpark. Die damals entstandene Multihalle ist mittlerweile denkmalgeschützt. Neben einem Bäuerlichen Mustergarten, Gesteinsgarten, Rosarium, Parksee und zahlreichen Brunnenanlagen sind die Hügelbeete mit ihren Wechselbepflanzungen besonders beliebt. Für Kinder gibt es zahlreiche Spielmöglichkeiten und einen Minizoo.
Veranstaltungen: Kurpfalzfest 1 × jährlich, s. Veranstaltungsprogramm
Öffnungszeiten: ganzjährig geöffnet im Sommer 9–21 Uhr, im Winter 9 Uhr bis Dämmerung
Eintritt: 1,80 €, Kinder frei bis 5 Jahre und 100%-Behinderte, ermäßigt 1,30 € für Schüler, Studenten, Zivis, Gruppen ab 20 Personen

BaWü 6
Größe: 20 ha
frei zugänglich
DB Ladenburg
627, 628 Seckenheim

Grünprojekt „Leben und Erleben" – Ladenburg 2005

Ladenburg

Die Römerstadt Ladenburg präsentiert auch über das Grünprojektjahr hinaus neu angelegte und gestaltete Grünflächen, Spielplätze, einen neuen Landschaftspark und bunten Blumenschmuck in der romantischen Altstadt.
Die Kleine Landesgartenschau im Jahr 2005 war in zweierlei Hinsicht ungewöhnlich: sie dehnte sich ohne den sonst üblichen Zaun über das ganze Stadtgebiet aus und bewirkte durch den Verzicht auf jeglichen Rückbau eine nachhaltige Verbesserung der Lebensqualität für Einwohner und Besucher.

Eigentümer: Stadtverwaltung Ladenburg, Hauptstr. 7,
68526 Ladenburg, Tel. 06203/700, Fax 06203/70250,
E-Mail: rathaus@ladenburg.de,
Internet: www.ladenburg.de

Japanischer Garten Ladenburg

Schriesheimer Fußweg 7, Ladenburg

Der vom Gartenarchitekten H. Raible geplante Garten liegt inmitten des zwei Hektar großen Ausstellungsgeländes der Baumschule Laden, eingebettet in altem Baumbestand. Der Weg führt durch eine klassische Gartenpforte in den Eingangsgarten. Der leicht erhöht liegende japanische Pavillon ermöglicht Einblicke in den Zengarten und den größeren Wassergarten. Verschiedene klassische Stilelemente verstärken die Atmosphäre, ein unverwechselbarer Ort der Stille.

BaWü 7 NEU
Eigentümer/in:
Huben Pflanzenhandel,
Schriesheimer Fußweg 7,
68526 Ladenburg,
Tel. 06203/92800,
Fax 06203/928080,
Internet: www.huben.de
Größe: 300 m^2
Eintritt: frei
Führungen: nach Voranmeldung unter www.raible-landschaftsarchitekten.de
Öffnungszeiten:
ganzjährig geöffnet
im Sommer: 9–17 Uhr,
im Winter: 10–16 Uhr
Attraktionen: Azaleenblüte April, Herbstfärbung
DB Ladenburg
Veranstaltungen: unter www.huben.de
P ✿

Schloß Weikersheim – Schloßgarten

Schloß Weikersheim, Weikersheim

Der Weikersheimer Schloßgarten ist ein hervorragendes Beispiel Hohenlohischer Gartenkultur. Seine im Verlauf des 16. Jahrhunderts entwickelte Dreiteilung in Obst-, Gemüse- und Blumengarten ist heute noch erlebbar. Repräsentationsanspruch und Gartenfreude förderten im 17. Jahrhundert die Entstehung eines überwiegend der Zierde dienenden Gartens. Diese Tendenz fand unter Graf Carl Ludwig von Hohenlohe mit der Anlage des barocken Lustgartens ihren Höhepunkt. Ab 1708 ließ er den Garten nach französischem Vorbild neu gestalten. Die bildhauerische Ausschmückung besorgte die Künzelsauer Bildhauerfamilie Sommer. Den Abschluß bilden ein eingetieftes Spiegelbassin und die Orangerien. Nach den Mustern der Geometrie in vollkommener Künstlichkeit,

BaWü 8
Eigentümer/in: Land Baden-Württemberg, Staatl. Schlösser und Gärten, vertreten durch Vermögen und Bau Baden-Württemberg,
Amt Ludwigsburg,
Karlsplatz 5,
71638 Ludwigsburg,
Tel. 07141/182545,
Fax 07141/182510,
E-Mail: info@schloss-weikersheim.de
Internet: www.schloesser-und-gaerten.de
Größe: 8,9 ha
Öffnungszeiten: ganzjährig geöffnet April–Oktober:

9–18 Uhr November–März: 10–12 Uhr, 13.30–16.30 Uhr
Eintritt: 2,50 €, Ermäßigte 1,20 €, Gruppen 2,20 €/Person
Führungen: nach Voranmeldung Schloß Weikersheim, Tel. 07934/992950, Fax 07934/9929512
Preis nach Vereinbarung
Schloß Weikersheim
Romantische Straße Marktplatz
im Sommerhalbjahr

Symmetrie und Regelmäßigkeit durchformt, war der Garten wesentlicher Bestandteil der barocken Residenz. Mit dem Tode Carl Ludwigs 1756 endete die Glanzzeit des Gartens, der im 19. Jahrhundert durch Verwilderung und stilfremde Eintragungen seinen barocken Charakter zunehmend verlor. Nach 1945 wurden zur Rückgewinnung der barocken Ordnung behutsame Restaurierungsmaßnahmen im Garten eingeleitet, die mit der Übernahme durch das Land Baden-Württemberg im Jahre 1967 schrittweise fortgesetzt wurden und 1997 mit der Wiederherstellung der Orangerie vorläufig ihren Abschluß fanden. So kann man noch heute die poesievolle Anmut und festliche Heiterheit des Gartens erleben.
Veranstaltungen: Musikfest Weikersheim, Wandelkonzert Juli.
Infos bei: Hohenloher Kultursommer, Postfach 1362, 74643 Künzelsau, Tel. 07940/18348, Fax 07940/18431
Attraktionen: Wasserkünste (Fontänen) Mai–Oktober
Dauerausstellung Gartenkunst, Audioguide-Führungen, Themenführungen

BaWü 9
Eintritt: frei
Öffnungszeiten: ganzjährig geöffnet im Sommer 8–20 Uhr, im Winter 8–17 Uhr
Eintritt: 2 €, ermäßigt 1 €
Information: Verwaltung Schloß Schwetzingen 68723 Schwetzingen
Tel: 06202/81482
Schwetzingen
gebührenpflichtig

Schloßpark Schwetzingen

Schloßplatz, Schwetzingen

Der Rokokogarten am Schwetzinger Schloß aus dem Jahr 1753 ist eine der bedeutendsten Gartenanlagen in Deutschland. Das von Zirkelgebäuden und Laubengängen gerahmte, kreisrunde Parterre ist mit blumengeschmückten Broderien, Brunnen und Figuren ausgestattet. Die alten, kreuzförmigen Alleen sind vor einigen Jahren erneuert worden. Am Ende der Hauptachse liegt der Spiegelweiher. Zahlreiche Parkarchitekturen und Gebäude wie Orangerie, Moschee, Merkurtempel, Apollotempel mit Naturtheater, Badehaus und das Ende der Welt sind in den hinteren und seitlichen Parkbereichen angeordnet. Ab 1775 arbeitete Friedrich Ludwig Sckell zu Beginn seiner Karriere in Schwetzingen und entwarf einige Partien im Stil des Englischen Landschaftsgartens. Aufgrund der seit einigen Jahren ausgeführten gartendenkmalpflegerischen Arbeiten ist der Park in gutem Zustand.

BaWü 10
Eigentümer/in: Parkanlagen GmbH Rathausstraße 1, 68766 Hockenheim, Tel. 06205/21401, Fax 06205/21315
Herr Degen, Stadt Hockenheim, Rathausstr. 1, 68766 Hockenheim, Tel. 06205/21401, Fax 06205/21315

Gartenschaupark Hockenheim

Dresdner Straße, Hockenheim

Der Gartenschaupark ist aus der 11. Baden-Württembergischen Landesgartenschau 1991 entstanden. Auf dem Gelände befinden sich neben den historischen Gärten, dem Bauerngarten, der Seebühne und verschiedenen Kunstwerken auch etwa 1000 Quadratmeter Wechselflorflächen. Ferner können Freizeitaktivitäten wie Minigolf und Beach Volleyball wahrgenommen oder eine Aquarienausstellung, ein Bibelgarten oder ein Bienenlehrstand besucht werden. Die entlang der

Hauptwege aufgestellte Beschilderungen einzelner Pflanzen mit botanischen Namen initiierte der Förderverein Gartenschaupark.
Veranstaltungen: Hockenheimer Kultursommer mit Parkfest, Musikveranstaltungen auf der Seebühne
Öffnungszeiten: ganzjährig geöffnet
im Sommer 8–21.30 Uhr, im Winter 8–18 Uhr

Größe: 16 ha
Eintritt: frei
Hockenheim
Ring-Jet Berlin-Allee Ring-Jet Schwetzinger Straße

Klostergarten Mosbach

Lohrtalweg, Mosbach

Der 1995 fertiggestellte Klostergarten ist historischen Vorbildern nachempfunden und erinnert an den vielseitigen Nutzwert und Symbolgehalt früherer Klostergärten. Der kreuzförmig angelegte Weg ist mit Buchs eingefaßt. Im Schnittpunkt des Kreuzes entspringt als Symbol für den Quell des Lebens ein Brunnen. Eine alte efeubewachsene Mauer aus Odenwälder Sandstein umfaßt die wichtigen Pflanzenbereiche einer klösterlichen Gartenanlage mit Obst-, Gemüse-, Blumen- und Heilkräutergarten.
Veranstaltungen: Konzerte, Konzerte historischer Musik im Rahmen des Mosbacher Sommers Juni–Sept.,
Infos bei: Stadtverwaltung Mosbach, Tel. 06261/820
Eigentümer/in: Land Baden-Württemberg, vertreten durch: Staatliches Vermögens- und Hochbauamt Mannheim, Dienstgebäude Heidelberg, Rohrbacher Straße 19, 69115 Heidelberg

BaWü 11
Betreuung der Anlage: Stadtverw. Mosbach, Abt. Städt. Bauhof, Unterm Haubenstein 2, 74821 Mosbach
Größe: 1 ha, frei zugänglich
Mosbach
BRN 5611 Sulzbacher Straße 1, Lohrtalschule
Lohrtalweg, hinter dem Amtsgericht

Eichtersheimer Schloßpark

Schloßstraße, Angelbachtal-Eichtersheim

Um das im 16. Jahrhundert erbaute Wasserschloß erstreckt sich der in der zweiten Hälfte des 19. Jahrhunderts angelegte Schloßpark, der wahrscheinlich vom späteren Karlsruher Gartenbaudirektor Friedrich Ries, einem Eichtersheimer, geplant wurde. Der Park weist einige schöne alte Exemplare besonderer Baumarten auf, wie Hängebuche, geschlitztblättrige Buche und Ginkgo. Mehrere Großskulpturen des in Eichtersheim lebenden Künstlers Jürgen Goertz sind in den letzten Jahren im Park aufgestellt worden.
Veranstaltungen: Pfingstmarkt, Krämermarkt mit Schloßparkbeleuchtung Pfingstwochenende, Mittelalterl. Ritterturnier 2. Wochenende im August

BaWü 12
Eigentümer/in: Gemeinde Angelbachtal, Schloßstraße 1, 74918 Angelbachtal, Tel. 07265/91200, Fax 07265/912033
Internet: www.angelbachtal.de
Größe: 7 ha, frei zugänglich
Wiesloch–Walldorf
703 Wiesloch–Waldangelloch, 761 Sinsheim–Waldangelloch
Busbahnhof Angelbachtal

Schloßgarten Bruchsal

Schönbornstraße, Bruchsal

In der ersten Hälfte des 18. Jahrhunderts ließ sich der Kardinal Damian Hugo, Reichsgraf von Schönborn, nördlich der Stadt

BaWü 13
Eigentümer/in: Vermögen und Bau Baden-Württemberg – Amt Pforzheim,

Simmlerstraße 9,
75172 Pforzheim,
Tel. 07231/1658-261,
Fax 07231/1658-111,
E-Mail:
info@schloss-bruchsal.de
Internet:www.schloesser-und-gaerten.de
Größe: 10 ha,
Oberer Schloßgarten 5 ha,
frei zugänglich
Bruchsal Schloßgarten
33 Oberneulander
gebührenpflichtig

Bruchsal eine Residenz erbauen, die nach den massiven Zerstörungen im 2. Weltkrieg über einen Zeitraum von 50 Jahren wiederaufgebaut wurde.
Zeitgleich mit dem Schloßensemble entstand als künstlerische Einheit der Schloßgarten, der sich eng mit der in etwa 50 Einzelgebäude aufgelösten Gesamtanlage verzahnt. Die geometrische Anlage war mit aufwendigen Broderieparterres, Figuren und Springbrunnen und einem Alleensystem ausgestattet. Schon ab 1760 wurden Teile des Barockgartens landschaftlich überformt. Aus einer dritten Phase der Gartenkultur stammen die romantischen Grotten, die sich seit 1908 im Bereich des Schwanenteiches befinden.

BaWü 14
Größe: 800 m²
Führungen: nach Voranmeldung über Rosenhof Treffinger-Hofmann,
Tel. 07045/2214
frei zugänglich
Bretten
S4 Industriegebiet Flehingen

Rosengarten Oberderdingen

Hinter dem Hof, Oberderdingen

In dem kleinen, sonningen Rosengarten wurden seit 1993 über 800 Rosen in 60 verschiedenen Sorten gepflanzt. Von niedrigen Beetrosen bis zu Kletterrosen auf Bögen erstreckt sich die Vielfalt.
Eigentümer: Gemeinde Oberderdingen, Amthof 13, 75038 Oberderdingen, Tel. 07045/43204, Fax 07045/43250, E-Mail: gemeindeverwaltung@oberderdingen.net, Internet: www.oberderdingen.de

BaWü 15
Größe: 300 m²
Anmeldung erbeten
Eintritt: frei
Öffnungszeiten: ganzjährig geöffnet
Eggenstein
S 1, S11 Eggenstein Bahnhof
→ bei telefonischer Anmeldung

Privatgarten Schreck

Kleingarten Nr. 10, Schrebergartenanlage Allmend, Eggenstein-Leopoldshafen

Reichhaltiger Clematisgarten, mit ca. 60 Arten und Hybriden. Dazu Staudenclematis und eine kleine Farnsammlung. Der naturnah gepflegte Garten ist Heimat vieler Vögel, Amphibien und Insekten.
Führungen: nach Voranmeldung, Spende zugunsten der International Clematis Society

Eigentümer/in: Ralf Martin Schreck, Heidelberger Straße 5A, 76344 Eggenstein-Leopoldshafen, Tel. 07247/2763, Fax 07247/2763, E-Mail: 4Schrecks@gmx.de

✿ Clematis-Pflanzen und -Samen

Botanischer Garten der Universität (TH) Karlsruhe

Am Fasanengarten 2, Karlsruhe

Der Botanische Garten ist eine öffentliche und frei zugängliche Universitätseinrichtung mit einer umfangreichen Pflanzensammlung. Der Unterglasbereich gliedert sich in Palmen-, Tropen-, Wasserpflanzen-, Sukkulenten,- und Orchideenhaus. Darüber hinaus sind Sammlungen von Insektivoren (fleischverdauende Pflanzen), Begonien, Pelargonien und anderen Arten zu sehen. Im Freiland werden neben der großen systematischen Abteilung unter anderem Farne, Hochgebirgs-, Mittelmeer- und Arzneipflanzen gezeigt. Im nördlichen Teil befindet sich ein Feuchtbiotop mit interessanten Sumpf- und Wasserpflanzen.

Führungen: nach Voranmeldung kostenlos
Veranstaltungen: diverse
Öffnungszeiten: ganzjährig geöffnet, an Wochenfeiertagen und Samstagen geschl., im Sommer 8–18 Uhr, im Winter 8–15.30 Uhr, So 9–16.30 Uhr

BaWü 16
Eigentümer/in: Land Baden-Württemberg, Universität Karlsruhe, Botanisches Institut Kaiserstraße 12, 76128 Karlsruhe, Tel. 0721/6082145, Fax 0721/6084290
Größe: 2 ha
Eintritt: frei
Straßenbahn 1, 2, 4, 5 Durlacher Tor
Bus 30 Durlacher Tor
S 2, 4, 5 Durlacher Tor
P Hund

Nottingham-Anlage

Kaiserallee 8, Karlsruhe

Die Nottingham-Anlage, nach der englischen Partnerstadt Karlsruhes benannt, ist ein innerstädtischer Stadtteilpark. Er entstand zwischen 1985 bis 1987 auf einer ehemaligen Gewerbefläche und muss vielen Ansprüchen aus dem dicht bebauten und bevölkerten Umfeld gerecht werden. Aufgrund dessen ist die Anlage in viele verschiedene Bereiche gegliedert: Es gibt Partien von farbenfrohem Gartencharakter, attraktive Spielangebote für alle Altersgruppen, besonnte und baumbestandene Rasenflächen, großflächige Strauchpflanzungen und Sitzgelegenheiten von der Einzelbank bis zur Sitzarena. Am Hauptweg wurde 1990 eine markante Brunnenplastik „Fahne des Lebens" des Künstlers H. E. Kalinowski aufgestellt.

BaWü 17
Eigentümer/in: Stadt Karlsruhe, Gartenbauamt Lammstraße 7a, 76124 Karlsruhe, Tel. 0721/1336750, Fax 0721/1336709, E-Mail: gba@karlsruhe.de
Größe: 1,8 ha, frei zugänglich
Straßenbahn S1, S11, S2, S5, 1, 2, 3 Mühlburger Tor
Bus 70, N1
P gebührenpflichtig
Restaurant Café Hund Rollstuhl

Stadtgarten Karlsruhe

Bahnhofsplatz, Ettlinger Straße 6, Festplatz Karlsruhe

Der nördlich des Hauptbahnhofes gelegene Stadtgarten hat eine bewegte Geschichte. Das bei den Karlsruher Bürgern schon um 1800 beliebte Ausflugsziel Sallenwäldchen wurde 1823 in einen Park im englischen Stil umgestaltet. Der dort befindliche Turnplatz für das Lyceum war 1840 einer der frühesten Sportstätten Deutschlands. In einem Teil des Parks

BaWü 18
Eigentümer/in: Stadt Karlsruhe, Gartenbauamt Lammstraße 7a, 76124 Karlsruhe, Tel. 0721/1336750, Fax 0721/1336709, E-Mail: gba@Karlsruhe.de
Größe: 22,1 ha

Öffnungszeiten: ganzjährig geöffnet, im Sommer 8–18.30 Uhr, im Winter 9–16 Uhr
Eintritt: 5 €, Kinder frei bis 6 Jahre, ermäßigt für Senioren, Schwerbeschädigte, Studenten, Soldaten, Zivis und Kinder von 6–15 Jahren 2,50 €
Führungen: nach Voranmeldung
2, 5 Kongreßzentrum/ Ettlinger Straße
1, 4, 11, 41 Kongreßzentrum/Ettlinger Straße
gebührenpflichtig
Veranstaltungen: Programme auf der Seebühne, Lichterfest im Sommer

eröffnete 1865 ein kleiner privater Tierpark, der 1877 von der Stadt übernommen wurde. Seitdem sind Zoo und gärtnerisch gestaltete Anlagen eine Einheit geblieben. Der Stadtgarten ist heute die größte innerstädtische Parkanlage. 1897 wurde ein erster Rosengarten und nach 1913 der älteste deutsche Japangarten angelegt, dessen plastische Ausstattung über Jahrzehnte durch japanische Originale sowie symbolhafte Fels- und Kiesgartenteile ergänzt wurde. Die Bundesgartenschau 1967 bewirkte eine wesentliche Neugestaltung des Stadtgartens. Der neue Rosengarten, ausgedehnte Stauden-, Gehölz- und Sommerblumenpflanzungen, ein artenreicher Baumbestand aller Altersstufen und ein Laubengang finden das Interesse von Pflanzenliebhabern. Rasengolf, Gartenschach, Brunnenanlagen und intime Sitzplätze bieten ruhige Erholung. Die beiden durch einen Kanal verbundenen großen Seen sind mit einer automatischen Gondoletta befahrbar. Seebühne und Wasserorgel sind Attraktionen in der Seenlandschaft. Eine Schmalspureisenbahn und zwei Spielplätze sind weitere beliebte Anziehungspunkte.
Attraktionen: Wasserorgel im Stadtgartensee, Gondoletta ab Ostern bis Mitte Okt.: 11–18 Uhr

BaWü 19
Eigentümer/in: Stadt Karlsruhe, Gartenbauamt
Lammstraße 7a,
76124 Karlsruhe,
Tel. 0721/1336750,
Fax 0721/1336709,
E-Mail: gba@karlsruhe.de
Größe: 82,7 ha,
frei zugänglich
2, 4, 5, 6 Ebertstraße
50, 55, 62, N2
Veranstaltungen: DAS FEST überregionale Kultur-Open-Air-Veranstaltung vor den Sommerferien, nach öffentlicher Bekanntgabe

Albgrün mit Günther-Klotz-Anlage

Karlsruhe

Das Flüßchen Alb durchfließt, vom Schwarzwald kommend, von Süden nach Norden das Stadtgebiet und mündet in den Rhein. Wegen des hohen Grundwasserstandes und Überschwemmungen blieb die Flußniederung bis heute weitgehend unbebaut. In langjährigen Bemühungen ist es jedoch gelungen, von Ettlingen bis fast zur Mündung eine durchgehende Grünanlage zu schaffen. Durch Renaturierungsprojekte wurden Abschnitte des vorher kanalisierten Flußlaufes in einen naturnahen Zustand zurückgeführt. Diese neue große Grün- und Freizeitanlage Karlsruhes erhielt ihren Namen nach dem Oberbürgermeister Klotz, der den Ausbau dieses Geländes zum Freizeitzentrum in die Wege leitete. Der Freizeitpark bietet ein vielseitiges Angebot: Modellbootsee, Ruderseen, Hügellandschaft mit Rodelhügel, Rollschuhbahn und Skateranlage, attraktive Spielbereiche, Spiel- und Liegewiesen, ein mystisches Labyrinth, Spazier- und Radfahrwege sowie Sitz- und Ruheplätze.

BaWü 20
Eigentümer/in: Land Baden-Württemberg, Vermögen und Bau Baden-Württemberg, Amt Karlsruhe,

Schloßplatz, Schloßgarten, Fasanengarten, Botanischer Garten

Karlsruhe

Mittelpunkt der Schloßanlage ist der 1715/16 erbaute Schloßturm, von dem in sternförmiger Anordnung 32 schnurgerade

Schneisen in den Wald geschlagen wurden. Innerhalb eines Kreisbogens mit einem Radius von 425 Metern um den Schloßturm entstanden aus den ehemaligen fürstlichen Gärten Schloßgarten, Fasanengarten und Botanische Garten im Norden und Westen des Schlosses. Der Schloßplatz (8,2 ha) im Süden wurde vom Stadtgründer Markgraf Karl Wilhelm (1679–1738) als Botanischer Garten des Fürsten angelegt. Er erlebte viele Umnutzungen und Umgestaltungen, die bisher letzten zur Bundesgartenschau 1967 und eine weitere 1989. Zum Schloß führt heute eine zentrale breite Achse, die beidseitig von Reihen mythologischer Figuren begrenzt wird. Daran schließen zu beiden Seiten Gartenanlagen an, die von vierfachen Lindenreihen eingefaßt sind. Um die Najadenbrunnen liegen Anlagen im englischen Stil. Der Fasanengarten wurde bereits vor 1715 unter Karl Wilhelm angelegt und diente der Aufzucht von Jagdgeflügel. 1765–1773 wurde an einer der vom Schloß ausgehenden Alleen das Fasanenschlößchen erbaut, das mit seinen dekorativen Wandmalereien zusammen mit zwei chinesischen Teehäuschen (1764–65 erbaut) ein reizvolles Ensemble bildet. Zwischen 1880 und 1890 erfolgte eine Umgestaltung des Gartens im englischen Stil. Gleichzeitig entstand ein Tierpark mit Rehen und Hirschen und ein Biberpark mit einer Reihe von Teichen. Erst 1918 wurden die Anlagen für die Allgemeinheit geöffnet. Viele ausländische Bäume und Sträucher, insbesondere eine Sammlung seltener Nadelhölzer, konnten sich zu beachtlicher Größe entwickeln. Mit der Erneuerung zur Bundesgartenschau 1967 wurde in einer Lichtung ein großes und attraktives Spielgelände mit Bootsee, Riesenrutsche und Kletterlandschaft geschaffen. Der Schloßgarten wurde unter Karl Wilhelm im französischen Barockstil angelegt. Baumarten wie der Tulpenbaum und die Pyramidenpappel verbreiteten sich von Karlsruhe aus in Europa. Sein Nachfolger Karl Friedrich ließ den Garten 1864–1868 nach englischen Vorbildern umgestalten. Den Charakter des Landschaftsgartens hat der Schloßgarten bis heute behalten. Im Rahmen der Bundesgartenschau 1967 wurden die Sichtachsen wiederhergestellt und moderne Plastiken und Brunnen den zahlreichen alten Plastiken und Denkmälern hinzugefügt. Der zentrale Schloßgartensee wurde erheblich vergrößert und der Garten durch großflächige Stauden- und Gehölzpflanzungen sowie weite Rasenflächen verschönert. Vom früheren botanischen Garten sind nur noch ein bemerkenswerter Bestand an Gehölzen und 20 Baumarten aus verschiedenen Kontinenten, darunter sehr viele Exoten, eine Sammlung mit über 300 Kübelpflanzen, reizvolle Rabatten mit Kleingehölzen, Zwiebelgewächsen, Stauden und Sommerblumen und drei Schauhäuser mit Tropenpflanzen und Sukkulenten vorhanden. Sehenswert ist im Vorfrühling die Scillawiese unter einer mächtigen Buche. Das instandgesetzte Gußstahlgerüst des

Engesserstraße 1,
76131 Karlsruhe,
Tel. 0721/9263008,
Fax 0721/9262544,
E-Mail:
schlossgarten.ka@tesionmail.de
Öffnungszeiten: ganzjährig geöffnet, die Außenanlagen bis Einbruch der Dunkelheit,
die Schauhäuser im Bot. Garten April bis Sept. Di–Fr 9–12 und 13–16 Uhr, Sa, So, feiertags 10–12 und 13–17 Uhr
Okt. bis März Di–Fr 9–12 und 13–16 Uhr, Sa, So, feiertags 10–12 und 13–16 Uhr
Eintritt: 2 € (nur Schauhäuser), Kinder frei bis 6 Jahre, ermäßigt 1 € für Schüler, Studenten, Soldaten, Zivis
Führungen: nach Voranmeldung für Gruppen bis 50 Personen (Garten) oder 25 Personen (Schauhäuser)
Preis nach Absprache/Gruppe
1, 2, 5 Marktplatz
P gebührenpflichtig
Attraktionen: Kleinbahn mit kohlebetriebener Lokomotive Ostern bis Mitte Oktober an Wochenenden

zerstörten Gewächshauses ist üppig mit Schlingpflanzen bewachsen und bietet geschützte Sitzplätze, im Sommer ein Café.

Foto: Gartenbaumat Karlsruhe

BaWü 21
Eigentümer/in: Stadt Karlsruhe, Gartenbauamt, Bezirksstelle für das Gartenbauwesen
Badener Straße 22, 76227 Karlsruhe,
Tel. 0721/1336750,
Fax 0721/1336709,
E-Mail: gba@karlsruhe.de
Größe: 2,9 ha
frei zugänglich
1, 8 Schloßplatz
21, 24, 26, 27, N3
gebührenpflichtig

Schloßgarten Durlach

Prinzessinnenstraße/Marstallstraße, Karlsruhe

Die Markgrafen von Baden, die 1715 in Karlsruhe ihre neue Residenz bezogen, übersiedelten 1556 aus Pforzheim nach Durlach und bauten das dortige Jagdschloß zur Residenz um. Der Schloßgarten wurde gleichzeitig mit dem Ausbau des Schlosses in der Niederung angelegt. Er hatte keinen direkten Bezug zum Schloß und wurde mehrfach umgestaltet. Heute sind die klassischen Gartenelemente kaum noch erkennbar. Sehenswert sind vor allem schöne alte Bäume, auch Exoten, die sehr alte doppelte Kastanienallee und plastischer Schmuck wie der sogenannte Nibelungenbrunnen, der 1965 aus dem Karlsruher Stadtgarten hierher versetzt wurde.

BaWü 22
Eigentümer/in: Stadt Ettlingen, Stadtbauamt, Garten- u. Friedhofsabt., Ottostr. 5, 76275 Ettlingen,
Tel. 07243/1010,
Fax 07243/101 439
Internet: www.ettlingen.de
Größe: 3,3 ha, frei zugänglich
Stadtbahn S1/S11 Albgaubad
Veranstaltungen: Kulturfestival Watthaldenfest Ende Mai
Infos bei:
Stadtinformation Ettlingen,
Tel. 07243/101221 oder 101380,
E-Mail: info@ettlingen.de

Watthaldenpark

Luisenstraße/Parkstraße, Ettlingen

Der Park wurde im Jahre 1818 nach den Plänen von Baumeister Ullrich verwirklicht. Von Beginn an wurde der Gebäudekomplex als Gastwirtschaft betrieben. Bereits zwei Jahre nach Fertigstellung wurde das Anwesen an Baron Berstetten verkauft. Er war Minister am Badischen Hof und Sammler und Liebhaber von Pflanzen. Schönstes Zeugnis dieser Liebhaberei sind die zwei Sequioa gigantea im Nahbereich der Naturbühne. Insgesamt neunmal wurde der Park verkauft, bis 1921 die Stadt Ettlingen das Gut Watthalden entgültig übernahm. Prof. Läuger (Karlsruher Kunstakademie) hatte 1924 im Auftrag der Stadt den Watthaldenpark mit dem Ziel überplant, ihn in einen öffentlichen Park umzugestalten. Nur Teile dieses Planes wurden verwirklicht, wie beispielsweise die Naturbühne, auf der für einige Jahre Theateraufführungen stattfanden. In den folgenden 60 Jahren verwilderten Teile des

Parks. Im Jahre 1986 wurde der südliche Bereich mit dem See wiederhergestellt und das Wegesystems erneuert. Die Ausrichtung des Parks nach Süden begünstigt wärmeliebende Pflanzen. Entsprechend vielfältig ist die Gehölzsammlung der Anlage.

Festplatz, Horbachpark, Horbachtal

Ettlingen

Zur Landesgartenschau 1988 entstand diese Anlage am südlichen Rand des Stadtgebietes. Entlang eines kleinen Baches aus der Vorbergzone, dem Horbach, liegt ein 1,5 Kilometer langer durchgehender Grünzug. Er besteht aus drei unterschiedlich gestalteten Teilen: Der Festplatz ist eine ursprünglich um 1960 entstandene Naherholungsfläche. Bei der Umgestaltung durch das Büro Klahn und Singer (Karlsruhe) wurden neue Spielplatzflächen für Kinder und Jugendliche gebaut, unter anderem ein Labyrinth, ein Basketballplatz und eine große Liegewiese. Mehrere Brunnen beleben den Park. Auf einem kleinen Verbindungsweg gelangt der Besucher in den mittleren Teil des Grünzuges, den Horbachpark, den der Landschaftsarchitekt Karl Bauer, Karlsruhe, um ein bestehendes Schulzentrum herum plante. Es entstand der Horbachsee mit einer Promenade, die entlang der Nordseite des Sees durch verschiedene Wasserkunstobjekte attraktiv gestaltet ist. Nach Osten schließt sich das Horbachtal an. Dieser Bereich wurde von den Landschaftsarchitekten Krupp und Losert, Freiburg, gestaltet. Verschiedene Brücken über den Bach und Pergolen begleiten den Weg bis zum Fuße des Schwarzwalds. Hauptattraktion dieses Bereiches ist die Landschaft selbst mit Gärten, Obstwiesen, Feldern sowie einem Aussichtspunkt über die Stadt.

BaWü 23
Eigentümer/in: Stadt Ettlingen, Stadtbauamt, Garten- u. Friedhofsabt. Ottostraße 5, 76275 Ettlingen,
Tel. 07243/1010,
Fax 07243/101 439,
Internet: www.ettlingen.de
Größe: 17 ha
frei zugänglich
Stadtbahn S1/S11 Ettlingen Stadt, Erbprinz, Albgaubad
P ✂ 🐕 ♿
Attraktionen: Wasserfontänen Ostern bis Nov.
Veranstaltungen:
Veranstaltungen von Schulen, Vereinen und der Stadt
Musik, Theater und anderes
Infos bei:
Stadtinformation Ettlingen,
Tel. 07243/101221 oder 101380,
E-Mail: info@ettlingen.de

BaWü 24
Eigentümer/in: Stadt Ettlingen, Stadtbauamt, Garten- u. Friedhofsabt., Ottostraße 5, 76275 Ettlingen, Tel. 07243/1010, Fax 07243/101439, Internet: www.ettlingen.de
Größe: 1 ha
frei zugänglich
Stadtbahn S1/S11 Ettlingen Stadt
P gebührenpflichtig
in der Innenstadt

Schloßgarten, Klostergarten und Stadtgarten

Ettlingen

Ein wenig versteckt, zwischen Altstadthäusern und Schloßgartenmauer, liegt der Schloßgarten, etwa 50 m südlich der wichtigsten Einkaufsstraße der Innenstadt. Er wurde zur Landesgartenschau 1988 neu angelegt und beherbergt jetzt einen Rosen- und einen Kräutergarten. Die Pergolen an der Nordseite laden zum Sitzen in der Sonne, alte Linden zum Ausruhen im Schatten ein. Unmittelbar neben dem Rosengarten liegt der Klostergarten. Hier werden verschiedene Kräuter des täglichen Lebens gezeigt. Am Ostende schuf Hans Lutz 1985 eine offene Fläche mit Brunnen und Fontäne, die von Bäumen umrahmt wird. Nach Süden hin bietet der Platz einen großartigen Blick auf die ersten Schwarzwaldberge.
Veranstaltungen: Schloßfestspiele, Theateraufführungen im Schloßhof und an anderen Orten Ende Juni–Ende Aug.
Infos bei: Stadtinformation Ettlingen Tel. 07243/101221 oder 101380, E-Mail: info@ettlingen.de

BaWü 25 NEU
Am Waldsaum 27, 76275 Ettlingen, Tel. 07243/949179, Fax 07243/949181, E-mail: lunamann@t-online.de
Größe: 1,5 ha
Anmeldung erbeten
Eintritt: frei
Führungen: nach Voranmeldung
Öffnungszeiten: April–Oktober
Attraktionen: Staudenflor im Frühling, Herbstfärbung der Gehölze
Veranstaltungen: Präsentation Graphik-Atelier (Fauna Flore)
Tel: 07243/949180
Fax 07243/949181
P

Parkgarten am Waldsaum

Am Waldsaum 27, Ettlingen

Im Landschaftsschutzgebiet Vorbergzone wurde der Park in den 50er Jahren angelegt. Ende der 90er Jahre erfolgte eine Neugestaltung und Renaturierung in einen naturnahen Landschaftsgarten. Scheinbare Gegensätze, wie Zier- und Nutzaspekte, spontane und kultivierte Vegetation und architektonische Elemente werden miteinander kombiniert. Der Garten mit seinem dendrologisch wertvollen Altbestand, Vogelnährgehölzen, Streuobst- und Wildwiese, großen Staudenflächen, Duft- und Kräutergarten, Wassertreppe, Teich und Skulpturen stellt eine gelungene Einbindung einer privaten Enklave in ein sensibles Umfeld dar.

Schloßpark, Kurpark und Salinengarten

Babstadter Straße/Gartenstraße/Salinenstraße, Bad Rappenau

Im Westen von Bad Rappenau liegt der Schloßpark, der mit seinem alten Baumbestand, dem zentral gelegenen Wasserschloß und dem mit frischem Quellwasser gespeisten Kneippbecken seine Besucher empfängt. Dieser Park soll bis zur Landesgartenschau 2008 zu einem geographischen Arboretum weiterentwickelt werden. Für den Herbst 2005 sind umfangreiche Paeonienpflanzungen geplant. Folgt man der Durchgangsstraße in östlicher Richtung, so erreicht man in wenigen Minuten den Kurpark, der mit seinem alten Baumbestand, den gepflegten Blumenbeeten und dem Kurparksee zum Flanieren und Verweilen einlädt. In südlicher Richtung angrenzend schließt sich der Salinengarten auf dem ehemaligen Gelände des Salzsiedewerks an, welches bis 1973 in Betrieb war. Einige angrenzende schmucke Gebäude, der alte Bohrturm sowie das historische Tretrad erinnern noch an diese Tradition. Mit den ersten Umgestaltungsmaßnahmen hinsichtlich der Landesgartenschau 2008 wurde im Herbst 2005 im Kur- und Schloßpark begonnen.

BaWü 26
Eigentümer/in: Stadt Bad Rappenau, Kirchplatz 4, 74306 Bad Rappenau, Tel. 07264/9220, Fax 07264/922119, Internet: www.badrappenau.de
Größe: 4 ha, frei zugänglich
DB Bad Rappenau
P 🐕 ♿
Veranstaltungen: Lichterfest Mitte August

Ziegeleipark

Heuchelbergstraße Heilbronn

Der Park liegt in dem ehemaligen Gelände einer Ziegelei. Der Westteil ist naturbelassen, aber durch ein Wegenetz erschlossen. Im Ostteil befindet sich ein 1,3 ha großer See mit einem Wasserspielplatz, einem Abenteuerspielplatz, weiträumigen Wiesenflächen und als Naturdenkmal geschützten Lößwänden. Eine Pappelrotunde auf einem Plateau symbolisiert einen Abraumhügel, der erschlossen wird von einem Schienenband, auf dem einst Loren den Abraum transportierten. Der Park wurde 1995 mit dem Preis des Bund Deutscher Landschaftsarchitekten (BDLA) ausgezeichnet.

BaWü 27
Eigentümer/in: Stadt Heilbronn, Grünflächenamt Cäcilienstraße 51, 74072 Heilbronn, Tel. 07131/562992, Fax 07131/563193
Größe: 15 ha
Führungen: nach Voranmeldung kostenlos
frei zugänglich
🚌 1, 5 Seestraße
P ☕ 🐕 ♿

Waldheide

Donnbronnerstraße (K 9550), Heilbronn

Die Waldheide ist ein ehemaliger Atomraketenstandort, der komplett renaturiert wurde und liegt inmitten des Stadtwaldes von Heilbronn, ca. 3 km vom Zentrum entfernt. Sie besteht zur Hälfte aus Wald-, Aufforstungs- und Sukzessionsflächen. Die andere Hälfte setzt sich aus Wiesen-, Weiden-, Callunaheideflächen und Feuchtbiotopen zusammen. Schafe beweiden die Freiflächen. Relikte und eine Installation im Eingangsbereich erinnern an die frühere Nutzung. Unter dem Stichwort Natur gleich Spielplatz wurde hier auf Spielplätze und andere Erholungseinrichtungen verzichtet.

BaWü 28
Eigentümer/in: Stadt Heilbronn, Grünflächenamt Cäcilienstraße 51, 74072 Heilbronn, Tel. 07131/562992, Fax 07131/563193
Größe: 52 ha
Führungen: nach Voranmeldung kostenlos
frei zugänglich
🚌 1 Jägerhaus
P 🐕 ♿

BaWü 29
Eigentümer/in: Stadt Heilbronn,
Grünflächenamt
Cäcilienstraße 51,
74072 Heilbronn,
Tel. 07131/562230,
Fax 07131/563193
Größe: 16,3 ha
frei zugänglich
1 Pfühlpark

Parkanlage Pfühlsee

Jägerhausstraße, Heilbronn

Im Jahre 1909 erwarb die Stadt Heilbronn das Gelände des heutigen Pfühlparks vom Fabrikanten Ernst Mayer mit der Auflage, einen öffentlichen Park anzulegen. Bedingt durch den 2. Weltkrieg konnte der Pfühlpark aber erst ab dem Jahr 1948, erweitert durch die Anlage des Pfühlsees, entstehen. Der Pfühlpark mit seinem Bestand an Bäumen und Wasserflächen ist heute eine der wichtigsten Grünflächen der Stadt. In den letzten Jahren wurde der Park nach historischen Vorgaben umgestaltet. Blickbeziehungen wurden wiederhergestellt, der Pfühlbach erhielt ein naturnahes Bachbett und der Pfühlsee wurden von Grund auf saniert und wertvolle natürliche Uferzonen bis hin zu blühenden Flachwasserzonen geschaffen.

BaWü 30
Eigentümer/in: Stadt Heilbronn,
Grünflächenamt
Cäcilienstraße 51,
74072 Heilbronn,
Tel. 07131/562230,
Fax 07131/563193,
frei zugänglich
1 Trappensee

Parkanlage Trappensee

Heilbronn

Ende des 16. Jahrhunderts verwandelte, von einer Romreise beeindruckt, ein Heilbronner Bürgermeister vor den Toren der Stadt eine verwahrloste Gegend in ein Landgut mit zwei Seen. Nach dem zwischenzeitlichen Besitzer Trapp bekam der See seinen Namen. Das Ende des 18. Jahrhunderts gebaute Schlößchen des holländischen Admirals von Kinkel hat im wesentlichen sein Aussehen bis heute bewahrt. Das Gut wurde zu dieser Zeit durch seine Obstzucht bekannt. Um 1880 ging das Gut an die Bierbrauerei Cluss über, dic cine offene Halle mit Gartenanlagen, die heutige Trappenseegaststätte, erstellte. Der Park wurde in den letzten Jahren nach ökologischen Gesichtspunkten saniert.

Freizeitpark Wertwiesen

Zufahrt über Rosenbergstraße, Heilbronn

Der Freizeitpark, vorher eine Ansammlung einzelner, privater Kleingärten, wurde 1985 anläßlich der Landesgartenschau eingeweiht. Neben ausgiebigen Spiel- und Sportangeboten sind eine Kneippanlage, Duftgarten, Rosarium und ein großer Musikpavillon beachtenswert. Den Festplatz, auf dem alle zwei Jahre das Traubenblütenfest stattfindet, nutzen in den festlosen Zeiten die Boulespieler.

BaWü 31
Eigentümer/in: Stadt Heilbronn, Grünflächenamt
Cäcilienstraße 51,
74072 Heilbronn,
Tel. 07131/56 2230,
Fax 07131/563193
Größe: 15 ha
Öffnungszeiten: ganzjährig geöffnet, 6–22 Uhr
Eintritt: frei
Bus 3, 7 Kolpingstraße
P ♿

Der Garten von Thomas Seiler

Borsigstraße 14, Heilbronn

Foto: Seiler

Der Garten ist eine winzige Wiese, umgeben von kleineren Gehölzen, die alle Nachbargebäude so verdecken, daß der Eindruck einer verwunschenen Waldlichtung entsteht. Es sollen möglichst viele Stauden eingebracht werden, die stabile Pflanzengemeinschaften bilden und keiner besonderen Pflege

BaWü 32
Größe: 350 m²
Eintritt: frei
Führungen: sind immer inbegriffen
Öffnungszeiten: nach Vereinbarung, ganzjährig
DB Heilbronn Hbf
Bus 7 Friedhof Sontheim

bedürfen. Schwerpunkte bilden die Gattungen *Galanthus, Helleborus, Narcissus, Paeonia* und hochwüchsige Stauden für spätsommerliche Effekte
Eigentümer: Thomas Seiler, Borsigstr. 14, 74081 Heilbronn, Tel. und Fax 07131/85737, mobil: 0162/7235281
E-Mail: Thomas-Seiler@web.de

BaWü 33
Eigentümer/in: Stadt Schwäbisch Hall, Rathaus Postfach 100180, 74501 Schwäbisch Hall, Tel. 0791/751246, Fax 0791/751375
Internet: www.schwaebischhall.de
Herr Stihler, Stadtarchiv Schwäbisch Hall, Am Markt 5, 74523 Schwäbisch Hall, Tel. 0791/751359
Fax 0791/751480
Größe: 9 ha, frei zugänglich
DB Schwäbisch Hall
P

Ackeranlagen

Roter Steg / Sultersteg, Schwäbisch Hall

Die ursprüngliche Anlage stammt aus dem Jahre 1829. Das Gelände umfaßt den Grünzug der Flußaue des Kochers mit der Kocherinsel Unterwöhrd auf einer Länge von zirka 1500 Metern. Sie erstreckt sich vom Zentrum der Altstadt bis zum vorgelagerten Dorf Steinbach mit der burgartigen Großcomburg. Eine grundlegende Neugestaltung fand anläßlich der Landesgartenschau 1982 statt. Durch Blumenrabatten, Kinderspielgeräte, zahlreiche alte Bäume sowie das klassizistische Anlagencafé aus dem Jahre 1828 sind die Ackeranlagen zu einem Anziehungspunkt für viele Besucher geworden.
Veranstaltungen: Kuchen- und Brunnenfest der Salzsieder (auf Unterwöhrd) Pfingsten. Infos bei: Touristik-Information Schwäbisch-Hall, Tel. 0791/751246 oder 0791/751375, Sommernachtsfest Ende August

BaWü 34
Eigentümer/in: Stadt Rastatt Postfach 1263, 76402 Rastatt, Tel. 07222/972285, Fax 07222/972279
Größe: 2 ha, frei zugänglich
DB Rastatt
Bus 212, 231, 234, 241
Pavillon
P gebührenpflichtig

Pagodenburganlage

Kapellenstraße, Rastatt

Die Pagodenburganlage geht auf die Anlage eines Lustgartens durch die Markgräfin Augusta-Sibylla aus der Zeit um 1714 zurück. Diese Parkanlage mit ihren barocken Stilelementen, dem Parterre und Terrassenanlagen, ist die am intensivsten gestaltete Anlage im Zentrum der Stadt. Markant ist die Pagodenburg, das ehemalige Gartenschlößchen der Markgräfin sowie die Einsiedelner Kapelle am Rande der Anlage.

BaWü 35
Eigentümer/in: Stadt Baden-Baden, Gartenamt Winterhalterstraße 6, 76530 Baden-Baden, Tel. 07221/931200, Fax 07221/931210,
E-Mail: gartenamt@badenbaden.de
Größe: 1,6 ha
Eintritt: frei
Öffnungszeiten: ganzjährig geöffnet 9 Uhr bis Sonnenuntergang

Rosengarten Gönneranlage

Ludwig-Wilhelm-Straße, Baden-Baden

Die Jugendstilanlage mit Hecken und Sommerblumen entstand zwischen 1909 und 1912 nach Plänen von Max Läuger als frühes Beispiel der formalen Gartengestaltung zu Beginn des 20. Jahrhunderts. Seit 1952 ist sie ein Rosengarten mit 110 000 Rosenstöcken. Die Anlage ist sehenswert, insbesondere wegen der Präsentation der Rosen in den formalen Heckenräumen im Kontrast zum angrenzenden Landschaftspark der Lichtentaler Allee.
Führungen: nach Voranmeldung 75 € für 1 bis 1,5 Std.
Attraktionen: Brunnenanlage, Roesenblüte Mai–Oktober

Foto: Weigel

Baden-Baden
201 Bertholdplatz

Lichtentaler Allee

Goetheplatz / Kloster Lichtenthal, Baden-Baden

Ein sehr schöner alter Baumbestand zeichnet diesen Landschaftspark aus dem frühen 19. Jahrhundert aus, in den der Kurgarten integriert ist. Wasserlauf, Brücken und Pavillons prägen die Atmosphäre des Parks und lassen die Parklandschaft großzügig erscheinen. Das Kurhaus von Weinbrenner entstand zwischen 1821 und 1823, die Trinkhalle von Hübsch zwischen 1839 und 1842.
Attraktionen: Krokus- und Narzissenblüte, Rhododendronblüte, Herbstfärbung
Infos bei: Baden-Baden Kur & Tourismus GmbH, Tel. 07221/275200 oder 07221/275202
Führungen: nach Voranmeldung 75 € für 1 bis 1,5 Std.

BaWü 36
Eigentümer/in: Stadt Baden-Baden, Gartenamt
Winterhalterstraße 6, 76530 Baden-Baden,
Tel. 07221/931200,
Fax 07221/931210,
E-Mail: gartenamt@badenbaden.de
Größe: 23 ha
frei zugänglich
201 Hindenburgplatz, Klosterplatz

Wasserkunstanlage Paradies

Bernhardstraße / Markgrafenstraße, Baden-Baden

Foto: Weigel

BaWü 37
Eigentümer/in: Stadt Baden-Baden, Gartenamt
Winterhalterstraße 6, 76530 Baden-Baden,
Tel. 07221/931200,
Fax 07221/931210,
E-Mail: gartenamt@badenbaden.de
Größe: 0,3 ha
frei zugänglich
Attraktionen: Brunnen und Kaskaden
Mai bis Okt.: 10–18 Uhr
Baden-Baden
205 Friedrichshöhe

Die Wasserkunstanlage nach italienischen Vorbildern wurde von Max Läuger errichtet. Sie ist mit Mauern und Hecken in das umgebende Villengebiet eingebunden.
Führungen: nach Voranmeldung 75 € für 1 bis 1,5 Std.

BaWü 38
Eigentümer/in: Stadt Baden-Baden, Gartenamt Winterhalterstraße 6, 76530 Baden-Baden, Tel. 07221/931200, Fax 07221/931210, E-Mail: gartenamt@badenbaden.de
Größe: 0,7 ha
Eintritt: frei
Bus 201 Leopoldsplatz
208 Leopoldsplatz, Moltkestraße
P ♿

Internationaler Rosenneuheitengarten Beutig

Moltkestraße, Baden-Baden

Die Terrassenanlage mit Blick in den Schwarzwald am Rande der Innenstadt ist seit 1981 Prüfungsgarten mit neuer Gestaltung und einer umfangreichen Sammlung alter und neuer Rosen, besonders Kletterrosen, Farben- und Sortenvergleich und Duftrosensortiment. Pro Jahrgang werden zirka 130 Neuheiten geprüft, die noch nicht im Handel erhältlich sind.
Führungen: nach Voranmeldung 75 € für 1 bis 1,5 Std.
Attraktionen: Rosenvollblüte der Kletterrosen Juni
Veranstaltungen: Konzerte, Beleuchtung Juni
Öffnungszeiten: Juni bis Okt. 9 Uhr bis Sonnenuntergang, 10 Minuten Fußweg oberhalb Kurhaus

BaWü 39
Eigentümer/in: Stadt Pforzheim, Grünflächenamt Eutinger Straße 4, 75175 Pforzheim, Tel. 07231/392330, Fax 07231/391395, E-Mail: gfa@stadtpforzheim.de
Größe: 39 ha, frei zugänglich
DB Pforzheim
Bus 1, 10, 11 Enzauenpark
P ✕ ☕ ♿
Attraktionen: Wasserspielplatz Mai bis September
Veranstaltungen: Konzerte, Theater, Infos bei Pforzheim Kongreß- und Marketing GmbH, Frau Issel, Tel. 07231/391364, Fax 07231/391307

Enzauenpark

Hohwiesenweg, Pforzheim

Der Enzauenpark ist 1992 zur Landesgartenschau in der zuvor mit Grünanlagen unterversorgten Pforzheimer Oststadt entstanden. Das Gelände liegt am Fluß Enz und wird je zur Hälfte intensiv und extensiv gepflegt und genutzt. Aus ehemals größtenteils brachliegenden Industrieflächen ist ein flußbegleitender Auenpark mit stadtbildprägender Wirkung und hoher Akzeptanz gewachsen. Der neu entstandene Park an der nördlichen Pforte des Schwarzwalds wird gut angenommen und besonders zum beschaulichen Verweilen in der renaturierten Flußlandschaft mit arttypischer Flora und Fauna genutzt. Kinder erfreuen sich an den reichhaltigen Angeboten von Kinderspielplätzen und des in den Sommermonaten betriebenen Wasserspielplatzes. Die ursprüngliche Idee, mit einer neuartigen Gartenschau dieNatur mit der Technik zu verbinden, ist durch den Entwurf der Landschaftsarchitekten Knoll, Reich und Prof. Lutz, Sindelfingen, an einem ungewöhnlichen Standort gelungen.

BaWü 40
Eigentümer/in: Mathias Carl Auf dem Berg 6, 75181 Pforzheim-Würm, Tel. 07231/70590, Fax 07231/788626
Größe: 2,1 ha
Eintritt: 2,50 €, Kinder frei bis

Alpengarten Pforzheim

Auf dem Berg 6, Pforzheim-Würm

Schon 1927 wurden auf einem Wiesengrundstück oberhalb der Ortschaft Würm die ersten Steingartenpflanzen im Sinne des Staudenexperten Karl Foerster angepflanzt. Bis heute in Familienbesitz wuchs die Anlage stetig und zeigt auf Felsgruppen, teils aus heimischem Sandstein, teils aus Kalk-

knollensteinen von der Schwäbischen Alb die Vielfalt der alpinen und hochalpinen Flora. Alpine Tischgärten und Tröge geben Anregungen für Balkon und Terrasse. Neben diesen Berg- und Felspflanzen gedeihen viele Arten und Sorten von Steingartenpflanzen, Zwerggehölzen sowie eine große Rhododendronsammlung.
Führungen: nach Voranmeldung
Öffnungszeiten: März bis November 8–19 Uhr

6 Jahre, ermäßigt 1,50 € für Schüler, Studenten, Gruppen ab 50 Personen 2,20 €/Person
P ☕ 🐕 ♿
✿ Gebirgs- und Alpenpflanzen

Blühendes Barock Ludwigsburg

Mömpelgardstraße 28, Ludwigsburg

Foto: Blühendes Barock

Herzog Eberhard Ludwig von Württemberg ließ zu Beginn des 18. Jahrhunderts ein prachtvolles, nach ihm benanntes Schloß bauen, dem sich nördlich und südlich umfangreiche Gärten im französisch-niederländischen Gartenstil anschlossen. Schon im späten 18. Jahrundert erlebten die Ludwigsburger Gärten einen Niedergang, als in die Parterres Klee eingesät wurde. Zwar kam es unter König Friedrich um 1800 zu einer kurzen Zeit neuer Wertschätzung und einiger Umbauten, doch die

BaWü 41
Eigentümer/in: Blühendes Barock Gartenschau Ludwigsburg GmbH
Mömpelgardstraße 28,
71640 Ludwigsburg,
Tel. 07141/97565-0,
Fax 07141/97565-33,
E-Mail: info@blueba.de
Internet: www.blueba.de
Größe: 32 ha
Öffnungszeiten: März bis Nov. 7.30–20.30 Uhr (Hauptsaison)
Eintritt: 6,50 €
Kinder ab 4 Jahre 3 €
Gruppen ab 20 Personen 5 €/Person
Ermäßigungen für Familien
Führungen: nach Voranmeldung, für Gruppen bis 25 Personen, 40 €/Gruppe zzgl. Eintritt
Veranstaltungen: Blumenschauen, Musikfeuerwerk, Kinderfest, Lichterzauber
DB Ludwigsburg
🚌 422
P gebührenpflichtig
☕ ♿
Attraktionen: Frühlingsbroderie, Sommerblumen, Dahlien, Kürbissortiment

nächsten 150 Jahre sanken der Park und die Stadt in einen Dornröschenschlaf. Nach der Gründung der Blühendes Barock GmbH im Jahr 1954 wurde ein vielgestaltiger Schaugarten entwickelt. Die einzelnen Gartenteile sind nach verschiedenen historischen Vorbildern konzipiert. Der Süd- und der Nordgarten zeigen den prunkvollen Glanz barocker Zeiten, der obere Garten eine südländische, heitere Landschaft mit spielerischen und antiken Elementen. Der Untere Obstgarten lockt mit einer wildromantischen und mittelalterlichen Landschaft, während der Märchengarten eine phantastische Zauberwelt für jung und alt verspricht.

gegenüber:
Rosengarten Beutig,
Baden-Baden
Foto: Weigel

Privatgarten Busse

Waldstraße 26, Backnang

Der ehemalige Nutzgarten ist durch seine reizvolle Gestaltung mit Bachlauf und kleinen Teichen ganzjährig attraktiv. Von den unterschiedlich gestalteten Sitzplätzen lassen sich die Beete mit Sommerblumen, Stauden und Rosen in 40 Sorten gut betrachten. Laubengang, Rosendom und Gewächshaus sind mit einem organisch angelegten Pfad verbunden.

BaWü 42 NEU
Eigentümer/in:
Evelyn und Wilhelm Busse,
Waldstraße 24,
71522 Backnang,
Tel. 07191/72859,
Fax 07191/731911,
E-mail: euwbusse@t-online.de
Größe: 0,1 ha
Anmeldung erbeten
Eintritt: freiwillige Spende
Führungen:
nach Voranmeldung
DB Backnang
Bus 360, 362
OT Sachsenweiler
P

Botanischer Garten der Uni Stuttgart in Hohenheim

A.-von-Hartmann-Straße, Stuttgart

Nach viermaligem Umzug im Verlauf der letzten 200 Jahre fand der Garten 1975 seinen jetzigen Platz auf dem Gelände der Universität Hohenheim. Dort ist er Teil der Gesamtanlage des Botanischen Gartens der Universität Hohenheim und des Landesarboretums Exotischer Garten. Die Anlage zeigt drei kleine, geographisch geordnete Gehölzteile mit Staudenunterpflanzung, ein Alpinum und ein Nutzkräuterquartier. Dieses teilt sich in Gewürzkräuter, Wildgemüse, Heilkräuter und

BaWü 43
Eigentümer/in: Biologisches Institut Pfaffenwaldring 57,
70550 Stuttgart,
Tel. 0711/685 5062,
Fax 0711/6855096
Größe: 1 ha
frei zugänglich
Führungen: nach Voranmeldung für Gruppen bis 15 Personen,
Preis nach Vereinbarung
U 3 Plieninger Garbe

P 🐕
Attraktionen: Blüte im Alpinum Mai/Juni

Kräuter für weitere Gebrauchsstoffe wie Farben, Fasern, Düfte, Öle und andere. Auf einer kleinen Fläche wird die Verlandung eines nährstoffreichen und eines nährstoffarmen Sees dargestellt. Die Gewächshäuser können nur nach persönlicher Anfrage vor Ort besichtigt werden.

BaWü 44
Eigentümer/in:
Landeshauptstadt Stuttgart, Garten- und Friedhofsamt
Maybachstraße 3,
70192 Stuttgart,
Tel. 0711/2167160,
Fax 0711/2167721
Größe: 0,1 ha
Öffnungszeiten: ganzjährig geöffnet 8.30 Uhr bis Einbruch der Dunkelheit
Eintritt: frei
Führungen nach Voranmeldung unter Tel. 0711/2163920 gegen Spende
🚌 43 Im Kaisemer, 🐕

Chinagarten – Stuttgart

Panoramastraße / Birkenwaldstraße, Stuttgart

Eine der Attraktionen der Internationalen Gartenausstellung 1993 war der Chinesische Garten im Rosensteinpark. Quingyin (Schöne Melodie) hatte man ihn genannt, abgeleitet aus einem Gedicht der chinesischen Tang-Dynastie (7.–10. Jh. n. Chr.): Nicht nur Laute und Flöte, sondern auch Berge und Wasser ergeben eine schöne Melodie. Die Halle der Freundschaft, ein Geschenk der chinesischen Partnerprovinz Baden-Würtembergs, und der Pavillon der vier Himmelsrichtungen sind Teil des klassischen Gartens im südchinesischen Baustil mit einer Landschaftskomposition aus Felsformationen, Wasserfall und Seerosenteich.
Führungen: nach Voranmeldung
Attraktionen: Wasserfall Mai bis Oktober

BaWü 45
Eigentümer/in:
Landeshauptstadt Stuttgart, Garten- und Friedhofsamt
Maybachstraße 3,
70192 Stuttgart,
Tel. 0711/2167160,
Fax 0711/2167721
Größe: 7 ha
frei zugänglich
Führungen: nach Voranmeldung
Preis nach Vereinbarung
Öffnungszeiten:
🚋 U 5, U 6, U 7 Weinsteige
P 🐕

Landschaftspark Wernhalde

Neue Weinsteige, Stuttgart

Der Landschaftspark Wernhalde wurde 1970 im Bebauungsplan als Grünfläche ausgewiesen und in den Jahren 1982 bis 1985 erschlossen. Mit zwei steil abfallenden, tief eingekerbten Bächen und seinem seltenen Baumbestand dient er nicht nur der Erholung, sondern ist für das Klima der Stuttgarter Innenstadt von großer Bedeutung. Charakteristisch sind im oberen Teil die Mammutbäume mit einer Höhe von über 30 Metern. Im Jahre 1864 kaufte die damalige königlich-württembergische Forstdirekton durch Vermittlung eines Kaufmanns Samen der Wellingtonia (Sequoiadendron giganteum) in Amerika, der im Frühjahr 1865 in einem Kalthaus der Wilhelma ausgesät wurde – mit sehr gutem Keimergebnis. Aus dieser Anzucht stammen auch die heutigen Mammutbäume an der Neuen Weinsteige.

BaWü 46
Eigentümer/in:
Landeshauptstadt Stuttgart, Garten- und Friedhofsamt
Maybachstraße 3,

Wartberg, Leibfriedsches Gelände

Heilbronner Straße, Stuttgart

Beide Bereiche wurden zur Internationalen Gartenschau 1993 behutsam umgestaltet. Auf dem Wartberg führt der Weg, der

70192 Stuttgart,
Tel. 0711/2167160,
Fax 0711/2167721
Größe: 35 ha
frei zugänglich
Führungen: nach Voranmeldung
Preis nach Vereinbarung
U 5, U 6 Löwentorbrücke
Attraktionen: Wasserspiele Mai bis Oktober

mit spezieller Rücksicht auf Behinderte keine starken Steigungen besitzt, an neu parzellierten Kleingartengrundstücken vorbei. Neben dem Ökologiezentrum befindet sich der Naturgarten der Volkshochschule. Optischer Blickfang des Wartbergs ist der Egelsee mit einer sich anschließenden Gruppe kleinerer Seen – wegen ihrer Form Krebsschwanz genannt. Wasserspeiende geometrische Figuren des Stuttgarter Bildhauers Hans Dieter Bohnet in Zusammenarbeit mit dem Planungsbüro Luz beleben die Seen. Von dem künstlich aufgeschütteten, 10 Meter hohen Aussichtshügel, dem Leibfried, hat man einen guten Ausblick auf die benachbarten Parkbereiche, auf die Innenstadt und das Neckartal. Geheimnisvoll ist die Wildnis um die Ruine der Villa Moser, um die in engen Grenzen der Garten begehbar gemacht wurde. Stege führen über die ehemalige Villa hinweg und um sie herum. Mosers Traum vom Süden, mit dem er Villa und Park Gestalt gegeben hat, griff der Architekt und Künstler Hans Dieter Schaal in mehreren Kunst-Installationen auf und persiflierte sie.

Silberburgpark, Karlshöhe

Silberburgstraße, Stuttgart

Zwischen Stuttgart-Süd und -West, den beiden bevölkerungsreichsten Stadtteilen, liegt in Fortsetzung des Hasenbergs der Bergrücken der Karlshöhe. Weinberge, prächtige Villen mit großen Gärten und öffentliche Grünanlagen, von denen aus man eine herrliche Aussicht auf die Innenstadt hat, prägen diese Gegend. Schon der Verschönerungsverein erkannte die hervorragende Lage im Stadtgebiet. Er erwarb den Berggipfel und gestaltete ihn in den Jahren 1889 bis 1896 als öffentliche Grünanlage. Zur Bundesgartenschau 1961 wurden Grünanlagen am südlichen und nördlichen Hang (Milchbar mit Weinberg und Silberburganlage) geschaffen, 1985 bis 1990 wurde die Villa Gemmingen und ihr Park saniert.

BaWü 47
Eigentümer/in:
Landeshauptstadt Stuttgart,
Garten- und Friedhofsamt
Maybachstraße 3,
70192 Stuttgart,
Tel. 0711/2167160,
Fax 0711/2167721
Größe: 5 ha
frei zugänglich
Führungen: nach Voranmeldung,
Preis nach Vereinbarung,
41 Marien-/Silberburgstraße
S 1, 2, 3, 4, 5, 6 Feuersee

BaWü 48
Eigentümer/in:
Landeshauptstadt Stuttgart,
Garten- und Friedhofsamt
Maybachstraße 3,
70192 Stuttgart,
Tel. 0711/2167160,
Fax 0711/2167721
Größe: 35 ha
frei zugänglich
Führungen: nach
Voranmeldung
Preis nach Vereinbarung
U 5, U 6, U 13 Pragsattel
U 7 Killesberg Messe
43 Killesberg Messe
teilweise gebührenpflichtig
Attraktionen: Fontänen,
Wasserbecken, Kübelpflanzen
Mai bis Oktober

Höhenpark Killesberg

Am Kochenhof, Stuttgart

Der Killesberg war bis 1938 ein aufgelassener Steinbruch. Der Planer der Reichsgartenschau 1939, Herrmann Mattern, nahm die Grundstrukturen des Steinbruchs als Elemente seiner Parklandschaft auf, so daß sich immer wieder neue, unerwartete Parkräume öffnen. Aufgrund der schwierigen Bodenverhältnisse dominieren die genügsamen Robinien und Birken, die mit kontrastreichen Eiben und Buchs unterpflanzt sind. Die Bauwerke wurden in sehr guter handwerklichen Qualität aus dem vorhandenen Material, einem roten Schilfsandstein, errichtet. Große Teile des Parks wurden kurze Zeit später im Krieg zerstört, doch schon 1950 eröffnete die zweite Gartenschau. Zur Internationalen Gartenschau 93 wurde der Park nach dem historischen Vorbild von 1939 saniert. Besondere Attraktionen sind das Tal der Rosen, das Astilbental, Erika- und Königskerzen-Hang sowie weitere Stauden- und Wiesenbereiche. Veranstaltungen: Lichterfest Samstag im Juli, Infos bei: Messe Stuttgart, Tel. 0711/2589375, Wahl der schönsten Dahlie Sept./Okt.

BaWü 49
Eigentümer/in:
Landeshauptstadt Stuttgart,
Garten- und Friedhofsamt
Maybachstraße 3,
70192 Stuttgart,
Tel. 0711/2167160,
Fax 0711/2167721
Größe: 3,6 ha
frei zugänglich
Führungen: nach
Voranmeldung,
Preis nach Vereinbarung
U 5, U 6, U 7 Bopser

Weißenburgpark

Hohenheimer Straße 119, Stuttgart

Der frühere Privatpark des Geheimrats Ernst von Sieglin aus der Jahrhundertwende erwarb die Stadt Stuttgart 1956 und baute ihn zur Bundesgartenschau 1961 zur öffentlichen Grünanlage aus. Unter Belassung der Reste des Streuobstbaus entstand eine Anlage am Hang, die durch ihren Höhenunterschied von 60 Metern sehr gute Ausblicke in die Stadtlandschaft ermöglicht. Bemerkenswert sind die in den Hang eingebauten Spielbereiche und die handwerklich gearbeiteten Mauern. Von dem alten Privatpark sind der unterirdische Marmorsaal, der sich als Raum für festliche Veranstaltungen empfiehlt, und das Teehaus erhalten. Das Teehaus, das heute als Café genutzt wird, liegt auf dem höchsten Punkt der Anlage und wurde 1914 von Heinrich Senes entworfen, die Kuppel von J. Mössel ausgemalt.

BaWü 50
Eigentümer/in:
Landeshauptstadt Stuttgart,
Garten- und Friedhofsamt
Maybachstraße 3,
70192 Stuttgart,
Tel. 0711/2167160,
Fax 0711/2167721
Größe: 3,5 ha
frei zugänglich
Führungen: nach

Stadtgarten

Kriegsbergstraße / Keplerstraße / Schellingstraße, Stuttgart

Die Parkanlage wurde 1870 zur ersten Württembergischen Gartenbauausstellung in Stuttgart fertiggestellt. Hier fanden Konzerte, Tanz und viele andere Veranstaltungen statt. Es gab prächtige Blumenbeete, Wasserspiele und ein Gewächshaus mit exotischen Pflanzen. Der Stadtgarten war einst die beliebteste Parkanlage in Stuttgart. 100 Jahre später wurde die im 2. Weltkrieg weitgehend zerstörte und daraufhin verwilderte Parkanlage neu gestaltet. Bei dieser Umgestaltung wurden Tiefgaragen überbaut sowie zwei Straßen aufgehoben und der Parkanlage zugeschlagen. Da der Stadtgarten unmittelbar an das Universitätsgelände anschließt, wird er vor allem von Studenten gern genutzt.

Voranmeldung
Preis nach Vereinbarung
U 9, U 14 Keplerstraße/Friedrichsbau
S 40, 42 Katharinen-Hospital

Park der Villa Berg

Sickstraße, Stuttgart

In dieser Parkanlage befindet sich die 1845 bis 1853 im italienischen Renaissance-Stil erbaute Villa Berg. Sie war fürstlicher Wohnsitz von Kronprinz Karl und seiner Frau, der russischen Großfürstin Olga Nikolajewna. 1913 ging die Villa Berg in den Besitz der Stadt über, wurde nach der Zerstörung im 2. Weltkrieg vereinfacht wiederaufgebaut und dient heute dem Süddeutschen Rundfunk als Studio und Veranstaltungsraum. Im Nordteil der Anlage befindet sich der Rosengarten mit Pavillon. Dieser Teil wurde 1981 nach historischem Vorbild wiederhergestellt. Durch eine schmale Grünverbindung gelangt man von hier aus in den Unteren Schloßgarten.

BaWü 51
Eigentümer/in:
Landeshauptstadt Stuttgart, Garten- und Friedhofsamt
Maybachstraße 3,
70192 Stuttgart,
Tel. 0711/2167160,
Fax 0711/2167721
Größe: 18,5 ha
frei zugänglich
Führungen: nach Voranmeldung,
Preis nach Vereinbarung,
U 1, U 14 Mineralbäder
P

Schloßgartenanlagen

Schloßplatz, Konrad-Adenauer-Str., Cannstatter Str., Stuttgart

Nach der Ernennung Herzog Friedrich II. zum König von Württemberg 1806 verlegte dieser seine Residenz von Ludwigsburg in das Neue Schloß nach Stuttgart. Sein Hofbaumeister N. F. Thouret entwarf die neuen Schloßgartenanlagen im Stil des englischen Landschaftsgartens, jedoch mit strenger Mittelachse und symmetrischen Strukturen im Schloßbereich. Die Schloßgartenanlagen erstrecken sich über 3,5 km vom Neuen Schloß bis zum Neckar, bzw. Rosensteinpark. Drei Anlagenteile sind durch breite Fußgängerstege verbunden. Nach schweren Zerstörungen im 2.Weltkrieg erfuhren die Anlagen zu den Bundesgartenschauen 1961 und 1977 starke Veränderungen und eine Umgestaltung in einen „Bürgerpark". 1977 wurde, bedingt durch Verkehrsbauten, am Fuße des Rosensteinparks eine künstliche Seenplatte und Hügellandschaft mit den „Berger Sprudlern" in Anlehnung an die naheliegenden Mineralquellen angelegt. Die Schloßgartenanlagen sind Bestandteil des mit der Internationalen Gartenbauausstellung 1993 geschaffenen „Grünen U", das sich vom Neuen Schloß über den Rotensteinpark und den Killesberg bis zum Krähenwald erstreckt.

Eigentümer: Land Baden-Württemberg, Staatl. Schlösser und Gärten Neues Schloß, 70173 Stuttgart, Tel. 0711/2790
E-mail: info@schloesser-und-gaerten.de
Internet: www.schloesser-und-gaerten.de

BaWü 52
Größe: 60 ha
frei zugänglich
Attraktionen: im Sommerhalbjahr täglich Wasserspiele
DB Stuttgart Hbf
U1, U2, U4, U9, U14 Staatsgalerie, Neckartor
P

BaWü 53
Eigentümer/in:
Landeshauptstadt Stuttgart,
Garten- und Friedhofsamt
Maybachstraße 3,
70192 Stuttgart,
Tel. 0711/2167160,
Fax 0711/2167721
Größe: 15 ha
frei zugänglich
Führungen: nach
Voranmeldung,
Preis nach Vereinbarung
2 Kursaal
P

Kurpark Bad Cannstatt

Taubenheimstraße, Stuttgart-Bad Cannstatt

Mitte des 19. Jahrhunderts schickte sich Cannstatt an, dessen Quellen schon die Römer schätzten, ein Weltbad zu werden, und so erlebte der Park in der Zeit von 1900 bis 1915 seine Blütezeit. Das heutige Aussehen bekam der Park in den Jahren 1959/60 durch modernisierende Eingriffe. Sein Charakter wird jedoch von dem wunderschönen alten Baumbestand, der teilweise noch auf die Gründungsjahre zurückgeht, geprägt. Die im Osten angrenzendeWulfilaanlage entstand im Jahr 1960 mit klarer Gliederung und funktionaler Wegeführung. Die Kursaalanlagen imWesten des Kurparks gehen auf eine vierreihige Kastanienallee zurück, die auf den Portikus des Kursaals ausgerichtet war. Nach kriegbedingten Zerstörungen bekam die Anlage, wie der Kurpark, 1959 und 1960 ihr heutiges Aussehen.

BaWü 54
Eigentümer/in: Land
Baden-Württemberg,
Tel. 0711/54020,
Fax 0711/5402222,
E-Mail: info@wilhelma.de,
Internet: www.wilhelma.de
Größe: 30 ha
Öffnungszeiten: ganzjährig ab
8.15 Uhr geöffnet
Schließzeiten:
Mai bis Aug. 18 Uhr, April und
Sept. 17.30 Uhr, März und Okt.
17 Uhr, Nov. bis Febr. 16 Uhr.
Eintritt: Erw. 10,80 €, ermäßigt
5,40 € für Kinder und Jugendliche von 6 bis 17 Jahre, Schüler
und Studenten bis 28 Jahre,
Abendtarif ab 16 Uhr: normal
7,40 €, erm. 3,70 €, ab 16 Uhr
Eintrittskarten nur über Kassenautomaten erhältlich,
Gruppe ab 15 zahlenden
Personen 8,60 €/Pers.,
Schulklassen 3,70 €/Pers.
Führungen: n. Voranmeldung
Tel. 0711/54020, für Gruppen
bis 20 Personen 120 € zzgl.
Eintritt,
Preisänderungen vorbehalten
U 14 Wilhelma/U13 Rosensteinbrücke
P gebührenpflichtig
Veranstaltungen:
große Sonderausstellung zu
zoologischen und botanischen
Themen, Ende Juni bis Mitte
September

Wilhelma – Zoologisch-Botanischer Garten

Neckartalstraße, 70376 Stuttgart-Bad Cannstatt

Wer heute an die Wilhelma denkt, meint in aller Regel den Zoologischen Garten Wilhelma. Daß die Wilhelma eine viel längere botanische Tradition und vor allem sehr reichhaltige Pflanzensammlungen hat, wird oft vergessen. Durch die Kombination von Pflanzen und Tieren, alter und moderner Architektur in einem historischen Park ist sie einzigartig auf der Welt. Gebaut wurde die Anlage zwischen 1837 und 1864 im Auftrag König Wilhelms I. von Württemberg. Nach dem Untergang des Königshauses 1918 wurde sie ein öffentlicher botanischer Garten. Im 2. Weltkrieg zu etwa 95 Prozent zerstört, wurde der Park als zoologisch-botanischer Garten wieder aufgebaut. Heute ist sie Heimat für rund 8000 Tiere und mit fast 1000 Arten einer der artenreichsten Zoos in Deutschland. Aber auch 6000 Pflanzenarten sind hier zu finden. Daher ändert sich das Gesicht des Parks im Wechsel der Jahreszeiten ständig. Einmalig ist die Blüte in einem der größten Magnolienhaine Europas mit 72 Bäumen, von denen 32 wohl aus der Gründerzeit der Wilhelma stammen. Im Sommer erfreut die Pracht tropischer Seerosen im zirka 650 Quadratmeter großen, beheizten Teich. Bemerkenswert ist die Kamelien-, Fuchsien- und Azaleensammlung. Beeindruckend sind auch die Bestände an Sukkulenten, Orchideen (z.B. 1200 Arten und Sorten), Farnen, Begonien, Bromelien, Insektivoren und Nutzpflanzen. Im Amazonienhaus sieht man auf 1200 Quadratmeter umbauter Fläche in einer künstlich gestalteten Felslandschaft Pflanzen und Tiere aus dem oberen Amazonas-Regenwald. Neueste Attraktion ist das Insektenhaus mit Schmetterlingshalle, in dem man zwischen freifliegenden Tieren umhergehen kann.

Rosensteinpark

Neckartalstraße, Nordbahnhofstraße Stuttgart-Bad Cannstatt

Der Rosensteinpark, einer der bedeutendsten Landschaftsgärten in Südwestdeutschland, wurde unter KönigWilhelm I. nach den Plänen des Oberhofgärtners J.W. Bosch von 1824 bis 1832 angelegt. Weiche Geländemodellierungen, leicht geschwungene Wege und weiträumige Wiesenflächen mit eingestreuten Baumgruppen lassen stets neue Parkräume und Sichtbeziehungen in die umgebende Hügellandschaft entstehen. Zur gleichen Zeit wurde das „königliche Landhaus", heute Schloß Rosenstein, nach Plänen des Hofarchitekten G. Salucci gebaut, der auch die „holländische Meierei" für die Rinderzucht im Nordwesten des Parks erstellte. Der einst 105 Hektar große Park verlor seit seinem Bestehen ein Drittel seiner Fläche durch Neu- und Ausbau von Verkehrsflächen, Bau des Staatlichen Museums für Naturkunde und die Erweiterung der angrenzenden Wilhema. Doch konnten mit der Bundesgartenschau 1977 und der Internationalen Gartenbauausstellung 1993 Grünverbindungen zum Park der Villa Berg, den Mineralbädern von Bad Cannstatt, zu den Schloßgartenanlagen und zum Killesberg geschaffen werden.
Eigentümer: Land Baden-Württemberg, Staatl. Schlösser und Gärten Neues Schloß, 70173 Stuttgart, Tel. 0711/2790
E-mail: info@schloesser-und-gaerten.de
Internet: www.schloesser-und-gaerten.de

BaWü 55
Größe: 70 ha
frei zugänglich
DB S4, S5, S6, Stuttgart-Nordbahnhof
U13 Löwentor, U14 Wilhelma, 15 Nordbahnhof
P gebührenpflichtig

Exotischer Garten – Landesarboretum Baden-Württemberg und Hohenheimer Landschaftsgarten

Filderhauptstraße 169–171, Stuttgart-Hohenheim

Exotischer Garten

Der Ursprung des Landesarboretums geht in das 18. Jahrhundert zurück. In den Jahren 1776 bis 1793 wurde unter Herzog Carl Eugen von Württemberg begonnen, ein 21 Hektar großes Gelände südwestlich des Hohenheimer Schlosses in einen Englischen Landschaftspark umzuwandeln. Ausgestattet mit etwa 60 Gebäuden und Monumenten diente er zunächst dem Herzog und seiner damaligen Favoritin Franziska von Leutrum, spätere Reichsgräfin von Hohenheim, zum Aufenthalt in Mußestunden oder bei Festlichkeiten. Zwei besondere Gärten wurden innerhalb des Landschaftsgartens angelegt: ein „Garten worin alle württembergischen Pflanzen befindlich sind" und ein „Amerikanischer Garten" mit nordamerikanischen Gehölzen. Bereits 1783 zählte die botanische Sammlung 1200 Arten, damals die reichste und vollständigste Sammlung von ausländischen Bäumen und Sträuchern in Deutschland. Im Jahr 1953 wurde der sogenannte Exotische Garten zum Landesarboretum von Baden-Württemberg

BaWü 56
Eigentümer/in: Universität Hohenheim, Versuchsstation für Gartenbau, Filderhauptstraße 169–171 70599 Stuttgart-Hohenheim, Tel. 0711/4593080/90, Fax 0711/4593750
Größe: zusammen 17,2 ha
Internet: www.uni-hohenheim.de/gartenbau
frei zugänglich
Führungen: nach Voranmeldung kostenlos
U 3 Plieningen Garbe
P

erhoben. Er ist Teil der Versuchsstation für Gartenbau an der Universität Hohenheim. Ein Schwerpunkt bei der Auswahl der Gehölze liegt in der Darstellung gärtnerisch interessanter Sortimente. Das Gesamtbild des Landesarboretums wird geprägt durch den alten Baumbestand, der zum Teil noch aus der Zeit der ersten Anlage erhalten ist. Besonders zu erwähnen sind eine Platane sowie mehrere Tulpenbäume, die im Jahr 1779 gepflanzt wurden. Das Spielhaus im exotischen Garten, eines der drei noch bestehenden Gebäude aus der Gründerzeit, beherbergt das Museum zur Geschichte Hohenheims, das über die Entstehungsgeschichte des Gartens Auskunft gibt.

Hohenheimer Landschaftsgarten

Im Jahr 1998 wurde auf einer Ackerfläche und einer Wiese in räumlichem Zusammenhang zum Exotischen und Botanischen Garten mit umfangreichen Geländemodellierungen der Hohenheimer Landschaftsgarten neu errichtet. Zwei markante Elemente des Landschaftsgartens, der untere Hügel mit seiner Umrahmung aus Linden und der Monopteros auf dem oberen Hügel mit einer Gehölzskuptur aus Säulenhainbuchen, korrespondieren optisch mit dem Herzen Hohenheims, dem Schloß von Herzog Eugen. Die Anpflanzung der Sammlungen wurde sowohl nach wissenschaftlichen als auch nach gestalterischen Gesichtspunkten vorgenommen. Staudenpflanzungen und als Wildblumenwiesen angelegte Grünflächen beleben das Erscheinungsbild des Gartens zusätzlich. Dieser jüngste Teil der Hohenheimer Gärten ermöglichte die Auslagerung von Bäumen und Sträuchern aus dem Exotischen Garten. Historisch bedeutsame Strukturen konnten so im ältesten Gartenteil wieder neu hervorgehoben werden. Gleichzeitig erfuhr die Gehölzsammlung eine bedeutende Ausweitung.

Botanischer Garten der Universität Hohenheim

Garbenstraße 30, Stuttgart-Hohenheim

Schwerpunkte des Botanischen Gartens sind die Vegetationsentwicklung der letzten 12 000 Jahre, eine systematische Anlage mit über 5000 Pflanzenarten und die Geschichte der landwirtschaftlichen Nutzpflanzen. Besonders beliebt sind die Gewächshäuser mit Sammlungen tropischer und subtropischer Pflanzen und zwei Arzneigärten.
Eigentümer/in: Universität Hohenheim,
Botanischer Garten 211, Garbenstraße 30, 70599 Stuttgart,
Tel. 0711/4592186, Fax 0711/4593355,
Internet: www.uni-hohenheim.de
Führungen: nach Voranmeldung Ingo Hans, Bot. Garten 211,
Emil-Wolff-Straße 38, 70599 Stuttgart-Hohenheim,
Tel. 0711/4592186 für Gruppen bis 40 Personen
Attraktionen: Kinderspielplatz im Garten

BaWü 57
Größe: 21 ha
frei zugänglich
Gewächshäuser im Jahr 2006 nur mit Führung nach Anmeldung
DB Stuttgart
3 Garbe, Plieningen
70 Uni Hohenheim
E-Mail: botghans@unihohenheim.de
→ Die Gärten liegen südlich von Schloß Hohenheim

Stadtpark Vaihingen

Vollmoellerstraße, Stuttgart-Vaihingen

Der zwischen 1933 und 1935 auf dem Gelände eines ehemaligen privaten Parks und städtischer Flächen nach Plänen des Gartenarchitekten C.W. Siegloch angelegte Park wurde Ende der siebziger Jahre im Rahmen der Städtebausanierung des Stadtteils Vaihingen umgebaut. Die historische Lindenallee konnte erhalten werden. Einzelne Nachpflanzungen waren notwendig. Bei der Sanierung wurde auch wegen des schönen Baumbestandes an der zum Teil streng geometrischen Gestaltung festgehalten und der Park mit Staudenpflanzungen und Einjahresblumen aufgewertet.
Führungen: nach Voranmeldung, Preis nach Vereinbarung.

BaWü 58
Eigentümer/in: Landeshauptstadt Stuttgart, Garten- und Friedhofsamt
Maybachstraße 3,
70192 Stuttgart,
Tel. 0711/2167160,
Fax 0711/2167721
Größe: 2,5 ha,
frei zugänglich
Attraktionen: Wasserbecken Mai–Okt.
U 1, U 3, U 6 Vaihingen Bahnhof
S 1, 2, 3 Vaihingen-Bahnhof

Garten Porten

Solitudestraße 384, Stuttgart

Foto: Porter

BaWü 59
Größe: 0,11 ha
Eintritt: frei
Führungen: nach Voranmeldung
Öffnungszeiten: 20. Mai bis 15. August, Anmeldung erbeten
DB Stuttgart Hbf
U6 Korntal
90, 95 Greutterstraße

Der 80 Jahre alte Garten mit einem schönen Baumbestand, u. a. eine 250jährige, denkmalgeschützte Eiche, ist in drei Gartenräume aufgeteilt: Runder Garten, Waldrand und Formaler Kräutergarten. Aufgrund des Baumschattens wurde besonders auf Textur und Struktur der Rabatten geachtet, ohne effektvolle Farbkompositionen zu vernachlässigen. Der Kräutergarten wurde 1999 nach einem Entwurf von Brigitte Elsworth angelegt.
Eigentümer: Erika und Dr. Rolf Porten, Solitudestr. 384, 70499 Stuttgart, Tel. 0711/834243, Fax 0711/834246, E-Mail: rolf.porten@t-online.de

BaWü 60
Größe: 0,3 ha
Eintritt: frei
Führungen: nach Voranmeldung
30 Personen 45 €
Öffnungszeiten:
Im Sommer 8–22 Uhr
Im Winter 8–18 Uhr
S 6 S-Bahn Station Leonberg
92 Grabenstraße
94 Marktplatz
P gebührenpflichtig
♿

Pomeranzengarten Leonberg

Grabenstraße Leonberg

Der Leonberger Pomeranzengarten ist einer der wenigen erhaltenen Gärten aus der Zeit der Renaissance. Er wurde im frühen 17. Jahrhundert von dem Baumeister Heinrich Schickhardt im Auftrag der Herzogin Sibylla, Witwe Herzog Friedrichs von Württemberg, angelegt. Schon vor fast 400 Jahren waren Pomeranzen und andere Zitruspflanzen wegen ihres Blütenduftes und der kostbaren Früchte begehrt. Die unterhalb der Stadtmauer liegende rechteckige Terrasse ist von vier kleinen Eckpavillons eingegrenzt. Zwei blumengeschmückte Parterres werden durch je ein Achsenkreuz gegliedert. Im Mittelpunkt der Terrasse befindet sich ein achteckiger Brunnen. Ab 1980 wurde der Garten nach gartendenkmalpflegerischen Aspekten, unter Einbeziehung des teilweise noch vorhandenen Bestands restauriert.
Eigentümer: Land Baden-Württemberg, Staatliche Schlösser und Gärten, c/o Stadt Leonberg, Stadtmarketing, Bahnhofstr. 57, 71229 Leonberg, Tel. 07152/9901041, Fax 07152/9901490, E-Mail: stadtmarketing@leonberg.de, Internet: www.schloesser-und-gaerten.de

Burghalde

Wilhelm-Hornmann-Straße, Sindelfingen

Oberhalb der Stadt liegt die älteste Gartenanlage Sindelfingens. Farbenfrohe Staudenterrassen, kleine Teiche und verschwiegene Plätze im verwinkelten Gelände, die Kombination von Natursteinen in Mauern und Wegen lassen die Handschrift Josef Wohlschlagers erkennen. Anläßlich der Landesgartenschau 1990 wurden die Statuen der römischen Gottheiten Mars und Venus hierhin versetzt.
Eigentümer/in: Stadt Sindelfingen, Regiebetrieb Stadtgrün, Rathausplatz 1, 71063 Sindelfingen, Tel. 07031/94373, Fax 07031/94688, E-Mail: stadtgruen@sindelfingen.de

BaWü 61
Größe: 1,5 ha
Führungen: nach Voranmeldung kostenlos
frei zugänglich
🚌 84 Bibliothek
701, 702 Rathaus
→ Über Stadtpark erreichbar
P gebührenpflichtig
✕ 🐕

Stadthallenpark

Schillerstraße, Sindelfingen

Die von dem Stuttgarter Gartenarchitekten Adolf Haag in den frühen fünfziger Jahren gestalte Anlage blickt auf eine wechselvolle Geschichte zurück. Nach 1962 durch den Bau der Stadthalle folgte mit ihrer Renovierung und der Errichtung einer Tiefgarage Ende der achtziger Jahre eine zweite Umgestaltung. Die Funktion des Lustwandelns veränderte sich in eine Umrahmung und Repräsentation für die Stadthalle.
Eigentümer/in: Stadt Sindelfingen, Regiebetrieb Stadtgrün, Rathausplatz 1, 71063 Sindelfingen, Tel. 07031/94373, Fax 07031/94688, E-Mail: stadtgruen@sindelfingen.de

BaWü 62
Größe: 2,7 ha
frei zugänglich
Führungen: nach Voranmeldung kostenlos
🚌 84 Bibliothek
701, 702 Rathaus
P gebührenpflichtig
✕ 🐕 ♿

Chorherrengarten

Ziegelstraße, Sindelfingen

Nach Plänen von Helga Mühleck restauriert, wird der historische Bauerngarten ehrenamtlich vom Mittleren Alter gepflegt. In der formalen Ordnung dieses Gartens ergeben Heilkräuter, Gewürze, Gemüse und Blumen ein harmonisches Miteinander.
Führungen: nach Voranmeldung kostenlos
Öffnungszeiten: ganzjährig geöffnet,
im Sommer 8–19 Uhr, im Winter 8–16.30 Uhr
🚌 701, 702 Domo, P gebührenpflichtig, ♿

BaWü 63
Eigentümer/in: Stadt Sindelfingen, Regiebetrieb Stadtgrün, Rathausplatz 1, 71063 Sindelfingen,
Tel. 07031/94373,
Fax 07031/94688,
E-Mail: stadtgruen@sindelfingen.de
Größe: 460 m²
Eintritt: frei

Sommerhofenpark

Seestraße, Sindelfingen

Die Parkanlage wurde zur 10. Landesgartenschau Baden-Württemberg 1990 nach Plänen von Jörg Stötzer gebaut. Der Park liegt zwischen Siedlungsrand und freier Landschaft. Die Sindelfinger Staudengärten sind in die Anlage integriert. Besonders sehenswert ist der streng geometrische Rosengarten.
Führungen: nach Voranmeldung, kostenlos
DB Sindelfingen, 🚋 51 Goldberg, 🚌 706 Rathaus
P ☕ 🐕 ♿

BaWü 64
Eigentümer/in: Stadt Sindelfingen, Regiebetrieb Stadtgrün, Rathausplatz 1, 71063 Sindelfingen,
Tel. 07031/94373,
Fax 07031/94688,
E-Mail: stadtgruen@sindelfingen.de
Größe: 11 ha
frei zugänglich

BaWü 65
Eigentümer/in: Stadt Sindelfingen, Regiebetrieb Stadtgrün, Rathausplatz 1, 70163 Sindelfingen, Tel. 07031/94373, Fax 07031/94688
Größe: 5 ha
frei zugänglich
DB Böblingen,
Bus 731, 732 Sindelfingen-Darmheim
P

Aibachgrund-Park

Sindelfingen-Darmheim

Die Herkunft als früherer Steinbruch ist dem vom früheren Gartenamtsleiter Josef Wohschlager entworfenen Park an seiner Modellierung noch gut anzusehen. Besonders hervorzuheben sind seine zahlreichen Baumarten, die in einem Baumlehrpfad beschrieben werden.
Führungen: nach Voranmeldung
Veranstaltungen: Sonnwendfeier

BaWü 66
Eigentümer/in: Stadt Esslingen am Neckar, Grünflächenamt Pulverwiesen 21, 73728 Esslingen am Neckar, Tel. 0711/35122495, Fax 0711/35122992, E-Mail: gruenflaechenamt@esslingen.de
Größe: 4,3 ha
frei zugänglich
Bus 104, 113, 147 Neckarstraße
P gebührenpflichtig

Merkel-Park

Pulverwiesen/Färbertörlesweg, Esslingen am Neckar

Um 1870 entstand am Pulverwasen die Schafwollspinnerei Merkel und Kienlin. In unmittelbarer Nähe erstellte Kommerzienrat Oskar Merkel eine Villa mit Landschaftspark, direkt an der neu entstandenen Bahnlinie Stuttgart–Ulm. 1970 kam die Wollfabrik mit Villa und Landschaftspark in den Besitz der Stadt Esslingen mit der Maßgabe, das Fabrikgelände nach Abbruch in einen öffentlichen Park umzuwandeln. Dieser wurde 1982 nach den Plänen des Grünflächenamtes fertiggestellt. Mittelpunkt der Anlage ist der geöffnete Triebwerkskanal, der in einen See mit Fontänen mündet. Im Westen schließt der Park an den Pliensauturm an, der ein Teil der mittelalterlichen Stadtbefestigung ist. Dort wurde auf einem ehemaligen Lokschuppen ein aus einer Bürgerstiftung finanzierter Kinderspielplatz errichtet. Der alte und der neue Merkel-Park sind in den letzten Jahren zu einer Einheit zusammengewachsen.

BaWü 67
Eigentümer/in: Stadt Esslingen am Neckar, Grünflächenamt Pulverwiesen 21, 73728 Esslingen am Neckar, Tel. 0711/35122495, Fax 0711/35122992, E-Mail: gruenflaechenamt@esslingen.de
Größe: 0,1 ha, frei zugänglich
Bus 110, 112, 116 Mülbergstraße

Lenau-Anlage

Mülberger Straße, Esslingen am Neckar

Die Lenau-Anlage liegt im halbkreisförmigen Knie der Mülberger Straße. Sie wurde 1906 von den Stuttgarter Gartenarchitekten Berz und Schwede geplant und ausgeführt. Im Zentrum der kleinen Anlage steht die Bronzebüste des Dichters, umgeben von einem Brunnenbecken. Die Anlage ist, soweit bekannt, die einzige Anlage in Deutschland zu Ehren Lenaus. Sie wurde 1998 nach Originalunterlagen saniert.

BaWü 68
Eigentümer/in: Stadt Esslingen am Neckar, Grünflächenamt, Pulverwiesen 21, 73728 Esslingen am Neckar, Tel. 0711/35122495,

Schilleranlage

Schiller-/Heilbronner Straße, Esslingen am Neckar

Planung und Ausführung der 1906 hergestellten Anlage oblag den Stuttgarter Gartenarchitekten Berz und Schwede, der Entwurf stammt vermutlich von Harry Maasz. Mittelpunkt der Anlage ist ein nierenförmiger Teich mit Wasserspiel. Ein Querweg trennt einen landschaftlichen von einem streng gegliederten Bereich, der in der Spitze des Dreiecks liegt. Die Grünanlage wird zur Zeit nach alten Unterlagen saniert.

Fax 0711/35122992,
E-Mail: gruenflaechenamt@esslingen.de
Größe: 0,4 ha, frei zugänglich
🚌 104, 113, 147 Schillerplatz

Maille

Vogelsang-/Wehrneckarstraße, Esslingen am Neckar

Die Maille ist ein traditionsreicher Park mit altem Baumbestand inmitten der historischen Altstadt von Esslingen. Der Name wird von dem Ball-Maille-Spiel abgeleitet, das nach 1600 aus Italien eingeführt wurde. Die Maille wird 1752 erstmals erwähnt. Eine Planung der gesamten Anlage ist, soweit feststellbar, nie erstellt worden. Die Form entstand vielmehr durch die begrenzenden Elemente der sie umfließenden Neckararme. 1990 wurde der Landschaftsarchitekt Jörg Stötzer, Sindelfingen, auf der Grundlage eines Wettbewerbs mit der Sanierung des Parks beauftragt, die 1998 weitgehend abgeschlossen wurde.

BaWü 69
Eigentümer/in: Stadt Esslingen am Neckar, Grünflächenamt
Pulverwiesen 21,
73728 Esslingen am Neckar,
Tel. 0711/35122495,
Fax 0711/35122992,
E-Mail: gruenflaechenamt@esslingen.de
Größe: 1,6 ha, frei zugänglich
🚌 108 Maillestraße
P gebührenpflichtig

Garten der Villa Melchior

Freie Kunstschule, Neckarstraße 13, Nürtingen

Im Jugendstilgarten des Gartenarchitekten Lilienfein wurden von Schülern und Lehrern der Kunstschule Nürtingen der Laubengang, das Springbrunnenrondell und Wege nach alten Unterlagen wiederhergestellt. Hinter dem Laubengang geht der Garten in den Uferbereich des Neckars über.
Eigentümer/in: Stadt Nürtingen, Tiefbauamt, Grünflächenabteilung, Kirchheimer Straße 60, 72622 Nürtingen,
Tel. 07022/75448, Fax 07022/75485

BaWü 70
Größe: 0,2 ha, frei zugänglich
🚌 33, 74 Hallenbad
→ B 297 Richtung Tübingen, Zufahrt auf der linken Straßenseite ca. 200 m nach Stadtbrücke
P

Lehr- und Versuchsgärten der Hochschule Nürtingen-Geislingen, Abt. Braike

Schelmenwasen 6, Nürtingen

Foto: Fachhochschule Nürtingen

BaWü 71
Eigentümer/in:
Hochschule Nürtingen-Geislingen
Neckarsteige 6–10,
72622 Nürtingen,
Tel. 07022/404188,
Fax 07022/404219,
E-Mail: lvg@fh-nuertingen.de
Internet: www.hfwu.de/vg
Größe: 1,8 ha
Öffnungszeiten: April bis Oktober 8 Uhr bis Einbruch der Dunkelheit, November bis März 8–15.30 Uhr, bei Schnee und Eisglätte geschlossen
Eintritt: frei
Führungen: nach Voranmeldung, 35 €

Veranstaltungen:
Tag des offenen Gartens sowie Jahresprogramm Bingo! – „Garten Eden für Jeden", Infos im Internet und unter Tel. 07022/404188
DB Tälesbahn R 82 Roßdorf
Bus 183 Schelmenwasen, 180, 198 Eichendorffstraße
→ Die Anlage befindet sich hinter dem Neubau der Hochschule am Ortsrand von Nürtingen in Richtung Frickenhausen
P ♿

Die Pflanzenverwendung steht im Mittelpunkt dieses Ende der 1980er Jahre entstandenen Gartens. Im abwechslungsreich modellierten Gelände wurden vielerlei Lebensbereiche mit Gehölzen, Stauden und Sommerblumen bepflanzt. Diese sind so kombiniert, daß ihre Standortansprüche übereinstimmen und Farben, Formen und Strukturen harmonieren. Pflanzungen der Lebensbereiche Wasser und Wasserrand, Beet- und Prachtstauden, Gehölz und Gehölzrand, Steppenheide usw. sind ebenso zu sehen wie spezielle Themengärten, z. B. der Graulaubige Garten, Taglilien und Päonien mit ihren Begleitern und vieles mehr. Dachbegrünung, Pergolen und ein Naturstein-Lehrpfad zeigen Beispiele landschaftsgärtnerischer Arbeiten.

BaWü 72
Eigentümer/in:
Fachhochschule Nürtingen
Neckarsteige 6–10,
72622 Nürtingen,
Tel. 07022/404188,
Fax 07022/404219,
E-Mail: lvg@fh-nuertingen.de
Internet: www.hfwu.de/vg
Größe: 4,5 ha
Öffnungszeiten: ganzjährig geöffnet, täglich 7–22 Uhr
Eintritt: frei
DB R 73 Oberboihingen
Bus 196 Kreissparkasse
→ Ortsmitte Oberboihingen, am Alten Rathaus in die Kochstraße abbiegen Richtung Hofgut Tachenhausen
P ♿

Lehr- und Versuchsgärten der Hochschule Nürtingen-Geislingen, Abt. Tachenhausen

Hofgut Tachenhausen, Oberboihingen

Umfangreiche Pflanzensortimente auf übersichtlich angeordneten Beeten, nach Lebensbereichen gegliedert, können Studierende und Besucher im Detail wahrnehmen: Blütenfarbe und Blütezeit, Pflanzen- und Blütenform, Wuchscharakter, Ausstrahlung, Struktur und Duft der einzelnen Arten und Sorten kennen zu lernen, das ist die Funktion dieses Gartens. Mit Namen ausgeschilderte Stauden, Sommerblumen, Rosen, Bäume und Sträucher bieten Anregungen für Gärtner und Pflanzenliebhaber.

Attraktionen: Blüte der Sommerblumen im Bauerngarten Juli bis September, Pfingstrosensortiment im Juni, Rosenblüte ab Juni, Sichtungssortimente der AG Staudensichtung
Führungen: nach Voranmeldung, 35 €

Privatgarten Hörsch

Hagenwiesenstraße 3, Uhingen, Ortsteil Diegelsberg

Privatgarten am Hang zum Nassachtal. Vom frühesten Frühjahr an blühen Zwiebelgewächse, Sträucher und Bäume, Stauden und Lilien bis in den späten Herbst hinein. Hauptanziehungspunkt des Gartens sind die über 200 Clematis.
Attraktionen: Clematisblüte April bis Oktober
Besuchszeiten: April bis Oktober, Anmeldung erforderlich

BaWü 73
Eigentümer/in: Walter und Ingrid Sophie Hörsch Hagenwiesenstraße 3, 73066 Uhingen, Tel. 07163/4196, Fax 07163/4789
Größe: 0,1 ha
Eintritt: frei
→ Bei Anmeldung, P

Privat- und Schaugarten Jeutter Gärtnerhof

Schinderhalde 1, Göppingen-Faurndau

Besonderen Wert bei der sich ständig erweiternden Anlage wird auf eine landschaftsgerechte Einbindung der einzelnen Schwerpunkte gelegt. Gezeigt werden die vielfältige Verwendung der Pflanzen in ihren Lebensbereichen unter Berücksichtigung der Spontanvegetation und der gestalterische Umgang mit Pflanzen, Naturstein, Metall, Holz und Wasser.
Anmeldung erbeten nur im Privatbereich und bei Gruppen, Eintritt: frei
Eigentümer: Garten- und Landschaftsbau, Staudengärtnerei Johannes Jeutter, Gärtnerhof, Schinderhalde 1, 73035 Göppingen-Faurndau, Tel. 07161/23036, Fax 07161/156100
Veranstaltungen: Wechselnde Kunstausstellungen, Seminare, Fachvorträge, Info auf Anfrage
Attraktionen: Rosenblüte im Mai/Juni

BaWü 74
Größe: 0,4 ha
Führungen: nach Voranmeldung für Gruppen bis 50 Personen 2 €/Person
Öffnungszeiten:
März bis November Mo, Di, Do, Fr 9–12.30 Uhr, 13.30–18 Uhr, Sa 9–14 Uhr
DB Göppingen-Faurndau Wangenerstraße
→ Göpp.-Faurndau in Richtung Rechberghausen, letzte Straße in Faurndau rechts in Wiesenstraße bis Ende
P 🐕 ♿
✿ Kräuter, Clematis, Rosen

Stadtgarten Schwäbisch Gmünd

Rektor-Klaus-Straße 9, Schwäbisch Gmünd

1778 kaufte der Chef des Handelshauses Stahl, Edler von Pfeilhalden, von 11 Bürgern Grundstücke und verwirklichte dort seinen Traum von einem Lustgarten. Das Rokokoschlößchen, die Umzäunung sowie ein Arboretum mit 60 verschiedenen Bäumen und Gehölzen – von Ahorn bis Wildapfel – sind heute dort ebenso zu finden wie die Sonnenuhr mit Obelisken. Diese hat 17 Einzeluhren und als Windfahne „Apoll mit dem Sonnenwagen". 1906 kam der „Geiger-

BaWü 75
Eigentümer/in: Stadt Schwäbisch Gmünd Marktplatz 7, 73525 Schwäbisch Gmünd, Tel. 07171/603680, Fax 07171/603688, E-mail: tiefbauamt@schwaebisch-gmuend.de
Internet: www.schwaebisch-gmuend.de

Größe: 2,6 ha
frei zugänglich
P gebührenpflichtig

brunnen" hinzu, ein Werk von Wilhelm Wiedemann, das an die Geschichte des „Geiger von Gmünd" erinnert. Die Stadt kaufte das Anwesen um 1900. An Stelle der 1902 gebauten Stadthalle wurde 1984 das Congress-Centrum Stadtgarten errichtet. Die Außenanlagen gestaltete der Landschaftsarchitekt Hans Luz, Stuttgart.

BaWü 76
Größe: 1 ha
Öffnungszeiten: ganzjährig geöffnet Mo–Fr, 10–12, 14–18 Uhr, Sa 9–12 Uhr
Anmeldung für Gruppen erbeten
Eintritt: frei
DB Süssen
P
Attraktionen: Bronzeskulpturen

Skulpturengarten Strassacker

Staufeneckstraße 19, Süssen

In einem weitläufigen, parkartigen Garten mit Teich, Bachlauf und modernem Pavillon stehen zahlreiche Bronzeskulpturen in unterschiedlichen Stilrichtungen und Motiven, wie szenische Darstellungen, Tierplastiken und Brunnen. Angeschlossen ist eine Galerie mit 800 Quadrametern Ausstellungsfläche.
Eigentümer/in: Kunstgießerei Ernst Strassacker KG, Staufeneckstraße 19, 73079 Süssen, Tel. 07162/16480, Fax 07162/16355, E-Mail: mail@strassacker.de, Internet: www.strassacker.de
Führungen: nach Voranmeldung

Privatgarten Schweizer

Mühlstraße 49, Deggingen

In dem Erlebnis- und Empfindungsgarten mit alten Obstbäumen und Stauden stehen aus Ton selbstgefertigte kleine Kunstwerke. Nur telefonische Anmeldung für Gruppen erbeten.
Öffnungszeiten: ganzjährig geöffnet
➜ bei Anmeldung

BaWü 77
Eigentümer/in: Margarete und Heinrich Schweizer
Mühlstraße 49,
73326 Deggingen,
Tel. 07334/5402
Größe: 0,18 ha
Eintritt: frei

Schloßpark Fachsenfeld

Am Schloß 1, Aalen-Fachsenfeld

An einer Hangkante hoch über dem Kochertal gelegen, präsentiert dieser dem englischen Stil nachempfundene Park seine beeindruckende Naturszenerien. Die stufenartige Anlage mit ursprünglichen Blumenwiesen, idyllischen Wassergestaltungen sowie einem über 400 Arten umfassenden Bestand von Bäumen und Sträuchern bezaubert durch eine abwechslungsreiche Optik. Dieses pure Natur vermittelnde

BaWü 78
Größe: 8 ha
Eintritt: 3 € nur Park, 6 € in Kombination mit Schloß, ermäßigt 1 € für Schüler bis 14 Jahre
Führungen: nach Voranmeldung auch während der Woche möglich
DB Aalen
Bus Aalen-Fachsenfeld

Gartenkunstwerk verdankt die Nachwelt Wilhelm Freiherr von Koenig-Fachsenfeld, der es zwischen 1830 und 1860 nach planerischen Grundideen des an der Gestaltung der Wilhelma in Stuttgart beteiligten Oberhofgärtners Bosch anlegen ließ.
Eigentümer/in: Stiftung Schloß Fachsenfeld, Marktplatz 30, 73430 Aalen, Tel. 07366/7351 oder 07361/521115,
Internet: www.Stiftung-Schloß-Fachsenfeld.de
Öffnungszeiten: 18. März bis 31. Oktober, Sa und So 10–12 und 14–17 Uhr

BaWü 79
Eigentümer/in:
Stadt Kehl,
Hauptstraße 85,
77694 Kehl,
Tel. 07851/880,
Fax 07851/88208,
E-Mail: info@stadt-kehl.de,
Internet: www.kehl.de
Größe: 45 ha
Führungen: nach Voranmeldung
frei zugänglich
DB Kehl
P gebührenpflichtig

Garten der zwei Ufer

u.a. Schwimmbadstraße, Hagenstraße

Auf der Kehler und Straßburger Rheinseite entstand zur Landesgartenschau 2004 eine grenzüberschreitende Parklandschaft: der Garten der zwei Ufer/Jardin des deux rives, der durch die neue Fußgänger- und Radfahrerbrücke des Pariser Architekten Marc Mimram verbunden wird. Von den Rheinterrassen mit Pflanzbeeten und Wasserspielen ziehen sich die Anlagen über die neoklassizistische Villa Schmidt hin zur Rheinpromenade. Drei Achsen schaffen weitere Beziehungen über den Rhein hinweg. Die Achsen sind „Gartenalleen“ mit Gärten und Aktionsflächen und jeweils einem Thema gewidmet: die nördliche Achse zum Thema „Kommunikation“, die Zentralachse „Bewegung“ und die südliche Achse „Spielen“. Einen besonders guten Ausblick in die Umgebung hat man vom 2004 eröffneten Weißtannenturm in 44 Meter Höhe.

BaWü 80
Eigentümer/in:
Stadt Lahr/Schwarzwald,
Am Stadtpark 2, 77933 Lahr,
Tel. 07821/9100670,
Fax 07821/9100672,
Internet: www.lahr.de
Größe: 4,5 ha
Öffnungszeiten: ganzjährig geöffnet,
im Sommer 8–19 Uhr,
im Winter bis Einbruch der Dunkelheit
Eintritt: 1,80 €, ermäßigt 0,90 € für Behinderte,
Gruppen ab 20 Personen, 1,50 €/Person
Führungen: nach Voranmeldung,

Stadtpark Lahr

Kaiserstraße, Lahr

Seinen Ursprung hat der Lahrer Stadtpark in dem Villengarten von Christian Wilhelm Jamm, der sich um 1860 um seine Villa, heute Museum der Stadt Lahr, von französichen Gärtnern einen Englischen Garten mit Teich, Grotte, Pavillon und Wintergarten anlegen ließ. Nach seinem Tod vermachte er das Grundstück der Stadt Lahr mit der Maßgabe, daraus einen öffentlichen Park zu machen. Auch die dazu gehörenden Grundstücke durften nicht bebaut werden, so daß sie zur Erweiterung des Stadtparks genutzt werden konnten. Auf relativ kleiner Fläche werden eine Vielzahl unterschiedlicher Gartentypen auf hohem gärtnerischen Niveau gezeigt. Neben dem schönen Altbaumbestand, darunter zahlreiche Raritäten, und vielen Rhododendren ist der 1985 entstandene, geometrische Rosengarten mit über 250 Sorten erwähnenswert, der sich vor der Orangerie erstreckt. Tausende von Tulpen lassen in jährlich wechselnden Mustern die Rasenflächen leuchten. Eine Fülle von Sommerblumen, viele nach alten Teppichbeetvorlagen der Jahrhundertwende gepflanzt, sind Höhepunkte, ebenso die Staudenbeete im englischen Stil und die in 2003 neu hinzugekommene Hortensienanlage. Seit vielen Jahren sind die Pfauen auf den Wiesen sowie die vielen anderen Tiere in Volieren und Gehegen zusammen mit dem erlebnisreichen Spielplatz beliebte Attraktionen des Stadtparks.

DB Lahr
P ✕ ♿
Attraktionen: Tulpen, April, Rhododendren, Mai
Rosengarten, Juni
Hortensien Juli
Veranstaltungen: Tulpenfest, Rosenfest, Pflanzenbörse
Info bei KulTuorBüro Lahr, Tel. 07821/950210,
Internet: www.populahr.de

Privatgarten Kopp
Haslacher Straße 6, Oberkirch / Haslach
Romantischer Landhausgarten mit üppigen Staudenrabatten, zahlreichen Rosen, Sommerblumen, Glyzinien, Sitzplätzen und Seerosenteichen, in dem auch ein Nutzgarten sowie eine Kräuterecke integriert sind. Besondere Spezialität sind Formschnitte von Buchs und anderen Gehölzen. Außerdem gehören eine Schar Hühner mit stolzem Hahn und Schafe dazu.
Führungen: nach Voranmeldung

BaWü 81
Eigentümer/in: Familie Willi Kopp, Haslacher Straße 6, 77704 Oberkirch / Haslach, Tel. 07802/7915
Größe: 0,4 ha
Anmeldung erbeten
Eintritt: 2 €
Öffnungszeiten: Mai bis Sept.
➜ bei Anmeldung
P Rollstuhlgeeignet

Privater Fuchsiengarten
Gewerbestraße 8, Oberkirch
Ob als Hängeampel unter Bäumen oder als Stämmchen im Blumenbeet: in natürlicher Umgebung laden etwa 650 Fuchsienarten und -sorten zum Verweilen und Bestaunen ein. In beschatteter Lage kommen viele Blüten erst zur Geltung und zu ihrer Blütenpracht. Rund um das Wohnhaus stehen außerdem zahlreiche Kübelpflanzen, wie Cassia, Bleiwurz, Engelstrompete und Oleander.
Öffnungszeiten: nach vorheriger Anmeldung
E-Mail: info@wolfgang-ducksch.de

BaWü 82
Eigentümer/in: Antonia Baumann, Gewerbestraße 8, 77704 Oberkirch,
Tel. 07802/6283,
Fax 07802/4584,
Internet: wolfgang-ducksch.de
Größe: 700 m²
Eintritt: frei
🚌 Achern-Oberkirch Blumenau
P ♿

Privatgarten Längin
Alte Bergstraße 7, Lahr-Mietersheim
Vielfältige Stauden, Kiwi-Spaliere, kleine Teiche, Steingarten, Obst- und Gemüsegarten und ein Rhododendronbeet prägen diesen Garten. Eine besondere Spezialität ist die große Iris-Sammlung.
Anmeldung erbeten
Führungen: nach Voranmeldung
Attraktionen: Irisblüte Mitte Mai bis Anfang Juni

BaWü 83
Eigentümer/in: Familie Kurt Längin, Alte Bergstraße 7, 77933 Lahr-Mietersheim,
Tel. 07821/43673
Größe: 0,2 ha
Öffnungszeiten: Mai bis Oktober, 10–18 Uhr
Eintritt: frei
DB Lahr
➜ bei Anmeldung, ♿

BaWü 84
Größe: 0,12 ha
Eintritt: frei
Führungen: nach Voranmeldung
Öffnungszeiten: Mai bis November
P 🐕

Privatgarten Lau

Silberwaldstr. 77, Dornstetten-Hallwangen

Durch seine Hanglage ist der romantische Landhausgarten am Waldrand in verschiedene Ebenen untergliedert. Viel Sandstein und Schmiedeeisen prägen die Materialwahl bei Treppen, Mauern und Terrassen, auf denen zahlreiche Kübelpflanzen stehen. Neben Heide- und Kräutergarten sorgen vor allem üppige, als „mixed borders" gestaltete Staudenbeete für eine harmonische Einheit von Haus und Garten.
Anmeldung erbeten
Eigentümer: Irene Lau, Silberwaldstraße 77, 72280 Dornstetten-Hallwangen, Tel. 07443/20231

BaWü 85
Größe: 0,2 ha
Eintritt: frei
Führungen: nach Voranmeldung für Gruppen bis 10 Personen
Spende erbeten
Öffnungszeiten: ganzjährig
☕ auf Bestellung
✿
P

Sukkulenten-Garten der Dopp-Institute

Weillinde 8, Empfingen

Der weitläufige Haus- und Nutzgarten mit altem Baumbewuchs enthält mehrere Gewächshäuser, Frühbeete und interessante Steingärten, die überwiegend für winterharte Kakteen und andere winterharte sukkulente Pflanzen gestaltet wurde. Bemerkenswert ist eine Opuntia imbricata, der zur Zeit höchste und größte winterharte Kaktus nördlich der Alpen, der ohne Regenschutz und Heizung im Freien überwintert.
Anmeldung erbeten
Eigentümer: Holger Dopp, Weillinde 8, 72186 Empfingen, Tel. 07485/1779, Fax 07485/725013, E-Mail: info@g-dopp-institut.de

BaWü 86
Eigentümer/in: Universität Tübingen, Botanischer Garten, Hartmeyerstraße 123, 72076 Tübingen, Tel. 07071/2978822, Fax 07071/295876
E-Mail: botgarden@uni-tuebingen.de
Internet: www.botgarden.uni-tuebingen.de
Größe: 10 ha
Öffnungszeiten: ganzjährig Garten täglich 8–16.45 Uhr, Arboretum werktags 8–16.45 Uhr, Schaugewächshäuser täglich 10–12 Uhr, 13.30–16.30 Uhr
Eintritt: frei
Führungen: nach Voranmeldung

Botanischer Garten der Universität Tübingen

Hartmeyerstraße 123, Tübingen

Die Tradition der Tübinger Botanischen Gärten reicht bis in das 16. Jahrhundert zurück zum Mediziner, Naturwissenschaftler und mehrfachen Rektor der Univiversität, Leonhart Fuchs, nach dem die Fuchsie benannt wurde. Der Neue Botanische Garten steht seit 1969 für Forschung und Lehre im Universitätsunterricht sowie zur allgemeinen Information der Öffentlickeit zur Verfügung. Rund 12 000 Planzenarten aus fast allen Lebensräumen der Erde werden gezeigt. Die Freilandabteilungen gliedern sich auf in das Geographische Alpinum, das Ökologische Alpinum, die Systematische Abteilung, die Schwäbische-Alb-Anlage, den Rhododendron-Hain, die Ostasien- und Nordamerika-Reviere und viele andere Bereiche, von Nutz-, Arznei-, Zier- und Wasserpflanzen bis hin zum historischen Bauerngarten oder zum schwäbischen Weinberg mit alten und neuen Rebsorten Baden-Württembergs. Alte, zum Teil fast vergessene Obstsorten werden als

kulturelles Erbe im Arboretum vorgestellt, außerdem 1300 Nadel- und Laubgehölzarten der gemäßigten Breiten.
Die 2400 Quadratmeter großen Gewächshausanlagen versetzen in die wärmeren Klimazonen, wie das Tropicarium mit der Artenfülle der alt- und neuweltlichen Tropen, die Gewächse der Trocken- und Wüstengebiete im Sukkulentenhaus und die speziellen Pflanzen der Kanaren-Abteilung.

DB Tübingen
Bus 5 Botanischer Garten
P
Veranstaltungen:
Veranstaltungsprogramm
Januar bis Dezember

Pomologie

Alteburgstraße/Friedrich-Ebert-Straße, Reutlingen

Um das 1860 gegründete Pomologische Institut wurden 1000 Apfel-, Birnen-, Zwetschgen- und Pflaumenbäume gepflanzt. Nach der Schließung des Instituts 1922 diente das Gelände zum Teil als Parkplatz, bis es zur Landesgartenschau von 1982 bis 1984 als öffentliche Grünanlage mit vielerlei Einrichtungen für alle Altersgruppen umgewandelt wurde. Als Hinweis auf die typischen Obstgütle blieb eine Obstbaumwiese erhalten. Neben einem Obst-, Beeren- und Gemüsegarten gibt es einen Rosen- und Apothekergarten, ein Gewächshaus, ein Exotarium mit Sumpfbibern und Wasserschildkröten sowie Spieleinrichtungen.

BaWü 87
Eigentümer/in: Stadt Reutlingen, Garten- und Friedhofsamt, Marktplatz 22, 72764 Reutlingen,
Tel. 07121/3032573,
Fax 07121/3032773
Größe: 4,9 ha, frei zugänglich
Bus 4, 5 Volkspark/Pomologie
P gebührenpflichtig

Volkspark Reutlingen

Frauenstraße, Reutlingen

Kurz vor dem 1. Weltkrieg ließ die Stadt Reutlingen durch das Stuttgarter Architekturbüro Berz & Schwede einen Volkspark bauen, dessen Gestaltung streng geometrisch war. Aus finanziellen Gründen wurde beim Bau auf viele Ausstattungsmerkmale wie Pergolen und Wasserfontänen verzichtet. Zur Landesgartenschau 1984 wurde der Volkspark unter Berücksichtigung seiner historischen Grundstruktur restauriert. Staudenpflanzungen, abgestimmt auf den ausgelichteten Baumbestand mit sonnigen und schattigen Standorten, bilden zusammen mit den Bäumen und Sträuchern eine artenreiche Pflanzengesellschaft. Nach den Plänen des Büros Eppinger und Schmid entstand die 60 Meter lange, dreiteilige Wasserachse mit den Zentauren des Stuttgarter Bildhauers Brüllmann. Neben dem Musikpavillon gibt es einen Spielbereich für Kinder jeden Alters.

BaWü 88
Eigentümer/in: Stadt Reutlingen, Garten- und Friedhofsamt, Marktplatz 22, 72764 Reutlingen,
Tel. 07121/3032573,
Fax 07121/3032773
Größe: 3,5 ha, frei zugänglich
Bus 4, 5 Volkspark/Pomologie
P gebührenpflichtig

Stadtgarten Reutlingen

Reutlingen

Um 1902 nach Plänen von Friedrich Lucas angelegt, war der Stadtpark eine öffentliche Grünanlage, die ursprünglich

BaWü 89
Eigentümer/in: Stadt Reutlingen, Garten- und Friedhofsamt, Marktplatz 22

72764 Reutlingen,
Tel. 07121/3032573,
Fax 07121/3032773
Größe: 2,6 ha
frei zugänglich
🚌 6 Isolde-Kurz-Gymnasium
P 🐕 ♿

den Bewohnern der engbebauten Altstadt als Erholungsort diente und als Lunge der Stadt bezeichnet wurde. Größere Umbauten im zentralen Bereich wurden 1983 mit der Aushebung eines etwa 700 Quadratmeter großen Teichs vorgenommen. Der als Hügel gestaltete Aushub erhielt eine Bepflanzung mit Rosen und Stauden und ein Sitzrondell mit Pergola.

BaWü 90
Eigentümer/in: Johannes und Dora Heß, Schloßberg 11, 72525 Münsingen-Magolsheim,
Tel. und Fax 07384/6286
Größe: 350 m²
→ bei Anmeldung,

Privatgarten Heß

Schloßberg 11, Münsingen-Magolsheim

Der kleine Garten ist überwiegend mit Stauden bepflanzt. Neben einem Steingarten und einer Wasserfläche wachsen aber auch unterschiedliche Gräser, Kräuter und Sommerblumen.
Anmeldung erbeten, Eintritt: frei
Öffnungszeiten: Mai bis Oktober

BaWü 91
Größe: 0,8 ha, frei zugänglich
DB Albstadt-Lautlingen
S wenige Minuten vom Bahnhof
P 🐕 ♿

Schloßpark Albstadt-Lautlingen

Von-Stauffenberg-Straße, Albstadt

Der von Schloßmauer mit Ecktürmen und einzelnen Gebäuden eingesäumte Park mit seinen alten Bäumen umgibt das Stauffenbergschloß, Sitz der Ortschaftsverwaltung und der Musikhistorischen Sammlung Jehle mit Konzertsaal.
Eigentümer/in: Stadtverwaltung Albstadt,
Betriebsamt, Postfach 100125, 72422 Albstadt,
Tel. 07431/1603701, Fax 07431/1603707,
E-Mail: betriebsamt@albstadt.de, Internet: www.albstadt.de

BaWü 92
Größe: 28 ha
Anmeldung für Gruppen erbeten unter
Tel. 0731/5031351
Öffnungszeiten:
ganzjährig geöffnet,
im Sommer 9–20 Uhr,
Gewächsh. Di und Do
9–12 Uhr und 13–15 Uhr,
im Winter 9–15.30 Uhr,
Gewächsh. Di und Do
9–12 Uhr und 13–15 Uhr
Eintritt: frei
🚌 3, 5 Universität Süd
P ♿

Botanischer Garten der Universität Ulm

Oberer Eselsberg, 89069 Ulm

Der Botanische Garten wurde 1981 gegründet und befindet sich noch im Aufbau. Von der geplanten Gewächshausanlage sind zwei Anzuchthäuser, ein Überwinterungshaus und zwei Tropenhäuser fertiggestellt. In die Freilandfläche integriert sind 6,6 Hektar natürliche Waldgesellschaften. Weitere 6,8 Hektar entfallen auf Wiesen-Nutzungsformen. Ausgebaut ist bisher der Bereich Süd mit biologischer, historischer und Nutzpflanzen-Abteilung, Bauerngarten, Pergola und Feuchtbiotop. Weiterhin sind eine Streuobstwiese mit zum Teil alten Obstsorten und Dreifelderwirtschaft mit seltenen Ackerwildkräutern zu sehen. 2001 wurde in der Nähe der Gewächshäuser ein ca. 2000 Quadratmeter großer Apothekergarten mit über 200 verschiedenen Heilpflanzen angelegt.
Eigentümer/in: Land Baden-Württemberg,
Tel. 0731/5031351, Fax 0731/5031359,
E-Mail: botgart@uni-ulm.de,
Internet: www.biologie.uni-ulm.de/garten/

Privatgarten Frick

Kreuzäcker 2, Achstetten

Foto: Barbara Frick

Der formal gestaltete Garten wird in verschiedene Farbthemen eingeteilt: viel Weiß und sanfte Farbkombinationen. Lauschige Sitzplätze, Hochstammrosen und Historische Rosen laden zum Verweilen ein.

BaWü 93
Eigentümer/in: Barbara Frick
Kreuzäcker 2,
88480 Achstetten,
Tel. 07392/911295,
Fax 07392/911296,
E-Mail:
barbara.frick@t-online.de
Größe: 860 m²
Öffnungszeiten: Mai bis August
Anmeldung erbeten
Führungen: nach Voranmeldung
Attraktionen: Rosenblüte
Eintritt: frei
P

Privatgarten Birkel

Schloßberg 12, Schwendi-Bußmannshausen

Neben einem großen Teich, einem tiefen Burggraben mit Baumbestand und einem Staudengarten mit Obstbäumen ist die Hauptattraktion ein Rosengarten mit zirka 500 verschiedenen Rosenarten, unter anderem 30 historische Kletterrosen bis 10 Meter Höhe, englische und französische Rosen sowie moderne Rosen und Clematis.
Führungen: nach Voranmeldung für Gruppen bis 50 Personen
Attraktionen: Rosen aller Gattungen, historische und moderne Züchtungen

BaWü 94
Eigentümer/in: Hannelore Birkel, Schloßberg 12,
88477 Schwendi-Bußmannshausen,
Tel. 07353/3614,
Fax 07353/3140
Größe: 1 ha
Anmeldung erbeten
Öffnungszeiten: Besuch nur nach Voranmeldung von Ende Juni bis Anfang Juli ab 17 Uhr möglich
Eintritt: 2,50 €
P ♿

Alter Friedhof

Karlstraße, Stadtstraße, Freiburg-Herdern

Von 1683 bis 1872 wurde auf dem Alten Friedhof bestattet. Er bietet mit seinen Grabmälern nicht nur einen Einblick in die

BaWü 95
Eigentümer/in: Stadt Freiburg im Breisgau, Stadtgrün und Friedhöfe, Fehrenbachallee 12,

79106 Freiburg im Breisgau,
Tel. 0761/2016505,
Fax 0761/2016599
Größe: 2,8 ha, frei zugänglich
14 Alter Friedhof

künstlerische Gestaltung des Totengedenkens im 18. und 19. Jahrhundert mit schönen Beispielen aus Barock, Rokoko und Klassizismus. Er ist darüber hinaus auch Spiegel der Freiburger Stadtgeschichte. Der Alte Friedhof mit der Michaeliskapelle aus der Mitte des 18. Jahrhunderts gehört heute zu den schönsten Parkanlagen im innerstädtischen Bereich.

BaWü 96
Eigentümer/in: Stadt Freiburg im Breisgau, Eigenbetrieb Friedhöfe, Friedhofstraße 8,
79106 Freiburg im Breisgau,
Tel. 0761/27809820
Größe: 27,1 ha
Öffnungszeiten: ganzjährig geöffnet,
im Sommer 8–20 Uhr,
im Winter 8–16.30 Uhr
Eintritt: frei
4 Friedhof

Neuer Hauptfriedhof

Friedhofstraße, Freiburg

1872 außerhalb der Stadt gegründet, mußte der Friedhof 25 Jahre später auf Grund des raschen Bevölkerungswachstums erweitert werden und erhielt seine heutige Gestalt und Ausdehnung. Für die gärtnerische Gestaltung war der Stadtgärtner Max Schmöger verantwortlich. Die monumentale Einsegnungshalle wurde nach Art der oberitalienischen Zentralkirchen der Hoch-Renaissance-Periode geplant. In dem parkartigen Gelände mit altem Baumbestand findet man einen guten Überblick über die künstlerische Entwicklung des Grabdenkmals von Historismus und Neugotik, über Jugendstil und Art Déco, wiederbelebtem Barock und allen Formen des Klassizismus bis zur Formensprache der Gegenwart.

BaWü 97
Eigentümer/in: Land Baden-Württemberg, vertreten durch Thermen und Touristik GmbH,
Kaiserstraße 5,
79410 Badenweiler,
Tel. 07632/799300,
Fax 07632/799399
E-Mail:
touristik@badenweiler.de
Internet: www.badenweiler.de
Größe: 19,5 ha
frei zugänglich
DB Müllheim
→ von Bahnhof Müllheim umsteigen in Bus 101 nach Badenweiler
P gebührenpflichtig

Schloß- und Kurpark Badenweiler

Kaiserstraße, Badenweiler

Foto: Badenweiler Thermen u. Touristik GmbH

Verbunden durch den Schloßplatz laden der Schloß- und der Kurpark mit ihren alten und gepflegten Baum- und Strauchbeständen zum Verweilen ein. Viele Bäume mit ihren mächtig ausladenden Kronen sind über 140 Jahre alt. Exotische und zum Teil seltene Gehölze erregen die Aufmerksamkeit des interessierten Besuchers. Vom Frühjahr bis zum Herbst präsentieren sich viele, üppige Wechselbepflanzungen und Blumenzwiebeln. Im Kurpark liegt, geschützt durch ein Glasdach, die Römische Badruine, die ganzjährig geöffnet ist.
Attraktionen: Fontäne im Schwanenweiher täglich im Sommerhalbjahr
Veranstaltungen: Lampionfeste, Burgfest im Juli, Römerfest im August, Führungen zur Römischen Badruine
Führungen: nach Voranmeldung, Do 15 Uhr, im Sommerhalbjahr, Treffpunkt Kurhaus

Landhausgarten Ettenbühl

Hof Ettenbühl, Bad Bellingen-Hertingen
In den letzten 30 Jahren wurde Weide- und Ackerland langsam und behutsam in eine Gartenlandschaft im englischen Stil umgewandelt. Neben vielen interessanten Gehölzen sind verschiedene Themengärten zu finden, die Anregungen zu allen Jahreszeiten bieten: der Schnittgarten der Yellow Brick Road, der wildromantische Cottagegarten, der „sunken garden" mit einer großen Sammlung von Strauchpäonien, der Frühlings- und der Herbstgarten, der Pfingstrosenweg, der in den Gelben Garten führt, der Teichgarten mit Pergola und Wisterien, das Oval & Wäldchen, der Lavendelgarten mit Stauden und Rosen, der mediterrane Kräutergarten, der barocke Buchsgarten und die drei Rosengärten mit über 400 historischen und traditionellen Rosen.
Eigentümer: Landhaus Ettenbühl Stefanie Körner, Hof Ettenbühl, 79415 Bad Bellingen-Hertingen, Tel. 07635/822357, Fax 07635/822359, E-Mail: Landhaus.Ettenbuehl@t-online.de,

BaWü 98
Größe: 4 ha
Eintritt: 4 €
Kinder frei bis 7 Jahre
ermäßigt 2 € für Kinder von 8 bis 16 Jahre
Führungen:
Einstündige Gartenführung Mi, Fr, Sa um 15 Uhr
und für Gruppen zusätzlich nach Vereinbarung 8 €/Person
Öffnungszeiten:
April bis Oktober Di, Mi, Do, Fr, Sa 10–13 und 14–17 Uhr
für Gruppen zusätzliche Termine nach Vereinbarung
➜ B3 zwischen Hertingen und Welmdingen
Bed & Breakfast
✿ Rosen und ihre Begleiter, Gartenzubehör

Internet: www.landhaus-ettenbuehl.de
Veranstaltungen: English Gardening School Tages- und Wochenendkurse, siehe Prospekte

BaWü 99
Eigentümer/in: Stadt Weil am Rhein, 79576 Weil am Rhein, Tel. 07621/7040
Größe 30 ha
frei zugänglich
Führungen: nach Voranmeldung kostenlos
DB Weil am Rhein

DreiLänderGarten

Eisenbahnpfad / Zollfreiestraße, Weil am Rhein

Die Anlage des DreiLänderGartens für die Landesgartenschau 1999 schließt sich unmittelbar an die historische Gartenstadt der Stadt Weil am Rhein an. Die beiden Kernbereiche des Parkes werden durch die erste Paulownien-Allee Deutschlands miteinander verbunden. Den Auftakt des Geländes bilden die Wassergärten. In eine großzügig geschwungene Teichanlage schieben sich diese begehbaren Gartenanlagen als Halbinseln hinein. Auf verschiedenen Wegen führt der DreiLänderGarten auf eine Zeitreise durch die Gartenkunst – Vergangenheit – Gegenwart – Zukunft. Ein weiterer Höhepunkt ist der Parkbereich in der ehemaligen Kiesgrube der Stadt. Vor der Kulisse dieser wildromantischen Landschaft ergibt sich ein abwechslungsreicher Freizeitraum.

BaWü 100
Eigentümer/in: Stadt Rheinfelden (Baden), Kirchplatz 2, 79618 Rheinfelden (Baden), Tel. 07623/95-0, Fax 07623/95-220
Größe: 0,8 ha, frei zugänglich
DB Rheinfelden
P Parkscheibe (3 Std.)

Stadtpark Rheinfelden (Baden)

Rheinbrückstraße, Rheinfelden (Baden)

Kernstück des Stadtparks mit seinem alten Baumbestand, gepflegten Blumenrabatten und gemütlichen Sitzecken ist das Haus Salmegg. Es ist eines der ältesten Häuser Rheinfeldens und wurde 1824/25 erbaut. Der Stadtpark bietet einen herrlichen Blick auf die Altstadt von Rheinfelden/Schweiz, auf die Rheinbrücke, das Inseli und die nach ursprünglichen Plänen wiederhergestellte Salmenwaage. Darüber hinaus sind Kunstwerke zeitgenössischer Künstler zu sehen.

BaWü 101 NEU
Eigentümer/in: Stadt Rheinfelden, Kirchplatz 2, 79618 Rheinfelden, Tel. 07623/950, Fax 07623/95220, E-mail: info@Rheinfelden.de, Internet: www.Rheinfelden.de
Größe: 2 + 3,2 ha
frei zugänglich ab 2007
DB Rheinfelden

Grünprojekt Rheinfelden 2007

Adelbergstraße und Werderstraße, Rheinfelden

Das Grünprojekt in Rheinfelden 2007 soll mit Hilfe der Grünplanung zwei Rheinfeldener Stadtteile verbinden und die Grünqualitäen des Ortes entscheidend verbessern. Der Adelberg hat eine herausragende Lage am Rhein. Dieses wichtige Naherholungsgebiet wird durch neue, behindertengerechte Wegeverbindungen und die Schaffung verschiedener Aussichtspunkte aufgewertet. Südlich der Werderstraße befindet sich die ehemalige Kiesgrube „Brunnengrube-Süd", in dem unter dem Titel „Tutti Kiesi" in eine parkartige Gestaltung eine Sport- und Freizeitanlage mit multifunktionalem Sportgroßfeld und Festplatz integriert wird.

BaWü 102
Größe: 0,22 ha
Eintritt: frei
Öffnungszeiten:
Mai bis September
P
Ferienwohnung

Privatgarten Fartenbacher

Klemme 28, Häusern

Am Hang, umgeben von dichtem Wald, liegt der großzügig gestalte Garten, der sich im Sommer vor allem durch seine üppigen Stauden- und Sommerblumenbeete hervorhebt. Anmeldung erbeten.

Eigentümer/in: Gerda Fartenbacher, Klemme 28, 79837 Häusern, Tel. 07672/1625

BaWü 103 NEU
Eigentümer/in:
Gemeinde Grafenhausen,
Rathausplatz 1,
79865 Grafenhausen,
Tel. 07748/5200,
Fax 07748/52020,
E-mail:
sekretariat@grafenhausen.de,
Internet: www.grafenhausen.de
Größe: 3 ha
frei zugänglich
DB Seebrugg
Grafenhausen, Schule/Rathaus
Veranstaltungen: Kurkonzerte, Kinder-Veranstaltungen, Open-Air-Kino
im Sommer Bildhauersymposium, Skulpturen im Park 2006
P

Kurpark Grafenhausen

Spiechergässle, Grafenhausen

Auf früheren Wiesen- und Weideflächen wurde durch das Planungsbüro LEHEN drei, Stuttgart, der 2003 eingeweihte Kurpark gestaltet, der den ursprünglichen Charakter mit naturbelassenen Feuchtgebieten und Wildblumenwiesen an den Hängen erhielt. Die Parkgestaltung ergänzt die typischen Merkmale der Kulturlandschaft „Südlicher Hochschwarzwald" mit zeitgemäßen Gestaltungselementen und zurückhaltenden Kontrasten. Aktive Bereiche mit Pergola, Freilichtbühne, Boulespielflächen und Spielplatz wechseln sich mit ruhigen Zonen zum ungestörten Verweilen ab.

BaWü 104
frei zugänglich
DB Waldshut-Tiengen
P
Veranstaltungen: Nöggenschwieler Rosenfest,
2. Wochenende im Juli,
Dorfführungen,
Anmeldung und Info:
Tourist-Info Tel. 07755/1553

Rosengarten und Rosendorf Nöggenschwiel

Weilheim / Nöggenschwiel

Neben dem Rosengarten im Dorfzentrum schmückt sich das gesamte Dorf mit über 20 000 Rosen in vielen Sorten, darunter viele Wildrosen, die an nahezu allen Häusern gepflanzt sind und von den Einwohnern und Vereinen in Eigeninitiative gepflegt werden.

Eigentümer/in: Verkehrsverein Rosendorf Nöggenschwiel / Tourist-Info „Roseneck", Josef-Raff-Platz, 79809 Weilheim-Nöggenschwiel, Tel. 07755/1553, Fax 07755/919942, E-mail: touristinfo@weilheim-baden.de, Internet: www.rosendorf-noeggenschwiel.de

Parkanlage Hubenloch Villingen

Romäusring, Villingen-Schwenningen

Die stadtnahe Erholungsanlage mit Vereinssportstätten und Freizeitsport liegt auf einem Höhenrücken mit Blick über die historische Altstadt. Der Rosengarten mit über 10 000 Rosen ist mit über 700 m NN einer der am höchsten gelegenen in Deutschland.

Führungen: nach Voranmeldung, kostenlos

Veranstaltungen: Neujahrsschießen des historischen Grenadiercorps Villingen, 1. Jan., 8 Uhr; Vereinsfeste Sommermonate

Attraktionen: Frühlingsgarten, Rosengarten

BaWü 105

Eigentümer/in: Stadt Villingen-Schweningen, Grünflächenamt, Winkelstraße 9, 78056 Villingen-Schwenningen, Tel. 07720/822741, Fax 07720/822757

Größe: 8,8 ha

frei zugänglich

4 Hubenloch, 6 Kalkofenstraße

Duft- und Würzkräuter-Schaugarten

Hilzingen-Binningen

Foto: Roland Krey

Im großen Schaugarten wetteifern Duftkräuter, Duftsträucher, duftende Zwiebelpflanzen sowie der bunte Flor der einjährigen Duftarten um ihre Gunst als Nasenschmeichler. Der Garten ist thematisch gegliedert. So gibt es zum Beispiel Duftrasen aus polsterbildenden Arten wie Römischer Kamille, Poleiminze und Thymian, eine Sammlung zitronenduftender Kräuter, einen Minze-Garten, Würzkräuter aus aller Welt, eine Mini-Provence sowie Historische Rosen, duftende Strauch- und Staudenpägonien und vieles mehr. Wegen der nachtduftenden Arten ist man auf Abendbesuche eingerichtet. Sehenswert sind auch der Schaugarten für alte Gemüsesorten, die angelegten Blumenwiesenflächen sowie der Wildblumenanbau.

Veranstaltungen: Hohenstoffeln-Kräutertage 27./28. Mai 2006

BaWü 106

Eigentümer/in: Bernd und Brigitte Dittrich, Bachstraße 7, 78247 Hilzingen-Binningen, Tel. 07739/1452, Fax 07739/677, E-Mail: info@syringa-samen.de, Internet: www.syringa-samen.de

Größe: 0,6 ha

Öffnungszeiten: April bis Okt. Mo–Fr 9–17 Uhr, Sa 9–16 Uhr, Eintritt: frei

Führungen: nach Voranmeldung für Gruppen ab 10 Personen 3,50 €/Person

DB Singen

Hilzingen-Binningen

✿ Duft- und Würzkräuter

Privatgarten Wahl

Hauptstraße 43, Aach

Der fast 100 Jahre alte Bauerngarten in der Nähe der Aachquelle wurde liebevoll restauriert. Um das zentrale Achsenkreuz

BaWü 107

Eigentümer/in: Susanne Wahl Hauptstraße 43, 78267 Aach, Tel. 07774/7837

Größe: 0,1 ha
Anmeldung erbeten
Öffnungszeiten: ganzjährig geöffnet, Eintritt: frei
7364 Aachquelle

liegen Gemüse- und Blumenbeete mit alten Kartoffelsorten, einer Minzesammlung und alten Rosen. Der hintere Gartenbereich ist mit Stauden und Blumenzwiebeln bepflanzt.
Attraktionen: Rosenblüte
Führungen: nach Voranmeldung kostenlos

BaWü 108
Größe: 100 m^2
Anmeldung erbeten
Öffnungszeiten: ganzjährig geöffnet
Eintritt: frei
Führungen: nach Voranmeldung kostenlos
Singen
Singen-Worblingen

Privatgarten Blümke

Neugasse 5, Rielasingen-Worblingen

Reihenhausgarten mit mehreren Sitzplätzen und Teich mit Porphyr-Naturstein. Die Bepflanzung nach englischem Vorbild mit Rosen, Stauden und Sträuchern ist farblich auf Pastelltöne aus dem Spektrum Rosa und Blau abgestimmt.
Eigentümer/in: Hans und Hanne Blümke, Neugasse 5, 78239 Rielasingen-Worblingen, Tel. 07731/27900, Fax 07731/51636

BaWü 109
Eigentümer/in: Stadt Singen
Rathaus
78224 Singen (Htwl.),
Tel. 07731/850,
Fax 07731/85696
Größe: 3,4 ha, frei zugänglich
Singen
1, 4, 7349, 7362 Niederhofstraße

Insel Wehrd

Singen

Durch die Anlage des Mühlkanals zwischen Schlachthofstraße und Hombergerstraße um zirka 1700 ergab sich eine inselartige Situation zwischen dem Kanal und dem Fluß Aach mit einer Gesamtlänge von 950 Meter. Die Insel Wehrd wurde jahrelang landwirtschaftlich genutzt. 1997 ist sie zu einer Flußerlebniszone mit Naherholungseignung umgestaltet worden. Es wurde eine Zugänglichkeit von Fluß und Kanal geschaffen. Das sinnliche Wahrnehmen, das Erfahren von Wasser und das Spielen am Wasser wird durch ein Wasserkreuz geschaffen, das den Mühlkanal mit dem Aachfluß verbindet. Über dem Mittelpunkt der Wasserachsen ist eine Plattform errichtet, die als besonderen Reiz die vielfältige Erlebbarkeit des Wassers ermöglicht. Durch den Aufbau naturnaher Gehölzstrukturen entstanden im Übergangsbereich zwischen Stadt und freier Landschaft ökologische Vernetzungselemente.

BaWü 110
Eigentümer/in:
Stadt Überlingen,
Grünflächenamt,
Bahnhofstraße 2,
88662 Überlingen,
Tel. 07551/991350,
Fax 07551/991359
Größe: 4 ha
frei zugänglich
Führungen:
nach Voranmeldung
bei der Kur- und Touristik
Überlingen GmbH,

Stadtgarten Überlingen

Bahnhofstraße, Überlingen

Die Anfänge des Überlinger Stadtgartens, der dann im wesentlichen in den Jahren 1874 und 1875 angelegt wurde, reichen bereits in die erste Hälfte des 19. Jahrhunderts zurück. Der im Westen der Stadt, direkt im dortigen Grabenbereich beginnende Stadtgarten ist unterteilt in einen unteren und einen oberen Teil, in den eigentlichen Ziergarten und das Wäldchen oben auf dem Felsen. Die Umwandlung des Gartens in ein blühendes Kleinod betrieb der erste von der Stadt im Jahr 1894 bestellte Stadtgärtner Hermann Hoch. Herzstück des Überlinger Stadtgartens ist die seit Anfang des

20. Jahrhunderts gestaltete Sukkulentensammlung, im Freien in dieser Größenordnung wohl einmalig in Deutschland. Mächtige Nadelbäume wie Riesenthuja, Flußzeder und Mammutbaum überspannen den Eingangsbereich. Daneben schlängelt sich in elegantem Kontrast der Fuchsienweg. Im Zentrum der unteren Anlage finden sich schattige Lauben, Blumenrabatten mit seltenem Sommerflor, ein Rosengarten mit Sortensammlung sowie ein Arboretum mit Gehölzen aus aller Welt.

Tel. 07551/991132 für Gruppen bis 40 Personen 60 €/Gruppe
🚌 RAB 7395 Bahnhofstraße/ Stadtgarten
P gebührenpflichtig
🐕 ♿
Attraktionen: Rosengarten mit Sortenvergleichsschau, große Kakteen- und Sukkulentensammlung Mitte Mai bis Anfang Oktober

Außenanlagen der Universität Konstanz

Universitätsstraße 10, Konstanz

Die ab 1969 entstandene Reformuniversität liegt in hervorragender, aber auch landschaftlich empfindlicher Lage oberhalb des Bodensees. Vor den Toren von Konstanz gelegen soll sie als in sich geschlossener Campus eine hohe Aufenthaltsqualität und eine Unverwechselbarkeit aufweisen. Mit sowohl einfachen landschaftsgestalterischen Mitteln als auch künstlerischer Überhöhung durch LandArt und integrierter künstlerischer Objekte entstand ein abwechslungsreiches Gesamtensemble aus Bauwerk, Landschaft, Wasser und Kunst. Beteiligt sind unter anderen Klaus Arnold - Hofgestaltungen, Gottfried Bechtold - Betonporsche, Franz Bernhard - Stahlplastik, Friedrich Gräsel - Plastikgruppen Hockgraben, Karl Kessler - Bronzebaum, Ladislav Minarik - Bodenwellen, Otto Peine - zentraler Elementebereich.

BaWü 111
Eigentümer/in: Land Baden-Württemberg, vertreten durch den Landesbetrieb Vermögen und Bau Baden-Württemberg, Amt Konstanz
Mainaustraße 211,
78464 Konstanz,
Tel. 07531/883461,
Fax 07531/883507
frei zugänglich
DB Konstanz
🚌 4, 9, 11 Universität
P gebührenpflichtig
🐕 ♿

Insel Mainau

Insel Mainau

Bekannte Insel im Bodensee mit historischem Schloßpark und Arboretum, Rosengarten im italienischen Stil, Citrus-Sammlung mit über 50 Arten und Sorten, vielfältigen Gartenanlagen, Schmetterlingshaus, Informationszentrum mit Multivisionsschau Natur und Kultur am Bodensee, wechselnde Ausstellungen und Konzerte im Schloß und Park, mit Naturerlebniswelt und Kinderland (Zwergendorf). Die Insel gehörte bis zur Säkularisierung im Jahre1806 über 500 Jahre lang dem Deutschen Orden. 1853 erwarb sie Großherzog Friedrich I. von Baden, der als Schöpfer der Parkanlagen gilt. Im Erbgang fiel die Insel 1932 an dessen Urenkel Graf Lennart Bernadotte, der sie gartenkulturell weiterentwickelte und zu einer der größten touristischen Attraktionen des Bodenseegebiets machte. Im Rahmen der EG-Verordnung Öko-Audit wird auf der Insel Mainau kontinuierlich der Umweltstandard verbessert (seit 1998 EMAS zertifiziert).

BaWü 112
Eigentümer/in: Mainau GmbH
78465 Insel Mainau,
Tel. 07531/3030,
Fax 07531/303248,
E-Mail: info@mainau.de,
Internet: www.mainau.de
Größe: 45 ha
Öffnungszeiten: ganzjährig geöffnet, Ende März bis Ende Oktober 7–20 Uhr, Herbst und Winter 9–18 Uhr
Eintritt: 10,50 €, Kinder frei bis 5 Jahre, ermäßigt 3 bis 9 € für Schüler, Studenten und Senioren
Gruppen ab 20 Personen 8 €/Person
reduzierte Eintrittspreise im Herbst und Winter
Führungen: nach Voranmeldung,

Foto: Meier

Tel. 07531/303109 für Gruppen bis 40 Personen
Führungen auch in Fremdsprachen
90 Min.: 75 €/Gruppe
Fachführung: 95 €
🚌 4 Mainau
Bodenseeschiffe
🅿 gebührenpflichtig
✗ ☕ 🐕 ♿

Attraktionen: Orchideen, Zwiebelblumen, Rhododendren, Rosen, Sommerblumen, Arboretum, Mittelmeerpflanzen, Kräutergarten, Dahlien, Citrussammlung, Schmetterlingshaus, Plamenhaus
Veranstaltungen: Ausstellungen, gräfliches Inselfest, Schloßparkkonzerte (Klassik/Open Air), Fachseminare, gastronomische Veranstaltungen auf Anfrage.
Infos bei:Mainau GmbH, Tel. 07531/3030.
✿ u.a. Citrus, Orchideen, Duft- und Kräuterpflanzen, Rosen, Palmen

BaWü 113
Eigentümer/in: Dr. Heiner Oelfken, Uferweg 1–2, 88079 Kressbronn am Bodensee,
Tel. 07543/8732,
Fax 07543/8633
Größe: 0,3 ha
Eintritt: frei
DB Kressbronn, auch per Schiff,
🅿 ♿

Privatgarten Oelfken

Uferweg 1–2, Kressbronn am Bodensee

In dem Blumengarten am Bodensee blüht es von Februar bis Dezember. Schwerpunkte sind Rhododendren, Rosen, Clematis, Stauden.
Anmeldung erbeten
Führungen: nach Voranmeldung
Attraktionen: Rhododendronblüte Mai
Öffnungszeiten: ganzjährig geöffnet nach Vereinbarung

BaWü 114
Größe: 450 m²
Eintritt: frei
Führungen: nach Voranmeldung

Privatgarten Davidsohn

Wittwaisstraße 40, Wangen/Allgäu

In dem Garten mit subtropischem Charakter sind zahlreiche unterschiedliche Palmen ausgepflanzt, wie *Phoenix canariensis, Butia capitata, Washingtonia* und *Trachicarpus fortunei.* Aber

auch Citrusarten, Baumfarne und Brugmansien überdauern die Winter. Die Palmen werden im Winter umbaut und isoliert. Anmeldung erbeten
Eigentümer: Dietmar Davidsohn, Wittwaisstr. 40, 88239 Wangen, Tel. 07522/5267, E-Mail: palmenfreak@aol.com

Öffnungszeiten: Juli/August
Wangen
Richtung Wittwais
P
kostenlose Palmensämlinge

Privatgarten Schwarzmann

Bussenweg 21, Mietingen-Walpertshofen

Selbst entworfener und angelegter romantischer Garten mit drei Teichen, verschiedenen Sitzplätzen sowie zahlreichen Bronze- und Terracottaskulpturen, der ganz der Rose gewidmet ist. Über 400 Rosenstöcke in mehr als 220 Arten und Sorten sind hier gepflanzt, von niedrigen Kleinstrauchrosen bis hin zu den Kletterrosen, die über die Pergolen ranken. Eine besondere Leidenschaft sind die zahlreichen Hochstammrosen und die große Clematissammlung. Vielfältige Rhododendren und Azaleen sind der Auftakt der Blütensaison im Frühsommer.
Öffnungszeiten: Mai bis September und nach vorheriger Anmeldung

BaWü 115
Eigentümer/in: Gudrun und Hans Schwarzmann, Bussenweg 21, 88487 Mietingen-Walpertshofen, Tel. 07353/91495, Fax 07353/982481
Größe: 900 m^2
Anmeldung erbeten
Eintritt: 2,50 €
→ bei Anmeldung
P

Bay

Coburg
Bayreuth
Aschaffenburg
Bamberg
Würzburg
Nürnberg
Ansbach
Regensburg
Eichstätt
Ingolstadt
Landshut
Passau
Neu-Ulm
Augsburg
München
Rosenheim
Kempten
1-2
3
4
5
6-8
9
10-11
12
13-18
19
20-23
24
25
26-28
29
30
31-32
33
34
35
36
37-44
45
46
47
48
49-50
51
52
53-54
55
56
57
58-60
61
62
63-72
73
74
75
76
77
78
79
80
81-86
87
88-93
94
95
96
97
98
99-101
102
103
104
105
106
107
108
109-135
136
137
138
139-140
141
142
143
144
145
146-147
148
149-150
151
152
153
154
155
156
157
158

Privatgarten Steigerwald

Wegscheide 13, Niederlauer

Foto: Steigerwald

Der von den Besitzern selbst gestaltete und bepflanzte naturnahe Cottagegarten enthält in gelungenen Pflanzenkombinationen viele verschiedene Stauden und Sträucher, Englische Rosen und einen Gemüsegarten. Unter Obstbäumen blüht Anfang/Mitte Mai eine artenreiche Blumenwiese. Es sind auch einige seltene Stauden und Sträucher anzutreffen, wie Judasbaum und Paulownie, Baumpäonien, Lenzrosen und winterharte Cyclamen.

Bay 1
Eigentümer/in: Hannelore und Manfred Steigerwald,
Wegscheide 13,
97618 Niederlauer,
Tel. 09771/7963,
E-Mail: jsteigerwald@web.de
Größe: 0,15 ha
Anmeldung erbeten
Eintritt: frei
Öffnungszeiten:
vorzugsweise Mai und Juni
→ bei Anmeldung
P ♿

Privatgarten Amschler

Ringstraße 22, Unsleben

Der etwa 10 Jahre alte Landhausgarten ist in zwei Bereiche aufgeteilt. Im Garten am Haus gibt es viele Stauden und Gehölze, alte Rosen, Kletterpflanzen, Gartenteich, Buchs- und Schattengarten, natürlichen Bachlauf mit Wäldchen und Kunstobjekte. Wenige hundert Meter entfernt liegt die formale Anlage eines Obst- und Gemüsegartens mit Bauerngartenblumen und ein Senkgarten mit Steingartenpflanzen. Als Wintergarten sind in einem unbeheizten Kalthaus Beete mit Pflanzen angelegt, die auch leichte Fröste ertragen.

Bay 2
Größe: 0,18 ha
Eintritt: frei
Führungen: nach Voranmeldung
Öffnungszeiten:
Mai bis Oktober, beste Zeit ist Mai/Juni und Mitte September
P ✿ Kübelpflanzen

Anmeldung erbeten, außer Tag der offenen Gartentür, Eigentümer: Dr. Hubert und Roswitha Amschler, Ringstr. 22, 97618 Unsleben, Tel. 09773/6643, Fax 09773/6625

Bay 3
Größe: 0,1 ha
Anmeldung erbeten
Eintritt: frei
Führungen: nach Voranmeldung
→ bei Anmeldung
P

In der Neuen Straße

Römhilder Weg 1, Herbstadt / OT Breitensee

Dieser Garten vereinigt zwei Stilrichtungen des Bauerngartens. Er ist nach historischem Vorbild neu angelegt und verbindet das Schöne mit dem Nützlichen. Im Cottagegarten sind alte Bauerngartenblumen und viele Rosen zu finden.
Eigentümer/in: Karola und Peter Bieber, Römhilder Weg 1, 97633 Herbstadt / OT Breitensee, Tel. 09765/1087
Öffnungszeiten: Mai bis September

Bay 4
Größe: 0,2 ha
Anmeldung für Gruppen erbeten
Eintritt: 5 €
Führungen: So 15 und 16.30 Uhr
Öffnungszeiten: Mai bis Dez. sonntags 14.30–18 Uhr und zu den Ladenöffnungszeiten
DB Rödental
Bus Stadtbus Rödental Thierach
→ Von Rödental in Richtung Kronach bis Blumenrod fahren, am Ortsausgang links nach Thierach
P ♿ ✿

Schaugarten Garten & Kunst Carola Rückert

Thierach Nr. 45, Rödental

Der Garten liegt in landschaftlich reizvoller Umgebung. Er stellt den Versuch dar, Gartenkunst und Ökologie sinnvoll miteinander zu verbinden. Es ist ein romantischer Garten mit Wald- und Schattenbeeten, Prachtstauden, Rosen (alten und modernen), Heidegarten, Naturbadeteich, Bachlauf, Brunnen, Pavillon sowie verschiedenen Sitzplätzen. Außerdem bietet er Kunst im Garten, ein kleines Gartencafé, ein Lädchen mit Dekorationen für Drinnen und Draußen sowie ein umfangreiches Workshop-Programm.
Eigentümer/in: Garten & Kunst Carola Rückert, Thierach Nr. 45, 96472 Rödental, Tel. 09563/3535, E-Mail: mail@gartenundkunst-thierach.de, Internet: www.gartenundkunst-thierach.de
Veranstaltungen: monatlich wechselnde Kunstausstellungen, Programm auf Anfrage, Rosenfest letzter Freitag im Juni, Adventsmarkt 1. Wochenende Dez.
Attraktionen: Rosenblüte, Herbstlaubfärbung

Bay 5
Eigentümer/in: Klaus Kaiser, Landschaftsarchitekt, Gartenstraße 3, 96450 Neustadt bei Coburg, Tel. 09561/99797, Fax 09561/99798
Größe: 0,1 ha
Anmeldung erforderlich
Eintritt: 2,50 €
Führungen: nach Voranmeldung
→ bei Anmeldung
P

Privatgarten Kaiser

Gartenstraße 3, Neustadt bei Coburg

Ein Garten nach der Natur: Für die einzelnen Gartenbereiche gaben natürliche Pflanzengesellschaften die Anregung. Heimische Pflanzen einer Gesellschaft wurden zu einem Grundgewebe zusammengepflanzt, in das weitere nichtheimische Arten mit gleichen oder ähnlichen Ansprüchen eingefügt wurden. So entstanden Pflanzungen, die den Eindruck vermitteln, als seien sie natürlich gewachsen. Höhepunkte sind die (Vor-)Frühlingsblüher und die Herbstfärbung mit dem Beerenschmuck und den letzten Blüten.

Der Garten wird in Teilbereichen umgestaltet.
Öffnungszeiten: Ende März bis Ende Juni, Mitte September bis Ende Oktober

Coburger Rosengarten

Coburg

Auf der ehemaligen Zollbauernwiese vor den Toren der Stadt wurde Pfingsten 1929 der Rosengarten zur Deutschen Rosenschau eröffnet. Auch danach war der Rosengarten jahrzehntelang ein großer Anziehungspunkt in der Stadt. Durch den Kongreßneubau 1960 verlor der Garten viel von seiner Wirkung, erstrahlt aber seit dem Umbau 1987/88 nach den Plänen der Nürnberger Gartenarchitekten Aufmkolk und Hirschmann im wörtlichen Sinn in neuer Blüte.
Der neue Rosengarten zeichnet sich durch ein großes Angebot an Blumen, Stauden, Hecken, Gewässern und neuerdings sogar Volieren für exotische und heimische Vögel aus. 6800 Rosen in 72 Sorten, 20 600 Stauden, 2300 Zwiebelgewächse und 930 Heckenpflanzen, 6400 Quadratmeter Rasen und 4200 Quadratmeter Pflanzfläche machen die Parkanlage zu einer weiteren grünen Lunge der Vestestadt und festigen den Ruf Coburgs als Rosenstadt.

Bay 6
Eigentümer/in: Stadt Coburg, Grünflächenamt, Glockenberg 27, 96450 Coburg, Tel. 09561/891670, Fax 09561/892679
Größe: 2,4 ha, frei zugänglich
Bus 11, 16 Kongreßhaus
P

Schloßpark Rosenau im Rödental

Coburg

Ernst I. von Sachsen-Coburg und Gotha ließ den im Kern mittelalterlichen Schloßbau von 1807 bis 1826 u. a. von Carl Friedrich Schinkel im neugotischen Stil umbauen. Gleichzeitig wurde ein englischer Landschaftsgarten angelegt und dabei die Lage des Schlosses auf einem Hügel mit Steilabfall zur Itz akzentuiert. Eingebettet in eine ausgedehnte Parklandschaft entstanden regelmäßige Anlagen mit Springbrunnen und Blumenornamenten und eine Terrasse in unmittelbarer Umgebung des Schlosses. Von der ursprünglichen Parkausstattung sind heute noch die Orangerie, das Teehaus, die Sonnenuhr,

Bay 7
Eigentümer/in: Bayerische Verw. d. staatl. Schlösser, Gärten u. Seen, vertr. d. Staatl. Verw. Schloß Ehrenburg, 96450 Coburg, Tel. 09561/80880, Fax 09561/808840
Größe: 36 ha
frei zugänglich
DB Oeslau, Rödental
Bus 3 Unterwohlsbach, nur So/Feiertag im Sommer; OVG Coburg-Schalkau-Unterwohlsbach, nur werkt.
P

die Felsengrotte, Reste der Eremitage und des Wasserfalls, eine Ruinenmauer und die ehemalige Schweizerei erhalten. In den letzten Jahrzehnten wurde der Park mit hohem Kostenaufwand weitgehend in seine originale Form zurückversetzt und die Gebäude saniert. Auch das Schloß ist wieder der Öffentlichkeit zugänglich.

Bay 8
Eigentümer/in: Stadt Coburg, Grünflächenamt, Glockenberg 27, 96450 Coburg, Tel. 09561/89 1670, Fax 09561/89 2679
Größe: 25,6 ha
frei zugänglich
8 Landestheater, Naturkundemuseum
→ Park unterhalb der Veste Coburg

Hofgarten Coburg

Coburg

Die Anlage des Coburger Hofgartens geht zurück auf die Bestrebungen Herzog Albrechts, Coburg zu einer – wenn auch bescheidenen – Barockresidenz zu machen. Der fürstliche Bauschreiber Justinus Biler schuf um 1680 einen typischen Barockgarten mit Parterres, Pavillons und Baumreihen, von denen einige Bäume in der heute noch sichtbaren Lindenallee erhalten geblieben sind.
Im 19. Jahrhundert wurde der regelmäßige Garten in mehreren Etappen in einen Landschaftspark umgewandelt, bei dem verstärkt auf die Pflanzung einheimischer Bäume Wert gelegt wurde.

Bay 9
Eigentümer/in: Bayerisches Staatsbad Bad Steben GmbH, Badstr. 31, 95138 Bad Steben, Tel. 09288/9600, Fax 09288/96010, Internet: www.bad-steben.de
Größe: 44 ha
frei zugänglich
Attraktionen: Wasserspiele im Sommer
Veranstaltungen: Konzerte, Feste, Tanz, Botanische Führungen
DB Bad Steben
P gebührenpflichtig

Kurpark Bad Steben

Badstraße / Wenzstraße, Bad Steben

Seit 1845 ist Steben im Frankenwald aufgrund seiner Torfvorkommen und seiner mineral- und radonhaltigen Heilquellen Kurbad. Die drei derzeit genutzten Quellen und die Kureinrichtungen liegen im Südteil eines weitläufigen Landschaftsparks, geprägt von englischem und mediterranem Charakter. Jedem der aus unterschiedlichen Epochen stammenden Gebäude wird ein auf seine Proportion und seinen

Charakter abgestimmter Freiraum zugeordnet und wie ein Parterre vorgelagert. Die Parterres integrieren die Kurparkaktivitäten wie Wasserspiele, Schmuckpflanzungen und Aufenthalts- und Bewegungsräume für Besucher. Den Freiraumtypen Park und Parterre sind zwei verschiedene Gehölzkategorien zugeordnet: der Landschaftspark besteht aus frei gruppierten solitären Großbäumen, während in den Parterres Kleinbäume mit kunstvoll verzierten Rabatten gepflanzt sind. Darunter finden sich über 100 verschiedene Rhododendren mit außergewöhnlichem Blütenreichtum von April bis Juni.

Stadtpark Theresienstein

Plauener Straße / Sand, Hof

Foto: Stadtgartenamt Hof

Bay 10
Eigentümer/in:
Stadt Hof,
Abt. Grünflächen,
Goethestraße 1,
95028 Hof,
Tel. 09281/815592,
Fax 09281/815 650
Größe: 70 ha
frei zugänglich
Führungen: nach Voranmeldung, kostenlos,
8, 3, 4 Stadtpark
Veranstaltungen:
Sonntagskonzerte im Sommer und andere Veranstaltungen

Der Stadtpark ist eine denkmalgeschützte Anlage mit verschiedenen Staffagenbauten, Gedenksteinen und Brunnen. Die ersten Teile der Parkanlage entstanden ab 1817 als einer der ersten Bürgerparks Deutschlands im Stil eines Landschaftsgartens. Anläßlich eines Besuches der Königin Therese von Bayern im Jahre 1836 wurde dem Park der Name Theresienstein verliehen. Besonders sehenswert ist das im Jugendstil erbaute Wirtschaftsgebäude.

Botanischer Garten Hof

Alte Plauener Straße, Hof

Inmitten des Stadtparks Theresienstein wurde 1928 der Botanische Garten gegründet. Der Garten läßt sich in zwei große Bereiche untergliedern: dem geometrisch angelegten Rosarium mit dem neu angelegten Heilpflanzengarten und der landschaftlich gestalteten Anlage mit Alpinum, Schattenquartier, Seerosenteich und weitläufigen Prachtstaudenflächen. Die Vegetation setzt sich aus Pflanzen aus aller Welt sowie heimischen, nahezu ausgestorbenen Arten zusammen. Idyllisch gestaltete Sitzplätze und ein Jugendstilpavillon laden zum Verweilen ein.

Bay 11
Eigentümer/in:
Stadt Hof,
Abt. Grünflächen,
Goethestraße 1,
95028 Hof,
Tel. 09281/815592,
Fax 09281/815 650
Größe: 1,2 ha
Eintritt: frei
Öffnungszeiten:
April bis Okt. 8–20 Uhr
Führungen: nach Voranmeldung, 45 €

8, 3, 4 Zoologischer Garten
Veranstaltungen: Vorträge u.a., in den Sommermonaten

Foto: Stadtgartenamt Hof

Bay 12 NEU

Eigentümer/in: Silvia Eichner, Wolfgang Schmitt, Pechgraben 10, 95512 Neudrossenfeld, Tel. 09203/91491, Fax 09203/91491, E-mail: Silvia.Eichner@t-online.de
Größe: 0,4 ha
Anmeldung erbeten
Eintritt: frei
Führungen: nach Voranmeldung
Öffnungszeiten: ganzjährig geöffnet
DB Bayreuth
Veranstaltungen: Kunstausstellungen mit heimischen Künstlern wechselnde Termine

Bauerngartenensemble Eichner/Schmitt

Pechgraben 10, Neudrossenfeld

Um das denkmalgeschützte fränkische Wohn-Stallhaus aus Sandstein mit zahlreichen Nebengelassen erstrecken sich ein großzügiger Bauerngarten, Obstbaumallee, Hausbaum und ein grüner, unversiegelter Hofraum. In den letzten 15 Jahren wurden der Garten, der Hofraum sowie der gesamte Gebäudekomplex saniert und in seinen ursprünglichen Nutzungsabläufen und Stellenwert wieder erlebbar gemacht. Der Grundform im Garten ist das Kreuz zugrunde gelegt. Jahrzehnte alte Buchshecken, Formpflanzen, Obstbäume, Strauchrosen und Kletterpflanzen blieben erhalten und wurden behutsam ergänzt. Die vier sich ergebenden Gartenfelder im Mittelteil dienen wie seit alters her im Wechsel der Gemüsemischproduktion und dem Kartoffelanbau. Begleitet werden sie von duftenden Lavendelbändern und 14 Rosenhochstämmchen, die als „Wächter" über den Garten blicken.

Felsengarten Sanspareil

Bayreuth

Markgraf Friedrich von Brandenburg-Bayreuth ließ 1744 bis 1748 in das Gelände eines Buchenhains mit den natürlich anstehenden Felsblöcken der nördlichen Ausläufer des Fränkischen Jura zahlreiche Staffagegebäude wie Eremitenhüttchen, pseudorustikale Häuschen und Laubengänge errichten. Ein Besucher des Markgrafen soll beim Anblick des Felsengartens spontan ausgerufen haben: *C'est sans pareil!* (das ist ohnegleichen), worauf 1746 die Ortschaft Zwernitz umbenannt wurde. Die mittelalterliche Burg Zwernitz wurde als Staffage in den Felsengarten einbezogen. Von den zahlreichen Gebäuden sind heute noch der Hainbau, der an islamische Baukunst erinnern soll, der Küchenbau und das Ruinentheater vorhanden. Das Rokokoparterre wurde 1984 rekonstruiert. Die Standorte der übrigen Staffagen und ihre jeweils charakteristische, meist von bizarren Felsformationen geprägte Umgebung sind aber immer noch zu erleben. Sie beinhalten den Erziehungsroman „Die Abenteuer des Telemach" von Fénelon.

Bay 13
Eigentümer/in: Bayer. Verw. d. staatl. Schl., Gärten u. Seen, Schloß- u. Gartenverw. Bayreuth, Eremitage, Ludwigstraße 21, 95444 Bayreuth, Tel. 0921/759690, Fax 0921/7596915
Größe: 13 ha, frei zugänglich
→ an der B 22 Bamberg–Bayreuth
P
nur vom 1.04.–31.10.
auf besonderem Weg
nur vom 15.04.–15.10.

Schloßpark Fantaisie bei Bayreuth

Bayreuth

Elisabeth Friederike Sophie, einziges Kind des Markgrafenpaars Friedrich und Wilhelmine, erhielt nach ihrer gescheiterten Ehe 1763 den Besitz einer herrschaftlichen Niederlassung in Donndorf und gab ihm den Namen Fantaisie. Bis zu ihrem Tod 1780 ließ sie ein Schloßgebäude bauen und einen abwechslungsreichen Rokokogarten anlegen. So entstanden mehrere Gartenteile mit einem Pavillon (Komödienhaus), einem von intimen Heckenräumen begrenztem Parterre, Terrassen und eine Kaskadenanlage, an deren Fuß der Neptunbrunnen und ein Gartenhaus lagen. Eine Eremitage und das im natürlich belassenen Wiesengrund gehaltene Schweizer Vieh wiesen auf erste Einflüsse der englischen Landschaftsgartenkunst hin. Als Landschaftsgarten ließ die Nachbesitzerin, Dorothee Sophie von Württemberg, die Fantaisie erweitern und mit zahlreichen Staffagen versehen. Nach vierzigjährigem Stillstand der Arbeiten erlebte der Park unter Herzog Alexander von Württemberg, dem Enkel Sophie Dorothees, von 1839 bis 1881 einen neuen Höhepunkt. Den vorhandenen Garten behielt er in vielen Teilen unverändert bei, fügte aber zugleich stilpluralistische Elemente wie Gartenplastiken, Brunnen und Pavillons hinzu. Im Sinn der Landesverschönerung erweiterte er den Park auf fast 200 Hektar. Häufige Besitzerwechsel in den folgenden 80 Jahren veränderten und verkleinerten die Anlage drastisch, doch blieben noch zahlreiche originale Gestaltungs- und Ausstattungselemente der verschiedenen Entwicklungsphasen bestehen, die durch

Bay 14
Eigentümer/in: Bayer. Verw. d. staatl. Schl., Gärten u. Seen, Schloß- u. Gartenverw. Bayreuth Eremitage, Ludwigstraße 21, 95444 Bayreuth, Tel. 0921/73140011, Fax 0921/73140015
Größe: 17 ha, frei zugänglich
Attraktionen: Gartenkunstmuseum April bis Sept., 9–18 Uhr
8449 Donndorf–Fantaisie

gartendenkmalpflegerische Arbeiten erhalten und entwickelt werden. Im Schloß Fantaisie befindet sich seit Juli 2000 ein Gartenkunst-Museum.

Bay 15
Eigentümer/in: Bayer. Verw. d. staatl. Schl., Gärten u. Seen, Schloß- u. Gartenverw. Bayreuth, Eremitage, Ludwigstraße 21, 95444 Bayreuth, Tel. 0921/7596921, Fax 0921/7596915
Größe: 13 ha, frei zugänglich

Hofgarten Bayreuth

Bayreuth

Nach dem Brand von 1753 im alten Residenzschloß entschieden Markgraf Friedrich und Markgräfin Wilhelmine, sich ein neues Residenzschloß bauen zu lassen. Die neue Gartenanlage, die einen alten Garten überformte, ist wahrscheinlich dem Hofbaumeister Rudolf Heinrich Richter zuzuschreiben. Vor dem Schloß lag ehemals ein von Laubengängen flankiertes, 1989 wiederhergestelltes Rasenparterre um einen Brunnen. Die Hauptachse bildet ein Kanal, in dem zwei runde und eine quadratische Insel mit entsprechenden Kanalerweiterungen lagen. Parallel zum Kanal verlief nördlich und südlich eine Allee, die, schon mehrfach nachgepflanzt, noch heute vorhanden ist. Der Figurenschmuck – die Originale sind in der Orangerie zu besichtigen – wurde von den Bildhauern Johann Schnegg und den Gebrüdern Räntz geschaffen. Die Umwandlung in eine zeitgemäße Anlage erfolgte ab 1789 ohne gartenkünstlerisches Konzept. Barocke Gartenelemente wurden abgeräumt, Wege leicht geschlängelt angelegt, die zweite Insel beseitigt und der abgeknickte Kanal als geschlängelter Wasserlauf ausgebildet. Das heutige Aussehen erhielt dieser Kanalteil erst vor gut 20 Jahren. Auf der Stadtseite des Schlosses steht ein 1700 bis 1705 von Elias Räntz geschaffener Brunnen. Die Blumenbeete des 1864 nach Plänen des späteren Hofgartendirektors Carl von Effner gestalteten Platzes wurden 1993 rekonstruiert.

Bay 16
Eigentümer/in: Bayer. Verw. d. staatl. Schl., Gärten u. Seen, Schloß- u. Gartenverw. Bayreuth, Eremitage, Ludwigstraße 21, 95444 Bayreuth, Tel. 0921/7596937, Fax 0921/7596987
Größe: 47 ha
frei zugänglich
Führungen: nach Voranmeldung, für Gruppen bis 50 Personen,
Attraktionen: Wasserspiele, Mai – 15. Oktober, täglich 10–17 Uhr jede volle Stunde,
2 Eremitage

Hofgarten Eremitage

Bayreuth

Anstelle eines bestehenden Tiergartens ließ Markgraf Georg Wilhelm ab 1715 ein Sommerschloß als Mittelpunkt einer höfischen Einsiedelei errichten. Die um einen Innenhof gruppierte, eingeschossige Vierflügelanlage war von drei Seiten von einem Lindensaal umgeben. Vor dem Fürstentrakt lag ein bescheidenes Parterre, am Nordhang beim Schloß verstreut sieben Einsiedeleien für die höfischen Eremiten. Zwischen 1735 und 1758 erlebte die Eremitage unter der kunstsinnigen Markgräfin Wilhelmine, Schwester Friedrichs des Großen, eine Phase als kulturelles Zentrum Bayreuths. Auf ihre Veranlassung hin entstanden das Neue Schloß mit der oberen Grotte und Laubengängen, die untere Grotte, die Eremitage des Landgrafen, das Ruinentheater und weitere Kleinarchitekturen. Die Gartenteile wurden als Parterre und Heckengärten (Boskette) ausgebildet. Nach dem Tode der Markgräfin setzte ein langer, nur von wenigen kurzfristigen Bemühungen unterbrochener Verfall der Anlagen ein. Teile der Eremitage wurden vom Staat Bayern im frühen 19. Jahrhundert zur Deckung von Staats schulden verkauft. Nach dem 2. Weltkrieg erfolgten umfangreiche Wiederherstellungsarbeiten. Auch fast alle veräußerten Grundstücke konnten zurückgekauft werden, so daß sich der Park heute weitgehend in seiner originalen Form und Ausstattung zeigt.

✿ zeitweise Sommerblumen, Topfpflanzen

Ökologisch-Botanischer Garten der Universität Bayreuth

Universitätsstraße 30, 95440 Bayreuth

Der Ökologisch-Botanische Garten der Universität Bayreuth wurde 1978 gegründet und ist eine zentrale Einrichtung der Universität. Auf seinem Gelände wachsen über 10 000 Pflanzenarten aus verschiedensten Teilen der Erde, überwiegend in naturnahen Vegetationstypen. Neben der Vielfalt der Pflanzen werden deren ökologische Beziehungen und Funktionen dargestellt und soweit möglich Aufgaben des Artenschutzes wahrgenommen.

Eigentümer/in: Universität Bayreuth, Tel. 0921/552961, Fax 0921/552976, E-Mail: obg@uni-bayreuth.de, Internet: www.uni-bayreuth.de/obg

Bay 17
Größe: 16 ha Außenanlagen, 0,5 ha Gewächshausfl., Eintritt: frei
Öffnungszeiten: ganzjährig geöffnet, Freianlagen Mo bis Fr 8–17 Uhr, Gewächshäuser und Freianlagen So 10–16 Uhr
Führungen für Gruppen nach Voranmeldung, 30 €
4, 18 Universität/Verwaltung

Röhrenseepark

Pottensteiner Straße, Bayreuth

Der Park mit altem Baumbestand befindet sich im Süden der Stadt Bayreuth. Zentrale Einheit ist die über 2 Hektar große Wasserfläche des Röhrensees. Die Anlage erfüllt in erster Linie die Aufgaben eines Bürgerparks mit Kinderspielplatz, Kahnverleih, Gastronomie und Tiergehege. Im Tierpark werden zur Zeit rund 300 Tiere in 70 Arten gehalten.

Eigentümer/in: Stadt Bayreuth, Stadtgartenamt, Meyernberger Straße 54, 95447 Bayreuth, Tel. 0921/738016, Fax 0921/738080

Bay 18
Größe: 12,2 ha
frei zugänglich
3 Ludwig-Thoma-Straße
4 Klopstockstraße

Grasyma Park

Bayreuther Straße, Weißenstadt

Auf dem Gelände der ehemaligen Steinindustrie Grasyma – aus den Wörtern Granit, Syenit und Marmor gebildet – entstand nach Plänen der Werkgemeinschaft Freiraum in den frühen 90er Jahren ein außergewöhnlicher Kurpark. Dabei wurden Mauerreste und Schornsteine sowie herumliegende, verarbeitete und halbverarbeitete Granitsteine und Marmorblöcke in die Gestaltung einbezogen. Sie zeugen auf diese

Bay 19
Eigentümer/in: Stadt Weißenstadt, Kirchplatz 1, 95163 Weißenstadt, Tel. 09253/9500, Fax 09253/95040
Größe: 4,7 ha, frei zugänglich
DB Marktredwitz

Weise von der Geschichte der Steinbearbeitung in Weißenstadt. Eine denkmalgeschützte Scheunenzeile und Mauerreste geben Schutz gegen kalte Winde und lassen zwischen Sitzgruppen naturnahe Staudenpflanzungen gedeihen. In dem ehemaligen, mit Boden aufgefüllten Schleifsandbecken wachsen Sumpfstauden. Weite Wiesenflächen gehen in den Damm des Weißenstädter Sees über, der über eine alte Bahnbrücke zu erreichen ist.

Bay 20
Eigentümer/in: Stadt Aschaffenburg, Garten- und Friedhofsamt, Dalbergstraße 15, 63735 Aschaffenburg, Tel. 06021/35830, Fax 06021/83919
Größe: 10 ha, frei zugänglich
🚌 5, 6, 7 Herstallturm
→ Im Stadtzentrum
P gebührenpflichtig
✕ 🐕 ♿

Schöntal

Platanenallee / Hofgartenstraße, Aschaffenburg

Friedrich Ludwig Sckell legte das schöne Tal ab 1780 für den Kurfürsten Joseph von Erthal an. Er restaurierte eine Kirchenruine aus dem 16. Jahrhundert und umgab sie mit einem See. Mit einer entsprechenden Randbepflanzung und Wegeführung schloß er die damals teilweise geschleiften Stadtmauern und den Stadtgraben mit ein. In den letzten Jahren wurde in Anlehnung an ein Gartendenkmalpflegekonzept mit der Erhaltung dieses durch seine Innenstadtlage einem großen Nutzerdruck unterworfenen Parks begonnen.
Attraktionen: Blüte im Magnolienhain, Duft- und Tastgarten für Blinde

Bay 21
Eigentümer/in: Bayerische Verwaltung der staatlichen Schlösser, Gärten und Seen, vertr. durch Schloß- und Gartenverwaltung Aschaffenburg, Schloßplatz 4, 63739 Aschaffenburg, Tel. 06021/386570, Fax 06021/3865716
E-Mail: sgvaschaffenburg@bsv.bayern.de
Internet: www.schloesser.bayern.de
Größe: 168 ha, frei zugänglich
Öffnungszeiten Besucherzentrum: Apr. bis Sept. samstags, sonntags, feiertags 11–18 Uhr
Attraktionen: Kahnverleih
🚌 3 Schönbusch
P ✕ ☕ 🐕 ♿

Park Schönbusch

Kleine Schönbuschallee, Aschaffenburg

Der Landschaftspark Schönbusch geht zurück auf einen Tiergarten der Kurfürsten von Mainz. Unter dem Minister Graf Wilhelm von Sickingen und seinem Privatarchitekten Emanuel d'Herigoyen aus Wien entstand 1778 bis 1781 am Ufer des Unteren Sees das Schloß. Die ersten landschaftsgärtnerischen Versuche brachten zwar eine Vielfalt nordamerikanischer und englischer Gehölze zum Vorschein, aber noch keine überzeugende Anwendung der gestalterischen Prinzipien des Landschaftsgartens. Nach dem Weggang Sickingens 1782 kamen viele Elemente des Gartens, wie das Wirtschaftsgebäude, die Rote Brücke, die Drehbrücke, die Fichtensaalbrücke, der Aussichtsturm, die Wacht, die Orangerie und vor allem der landschaftliche Grundausbau mit Ausbildung aufgelockerten Waldränder, Uferbepflanzungen und räumlich aneinandergereihten Wiesenflächen hinzu. 1974 gelang es, weitere Grundstücke in den Park einzugliedern.

Bay 22
Eigentümer/in: Bayerische Verwaltung der staatlichen Schlösser, Gärten und Seen 63739 Aschaffenburg,

Schloßanlagen Aschaffenburg

Schloßplatz Aschaffenburg

Ende des 18. Jahrhunderts wurde unter dem kurfürstlichen Kardinal Friedrich Carl von Erthal auf den ehemaligen Befestigungsanlagen der Stadt ein landschaftlicher Park mit einem Frühstückstempel, pflanzenberanktem Arkadengang, einer Säulenhalle (dem sogenannten Kornhäuschen) mit Kastanienwäldchen sowie einem regelmäßig mit Roßkastanien überstellten Quartier angelegt Nachdem das kurmainzische Aschaffenburg im Jahr 1814 an Bayern gefallen war, ließ König Ludwig I. das Pompejanum ab 1843 nach Plänen des bayerischen Hofarchitekten Friedrich von Gärtner errichten. Gebäude und Freianlagen sollten eine mediterrane Landschaftszene darstellen. Soweit möglich wurden Pflanzen der Mittelmeerflora verwendet, Pinien jedoch durch Schwarzkiefern, Zypressen durch Pyramidenpappeln ersetzt. König Ludwig I. hielt sich gerne hier auf. Er sprach von seinem Bairischen Nizza. Die Bepflanzungen des Stadtgrabens wurden 1850 und 1963 umgestaltet.

Tel. 06021/386570,
Fax 06021/3865716
E-Mail: sgvaschaffenburg@bsv.bayern.de
Internet.
www.schloesser.bayern.de
Größe: 6 ha
Eintritt: frei
Öffnungszeiten: ganzjährig geöffnet, im Sommer 6–21 Uhr, im Winter 6–18 Uhr
1, 4, 6, 8 Schloß
gebührenpflichtig
aber Zugang vom Schloß über Stufen

Fasanerie Aschaffenburg

Bismarckallee, Aschaffenburg

Der Ingenieur Emanuel J. Herigoyn erhielt vom Kurfürst Friedrich Karl von Erthal, der seine Residenzstadt Aschaffenburg in ein System von Landschaftsgärten integrieren wollte, den Auftrag, die Fasanerie entsprechend umzugestalten. Sein Plan von 1789 zeigt bereits die Überlagerung der regelmäßigen Wegeachsen durch gewundene Wege. Trotz verschiedener Eingriffe konnte der Park seine spezielle Eigenart und Schönheit bewahren. Wichtig sind die nach ökologischen Gesichtspunkten gepflegten und genutzten Hochwaldbereiche und die nur noch einmal jährlich gemähten offenen Wiesen.

Bay 23
Eigentümer/in: Stadt Aschaffenburg, Forstamt
Bismarckallee 1a,
63739 Aschaffenburg,
Tel. 06021/35830,
Fax 06021/83919
Größe: 62,9 ha,
frei zugänglich
6 Ludwigsallee

Privatgarten Gogolin

Lauterhofstraße 1, Obernburg / Main

Foto: Gogolin

Durch einen schönen Baumbestand ist der Garten relativ schattig. Doch bleibt neben einer Walnuß am Haus immer noch genug Platz in der Sonne für einige Oleanderkübel. In und unter den Bäumen sind eine Vielzahl an Skulpturen aus Holz, Stein oder Metall plaziert.

Bay 24
Eigentümer/in:
Martina Genseder-Gogolin,
Rainer Gogolin,
Lauterhofstraße 1,
63785 Obernburg / Main,
Tel. 06022/38794,
E-Mail: ergog@t-online.de
Größe: 350 m^2
keine Gruppen und nur telefonische Anmeldung erbeten
Eintritt: frei
Öffnungszeiten: ganzjährig geöffnet
→ bei Anmeldung

Bay 25
Größe: 500 m²
frei zugänglich
Führungen: nach Voranmeldung, für Gruppen bis 25 Personen
DB Rieneck
Bus 800, 8055 Rieneck Kleiderfabrik
P, Café, Hunde, Rollstuhl
✿ Kräuterpflanzen

Kräutergarten der Dorfgemeinschaft Hohenroth

Gemünden

Auf einem teils hügeligen Gelände wachsen in dem naturnahen Garten über 150 Kräuterarten in einer Mischung mit Gartenblumen.
Eigentümer/in: SOS-Kinderdorf e.V. Hohenroth, 97737 Gemünden, Tel. 09354/90990, Fax 09354/909918, E-Mail: dg.hohenroth@sos-kinderdorf.de, Internet: www.sos-kinderdorf.de/dg-hohenroth
Veranstaltungen: Kräutertag, 1. Sonntag im Mai

Bay 26
Größe: 200 m²
frei zugänglich
Führungen: nach Voranmeldung, Tel. 09363/995060 für Gruppen bis 50 Personen, Preis nach Vereinbarung
→ Am Rathaus in der Marktstraße rechts, bei der Kirche rechts, die erste Gasse rechts
P gebührenpflichtig
Restaurant, Café, Rollstuhl
✿ Historische Rosen

Rosengarten der Stadt Arnstein

Schulhof, Arnstein

Der Rosengarten liegt auf einer Terrasse unterhalb der ehemaligen Präparandenschule mit einem herrlichen Blick auf die Altstadt. Er bietet einen Einblick in die Geschichte der Rosenzucht im 19. und 20. Jahrhundert, wobei der Schwerpunkt auf den Gattungen des 19. Jahrhunderts liegt. Diese sogenannten Historischen Rosen werden in Kombination mit Stauden, frühblühenden Zwiebelpflanzen und Kletterpflanzen gezeigt.
Eigentümer/in: Stadt Arnstein, Marktstraße 37, 97450 Arnstein, Tel. 09363/8010, Fax 09363/80166
E-Mail: poststelle@arnstein.bayern.de
Internet: www.arnstein.de
Veranstaltungen Rosenfreunde Arnstein, Tel./Fax 09363/1365

Bay 27
Eigentümer/in: Familie Paletta Schulhof 10, 97450 Arnstein,
Größe: 230 m²
Eintritt: frei
Führungen/Besichtigungen: nach Voranmeldung, Tel. 09363/994401,
Attraktionen: Rosenblüte Juni
P gebührenpflichtig

Innenhof der ehemaligen Präparandenschule

Schulhof 10, Arnstein

Vom Rosengarten gelangt man über eine Natursteintreppe auf die erste, sehr schmale Terrasse, die als Bauerngärtchen gestaltet ist. Obstbäume auf einer kleinen Wiese, Spalierobst, Beerensträucher, Gemüse und Kräuter werden von Bauerngartenstauden, Rosen und Clematis umrahmt. Diese Terrasse wurde ursprünglich ebenso von Moira Scholz gestaltet wie der Innenhof, den man über eine weitere Treppe erreicht. Von dort oben bietet sich der schönste Ausblick auf den Rosengarten und die Altstadt. Flieder, Quitte, Birnbaum und viele Kletterrosen und Stauden beleben diesen verträumten Ort.

Bay 28
Größe: 1,5 ha
frei zugänglich
Führungen: nach Voranmeldung,

Wernpark und Naturbadesee

Würzburger Straße, Wernstraße, Arnstein

Im Rahmen der Kleinen Gartenschau 1997 entstand der Wernpark mit einem Wasserwirtschaftlichen Lehrpfad. Entlang der renaturierten Wern zieht sich der Park mit Stauden-

pflanzungen unterschiedlicher Standortansprüche wie Gehölzrand, Gewässerrand und Wiesen bis zum Naturbadesee hin. An schönen Sommertagen wird der große See zum „Freibad“ für Arnsteiner und ihre Besucher. Anders als ein künstliches Becken übernimmt der Naturbadesee aber auch ökologische Funktionen, so trägt seine breite Schilf- und Röhrrichtzone zur Beruhigung des Gewässers bei. In einem Kunsthain werden Plastiken unter Bäumen ausgestellt. Gewässerbegleitend informieren Schilder über Renaturierung, Gewässergerüste, Hochwasserschutz usw.
Eigentümer/in: Stadt Arnstein, Marktstraße 37, 97450 Arnstein, Tel. 09363/8010, Fax 09363/80166, E-Mail: poststelle@arnstein.bayern.de, Internet: www.arnstein.de

Kosten nach Vereinbarung
8134 Schwebenried – Schweinfurt Zentraler Busbahnhof Arnstein
P gebührenpflichtig

Privatgarten Walter

Hauptstraße 39, Waigolshausen

Bay 29
Größe: 0,3 ha
Anmeldung erbeten
Eintritt: frei
Öffnungszeiten: 1. Wochenende im Juni oder Juli
DB Waigolshausen
Schweinfurt–Waigolshausen
P

Aus einem Garten für Kinder mit Spielgeräten und Schwimmbecken entwickelte sich mit der Zeit ein Staudengarten mit Teich, Sitzgruppen, Gemüsegarten und vielen selbsthergestellten Keramikobjekten. Einige der Obstbäume sind schon über 60 Jahre alt.
Eigentümer/in: Helma und Winfried Walter, Hauptstraße 39, 97534 Waigolshausen, Tel. 09722/8461, Fax 09722/8461
Attraktionen: Hemerocallis-Blüte, Ende Mai bis Ende Juli

Bay 30
Größe: 0,17 ha
Anmeldung erbeten
Eintritt: frei
Öffnungszeiten: Ende Mai bis September
P 🐕
✿ Fuchsien, Duftpelargonien

Privatgarten Mußer

Bühlweg 13, Eisenheim / Obereisenheim

Dem großen Staudengarten mit botanischen Raritäten ist ein Nutzgarten angegliedert. Eine besondere Spezialität sind die Fuchsien und Duftpelargoniensammlungen.
Eigentümer/in: Gerlinde und Werner Mußer, Bühlweg 13, 97247 Eisenheim / Obereisenheim, Tel. 09386/899
Attraktionen: Fuchsien- und Duftpelargonienblüte Anfang Juli bis September

Bay 31
Eigentümer/in: Bayerische Verwaltung der Staatl. Schlösser, Gärten und Seen Schloß- und Gartenverwaltung
Größe: 0,4 ha
Öffnungszeiten:
im Sommer 9–18 Uhr,
im Winter 9–16 Uhr
Eintritt: frei
Führungen: nach Voranmeldung
Dombergführung ca. 1 Std. (Dom mit Domplatz, Alte Hofhaltung und Neue Residenz mit Kaisersaal und Kaiserzimmern sowie Gemäldegalerie),
Attraktionen: Rosenblüte, Gartenplastiken, Aussicht über Bamberg,
☕ 🐕 ♿
ℹ Verkauf im Schloß

Rosengarten

Neue Residenz Bamberg, Domplatz 8, 96049 Bamberg

Neben der Fürstbischöflichen Residenz existierte schon im 16. Jahrhundert ein Renaissancegarten, der 1733 unter Fürstbischof Friedrich Carl von Schönborn in eine symmetrische Anlage umgewandelt wurde. Die Pläne hierzu entwarf Balthasar Neumann. Längs der Balustrade wurden Hainbuchen in Form von Cabinetten gepflanzt und, nachdem der Garten auf ein einheitliches Niveau gebracht worden war, ein axiales System von Wegen und Rondellen angelegt. Der nach Entwürfen Michael Küchels gebaute Gartenpavillon, eine reizvolle Rokokoarchitektur mit dem mit Rokokostukkaturen geschmückten Mittelsaal, beherbergt heute ein Café. Die Gartenskulpturen von Ferdinand Tietz aus den Jahren 1760/61 stellen römische Gottheiten wie Jupiter, Juno, Venus und Ceres dar. Die Originale befinden sich im Historischen Museum der Stadt Bamberg in der Alten Hofhaltung. Das zentrale Wasserbecken ist von einem geschnittenen Baumkranz aus Linden umgeben. Auf den von Buchshecken eingefaßten Beeten wachsen 4500 Rosen in 49 verschiedenen Sorten.

Bay 32
Eigentümer/in: Freistaat Bayern, Bayerische Verwaltung der staatlichen Schlösser, Gärten und Seen, Schloß- und Gartenverwaltung Bamberg, Domplatz 8,

Schloß Seehof bei Bamberg

Memmelsdorf

Das Lust- und Jagdschloß der Bamberger Fürstbischöfe mit Lustgarten und Jagdquartier wurde Ende des 17. Jahrhunderts unter Fürstbischof Lothar Carl von Schönborn angelegt und stand im ausgehenden 18. Jahrhundert unter Fürstbischof

Adam Friedrich von Seinsheim in seiner höchsten Blüte. Im Obergeschoß des Lustschlosses befinden sich Schauräume. Die große Orangerieanlage mit Gewächshäusern und Pavillonbauten wird teilweise noch betrieblich oder als Museum und Konzertsaal genutzt. Von den Gartenanlagen ist heute nur noch der Lustgarten erhalten, das ehemalige Jagdquartier ist Bestandteil einer militärisch genutzten Anlage. Das alte Wegenetz, Kastanien- und Lindenalleen gliedern den Garten. Die Kaskade mit den Wasserspielen wurde wiederhergestellt. Das ehemalige Heckentheater ist allerdings zu einem Wäldchen ausgewachsen.
Veranstaltungen: Frühling im Seehof, Konzerte: Sommerserenaden, Barockkonzerte Mai bis Oktober, 14–16 Uhr, Infos bei: Bamberger Veranstaltungsdienst

96049 Bamberg,
Tel. 0951/519390,
Fax 0951/51939129
Größe: 21 ha
Eintritt: frei
Öffnungszeiten: Mo – Fr
im Sommer 7 – 18 Uhr,
im Winter 8 – 16 Uhr
Attraktionen: Kaskade Mai bis September, stündlich 11–16 Uhr, ca. 10 Minuten
7 Schloß Seehof
P

Privatgarten Arm

Warme Leite 10, Strullendorf-Roßdorf am Forst

Romantischer, parkartig angelegter Garten, der durch eine buchtenreiche, gepflegte Rasenfläche größer wirkt. Die Höhepunkte des Gartens sind im Frühjahr die Rhododendren- und Azaleenblüte und im Sommer die Blüte der Strauch-, Kletter- und Ramblerrosen. Den Charakter des Gartens prägen außerdem viele Clematis, Hortensien, Blattstauden, japanische Ahorne und viele immergrüne Sträucher wie in Form geschnittener Buchs und Taxus. Ergänzt wird die Anlage durch einen Pavillon mit Kupferschindeldach am Goldfischteich, Gartenfiguren, Brunnen, drei durch kleine Wasserfälle miteinander verbundene Teichbecken sowie einen japanischen Koifischteich.
Eigentümer: Stella und Werner G. Arm, Warme Leite 10, 96129 Strullendorf, Tel. 09543/7990, Fax 09543/850056, E-Mail: stella.arm@t-online.de, Internet: www.fewo-familie-arm.de

Bay 33
Größe: 0,1 ha
Eintritt: frei
Führungen: nach Voranmeldung
Öffnungszeiten: Mitte Mai bis September
Ferienwohnung im Garten
DB Bamberg
P

Bay 34
Größe: 0,1 ha
Öffnungszeiten:
April bis Oktober, Fr 9 Uhr bis Einbruch der Dunkelheit,
Sa 9–14 Uhr
nur außerhalb der Öffnungszeiten Anmeldung erbeten
Eintritt: frei
Führungen: nach Voranmeldung
P
✿ seltene Stauden, Gräser

Schaugarten Karbacher Staudenversand

Hauptstraße 26, Karbach

In der interessant strukturierten Anlage sind ungefähr 600 verschiedene, teilweise sehr seltene Stauden zu sehen. Neben einem Schwimmteich und nach Farben gestalteten Pflanzungen gibt es auch Beispiele naturnaher Gestaltung.
Eigentümer/in: Karbacher Staudenversand/Stauden zum Staunen, Hauptstraße 26, 97842 Karbach, Tel. 09391/6530, Fax 09391/916961, E-Mail: info@stauden-ksv.de, Internet: www.stauden-ksv.de
Veranstaltungen: Vernissagen, permanente Ausstellung von Bildern und Gartenskulpturen, Infos bei Karbacher Staudenversand

Bay 35
Eigentümer/in: Bayerische Verwaltung der staatlichen Schlösser, Gärten und Seen Schloß- und Gartenverwaltung, Residenzplatz 2, 97070 Würzburg, Tel. 0931/355170, Fax 0931/3551725, E-Mail: sgvwuerzburg@bsv.bayern.de, Internet: www.schloesser.bayern.de
Größe: 12 ha
Öffnungszeiten: ganzjährig geöffnet
im Sommer 7–20 Uhr,
im Winter 8–16.30 Uhr
Eintritt: frei
Führungen: nach Voranmeldung
Attraktionen: Wasserspiele April bis Okt., täglich von 13–17 Uhr
DB Veitshöchheim
Bus 11, 19 Kirchplatz
♿
ℹ Infos nur April bis Oktober

Hofgarten Veitshöchheim

Veitshöchheim

Foto: Schloß- u. Gartenverwaltung, Würzburg

Nach barocken Vorgängergärten um das Fürstbischöfliche Lustschloß Veitshöchheim entstand ab 1763 durch den in Kunst und Philosopie gelehrten Fürstbischof Adam Friedrich von Seinsheim einer der interessantesten Gärten des Rokoko. Der bedeutendste deutsche Bildhauer seiner Zeit, Ferdinand Tietz, schuf einen großen Teil der Figurenzyllen. Das kosmologische Programm des Gartens zeigt zahlreiche Anspielungen auf griechische und römische Mythologie, Allegorien und Fabeln. Die Restaurierung in den 60er Jahren ging auf den Rokokozustand des Gartens ein, so daß diese Anlage bis auf einige Veränderungen im 19. Jahrhundert und trotz der Kriegszerstörungen weitgehend den originalen Zustand zeigt. Von den kostbaren Sandsteinplastiken sind die meisten durch Kopien oder Abgüsse ersetzt. Die Originale werden im Mainfränkischen Museum in Würzburg aufbewahrt.

Privatgarten Seubert-Kohrmann

Raiffeisenstraße 27, Uettingen

An ein ehemaliges Bauernhaus, das mit seinen Nebengebäuden einen begrünten Innenhof umschließt, erstreckt sich ein romantischer Garten im englischen Stil, der nach Farbthemen, wie der Weiße Garten, unterteilt ist. In den Rabatten wachsen viele Englische Rosen und seltene Stauden.

Eigentümer/in: Corinna Seubert-Kohrmann, Raiffeisenstraße 27, 97292 Uettingen, Tel. 09369/99164, Fax 09369/99165

Bay 36
Größe: 0,2 ha
Anmeldung erbeten
Eintritt: frei
Öffnungszeiten: Juni bis September
Führungen: nach Voranmeldung
Attraktionen: Rosenblüte, Hauptblüte der Stauden Mitte bis Ende Juni, Juli/August
➜ bei Anmeldung
P ♿

Botanischer Garten der Universität Würzburg

Julius-von-Sachs-Platz 3-4, Würzburg

Der Botanische Garten der Universität Würzburg ist mit seiner 300jährigen Geschichte die älteste Einrichtung dieser Art in Bayern. Nach fürstbischöflicher Anordnung 1696 im Barockgarten des Juliusspitals im heutigen Stadtzentrum gegründet, wurde er ab 1960 am südlichen Stadtrand neu aufgebaut. Spezialsammlungen dieses Gartens: Siebold-Pflanzen aus Ostasien (zu Ehren des Würzburger Japanforschers v. Siebold), Tertiärwald-Gehölzsammlung (ein Arboretum florengeschichtlicher Prägung), subpolare und alpine (Polster-)Pflanzen im Gebirgspflanzenhaus, Mainfränkische Trockenrasen. Besonders blütenreich, struktur- und farbenprächtig zeigt sich im Mai die Felsheide des Mittelmeergebiets und des Vorderen Orients.

Veranstaltungen: Veranstaltungen des pro-planta-Freundeskreises des Botanischen Gartens und der Pflanzenwissenschaften Würzburg e.V., Infos im Internet

Foto: Buschban

Bay 37
Eigentümer/in: Bayerische Julius-Maximilians-Universität Würzburg, Julius-von-Sachs-Platz, 97082 Würzburg, Tel. 0931/8886241, Fax 0931/8886235/8886207, E-Mail: bot-garten@botanik.uni-wuerzburg.de, Internet: www.botanik.uni-wuerzburg.de/botgarten/index.html
Größe: 9 ha
Öffnungszeiten: im Sommer 8–18 Uhr, im Winter 8–16 Uhr
Eintritt: frei
Führungen: nach Voranmeldung, Tel. 0931/8886241, außerdem jeden 3. Samstag im Monat, 14.30 Uhr kostenlos
Attraktionen: Akustik im trop. Regenwald jeden 1. So im Monat 14–16 Uhr, weitere Termine nach Anmeldung
🚌 3, 5 Dallenbergbad
P an Wochenenden auf dem Institutsparkplatz
♿ ℹ

Bay 38
Größe: 0,1 ha
Eintritt: frei
Öffnungszeiten: April bis Okt.
Di bis So 7–17.30 Uhr,
Mo 7–15.30 Uhr
9, nur April bis Oktober, Schönborntor
18 Oberer Burgweg
gebührenpflichtig

Fürstengarten Festung Marienberg

Würzburg

Der Fürstengarten auf der Schütt, der alten Batteriestellung vor der Ostseite der Burg, geht in seiner 1937 wiederhergestellten Form auf den Garten des Fürstbischofs Johann Philipp Greiffenklau um 1700 zurück. Das achtteilige Gartenparterre mit Springbrunnen und mit Rosen bepflanzt, basiert auf alten Festungsplänen des frühen 18. Jahrhunderts. Vom Fürstengarten hat man eine einzigartige Aussicht auf Würzburg und das Maintal.

Eigentümer/in: Bayerische Verwaltung der staatlichen Schlösser, Gärten und Seen, Schloß- und Gartenverwaltung, Residenzplatz 2, 97070 Würzburg, Tel. 0931/355170, Fax 0931/3551725,
E-Mail: sgvwuerzburg@bsv.bayern.de,
Internet: www.schloesser.bayern.de

Bay 39
Eigentümer/in: Kath. Kirchenstiftung Dom-Neumünster, Domerpfarrgasse 10, 97070 Würzburg, Tel. 0931/3860, Fax 0931/386285
Größe: 0,6 ha
Eintritt: frei
Öffnungszeiten: ganzjährig geöffnet,
im Sommer 9–20 Uhr,
im Winter 9–17 Uhr
1, 3, 4, 5 Kürschner Hof
gebührenpflichtig

Lusamgärtchen

Martinstraße 4, Würzburg

Von dem Ende des 12. Jahrhunderts errichteten Kreuzgang ist nur ein Flügel erhalten geblieben. Die Reliefs gehören zu den ältesten erhaltenen Beispielen figürlicher Plastik in Würzburg. Die kulissenartige Rahmenpflanzung und der rote Sandstein prägen das Erscheinungsbild des Gärtchens. Dieser Ort diente früher als Begräbnisplatz der Stiftsherren. Nach beglaubigter Überlieferung ist hier auch der Minnesänger Walther von der Vogelweide bestattet.

Bay 40
Eigentümer/in: Stadt Würzburg, Gartenamt, Robert-Bunsen-Straße 10,

Ringpark

Ringstraße, Sanderglacisstraße, Röntgenring, Würzburg

Bereits 1720 hatte Balthasar Neumann die Anlage einer Allee auf den Wällen der Stadtbefestigung angeregt. Im Jahr 1804 wurde schließlich im Rahmen einer Schenkung der bayerischen Regierung eine doppelreihige Pappelallee am Außenrand des Glacis gepflanzt, welche die Keimzelle der Würzburger Ringparkanlagen darstellt. Der Abbruch der Stadtmauern nach 1856 brachte große Veränderungen für das gesamte Stadtbild mit sich. Der Schwede Jens Person Lindahl, vom englischen Landschaftsgarten geprägt, begann das Glacis zu einem Stadtpark umzubauen. Sein Nachfolger Engelbert Sturm vollendete im Jahre 1900 die Arbeiten im Kernstück mit dem Einbau eines südfranzösischen Klein-Nizza. Neben vielen Brunnen und Denkmälern ist der Ringpark bekannt durch seinen reichhaltigen Gehölzbestand mit 220 Baumarten und Kulturformen aus mehr als 30 Pflanzenfamilien sowie seine große Vielfalt an Sträuchern.

97076 Würzburg,
Tel. 0931/299230,
Fax 0931/2992366,
E-Mail: gartenamt@stadt.wuerzburg.de,
Internet: www.wuerzburg.de
Größe: 27 ha
frei zugänglich
Führungen: nach Voranmeldung,
Tel. 0931/2992320

Landesgartenschaugelände aus dem Jahre 1990

Luitpoldstraße, Dreikronenstraße, Würzburg

Zielsetzung der Gartenschauidee war es, die Mainauen mit der Festung Marienberg zu verbinden und somit eine Fortführung des Ringparks in den linksmainischen Wallgräben zu erhalten. Das Gelände wird geprägt durch charakteristische Wallmauern und artenreiche Wildstaudenpflanzungen. Neben dem Rosengarten sind die Beiträge der Partnerstädte mit einem Japanischen Garten, dem Normannischen Haus, dem Schottischen Garten und dem Fliedergarten heute noch Attraktionen.
Öffnungszeiten: ganzjährig geöffnet,
im Sommer 9–20 Uhr, im Winter 9–17 Uhr

Bay 41
Eigentümer/in: Stadt Würzburg, LGS-GmbH, Geschäftsstelle, Ludwigstraße 8,
97070 Würzburg,
Tel. 0931/3085200,
Fax 0931/3085156
Größe: 11 ha
Eintritt: frei
2 Talavera, Neunerplatz

Garten des Juliusspitals

Juliuspromenade, Würzburg

Der Barockgarten aus dem Jahre 1696 war mit Parterres und mit für Fürstengärten üblichen Stilelementen und geschnittenen Hecken ausgestattet. Von 1696 bis 1854 diente er auch als Botanischer Garten. Obwohl es im Laufe der Jahrhunderte viele Veränderungen gab, sind noch eine Fontäne und ein Bassin mit allegorischen Figuren vorhanden. Der alte Baumbestand ist auch aus stadtökologischer Sicht bedeutsam.
Eigentümer/in: Stiftung Juliusspital Würzburg,
Juliuspromenade 19, 97070 Würzburg, Tel. 0931/3930,
Fax 0931/3931502

Bay 42
Größe: 0,7 ha
Eintritt: frei
Öffnungszeiten:
ganzjährig geöffnet,
im Sommer 8–18 Uhr,
im Winter 8–16 Uhr
2, 3, 4, 5 Barbarossaplatz
gebührenpflichtig

Reuerer Garten

Sanderstraße 12, Würzburg

Der Garten des heutigen Karmeliterklosters entstand aus dem Erwerb von Häusern und Gärten im 17. Jahrhundert. 1978

Bay 43
Größe: 0,6 ha
Anmeldung für Privatgarten des Klosters erbeten

Eintritt: frei
Öffnungszeiten:
ganzjährig geöffnet,
im Sommer 9–20 Uhr,
im Winter 9–17 Uhr
3 Sanderring
gebührenpflichtig

wurde ein Teilstück abgetrennt, es dient als öffentlicher Spielplatz. Alle Achsen des ehemaligen barocken Wirtschafts- und Weingartens waren in Längs- und Querrichtung durch Weinlauben über Bögen gefaßt. Diese sind im öffentlich zugänglichen Teil noch erhalten. Der Privatgarten des Klosters ist ein sehr gepflegter, reiner Nutzgarten.
Eigentümer/in: Karmelitenkloster Reuerer, Sanderstraße 12, 97070 Würzburg, Tel. 0931/354320, Fax 0931/3543213

Bay 44
Eigentümer/in: Bayerische Verwaltung der staatlichen Schlösser, Gärten und Seen Schloß- und Gartenverwaltung, Residenzplatz 2, 97070 Würzburg, Tel. 0931/355170, Fax 0931/3551725, E-Mail: sgvwuerzburg@bsv.bayern.de, Internet: www.schloesser.bayern.de
Größe: 9 ha
Öffnungszeiten:
ganzjährig geöffnet,
im Sommer 7–20 Uhr,
im Winter 8–16.30 Uhr
Eintritt: frei
Führungen: nach Voranmeldung
1, 3, 4 Dom
14, 28 Stadttheater
15, 16, 17 Residenzplatz
gebührenpflichtig
Teilbereiche nur über Rampen und Stufen erreichbar

Hofgarten Würzburg

Würzburg

Fürstbischof Adam Friedrich von Seinsheim verpflichtete 1770 den aus Prag stammenden, sehr versierten Johann Prokop Mayer als Hofgärtner in Würzburg. Auf der vorhandenen, beengten Fläche schuf Mayer mit Kreisen, Ovalen, Durchdringungen und theaterhaften Verengungen ein Spiel in Formen, Räumen und Farben. Als der Fürstbischof 1779 starb, waren die heute noch erlebbaren Grundzüge des genialen Gartenentwurfs nur im Ostgarten annähernd fertiggestellt. Der ansatzweise ausgeführte Südgarten wurde bis zur heutigen Form mehrfach verändert, der 1793 als Landschaftsgarten entstandene Südwestgarten besitzt hingegen geringere gartenkünstlerische Qualität. Nach langer Zeit des Niedergangs begann zwischen 1952 und 1963 unter dem Gartendirektor Christian Bauer und erneut seit 1993 die schrittweise Sanierung des Gartenkunstwerks. Besonders sehenswert sind die äußerst selten anzutreffenden Laubengänge aus Maulbeerbäumen, der innere Laubengang aus Hartriegel und Lärche, Buchsornamente, klassizistische Gartenplastiken und die nach barocker Fachliteratur angelegten farbenreichen Blumenrabatten.
Veranstaltungen: Weinfeste, Mozartfest der Stadt Würzburg

Bay 45
Größe: 200 m²
Anmeldung erbeten
Eintritt: frei
Öffnungszeiten: nur nach Vereinbarung,
Führungen: nach Voranmeldung
Attraktionen: Kakteenblüte Juni/Juli
→ bei Anmeldung
Kräuterpflanzen, Sukkulenten

Dietrichs stacheliges Blumengärtlein

Hauptstraße 22, Gelchsheim

Mittelpunkt des Gärtchens ist ein zirka 20 m² großes Kakteen- und Sukkulenten-Beet, das von Mai bis Oktober zu besichtigen ist. An mehreren Wänden ranken an Stahlmatten verschiedene Arten von Passionsblumen sowie andere, größtenteils einjährige Kletterpflanzen empor. In weiteren Beeten mit gemischten Pflanzungen wachsen unter anderem Fuchsien, Lantanen, Schmuck- und Duftgeranien, bekannte und unbekanntere Kräuter.
Eigentümer/in: Karl-Heinz Dietrich, Hauptstraße 22, 97255 Gelchsheim, Tel./Fax 09335/319

Privatgarten Rau

Ochsenfurter Straße 46, Frickenhausen/Main

Der wild-romantische Garten an einem Haus aus den 30er Jahren im typisch fränkischen Stil wird von Natursteinmauern und Mäuerchen umrahmt. Viele kleine Inseln, jede ein Gärtchen für sich, unterbrechen die großzügig sich durchschwingende Rasenfläche. In und unter den alten Bäumen machen unterschiedliche Fundstücke, Brunnen und eine Klangspirale den Garten zu einem Fest für alle Sinne.
Öffnungszeiten: Mai bis Oktober
Eigentümer/in: Anita Rau Ochsenfurter Straße 46, Tel. 09331/89088, 97252 Frickenhausen/Main,

Bay 46
Größe: 0,2 ha
Anmeldung erbeten
Eintritt: frei
Führungen: nach Voranmeldung
DB Würzburg
Bus Würzburg – Frickenhausen Siedlung
P

Privatgarten Winzerhof Brückner

Haus Nr. 62, Hüttenheim

Neben dem ehemaligen Bauernhof, auf dem noch einige Weinberge betrieben werden, liegt der kleine Nutz- und Ziergarten in der Tradition der Bauerngärten. Den Hof bereichern zahlreiche Kübelpflanzen, Hochbeete, Palisadenkästen und Hausweinstöcke.
Eigentümer/in: Edwin und Sybille Brückner, Haus Nr. 62, 97348 Hüttenheim, Tel. 09326/1802, Fax 09326/8853,
E-Mail: edwin.brueckner@-online.de
Internet: www.ferienwohnung-brueckner.fwo.de

Bay 47
Größe: 200 m²
Anmeldung erbeten
Eintritt: frei
Führungen: nach Voranmeldung
Öffnungszeiten: ganzjährig geöffnet
Attraktionen: Weinlese Oktober
→ bei Anmeldung
P

Privatgarten Hofmann

Kleinwachenroth 7, Wachenroth

In dem Bauerngarten wachsen vor allem Stauden und ca. 60 Englische und Historische Rosen.
Eigentümer/in: Susanne und Gerhard Hofmann, Kleinwachenroth 7, 96193 Wachenroth, Tel. 09548/8246, Fax 09548/980618
Führungen: nach Voranmeldung, für Gruppen bis 35 Personen

Bay 48
Größe: 0,1 ha
Anmeldung erbeten
Eintritt: frei
Öffnungszeiten: ganzjährig geöffnet
→ Ortsende Richtung Weingartsgreuth in Richtung Hammermühle, letztes Haus (Forsthaus), P

Japanischer Garten Schäfer

Beethovenstraße 35, Höchstadt (a.d.Aisch)

Der im Frühjahr 1998 eingeweihte, von Hartmut R. Raible geplante, großzügig gestaltete Wassergarten lädt den Besucher zum Wandeln ein. Verschlungene Wege führen durch eine Landschaft vielseitigster Reize. Beginnend am Holzdeck, entlang eines Wintergartens gelangt man über Schrittsteine an das andere Seeufer. Der Höhenweg führt über eine unbearbeitete Natursteinbrücke, die den Gebirgsbach überspannt, zu zwei abgelegenen Terrassen. Die verschlungene Seenlandschaft mit Inseln wird dabei aus vielseitigen Perspektiven erlebt. Eine Formkiefer und zwei japanische Steinlaternen verstärken den exotischen Reiz des Gartens.

Bay 49
Eigentümer/in: Eheleute Schäfer, Beethovenstraße 35, 91315 Höchstadt (a.d.Aisch), Tel. 09193/4692
Größe: 400 m²
Öffnungszeiten: ganzjährig geöffnet
Anmeldung erbeten
Eintritt: frei
Attraktionen: Kirschblüte, Azaleenblüte, Herbstlaub
P

Foto: Raible

Bay 50
Größe: 800 m²
Anmeldung erbeten
Öffnungszeiten:
ganzjährig geöffnet
Eintritt: frei
Führungen:
nach Voranmeldung
DB Erlangen, mit Bus weiterfahren nach Höchstadt
Bus 203, 205 Don-Bosco-Schule
→ Anfahrplan im, Internet oder bei Anmeldung, P

Privatgarten Krauß

Tilman-Riemenschneider-Straße 48, Höchstadt a.d.Aisch

Der seit 1983 nach und nach angelegte romantische Garten zeigt eindrucksvoll, wie durch Aufteilung in Gartenräume das Gelände wesentlich größer erscheint. An den viktorianischen Wintergarten schließt sich ein Schattengarten mit lauschigen Sitzplätzen, bepflanzten Steinmauern und verschlungenen Wegen an. Eine Fuchsiensammlung bringt Farbe in die bemoosten, dunklen Bereiche. Den Höhepunkt bildet ein im Zentrum gelegener, von Hügeln, verschiedenen Bambusarten und einem Teehaus umrahmter japanischer Bereich mit Koiteich, Bachlauf und zwei Wasserfällen.

Eigentümer/in: Bruno und Charlotte Krauß, Tilman-Riemenschneider-Straße 48, 91315 Höchstadt a.d.Aisch, Tel. 09193/698029, Fax 09193/698030, E-Mail: bruno.krauss@t-online.de, Internet: www.bruno-krauss.de

jap. Steinlaternen, Natursteinartikel, Gartenmöbel

Bay 51
Größe: 0,1 ha
Eintritt: frei
Führungen: nach Voranmeldung
Öffnungszeiten: ganzjährig
→ A 73, Abfahrt Forchheim-Süd Richtung Neunkirchen, in Effeltrich Schild Fa. Walz folgen
P

Hausgarten in der Fränkischen Schweiz

Eichenring 15, Effeltrich

Foto: Gertrude Heider

In dem wildromantischen Garten ist in das leicht hängige Gelände zwischen alten Obstbäumen ein Rasenoval eingefügt. Terrassierte Staudenflächen, nach Farben und Blattstruktur abgestimmt, und zahlreiche historische Rosen umgeben es. In den Obstbäumen klimmen Rambler und Clematis. Zusammen mit einem Naturgarten und einem architektonischen Bauerngärtchen bilden die Gartenteile eine Einheit aus Natürlichem und Gestaltetem. Anmeldung erbeten
Eigentümer: Ilse Rasch, Eichenring 15, 91090 Effeltrich, Tel. 09133/4985

Ländlicher Garten Steiner

Lennesrieth 16a, Waldthurn

Im romantisch-ländlichen Garten in Hanglage sind neben der umfangreichen Pfingstrosen- und Irissammlung besonders die vielen Blütenstauden, historische und moderne Strauchrosen und Ziergräser hervorzuheben. Sitzplätze mit Terracottagefäßen und eine Wasserstelle laden zum Verweilen ein. Der Vorgarten ist dem Thema „Heide" gewidmet. Anmeldung erbeten
Eigentümer: Ermelinde Steiner, Lennesrieth 16a, 92727 Waldthurn, Tel. 09657/606

Bay 52
Größe: 0,15 ha
Eintritt: frei
Öffnungszeiten: ganzjährig

Hofgarten Ansbach

Promenade 33, Ansbach

Markgräfin Christina Charlotte und Markgraf Carl Wilhelm Friedrich von Brandenburg-Ansbach ließen neben ihrer Residenz im frühen 18. Jahrhundert einen großen Barockgarten mit Parterre mit flankierenden Lindensälen und einer mächtigen Orangerie errichten. Unter der späteren preußischen Herrschaft wurde der Garten im englischen Geschmacke umgeformt. Seit längerer Zeit laufen die Bemühungen, die historisch überlieferten barocken Elemente zu revitalisieren. Teilbereiche der 550 Meter langen, vierreihigen Lindenallee wurden in den letzten Jahren auf die ursprüngliche Höhe der ehemaligen Lindenhochhecke stark zurückgeschnitten. Auf dem nach 1947 neu angelegten Parterre sind über 150 Kübelpflanzen aufgestellt, die von vielfältigen Blumenrabatten umrahmt werden. Im Kräutergarten, der hauptsächlich mit Medizinalpflanzen aus dem Kräuterbuch von Leonhart Fuchs bepflanzt ist, sind auch Historische Strauchrosen zu bewundern. 2001 wurde hier ein modernes Citrushaus für die Überwinterung der Kübelpflanzen errichtet.

Bay 53
Eigentümer/in: Bayerische Verwaltung d. staatl. Schl. Gärten und Seen, Schloß- und Gartenverwaltung Ansbach, Promenade 27, 91522 Ansbach, Tel. 0981/9538390, Fax 0981/95383940, E-Mail: sgvansbach@bsv.bayern.de
Internet: www.schloesser.bayern.de
Größe: 18 ha
frei zugänglich
Führungen: nach Voranmeldung
alle Linien Schloßplatz

Schloßpark Ellingen

Schloßstraße 9, Ellingen

Ellingen war mehr als 400 Jahre die Residenz des Landkomturs der Ballei Franken des Deutschen Ordens, der reichsten der

Bay 54
Eigentümer/in: Bayerische Verwaltung d. staatl. Schl. Gärten und Seen, Schloß- und

Gartenverwaltung Ansbach, örtliche Adresse: Residenz Ellingen, Schloßstraße 9, 91792 Ellingen, Tel. 09141/974790, Fax 09141/974797, Größe: 2 ha, frei zugänglich Attraktionen: Scillablüte April
P ✕ 🐕 ♿ ℹ im Schloß

insgesamt 13 Ordensprovinzen im Heiligen Römischen Reich. Im Zusammenhang mit einem Schloßneubau entstand um 1720 ein barocker Schloßgarten, der im 19. Jahrhundert landschaftlich umgestaltet wurde. Als einziges Element ist eine Balustrade erhalten geblieben. Der Park weist einen schönen alten und artenreichen Baumbestand auf.
Internet: www.schloesser.bayern.de

Bay 55
Eigentümer/in: Robert Freiherr von Süßkind
Schloß Dennenlohe, 91743 Unterschwaningen bei Ansbach,
Tel. 09836/96888,
Fax 09836/96889,
E-Mail: Schloss@Dennenlohe.de
Internet: www.dennenlohe.de
Größe: 5 ha
Öffnungszeiten: März bis Okt. täglich 10–17 Uhr
Anmeldung für Gruppen ab 20 Personen erbeten
Eintritt: 5 €, Kinder frei bis 12 Jahre
Ermäßigung nach Absprache
Führungen: ab 25 Pers. 7 €/Pers. inkl. Eintritt
🚌 Ansbach-Wassertrüdingen Dennenlohe bei Unterschwaningen
P 🐕 ✕ ☕
Veranstaltungen: Gartenmesse im Schloßpark, Gartentage im Mai, Parksonntag im Juni, 30 ha großes Labyrinth im Juli/August, Römer- und Gladiatorentage, Konzerte und Opern
✿ Seerosen

Rhododendronpark Schloß Dennenlohe

Unterschwaningen

Der in Süddeutschland größte Rhododendronpark weist über 2000 Azaleen und Rhododendren sowie über 100 verschiedene Baum- und Straucharten auf. Malerisch eingebettet zwischen Schloßmauern, Terrassen und Brüstung liegt er am 6 Hektar großen Schloßweiher. Dieser ist mit Inseln, Brücken und verschiedenen Stegen ausgestattet und mit zirka 3000 Seerosen geschmückt. Ein 300 Meter langer japanischer Bachlauf, Shaji-Tore sowie eine Hängebrücke und ein Wasserfall bieten zusätzliche Attraktionen im Park, der seit 1990 vom Eigentümer selbst gepflegt wird. Im Bereich Gutshof mit Gasthaus, Museum, Antik Shop und Biergarten gibt es seit 2004 einen historischen Kräutergarten.

Bay 56
Größe: 0,2 ha
Anmeldung für Gruppen erbeten
Eintritt: frei
Öffnungszeiten: nach telefonischer Vereinbarung
Führungen: nach

Privatgarten Maurer

Buchklingen 20, Emskirchen

Ein Schwerpunkt des vielseitig gestalteten Naturgartens mit Biotopen, heimischen Gehölzen und Wildstauden liegt auf über 60 Historischen und Englischen Rosen. Der Nutzgarten ist im Bauerngartenstil gehalten. Zahlreiche Kletterpflanzen begrünen die Fassaden.

Eigentümer/in: Magdalena Maurer, Buchklingen 20, 91448 Emskirchen, Tel. 09104/528, Fax 09104/3546
Attraktionen: Blüte der Historischen und Englischen Rosen Juni

Voranmeldung
→ bei Anmeldung
P

Zwei Privatgärten

Hindenburgstraße 52-54, Cadolzburg

Die beiden gemeinsam gestalteten Gärten ohne Zaun, die sich schon seit etwa 40 Jahren entwickeln, liegen parkähnlich am Waldrand. Vielfältige Bereiche wie Rosenhang, alte und neue Trockenmauern, Teich mit differenzierter Bepflanzung, Irisbeet, Frühlingsblumenwiese, Brunnen- und Buchsgarten, Obstbäume und Kräutergarten laden zum Entdecken und Verweilen ein.
Eigentümer/in: Familien Lippke/Weinländer, Hindenburgstraße 52-54, 90556 Cadolzburg, Tel. 0911/449186, Fax 0911/440483

Bay 57
Größe: 0,6 ha
nur telefonisch, Gruppen bis 20 Personen Anmeldung erbeten
Eintritt: frei
Öffnungszeiten: April bis September, nach telefonischer Vereinbarung
Führungen: nach Voranmeldung
DB Cadolzburg
→ bei Anmeldung
P

Schloßgarten Erlangen

Schloßplatz, Erlangen

Foto: Stadt Erlangen

Mit dem Neubau des Schlosses ließ Markgraf Christian-Ernst sich zu Beginn des 18. Jahrhunderts einen streng geometrischen Barockgarten anlegen. Gleichzeitig mit dem Park entstanden die Orangerie und der Hugenottenbrunnen. Wie viele andere barocke Gärten wurde auch der Schloßgarten im 19. Jahrhundert in einen Landschaftspark umgewandelt. Doch das Schloßparterre mit dem Brunnen, die Orangerie und die Randalleen sind noch Relikte der früheren Gestaltungsideen. Der Park mit seinen ausgedehnten Liegewiesen, Blumenpflanzungen und einem schönen Altbaumbestand ist heute, zusammen mit dem Botanischen Garten, das Grüne Herz der Stadt.

Bay 58
Eigentümer/in: Universität Erlangen-Nürnberg, Schloßplatz 4, 91054 Erlangen, Tel. 09131/850
Größe: 7 ha
Öffnungszeiten: ganzjährig geöffnet 6–20 Uhr
Eintritt: frei
DB Erlangen
P gebührenpflichtig
Veranstaltungen: Freiluftkonzerte vor der Orangerie, einige Sonntage im Sommer, 11 Uhr

Bay 59
Größe: 0,9 ha
Eintritt: frei
Führungen: 6 Führungen im Sommer, siehe Aushang im Garten,
Öffnungszeiten:
April bis Oktober 8–18 Uhr
DB Erlangen
Bus 252, 288, 289, 293 Palmsanlage
♿

Aromagarten Erlangen

Palmsanlage an der Schwabach, Erlangen

Der Aromagarten Erlangen beherbergt auf ideal natürlichen Standorten über 100 Aromapflanzen, die mit ihren wirksamen ätherischen Ölen alte Kulturgüter der Menschen sind, als Arznei, Gewürz oder Kosmetikum verwendet werden und wichtige Aussichten für die Zukunft durch neue Technologien bieten. Die Anlage wurde 1981 als weltweit erster Garten dieser Art eröffnet. Durch Prof. Dr. Karl Knobloch konzipiert und aufgebaut, dient er als Besichtigungs- wie als wissenschaftliches Experimentierfeld.
Eigentümer/in: Universität Erlangen-Nürnberg, Auskünfte: Botanischer Garten, 91054 Erlangen, Tel. 09131/8522669, Fax 09131/8526712, Internet: www.uni-erlangen.de

Bay 60
Größe: 2 ha
Eintritt: frei
Führungen: nach Voranmeldung
Öffnungszeiten:
Freiland täglich 8–16 Uhr, Juni bis August 8–17.30 Uhr
Gewächshäuser Di bis So 9.30–15.30 Uhr
Bus 286, 287, 289 Hugenottenplatz
P gebührenpflichtig
Veranstaltungen:
Gartenführung, März bis Nov.: jeden 1. Samstag im Monat, 14.30 Uhr

Botanischer Garten der Universität Erlangen-Nürnberg

Loschgestraße 3, Erlangen

Der Garten wurde 1828 an der Nordseite des Erlanger Schloßgartens eingerichtet. Er weist ein sehr breites Sortiment von Pflanzenarten der verschiedensten Klimate und Vegetationsgebiete auf. Dies reicht von der arktischen Tundra bis zum tropischen Sumpf, über Hochgebirgspflanzen mediterraner Gebirge (Alpinenhaus), bis hin zu Pflanzen der Kanarischen Inseln und Pflanzen der tropischen Regenwälder. Die Freilandanlage gliedert sich in zahlreiche Spezialpflanzungen wie das Alpinum und Subalpinum und in heimische Pflanzengesellschaften wie Laubwälder, Sandmagerrasen, in Pflanzen eurasicher Steppen und in einen kleinen Nadelwald. Zu sehen gibt es zusätzlich Sondergärten wie Bauern-, Gewürz- und Arzneipflanzengarten und einen Bereich für Freilandpflanzen, die Hautschäden verursachen können. Die jüngsten Neuanlagen sind ein Feuchtbiotop und der Fernöstliche Garten.
Eigentümer/in: Universität Erlangen-Nürnberg, örtliche Adresse: Loschgestraße 3, 91054 Erlangen,
Tel. 09131/8522669, Fax 09131/8522746,
E-Mail: Jakob.Stiglmayr@rzmail.uni-erlangen.de.
Internet: www.botanischer-garten.uni-erlangen.de

Bay 61
Eigentümer/in: Stadt Fürth, Grünflächenamt, Otto-Seeling-Promenade 37, 90762 Fürth,
Tel. 0911/9742872,
Fax 0911/9742874
Größe: 16,5 ha
Führungen: nach Voranmeldung

Fürther Stadtpark

Fürth

Die Entstehungsgeschichte des Stadtparks erstreckt sich von 1869 bis 1965. In mehreren Abschnitten entstand bis 1911 ein differenzierter Park mit Weiher mit künstlichem Wasserfall und auf einem aufgelassenen Friedhof ein Klostergarten. Infolge der beiden Weltkriege wurde der Grünflächenbestand im Stadtpark schwer in Mitleidenschaft gezogen. Doch schon 1951 präsentierte er sich nach einer Generalüberholung in neuer Schönheit. Anlaß war eine Gartenschau mit dem Motto „Grünen und Blühen". Mit zahlreichen Blumenpartien, unterschiedlichen Sondergärten, einem Musterfriedhof und Musterkleingärten entsprach sie inhaltlich anderen Gartenschauen. Der letzte größere Einschnitt in der Entwicklungsgeschichte war die Pegnitzregulierung zwischen 1963 und 1965. Durch die Begradigung des Flusses verdoppelte sich die Parkfläche und erhielt durch die Einbeziehung der Flußauenlandschaft eine großflächige Gestaltung.

frei zugänglich
Attraktionen: Fontänen, Minigolf, Spielplatz mit künstlichem Bachlauf Sommerhalbjahr
DB Fürth
U1 Jakobinenstraße
Veranstaltungen: Sommernachtsball im Freien, August
Freilichtbühne, Spielzeit im Sommerhalbjahr, Vorträge

Künstleringarten

Südring 40, Eckental-Eckenhaid

Ein romantischer Naturgarten einer finnischen Künstlerin mit vielen Rosen und märchenhaften Gestalten, Seerosenteich samt Nixe, Springbrunnen mit Figuren und dazu ein buntes Blockhaus samt Atelier voller Bilder.
Eigentümer/in: Mirjami Ärmänen, Südring 40, 90542 Eckental-Eckenhaid, Tel. 09126/4115, Internet: www.mirjami.aermaenen-kunst.de

Bay 62
Größe: 700 m²
Eintritt: 2 €
Öffnungszeiten: Juni bis Juli, Sept. bis Okt.
nach Anmeldung, Gruppen bis max. 10 Personen
→ bei Anmeldung
P

Hesperidengärten

Johannisstraße 43–47, Nürnberg

Um eine Reaktivierung Altnürnberger Gartenkunst zu erhalten, legte das Gartenbauamt bereits Anfang der sechziger Jahre entsprechende Pläne nach dem Entwurf von Theo Friedrich für die Rekonstruktion der ehemals berühmten Nürnbergerischen Hesperides im Stadtteil Johannis vor. Erst 20 Jahre später konnte das erste Hesperidengartengrundstück, das Anwesen Johannisstraße 47, wiederhergestellt werden. Die Arbeiten dauerten bis Juni 1985. Zwingende Vorgabe für die Rekonstruktion war der typisch handtuchartige Zuschnitt des Grundstücks. Das Areal ist in Längs- und Querwege geglie-

Bay 63
Eigentümer/in: Stadt Nürnberg, Gartenbauamt, Lina-Ammon-Straße 28, 90417 Nürnberg, Tel. 0911/2314860, Fax 0911/2314818
Größe: 0,6 ha
Eintritt: frei
Öffnungszeiten: April bis Okt. werktags: 7–20 Uhr, Sonn-/Feiertag: 9–20 Uhr
6 Johannis-/Brückenstraße
34 Johannis-/Brückenstraße

→ Unweit des Johannisfriedhofes, ☕

dert. Die Hauptachse markieren vier Brunnenplätze, an deren Ecken wechselweise Skulpturen und Kübelpflanzen auf Steinpodesten stehen. In die Restaurierung einbezogen wurde auch das an der Südgrenze noch vorhandene Gärtnerhaus. Die rhythmisch aufgereihten Lindenbäume und die raumbegrenzenden Ahornhecken bilden das Raumgerüst. Die Rasenbeete sind gesäumt von Liguster. Mittlerweile konnten auch die Nachbargründstücke 43 und 45 einbezogen werden. Diese wirken etwas zurückhaltender durch einfache, ländliche Beetformen mit den historischen Quellen entlehnten Pflanzungen, die unspektakulär den Artenreichtum dieser Zeit widerspiegeln.

Bay 64
Eigentümer/in: Bayerische Verwaltung der Staatlichen Schlösser, Gärten und Seen, Staatl. Burgverwaltung, Auf der Burg 13, 90403 Nürnberg, Tel. 0911/244659-0, Fax 0911/244659-300
Größe: 0,3 ha
Eintritt: frei
Öffnungszeiten: April bis Okt. 8 Uhr bis Einbruch der Dämmerung (max. 20 Uhr)
🚌 4 Tiergärtner Tor
ℹ

Burggarten Nürnberg

Auf der Burg, Nürnberg

Die Gartentradition der mittelalterlichen Kaiserburg ist schon fast 600 Jahre alt. Der heute vorhandene Burggarten wurde auf den zwischen 1538 und 1545 errichteten Bastionen angelegt. Das Rosenparterre auf der großen Bastion wird von einer Baumzeile gerahmt, die teilweise aus Schnurbäumen *(Sophora)* besteht. Das zentrale Brunnenrondell auf der unteren Bastion wird von einem Plate-bande mit Buchseinfassung und von einem streng geschnittenen Baumrondell aus Feldahorn umspannt. Im Inneren Burghof steht die vor einigen Jahren gepflanzte Nachfolgerin einer mehrhundertjährigen Kunigundenlinde, die von der heiliggesprochenen Kaiserin Kunigunde gepflanzt worden sein soll.

Bay 65
Eigentümer/in: Stadt Nürnberg, Gartenbauamt, Lina-Ammon-Straße 28, 90417 Nürnberg,
Größe: 19 ha,
frei zugänglich
🚋 9, U 2 Rennweg
🅿 ✂ 🐕 ♿

Stadtpark (am Maxfeld)

Am Stadtpark, Nürnberg

Seine Entstehungsgeschichte reicht auf die Bayerische Landes-, Industrie-, Gewerbe- und Kunstausstellung im Jahre 1882 zurück. Der Stadtpark ist heute das Herzstück innerstädtischer Grünflächen, von dichten Wohngebieten umgeben. Der Reiz des Parks besteht in seinem hundertjährigen Baumbestand, darunter einige dendrologische Raritäten. Der Park umfaßt Gartenhöfe, Sitzterrassen am Weiher, ein Restaurant, mehrere Kinderspielplätze sowie diverse Wechselflorbeete.

Bay 66
Eigentümer/in: Stadt Nürnberg, Gartenbauamt, Lina-Ammon-Straße 28, 90417 Nürnberg,
Größe: 35 ha,
frei zugänglich
🚋 9 Meistersingerhalle

Luitpoldhain

Münchener Straße / Schultheißallee, Nürnberg

Anläßlich der 3. Bayerischen Landesausstellung für Industrie, Gewerbe und Kunst im Jahre 1906 entstand der Park nach Plänen des Stadtgartendirektors Franz Elpel. Er blieb bis 1935 als öffentliche Erholungs- und Freizeitanlage erhalten. Nach der Machtübernahme durch die Nationalsozialisten wurde er

1935 zur Luitpoldarena umgebaut, Ende der fünfziger Jahre aber als Hain wiederhergestellt und durch den Bau eines Konzerthauses, der Meistersingerhalle, 1963 vollendet. Auf dem heutigen Gelände findet man neben Wechselflor- und Staudenanpflanzungen auch einen großen Kinderspielplatz.

55 Meistersingerhalle

Schloßgarten Neuhof

Obere Dorfstraße (Stadtteil Neunhof), 90427 Nürnberg

Nach längerer Verwahrlosung wurde der Schloßgarten nach zweijähriger Bauzeit mit Hilfe des städtischen Gartenamtes 1979 an die Öffentlichkeit übergeben. Die gärtnerischen Anlagen entstanden, beginnend im 16. Jahrhundert durch Pflanzung der ersten Hecken und Obstbäume, über die im 17. Jahrhundert dazugepflanzten Lavendel- und Spargelkulturen, bis in das 18. Jahrhundert, in dem der auch heute noch existierende oktogonale Steinpavillon errichtet wurde. Grundlage des Restaurierungsplanes war die Kress'sche Gartendarstellung von 1740. Ausgerichtet auf den Pavillon von Conrad Schön wurde über das Areal ein Wegeraster gelegt, durch das sich 15 heckenumsäumte Rasenstücke abzeichnen. Die kastenförmig geschnittenen Platanen lassen die Fläche räumlich erscheinen. Die Kleinplastiken sind Abgüsse von Originalen aus dem Besitz des Vereins der Altstadtfreunde.

Bay 67
Eigentümer/in:
Erbengemeinschaft,
Tel. 0911/2314860,
Fax 0911/2314818
Größe: 1,3 ha
Eintritt: frei
Öffnungszeiten:
April bis Okt. 10–19 Uhr
4, 9 Thon
31 Thon Neunhof
Veranstaltungen:
Schloßbesichtigung
(Privatbesitz) Infos bei:
Tel. 0911/1331238

Alt-Nürnberger Barockgarten

Johannisstraße 13, Nürnberg

1965 wurde der Altnürnberger Barockgarten der Öffentlichkeit übergeben. Er entstand anläßlich der Restaurierung des Gebäudes Johannisstraße 13, bei der auch das zugehörige Gartengrundstück mit einbezogen werden sollte. Eine originalgetreue Wiederherstellung des historischen Fezerschen Gartens mußte, obwohl gut dokumentiert, ausscheiden, da das Grundstück auf die Hälfte verkürzt und nur wenig von der Gartenausstattung erhalten war. Man entwickelte daher aus den bekannten Gestaltungsmerkmalen der Gärten von St. Johannis einen entsprechenden Gartengrundriß, bei dem originale Ausstattungselemente (barocker Amorbrunnen, Rokoko-Torbalustrade) mit solchen aus benachbarten Gärten kombiniert und ergänzt wurden (Planetenolymp, acht Gartenfiguren des 18. Jahrhunderts, schmiedeeisernes Tor, steinernes Gartenhaus). So gelang es dem Gartenbauamt unter seinem damaligen Leiter Theo Friedrich, einen Typus Garten neu entstehen zu lassen, wie er im 17. und 18. Jahrhundert im Stadtteil St. Johannis weit verbreitet war. Hof und Garten vermitteln, ebenso wie die erst ab 1981 entstandenen Hesperidengärten Johannisstraße 43–47, eine gute Vorstellung von der Nürnberger Gartentradition.

Bay 68
Eigentümer/in: Stadt Nürnberg, Gartenbauamt, Lina-Ammon-Straße 28, 90417 Nürnberg,
Tel. 0911/2314860,
Fax 0911/2314818
Größe: 900 m^2
Eintritt: frei
Öffnungszeiten: 1. April bis 31. Oktober, 8–20 Uhr
6 Hallerstraße
Veranstaltungen: Konzert der Musikschule Nürnberg, 1. So nach dem Johannistag, alljährlich Theater- und Musikveranstaltungen

Bay 69
Eigentümer/in: Evangelisch-Lutherische Friedhofsverwaltung St. Johannis und St. Rochus, Johannisstraße 55, 90419 Nürnberg, Tel. 0911/330516, Fax 0911/338661
Größe: 3,4 ha
Eintritt: frei
Öffnungszeiten: ganzjährig geöffnet, im Sommer 7–19 Uhr, im Winter 8–17 Uhr
Führungen: nach Voranmeldung, Kosten nach Vereinbarung
6 Brückenstraße

St.-Johannis-Friedhof

Johannisstraße, Nürnberg

Der Johannisfriedhof ist der bekannteste historische Friedhof Nürnbergs. Seine Geschichte geht bis ins frühe 13. Jahrhundert zurück, als hier Lepra- und Pestopfer auf einem kleinen Gottesacker begraben wurden. Insgesamt wuchsen drei kleinere Friedhöfe und ein aufgelassener Schießplatz zum Johannisfriedhof zusammen. Seit 1518 dient er als allgemeine Begräbnisstätte für die Verstorbenen der nördlichen Stadthälfte. Seine Besonderheit wird von den vielen, dicht an dicht aufgereihten, liegenden Steingrabmälern bestimmt, allesamt aus Sandstein und in Form von Sarkophagen. Die Vielzahl und Einheitlichkeit dieser steinernen Grabmale ergibt zusammen ein außergewöhnlich charakteristisches Gesamtbild. Die wenigen Bäume und Sträucher treten dahinter zurück, doch oft schmücken Blumen und Rosenstöcke, an Stäben zu einem kleinen Hochstamm gezogen, die Grabstellen. An vielen Grabplatten sind Epitaphien angebracht, Bronze- oder Messingtafeln von oft meisterlicher Arbeit, die von den besten Nürnberger Erzgießern stammen. Im Relief zeigen sie, neben Namen und Lebensdaten, auch Familienwappen, Sinnsprüche, Symbole oder ornamentalen Schmuck. Bekannte Gräber sind die von dem Maler Albrecht Dürer (gest. 1528), dem Bildhauer Veit Stoß (gest. 1533), die der Patrizierfamilien Tucher oder Paumgartner und von J. Chr. Volkamer (gest. 1720), Verfasser der Nürnbergischen Hesperides. Zum Friedhof gehören außerdem die Holzschuherkapelle (1513 gestiftet) und die St.-Johannis-Kirche, die als einzige der alten Nürnberger Kirchen im Zweiten Weltkrieg unzerstört blieb.

gegenüber: Botanischer Garten, Erlangen
Foto: Stiglmayer

Bay 70
Größe: 0,3 ha
Eintritt: frei
Öffnungszeiten: 1. April bis 31. Okt., 9–20 Uhr
Führungen: nach Voranmeldung Evangelisch-Lutherische Friedhofverwaltung St. Johannis und St. Rochus, Johannisstraße 55, 90419 Nürnberg, Tel. 0911/330516, Fax 0911/338661
Kosten nach Vereinbarung
U11 Plärrer
34 Austraße
P gebührenpflichtig

Historischer Militärfriedhof

Rothenburger Straße / Imhoffstraße, Nürnberg

Westlich des St.-Rochus-Friedhofs schließt der mauerumwehrte Historische Militärfriedhof an, der auf eine Stiftung des Stadtlieutenants Lorenz Schmidlein aus dem Jahr 1689 zurückgeht. Die Soldaten der Reichsstadt fanden hier eine kostenlose Grabstelle. Von 1806 bis 1919 diente er als Garnisonsfriedhof der Bayerischen Militärverwaltung, zuletzt fanden Gefallene aus dem Ersten Weltkrieg hier ihre letzte Ruhestätte. Seit 1924 ist er im Besitz der Stadt Nürnberg. Nach seiner gärtnerischen Umgestaltung liegen alle Grabmale, von einer schlichten Rasenfläche umgeben, in einem lichten Baumhain. Dieser Friedhof ist der einzige seiner Art in Bayern, der noch in gutem Erhaltungszustand ist.

Eigentümer/in: Stadt Nürnberg, Gartenbauamt, Lina-Ammon-Straße 28, 90417 Nürnberg, Tel. 0911/2314860, Fax 0911/2314818

Bay 71
Eigentümer/in: Stadt Nürnberg, Gartenbauamt, Lina-Ammon-Straße 28, 90417 Nürnberg, Tel. 0911/2314860, Fax 0911/2314818
Größe: 1,7 ha, frei zugänglich
U4, U6 Hallertor

Hallerwiese

Nürnberg

Die Hallerwiese stellt einen Markstein der Stadtgeschichte dar, denn sie gilt als der erste öffentliche Erholungsfreiraum einer mittelalterlichen Großstadt in Deutschland, und sie ist damit auch die älteste aller Nürnberger Grünanlagen. 1434 kaufte der Magistrat der Stadt Nürnberg die Hallerwiese auf, allen „inwonern zu lust und ergetzung". Sie liegt vor dem Mauerring am Ufer der Pegnitz. Hier wurden bis 1768 die Schützenfeste der Armbrustschützen ausgetragen, an die der 1904 aufgestellte Schnepperschützenbrunnen erinnert. Das Bild der Hallerwiese wurde von Anfang an durch die Lindenbäume geprägt, von denen seit 1449/53 planmäßig mehrere Reihen gepflanzt wurden. Obwohl man sie 1552 im Zweiten Markgrafenkrieg fällen musste, um freies Schußfeld zu erhalten, wurden sie sieben Jahre darauf wieder nachgepflanzt. Umgestaltungen im ausgehenden 19. Jahrhundert veränderten das Gesicht dieser Grünfläche. Im Jahr 1991 regte der Bürgerverein St. Johannis an, die Grünanlage ihrer historischen Bedeutung entsprechend wiederherzustellen. Ausgehend von der Diplomarbeit des Landschaftsplaners J. Schöffel wurde vom Gartenbauamt ein Entwicklungskonzept für die Hallerwiese erarbeitet und seit 1992 in mehreren Stufen umgesetzt.

Bay 72
Größe: 1,5 ha
Eintritt: frei
Öffnungszeiten: ganzjährig geöffnet
April bis Oktober: 8–21 Uhr,
November bis März: 9–17 Uhr
Führungen: nach Voranmeldung UPZ, Hummelstein 45/46, 90416 Nürnberg, Tel. 0911/437432, Fax 0911/449957
Kosten nach Vereinbarung
U1, U11 Frankenstraße
51, 59, 65, 67, 68 Frankenstraße
P
Veranstaltungen: Programme des UPZ Sommerfest u.a., Infos bei: Umweltpädagogisches Zentrum, Hummelstein 45/46, 90416 Nürnberg, Tel. 0911/437432, Fax 0911/449957

Schloßpark Hummelstein

Langobardenstraße / Normannenstraße, Nürnberg

Seit 1925 ist die Stadt Nürnberg Eigentümer von Park und Schloß Hummelstein, deren wechselvolle Geschichte bis in das 15. Jahrhundert zurückgeht. In den Räumen des Schlosses ist das Umweltpädagogische Zentrum (UPZ) angesiedelt. Diese Institution nutzt die öffentlich zugänglichen Außenanlagen auch für Lehr- und Unterrichtszwecke. Ein Schau- und Lehrgarten erstreckt sich im südlichen Bereich des Geländes, östlich des Schlosses wurde ein mit Schnitthecken und Rasenfeldern regelmäßig angelegter Garten geschaffen, der an historische Vorbilder erinnert. Der nördliche Teil des Geländes wird von einem Garten eingenommen, der schon fast die Qualität eines Botanischen Gartens hat. Neben heimischen Bäumen finden sich zahlreiche exotische Baum- und Straucharten. Auch die Staudenpflanzungen sind von bemerkenswerter Qualität und Vielfalt. Im kleinen Hof hinter dem Schloß stößt man auf ein Barockgärtlein, von niedrigen Hecken gesäumt, worin Blumen und Rosen blühen.

Eigentümer/in: Stadt Nürnberg, Gartenbauamt, Lina-Ammon-Straße 28, 90417 Nürnberg, Tel. 0911/2314860, Fax 0911/2314818

Heilkräuter, Lehr- und Schaugarten

Stürzelhofer Weg 15, Altdorf-Weinhof

Ungefähr 1000 verschiedene Heilkräuter gibt es in diesem Garten. Die Spanne reicht von Frühlings- und Sommerkräutern bis zu Gewürzen und Giftpflanzen. Neben der Energie der Heilkräuter wird anhand einer umfangreichen Ausstellung auch die Energie der Edelsteine vermittelt.
Eigentümer/in: Inge Felbinger, Stürzelhofer Weg 15, 90518 Altdorf-Weinhof, Tel. 09187/42691,
Öffnungszeiten: Mai bis Oktober, nach Voranmeldung
Führungen: für Gruppen bis 20 Personen

Bay 73
Größe: 0,15 ha
Anmeldung erbeten
Eintritt: mit Führung für Gruppen ab 5 Pers.: 5 €/Person, Mindestpreis: 25 €, Kinder frei bis 12 Jahre
Eltern haften für ihre Kinder
DB Altdorf
→ bei Anmeldung

Kreislehrgarten Ezelsdorf

Frankenstraße, 90559 Ezelsdorf bei Burgthann

Der in zahlreichen ehrenamtlichen Arbeitsstunden 1998 fertiggestellte Kreislehrgarten ist eine Musteranlage, die alle Elemente einer zeitgerechten, naturgemäßen Gartengestaltung und Bewirtschaftung aufweist und für Fortbildung, Beobachtung und Erprobung entwickelt wurde. Ein Schwerpunkt bildet der schonende Umgang mit dem Naturgut Wasser mit Regenwassernutzung, Dachbegrünung usw. Weiterhin sind Giftpflanzen, Obstbäume mit unterschiedlichen Schnitttechniken, Trockenmauern, Staudenbereiche und Hecken zu sehen, wobei bei der Pflanzenwahl auf heimische, standortgerechte und robuste Arten und Sorten geachtet wird.
Attraktionen: Beerenobst, Rosen Juni

Bay 74
Eigentümer/in: Kreisverband für Gartenbau und Landespflege, Nürnberger Land, Rehbühlstraße 29, 91224 Hohenstadt, Tel. 09123/950330, Fax 09123/950464, E-Mail: h.-p.renner@nuernberger-land.de
Größe: 0,25 ha
Eintritt: frei
Öffnungszeiten: April bis Oktober 9–18 Uhr
Führungen: nach Voranmeldung
→ ausgeschildert ab B 8

Skulpturengarten

Weidelbach 17, Dinkelsbühl-Weidelbach

In dem kleinen fränkischen Dorf liegt zwischen der Dorfmühle und dem Atelier/Orangerie ein streng formaler Garten mit Skulpturen, Brunnen und Pavillon, der sich in sieben

Bay 75 NEU
Eigentümer/in: Christina Roederer, Dietrich Klinge, Weidelbach 17, 91550 Dinkelsbühl-Weidelbach, Tel. 09857/974737, Fax 09857/975457
Größe: 0,2 ha
Anmeldung erbeten für Gruppen
frei zugänglich
→ A7 Abfahrt Dinkelsbühl, Richtung Dinkelsbühl über Waldeck nach Weidelbach
Tipp: im Ortskern Gartenbaumschule Engelhardt mit Mustergärten Tel. 09857/502

Bereiche gliedert. Das kleine Wäldchen mit Pavillon am Mühlbach ist geprägt durch seine Frühjahrsblüher. Nördlich des Staudengartens mit Akelei, Hosta, Rittersporn, Lilien und vielem mehr und der Skulpturenfläche mit Brunnen wachsen um die Kastanie an der Dorfstraße Dichternarzissen, Türkenbundlilien und Strauchpäonien. Um das alte Back- und Waschhaus und an der Mühle erstrecken sich Terrassen mit rosenumranktem Apfelbaum, Nutz- und Kräutergarten.

Bay 76 NEU

Eigentümer/in: Museumsverein Markt Weiltingen, Mühlgasse 3, 91744 Weiltingen, Tel. 09853/774, E-mail: zuraltenbrauerei@t-online.de
Größe: 200 m²
Eintritt: 2 € mit Museumsführung, Kinder frei bis 6 Jahre, ermäßigt 1 € für Schüler, Studenten, Zivis
Führungen: nach Voranmeldung durch die kräuterkundige Heilpraktikerin, 2 €/Person
Öffnungszeiten: Mai–Oktober sonntags 13–17 Uhr und nach Voranmeldung
P

Kräutergärtlein Weiltingen

Schloßweg, Weiltingen

Anläßlich des 450jährigen Jubiläums zur Markterhebung im Jahre 2004 wurde ein von Dietrich Klinge und Christina Roederer geplanter Kräutergarten nach historischem Vorbild im Schloßbereich eingerichtet. Zirka 150 Kräuter geben einen Überblick über die Anwendung von Heilkräutern. Jedem Kräutlein ist der lateinische Name und die Indikation zugeordnet.

Bay 77 NEU

Eigentümer/in: Landesgartenschau Heidenheim 2006 GmbH, Bahnhof 36, 89518 Heidenheim/Brenz, Tel. 07321/27340, Fax 07321/273420, E-mail: lgs.gmbh@heidenheim.de
Internet: www.landesgartenschau-heidenheim.de
Größe: 24 ha
Eintritt: 13 €,

Brenzpark

Siemensstraße, Heidenheim-Brenz

Für die Landesgartenschau Heidenheim 2006 ist auf ehemals gewerblich genutzten Flächen nach umfangreichen Renaturierungs- und Entsiegelungsarbeiten eine Parklandschaft entstanden, die die wieder zugänglich gemachte Brenz der Länge nach durchfließt. Mit Brücken, Balkonen und Terrassen sowie einem zusätzlich angelegten kleinen Nebenfluss wird der Zufluss der Donau erlebbar. Nach Plänen der Landschaftsarchitekten Dittus, Böhringer und Müller wurde die Industriebrache, die direkt an die Innenstadt anschließt, in einen Park mit Sondergärten, Raritätenfeldern, Sommerflor, Staudenflächen,

Bienengarten, Kneipp-Becken und zahlreichen Spielmöglichkeiten verwandelt. Veranstaltungen finden in der „Brenzarena", einer überdachten Freiluftbühne statt.

Kinder frei bis 6 Jahre, ermäßigt 11 € für Schüler, Studenten, Azubis, Zivis, Empfänger ALG II, Behinderte ab 80%
Gruppen 12 €/Person ab 20 Personen
Führungen:
nach Voranmeldung
Öffnungszeiten:
12. Mai–3. Okt. 2006,
10–19 Uhr
DB Jülich
P gebührenpflichtig 1 €/Tag
Veranstaltungen:
1000 Veranstaltungen während der Gartenschau

Gräflicher Hofgarten Burg Pappenheim

Pappenheim

Von den drei Gräflich Pappenheim'schen Hofgärten an der Burg, dem Alten und dem Neuen Schloß ist dieser der älteste. An den Burghängen und im Burggelände wurde ein Kräutergarten mit über 500 Arten rekonstruiert und darüber hinaus ein Botanischer Garten der heimischen Flora begründet. Die vom profundesten Kenner der Pflanzenwelt des Altmühltals betreute Anlage umfaßt bereits jetzt über 1000 Arten und wird weiter ausgebaut. Ziel ist - soweit möglich - eine weitestgehende Präsentation der zirka 1600 Arten umfassenden heimischen Flora. In landschaftlich schöner Lage auf einem Bergsporn, innerhalb einer Altmühlschleife, oberhalb der historischen Altstadt gelegen, bietet die weitläufige, 300 Meter lange Burg Greifvogeflugvorführungen am Wochenende von Mai bis September, zwei historische Ausstellungen, Burgkapelle, Folterkammer, Natur- und Jagdmuseum, Burgschänke sowie einen Rittersaal für Veranstaltungen.
Eigentümer/in: Gräfliche Verwaltung Pappenheim, Marktplatz 5 / Neues Schloß, 91788 Pappenheim, Tel. 09143/83890, Fax 09143/6445

Bay 78
Größe: 3 ha
Eintritt: 3 €, Kinder frei bis 5 Jahre, ermäßigt 2 € für Schüler, Studenten, Azubi, Wehrdienstleistende, Zivis, Behinderte,
Gruppen ab 30 Personen, Schulkassen 1,50 €/Person,
Greifvogelvorführungen: Sa/So zusätzlich 2 €,
Burgführungen: Mi/Sa/So zusätzlich 1,50 €,
Öffnungszeiten: Oster- bis Herbstferien täglich 10–17 Uhr, Mai bis Sept. 9–8 Uhr,
DB Pappenheim
P
Veranstaltungen:
Pappenheimer Ritterturnier letztes Juniwochenende, kulturelle Open-Air-Veranstaltungen

Bastionsgarten

Willibaldsburg, Burgstraße 19, Eichstätt

Ab 1597 ließ der Eichstätter Fürstbischof Johann Konrad von Gemmingen mit Hilfe des Nürnberger Apothekers Basilius Besler einen Sammlergarten anlegen. Man versuchte möglichst

Bay 79
Eigentümer/in: Bayerische Verwaltung d. staatl. Schl., Gärten und Seen, Schloß- und Gartenverwaltung Ansbach

örtliche Adresse: Willibaldsburg, Burgstraße 19, 85072 Eichstätt, Tel. 08421/4730, Fax 08421/8194, Internet: www.schloesser.bayern.de
Größe: 0,2 ha
Eintritt: frei
P 🐕 ♿

viele Pflanzen aus aller Welt zu bekommen. Besler veranlaßte den Fürstbischof, die Pflanzen in einem Buch zu verewigen. Über 1000 verschiedene Pflanzen wurden auf 367 Kupferstichplatten festgehalten und 1613 als *Hortus Eystettensis,* dem wohl berühmtesten Pflanzenbuch herausgegeben. 1998 konnte der Bastionsgarten eröffnet werden, der zahlreiche Pflanzen aus der damals bekannten Pflanzenwelt zeigt. Die Beete sind chronologisch nach den Seitenfolgen des Buches bepflanzt. Besonders schön ist auch der Blick über die Stadt.
Öffnungszeiten: Mitte April bis Mitte Okt. Di–So, 9–18 Uhr
Führungen: nach Voranmeldung beim Verkehrsamt Eichstätt, Tel. 08421/98800, Fax 08421/988030

Bay 80
Eigentümer/in: Karin Roth, Mervi Pellikan, Ludwigstraße 46, 86669 Königsmoos, OT Ludwigsmoos, Tel. 08433/8137,
Größe: 0,2 ha
Anmeldung erbeten
Eintritt: 2,50 €, Kinder frei bis 14 Jahre
Öffnungszeiten: Mai bis Sept. 10–17 Uhr
Führungen: nach Voranmeldung
→ bei Anmeldung, nur mit Pkw erreichbar
P
Veranstaltungen: ständige Bilderausstellung

Lumo-Garten & Atelier

Ludwigstraße 46, Königsmoos

Foto: K. Roth

Der ländliche Garten ist unterteilt in Themenbereiche, wie Rosengarten mit über 100 Sorten, Bauerngarten, Teichanlage, Gemüsegarten und einem Atelier.

Bay 81
Eigentümer/in: Freistaat Bayern, vertreten durch: Gartenamt Ingolstadt, Auf der Höhe 54, 85051 Ingolstadt, Tel. 0841/3051931, Fax 0841/3051933
Größe: 80 ha, frei zugänglich
🚌 alle Linien rund um die Altstadt
P ✕ ☕ 🐕 ♿

Glacis Ingolstadt

Ingolstadt

Nach dem Ersten Weltkrieg verloren die umfangreichen Befestigungsanlagen Ingolstadts ihre militärische Bedeutung und wurden zwischen 1926 und 1931 in einen großen Park umgewandelt. Neben dem noch gut erhaltenen Glacis ist die Fontäne im Festungsgraben eine besondere Attraktion in Ingolstadts beliebtestem Park. Doch abseits des Trubels des Sommercafés und des Spielplatzes sind entlang des Künettegrabens ausgedehnte, naturnahe Staudenanlagen zu entdecken, die aufwendig umgestaltet wurden.
Attraktionen: Fontänen, Staudenanlagen, historische Festungsbauten

Schwarzer Weg

Münchener Straße, Ingolstadt

Die eher ungewöhnliche Bezeichnung für diesen Park liegt in der Geschichte des Geländes, auf dem bis in die 20er Jahre hinein die Reichsbahn die Kohleschlacke der Dampflokomotiven ablagerte. Nach 1927 wurde entlang einer noch heute bestehenden Kastanienallee ein Landschaftspark angelegt. 1956 fand auf dem Gelände eine Gartenschau statt, von der auch heute noch zahlreiche Beete mit Wechselbepflanzungen die Besucher erfreuen. Seit 2003 ist der Park durch die Auflassung benachbarter Teilflächen einer ehemaligen Bahnlinie um einen nach ökologischen Gesichtspunkten gestalteten Bereich ergänzt.

Bay 82
Eigentümer/in: Stadt Ingolstadt, Gartenamt, Auf der Höhe 54, 85051 Ingolstadt, Tel. 0841/3051931, Fax 0841/3051933
Größe: 2,5 ha, frei zugänglich
Attraktionen: Sommerblumen,
🚌 alle Linien Anton-Schule
P 🐕 ♿

Klostergarten St. Johann im Gnadenthal

Kupferstraße 23, Ingolstadt

Der Garten des Klosters wurde 1997 unter Berücksichtigung seiner ursprünglichen, barocken Ausformung neu gestaltet. Besonders nennenswert sind die Kreuzform der Wege mit entsprechenden Sichtachsen und Blickverbindungen, ebenso die Rasenparterres, Rosenspalierbögen und Buchshecken. Eigentümer/in: Kloster Gnadenthal, Postfach 210463, 85019 Ingolstadt, Tel. 0841/9387010, Fax 0841/9387099

Bay 83
Größe: 0,3 ha
Anmeldung erbeten
Eintritt: frei
Öffnungszeiten:
🚌 alle Linien Harderstraße
🐕 ♿

Luitpoldpark

Parkstraße, Ingolstadt

Der Park liegt auf dem Gelände eines ehemaligen Übungsplatzes der Bayerischen Artillerie. Nach Plänen des Ingolstädter Künstlers Wilhelm Donaubauer gestaltet, wurde der Luitpoldpark bald nach seiner Eröffnung 1911 zu einem beliebten Treffpunkt für jung und alt. In den 20er Jahren traf man sich im Tanzcafé, auf der Reitbahn oder auf dem wohl ersten Tennisplatz der Stadt. Das Holzgebäude des Tanzcafés wurde im 2. Weltkrieg zerstört. Der Park verfügt neben den Glacis heute über den ältesten und wertvollsten Baumbestand der Stadt.

Bay 84
Eigentümer/in: Freistaat Bayern, vertreten durch: Gartenamt Ingolstadt, Auf der Höhe 54, 85051 Ingolstadt, Tel. 0841/3051931, Fax 0841/3051933
Größe: 18 ha
frei zugänglich
🚌 alle Linien Brückenkopf
P 🐕 ♿

Medizinalgarten des Deutschen Medizinhistorischen Museums

Anatomiestraße 18 und 20, Ingolstadt

Schon 1723 legte die Medizinische Fakultät der Universität unmittelbar neben dem Anatomiegebäude einen Arzneipflanzengarten an, in dem die Medizinstudenten Unterricht in Botanik und Arzneimittellehre genossen. Der Garten stellte einen schlichten Nutzgarten dar, in dem das lebendige Studienmaterial in streng wissenschaftlicher Systematik gepflanzt war. Nach dem Wegzug der Bayerischen Landesuniversität im Jahr 1800 verwilderte der Garten. Erst in den siebziger Jahren

Bay 85
Eigentümer/in: Stadt Ingolstadt, Gartenamt, Auf der Höhe 54, 85051 Ingolstadt, Tel. 0841/3051931, Fax 0841/3051933
Größe: 0,2 ha
Eintritt: frei
Öffnungszeiten: ganzjährig geöffnet Di–So, 10–12 Uhr und 14–17 Uhr

Führungen: nach Voranmeldung

des letzten Jahrhunderts begann eine schrittweise Wiederbelebung. Heute bildet der Garten einen lebendigen Bestandteil des Museums. Er dient gleichermaßen der Erholung der Besucher und der anschaulichen Vermittlung heilpflanzenkundlicher Kenntnisse. Bei der Disposition des Gartens wurde anstelle der botanischen Ordnungsprinzipien des 18. Jahrhunderts eine Klassifizierung nach den Hauptinhaltsstoffen der jeweiligen Arten gewählt. Die Anordnung der Pflanzenarten erfolgt jetzt in acht Wirkstoffgruppen: ätherische Öle, Saponine, Schleime, Gerbstoffe, Alkaloide, Öle, Glykoside und Bitterstoffe. Eine zusätzliche Gruppe enthält Pflanzen, die als Volksheilmittel gebräuchlich und auch in der Homöopathie von Bedeutung sind. Der Gesamtbestand liegt inzwischen bei über 160 verschiedenen Arten. Als Besonderheit wurde 1991 ein Duft- und Tastgarten für blinde und behinderte Besucher angegliedert. Die in Hochbeeten vorgestellten Pflanzenarten sind jeweils an einem oder mehreren von insgesamt vier charakteristischen Merkmalen (Blatt, Blüte, Frucht und Sproß) sinnlich erlebbar. Schilder in Braille-Blindenschrift geben Auskunft über die dazugehörigen Pflanzennamen.

Bay 86
Eigentümer/in: Freistaat Bayern, vertreten durch Gartenamt Ingolstadt, Auf der Höhe 54, 85051 Ingolstadt, Tel. 0841/3051931, Fax 0841/3051933
Größe: 15 ha, frei zugänglich
alle Linien Brückenkopf

Klenzepark

Münchener Straße / Brückenkopf, Ingolstadt

Zwischen 1827 und 1848 ließ König Ludwig I. Ingolstadt zur Landesfestung ausbauen. Die von seinem Baumeister Leo von Klenze errichteten Festungsbauten, allen voran das Reduit Tilly, sollten für den König und seine Familie Zufluchtsort in höchster Not sein. Schon während der Bauzeit waren die Befestigungen veraltet, so daß sie nie ihrer Bestimmung übergeben wurden. Auf dem durch eine 12 Meter breite Straße, Parkplätze, Werkshallen und den vom Verfall bedrohten Klenze-Bauten geprägten Gelände hatten sich im Laufe der Jahre in vielen Nischen interessante Biotope entwickelt. Zur Landesgartenschau 1992 in Ingolstadt wurde der gesamte Bereich umgestaltet, neu erschlossen und die historischen Gebäude saniert. Dabei wurde auf die bestehenden wertvollen Biotope besondere Rücksicht genommen. Der Park ist mit seinem neuen Rosengarten, der Seebühne und ausgedehnten Rasen- und Wiesenflächen sowie den angrenzenden Staudenbereichen beliebt, zumal sich die Stadt mit der Umgestaltung der Uferzone nach langer Zeit wieder zum Fluß hin geöffnet hat.

Bay 87
Größe: 180 m²
Führungen: nach Voranmeldung
Öffnungszeiten:

Privatgarten Neufert

Wagnergasse 8, Parsberg

Der mediterran anmutende Garten wurde vor etwa zehn Jahren angelegt. Inmitten der farbig abgestimmten Staudenrabatten und am Haus wachsen Kakteen, Palmen und andere

exotische Gewächse in über 200 Kübeln und Töpfen.
Anmeldung erbeten, nur bei Gruppen. Eintritt: frei
Eigentümer: Martin Neufert, Wagnergasse 8, 92331 Parsberg, Tel. 09492/1624, Fax 09492/1624

Mai bis Oktober
9–20 Uhr
DB Parsberg

Botanischer Lehr- und Versuchsgarten

Universitätsstraße 31, 93053 Regensburg

Bay 88
Eigentümer/in: Universität Regensburg, Universitätsstraße 31, 93053 Regensburg, Tel. 0941/9433295, Fax 0941/9433106
Größe: 4,5 ha
Eintritt: frei
Öffnungszeiten: Nov. bis März nur unregelmäßig geöffnet, Sa geschl., April bis Mitte Okt. So–Fr, Mo–Mi: 8–16 Uhr, Do 8–15.30 Uhr, Fr 8–14 Uhr, So 11–18 Uhr, Gewächsh. m. Unterbr. Mo–Do 7.30-15.30 Uhr, Fr 7.30-12 Uhr
Führungen: nach Voranmeldung, für Gruppen bis 25 Personen
6 An der Kreuzbreite

Foto: Bot. Garten Regensburg

Das Herzstück der 1977 erstellten Anlage ist die Systematik der Samenpflanzen, welche die verwandtschaftlichen Beziehungen der Gewächse untereinander widerspiegelt. Eine geographische Abteilung zeigt Pflanzen aus den Erdteilen Amerika, Asien und Europa. Darstellungen von einheimischen Vegetationstypen wie Heide, Düne und Auwald, mitteleuropäische Wald- und alpine Gehölzformationen sind weitere Schwerpunkte. Auwald und Heide warten im April mit besonderem Blütenreichtum auf, der submediterrane Bereich dagegen hat im Juni/Juli seinen Blütenhöhepunkt. Schulgarten, diverse Gehölzsammlungen und eine Pharmazeutische Abteilung bieten Möglichkeiten der Information und

Bildung. Eine kleine Gewächshausabteilung mit Sukkulenten, tropischen und subtropischen Nutzpflanzen, Orchideen, Farnen und Bromelien kann ebenfalls besichtigt werden. Insgesamt werden zur Zeit etwa 6000 Pflanzen kultiviert.

Bay 89
Eigentümer/in: Gräflich von Dörnbergsche Waisenfondsstiftung, verpachtet an Stadt Regensburg, Gartenamt, Weinweg 8, 93049 Regensburg, Tel. 0941/5071670, Fax 0941/5074679
Größe: 7,3 ha
Eintritt: frei
Öffnungszeiten: ganzjährig geöffnet, im Sommer 7 Uhr bis Einbruch der Dunkelheit, im Winter 8 Uhr bis Einbruch der Dunkelheit
🚌 2, 8, 16 Justizgebäudein der Kumpfmühler Straße
→ zentrumsnah
P gebührenpflichtig

Dörnbergpark

Kumpfmühler Straße, Regensburg

Der Dörnbergpark gehört zu den größten Parkanlagen in Regensburg und ist der bekannteste und gartendenkmalpflegerisch wichtigste Park der Stadt. 1804 hatte der Finanzberater des Fürsten Thurn und Taxis, Phillip Reichenberger, dieses Grundstück erworben und sich nach den Plänen des portugiesischen Architekten Emanuel Joseph von Herigoyen eine Villa suburbana (das spätere Dörnberg-Palais) mit einem Landschaftsgarten bauen lassen. 1832 erwarb Ernst Friedrich Freiherr von Dörnberg das Grundstück und beauftragte 1864 Carl Effner jun., wie der Vater königlicher Hofgärtner, mit der Gartengestaltung. Durch gezielte Pflanzungen, wie in die Tiefe gestaffelte, vom Rand her kulissenartig ausgebildete Ränder aus Baumgruppen und Bodenmodellierungen schuf Effner eine großartige Raumbildung. Ein besonderes Stilmerkmal Effners sind die Büschelbuchen, die jeweils zu 3 bis 7 Exemplaren in ein Pflanzloch gepflanzt wurden und heute etwa 140 Jahre alt sind. Ihr Kronendurchmesser beträgt bis zu 25 Meter. Offene Wiesenflächen stehen im differenzierten Hell-Dunkel-Kontrast zu lichten Hainen, Baumgruppen und Waldrändern. Regelmäßige architektonische Einzelanlagen sind umgeben von Parterres, Pergolen, Rosengärten, die dem landschaftlichen Konzept untergeordnet sind.

Bay 90
Eigentümer/in: Stadt Regensburg, Gartenamt, Weinweg 8, 93049 Regensburg, Tel. 0941/5071670, Fax 0941/5074679
Größe: 8,5 ha
frei zugänglich
🚌 1 Taxisstraße
6, 11 Ostdeutsche Galerie
P
Veranstaltungen: verschiedene kulturelle Veranstaltungen

Stadtpark

Prüfeninger Straße, Dr.-Johann-Meier-Straße, Schillerstraße, Regensburg

Foto: Ferstl

Der größte Teil des heutigen Parkgeländes vom Jakobstor bis zur Schillerstraße hieß früher Steingrub, weil dort Steine für den Bau der Stadtmauer gebrochen wurden. Später wurde der östliche Teil in eine Rasenfläche umgewandelt, 1511 umfriedet und mit Linden bepflanzt. Diese Grünfläche kann als erste parkähnliche Anlage in Regensburg angesehen werden. Der gesamte Baumbestand fiel jedoch 1633 den Vorkehrungen gegen das anrückende Schwedenheer zum Opfer. 1654 erfolgte die Wiederbepflanzung des Lindenhains. Durch die Eingliederung zweier Friedhöfe aus dem 19. Jahrhundert, dem evangelischen Lazarusfriedhof und einem katholischen Friedhof, wurde der Stadtpark in den 50er Jahren auf seine heutige Größe erweitert. Als Zeugnis der Friedhofskultur befindet sich am westlichen Ende des Parks seit 1822 der Jüdische Friedhof, der noch immer als Begräbnisstätte dient. Sehenswert sind die Grabsteine vergangener Zeiten, deren Inschriften das wechselvolle Schicksal der Juden widerspiegeln.

Herzogspark

Prebrunnstraße, Württembergstraße, Regensburg

Foto: Lebold

Bay 91
Eigentümer/in: Stadt Regensburg, Gartenamt, Weinweg 8, 93049 Regensburg, Tel. 0941/5071670, Fax 0941/5074679
Größe: 1,5 ha
Anmeldung erbeten
Eintritt: frei
Öffnungszeiten: ganzjährig, geöffnet 7 Uhr bis Einbruch der Dunkelheit
Führungen: nach Voranmeldung, Tel. 0941/32182, für Gruppen bis 30 Personen, 40 €
Bus 11 Ostdeutsche Galerie
P

Der Herzogspark, an der Donau gelegen, bildet den Abschluß des Grüngürtels der Allee um die Altstadt von Regensburg. Die heutige Parkanlage resultiert einerseits aus dem ehemaligen, der mittelalterlichen Stadtmauer vorgelagerten Stadtgraben aus dem 13. Jahrhundert, andererseits aus den Überresten einer barocken Bastei, die im 17. Jahrhundert erbaut wurde. Der Herzogspark zeichnet sich durch seine baulichen, dendrologischen und floristischen Besonderheiten und seine besondere Atmosphäre aus. Unter anderen sind eine Moorbeetpflanzung, ein Rosenlehrgarten mit Quellstein, ein Beet mit Pflanzen aus dem Mittelmeerraum, ein Alpinum sowie ein Renaissancegarten zu bewundern.

Die Allee

Regensburg

Bay 92
Größe: 9,3 ha
frei zugänglich
DB Regensburg Hbf

Fürst Anselm von Thurn und Taxis bot 1779 der Stadt an, auf seine Kosten auf den ehemaligen Festungswerken eine

P gebührenpflichtig

Allee zu pflanzen. Die vier Teile Ostenallee, Bahnhofsallee, Fürst-Anselm-Allee und Pebrunnallee umschließen halbkreisförmig die Altstadt und verbinden zusätzlich die angrenzenden Parkanlagen Herzogs-, Stadt-, Dörnberg- und Villapark. Zahlreiche Kleindenkmäler, ein Johannes Kepler gewidmeter Rundtempel und die „Predigtsäule" schmücken die Anlage aus. In die platzartigen Erweiterungen sind Kinderspielplätze integriert; ein dendrologischer Lehrpfad kreuzt die Allee.
Eigentümer: Stadt Regensburg, Gartenamt ,
Weinweg 8, 93049 Regensburg
Tel. 0941/5071670, Fax 0941/5074679

Bay 93
Größe: 0,1 ha
Anmeldung erbeten
Eintritt: frei
Öffnungszeiten: ganzjährig geöffnet
Führungen: nach Voranmeldung
DB Regensburg
11 Sophie-Scholl-Straße (Endhaltestelle Burgweinting)
P

Privatgarten Schmid

Kurzer Weg 13, Regensburg

Durch die vielfältige Bepflanzung blüht es in dem abwechslungsreich angelegten Garten mit drei Teichen rund ums Jahr: von Christrosen über Vorfrühlingsblüher, zur Rhododendronblüte ab Mitte Mai und Rosen sowie ihre Begleitpflanzen bis zur abschließenden Herbstfärbung der Gehölze. Zusätzlich ist der Garten mit zahlreichen Kübelpflanzen und kleinen Kunstwerken geschmückt.
Eigentümer/in: Brigitte Schmid, Kurzer Weg 13,
93055 Regensburg, Tel. 0941/71368

Bay 94
Eigentümer/in: Gemeinde St. Englmar, Rathausstraße 6, 94379 St. Englmar,
Tel. 09965/84030,
Fax 09965/840330
Größe: 16 ha
frei zugänglich
Führungen: nach Voranmeldung
P

Kurpark St. Englmar

St. Englmar (Bayerischer Wald)

Die naturnahe Parkanlage im Tal des Englmarbaches schließt den Kurplatz, Veranstaltungs-Pavillon, Weiherkette, Naturbadeweiher, Wirtschaftsgebäude, Mühle, Gasthaus, Spielstraße, Streichelzoo sowie zahlreiche andere Einrichtungen ein. Der Park reicht vom Ortszentrum der Gemeinde bis in den offenen Landschaftsraum des Bayerwaldes. Er umfaßt Natur- und kulturlandschaftliche Elemente und vermittelt traditionelle Lebens- und Bewirtschaftungsformen der Region.

Bay 95
Größe: 0,2 ha
Eintritt: frei
Führungen: nach Voranmeldung
Öffnungszeiten: April bis August
DB Gundelfingen
P

Privatgarten Traut

Bauernfeld 5, Gundelfingen-Peterswörth

Der formale Hausgarten mit vielen Obstbäumen und Sträuchern hat neben Rhododendren, Fuchsien, Kübelpflanzen, Seerosenteich und Steingarten große Staudenbeete zu bieten. 90 Tagliliensorten und zahlreiche Schattenpflanzen, vor allem 150 Hostasorten, sind hier die Schwerpunkte. Besonders hervorzuheben ist eine große Kakteensammlung mit etwa 2500 Sorten und Arten. Anmeldung erbeten.
Eigentümer: Franz und Centa Traut, Bauernfeld 5,
89423 Gundelfingen-Peterswörth, Tel. 09073/7998

Historischer Park Gut Schwaighof

Gut Schwaighof Allmannshofen

Der Historische Park Gut Schwaighof ist ein herausragendes Beispiel für die Gartenarchitektur des frühen 20. Jahrhunderts. Er wurde von Harry Maasz aus Lübeck zwischen 1925 und 1928 gestaltet und verbindet Elemente des formalen Gartens und des Landschaftsgartens miteinander. In Süddeutschland ist er das einzige, in seinen Grundformen vollständig erhaltene Beispiel der reformerischen Gartenarchitektur der 1920er Jahre. Anmeldung erbeten

Eigentümer/in: Edeltraut Zeising-Billand, Gutsverwaltung Gut Schwaighof, 86695 Allmannshofen, Tel. 08273/2003, Fax 08273/2961

Bay 96
Größe: 4 ha
Eintritt: frei
Führungen: nach Voranmeldung Werner Rehle, Tel. 08293/6768, 40 Personen 50 €
→ P Veranstaltungen: Sommerkonzerte Info s. Eigentümerin
☕ nur bei Veranstaltungen
🐕

Glacis Neu-Ulm

Ringstraße, Neu-Ulm

Die Parkanlage Glacis entstand aus den alten Befestigungsanlagen mit ihren Wällen aus den Jahren 1844 und 1847, sowie der Escarpenmauer, dem vorgelagerten Forellenbächle und dem ehemaligen Schussfeld, dem Glacis, von dem der Park auch seinen Namen hat. Der Park wurde 1980 im Zuge der ersten Landesgartenschau in Baden-Württemberg auf bayerischer Seite von den Landschaftsarchitekten Eppinger und Schmid, Leonberg, aus den damals verwilderten Befestigungsanlagen entwickelt. Dabei gelang es, die historischen Festungsbauwerke und die neuen Freiräume zu einem abwechslungsreichen, interessanten Park zu gestalten. Die langgestreckte Form des Parks wird im Süden, im Glacisbereich, durch einen hallenartigen Altbaumbestand begrenzt. Über zwei Geländeterrassen, dem gedeckten Weg, geht es hinunter zum Forellenbächle, einem zirka 1000 Meter langen Grundwasserteich. Auf der Veranstaltungsinsel im Forellenbächle finden im Sommer Freiluftveranstaltungen statt. Südlich des Forellenbächles ist der Park mit großen Blumenrondellen ausgestattet.

Bay 97
Eigentümer/in: Stadt Neu-Ulm, FB 4 Grünflächen und Friedhof, Augsburger Straße 15, 89231 Neu-Ulm, Tel. 0731/7050 567/565, Fax 0731/7050 568, E-Mail: info@stadt.neu-ulm.de, Internet: www.neu-ulm.de
Größe: 16,1 ha, frei zugänglich
Attraktionen: Wasserspiele 1. Mai bis 15. Sept.
🚌 40, 42, 27, 7 Allgäuer Ring / Parkstraße, Donaubad / Donaubad
P ✕ ☕ 🐕 ♿
Veranstaltungen: Sommerprogramm, Musikprogramm

Bay 98
Größe: 0,3 ha
Anmeldung für Gruppen erbeten
Öffnungszeiten: März bis Oktober, Mai bis Sept.: Mo–Fr 8–18 Uhr, Sa 8–14 Uhr, März, April, Okt.: Mo–Fr 8–18 Uhr, Sa 8–12 Uhr
Eintritt: frei
DB Illertissen
→ 2 km nordöstlich von Illertissen, ausgeschildert
P ♿
✿ Duftpflanzen, Kräuter, Minzen, Phlox

Schaugarten der Staudengärtnerei Gaißmayer

Jungviehweide 3, Illertissen

Neben den umfangreichen Mutterpflanzenquartieren liegen Schauanlagen und Beispielpflanzungen, die gute Anregungen für die Hausgartengestaltung geben. Besonders sehenswert sind die vielen Duft- und Aromapflanzen und die große Sammlung von Phlox paniculata, deren Blütehöhepunkt im Juli/August liegt.
Eigentümer/in: Dieter Gaißmayer, Jungviehweide 3, 89257 Illertissen, Tel. 07303/7258, Fax 07303/42181, E-Mail: stauden.gaissmayer@t-online.de, Internet: www.staudengaissmayer.de
Veranstaltungen: Illertisser Gartenlust, Markttage für Freunde der Gartenkultur mit vielen Attraktionen, Infos beim Eigentümer, Programm siehe Internet
Führungen: nach Voranmeldung, für Gruppen bis 50 Personen 2 €/Person

Bay 99
Eigentümer/in: Stadt Augsburg, Amt für Grünordnung und Naturschutz, Dr.-Ziegenspeck-Weg 10, 86161 Augsburg, Tel. 0821/3246038, Fax 0821/3246050, Intenet: www.ausburg.de
Größe: 9,6 ha
Öffnungszeiten: ganzjährig geöffnet, im Sommer 9–21 Uhr, im Winter 9–17 Uhr
Eintritt: 2,50 €, Kinder frei bis 6 Jahre, ermäßigt 1 € für Senioren, Schüler, Studenten, Soldaten, Zivis, und Behinderte
Führungen: nach Voranmeldung, Tel. 0821/3246046, Gruppengröße u. Preis nach Vereinbarung,
Attraktionen: Beleuchtungsabende zur Tulpenblüte, erste beiden Maiwochenenden Fr, Sa Orientalische Rundkrippe 2. Advent bis Mitte Januar,
🚋 4 Berufsschule
🚌 32 Zoo, Botanischer Garten
P ✕ 🐕 ♿ ℹ

Botanischer Garten Augsburg

Dr.-Ziegenspeck-Weg 10, Augsburg

Der Botanische Garten, am südlichen Rand der Innenstadt im Naherholungsgebiet Siebentischwald/Siebentischpark gelegen, wurde 1936 als Schau- und Lehrgarten der Stadtgärtnerei gegründet Anfang der 70er Jahre vergößert, wurde er zur Landesgartenschau 1985 auf seine heutige Größe erweitert. Die Anlage ist nicht auf streng wissenschaftliche Zwecke ausgerichtet, sondern dient in erster Linie zur Information der Besucher. Im Freiland sind der Japangarten, der Apotheker- und Bauerngarten, umfangreiche Stauden- und Sommerblumenpflanzungen und zahlreiche Rosen sehenswert. Das Palmenhaus, Victoria-Regia-Haus und die Häuser mit Bromelien, Orchideen und Kleinsukkulenten sind die Schwerpunkte des Unterglasbereiches.

Siebentischpark

Professor-Steinbacher-Straße, Augsburg

Von 1872 bis 1985 erreichte Augsburgs erste öffentliche Parkanlage im landschaftlichen Stil in mehreren Ausbauschritten ihre heutige Größe und Ausstattung. Die erste Anlage erfolgte von 1872 bis 1876 nach einem Entwurf des Königlichen Hofgarten-Direktors Carl von Effner. Benannt ist der Park nach einer beliebten Ausflugsschänke Siebentisch im 19. Jahrhundert, die nach der Anzahl der Tische vor der Tür hieß.
Ab 1975 wurde hier erstmalig eine standortorientierte Grünflächenpflege mit dem Ziel durchgeführt, die Artenvielfalt durch extensive Pflegemethoden wieder zu erhöhen. Aufgrund dieser Erkenntnisse wurde das sogenannte Augsburger Modell naturnaher Grünflächenpflege entwickelt. Der Siebentischpark ist durch die zahlreichen Blumenwiesen, den alten Baumbestand und den durch mehrere kleine Bäche gespeisten Siebentischweiher ein beliebtes Freizeit- und Naherholungsziel und Teil einer wichtigen Grünverbindung von den Wallanlagen zum Stadtwald.

Bay 100
Eigentümer/in:
Stadt Augsburg,
Amt für Grünordnung
und Naturschutz,
Dr.-Ziegenspeck-Weg 10,
86161 Augsburg,
Tel. 0821/3246010,
Fax 0821/3246050
Größe: 27 ha
Führungen: Kosten nach Vereinbarung,
frei zugänglich
4 Berufsschule
32 Zoo / Botanischer Garten

Park des Kurhaustheaters

Klausenberg, Augsburg-Göggingen

Zehn Jahre dauerte die Bausanierung der Kurhausanlage in Augsburg-Göggingen, einem Meisterwerk aus der Belle Epoque. 1998 ist die Gesamtanlage mit Nebengebäuden und Parkanlagen als Ensemble fertig gestellt worden, bereits zwei Jahre zuvor wurde der Theaterbetrieb wiederaufgenommen. Das Kurhaustheater, eine Stahl-Glaskonstruktion aus der Zeit um die Jahrhundertwende, war ursprünglich Versammlungs- und Vergnügungsort in der Tradition der Londoner Pleasure gardens. Bereits bei Errichtung der Anlage legte der Bauherr Hessing Wert auf die Gestaltung des Parks als Bestandteil der Multifunktionsanlage: Die Innenraumbegrünung des Theaters geht nahtlos in den Park über, Fächer- und Fiederpalmen vermitteln im Inneren die Illusion eines Wintergartens. Das Landschaftsarchitekturbüro Hans Brugger in Aichach rekonstruierte die Gestalt der ursprünglichen Parkanlage des Architekten Jean Keller. Strenge geometrische Formen, wie axial ausgerichtete Teppichbeete und Alleen, werden mit malerischen Gestaltungselementen des englischen Landschaftsgartens, wie geschwungener Wegführung, Gehölzinseln, Prachtstaudenbeete, Grottenbauten, hängenden Gärten und Sichtachsen verbunden.

Bay 101
Eigentümer/in:
Zweckverband Kurhaus Augsburg-Göggingen,
Nutzung: Parktheater GmbH
Klausenberg 6,
86199 Augsburg,
Tel. 0821/9062211,
Fax 0821/9062299,
E-Mail:
parktheater@parktheater.de
Größe: 1,1 ha
Eintritt: frei
Öffnungszeiten: ganzjährig geöffnet, im Sommer 9–21 Uhr, im Winter 9–17 Uhr
1 Kurhaustheater
Veranstaltungen:
Theateraufführungen

Privatgarten Daxberg

Im Eichholz 20 / Daxberg, Erkheim

Etwa 35 Jahre alter selbst angelegter und gepflegter botanischer Parkgarten in Hanglage mit einem etwa 1300 m^2

Bay 102
Größe: 1 ha
Anmeldung erbeten
Eintritt: frei, Spende möglich

Führungen: nach Voranmeldung, für Gruppen bis 40 Personen, Kosten nach Belieben
Öffnungszeiten: April bis Okt.
Attraktionen: Rhododendren-Blüte, April bis Mai, Duftpflanzen
DB Sontheim / Unterallgäu
P

großen japanischen Gartenteil. Über 200 verschiedene seltene Bäume wie Paulownien, Magnolien und Stewartien, Erikazeen, darunter zahlreiche Rhododendren und Azaleen mit 50 verschiedenen Wildarten, ergänzt durch seltene Ziergehölze wie Winterblüte, Zaubernuß, Judasbaum, Schneeflocken- und Maiglöckchenstrauch, Strauchpfingstrosen und Schlitzahorne sind hier anzutreffen. Auch für Stauden, Farne und Gräser sind Gartenbereiche mit entsprechenden biotopischen Bedingungen geschaffen: Gewässer und Feuchtzonen mit künstlichen Moorbereichen für Pflanzen in und am Wasser, eine Wildblumenwiese, ein Trockenhang mit Opuntien und Orchideen, ein Alpinum sowie Blumenrabatten für Sommer- und Herbstblumen. Die große botanische Vielfalt dieses Gartens hält unzählige Entdeckungsmöglichkeiten vor.

Eigentümer/in: Dr. Erika und Philipp Huthmann,
Im Eichholz 20 / Daxberg, 87746 Erkheim,
Tel. 08336/1805

Privatgarten Rauch

Obere Ringstraße 18, Landsberg-Erpfting

Der Mittelpunkt des Garten ist ein großer Teich mit verschiedenen See- und Teichrosen, Schilf und anderen Wasserpflanzen. Umgeben ist der Teich von einem Steingarten. Neben sehr alten, aber auch jüngeren Obstbäumen gibt es mehrere Blumen- und Staudenrabatten, einen Gemüse- und einen Wintergarten zum Überwintern der zahlreichen Kübelpflanzen, wie Oleander, Fuchsien und Brugmansien. Zahlreiche Kletterpflanzen begrünen das Haus, darunter ein 50jähriger Weinstock. Eigentümer/in: Lieselotte und Jakob Rauch, Obere Ringstraße 18, 86899 Landsberg-Erpfting, Tel. 08191/4188

Bay 103
Größe: 0,16 ha
Anmeldung erbeten
Eintritt: frei
Öffnungszeiten: Mai bis September
DB Landsberg
→ zirka 4 Kilometer westlich Bahnhof Landsberg, Ortsteil Erpfting, beim Kreisverkehr am Ortsanfang geradeaus Richtung Bronnen-Waal, 3. Straße nach links, nach zirka 150 Metern Ecke Untere/Obere Ringstraße
P ♿

Park Feldafing mit Roseninsel

Tutzinger Straße, Feldafing

Am westlichen Ufer des Starnberger Sees ließ König Maximilian II. ab 1850 Grundstücke aufkaufen und beauftragte 1854 den preußischen Gartendirektor Peter Josef Lenné mit der Anlage eines Landschaftsparks, der von dem Lenné-Schüler Carl von Effner ausgeführt wurde. Als Maximilian II. starb, war der Park weitgehend fertiggestellt. Den gerade begonnenen Schloßbau stoppte sein Nachfolger Ludwig II. Nach dem Ersten Weltkrieg wurden große Teile des Parks etappenweise in einen Golfplatz umgewandelt. Im Park und auf der Roseninsel werden seit 1994 die früheren Raumstrukturen und die Blickverbindungen zum See und auf die Berge wiederhergestellt. Die Roseninsel ist seit 2003 von Mai bis Mitte Oktober für Besucher geöffnet.

Bay 104
Eigentümer/in: Bayerische Verwaltung der staatlichen Schlösser, Gärten und Seen, Staatliche Seeverwaltung, Wittelsbacher Park 1, 82340 Feldafing, Tel. 08157/4949, Fax 08157/4949
Internet: www.schloesser.bayern.de
Größe: 90 ha
frei zugänglich
P 🐕
♿ teilweise Steigungen

Park am Künstlerhaus Gasteiger

Eduard-Thöny-Straße 43, 86919 Utting

Die Villa Gasteiger mit Blick auf den Ammersee und der Garten wurde von dem Künstlerehepaar Matthias und Anna Sophie Gasteiger zwischen 1905 und 1913 erbaut. Im näheren Umgriff der Villa wurde der Park intensiv und formal angelegt. Beide Künstler nutzten den Garten als Freiluft-Atelier. Das Grundstück ist heute formal zweigeteilt: der nördliche Teil steht der Bevölkerung als Liege- und Badewiese zur Verfügung, während der südliche den Museumsbesuchern vorbehalten ist. Seit 1985 wurden intensive gartendenkmalpflegerische Arbeiten unternommen, so daß wesentliche Teile der gestalterischen Elemente wiedergewonnen werden konnten.

Bay 105
Eigentümer/in: Bayerische Verwaltung der staatlichen Schlösser, Gärten und Seen, Außenstelle Ammersee, Landsberger Straße 81, 82266 Inning/Stegen, Tel. 08143/93040 bzw. Tel. 08806/699, Fax 08806/956642,,
Internet: schloesser.bayern.de
Größe: 2 ha
Eintritt: frei
Öffnungszeiten: ganzjährig geöffnet, 7 Uhr bis Einbruch der Dunkelheit
P 🐕 ♿

Prälatengarten der Benediktinerabtei Schäftlarn

Hohenschäftlarn

Der 1998 gegründete Verein „Schönes Schäftlarn e.V." stellte in ehrenamtlicher Arbeit den Garten, der um 1750 erstmals

Bay 106
Größe: 0,15 ha
Anmeldung für Gruppen erbeten

Eintritt: frei
Führungen: nach Voranmeldung, Spende willkommen
Öffnungszeiten: März bis Oktober, 8–20 Uhr
DB München
ab München
S 7 Hohenschäftlarn oder Ebenhausen
P ♿

angelegt wurde, wieder her und pflegt ihn seitdem. Da es keine Unterlagen aus der Entstehungszeit gibt, erfolgte eine Neugestaltung. Die Wege führen zum kreisrunden Brunnen im Zentrum des Gartens. Seine kleine Fontäne wird von einer Quelle gespeist, die im nahegelegenen Berghang entspringt. Breite Beete entlang der geschwungenen barocken Mauer sind mit Stauden, Sommerblumen und Rosen bepflanzt. Die Rose, die mit über 100 Arten und Sorten – vor allem Duftrosen – vertreten ist, bildet den pflanzlichen Schwerpunkt des Gartens, der ein Ort der Stille und Begegnung ist.
Eigentümer/in: Benediktinerabtei Schäftlarn,
Anschrift: Verein Schönes Schäftlarn e.V.,
An der Leiten 18, 82069 Schäftlarn, Tel. 08178/3977

Bay 107
Größe: 9 ha
Eintritt: frei
Führungen: nach Voranmeldung Verkehrsverein Dachau, Tel. 08131/84566,
Öffnungszeiten: ganzjährig geöffnet, im Sommer 7.30–20 Uhr, im Winter 7.30 Uhr bis Einbruch der Dunkelheit
P ✕ ☕ 🐕

Schloßgarten Dachau

Schloßstraße, Dachau

Zu Beginn des 18. Jahrhunderts ließ Kurfürst Max Emanuel von seinen Hofgärtnern Joseph und Johann Christoph Effner einen alten Renaissancegarten zu einem Barockgarten mit Parterre umwandeln. Von dieser Anlage ist nur der Lindenlaubengang erhalten. Ende des 18. Jahrhunderts wurde die Anlage um ein im barocken Geist gestaltetes Lustgebüsch, dem sogenannten Englischen Garten erweitert. Dachau verlor gegen Ende des 18. Jahrhunderts seine Bedeutung für den Hof. Der Garten wurde darauf von Friedrich Ludwig von Sckell in einen wirtschaftlich nutzbaren Obstgarten umgewandelt.
Eigentümer/in: Bayerische Verwaltung der staatlichen Schlösser, Gärten und Seen, Schloß- und Gartenverwaltung, Schloßstraße 7, 85221 Dachau, Tel. 08131/87923, Fax 08131/78573

Bay 108
Eigentümer/in: Bayerische Verwaltung der staatlichen Schlösser, Gärten und Seen, Schloß- und Gartenverwaltung, Max-Emanuel-Platz 1, 85764 Oberschleißheim, Tel. 089/3158720, Fax 089/31587250
Größe: 78 ha
Eintritt: frei
Öffnungszeiten: ganzjährig geöffnet, im Sommer 8–20 Uhr, im Winter 8–17 Uhr
S 1 Oberschleißheim
P ✕ 🐕 ♿ i
✿ Sommerblumen in der Gärtnerei

Hofgarten Schleißheim

Max-Emanuel-Platz, Oberschleißheim

Kurfüst Max Emanuel von Bayern baute den Landsitz seiner Vorfahren zu einer prunkvollen Barockresidenz aus. Unterbrochen durch mehrjährige Aufenthalte des Kurfürsten im Ausland dauerte die Gestaltung der Anlage von 1684 bis zum Tode Max Emanuels 1726. Für den Bau des Neuen Schlosses, des Schlosses Lustheim und des Gartens waren die Hofbaumeister Incalli und Effner und der Hofgärtner Gérard verantwortlich. Dem Schloß war ein äußerst prunkvolles Parterre mit Skulpturen und Wasserkünsten vorgelagert, dem eine Reihe unterschiedlicher, durch Hecken eingefaßte Gartenräume folgte. In der Mittelachse wurde der Höhensprung durch eine Kaskade überbrückt, an die die annähernd 600 Meter lange Rasenbahn für das von Max Emanuel leidenschaftlich betriebene Maille-Spiel anschloß. Nach dem Tod Max Emanuels verfiel die Anlage zunehmends, lediglich Ende des 18. Jahrhunderts wurde die Maille-Bahn in den noch heute bestehenden Kanal umgewandelt. Erst König Ludwig I. war um die Erhaltung der Anlage bemüht, wobei der Hofgartendirektor Carl von Effner auf Grundlage der ursprünglichen Konzeption 1865 bis 1868 den Garten wiederherstellte. Schleißheim zählt heute zu den wenigen in ihrer Grundkonzeption weitgehend unverändert erhaltenen Barockgärten in Deutschland.

Foto: Schloß- u. Gartenverwaltung, Schleißheim

Schloßpark Nymphenburg

München

Die Geschichte des Schlosses und des Parkes Nymphenburg begann 1664 mit dem Bau eines kleinen Lustschlosses und Gartens durch die Kurfürstin Henriette Adelaide. Ihr Sohn, Kurfürst Max Emanuel, ließ ab 1701 Schloß und Garten erweitern. Die weithin berühmte Barockanlage wurde von Dominique Gérard - einem von Le Nôtre ausgebildeten Gartenfachmann und Brunnenmeister aus Paris - und dem bayerischen Hofbaumeister Joseph Effner geplant. Prägendes Element war das Kanalsystem. Vor der Westseite des Schlosses breitete sich ein axial-symmetrisch aufgebauter Gartenbereich aus, der vom vierteiligen, reich mit Blumen verzierten Großen Parterre dominiert wurde. Zahlreiche von Hecken umschlossene Boskette enthielten Einrichtungen für Spiel und Unterhaltung der höfischen Gesellschaft. Der hintere, waldartige Teil wurde an beiden Seiten des Kanals durch zwei jeweils sechsstrahlige Achsen- und Alleensysteme gegliedert. Zwischen 1716 und 1721 errichtete Effner die pavillonartigen Lustschlößchen Pagodenburg und Badenburg mit den dazugehörigen Gärten. Zu Beginn des 19. Jahrhunderts wurde die Anlage dem allgemeinen Zeitgeist folgend in einen Landschaftspark umgewandelt. Der Gartenkünstler Friedrich

Bay 109
Eigentümer/in: Bayerische Verwaltung der staatlichen Schlösser, Gärten und Seen, Schloß Nymphenburg, Postfach 380120, 80614 München, Tel. 089/179080, Fax 089/17908627
Größe: 180 ha
Eintritt: frei
Öffnungszeiten: ganzjährig geöffnet, im Sommer 6–20.30 Uhr, im Winter 6.30–17.30 Uhr
Attraktionen: Fontänen Ostern bis 1. Wochenende im Okt., tägl. 10–12 u. 14–16 Uhr
17 Schloß Nymphenburg

Ludwig Sckell behielt die mittelachsierten Anlagenteile wie das Große Parterre und den Mittelkanal mit Kaskade bei, die Achsen- und Alleensysteme, Wasserbecken, Beet- und Heckenanlagen wurden durch natürlich geformte Gestaltungselemente ersetzt. Sckell schuf abwechslungsreiche Landschaftsbilder, in die die barocken Lustschlößchen ebenso wirkungsvoll einbezogen wurden wie der neu errichtete, klassizistische Monopteros. Der besondere Reiz dieses Gartens liegt in der Kombination von klassischem Landschaftsgarten und Bestandteilen vorangegangener Stilepochen.

Bay 110
Eigentümer/in:
Landeshauptstadt München,
Baureferat, Gartenbau,
Friedenstraße 40,
81671 München,
Tel. 089/23360307,
Fax 089/23360345,
E-Mail:
Gartenbau@muenchen.de
Größe: 0,8 ha,
frei zugänglich
U 4 Prinzregentenplatz
54 Galileiplatz,
100 Prinzregentenplatz

Shakespeareplatz

München

Als der Platz 1912 in städtischen Grundbesitz überging, plante der Münchener Garteninspektor Otto Multerer hier die erste größere architektonische Anlage. Die tatsächliche Ausführung im Jahre 1913 wich von diesem Plan ab, die Platzgestaltung folgte jedoch ebenfalls dem architektonischen Stil, der sich damit auch in München durchzusetzen begann. Die größte Fläche nimmt ein erhöhter, von Bäumen umstandener Rasenspielplatz ein. Davor liegt ein Schmuckplatzbereich mit von Rosen eingefaßten Rasenflächen und einem Brunnen. Seine Eingangsseite bilden Pyramidenpappeln und eine Heckeneinfassung. Zum ersten Mal wurde die Trennung von Spielplatz und Erholungsfläche durch die Gestaltung betont. Die Statue der Julia stammt aus Münchens Partnerstadt Verona.

Bay 111
Öffnungszeiten: im Sommer
7–20 Uhr
Eintritt: frei
Führungen: nach
Voranmeldung,
Tel. 089/23360423 oder
23327658
für Gruppen bis 25 Personen
U 1, U 2, U 7, U 8
Kolumbusplatz
52, 58 Kolumbusplatz
oder Humboldtstraße

Städtische Baumschule Bischweiler

Sachsenstraße 8, München

Das Gelände der alten Baumschule der Stadt München ist thematisch in verschiedene Gartenteile gegliedert. Einige seltene Baumraritäten wie der Blauglockenbaum, der Taschentuchbaum und Magnolien sind hier anzutreffen. Die Baumschulquartiere werden bewirtschaftet, dienen aber auch der Information. Alle Pflanzen sind mitNamen versehen. Der Rosengarten, der Kombinationen von Rosen mit Stauden und Zwiebelpflanzen zeigt, setzt sich aus dem 1955 angelegten Sichtungsgarten und dem Kiestälchen zusammen. Im 1996 angelegten Fliedergarten sind alte Fliedersorten zu bewundern. Im Duftgarten ergänzen verschiedene Kübelpflanzen die winterharten Duftpflanzen. Der Blindengarten wurde 1996 in Zusammenarbeit mit dem Blindenbund erstellt. Der Giftgarten wurde 2004 saniert und neu etikettiert.
Eigentümer/in: Landeshauptstadt München, Baureferat, Gartenbau, Friedensstraße 40, 81671 München,
Tel. 089/23360306, Fax 089/23360305,
E-Mail: Gartenbau@muenchen.de

Olympiapark

Spiridon-Louis-Ring, München

Foto: Landeshauptstadt München

Bay 112
Eigentümer/in:
Landeshauptstadt München
Größe: 280 ha
durch die Olympiastätten frei zugänglich
Führungen: nach Voranmeldung Olympiapark München GmbH,
Tel. 089/30672414
U 3, U 8 Olympiazentrum
51, 173, 174 Olympiazentrum
P gebührenpflichtig
Veranstaltungen: Tollwood, Ende Juni bis Mitte Juli
Infos bei: Tollwood GmbH,
Tel. 089/3838500

Ein Teil des Trümmerschutts aus dem Zweiten Weltkrieg wurde auf dem ehemaligen Flugplatz Oberwiesenfeld aufgeschüttet und vorläufig bepflanzt. Später konnte dieser künstliche Hügel in den Olympiapark einbezogen werden, der im Rahmen der Olympischen Spiele 1972 entstand. Unter dem Motto Olympiade im Grünen und Olympiade der kurzen Wege wurden die Wohn- und Sportanlagen in eine parkartige Umgebung eingebettet. Für die Gestaltung der Freiflächen wurde Günter Grzimek hinzugezogen, der ein funktionales und durchgängiges Grünsystem aufbaute, das Gebäude und Park zu einem Ganzen zusammenfasste. Der Schuttberg wurde ebenso integriert wie der Nymphenburger Kanal, der sich zu einem See ausweitet. Die Konzeption sieht vor, jeden Standort, wie See, Berg oder Verkehrsfläche, durch eine ihm zugeordnete Pflanzung zu charakterisieren. So stehen an allen Zugängen zum Zentrum mit Stadion und Sporthallen Linden. Auf dem 63 Meter hohen Olympiaberg wurden Eichen mit abgeschnittenem Leittrieb und Zwergkiefern gepflanzt, um den Berg noch höher und unwirklicher erscheinen zu lassen. Um den See stehen Silberweiden, während Kastanien, Eschen und Spitzahorne die Parkplätze markieren.

Nordfriedhof

Ungererstraße 130, München

Bay 113
Eigentümer/in:
Landeshauptstadt München,
Baureferat, Gartenbau,

Der Friedhof wurde 1884 von der Gemeinde Schwabing angelegt und 1890 zur Eingemeindung von der Stadt München

Friedenstraße 40,
81671 München,
Tel. 089/23360307,
Fax 089/23360345,
E-Mail:
Gartenbau@muenchen.de
Größe: 31 ha, Eintritt: frei
Öffnungszeiten: ganzjährig geöffnet,
im Sommer 8–19 Uhr,
im Winter 8–17 Uhr
U 6 Nordfriedhof

übernommen. Die Gebäudetrakte entstanden 1896 bis 1899 nach Entwürfen von Stadtbaurat Hans Grässel. Nach neun Erweiterungen ist der Endausbau der Friedhofsanlage heute erreicht. Die Gesamtanlage ist im Alten Teil architektonisch streng gegliedert. Der Friedhof zeichnet sich durch große Baumalleen aus. Die meisten Gräberfelder sind durch Hecken nochmals untergliedert. Eine Besonderheit im Friedhof stellt der parkähnliche Ehrenhain dar. Hier sind 2099 Tote der Luftangriffe im 2. Weltkrieg bestattet. Kleine Namenssteine aus Porzellan in der Rasenfläche erinnern an die Verstorbenen.

Bay 114
Größe: 52 ha
Eintritt: frei
Öffnungszeiten:
ganzjährig geöffnet,
im Sommer 8–20 Uhr,
im Winter 8–17 Uhr
U 1, 20, 21 Westfriedhof
164, 165

Westfriedhof

Baldurstraße 28, München

Ein klassischer Parkfriedhof, der, von Hans Grässel erbaut, 1902 eröffnet wurde. Hinter der Aussegnungshalle befindet sich eine große Schmuckanlage, deren Beetbepflanzung dreimal jährlich erneuert wird. Bemerkenswert ist auch der alte Baumbestand. Auf dem Westfriedhof sind viele Prominente, darunter Franz von Lenbach, Alexandra und Maxl Graf bestattet.
Eigentümer/in: Landeshauptstadt München, Baureferat, Gartenbau, Friedenstraße 40, 81671 München,
Tel. 089/23360307, Fax 089/23360345,
E-Mail: Gartenbau@muenchen.de

Bay 115
Eigentümer/in:
Landeshauptstadt München,
Baureferat, Gartenbau,
Friedenstraße 40,
81671 München,
Tel. 089/23360307,
Fax 089/23360345,
E-Mail:
Gartenbau@muenchen.de
Größe: 38 ha,
frei zugänglich
19 Pasinger Marienplatz
56, 57, 143, 160, 161
Pasinger Marienplatz
S4, S5, S6, S8 Pasing

Stadtpark Pasing

Planegger Straße, Bodenseestraße, München

Der Reichsgraf von Pasing ließ sich auf dem Gelände ab 1815 ein kleines Schloß mit einem weiträumigen Park anlegen, der in den nächsten Jahrzehnten mehrfach den Besitzer wechselte. 1929 gelangte die Anlage in Besitz der damals noch selbständigen Stadt Pasing. Nach dem 2. Weltkrieg wurde der Park um weitere städtische Grundstücke vergrößert und dann, im Jahr 1965, durch die Eingliederung des sogenannten Wasserbogengeländes, das die alte landschaftlich gestaltete Anlage entlang der Würm über die Stadtgrenzen hinaus ergänzte, nochmals erheblich erweitert. Verschiedene Erholungs- und Spieleinrichtungen machen den von der Würm und dem Fabrikkanal durchzogenen Park vielseitig nutzbar.

Bay 116
Eigentümer/in:
Landeshauptstadt München,
Baureferat, Gartenbau,
Friedenstraße 40,
81671 München,
Tel. 089/23360307,

Alter Südlicher Friedhof

Thalkirchner Straße 17, München

Der Alte Südliche Friedhof, seit 1788 Hauptfriedhof der Stadt und durch Gustav Vorherr um 1820 bis 1830 erweitert, ist im Süden halbkreisförmig abgeschlossen und von einer Mauer umgeben. Die südliche Erweiterung von Friedrich von Gärtner aus den Jahren 1844 bis 1850 ist streng geometrisch und von einer Rohbacksteinmauer umgeben. Seit dieser Zeit ist der Friedhof fast unverändert erhalten geblieben. Seine besondere Atmosphäre erhält er durch den alten, wertvollen Baumbestand und die zahlreichen künstlerisch und historisch wertvollen Grabsteine. Viele berühmte Münchner wurden hier bestattet.

Fax 089/23360345,
E-Mail:
Gartenbau@muenchen.de
Größe: 9 ha,
frei zugänglich
U3, U6 Goetheplatz
58 Baldeplatz

Hofgarten München

München

Seinen Ursprung hat der Hofgarten aus dem frühen 17. Jahrhundert in einem Renaissancegarten mit Laubengängen aus Maulbeerbäumen, Springbrunnen und dem noch erhaltenen Pavillon, dem Dianatempel von 1615. In den folgenden Jahrhunderten wurde der Garten mehrfach umgestaltet und dem jeweiligen Zeitgeschmack angepaßt. Die heutige Gestaltung erfolgte nach den Zerstörungen des 2. Weltkriegs auf der Grundlage der historischen Planunterlagen und stellt mit einem mehrreihigen Rahmen aus Linden um einen rechteckigen Parterregarten aus Hecken und Blumenrabatten einen Kompromiß zwischen der ursprünglichen Ausformung und dem vor mehr als 200 Jahren entstandenen schattenspendenen Baumgarten dar.

Bay 117
Eigentümer/in: Bayerische Verwaltung der staatlichen Schlösser, Gärten und Seen, Schloß Nymphenburg, Postfach 380120, 80614 München,
Größe: 4 ha,
frei zugänglich
Attraktionen: Brunnenwerk April bis Okt., 10–14 Uhr
Odeonsplatz

Alter Nördlicher Friedhof

Arcisstraße 45, München

Der Alte Nördliche Friedhof wurde zwischen 1866 und 1869 streng geometrisch angelegt und mit Rohbacksteinmauern umschlossen. Nach seiner Schließung 1939 ist er fast unverändert erhalten geblieben und damit ein gutes Beispiel für eine Friedhofsanlage aus dem späten 19. Jahrhundert. Neben den alten Bäumen ist er mit zahlreichen künstlerisch und historisch wertvollen Grabsteinen, Plastiken und Brunnen ausgestattet.
Eigentümer/in: Landeshauptstadt München, Baureferat, Gartenbau Friedenstraße 40, 81671 München,
Tel. 089/23360307, Fax 089/23360345,
E-Mail: Gartenbau@muenchen.de

Bay 118
Größe: 4 ha
frei zugänglich
U2 Josephplatz

Gasteiganlagen

Am Gasteig 3, München

Zwischen 1857 und 1861 ließ König Maximilian II. von Karl von Effner einen Landschaftspark an den Osthängen der Isar, südlich des Maximilianeums anlegen. Mit seinem wertvollen alten Baumbestand, Plastiken und Brunnen ist der Park, der in seiner Form fast unverändert geblieben ist, ein beliebtes Ausflugsziel.

Bay 119
Größe: 5,9 ha
frei zugänglich
18 Am Gasteig
U 4, U 5 Max-Weber-Platz

Eigentümer/in: Landeshauptstadt München, Baureferat, Gartenbau, Friedenstraße 40, 81671 München, Tel. 089/23360307, Fax 089/23360345, E-Mail: Gartenbau@muenchen.de

Bay 120
Eigentümer/in:
Landeshauptstadt München,
Baureferat, Gartenbau,
Friedenstraße 40,
81671 München,
Tel. 089/23360307,
Fax 089/23360345,
E-Mail:
Gartenbau@muenchen.de
18 Friedensengel
100 Friedensengel

Garten der Villa Stuck

Prinzregentenstraße 60, München

Die Anlage ist grundsaniert. Der Garten ist im formalen geometrischen, neuklassizistischen Jugendstil um 1880 angelegt. Trotz einer Umgestaltung im Jahre 1968, als unter anderem Waschbetonplatten verlegt wurden, sind alte Bäume, Pflasterbeläge, mehrere Plastiken, Brunnen und eine große Pergola erhalten geblieben. Dies macht den besonderen gartendenkmalpflegerischen Wert der Anlage deutlich.
Größe: 0,1 ha, frei zugänglich

Bay 121
Eigentümer/in:
Landeshauptstadt München,
Baureferat, Gartenbau,
Friedenstraße 40,
81671 München,
Tel. 089/23360307,
Fax 089/23360345,
E-Mail:
Gartenbau@muenchen.de
17 Maria-Ward-Straße
51, 143 Maria-Ward-Straße

Nymphenburger Friedhof

Maria-Ward-Straße 10, München

Seit seiner Entstehungszeit um 1875 ist dieser alte Stadtteilfriedhof fast unverändert erhalten geblieben. Durch seine streng geometrische Ordnung und seine Einfassungsmauer ist er ein typisches Beispiel für eine Friedhofsanlage des 19. Jahrhunderts. Er ist mit zahlreichen künstlerisch und historisch wertvollen Grabsteinen ausgestattet und hat einen schönen, alten Baumbestand.
Größe: 0,5 ha, frei zugänglich

Bay 122
Eigentümer/in:
Landeshauptstadt München,
Baureferat, Gartenbau,
Friedenstraße 40,
81671 München,
Tel. 089/23360307,
Fax 089/23360345,
E-Mail:
Gartenbau@muenchen.de
Größe: 3,5 ha, frei zugänglich
U 4, U 5, 16, 17, 18, 19, 20, 21, 27 Karlsplatz,
alle Linien bis Karlsplatz

Alter Botanischer Garten

Sophienstraße, München

Ursprünglich 1813 als Botanischer Garten angelegt, wurde er schon 1854 mit dem Glaspalast zu einem Ausstellungsgelände umfunktioniert. Eine grundlegende Umwandlung, die bis heute so erhalten geblieben ist, erfolgte 1935 bis 1937. Die Mischung aus geometrischen und landschaftlichen Formen läßt den Stil der dreißiger Jahre erkennen. Als Reminiszenz an die ehemalig systematische Pflanzensammlung wurden damals zahlreiche nichtheimische Bäume gepflanzt. Um den Neptunbrunnen von 1937 sind Blumenbeete mit Wechselpflanzungen angeordnet.

Bay 123
Eigentümer/in:
Landeshauptstadt München,
Baureferat, Gartenbau,
Friedenstraße 40,
81671 München,

Frühlingsanlagen

Eduard-Schmid-Straße, München

Zwischen 1867 und 1896 angelegt, ziehen sich die Frühlingsanlagen im landschaftlichen Stil an der Isar entlang. Bis auf den Einbau eines Spielplatzes im Jahre 1960 ist die Parkanlage fast unverändert geblieben. Die zwei Steinfiguren und die Mädchenstatue aus Bronze sind allerdings Elemente des 20. Jahrhunderts. Mit ihren zum Teil noch aus der Ursprungszeit stammenden Bäumen und durch die Lage an der Isar ist die Frühlingsanlage ein beliebtes Naherholungsgebiet.

Tel. 089/23360307,
Fax 089/23360345,
E-Mail:
Gartenbau@muenchen.de
Größe: 9,7 ha, frei zugänglich
U1, U2, U7, U8 Kolumbusplatz
52, 58 Kolumbusplatz

Außenanlagen Glyptothek

Karolinenplatz, Königsplatz, München

Mit dem Bau der neuhellenistischen Monumentalbauten Antikensammlung, Glyptothek und Propyläen entstanden auch Grünanlagen, die die Wirkung der Gebäude hervorheben und in den städtebaulichen Zusammenhang einbeziehen sollten. Der Königsplatz ist in einzelne Rasenfelder aufgeteilt, die von jeglicher Gehölzbepflanzung freigehalten sind. Um die Glyptothek wurde eine Anlage im landschaftlichen Stil gelegt, die trotz der Einfügung eines Kinderspielplatzes durch ihren alten Baumbestand noch gut erkennbar ist. Die gärtnerische Ausgestaltung mit Rasenflächen, ausdauernden Pflanzen und Sommerblumen um den 1833 von Leo von Klenze erbauten Obelisken entstand erst um 1870. Ihre streng geometrische Ausrichtung ist bis heute unverändert geblieben.

Bay 124
Eigentümer/in:
Landeshauptstadt München,
Baureferat, Gartenbau,
Friedenstraße 40,
81671 München,
Tel. 089/23360307,
Fax 089/23360345,
E-Mail:
Gartenbau@muenchen.de
Größe: 7 ha
frei zugänglich
U 2, U 8 Königsplatz
Veranstaltungen, Freiluftkino, Konzerte, im Sommer

Maximiliansplatz

München

Der bekannte Münchner Gartenarchitekt Karl von Effner realisierte ab 1876 auf dem Maximiliansplatz auf kleinstem Raum eine Parkanlage im landschaftlichen Stil. Durch eine geschickt modellierte Terrainbewegung führen geschwungene Wege durch alte Baum- und Gebüschgruppen mit dazwischenliegenden Rasenflächen. Auf der fast unverändert gebliebenen Anlage befinden sich heute verschiedene Denkmäler sowie der Wittelsbacher Brunnen und Schmuckbeete mit Wechselbepflanzungen. Die angrenzende Eschenanlage aus dem frühen 19. Jahrhundert ist durch geometrische Formen gekennzeichnet. Die Planungsidee des Wäldchens in Kontrast zum damals noch unbepflanzten Maximiliansplatz ist durch dessen Gestaltung zwar verlorengegangen, aber dennoch ablesbar.

Bay 125
Eigentümer/in:
Landeshauptstadt München,
Baureferat, Gartenbau,
Friedenstraße 40,
81671 München,
Tel. 089/23360307,
Fax 089/23360345,
E-Mail:
Gartenbau@muenchen.de
Größe: 1,2 ha
frei zugänglich
U4, U5 Karlsplatz
S alle Linien: Karlsplatz
P gebührenpflichtig

Auf der Insel / Vater-Rhein-Brunnen

Ludwigsbrücke, München

1929 wurde der Vater-Rhein-Brunnen als Tauschobjekt von Straßburg nach München gebracht und Auf der Insel aufgestellt. Als Brunnenrahmung dienten 40 geschnittene Krimlinden, eine Kornelkirschenhecke und sieben Kastanien. Die 1932 eröffnete an der Isar gelegene Anlage, von der man eine

Bay 126
Eigentümer/in:
Landeshauptstadt München,
Baureferat, Gartenbau,
Friedesstraße 40,
81671 München,
Tel. 089/23360307,
Fax 089/23360345,

E-Mail:
Gartenbau@muenchen.de
Größe: 1,1 ha
frei zugänglich
18 Deutsches Museum

schöne Aussicht auf die Praterinsel und das Müllersche Volksbad hat, wurde 1936 noch einmal erweitert und ist bis heute fast unverändert erhalten geblieben.
S alle Linien: Isartor,

Bay 127
Eigentümer/in:
Landeshauptstadt München,
Baureferat, Gartenbau,
Friedenstraße 40,
81671 München,
Tel. 089/23360307,
Fax 089/23360345,
E-Mail:
Gartenbau@muenchen.de
Größe: 60 ha,
frei zugänglich
U 6 Westpark, U 4, U 5 Heimeranplatz
S 4, 7 Heimeranplatz
P
Veranstaltungen: Theater, Konzerte, Open-Air-Kino im Theatron und auf der Seebühne

Westpark

Westendstraße / Hansastraße, München

Für die Internationale Gartenschau 1983 in München entwarf das Münchener Landschaftsarchitekturbüro Kluska eine Tallandschaft mit Wasserflächen, die die umliegenden verkehrsreichen Straßen durch bis zu 25 Meter hohe Aufschüttungen weitgehend ausgrenzt. Die Durchschneidung des Geländes durch den Mittleren Ring wurde mit Hilfe einer breiten Fußgängerbrücke überwunden. Mit der Pflanzung zahlreicher Großbäume entstand in sehr kurzer Zeit eine durchgrünte Moränenlandschaft. Von der IGA 83 sind bis heute zahlreiche Themengärten wie der Rosengarten, große Beet-, Sonnen- und Schattenstaudenpflanzungen, die internationalen Gärten wie Sardischer und Griechischer Garten und das Asienensemble mit Japanischem und Chinesischem Garten, Thai-Sala und Nepal-Pagode erhalten. Zusätzliche Spiel- und Sporteinrichtungen und zwei Biergärten ergänzen das Freizeitangebot.

Bay 128
Eigentümer/in: Bayerische Verwaltung der staatlichen Schlösser, Gärten und Seen,
Schloß Nymphenburg,
Postfach 380120,
80614 München,
Tel. 089/179080,
Fax 089/17908627
Größe: 30 ha
frei zugänglich
im Hangbereich steile Wege

Maximiliansanlagen

München

Angeregt durch die von ihm gärtnerisch gestaltete Maximilianstraße erhielt Carl von Effner vom König 1857 den Auftrag, auf dem rechten Isarufer zwischen Haidhausen und Bogenhausen einen Fußweg mit begleitenden Pflanzungen anzulegen. Den bisher als Schafweide genutzten, stark erodierten, steilen Isarhang modellierte er zu einer kunstvollen Parklandschaft. Effners Amtsnachfolger Jakob Möhl gestaltete nach 1890 die Prinzregententerrasse beidseitig einer den Park querenden Straße neu. Zur Erinnerung an die 25jährige Friedenszeit nach dem Krieg von 1871 wurde 1896 bis 1899 der 38 Meter hohe Friedensengel errichtet.

Bay 129
Eigentümer/in: Bayerische Verwaltung der staatlichen Schlösser, Gärten und Seen,
Schloß Nymphenburg,
Postfach 380120,
80614 München,
Tel. 089/179080,
Fax 089/17908627
Größe: 373 ha

Englischer Garten

München

Ende des 18. Jahrhunderts begann unter dem bayerischen Kurfürsten Carl Theodor und unter der Leitung des Amerikaners Benjamin Thompson die Anlegung eines allgemeinen Englischen Gartens. Dieser wurde ausdrücklich als öffentlicher Park für alle Volksgruppen verstanden. 1804 wurde der Landschaftsgärtner Friedrich Ludwig Sckell Leiter der Hofgarteninstanz und überformte die vorhandene Anlage mit einem gartenkünstlerischen Konzept von höchster Qualität. Durch geschickte Bodenmodellierung, Auswahl und Anordnung von Gehölzen und mit Hilfe perspektivischer Gesetze entstand eine Landschaft nach den Kompositionsregeln der Landschaftsmalerei mit großen Wiesen, lebendigen, von Licht und Schatten durchwirkten Baumkulissen und malerischen Ausblicken auf die Kulisse der Stadt München. Der Baumeister Leo von Klenze errichtete 1837 auf einem künstlich aufgeschütteten Hügel den Monopteros. Auch über 200 Jahre nach seiner Anlage ist der Englische Garten mit seinen vielen Erholungsmöglichkeiten und den weltbekannten Biergärten der wichtigste Park für die Münchner Bevölkerung und ihre Gäste und darüber hinaus eine der größten innerstädtischen Grünanlagen der Welt.

frei zugänglich
Attraktionen: Kahnverleih

Botanischer Garten München-Nymphenburg

Menzinger Straße, München

Foto: Botanischer Garten

Seit 1812 besitzt München einen Botanischen Garten, heute eine Institution der Staatlichen Naturwissenschaftlichen Sammlungen Bayerns. Er lag zunächst auf freiem Gelände, vor den Mauern der Stadt, westlich des Karlstors (Alter Botanischer Garten) und wurde 1914 in das damals noch ländliche Nymphenburg verlegt. Der Garten gliedert sich in eine Freilandanlage und die 4500 Quadratmeter umfassenden Schauhäuser. Im nach vorwiegend landschaftsökologischen Gesichtspunkten gestalteten Freiland stellt er den Besuchern in den verschiedenen Revieren und Abteilungen – wie zum Beispiel

Bay 130

Eigentümer/in: Freistaat Bayern, Botanischer Garten München-Nymphenburg, Menzinger Straße 65, 80638 München, Tel. 089/17861310, Fax 089/17861340, E-Mail:info@botmuc.de
Internet: www.botmuc.de
Größe: 20 ha
Eintritt: 3 €, Kinder (in Begleitung Erwachsener) frei bis 12 Jahre, ermäßigt 1 € für Senioren, Schüler, Studenten, Zivis, Wehrdienstleistende, Behinderte, Arbeitslose, Sozialhilfeempf., Gruppen ab 15 Personen 1 €/Person
Führungen: nach Voranmeldung, für Gruppen bis 25 Personen, 60 €/Gruppe wochentags 75 €/Gruppe an Sonn- und Feiertagen
Öffnungszeiten: ganzjährig geöffnet außer 24.12. und 31.12., Jan., Nov., Dez. 9–16.30 Uhr, Feb., März, Okt. 9–17 Uhr, Apr. bis Aug. 9–18 Uhr, Gewächshäuser schließen 30 Min. eher, außerdem mittags 11.45–13 Uhr
17 Botanischer Garten
143 Botanischer Garten
Veranstaltungen: Sonderausstellungen über Schmetterlinge, Rosen, Fuchsien, Erntedank, Pilze, Kunst

Frühlingsgarten, Alpinum, Farnschlucht und Rhododendren-Hain – Nutz- und Medizinalpflanzen, geschützte Pflanzen, ein Arboretum, eine ökologisch-genetische Abteilung und den Schmuckhof vor. Darüber hinaus wird man mit der Vielfalt der Floren außertropischer Gebiete mit ihren biologischen Besonderheiten sowie neuen Kultursorten bekanntgemacht. Zur Zeit werden im Freiland etwa 9 000 Arten, Varietäten und Sorten kultiviert. In den drei Hallen und elf Gewächshäusern der Schauhausanlage finden sich – neben größeren Tropenpflanzen wie Palmen, Riesenbambus, Cycadeen, tropischen Bäumen und Schlingpflanzen – reichhaltige Sammlungen von Orchideen, Farnen, Aronstabgewächsen und Bromelien, Sukkulenten und Kakteen, Wasserpflanzen usw. Alles in allem sind derzeit etwa 6000 Arten zu sehen.

Bay 131
Größe: 200 ha
frei zugänglich
DB München
S-5 S-Bahn-Station Gronsdorf U2 Messestadt West, Messestadt Ost

Landschaftspark Riem

Messestadt München-Riem

Südlich der Baugebiete der Messestadt Riem entstand nach Plänen des französischen Landschaftsarchitekten Gilles Vexlard auf dem ehemaligen Flughafengelände ein neuer Park. Die Gestaltung nimmt Bezug auf die vorgefundenen landschaftshistorischen Gegebenheiten, etwa die diagonal ausgerichteten Flurstücke der Landwirtschaft der Umgebung. Der Park mit seinen ortstypischen Pflanzen, wie Kiefern, Eichen und Magerrasen ist eine wichtige Frischluftversorgung für den neuen Stadtteil und bietet mit Badesee, Biergärten, Rodelhügel, blütenreichen Wiesen und Abenteuerspielplatz auch viele Freizeitmöglichkeiten.
2005 beherbergte der Landschaftspark Riem fünf Monate die BUGA 05.
Eigentümer/in: Landeshauptstadt München, Baureferat, Gartenbau, Friedenstraße 40, 81671 München, Tel. 089/23360307, Fax 089/23360345, E-Mail: Gartenbau@muenchen.d

Bay 132
Eintritt: frei
Führungen: nach Voranmeldung
Öffnungszeiten: 15. Juni bis 30. September und nach Vereinbarung
U6, U3 Implerstraße

Privatgarten Viala

Lindenschmitstraße 32, München

Aus einem Hinterhof eines gründerzeitlichen Altbaus entstand in den 70er Jahren ein preisgekrönter Stadtgarten. Eine weitere Umgestaltung erfolgte 1991. Angelegt wurde die „grüne Insel" von dem französischen Architekten Yves Viala.
Eigentümer/in: Brigitte und Yves Viala, Lindenschmitstraße 32, 81371 München, Tel. 089/765518, Fax 089/765658, Größe: 200 m², telefonische Anmeldung erbeten auch unter Tel. 0173/3685155

Petuelpark

Barlachstraße, München

Auf Grund eines Bürgerentscheids wurde die Schnellstraße des Petuelrings auf 1,2 Kilometer untertunnelt und darauf ein 2005 vollendeter Park errichtet, der die bisher getrennten Stadtteile Schwabing-Nord und Milbertshofen verbindet. Nach den Plänen des Landschaftsarchitekturbüros Bürger und Bertram entstand ein bewusst linear gehaltener Park mit guten Ausblicken auf die Münchner Stadtlandschaft. Am parallel dahinströmenden Nymphenburg-Biedersteiner-Kanal liegen unterhalb einer Mauer drei Sondergärten. Wegen einer großen benachbarbarten Behinderteneinrichtung sind alle Parkteile und das zentrale Café barrierefrei. Im Rahmen eines Kunst-am-Bau-Programms der Stadt München sind im ganzen Park ungewöhnliche Kunstobjekte, wie der „Stiefelspringbrunnen" oder das „Kurkonzert", eingefügt worden. Für Kinder ist besonders der Wasserspielplatz interessant.

Bay 133 NEU
Landeshauptstadt München,
Baureferat, Gartenbau,
Friedenstr. 40,
81671 München,
Tel. 089/23360307,
Fax 089/23360345,
E-mail:
gartenbau@muenchen.de,
Internet: www.muenchen.de
Größe: 7,4 ha
frei zugänglich
DB München Hbf
U2, U3, U8
Scheidplatz
Bus 54, 144
Scheidplatz

Schwebende Hecke und Gärten der Swiss Re

Dieselstraße 11, Unterföhring

Bay 134 NEU
Swiss Re Germany AG,
Dieselstr. 11,
85774 Unterföhring,
Tel. 089/38440,
Fax 089/38442279,
E-mail:
info.srmuc@swissre.com,
Internet: www.swissre.de
Größe: 1 ha
Anmeldung erbeten
Eintritt: frei
DB München Hbf
S 8 Unterföhring
P

Sehr ungewöhnlich ist die Begrünung der Firmenzentrale der Swiss Re der Architekten Bothe, Richter, Teherani aus Hamburg, für die die amerikanische Landschaftsarchitektin und Künstlerin Martha Schwartz verantwortlich ist. Eine etwa 10 Meter hohe „Hecke" aus Glyzinien und Wildem Wein, die an einem Stahlgerüst wachsen, umgibt die Außenfassade in einem Quadrat von 150 Metern Seitenlänge. Besonders ungewöhnlich ist, dass die Hecke erst in einer Höhe von 7 Metern über dem Boden beginnt und so einen schwebenden Eindruck erzeugt. Auch die verschiedenen Gärten in, auf und um das Haus stehen für eine Gratwanderung zwischen Garten und Kunst. Einzelne monochrome Quadrate sind aus Streifen mit Pflanzen einer Art und entsprechend farbigen Materialen, wie Kies oder Glassplitter zusammengesetzt. Der Innenhof ist als eleganter, meditativer Lichtfang angelegt. Hier sind die Wasserbecken in vier verschiedenfarbige Quadranten eingeteilt.

Bay 135
Größe: 0,11 ha
Anmeldung für Gruppen erbeten
Eintritt: frei
Führungen: nach Voranmeldung
Öffnungszeiten: ganzjährig Sa 10–14 Uhr
Im Sommer Mo, Mi, Fr 15–19 Uhr
im Winter Mo, Mi, Fr 15–18 Uhr
DB München
ab München
S 5 Haar
P

NaturSchauGarten Haar

Wertstoffhof, Keferloher Straße 1, Haar

Mit Hilfe vieler Ehrenamtlicher entstand 1998/99 im Rahmen eines Modellprojekts der NaturSchauGarten, in dem gezeigt wird, wie vielfältig und ansprechend ein Garten oder öffentliches Grün mit Wildpflanzen sein kann. Die wichtigsten Anschauungsbereiche sind Magerwiese, Lehrpfad für Trockenstandorte mit Trockenmauern und Treppen, Wildsträucher und Wildrosenhecke, Wildblumensäume und wärmeliebende Hochstaudenfluren. Ein weiterer Lehrpfad führt über verschiedene naturnahe Wegetypen.
Eigentümer/in: Gemeinde Haar, Bahnhofstraße 7, 85540 Haar, Tel. 089/46002312, Fax 089/46002111, E-Mail: ferrari-@gemeinde-haar.de, Internet: www.gemeinde-haar.de

Bay 136
Eigentümer/in: Familie Witt
Quellenweg 20, 85570 Ottenhofen,
Tel. 08121/46483,
Fax 08121/1455
Größe: 0,7 ha
Anmeldung erbeten
Öffnungszeiten: 2 bis 3 Tage der Offenen Naturgarten-Tür jährlich, Termine im Internet: www.reinhard-witt.de
Eintritt: unterschiedlich
Führungen: nach Voranmeldung
→ Ortsteil Herdweg, Nähe Quellwasserfischerei Christl
P i

Natur-Schau-Garten Witt

Quellenweg 20, Ottenhofen

Ausschließlich heimische Wildpflanzen (in 750 Arten) und Gestaltung nach dem Vorbild Natur zeichnet den großen Natur-Schau-Garten aus. Durch den Neubau eines Niedrigenergiehauses mit Wildblumendächern mußte 1997 ein Teil des Gartens neu angelegt werden. Über 180 Tonnen Naturstein wurden verbaut. Sehenswerte Bereiche sind junge und alte Naturteiche, Sumpfbeete, Schatten- und Halbschattenbepflanzungen, Trockenmauern aus Gneis und Kalkstein, ursprüngliche Gartenrosen, Wildblumenbeete auf mageren Böden, Wildpflanzen des Bauerngartens, alte und junge Trockenrasen, feuchte und fette Blumenwiesen, Natursteinpflasterungen aus verschiedenen Steinarten, lebendige Wege und eine Hofeinfahrt aus Mineralbeton mit Blumen-Schotter-

rasen, extensive Wildblumendächer mit unterschiedlichen Substratdicken, Wildblumen in Töpfen.
Attraktionen: Blüte von Wildrosen und ursprünglichen Gartenrosen

Sichtungsgarten Weihenstephan

Am Staudengarten 7, Freising

Als Sichtungsgarten Weihenstephan wird das Versuchsgelände des Instituts für Gartenbau der Staatlichen Versuchsanstalt für Gartenbau bezeichnet. Hier werden vornehmlich Stauden und Gehölze auf ihren Verwendungswert überprüft. Außerdem werden neue Pflanzkombinationen zusammengestellt, in denen es in erster Linie um Gestaltungskriterien und/oder Standortfragen geht.
Eigentümer/in: Forschungsanstalt für Gartenbau, Fachhochschule Weihenstephan, Am Staudengarten 7, 85350 Freising, Tel. 08161/713372, Fax 08161/715596, E-Mail: klara.berkmueller@fh-weihenstephan.de, Internet: www.fh-weihenstephan.de/fgw/lehrgarten/index.html

Bay 137
Größe: 5 ha
Öffnungszeiten: April bis Oktober 9–18 Uhr,
Eintritt: frei
Führungen: nach Voranmeldung bei Frau Berkmüller-Bal, Tel. 08161/714026 (vormittags),
DB Freising
Bus 638 Haltestelle „Am Staudengarten"
P, Hunde, Rollstuhl

Privatgarten Schiller

Am Hochfeld 9, Fraunberg-Thalheim

Der Garten ist in verschiedene Bereiche aufgeteilt. Dazu gehören ein Teich mit naturnaher Bepflanzung, Pergolen, Bauerngarten mit Kräutern, Historische und Englische Rosen, Obstbäume und mehrere Sitzplätze. Das Haus ist mit Kletterpflanzen eingegrünt.
Eigentümer/in: Rosemarie und Jörg Schiller, AmHochfeld 9, 85447 Fraunberg-Thalheim, Tel. 08762/9868, Fax 08762/9868, E-Mail: buch-schiller@t-online.de, Internet: www.buch-schiller.de

Bay 138
Größe: 400 m²,
Anmeldung erbeten
Eintritt: frei
Öffnungszeiten: nur Tag der offenen Gartentür, Oberbayern
Bus 561 Erding – Fraunberg Sandfalterstraße
→ ausgeschildert am Tag der offenen Gartentür
P, Hunde

Hofgarten Landshut

Alter Franziskanerplatz / Lorettoweg, Landshut

Vom ausgehenden Mittelalter bis Mitte des 18. Jahrhunderts war der Hofgarten ein Wildgehege. Von den späteren Nutzungen als Seidenraupenzucht und Botanischem Garten zeugen noch einige wenige Maulbeerbäume und alte exotische Bäume wie Mammut-, Tulpen- und Trompetenbaum. Seit 1837 ist die Anlage im Besitz der Stadt Landshut. Wurde sie in den ersten Jahrzehnten noch landwirtschaftlich und gartenbaulich genutzt, entwickelte sie sich bis heute zu einem beliebten Bürgerpark mit Springbrunnen, Teichen, Blumenrabatten, Kräutergarten und einem Spielplatz. Der Steilhang des Isartals ist mit Laubwald bedeckt. Die Aussichtskanzeln geben den Blick auf die historische Innenstadt und das Umland frei.

Bay 139
Eigentümer/in: Stadt Landshut Rathaus, 84028 Landshut, Tel. 0871/881280, Fax 0871/881862
Größe: 27 ha
Eintritt: frei
Führungen: nach Voranmeldung, kostenlos
Öffnungszeiten: ganzjährig geöffnet, im Sommer 6–22 Uhr, im Winter 6–19 Uhr
Bus 7 Kalcherstraße
P, Hunde, Rollstuhl

Bay 140
Eigentümer/in: Stadt Landshut
Rathaus,
84028 Landshut,
Tel. 0871/881280,
Fax 0871/881862
Größe: 1,8 ha
Führungen: nach Voranmeldung, kostenlos, frei zugänglich
🚌 7 Kalcherstraße oder Eichendorffstraße
P 🐕 ♿

Herzogsgarten

Hofgarten / Grillweg, Landshut

Um 1580 legte der französischen Hofgärtner Mathurin Morin unter Erbprinz Wilhelm einen Lustgarten auf dem Gelände des späteren Herzogsgartens an. Herzog Wilhelm von Zweibrücken-Birkenfeld-Gelnhausen erhielt 1780 die Anlage als Geschenk und erbaute im Herzoggarten eine Sommerresidenz in klassizistischem Stil mit Torgebäude und Freundschaftstempel. Die Planung der Gartenanlage wurde Friedrich Ludwig von Sckell übertragen, eines seiner frühesten Werke, das bereits die typischen, die Raumwirkung verstärkenden Gestaltungsmittel aufweist. Um ein Wiesental führt an einer noch aus dem 16. Jahrundert stammenden Backsteinmauer ein Gürtelweg, der heute mit 25 bis 30 Meter hohen, teils exotischen Laubgehölzen umstanden ist. Aus Dankbarkeit über die gelungene Gartengestaltung ließ der Herzog zu Ehren Sckells und seines Bruders, der die Ausführung der Arbeiten übernommen hatte, im Garten ein Denkmal in Gestalt einer mit einem Feston geschmückten Urne errichten.

Bay 141
Größe: 0,15 ha
Eintritt: frei
Führungen: nach Voranmeldung
→ A92 Abfahrt Wörth/Isar-Niederaichbach,
in Oberaichbach Nähe Kirche
P an der Kirche
🐕 ♿ ℹ
Keramik

Privatgarten Saller

Obere Aichbachtalstraße 3, Oberaichbach, Niederaichbach

Im Schatten der Dorfkirche des niederbayrischen Dorfes liegt der intensiv bewirtschaftete, romantische Garten mit zahlreichen Kübelpflanzen und vielen unterschiedlichen Arten und Sorten von Rosen, Clematis, Fuchsia, Buxus, Passiflora, Hosta, Pelargonium, Sempervivum und Aster. Zahlreiche Keramik-Gartenaccessoires, Metallstützen und -rankhilfen geben eine besondere Note. Anmeldung erbeten
Eigentümer: Elisabeth Saller, Obere Aichbachtalstraße 3, 84100 Niederaichbach-Oberaichbach, Tel. 08707/701
Öffnungszeiten: Mai bis Oktober,
im Juni Tag der offenen Gartentür

Bay 142
Größe: 20 ha
Führungen: nach Voranmeldung bei Förderkreis Schloßpark Schönau,
Schloßstr. 4, 84377 Schönau
Öffnungszeiten:
ganzjährig
Im Sommer 8–20 Uhr
Im Winter 8–16 Uhr

Schloßpark Schönau

Schloßstraße, Schönau bei Eggenfelden

Der Schloßpark Schönau ist mit seiner Zuordnung zum Wasserschloß, das auf eine mittelalterliche Anlage zurückgeht, und mit seinem ausgeprägten Geländerelief sowie dem prächtigen, artenreichen Baumbestand einzigartig in Niederbayern. Auf Initiative der in England aufgewachsenen Baronin Rosalie Riederer von Paar wurde der Landschaftspark um 1870 vom Kgl. Hofgartendirektor Carl von Effner geplant. Für die Umsetzung der Effner-Pläne von 1867 bis 1880 waren die in Schönau als Obergärtner tätigen späteren Gartendirektoren von Würzburg und Hannover, Engelbert Sturm und Julius Trip, verantwortlich. Das wesentlichste Gestaltungsmerkmal

der Effnerschen Parkkomposition ist die Raumbildung durch in der Tiefe gestaffelte, vom Rand her kulissenartig gebildete Baumgruppen. Die vorhandene Tographie wußte er meisterlich zu akzentuieren – einem Theatergrund gleich umgeben die Höhenzüge des Irle- und Hopfenbergs die „Bühne" des sich im Schloßteich spiegelnden Schlosses. Über den südlichen Rand hinaus geht der Park durch Bauminseln in Feldfluren harmonisch in die Landschaft über.
Eintritt: frei, freiwillige Spenden willkommen
Eigentümer: Familie Riederer Freiherr von Paar, Schloßstr. 4, 84337 Schönau, Tel. 08726/215

Arosa

Steinhöringerstraße 38, Winhöring

Bay 143
Größe: 100 m²
Eintritt: frei
Führungen: nach Voranmeldung
Öffnungszeiten: ganzjährig
Attraktionen: Rosenblüte Juni/Juli
DB Altötting
P

Foto: Thienel

Der kleine, terrassenförmig und romantisch angelegte „Barockgarten" zeigt die optimale Nutzung eines kleinen Grundstücks. Auf nur wenig Platz finden sich abwechslungsreiche Wasserspiele, untermalt mit Englischen und Historischen Rosen sowie 25 verschiedenen Clematissorten. Anmeldung erbeten
Eigentümer: Dagmar Thienel, Steinhöringer Straße 38, 84543 Winhöring, Tel. 08671/72351

Bay 144
Größe: 100 m²
keine größeren
Gruppen möglich
Anmeldung erbeten
Eintritt: frei
Öffnungszeiten: ganzjährig, da auch im Winter interessant
→ bei Anmeldung
P

Privatgarten Jüngling
Ludwig-Thoma-Straße 10, Unterneukirchen
Der Reihenhausgarten mit gemütlichem Freisitz ist sehr auf Nutzpflanzen ausgerichtet. Beerensträucher, kleinwüchsige Obstgehölze, Gemüsegarten und Kräuter-Stauden-Anlagen sind ein Genuß für Auge und Zunge.
Eigentümer/in: Barbara Jüngling, Ludwig-Thoma-Straße 10, 84579 Unterneukirchen, tagsüber Tel. 08677/966119, Fax 08677/966100, abends Tel. 08634/5962

Bay 145
Größe: 0,3 ha
Eintritt: frei
Führungen: nach Voranmeldung
Öffnungszeiten:
P

Privatgarten Kasberger
Thanham 4, Bad Griesbach
Der ländliche Wohngarten hat einen besonderen Schwerpunkt auf Alten und Englischen Rosen. Viele von den etwa 100 Rosensorten ranken über Gitter, Bögen oder über die Pavillons. Von insgesamt sieben Sitzplätzen sind über 160 Kübelpflanzen, Schattenbeete, Farngarten, Gartenteiche und ein Weißer Garten zu genießen. Anmeldung erbeten
Eigentümer: Manfred und Monika Kasberger, Thanham 4, 94086 Bad Griesbach, Tel. 08532/8900, Fax 08532/920865

Bay 146
Größe: 0,16 ha
Eintritt: frei
Führungen nach Voranmeldung
→ A3 Abfahrt Pocking, links, nach 500 Meter rechts Richtung Sulzbach
P
Stein- und Eisenvögel

Privatgarten Seitz
Neuhauser Straße 7, Ruhstorf-Sulzbach
Der abwechslungsreiche, vielfältige Garten mit seltenen Kübelpflanzen ist für das ganze Jahr konzipiert. Auf vielen Sitzplätzen sind verschiedene Teilbereiche des Gartens zu genießen und Stein- und Eisenobjekte zu bewundern.
Tel. Anmeldung erbeten
Eigentümer: Katharina Seitz, Neuhauser Straße 7, 94099 Ruhstorf-Sulzbach, Tel. 08503/317, Fax 08503/8096
Öffnungszeiten: April bis September
Attraktionen: Rhododendren-/Azaleenblüte Mai/Juni

Bay 147
Größe: 0,7 ha
Eintritt: frei
Führungen: nach Voranmeldung
Öffnungszeiten: Mai bis September
P

Henning
Henning 1, Ruhstorf-Schmidham
Das gesamte Anwesen, mit einer Wildhecke eingefriedet, ist Teil eines ehemaligen, großen Vierseithofes. Ein Teil des Gartens ist landschaftlich u. a. mit Narzissenwiese und Entengehege angelegt. Weitere Bereiche sind ein formaler Rosengarten, diverse Rabatten und ein Innenhof mit vielen Kletterpflanzen. Anmeldung erbeten
Eigentümer: Dorothea Böhmig, Henning 1, 94099 Ruhstorf, Tel. 08506/252, Fax 08506/922276

Stadtpark Freudenhain

Passau-Hacklberg

Der Stadtpark Freudenhain ist ein kleinerTeil des ehemaligen Parks der Passauer Fürstbischöfe. Der historische Park hat sich im Laufe der Zeit zu einem Waldpark mit wertvollem, naturnahem Landschaftscharakter entwickelt. Inner- und außerhalb des Parks findet man Reste von sentimental-romantischen Staffagebauten.

Bay 148
Eigentümer/in: Stadt Passau
Rathausplatz 1,
94032 Passau,
Tel. 0851/3960
Größe: 1 ha,
frei zugänglich

Hofgarten Kempten

Hofgartenstraße, Kempten (Allgäu)

Anfang 1960 entstand, aus historischen Vorbildern entwickelt, ein neubarocker Garten zwischen der Ehrenfürstäbtlichen Residenz und der Orangerie, der heutigen Stadtbibliothek. Der Hofgarten ist ein wichtiger innerstädtischer Erholungsraum.
Eigentümer/in: Freistaat Bayern, Verw.: Stadt Kempten, Stadtgärtnerei, Weidacher Weg 41/43, 87437 Kempten (Allgäu), Tel. 0831/5913540, Fax 0831/5913542

Bay 149
Größe: 1,7 ha,
frei zugänglich
Attraktionen: Brunnenanlage
8–21.50 Uhr
P gebührenpflichtig

Chapuis-Park

Füssener Straße 90, Kempten (Allgäu)

Die Parkanlage, in einem großbürgerlichen Anwesen des 18. Jahrhunderts gelegen, wurde ab 1824 grundlegend erneuert und teilweise verändert. Besonders hervorzuheben sind das Waschhaus (um 1800) mit Vorgarten, ein Gartenhaus und ein Laubengang aus dem späten 19. Jahrhundert mit drei Brunnen. Im Hauptgebäude ist heute der Verein für Körper- und Mehrfachbehinderte (Villa Viva), in den beiden Nebengebäuden (Ökonomiegebäude und Kutscherhaus) die Stadtarchäologie Kempten untergebracht. Das östliche, baumbestandene Hanggelände steht unter Landschafts- und Artenschutz. Über die Parkanlage führt ein Zugang zum Archäologischen Park Cambodunum - APC mit teilrekonstruierten Bauten eines gallo-römischen Tempelbezirkes und einer antiken Badeanlage.
Eigentümer/in: Stadt Kempten, Kulturamt, Memminger Straße 5, 87439 Kempten (Allgäu), Tel. 0831/2525-200, Fax 0831/2525-463

Bay 150
Größe: 1,8 ha
Eintritt: frei
Öffnungszeiten: ganzjährig geöffnet 10–17 Uhr
(Mindestöffnungszeit)
1 Füssener Straße
3 Kaufbeurer Straße
Veranstaltungen: Brot-Zeit
Sonderführung im Chapuispark und APC (Archäologischer Park Cambodunum)
Anmeldung bei Kulturbüro, Museum Kempten,
Tel. 0831/2525-369

Pfarrgarten St. Johann

Hauptstraße 7, Peißenberg

Der Haus- und Nutzgarten im neubarocken Stil mit Brunnen, Teich und Steingarten-Trockenmauerbereich entstand um 1910 und wird seit 1999 saniert. Im Nutzgartenbereich stehen zahlreiche alte und neue Obstbäume, Beerensträucher und ein Bienenvolk.

Bay 151
Größe: 0,3 ha
Anmeldung erbeten
Eintritt: frei
Führungen:
nach Voranmeldung
Öffnungszeiten: ganzjährig geöffnet

🚆 Peißenberg
🚌 RVO Kriegerdenkmal
P 🐕 ♿

Eigentümer/in: Pfarrei St. Johann, Pächter: Verein für Gartenbau und Landespflege Peißenberg-Ammerhöfe, Suiterweg 2, 82380 Peißenberg, Tel. 08803/2156, Fax 08803/900774
→ aus Richtung München, Ortseingang gegenüber der Kirche links

Bay 152
Eigentümer/in: Monika und Giselher Propach, Karwendelstraße 25, 82362 Weilheim, Tel. 0881/7240, Fax 0881/2572, E-Mail: MUG.Propach@t-online.de
Größe: 250 m², Anmeldung erbeten
Eintritt: frei
Führungen: nach Voranmeldung
Öffnungszeiten: ganzjährig geöffnet 10–17 Uhr
🚆 Weilheim
→ bei Anmeldung
P 🐕 ♿

Skulpturengarten Propach

Karwendelstraße 25, Weilheim

Ein kleiner verwunschener Garten. Die räumliche Gliederung durch Büsche, Bäume und Pergola gibt immer wieder neue An- und Durchblicke frei: Immergrüne wie Buchs, Eiben, Efeu und Kirschlorbeer, Nutzpflanzen auf Hügelbeeten, ein kleiner Tuffsteinbrunnen mit Bronzefiguren, verschiedene Sitzplätze, Farbakzente durch Kletterpflanzen und blühende Sträucher, alte und neue Rosen und andere Blumen. Das Besondere sind die Skulpturen: weiße Marmorobjekte leuchten vor dunkelgrünem Hintergrund, Objekte aus Tuffstein und rotem Sandstein betonen das Erdhafte. Ein gläserner Pavillon lädt zum Sitzen ein.

Bay 153
Eigentümer/in: Bayerische Verwaltung der staatlichen Schlösser, Gärten und Seen, Schloß- und Gartenverwaltung, Linderhof 12, 82488 Ettal, Tel. 08822/92030, Fax 08822/920311, E-Mail: sgvLinderhof@bsv.bayern.de, Internet: www.Linderhof.de

Schloßpark Linderhof

Linderhof 12, Ettal

König Ludwig II. ließ sich im Graswangtal eine Königliche Villa in Linderhof errichten, zu der Carl von Effner eine Gartenanlage entwarf und zwischen 1872 und 1880 ausführte. Der Garten sollte dabei ebensowenig wie das Schloß einer repräsentativen Hofhaltung dienen. Vielmehr sollte er dem König den Rahmen bieten, in dem er seine Träume vom absolutistischen Königtum erleben konnte. Die in großen Teilen noch in ihrer alten Form erlebbare Anlage integriert Elemente früherer Epochen wie ein Parterre im barocken Stil, eine Terrassenanlage mit Renaissanceeinflüssen und einen umgreifenden Landschaftsgarten. Hier liegen auch Kleinarchitekturen der germanisch mittelalterlichen Mythenwelt wie die Hundinghütte und der Märchenwelt des Orients, wie das Marokkanische Haus und der Maurische Kiosk. Die Einbettung des Parks in die Gebirgslandschaft macht darüberhinaus den besonderen Reiz dieses Schloßparks aus.

Größe: 58 ha
frei zugänglich
Führungen: auf Anfrage
Attraktionen: Wasserspiele, April bis Oktober, täglich 9–18 Uhr, Fontäne jede halbe Stunde
P gebührenpflichtig
✕ ♿ teilweise steile Wege
🐕 ℹ

Foto: Staatliche Verwaltung Ettal

Alpengarten auf dem Schachen

Der Alpengarten auf dem Schachen ist eine Außenstation des Botanischen Gartens München, die 1901 gegründet wurde. Das Gelände liegt auf 1850 Meter NN Höhe im Wettersteingebirge, in direkter Nachbarschaft zu einem Jagdschlößchen König Ludwigs II. und zu einer bewirtschafteten Hütte mit Übernachtungsmöglichkeit. Der Alpengarten auf dem Schachen gibt dem Besucher einen Überblick über die wichtigsten Gebirgsfloren der Erde, wobei Schwerpunkte auf der Flora der Alpen und des Himalajagebiets liegen.

Bay 154
Eigentümer/in: Freistaat Bayern, Botanischer Garten München-Nymphenburg, Menzinger Straße 65, 80638 München, Tel. 089/17861310, Fax 089/17861340, E-Mail: info@botmuc.de
Größe: 1 ha
Eintritt: 2 €, Kinder frei bis 12 Jahre
Führungen: nach Voranmeldung, für Gruppen bis 10 Personen 3,50 €/Person (inkl. Eintritt)
Öffnungszeiten: Anfang Juli bis Mitte Sept. 8–17 Uhr
DB Garmisch-Partenkirchen
→ nur zu Fuß nach drei- bis vierstündiger Wanderung auf verschiedenen Routen zu erreichen
Autofahrer:
P bei Schloß Elmau, von dort auf dem Königsweg zum Schachen
🐕 ℹ

Bay 155
Größe: 200 m², 900 m² und 3500 m²
Führungen: nach Voranmeldung
frei zugänglich (außer Obstgarten),
DB Benediktbeuern
P
Veranstaltungen: Seminare zur Gartenkultur, Führungen, Ausstellungen
Seminarhaus, Gästezimmer
♿

Gärten am Kloster Benediktbeuern

Zeilerweg 2 Benediktbeuern

Am ehemaligen Meierhof der barocken Klosteranlage Benediktbeuern liegen drei Gartenkleinode:
Der Kräutergarten am Meierhof ist Lehrgarten und Erholungsraum zugleich. Er ist besonders für geh- und sehbehinderte Gäste gestaltet. In dieser Anlage werden die entwicklungsgeschichtlichen Ursprünge der Pflanzenwelt in einer Auswahl aufgezeigt, die sich an die Systematik der Botaniker Frohne und Jensen orientiert. Außerdem befindet sich hier eine größere Kräuterspirale. Der Meditationsgarten ist in Form eines Rundlabyrinthes angelegt. Drei Umgänge und eine Weglänge von 160 m laden den Besucher ein, in den thematisch bepflanzten Beetkreisen über 170 Pflanzenarten zu begegnen. Hier finden sich auch „historische" Kräuter aus dem „Hortulus" Walahfrid Strabos, dem „Capitulare de villis" und dem „Benediktbeurer Receptar" aus der Zeit der mittelalterlichen Gartenkultur. Die Vereinigung von historischen, heilkundigen, kulinarischen und symbolischen Eigenschaften von Pflanzen macht den Weg in die Labyrinthmitte – zum Wasser als Quelle des Lebens – zu einem Erlebnis für alle Sinne.
Die Historische Obstgartenanlage vom Ende des 18. Jahrhunderts gibt im Schutz der Klostermauer auch heute noch über 250 alten Apfel-, Birnen- und Zwetschgenbäumen die Möglichkeit, im rauhen Voralpenklima gut zu gedeihen.
Eigentümer: Zentrum für Umwelt und Kultur, Kloster Benediktbeuern, Zeilerweg 2, 83671 Benediktbeuern, Tel. 08857/88777, Fax 08857/88709, Internet: www.zuk-bb.de

Privatgarten Egger

Geiging 18, Rohrdorf

Foto: Andreas Egger

Der ländliche Hausgarten setzt vor allem mit vielen ausgepflanzten exotischen Pflanzen, wie Hanfpalmen, Bitterorangen und Araucarien südländische Akzente. Zahlreiche Kübelpflanzen und ein Gewächshaus verstärken diese Stimmung.

Bay 156
Eigentümer/in:
Andreas Egger,
Geiging 18,
83101 Rohrdorf,
Tel. 08032/5378,
Fax 08032/1600
Größe: 0,1 ha
Anmeldung erbeten
Eintritt: frei
Öffnungszeiten: Juni und Juli nach telefonischer Vereinbarung
→ bei Anmeldung
P
✿ z.B. Asclepias, Freilandagapanthus, Phygelius

Schloßpark Herrenchiemsee

Herrenchiemsee

König Ludwig II. von Bayern, Verehrer des absolutistischen französischen Sonnenkönigs Ludwig XIV., verwirklichte sich mit dem Bau des Schlosses und des Parks von 1878 bis 1885 einen Traum vom neuen Versailles. Der von Carl von Effner gestaltete Park kopierte und interpretierte die berühmte Gartenanlage des Sonnenkönigs. Ein üppig bepflanztes Parterre mit zahlreichen Figuren, Wasserbecken und Wasserspielen, Lindenalleen und der 650 Meter lange Kanal sind die Hauptmerkmale der Anlage, die wegen des Todes Ludwigs II. nicht vollendet werden konnte. Am ehemaligen Augustiner-Chorherrenstift, dem Alten Schloß, stehen neben einem geschnittenen Platanensaal aus dem Jahre 1893 weitere imposante Einzelbäume. Nach umfangreichen Erneuerungsarbeiten erstrahlt der Park wieder im alten Glanz. Die insgesamt 240 Hektar große Insel lädt auf zahlreichen Wegen zu Spaziergängen ein und bietet vom südlichen Steilufer aus einen herrlichen Blick auf die Alpenkette.

Bay 157
Eigentümer/in: Bayerische Verwaltung der staatlichen Schlösser, Gärten und Seen, Schloß- und Gartenverwaltung Herrenchiemsee,
83209 Herrenchiemsee,
Tel. 08051/68870,
Fax 08051/688799
Größe: 240 ha, Gärten und Park frei zugänglich
Attraktionen:
Wasserspiele Mai bis Sept. tägl. 9.35–17.25 Uhr, alle 30 Min.
→ Schiff ab Prien/Stock oder Gstadt
P gebührenpflichtig am Anleger Prien-Stock u. Gstadt
♿ auf besonderem Weg

Garten am Künstlerhaus Julius Exter

Blumenweg 5, Übersee-Feldwies

1902 erwarb Julius Exter – als Mitbegründer der Münchner Secession gehörte er zu den Wegbereitern der modernen Malerei in München – ein Bauernhaus in Übersee-Feldwies

Bay 158
Größe: 0,2 ha
Eintritt: 2 € inklusive Künstlerhaus
Kinder, Jugendliche und

Schwerbehinderte frei
Gruppen 1,50 €/Person
Öffnungszeiten: nur in Verbindung mit Künstlerhaus
während Aufbau der Ausstellungen und Bauarbeiten
auch Garten
geschlossen Mai bis Mitte
September Di–So 17–19 Uhr
DB Übersee
P ♿ i

am Chiemsee und baute es als Sommersitz für sich und seine Malschule aus. Auch der Garten wurde von ihm auf der Basis eines Chiemgauer Bauerngartens neu gestaltet. Obstbäume, Beerensträucher und Gemüsebeete sind Bestandteile des Nutzgartens im äußeren Bereich. Eine Besonderheit sind die üppigen Blumenbeete am Haus mit wahren Farbenorgien vom Frühjahr bis zum Herbst. Der Blütenpracht seines Gartens verdanken viele Bildmotive Exters ihre expressive Farbigkeit. In Verbindung mit Erhaltung und Instandsetzung am Künstlerhaus ist in den letzten Jahren eine intensive gartendenkmalpflegerische Rekonstruktion der ursprünglichen Anlage nach Bodenbefunden, Fotografien und Exter-Gemälden durchgeführt worden.
Anmeldung empfehlenswert.
Eigentümer: Bayrische Verwaltung der staatlichen
Schlösser, Gärten und Seen, Postf. 380120,
80614 München, Tel. 08642/895083, Fax 08642/895085,
Internet: www.schloesser.bayern.de

Foto: E. Schmid

Bln

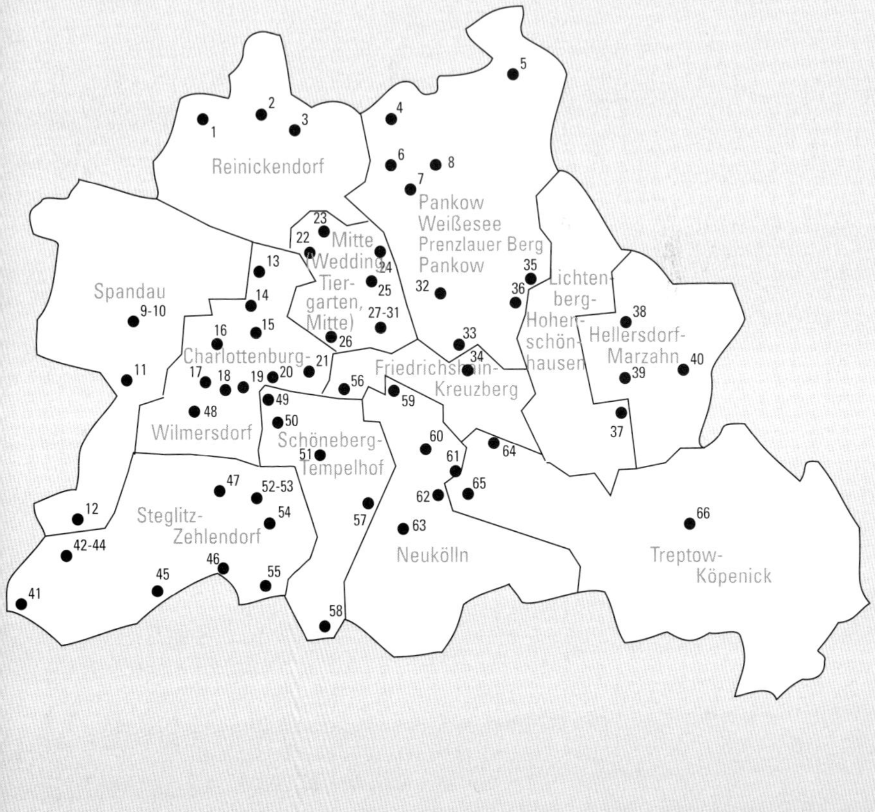
Reinickendorf
Spandau
Mitte (Wedding, Tiergarten, Mitte)
Pankow Weißesee Prenzlauer Berg Pankow
Lichtenberg-Hohenschönhausen
Hellersdorf-Marzahn
Charlottenburg-Wilmersdorf
Friedrichshain-Kreuzberg
Schöneberg-Tempelhof
Steglitz-Zehlendorf
Neukölln
Treptow-Köpenick
1
2
3
4
5
6
7
8
9-10
11
12
13
14
15
16
17
18
19
20
21
22
23
24
25
26
27-31
32
33
34
35
36
37
38
39
40
41
42-44
45
46
47
48
49
50
51
52-53
54
55
56
57
58
59
60
61
62
63
64
65
66

Bln 1
Eigentümer/in: Land Berlin, Bezirksamt Reinickendorf, Naturschutz- und Grünflächenamt, Teichstraße 65, 13407 Berlin, Tel. 030/41922268, Fax 030/41923420
Größe: 1,4 ha
frei zugänglich
Ⓢ Frohnau

Zeltinger Platz und Ludolfinger Platz

Berlin-Frohnau

Gemäß eines Bebauungsplans von 1908 entstand auf dem Gelände eines ehemaligen Kiefernhochwaldes die Gartenstadt Frohnau nach englischen Vorbild. Beiderseits der S-Bahntrasse, im Mittelpunkt der Gartenstadt, wurden 1910 bis 1912 zwei halbovale Plätze von dem Gartenarchitekten Ludwig Lesser angelegt. Sie stellen eines der wenigen Beispiele des Jugendstils in der Gartenkunst in Deutschland dar. Beide Plätze sind durch eine Allee eingefaßt: der Ludolfinger Platz mit rotblühenden, der Zeltinger Platz mit weißblühenden Kastanien. Auf den Plätzen befinden sich Rasenflächen, Rosenbeete, Nadelgehölze, vier Brunnen, eine Terrasse mit einer großen Kastanie, eine weinberankte Pergola und aufwendiges Mosaikpflaster.

Bln 2
Eigentümer/in: Schloß Tegel, Verwaltungs GmbH Gabrielenstraße, 13507 Berlin, Tel. 030/4343156, Fax 030/4337017
Größe: 8 ha
Anmeldung für Gruppen erbeten
frei zugänglich bis auf Widerruf und nach Witterungsverhältnissen
U6 Alt Tegel
120, 124, 125, 130, 222 An der Mühle
Ⓢ 25, Tegel

Schloßpark Tegel

Gabrielenstraße, Berlin-Tegel

Das Schloß Tegel wurde Mitte des 16. Jahrhunderts als Herrenhaus des Gutshofs Tegel errichtet und vom Großen Kurfürsten Friedrich Wilhelm als Jagdschloß genutzt. 1766 gelangte das Schloß in den Besitz der Familie von Humboldt. Bis heute gehören Schloß und Park den Nachkommen. Alexander Georg von Humboldt, Kammerherr Friedrich des Großen und Vater der berühmten Söhne Wilhelm und Alexander, brachte das Gut wirtschaftlich und kulturell zur Blüte. Angeregt wohl durch den Fürsten Franz von Anhalt-Dessau, nahm er in den Jahren 1766 bis zu seinem Tod 1779 die Gestaltung der das Schloß umgebenden Anlagen vor, welche Johann Christian Kunth, der Hauslehrer seiner Söhne und Vermögensverwalter seiner Witwe, fortführte. Seit 1824, als der von Karl Friedrich Schinkel ausgeführte Umbau mit einer Verdopplung des Hauses in die Tiefe und einer Betonung der Ecken durch vier quadratische Türme beendet war, wurde Tegel zum sommerlichen Wohnsitz der Familie und zur Erinnerung an glückliche Jahre in Rom. Dem Schloß gegenüber, am Ende der heutigen Wiese ließ Wilhelm von Humboldt 1829 beim Tode seiner Frau von Schinkel eine Grabstätte errichten, über der im Rund einer Exedra eine Säule mit der von Bertel Thorvaldsen geschaffenen Figur einer „Spes" steht. Sehenswert sind neben der 1792 gepflanzten Lindenallee auch eine 500jährige Stieleiche und die 800jährige Traubeneiche „Dicke Marie" nahe dem Ufer des Tegeler Sees.

Bln 3
Größe: 27 ha
für Jugendfarm
Anmeldung für Gruppen

Freizeitpark und Jugendfarm Lübars

Quickborner Straße, Berlin-Lübars

Der Bau des Freizeitparks wurde 1975 auf der vormaligen Reinickendorfer Müllkippe begonnen. Das Gartenbauamt

entwickelte mit breiter Bürgerbeteiligung Ideen zur Gestaltung des Areals, dessen Mittelpunkt ein 85 Meter hoher Tafelberg bildet. Bemerkenswert ist der 300 Meter lange Ski- und Rodelhang mit Flutlicht, der bei entsprechender Witterung eifrig genutzt wird. Über ein weit verzweigtes Wegenetz erreicht man den Berggipfel, der einen weiten Blick in die Landschaft, bei gutem Wetter bis ins Stadtzentrum gestattet. Auf den Hangwiesen stehen vereinzelt Birken, Linden und Eichen. Eine besondere Attraktion ist die Jugendfarm Lübars, die nicht nur Jugendlichen Einblicke in die Landwirtschaft und das traditionelle Handwerk gibt.
Eigentümer/in: Bezirksamt Reinickendorf, Abteilung Bau- und Wohnungswesen, Naturschutz- und Grünflächenamt, Teichstraße 65, 13407 Berlin, Tel. 030/415 70 27, Fax 030/416 81 52

erbeten unter
Tel. 030/415 70 27
Eintritt: frei außer Sonderveranstaltungen
Führungen: nach Voranmeldung
Öffnungszeiten: ganzjährig geöffnet nur Freizeitpark, Jugendfarm: Di–Fr 9–19 Uhr, So, Feiertag 10–17 Uhr, Mo nur angemeldete Gruppen
124 Quickborner Straße
Wittenau
Freizeitpark, Jugendfarm nein
Bei Veranstaltungen der Jugendfarm

Botanischer Volkspark

An der Blankenfelder Chaussee, Berlin-Blankenfelde

1909 als zentraler Schulgarten für die Schulen Pankows und angrenzender Berliner Bezirke angelegt, wurde der Garten ab 1977 von der Humboldt-Universität zu Berlin als Botanische Anlage genutzt. Anfang 1995 wurde er dem Bezirk Pankow übergeben. Dieser konzipierte die Umwidmung in einen Volkspark, der das vorhandene naturwissentschaftliche Profil beibehält. Das Konzept soll mittelfristig umgesetzt werden. Besondere Bauwerke sind die Geologische Wand, früher Humboldthain im Bezirk Wedding, mit mineralogisch-geologischem Lehrcharakter sowie mehrere Schaugewächshäuser.

Bln 4
Eigentümer/in: Bezirksamt Pankow von Berlin, Abt. Umwelt, Wohnen und Bürgerdienste, Amt für Umwelt und Natur, Postfach 870151, 13161 Berlin
Tel. 030/9679 4012, Fax 030/9679 4316,
Größe: 30,4 ha
frei zugänglich
107 Bot. Volkspark

Schloßpark Buch

Wiltbergstraße, Berlin-Buch

Im späten 17. Jahrhundert legte Gerhard Bernhard von Pöllnitz einen Garten im holländischen Stil an, der von drei Seiten mit Gräben umgeben war. Der später erweiterte Garten wurde zwischen 1810 und 1820 unter Einbeziehung der Panke und einer Teichanlage zu einem Landschaftsgarten umgestaltet, der heute mit seinen weiten Wiesen und dem alten Baumbestand zu Spaziergängen einlädt. Das Schloß von Adam Otto von Viereck wurde bereits 1964 abgerissen.

Bln 5
Eigentümer/in: Bezirksamt Pankow von Berlin, Abt. Umwelt, Wohnen und Bürgerdienste, Amt für Umwelt und Natur, Postfach 870151, 13161 Berlin
Tel. 030/9679 4012, Fax 030/9679 4316,
Größe: 13,8 ha
frei zugänglich
158, 159, 251 Berlin-Buch
Berlin-Buch

Volkspark Schönholzer Heide

Germanenstraße, Berlin-Niederschönhausen

Der Volkspark entstand Ende der 20er Jahre aus einem Landschaftspark mit Vergnügungspark, der nach den Zerstörungen des 2. Weltkriegs nicht wiederbelebt wurde. Teile des Parks

Bln 6
Eigentümer/in: Bezirksamt Pankow von Berlin, Abt. Umwelt, Wohnen und Bürgerdienste, Amt für

Umwelt und Natur,
Postfach 870151,
13161 Berlin
Tel. 030/9679 4012,
Fax 030/9679 4316,
Größe: 34,7 ha
frei zugänglich

wurden während des Krieges und danach zur Friedhofsanlage umgewandelt, das Kriegsopferfeld als kleiner Ehrenhain neu gestaltet. Geblieben sind ein Rodelberg sowie weiträumige Wald- und Wiesenflächen. Im nördlichen Teil des Volksparks entstand 1947 bis 1949 das monumentale sowjetische Ehrenmal nach Entwürfen sowjetischer Architekten und Künstler, dessen Erscheinungsbild durch einen 33,5 Meter hohen Obelisken bestimmt wird. In der Anlage sind mehr als 13 200 Soldaten und Offiziere der Sowjetunion bestattet.

Bln 7
Eigentümer/in: Bezirksamt Pankow von Berlin, Abt. Umwelt, Wohnen und Bürgerdienste, Amt für Umwelt und Natur,
Postfach 870151,
13161 Berlin
Tel. 030/9679 4012,
Fax 030/9679 4316,
Größe: 13,8 ha
frei zugänglich
52, 53, 107 Rathaus Pankow
155, 227, 250, 255 Wollankstraße
S Wollankstraße

Bürgerpark Pankow

Wilhelm-Kuhr-Straße 9, Berlin-Pankow

Baron Killisch von Horn ließ ab 1854 um sein herrschaftliches Wohngebäude, das 1961 abgebrochen wurde, durch Wilhelm Perring einen Park nach italienischen Vorbildern mit seltenen Bäumen anlegen. Von den einst zahlreichen Elementen sind verschiedene Tore, darunter das reich ornamentierte Eingangsportal in Form eines Triumphbogens, das ehemalige Kastellanhaus und ein Pavillon erhalten geblieben. Nach dem Erwerb durch die Gemeinde Pankow im Jahre 1907 wurde der Park mehrfach umgestaltet, zuletzt in Teilen 1993. Dabei wurden ein Rosengarten und ein Pergolenweg eingefügt.
Veranstaltungen: Sommerkonzerte

Bln 8
Eigentümer/in: Bezirksamt Pankow von Berlin, Abt. Umwelt, Wohnen und Bürgerdienste, Amt für Umwelt und Natur,
Postfach 870151,
13161 Berlin
Tel. 030/9679 4012,
Fax 030/9679 4316,
Größe: 16,7 ha
frei zugänglich
50, 52, 53 Pankow – Kirche
255 Berlin-Pankow
S Berlin-Pankow

Schloßpark Niederschönhausen

Am Schloßpark, Berlin-Pankow

1664 legte Gräfin von Dohna im Wiesengrund der Panke einen Garten im holländischen Stil an, der mit der Schloßvergrößerung 1704 erheblich erweitert und zu einem barocken Garten mit Orangerie, Fasanerie und Broderieparterre umgestaltet wurde. Ein schiffbarer Graben mit Verbindung zur Panke verband den Park mit dem Schloß Charlottenburg. Schon Ende des 18. Jahrhunderts erfolgte die erste landschaftliche Überarbeitung. Der königliche Hofgartendirektor Peter Joseph Lenné gestaltete ihn 1828 bis 1831 zu einem Landschaftsgarten um. Nach 1945 wurde Niederschönhausen zunächst von der sowjetischen Besatzungsmacht genutzt, bevor das Schloß ab 1949 Sitz des ersten Staatspräsidenten der DDR, Wilhelm Piek, wurde. Seit 1992 ist der ehemals ummauerte Park wieder teilweise zugänglich.

Bln 9
Eigentümer/in: Bezirksamt Spandau, Abt. Bauen, Planen und Umweltschutz, Naturschutz-, Grünflächen-

Wröhmännerpark

Neuendorfer Straße, Berlin-Spandau

Der am östlichen Ende der Spekteniederung unmittelbar an der Havel zwischen Altstadt und Neustadt gelegene Wröhmänner Park wurde zwischen 1913 und 1914 erstmals als repräsentativer Bürgerpark mit Elementen des Jugendstils angelegt und gehörte in seiner großzügigen Ausschmückung zu den qualitätvollsten Gartenschöpfungen Spandaus. Nach Kriegszerstörungen und umfangreichen Veränderungen wurde er in den Jahren 1993 bis 1998 grundlegend erneuert und der Eingangsbereich mit einer Pergola gefaßt. Seine urprünglichen Gartenelemente, wie das vertieft liegende Oval, das vis-à-vis des Juliusturms der Zitadelle gelegene Plateau am Wasser und der als Gartenteich umgestaltete Torfhafen, im Volksmund Hafenplatz genannt, blieben dabei weitgehend erhalten. Das Bild wird durch Rabatten mit Wechselbepflanzungen und Säumen aus Wild- und Blütenstauden abgerundet.

und Umweltamt,
Pionierstraße 80,
13589 Berlin,
Tel. 030/33033024,
Fax 030/33033955
Größe: 3,5 ha, frei zugänglich
U 7 Altstadt
134, 136, 145, 236
Wröhmännerpark
P gebührenpflichtig

Koeltzepark

Neuendorfer Straße / Am Koeltzepark, Berlin-Spandau

Der im späten 18. Jahrhundert angelegte Maurerkirchhof vor den Toren der Oranienburger Vorstadt wurde 1932/33 in eine öffentliche Parkanlage umgewandelt und nach dem früheren Spandauer Oberbürgermeister Friedrich Koeltze benannt. 1997 erfolgte eine aufwendige Instandsetzung in eine hochwertig gestaltete Schmuckanlage mit Sommerblumenrabatten, nach Farbaspekten geordneten, flächigen Staudenpflanzungen, Rosenbeeten, berankter Pergola und einer Rhododendrenpartie. Eine niedrige Klinkermauer erinnert an den Verlauf der alten Friedhofsmauer.

Bln 10
Eigentümer/in: Bezirksamt Spandau, Abt. Bauen, Planen und Umweltschutz, Naturschutz-, Grünflächen- und Umweltamt,
Pionierstraße 80,
13589 Berlin,
Tel. 030/33033024,
Fax 030/33033935
Größe: 3,9 ha
frei zugänglich
DB Berlin-Spandau
7 Rathaus Spandau
136, 236
Kirchhofstraße
P

Südpark Spandau

Heerstraße /Weverstraße/Straße am Südpark, Berlin-Spandau

Der nördlich der Heerstraße im verlandeten Niedermoorgebiet der Börnicker Lake liegende Spandauer Südpark wurde 1926 von Richard Woy angelegt. Er verkörpert beispielhaft die Idee des Landschaftsgartens. Kernstück des Parks ist der Bereich

Bln 11
Eigentümer/in: Bezirksamt Spandau, Abt. Bauen, Planen und Umweltschutz, Naturschutz-, Grünflächen- und Umweltamt,
Pionierstraße 80,

13589 Berlin,
Tel. 030/33033024,
Fax 030/33033955
Größe: 3,1 ha
frei zugänglich
X34, X49, 136, 149, 236
Alt Pichelsdorf

um den Parkteich, der über zwei Zugänge mit der Spandauer Wilhelmstadt verbunden ist. Von hier aus öffnet sich der Südpark über die Havelbucht Scharfe Lanke in die freie Flußlandschaft. Zwei Rundwege führen zu ausgedehnten, naturhaften Mähwiesen, Spiel- und Sitzplätzen sowie Liegewiesen. Die Wege sind mit Linden zu Alleen gefaßt und werden von Wildstaudenflor begleitet.

Bln 12
Eigentümer/in: Bezirksamt Spandau, Abt. Bauen, Planen und Umweltschutz, Naturschutz-, Grünflächen- und Umweltamt,
Pionierstraße 80,
13589 Berlin,
Tel. 030/33033024,
Fax 030/33033955
Größe: 11 ha
frei zugänglich
X34, 134 Neukladower Allee

Gutspark Kladow

Neukladower Allee, Berlin-Kladow

Die Geschichte des Gutsparkes Neu-Kladow beginnt um 1800, als Friedrich Wilhelm III. das Lehngut Anastasius Ludwig Mencken, dem Großvater Otto von Bismarcks, in Erbpacht gab. Der aus vorhandenem Eichen-Kiefern-Bestand herausgeschlagene Gutspark weist interessante topographische Entwicklungen auf: Sein Rückgrat bildet der zwischen Düne und Havelsteilufer verlaufende Elsengrund, in dem ein wechselfeuchter Wiesengraben eingebettet ist. Seine kulturhistorische Blütezeit erlebte der Park etwa hundert Jahre später, als der Architekt Paul Schultze-Naumburg das Haus für den neuen Besitzer umbaute, erweiterte und auf dem hoch über der Havel liegenden Plateau einen formalen Blumengarten mit zentralem Springbrunnen anlegte. Heute ist der Park Teil eines am Westufer der Havel verlaufenden Uferwanderweges und steht im Kontext zur Potsdam-Berliner Kulturlandschaft, dem Arkadien Peter Josef Lennés.

Bln 13
Eigentümer/in:
Bezirksamt Charlottenburg-Wilmersdorf, Umweltamt,
Rathaus Wilmersdorf,
Fehrbelliner Platz 4,
10707 Berlin
Größe: 116 ha
frei zugänglich
X9,
X21, 109, 121, 123, 128, 421
Jakob-Kaiser-Platz

Volkspark Jungfernheide

Jungfernheideweg, Heckerdamm, Berlin-Charlottenburg

Der Volkspark ist ein landschaftlich gestalteter Freizeit-, Erholungs- und Sportpark mit einem alten Baumbestand. Auf dem Rest eines großen zusammenhängenden Waldgebiets der Jungfernheide entstand die Anlage nach Plänen von Erwin Barth in den Jahren 1920 bis 1930. Barth nahm nur behutsame Eingriffe in den vorhandenen Waldbestand mit Eichen, Rot- und Weißbuchen durch ergänzende Pflanzungen vor. Charakteristisch für die Parkanlage ist das weiträumige, flache Gelände. Im Westen befindet sich ein symmetrisch geformter See mit einer quadratischen Insel, die durch Brücken über schmale Wasserarme mit der Parkanlage verbunden ist. Durch die Aufteilung der Wasserfläche entstand ein Freibad mit Badestrand und kleine Wasserflächen mit Liegewiesen. Gegenüber dem Scheitelpunkt des Strandbades steht ein Wasserturm. Trotz der strengen Symmetrie gibt es im Kernbereich der Anlage überraschende Wegeführungen und Sichtbeziehungen. Das Programm des Parks entspricht den damals anerkannten und auch heute noch aktuellen Anforderungen an einen Volkspark.

Schloßpark Charlottenburg

Spandauer Damm, Berlin-Charlottenburg

Die historische Parkanlage am Schloß Charlottenburg zählt zu den ältesten erhaltenen Gärten in Berlin und Potsdam. 1697 ließ Sophie Charlotte den Gärtner Simeon Godeau, einen Schüler des berühmten Le Nôtre, aus Paris kommen, um einen französischen Barockgarten anlegen zu lasssen. Nach Godeaus Plänen entstand nördlich des Schlosses eine Terrasse. Ein paar Stufen unterhalb erstreckt sich ein langes Parterre mit Blumen- und Rasenstücken und einem klassischen Brunnenbecken in der Mitte. In dieser Hauptachse schloß sich ein ebenso großer Teich an. Ursprünglich verlief die Achse als Kanal bis zur Spree. Jenseits der Spree wurde die Sichtachse durch eine Schneise in der Jungfernheide weitergeführt, so daß ein 9 Kilometer weiter Blick bis hin zu den Tegeler Bergen möglich war. Ab 1787 wurden die Barockformen durch die landschaftliche Gestaltung der Hofgärtner Johann August Eyserbeck und Georg Steiner verdrängt. Im Zuge der zeitgenössischen Naturvorstellung wurde das Broderie-Parterre abgetragen und eine Rasenfläche mit Baum- und Strauchgruppen angelegt.1816 gestaltete Peter Josef Lenné den Schloßpark zu einem Landschaftspark um. 1950 wurde mit der Rekonstruktion des im Krieg stark zerstörten Schlosses auch der unmittelbar am Gebäude liegende Teil des Gartens nach barocken Mustern wiederhergestellt. Der nördliche Teil der Parkanlage blieb hingegen landschaftlich, wurde zum Teil aber erheblich verändert. Im östlichen Teil des Parks steht das Belvedere, ein 1788 errichtetes Teehaus, in dem erlesene Sammlungen Berliner Porzellans ausgestellt sind. Die Luiseninsel im Karpfenteich, in die man über zwei historische Brücken gelangt, wurde 1989 restauriert. Beachtenswert sind die drei Statuen Luisenbüste, Venus von Medici und Amor. Das Mausoleum von Karl Friedrich Schinkel in Form eines dorischen Tempels entstand 1810 als Grabstätte für Königin Luise.

Bln 14
Eigentümer/in:
Bezirksamt Charlottenburg-Wilmersdorf, Umweltamt, Rathaus Wilmersdorf, Fehrbelliner Platz 4, 10707 Berlin
Größe: 52,6 ha
Eintritt: frei
Führungen: nach Voranmeldung Stiftung Preußische Schlösser und Gärten, Berlin Brandenburg, Gartendirektion, Tel. 0331/96940,
Öffnungszeiten:
im Sommer 6–21 Uhr,
im Winter 6–20 Uhr
🚌 109, 110, 145, 204, X9, X21, X26 ab P Schloß Charlottenburg
Ⓢ Westend
🅿 ✗ 🐕 ♿ ℹ

Schustehruspark

Berlin-Charlottenburg

Der Park, benannt nach dem Charlottenburger Oberbürgermeister, entstand auf dem Gelände des ehemaligen Privatparkes der Villa Oppenheim. Nach Grundstückserwerb durch die Stadt Charlottenburg im Jahre 1911 gestaltete der damalige Gartendirektor Erwin Barth 1914 den öffentlichen Park. Charakteristisch ist die behutsame Einfügung von Gebüschgruppen, formalen Wegeführungen und geometrischen Platzgestaltungen in die vorhandene landschaftliche Anlage. Typisch für Barth war auch die liebevolle Ausgestaltung der Details wie Sitzbänke, Eingangsbereiche, Mauern, Rankgitter, Laternen und farbenprächtige Staudenrabatten. Als Zeichen

Bln 15
Eigentümer/in:
Bezirksamt Charlottenburg-Wilmersdorf, Umweltamt, Rathaus Wilmersdorf, Fehrbelliner Platz 4, 10707 Berlin
Größe: 1,4 ha
frei zugänglich
🚌 109, 110
🐕 ♿

für die damaligen sozialen Bestrebungen der Gartenkunst sind die großen Kinderspielplätze mit Unterstandhäuschen und Ruhebereiche für Erwachsene zu verstehen. Der Park wurde zur 750-Jahr-Feier Berlins 1987 gartendenkmalpflegerisch wiederhergestellt.

Bln 16
Eigentümer/in:
Bezirksamt Charlottenburg-Wilmersdorf, Umweltamt,
Rathaus Wilmersdorf,
Fehrbelliner Platz 4,
10707 Berlin
Größe: 1,9 ha
frei zugänglich
Bus 104 Neu-Westend

Brixplatz

Berlin-Charlottenburg

Der Brixplatz, früher als Sachsenplatz bekannt, wurde 1913 von Erwin Barth entworfen und 1921 angelegt. Auf dem Gelände einer ehemaligen Kiesgrube mit altem Kiefernbestand, Unterholz und Heideformationen wurde eine Märkische Modellandschaft künstlich geschaffen. Als Schulgarten gedacht, sollten hier die natürlichen Vegetationsbilder und geologische Formen der Mark Brandenburg gezeigt werden. Den größten Teil des naturhaften Stadtplatzes nehmen Laub- und Nadelgehölze, Heide, Dünenpartien, trockene und feuchte Partien sowie Bach-, Moor- und Wiesenvegetation ein. In der Mitte des ausgehöhlten Geländes mit 14 Meter Höhenunterschied liegen drei Teiche, die von einem Wasserfall gespeist werden. Rüdersdorfer Kalkstein wurde für die Felsformationen im Osten verwendet und ist ein in der gesamten Anlage wichtiger Baustoff. Die Eckpunkte wurden mit Blumengärten, Ruhegärten, einem Kinderspielplatz und einer Wasserterrasse mit Pavillon gestaltet. Zum Schutz der Tiere und Pflanzen plante man, das Innere des Platzes von der Nutzung auszuschließen. Eine Betrachtung sollte lediglich von den Rundwegen und den Aussichtskanzeln möglich sein. 1960 wurde aber auch der innere Bereich der Öffentlichkeit zugänglich gemacht.

Bln 17
Eigentümer/in:
Bezirksamt Charlottenburg-Wilmersdorf, Umweltamt,
Rathaus Wilmersdorf,
Fehrbelliner Platz 4,
10707 Berlin
Größe: 15 ha
Eintritt: frei
Öffnungszeiten:
im Sommer 7–21 Uhr,
im Winter 8–16.30 Uhr
U2 Olympiastadion (Ost)
S 5, 75, Olympiastadion

Landeseigener Friedhof Heerstraße

Trakehner Allee 1, Berlin-Charlottenburg

Der Friedhof Heerstraße ist landschaftlich einer der schönsten Friedhöfe in Berlin. Er wurde nach Plänen, die dem damaligen Charlottenburger Gartendirektor und späteren Stadtgartendirektor von Groß-Berlin Erwin Barth zugeschrieben werden, an der Westseite des Sausuhlensees parkähnlich angelegt und 1924 als interkonfessionelle Begräbnisstätte für Groß-Berlin eröffnet. Die Grabfelder bzw. Grabreihen wurden aufgrund des zum See hin stark abschüssigen Geländes größtenteils terrassenförmig angeordnet. Mitte der 30er Jahre begradigte der Gartenarchitekt Heinrich Wiepking die zuvor an die Landschaft angepaßte geschwungene Wegeführung im weiteren Bereich der Kapelle. Nach einer kleineren Erweiterung 1937/1939 südlich des Sees wurde der Friedhof unmittelbar nach Kriegsende 1945 beträchtlich auf die heutige Größe vergrößert. Zahlreiche bekannte Persönlichkeiten sind hier bestattet, wie z. B. der Maler George Grosz, der Dichter, Maler und Kabarettist Joachim Ringelnatz und die Schauspielerin Tilla Durieux.

Außenanlagen Corbusierhaus

Flatow-Allee 16, Berlin-Charlottenburg

Die um das 1956 bis 1958 zur Internationalen Bauausstellung IBA erbaute Wohnhochhaus des berühmten Architekten Le Corbusier angelegten Außenanlagen sollten einen Gegensatz zu den bewußt artifiziellen Schöpfungen bilden. Die Natur um seine Häuser sollte möglichst unberührt wirken. Der Standort des Hochhauses wurde von Le Corbusier selbst ausgewählt und ist von außerordentlicher landschaftlicher Prägnanz. Das einzige Hochhaus in einer Villengegend steht auf einem Höhenrücken an einer 13 Meter tief abfallenden Hangkante und auf einer gewellten Hochfläche. Corbusier sah seine Häuser auch als Ozeandampfer, was in der Gebäudegestaltung sichtbar wird (großer Schiffsschornstein, Bullaugen). Dementsprechend ist das Gebäudeumfeld wie eine Dünung mit künstlichen Hügeln und Wällen modelliert. Das Gebäude sollte auf einer locker mit Baumgruppen bestandenen Lichtung im dichten Wald typischer Berliner Prägung stehen. Im westlichen Entreebereich gab es Staudenbeete, die sich ebenfalls an der naturnahen Vegetation orientierten: vier amorphe, sogenannte Dünen- oder Sandbeete mit entsprechender Vegetation. Im Laufe der Jahre ist die Anlage sehr vereinfacht worden, die Wiesenflächen wuchsen fast völlig zu. Die Anlage wurde, basierend auf einer Planung des Büros HORTEC, ab Frühjahr 1999 rekonstruiert.

Bln 18
Eigentümer/in:
WEG Corbusierhaus,
vertreten durch die Präzisa Wohnanlagen GmbH,
Herr Guhl,
Kantstraße 163/164,
10623 Berlin
Tel. 030/88588500,
Fax 030/88588501
Größe: 10 ha
frei zugänglich
S 5, 75, Olympiastadion

Karolingerplatz

Berlin-Charlottenburg

Im Zuge der Bebauung des Neu-Westends wurde die Grünfläche bereits 1906 ausgewiesen. Der Blockplatz wurde in den Jahren 1912 und 1913 vom Charlottenburger Gartendirektor Erwin Barth konzipiert. Durch die architektonische Gestaltung und ästhetischen Anpflanzungen gliedert sich der Platz in die Funktionsbereiche Schmuck, Repräsentation, Erholung und Kinderspiel. Die verschiedenen Zonen wurden auf unterschiedliche Ebenen gelegt. Das tiefliegende, kreuzförmig geteilte Parterre wird von rosenüberwölbten Gängen gerahmt. Seitlich davon schließen sich Rhododendronquartiere an, in denen sich zwei schattige Birkenhöfe befinden. Im Norden liegt ein Kinderspielplatz in einem Robinienhain. Nach der Zerstörung im Zweiten Weltkrieg wurde die Anlage originalgetreu wiederaufgebaut.

Bln 19
Eigentümer/in:
Bezirksamt Charlottenburg-Wilmersdorf, Umweltamt,
Rathaus Wilmersdorf,
Fehrbelliner Platz 4,
10707 Berlin
Größe: 0,6 ha
frei zugänglich
Theodor-Heuss-Platz

Bln 20
Eigentümer/in:
Bezirksamt Charlottenburg-Wilmersdorf, Umweltamt,
Rathaus Wilmersdorf,
Fehrbelliner Platz 4,
10707 Berlin
Größe: 10,2 ha
frei zugänglich
149, 204 Kaiserdamm
Witzleben, Westkreuz

Lietzenseepark

Berlin-Charlottenburg

Um den sichelförmigen Lietzensee, dem nördlichsten See in der Grunewaldseenkette, erstreckt sich am West- und Nordufer ein landschaftlich gestalteter Park. Nach einer Planung von Erwin Barth wurde die innerstädtische Grünfläche im Jahr 1919 unter Beibehaltung des ursprünglichen Charakters angelegt. Ohne wesentliche Veränderungen vorzunehmen, führte Barth an den Hängen, die mit Robinien, Pappeln, Platanen, Birken und Ahornen bewachsen sind, Promenaden um den See. Weite Rasenflächen, Liegewiesen, geschützte Kinderspielplätze und sonnige und schattige Ruheplätze waren Teile seiner Planung. Zu der streng architektonischen Gestaltung von Barth gehört eine breite Kaskade, die den See mit frischem Wasser versorgt. Das Wasser entspringt einem Brunnen und und gelangt über ein rechteckiges Wasserbecken in den See. Mit begleitenden Blumenpfeilern, Säulenpappeln, Treppen und Rosenrabatten führte er barocke Formen wieder ein. Nach der Zerstörung im Zweiten Weltkrieg wurde die Anlage in ihrer ursprünglichen charakteristischen Form erneuert.

Bln 21
Eigentümer/in:
Bezirksamt Charlottenburg-Wilmersdorf, Umweltamt,
Rathaus Wilmersdorf,
Fehrbelliner Platz 4,
10707 Berlin
Größe: 0,7 ha
frei zugänglich
Savignyplatz

Savignyplatz

Berlin-Charlottenburg

Ende des 19. Jahrhunderts wurde der bereits bestehende Platz mit einem geometrischen Grundriß als Rasenschmuckplatz angelegt. Die Kantstraße teilt den Savignyplatz symmetrisch. 1926 gestaltete der Charlottenburger Stadtgartendirektor Erwin Barth die Platzanlage entsprechend den gewandelten Vorstellungen der Gartenkunst in einen Erholungs- und Gartenplatz um. Durch eine gleichmäßige, höhenabgestufte Bepflanzung auf beiden Platzhälften wird die Trennung durch die Straße optisch weitgehend aufgehoben. Um unter dem sozialen Aspekt für die gartenlose Bevölkerung einen Hausgarten zu schaffen, plante Barth eine räumliche Situation mit Lauben und Staudenrabatten. Auf der nördlichen Hälfte steht seit 1926 eine Plastik, Knabe mit Ziege von August Kraus, die die Sichtbeziehung zur Knesebeckstraße betont. Die im Zweiten Weltkrieg stark zerstörte Anlage wurde zur 750-Jahr-Feier Berlins 1987 wiederhergestellt.

Bln 22
Eigentümer/in:
Bezirksamt Berlin Mitte,
Straßen- und Grünflächenamt,
Dohnagestell 9,

Volkspark Rehberge

Afrikanische Straße / Dohnagestell, Berlin-Wedding

Der Volkspark Rehberge im Bezirk Wedding, 1926–1929 erbaut, ist die bedeutendste Schöpfung des vierten Berliner Gartendirektors von Berlin, Erwin Barth. Der Park war in der

Weimarer Republik einer der Höhepunkte der Berliner Grünpolitik. Mit seinem vielfältigen Angebot an Spiel-, Sport- und Kulturflächen und in seiner gestalterischen Form ist er bis heute ein hervorragendes Beispiel für den neuen Parktyp, der seit der Jahrhundertwende in den Großstädten entstand: Dem Volkspark, der einen Ausgleich für die schlechte Arbeits- und Wohnsituation der Bevölkerung schaffen sollte. Im Volkspark Rehberge sind alle für einen Volkspark typischen Elemente vereint: öffentlich zugänglich, Spiel- und Sporteinrichtungen, Kinderspielplätze und Spiel- und Liegewiesen, Freilichtbühne und Tanzring, Rodelbahn und Tiergehege, Teiche und Planschbecken, Kunstobjekte, Gastronomie und Sanitäreinrichtungen und darüber hinaus die erste Dauerkleingartenanlage der Stadt Berlin. In dieser vielfältig gegliederten Landschaft entwickelte sich eine reichhaltige Pflanzen- und Tierwelt. Aufgrund dessen wurden große Teile des Volksparks bereits 1953 unter Landschaftsschutz gestellt. Der Volkspark Rehberge ist noch heute in seiner ursprünglichen Form erhalten.

13351 Berlin,
Tel. 030/2009 47011
Größe: 180 ha
frei zugänglich
U6 Rehberge
126 Dohnagestell
328 Nachtigallplatz

Schillerpark

Edinburger Straße, Barfußstraße, Berlin-Wedding

Schon 1905 beschloß die Stadtverordnetenversammlung diesem Park aus Anlaß des 100. Todestages von Friedrich Schiller den Namen Schillerpark zu geben, obwohl der Park erst in den Jahren 1909 bis 1913 errichtet wurde. Der Schillerpark, entworfen von dem Magdeburger Gartenarchitekten Friedrich Bauer, ist die erste öffentliche Grünanlage in Berlin, die in Inhalt und Form die neuen sozialen Zielsetzungen des seit der Jahrhundertwende geforderten Volksparks erfüllte. Der Park wurde auf einem reinen Sanddünengelände im Zuge sogenannter Notstandsarbeiten von 400 Arbeitern angelegt. Der erste gepflanzte Baum (am 6. Mai 1909) war eine Eiche aus Marbach, dem Geburtsort Schillers. Das Gelände wird durch die leicht geschwungene Barfußstraße in zwei, nahezu gleich große Bereiche geteilt. Im Südwesten befindet sich die Schülerwiese, die für Spiel, Liegen und Picknick vorgesehen war. Nördlich der Wiese wurde das leicht abfallende Gelände durch eine dreistufige Terrassenanlage (Bastion) aus Rüdersdorfer Kalkstein abgefangen. Auf der unteren Terrasse befinden sich ein Rosengarten, Zierkirschen und Magnolien. Die regelmäßig gepflanzten Kastanien auf der oberen Terrasse sollen einen Naturtempel zu Ehren des Dichters darstellen. Der nordwestliche Teil des Parkgeländes ist landschaftlich gestaltet, dort findet man die Bürgerwiese und das erste Berliner Kinderplanschbecken. Der Schillerpark ist noch heute zu einem großen Teil in seiner ursprünglichen Form erhalten.

Bln 23
Eigentümer/in:
Bezirksamt Berlin Mitte,
Straßen- und Grünflächenamt,
Dohnagestell 9,
13351 Berlin,
Tel. 030/2009 47011
Größe: 25 ha
frei zugänglich
U6 Rehberge
120 Barfußstraße

Bln 24
Eigentümer/in:
Bezirksamt Berlin Mitte,
Straßen- und Grünflächenamt,
Dohnagestell 9,
13351 Berlin,
Tel. 030/2009 47011
Größe: 35 ha
frei zugänglich
U8 Gesundbrunnen S1,
S2 Gesundbrunnen,
Humboldthain

Volkspark Humboldthain

Brunnenstraße, Gustav-Meyer-Allee, Berlin-Wedding

Nach dem Tiergarten und dem Friedrichshain wurde der Humboldthain als dritter großer Berliner Volkspark angelegt und ist Ausdruck für das damals neue Bewußtsein kommunaler Verantwortung für die Volksgesundheit. 1869, zum 100. Geburtstag von Alexander von Humboldt, wurde mit den Bauarbeiten begonnen. Der Kunstgärtner Späth führte die Arbeiten bis 1876 unter der Leitung des ersten Berliner Gartendirektors Gustav Meyer aus. Als erste Berliner Parkanlage erhielt der Humboldthain eine für das Spielen freigegebene Rasenfläche und einen Spielplatz für Kinder. Durch die Errichtung zweier Bunker im Jahr 1941 wurde der Park zum Ziel von Bombenangriffen und stark zerstört. In den Jahren 1948 bis 1951 gestaltete der damalige Weddinger Amtsleiter Günther Rieck die Parkanlage neu. Da die Sprengung der ehemaligen Kriegsanlagen nicht möglich war, wurden diese von Weddinger Notstandsarbeitern mit Trümmerschutt aufgefüllt und angeschüttet. Somit entstand eine neue künstliche Parklandschaft aus zwei Bergen, einer locker mit Bäumen bestandenen Liegewiese, einem Rosengarten und um 1980 einem Wassergarten.

Bln 25
Eigentümer/in: Evangelische
Kirchengemeinde in der
Friedrichstadt,
Verw.: Dorotheenstädtische
Kirchhofsverwaltung
Liesenstraße 9,
13355 Berlin,
Tel. 030/4617279,
Fax 030/4628643
Größe: 1,7 ha
Eintritt: frei
Öffnungszeiten:
im Sommer 8–20 Uhr,
im Winter 8–16 Uhr,
U6 Zinnowitzer Straße,
Oranienburger Tor
Infoprospekt über
Kirchhofsverwaltung

Dorotheenstädtischer Kirchhof

Chausseestraße 126, Berlin

Der Dorotheenstädtische Kirchhof ist einer der bekanntesten Friedhöfe Berlins, da er bis heute ein traditioneller Begräbnisplatz deutscher Künstler, Gelehrter und Politiker ist und eine Vielzahl von Grabmalen durch bedeutende Bildhauer und Baumeister geschaffen wurde. Ein Spaziergang über den Friedhof wird damit zugleich ein Gang durch die Berliner, preußische und deutsche Geschichte. Der Friedhof wurde 1762 angelegt und zwischen 1814 und 1826 dreimal erweitert. Im 2. Weltkrieg wurde er stark zerstört. Seit den fünfziger Jahren pflegt und schützt die Denkmalpflege die erhaltenswerten Grabmale. Unmittelbar neben dem Haupteingang zum Friedhof befindet sich das Brecht-Zentrum. In diesem Gebäude lebten bis zu ihrem Tode der Lyriker und Dramatiker Bertolt Brecht und seine Frau, die Schauspielerin und Intendantin Helene Weigel. Beide sind auch auf dem Dorotheenstädtischen Friedhof bestattet.

Bln 26
Eigentümer/in:
Bezirksamt Berlin Mitte,
Straßen- und Grünflächenamt,
Dohnagestell 9,

Großer Tiergarten

Berlin-Tiergarten

Der im heutigen zentralen Bereich Berlins gelegene Große Tiergarten ist mit über 500 Jahren eine der ältesten und wohl bedeutendsten Parkanlagen Berlins. Nachdem er lange Zeit den preußischen Herrschern als Jagdrevier gedient hatte, wurde er im frühen 18. Jahrhundert durch den Baumeister Friedrichs des Großen, Georg Wenzeslaus von Knobelsdorff, in einen im barocken Sinn gestalteten Waldpark mit Alleen und Labyrinthen umgestaltet, der auf Wunsch des Königs auch den Bürgern öffentlich zugänglich war. Im späten 18. Jahrhundert legte Prinz Ferdinand, jüngster Bruder Friedrichs II., im Zusammenhang mit dem Bau des Schlosses Bellevue, den Schloßpark als einen frühen Landschaftsgarten in Deutschland an. Vor allem zwischen 1833 und 1840 wandelte Peter Joseph Lenné unter König Friedrich Wilhelm III. und später ergänzend unter dessen Sohn Friedrich Wilhelm IV. den gesamten Tiergarten in einen Landschaftspark um. Es entstanden viele Wasserzüge zur Entwässerung der sumpfigen Waldbereiche und hainartige, große Wiesenflächen mit Baumgruppen und Einzelgehölzen. Ebenso wurde das Wegesystem nach praktischen und ästhetisch-landschaftlichen Gesichtspunkten unter Einbeziehung der barocken Alleen und Plätze neu geordnet. Trotz Einfügung zahlreicher Denkmäler mit zum Teil intensiver gärtnerischer Gestaltung blieb der von Lenné und seinen Vorgängern geprägte Charakter bis 1945 erhalten. Von den gigantischen Plänen Hitlers und seines Generalbauinspekteurs Speer wurden Ende der dreißiger Jahre nur die Verbreiterung der Charlottenburger Chaussee, der heutigen Straße des 17. Juni, und der Große Stern mit der Umsetzung der Siegessäule verwirklicht. Durch Bombenschäden und Abholzungen in der Nachkriegszeit blieb fast kein Baum des Tiergartens erhalten. Ausbleibende Pflegehiebe haben die Aufforstungen der 50er Jahre zu einem dichten, fast gleichaltrigen und dadurch meist einstufig ausgebildeten Parkforst heranwachsen lassen. Der Park wurde in den vergangenen Jahren schrittweise gartendenkmalpflegerisch auf der Grundlage eines Parkpflegewerkes restauriert, so daß der Besucher heute wieder den eigenständigen, geschichtlichen und gartenkünstlerischen Charakter des Parkes – die Synthese der barocken Strukturen, vornehmlich wichtige Alleen und Plätze und landschaftliche Gestaltung – erleben kann.

13351 Berlin,
Tel. 030/2009 47011
Größe: 210 ha
frei zugänglich
Führungen: nach Voranmeldung, kostenlos,
100 Haus der Kulturen der Welt
Veranstaltungen:
Konzertsommer im Englischen Garten, an 6 Wochenenden in den Sommerferien

Invalidenpark

Invalidenstraße / Ecke Scharnhorststraße, Berlin-Mitte

Im Jahr 1843 entstand auf Weisung des Kriegsministeriums auf den östlich der Scharnhorststraße gelegenen Bataillonsgärten ein Lenné zugeschriebener Park, der sich auch auf Flächen nördlich der heutigen Habersaathstraße erstreckte und eine Größe von zirka 6 Hektar hatte. Seit Mitte des 19. Jahrhunderts war der Park, der ursprünglich für die Kriegsversehrten bestimmt war, der Öffentlichkeit zugänglich, wurde aber bis Ende des 19. Jahrhunderts mehrfach verkleinert. Nach dem

Bln 27
Eigentümer/in:
Bezirksamt Berlin Mitte,
Straßen- und Grünflächenamt,
Dohnagestell 9,
13351 Berlin,
Tel. 030/2009 47011
Größe: 2,2 ha
frei zugänglich
U 6 Zinnowitzer Straße
Straßenbahn 6, 8, 13, 50
U-Bahnhof Zinnowitzer Straße

🚌 340 Robert-Koch-Platz
157, 245 Platz v. d. N. Tor
Ⓢ 1, 2, 25 Nordbahnhof
P 🐕 ♿

Bau der Berliner Mauer 1961 wurden Teile des Invalidenparks, der nach dem 2. Weltkrieg eine Neugestaltung erfahren hatte, für die an der Invalidenstraße gelegene Grenzübergangsstelle in Anspruch genommen weitere Flächen wurden ebenfalls zweckentfremdet. 1997 wurde der Park wiedereröffnet. Aus einem Gutachterverfahren ging der Entwurf des Pariser Landschaftsarchitekten Christophe Girot hervor, eine Synthese aus Park und städtischem Platz. Mittelpunkt der Anlage ist ein großzügiges Wasserbecken mit einer begehbaren, aufsteigenden Wand, die aus Fundamentresten der Gnadenkirche erwächst. Das an der Scharnhorststraße gelegene Invalidenhaus ist heute Teil des Bundesministeriums für Wirtschaft und Technologie, im Verlauf des Schwarzen Wegs begrenzt der Graben der Panke das Gelände des Bundesministeriums für Verkehr, Bau- und Wohnungswesen.

Foto: Haddenhorst

Bln 28
Eigentümer/in:
Bezirksamt Berlin Mitte,
Straßen- und Grünflächenamt,
Dohnagestell 9,
13351 Berlin,
Tel. 030/2009 47011
frei zugänglich
🚌 100, 157, 200, 348
Lustgarten
Ⓢ 🐕 ♿

Lustgarten

Schloßplatz, Berlin-Mitte

Der Lustgarten zwischen Stadtschloß, Dom, Zeughaus und dem Alten Museum war zentraler Platz der preußischen Hauptstadt. Bereits 1573 ließ Kurfürst Johann Georg das damals sumpfige Gelände trockenlegen, räumen und einebnen, um an dieser Stelle einen Gemüse- und Obstgarten anzulegen. Dieser verwilderte jedoch im Dreißigjährigen Krieg. Mitte des 17. Jahrhunderts wurde der Garten wieder neu angelegt und zum ersten Mal als Lustgarten gestaltet. Anfang des 18. Jahrhunderts baute der Soldatenkönig Wilhelm I. ihn zum Exerzierplatz um. Mit dem Neubau des Alten Museums gestaltete Schinkel 1828 bis 1833 die Anlage um. Der Platz erhielt axiale Bezüge zum Museum und zum Schloß, aber auch zum Dom. Im Schnittpunkt der Museums- und Domachse wurde ein Springbrunnen aufgestellt. Den Wasserauslaß in der Spreekanalmauer gestaltete Schinkel als Grotte aus Sandstein mit Delphindarstellungen, die heute noch vorhanden sind. In der Weimarer Zeit war der Platz Demonstrations- und Kundgebungsort der Linken. Die Nationalsozialisten räumten den Platz vollständig und pflasterten ihn. Zur DDR-Zeit wurde der auf dem Lustgarten entstandene Platz zusammen mit dem

Platz vor dem Palast der Republik, dem Standort des im Krieg beschädigten und danach abgerissenen Berliner Stadtschlosses, in Marx-Engels-Platz umbenannt zu Beginn der 90er Jahre erfolgte eine erneute Umbenennung, der Platz heißt seither wieder Schloßplatz und auch der Lustgarten erhielt seinen Namen zurück. Nach zwei Wettbewerben, deren prämierte Entwürfe nicht realisiert wurden, begann in Anlehnung an die Schinkelsche Fassung 1998 nach Plänen des Landschaftsarchitekten Prof. Hans Loidl die Neugestaltung des Lustgartens, der 1999 wieder der Öffentlichkeit übergeben wurde.

Fernsehturm und Marx-Engels-Forum

Rathausstraße, Karl-Liebknecht-Straße, Spandauer Straße, Berlin-Mitte

Das weiträumige Ensemble entstand ab Mitte der 60er Jahre auf dem Areal eines im 2. Weltkrieg zerstörten, ehemaligen Wohngebiets. In den Jahren 1965 bis 1969 wurde der 365 Meter hohe Fernsehturm (nach Umbau nunmehr 368 Meter hoch), das neue Wahrzeichen Berlins, gebaut. Die diesen umgebenden Flächen wurden 1970 gestaltet und sind seither im wesentlichen nicht verändert worden. Neben dem Fernsehturm mit den Wasserkaskaden bestimmen der 1871 von Reinhold Begas geschaffene, vorher am Stadtschloß stehende Neptunbrunnen sowie großzügige Rosenpflanzungen und der Baumbestand das Bild der Anlage. Zahlreiche Bänke laden zum Verweilen ein, die Grünflächen sind inmitten des zunehmend bebauten Stadtzentrums eine Oase. Südwestlich der Spandauer Straße schließt sich das bis zur Spree reichende Marx-Engels-Forum an, das nach Umgestaltung des 1967 errichteten Parks an der Spree 1986 entstand. In dessen Zentrum steht das von Ludwig Engelhardt 1986 geschaffene Marx-Engels-Denkmal. Mit einer Größe von zirka 10 Hektar sind beide Anlagen der größte Freiraum des östlichen Stadtzentrums, mit der begrenzenden Bebauung bilden sie das wohl markanteste Beispiel der Zentrumsgestaltung des DDR-Städtebaus. Ziel ist der Erhalt des wertvollen grünen Freiraums als City-Park.

Bln 29
Eigentümer/in:
Bezirksamt Berlin Mitte,
Straßen- und Grünflächenamt,
Dohnagestell 9,
13351 Berlin,
Tel. 030/2009 47011
Größe: 9,8 ha
frei zugänglich
2, 3, 4, 5, 6
Alexanderplatz
100, 157, 200, 348
Alexanderplatz
S Alexanderplatz
P gebührenpflichtig

Köllnischer Park

Rungestraße, Wallstraße, Berlin-Mitte

Auf dem Gelände des Köllnischen Parks wurde unter Kurfürst Friedrich Wilhelm die Memhardtsche Stadtbefestigung angelegt, von der noch ein runder Backsteinturm von 1718 mit der Bezeichnung Wusterhausischer Bär zu sehen ist. Seit dem Errichten des Bärenzwingers im Jahre 1928 sind hier die lebendigen Wappentiere zu erleben. Der Bär ist seit dem 14. Jahrhundert das Wappentier Berlins. Östlich des Bärenzwingers

Bln 30
Eigentümer/in:
Bezirksamt Berlin Mitte,
Straßen- und Grünflächenamt,
Dohnagestell 9,
13351 Berlin,
Tel. 030/2009 47011
Größe: 1,9 ha,
frei zugänglich
U 2 Märkisches Museum

U 8 Heinrich-Heine-Straße
240, 265 U-Bahnhof Heinrich-Heine-Straße, U-Bahnhof Märkisches Museum
S 3, 5, 7, 9, 75 Jannowitzbrücke

befindet sich ein Lapidarium mit einem Terrakottabrunnen und einer Sandsteinplastik aus dem Jahre 1787 von Johann Gottfried Schadow mit dem Titel Herkules, den Nemeischen Löwen bezwingend. An der Wallstraße steht das von Heinrich Drake geschaffene Zilledenkmal. In den Jahren 1969 bis 1971 wurde der Köllnische Park umgestaltet. Dabei entstanden unter anderem ein Kinderspielplatz und am Lapidarium die an das Märkische Museum angrenzende Terrasse. Die Terrasse ist von einer Mauer umgeben, in die alte Berliner Hauszeichen eingelassen sind und wie die gesamte Anlage ein Stück Stadtgeschichte vermitteln sollen. Sehenswert ist auch der 1970 entdeckte steinerne Stumpf einer Windmühle aus dem 17. Jahrhundert.

Bln 31
Eigentümer/in:
Bezirksamt Berlin Mitte, Straßen- und Grünflächenamt, Dohnagestell 9, 13351 Berlin, Tel. 030 2009 47011
Größe: 3,7 ha, frei zugänglich
U 8 Heinrich-Heine-Straße
265 Bethaniendamm 147 Michaelkirchplatz

Luisenstädtischer Kanal

Legiendamm – Bethaniendamm, Berlin-Mitte / Kreuzberg

Die Anlage des Luisenstädtischen Kanals geht auf einen Bebauungsplan von 1840 zurück und ist Kernstück des Entwurfes von Peter Joseph Lenné für einen grünen Gürtel um die Stadt. 1852 wurde der Luisenstädtische Kanal als Schiffahrtsverbindung zwischen Spree und Landwehrkanal fertiggestellt, verlor später aber zunehmend an Bedeutung und wurde in den 20er Jahren bis auf das alte Wasserniveau verfüllt. Zu Beginn des Jahrhunderts plante der Stadtgartendirektor Erwin Barth einen in einzelne Themengärten gegliederten Grünzug, bei dem das Wasser eine große Rolle spielte. So entstanden im Bezirk Mitte, beginnend von der Waldemarbrücke, der Rosengarten, das Engelbecken, der Immergrüne Garten, der Waldpflanzengarten, der Blütensträuchergarten und die Promenade an der Schillingbrücke. Durch den Mauerbau versank der Grünzug unter Erd- und Schuttmassen und trennte als Grenzstreifen Ost- und Westberlin. 1990 begann die Wiederherstellung des Grünzugs mit der Anpflanzung von Alleebäumen. Als erster Abschnitt konnte 1993 der Immergrüne Garten, gartendenkmalpflegerisch restauriert, übergeben werden. 1995 folgte der Rosengarten mit dem Indischen Brunnen. Seit Frühjahr ist das Engelbecken als Kernstück der Anlage wieder erlebbar. Durch den Anstieg des Grundwasserspiegels entstand dieses Mal, anders als in den 20er Jahren, eine natürliche Wasserfläche. Die Fertigstellung des gesamten Grünzugs ist derzeit nicht absehbar.

Bln 32
Eigentümer: Bezirksamt Pankow von Berlin, Abt. Umwelt, Wohnen und Bürgerdienste,

Friedhofspark Pappelallee

Pappelallee 12–15, Berlin-Prenzlauer Berg

Die Deutsch-Katholische Gemeinde, die spätere Freireligiöse Gemeinde, legte ab 1845 einen kleinen Friedhof an. Anhänger aller Glaubensrichtungen konnten hier ihre letzte Ruhestätte finden. Gerade in der Zeit des Sozialistengesetzes verbanden sich viele Sozialdemokraten mit der Freireligiösen Gemeinde, so daß hier auch sozialdemokratische Persönlichkeiten begraben sind. Kurz nachdem 1990 die Ruhefrist der Gräber ablief, wurde mit der Gestaltung des Friedhofs zu einer Grünanlage begonnen. Sie nimmt Rücksicht auf den sakralen Charakter des Ortes, nimmt alte Traditionen auf und vermittelt dem Besucher Ruhe und Besinnung. Eingebettet in den Park ist ein Kleinstkinderspielplatz und auch die ehemalige Kapelle ist für spielerische Betätigung freigegeben. Kennzeichnend für die Anlage ist der alte Baumbestand, die Lindenmittelachse wurde mit Jungbäumen neu gestaltet. Aufgrund der zukunftweisenden Neuartigkeit dieser Nutzungsarten wurde der Anlage Friedhofspark Pappelallee 1995 der Gustav-Meyer-Preis verliehen.

Amt für Umwelt und Natur,
Postfach 870151,
13161 Berlin,
Tel. 030/9679 4012,
Fax 030/9679 4316
Größe: 0,4 ha
Eintritt: frei
Öffnungszeiten:
im Sommer 7–21 Uhr,
im Winter 8–19 Uhr
13 Pappelallee
Eberswalderstraße

Jüdischer Friedhof Schönhauser Allee

Schönhauser Allee 23–25, Berlin-Prenzlauer Berg

1827 hinter der damaligen Stadtgrenze angelegt, befindet sich der Jüdische Friedhof an der Schönhauser Allee heute im dicht bebauten Bezirk Prenzlauer Allee inmitten von Wohngebäuden. Die Anlage des Friedhofs geht auf einen Plan des damaligen Stadtbaurats Friedrich Wilhelm Langhans zurück, der die Fläche mit drei senkrecht zur Schönhauser Allee verlaufenden Hauptachsen und einem Weg entlang der Friedhofsgrenzen erschloß. Auf dem Friedhof wurden über 22 800 Beisetzungen vorgenommen und mehr als 750 Erbbegräbnisse angelegt. Die Begräbnisstätten bekannter Persönlichkeiten aus der Jüdischen Gemeinde, Politik, Wissenschaft, Kultur und Unternehmertum reflektieren gleichsam die Geschichte der Jüdischen Gemeinde zu Berlin. Viele Grabmale wurden von bedeutenden Künstlern geschaffen und sind vielfältig gestaltet. Aus der Vielzahl der hervorzuhebenden Begräbnisstätten können die des Komponisten Giacomo Meyerbeer, des Vorstehers der Jüdischen Gemeinde Hermann Makower, des Verlegers Leopold Ullstein und des Malers Max Liebermann genannt werden.

Bln 33
Eigentümer/in: Jüdische Gemeinde zu Berlin,
Joachimstaler Straße 13,
10719 Berlin,
Tel. 030/88028232,
Fax 030/88028250
Größe: 5 ha
Eintritt: frei
Führungen: nach Voranmeldung,
Tel. 030/9253330,
Öffnungszeiten:
Februar bis November
Mo–Do: 8–16 Uhr,
Fr: 8–13 Uhr
2 Senefelder Platz

Volkspark Friedrichshain

Landsberger Allee / Friedenstraße / Straße am Friedrichshain, Berlin-Friedrichshain-Kreuzberg, OT Friedrichshain

Der erste Volkspark für die Berliner Bevölkerung wurde in den Jahren 1846–1848 nach Plänen von Gustav Meyer, dem ersten Gartenbaudirektor Berlins, erstellt. 1913 wurde nach Ludwig Hoffmann, in Zusammenarbeit mit den Bildhauern Ignatius Taschner, Josef Rauch und Georg Wrba, der Märchenbrunnen errichtet, der zu den schönsten Brunnenanlagen Berlins gehört und weit über die Grenzen Berlins bekannt ist. Weitere

Bln 34
Größe: 52 ha
frei zugänglich
Attraktionen: Wasserspiele am Märchenbrunnen, Seefontäne am Kleinen Teich und am Großen Teich April bis Oktober
2, 3, 4, 5, 6, 8, 15, 20, U5 bis Strausberger Platz
100, 142, 157, 257, 340

Sehenswürdigkeiten des Parks stellen der Friedhof der Märzgefallenen, der Bunkerberg mit Resten der Flakbunker, die Friedensglocke, das Deutsch-Polnische Denkmal sowie das Spanienkämpferdenkmal dar. Seit 2002 ist der Volkspark um den historischen Neuen Hain wieder ergänzt worden, der in den 1970er Jahren einer Schwimmsportanlage weichen mußte.
Eigentümer/in: Bezirksamt Friedrichshain-Kreuzberg, Amt für Umwelt und Natur, Fachbereich Naturschutz und Grünflächen, Postfach 350701, 10216 Berlin, Tel. 030/2588-8024, Fax 030/2588-8033, E-Mail: natur@ba-fk.verwalt-berlin.de

Bln 35
Eigentümer: Bezirksamt Pankow von Berlin, Abt. Umwelt, Wohnen und Bürgerdienste, Amt für Umwelt und Natur, Postfach 870151, 13161 Berlin, Tel. 030/9679 4012, Fax 030/9679 4316
Größe: 15 ha, frei zugänglich
2, 3, 4 Berliner Allee/ Indira-Gandhi-Straße
20, 23 Berliner Allee/ Indira-Gandhi-Straße

Park Weißensee

Parkstraße, Berliner Allee, Berlin-Weißensee

Der Park um den kreisrunden See, einem Relikt der letzten Eiszeit, zählt zu den beliebtesten Ausflugszielen der Stadt. Neben großen Rasenflächen laden ein Freibad und ein Bootsverleih zu Freizeitaktivitäten ein. Einen schönen Blick auf See, Fontäne und Strandbad hat man von der Seefreiheit am Nordufer, die von Neptun und einer Nymphe, Figuren von H. Schellhorn aus dem Jahre 1912, bewacht wird. Als blühende Visitenkarte des Parks wurde im Zugangsbereich an der Berliner Allee eine 700 m^2 umfassende Schafgarben-Salbei-Gesellschaft nach Plänen des Gartenplaners Christian Meyer realisiert. Aster-, Geranium- und Gräsersortimente runden gemeinsam mit diversen Lippenblütlern das Bild der Pflanzung ab. 1998 wurden weitere Pflanzungen nach Konzepten des gleichen Planers umgesetzt. Neben einem Hang mit Hochsommerblühern und einem Waldstaudenhain zeigen zwei Rabatten die Themen Strauchrosen und Begleitung und Stauden in Wassernähe.

Bln 36
Eigentümer/in: Jüdische Gemeinde zu Berlin, Joachimstaler Straße 13, 10719 Berlin, Tel. 030/88028232, Fax 030/88028250
Größe: 73 ha
Eintritt: frei
Führungen: nach Voranmeldung, Tel. 030/9253330,
Öffnungszeiten: im Sommer So–Do: 8–17 Uhr, Fr: 8–15 Uhr, im Winter So–Do: 8–16 Uhr, Fr: 8–15 Uhr,

Jüdischer Friedhof Weißensee

Herbert-Baum-Straße, Berlin-Weißensee

Auf dem Jüdischen Friedhof Weißensee spiegelt sich in eindrucksvoller Weise die Blüte der Jüdischen Gemeinde im 19. und zu Beginn des 20. Jahrhunderts und ihr durch die Naziherrschaft gewaltsam vollzogener Niedergang wider. Im September 1880 eingeweiht, war dieser Friedhof einer der größten Jüdischen Friedhöfe Europas, Ruhestätte für mehr als 115 000 Tote. Der Friedhof mit seinem reich gegliederten Eingangsportal, der großen Trauerhalle, Verwaltungs- und Sozialgebäuden sowie einem Wasserturm wurde nach Plänen von Hugo Licht errichtet. Das Friedhofsgelände wird durch ein umfangreiches Wegesystem in viele Rechtecke, Dreiecke und Trapeze unterteilt. Entlang der Haupt- und einiger Nebenwege wurden alleeartig Bäume gepflanzt. Heute ist diese geplante Bepflanzung mit dem seit Ende des Krieges ungezügelten Wildwuchs verschmolzen. Efeu breitet sich wie ein Teppich über die unzähligen Grabsteine auf den Feldern mit den schlicht gestalteten Begräbnisstätten aus. Um so prunkvoller erscheinen die monumentalen, oft tempelartig anmutenden Erbbegräbnisse wohlhabender jüdischer Bürger entlang der Hauptwege und besonders angelegter Ehrenreihen. Auf dem Friedhof befinden sich Gedenkanlagen für die 6 Millionen jüdischen Opfer der nationalsozialistischen Verfolgung, für die Angehörigen der Gruppe Herbert Baum und für die im Ersten Weltkrieg gefallenen jüdischen Soldaten.

2, 3, 4, 13, 23, 24
Albertinenstraße

Tierpark Friedrichsfelde

Am Tierpark, Berlin-Friedrichsfelde

Der Magistrat von Berlin beschloß 1954 den Bau eines Tierparks auf dem Gelände des Schloßparks Friedrichsfelde. Im Kernstück der Anlage befinden sich die Grundzüge des Parterres der alten Barockanlage und der 1821 von Peter Joseph Lenné gestaltete Landschaftsgarten. Park und Schloß erhielten eine aufwendige Restaurierung. Die Tiergehege wurden in die historische Anlage mit altem Baumbestand behutsam eingefügt. Knapp 10 000 Tiere in vielen Arten sind im Tierpark zu sehen.

Eigentümer/in: Tierpark Berlin-Friedrichsfelde, Am Tierpark 125, 10307 Berlin, Tel. 030/515310, Fax 030/5124061, E-Mail: tierpark.berlin@t-online.de,
Internet: www.tierpark-berlin.de
Öffnungszeiten: im Sommer 9–19 Uhr, imWinter 9–17 Uhr

Bln 37
Größe: ca. 160 ha
Eintritt: 9 €, Kinder frei bis 3 Jahre, ermäßigt 7 €, Arbeitslose 4,50 €, Gruppen ab 20 Personen 7 €/Person, Schulklassen 1,50 €/Kind, Kitagruppen 1 €/Kind, 1 Begl. frei für je 15 Kinder
Führungen: nach Voranmeldung, für Gruppen bis 30 Personen, 100 €/Std.
U2, 27, 28 Tierpark
P gebührenpflichtig auch Busse

Erholungspark Marzahn – Gärten der Welt

Eisenacher Straße, Bezirk Marzahn-Hellersdorf

Der Park, 1987 als Berliner Gartenschau erbaut, beherbergt verschiedene „Gärten der Welt“. Seit Oktober 2000 ist die eigentliche Attraktion des Parks der 2,7 Hektar große Chinesische Garten. Herzstück dieser Anlage ist ein 4500 Quadratmeter großer See, um den Gebäude und Brücken in stimmungsvoller Komposition gruppiert sind. Besonders erwähnenswert ist das Teehaus „Berghaus zum Osmanthussaft“, in dem der Besucher einer traditionell chinesischen Teekunstvorführung beiwohnen kann. Der Garten entstand nach Entwürfen des Pekinger Instituts für klassische Gartenarchitektur und bekam von seinen Erbauern den symbolischen Namen „Garten des wiedergewonnenen Mondes“. Er steht für die wiedergewonnene Einheit Berlins und für die Freundschaft der Städte Peking und Berlin. Ganz im Sinne des Gedankens „Brücken zwischen den Völkern

Bln 38
Eigentümer/in: Grün Berlin Park und Garten GmbH, Sangerhauser Weg 1, 12349 Berlin, Tel. 030/546980, Fax 030/5420236, E-Mail: info@erholungspark-marzahn. de,
Internet: www.erholungspark-marzahn.de oder www.chinesischer-garten.de
Größe: 21 ha
Eintritt: 2 €, Kinder frei bis 5 Jahre, ermäßigt 1 €
S7 Marzahn
U5 Cottbusser Platz
195 Eisenacher Straße
keine Hunde oder Fahrräder

zu schlagen" würde der Erholungspark Marzahn um weitere Beispiele weltweiter Gartenkunst erweitert. Pünktlich zur Kirschblüte 2003 öffnete der Japanische „Garten des zusammenfließenden Wassers" seine Tore. Eine Gartenwelt mit Teich, Wasserläufen und Trockengarten verzaubert die Besucher. Der international renommierte Gartenarchitekt Shunmyo Masuno, ein Zen-Meister in der 18. Generation, hat die Planung des Japanischen Gartens übernommen. Zum Programm „Gärten der Welt" gehören außerdem ein Balinesischer „Garten der drei Harmonien" im Gewächshaus, das im Dezember 2003 eröffnet wurde, sowie ein Orientalischer Garten seit Juli 2005 und ein Koreanischer „Seouler Garten" seit September 2005. Öffnungszeiten: täglich ab 9 Uhr bis zum Einbruch der Dunkelheit

Bln 39
Eigentümer/in: Bezirksamt Marzahn-Hellersdorf, Natur- und Umweltamt, Premnitzer Str. 4, 12591 Berlin, Tel. 030/902936701, Fax 030/902936705, E-Mail: marzahn-hellersdorf@berlin.de
Größe: 14 ha
Öffnungszeiten: täglich 6–23 Uhr
Führungen: nach Voranmeldung

Schloßpark Biesdorf

Alt-Biesdorf, Berlin-Marzahn-Hellersdorf

Ende des 19. Jahrhunderts erwarb Werner von Siemens eine Villenanlage der späten Schinkelschule mit einem 4 Hektar großen, landschaftlich gestalteten Park und vergrößerte den Park nach Plänen des späteren Berliner Stadtgartendirektors Albert Brodersen um 10 Hektar. Um 1900 wurden weitere Anlagen wie Tennisplatz, Teehaus, Teich und Freitreppe am Eiskeller hinzugefügt. Die Stadt Berlin kaufte die Anlage 1928 und gestaltete sie in den 50er und 60er Jahren unter Einfügung eines Jugendschwimmbeckens, eines Verkehrsgartens und eines Heidegartens zu einem Volkspark um. In den frühen 90er Jahren wurde auf Grundlage einer gartendenkmalpflegerischen Konzeption alte Betonelemente zurückgebaut und unter anderem der Eiskeller und der Teich mit Fontäne nach historischem Vorbild rekonstruiert.

Gutspark Mahlsdorf mit Gründerzeitmuseum

Hultschiner Damm 333, Berlin-Marzahn-Hellersdorf

Der Gutspark Mahlsdorf ist eines der wenigen Gartendenkmale von Hellersdorf. 1995 wurde er nach historischen Plänen des einstigen Gutsbesitzers Herrmann von Schrobsdorff wiederhergestellt. Der vorhandene alte Baumbestand wurde ergänzt, Wege und Wiesen neu angelegt. Im Park befindet sich das Gutshaus, das heutige Gründerzeitmuseum. Aus dem Park heraus führt ein kurzer Weg über den Abhang des Berliner Barnims auf den „Berliner Balkon" (Objektgestaltung Andreas Dorfstecher), der bei schönem Wetter einen einzigartigen Ausblick über das Berlin-Warschauer Urstromtal bietet.
Eigentümer/in: Bezirksamt Marzahn-Hellersdorf, Natur- und Umweltamt, Premnitzer Str. 4, 12591 Berlin,
Tel. 030/902936701, Fax 030/902936705
E-Mail: marzahn-hellersdorf@berlin.de
Internet: www.gruenderzeitmuseum.de

Bln 40
Größe: 1,75 ha
Öffnungszeiten:
So und Mi 10–18 Uhr,
Führungen: jeweils nach Vereinbarung
Alt-Mahlsdorf
Mahlsdorf

Klein-Glienicke mit Böttcherberg und Jagdschloßpark

Berlin-Zehlendorf

Die Glienicker Anlagen entstanden zunächst ab 1816 für den Fürsten von Hardenberg, ab 1824 für den Prinzen Carl von Preußen in mehreren Abschnitten durch Peter Joseph Lenné als klassischer Landschaftsgarten mit seinen typischen Elementen Pleasureground, Blumenhof und Landschaftspark. Unmittelbar an der Havel und an der historischen Verbindung von Berlin und Potsdam gelegen, sind sie Teil der insbesondere von Schinkel und Lenné geprägten Potsdamer Kulturlandschaft und vermitteln dem Besucher noch heute ein arkadisches, an Italien erinnerndes Landschaftsbild in der Mark Brandenburg. Zunächst entstand der Pleasureground ab 1816 zwischen dem Casino, dem Schloß und der Havel. Er wurde im Laufe der Jahrzehnte mehr und mehr durch eine immer reicher werdende Ausschmückung mit Pflanzen, wertvollen Kunstwerken, Brunnen und Bauten (Stibardium, Kleine Neugierde, Große Neugierde an der Glienicker Brücke) verfeinert. Ab 1824 wurde durch Schinkel das oberhalb der Havel gelegene Billardhaus im Sinne des Klassizismus zum Casino umgebaut und mit ausgreifenden Pergolen versehen. Das Casino sowie das als antikes Landhaus umgestaltete Schloß wurden mit einem Blumenhof ausgestattet. Nördlich des Schlosses entstand nach 1824 der weiträumige Landschaftspark auf den Höhen über der Havel. In den 1830er Jahren wurde als weiterer Ausblick in die Landschaft der südlich der Berlin-Potsdamer Straße gelegene Böttcherberg in den Park einbezogen und 1869 mit einer Loggia vollendet. Die Glienicker Anlagen fanden ihren Abschluß 1860 bis 1862 mit

Bln 41
Eigentümer/in:
Pleasureground mit Schloß Klein-Glienicke: Stiftung Preußische Schlösser und Gärten in Berlin Brandenburg, Postfach 601462,
Tel. 0331/96940,
Internet: www.spsg.de
Landschaftspark Klein-Glienicke:
Bezirksamt Steglitz-Zehlendorf, Naturschutz- und Grünflächenamt, Fischerhüttenstraße 39, 14163 Berlin,
Tel. 030/902996247,
Fax 030/902996387
Jagdschloßpark Klein-Glienicke: Senatsverwaltung für Bildung, Jugend und Sport,
Tel. 030/9026 5771,
Fax 030/9026 5315
Am Böttcherberg:
Senatsverwaltung für Stadtentwicklung, Berliner Forsten,
Tel. 030/895 38113,
Fax 030/895 38120
Größe: 90,2 ha,
frei zugänglich,
ganzjährig geöffnet
93 Glienicker Brücke
316 Schloß Glienicke
Wannsee

der Neugestaltung des ebenfalls südlich der Straße gelegenen Jagdschloßareals aus dem ausgehenden 17. Jahrhundert. Damit konnte auch der Pleasureground nunmehr seine überleitende Funktion in die Landschaft wahrnehmen und Prinz Carl war end-gültig Herr der Aussichten geworden. Dank der seit 1979 vornehmlich im Pleasureground und im Jagdschloßpark durchgeführten gartendenkmalpflegerischen Wiederherstellungsmaßnahmen erlebt der Besucher heute und insbesondere nach dem Fall der den Park und seine Aussichten beeinträchtigenden Berliner Mauer die Glienicker Anlagen wieder in ihrer Einheit von Architektur und Garten als ein herausragendes, den Geist des Berliner Klassizismus und der Romantik widerspiegelndes Gesamtkunstwerk. Seit 1991 zählt auch Glienicke mit den Potsdamer Schlössern und Gärten zum Weltkulturerbe der UNESCO.

Bln 42
Eigentümer/in: Stiftung Preußische Schlösser und Gärten, Berlin-Brandenburg, Postfach 601462, 14414 Potsdam, Tel. 0331/96940, Fax 0331/9094103
Größe: 150 ha
Eintritt: 2 €/1 €
Öffnungszeiten: im Sommer 8–21 Uhr, im Winter 10–16 Uhr
Zugang nur über Fähre
P
Bus 218, 316

Pfaueninsel

Berlin-Zehlendorf

Ende des 18. Jahrhunderts ließ König FriedrichWilhelm II. auf der in der Havel liegenden Insel Kaninchenwerder ein Schlößchen errichten, das damals noch Römisches Landhaus hieß. Nach der Ansiedlung von Pfauen wurde die Insel 1795 in Pfaueninsel umbenannt und in einen sentimentalen Landschaftsgarten umgewandelt. 1822 kam ein Rosengarten hinzu. Die Pfaueninsel besitzt den klassischen Landschaftsgarten am Schloß, die zu Wiesen umgewandelten Ackerflächen und dichten Eichholzbestand in der Mitte der Insel und eine Ornamental Farm im Nordosten. Neben verschiedenen Spieleinrichtungen für die Kinder der königlichen Familie wurden mehrere Gebäude für eine Menagerie errichtet. Das zwischen 1830 und 1831 nach Plänen Karl Friedrich Schinkels gebaute Palmenhaus, das innen wie ein indisch-islamischer Palast gestaltet war, brannte 1880 aus und wurde nicht wiederhergestellt. Viele Parkelemente und Bauwerke blieben erhalten oder wurden in den letzten Jahrzehnten wie der Park aufwendig restauriert.

Bln 43 NEU
Eigentümer/in: Max-Liebermann-Gesellschaft Berlin e.V., Colomierstr. 3, 14109 Berlin, Tel. 030/80583830, Fax 030/80583832, E-mail: info@liebermann-villa.de, Internet: www.max-liebermann.de

Garten der Liebermann-Villa

Colomierstraße 3, Berlin-Wannsee

Kurz vor dem Ersten Weltkrieg kaufte „Berlins erster Maler“ Max Liebernmann ein Seegrundstück am Großen Wannsee und ließ durch den Architekten Paul Baumgarten eine Sommervilla errichten. Das Grundkonzept des zweigeteilten Gartens stammte von Liebermann selbst. Mit der Ausführung beauftragte er den Gartenarchitekten Albert Brodersen. Anregungen erhielt er auch von Alfred Lichtwark, Direktor der Hamburger Kunsthalle. Nördlich des Hauses zur Straße hin erstreckt sich ein Nutzgarten mit Stauden gesäumten Wegen. Von der Südterrasse des Hauses gelangt man über eine Blumenterasse zu einer großen Rasenfläche, die bis an den Wannsee führt. Auf einer Seite wird sie durch einen Birkenhain begrenzt. Im Westen liegen drei Heckengärten: Lindenkarree, Rosengarten und Ovaler Garten. Max Liebermann hat bis zu seinem Tod 1935 zahlreiche Bilder von seinem Garten gemalt. Beliebtes Motiv waren die farbenfrohen Blumenrabatten. Der Garten war seit dem 2. Weltkrieg nur noch in Rudimenten erhalten. Neben den Arbeiten an der Villa wird der Garten nach den Restaurierungsplänen des Gartenarchitekten Reinald Eckert seit 2003 wiederhergestellt und 2006 fertiggestellt sein.

Größe: 0,72 ha
Anmeldung erbeten
bei Gruppen
Eintritt: 3 €, ermäßigt 2 €
für Schüler, Studenten, Zivis, Schwerbehinderte
Führungen: nach Voranmeldung für Gruppen ab 15 Personen
5 €/Person inkl. Eintritt
Öffnungszeiten: Auf Anfrage (Bei Drucklegung noch nicht festgelegt)
DB Berlin-Wannsee
Bus 114 Königstraße, Straße Am Großen Wannsee
♿ außer 1. OG
Veranstaltungen: Konzerte, Lesungen

Garten der Gedenk- und Bildungsstätte Haus der Wannsee-Konferenz

Am Großen Wannsee 56–58, Berlin

Der noch heute in Struktur und Größe weitgehend erhaltene Garten entstand 1914 gemeinsam mit der tief im Grundstück liegenden Villa Marlier. Sie liegt am Rande der schönsten und städtebaulich bedeutendsten Villenkolonie Berlins, der „Colonie Alsen". Nach dem Eigentumsübergang von Gebäude und Grundstück aus Privatbesitz an die Sicherheitspolizei wurde die Villa 1942 zum geschichtlichen Ort der Wannsee-Konferenz. Nach einer bis 1988 dauernden Landschulheimnutzung wurden Anfang der 90er-Jahre auf Grundlage von gartendenkmalpflegerischen Untersuchungen umfangreiche Wiederherstellungsmaßnahmen durchgeführt, bei denen sowohl denkmalpflegerische als auch Naturschutzaspekte berücksichtigt wurden.

Eigentümer/in: Land Berlin, Haus der Wannsee-Konferenz, Gedenk- und Bildungsstätte, Am Großen Wannsee 56–58, 14109 Berlin, Tel. 030/8050010, Fax 030/80500127, E-Mail: info@ghwk.de, Internet: www.ghwk.de

Bln 44
Größe: 2,6 ha
Eintritt: frei
Öffnungszeiten: ganzjährig geöffnet 10–18 Uhr
DB Wannsee
Bus 114 Haus der Wannsee-Konferenz
Infos bei Eigentümer

Waldfriedhof Zehlendorf

Wasgensteig 30, Berlin-Zehlendorf

In den Jahren 1946/47 wurde nach einem Entwurf der Arbeitsgemeinschaft Mattern/Hammerbacher/Foerster der Waldfriedhof Zehlendorf angelegt. Die für den Entwurf maßgebliche und entscheidende Tatsache eines vorhandenen Kiefernwaldes ist bei späteren Bearbeitungen und Erweiterungen weiter verfolgt und im Detail hinsichtlich der Auffassung

Bln 45
Eigentümer/in: Bezirksamt Steglitz-Zehlendorf, Naturschutz- und Grünflächenamt, Fischerhüttenstraße 39, 14163 Berlin, Tel. 030/902995450, Fax 030/902996398,

Internet: www.berlin.de/basteglitzzehlendorf
Größe: 38 ha
frei zugänglich
Anmeldung für Gruppen erbeten
Führungen: nach Voranmeldung, Tel. 030/9253330
118 Studentendorf, Waldfriedhof Zehlendorf

eines Waldfriedhofs gestalterisch ausgereift zum Erfolg geführt worden. Der Friedhof vermittelt einen weiten, von Waldlichtungen geprägten Eindruck. 1953 wurde in das Friedhofsareal ein Ehrenfriedhof für italienische Kriegstote eingefügt. 1958 erhielt der Friedhof eine moderne Feierhalle, die durch große Glasfenster die friedvolle Stimmung des Waldfriedhofs aufnimmt. Auf dem Friedhof haben namhafte Persönlichkeiten, die in Politik, Kultur und Wissenschaft gewirkt haben, ihre letzte Ruhestätte gefunden. Dicht nebeneinander liegen die Grabstätten von Willy Brandt und Ernst Reuter. Künstler, wie der Architekt H. Scharoun, der Regisseur und Schauspieler H. Käutner, der Intendant und Regisseur E. Piscator sind hier begraben.

Bln 46

Eigentümer/in: Bezirksamt Steglitz-Zehlendorf, Naturschutz- und Grünflächenamt, Fischerhüttenstraße 39, 14163 Berlin, Tel. 030/902995047, Fax 030/902996387,
Internet: www.berlin.de/basteglitzzehlendorf
Größe: 27 ha
frei zugänglich
N11, X10, 285 Leo-Baeck-Straße / Am Birkenknick

Heinrich-Laehr-Park

Leo-Baeck-Straße, Berlin-Zehlendorf

Der Heinrich-Laehr-Park, der Schönower und der Schweizerhofpark sind Relikte eines ausgedehnten Anwesens, das von dem Nervenarzt Heinrich Laehr Mitte des 19. Jahrhunderts in der Schönower Feldmark begründet wurde. Heinrich Laehr hatte 1853 mit dem Aufbau eines Sanatoriums für psychisch Kranke südlich von Zehlendorf begonnen. Er kaufte immer mehr Land dazu und legte Obst- und Gemüsegärten sowie die Parkanlagen an, die den Kranken zur körperlichen Ausarbeitung und Erholung dienen sollten. Die Obst- und Gemüsegärten waren parkartig angelegt und mit mehreren Baumreihen und Heckengehölzen gesäumt. Der größte Teil der Gebäude wurden 1966 abgerissen, Teile dienen noch als Krankenhaus und Schule. Die Parkanlagen gingen 1914 in den Besitz der Zehlendorfer Gemeinde über und sind bis heute zum großen Teil erhalten geblieben.

Bln 47

Eigentümer/in: Bezirksamt Steglitz-Zehlendorf, Naturschutz- und Grünflächenamt, Fischerhüttenstraße 39, 14163 Berlin, Tel. 030/902995047, Fax 030/902996387,
Internet: www.berlin.de/basteglitzzehlendorf
Größe: 11,7 ha
frei zugänglich
U1 Thielplatz
110, N11, M11

Schwarzer Grund – Thielpark – Triestpark

Thielallee, Berlin-Zehlendorf

Mit der Aufteilung der umfangreichen Domäne entstand 1901 Dahlem. Ein Bebauungsplan des Städtebauers Hermann Jansen schuf durch Koordinierung von Landschaftsplanung und Stadtplanung eine harmonische Verbindung von Straße, Bebauung und Freiraum. Mit den unterschiedlich ausgebildeten Parkanlagen Schwarzer Grund – Thielpark – Triestpark ergab sich eine grüne Verbindung zwischen dem jungen Stadtteil und dem Grunewald. Die landschaftlich gestaltete Grünanlage wurde 1912 bis 1915 erstmals hergerichtet und bereits 1920 durch E. Schubert überholt. Seine heutige Form erhielt der Grünzug jedoch durch die Erneuerung und teilweiser Umgestaltung durch Dietrich. Kontraste in Habitus, Laubstruktur und -farbe sowie die Verwendung von spitzen Formen der Nadelgehölze erzeugen ein expressionistisches Bild. Im Norden befindet sich der Schwarze Grund. Eine lichte und weite Mulde verengt sich hier zu einem dunklen Tal mit Nadelbäumen, in dessen Talsohle ein kleines Wasser entlangfließt. Nördlich davon, in einer Senke, liegt ein langgestreckter Teich, umgeben mit Fichten und anderen Baumgruppen. Wiesenhänge runden das Bild der Parklandschaft ab. Südlich davon, jenseits der U-Bahnstation Thielplatz, schließt sich der Thielpark mit weiten Wiesenhängen und einem kleinen Weiher an. Am Eingang befindet sich eine Sonne, von Herbert Baumann 1961/62 geschaffen. Östlich der Thielallee zieht sich der Grünzug als Triestpark fort. Er umgibt einen weiteren Pfuhl und bildet zum Parkrand hin mit einer lichten Bepflanzung aus Birken, Fichten, Lärchen und Zierbüschen einen Übergang zu den angrenzenden Privatgärten.

U-Thielplatz
115, Hüttenweg

Villa Harteneck

Douglasstraße 7–9, Berlin-Wilmersdorf

Das im Stil eines antiken italienischen Landhauses gehaltene Anwesen ist eines der wenigen erhaltenen Zeugnisse der auf Betreiben Bismarcks 1899 angelegten Villenkolonie Grunewald. Vor dem Haus sprudelt im Sommer ein Springbrunnen zwischen Rosenrabatten, unter einer Pergola laden weiße Bänke zum Ausruhen ein. Geschwungene Wege führen zu den Nadelbäumen im Englischen Garten, der sich in der tiefergelegenen Eiszeitrinne anschließt. Bei der Anlage handelt es sich um ein eingetragenes Gartendenkmal.

Bln 48
Eigentümer/in:
Bezirksamt Charlottenburg-Wilmersdorf, Umweltamt,
Rathaus Wilmersdorf,
Fehrbelliner Platz 4,
10707 Berlin
Größe: 0,6 ha
frei zugänglich
Attraktionen: Wasserspiele im Sommer
119/186/219 Hagenplatz

Viktoria-Luise-Platz

Berlin-Schöneberg

Als Mittelpunkt für das gutbürgerliche Wohngebiet wurde dieser repräsentative Schmuckplatz angelegt. Für die Gestaltung des langgestreckten, sechseckigen Platzes im Schnittpunkt von drei Straßen gewann 1898 Fritz Encke einen Wettbewerb. Sein Entwurf hatte eine großzügige, einheitliche Raumauffassung und eine freie Überschaubarkeit der Platzmitte zum Inhalt. Der Grundriß wurde durch die auf den Platz strahlenförmig mündenden Straßen, die als breite Wege über den Platz weitergeführt wurden, geprägt. Als optischer Zielpunkt wurde ein Brunnen angelegt, der die Mitte hervorhob und von einem Rundweg umgeben wurde. Zwischen den Wegen befanden sich buchsbaumgefaßte Rasensegmente mit geschnittenen Eiben und ornamentierten Ziermusterbeeten. Die Längsachse

Bln 49
Eigentümer/in: Bezirksamt Tempelhof-Schöneberg von Berlin, Abt. Bauwesen,
Amt für Umwelt,
Natur und Tiefbau,
Fachbereich Natur,
Manteuffelstraße 63,
12103 Berlin,
Tel. 030/7560 3801,
Fax 030/7560 3802
Größe: 0,7 ha,
frei zugänglich
U4 Viktoria-Luise-Platz

des Platzes wurde zwischen einer antikisierenden Kolonnade und einer Marmorbank gebettet. Zwei Lindenreihen grenzten den Platz zum Straßenverkehr hin ab. Der Platz wurde 1957 erneuert, entsprach aber in seiner Flächenaufteilung und Bepflanzung nicht mehr Enckes Entwurf. Die Restaurierung zwischen 1979 und 1980 ging auf die ursprünglichen Grundzüge zurück. Auf Schmuckbeete wurde wegen der starken Nutzung teilweise verzichtet und statt dessen mit Pflastermuster gearbeitet.

Bln 50
Eigentümer/in: Bezirksamt Tempelhof-Schöneberg von Berlin, Abt. Bauwesen, Amt für Umwelt, Natur und Tiefbau, Fachbereich Natur, Manteuffelstraße 63, 12103 Berlin, Tel. 030/7560 3801, Fax 030/7560 3802
Größe: 7 ha
frei zugänglich
Bus 204, 146, 185, 104 Rathaus Schöneberg
P

Rudolph-Wilde-Park

Innsbrucker Straße, Berlin-Schöneberg

Der Rudolph-Wilde-Park stellt zusammen mit dem Volkspark Wilmersdorf einen innerstädtischen Grünzug und eine städtebauliche Verbindung zwischen den Bezirken Schöneberg und Wilmersdorf dar. Die Anlage entstand nach einem 1906 ausgeschriebenen Wettbewerb. Vom Rathaus Schöneberg kommend gelangt man über Treppen in den geometrisch gestalteten Teil mit einer vertieft liegenden Wiese, die hufeisenförmig von Platanen eingefaßt ist. Den Mittelpunkt bildet eine Brunnenanlage mit dem Wappentier Schönebergs auf einer hohen Steinsäule, 1912 von August Gaul gestaltet. Der südwestliche, jenseits der Innsbrucker Straße gelegene Teil ist landschaftlich gestaltet. Hier befindet sich der Entenbrunnen, ein Trinkbrunnen, eine Replik aus den 50er Jahren. Der Ententeich mit Fontäne wird umsäumt von Trauerweiden. Ein langgestrecktes Wiesental schließt sich an.

Bln 51
Eigentümer/in: Grün Berlin, Park und Garten GmbH Sangerhauser Weg 1, 12349 Berlin, Tel. 030/7009060, Fax 030/70090670, Internet: www.suedgelaende.de
Größe: 18 ha
Anmeldung für Gruppen erbeten
Eintritt: 1 €, Kinder frei bis 13 Jahre
Führungen: nach Voranmeldung, Tel. 030/78790023, Preis nach Absprache
S 2, 25 Priesterweg
P

Natur-Park Schöneberger Südgelände

S-Bahnhof (Bf) Priesterweg, Berlin-Schöneberg

Das Schöneberger Südgelände ist Teil des 1875 entstandenen Rangierbahnhofs Tempelhof. 1952 wurde jeglicher Verkehr eingestellt und auf der bis dahin intensiv genutzten Bahnanlage entwickelte sich in 45 Jahren, mitten im innerstädtischen Bereich, eine großflächige Wald- und Trockenrasenvegetation mit äußerst seltenen Pflanzen und Tieren. Seit 1997 hat das Land Berlin dieses Gelände übernommen und mit Hilfe der Allianz Umweltstiftung Arbeiten zur Erschließung des Geländes für die Öffentlichkeit durchgeführt. Ziel war es, die bahntechnischen Anlagen zu sichern und das ehemalige Landschaftsbild mit seiner Artenvielfalt zu erhalten und dennoch interessierten Besuchern den Besuch des Natur-Parks zu ermöglichen. Der Natur-Park Schöneberger Südgelände war registriertes Berlin-Objekt für die Weltausstellung EXPO 2000. Öffnungszeiten: im Sommer 9–20 Uhr, im Winter 9 Uhr bis Einbruch der Dunkelheit

Botanischer Garten und Botanisches Museum Berlin-Dahlem

Königin-Luise-Straße 6–8, Berlin-Dahlem

Wie eine grüne Oase breitet sich der Botanische Garten Berlin-Dahlem inmitten der Metropole aus, ein Pflanzenparadies mit über 300jähriger Tradition. 1679 wurde auf Anordnung des Großen Kurfürsten ein landwirtschaftlicher Mustergarten angelegt, der sich zu einem Botanischen Garten entwickelte und aus Platzmangel um die Jahrhundertwende an seinen heutigen Standort verlegt wurde. Rund 22 000 verschiedene Pflanzenarten können auf 43 Hektar entdeckt werden. In der pflanzengeographischen Abteilung kann man von Europa über den Himalaja und Japan nach Amerika spazieren. Im Arzneipflanzengarten sind 250 Heilpflanzen und ihre Anwendungsgebiete kennenzulernen. Der Sumpf- und Wassergarten bietet ein besonders urwüchsiges Biotop mit Pflanzen der Moore, Teiche und Küsten. Berühren und Schnuppern ist im Duft- und Tastgarten erwünscht. Besonders beliebt sind die Gewächshäuser, vor allem das 25 Meter hohe Große Tropenhaus. Wie Kakao, Pfeffer, Banane und Ananas wachsen zeigt das tropische Nutzpflanzenhaus. Das Kamelien-, Kakteen-, Orchideen-, Bromelien- und das Victoriahaus mit den Riesenseerosen bilden ein einzigartiges Ensemble von exotischen Pflanzen.

Foto: Botanischer Garten Berlin

Bln 52
Eigentümer/in:
Freie Universität Berlin,
Botanischer Garten,
Königin-Luise-Str. 6–8,
14191 Berlin,
Tel. 030/83850100,
Fax 030/83850186,
Internet:www.botanischer-garten-berlin.de
Größe: 43 ha
Eintritt: 5 €, ermäßigt 2,50 € für Schüler, Studenten, Soldaten, Zivis, Schwerbehinderte (ab 50 %), Sozialhilfeempfänger, Gruppen ab 12 Personen 2 €/Person
Führungen: nach Voranmeldung, Tel. 030/83850133 für Gruppen bis 20 Personen
Führungen auch in Englisch 36 €
Öffnungszeiten: ganzjährig geöffnet (außer 24.12.)
Garten: 9 Uhr bis Anbruch der Dunkelheit,
Museum: 10–18 Uhr
Attraktionen: Kamelienblüte, Dez. bis März, Riesenseerose im Victoriahaus, Juni bis Sept.,
Bus: A101, 183, X83 Rathaus Steglitz, A148 Bot. Garten
S Bot. Garten
Veranstaltungen: Freiluftkonzerte, Juni bis August Infos bei: www.botanischer-garten-berlin.de

Lehr- und Forschungsgarten des Instituts für Ökologie und Biologie

Rothenburgstraße 12, Berlin

Nach einer wechselvollen Geschichte erhielt die TU das ehemalige Guts- und Villenparkgelände zu Beginn der 50er Jahre und ließ es von Prof. Allinger nach einem studentischen Ent-

Bln 53
Größe: 0,3 ha
Anmeldung für Gruppen erbeten
Eintritt: frei
Führungen: nach

Voranmeldung
Öffnungszeiten: ganzjährig geöffnet Mo–Fr, 8–17 Uhr
U 9 Rathaus Steglitz
148, 185 Rathaus Steglitz
S 1 Rathaus Steglitz

wurf umgestalten. Unter gleichzeitiger Rekonstruktion der Gartenanlage des 19. Jahrhunderts wurde ein pflanzensoziologischer Lehrgarten errichtet. Die seit den 70er Jahren verstärkt zugelassene Sukzession erschließt den Studierenden einen besseren Zugang zum Erfahren natürlicher Veränderungen von Ökosystemen. Auf kleinstem Raum werden daneben unterschiedliche Biotoptypen, wie Wälder, Frischwiesen, Trockenrasen, Gewässer, Röhricht und Niedermoor mit ihrer typischen Flora und Fauna für Lehrzwecke dargestellt.
Eigentümer/in: TU Berlin, Institut für Ökologie und Biologie, Fachgebiet Ökosystemkunde/Pflanzenökologie, Rothenburgstraße 12, 12165 Berlin, Tel. 030/31471350, Fax 030/31471355, E-Mail: kowarik@tu-berlin.de, Internet: www.tu-berlin.de/~oekosys

Bln 54
Eigentümer/in: Bezirksamt Steglitz-Zehlendorf, Naturschutz- und Grünflächenamt, Fischerhüttenstraße 39, 14163 Berlin, Tel. 030/902997580, Fax 030/902996453, Internet: www.berlin.de/basteglitzzehlendorf
Größe: 17 ha
frei zugänglich
380, M82 Albrechtstraße/Stindestraße
282, 283, 380, M82, N83, X83 Steglitzer Damm/Bismarckstraße

Stadtpark Steglitz

Sedanstraße, Berlin-Steglitz

Zwischen 1906 und 1914 wurden in Steglitz mehrere alte private Gärten zu einem Park im landschaftlichen Stil umgestaltet. Die Bevölkerung von Steglitz widersetzte sich schon früh dem Rasenbetretungsverbot und nutzte ihn mehr und mehr als Volkspark. 1917 kam ein Rosengarten in der Gestalt eines linearen Parterres hinzu. Nach den erheblichen Zerstörungen im Zweiten Weltkrieg wurde die Anlage weitgehend im alten Stil instandgesetzt. Neben dem Rosengarten mit Wasserrosenbecken, einem Fontänenbrunnen und verschiedenen Teichen sind mehrere Einrichtungen für Kinderspiel und ein Rodelberg zu finden, die den Park zu einem über die Bezirksgrenzen hinaus beliebten Ausflugsziel machen.

Bln 55
Eigentümer/in: Bezirksamt Steglitz-Zehlendorf, Naturschutz- und Grünflächenamt, Fischerhüttenstraße 39, 14163 Berlin, Tel. 030/902997593, Fax 030/902996453, Internet: www.berlin.de/basteglitzzehlendorf
Größe: 5,8 ha
frei zugänglich
284 Lilienthalpark/Schütte-Lanz-Straße

Lilienthalpark und Gedenkstätte

Schütte-Lanz-Straße, Berlin-Lichterfelde

Am südlichen Rand von Lichterfelde unternahm Otto Lilienthal seine Versuche im Gleitflug, wofür 1894 auf dem Gelände einer alten Ziegelei ein Hügel aufgeschüttet wurde. Stadtbaurat Fritz Freymüller ließ hier 1928 bis 1932 eine Gedenkstätte für den großen Flugpionier errichten. Auf den Hügel, ein vierfach abgestufter Kegelstumpf, führt in der Mittelachse eine Treppe. Hier befindet sich eine von vier Bänken umgebene steinerne Weltkugel. Die Gedenkstätte spiegelt sich in einem rechteckigen Wasserbecken, das aus einer unterirdischen Wasserader entstand. Das Gelände unterhalb des Hügels ist betont flach. Hier stehen regelmäßig gepflanzte Obstbäume in einer Rasenfläche. Der südliche Teil besteht aus einem Rosenrondell und einem dicht bepflanzten, ehemaligen Karpfenteich.

Viktoriapark

Kreuzbergstraße, Berlin-Friedrichshain-Kreuzberg, OT Kreuzberg

Der Viktoriapark befindet sich auf dem Kreuzberg, der höchsten natürlichen Erhebung in der Innenstadt. Hier wurde bereits Mitte des 16. Jahrhunderts Wein angebaut. Auf der Anhöhe wurde ein Nationaldenkmal zur Erinnerung an die Befreiungskriege (1813–1815) nach Entwürfen Karl Friedrich Schinkels in den Jahren 1818–1821 errichtet. Die Spitze des gotisierenden Denkmals besteht aus einem eisernen Kreuz, das später dem Berg und dem Bezirk seinen ehemaligen Namen gab. Von 1888 bis 1894 wurde der bis dahin kahle Sandhügel nach Plänen des städtischen Gartendirektors Hermann Mächtig gartenkünstlerisch gestaltet. Die zentrale Partie des Parks wurde auf die Achse der Großbeerenstraße ausgerichtet, die auf das Denkmal zuläuft. Ein Wasserfall ergießt sich 24 Meter tief in in ein kleines rundes Becken. Aufgrund geologischer Studien konnte eine außerordentlich naturalistische Felsformation gestaltet werden. Die westliche Parkerweiterung wurde zwischen 1913 und 1916 von Albert Broderson angelegt. Nach beträchtlichen Schäden durch den Zweiten Weltkrieg wurde er mit Ruheplätzen, Liegewiesen, Rosengarten, Kinderspielplätzen, Tiergehege und -pavillons wiederaufgebaut. Trotz der freieren Gestaltung hat er seinen ursprünglichen Charakter beibehalten.

Bln 56
Eigentümer/in: Bezirksamt Friedrichshain-Kreuzberg, Amt für Umwelt und Natur, Fachbereich Naturschutz und Grünflächen, Postfach 350701, 10216 Berlin, Tel. 030/2588-8024, Fax 030/2588-8033, E-Mail: natur@ba-fk.verwalt-berlin.de
Größe: 14,2 ha,
frei zugänglich
Attraktionen: Großer Wasserfall Mai bis Okt., täglich ca. 10–20 Uhr
U6, 7 Platz der Luftbrücke, Mehringdamm
104, 119, 140 Platz der Luftbrücke, Mehringdamm
Veranstaltungen: Kreuzberger Festliche Tage zweiwöchiges Volksfest Ende Aug./Anfang Sept.
jedoch z.T. steile Wege

Volkspark Mariendorf

Mariendorfer Damm, Berlin-Mariendorf

Die Gemeinde Mariendorf erwarb zwischen 1909 und 1911 ein Gelände mit Wiesen, Seen, Tümpel und Ackerland. Die überwiegend architektonische Gestaltung des Geländes mit zwei sich kreuzenden Achsen erfolgte 1923 bis 1934 in zwei Etappen. Vom Mariendorfer Damm erstreckt sich hinter einem Raster aus Kastanien nach Osten hin ein großer rechteckiger Teich, der sogenannte Blümelteich. Ihm schließt sich ein quadratischer Sommerblumengarten und ein ovaler Rosengarten an. In fortlaufender Achse befindet sich eine große, mit Pappeln umstandene Sport- und Festwiese und ein Stadion. Das sich östlich anschließende Sommerbad sollte ebenfalls axial ausgerichtet werden, wurde aber nach dem Krieg 1950 asymmetrisch errichtet. Neben einem Azaleen- und Sumpfwassergarten erstrecken sich Liegewiesen und eine Rodelbahn.

Bln 57
Eigentümer/in: Bezirksamt Tempelhof-Schöneberg von Berlin, Abt. Bauwesen, Amt für Umwelt, Natur und Tiefbau, Fachbereich Natur, Manteuffelstraße 63, 12103 Berlin, Tel. 030/7560 3801, Fax 030/7560 3802
Größe: 11,9 ha
frei zugänglich
Attraktionen: Wasserspielplatz Nessi mit wasserspeiendem Drachen Sommer
U6 Alt Mariendorf, Reißeckstraße

Gutspark Marienfelde

Nahmitzer Damm, Berlin-Marienfelde

Marienfelde weist noch heute den Charakter eines ursprünglich ländlich-märkischen Dorfes und Gutsbesitzes auf. Das

Bln 58
Eigentümer/in: Bezirksamt Tempelhof-Schöneberg von Berlin, Abt. Bauwesen,

Amt für Umwelt, Natur und Tiefbau, Fachbereich Natur, Manteuffelstraße 63, 12103 Berlin, Tel. 030/7560 3801, Fax 030/7560 3802
Größe: 5,1 ha,
frei zugänglich
🚌 172 Alt Marienfelde
🐕 ♿

Stadtgut umschließt neben alten und neueren Bauernhäusern den weiten Dorfanger und die älteste Dorfkirche Berlins, etwa 1220 errichtet. Das spätklassizistische Gutshaus aus der Zeit um 1850 läßt deutlich die Einflüsse der Schüler Karl Friedrich Schinkels erkennen. Dem Gebäude schließt sich ein ausgedehnter Wirtschaftshof und auf der Ostseite der Gutspark an. Ein offener Vorbau führt in einen Landschaftsgarten, dessen Grundriß aus der Mitte des 19. Jahrhunderts noch weitgehend unverändert ist. Er zeichnet sich durch einen sehr schönen, alten Baumbestand und Wiesenlichtungen aus. Der früher unmittelbar am Herrenhaus gelegene Schmuckgarten mit Brunnen und Blumenbeeeten wurde wiederhergestellt.

Bln 59
Eigentümer/in: Bezirksamt Neukölln von Berlin, Abt. Bauwesen, Naturschutz- und Grünflächenamt, Karl-Marx-Straße 83, 12040 Berlin, Tel. 030/68092268, Fax 030/68093748
Größe: 50 ha
frei zugänglich
🚇 U 8 Hermannplatz
🚌 104, 141, 194, 248 Hermannplatz
🅿 🐕 ♿
Veranstaltungen: Volksfest Neuköllner Maientage-

Volkspark Hasenheide

Hasenheide / Columbiadamm, Berlin-Neukölln

Der Park liegt im Nordwesten des Bezirks Neukölln. Seine Bezeichnung geht auf die Nutzung des Geländes als Hasengehege seit etwa 1678 zurück. 1811 ließ der Turnvater Jahn hier die ersten öffentlichen Turnplätze Deutschlands anlegen. Auf dem Areal des von ihm zuletzt eingerichteten Turnplatzes befindet sich auf einer Anhöhe das 1872 aufgestellte Jahn-Denkmal. Es ist ein 6 Meter hohes Bronzestandbild von Erdmann Enke. Nach ersten gestalterischen Bemühungen durch Peter Joseph Lenné von 1838 an, benutzte die Armee das Gebiet ab 1878 als Schießplatz. Im Jahre 1919 entstand hier ein Park, der jedoch 1936 teilweise dem Flugplatz Tempelhof weichen mußte. Der heutige Volkspark geht auf die Gestaltung durch Joseph Pertl im Zeitraum von 1936 bis 1939 zurück. Die Anlage wurde 1951 in ihrem Westteil um die Rixdorfer Höhe erweitert. Auf diesem fast 70 Meter hohen Trümmerberg erinnert ein Denkmal von Katharina Singer aus dem Jahre 1954 an die Leistungen der Trümmerfrauen. In dem naturnah gestalteten Volkspark ist der von Helmut Bournot geschaffene Rhododendronhain erwähnenswert. Langgestreckte Baumstreifen erinnern an die historischen Schießplätze.

Bln 60
Eigentümer/in: Bezirksamt Neukölln von Berlin, Abt. Bauwesen, Naturschutz- und Grünflächenamt, Karl-Marx-Straße 83, 12040 Berlin, Tel. 030/68092268, Fax 030/68093748
Größe: 2 ha,

Körnerpark

Jonasstraße / Karl-Marx-Straße, Berlin-Neukölln

Der Körnerpark entstand in den Jahren 1912 bis 1916 aus einer ehemaligen Kiesgrube. Der Besitzer Franz Theodor Körner schenkte der Stadt die Fläche unter der Bedingung, daß die Parkanlage nach ihm benannt werden soll. Der Park entstand als Architekturpark nach barockem Vorbild. Die eigenwillige Tieflage des Parkes – 7 Meter unter dem Niveau der angrenzenden Straßen – wurde dabei eindrucksvoll für die

Gestaltung genutzt. Senkrechte, architektonisch reich gegliederte Seitenmauern umgaben den tiefer gelegenen, regelmäßig gestalteten Parkteil. In der Mitte befand sich eine von Platanen, Blumenrabatten und schmalen Kanälen umsäumte Rasenfläche. Eine Orangerie, die heute als Galerie im Körnerpark für Ausstellungszwecke genutzt wird und ein Café beherbergt, sowie eine Kaskade mit neun Springbrunnen entsprachen dem damaligen Zeitgeschmack. Über großzügig gestaltete Treppenanlagen ließ sich der Park von allen angrenzenden Straßen erreichen. Die sehenswerte Parkanlage wurde ab 1977 auf der Grundlage von Originalplänen rekonstruiert.

frei zugänglich
7 Neukölln
141, 170 Neukölln
Neukölln
Veranstaltungen:
Galerie im Körnerpark
Ausstellungen

Von-der-Schulenburg-Park

Sonnenallee, Berlin-Neukölln

Die Parkanlage wurde 1919 im landschaftlichen Stil angelegt und ab 1923 umgestaltet. Benannt wurde sie nach dem Oberpräsidenten der Provinz Brandenburg. Im Mittelpunkt der Anlage befindet sich ein langes, rechteckiges Wasserbecken, das von Platanen umgeben ist. Das östliche Ende schmückt der von Ernst Moritz Geyger 1915 geschaffene, 1935 aufgestellte gotisch-orientalische Märchenbrunnen. Die drei seitlichen Brunnenfiguren, Aschenputtel und Brüderlein und Schwesterlein von Katharina Singer kamen 1970 hinzu. Dem westlichen Ende des Beckens folgt eine von Kastanien eingefaßte Grünfläche mit Sitzbänken.

Bln 61
Eigentümer/in: Bezirksamt Neukölln, Naturschutz- und Grünflächenamt,
Karl-Marx-Straße 83,
12040 Berlin,
Tel. 030/68092268,
Fax 030/68093748
Größe: 4 ha
frei zugänglich
277, 241 Köllnische Heide
Köllnische Heide

Gutspark Britz

Fulhamer Allee, Berlin-Neukölln

Die Gesamtanlage von Gutspark, Feldsteinkirche, Dorfteich und Schule gehört heute zu den wenigen erhaltenen Dorfkernen typisch märkischer Ortschaften im Berliner Stadtgebiet. Die Anfänge des Gartens werden um 1690 unter der Familie Britzke vermutet. Spätestens aber ab 1719 entstand der Gutspark unter seinem neuen Besitzer, dem Staatsminister Freiherr Rüdiger von Ilgen. 1880 erwarb der Fabrikant August Wrede Gut und Park. Der neue Besitzer baute das Gutshaus in ein Schloß im Stil der Neo-Renaissance um und verwandelte den geometrischen Garten in einen landschaftlichen Park. Im Kontrast zu der ltehrwürdigen Lindenallee vermittelten Palmen, Feigenbäume und Bananenstauden südländische Atmosphäre. Ende der achtziger Jahre des vorigen Jahrhunderts begann die Rosenzucht in Britz. 1914 faßte die Gemeindevertretung den Beschluß, den Gutspark von jeglicher Bebauung freizuhalten, und zehn Jahre später erwarb die Stadt Schloß und Park. Auf dem Gelände zwischen dem

Bln 62
Eigentümer/in: Bezirksamt von Neukölln von Berlin, Abt. Bauwesen, Naturschutz- und Grünflächenamt,
Karl-Marx-Straße 83,
12040 Berlin,
Tel. 030/68092268,
Fax 030/68093748
Größe: 4,6 ha
frei zugänglich
U 7 Parchimer Allee
144, 174 Britzer Damm

Gutspark und der Fulhamer Allee wurden ab 1963 ein Rosengarten und eine Rasenfläche mit dichtem Gehölzgürtel neu angelegt. Zur originalgetreuen Wiederherstellung der Anlage fanden zwischen 1985 und 1988 umfangreiche denkmalpflegerische Arbeiten statt. 1997 wurde dem Gutspark der Gustav-Meyer-Preis verliehen und ein Bronzeabguß des Milchmädchens, einer 1816 von Pawel Sokolow modellierten Brunnenskulptur aus dem Park von Zarskoje Selo (Puschkin), aufgestellt.

Bln 63
Eigentümer/in: Grün Berlin Park und Garten GmbH, Sangerhauser Weg 1, 12349 Berlin, Tel. 030/7009060, Fax 030/70090670, E-Mail: info@britzer-garten.de, Internet: www.britzer-garten.de
Größe: 90 ha
Eintritt: 2 €, Kinder frei bis 5 Jahre, ermäßigt 1 € für Kinder bis 14 Jahre, Schwerbehinderte
Öffnungszeiten: täglich ab 9 Uhr bis Einbruch der Dunkelheit
Hügel mit Aussichtspunkten, Britzer Museumsbahn
U6 Alt Mariendorf
181, M44 Mohriner Allee, Buckower Damm
179 Tauernallee oder Sangerhauser Weg
Veranstaltungen: Parkfeste, Ausstellungen, Konzerte
Keine Hunde oder Fahrräder

Britzer Garten

Mohriner Allee, Buckower Damm, Sangerhauser Weg, Tauernalle, Bezirk Neukölln

Foto: Grün Berlin Park und Garten GmbH

Der als Bundesgartenschau Berlin 1985 gebaute Britzer Garten hat sich seit seiner Entstehung zu einer beliebten Freizeit- und Erholungslandschaft entwickelt. Abwechslungsreiche Landschaftsbilder kombiniert mit gärtnerischen und ökologischen Informationen bringen bei ausgedehnten Spaziergängen vielfältige Abwechslung und Unterhaltung. Spezialgärten wie Rosen-, Heilpflanzen- und Karl-Foerster-Staudengarten, Rhododendronhain, ausgedehnte Rasenflächen, Hainvegetation und der zirka 10 Hektar große See im Zentrum des Parks bieten Entspannung und Erholung. Familien mit Kindern finden im Park, vor allem in den beiden Spiellandschaften, ein reiches Spielangebot. Vor Hundehäufchen muß man sich im Park nicht in acht nehmen, denn Hunde dürfen nicht in den Britzer Garten. Für Fußmüde gibt es eine Museumsbahn, die die Weitläufigkeit des Parks auf schnellere Art erlebbar macht. Ein reichhaltiges Veranstaltungsprogramm, das von Klassik- und Jazzkonzerten über Vorträge bis zu Führungen reicht, rundet das Spektrum der Freizeitangebote ab.

Treptower Park

Am Treptower Platz, Berlin-Treptow

Der Treptower Park wurde 1876 nach den Entwürfen des ersten Berliner Gartendirektors Gustav Meyer als ein großer Volkspark für die Bewohner der anschließenden, dichten Wohngebiete fertiggestellt. Die Anlage fällt gestalterisch und in ihrer erstaunlichen Nutzbarkeit deutlich aus dem Rahmen zeitgenössischer Stadtparks. Große Wiesenflächen, eindeutige Raumbildungen durch Baumgruppen, ein konsequentes Wegenetz und ein zentraler hippodromförmiger, von einer Platanenallee gesäumter Spielplatz prägen den weitläufigen Park. Durch seine Lage an der Spree hat er besonderen Reiz. Im Park befinden sich mehrere Sondereinrichtungen wie der Rosengarten, der Karpfenteich, die Abteiinsel und die Archenhold-Sternwarte. Im Hippodrom wurde 1946 bis 1949 nach Entwürfen sowjetischer Architekten, Bildhauer und Ingenieure das sowjetische Ehrenmal in eindrucksvoller Monumentaliät – das größte seiner Art in Deutschland – als Zeugnis für den Sieg über Nazi-Deutschland und zum mahnenden Gedenken an die bei den Endkämpfen in und um Berlin gefallenen Soldaten errichtet.

Bln 64
Eigentümer: Bezirksamt Treptow-Köpenick, Abteilung Umwelt und Grün, Hasselwerder Straße 22, 12439 Berlin
Größe: 85 ha, frei zugänglich
S Treptower Park
P

Späthsches Arboretum

Baumschulenweg, Berlin-Treptow

Das Arboretum wurde Ende des vergangenen Jahrhunderts als Privatsammlung der damals weltgrößten Baumschule von Franz Späth nach Entwürfen des Berliner Landschaftsarchitekten Gustav Meyer angelegt. Die kleine Anlage mit einem dichten, geschwungenen Wegenetz und einer Vielzahl pflanzlicher Motive ist typisch für Sammlungsgärten dieser Zeit. Die sehr reichhaltige Sammlung von Bäumen und Sträuchern ist von beachtlichem wissenschaftlichen Wert.
Eigentümer/in: Arboretum, Institut für spezielle Botanik und Botanische Sammlungen, Museum für Naturkunde Berlin, Späthstraße, Königsheideweg, 12437 Berlin-Treptow, Tel. 030/6366941

Bln 65
Größe: 3,5 ha
Eintritt: 1 €
Führungen: nach Voranmeldung
Öffnungszeiten: April bis Okt. Mi, Do, Sa, So, Feiertag, 10–18 Uhr
265, 270 Späthstraße, Königsheideweg
P

Bln 66
Eigentümer: Bezirksamt Treptow-Köpenick, Abteilung Umwelt und Grün, Hasselwerder Straße 22, 12439 Berlin
Größe: 1,8 ha
Eintritt: frei
Öffnungszeiten: ganzjährig geöffnet 8 Uhr bis Einbruch der Dunkelheit
🚌 alle Linien in Köpenick Altstadt Köpenick

Schloßinsel Köpenick

Berlin-Köpenick

Die kleine, aber schöne Anlage liegt auf einer Insel an der Altstadt Köpenick in bevorzugter Lage. Zusammen mit dem barocken Schloß und der Schloßkirche ist der Park von großem Reiz. Die Anlage geht auf barocke Grundlagen aus der Zeit von 1680 zurück und wurde 1804 im landschaftlichen Stil neugestaltet. Zwischen 1963 und 1964 erfolgte eine Erneuerung und Ergänzung im Stile der Zeit mit einem Rundweg an den Ufern und weiten Ausblicken auf Spree und Dahme.

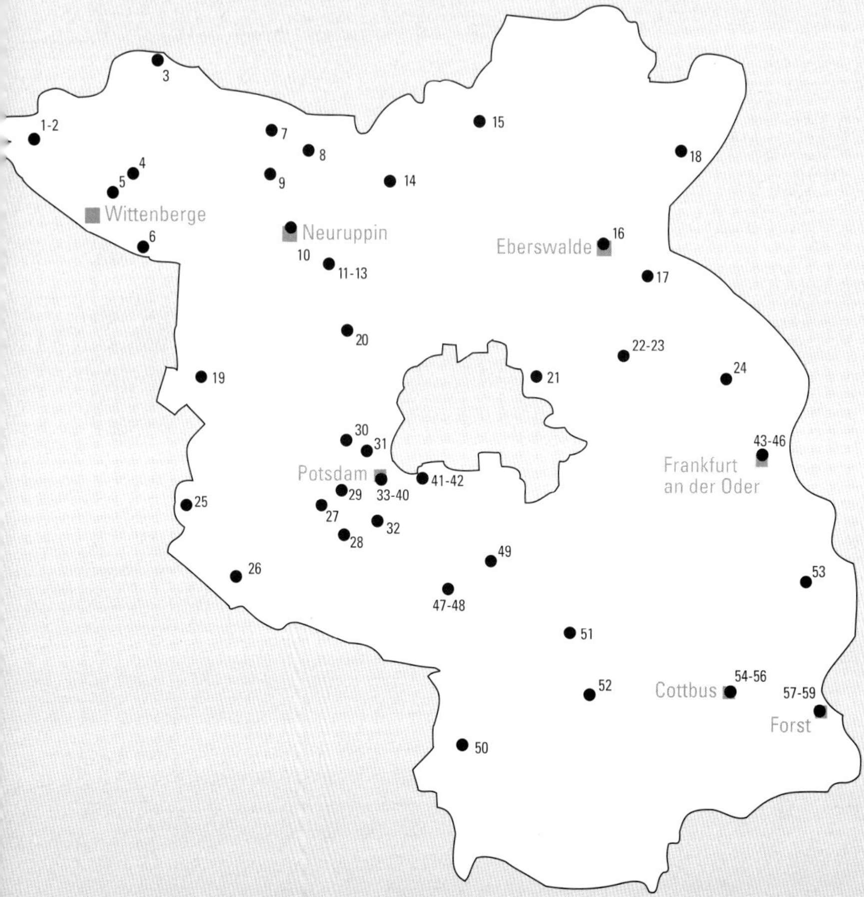
1-2
3
4
5
Wittenberge
6
7
8
9
14
15
18
Neuruppin
10
11-13
Eberswalde
16
17
20
22-23
21
24
19
30
31
Potsdam
33-40
41-42
29
27
32
28
25
43-46
Frankfurt
an der Oder
49
26
47-48
53
51
52
Cottbus
54-56
57-59
Forst
50

Brbg 1
Größe: 1,23 ha
Eintritt: frei
Öffnungszeiten: 20. Mai bis 15. Okt., Mo–Fr 8–17 Uhr, Sa u. So 14–17 Uhr, weitere Termine nach Vereinbarung
Führungen: nach Voranmeldung, für Gruppen bis 50 Personen, 1,30 €/Pers.
→ Ausfahrt Lenzen B 195, Nähe Ortsausgang Richtung Dömitz
P 🐕 ♿ ℹ
Veranstaltungen: Lenzener Filzfest, Mai
☕ auf Vorbestellung

Naturlehrgarten Lenzen (Elbe)

Am Bahndamm 11, Lenzen

Foto: GWL

Über 480 verschiedene Kultur- und Nutzpflanzen finden sich in diesem Garten für Naturliebhaber, in dem es sachkundige Information über deren Anbau, Verwendung und Konservierung gibt. Die Aufteilung in übersichtliche Standortbereiche wie Feuchtbiotop, Wildblumenbereich, Streuobstwiese, Bauerngarten, Heil- und Gewürzkräuter sowie Färberpflanzen ermöglicht die Präsentation verschiedener Arten, die in der freien Natur selten, bzw. nicht nebeneinander stehen. Schmuckstück ist eine aus Feldsteinen errichtete Kräuterspirale. In unmittelbarer Nähe des Naturlehrgartens laden ein Spielgarten und das Schaugehege am Schafhof Rademacher zum Besuch ein.
Eigentümer/in: GWL, Gesellschaft zur Wirtschaftsförderung, Qualifizierung und Beschäftigung mbH,
Am Bahndamm 11, 19309 Lenzen,
Tel. 038792/9240, Fax 038792/92444,
E-Mail: VAL-LenzenElbe@t-online.de

Park der Burg Lenzen

Burgstraße 3, 19309 Lenzen (Elbe)

Der Burggarten Lenzen besteht bereits seit dem 18. Jahrhundert. Zwischen 1921 und 1930 ließ der Besitzer die bestehenden Gebäude umbauen und weitere erstellen, darunter das Gärtnereigebäude, das Palmen- und das Pförtnerhaus. Der Gartenarchitekt Georg Gunder aus Berlin gab dem heute denkmalgeschützten Garten Charakter, ohne dabei die Grundstruktur zu beeinträchtigen. Der höher gelegene Burghof mit mittelalterlichem Turm (12.–13. Jahrhundert), barocken Gebäuden (1725–1727 und 1792) und Fachwerkscheune (1680), die heute das Burgmuseum und eine naturkundliche Ausstellung zur Elbe enthält, wird über eine lange Auffahrt mit zwei Torbögen erreicht. Bedeutende slawische Funde zur „Königsburg Lenzen" wurden bei Grabungen 2001 bis 2003 entdeckt. Südlich führt eine Treppe zum ehemaligen Gärtnereigelände und Karpfenteich hinab. Der Burgberg ist hier mit Terrassenmauern abgestützt. Am östlichen Hang schließt ein parterreartiger Sondergarten mit zahlreichen Buchsbäumen an. Weiter östlich liegen Wiesen mit altem Baumbestand, die vom Flutgraben durchschnitten werden. Vom Turm aus ist die Anlage gut zu überblicken, ebenso die Altstadt von Lenzen und die Lenzer Wische bis hin zur Elbe.

Brbg 2
Eigentümer/in: BUND LV Niedersachsen e.V. Goebenstraße 3a, 30161 Hannover, Tel. 0511/9656914, Fax 0511/662536
Größe: 3 ha
frei zugänglich
Anmeldung für Gruppen erbeten
Führungen: nach Voranmeldung, Tel. 038792/1221,
Attraktionen: Winterlingsblüte, Burgmuseum, Umweltzentrum
DB Ludwigslust oder Wittenberge
Bus Dannenberg / Wittenberge

Schloßpark Meyenburg

Meyenburg

Die Stadt Meyenburg besitzt eine im Stil der Neorenaissance errichtete eindrucksvolle Schloßanlage, bestehend aus Schloß und Park. Das unter Denkmalschutz stehende, restaurierte Schloß entwickelt sich mit seinen Museen zu einem kulturellen und architektonischen Anziehungspunkt. Der zum Schloß

Brbg 3
Eigentümer/in: Stadt Meyenburg, Amt Meyenburg, Bauamt, Freyensteiner Straße 42, 16945 Meyenburg, Tel. 033968/8250
Größe: 8 ha

frei zugänglich
Führungen: nach Voranmeldung
DB Meyenburg 6

gehörende Landschaftspark wurde um 1868 von dem aus Berlin stammenden Hofgärtner Fink für die Familie von Rohr angelegt. Die Restaurierung des Parks konnte 1999 beendet werden. Auch das Rasenrondell vor dem Mittelrisalit des Schlosses wurde in Anlehnung an den historischen Zustand angelegt und ist in den Sommermonaten mit Lorbeerbäumen in Kübeln geschmückt. Der herrliche Park mit Rondell, Teichen, Bänken und schönen Brücken lädt zu jeder Jahreszeit zum Verweilen ein und gestattet immer wieder Durchblicke auf die angrenzenden Stepenitzwiesen.
Veranstaltungen: Stadt-/Parkfest, Auftritte der Chöre

Brbg 4
Eigentümer/in: Prof. Dr. Bernhard von Barsewisch, Augen-Tagesklinik Groß Pankow, Pankeweg 15, 16928 Groß Pankow,
Tel. 033983/76100,
Fax 033983/76119,
E-Mail: BarsewischGP@t-online.de
Größe: 4 ha, frei zugänglich
Führungen: nach Voranmeldung
DB Groß Pankow
→ liegt direkt an der B189 zwischen Pritzwalk und Perleberg 6

Schloßpark Groß Pankow

Groß Pankow

Der kleine, landschaftlich gestaltete Park nördlich und östlich des Gutshauses, das heute teils als Augen-Tagesklinik genutzt wird, wurde ab 1827 angelegt und mehrfach erweitert. Er ist im Norden begrenzt von der Panke und wird geprägt von älteren Baumgruppen, insbesondere Eichen, einer Lindenallee aus dem späten 19. Jahrhundert und dem mit einer Holzbrücke überspannten, großen Teich. Die gepflegte Anlage ist mit ausgedehnten Spazierwegen und einem vielfältigen, artenreichen Baum- und Strauchbestand im Pleasureground ausgestattet. Am Ende des Parks liegt das Erbbegräbnis der Familie der Gans Edlen Herren zu Putlitz. Eine schöne Sichtachse führt nach Osten in die Ferne auf die bewaldeten Höhenzüge der Kronsberge.

Gutspark Hoppenrade

Hoppenrade

Der bedeutende Landschaftspark beiderseits des Cederbaches wurde um 1830 vom Lenné-Schüler Eduard Neide für die Familie von Freier angelegt, die - selbst dendrologisch und forstwirtschaftlich interessiert und begabt - den Park sukzessive erweiterte und bis 1945 pflegte. Nach längerer Zeit des Verfalls wird der Park schrittweise instandgesetzt. So sind das Wegenetz, die Parkwiesenbereiche, der Eiskeller und der Nahbereich des Gutshauses mit der Orangerie wiederhergestellt, die Teiche gesäubert sowie neue Holzbrücken und Parkbänke erstellt worden. Schöne Durch- und Fernblicke beziehen die umgebende Wiesenlandschaft mit ihren Viehherden ein.
Eigentümer/in: Förderverein Landschaftspark Hoppenrade e.V., Gutshof, 16928 Hoppenrade, Tel. 033982/61021

Brbg 5
Größe: 20 ha
frei zugänglich
Führungen: nach Voranmeldung
Attraktionen: Rhododendrenblüte, Rosen- und Dahlienblüte Ende Mai bis August/Sept.
DB Pritzwalk
→ Abfahrt an der B107 in Garz, zwischen Pritzwalk und der B5
Veranstaltungen: Parkfest Infos bei Förderverein Landschaftspark Hoppenrade, Frau Hacker, Garzer Straße 23, 16928 Garz, Tel. 033982/60278, Eiskellerfest
P 🐕 ♿ ℹ

Schloßpark Rühstädt

Rühstädt

Der ab 1823 angelegte, langgestreckte Landschaftspark der Familie von Jagow ist aus einer barocken Gartenanlage hervorgegangen. Er weist in seinem Baumbestand mit Mammutbaum, Eibe, Silberahorn, Christusdorn, Linde und Lärche als Solitäre dendrologische Besonderheiten auf. Im Rahmen einer Naturerlebnisroute durch das Biosphärenreservat Flußlandschaft Elbe-Brandenburg wurden im Park des Schlosses Rühstädt, jetzt Kur- und Wellneßhotel, Liegebänke aufgestellt, damit Besucher dem Waldkonzert der Vogelstimmen lauschen können. Darüber hinaus ergeben sich hinter dem Barockschloß reizvolle Fernblicke in die Elbniederung und über den Teich zum Erbbegräbnis von Jagow. Touristisch interessant ist das Ortskernensemble auch wegen der Störche und der kunstgeschichtlich bedeutenden Kirche.
Eigentümer/in: Amt Bad Wilsnack/Weisen, Am Markt 1, 19336 Bad Wilsnack, Tel. 038791/9990
Veranstaltungen: Storchenfest alljährlich im Juli, Infos bei Storchenclub Rühstädt e.V., A. Labrenz, Tel. 038791/9800

Brbg 6
Größe: 5 ha,
frei zugänglich
DB Wittenberge
→ liegt direkt an der rechten Elbseite, südöstlich von Wittenberge, von dort und von Perleberg und Havelberg gut über Landstraßen erreichbar
P ✕ ☕ 🐕 ♿
ℹ in der Kirche und im Storchenmuseum

Landschaftspark Gadow

Gadow/Prignitz

Der ausgedehnte Landsschafts- und Waldpark beiderseits der Löchnitz ist um 1850 aus einem kleinen barocken Gutsgarten hervorgegangen, der von dem Grafen von Wilanowitz-Moellendorff angelegt und sukzessive erweitert wurde. Er ist dendrologisch von großer Bedeutung wegen seiner 135 verschiedenen Gehölzarten. Besonders erwähnenswert sind die alten

Brbg 7
Größe: 25 ha
frei zugänglich
Führungen: nach Voranmeldung Herr Galomka, Oberförsterei Gadow, 19309 Gadow, Tel. 038780/7320
Attraktionen:

Rhododendronblüte Ende Mai
DB Wittenberge
→ liegt an der Kreisstraße von Perleberg nach Lenzen, in der Nähe von Lanz
P ✕ 🐕 ♿
✿ in der Forstverwaltung

Douglasien und Rhododendren. Vom Park hat man schöne Ausblicke auf die umgebenden Teich-, Fluß- und Wiesenlandschaften.
Eigentümer/in: (Schloß und Pleasureground):
Schloß Gadow, Lindenallee 1,
19309 Gadow/Prignitz, Tel. 038780/7300
Veranstaltungen: Rhododendronfest, Mai
Infos bei Gemeinde Lanz, Herr Borchert,
Tel. 038780/7210

Brbg 8
Eigentümer/in: Stiftung Preußische Schlösser und Gärten, Berlin-Brandenburg, Schloß Rheinsberg, Postfach 1128, 16830 Rheinsberg, Tel. 033931/7260, Fax 033931/72626
Größe: 34 ha
frei zugänglich
Führungen: nach Voranmeldung, 2,50 € (nur Park)
DB Rheinsberg
Bus 764, 785, 788, 794, 839 Markt
P gebührenpflichtig
mit dem Pkw über A24
Veranstaltungen:
Pfingstmusiktage
Konzertreihen Pfingsten
Infos bei Tourist-Information, Kavalierhaus, 16831 Rheinsberg, Tel. 033931/2059,
Kammeroper Schloß Rheinsberg
Operninszenierungen (u.a. Heckentheater) Juli/August
🐕 ♿ ℹ

Schloßgarten Rheinsberg

Schloßstraße, Markt, Rheinsberg

Garten und Park Rheinsberg erfuhren ihre schöpferische Gestaltung im 18. Jahrhundert unter dem Kronprinzen Friedrich II. von 1734 bis 1744 sowie unter seinem Bruder Prinz Heinrich von 1752 bis 1802. Mit der Umgestaltung zur kronprinzlichen Residenz begann die bauliche Ausformung im Sinne des friederizianischen Rokokos mit dem Schloß (dreiflüglige Anlage mit zwei Rundtürmen und Kolonnade zur Seeseite), der Grundgestaltung der Schloßinsel und der Anlage der südlichen Gartenachse und der Hauptallee mit dem Gartenportal, das später in Potsdam-Sanssouci zitiert wurde. Eine Querallee erschließt den Garten in Ost-West-Richtung und führt zum Salon im Orangerierondell, Fragment einer ursprünglich von Knobelsdorff gedachten Orangerie. Friedrich II. verschenkte Rheinsberg 1744 an seinen Bruder Prinz Heinrich, der in den fünfzig Jahren seiner Rheinsberger Hofhaltung die Gartenanlage weitergestalten ließ. Der Rokokogarten wurde zunächst erweitert und mündete schließlich in Formen eines frühen Landschaftsgartens. Noch heute sind Zeugnisse dieser Entwicklung vorhanden (Feldsteingrotte, Heckentheater, Parterre auf der Schloßinsel, Terrassenanlage am Obelisk, Alleen im Boberow-Park). Garten und Park erhielten im 19. und 20. Jahrhundert keine wesentlichen Neugestaltungen. Ergebnisse der Rekonstruktionen von Partien in der Gartenanlage gehen auf Bemühungen insbesondere seit den 70er Jahren zurück.

Brbg 9
Information: Förderverein Temnitzkirche e.V., Dorfstraße 6, 16818 Netzeband, Tel. 033924/8970, Fax 033924/89732
Größe: 8 ha

Gutspark Netzeband

Netzeband

Der Gutspark Netzeband gehört zur historischen Gutsanlage des märkischen Dorfes Netzeband im Nordwesten der Fontane-Stadt Neuruppin. Das Gut war bis 1945 im Besitz der Grafen von Königsmarck. Sie ließen um 1830 für einen Sproß ihrer Familie ein Ensemble aus Schloß, Verwaltergebäuden, einer heute bereits restaurierten klassizistischen Kirche und dem dazugehörenden Gutspark anlegen. Von der Kirche aus erstreckt sich das Gelände über Wiesenterrassen, Gruppen mächtiger alter, geschützter Bäume im Süden bis zu den Auen der Temnitz, die der ganzen Region ihren Namen gibt. Nach Jahrzehnten mangelnder Pflege wurde dem Park seit 1993 in vorsichtigen Schritten sein ursprüngliches Gepräge zurückgegeben. Behutsame Neupflanzungen von über 600 Rhododendren bereichern das Bild. In Zukunft soll dieser Park zum Herzstück des Landschaftsparks Oberes Temnitztal werden. Schon seit 2000 wurde durch in die Landschaft eingebundene Bühnen und Tribünen und neue Sichtachsen der Park zu einem Ort, an dem Kultur und Natur in einem harmonischen Dialog stehen.

Eintritt: frei
Öffnungszeiten:
ganzjährig geöffnet
DB Netzeband
P ✕ ☕ ♿ ℹ
Veranstaltungen:
Theatersommer, Juli, August
Infos bei Förderverein Temnitzkirche e.V. kulturelle Veranstaltungen in der Temnitzkirche
Konzerte, Ausstellungen ständig wechselnd
✿ Rhododendren, Azaleen

Tempelgarten

Präsidentenstraße, Neuruppin

Der ehemals offene Rundtempel mit acht Säulen und Kuppeldach wurde im Jahr 1735 als erstes Werk des Architekten Georg Wenceslaus von Knobelsdorff im kleinen Amalthea-Garten auf den Wallanlagen der Stadt für den Kronprinzen Friedrich (des späteren König Freidrich II. der Große), Ehrenchef des Regiments in Neuruppin, errichtet. 1794 erhielt der offene Tempel seine heutige Form und bildet seither die Hauptattraktion einer Gartenanlage, die ab 1853 durch die Kaufmannsfamilie Gentz geschaffen wurde. Die baulichen Anlagen im maurischen Stil wurden von Carl von Diebitsch entworfen. Die gärtnerische Gestaltung der Anlage erfolgte unter Mitwirkung des Lenné-Schülers und Potsdamer Hofgärtners Gustav Meyer. Die von der Familie Gentz angekauften barocken Skupturen aus Dresdner Gärten ergänzten die noch heute in dieser Form erhaltene Gartenanlage eindrucksvoll.

Brbg 10
Eigentümer/in:
Stadtverwaltung Neuruppin
Karl-Liebknecht-Straße 34,
16816 Neuruppin,
Tel. 03391/3555,
Fax 03391/355789
Größe: 0,1 ha
Öffnungszeiten:
im Sommer 9–18 Uhr,
im Winter 9–16 Uhr
Eintritt: frei
Führungen: in den Sommermonaten, Infos beim Tempelgartenverein e.V.,
Tel. 03391/2122
DB Neuruppin
P ✕ ☕ ♿

Kräutergarten Oppelhain

Oppelhain

Im Kräutergarten Oppelhain, 1996 eingeweiht, in der südlichen Niederlausitz, sind regionaltypische Wild- und Gewürzkräuter, darunter viele Raritäten, zu sehen. In einer eigens dafür geschriebenen Kräuterfibel, die auch auf CD erhältlich ist, werden Vorkommen und Wirkungsweise der Heil- und Gewürzkräuter beschrieben.
Eigentümer/in: Gemeinde Rückersdorf,
Ortsteil Oppelhain, Hauptstraße 27, 03238 Rückersdorf,
Tel. 035325/570,
E-Mail: amtsgemeinde-oppelhain@t-online.de,
Internet: www.oppelhain.de

Brbg 11
Größe: 0,4 ha
frei zugänglich
Führungen: nach Voranmeldung, 1,30 €
ermäßigt 1 €/Person,
bei Voranmeldung
Kräuterimbiß möglich
DB Rückersdorf
P 🐕 ♿ ℹ ✿
Dinkel- und Duftkissen,
Heilöle, Tees

Brbg 12
Eigentümer/in: Evangelische Kirchengemeinde Saxdorf
Hauptstraße 5,
04895 Saxdorf,
Tel. 035341/2152,
Fax 035341/2152
Internet: www.saxdorf.de; www.kulturfest.de
Größe: 1 ha
Öffnungszeiten: April bis Oktober Mi, Sa, So, 10–18 Uhr
Anmeldung für Gruppen erbeten
Eintritt: 2 €
Führungen: nach Voranmeldung, für Gruppen bis 20 Personen
Attraktionen: Rosenblüte Juni
➜ B 183 zwischen Bad Liebenwerda und Mühlberg/Elbe
Veranstaltungen: Bambusfest, 2. Samstag im August, Sommerkonzerte in der Kirche, Ostern bis Oktober,
P ♿
✿ div. Raritäten zu den Pflanzzeiten, Bambus bis 7 m

Pfarrgarten Saxdorf

Hauptstraße 5, Saxdorf

Das Pfarrgelände wurde seit 1967 vom Künstler und Gartengestalter Hanspeter Bethke neu gestaltet. Ganz unterschiedliche Gartenräume präsentieren fast 3000 verschiedene Pflanzenarten und -sorten: 25 Arten Bambus, teils bis 7 m hoch, Gehölzraritäten, wie Davidia, Cercis, Sequoiadendren, Papiermaulbeerbäume etc., über 300 Sorten duftender Historischer und Alter Rosen, umfangreiche Kakteen- und Kameliensammlungen, seltene Kübelpflanzen, ein Steingarten und Stauden, die zum Teil noch aus der Züchterwerkstatt Karl Försters stammen. Rosen und Steppenpflanzen begrünen das Dach der 1994 erbauten Galerie. Die 800jährige Backsteinkirche inmitten des bepflanzten Kirchhofes lädt zu Sommerkonzerten ein.

Rosengarten

Saathain

Sehenswert ist die alte Fachwerkkirche mit ihrem ungewöhnlichen Standort – sie liegt mitten im ehemaligen Gutshof. An das Gut schließen sich ein alter Gutspark und ein neu gestalteter Rosengarten an, in dem man etwa 6000 Rosenstöcke bewundern kann.

Eigentümer/in: Gemeinde Saathain, Friedensstraße 23, 04932 Saathain, Tel. 03533/2834

Brbg 13
Größe: 0,8 ha
Anmeldung für Gruppen erbeten
Öffnungszeiten: Mai bis September
Eintritt: frei im Rosengarten
DB Elsterwerda
Veranstaltungen: Sommerkonzerte

Kloster Lindow

Am Wutz, Lindow (Mark)

Die Ruine des ehemaligen Klosters Lindow stammt aus dem 13. Jahrhundert. Die Anlage mit dem Lindenhof, dem früheren Klostergarten, der Klosterschule und dem alten Friedhof mit den Begräbnisstätten der ehemaligen Stiftsdamen liegt direkt am Wutzsee.

Eigentümer/in: Evangelische Kirche, Stiftkloster 1–2, 16835 Lindow (Mark), Tel. 033933/70296

Führungen: nach Voranmeldung Fremdenverkehrsamt der Stadt Lindow (Mark), Am Marktplatz 1, 16835 Lindow, Tel. 033933/70297, Fax 033933/70298

Brbg 14
Größe: 0,2 ha
frei zugänglich
Anmeldung für Gruppen erbeten
Attraktionen: Trompetensolo 9 und 17 Uhr
DB Lindow

Gutspark Annenwalde

Densow

Zeitgleich mit der Gründung Annenwaldes als Glasmacherdorf entstand neben dem Gutshaus Mitte des 18. Jahrhunderts der Gutspark. Er verwilderte nach 1945 fünfzig Jahre, bis sich 1995 der Verein Glashütte Annenwalde seiner annahm und ihn auf fachlicher Grundlage seitdem rekultiviert. Seit 1999 sind im Park Kunstwerke des Bildhauers Werner Kothe ausgestellt. 2003 erfolgte die Grundsteinlegung des Europäischen Gartens durch den Lions-Club Templin.

Nutzer/in: Glashütte Annenwalde e.V., Annenwalde 28 OT Densow, 17268 Templin, Tel. 03987/200250, Fax 03987/200251, E-Mail: glashuette-annenwalde@t-online.de, Internet: www.glashuette-annenwalde.de

Brbg 15
Größe: 3 ha
frei zugänglich
Führungen: nach Voranmeldung
Attraktionen: Glashütte und Ausstellung
DB Templin, Fürstenberg
Bus Templin, Fürstenberg
bedingt geeignet

Forstbotanischer Garten Eberswalde

Am Zainhammer 5, Eberswalde

Der Forstbotanische Garten Eberswalde liegt am Südrand der Stadt im Landschaftsschutzgebiet Unteres Schwärzetal. Er wird

Brbg 16
Größe: 8 ha
Eintritt: frei
Führungen: nach

Voranmeldung, für Gruppen bis 30 Personen, 1 €/Person
→ B 2, Richtung Berlin, kurz vor Ortsausgang Richtung Spechthausen geradeaus weiterfahren, vom Bahnhof oder Stadtzentrum in etwa 30 Min. zu Fuß erreichbar (braune Hinweisschilder)

im Norden gesäumt durch die Schwärze, die sich harmonisch in die Landschaft einfügt, im Süden durch den Zainhammer und Schwappachweg, die eine Promenade mit über 200jährigen Buchen bilden.
Eigentümer/in: Fachhochschule Eberswalde, 16225 Eberswalde, Tel. 03334/65562, Fax 03334/65567, Internet: www.fh-eberswalde.de/fbg/Index.htm
Öffnungszeiten: ganzjährig geöffnet, im Sommer 9–18 Uhr, im Winter 9–15.30 Uhr

Brbg 17 NEU
Eigentümer/in: Stadt Bad Freienwalde, Karl-Marx-Str. 1, 16259 Bad Freienwalde, Tel. 03344/412136, Fax 03344/412153, E-mail: Stadtverwaltung@bad-freienwalde.de, Internet: www.bad-freienwalde.de
Größe: 1,5 ha
frei zugänglich
DB Bad Freienwalde
877 Moorbad
P
Veranstaltungen: Mitternachtskonzert im Juni

Kurpark Bad Freienwalde

Gesundbrunnenstraße, Bad Freienwalde

Die Gartenanlagen des Freienwalder Gesundbrunnens, die älteste erhaltene Kuranlage Brandenburgs, wurde seit der Entdeckung der Heilquelle 1684 immer wieder den Modeströmungen angepaßt. 1822 gestaltete der preußische Hofgärtner Peter Joseh Lenné einen Landschaftsgarten, dessen Strukturen trotz altersbedingter Verluste und Neupflanzungen noch erkennbar sind. Große offene Wiesenflächen mit einzelnen Gehölzgruppen sind mit großzügig geschwungenen Wegen erschlossen. Den Abfluss des ehemaligen Mühlenteiches, eine Folge kleinerer Wasserfälle, nannte Lenné „Wasserrauscher". Der Lennépark stellt zusammen mit den Gartenteilen Landhof, Kurpromenade, Brunnenplatz, Rosengarten und Berghänge ein bedeutendes Zeugnis der Freien-walder Brunnengeschichte dar. Nach der Restaurierung ist das 1790/91 errichtete, klassizistische Landhaus wieder Blickpunkt des Parks.

Brbg 18
Eigentümer/in: Landkreis Uckermark, Erbpacht: Nationalpark Unteres Odertal, Bootsweg 1, 16303 Schwedt, Tel. 03332/25470, Fax 03332/254733
Größe: 2 ha
frei zugänglich
Führungen: nach Voranmeldung FVV Am Unteren Odertal, Tel. 03332/25590
DB Schwedt
468 Criewen Schloß

Lenné-Park Criewen

Dorfstraße, Criewen

Das alte slawische Fischerdorf Criewen wurde nach 1816 als Rittergut der Familie Otto von Arnim bekannt. Um 1822 gestaltete der preußische Hofgartendirektor Peter Joseph Lenné hinter dem Schloß, das heute das Nationalparkzentrum beherbergt, einen Landschaftsgarten, den große, mächtige Bäume, wie Sumpfzypresse, Sommerlinde und Platane sowie ein kleiner Teich prägen. Gelegen am Rande der schönen Landschaft des Nationalparks Unteres Odertal, zählt er zu den noch heute in hoher Qualität erhaltenen Parks des Lenné-Erbes. An den Park schließt ein Parkgarten mit Natur- und Kräutergarten, Streuobstwiese und Weingewächshaus an.

Brbg 19 NEU
Größe: 9 ha
Eintritt: 11 €, Kinder frei bis 6 Jahre, ermäßigt 8 € für

Landesgartenschau Rathenow 2006

Schwedendamm, Rathenow

Rathenow war und ist als „Stadt der Optik" bekannt, in der Brillengläser und Linsen, Mikroskope, Lupen und Theater-

gläser produziert werden. Mit dem Motto „Den Farben auf der Spur" und unter dem Regenbogen-Logo werden Besucher zu einer bunten Entdeckungsreise durch die Geschichte der Optik mitgenommen. Im Bereich der Wechselpflanzungen blühen Beete in allen Spektralfarben; Farbpyramiden und Prismen-Wasserspiele sowie eine begehbare Camera Obskura erklären optische Phänomene. Das Gartenschaugelände auf dem Schwedendamm mit seinem historischen Baumbestand, natürlichen Teichen und mehreren Biberburgen liegt direkt an der Havel. Neben Schiffsrundfahrten um die Altstadtinsel sind auch Erkundungen mit flachen Booten auf dem Havel-Altarm möglich. Ein Lichtgang am Wasser, Kinder-Spielbereich und begehbare Farbformen bilden den farbigen Kontrast zu den Elementen der Ruhe, wie Promenade am Wasser und Weißes Café.
Eigentümer/in: Stadt Rathenow, Berliner Str. 15, 14712 Rathenow, Tel. 03385/596431, Fax 03385/596110, E-mail: info@laga-rathenow2006.de, Internet: www.laga-rathenow2006.de

Schüler, Studenten, Zivis.
Gruppen 10 € ab 20 Personen
Führungen: nach Voranmeldung
Kosten auf Anfrage
Öffnungszeiten: 22.4.–15.10.2006, 9 Uhr bis Dämmerung
DB Rathenow REZ
Bus 572, 575 Schwedendamm
P gebührenpflichtig
Veranstaltungen: 1000 Veranstaltungen an 177 Tagen

Schloßpark Ziethen

Herrendamm, Groß-Ziethen

Die Geschichte des Parks Schloß Ziethen, das heute ein privates Hotel und Restaurant ist, reicht bis in das 18. Jahrhundert zurück, als südlich des ursprünglich barocken Gutshauses ein regelmäßiger Park angelegt wurde. Im 19. Jahrhundert wurde er mehrmals landschaftlich überformt. Der barocke „Lange Teich" gliedert die weiten Rasenflächen. Die früheren Sichtachsen hält man heute bewußt geschlossen als Lärmschutz. Nach 1945 verfiel der Park langsam und große Teile wurden als Müllhalde gebraucht. Die ab 1994 durchgeführten Aufräum- und Pflegearbeiten haben die großen, sehr schönen Bäume wieder freigelegt, weite Wiesenflächen geschaffen und das Wegenetz erweitert. Über den 1960 quer durch den Park gelegten Kanal wurde eine Brücke gebaut, die die Parkteile wieder zusammenführt. Ergänzende Strauch-, Rosen- und Baumpflanzungen säumen das restaurierte schöne, alte Haus.

Brbg 20
Pächterin: E. Frfr. v. Thüngen-R.-K., Alte Dorfstraße 33, 16766 Kremmen OT Groß-Ziethen, Tel. 033055/950, Fax 033055/9559
E-Mail: info@SchlossZiethen.de
Internet: www.SchlossZiethen.de
Größe: 3 ha, frei zugänglich
Bus 800 Groß-Ziethen
P
Veranstaltungen: Konzerte im Schloß, einmal im Monat

Ostkirchhof Ahrensfelde

Ulmenallee, Ahrensfelde

Um 1900 erwarb der Berliner Stadtsynodalverband die Beerdigungsfläche für 12 wenig begüterte Berliner Kirchengemeinden und ließ sie vom Gartenoberingenieur Meyer gestalten. Durch die Regulierung des Flusses Wuhle erreichte man einen friedhofsgeeigneten Grundwasserstand. Die Bewirtschaftung erfolgte zentral durch den Friedhofsbetrieb, die Aussegnungen

Brbg 21 NEU
Größe: 242 ha
Anmeldung erbeten bei Gruppen über 20 Personen unter Tel. 030/9329247
Führungen: nach Voranmeldung für Gruppen bis 100 Personen unter Tel. 030/9329247

Kosten auf Anfrage
Öffnungszeiten:
ganzjährig geöffnet,
im Sommer: 8–20 Uhr,
im Winter: 8–17 Uhr
DB Ahrensfelde Friedhof
S-Bahnhof Ahrensfelde
P ✗ neben dem Haupteingang

durch die jeweiligen Gemeindepfarrer. Jeder Gemeinde wurde ein Begräbnisfeld zugeordnet. Von den Hauptwegen des Waldfriedhofs waren die Grabflächen nicht zu sehen. Durch die ständig sinkenden Beerdigungszahlen wurden schon 1930 Flächen aufgegeben. Von den noch gewidmeten 142 Hektar Friedhofsflächen wurde der eigentliche Begräbnisbereich mit 25 Hektar 1994 eingefriedet. Besonders erwähnenswert sind die Kapelle von 1914, zwei Feierhallen mit beachtlicher Jugendstilausmalung und Reste einer „Armeleutegrabstätten und -denkmalskultur".
Eigentümer/in: Ev. Kirche Berlin-Brandenburg – Schlesische Oberlausitz, Georgenkirchstr. 67/70, 10249 Berlin,
Tel. 030/243440, Fax 030/24344500,
E-mail: p.wilkening@zkbo.de

Brbg 22
Größe: 0,1 ha,
Anmeldung bei größeren Gruppen erbeten,
Eintritt: frei
Attraktionen: Weigelienblüte Mai und Juni, Hühnerhof,
DB RB 26 bis Müncheberg
928 Buckow, Markt
P gebührenpflichtig
angeleint
✗ nur zu Veranstaltungen
Weigela

Weigela Sichtungsgarten

Lindenstraße 61, Buckow, Märkische Schweiz

Seit fast drei Jahren befindet sich der Weigela Sichtungsgarten in Buckow, inmitten der Märkischen Schweiz. In entspannter Atmosphäre können die Besucher nicht nur an die 90 verschiedene Weigelien, sondern auch andere seltene Gehölze bewundern. Eine weitere Attraktion ist der Hühnerhof mit der seltenen Rasse der Krüper. Nach dem Motto „Schauen, Verweilen, Entspannen" kann man im Weigela Sichtungsgarten, am reizvollen Griepensee gelegen, schöne Stunden verbringen, oder auch zu günstigen Preisen die Ferienwohnung für erholsame Tage mieten.
Eigentümer/in: Thomas List & Werner Frenzel,
Lindenstraße 61, 15377 Buckow,
Tel. 033433/151479, Fax 03343/151478,
E-Mail: info@weigela.de, Internet: www.weigela.de,
Führungen: nach Voranmeldung für Gruppen
Öffnungszeiten: Mai bis Oktober sonn- und feiertags, sonst nach Vereinbarung

Brbg 23 NEU
Größe: 1 ha
Eintritt: 3 € inkl. Gedenkstätte,
Kinder frei bis 6 Jahre,
ermäßigt 1,50 €
Führungen:
nach Voranmeldung
für Gruppen bis 25 Personen
25 €/Gruppe
Öffnungszeiten:
ganzjährig geöffnet,
im Sommer: Mi–Fr 13–17 Uhr,

Garten des BrechtWeigelHauses

Bertolt-Brecht-Straße 30, Buckow

Das Künstlerehepaar Berthold Brecht und Helene Weigel hatte das Gartengrundstück am Schermützelsee mit dem 1911 erbauten Atelierhaus seit 1952 als Sommersitz ausgewählt. Bertolt Brecht schrieb hier 1953 die „Buckower Elegien". Diese Gedichte sind im Garten auf Kupfertafeln zu lesen. Nach Brechts Tod 1956 lud auch Helene Weigel viele Gäste hierher ein und nutzte das Anwesen neben ihrer Berliner Wohnung bis zu ihrem Tod 1971 zur Erholung. Seit 1977

ist das Haus Gedenkstätte. Der parkartige Garten mit alten Bäumen erstreckt sich bis an das Ufer des Sees, wo sich eine herrschaftlich gestaltete Seebalustrade mit zwei lebendig wirkenden, aus Beton gefertigten Pferdefiguren befindet. Eine alte Silberpappel und der Blumengarten, in dem es von März bis Oktober blüht, sind besondere Blickpunkte des Gartens.
Eigentümer/in: BrechtWeigelHaus Kultur GmbH, E.-Weinert-Str. 13, 15306 Seckow, Tel. 033433/467, Fax 033433/56215, E-mail: brecht-weigel-haus@kultur-in-mol.de, Internet: www.brechtweigelhaus.de

Sa, So 13–18 Uhr,
im Winter: Mi–Fr 10–12 und 13–16 Uhr, Sa, So 11–16 Uhr
DB Berlin Lichtenberg
Müncheberg
928 Buckow
P
Veranstaltungen:
Buckower Literatursommer, Lesungen, Theater, Gespräche, Musik, Kunst

Schloßpark Gusow

Schloßstraße 7, Gusow

Graf Otto Christoph von Podewils und sein Sohn Friedrich Heinrich widmeten sich zwischen 1750 und 1800 intensiv der Neugestaltung des alten barocken Schlosses und Gartens. In diesem Zeitraum durchlief der Garten alle aktuellen Gartenkunstströmungen: vom holländischen Barockgarten über den sentimentalen Rokokogarten bis hin zum Landschaftsgarten nach englischem Vorbild. Der Garten um 1800 ist in seiner Grundstruktur noch erhalten. Einige Gestaltungselemente seiner Vorgängeranlagen sind noch sichtbar, wie das äußere Gewässersystem oder die Ruine einer Grotte mit Wasserfall. Seit über zehn Jahren werden das Schloß, ein neugotischer Bau von 1870, in dem ein Preußen- und Zinnfigurenmuseum untergebracht sind, und der Garten, der sich in einen Waldpark verwandelt hat, restauriert.

Brbg 24 NEU
Eigentümer/in:
Schloß Gusow GbR, Schloßstr. 7, 15306 Gusow, Tel. 03346/8725, Fax 03346/845542, E-mail: info@schloss-gusow.de, Internet: www.schloss-gusow.de
Größe: 25 ha
Führungen:
nach Voranmeldung
frei zugänglich
DB Seelow/Gusow
P
Veranstaltungen: Historisches Parkfest, 1. Juni-Wochenende
Pension

Burgpark

Mühlentor 15a, Ziesar

Der vordere Teil des Burgparks wurde Mitte der fünfziger Jahre von Lehrern und Schülern der Stadt Ziesar als Park der Freundschaft angelegt. Ein Ehrenmal für gefallene sowjetische Soldaten wurde in die Anlage integriert. Neben Teich, Springbrunnen und altem Wassergraben ist der Storchenturm, der als Verlies zur ehemaligen Vorburg gehörte, ein besonderer Anziehungspunkt. Angrenzend an den Burgpark befindet sich ein ca. 4 Kilometer langer Naturlehrpfad.

Brbg 25
Eigentümer/in:
Stadt Ziesar, Breiter Weg 32, 14793 Ziesar, Tel. 033830/6540
Größe: 0,8 ha,
frei zugänglich
DB Brandenburg
560, 562 Trauentor, Gartenstraße, Am Bahnhof
P

Schloßpark Wiesenburg

Wiesenburg

Schloß Wiesenburg, das auf eine mittelalterliche Burganlage zurückgeht, wurde in der 2. Hälfte des 19. Jahrhunderts im Neorenaissancestil umgestaltet. In dieser Zeit entstand auch

Brbg 26
Eigentümer/in:
Gemeinde Wiesenburg, Schloßstraße 1, 14827 Wiesenburg,

Tel. 033849/7980,
Fax 033849/50271,
Internet: www.schlosspark-wiesenburg.de
Größe: 110 ha
frei zugänglich
Führungen: nach Voranmeldung, 2 €/Person für Gruppen ab 15 Personen,
Attraktionen: Rhododendronblüte Ende Mai/Anfang Juni
Wiesenburg

der Landschaftspark durch den damaligen Schloßherrn Curt Friedrich Ernst von Watzdorf und seinen Förster Gebbers. Unterhalb der großen Terrassen mit Teppichbeeten liegen Schloß-, Mühlen- und Inselteich, umgeben von alten, dendrologisch interessanten Bäumen. Diesem Gartenteil schließt sich der fast 100 ha große Waldparkteil mit uralten Rhododendronbeständen an. In den vergangenen Jahren wurde der schloßnahe Park wiederhergestellt. Im Waldpark konnten in den letzten Jahren erste Wiederherstellungsarbeiten, wie die Öffnung der Sichtachsen, realisiert werden.
Veranstaltungen: Parkfest, Lichterfest, Chortreffen, Pfingstkonzert, Adventskonzert

Brbg 27
Eigentümer/in: Gemeinde Planebruch, OT Cammer, Im Park 2, 14822 Cammer,
Tel. 033835/305 oder 317
Größe: 12 ha
frei zugänglich
Attraktionen: Blüte der Maiglöckchen, Rhododendren im Mai, Tiergehege
542 Cammer

Parkanlage Cammer

Im Park, Cammer

Um das 1829 errichtete Herrenhaus ließ Albert von Broesigke einen Landschaftsgarten anlegen. Von dem ehemaligen Gutspark zeugen noch mehrere Teiche mit Inseln und ein schöner Altbaumbestand mit mächtigen Eichen, Linden, Erlen und Buchen. Auf einem Hügel sind unter anderen die Grabstelle des 1924 verstorbenen Heino von Broesigke und seiner Söhne zu finden. An der Stelle des 1949/ 50 abgetragenen Herrenhauses befindet sich heute ein Kinderspielplatz, auf dem früheren Pleasureground ein Fußballplatz. Erhalten sind das ehemalige Gartenhaus mit Eiskeller, das Wohnhaus des Försters und der ehemalige Gutspferdestall.

Brbg 28
Größe: 0,4 ha
Eintritt: frei
Führungen: nach Voranmeldung, Preis nach Vereinbarung
→ 5 km von der A 9 Abfahrt Niemegk
✿ seltene winterharte Pflanzen

Schaupflanzungen der Staudengalerie an der Plane

Hauptstraße 6, Locktow

Die noch sehr junge Anlage zeichnet sich bereits jetzt durch eine Vielfalt an seltenen Stauden aus.
Eigentümer/in: Olaf G. Grabner, Hauptstraße 6, 14806 Locktow, Tel. 033843/40410, Fax 033843/40606
Veranstaltungen: Vorträge über Stauden und Gehölze, auf Anfrage
Öffnungszeiten: März bis Okt. Mi bis Sa, 10–18 Uhr

Brbg 29
Größe: 16 ha
frei zugänglich
631 Holländer Mühle
Veranstaltungen: Freiluftkonzerte, Sommer
Infos bei Karl-Heinz Friedrich,

Lenné-Park Petzow

Zelterstraße 5, Werder

Park und Dorf Petzow gehören zu den bedeutendsten ländlichen Architektur- und Landschaftsensembles in der Mark Brandenburg aus der ersten Hälfte des 19. Jahrhunderts. Herausragende Künstler wie K. F. Schinkel, A. Stüler und P. J. Lenné haben den Herrensitz im Stil eines mittelalterlichen

Rittergutes geprägt. Fontane bezeichnete den Lenné-Park als eine absolute Schönheit. Ähnlich Sanssouci liegt der Park an einem Hügelhang und geht in großen Stufen terrassenartig hinab. Die obere Terrasse wird vom erlenumstandenen Parksee eingenommen, während auf der untersten Stufe sich der Schwielowsee erstreckt.
Eigentümer/in: Stadt Werder (Havel), Eisenbahnstraße 14, 14542 Werder (Havel), Tel. 03327/783374, Fax 03327/783322, E-Mail: tourismus@werder-havel.de,
Internet: www.werder-havel.de

Heimatverein Petzow e.V., Fercher Str. 50B, 14542 Werder (Havel) OT Petzow, Tel. 03327/668379, www.petzow-online.de,
Konzerte in der Petzower Kirche,
Ausstellungen
Führungen: nach Voranmeldung,
Tel. 033841/91442

Schloßpark Paretz

Parkring, Paretz (bei Ketzin)

König Friedrich Wilhelm III. und seine Gemahlin Königin Luise von Preußen ließen sich ab 1797 wahrscheinlich nach Plänen von David und Friedrich Gilly durch den Hofgärtner David Garmatter einen Landschaftsgarten im sentimentalen Stil anlegen. Von den zahlreichen, ursprünglich vorhandenen Staffagebauten sind noch das Gotische Haus (ehemalige Schmiede, heute Gaststätte) sowie die Dorfkirche erhalten. Seit 1991 ist der Schloßgarten wieder öffentlich. Er soll in seiner ursprünglichen Struktur wiederhergestellt werden. Der zum Ensemble gehörende Kirchgarten wurde bereits in den 1970er und 80er Jahren von ansässigen Betrieben wiederhergestellt. Die Restaurierungsarbeiten des Rohrhausgartens sind weitgehend abgeschlossen.
Eigentümer/in: Stiftung Preußische Schlösser und Gärten Berlin-Brandenburg
Besucherzentrum an der Historischen Mühle,
Postfach 601462, 14414 Potsdam,
Tel. 0331/9694-202, Fax 0331/9694-107

Brbg 30
Größe: 10 ha
frei zugänglich
DB Potsdam
Havelbus 614 Paretz Schloß
P ✕ 🐕 ♿
Veranstaltungen:
Ausstellungen im Schloß

Schloßpark Marquardt

Im Park, Marquardt

Auf den Resten einer älteren geometrischen Anlage wurde der Schloßpark auf der Grundlage eines vom königlichen Hofgartendirektor Peter Joseph Lenné 1823 gezeichneten Planes errichtet. 1892 erfolgte unter Geheimrat Louis Ravene eine Verdoppelung der Parkfläche nach Süden hin. Der gut gepflegte Park mit altem Baumbestand erstreckt sich malerisch vom Schloß und Dorf bis an die Ufer des Schlänitzsees.
Eigentümer/in: Gemeinde Marquardt, Hauptstraße 7, 14476 Marquardt, Tel. 033208/57210,
Veranstaltungen: Konzerte, Vorträge, Infos bei Herrn Czada, Alter Krug, 14476 Marquardt, Tel. 033208/57233

Brbg 31
Größe: 14 ha
frei zugänglich
Führungen: nach Voranmeldung,
Dr. W. Grittner, Im Park 1, 14476 Marquardt,
Tel. 033208/57279
für Gruppen bis 50 Personen, 50 €/Gruppe
DB Marquardt
614 Alter Krug
P 🐕 ♿
i an Wochenenden und nach 17 Uhr

Brbg 32
Eigentümer/in:
Brandenburgische Schlösser GmbH – Gemeinnützige Betriebsgesellschaft,
Breite Straße 9,
14467 Potsdam,
Tel. 0331/279150,
Fax 0331/2791594,
E-Mail:
info@schloesser-gmbh.de,
Internet:
www.schloesser-gmbh.de
Größe: 4,5 ha,
frei zugänglich

Sudermannpark

Dorfstraße, Blankensee

1832 entstand nach einem Entwurf Peter Joseph Lennés für die Familie von Thümen in Blankensee durch Überformung barocker Strukturen ein kleiner Landschaftspark, der seinen besonderen Reiz durch die Einbeziehung des Flüßchens Nieplitz und dessen Seitenarme hat. Die Anlage wurde 1902 von dem zu seiner Zeit berühmten Schriftsteller Hermann Sudermann übernommen und danach im Stil des Historismus erweitert und überformt. Vor allem durch die in dieser Zeit eingebrachten Kleinarchitekturen, wie dem Kaiserportal, der Loggia und dem Rundtempel mit vorgelagertem Wasserbecken, ergänzt durch eine Vielzahl von Skulpturen, ergibt sich ein spannungs- und stimmungsvolles Bild, das Ausdruck einer Italiensehnsucht ist. Der Park wurde von 1994 bis 1996 nach einer gartendenkmalpflegerischen Konzeption durch den Landschaftsarchitekten Armin Henne restauriert.

Brbg 33
Größe: 8 ha
frei zugänglich
Führungen: nach Voranmeldung,
Tel. 0331/2008016 oder 0175/1848622
S-Bahnhof Potsdam Stadt
92, 93, 96, 98
Alter Markt Potsdam,
ab S-Bahnhof Potsdam Stadt
692, 694, 695, 697
Alter Markt Potsdam,
ab S-Bahnhof Potsdam Stadt

Freundschaftsinsel

Potsdam

Der Garten entstand als erster öffentlicher Schau- und Sichtungsgarten für winterharte Blütenstauden, Farne und Gräser in Deutschland auf Anregung von Karl Foerster 1938 bis 1940. Grundlage waren die Pläne des Gartenarchitekten Hermann Mattern. Der Wiederaufbau erfolgte ab 1953 mit Veränderungen der Anlage in den 1970er Jahren. Das Gartendenkmal mit den zum Teil noch erhaltenen Planungsrealisierungen aus den 1930er, 1950er und 1970er Jahren wurde zur Bundesgartenschau 2001 komplett saniert, unter anderem sind dabei wieder 200 originale Staudenzüchtungen Karl Foersters gepflanzt worden.
Eigentümer/in: Landeshauptstadt Potsdam, Fachbereich Grün- und Verkehrsflächen, Bereich Grünflächen, Stephensonstraße 27, 14461 Potsdam,
Tel. 0331/2893600, Fax 0331/2893602
Veranstaltungen: Wechselnde Ausstellungen im Pavillon, Kulturveranstaltungen auf der Freilichtbühne an Wochenenden in der Saison

Brbg 34
Eigentümer/in: Universität Potsdam, Am Neuen Palais,
14415 Potsdam,
Tel. 0331/9771962,
Fax 0331/9771951,
E-Mail: mburkhart@rz.uni-potsdam.de
Größe: 5 ha

Botanischer Garten der Universität Potsdam

Maulbeerallee 2, Potsdam

Der Botanische Garten der Universität Potsdam wurde 1950 auf dem Gelände des ehemaligen Terrassenreviers der Hofgärtnerei von Sanssouci angelegt. Der Garten gliedert sich in einen Gewächshauskomplex und in ein Freilandgelände. Der größte Teil der Gewächshäuser, zirka 3000 Quadratmeter, kann das ganze Jahr über täglich besichtigt werden. Hier werden rund

4600 verschiedene Pflanzenarten aus tropischen und subtropischen Gebieten aller Kontinente kultiviert. Vom Palmenhaus gelangt man zu den einzelnen Schauhäusern mit Farnen, Ananas- und Aronstabgewächsen, Orchideen, tropischen Wasserpflanzen, Nutzpflanzen, Begonien, Gesneriengewächsen und Sukkulenten. Die Freilandanlagen, die der Öffentlichkeit nur in der Vegetationsperiode zugänglich sind, beherbergen etwa 4000 verschiedene Pflanzenarten, die nach ökologischen, systematischen und zum Teil pflanzengeographischen Gesichtspunkten geordnet sind. Sie liegen zu beiden Seiten der Maulbeerallee und umfassen unter anderem ein Ostasienquartier, ein Primel- und Farnquartier, eine Abteilung für Nutzpflanzen, Beete für geschützte und gefährdete einheimische Pflanzen, ein Arboretum, ein Alpinum, einen Rhododendrongarten und ein Laubwaldquartier mit vielen Frühblühern. Das Stibadium oder Brunnenhäuschen und die wiederhergestellte Wasserkaskade stammen aus der Mitte des 19. Jahrhunderts.

Eintritt: 2 €, Kinder frei bis 6 Jahre, ermäßigt 1 € für Schüler, Studenten, Behinderte, 0,50 € für Schulklassen
Tel. 0331/9771904,
Öffnungszeiten:
im Sommer 9.30–17 Uhr,
im Winter 9.30–16 Uhr,
Führungen: nach Voranmeldung,
Tel. 0331/9771950,
Veranstaltungen:
Sonderausstellung über Pflanzeninvasionen in aller Welt
🚌 695 Orangerie
P nur an Wochenenden und Feiertagen
♿ ℹ

Gartenanlagen-Gedenkstätte Karl Foerster

Am Raubfang 6, Potsdam-Bornim

Karl Foerster legte diese Schaugärten für winterharte Stauden im Jahre 1912 an. Der Senkgarten besteht aus terrassenförmigen Beeten, der Mittelpunkt aus einem ovalen Wasserbecken. Besonders attraktiv ist dieser Gartenteil zur Phlox beziehungsweise Ritterspornblüte, später zur Herbstfärbung der Gräser, Gehölze und diversen Spätherbststauden, wie Astern und Chrysanthemen. Im Rahmen der Bundesgartenschau Potsdam 2001 wurde der Frühlingsweg neubearbeitet. Der Steingarten konnte in seiner historischen Form erhalten bleiben, die Bepflanzung mußte sich jedoch den veränderten Lichtverhältnissen, bedingt durch den Baumwuchs, anpassen. Ganz neu gestaltet wurde das Herbstbeet, früher der Eingangsbereich zum Versuchsgarten. Auch hier war eine schwierige Anpassung an den Baumbestand notwendig.

Brbg 35
Eigentümer/in: Marianne Foerster, Am Raubfang 6, 14469 Potsdam-Bornim,
Tel. und Fax 0331/520936
Größe: 0,5 ha
Spende ins Sparschwein
Öffnungszeiten: im Sommer 9 Uhr bis Dämmerung
Führungen: nach Voranmeldung, für Gruppen max. 25 Personen, 4 €/Pers.
DB Potsdam-Bornim
🚌 692 Amundsenstraße
→ Potsdam-Nauen, auf der B 273 bis Ende Bornstedt – Anfang Bornim
P 🐕 ♿
✿ Gärtnerei – Staudenverkauf,
Tel. 0331/5672615

Brbg 36
Eigentümer/in: Stiftung Preußische Schlösser und Gärten, Berlin-Brandenburg, Postfach 601462, 14414 Potsdam, Tel. 0331/96940, Fax 0331/9094103
Größe: 105 ha (inkl. Heiliger See)
Eintritt frei, Zugang zu den Gebäuden nur mit Eintritt
DB Potsdam Stadt
92, X91 Neuer Garten
692 Neuer Garten
P

Der Neue Garten

Am Neuen Garten, Potsdam

König Friedrich Wilhelm II. wollte sich auch räumlich von seinem ungeliebten Onkel, König Friedrich dem Großen, absetzen und ließ sich Ende des 18. Jahrhunderts am Ufer des Heiligensees einen neuen Garten mit dem Marmorpalais als Residenz errichten. Der Hofgärtner Johann August Eyserbeck bezog in den kleinteiligen sentimentalen Garten zahlreiche Parkarchitekturen wie Gotische Bibliothek, Maurischer und Antiker Tempel, Grotte, Pyramide, Obelisk und Parasol ein, die verschiedene Stimmungen unterstreichen sollten. Eine Orangerie dient der Überwinterung der Kübelpflanzen. Ab 1816 entwickelte Peter Joseph Lenné den inzwischen zugewachsenen Garten zu einem großzügigen Landschaftspark, so wie er sich heute noch in großen Teilen präsentiert. Das Schloß Cecilienhof, von 1913 bis 1917 als Wohnsitz für den Kronprinzen Wilhelm und seine Gemahlin Cecilie erbaut, ist der letzte Schloßbau der Hohenzollern in Potsdam. Vom Architekten Paul Schultze-Naumburg wurde es im Stile eines englischen Landhauses konzipiert. Die gebäudenahen Gartenteile sind seit 1973 geometrisch gestaltet und mit Formgehölzen geschmückt. 1945 tagten die Siegermächte der Potsdamer Konferenz im Saal des Schlosses, das dadurch historische Bedeutung erlangte.

Brbg 37
Eigentümer/in: Stiftung Preußische Schlösser und Gärten, Berlin-Brandenburg, Postfach 601462, 14414 Potsdam, Tel. 0331/96940, Fax 0331/9094103
Größe: 133 ha, frei zugänglich
DB Potsdam
694 S-Bahnhof Babelsberg
P

Park Babelsberg

Allee nach Glienicke, Potsdam

Im Jahre 1828 machte Lenné den Prinzen Wilhelm, den späteren Kaiser Wilhelm I., auf den Babelsberg als geeigneten Sommersitz aufmerksam. Ab 1833 arbeitete Lenné an der landschaftlichen Gestaltung der Parkanlage, doch bald kam es zum Konflikt zwischen Künstler und Auftraggebern, so daß ab 1843 Fürst Pückler-Muskau mit der Fortführung der gärtnerischen Planungen betraut wurde. Durch sein gutes Verhältnis zur Prinzessin hatte dieser künstlerisch und finanziell freie Hand und schuf um das eindrucksvolle neugotische Schloß einen abwechslungsreichen Landschaftspark mit vielen großartigen Blicken über die Potsdamer Seenlandschaft. Der intensiv gestaltete Pleasureground mit farbenprächtigem Blumenflor, Brunnenfontänen und vergoldeten Gittern geht in den durch zahlreiche Wege gut erschlossenen Park über, in dem viele Gartenarchitekturen und Bauwerke, unter anderem das Kleine Schloß, das Matrosenhaus und die Siegessäule stehen. Das Schloß Babelsberg entstand 1833 bis 1849 nach Plänen der Architekten Schinkel, Persius und Strack. Nach dem Tode Kaiser Wilhelms I. 1888 wurde der Park nur sehr sparsam bewirtschaftet uns Sichten wuchsen zu. Der Bau der

Berliner Mauer 1961 trennte einen wesentlichen Teil der Anlage im Norden ab. Seit 1960 wird der Park wieder gepflegt, seit 1990 wurden die gravierenden Schäden im ehemaligen Grenzgebiet beseitigt.

Park Sanssouci

Schopenhauerstraße, Am Neuen Palais, Potsdam

Ab 1745 ließ Friedrich II. vor den Toren Potsdams seine Sommerresidenz Sanssouci errichten, die er bis zu seinem Tode zu einer großartigen Anlage ausbaute. An einer 2 Kilometer langen Allee durch den gesamten Park sind die Bauten, Zier- und Nutzgärten sowie waldartige Partien wie Perlen an einer Kette aufgereiht. In der Regierungszeit Friedrichs II. entstanden neben dem Schloß Sanssouci die Neuen Kammern, die Bildergalerie, das Repräsentationsschloß Neues Palais mit dem Freundschafts- und Antikentempel, das Chinesische Haus, die Neptungrotte, das Belvedere auf dem Klausberg mit dem Drachenhaus und weitere Gartenarchitekturen. Eine Anzahl Plastiken aus der Entstehungszeit verleiht noch heute dem Park seinen besonderen Reiz. Durch Peter Joseph Lenné hielt ab 1822 der klassische Landschaftsgarten Einzug in Sanssouci. Weite Flächen wurden dem Park angegliedert und landschaftlich gestaltet: der Parkteil Charlottenhof, Hopfengarten, Ruinenberggelände, Umgebung des Orangerieschloßes. In diese abwechslungsreiche Parklandschaft wurden Sondergärten wie der Marlygarten, der Nordische und der Sizilianische Garten eingebettet. In der jahrzehntelangen Bautätigkeit unter Friedrich Wilhelm IV. ab 1825 nahm im Schloß Charlottenhof, in den Römischen Bädern, in der Friedenskirche mit den dazugehörigen Bauten und dem 1860 fertiggestellten Orangerieschloß die Italiensehnsucht des Königs feste Gestalt an. Mit der Anlage des Potentestückes 1902 bis 1908 fand der Park Sanssouci seinen Abschluß.

Brbg 38
Eigentümer/in: Stiftung Preußische Schlösser und Gärten, Berlin-Brandenburg, Postfach 601462, 14414 Potsdam, Tel. 0331/96940, Fax 0331/9094103
frei zugänglich
DB Potsdam
Tram 98, 94
Bus 695
P für Pkw und Busse

Pfingstberg

Potsdam

Bereits Friedrich Wilhelm II. plante auf dem mit 75 Meter höchsten Berg in der Potsdamer Umgebung den Bau eines gotischen Belvederes. Aber erst unter Friedrich Wilhelm IV. konnten alle heute zum Pfingstberg gehörenden Grundstücke mit Anschluß an den Neuen Garten erworben werden. Er beabsichtigte die Errichtung einer imposanten Belvedereanlage, von der nur das heute zu sehende Bauwerk verwirklicht wurde. Von 1847 bis 1863 zogen sich die Bauarbeiten an dem mit zwei Türmen und Kolonnaden versehenen Gebäude hin, das

Brbg 39
Eigentümer/in: Stiftung Preußische Schlösser und Gärten, Berlin-Brandenburg, Postfach 601462, 14414 Potsdam, Tel. 0331/96940, Fax 0331/9094103
Größe: 10 ha
frei zugänglich
Zugang zu den Gebäuden nur mit Eintritt
DB Potsdam

🚋 92
🚌 638, 697, 694, 692
Pfingstberg
Ⓢ Potsdam
P

innen das Reservoir für die Wasserspiele des Neuen Gartens enthält. Es bietet mit seinen beiden Türmen eine einmalige Rundsicht auf die Potsdamer Landschaft. Die landschaftliche Parkanlage mit Anschluß an den Neuen Garten entstand 1862/1863 nach Plänen Peter Joseph Lennés und verfügt in Gebäudenähe auch über geometrische Partien. Bereits vorhandene Bauwerke wurden einbezogen, zum Beispiel der 1801 von dem noch unbekannten Karl Friedrich Schinkel entworfene Pomonatempel. Dieser tempelartige Pavillon wurde 1991/1992 wiederhergestellt. Westlich des Pfingstberges an der Puschkinallee befindet sich Potsdams Jüdischer Friedhof. Er wurde 1743 eingerichtet und mehrmals erweitert. Etwa 530 Grabsteine, größtenteils aus dem 18. und 19. Jahrhundert, sind noch erhalten.

Brbg 40
Eigentümer/in: Entwicklungsträger Bornstedter Feld GmbH, Treuhänder der Stadt Potsdam, Jägerallee 21, 14469 Potsdam, Tel. 0331/271980, Fax 0331/2719819, E-Mail: info@bornstedter-feld.de, Internet: www.volkspark-potsdam.de
Größe: 63 ha
Öffnungszeiten: ganzjährig 5 bis 23 Uhr
Eintritt: 1 €, Kinder frei bis 6 Jahre, ermäßigt 0,50 € für Schüler, Studenten, Sozialhilfeempfänger, Arbeitslose, Schwerbehinderte, Schulklassen nach vorheriger Anmeldung 10 €
Attraktionen: Rhododendronblüte Mai/Juni, Rosenblüte ab Juni, div. Staudenbereiche Mai bis Oktober, Frühlings- und Sommerblumen April bis September
DB Potsdam
🚌 Mo–Fr 95 BUGA-Park, Wochenende/feiertags 90 BUGA-Park
P ✕ ☕ ♿ ℹ

Volkspark Potsdam – ehemaliger BUGA-Park 2001

Bornstedter Feld, Potsdam

An die Gartentradition der brandenburgischen Landeshauptstadt anknüpfend ist unter dem Motto „Gartenkunst zwischen gestern und morgen" zur BUGA 2001 im Bornstedter Feld im Norden Potsdams auf einem jahrhundertelang militärisch genutzten Gelände ein moderner Volkspark entstanden. Bei der Gestaltung wurden Relikte aus der militärischer Vergangenheit, z. B. die Schutzwälle, harmonisch in die Landschaft zwischen Ruinen- und Pfingstberg eingebunden. Breite Baumhaine bilden am Rand des Geländes den Übergang zwischen Park und Siedlungsbereich. Offene Wiesenbereiche und Altbaumbestände einerseits sowie intensiv gestaltete, anspruchsvolle Parkbereiche andererseits ergeben das Bild einer vielfältig nutzbaren Grünanlage. Aufgrund seiner modernen Landschaftsarchitektur und des saisonalen Veranstaltungsprogramms ist der im Herzen des stetig wachsenden Stadtteils Bornstedt gelegene Volkspark Potsdam ein attraktives Erholungs- und Freizeitgelände. Als besonders bemerkenswerte gärtnerische Bereiche gelten die in Form überdimensionaler Rosenblüten gepflanzten, nach Farben geordneten 13 000 Rosen im zentralen Bereich der Wallanlagen, die 45 schrägen Staudentableaus – Pyramidenstümpfe aus Muschelkalk – mit überwiegend sonnenliebenden, graulaubigen Pflanzen, weitere Staudenpflanzungen entlang der Wege, der Rhododendronhain und vieles mehr. Zahlreiche Spiel- und Bewegungsangebote stellen die Anziehungspunkte für jüngere Besucher dar: der Rutschenterminal, ein Turm mit mehreren hundert Meter langen Röhren zum Rutschen, das Rollforum, eine Anlage mit vielfältigen Skate-Elementen, der Spielwall mit einem rund 900 Quadratmeter großen Wasserbecken sowie der Naturspielplatz. Ergänzt wird das Angebot im Park durch die am Haupteingang gelegene, im Jahr 2002 eröffnete Naturerlebniswelt

Biosphäre Potsdam, in der die Besucher auf den Spuren Fürst Pückler-Muskaus in die vielfältige Tier- und Pflanzenwelt des tropischen Regenwalds entführt werden.
Veranstaltungen: vielseitiges Veranstaltungsprogramm in der Saison von Mai bis Okt.

Südwestkirchhof Stahnsdorf
Bahnhofstraße, Stahnsdorf
Der im Südwesten Berlins gelegene Friedhof gehört zu den größten Begräbnisplätzen Deutschlands. 1909 eröffnet, wurde er bald zur bevorzugten Ruhestätte zahlreicher Persönlichkeiten: Heinrich Zille, Lovis Corinth, Elisabeth von Ardenne, das Vorbild für Fontanes Effi Briest, Gustav Langenscheidt, Werner von Siemens, Engelbert Humperdinck, Friedrich Murnau u.a. sind hier begraben. Ab 1913 stand dem Friedhof sogar eine eigene S-Bahn-Verbindung – im Volksmund Friedhofs- oder Leichenbahn benannt – zur Verfügung. Zwischen 1908 und 1911 wurde die große Holzkapelle nach dem Vorbild norwegischer Stabkirchen erbaut. Zahlreiche aufwendig gestaltete Grabsteine und Mausoleen zeugen noch von der Qualität der damaligen Friedhofskultur. Besonders hervorzuheben ist das 1924 aufgestellte Christusrelief, das Lebenswerk des Künstlers Ludwig Manzel. Bestandteil des Friedhofs sind auch der englische und der italienische Soldatenfriedhof und die Anlage für die Opfer von Krieg und Gewaltherrschaft.
Eigentümer/in: Evangelische Kirche in Berlin-Brandenburg, – Schlesische Oberlausitz, Georgenkirchstraße 69, 10249 Berlin, Tel. 030/24344511, Fax 030/24344362

Brbg 41
Größe: 206 ha
Eintritt: frei
Öffnungszeiten: ganzjährig geöffnet, im Sommer 7–20 Uhr, im Winter 8–17 Uhr
Führungen: nach Voranmeldung
Südwestkirchhof Stahnsdorf, 14532 Stahnsdorf, Tel. 03329/62315, Fax 03329/614107,
623 ab S-Bhf. Zehlendorf, Stahnsdorf – Bahnhofstraße
601 ab S-Bhf. Potsdam Hbf.
Veranstaltungen: Stahnsdorfer Musiktage, Konzerte
Infos bei Südwestkirchhof, 14532 Stahnsdorf, Tel. 03329/62315, Fax 03329/614107

Privatgarten Reichelt
Friedrich-Naumann-Straße 133, Stahnsdorf
Der Familiengarten für Groß und Klein liegt hinter dem tradtionell gestalteten, 100jährigen Dreiseitenhof. Bei der an einen Bauergarten angelehnten Gestaltung waren Morgen und Abend, Mittagshitze und Dämmerung wichtig. Anmeldung erbeten.
Eigentümer: Barbara und Peter Reichelt, Friedrich-Naumann-Str. 133, 14532 Stahnsdorf, Tel. 03329/62212,
E-Mail: gaestehaus-reichelt@t-online.de

Brbg 42
Größe: 0,15 ha
Eintritt: frei
Öffnungszeiten: ganzjährig
DB Potsdam Hbf oder Berlin Wannsee
S1 Zehlendorf Mitte
623 Sputendorfer Straße
P Familienpension

Oderpromenade
Uferstraße, Lebuser Mauerstraße (Konzerthalle), Frankfurt (Oder)
Jahrhundertelang war das Oderufer zwischen Fluß und Altstadt Umschlag-, Stapel- und Lagerplatz für Handelsgüter. Bereits in den ersten Planungen nach dem 2. Welt-

Brbg 43
Eigentümer/in: Stadt Frankfurt (Oder), Amt für Tief-, Straßenbau und Grünflächen, Goepelstraße 38, 15234 Frankfurt (Oder),

Tel. 0335/552-0,
Fax 0335/552-1099,
E-Mail: stadt@frankfurt-oder.de
Internet:
www.frankfurt-oder.de
Größe: 3 ha,
frei zugänglich
2, 6 Europa-Universität
980, 981, 983, 985 An der alten Universität, Zentrum
P gebührenpflichtig
Veranstaltungen: Deutsch-Polnisches Oderfest, im Juni nach Ankündigung
Brückenfest, jährlich am 1.5.

krieg wurde eine Promenade am Oderufer mit Anbindung an den Ziegenwerder im Süden und zum Lennépark nördlich der Konzerthalle vorgesehen. 1973 wurden nördlich und südlich der Oderbrücke Promenadenabschnitte fertiggestellt. Nach der Sanierung der über 100jährigen Ufermauer südlich der Oderbrücke wurde der Promenadenabschnitt bis zum Museum Viadrina in den Jahren 1993 bis 1996 neugestaltet. Die Promenade ist mit Plastiken, einer Sonnenuhr, Schmuckpflanzungen, zwei Kinderspielplätzen und Ruheplätzen ausgestattet und bietet weite Ausblicke in den Oderlandschaftsraum und zur polnischen Partnerstadt Stubice. Nach dem Hoch-wasser 1997 wurde auch der nördliche Teil der Ufermauer saniert und die Promenade nördlich der Oderbrücke bis zur Straße Am Graben weitergeführt. Zur Oderpromenade gehört auch der Holzmarkt mit Schiffsanlegestelle.

Brbg 44
Eigentümer/in: Stadt Frankfurt (Oder), Amt für Tief-, Straßenbau und Grünflächen,
Goepelstraße 38,
15234 Frankfurt (Oder),
Tel. 0335/552-0,
Fax 0335/552-1099,
E-Mail: stadt@frankfurt-oder.de
Internet:
www.frankfurt-oder.de
Größe: 8,9 ha,
frei zugänglich
1, 3 Topfmarkt
1, 4, 6 Zentrum
980, 983 An der alten Universität, Zentrum, Topfmarkt
P gebührenpflichtig

Lennépark

Karl-Marx-Straße, Heilbronner Straße, Frankfurt (Oder)

Die Parkanlage wurde in der Zeit von 1835 bis 1845 nach Entwürfen von Peter Joseph Lenné angelegt. Er gestaltete auf den relativ schmalen Wallanlagen einen Landschaftspark, der zu den ersten Bürgerparkanlagen Deutschlands zählt. Die Finanzierung erfolgte anfangs durch Bürgerspenden, später durch Zuschüsse des Preußischen Staates. Trotz der extremen räumlichen Ausmaße für einen Landschaftspark, das Verhältnis von Breite zu Länge beträgt 1 : 9, schuf der Planer durch kulissenartig verflochtene Gehölzund Baumpflanzungen, teichartige Erweiterung des Wasserlaufs und naturnahe Wegeführungen eine Folge von Erlebnisräumen, sowie den Verbund zwischen Altstadt und der in der Halben Stadt liegenden Bebauung. Der Lennésche Pflanzplan enthielt 250 verschiedene Strauch- und Baumarten, die es heute zu erhalten und zu ergänzen gilt.

Brbg 45
Eigentümer/in: Stadt Frankfurt (Oder), Amt für Tief-, Straßenbau und Grünflächen,
Goepelstraße 38,
15234 Frankfurt (Oder),
Tel. 0335/552-0,
Fax 0335/552-1099,
E-Mail: stadt@frankfurt-oder.de
Internet:
www.frankfurt-oder.de
Größe: 6,6 ha, frei zugänglich
980, 985, 987
Botanischer Garten
P

Botanischer Garten

Am Klingetal, Frankfurt (Oder)

Für die Stadt Frankfurt an der Oder wurde der Aufbau eines Botanischen Gartens 1968 als Ausgleichsmaßnahme für die im Stadtzentrum zu erwartende hohe Flächenversiegelung beschlossen. Die Planung erfolgte 1969 bis 1971. Im Jahre 1976 wurde der erste intensiv gestaltete Bereich um den Lienauteich fertiggestellt. Im Botanischen Garten sind vor allem Pflanzen der heimatlichen Flora zu sehen. Gärtnerische Abteilungen wurden gebildet, so beispielsweise die Rosen-/Staudenanlage, der Kräutergarten, Pflanzen der Teichlandschaft sowie Wechselpflanzflächen.

Anger

Lindenstraße, Walter-Korsing-Straße, Frankfurt (Oder)

Grundlage des Angers ist eine Grünanlage von Walter Hirsch aus den 1920er Jahren, die nach dem 2. Weltkrieg mehrfach verändert wurde. Von 1999 bis 2001 konnten im Norden des Angers der Rosengarten, im Süden der Staudengarten mit Pavillon sowie in der Mitte der Springbrunnen wiederhergestellt, bzw. ergänzt werden. Eingerahmt von alten Lindenalleen betonen geschnittene Heckenelemente, kegelförmig geschnittene immergrüne Gehölze entlang der Rasenflächen und kastenförmig geschnittene Linden die historische Formgebung und Raumaufteilung der Anlage.

Brbg 46 NEU

Eigentümer/in: Stadt Frankfurt (Oder), Amt für Tief-, Straßenbau und Grünflächen, PSF 1363, 15203 Frankfurt (Oder), Tel. 0335/5520, Fax 0335/5521099, E-mail: stadt@frankfurt-oder.de, Internet: www.frankfurt-oder.de

Größe: 5,5 ha, frei zugänglich

DB Frankfurt/Oder Hbf

4 Gertraudenkirche, Anger

984 Anger

Stadtpark

Meisterweg, Luckenwalde

Der Stadtpark von Luckenwalde besteht aus zwei Teilen. Der ältere, 1904 angelegte dient heute als Tierpark. Der sog. Neue Teil wurde 1936 von der bekannten Gartenbaufirma Späth geplant und gebaut. Das Zentrum der nahezu quadratischen Anlage ist eine große, landschaftlich angelegte Wiese mit einem äußeren „Großen Umgangsweg“ und einem inneren „Kleinen Umgangsweg“. Um die Wiese herum ordnete Späth architektonisch gestaltete Bereiche an mit Zierbeeten, Brunnen, Turnplatz und Liegewiese. Am Südende der großen Wiese wurde eine 70 Meter lange Pergolaanlage zum beherrschenden Motiv des Parks. In den folgenden Jahrzehnten wurde der Park zwar aufmerksam gepflegt, doch gerieten wichtige Wegeverläufe und Raumbezüge in Vergessenheit. Seit 1996 wird der Stadtpark sukzessive restauriert, so daß er sich heute als wichtiges Beispiel der Gartenarchitektur des frühen 20. Jahrhunderts präsentiert.

Brbg 47 NEU

Eigentümer/in: Stadt Luckenwalde, Markt 10, 14943 Luckenwalde, Tel. 03371/672349, Fax 03371/672 351, E-mail: tiefbauamt@luckenwalde.de, Internet: www.luckenwalde.de

Größe: 5 ha

Führungen: nach Voranmeldung

frei zugänglich

DB Luckenwalde

Waldfriedhof

Straße des Friedens, Luckenwalde

Der Waldfriedhof ist ein Frühwerk des Architekten Richard Neutras, ein seltenes Beispiel für Umsetzung expressionistischer Architektursprache in einer kleinstädtischen Friedhofsplanung. Der 1922 eingeweihte Friedhof blieb in seiner Struktur weitgehend erhalten. Verlorengegangene typische Bepflanzungen sollen im Sinne des Entwurfs wiederhergestellt werden. Der Entwurf lässt sehr klar die künstlerische Moderne erkennen: Bei aller scheinbaren Naturnähe der übernommenen Waldbestände dienen diese doch nur als Unterlage und Gestaltungsmittel für einen streng formalen Grundriss, der der Gestalt eines Skarabäus folgt. Mit unterschiedlichen Elementen, wie der Kapelle als Kopf und zickzackförmige, spiegel-symmetrische Seitenlichtungen als Beine wird dieser

Brbg 48 NEU

Eigentümer/in: Stadt Luckenwalde, Markt 10, 14943 Luckenwalde, Tel. 03371/672349, Fax 03371/672351, E-mail: tiefbauamt@luckenwalde.de, Internet: www.luckenwalde.de

Führungen: nach Voranmeldung

frei zugänglich

DB Luckenwalde

Käfer, der seit frühägyptischer Zeit als Symbol der Wiedergeburt gilt, nachgezeichnet. Von der Kapelle aus schreitet die Gemeinde zwischen zwei großen Wasserbecken wie über eine Brücke zu den Gräbern. Auch hier ein Symbol für den Weg zwischen der Welt der Lebenden und der der Toten.

Brbg 49 NEU
Eigentümer/in: Stadt Schönewalde, Markt 48, 04916 Schönewalde, Tel. 035362/281, Fax 035362/230, Größe: 18 ha
frei zugänglich
Attraktionen: Rhododendronblüte Mai/Juni
Veranstaltungen: wechselnd, Informationen über Wilfried Peter Tel. 035362/6057

Parkanlage Ahlsdorf

Parkstraße 6, Schönewalde-Ahlsdorf

Der mittelalterliche Adelssitz wurde Anfang des 18. Jahrhunderts zur heutigen barocken Zweiflügelanlage umgebaut. Justizrat Georg von Siemens erwarb das Gut 1857. Sein Sohn, der Bankier Johann Georg von Siemens, Vetter des Industriellen Werner von Siemens, gründete die Deutsche Bank. Schon 1857 begann die Umwandlung und Erweiterung der Reste einer barocken Parkanlage in einen Landschaftsgarten durch den Gärtner Johann August Ferdinand Kownik. Bis zur Bodenreform 1945 blieb die Anlage im Besitz der Familie von Siemens. Ab 1960 erfolgte eine Umwandlung in einen Kulturpark. Zwar wurden fast alle Ausstattungsdetails entfernt, doch blieben die Grundstruktur und die Parkarchitekturen weitgehend erhalten. Besonders erwähnenswert ist das pyramidenförmige Mausoleum und das „Nordische Teehaus".

Brbg 50
Eigentümer/in: Stadt Herzberg Markt 1, 04916 Herzberg, Tel. 03535/22155

Jugendstilgarten Herzberg

Badstraße 8, Herzberg/Elster

Dieses Anwesen, welches in der Gegend einzigartig ist, wurde durch den Fabrikanten Wilhelm Marx 1906 angelegt. Mitten im idyllischen Grün steht eine Jugendstilvilla, umsäumt von großen, fast hundertjährigen Bäumen. Eine wertvolle Sammlung von Gehölzen und Stauden ist so angelegt, daß beim Durchwandern des Gartens der Eindruck entsteht, in verschiedenen Gegenden zu sein. Die Gartenanlage überrascht durch ihre Vielfalt, z. B. mit Motiven der japanischen Gartenkultur. Der Senkgarten bietet mit seiner kargen Gestaltung einen fast leeren, kontemplativen Raum. Dem Steingarten ist ein Teich mit Kalksandsteinterrasse zugeordnet.

Größe: 1,5 ha
Eintritt: frei
Öffnungszeiten: ganzjährig geöffnet werktags ab 7 Uhr, So und feiertags 9 Uhr bis Dunkelheit
Führungen: nach Voranmeldung, Tel. 03535/482322
DB Herzberg

Foto: Stadt Herzberg

Gärten am Schloßberg und Stadtpark

Luckau

Der größte Teil der für die Landesgartenschau Luckau 2000 nach Plänen von H. Eckebrecht aus Kelkheim neu angelegten Parkflächen und -inhalte werden weiterhin auf hohem Niveau unterhalten. An den Hängen des Schloßbergs laden Sommer- und Rosengarten und ein kleiner Weiher ein. Südlich des Altstadtkerns schließt der neue Stadtpark an, der neben großen Wiesenflächen auch Sonderbereiche umfaßt, wie Moorbad- und Rhododendrongarten, ein von Rotbuchenhecken eingefaßter Staudengarten, Kneippbecken und Teiche mit Staudenbepflanzungen. Zahlreiche Spiel- und Freizeiteinrichtungen runden das Angebot ab.

Brbg 51
Eigentümer/in: Stadt Luckau
Markt 34, 15926 Luckau, Tel. 03544/3050, Fax 03544/508276, E-Mail: fvvb.luckau@t-online.de, Internet: www.luckau.de
Größe: 12 ha
frei zugänglich
Führungen: nach Voranmeldung, für Gruppen bis 20 Personen, 35 €/Gruppe
DB Luckau

Schloßpark Fürstlich-Drehna

Lindenplatz, Fürstlich-Drehna

In Fürstlich-Drehna entstand nach 1807 in mehreren Abschnitten ein weitläufiger Landschaftspark mit fließenden Übergängen in die umgebende, zum Teil ebenfalls ästhetisch überformte Kulturlandschaft, im Stil einer Ornamented Farm.

Brbg 52
Eigentümer/in: Brandenburgische Schlösser GmbH – Gemeinnützige Betriebsgesellschaft, Breite Straße 9,

Brbg

14467 Potsdam,
Tel. 0331/279150,
Fax 0331/2791594,
E-Mail:
info@schloesser-gmbH.de,
Internet:
www.schloesser-gmbh.de
Größe: 42 ha
frei zugänglich
Führungen: nach
Voranmeldung,
Tel. 035324/7030 oder
035324 569
P

Der Park selbst ist geprägt durch seine Großgehölze, vor allem durch buntlaubige Laubbäume sowie inzwischen über 40 Meter hohe Douglasien, in einem durch Koniferen bestimmten Parkteil. Durch Braunkohleabbau nach 1978 verlor der ursprünglich 52 Hektar große Park 22 Hektar, vor allem den 12 Hektar großen Ziegelteich. Durch intensives Engagement der örtlichen Bevölkerung, unter fachlicher Leitung des Landschaftsarchitekten Helmut Rippl, gelang es aber seit den 80er Jahren, durch Hinzufügung von 12 Hektar den Park in stilistisch angepaßter Form zu erhalten und zu ergänzen. Dabei sind reizvolle neue Sichtbeziehungen in den alten Parkteil, vor allem aber auch in die neue Bergbaufolgelandschaft entstanden. Darüber hinaus wurde das Element Wasser über den neu angelegten Schloßteich wieder eingebracht und durch einen gußeisernen Pavillon aus der Jahrhundertwende ergänzt. Eingebunden in den Park ist das restaurierte Wasserschloß, das wesentlich in der Renaissance beziehungsweise dem Barock entstanden ist. Vollständig von einem Wassergraben umschlossen ist es über die steinerne Schloßbrücke mit dem historischen Ensemble des Ortskerns verbunden.

Brbg 53 NEU
Eigentümer/in: Stiftung Stift Neuzelle, Stiftsplatz 7,
15838 Neuzelle,
Tel. 033652/8140,
Fax 033652/81419,
E-mail: info@stift-neuzelle.de,
Internet:
www.stift-neuzelle.de,
www.kloster-neuzelle.de
Größe: 3 ha
Eintritt: frei
Führungen:
nach Voranmeldung
Tourismusinformation Neuzelle,
Tel. 033652/6102
Öffnungszeiten:
ganzjährig geöffnet,
im Sommer: 10 – 17 Uhr,
im Winter: 11 – 16 Uhr
DB Neuzelle (RE 1)
P
Veranstaltungen:
diverse, bitte im Stift erfragen
in Sommer

Klostergärten des Stifts Neuzelle

Stiftsplatz, Neuzelle

Die Neuzeller Klostergärten zählen heute zu den herausragenden barocken Gartenanlagen des Landes Brandenburg. Sie wurden Mitte des 18. Jahrhunderts in der Amtszeit von Abt Dubau (1742 – 1775) angelegt und sind bis heute in ihren Grundstrukturen bewahrt. Die umfriedete Gartenanlage ist in den „Herrschaftlichen Lust-, Obst- und Küchengarten", der schon im 18. Jahrhundert für Besucher geöffnet war, und den „Conventgarten", der bis zur Auflösung des Klosters ausschließlich den Mönchen vorbehalten war, gegliedert. Beide Gartenteile sind durch eine hohe Mauer und die Orangerie voneinander getrennt. Durch die Lage des Klosters auf einem Bergsporn am Rande der Oderniederung konnten langgestreckte Terrassen angelegt werden, die vielfältige Blickbeziehungen auf die geometrisch gegliederten Gartenpartien, die repräsentativen Gebäude der Klosteranlage und in die Weite der Oderauen bieten. 2003 wurde nach über zehnjähriger Bauzeit die denkmalgerechte Wiederherstellung der Orangerie, des Orangerieparterres sowie der Terrassen- und Treppenanlagen abgeschlossen. Weitere Erhaltungs- und Wied erherstellungsmaßnahmen sind vorgesehen. Mit seinen beiden prachtvollen Kirchen, den Klostergärten, dem Kreuzgang sowie seinen Kunstschätzen zählt die Zisterzienserabtei Neuzelle zu den wenigen, einschließlich aller Außenbereiche vollständig erhaltenen Klosteranlagen Europas.

Branitzer Park

Cottbus, Robinienweg

Foto: Kläber

Der von Hermann Fürst von Pückler-Muskau von 1845 bis 1871 geschaffene Landschaftspark ist ein Gartenkunstwerk von internationalem Rang. Branitz wurde 1449 erstmalig urkundlich erwähnt und gelangte 1696 durch Kauf in den Besitz der Familie. Nach dem Verkauf der hochverschuldeten Standesherrschaft Muskau nahmen Fürst und Fürstin Pückler ihren Wohnsitz in Branitz. Hier schuf Pückler einen Mikrokosmos seiner Lebensreise. Die Parkdramaturgie beginnt im Osten, kulminiert im lebensfrohen Schloßbereich und endet am Ort des Todes, den Pyramiden im Westen. Das Schloß umgab er mit einem Pleasureground, der mit einer Fülle von Blumenbeeten, Plastiken, Gartenzierat und Ziergehölzen reich geschmückt ist. Hier verwendete er auch fremdländische Baum- und Straucharten, während er im Park nur einheimische pflanzen ließ. Fürst Pückler selbst ist im Tumulus, der Wasserpyramide, beerdigt. Für die Gestaltung seines Meisterwerkes nutzte der Fürst, trotz der wenig fruchtbaren Böden in Branitz, den anstehenden hohen Grundwasserstand und die in der Nähe gelegene Spree, um in seinem Park ein künstliches Gewässersystem zu schaffen. Mit dem Aushub ließ Pückler das feinsinnig erdachte Bodenrelief des Parkes anlegen. Neben der besonders schön modellierten Schilfseepartie fasziniert insbesondere die imposant angelegte Pyramidenebene mit der ehemals stufenförmig erbauten Landpyramide (1860 bis 1863) und dem zum Symbol für Branitz und Cottbus gewordenen Tumulus (1856 bis 1857). Der Branitzer Park ist ein nach dem Zonierungsprinzip angelegter Landschaftsgarten mit gestalterisch differenzierten Bereichen.

Brbg 54
Eigentümer/in: Stiftung Fürst-Pückler-Museum, Park und Schloß Branitz, 03042 Cottbus, Robinienweg 5, Tel. 0355/75150, Fax 0355/7515230, Internet: www.pueckler-museum.de
Größe: 100 ha, Park frei zugänglich
Eintritt Museum (ohne Marstall): 3,50 €, ermäßigt 2,50 €, Kinder 1,25 €
Öffnungszeiten Museum: April bis Oktober 10–18 Uhr November bis März Di–So 11–17 Uhr, Marstall geschlossen
🚌 15, 19 Robinienweg, Park
P ✕ i
Veranstaltungen: Ausstellungen, Konzerte, Lesungen Infos bei: Tel. 0355/75150,
Schloß und Marstall: Ausstellungen zum Leben und Werk Pücklers und zum Branitzer Park

Fürst Pückler konzipierte den Inneren Park nach dem Vorbild einer deutschen Mittelgebirgslandschaft verknüpft mit Motiven und Versatzstücken, Inspiration seiner zahlreichen Reisen, auf einer Fläche von zirka 100 Hektar. Die umgebende Feldflur, den Äußeren Park von zirka 500 Hektar Größe, gestaltete er als Ornamental Farm.

Brbg 55
Eigentümer/in: Cottbuser Gartenbaugesellschaft 1995
Vorparkstraße 3,
03042 Cottbus,
Tel. 0355/7542-200,
Fax 0355/7542-111
Größe: 20 ha
Öffnungszeiten:
ganzjährig geöffnet,
im Sommer 9–18 Uhr,
im Winter 9–16 Uhr
Eintritt: 1 €, Kinder frei bis 6 Jahre, ermäßigt 0,50 € für Schüler, Studenten, Soldaten, Zivis
🚌 13 Tierparkparkplatz
🅿 gebührenpflichtig
☕ 🐕 ♿ ℹ

Spreeauenpark Cottbus

Cottbus

Die Planer und Architekten knüpften bei der Gestaltung des heutigen Spreeauenparkes an die Traditionen großer Vorbilder auf dem Gebiet der Landschaftsgestaltung an, welche den Branitzer Park und die innerstädtischen Parke errichteten. Als Teil des ehemaligen Bundesgartenschaugeländes wird der Spreeauenpark eingerahmt von alten Eichenalleen. Neben einem einzigartigen Baumbestand und ausgedehnten Wiesenflächen prägen Staudenpflanzungen, der Rosengarten mit rund 6000 Rosen in zirka 100 Arten und Sorten und Themengärten den heutigen Charakter des Parks. Den Mittelpunkt bildet der 1,2 ha große Parkweiher, in den mehrere Gräben, von Wildstaudenbeeten begleitet, einmünden. Die zwischen Rosengarten und Parkcafé gelegenen fünf Heckengärten sind besonders schönen Blütenstauden gewidmet, u.a. Karl Försters Lieblingsstauden. Der Rhododendronhain beherbergt das Spektrum der ganzen Breite des modernen Baumschulensortiments der Rhododendren. Angeregt durch das Vorbild der Natur in der näheren Umgebung entstand die Heidedüne mit Heidepflanzen und Gräsern eingerahmt von Ginster, Kiefern und Birken. Eine Besonderheit stellt der Tertiärwald dar, der eine wissenschaftliche Pflanzensammlung über die Pflanzenwelt zur Zeit der Braunkohleentstehung beherbergt. Zum 10jährigen Bestehen des Geländes wurden sieben Kraftplätze eingerichtet. Jeder Platz hat für sich eine eigene Qualität und durch die Energie der Erde eine unterstützende Wirkung auf den Menschen. Bekannte Kraftplätze sind z. B. der Steinkreis in Stonehenge in England und die Externsteine in der Nähe von Detmold.

Brbg 56
Eigentümer/in: Stadt Cottbus, Grünflächenamt,
Karl-Marx-Straße 67,
03044 Cottbus,
Tel. 0355/6122711,
Fax 0355/6123004,
E-Mail:
gruenflaechenamt.
stadt@cottbus.de
Größe: 12,2 ha
frei zugänglich

Innerstädtischer Grünring Cottbus

Cottbus

Aus den mittelalterlichen Wallanlagen um die Stadtmauer entstand Mitte des 19. Jahrhunderts ein Ring von Grünanlagen und Parks, der noch heute Teile der Stadtmauer und Befestigungsanlagen enthält. Die mit den Spreeufern verbundenen Anlagen, überwiegend mit Landschaftsgartencharakter, entstanden fast alle um die Jahrhundertwende und wurden für die Bundesgartenschau 1995 in Cottbus rekonstruiert. Die Parkanlagen und Grünverbindungen von Stadtpromenade, Puschkinpromenade, Schloßberg, Goethepark (Stadtpark), Carl-Blechen-Park (Staudengarten seit 1954) und Brandenburger Platz schließen sich zu einem Grünring um die Altstadt zusammen. Ausgehend vom Goethepark und Carl-Blechen-Park führen gestaltete Anlagen an den Ufern der Spree und Mühlspree über den Eliaspark und Vorpark zum Spreeauenpark (ehemaliges Bundesgartenschaugelände) bis hin zum Tierpark und zum Branitzer Park. In den Anlagen an der Stadtmauer, in der Stadtpromenade und der Puschkinpromenade, im Carl-Blechen-Park, im Frühlingsgarten, am Rosenhang und im 1994 in der Ludwig-Leichhardt-Allee neu entstandenen Tagliliengarten ist die in Cottbus gepflegte Tradition der Staudenverwendung im Sinne des Bornimer Staudenzüchters Karl Foerster prägend.

Führungen: nach Voranmeldung Cottbus-Service,
Tel. 0355/7542-0,
Fax 0355/7542-455,
Attraktionen: Fontänen im Goethepark Mai bis Sept. Sa, So und Feiertage
1 Stadtpromenade
P gebührenpflichtig

Galerie Garten Romantik Forst

Spremberger Straße 67, Forst (Lausitz)

Der mehrfach mit Preisen ausgezeichnete Garten der Pension ist ein originelles Miniparadies mit ständig wechselndem Ambiente. Der nach Osten gerichtete Vorgarten präsentiert sich augenzwinkernd im „Tuntenbarock". Der Südteil lädt im griechisch-römischen Stil zum gemütlichen Sitzen und Zuhören bei lachmuskelstrapazierenden Lesungen ein. Im Westteil erfreut ein mexikanisches Atrium mit Brunnenhof zum blickgeschützten Relaxen. Eine umfangreiche Galerie des Hausherren mit Kunstwerken aller Stilrichtungen überrascht kostenlos den jederzeit willkommenen Besucher.
Eigentümer/in: Ulrich und Karin Acksel, Pension Ihr Bett in Forst, Spremberger Straße 67, 03149 Forst (Lausitz), Tel. 03562/7582, Fax 03562/7582

Brbg 57
Größe: 640 m²
Öffnungszeiten: ganzjährig geöffnet
Führungen: nach Voranmeldung
DB Forst (Lausitz)
Forst – Cottbus Spremberger Straße
→ Ortsteil Noßdorf
P
Getränke nach Voranmeldung
Veranstaltungen: Lesungen im Garten, Gartengalerie

Ostdeutscher Rosengarten Forst

Wehrinselstraße 43, Forst (Lausitz)

Im Juni 1913 wurde anläßlich des 25jährigen Krönungsjubiläums Kaiser Wilhelms II. in Forst auf dem Gelände des Rosengartens eine Rosen- und Gartenbauausstellung eröffnet, der Anfang dieses traditionsreichen Parks. Im Oktober 1913 beschloß das Forster Stadtparlament, das Ausstellungsgelände als Rosengarten zu erhalten. Als Dank und Anerkennung für die gelungene Ausstellung nahm der Verein Deutscher Rosenfreunde die Anlage unter seinen Ehrenschutz und verlieh dem Park den Namen Ostdeutscher Rosengarten, in dem sich heute weit mehr als 400 Rosensorten auf zehntausenden Rosenstöcken präsentieren. Eine Vielzahl von Gehölzen, weitläufige Rasenflächen, ein sehr alter Baumbestand mit Rhododendrenhainen sowie ein Dahlien-, Frühlings- und Heidegarten schaffen in dem Park eine ganz besondere Atmosphäre. Kunstvoll gefertigte Brunnenanlagen, Skulp-

Brbg 58
Eigentümer/in: Stadtverwaltung Forst (Lausitz) Promenade 9, 03149 Forst (Lausitz),
Tel. 03562/989-0,
Fax 03562-7460,
E-Mail: info@forst-lausitz.de,
Internet: www.forst-lausitz.de, www.rosengarten-forst.de
Größe: 15 ha
Eintritt: 3 €, Kinder frei bis 5 Jahre, ermäßigt 1,50 €, Schüler bis 14 Jahre 1 €, Gruppen ab 20 Personen 2 €/Person, Kinder- und Jugendgruppen ab 10 Personen 1 €/Person
Öffnungszeiten: ganzjährig geöffnet,

im Sommer 8–20 Uhr,
im Winter 9–17 Uhr
Führungen und Rosenpflanzung nach Voranmeldung bei Touristinformation Forst (Lausitz),
Cottbusser Straße 10,
03149 Forst (Lausitz),
Tel. 03562/669066,
Fax 03562/669067,
E-Mail:
info@forst-information.de,
Internet:
www. forst-information.de
Preis auf Anfrage
B Wehrinselstraße, Rosengarten
Veranstaltungen:
Rosengartenfesttage mit Schnittrosenschau und Nacht der Tausend Lichter, Ende Juni

turen und Pergolen aus der Gründerzeit bereichern diesen stimmungsvollen Park.
Attraktionen: mehr als 400 Rosensorten, Wasserspiele

Brbg 59
Größe: 0,17 ha
Eintritt: frei
Öffnungszeiten:
Mai bis Oktober
Attraktionen: Heideblüte September/Oktober
Forst
→ Wegweiser „Kreishaus" folgen

Privatgarten Bernhard

Inselstraße 18, Forst

Der parkähnliche Garten wurde vor über 25 Jahren angelegt. Neben Keramikfiguren sind ein Heidesondergarten, ein Rosenrondell und eine Jugendstillaube besonders hervorzuheben. Anmeldung erbeten
Eigentümer: Petra und Hans-Jürgen Bernhard,
Inselstr. 18, 03149 Forst,
Tel. 03562/90196, Fax 03562/90196
Führungen: nach Voranmeldung für Gruppen bis 30 Personen 10 €/Gruppe

Brm

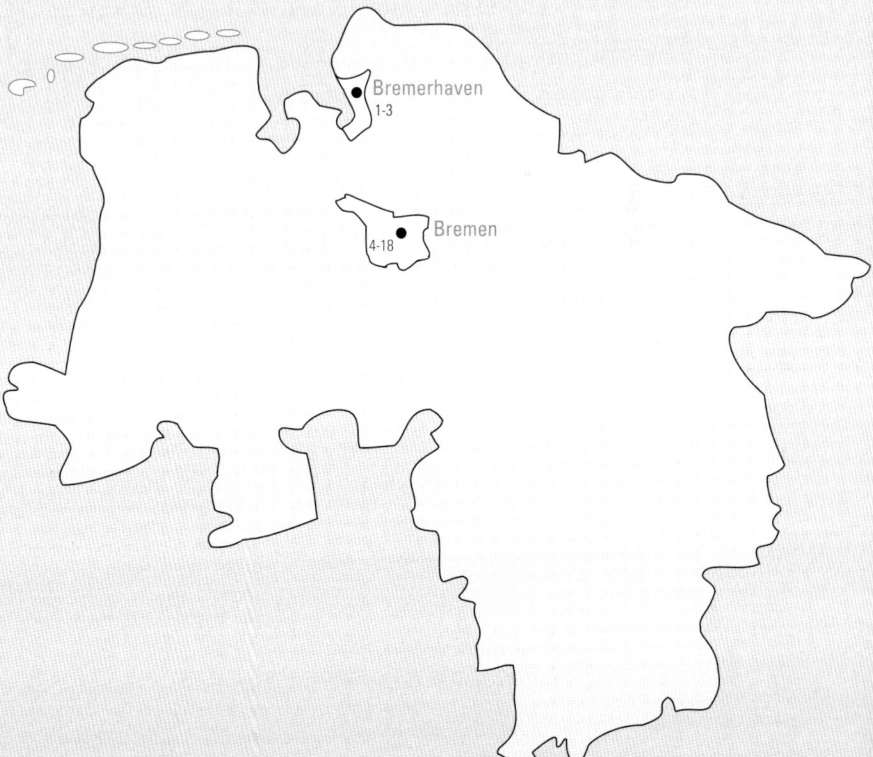

Brm 1
Größe: 1,4 ha
Anmeldung erbeten beim Förderverein Thieles Garten, Tel. und Fax 0471/67070
Öffnungszeiten: März bis Dez. Di–So, 10 Uhr bis Einbruch der Dunkelheit
Eintritt: frei
Führungen: nach Voranmeldung Förderverein Thieles Garten kostenlos
Attraktionen: Wasserspiele, bei besonderen Abendveranstaltungen spezielle Beleuchtungseffekte
2 Kurt-Schumacher-Straße 1S, 11S, 3, 8 Louise-Schröder-Straße,
an besonderen Tagen

Thieles Garten

Mecklenburger Weg 100, 27578 Bremerhaven

Thieles Garten ist eine kleine Oase im Bremerhavener Stadtteil Leherheide. Eingebettet in einem Wohngebiet am Mecklenburger Weg liegen Teiche, umgeben von exotischen und heimischen Bäumen und Pflanzen. Zahlreiche Skulpturen, ein Haus im maurischen Stil und eine Moorkate gehören zum Erbe der Künstlerfamilie Thiele, die in den zwanziger Jahren diesen außergewöhnlichen Garten erschuf.
Eigentümer/in: Magistrat der Stadt Bremerhaven, Gartenbauamt, Stadthaus VIII, Dionysiusstraße 56, 27576 Bremerhaven, Tel. 0471/5902522, Fax 0471/5902660,
E-Mail: gartenbauamt@magistrat.bremerhaven.de
Veranstaltungen: Musikveranstaltungen, Lesungen vierteljährlicher Wechsel, Mo–Fr 14–18 Uhr, Infos bei:
Tel. 0471/67070, Fax 0471/67070

Brm 2
Eigentümer/in: Magistrat der Stadt Bremerhaven, Gartenbauamt, Stadthaus 7, Dionysiusstraße 56, 27576 Bremerhaven, Tel. 0471/77601, Fax 0471/5902660
Größe: 9 ha
Eintritt: frei
Öffnungszeiten: bis zum Eintritt der Dunkelheit geöffnet
5, 6 Friedhof Wulsdorf

Friedhof Wulsdorf

Weserstraße 169, Bremerhaven

44 Jahre nach der Gründung Bremerhavens bekam die Stadt 1871 ihren eigenen Friedhof. Dieser mußte aufgrund der räumlichen Enge und der ungünstigen Bodenverhältnisse im tiefgelegenen Marschengebiet außerhalb der Stadt auf damals noch preußischem Gebiet angelegt werden. Gartenbauinspektor Friedrich Wilhelm Benque, der zu der Zeit den Bremer Bürgerpark anlegte, konnte für die Planung gewonnen werden. Der Entwurf für den Friedhof entsprach ganz dem Zeitgeschmack des ausgehenden 19. Jahrhunderts. Geschwungene Wege, locker verteilte Baumgruppen und die Asymmetrie der Anlage geben dem Friedhof das Aussehen eines Landschaftsparks. Bemerkenswert sind neben den Grabstätten bedeutender Persönlichkeiten der Stadt die schiffahrtsbezogenen Gedenkstätten, die sich beispielsweise der Thomas-Katastrophe vom 11. Dezember 1875 und der China-Expedition vom Anfang des 20. Jahrhunderts widmen. Von der pflanzlichen Vielfalt profitiert u. a. die Vogelwelt mit 28 Brutvogelarten.

Brm 3
Eigentümer/in: Magistrat der Stadt Bremerhaven, Gartenbauamt, Stadthaus 7, Dionysiusstraße 56, 27576 Bremerhaven, Tel. 0471/23554, Fax 0471/5902660
Größe: 64 ha
frei zugänglich

Bürgerpark Bremerhaven

Adolf-Hoff-Weg, Bremerhaven

Um die Jahrhundertwende schlossen sich Bürger der damaligen Stadt Geestemünde (heute Stadtteil von Bremerhaven) zum Geestemünder Waldverein zusammen. Auf Vorschlag des Gartengestalters Adolf Hoff aus Harburg entstand in mehreren Schritten dann der Bürgerpark. Man begann mit der Anlage im Südosten im Jahre 1907. Die jungen Bäume hatten es anfangs schwer auf dem stauwasserführenden Boden der

Marsch und bei den vorherrschenden Starkwinden. Durch die nur flach ausgebildeten Wurzelteller fallen die Bäume auch heute noch leicht einem Sturm zum Opfer. Große Waldpflanzungen, Wiesen und Teiche gliedern den Park. Aus dem Bodenaushub der Teiche entstand der Drachenberg, der bei Schnee der Rodelhang der Stadt ist. Die große Wiese zeigt noch heute eine große Artenvielfalt von Gräsern und Kräutern – wie vor hundert Jahren.

DB Bremerhaven
P ✕ 🐕 ♿

Blindengarten Bremen

Raschenkampsweg, Ulenweg, Bremen-St. Magnus

Nur durch eine private Initiative, Spendengelder und kostenlose Arbeitsleistungen Bremer Firmen konnte 1989 der erste Blindengarten Deutschlands dieser Art eröffnet werden. Er ist einer der größten Anlagen dieser Art mit zirka 600 Pflanzenarten, die in 18 verschiedenen Pflanzenzusammenstellungen und Erlebnisbereichen angeordnet sind. Die Etikettierung erfolgt mit deutschen Namen und in Braille (Blindenpunktschrift). Die Mitglieder des Vereins pflegen den Garten, seine Unterhaltung erfolgt durch Spenden, beispielsweise Führungen.
Eigentümer/in: Verein Blindengarten Bremen e.V.,
Richthofenstraße 31a, 28759 Bremen,
Tel. 0421/625955, Fax 0421/625955,
Internet: www.Lesum.de/vereine/blindengarten

Brm 4
Größe: 0,2 ha
Eintritt: Spenden zur Erhaltung des Gartens
Öffnungszeiten:
März bis Okt. 9–18 Uhr
Führungen: nach Voranmeldung, Spende
DB St. Magnus
Bus 70, 71 Bf St. Magnus
P 🐕 ♿
Veranstaltungen: Sommerfest im Blindengarten jeweils Ende Mai, meist letzter Samstag im Mai
i Broschüre und Tasttafel in Brailleschrift für blinde Besucher kostenfrei

Knoops Park

Auf dem Hohen Ufer, Bremen-St. Magnus

Knoops Park befindet sich in Bremen-Nord, oberhalb des Flusses Lesum, am Rande der Geest zur Marsch hin. Der Park wurde als Privatpark des Baumwollhändlers Baron Knoop im Jahre 1871 von dem Landschaftsarchitekten Benque geschaffen, der auch den Bürgerpark in Bremen anlegte. Ende des letzten Jahrhunderts entstand so eine großzügige Parkanlage mit Teichen und Springbrunnen, Gewächshäusern, Betriebsgebäuden und drei weiteren Wohnhäusern. Nach der Revolution 1918 konnten Schloß und Park von den Kindern Knoops aus finanziellen Gründen nicht mehr ordnungsgemäß unterhalten werden. So wurde das Schloß 1933 abgerissen, der Park ging 1938 in den Besitz der Stadt Bremen über. Der Park hat heute noch einen gut erhaltenen alten und wertvollen Baumbestand und große Rhododendronkulturen. Ungewöhnlich ist der Höhenunterschied von 25 Metern im Park. Viele alte Bauelemente wie Torhäuser, Wasserturm mit Uhr, Wohnhäuser und alte Gartenelemente (Wegeinfassungen, Grotten und kleines Rosarium) sind noch erhalten.
Eigentümer/in: Freie Hansestadt Bremen (Bremen-Nord),
Bauamt Bremen-Nord, Abt. Gartenbau,
Gerhard-Rohlfs-Straße 48 A, 28722 Bremen

Brm 5
Größe: 65 ha
frei zugänglich
Tel. 0421/3617303,
Fax 0421/3617347
Führungen: nach Voranmeldung, für Gruppen bis 20 Personen, Führungen nicht regelmäßig, kostenlos
DB Stadtexpress nach Vegesack, Bf St. Magnus
Bus 74, 75 Knoops Park
74, 75 Am Kapellenberg
P ☕ 🐕 ♿
Veranstaltungen:
Open Air 1 × im Juli
Ökumenischer Gottesdienst, 1 × im Sommer (Juni/Juli)
Musik der Musikschule Bremen-Nord im Park, 1 × im Sommer (Juni/Juli)

Brm 6
Eigentümer/in: Freie Hansestadt Bremen (Bremen-Nord), Bauamt Bremen-Nord, Abt. Gartenbau
Gerhard-Rohlfs-Straße 48 A, 28722 Bremen,
Tel. 0421/3617303,
Fax 0421/3617347
Größe: 6 ha,
frei zugänglich
DB Stadtexpress, Bf Vegesack
Bus 70, 71, 74, 75 Bf Vegesack, Breite Straße, Fährgrund
P ✕ 🐕 ♿

Stadtgarten Vegesack

Weserstraße / Schulkenstraße / Zur Vegesacker Fähre (Strandlust), Bremen-Vegesack

Die Ursprünge des Stadtgartens in Bremen-Vegesack können bis zum Anfang des 19. Jahrhunderts zurückverfolgt werden, denn damals schuf der Arzt und Botaniker Dr. Albrecht Roth am Weserhang diesen bedeutenden Botanischen Garten. Im Laufe der Jahre wurde er immer wieder durch Zukauf von Privatgrundstücken bis zur heutigen Größe erweitert. Besonders beeindruckend ist die Lage des Parks am Geesthang, direkt im Kurvenbereich der Weser. Von der etwa 1 Kilometer langen Uferpromenade kann man die unmittelbar am Park vorbeifahrenden großen Schiffe beobachten. Die sehr seltenen Bäume und Sträucher wurden im Laufe der Zeit von den ehemaligen Bewohnern beziehungsweise von Reisenden als Geschenke mitgebracht und angepflanzt. Ein Rosarium, größere Staudenpflanzungen, eine Mosaiksammlung und ein ausgedienter alter Schlepper vervollständigen die Anlage. In unmittelbarer Nähe sind eine Nachbildung eines Walkiefers und das Segelschulschiff *Deutschland* zu sehen.

Brm 7
Eigentümer/in: Freie Hansestadt Bremen (Bremen-Nord), Bauamt Bremen-Nord, Abt. Gartenbau
Gerhard-Rohlfs-Straße 48 A, 28722 Bremen,
Tel. 0421/3617303,
Fax 0421/3617347
Größe: 1 ha, 40 ha Landschaftsraum
frei zugänglich
P 🐕 ♿
Veranstaltungen: Konzerte im Museum des Schönebecker Schlosses, Fortbildungsveranst. zu naturkundl. Themen in der Ökologiestation
ℹ Verkauf im Museum

Schönebecker Schloß und Landschaftsraum Schönebecker Aue

Im Dorfe, Bremen-Schönebeck

Foto: Heideloff-Schlechtweg

Das Gebiet der Schönebecker Aue gehört zu den beliebtesten Naherholungsgebieten in Bremen-Nord. Der besondere Reiz des Schönebecker Auetals liegt im abwechslungsreichen und vielfältig strukturierten Landschaftsbild. Das Wasserschloß wird von einem kleinen Schloßpark umgeben. Besondere Anziehungspunkte sind das Museum im Schönebecker Schloß mit regelmäßigen Konzerten und die Ökologiestation als Fortbildungsstätte naturkundlicher Themen.

Wallanlagen

Bremen

1802 beschloß der Rat die Entfestigung Bremens. In den folgenden Jahrzehnten wurden Wälle und Gräben in eine aufwendig gestaltete Parkanlage umgewandelt, die bis heute größtenteils erhalten ist. Der sehr alte Baumbestand, viele Frühlingsblumenzwiebeln, modellierte Wiesenflächen, Wechselbepflanzungen, zahlreiche Standbilder und andere Skulpturen sowie die Mühle beim Herder Tor zeichnen diese Anlage aus.

Brm 8
Eigentümer/in: Hansestadt Bremen, Stadtgrün Bremen
Hollerallee 85, 28209 Bremen,
Tel. 0421/361-6248
Fax 0421/361-15645,
Größe: 34 ha,
frei zugänglich
→ 5 Gehminuten vom Hauptbahnhof

Bremer Bürgerpark

Bremen

Foto: Parkverwaltung Bürgerpark

Bürgerlicher Gemeinsinn führte 1865 zur Gründung eines für jedermann offenen Vereins zur Bewaldung der vor den Toren Bremens gelegenen Bürgerweide. Der aus Ludwigslust stammende Gartenkünstler Wilhelm Benque plante den Bürgerpark. Im Laufe der Jahre wurde die Parkschöpfung als Verbindung von Stadt und landschaftlicher Umgebung zu einer der wertvollsten Gartenanlagen des späten 19. Jahrhunderts in Deutschland. Heute umfassen Bürgerpark und Stadtwald eine Fläche von 142 Hektar Wald, 30 Hektar Wiese/Rasen, 15 Hektar Gewässer und 31 Kilometer Fußwege. Die Erlebnisqualität liegt in den vielfältigen malerischen Gewässern,

Brm 9
Eigentümer/in: Bremer Bürgerparkverein,
Bürgerparkverwaltung
Schweizerhaus/Bürgerpark,
28209 Bremen,
Tel. 0421/342070,
Fax 0421/3468518,
E-Mail: buergerparkverein@t-online.de,
Internet: www.buergerpark-bremen.de
Größe: 202 ha
frei zugänglich
Führungen: nach Voranmeldung
5, 6 Bürgerpark
5, 6 Am Stern
26 Bürgerpark
26 Am Stern
S 30 Bürgerpark, Am Stern
P gebührenpflichtig vor der Stadthalle
Veranstaltungen: Musik und Licht am Hollersee
Open-Air-Klassik-Konzert Mitte September
Infos bei:
Tel. 0421/342070

Brücken sowie in wertvollen Pflanzungen. Ein dem Parkcharakter angemessenes Angebot an spielerischen und sportlichen Aktivitäten sowie ein ergänzendes, kulturelles Veranstaltungsprogramm bereichern die Attraktivität und Vielseitigkeit dieser größten innerstädtischen Grünfläche Bremens. Während in anderen Städten private Träger öffentlicher Parks nicht lange überlebten, haben es sich die Mitglieder des Bürgerparkvereins bis heute zu ihrer ureigenen Aufgabe gemacht, den Park selbst zu finanzieren, zu pflegen und durch Schenkungen von Brücken, Pavillons und anderen Gebäuden auszustatten. Mit der Vergabe der Silbernen Halbkugel hat das Deutsche Nationalkomitee für Denkmalschutz 1991 eine beispielhafte, traditionsreiche Leistung zur Erhaltung eines bedeutenden Gartenkunstwerks ausgezeichnet.

Brm 10
Größe: 300 m²,
Anmeldung erbeten
Öffnungszeiten: ganzjährig geöffnet
Führungen:
nach Voranmeldung,
Spende an Unicef erbeten
1, 4 Kirchbachstraße

Privatgarten Landmark

Schwachhauser Ring 19, Bremen

Bei dem Privatgarten Landmark handelt es sich um den Hausgarten eines Gartenarchitekten. Vielfältige Gestaltung und Nutzung auf kleiner Fläche sowie eine Anzahl von Skulpturen z.T. vom Eigentümer zeichnen die Anlage aus.
Eigentümer/in: Familie Landmark, Schwachhauser Ring 19, 28213 Bremen, Tel. 0421/217397, Fax 0421/217397

Brm 11
Eigentümer/in:
Hansestadt Bremen,
28359 Bremen,
Marcusallee 60,
Tel. 0421/3613025,
Fax 0421/3613610
Größe: 46 ha
Eintritt: frei
Öffnungszeiten:
ganzjährig geöffnet
7.30 Uhr bis Sonnenuntergang,
botanika Schauhäuser:
Öffnungszeiten:
14. April bis 19. Oktober So–Mi 9–19 Uhr, Do bis Sa 9–21 Uhr,
20. Oktober bis 13. April täglich von 9–18 Uhr,
am 24. und 31. Dezember geschlossen
Eintritt: kostenpflichtig,
Führungen: nach Voranmeldung, für Gruppen bis 25 Personen
ca. 60 €/Gruppe
Attraktionen: Azaleen-Museum: 20. März bis 30. April 10–16 Uhr,

Botanischer Garten / Rhododendron-Park Bremen

Marcusallee 60, 28359 Bremen

Auf dem Gelände des Rickmerschen Parks begann 1936 nach Plänen des Gartenbaudirektors Homann und unter Leitung des späteren Parkdirektors Berg die Bepflanzung mit Rhododendren. Die günstigen Standortbedingungen in Bezug auf Klima und Bodenbeschaffenheit und die Nähe des Oldenburger Baumschulgebiets gaben den Ausschlag für die Anlage des Schau- und Sichtungsgartens, der sich sowohl für Rhododendronkenner und Liebhaber als auch für den normalen Gartenfreund zu einer Oase entwickelt hat. Neben 680 Wildarten wachsen hier zirka 2000 verschiedene Rhododendronsorten. Der 1904 am Osterdeich begonnene Botanische Garten zog ab 1939, dann 1949 bis 1951 auf das Geländes des Rhododendron-Parks um. Die Einteilung der Pflanzen erfolgte nach geographischen Gesichtspunkten und nach Pflanzengesellschaften. Neben einem Heil- und einem Nutzpflanzengarten gibt es im Sommer eine große Balkonpflanzenausstellung.

Fuchsienschau: 15. Juni bis 30. Sept.
🚌 20, 21 Bürgermeister-Spitta-Allee oder Horner Heerstraße
P über Deliusweg
✂ ♿
🐕 nur Rhododendronpark

Neustadtswallanlagen

Neustadtswall, Neustadtscontrescarpe, Buntentorsteinweg, Friesenwerder, Bremen

Die Bremer Neustadt umgebenden militärischen Wallanlagen konnten nach und nach in einen, die Neustadt umschließenden schmalen grünen Ring umgewandelt werden. Viele dieser Teile sind erst nach dem Zweiten Weltkrieg entstanden, so zum Beispiel die Sitzanlage am Friesenwerder mit Blick über die Weser auf den gegenüberliegenden Stephanigarten. Von der in den Jahren 1950 bis 1952 mit Spielecken, Sitzplätzen, Blumenbeeten und Mauern hergestellten Anlage Am Hohentorsplatz geht es weiter über den Leibnizplatz mit Centaurenbrunnen zur kleinen Anlage an der Piepe mit Übergang zum Erholungsgebiet der Kleinen Weser und des Werdersees. 1977 konnte ein ehemaliges Kasernengelände mit einem Spielplatz am Hallenbad mit einbezogen werden.

Brm 12
Eigentümer/in: Freie Hansestadt Bremen, c/o Stadtgrün Bremen, Holleralle 85, 28209 Freie Hansestadt Bremen,
Tel. 0421/36110802,
Fax 0421/3612764
Größe: 12 ha,
frei zugänglich
DB Bremen
🐕 ♿

Schloßpark Sebaldsbrück

Schloßparkstraße, Bremen-Sebaldsbrück

Das ehemalige Gut in Sebaldsbrück der Familie Dr. Gerhard Meier wurde 1843 an den Senator G. H. Adami verkauft. Nachdem es seit 1903 eine zeitlang unter dem Namen Schloßpark als Gastwirtschaft gedient hatte, wurde ein Teil des Anwesens an die Hansa-Lloyd-Werke verkauft, während der Park an die Stadt überging, die ihn als Volkspark in die öffentlichen Anlagen einreihte. Nach dem 2.Weltkrieg waren umfangreiche Wiederherrichtungen erforderlich. Typisch sind die zwei großen, durch Baumreihen geschaffenen Parkräume.

Brm 13
Eigentümer/in: Freie Hansestadt Bremen, c/o Stadtgrün Bremen, Holleralle 85, 28209 Freie Hansestadt Bremen,
Tel. 0421/36110802,
Fax 0421/3612764
Größe: 4,9 ha,
frei zugänglich
🚋 2, 10 Segelsbrück
🐕 ♿

Brm 14
Eigentümer/in: Freie Hansestadt Bremen, c/o Stadtgrün Bremen, Hollerallee 85, 28209 Freie Hansestadt Bremen, Tel. 0421/36110802, Fax 0421/3612764
Größe: 7 ha, frei zugänglich
33 Oberneulander Landstraße

Park Höpkensruh

Oberneulander Landstraße, Lindenweg, Bremen

Der Landschaftspark entstand über mehrere Bauabschnitte und durch verschiedene Besitzer im Laufe des 19. Jahrhunderts. Käpitän Höpken, ab 1859 Besitzer der Anlage, überließ sie in seinem Testament der Stadt Bremen, so daß sie 1893 der Öffentlichkeit übergeben werden konnte. Mit seinen durch gekonnte Geländemodellierungen geschaffenen Teichen, Inseln und Hügeln gliedern die großen Baumgruppen und Gehölzpflanzungen den Park in unterschiedliche Parkräume. Bei dem im Zweiten Weltkrieg abgebrannten und danach wiederaufgebauten Restaurant Höpkensruh lädt eine Terrasse über dem Lindenrondell ein, den Blick auf den vorderen Parkteil und einen sehr schönen, großen nordamerikanischen Maiglöckchenbaum zu genießen. In der Nähe spiegelt sich im kleinen Teich der Obelisk, der zur Erinnerung an die vier seinerzeit berühmten Botaniker Haller, Linné, Jaquin und Roth errichtet wurde. Ein eichengesäumter Wanderweg führt entlang Muhles Park bis zum Deich an den Wümmewiesen.

Brm 15
Eigentümer/in: Freie Hansestadt Bremen, c/o Stadtgrün Bremen, Hollerallee 85, 28209 Freie Hansestadt Bremen, Tel. 0421/36110802, Fax 0421/3612764
Größe: 11 ha, frei zugänglich
33 Oberneulander Landstraße

Muhles Park

Oberneulander Landstraße, Lindenweg, Bremen

Die ersten parkartigen Gestaltungen auf einem Meiergut erfolgten schon 1825. Nach mehrmaligem Besitzerwechsel, bei dem die Anlage schrittweise zum weiträumigen Landsitzpark weiterentwickelt wurde, übernahm 1922 die Familie Muhle das Anwesen. Die Stadt Bremen kaufte es dann 1975. Bei diesem Landgutpark, der sich durch seine einfache Weiträumigkeit auszeichnet, ist die schrittweise Entstehung bis heute noch klar erkennbar. Vor dem Herrenhaus zur Straße hin erstreckt sich der großzügige Parkvorraum, dahinter der alte Eichenbusch der ehemaligen Hofstelle und seitlich die lange Eichenallee des Wirtschaftsweges. Der Park geht mit Wirtschafts- und Wanderwegen über in die Oberneulander Parklandschaft bis hin zum Oberneulander Deich.

Brm 16
Größe: 6 ha
frei zugänglich
2, 10 Waller Straße

Waller Park

Waller Heerstraße, Lange Reihe, Emder Straße, Bremen

Das Gutshaus des ehemaligen Adelssitzes aus dem 15. Jahrhundert stammt aus dem 19. Jahrhundert. Etwa zur gleichen Zeit wurde der Gutspark angelegt. Der alte Landschaftsgarten, seit 1928 öffentlich zugänglich, zeichnet sich durch einen schönen Altbaumbestand aus.
Eigentümer/in: Freie Hansestadt Bremen, c/o Stadtgrün Bremen, Hollerallee 85, 28209 Freie Hansestadt Bremen, Tel. 0421/36115640, Fax 0421/36115645

Heinekens Park

Oberneulander Landstraße, Eekenhöge, Bremen

Ein ehemaliges Vorwerk wurde u.a von der Familie des Bürgermeisters Heineken im frühen 18. Jahrhundert als Barockgarten im französisch-holländischen Stil angelegt. Schon in der zweiten Hälfte des 18. Jahrhunderts erfolgte eine Umgestaltung in einen frühen, romantisierenden Landschaftspark. Das in Norddeutschland einzigartige um 1770 entstandene Heckentheater, die daran anschließende Parkachse und ein nebenliegender Landschaftsgartenteil konnten 1975 der Öffentlichkeit zugängig gemacht werden. Das alte Herrenhaus mit dem restlichen Parkteil ist weiterhin im Besitz der Familie Dr. Heineken.

Brm 17
Eigentümer/in: Freie Hansestadt Bremen,
c/o Stadtgrün Bremen,
Hollerallee 85,
28209 Freie Hansestadt Bremen,
Tel. 0421/36110802,
Fax 0421/3612764
Größe: 2,7 ha,
frei zugänglich
33 Kapitän-König-Weg

Vorgarten und Patio Ursel Gut

Am Lehester Deich 48, Bremen

Brm 18
Größe: 500 m²
Eintritt: frei
Führungen: nach Voranmeldung
15 Personen
frei zugänglich nur Vorgarten
Bremen Hbf
4 Am Lehester Deich
P
nur Vorgarten

Die beiden Gartenteile sind nach den Entwürfen der Gartendesignerin Ursel Gut zwischen 1990 und 1996 angelegt worden. Ein klares Design-Konzept gibt ganzjährig Struktur mit wechselnden Höhepunkten in der Stauden- und Gehölzpflanzung. Im offenen 400 Quadratmeter großen Vorgarten sind interessante architektonische Holzarbeiten und viele

liebenswerte Details zu sehen. Im Innenhof fungiert eine kleine Teichlandschaft als heiteres, zweites Wohnzimmer. Anmeldung erbeten nur für das Patio.
Eigentümer: Ursel Gut, Am Lehester Deich 48, 28357 Bremen, Tel. 0421/271880, Fax 0421/271880

Hmb

Hmb 1
Größe: 0,1 ha
Anmeldung erbeten
Eintritt: frei
Öffnungszeiten: Juni/Juli/
September nach Absprache
Führungen: nach
Voranmeldung
Ⓢ Wellingsbüttel
♿

Privatgarten Auf der Heide

Auf der Heide 61, Hamburg

Der Zauber dieses Gartens liegt in der geschwungenen Linienführung der Blumenrabatte vor variierendem Gehölzhintergrund. Rosen, Stauden und Einjährige wetteifern mit ihrer Fülle, ihren Farben und Düften von Mai bis Oktober, dabei werden die sanften Töne, bis auf eine feurige Sommerrabatte, bevorzugt. Ritualplatz, Minibiotop und Kräutergarten sind wichtiger Bestandteil des Gartens.
Eigentümer/in: Isolde Schmitt-Wolny, Auf der Heide 61, 22393 Hamburg, Tel. 040/6019302, Fax 040/6017613, E-Mail: dieter.wolny@t-online.de

Hmb 2
Eigentümer/in: Freie und Hansestadt Hamburg, Behörde für Umwelt und Gesundheit, Billstraße 84, 20539 Hamburg, Tel. 040/42845-3928, Fax 040/42845-2070, E-mail: Heino.Grunert@bug.hamburg.de
Größe: 0,7 ha
frei zugänglich
Führungen: nach Voranmeldung
🚌 48 Elbhöhenweg
Ⓢ 1 Blankenese
🐕

Römischer Garten

Falkensteiner Ufer, Hamburg

Die Anfänge dieses ehemaligen Privatgartens reichen in die Jahre 1880 bis 1890 zurück. Ab 1897 entstand durch den hanseatischen Bankier Moritz M. Warburg durch weitere Umgestaltungen der Römische Garten mit der Thuja-Girlanden-Hecke, dem Theater und dem Rosengarten. Die Anlage wurde vor kurzem in Teilen restauriert.

Friedhof Ohlsdorf

Fuhlsbütteler Straße, Hamburg

Foto: Hamburger Friedhöfe

Hmb 3
Eigentümer/in: Hamburger Friedhöfe – AöR – Fuhlsbüttler Straße 756, 22337 Hamburg, Tel. 040/593880, Fax 040/59388888, E-Mail: information@friedhof-hamburg.de, Internet: www.friedhof-hamburg.de
Größe: 404 ha
frei zugänglich
Führungen: nach Voranmeldung Förderkreis Ohlsdorfer Friedhof e.V., Tel. 040/50053387
Friedhofsmuseum: So, Mo, Do 10–14 Uhr und nach Vereinbarung
Attraktionen: Rhododendronblüte Ende Mai / Anfang Juni
DB Ohlsdorf
U 1 Ohlsdorf
Bus 39, 110, 172, 179 Bahnhof Ohlsdorf
177 Bramfeld See
165, 173 Maisredder
S 1, 11 Ohlsdorf

Mit Ohlsdorf wird in Hamburg nicht nur ein Ortsteil bezeichnet, sondern auch der größte Friedhof der Welt. Mit seiner gärtnerischen Gestaltung ist er zugleich auch die größte Grünanlage dieser Stadt, ein Skulpturenpark besonderer Art, ein Freilichtmuseum der Grabmalkunst und damit auch ein beliebtes Ausflugsziel für Hamburger und Touristen. Als in der zweiten Hälfte des 19. Jahrhunderts die Begräbnisplätze vor den Toren der Stadt für die wachsende Bevölkerung nicht mehr ausreichten, wurde weit außerhalb der Stadt in der Ohlsdorfer Feldmark ein erster kommunaler Friedhof angelegt. Mit zunächst nur 6 Hektar Größe wurde er 1877 eröffnet. Zwei unterschiedliche gartenkünstlerische Epochen haben seine heutige Gestalt geprägt. Zunächst war es der Architekt Johann Wilhelm Cordes, der im Laufe seiner Tätigkeit einen Parkfriedhof schuf, der im In- und Ausland große Beachtung fand und als Vorbild für ähnliche Anlagen in Deutschland galt. In diesem – nunmehr Cordesteil genannten Bereich – ist das harmonische Zusammenwirken von Architektur, Skulptur und Landschaftsgärtnerei erhalten geblieben, das sich von anderen Gartenschöpfungen im landschaftlichen Stil jener Zeit abhebt. Die Erweiterung des Friedhofs auf die doppelte Größe erfolgte nach dem 1. Weltkrieg und nach Plänen von Otto Linne, dem ersten Gartenbaudirektor Hamburgs. Seine Erweiterungsplanung stand ganz im Einklang mit der Friedhofsreformbewegung und damit der neuen Gartenkunst jener Zeit, die er seit 1914 bereits in der Planung öffentlicher Grünanlagen umgesetzt hatte. Sein Konzept ist gekennzeichnet von strengen architektonischen Grundriß- und Raumformen und geht von der Grabstätte als Grundeinheit aus, die sich dann zur Grabreihe und weiter zum Grabquartier entwickelt, gegliedert durch charakteristische und raumbildende Hecken- und Alleepflanzungen. Dieses Grundprinzip setzte er auch bei neu zu gestaltenden Grabfeldern im Cordesteil ein. Sehenswert sind die Sonderanlagen wie der Althamburgische Gedächtnisfriedhof, der Rosengarten, die Teichanlagen, aber auch die vielen Gedenkstätten für die Opfer von Krieg und Gewaltherrschaft und die Gräber von bekannten Persönlichkeiten.

Hmb 4
Eigentümer/in: Jüdische Gemeinde in Hamburg
Königstraße, 22767 Hamburg,
Tel. 040/78803953,
Fax 040/78802070
Größe: 2 ha
Eintritt: frei
Öffnungszeiten: ganzjährig geöffnet
Anmeldung erbeten bei der Jüdischen Gemeinde,
Tel. 040/409440
DB Holstenstraße
S 1, 2, 3 Königstraße
P

Jüdischer Friedhof an der Königstraße

Königstraße, Hamburg

Bis ins 19. Jahrhundert war dieser Friedhof Hauptbegräbnisplatz der Juden aus den damals noch selbständigen Städten Altona, Hamburg und Wandsbek. 1611 erhielten in Hamburg ansässige portugiesische Juden das Recht, hier ihre Toten nach jüdischem Ritus zu bestatten, was ihnen auf hamburgischem Gebiet verweigert worden war. Der Friedhof zeugt damit von der Rolle der ehemaligen Stadt Altona als Zufluchtsstätte für Glaubensflüchtlinge. Bemerkenswert sind die Gruftsteine und Zeltgräber der sephardischen und die Stelen der askenasischen Juden mit hebräischen, portugiesischen, spanischen oder später auch deutschen Inschriften.

Hmb 5
Eigentümer/in: Freie und Hansestadt Hamburg,
Behörde für Umwelt und Gesundheit, Billstraße 84,
20539 Hamburg,
Tel. 040/42845-3928,
Fax 040/42845-2070,
E-Mail: Heino.Grunert@bug.hamburg.de
Größe: 12 ha, frei zugänglich
U 1 Hallerstraße
Bus 109, 115 Klein Fontenay, Böttcherstraße, Alsterchaussee, Harvestehuder Weg / Eichenpark

Park Alstervorland

Harvestehuder Weg, Hamburg-Eimsbüttel

Im Jahre 1873 wurde mit der Lombardsbrücken-Anlage am Ostufer der Außenalster begonnen, die Uferbereiche der Öffentlichkeit zugänglich zu machen. Das Projekt fand seinen Abschluß mit der Eröffnung des Parks Alstervorland anläßlich der Internationalen Gartenbauausstellung im Jahre 1953. Attraktiver Mittelpunkt ist der Promenadenweg zur Stadtsilhouette am Harvestehuder Weg. Nach der Ausstellung traten an die Stelle der Skulpturen Schmuckstaudenbeete. In den letzten Jahren ist die Ausstellungsfläche restauriert worden.
Führungen: nach Voranmeldung
S 11, 21, 31 Dammtor, P

Volkspark Altona

Hellgrundweg, Hamburg

Der Volkspark Altona entstand ab 1913 und wurde bis in die 20er Jahre hinein fertiggestellt. Auf Grund seiner zum Teil noch traditionellen Gestaltungsprinzipien ist der Volkspark Altona ein eindrucksvolles Beispiel für die Zeit des Umbruchs und den Wechsel in der gartenkünstlerischen Grundauffassung in Deutschland zu Beginn dieses Jahrhunderts. Zusammen mit dem Hauptfriedhof Altona, den Sportanlagen, unter anderem das Volksparkstadion und der Trabrennbahn Bahrenfeld ist der Volkspark Altona die größte Grünanlage im Hamburger Westen.
Führungen: nach Voranmeldung

Hmb 6
Eigentümer/in: Freie und Hansestadt Hamburg, Behörde für Umwelt und Gesundheit, Billstraße 84, 20539 Hamburg, Tel. 040/42845-3928, Fax 040/42845-2070, E-Mail: Heino.Grunert@bug.hamburg.de
Größe: 190 ha, frei zugänglich
Bus 180 Am Volkspark
188 Bahrenfeld Trabrennbahn
S 3 Stellingen
P, Hunde, rollstuhlgerecht

Stadtpark Winterhude

Saarlandstraße / Südring, Hamburg

Foto: Cassian Schmidt

Der Hamburger Stadtpark entstand nach einem Wettbewerb von 1912 nach Plänen von Fritz Schumacher und wurde in den zwanziger Jahren durch Otto Linne ergänzt und fertiggestellt. Der Park folgt in seiner weitgehend regelmäßig-achsialen Gestaltung den Ergebnissen der Reformdiskussion in der Gartenkunst und erfüllt mit seinem vielfältigen Nutzungsangebot trotz der Zerstörungen im 2. Weltkrieg und den Umgestaltungen der Nachkriegszeit auch heutige Ansprüche der Bevölkerung. Er gilt als Vorbild für viele spätere Volksparkplanungen in Deutschland. Das Gartendenkmal Stadtpark ist die bedeutendste Parkanlage Hamburgs und wird zur Zeit wiederhergestellt.
Führungen: nach Voranmeldung

Hmb 7
Eigentümer/in: Freie und Hansestadt Hamburg, Behörde für Umwelt und Gesundheit, Billstraße 84, 20539 Hamburg, Tel. 040/42845-3928, Fax 040/42845-2070, E-Mail: Heino.Grunert@bug.hamburg.de
Größe: 150 ha
frei zugänglich
U 3 Borgweg
S 1 Alte Wöhr
P, Restaurant, Café, Hunde, rollstuhlgerecht

Hmb 8
Eigentümer/in: Kulturbehörde Hamburg, Hohe Bleichen 22, 20354 Hamburg, Tel. 040/428240
Größe: 0,1 ha, frei zugänglich
HVV 330
→ Direkt neben der Autobahn

Barockgarten Glockenhaus

Hamburg-Bergedorf

Das Glockenhaus ist eines der letzten Zeugen einer besonderen Landhauskultur am Billwerder Billdeich. Die landschaftliche Nutzung wurde im hinteren Bereich der Gebäude belassen und ein Vordergebäude angebaut, welches städtischen Ansprüchen genügte. Im Rahmen von Restaurierungsarbeiten am Gebäude, welches jetzt als Malermuseum genutzt wird, wurde auch ein historisierender Garten geplant und gebaut. Die ursprüngliche Gestalt der Anlage ist nicht überliefert. Die Wahrscheinlichkeit spricht aber dafür, daß an den Landhäusern des 16. und 17. Jahrhunderts ähnliche Gärten existierten. Als Vorbild für die Gestaltung wurde der Tippenhauersche Garten gewählt. Von diesem Garten aus gleicher Zeit existieren noch Originalpläne. Der Glockenhausgarten mit seiner Kombination aus Zier- und Nutzpflanzen ist zur Hälfte fertiggestellt. Für den zweiten Teil fehlen die finanziellen und rechtlichen Voraussetzungen.

Hmb 9
Eigentümer/in: Gesellschaft für Heimatpflege und Heimatforschung DE SPIEKER e.V., Im Alten Dorfe 46–48, 22359 Hamburg, Tel. 040/6039098, Fax 040/6039098, E-Mail: info@museumsdorf-volksdorf.de
Internet: www.museumsdorf-volksdorf.de
Größe: 300 m^2
Eintritt: frei
Öffnungszeiten: ganzjährig geöffnet Di–So, 9–18 Uhr
U 1 Volksdorf
174, 175 Volksdorf

Bauerngarten im Museumsdorf Volksdorf

Im Alten Dorfe 46–48, Hamburg-Volksdorf

Der Bauerngarten ist in der vor 100 Jahren üblichen Form, vier Beete mit Mittelrondell in Buchsbaum-Einfassung, angelegt und beinhaltet zusätzlich ein Beet mit Würz- und Heilpflanzen. Wie in der gesamten Anlage des Museumsdorfes soll das bäuerliche Wohnen und Wirtschaften in der Zeit vor und nach der Jahrhundertwende dargestellt werden. Drei der das Rondell umgebenden Beete sind mit Stauden bepflanzt. Auf dem vierten Beet wächst Gemüse. Auf dem Rondell in der Mitte der Anlage werden Alte Rosen aus Züchtungen zwischen 1827 und 1893 kultiviert. Das Kräuterbeet umfaßt etwa 50 Würz- und Heilkräuter, wie sie in der betreffenden Zeit die Bäuerin verwendete.

Veranstaltungen: im Sommer

Infos bei: Tel. 040/60390998 während der Geschäftszeiten Di 9–12 Uhr, Do 18–20 Uhr, Besichtigung während der Öffnungszeiten, Erklärungen bzw. Führung nach tel. Vereinbarung

Hmb 10
Eigentümer/in: Freie und Hansestadt Hamburg, Behörde für Umwelt und Gesundheit, Billstraße 84, 20539 Hamburg,

Bergedorfer Schloßgarten

Bergedorfer Schloßstraße, Hamburg

Die Wälle um die Schloßanlage, der ursprünglichen Wasserburg aus dem Mittelalter, wurden 1805 geschleift und zusammen mit einigen Wallgräben in eine Parkanlage umgestaltet. Nach umfangreichen Erneuerungsarbeiten 1896 an Schloß und Garten erfolgten 1903 und in den 20er Jahren Parkerweiterungen. Schloß und Garten zeigen heute den Kern der städtebaulichen Entwicklung Bergedorfs, stehen aber auch für die Geschichte erst holsteinisch-dänischer und später gemeinsamer hamburgisch-lübischer Verwaltung.

Tel. 040/42845-3928,
Fax 040/42845-2070,
E-Mail: Heino.Grunert@bug.hamburg.de
Größe: 5 ha, frei zugänglich
Ⓢ 2 Bergedorf

Botanischer Sondergarten

Ölmühlenweg, Hamburg

Die Anlage entstand als Schulgarten zwischen 1926 und 1927 auf Anregung des Wandsbeker Lehrervereins. In der Nachkriegszeit erneuert und erweitert ist der Garten eine intensiv gestaltete Schmuckanlage mit Rosen, Stauden, Sommerblumen, aber auch Wasserbecken und Gewächshäusern und liegt in unmittelbarer Nachbarschaft zum Eichtalpark und zum Wandse-Grünzug.

Eigentümer/in: Freie und Hansestadt Hamburg,
Behörde für Umwelt und Gesundheit, Billstraße 84,
20539 Hamburg, Tel. 040/42845-392, Fax 040/42845-2070,
E-Mail:Heino.Grunert@bug.hamburg.de

Hmb 11
Größe: 5 ha
Eintritt: frei
Öffnungszeiten: ganzjährig geöffnet,
im Sommer 7.30–20 Uhr,
im Winter 7.30–18 Uhr
Führungen: nach Voranmeldung
164, 262 Ölmühlenweg
Ⓢ 4 Wandsbek-Ost

Planten un Blomen

Klosterwall 8 / Dag-Hammarskjöld-Platz, Hamburg

Planten un Blomen ist der Oberbegriff für den die westliche Innenstadt abschließenden Hamburger Grüngürtel zwischen Millerntor, Dammtor und Fernsehturm. Neben dem eigentlichen Park umfaßt die Anlage die großen und kleinen Wallanlagen mit dem Alten Botanischen Garten. Die ehemaligen Wallanlagen und Kirchhöfe wurden im 19. Jahrhundert park- und promenadenartig umgestaltet und umfaßten einen Botanischen und einen Zoologischen Garten. 1935 erfuhr das Gelände mit der Niederdeutschen Gartenschau Planten un Blomen eine intensive Umgestaltung und erhielt den bis heute gebräuchlichen Namen. Nach den Kriegszerstörungen veränderten drei große Gartenschauen 1953, 1963 und 1973 das Erscheinungsbild. In den letzten Jahren wurden große Anstrengungen gemacht, Planten un Blomen in einen naturnahen, facettenreichen und kunstvoll angelegten Erlebnispark zu verwandeln. Er umfaßt heute eine Vielzahl unterschiedlichster Gartenelemente: Im Parkteil Planten un Blomen liegen Japanischer Garten, Rosengarten, Apothekergarten, Bürgergärten (1935), Alte Wasserkaskaden, Parksee mit Wasserlichtorgel, Großer Spielplatz, Musikpavillon, Staudenpflanzungen sowie Rhododendrenhügel. Der Alte Botanische Garten umfaßt einen Japanischen Landschaftsgarten, Mittelmeerterrassen, den Alten Wallgraben, die Grüne Brücke sowie Schaugewächs-

Hmb 12
Eigentümer/in: Freie und Hansestadt Hamburg,
Bezirksamt Hamburg-Mitte,
Bauamt Planten un Blomen,
St. Petersburger Straße 28,
20355 Hamburg,
Tel. 040/42823-2150/52,
Fax 040/42823 2223
Größe: 45 ha
Öffnungszeiten: ganzjährig geöffnet, im Sommer 7–23 Uhr,
im Winter 7–20 Uhr
Eintritt: frei
Attraktionen: Wasserlichtorgel Mai bis August um 22 Uhr,
Sept. um 21 Uhr
DB HH-Dammtor
U 1 Stephansplatz
U 2 Messehallen
U 3 St. Pauli
112 Handwerkskammer
Ⓢ Dammtor
Veranstaltungen:
Sommerprogramm mit einer Vielzahl von Veranstaltungen wie z. B. Parkfest, Musik im Rosengarten,
Info unter 040/42823-4723

häuser des Botanischen Gartens der Universität Hamburg mit Tropen-Cycadeen-, Farn- und Sukkulentenhaus.
An den Großen und Kleinen Wallanlagen und am Sievekingplatz befinden sich eine Wassertreppe, Sommerblumen, Rollschuhbahn, Kindertheater, Eisbahn, Mini-Golf sowie der Landschaftspark mit einer attraktiven Staudenpflanzung.

Hmb 13
Eigentümer/in: Freie und Hansestadt Hamburg, Behörde für Umwelt und Gesundheit, Billstraße 84, 20539 Hamburg, Tel. 040/42845-3928, Fax 040/42845-2070, E-Mail: Heino.Grunert@bug.hamburg.de
Größe: 42 ha
frei zugänglich
Bus 115 Hochrad
36, 39, 286 Teufelsbrück
S 1 Klein-Flottbeck
P

Jenischpark

Baron-Vogt-Straße / Hochrad, Hamburg

Der Park entstand zunächst als Teil eines landwirtschaftlichen Musterguts nach englischem Vorbild. Caspar Voght legte Ende des 18. Jahrhunderts, wie es seinerzeit Mode war, nördlich der Elbe eine Ornamented Farm an. Im Bereich der ehemaligen Süderkoppel ließ sich M. J. Janisch ab 1829 das heute noch vorhandene Herrenhaus bauen und den Park landschaftlich umgestalten. Die Anlage blieb bis 1927 in Familienbesitz, wurde dann von der Stadt Altona gepachtet und später von der Stadt Hamburg erworben. Heute, und besonders nach den bisher erfolgten gartendenkmalpflegerischen Arbeiten, ist der Park ein herausragendes Beispiel großbürgerlicher Lebensart, zumal er nicht das Schicksal von Parzellierungen teilen mußte, wie viele andere Parkanlagen im Westen der Stadt.
Führungen: nach Voranmeldung

Hmb 14
Größe: 100 m^2,
Anmeldung erbeten
Öffnungszeiten: nur an bestimmten Tagen geöffnet
Eintritt: frei
Führungen: nach Voranmeldung, Büro gartenPlan, Tel. 040/50790350, Fax 040/50790355,
P kostenlos
U 1 Volksdorf
Bus 174 Rögenfeld

Reihenhausgarten Wollkopf

Rögenfeld 21 F, Hamburg

Der von einer Fachfrau geplante kleine Garten entstand erst 1996. Zwei kreisförmige Kiesflächen mit Sitzmauern schneiden in einen leichten Hang ein und liegen auf unterschiedlichen Ebenen. Die Bepflanzung ist in der Farbpalette Rosa bis Weiß mit kräftigen Violettblautönen gehalten. Sonnige Prachtstaudenbereiche mit den Schwerpunkten Iris, Hemerocallis und Päonien wechseln sich mit schattigen Waldstaudenbereichen mit Hosta, Christrosen und Astilben ab. Buchs- und Ligusterhecken setzen weitere strukturelle Elemente.
Eigentümer/in: D. und H. Wollkopf, Rögenfeld 21 F, 22359 Hamburg, Tel. 040/6039631, Fax 040/6039631

Hmb 15
Eigentümer/in: Freie und Hansestadt Hamburg, Behörde für Umwelt und

Schwarzenbergpark

Schwarzenbergstraße, Hamburg

Die Geschichte der Parkanlage begann 1835, als der hannoversche Stadtkommandant die Initiative zur Umgestaltung des

Berges ergriff. Es entstand südlich der Schloßinsel Harburg einer der frühesten öffentlichen Parks im heutigen Hamburger Raum, auf bewegtem Gelände mit weiten Aussichten. Bemerkenswert sind der gegen Ende des 19. Jahrhunderts angelegte Kaiserplatz mit dem gußeisernen Zweischalenbrunnen und dem darunter liegenden Kanonenplatz. In die Parkanlage integriert sind der Jüdische Friedhof Harburg aus dem 17. Jahrhundert und monumentale Grabmale auf Flächen des inzwischen aufgelassenen Schloß- und Garnisonsfriedhofes.
Führungen: nach Voranmeldung

Gesundheit,
Billstraße 84,
20539 Hamburg,
Tel. 040/42845-3928,
Fax 040/42845-2070,
E-mail: Heino.Grunert@bug.hamburg.de
Größe: 16 ha
frei zugänglich
Bus 142 Kasernenstraße
S 3 Heimfeld
P, Café, Hunde, rollstuhlgerecht

Ehemaliger Friedhof an der Christianskirche

Elbchaussee, Hamburg

Der ehemalige Friedhof liegt rund um die barocke Christianskirche aus dem Jahr 1738. Zu Ottensen, von Linden beschattet, ist hier das Grab des Dichters Friedrich Gottlieb Klopstock (1724–1803) zu finden. Der Friedhof war von 1759 bis 1929 eine beliebte Ruhestätte für Persönlichkeiten des öffentlichen Lebens aus Altona und Hamburg. Von besonderer Bedeutung ist die gußeiserne Einfriedung aus dem Jahr 1898. Seit 1954 ist der ehemalige Friedhof Teil einer öffentlichen Grünanlage.
Eigentümer/in: Freie und Hansestadt Hamburg,
Behörde für Umwelt und Gesundheit, Billstraße 84,
20539 Hamburg, Tel. 040/42845-3928, Fax 040/42845-2070,
E-Mail: Heino.Grunert@bug.hamburg.de

Hmb 16
Größe: 0,7 ha,
frei zugänglich
DB Altona
Bus 36, 112, 115 Rathaus Altona
S 1, 2, 3, 5, 11, 31 Bahnhof Altona
P, rollstuhlgerecht

Stadtpark Harburg inklusive Schulgarten

Marmstorfer Weg, Hamburg

Der Harburger Stadtpark entstand in mehreren Abschnitten an der Westseite des Außenmühlenteichs zwischen 1907 und 1927. Das topographisch sehr reizvolle Gelände wurde überwiegend landschaftlich gestaltet, erhielt jedoch auch architektonisch angelegte Bereiche. Als Besonderheit gilt der 1929 bis 1932 entstandene und in den Stadtpark integrierte Schulgarten, ein Schau-, Schul- und Anzuchtgarten mit zahlreichen Sonderflächen. Letzte Erweiterungen fanden vorwiegend im Südteil statt und schufen vor allem Biotopflächen und Vogelschutzgebieten.
Führungen: nach Voranmeldung

Hmb 17
Eigentümer/in: Freie und Hansestadt Hamburg,
Behörde für Umwelt und Gesundheit, Billstraße 84,
20539 Hamburg,
Tel. 040/42845-3928,
Fax 040/42845-2070,
E-Mail: Heino.Grunert@bug.hamburg.de
Größe: 92 ha, frei zugänglich
Bus 145, 245 Rabenstein
P, Café, Hunde, rollstuhlgerecht

Wacholderpark, ehem. Öffentlicher Garten Fuhlsbüttel

Öffentlicher Garten Fuhlsbüttel, Wacholderweg / Bergkoppelweg, Hamburg

Die Anlage wurde zwischen 1910 und 1911 durch das Hamburger Büro Jacob Ochs, deren künstlerischer Leiter bis 1913

Hmb 18
Eigentümer/in: Freie und Hansestadt Hamburg,
Behörde für Umwelt und Gesundheit, Billstraße 84,
20539 Hamburg,

Tel. 040/42845-3928,
Fax 040/42845-2070,
E-Mail: Heino.Grunert@bug.hamburg.de
Größe: 0,7 ha, frei zugänglich
U 1 Fuhlsbüttel

Leberecht Migge war, gestaltet. Der Park mit Laubengängen und Baumhainen wurde 1996 restauriert. Er ist ein frühes Beispiel für die Verwirklichung der Ideen der Reformbewegung in der Gartenkunst und der selbstbestimmten Nutzung wie Lagern auf der Wiese und Trampelpfade.
Führungen: nach Voranmeldung

Hmb 19
Größe: 26 ha
frei zugänglich
Führungen: nach Voranmeldung
36 Mühlenberg
S 1 Blankenese

Hirschpark

Elbchaussee, Hamburg

Der ehemalige Privatgarten entstand ursprünglich im ausgehenden 18. Jahrhundert in landschaftlicher Gestaltung, unmittelbar an der Geestkante der Elbe. 1938 wurde der Park in eine öffentliche Grünanlage umgewandelt. Bemerkenswert sind heute vor allem die große Lindenallee, ein Wildgehege, der Rhododendronbestand, überwiegend aus diesem Jahrhundert, aber auch das noch intakte Landhaus.
Eigentümer/in: Freie und Hansestadt Hamburg, Behörde für Umwelt und Gesundheit, Billstraße 84, 20539 Hamburg,
Tel. 040/42845-3928, Fax 040/42845-2070,
E-Mail:Heino.Grunert@bug.hamburg.de

Hmb 20
Größe: 16 ha
frei zugänglich
Führungen: nach Voranmeldung
U 3 Hammer Kirche
261 Hammer Steindamm

Hammer Park

Hammer Steindamm / Sievekingsallee, Hamburg

Die Anlage entstand in den Jahren 1914 bis 1920 nach einem Entwurf des ersten Hamburger Gartendirektors Otto Linne durch Umgestaltung beziehungsweise Neuanlage eines ehemaligen Privatgartens, dem Hammer Hof. Bemerkenswert sind die zeittypisch regelmäßig angelegten Heckenquartiere.
Eigentümer/in: Freie und Hansestadt Hamburg,
Behörde für Umwelt und Gesundheit,
Billstraße 84, 20539 Hamburg,
Tel. 040/42845-3928, Fax 040/42845-2070,
E-mail:Heino.Grunert@bug.hamburg.de

Hmb 21
Größe: 250 m^2
Anmeldung erbeten
Eintritt: frei
Öffnungszeiten: Mai bis Oktober

Privatgarten Nissen

Häußlerstraße 61, Hamburg

Der kleine Wohngarten in einer Bungalowsiedlung wird intensiv genutzt. Geschützt durch eine Sichtschutzwand liegen zwei Terrassen und zwei kleine Teiche. Besonderer Wert wurde auf die Natursteinverarbeitung gelegt.
Eigentümer/in: Dipl.-Ing. Walter Jochen Nissen,
Häußlerstraße 61, 21031 Hamburg,
Tel. 040/7381727, Fax 040/7381727

Elbpark Entenwerder

Billwerder Neuer Deich / Entenwerder Stieg, Hamburg-Rothenburgsort

Der 1997 eröffnete Elbpark Entenwerder liegt auf einer langgestreckten Elbhalbinsel in Hamburg-Rothenburgsort und ist über eine Fußgängerbrücke und eine Landverbindung zu erreichen. Er stellt ein zentrales Glied in der Kette der Freiräume entlang der Elbe in Hamburg von Blankenese bis in die Vier- und Marschlande dar. Im Sinne einer Neuinterpretation der Ideen der traditionellen Hamburger Volksparks schuf die Planungsgruppe Hass, Rellingen, große Raumbildungen bei einer einfachen Grundausstattung. Markante Baumreihen, freiwachsende Hecken, Strauchund Wildstaudenpflanzungen kombiniert mit vorhandenen Gehölzstrukturen bilden ein dauerhaftes Grundgerüst für Spaziergänge, Feste, Picknick und Spiel. Die mittlere, erhöhte Zone des Parks besteht aus einer Abfolge großzügiger Parkwiesenflächen, deren Endpunkte durch das markante Pappelrondell im Westen und das historische Fährhaus im Osten ausgebildet werden. Als zweite thematische Ebene prägt die naturräumliche Lage an der Elbe den Park mit häufig vom Hochwasser überfluteten Uferbereichen.

Hmb 22
Eigentümer/in: Freie und Hansestadt Hamburg, Behörde für Umwelt und Gesundheit, Billstraße 84, 20539 Hamburg, Tel. 040/42845-3928, Fax 040/42845-2070, E-Mail: Heino.Grunert@bug.hamburg.de
Größe: 19 ha, frei zugänglich
Bus 120, 124 Billhorner Mühlenweg
S Rothenburgsort

Foto: Planungsgruppe HASS

Botanischer Garten

Ohnhorststraße, Hamburg

Auch dieser Botanische Garten verbindet seine wissenschaftlichen Aufgaben für Lehre und Forschung am Institut für Allgemeine Botanik mit der breiten Information der Bevölkerung über die Pflanze. Daneben hat sich die erst 1979 eingeweihte Anlage zu einem schönen Garten entwickelt, der sich in einer interessanten Reifephase befindet. Die verschiedenen Bereiche zeigen das Pflanzensystem, Nutz-, Gift- und Arzneipflanzen,

Hmb 23
Eigentümer/in: Universität Hamburg, Institut für Allgemeine Botanik und Botanischer Garten, Hesten 10, 22609 Hamburg, Tel. 040/42816476, Fax 040/42816489
E-Mail: hortus@botanik-uni-hamburg.de

Internet: www.bghamburg.de
Größe: 25 ha
Eintritt: frei
Führungen: nach Voranmeldung, Tel. 040/6080533, Fax 040/6080032 für Gruppen bis 20 Personen 80 €/Gruppe,
🚌 115, 184 Klein Flottbek
Ⓢ 1 Klein Flottbek
P ♿ ℹ

Pflanzen aus Nord- und Südamerika und dem Mittelmeerraum, Alpinum, Frühlingswiese, Einheimische Pflanzenwelt, Rhododendren und Nadelbäume, außerdem werden Naturschutzaspekte zum Thema gemacht. Besonders beliebt sind die Rosen, der Bauerngarten und der stilgerechte japanische Garten. Die Schaugewächshausanlage befindet sich noch im Alten Botanischen Garten als Teil von Planten un Blomen.
Öffnungszeiten: im Sommer 9–20 Uhr, im Winter 9–16 Uhr
Attraktionen: Japangarten Mai
Sonntagsführungen von Mitte April bis Mitte Sept., 10 Uhr, kostenlos.

Hess

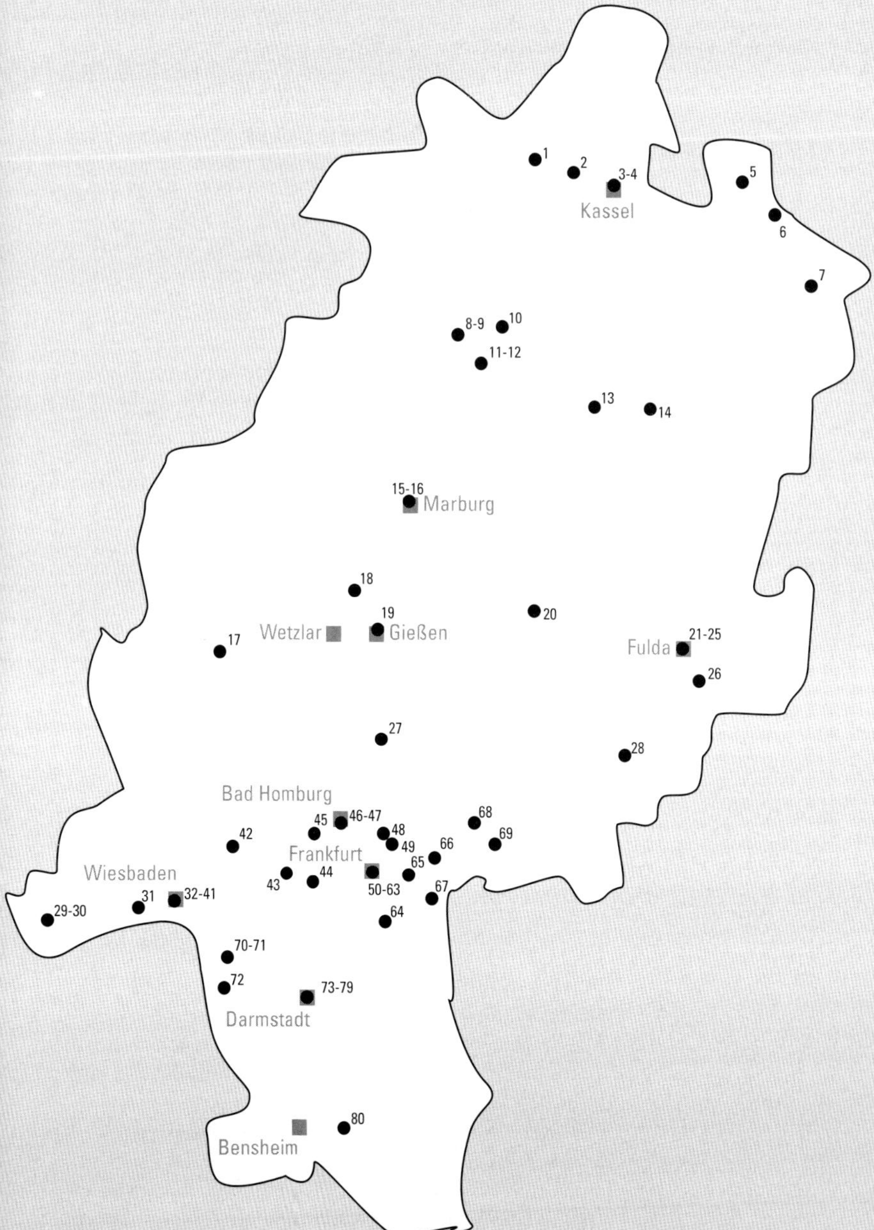
1
2
3-4
Kassel
5
6
7
8-9
10
11-12
13
14
15-16
Marburg
18
19
20
17
Wetzlar
Gießen
Fulda
21-25
26
27
28
Bad Homburg
45
46-47
48
49
68
69
42
66
Frankfurt
65
44
43
50-63
67
Wiesbaden
31
32-41
29-30
64
70-71
72
73-79
Darmstadt
80
Bensheim

Hess 1
Eigentümer/in: Familie von der Malsburg, 34289 Zierenberg / Escheberg,
Größe: 6 ha
teilweise frei zugänglich
46 Zierenberg / Escheberg
→ Kassel-Warburg, von Zierenberg und Wolfhagen auf der Landstraße 3214 bzw. der Kreisstraße 7

Schloßpark Escheberg

Zierenberg / Escheberg

Die Entstehung der Gutsanlage geht auf das 18. Jahrhundert zurück. Damals wurde ein regelmäßiger Rokokogarten an der Südseite des Schlosses angelegt, der zwei durch Gefälle miteinander in Verbindung stehende Teiche einschließt. Der Garten wurde in der zweiten Hälfte des 18. Jahrhunderts in einen Landschaftspark umgewandelt. Neben altem Baumbestand sind die Teiche mit Kaskaden bemerkenswert, die den Wasseranlagen von Kassel-Wilhelmshöhe nachempfunden sind, ebenso die zur Frühlingszeit blühenden Obstbäume und Wiesen. Die Geibelhütte gegenüber dem Park kann über einen zirka 400 Meter steilen Fußweg erklommen werden. Sie bietet einen schönen Ausblick über den Park sowie über die nordhessische Berglandschaft.

Hess 2
Eigentümer/in: Verwaltung der Staatlichen Schlösser und Gärten Hessen, Außenstelle Kassel, Schloßpark 18, 34131 Kassel,
Tel. 05674/6898,
Fax 05674/4053,
Internet: www.schloesser-hessen.de
Größe: 35 ha
frei zugänglich
Führungen: nach Voranmeldung, Tel. 0561/93570, Preis auf Anfrage
Veranstaltungen s. Internet

Schloßpark Wilhelmsthal

Calden

Der landgräfliche Sommersitz Wilhelmsthal wurde als architektonisch gestalteter Schauplatz absolutistischer Hofhaltung in ländlicher Umgebung durch die Landgrafen Wilhelm VIII. von Hessen-Kassel (1730–1760) sowie Landgraf Friedrich II. (1760–1785) erbaut. Park und Schloß bilden eine von dominanten Achsen geprägte Gesamtanlage. Die regelmäßigen Gartenformen des Rokoko wurden um 1800 von einem Landschaftsgarten überlagert, in dem aber die Strukturen der geometrischen Anlage erhalten blieben. Ausgehend von der Mittelachse wurden die Vorstellungen der natürlichen Landschaftsgestaltung östlich des Schlosses verwirklicht. Nach der Rekonstruktion der Südachse im Bereich der noch erhaltenen Grotte und des Kanals zwischen 1962 und 1965 vermittelt dieser Parkbereich, ausgeschmückt mit Restbeständen eines ehemals den gesamten Park umfassenden Figurenprogramms, eine Ahnung von der vergangenen Pracht des Rokokogartens. Attraktionen: Rokoko-Wasserkünste (370 Fontänen im Bereich des Kanals und der Grotte) Himmelfahrt bis 3. Okt., nach den Schloßführungen

Hess 3
Größe: 150 ha
frei zugänglich
Insel Siebenbergen: April bis Anfang Okt., 10–19 Uhr
Eintritt: Insel Siebenbergen 2 €, erm. 1,50 €, Familien 4 €
Führungen: nach Voranmeldung, Tel. 0561/31680-625

Staatspark Karlsaue

Auedamm, Kassel

Die Karlsaue war nahezu 300 Jahre lang Sommersitz der Landgrafen und späteren Kurfürsten von Hessen-Kassel. Der absolutistische Wille ließ das von zwei Fuldaarmen umflossene, inselartige Gelände zwischen 1700 bis 1770 zu einer großen barocken Parkanlage umgestalten. Hierin war das natürlich anstehende Wasser in künstliche Formen wie riesige Bassins und ornamental-rahmende Kanäle gepreßt. Wie viele andere

barocke Gartenkunstwerke wurde die Karlsaue im 19. Jahrhundert unter Leitung des bedeutenden Gartenkünstlers Wilhelm Hentze zum Landschaftspark umgestaltet, die Wasserrahmung blieb jedoch im wesentlichen erhalten. Auch die gewaltige barocke Hauptachse, die vom Orangerieschloß über die Karlswiese, die mittlere Allee, das große Bassin mit der Schwaneninsel bis zur im kleinen Bassin gelegenen Insel Siebenbergen reicht, beherrscht bis heute den malerischen Auepark.
Eigentümer/in: Verwaltung der Staatlichen Schlösser und Gärten Hessen Außenstelle Kassel, Schloßpark 18, 34131 Kassel, Tel. 0561/31680-600, Fax 0561/31680-666.
Internet: www.schloesser-hessen.de

Friedrichsplatz
Veranstaltungen siehe Internet

Schloßpark Wilhelmshöhe

Schloßpark 18, Kassel

Am Rande des Habichtswaldes wurde auf weißem Quarzitfelsen um 1143 ein Kloster gegründet. Schon zu dieser Zeit bauten Augustinermönche Rosen zu Heilzwecken an. Um 1606 ließ Landgraf Moritz von Hessen an diese Stelle ein Jagdschloß errichten. Der heutige Park ist jedoch das Werk dreier späterer Stilepochen. Landgraf Karl (1677–1730) schuf den großartigen barocken Parkteil mit dem Riesenschloß, dem Oktogon, der Pyramide mit dem 9 Meter hohen Herkules, sowie mehrere Grotten und Kaskaden für die Wasserkünste. Unter Landgraf Friedrich II. (1760–1785) hielt das neue englische Gartenideal Einzug. Zeugnisse dieser Epoche sind das Chinesische Dorf Mulang, die Rosensammlung und viele noch erhaltene kleinere Bauwerke. Landgraf Wilhelm (1785–1821), ab 1803 Kurfürst Wilhelm I., gestaltete den ganzen Park, außer der barocken Kaskadenanlage, in einen reinen klassischen Landschaftspark mit viel idealisierter Natur um. Gleichzeitig ließ er das klassizistische Wilhelmshöher Schloß,

Hess 4
Eigentümer/in: Verwaltung der Staatlichen Schlösser und Gärten Hessen, Außenstelle Kassel, Schloßpark 18, 34131 Kassel, Tel. 0561/31680-223, Fax 0561/31680-277, Internet: www.schloesser-hessen.de
Größe: 240 ha
frei zugänglich
ganzjährig geöffnet,
Großes Gewächshaus: Dez. bis 1. Mai, 10–17 Uhr
Eintritt: Großes Gewächshaus 2 €, erm. 1,50 €, Familien 4 €,
Parkführungen: nach Voranmeldung, Tel. 0561/311359
Führungen zu den Wasserkünsten, Voranmeldung über kassel-Tourist Tel. 0561/707707, Fax 0561/7077-169
Attraktionen: Herkulesbauwerk, Wasserkünste, Himmelfahrt bis 3. Okt., jeweils Mi, So und Feiertag, 14.30–15.30 Uhr
DB Kassel-Wilhelmshöhe
1 Wilhelmshöhe
23 Wilhelmshöhe
Veranstaltungen: Beleuchtete Wasserkünste, 1. Samstag im Juni, Juli, Aug. und Sept. nach Einbruch der Dunkelheit

die romantische Löwenburg und das als Ruine errichtete Aquädukt aufbauen. Die Naturszenerien wurden besonders betont durch die stimmungsvollen Wasserkünste, den Steinhöfer-Wasserfall, die Teufelsbrücke, das Aquädukt und die große Fontäne. Ein großer Teil der Bauten und Staffagen ist heute noch erhalten. Die Rosensammlung umfaßt über 1600 Wild-, Strauch- und Kletterrosen in etwa 1000 Sorten und Arten. Der Park ist aufgrund eines Höhenunterschiedes von 314 Metern der größte Bergpark Europas.

Hess 5
Größe: 0,12 ha
Öffnungszeiten: im Sommer Mi, Fr: 14–16 Uhr, Sonn- und Feiertage 16–17 Uhr, Sa 14 Uhr (öffentl. Führung), im Winter Mi, Fr: 14–16 Uhr, Sonn- und Feiertage 15–16 Uhr, Sa 14 Uhr (öffentl. Führung)
Anmeldung für Gruppen erbeten
Eintritt: 1,50 €
Führungen: nach Voranmeldung
Mindestpreis 20 €
DB Witzenhausen
P ♿
✿ Kaffeepflanzen

Gewächshaus für tropische Nutzpflanzen – Universität Kassel

Steinstraße 19, Witzenhausen

Für Forschung und Lehre kultiviert das Gewächshaus landwirtschaftlich bedeutende tropische Nutzpflanzen. Auf 1200 Quadratmeter Grundfläche geben beispielsweise Teepflanzen in Hecken, Kaffeesträucher in verschiedenen Schnittsystemen und agroforstwirtschaftliche Mischkulturen einen Einblick in die Agrarwirtschaft der Tropen und Subtropen. Im Gegensatz zu anderen Botanischen Gärten werden nicht Pflanzen vom Wildstandort, sondern vor allem bedeutende Kultivare und Sorten in die Kollektion aufgenommen.
Eigentümer/in: Universität Kassel, Steinstraße 19, 37213 Witzenhausen, Tel. 05542/981231, Fax 05542/981230, E-Mail: hethke@wiz.uni-kassel.de, Internet: www.wiz.uni-kassel.de
Veranstaltungen: Ausstellungen, Projektwochen für Schulklassen und vieles mehr, Märchenabende

Hess 6
Größe: 6 ha
frei zugänglich
Führungen: nach Voranmeldung
Attraktionen: Fontäne im Schwanenteich und Brunnenanlagen
DB Bad Sooden-Allendorf
P ✕ ☕ 🐕 ♿ ℹ ✿
Veranstaltungen: Kurkonzerte, Theater Salzsieden, Pfingsten

Kurpark Bad Sooden-Allendorf

Hainbachwiesen, Weinreihe, Bad Sooden-Allendorf

Der Kurpark mit seinen gepflegten Rasenflächen, altem Baumbestand und zahlreichen Blumenbeeten steht in der Tradition der klassischen Kuranlagen. Die drei durch Straßen getrennten Parkbereiche sind außerdem mit mehreren Brunnenanlagen, einem Rosengarten und der romantischen Schwanenteichanlage mit Fontänen ausgestattet.
Von der Geschichte der Salzgewinnung und des Kurbetriebes zeugen noch viele Gebäude und Bauwerke in und am Kurpark, wie das alte Badehaus von 1818, Solepumpenturm, historische Gradierwerke, altes Kurhaus, Pfennigstube und Salzmuseum.
Eigentümer/in: Magistrat der Stadt Bad Sooden-Allendorf, Markt 8, 37242 Bad Sooden-Allendorf, Tel. 05652/95850, Fax 05652/958519, E-Mail: stadt.bsallendorf@t-online.de, Internet: www.bad-sooden-allendorf.de

Arboretum der Räume und Sinne

Forsthaus Triesch, Bauhaus

In diesem Gesundheitspark zum Anfassen wachsen Naturbauten aus lebenden Gehölzen sowie vielfältige Obstgehölze und Beerensträucher. Grundlegend für die gesamte Anlage ist die systematische Permakultur-Planung. Herausragend sind die lebenden Häuser: Beispielsweise hat das Lindenhaus aus 700 Pflanzen drei Zimmer. Das Eschenhaus aus 1350 einzelnen Bäumen ist dabei, ein 100 Quadratmeter großes Haus zu werden. Weitere Baumarten wachsen zu Räumen und Skulpturen.
Eigentümer/in: Konstantin Kirsch, Schulstraße 1,
36214 Bauhaus, Tel. 06627-915310, Fax 06627-915329,
E-Mail: look@naturbauten.com,
Internet: www.naturbauten.com

Hess 7
Größe: 0,7 ha
Öffnungszeiten: ganzjährig geöffnet
Anmeldung unter
Tel. 06627-915310
Eintritt: Preis nach Absprache
Führungen: nach Voranmeldung, Preis nach Vereinbarung,
DB Bebra
Bus Bebra-Obersuhl Schnepfenbusch, Mo bis Fr
→ bei Anmeldung
P i

3. Hessische Gartenschau Bad Wildungen 2006

Schlachthofstraße, Bad Wildungen

In Verlängerung zu Europas größtem Kurpark entstand in den Bachwiesentälern ein neuer Freizeitpark mit Schloßblick-Terrasse, Sport- und Spielbereichen und großzügigen, naturbelassenen Freiräumen. Viele Sondergärten, wie die 15 Themengärten, Erfahrungsgärten und die sieben Goldenen Gärten zeigen die Vielfalt gärtnerischen Könnens. 200 000 Blumenzwiebeln stimmen in den Frühling ein, gefolgt von der üppigen Pracht der Sommerblüher und der Herbstbepflanzung.
Eigentümer/in: Landesgartenschau Bad Wildungen 2006 GmbH, Schlachthofstr. 1, 34537 Bad Wildungen,
Tel. 05621/752006, Fax 05621/7520075,
E-mail: landesgartenschau2006@bad-wildungen.de
Internet: www.landesgartenschau-bad-wildungen.de
Veranstaltungen: täglich wechselndes Veranstaltungsprogramm

Hess 8 NEU
Größe: 18 ha
Eintritt: 12 €, Kinder frei bis 6 Jahre, ermäßigt 10 € für Schüler, Azubis, Studenten, Zivis und Schwerbehinderte ab 50 %
Gruppen ab 20 Personen 10 €
Führungen:
nach Voranmeldung
Öffnungszeiten: ab Ende Oktober 2006 frei zugänglich, 15. April–3. Oktober 2006, Juni–August 9–20 Uhr, sonst 9–18 Uhr
Attraktionen: Hallenschauen
DB Bad Wildungen
P gebührenpflichtig
✕ ☕ ♿ i
✿ Gärtnermarkt

Kurparkverbindung Bad Wildungen und Reinhardshausen

Bad Wildungen

Foto: Hess. Staatsbad Bad Wildungen

Hess 9
Eigentümer/in: Stadt Bad Wildungen, Hess. Staatsbad, Langemarckstraße 2,
34537 Bad Wildungen,
Tel. 05621/9655920,
Fax 05621/9655926,
E-Mail:
tourist@bad-wildungen.de,
Internet:
www.bad-wildungen.de
Größe: 52 ha
frei zugänglich
Führungen: nach Voranmeldung,
Preis nach Vereinbarung,
DB Bad Wildungen
Bus 1 Kurhaus
☕ 🐕 ♿

1998 wurde die Grüne Brücke zwischen den hessischen Heilbädern Bad Wildungen und Reinhardshausen als Europas größter Kurpark eingeweiht. Als Modellprojekt für den Sanften Tourismus in Hessen konnte ein zuvor durch intensiven Ackerbau und Fichtenreinwälder geprägter Landschaftsraum ökologisch erheblich aufgewertet werden. Nach Plänen von V. Götte, Frankfurt, ziehen sich mehrere Wanderwege an neu geschaffenen Teichen und Wiesen entlang des renaturierten Bornebaches. Viele Stauden- und Gehölzbereiche sowie Streuobstwiesen lockern das Landschaftsbild auf. Die mit über 50 Sitz- und Aufenthaltsbereichen sowie einer 100 Meter langen Aussichtsbastion ausgestattete Anlage enthält auch Terrainkurwege und Sportstrecken.

Hess 10
Eigentümer/in: Ehepaar Günther Hoppe, Am Obertor, 34560 Züschen bei Fritzlar, Kreis Schwalm Eder, Nordhessen, Tel. 05622/3792, Fax 05622/1506
Größe: 4 ha, frei zugänglich

Park der Garvensburg

Am Obertor, Züschen bei Fritzlar

Auf einer Hangkante oberhalb des Ortes Züschen liegt ein Jagdschloß im Stil der Neoromanik. Um die Garvensburg entstand ab 1890 ein Landschaftspark im gemischten Stil, wie er typisch für die Zeit des Historismus ist. Der Kernbereich im landschaftlichen Stil wurde durch einen Monopteros geschmückt. Vor dem Schloß gab es eine Teppichbeet-Anlage und in den Randbereichen lagen ein geometrischer Rosengarten, ein Tennisfeld und ein Steingarten. Heute sind die geometrischen Gartenteiche verschwunden und die Randbereiche verwildert. Die Atmosphäre der Anlage ist jedoch durch den beeindruckenden Baumbestand im gut gepflegten Innenbereich und den Bauwerken Garvensburg und Rosentempel spürbar. Die Burg wird als Hotel, Restaurant und Café genutzt.

Hess 11
Eigentümer/in: Gemeinde Bad Zwesten, Ringstraße 1, 34596 Bad Zwesten, Tel. 05626/773, Fax 05626/999326
Größe: 14,5 ha, frei zugänglich
Attraktionen: Fontänenteiche Sommerhalbjahr
DB Borken/Hessen
→ weiter mit AST-Verkehr (Anruf-Sammel-Taxi) zum Nahverkehrstarif nach Bad Zwesten
Veranstaltungen: Lichterfest, letzter Sa im Juli, 19.30 Uhr, Infos bei Kurverwaltung Bad Zwesten, Tel. 05626/773
nur Blindenhunde

Kurpark am Kurhaus

Hardtstraße, Bad Zwesten

Foto: Gemeinde Bad Zwesten

Neben dem Kurhaus erstreckt sich der Kurpark mit Fontänenteichen, Aussichtshügel und einer begehbaren Sonnenuhr. Rosen-, Duft- und Kräutergarten mit lauschigen Sitzgruppen sowie der Klanggarten laden zum Verweilen ein.

Kurpark am Löwensprudel

Bad Zwesten

Durch den alten Baumbestand und den Fontänenteich strahlt der Park eine erholsame Ruhe aus. Für die körperliche Gesundheit sorgen Wassertretbecken, Liegehalle und der Brunnentempel der Heilquelle Löwensprudel.
Eigentümer/in: Gemeinde Bad Zwesten, Rathaus, Ringstraße 1, 34596 Bad Zwesten, Tel. 05626/773, Fax 05626/999326
Attraktionen: Fontänen im Fontänenteich Ostern bis Oktober, Mo–Sa, 10–10.45 Uhr

Hess 12
Größe: 2,5 ha, frei zugänglich
DB Borken/Hessen
→ weiter mit AST-Verkehr (Anruf-Sammel-Taxi) zum Nahverkehrstarif nach Bad Zwesten
P ♿ i

hr – „Fernsehgarten" 2004 – Foerster

Welferoder Straße 23, Homberg-Efze

Unterschiedlichste, dem Sonnenstand entsprechende Ruhezonen laden in diesem naturnahen Garten zwischen Wohnen und Arbeiten zum Verweilen ein. Bodendeckende Stauden, Rank- und Klettergewächse wechseln sich in ihrer Blühfolge ab. Zwischen Laub- und Nadelgehölzen, Wildstauden, Steingarten und Wasserzonen sind künstlerische Bronze- und Steinarbeiten eingefügt. Anmeldung erbeten.
Eigentümer: Bernd und Christine Foerster, Welferoder Str. 23, 34576 Homberg-Efze, Tel. 05681/3633, Fax 05681/6665, E-Mail: b.c.foerster@gmx.de

Hess 13
Größe: 0,17 ha
Eintritt: frei
Öffnungszeiten: ganzjährig
Offener Garten im Mai/Juni, Termine auch unter lustaufgarten.sek@freenet.de
→ bei Anmeldung
P
☕ nach Anmeldung
🐕 ♿ i
Bronze- und Steinaccessoires für Haus und Garten

Garten des Ökologischen Landschulheimes Licherode

Lindenstraße 14, Licherode

Ein vielfältiges Gartenangebot wird für die Schulkinder im Rahmen ihres Landschulaufenthaltes bereitgehalten, wobei das Ziel nicht der perfekte, sondern der lebendige Garten ist. Gemüsegarten, Kräuterbeete, Staudenbeete, Grabeland zur Demonstration seltener Kartoffel- und Erdbeersorten sowie Getreide- und Faserpflanzen, Steingarten, Farbbeete, Blumenwiese und Wiesentheater sind nur ein Teil des großen Angebotes, mit dem Kinder neugierig auf Garten und Umwelt gemacht werden. Mittlerweile hat der große Obstgarten 45 Apfelsorten und viele weitere Obstarten und -sorten, da die Früchte zunehmend von den Besuchergruppen verwertet werden. Am Dorfrand befindet sich der Wald-Wunder-Weg, ein Walderlebnispfad zum Mitmachen. Gerade am Wochenende wird das Spielgelände „Unserland" von vielen Kindern aus der Region genutzt.

Hess 14 NEU
Ökologisches Schullandheim und Tagungshaus Licherode, Lindenstr. 14, 36211 Alheim-Licherode, Tel. 05664/94860, Fax 05664/948640, E-mail: oekonetz.licherode@t-online.de, Internet: www.oekonetz-licherode.de
Größe: 2 ha, frei zugänglich
Führungen: nach Voranmeldung durch Herrn Lutz
DB Alheim-Heinebach
P
Veranstaltungen: diverse Seminare
♿

Hess 15
Größe: 0,3 ha
Anmeldung erbeten
Öffnungszeiten:
Sommermonate geöffnet
Eintritt: frei
Führungen: nach Voranmeldung, kostenlos

Privatgarten Rüdt

Gladenbacher Weg 43, Marburg

230 verschiedene Wild-, Strauch- und Kletterrosen in Gesellschaft mit Koniferen, Sträuchern und Stauden sind in diesem Privatgarten zu sehen.

Eigentümer/in: Irmgard Maria Rüdt, Gladenbacher Weg 43, 35037 Marburg, Tel. 06421/34496, Fax 06421/350172, E-Mail: maria.ruedt@t-online.de

Hess 16
Eigentümer/in: Universität Marburg,
Karl-von-Frisch-Straße 6,
35032 Marburg,
Tel. 06421/2821507,
Fax 06421/2826659,
E-Mail:
titze@staff.uni-marburg.de
Größe:
Alter Botanischer Garten 3,3 ha
Neuer Botanischer Garten 24 ha
Öffnungszeiten:
Alter Botanischer Garten: ganzjährig geöffnet,
Neuer Botanischer Garten:
1. Mai bis 15. September: 9–18.30 Uhr,
16. September bis 15. Oktober: 9–17 Uhr,
16. Oktober bis 30. April: 9–15 Uhr, samstags geschlossen,
Eintrittspreise:
Alter Botanischer Garten: Eintritt frei,
Neuer Botanischer Garten: Kinder frei bis 14 Jahre, Erwachsene und Jugendliche ab 15 Jahren 1 €, Studierende und Schwerbehinderte 0,50 €, Jahreskarte 24 €,
Führungen nach vorheriger Anmeldung möglich, Preis auf Anfrage,
🚌 5, 7 Botanischer Garten
♿ ℹ

Botanische Gärten der Universität Marburg

Alter Botanischer Garten, Pilgrimstein, Marburg
Neuer Botanischer Garten, Karl-von-Frisch-Straße 8, Marburg

Botanische Gärten haben in Marburg lange Tradition. Der erste Botanische Garten Marburgs gehörte dem Mediziner Euricius Cordus und geht auf das Jahr 1510 zurück. 1786 erfolgte unter Landgraf Wilhelm IX. die Umsiedlung des seit 1764 in Kassel bestehenden Botanischen Gartens und seiner Gewächshäuser nach Marburg. Anfang des 19. Jahrhunderts kultivierte man in diesem z.T. terrassenartig angelegten Botanischen Garten am Weinberg, westlich der Elisabethkirche, über 2 800 verschiedene Pflanzen. Zwischen 1810 und 1814 wurde der Botanische Garten vom Weinberg auf das Gelände des sogenannten Deutschen Hausgartens, welcher zu dem als Krondomäne eingezogenen Deutschordensgut gehörte, verlegt. In dem Zeitraum von 1961–1977 entstand auf den Lahnbergen der Neue Botanische Garten. In ihm werden zur Zeit ca. 13 500 Pflanzenarten kultiviert, darunter 1700 Orchideen-, 600 Sukkulenten- und 300 Bromelien-Arten, die weltweiten Schutzvorschriften unterliegen.

Heute dient der denkmalgeschützte „Alte Botanische Garten" den Bürgern und Bürgerinnen der Stadt Marburg als öffentlicher Park. In ihm wurde ein Musizier- und Gesellschaftshaus durch den Marburger Universitätsbund errichtet und wird von der Pharmazeutischen Biologie eine Schaubeetanlage mit den gebräuchlichsten Heilpflanzen unterhalten.

Der „Neue Botanische Garten" verfügt über das größte Alpinum nördlich der Alpen und über die größte lebende Farnsammlung Deutschlands. Einzigartig ist die große Farnschlucht, die auf einem ehemaligen Ochsenkarrenweg angelegt wurde. Von diesem alten Salzhandelsweg ausgehend, durchzieht ein künstlicher Bach mit Teichen und Wasserfällen das ca. 24 ha große Gartenareal. Sehenswert sind außerdem die Vielfalt an Rhododendren und Azaleen, der Frühlingswald, das Arboretum, die hessischen Biotop-Typen (Trockenrasen, Orchideenwiese, Buchenwald, Auenwald und Moor) und die Schauhäuser mit Pflanzen aus den Tropen, vom australischen Kontinent und den Kanaren. Attraktionen: Blüte der Rhododendren und Azaleen im Mai/Juni, Lebende heimische und tropische Pflanzenbestäuber

(Schmetterlinge/Hummeln) in den Schauhäusern, Murmeltiergehege im Alpinum

Schloßgarten Weilburg

Weilburg (Lahn)

Hoch über der Lahn liegen Schloß und Schloßgarten Weilburg, beeindruckendes Beispiel einer barocken deutschen Kleinresidenz. Da die Berglage eine weit in die Landschaft ausgreifende Gartenplanung verhinderte, entstand im Anschluß an das Schloß zwischen 1700 und 1714 ein Lustgarten in drei Terrassenstufen: Südlich der mit einem prächtigen Gartensaal ausgestatteten Oberen Orangerie erstreckt sich das obere Parterre. In den 1930er Jahren von Georg Potente rebarockisiert, wurde es 2005 restauriert. Mächtige Blutbuchen zeugen noch von der landschaftlichen Gestaltungsphase im 19. Jahrhundert. Das angrenzende Lindenboskett stellt die Verbindung zum unteren, 7,5 Meter tiefer gelegenen Garten her. Die Untere Orangerie ist nach dem Vorbild von Versailles in den Hang eingelassen. In Kübeln gezogene Bitterorangen und Limonen im Orangerieparterre verweisen auf eine dreihundertjährige Zitruskultur.
Führungen: nach Voranmeldung, Tel. 06471/912710 oder 0162/6036649, Preis auf Anfrage.

Hess 17
Eigentümer/in: Verwaltung der Staatlichen Schlösser und Gärten Hessen, Schloß, 61348 Bad Homburg vor der Höhe,
Tel. 06172/9262110,
Fax 06172/9262190,
Internet: www.schloesser-hessen.de
Größe: 1,5 ha
frei zugänglich
Veranstaltungen: s. Internet,
P ✕ 🐕
ℹ Verkauf im Schloß

Gail'scher Park

Gießener Straße / Am Schindwasen Biebertal-Rodheim

Die Villa und der Landschaftsgarten entstanden als Sommersitz der Fabrikantenfamilie Gail (Tabak, Keramik) aus Gießen auf dem Gelände ihrer Niederlassung in Rodheim zwischen 1857 und 1896. Die Geschichte des Parks ist verbunden mit der großen, tragisch endenden Liebe zwischen Wilhelm Gail und Minna Mahla, die für sich – beide Freunde der Gartenkunst – außerhalb der Stadt ein Paradies schaffen wollten. Die wesentlichen Teile der noch im Original erhaltenen Anlage sind auf den Gartenarchitekten Heinrich Siesmeyer und den Stadtgartendirektor Andreas Weber aus Frankfurt zurückzuführen. Das Ensemble aus Villa, Park und Parkeinbauten in einem einzig-artig modellierten Gelände stellt ein Gesamtkunstwerk aus der Zeit des Historismus dar. Die Besonderheit des Parks liegt in der gekonnten Inszenierung einzelner Parkbilder auf kleinem Raum. Er ist erst seit 2003 der Öffentlichkeit zugänglich.
Eigentümer: Gemeinde Biebertal, Kontakt: Freundeskreis Gail'scher Park e.V., Karlstraße 20, 35441 Biebertal, Tel. 06409/81070, Fax 06409/810730, E-Mail:bpg@biebertaler-planungsgruppe.de, Internet: www.gailscherpark.de

Hess 18
Größe: 2,8 ha
Eintritt: frei
Führungen: nach Voranmeldung
für Gruppen bis 50 Personen
Spenden erbeten
Öffnungszeiten:
März bis Oktober
Sa 15–18 Uhr, So 10–18 Uhr
DB Gießen
🚌 410, 420 Alte Schule
P
Veranstaltungen:
Infos im Internet.
♿ ℹ
Info nur bei Führungen erhältlich

Foto: Karl-Heinz Krahl

Hess 19
Größe: 4 ha
Eintritt: frei
Öffnungszeiten: je nach Jahreszeit 8.15–15.30/18/19 Uhr,
Führungen: nach Voranmeldung
DB Gießen
Bus 2, 3, 4, 5, 7, 11, 24, 800 Marktplatz
P gebührenpflichtig
♿

Botanischer Garten der Justus-Liebig-Universität

Sonnenstraße, Gießen

Die Anfänge des Gartens gehen auf das Jahr 1609 zurück, als Landgraf Ludwig von Hessen der wenige Jahre zuvor gegründeten Universität ein Gelände zur Errichtung eines Hortus medicus (Heilpflanzengarten) überließ. Er ist somit der älteste Botanische Garten Deutschlands, der seit seiner Anlage nicht verlegt worden ist. Die Gewächshäuser, die auf eine exakt dreihundertjährige Tradition zurückblicken, gliedern sich in folgende Abteilungen: Victoriahaus, Tropische Nutzpflanzen, Tropen-, Kakteen, Farn- und Nepenthes-Haus (Kannenpflanzen), Warmhaus mit Bromelien- und Aronstabgewächsen und Zitrus-Abteilung. Das Freiland ist in unterschiedliche Bereiche aufgeteilt, wie Alpinum, Pflanzengeographische und Kulturhistorische Abteilung, Heil- und Giftpflanzen und Systematische Abteilung. Eine große Kübelpflanzensammlung ist nach geographischen Gesichtspunkten zusammengestellt.

Geprägt wird der Garten durch einen alten Laubbaumbestand mit besonderen Einzelexemplaren von Berg-Ahorn, Chinesischer Flügelnuß, Ginkgo und Hopfenbuche.
Eigentümer/in: Land Hessen, Justus-Liebig-Universität, Senckenbergstraße 6, 35390 Gießen, Tel. 0641/9935240, Fax 0641/9935119, E-Mail: Holger.R.Laake@bot1.bio.uni-giessen.de, Internet: www.uni-giessen.de/botanischer-garten

Wochenendgarten Lienemeyer

Lohgasse 14, 36325 Feldatal-Windhausen

Hess 20
Größe: 0,15 ha
Eintritt: frei
Führungen: nach Voranmeldung
Öffnungszeiten:
Mai bis September Sa, So
Veranstaltungen
Gartenseminare auf Anforderung
Tee und Kaffee auf Bestellung
→ per Fax möglich

Der Wochenendgarten entwickelte sich auf der Obstwiese eines 120 Jahre alten Bauernhauses. Durch Inseln aus Stauden, Rosen, Gräsern, im Wechsel mit Wiesenflächen, einem Seerosenteich und einem bunten Gemüse-Kräuter-Sommerblumengarten zwischen den teilweise mit Rosen berankten alten Obstbäumen entstehen spannungsvolle Räume und Durchblicke sowie lauschige Plätze zum Verweilen. Alle Bereiche sind durch Rasenwege verbunden. Anmeldung erbeten.
Eigentümer: Ute Lienemeyer-Russell, Butzbacherstr. 46, 60389 Frankfurt/M, Tel. 069/458632 o. 06637/561

Hess 21
Eigentümer/in: Stadt Fulda, 36037 Fulda, Tel. 0661/102684, Fax 0661/102783
Größe: 7 ha
Öffnungszeiten: im Sommer 7–22 Uhr, im Winter 7–20 Uhr
Eintritt: frei
Gartenführungen oder Barock-Themenführungen nach Voranmeldung, Verkehrsbüro Fulda, Tel. 0661/102-1814, Fax 0661/102-2814, Internet: www.tourismus-fulda.de
DB Fulda
Bus 1–8 Stadtschloß
P gebührenpflichtig

Schloßgarten Fulda

Schloßstraße 1, Fulda

Der Schloßgarten ist die bedeutendste Grünanlage in der Innenstadt Fuldas. Neben seiner Rolle als Erholungsfläche hat er wichtige Funktionen für die Stadtökologie und ist eine wertvolle historische Anlage mit barocken Elementen. Im vorderen Bereich des Schloßgartens, zwischen Orangerie und Stadtschloß gelegen, können klassische Gartenthemen bewundert werden. Im Zentrum des Wegekreuzes, das die beiden historischen Gebäude verbindet, konnte auf Originalfundamenten ein 16 Meter großes Fontänebecken wieder errichtet werden. Vor der Kulisse hundertjähriger Buchen und Eichen wird die Atmosphäre dieses großartigen Gartenraums lebendig. Der anschließende weitflächige Parkteil ist im Stil der englischen Landschaftsgärten mit einem Blütenmeer aus Rosen und Rhododendren gestaltet. Ein Irrgarten vervollständigt die Parkanlage. Daran schließt sich ein Kinderspielbereich an, der auch von behinderten Kindern genutzt werden kann.

Foto: Gutberlet

Hess 22
Größe: 0,47 ha
Gartenführungen durch mehrere Gärten des Gartenkulturpfades für Gruppen nach Voranmeldung, Verkehrsbüro Fulda, Tel. 0661/102-1814, Fax 0661/102-2814, Internet: www.tourismus-fulda.de
Öffnungszeiten: Mai bis September Mi mit Führung 15–17 Uhr

Klostergarten Franziskaner

Am Frauenberg, Fulda

Auf dem Gipfel des Frauenberges, hoch über der Stadt steht das Franziskanerkloster mit seinen spätbarocken Bauten. Aus dieser Zeit stammt auch der Klosterwirtschaftsgarten, der zur Selbstversorgung der Klostergemeinschaft diente. Noch heute prägen die typischen barocken Grundformen das Gesamtbild. Die großen, mit Buchshecken eingefaßten Pflanzfelder mit Gemüse und Blumen formieren sich um einen großen, kreisrunden Platz. Die Kombination mit Blumenrabatten gibt diesem Garten eine besondere Pracht. Gleichzeitig dienen die

vielfältigen Stauden zum Schmuck von Kloster und Kirche. Anmeldung erbeten. Tel. 0661/1021772, Eintritt: frei
Eigentümer: Franziskanerkloster Fulda,
Am Frauenberg, 36039 Fulda,

DB Fulda
Bus 1–8 Stadtschloß
i

Klostergarten der Benediktinerinnen der Abtei zur Hl. Maria

Nonnengasse 2, Fulda

Im Zentrum der Stadt in der im frühen 17. Jahrhundert errichteten Benediktinerinnenabtei St. Maria liegt der Klostergarten, der wie seit Jahrhunderten den Bewohnerinnen der Abtei zum Anbau von Obst, Gemüse, Kräutern und Gemüse, aber auch als Ort der Meditation und Ruhe dient. Neben den Nutzpflanzen werden im Ziergarten auch Einjährige, Stauden, Rosen und andere Gehölze kultiviert. Schon seit vielen Jahren wird auf eine traditionelle, organisch-biologische Wirtschaftsweise geachtet. Anmeldung erbeten, Tel. 0661/102-1772.
Eigentümer: Abtei zur Hl. Maria, Nonnengasse 2, 36037 Fulda, E-Mail: abtei.fulda@web.de

Hess 23
Größe: 0,2 ha
Eintritt: frei
Gartenführungen durch mehrere Gärten des Gartenkulturpfades für Gruppen nach Voranmeldung,
Verkehrsbüro Fulda,
Tel. 0661/102-1814,
Fax 0661/102-2814,
Internet:
www.tourismus-fulda.de
Öffnungszeiten: ganzjährig
DB Fulda
Bus 1–8 Heertor, Schloßstr.
P Heertor
Hund, Rollstuhl, i

Domdechaneigarten

Domdechanei Fulda

An der Südseite des Fuldaer Doms liegt der atmosphärisch sehr dichte Garten des Domdechanten, der im Rahmen der Landesgartenschau 1994 neu gestaltet wurde. Der formal gestaltete Garten knüpft an historische Bezüge an. Mit einer Fülle alter Sorten wurde die Rose zur Leitpflanze. Damaszenerrose, Gallica- und Alba-Rose versprühen ihren Duft. Eine Sammlung historischer Grabsteine säumt den Laubengang durch den Garten.
Eigentümer: Domdechant, Domkapitular Weihbischof Johannes Kapp, Hinterburg 4, 36037 Fulda, Tel. 0661/870
Gartenführungen durch mehrere Gärten des Gartenkulturpfades für Gruppen nach Voranmeldung,
Verkehrsbüro Fulda, Tel. 0661/102-1814, Fax 0661/102-2814,
Internet: www.tourismus-fulda.de

Hess 24
Größe: 0,36 ha
Eintritt: frei
Öffnungszeiten: ganzjährig, vom 15.1.–15.2. und an hohen kirchl. Feiertagen geschlossen. Im Sommer Di–Sa 10–17.30 Uhr, So, Fei 12.30–17.30 Uhr, Im Winter Di–Sa 10–12.30 Uhr und 13.30–16 Uhr,
So, Fei 12.30–16 Uhr
DB Fulda
Bus 1–5 Dom
P gebührenpflichtig
i im angrenzenden Buchladen (Souvenirs, Gartenliteratur etc.)
Hund, Rollstuhl

Dahliengarten

Johannes-Dyba-Allee, Fulda

Hinter hohen Mauern liegt ein farbenprächtiger Sommergarten mit im barocken Stil angelegten Beeten. Über 36 verschiedene Dahliensorten sind hier kultiviert in der Farbpalette von Zartrosa über Karmin bis Dunkelviolett, in Formen von winzigen Pompons bis zu großblütigen Kaktusdahlien.
Eigentümer: Stadt Fulda, Schloßstraße 1, 36037 Fulda,
Tel. 0661/1021772, Fax 0661/1022772

Hess 25
Größe: 0,16 ha
Eintritt: frei
Öffnungszeiten:
1.7. bis 3.10. 9–19 Uhr
DB Fulda
Bus 1, 2, 4, 7, 8 Dom
P gebührenpflichtig
Hund, Rollstuhl

Gartenführungen durch mehrere Gärten des Gartenkulturpfades für Gruppen nach Voranmeldung, Verkehrsbüro Fulda, Tel. 0661/102-1814, Fax 0661/102-2814, Internet: www.tourismus-fulda.de

Hess 26
Größe: 30 ha
frei zugänglich
DB Fulda
Bus 7 Engelhelms
P gebührenpflichtig April bis Oktober Sa, So
Veranstaltungen: Gartenfest, Intern. Verkaufsausstellung für Gartenkultur 2.–5.6.2006, 1. Juni-Wochende 2007, Hessische Hausstiftung, www.das-gartenfest.de, Tel. 0661/9426613, Fax 0661/9426614

Park Schloß Fasanerie

Schloß Fasanerie, Eichenzell

Die Ursprünge des Parks von Schloß Fasanerie gehen auf die Mitte des 18. Jahrhunderts zurück, als der Fürstbischof zu Fulda eine „Wilde Fasanerie" für die Fasanenjagd in einem prächtigen barocken Garten an seinem neuen Sommerschloß ausbauen ließ. Ab 1826 wandelte der Gartenarchitekt Wilhelm Hentze für den neuen Besitzer, Kurfürst Wilhelm II. von Hessen-Kassel, die inzwischen verwilderte Anlage in einen, von einer Mauer umgebenen Landschaftspark um. Aus der barocken Zeit stammen nur noch die beiden Pavillonbauten. In den letzten zehn Jahren wurde der Park nach gartendenkmalpflegerischen Gesichtspunkten wiederhergestellt und zeigt heute ein gut erhaltenes Beispiel eines Landschaftsparks des frühen 19. Jahrhunderts. Unterschiedliche Bereiche, wie Wiesen, Beete an der Schloßterrasse, kunstvoll angelegte Seen, Kastanienplantage, Felder mit locker arrangierten Baumgruppen und ein von Alleen durchkreuzter Wald laden zu Spaziergängen in der schönen Talsituation ein.
Eigentümer: Hessische Hausstiftung, Schloß Fasanerie, 36124 Eichenzell, Tel. 0661/94860, Fax 0661/9486-30, E-Mail: museum@schloss-fasanerie, Internet: www.schloss-fasanerie.de

Hess 27
Anmeldung für Gruppen erbeten
Öffnungszeiten: ganzjährig geöffnet Mi–Sa 14–17 Uhr, So und feiertags 10–17 Uhr,

Rosenmuseum Steinfurth

Alte Schulstraße 1, Bad Nauheim

Seit 1868 werden in Steinfurth an der Wetter Rosen angebaut. In diesem Rosendorf gibt es ein einzigartiges Spezialmuseum, in dem die traditionellen Werkzeuge, die Arbeitskleidung,

die Geschichte des Rosenanbaus und die Anzucht dargestellt werden. Auch die vielfältigen Bedeutungen und Ausformungen der Rose als Symbol werden gesammelt und wie ihre Rolle im Alltag der Menschen erforscht. Hinzu kommen die fast unzähligen Gegenstände des alltäglichen Lebens und der Werbung, die mit Rosen geschmückt sind oder die mannigfache Verwendung ihres Duftes zeigen. Stilgerecht ist das Fachwerkgebäude des Museums fast vollständig von Kletterrosen bedeckt.
Eigentümer/in: Stadt Bad Nauheim, Alte Schulstraße 1, 61231 Bad Nauheim, Tel. 06032/86001, Fax 06032/87915, E-Mail: rosenmuseum@bad-nauheim.de, Internet: www.bad-nauheim.de

Führungen: nach Voranmeldung, Preis nach Vereinbarung
DB Bad Nauheim
Bus Stadtbus Rosenmuseum
→ Ausschilderung im Ortsteil Steinfurth
P i
Veranstaltungen: Museumsfest, Konzerte, Seminare, Vorträge siehe Veranstaltungsprogramm
Infos bei Rosenmuseum Steinfurth

Schloßpark Ramholz

Schloß Ramholz, Schlüchtern-Ramholz

Hugo Freiherr von Stumm ließ sich zwischen 1893 und zirka 1920 eine Anlage im Stil des Historismus von den Münchner Architekten Emanuel und Gabriel Seidl errichten. Anregungen fand von Stumm in der Ruine der Steckelburg. Der Geist des Humanismus und der Renaissance sollten sich im Park wiederfinden. Eine antike Skulpturengruppe – Herkules und Pan buhlen um die Gunst der Aphrodite –, ein Balthasar-Neumann-Pavillon und zahlreiche andere Bauwerke sind eingebettet in den Landschaftspark, der von dem schwedischen Gartenarchitekten Lindahl geplant wurde.
Veranstaltungen: Ramholzer Musiktage, Infos unter Tel. 06664/540

Hess 28
Eigentümer/in: Magnus von Kühlmann, Schloß Ramholz 36381 Schlüchtern-Ramholz, Tel. 06664/540
Größe: 75 ha
Öffnungszeiten: ganzjährig geöffnet
Anmeldung erbeten bei Hans Dorn, Tel. 069/619099, Fax 069/616449
Eintritt: frei
Führungen: nach Voranmeldung, kostenlos

Park Monrepos

Rüdesheimer Straße 5, Geisenheim

Die Parkanlage setzt sich zusammen aus sehr unterschiedlichen Gehölzbeständen und einem breiten Rosen- und Kletterpflanzensortiment. Besonders erwähnenswert sind *Sequoiadendron giganteum* (ca. 150 Jahre alt), *Metasequoia glybtostroboides*, Ca*locedrus decurrens* und eine ca. 9 Meter hohe Bambusgruppe aus *Phyllostachys viridiglaucescens*. Zu Forschungszwecken sind Versuchsflächen für den vegetationstechnischen Bereich, darunter Dachbegrünung, Steilwall- und Fassadenbegrünung, angelegt. Die gartenbaulichen Elemente der 1950er Jahre aus Beton und Stahl gehen auf Prof. Dr. Gerd Däumel zurück.
Eigentümer/in: Forschungsanstalt Geisenheim, Von-Lade-Straße 1, 65366 Geisenheim, Tel. 06722/502-0, Fax 06722/502-212, E-Mail: roth-kleyer@fbl.fh-wiesbaden.de oder behrens@fa-gm.de, Internet: www.mnd.fh-wiesbaden.de/fag/
Veranstaltungen: Tagungen, Fachtagungen in der Villa Monrepos

Hess 29
Größe: 3,6 ha
frei zugänglich
Führungen: nach Voranmeldung für Gruppen ab 10 Personen, kostenlos,
Attraktionen: Schloß Monrepos, historisches Gebäude in der Parkanlage aus dem 19. Jh.
DB Geisenheim
P

Hess 30
Größe: 3 ha
frei zugänglich
Führungen: nach Voranmeldung für Gruppen ab 10 Personen, für Einzelpersonen keine Führungen kostenlos,
DB Geisenheim
→ Park liegt an der Bahnlinie, ca. 500 m westlich des Bahnhofs
P

Park Forschungsanstalt Geisenheim

Von-Lade-Straße 1, Geisenheim

Der Park ist vorwiegend ein Arboretum mit Einzelexemplaren von beachtlichem dendrologischem Wert. Folgende, zum Teil seltene und alte Exemplare der Arten *Sequoiadendron giganteum* (ca. 150 Jahre und ca. 40 Jahre alt), *Juglans nigra* (ca. 150 Jahre alt), *Koelreuteria integrifolia* (Rarität), *Sophora japonica* (ca. 100 Jahre alt) und *Sophora japonica* 'Pendula' wachsen im Park.

Eigentümer/in: Forschungsanstalt Geisenheim,
Von-Lade-Straße 1, 65366 Geisenheim,
Tel. 06722/502-0, Fax 06722/502-212,
E-Mail: roth-kleyer@fbl.fh-wiesbaden.de oder behrens@fa-gm.de,
Internet: www.mnd.fh-wiesbaden.de/fag/

Hess 31
Größe: 1500 m²
Eintritt: frei
Öffnungszeiten: ganzjährig geöffnet
April–Okt. 9.30–19 Uhr,
Nov.–März 10.30–17 Uhr
Führungen: nach Voranmeldung Tourist-Information und Kulturamt,
Tel. 06123/90980,
Fax 06123/909890
für Gruppen bis 30 Personen, 40 €/Gruppe
DB Eltville
P gebührenpflichtig

Kurfürstliche Burg Eltville

Burgstraße 1, Eltville

In der Wein-, Sekt- und Rosenstadt Eltville am Rhein entfalten sich vor allem in den Außenanlagen der kurfürstlichen Burg und entlang des romantischen Rheinufers eine Vielzahl bekannter und beliebter Rosensorten. Aber auch heute selten gewordene Rosen aus vergangenen Jahrhunderten finden hier ihre Heimat. Im Rosengarten, der sich im Burggraben der Kurfürstlichen Burg befindet, blühen im Sommer die Kletterrosen. Bedingt durch die günstigen klimatischen Verhältnisse erreichen einige Rosensorten eine Höhe bis zu 10 Meter.

Eigentümer/in: Magistrat der Stadt Eltville am Rhein,
Matheus-Müller-Straße 3, 65343 Eltville am Rhein,
Tel. 06123/6970, Fax 06123/697199,
E-Mail: touristik@eltville.de, Internet: www.eltville.de
Veranstaltungen: Rosentage, Anfang Juni, Infos bei:
Tel. 06123/90980, Fax 06123/909890,
Rosenschnittkurse im Februar

Hess 32
Eigentümer/in: Landeshauptstadt Wiesbaden, Amt 67, Mainzer Str. 20–22, 65185 Wiesbaden,
Tel. 0611/312901,
Fax 0611/313967
Größe: 3,5 ha, frei zugänglich
Bus 1, 3, 4, 6, 8, 10, 12, 13, 14, 44, 47, 50 Hauptbahnhof
P gebührenpflichtig
Veranstaltungen: Wiesbadener Filmnächte, Filmvorführungen, Sommerferien Wiesbadener Kindersommer, 2 Wochen in den Sommerferien

Reisinger-Herbert-Anlagen

Bahnhofstraße, Wiesbaden

Die Reisinger-Herbert-Anlagen aus den Jahren 1932 bis 1937 sind städtebaulich eine Besonderheit, da man aus dem Hauptbahnhof heraustretend über Parkanlage und Stadt bis in das angrenzende Taunusgebirge blicken kann. Der Park enthält großzügig angeordnete Wasserbecken mit Fontänen, die an die Heilquellen der Weltkurstadt Wiesbaden erinnern. Ausgedehnte Rasenflächen und Staudenrabatten beleben das Gesamtbild. Der Beiname Europaanlage erklärt sich durch die Skulptur „Europa auf dem Stier" von Ludwig Spiegel von 1937 und durch die im klassizistischen Stil gehaltene Wandelhalle mit europäischen Motiven, „Entführung der Europa", von Karl-Otto Hy.

Kurpark Wiesbaden

Kurhausplatz 1, Wiesbaden

Kurhaus, Kurpark und das dem Kurhaus vorgelagerte Bowling Green bilden sowohl städtebaulich wie gartenkünstlerisch eine Einheit. Das heutige Kurhaus, 1907 von Friedrich von Thiersch gebaut, ist nach wie vor gesellschaftlicher Mittelpunkt der Stadt Wiesbaden, Ort für Konzerte, Veranstaltungen und Kongresse. An die ehemalige klassizistische Anlage erinnert heute noch ein Portikus, der im Kurpark zu sehen ist. Der erste Entwurf stammt aus der Zeit von 1810 bis 1812. In den Jahren 1826 bis 1827 entstanden die das Bowling Green begleitenden Brunnenkolonnaden und zwischen 1838 und 1839 die sogenannten Neuen Kolonnaden mit dem dahinterliegenden Schauspielhaus. 1855 und 1856 erfolgte durch den Nassauer Gartenbaudirektor Karl Friedrich Thelemann die endgültige Gestaltung. Den Weiher, der mit Booten zu befahren ist, schmückt noch heute eine große Fontäne. Ein reicher Baum- und Strauchbestand macht den Kurpark zur beliebtesten und meistbesuchten Wiesbadener Grünanlage. Der sogenannte Äußere Kurpark zieht sich 2 Kilometer bis Wiesbaden-Sonnenberg hin.

Hess 33
Eigentümer/in: Kurbetriebe der Landeshauptstadt Wiesbaden,
Kurhausplatz 1,
65189 Wiesbaden,
Tel. 0611/17290,
Fax 0611/1729299,
E-Mail: kurhaus@wiesbaden.de,
Internet: www.wiesbaden.de
Größe: 7,5 ha, frei zugänglich
Führungen: nach Voranmeldung
🚌 1, 8, 16 Kurhaus/Theater
P gebührenpflichtig
Veranstaltungen: Open-Air-Sommer mit Konzerten, Ballettaufführungen, Art Performances und Ausstellungen,
Infos bei:
Tel. 0611/17290,
Fax 0611/1729798
✕ 🐕

Richard-Wagner-Anlage

Biebricher Allee, Wiesbaden

Die Richard-Wagner-Anlage entstand auf dem Gelände einer ehemaligen Sandgrube. Oberhalb des Parks, auf einem Platz an der Biebricher Allee, wurde von 1905 bis 1909 das sogenannte Landesdenkmal erstellt. Von dem Denkmalplateau bietet sich ein weiter Blick in den Rheingau und in den Park. Im Frühjahr sind die Wildwiesen mit Frühlingsblühern übersät. Besonders attraktiv sind die Rabatten mit Wildstauden und Sommerblumen.

Hess 34
Eigentümer/in:
Landeshauptstadt Wiesbaden,
Amt 67, Mainzer Str. 20–22,
65185 Wiesbaden,
Tel. 0611/312901,
Fax 0611/313967
Größe: 2,9 ha, frei zugänglich
Attraktionen: Wildwiesen mit Frühlingsblühern,
🚌 4, 14 Landesdenkmal
P 🐕 ♿

Nerotalanlagen

Taunusstraße, Wiesbaden

Die Parkanlage entstand zwischen 1897 und 1898 in einem engen Wiesental, flankiert von prächtigen Gründerzeitvillen dieser Epoche. Der Park ist im traditionellen englischen Landschaftsstil gestaltet. Der Schwarzbach belebt den Talzug, ein beachtlicher Baumbestand gliedert den Park. Am Parkeingang erinnert ein Reiterstandbild an die Gefallenen des Deutsch-Französischen Krieges 1870 bis 1871. Am Parkende liegt der große Viadukt. Hier führt die Nerobergbahn, eine Wasserkraftbahn, auf den Wiesbadener Hausberg, den Neroberg. Dem Zeitgeist entsprechend sind Teile des Wasserlaufs und Brücken in der Art von Staffagen romantisierend grottenhaft gestaltet. An den Brücken sind noch schöne Jugendstilgeländer erhalten. Ebenso ist das Schweizer-Häuschen ein Requisit dieser Zeit.

Hess 35
Eigentümer/in:
Landeshauptstadt Wiesbaden,
Amt 67, Mainzer Str. 20–22,
65185 Wiesbaden,
Tel. 0611/312901,
Fax 0611/313967
Größe: 5,2 ha, frei zugänglich
🚌 1 Kriegerdenkmal oder Nerotal
P 🐕 ♿

Hess 36
Eigentümer/in:
Landeshauptstadt Wiesbaden,
Amt 67, Mainzer Str. 20–22,
65185 Wiesbaden,
Tel. 0611/312901,
Fax 0611/313967
Größe: 5,5 ha
Öffnungszeiten: Mitte Mai bis Mitte Okt. 8 Uhr bis Einbruch der Dunkelheit
Eintritt: frei
Führungen: nach Voranmeldung, Tel. 0611/305054 oder 0611/461182 oder 0611/403702, ab Mitte Juni is Ende Sept.: jeden Samstag, 15 Uhr, kostenlos
🚌 7, 12, 21, 24 Plutoweg
P ♿

Apothekergarten

Aukammallee, Wiesbaden

Der Apothekergarten Wiesbaden ist als Lehr- und Schaugarten konzipiert. In Art und Größe ist dieser Arzneigarten einmalig in Deutschland. Insgesamt 150 verschiedene Pflanzenarten, die heute noch zur Medizinherstellung dienen, sind hier angepflanzt, angeordnet nach ihren medizinalen Anwendungsgebieten. Alle Pflanzen sind mit Etiketten gut beschildert, die nicht nur den Namen, sondern auch den Pflanzenteil benennen, der für Arzneizwecke verwendet wird. Außerdem sind die Pflanzen nach botanischen oder standörtlichen Kriterien, wie Korbblütler, Doldenblütler, Trockenpflanzen, Feuchtpflanzen, Mauerpflanzen und Küchenkräuter geordnet. Durch die gartenarchitektonische Gestaltung ist hier eine Symbiose von Gartenkultur und Medizinalgarten entstanden. Der Garten ist ein beliebter Aufenthaltsort für Patienten der angrenzenden Kliniken.

Hess 37
Eigentümer/in:
Landeshauptstadt Wiesbaden,
Amt 67, Mainzer Str. 20–22,
65185 Wiesbaden,
Tel. 0611/312901,
Fax 0611/313967
Größe: 0,8 ha,
frei zugänglich
🚌 1, 8 Kochbrunnen
Veranstaltungen:
Kranzplatzfest, Pfingsten

Kranzplatz

Wiesbaden

Der Kranzplatz mit seinen heißen Quellen, den sogenannten Kochbrunnen, ist stadtgeschichtlich für Wiesbaden von besonderer Bedeutung, wurde doch hier im Jahre 1822 die Trinkkur eingeführt. Der Kochbrunnen, 67 Grad Celsius heiß, ist mit 500 000 Litern Schüttung pro Tag die ergiebigste der 27 Wiesbadener Heilquellen. Aus der früheren Zeit übriggeblieben ist nur noch die 1888 bis 1890 erbaute Wandelhalle. Der Garten selbst ist im klassizistischen Gartenstil in Form eines Buchsparterres neu gestaltet.

Hess 38
Größe: 18 ha
Öffnungszeiten:
im Sommer 7–18 Uhr,
im Winter 7–17 Uhr
Eintritt: frei
Führungen: nach Voranmeldung, Spende
🚌 33 Fasanerie
P ✕ ♿ i
Veranstaltungen:
Fütterungstour mit Erläuterungen, Sa bis Do
Tierparkfest, Sommer
naturpädagogisches Angebot
Wollwerkstatt

Tier- und Pflanzenpark Fasanerie

Aarstraße, Wiesbaden

Der Tier- und Pflanzenpark Fasanerie liegt im Nordwesten der Stadt Wiesbaden, umgeben von Wiesen und Wäldern des Taunus. Er umfaßt Wiesen, Wald, Gewässer sowie markante exotische und heimische Gehölze. Der Name Fasanerie geht auf die Fasanenaufzucht zu Jagdzwecken der Herzöge von Nassau-Usingen im 18. Jahrhundert zurück. In dem 1744 bis 1749 erbauten Jagdschloß befindet sich heute die Gastätte Fasanerie. In den Jahren 1954 bis 1956 errichtete die Stadt Wiesbaden den heutigen Tierpark. In der Fasanerie werden zirka 50 Arten mit über 140 Tieren gezeigt. Dazu gehören seltene Haustierrassen, heimische Wildtiere und viele Vögel.
Eigentümer/in: Landeshauptstadt Wiesbaden, Amt 67, Mainzer Straße 20–22, 65185 Wiesbaden,
Tel. 0611/312901, Fax 0611/313967

Warmer Damm

Wiesbaden

Der Stadtgarten Warmer Damm wurde zwischen 1859 und 1860 von Gartenbaudirektor Karl Friedrich Thelemann im englischen Landschaftsstil mit lockeren Baumgruppen, weitläufigen Rasenflächen, Wasserflächen mit einer Fontäne und einem naturnah ausgebauten Bach angelegt. Charakteristisch für den Park ist die urbane Situation, bedingt durch die den Park begleitende Wilhelmstraße mit der prachtvollen, im Kastenschnitt gehaltenen Platanenallee und die Übergänge von der geschäftigen Wilhelmstraße mit Blickbeziehungen zum Landschaftspark. Die angrenzenden Villen sind optisch in den Park einbezogen. Der Blickfang an der Nordseite des Parks ist die sehr dekorative Hauptfassade des 1892 bis 1894 erbauten Wiesbadener Stadttheaters. Der Park ist reichlich mit Sommerblumen und Stauden bepflanzt. Bemerkenswerte faunistische Elemente sind die Papageienarten wie Alexandersittich oder Gelbscheitelamazone, die dank der warmen Winter hier heimisch geworden sind.

Hess 39
Eigentümer/in:
Landeshauptstadt Wiesbaden,
Amt 67, Mainzer Str. 20–22,
65185 Wiesbaden,
Tel. 0611/312901,
Fax 0611/313967
Größe: 5,2 ha,
frei zugänglich
Attraktionen: Fontaine im Weiher, Liegewiese, Freischachanlage,
🚌 1, 8, 2, 16 Wilhelmstraße und Theater
→ Im Stadtzentrum
🅿 gebührenpflichtig
Veranstaltungen: Theatrium, Straßenfest 2. Wochenende im Juni
🐕 ♿

Schloßpark Biebrich

Am Schloßgarten, Wiesbaden-Biebrich

Nach Entwürfen des bedeutenden Gartenkünstlers Friedrich Ludwig von Sckell entstand durch die Umwandlung eines Barockgartens für den Herzog Wilhelm von Nassau ab 1817 eine wie von der Natur selbst geschaffene Gartenlandschaft. Deren künstlerischer Wert zeigt sich auch heute in der harmonischen Verbindung der einzelnen Gestaltungselemente. Die große Hauptallee, zwei kleine, von Schloßflügeln ausgehende Alleen und drei Fontänen des barocken Konzeptes wurden von Sckell geschickt in die landschaftlichen Strukturen eingebunden. Schlängelnde Wege durch großzügige Pflanzungen, harmonisch ins Gelände eingebettete Wasserläufe, die malerische Szenerie um die Mosburg, das langgestreckte, westlich der Hauptallee verlaufende Wiesental sowie zahlreiche reizvolle Ausblicke prägen die Anlage.

Hess 40
Eigentümer/in: Hessisches Immobilienmanagement,
Dostojewskistraße 8,
65187 Wiesbaden,
Tel. 0611/813-2869,
Fax 0611/813-2820,
Internet: www.hi-hessen.de
Größe: 35 ha
frei zugänglich
Führungen: nach Voranmeldung
🚌 4 Schloß Biebrich
🅿 ✕ 🐕 ♿

Privatgarten Woticky

Zugspitzstr. 45, Wiesbaden

Der naturnah und romantisch gestaltete Garten mit kleinem Teich enthält eine große Sammlung Historischer Rosen, insbesondere hoch in die Bäume wachsende Ramblerrosen, zirka 60 Bartirissorten und viele andere Stauden. Ein größeres Gewächshaus beherbergt eine Kakteensammlung. Blattkakteen und unterschiedliche Passifloren wachsen in Kübeln.
Anmeldung erbeten
Eigentümer: Sabine Woticky, Zugspitzstr. 45,
65199 Wiesbaden, Tel. 0611/460111
Attraktionen: Verwilderte, exotische Alexander- und Halsbandsittiche

Hess 41
Größe: 800 m²
Eintritt: frei
Führungen: nach Voranmeldung
Öffnungszeiten: ganzjährig
DB Wiesbaden Hbf
🚌 4 Flachstraße
🅿 🐕
✿ wurzelechte Historische Rosen

Japanischer Garten Puchmüller

Sudetenstraße 9, Niedernhausen im Taunus

Hess 42
Eigentümer/in: Eheleute Puchmüller, Sudetenstraße 9, 65527 Niedernhausen im Taunus, Tel. 06127/8587, Fax 06127/8587
Größe: 120 m²,
Anmeldung erbeten
Eintritt: frei
Öffnungszeiten: ganzjährig geöffnet
Attraktionen: Azaleenblüte Anfang April, Herbstlaub Mitte Okt.
P ♿

Foto: Hartmut R. Raible

Der kleine Wohngarten im Stile eines abstrahierten Landschaftsgartens hat einen besonderen Reiz. Er liegt, topographisch etwas problematisch, in einer Mulde, als Kleinod einer großen Gartenanlage. Der Planer Hartmut R. Raible hat sich die topographischen Verhältnisse zu Nutze gemacht und einen sehr reizvollen Wasserlauf mit Wasserfall geschaffen, der in einen See mündet. Ein Terrassen-Holzdeck überspannt Teile der Wasserfläche. Schrittsteine führen über den See zu einer verborgen liegenden Steinlaterne nahe dem Wasserfall. Ein Wasserbeckenstein beim Eingang dient zur Erfrischung der Sinne.

Taunusgarten

Heinrich-Weiß-Straße 15, Hofheim-Marxheim

Hess 43
Eigentümer/in: Harald Juhr, Am Rheingauer Weg 7, 65719 Hofheim-Wallau, Tel. 06122/980636, Fax 06122/980636
Größe: 0,9 ha
Anmeldung erbeten
Eintritt: frei
Öffnungszeiten: Mai bis Juli Sa/So, 8–18 Uhr
Attraktionen: Iris- und Paeonienschau, Hemerocallisschau
Führungen: nach Voranmeldung
DB Hofheim
Bus 806 Birkenweg
→ bei Anmeldung
P
✿ getopfte Pflanzen in der Blütezeit

Foto: Juhr

Der Europäische Schau- und Züchtungsgarten zeigt eine Vielzahl von Stauden in zwei getrennten Gartenteilen. Schwerpunkte bilden Hemerocallis, Iris, Paeonia, Delphinium und

Phlox, die zum Teil mit mehreren hundert Sorten vertreten sind. Hinzu kommen Kleingehölze, Clematis und Steingartenpflanzen. 400 verschiedene Arten und Sorten Narzissen und etwa die gleiche Anzahl von Gladiolenarten und -sorten umfaßt die Blumenzwiebelsammlung.

Hattersheimer Rosengarten

Wasserwerkschaussee, Hattersheim am Main

Der Hattersheimer Rosengarten ist ein herausragender Abschnitt des Regionalparks Rhein-Main. Er liegt in der Nähe der ehemaligen Sarotti-Schokoladenfabrik an einer fast hundertjährigen Lindenallee, der sogenannten Wasserwerkschaussee. Er wurde im Juli 1997 der Öffentlichkeit übergeben. Es sind 6000 Rosen in 100 Sorten zu sehen, wobei insbesondere die Kletterrosen hervorzuheben sind. Bei der Sortenwahl wurde Wert darauf gelegt, krankheitsund schädlingsresistente Rosen zu zeigen, als Anregung für die Besucher zur Verwendung im eigenen Garten. Als Begleiter gesellen sich artenreiche Gehölz- und Staudenpflanzungen zu den Rosen. Der Rosengarten knüpft an die fast hundertjährige Tradition der Schnittrosenkultur in Hattersheim am Main an.

Attraktionen: Rosenblüte

Hess 44
Eigentümer/in: Regionalpark Rhein-Main GmbH, Grabenstraße 1a, 65439 Flörsheim am Main, Tel. 06145/50373-30, Fax 06145/50373-90, E-Mail: regionalpark-pilot@floersheim-main.de
Größe: 1,3 ha
Eintritt: frei
Öffnungszeiten:
im Sommer 8–21 Uhr,
im Winter 8–16 Uhr
DB Hattersheim
Bus 813, 823 Wasserwerkschaussee
S 1 Hattersheim
P ♿

Parkanlage Haus der Gewerkschaftsjugend

Königsteiner Straße 29, Oberursel im Taunus

Garten und Gebäude wurden Anfang dieses Jahrhunderts von dem jüdischen Industriellen Ludwig Wilhelm Gans nach Plänen von Otto Bäppler angelegt. Nach dem Konkurs des Unternehmens von Gans im Jahre 1931 nutzte unter anderem die Deutsche Arbeitsfront die Anlage. 1953 gingen dann Gebäude und Garten als Wiedergutmachung an den Deutschen Gewerkschaftsbund (DGB), der dort seine Bundesjugendschule einrichtete. Der Wert der Anlage wurde schon 1966 durch die Ausweisung als flächenhaftes Naturdenkmal erkannt. Das Parkgelände mit dem Herrenhaus im englischen Landhausstil kann als ein zeittypisches Beispiel eines Fabrikantengartens des frühen 20. Jahrhunderts gesehen werden. In den vergangenen achtzig Jahren hat sich das Erscheinungsbild der Anlage in einigen Bereichen jedoch durch Pflanzenwuchs, Sportanlagen und Wegeführung gewandelt. Sie gliedert sich in einen landschaftlichen, einen geometrischen und einen mediterran gestalteten Bereich, vereint klassische Elemente des englischen Landschaftsgarten mit dendrologischen Mustersammlungen und symmetrisch gestalteten Gebieten. Der Park ist in einen zweihundert Jahre alten Eßkastanienwald eingebettet, was einen reizvollen Kontrast zu den modernen Kunstwerken darstellt.

Hess 45
Eigentümer/in: VTG des DGB Königsteiner Straße 29, 61440 Oberursel im Taunus, Tel. 06171/59030, Fax 06171/590327, E-Mail: info@hdgj.de
Größe: 10 ha
ganzjährig geöffnet
Anmeldung für Gruppen erbeten unter Tel. 06171/590324
Eintritt frei
Führungen: nach Voranmeldung, Preis nach Rückfrage,
Attraktionen: Magnolienblüte auf den Terrassen,
U 4 Willy-Brandt-Platz umsteigen
U 3 Oberursel Bahnhof
S 5: Friedrichsdorf/ Bad Homburg
P 🐕 ♿
Veranstaltungen: Sommertheater Infos bei: Tel. 06171/5020, Kunst im Park

Hess 46
Größe: 44 ha
frei zugänglich
Führungen: nach Voranmeldung
Bot. Kurparkführungen jeden 1. Dienstag im Monat 15 Uhr
allg. Kurparkführungen jeden 2. und 4. Dienstag im Monat 15 Uhr, 2 €, Kurgäste frei,
P gebührenpflichtig
Veranstaltungen:
Bad Homburger Sommer mit Thai-Festival, Skulpturenausstellung „Blickachsen", alle 2 Jahre, Montgolfiade, alle 2 Jahre,
Infos bei: Tel. 06172/176110, Fax 06172/178118

Kurpark Bad Homburg vor der Höhe

Kaiser-Friedrich-Promenade, Bad Homburg vor der Höhe

Mit einem Bestand von über 2100 großen Bäumen und zahlreichen Sträuchern ist der Kurpark Bad Homburg der größte Kurpark in Deutschland. Die 82 Baum- und 136 Straucharten stammen aus allen Teilen der Welt. Die jährlich wechselnde Bepflanzung der Sommerblumenrabatten gleicht einem bunten Feuerwerk aufeinander abgestimmter Farben vor dem Hintergrund der grünen Rasenflächen und Großbäume. Finanziert wurde die in der Zeit von 1840 bis 1873 geschaffene Kuranlage von der Spielbankgesellschaft. Der Jubiläumspark und der Blindengarten wurden neu eingerichtet. Besonders wertvoll ist der Kurpark nicht allein aufgrund seiner Größe, Schönheit und botanischen Vielfalt, sondern auch weil unter anderen Peter Joseph Lenné und Gustav Meyer als berühmte Repräsentanten des deutschen Landschaftsgartens am Bau der Anlage beteiligt waren.

Eigentümer/in: Kur- und Kongreß GmbH, Postfach 1845, Magistrat der Stadt Bad Homburg vor der Höhe, Fachbereich Bau und Betrieb – Grünflächen, Rathausplatz 1, 61348 Bad Homburg vor der Höhe, Tel. 06172/1006072, Fax 06172/1006095

Hess 47
Eigentümer/in: Verwaltung der Staatlichen Schlösser und Gärten Hessen, Schloß, 61348 Bad Homburg vor der Höhe,
Tel. 06172/9262148,
Fax 06172/9262147,
Internet: www.schloesser-hessen.de
Größe: 17 ha
frei zugänglich
Führungen: nach Voranmeldung,
Tel. 06172/9262148,
Fax 06172/9262147
alle Buslinien Kurhaus
S Bad Homburg
Veranstaltungen: s. Internet
P

Schloßpark Bad Homburg

Herrengasse / Löwengasse, Bad Homburg vor der Höhe

Der Schloßgarten Homburg wurde in der zweiten Hälfte des 18. Jahrhunderts landschaftlich umgestaltet, in einzelnen Bereichen sind jedoch noch Strukturen des älteren Barockgartens erhalten. Östlich des Königsflügels liegt der Ende des 17. Jahrhunderts angelegte Holländische Garten, in seiner ursprünglich geometrischen Form zwar landschaftlich verändert, jedoch als Barockparterre erkennbar. Attraktionen im Obergarten sind neben den seit 1998 nach Vorlagen von Karl Götze rekonstruierten Teppichbeeten die 1822 gepflanzten Zedern, ein Geschenk König Georg IV aus den Royal Botanic Gardens in Kew. Südwestlich des Schlosses erstreckt sich, zum Teil stark abfallend, der Landschaftsgarten, dessen Mittelpunkt der große Teich mit der Rousseau-Insel bildet. Im Nordwesten erinnern die strengen Rasterpflanzungen des Ökonomieund des Obstgartens an die geometrische Konzeption. Im Zuge der landschaftlichen Gestaltung der nahen Schloßumgebung wurden die landgräflichen Gartenanlagen nordwestlich der Residenz bis in die Taunusberge erweitert. Zwischen 1770 und 1840 wurden die Tannenwaldallee und die Elisabethenschneise mit ihren malerischen Lustgärten angelegt. Heute ist dieses ehemalige Gesamtkunstwerk aus zentralem Schloßgarten und bis an die Grenze des Limes reichender, landschaftlich gestalteter Lustgartenachse als Einheit kaum noch erkennbar.

Rosenhang Karben

Am Friedhof Klein-Karben, Büdesheimer Straße, Karben

Auf einer Naturwiese wird seit 1993 eine Sammlung alter und historischer Rosen und Wildrosen zusammengetragen. Die Sammlung umfaßt inzwischen über 700 Arten und Sorten. Da das ökologische Umfeld noch relativ intakt ist, kann auf Einsatz von Chemie in der Pflege verzichtet werden. Neben den wirklich Alten Rosen, wie z. B. Gallica-, Alba-, Damascena- und Centifolia-Rosen gibt es auch die durch Einkreuzen der China-Rosen entstandenen, öfter blühenden Noisette-, Bourbon- und Remontantrosen, klassische Edelrosen und Wildrosen sowie deren Hybriden.

Hess 48
Eigentümer/in: Stadt Karben, c/o Ralf Berster, Lindenweg 8, 61184 Karben, Tel. 06039/43349
Größe: 0,5 ha
frei zugänglich
Führungen: nach Voranmeldung
Attraktionen: Rosenblüte Anfang/Mitte Juni
DB Groß-Karben
Bus 26 Kirchgasse
P, Hund, i
♿ bedingt geeignet, Rasenpfade

Privatgarten Flügel-Schäfer

Eicher Straße 11, Nidderau

Der terrassierte Hanggarten mit Sandstein-Trockenmauern und formalen, buchsgesäumten Rabatten, die in unterschiedlichen Farben gehalten sind, ist besonders durch seine Blütengehöze geprägt, wie Englische und Historische Rosen – vor allem Rambler-, Clematis, Choisia, Escallonia, Kamelia und *Hydrangea quercifolia.* Anmeldung erbeten
Eigentümer: Barbara Flügel-Schäfer, Eicher Straße 11, 61130 Nidderau, Tel. 06187/1884, Fax 06187/26290, E-Mail: Stb.a.schaefer@t-online.de

Hess 49
Größe: 750 m²
Eintritt: frei
Führungen: nach Voranmeldung
Öffnungszeiten: April bis Anfang Juni
DB Nidderau/Windecken
P, Hund, ♿

Solmspark

Auf der Insel, Frankfurt am Main

Der Ursprung des Parks reicht in das Mittelalter zurück. Um das 1864 erbaute Schloß entstand 15 Jahre später ein Park, der mit seinen weiträumigen Wiesenflächen und Baumgruppen den Charakter der Flußniederungen widerspiegelt. Die Anlage stand schon vor 1935, als die Stadt den Park durch Tausch erhielt, der Bevölkerung offen. Er hat sich mit der Zeit zu einem naturnahen Landschaftsraum an der regulierten Nidda entwickelt und ist nun vorrangig mit Vogelschutzgehölzen bepflanzt. Die kaukasische Flügelnuß mit einem Kronendurchmesser von 60 Metern stellt eine botanische Rarität im Park dar.

Hess 50
Eigentümer/in: Stadt Frankfurt am Main, Grünflächenamt, Mörfelder Landstraße 6, 60275 Frankfurt am Main, Tel. 069/21230283, Fax 069/21232998
Größe: 4,9 ha
frei zugänglich
Führungen: nach Voranmeldung
U-Bahn U 6 Hausener Weg
Bus 34 Auf der Insel
P, Hund, ♿

Wallanlagen

Allerheiligentor / Taunustor und andere Straßen, Frankfurt am Main

Im 17. Jahrhundert entstanden mächtige Verteidigungsanlagen, die das Siedlungsgebiet der Stadt umschlossen. Da sie aber die Stadtentwicklung hemmten und aufgrund neuer Kriegs- und Waffentechniken ihre eigentliche Schutzfunktion einbüßten,

Hess 51
Eigentümer/in: Stadt Frankfurt am Main, Grünflächenamt, Mörfelder Landstraße 6, 60275 Frankfurt am Main, Tel. 069/21230283, Fax 069/21232998
Größe: 6,3 ha

frei zugänglich
Führungen: nach Voranmeldung
U 4 Willy-Brandt-Platz

begann man 1804 mit der Umwandlung der Festungswerke in eine öffentliche Promenade. Ab Mitte des 19. Jahrhunderts wurden die Wallanlagenabschnitte nach Frankfurter Toren benannt und gliedern sich heute in Untermain-, Gallus-, Taunus-, Bockenheimer, Eschenheimer, Friedberger und Obermainanlage. Als zentrumsnahe Grünanlage inmitten dichter Bebauung haben sie eine hohe ökologische, stadtklimatische und gestalterische Bedeutung. Geprägt durch einen alten Baumbestand, weite Rasenflächen, Brunnen, Blumenrabatten und Spielplätze laden die Wallanlagen alle Bevölkerungsgruppen zum Verweilen ein. Die ehemals in allen Bereichen anzutreffenden, großen Löschteiche sind in umgewandelter Form als Zierteiche noch in der Bockenheimer, der Friedberger und der Obermainanlage zu finden. In letzten beiden Anlagen liegen auch das Nebbiensche Gartenhaus, heute Ausstellungsstätte des Frankfurter Künstlerclubs e.V., und das Café Odeon im ehemaligen Museum.

Hess 52
Eigentümer/in: Stadt Frankfurt am Main, Grünflächenamt, Mörfelder Landstraße 6, 60275 Frankfurt am Main, Tel. 069/21230283, Fax 069/21232998
Größe: 2,3 ha
Eintritt: frei
Öffnungszeiten:
im Sommer 7–21 Uhr, Sa/So/Feiertag: 10–21 Uhr, im Winter 7–17 Uhr, Sa/So/Feiertag: 10–16 Uhr,
Führungen: nach Voranmeldung
12 Bethmannpark

Bethmannpark

Friedberger Landstraße / Mauerweg, Frankfurt am Main

Der Ursprung des Bethmannschen Gartens geht auf die 1778 als Sommerresidenz der Familie Bethmann gedachte Anlage vor dem Friedberger Tor zurück. Der Garten wurde 1822 zu einem Landschaftsgarten mit einem Weiher, Treibhäusern und geschwungenen Wegen umgewandelt. Nach 1848 folgte im nochmals vergrößerten Garten eine Gestaltung im Stil eines klassischen Landschaftsgartens. Um 1875 wurde, unter maßgeblichem Einfluß von Heinrich Siesmayer, die gesamte Anlage zu einem Landschaftsgarten mit Stadtpark-Charakter weiterentwickelt. 1941 veräußerte Simon Moritz von Bethmann etwa sieben Zehntel seines Parks an die Stadt. Nach dem 2. Weltkrieg erhielt der Park einen Informations- und einen Schaugarten. 1988 ergab sich die Gelegenheit, den restlichen Park zu einem öffentlichen Stadtpark zu erweitern. Mit dem Bau eines klassischen Chinesischen Gartens aus der Provinz Anhui (China) erhielt Frankfurt am Main 1989 eine weit über die Stadt hinausreichende Attraktion.

Foto: Garten- u. Friedhofsamt

Der Chinesische Garten im Bethmannpark

Friedberger Landstraße / Mauerweg, Frankfurt am Main

Hess 53
Eigentümer/in: Stadt Frankfurt am Main, Grünflächenamt, Mörfelder Landstraße 6, 60275 Frankfurt am Main, Tel. 069/21230283, Fax 069/21232998
Größe: 0,4 ha
Öffnungszeiten:
im Sommer 7–21 Uhr,
Sa/So/Feiertag: 10–21 Uhr,
im Winter 7–17 Uhr,
Sa/So/Feiertag: 10–16 Uhr
Eintritt: frei
Führungen: nach Voranmeldung
12 Bethmannpark

Foto: Garten- u. Friedhofsamt

Die Idee, einen Chinesischen Garten im altehrwürdigen Frankfurter Bethmannpark zu bauen, entstand 1985. Vier Jahre später wurde die Anlage umgestaltet. Die großen Mengen kostbaren Materials, Natursteine aus rötlichem Granit, aus grauem und weißem Marmor und kunstvoll bearbeitete Holzteile aus Ginkgo und Kiefer wurden extra aus China beschafft. Es gelang, den Chinesischen Garten in einen alten und wertvollen, mit vielen alten Bäumen bestückten Park einzufügen und die Wasserfläche des ehemaligen Weihers als prägendes Element zu erhalten. Hauptbestandteile des Gartens sind das von zwei steinernen Löwen bewachte Haupttor, die Brücke des halben Bootes, der Pavillon im schimmernden Grün, das Bambusgärtchen, das Mond-Tor, der Felsen-Wasserfall, das Tor des Friedens, der jaspisgrüne Teich, die Jadegürtel-Brücke, der Spiegelpavillon, die Galerie des duftenden Wassers, der Wasserpavillon und der Lotos-Fels.

Günthersburgpark

Wetteraustraße, Frankfurt am Main

Hess 54
Eigentümer/in: Stadt Frankfurt am Main, Grünflächenamt, Mörfelder Landstraße 6, 60275 Frankfurt am Main, Tel. 069/21230283, Fax 069/21232998
Größe: 12,6 ha
frei zugänglich
Führungen: nach Voranmeldung
U 4 Saalburgallee
P

Im Zuge der allgemeinen Stadterweiterung wurde Bornheim 1877 nach Frankfurt am Main eingemeindet. Die Promenaden um die Stadt reichten für die dicht besiedelten Wohngebiete als Erholungsflächen nicht mehr aus. Daher war es notwendig 1889 das angrenzende Privatgelände des Gashalters Günther zum Rothen Haus auf der Zeil anzukaufen. 1892 wurde der Park von Gartenbaudirektor Andreas Weber verändert und als Volksgarten für die öffentliche Nutzung freigegeben. Nach dem Zweiten Weltkrieg ist er vorrangig als Spielpark wiederhergestellt worden. Heute verfügt der von ursprünglich 7,45 auf 12,6 Hektar angewachsene Park über eine Wasserspielanlage und großzügige Kinderspielplätze.

Hess 55
Eigentümer/in: Stadt Frankfurt am Main, Grünflächenamt, Mörfelder Landstraße 6, 60275 Frankfurt am Main, Tel. 069/21230283, Fax 069/21232998
Größe: 16,5 ha, frei zugänglich
🚌 43 Lohrgasse
P ✕ 🐕 ♿

Lohrpark

Friedrich-Heye-Weg, Frankfurt am Main

Der Lohrpark liegt in der Gemarkung Seckbach nördlich des gleichnamigen Stadtteils. Dieser Volkspark mit Flächen für Spiel, Sport und Erholung sowie einer Kleingartenanlage entstand ab 1919 unter Leitung von Gartenbaudirektor Max Bromme. Damals wie heute bietet die auf einer Anhöhe gelegene Grünfläche mit ausgedehnten Wiesen und einem Rundweg faszinierende Fernblicke über die Stadt bis hin zum Odenwald, Spessart und Taunus. Die beliebte Ausflugsgaststätte läßt noch die typische Formensprache der 1920er Jahre erkennen. Innerhalb des Volksparks erinnert die 1,3 Hektar große Rebfläche an die jahrhundertelange Nutzung des Lohrbergs als Obst- und Weinbaufläche. In ländlicher Umgebung ist der Lohrpark mit herrlichen alten Bäumen und artenreicher Flora ein reizvolles Ausflugsziel.

Hess 56
Eigentümer/in: Stadt Frankfurt am Main, Grünflächenamt, Mörfelder Landstraße 6, 60275 Frankfurt am Main, Tel. 069/21230283, Fax 069/21232998
Größe: 32 ha
frei zugänglich
Führungen: nach Voranmeldung
🚋 U 7 Eissporthalle
P ✕ 🐕 ♿

Ostpark

Ostparkstraße / Ratsweg, Frankfurt am Main

Die ersten Entwürfe gehen auf Andreas Weber zurück. Sie wurden zwischen 1907 und 1911 von Carl Heicke verwirklicht. Ausgedehnte Wiesenflächen, ein großer Weiher und der Zentralschulgarten waren die Kernstücke dieses Volksparks. Der Zentralschulgarten wurde 1983 aufgrund der sinkenden Nachfrage der Schulen in nahezu unveränderter Form zum Bürgergarten am Ostpark. Seit der Entstehungszeit gehören offene Sportplätze zu diesem Park, die von der Bevölkerung sehr gut besucht werden.

Hess 57
Eigentümer/in: Stadt Frankfurt am Main, Grünflächenamt, Mörfelder Landstraße 6, 60275 Frankfurt am Main, Tel. 069/21230283, Fax 069/21232998
Größe: 6,2 ha
frei zugänglich
Führungen: nach Voranmeldung
🚋 U 4 Römer
→ Im Stadtzentrum
☕ im Sommer
🐕 ♿

Nizza

Untermainkai, Frankfurt am Main

Bereits seit dem Rückbau der barocken Befestigungsanlagen der Stadt wurden das Mainufer und die vorgelagerte Maininsel als Erholungsraum genutzt. Nach Verfüllung des Kleinen Mains, der die Insel vom Ufer trennte, wurde 1860 erstmals vom Stadtgärtner Rinz eine Grünanlage angelegt. Wie es im späten 19. Jahrhundert zeittypisch war, wurden zahlreiche Gehölze aus aller Welt eingepflanzt und Beete mit üppigem Pflanzenschmuck angelegt. Die Anwohner prägten den Begriff Nizza für diese exotisch anmutende Anlage. In den 1950er Jahren nach dem Zeitgeschmack überformt, wird die Anlage seit dem Jahr 2000 saniert. In einem Pilotprojekt ist die Wiederherstellung der mediterranen Bepflanzung nach Plänen des Grünflächenamtes und des auf diesem Gebiet äußerst kompetenten Frankfurter Bürgers Rainer Gesell-Schulte in einem

Teilabschnitt bereits abgeschlossen. Infolge des günstigen Mikroklimas an dieser Stelle ist die Bepflanzung mit Palmen und mediterranen Pflanzen möglich. Die heutige Pflanzenauswahl unter dem Aspekt frostresistenter Arten macht keine zusätzliche Auslagerung der Pflanzen in eine Orangerie notwendig.

Botanischer Garten der Johann-Wolfgang-Goethe-Universität

Siesmayerstraße 72, Frankfurt am Main

1763 stiftete Johann Christian Senckenberg der Stadt Frankfurt einen Hortus medicus zur Unterstützung der medizinischen Wissenschaft. Dieser wurde 1907 durch einen etwas größeren Garten auf einem Teilgelände des Palmengartens abgelöst. Die Anlage des jetzigen Botanischen Gartens in unmittelbarer Nachbarschaft zum Palmengarten wurde ab 1937 aufgebaut, um den Bedürfnissen der Forschung und der Lehre an der 1914 gegründeten Johann-Wolfgang-Goethe-Universität gerecht zu werden. 1958 war der Botanische Garten dann endgültig plangemäß fertiggestellt. Heute verfügt er über zirka 1100 Quadratmeter Gewächshausfläche, die einzig der Anzucht und Kultivierung von Pflanzen für Lehre und Forschung dient und nicht öffentlich zugänglich ist, sowie 7 Hektar Freilandfläche. Im Freigelände ist eine nach vegetationskundlichen Aspekten gestaltete Mitteleuropa-Abteilung, die verschiedene Waldgesellschaften, eine Atlantische Zwergstrauchheide, ein Moor, eine Binnendüne, trockene und feuchte Wiesen, einen sonnigen Kalkhang, einen nährstoffreichen Teich mit Begleitvegetation sowie verschiedene Saumgesellschaften beherbergt. Ergänzt wird dieses Areal unter anderem durch eine pflanzengeographische Abteilung, eine Systematische und eine Kulturpflanzen-Abteilung, eine Rubus-Sammlung, eine Sammlung gefährdeter Pflanzenarten sowie einem Arzneipflanzengärtlein.

Hess 58
Eigentümer/in: Johann-Wolfgang-Goethe-Universität, Frankfurt am Main, Postfach 111932, 60054 Frankfurt am Main
Größe: 7 ha
Öffnungszeiten: März bis Okt. Mo–Sa: 9–18 Uhr, So, Feiertage: 9–13 Uhr
Anmeldung für Gruppen erbeten unter Tel. 069/79824763
Eintritt: frei
Führungen: nach Voranmeldung unter Tel. 069/79824763, 2 €/Person, 40 €/Gruppe, Schulklassen 1 €/Pers., 20 €/Gruppe,
🚋 U 6, U7 Westend
➜ Ende Siesmayerstraße (Sackgasse)
🅿 gebührenpflichtig
Veranstaltungen: Tag der offenen Tür, Vorträge, Führungen, Demonstrationen, Pflanzentausch
♿
✿ in kleinem Maße auf Anfrage

Hess 59
Eigentümer/in: Stadt Frankfurt am Main, Grünflächenamt, Mörfelder Landstraße 6, 60275 Frankfurt am Main, Tel. 069/21230283, Fax 069/21232998
Größe: 1 ha
frei zugänglich
Führungen: nach Voranmeldung, kostenlos,
10, 11 Frankfurt-Höchst
gebührenpflichtig

Bolongarogarten

Seilerbahn, Frankfurt am Main

Foto: Garten- u. Friedhofsamt, Frankfurt/M.

Der Ursprung der barocken Gartenanlage geht auf das Ende des 18. Jahrhunderts zurück. Nachdem die Familie Bolongaro das Schloß nicht mehr halten konnte, wurde es 1821 zum Verkauf angeboten. Die Besitzer wechselten häufig, bis die Stadt Höchst ab 1907 das Anwesen nach und nach kaufte, um hier das Rathaus einzurichten. Der zerstörte Garten wurde 1909 von Stadtgärtner Jakob Klomann wieder im ursprünglichen, barocken Stil angelegt. Nach dem Zweiten Weltkrieg wurde der Park, insbesondere die untere Terrasse, mehrmals rigoros verändert. Ihr jetziges Erscheinungsbild erhielt die Terrasse bei Wiederherstellungsarbeiten 1996, die an den Plänen von 1909 orientiert waren. Noch heute vermittelt das besondere Ensemble aus Architektur und Garten einen einzigartigen Charme. Reichhaltige Blumenflor, das Wasserspiel, die „Türkenmusik" – Sandsteinfiguren, türkische Musikanten darstellend – und die Muschelgrotte bieten weitere Höhepunkte der Anlage.

Hess 60
Eigentümer/in: Stadt Frankfurt am Main, Grünflächenamt, Mörfelder Landstraße 6, 60275 Frankfurt am Main, Tel. 069/21230283, Fax 069/21232998
Größe: 14,6 ha
frei zugänglich
Führungen: nach Voranmeldung
55 Auerstraße

Stadtpark Höchst

Am Stadtpark, Frankfurt am Main

Ab 1911 wurde auf einem früheren Sumpfgelände ein Volkspark mit großflächigem Weiher angelegt. Der weiträumige und 1930 erweiterte Park erhält seinen besonderen Reiz durch den Weiher mit üppigem Seerosenbesatz. Die Anlage ist in ein weitreichendes Grünsystem mit angrenzenden Kleingartenanlagen, Sportplätzen, Spazier- und Radwegen eingebettet. Die aus der Entstehungszeit stammende Form dieses Volksparks wird durch einen sehr schönen Bestand an Bäumen charakterisiert.
Attraktionen: Wasserspielanlage, Rollschuhbahn, Minigolf

Palmengarten

Palmengartenstraße, Siesmayerstraße, Frankfurt am Main

Der 1868 von Frankfurter Bürgern gegründete Garten hat in seinem Tropicarium und dem Palmenhaus weltweit eine der beeindruckendsten Sammlungen exotischer Pflanzen. Die freitragende Glas-Stahlkonstruktion des Palmenhauses gehört zu den größten ihrer Art in Europa. Das 1987 fertiggestellte Tropicarium setzt sich aus sieben großen und sechs kleinen Schauhäusern mit einer Gesamtfläche von 5520 qm zusammen. Die Pflanzen der Halbwüste, Nebelwüste, Savanne und des Dornwaldes bilden die „trockenen Tropen" im Süden und die Pflanzen des Monsun-, Tiefland- und Bergregenwaldes sowie der Mangrove die „feuchten Tropen" im Norden des Tropicariums. Der wiederaufgebaute Mittelteil des historischen Schauhauses von 1905 beherbergt im ersten Stock eine Sammlung fleischfressender Pflanzen und Ananasgewächse. Viele Bäume des Gartens stammen noch aus seiner Gründerzeit. Vor hundert Jahren wurde eine 200jährige Eibe aus der Innenstadt in den Palmengarten verpflanzt und ist dort bis heute zu bewundern. Das milde Frankfurter Klima macht die Kultur von zahlreichen frostempfindlichen Gehölzen möglich, die in anderen Teilen Deutschlands nicht im Freien gedeihen. Im Sommer finden Sie außerdem Europas größten Freiluft-Sukkulentengarten und einen Rosengarten, der durch seine Vielfalt und einen betörenden Duft besticht. 1989 wurde an der Westseite ein völlig neuer Rhododendrongarten angelegt, überwiegend mit ostasiatischen und nordamerikanischen Sorten.

Hess 61
Eigentümer/in: Stadt Frankfurt am Main, Palmengarten, Siesmayerstraße 61, 60323 Frankfurt am Main, Tel. 069/21233939, Fax 069/21237856, E-Mail: info.palmengarten@stadt-frankfurt.de, Internet: www.Palmengarten-Frankfurt.de
Größe: 20 ha
Öffnungszeiten: im Sommer 9–18 Uhr, im Winter 9–16 Uhr
Eintritt: 5 €, Kinder bis 14 Jahre 2 €, Senioren 4 €, Gruppen ab 20 Personen 4 €/Person,
Führungen: nach Voranmeldung, Tel. 069/2133391
DB Frankfurt am Main
U4, U6, U7 Bockenheimer Warte
U6, U7 Westend
32, 50 Bockenheimer Warte
36 Siesmayerstraße
P gebührenpflichtig
Veranstaltungen: Ausstellungen, Führungen, Vorträge/Lesungen, Sommer-Musik-Programm

Hauptfriedhof Frankfurt am Main

Eckenheimer Landstraße 188–200, Frankfurt am Main

Am 1. Juli 1828 wurde der Frankfurter Hauptfriedhof nach Plänen des Stadtgärtners Sebastian Rinz im damals typischen Stil eines englischen Landschaftsparks eröffnet. Der ursprüng-

Hess 62
Eigentümer/in: Stadt Frankfurt am Main, Grünflächenamt, Mörfelder Landstraße 6, 60275 Frankfurt am Main,

Tel. 069/21233945,
Fax 069/21237942
Größe: 70 ha
Öffnungszeiten:
im Sommer 7–21 Uhr,
im Winter 7–17 Uhr,
Sonn- und Feiertage ab 9 Uhr
Eintritt: frei
Führungen: nach Voranmeldung am Tag der Offenen Tür,
U 5 Nibelungenallee, Deutsche Bibliothek
P gebührenpflichtig
Veranstaltungen: Orgelspiel, Sommer
♿

lich 7 Hektar große Friedhof ist durch zahlreiche Erweiterungen auf 70 Hektar angewachsen. Das klassizistische Alte Portal mit den dorischen Säulen und der in der Blickachse liegenden arkadenartigen Gruftenhalle schuf der Frankfurter Baumeister Friedrich Rumpf im Jahre 1828. Viele bekannte Frankfurter Persönlichkeiten von Alzheimer bis Schopenhauer sind hier bestattet. Besonders sehenswert sind die zahlreichen bis zu 30 Meter hohen prächtigen Bäume im historischen Friedhofsteil. Der Anblick der langsam verfallenden Denkmäler, der gebogenen Wegeführung und der etwas verwilderten Vegetation erzeugt als gartendenkmalpflegerisches Gesamtensemble eine melancholisch romantische Stimmung, auch Pleasing decay genannt.

Foto: Rührmann

Hess 63
Eigentümer/in: Friedrich und Sylvia Rumscheidt,
Hügelstraße 204,
60431 Frankfurt am Main,
Tel. 069/511180,
Fax 069/524162,
E-Mail: rumscheidt@web.de

West-Östlicher Feng Shui Garten

Hügelstraße 204, Frankfurt am Main

Der kleine West-Östliche Feng Shui Stadtgarten befindet sich in Frankfurt-Ginnheim. Er wurde als privater Garten innerhalb einer Wohnanlage von den Eigentümern selbst entworfen und im Jahr 2000 angelegt. Das Gelände wurde leicht nivelliert und mit einer Pergola umgeben. Bepflanzung und Gartenräume ergaben sich aus den Himmelsrichtungen,

Jahreszeiten und dem Lauf der Sonne von Osten nach Westen. Der großen Pflanzenvielfalt aus dem asiatischen Raum gesellen sich im gleichen Maße europäische Gewächse hinzu. Licht und Schatten, Düfte und Farbengemeinschaften sind in die Planung mit eingeflossen und rund ums Jahr zu erleben.
Veranstaltungen: Tag der offenen Gartentür, Fachsimpeln bei Kaffee und Tee, Pflanzentausch, Termin auf Anfrage

Größe: 120 m^2
Besuch nach Absprache
Eintritt: 10 €, Gruppen von 8–20 Personen 8 €/Pers.,
Ⓢ 1, 2, 3 Hügelstraße
P

Burg Hayn in der Dreieich

Fahrgasse 52, Dreieich

Die historisch-gärtnerischen Anlagen auf dem Burggelände der freien Reichsburg aus dem frühen Mittelalter, deren ältester Turmbau um 1085 entstand, wurden inner- und außerhalb der Burgmauern mehrmals saniert und neugestaltet, zuletzt ab 1984 nach Entwürfen von Lore Wirth, Dreieich. Etwa 160 alte und moderne Rosensorten in harmonischen Farbnuancen wachsen um die Burgruine herum und lassen die Vorliebe der Menschen im Mittelalter für Rosen erahnen. Ein Kräutergarten mit historischen Heilpflanzen, Rosenhecken, ein Rosenhag mit Bogen und Sitzplatz sowie Kletterrosen am Bergfried und der Freilichtbühne ergänzen die Anlagen. Weite Rasenflächen und alte Bäume bilden den Rahmen für den Hortus conclusus, neugeschaffen nach Vorbildern aus der Buchmalerei oder ausgewählten Tafelbildern des Mittelalters.
Veranstaltungen: Burgfestspiele, Juni/Juli Burgfest, 2.Wochenende im September, Dreieich-Museum

Hess 64
Eigentümer/in: Geschichts- und Heimatverein e.V., Dreieichenhain, Alte Schulgasse 4, 63303 Dreieich,
Tel. 06103/8049640,
Fax 06103/8049642,
E-Mail:
ghv.dreieichenhain@t-online.de,
Internet: www.burg-hayn.de
Größe: 0,5 ha
ganzjährig geöffnet bis 20 Uhr
Eintritt: frei
Führungen: nach Voranmeldung, Tel. 06103/8049640,
DB Regional 61, Dreieichenhain
Ⓢ 3 und 4, Dreieich
→ umst. Dreieich/Buchschlag, DB 61 Dreieichenhain, Fußweg 15 Min.
P

Staatspark Wilhelmsbad

Hanau-Wilhelmsbad

Wilhelmsbad entstand zwischen 1777 und 1785 als vornehmer Badeort, in dem sowohl die höfische Gesellschaft als auch das aufstrebende Bürgertum mit Vorliebe weilten. Das Modebad wurde, nachdem der Erbauer Wilhelm IX. 1785 Hanau verließ und als Landgraf die Regierung in Kassel übernahm, bald unpopulär und konnte aufgrund dieses Schattendaseins als nahezu vollständig erhaltenes Beispiel eines Kur- und Badeortes aus dem 18. Jahrhundert bis heute überdauern. Entlang einer Allee reihen sich die spätbarocken Gebäude, umgeben von einem Park im Stil englischer Landschaftsgärten. Er zählt zu den frühesten Gärten dieser Art in Deutschland und ist ein hervorragendes Dokument eines Landschaftsgartens, dessen stimmungsvolle Kleinbauten wie Ruinenburg, Pyramide, Eremitage den auf empfindsame Ausstrahlung zielenden Gestaltungswillen der Zeit veranschaulichen. An den idyllischen Park als Spiel- und Vergnügungsort für Kurgäste erinnert das große Karussell, ein Meisterwerk damaliger Ingenieurbaukunst.

Hess 65
Eigentümer/in: Verwaltung der Staatlichen Schlösser und Gärten Hessen, Außenstelle Hanau, Staatspark Wilhelmsbad, Parkpromenade 7,
63454 Hanau-Wilhelmsbad,
Tel. 06181/9065090,
Fax 06181/9066086,
Internet:
www.schloesser-hessen.de
Größe: 37,5 ha
frei zugänglich
Führungen: nach Voranmeldung,
Veranstaltungen: s. Internet
P

Hess 66
Größe: 380 m²
Anmeldung erbeten
Eintritt: frei
Öffnungszeiten: Juni und Juli auf Anfrage
DB Hanau
Bus 15 Waldseestraße
P

Kleingartenverein Bruchköbel Parzelle 2

Waldseestraße, Bruchköbel

Ein Kleingarten präsentiert sich im Country-Look mit vielen Rosen und Stauden in mit Buchs umrandeten Beeten. Hinzu kommen ein Heidegarten und eine Kräuterecke.
Eigentümer/in: Renate und Otto Löffler, Lindenallee 19, 63486 Bruchköbel, Tel. 06181/72732

Hess 67
Größe: 3 ha
Öffnungszeiten:
April bis Okt. 10–18 Uhr, Nov., Dez., Feb., März 10–16 Uhr,
Eintritt: frei
Führungen: nach Voranmeldung, Tel. 06182/22640, Fax 06182/28726
S Hanau-Seligenstadt
P

Klostergarten Seligenstadt

Freihofplatz / Kloster, Seligenstadt

Die ehemalige Benediktinerabtei ist ein in Hessen einzigartiges Ensemble barocker Klosterkunst. Die im 18. Jahrhundert entstandenen verschiedenen Gartenräume verloren nach der Säkularisation 1803 ihre Funktion und wurden zum größten Teil privater Nutzung übergeben. 1960 begann die Wiederherstellung des Konventgartens und des Mühlgartens – des früheren Baumgartens – in einfachen barocken Formen, wobei ein Schwerpunkt die historische Pflanzenverwendung darstellt.
Eigentümer/in: Verwaltung der Staatlichen Schlösser und Gärten Hessen, Außenstelle Seligenstadt, Klosterhof 2, 63500 Seligenstadt, Tel. 06182/22640, Fax 06182/28726, Internet: www.schloesser-hessen.de

Hess 68
Größe: 0,3 ha
Eintritt: frei
Öffnungszeiten:
1. Wochenende im Juni (Tag des Offenen Gartens) und nach Anmeldung an anderen Tagen im Juni
P

Privatgarten Dr. Rückriegel

Buchbergstraße 6, Niedergründau

Aus einem Acker- und Baumgrundstück entstand ein reiner Rosengarten mit vielen einmalblühenden Schlingrosen (Rambler), wie Paul's Himalayan Musk, Kiftsgate und Rambling Rector, die sich alte Apfelbäume erobert haben und Ende Mai bis Anfang Juli verschwenderisch blühen. Rabatten bilden ein fast undurchdringliches Dickicht aus angepflanzten und durch Samenflug verbreiteten „Halbwildlingen". Natur und Kunst verbinden sich zu einem harmonischen Ganzen.
Anmeldung erbeten
Eigentümer: Dr. Helmut und Brigitte Rückriegel, Lessingstr. 23, 53113 Bonn, Tel. 0228/211507, Fax 0228/2424072

Hess 69
Größe: 0,1 ha
Anmeldung erbeten
Eintritt: 5 €,
Öffnungszeiten: nach Vereinbarung,
Führungen: nach Voranmeldung,

Privatgarten Schnitzke-Spijker

Bleichstraße 16 a, Gelnhausen-Hailer

Der Garten, eingerahmt von bewachsenen Mauern, Blütenhecken und geschnittenen Hecken, ist eine Mischung aus geometrischen und frei gestalteten Bereichen. Ein mit großen, farblich abgestimmten Staudenbeeten, von Rosen und Ziegelsteinwegen umrahmter Bauerngarten findet sich darin ebenso

wie alte Obstbäume, in die entweder Efeu oder Rankrosen wachsen, Teiche und schön eingerahmte Sitzplätze mit vielen Buchskugeln. Für Wege und Stützmauern wurde ortsüblicher Buntsandstein, altes Sandsteinpflaster oder alte Klinkersteine aus abgebrochenen Stallungen verwendet.
Eigentümer/in: Ursula Schnitzke-Spijker, Bleichstraße 16a, 63571 Gelnhausen-Hailer, Tel. 06051/61286

DB Gelnhausen, Meerholz-Hailer
→ Im Ort vor der 2. Ampel rechts und diese Straße geradeaus
P ♿ ℹ ✿

Stadtpark an der Frankfurter Straße

Rüsselsheim

Der Park entstand in den Jahren 1850 bis 1865 als private Gartenanlage der Familie von Verna, die auch das nahegelegene Palais umbauen ließ. In der landschaftlich gestalteten Gartenanlage ist die architektonische Ausstattung beinahe vollständig erhalten, wie beispielsweise Obelisk, künstliche Ruine, Mühle an einem künstlichen Weiher, Monopteros oder Turmruine. Eine Besonderheit stellt die alleenartige Wegachse dar, auf die man kurz hinter dem heutigen Eingang an der Frankfurter Straße trifft.
Eigentümer/in: Stadt Rüsselsheim, Eigenbetrieb Städtische Betriebshöfe – Grünflächenamt, Walter-Flex-Straße 72, 65424 Rüsselsheim,
Tel. 06142/832841, Fax 06142/832854

Hess 70
Größe: 4,3 ha
Öffnungszeiten: ganzjährig geöffnet 6 Uhr bis Einbruch der Dunkelheit
Eintritt: frei
Führungen: nach Voranmeldung, kostenlos
DB Rüsselsheim
Bus 1, 2, 32, 52 Parkschule
alle Linien Friedensplatz
alle Linien Marktplatz
P gebührenpflichtig
🐕 ♿

Bauerngarten des Naturschutzhauses Weilbacher Kiesgruben

Frankfurter Straße 74, Flörsheim-Weilbach

Der Bauerngarten mit um ein Rondell kreuzförmig verlaufenden Hauptwegen wurde 1991 angelegt. Neben den altbekannten Bauerngartenpflanzen liegt ein Schwerpunkt auf alten Gemüsesorten, Färbe- und Faserpflanzen, Getreidearten sowie verschiedenen Tomatensorten. Die Bewirtschaftung erfolgt biologisch. Im Außengelände des Naturschutzhauses

Hess 71
Größe: 340 m²
frei zugänglich
nur telefonische Anmeldung für Gruppen erbeten
Eintritt: frei
Führungen: nach Voranmeldung, für Gruppen bis 20 Personen,
Preis auf Anfrage

DB S 1, Eddersheim
→ ab Bhf Richtung Weilbach, direkt nach dem Wäldchen rechts, Ausschilderung GRKW-Naturschutzhaus folgen (ca. 30 Min.)
P

sind diverse Elemente einer naturnahen Gartenanlage wie z.B. ein Steingarten, eine Blütenspirale, ein Pilzgarten und eine Insektennistwand zu sehen. Zahlreiche Feucht- und Trockenbiotope im Naturlehrgebiet – einer offengelassenen Kiesgrube – laden Besucher zum Entdecken ein.
Eigentümer/in: Naturschutzhaus Weilbacher Kiesgruben, Frankfurter Straße 74, 65439 Flörsheim-Weilbach,
Tel. 06145/936360, Fax 06145/936369,
E-Mail: naturschutzhaus@gmx.de
Veranstaltungen: umfangreiches Programm, Infos beim Eigentümer

Hess 72
Eigentümer/in:
Eheleute Sellner,
Alt-Astheim 12 B,
65468 Trebur-Astheim,
Tel. 06147/3156/936310,
Fax 06147/936309
Größe: 120 m²
ganzjährig geöffnet
Anmeldung erbeten
Eintritt: frei
Attraktionen: Kirsch- und Azaleenblüte, Herbstlaub Mitte April, Ende Okt.
P

Japanischer Garten Sellner

Alt-Astheim 12 B, Trebur-Astheim

Foto: Hartmut R. Raible

Der Japanische Garten der Familie Sellner ist ein Klassischer Zen-Garten. Der von Hartmut R. Raible geplante Steingarten im Stile der klassischen Zen-Gärten Japans liegt am Südwest-Giebel eines reizvollen Hauses in Holzbauweise. Die architektonische Gesamtkomposition, bestehend aus Haus, Laubengang und umgebender Mauer, bindet den Garten in außergewöhnlicher Art und Weise ein. Die gezielte Verwendung weniger Gestaltungselemente unterstreicht die reduzierte Darstellung einer abstrakten Landschaft. Mittelpunkt sind eine Steinsetzung in Gestalt einer Kranichgruppe und eine Formkiefer. Ein aufwendig gestaltetes Wasserbecken korrespondiert mit zwei alten japanischen Steinlaternen - ein Ort der Stille.

Hess 73
Größe: 4,5 ha
Öffnungszeiten: im Sommer Mo–Sa, 7.30–19.30 Uhr, So 7.30–12 Uhr, Gewächsh.: 9–12.30 Uhr, 13–15.30 Uhr
im Winter Mo–Sa 7.30–16 Uhr, So 7.30–12 Uhr, Gewächsh.: 9–12.30 Uhr, 13–15.30 Uhr
Eintritt: frei,

Botanischer Garten der Technischen Universität Darmstadt

Schnittspahnstraße 5, Darmstadt

Der Botanische Garten der Technischen Universität Darmstadt umfaßt etwa 4,5 Hektar Freigelände und 1000 Quadratmeter Gewächshausfläche. Der Garten kam endgültig auf einem alten, von einem Bach durchzogenen Mühlengelände am Ostrand der Stadt unter. Sein Erscheinungsbild bestimmt das von dem bedeutenden Darmstädter Dendrologen Leopold Dippel

angelegte Arboretum mit seinen alten Exemplaren besonders seltener Baumarten. In diesem Jahrhundert setzte Franz Boerner, langjähriger Präsident der Deutschen Dendrologischen Gesellschaft, diese Tradition fort. Aber auch die Gewächshaussammlungen bergen große Schätze, so eine Reihe von Pflanzen aus Neu Mexiko und Kalifornien, die vor etwa 100 Jahren in den Garten gelangten. Der dem Fachbereich Biologie angegliederte Garten kultiviert heute schätzungsweise 8000 verschiedene Pflanzenarten.
Eigentümer/in: Technische Universität Darmstadt, Schnittspahnstraße 5, 64287 Darmstadt, Tel. 06151/163502, Fax 06151/164630, E-Mail: schneckenburger@bio.tu-darmstadt.de, Internet: www.tu-darmstadt.de/fb/bio/bot/BoGa

Führungen: nach Voranmeldung
Geschäftsstelle des Freundeskreises Botanischer Garten der TU Darmstadt e.V., Schnittspahnstraße 5, 64287 Darmstadt, für Gruppen bis 30 Personen, ca. 30 €/Gruppe
🚌 L Breslauer Platz
P 🐕 ♿ ℹ ✿
Veranstaltungen: Vorträge, Freitagsführungen, 13 und 14.15 Uhr
Infos bei: Tel. 06151/163502

Prinz-Georg-Garten

Schloßgartenstraße, Darmstadt

Nördlich des Darmstädter Residenzschlosses, angrenzend an den sogenannten Herrngarten, entstand im 18. Jahrhundert der ländlich anmutende landgräfliche Lustgarten. Abseits des offiziellen Zeremoniells wurde die kleine Anlage Mittelpunkt ungezwungener, von der Hofgesellschaft des Rokoko hoch geschätzter Festlichkeiten. Die rechtwinklig zueinander verlaufenden, jeweils vom Gartenhaus ausgehenden Hauptachsen zeigen, daß die Anlage aus zwei ursprünglich separaten Gärten zusammenwuchs. Hohe Mauern umschließen den Sommersitz, entsprechend dem in Rokokogärten häufig verwirklichten Wunsch nach Intimität und privater Atmosphäre. Nicht zuletzt durch diese isolierte Lage entging der Prinz-Georg-Garten der im Herrngarten erfolgten landschaftlichen Umgestaltung und konnte seine barocken Strukturen und viele Elemente wie Brunnen, Naturtheater, Teehaus, Sonnenuhren und Tore im wesentlichen bis heute bewahren.

Hess 74
Eigentümer/in: Verwaltung der Staatlichen Schlösser und Gärten Hessen, Außenstelle Darmstadt, Prinz-Georg-Garten, Schloßgartenstraße 6b, 64289 Darmstadt, Tel. 06151/125632, Fax 06151/125757, Internet: www.schloesser-hessen.de
Größe: 1,8 ha
Öffnungszeiten: März bis Okt. 7–19 Uhr, Nov. bis Feb. 8–17 Uhr
Eintritt: frei
Führungen: nach Voranmeldung
🚌 A - B Schloß
✿ Pflanzenverkauf
Veranstaltungen: s. Internet
🐕 ♿

Park Rosenhöhe

Seitersweg (Löwentor), Darmstadt

Die Entstehung des Parks geht zurück auf das Jahr 1810. Im Auftrag der Großherzogin Wilhelmine wurde auf der Anhöhe eine Gartenkomposition geschaffen, die den freien, edlen Geist landschaftlicher Natur atmet. Im Jahr 1826 erhielt die Parkanlage eine neue Bewertung als Grabstätte des Großherzoglichen Hauses durch den Bau des klassizistischen Mausoleums sowie des neuen Mausoleums im Jahre 1905. Großherzog Ernst Ludwig begann im Jahr 1900 mit umfangreichen Neu- und Umgestaltungen. Auf der höchsten Erhebung des Parks schuf er einen Rosengarten, der als Darmstädter Gartenstil in die Geschichte der Gartenkunst einging. Ernst Ludwig ver-

Hess 75
Eigentümer/in: Stadt Darmstadt, Grünflächen- und Umweltamt, Bessunger Straße 125, 64295 Darmstadt, Tel. 06151/132900, Fax 06151/132932, E-Mail: gruenflaechen-umweltamt@darmstadt.de, Internet: www.darmstadt.de,
Größe: 25 ha, frei zugänglich
Führungen: nach Voranmeldung Pro Regio, Tel. 06151/951500 und

Grünflächen- und Umweltamt Darmstadt,
Tel. 06151/132900
für Gruppen bis 40 Personen,
Preis auf Anfrage,
F Spessartring
D Ostbahnhof

schmolz hier italienische Gartenarchitektur mit den Leitbildern englischer Rosengärten. 1980 ging der zwischenzeitlich in großen Teilen verwilderte und durch Randbebauung reduzierte Park in den Besitz der Stadt Darmstadt über. Im Laufe der folgenden Jahre wurden umfangreiche Wiederherstellungsarbeiten ausgeführt, der Rosengarten als zentrale Anlage des Parks entstand wieder neu. Heute gilt der Park als einer der schönsten Gärten in Darmstadt.

Hess 76
Eigentümer/in: Stadt Darmstadt, Grünflächen- und Umweltamt,
Bessunger Straße 125,
64295 Darmstadt,
Tel. 06151/132900,
Fax 06151/132932,
E-Mail: gruenflaechen-umweltamt@darmstadt.de,
Internet: www.darmstadt.de,
Größe: 4,5 ha
frei zugänglich
Attraktionen: Fontänen, Kübelpflanzen (bis zu 200 Jahre alt) Mai bis Okt.
3 Orangerie

Orangerie

Jahnstraße, Darmstadt

Dem Orangeriegarten, auch Bessunger Herrngarten genannt, liegt die Planung des Baumeisters de la Fosse aus dem Jahre 1740 zugrunde. Sein Entwurf sah eine für Barock und Rokoko typische Gartenanlage vor, die jedoch zu keiner Zeit vollständig verwirklicht wurde. Die Gartenflächen wurden zwar in der Geometrie der barocken Anlage gefertigt, nicht aber, wie ursprünglich geplant, mit der überaus reichen Ornamentik ausgestattet. Obwohl nur Teile der ehemaligen Planung realisiert wurden, war der Orangeriegarten für das Darmstädter Hofleben von besonderer Bedeutung und nach der Jahrhundertwende der zentrale Park für den Stadtteil Bessungen. Der Barockbau diente ursprünglich als Winterherberge für Orangenbäume. Auch heute noch können alljährlich die südlichen Früchte bewundert werden.

Hess 77
Eigentümer/in: Stadt Darmstadt, Grünflächen- und Umweltamt,
Bessunger Straße 125,
64295 Darmstadt,
Tel. 06151/132900,
Fax 06151/132932,
E-Mail: gruenflaechen-umweltamt@darmstadt.de,
Internet: www.darmstadt.de,
Größe: 4,2 ha
frei zugänglich
6, 7, 8 Prinz-Emil-Garten

Prinz-Emil-Garten

Heidelberger Straße, Darmstadt

Der Garten verfügte neben zwei Teichen und Bachläufen dem ehemaligen romantischen Empfinden entsprechend über eine künstliche gotische Ruine, eine Kapelle, die als Küche diente, ein im russischen Stil erbautes Bauernhäuschen sowie einen auf einer Insel liegenden chinesischer Pavillon. Durch die Jahrhunderte veränderte sich das Erscheinungsbild des Gartens erheblich. Der ursprünglich englische Garten stellte sich um die Jahrhundertwende als Landschaftsgarten des 19. Jahrhunderts mit Merkmalen des bürgerlichen Gartens dar. Nach dem Krieg verkleinerten Randbebauungen die Fläche erheblich. Erst in den letzten Jahren konnten diese Eingriffe aufgrund einer Sanierungskonzeption weitgehend gemildert werden. Von den vorhandenen Gebäuden existiert nur noch das Schlößchen sowie der wieder errichtete Inselpavillon.

Hess 78
Eigentümer/in: Stadt Darmstadt, Grünflächen- und Umweltamt,

Herrngarten

Frankfurter Straße, Darmstadt

Die Anfänge des Herrngartens liegen in der Mitte des 16. Jahrhunderts. Ausgangspunkt waren drei größere und mehrere kleinere Gärten, die im barocken Gartenstil als Küchen- und Kräutergärten angelegt waren. 1799 wurden erste Veränderungen im erweiterten Garten vorgenommen. Man brachte naturalistische Landschaftsgartenelemente ein. In den Jahren 1801 bis 1822 wurde er zu einem klassischsentimentalen Landschaftsgarten umgestaltet. 1918 in Verbindung mit der Verstaatlichung des Gartens veränderte man ihn erneut, diesmal mit Elementen des Volksparks: Es wurden Spielplätze eingerichtet und ein vorhandenes Gartenhaus zum Herrngarten-Café ausgebaut, das sich bis zu seiner Zerstörung im 2. Weltkrieg ganz besonderer Beliebtheit bei der Darmstädter Bevölkerung erfreute. Der Herrngarten in seiner zentralen Lage ist nach wie vor die „gud Stubb" der Darmstädter Bevölkerung.

Bessunger Straße 125,
64295 Darmstadt,
Tel. 06151/132900,
Fax 06151/132932.
E-Mail: gruenflaechen-umweltamt@darmstadt.de,
Internet: www.darmstadt.de,
Größe: 10 ha
frei zugänglich
Führungen: nach Voranmeldung, für Gruppen bis 25 Personen,
🚋 3, 6, 7, 8, 3 Willy-Brandt-Platz
🚌 L Willy-Brandt-Platz
🐕 ♿

Privatgarten Wassermeyer

Heinrich-Rink-Weg 1, Darmstadt

Der architektonische Garten ist dem Stil des denkmalgeschützten Hauses im französischen Landhausstil von 1921 angepaßt. Um den zentrale Knotengarten aus geschnittenen Buchsbaumhecken sind viele, nach Farbthemen gegliederte Beete mit Alten und Englischen Rosen angeordnet. Anmeldung erbeten.
Eigentümer: A. Wassermeyer, Heinrich-Rink-Weg 1, 64287 Darmstadt, Tel. 06151/719892

Hess 79
Größe: 850 m^2
Eintritt: frei
Öffnungszeiten: ganzjährig
Attraktionen: Rosenblüte Mai/Juni, Hortensienblüte Juli bis September
DB Darmstadt Hbf
🚌 F Regerweg
P 🐕 ♿

Staatspark Fürstenlager

Bachgasse, Bensheim-Auerbach

Die ehemals landgräfliche Kuranlage bei Bensheim-Auerbach ist eine kunstvolle Komposition aus dorfartig um den Guten Brunnen angeordneten, schlichten Gebäuden inmitten eines malerischen Landschaftsparks. Die Anlage ist geprägt vom Ende des 18. Jahrhunderts in Herrscherhäusern vielerorts verbreiteten Verlangen nach Aufenthalt in ländlicher Idylle, fern vom steifen Hofzeremoniell. Das Fürstenlager konnte seine ursprüngliche Intimität in seiner reizvollen topographischen Lage bis heute eindrucksvoll bewahren.
Eigentümer/in: Verwaltung der Staatlichen Schlösser und Gärten Hessen, Außenstelle Staatspark Fürstenlager, Kavalierbau, 64625 Bensheim-Auerbach, Tel. 06251/9346-0, Fax 06251/9346-46, Internet: www.schloesser-hessen.de

Hess 80
Größe: 36 ha, frei zugänglich
Führungen: nach Voranmeldung,
DB Bensheim
Veranstaltungen: s. Internet
P ✕ 🐕 ♿ ℹ

M-Vor

Stralsund
13-16
17
11
12
18-19
20
25
5-6
7-10
Rostock
1
Wismar
2-4
Güstrow
25
21
Schwerin
22
26
27
30
32
Neubrandenburg
31
23
24
28
29

Schloßpark Bothmer

Schloßstraße, Klütz

Schloß Bothmer, 1726–1732 erbaut, ist das größte erhaltene barocke Schloßensemble Mecklenburg-Vorpommerns. Der eigentliche Schloß- und Parkkomplex liegt auf einer rechteckigen Insel, nach französisch-niederländischer Manier allseitig von Grachten umgeben. Die ursprünglich formale barocke Anlage wurde um 1840 in Teilbereichen zu einem englischen Landschaftsgarten umgestaltet. Bei der 1975 begonnenen Rekonstruktion fanden barocke Grundstrukturen wieder verstärkt Berücksichtigung. Von besonderer Bedeutung ist der teilweise 250jährige Baumbestand, vor allem das weitläufige Linden-Alleensystem innerhalb und außerhalb des Wallgrabens, herausragend und im norddeutschen Raum einmalig die noch fast vollständig erhaltene Festonallee aus beschnittenen Linden, die vom Vorwerk Hofzumfelde auf die Mittelachse der symmetrisch angelegten Anlage zuführt.
Veranstaltungen: Konzerte während des Sommers

M-Vor 1
Eigentümer/in:
Dr. Wulf Hartmann,
23948 Klütz,
Tel. 038825/25831,
Fax 038825/25832,
E-Mail: dres hartmann@
schloss-bothmer.de,
Internet: schloss-bothmer.de
Größe: 12 ha
Eintritt: 2 €, Familien 5 €
Führungen: durch Schloß und Park: April bis Oktober, Mi, Sa, So 14.30 Uhr, Voranmeldung für Gruppen, Mindestbeitrag 60 €/Gruppe
Öffnungszeiten: ganzjährig ab 10 Uhr
DB Grevesmühlen
Bus Grevesmühlen – Klütz
P ♿

Park der Solidarität

Philipp-Müller-Straße, Wismar

Der Park der Solidarität, im Volksmund auch als Ziegeleipark bezeichnet, ging aus dem Abbaugelände eines ehemals vorhandenen Ziegelwerkes hervor. Er wurde zwischen 1960 und 1970 angelegt, wobei die ehemalige Lehmgrube als Parkteich den Mittelpunkt der Gestaltung bildet. Die Parkanlage schließt sich westlich, nur durch eine Straße getrennt, an den Gehölzlehrgarten an. Der Park gehörte bis Anfang der 90er Jahre zu den wenigen anspruchsvolleren Anlagen in Wismar und bildet einen wichtigen Bestandteil der größten innerstädtischen Grünverbindung. Er ist auch ein Teil des überregionalen, ostseeparallelen Radwanderwegs. 1998 erfolgte am östlichen Eingang eine zeitgemäße, harmonische Neugestaltung. Kinderspielplatz, Pergola, künstliches Kleingewässer mit artenreicher Ufervegetation und größere Staudenanlagen sind neue Ausstattungselemente.

M-Vor 2
Eigentümer/in: Hansestadt Wismar, Abteilung Planung,
Kopenhagener Straße 1,
23966 Wismar,
Tel. 03841/441-12,
Fax 03841/441-129
Größe: 3 ha
frei zugänglich
Bus A, B, C, E Lübsche Straße / Burgwall
P 🐕 ♿

Gehölzlehrgarten Lübsche Torweide

Philipp-Müller-Straße, Wismar

Der Gehölzlehrgarten, der Dendrologische Lehrgarten, liegt zwischen der Lübschen Torweide, einer erhalten gebliebenen innerstädtischen Sumpfniederung, und dem Gelände der Wismarer Fachhochschule. Der Bau dieser Parkanlage ist in vier Abschnitten vollzogen. Der Gehölzlehrgarten zeigt in einer Abfolge von thematisierten Gehölzquartieren eine Auswahl populärer einheimischer und fremdländischer Gehölzarten, wie sie bisher in Wismar in keiner anderen Parkanlage anzutreffen

M-Vor 3
Eigentümer/in: Hansestadt Wismar, Abteilung Planung,
Kopenhagener Straße 1,
23966 Wismar,
Tel. 03841/441-12,
Fax 03841/441-129
Größe: 4,7 ha
frei zugänglich
Bus A, B, C, E Lübsche Straße / Burgwall
P 🐕 ♿

sind. Der Standort wurde sehr zentrumsnah gewählt. Dazu konnte eine bisher unbebaute Fläche, die zum Teil mit Wegen und Bäumen ausgestattet war, gesichert werden. Der Gehölzlehrgarten als Teil einer großen, zusammenhängenden, innerstädtischen Grünverbindung ist das Bindeglied zwischen öffentlichem Stadtraum und Hochschulgelände. Der gestalterische Reiz wird durch die Integration von Kleingewässern und einer anmoorigen Fläche sowie durch einen Pavillon und mehrere, mit Kletterpflanzen bewachsene, Rankgerüste erhöht.

M-Vor 4
Größe: 30 ha
frei zugänglich
DB Wismar
G,C,D Stadtgarten
P Veranstaltungen u.a.
Kirschblütenfest
Konzerte auf der Seebühne

Stadtgarten der Landesgartenschau 2002

An der Lübschen Burg/Tschaikowskistraße Wismar

Aus der Landesgartenschau 2002 hervorgegangen ist der Stadtgarten Wismar. Das Kernstück der Anlage ist der fast 3 Hektar große Paradiesgarten, der durch 230 japanische Blütenkirschen begrenzt ist. Themengärten, Wasserspiele, Seebühne und die reichblühenden Stadtterrassen laden zum Besuch ein. Vom Aussichtsturm hat man einen guten Blick über das Gesamtareal, auf die historische Stadtsilhouette und über den anschließenden Heimtierpark in die typisch mecklenburgische Landschaft.

Eigentümer: Hansestadt Wismar, Abteilung Planung, Kopenhagener Straße 1, 23966 Wismar, Tel. 03841/441-12, Fax 03841/441-129

M-Vor 5
Größe: 1,4 ha
frei zugänglich
DB Warnemünde
36, 37 Wiesenweg
P gebührenpflichtig

Stephan-Jantzen-Park

Parkstraße, Rostock-Warnemünde

Der denkmalgeschützte Alte Warnemünder Friedhof wurde ab 1991 in eine Parkanlage umgestaltet, die durch die alten Gehölze, darunter die schöne Birkenallee am Hauptweg, und die alten Grabstätten eine besondere Atmosphäre hat. Bekanntestes Grab ist die mit Eisengittern eingefaßte Ruhestätte des Lotsenkapitäns Stephan Jantzen, nach dem der Park benannt wurde.

Eigentümer/in: Hansestadt Rostock, Amt für Stadtgrün, Naturschutz und Landschaftspflege, Am Westfriedhof 2, 18059 Rostock, Tel. 0381/3818532, Fax 0381/3818590, E-Mail: stadtgruen@rostock.de

M-Vor 6
Größe: 4,1 ha
frei zugänglich
DB Warnemünde
36, 37 Wiesenweg
P gebührenpflichtig

Kurpark Warnemünde

Rostock-Warnemünde

Schon ab 1860 gab es erste Gartenanlagen, die zwischen 1922 und 1924 zum Kurpark umgestaltet wurden. Nach weiteren Gestaltungsmaßnahmen der letzten Jahre gliedert er sich in einen Erholungs- und Aufenthaltsbereich mit Gehölz- und Staudenpflanzungen und in einen östlich gelegenen Parkteil, in

dem sich Spiel- und Sportangebote konzentrieren. An den Kurpark schließt sich der Kurhausgarten an, eine von Stadtgartendirektor W. Schomburg geplante Anlage, die 1928 ihre Pforten öffnete und heute durch private Eigentümer verwaltet wird.
Eigentümer/in: Hansestadt Rostock, Amt für Stadtgrün, Naturschutz und Landschaftspflege, Am Westfriedhof 2, 18059 Rostock, Tel. 0381/3818532, Fax 0381/3818590, E-Mail: stadtgruen@rostock.de

Lindenpark

Friedhofsweg, Rostock

Der ehemalige Alte Friedhof mit dem Jüdischen Friedhof wurde 1981 in eine attraktive Parkanlage umgestaltet, deren alte Grabsteine noch auf die Geschichte hinweisen. Der sehr alte Baumbestand und die zahlreichen Rhododendren machen den besonderen Reiz des Lindenparks aus.
Eigentümer/in: Hansestadt Rostock, Amt für Stadtgrün, Naturschutz und Landschaftspflege, Am Westfriedhof 2, 18059 Rostock, Tel. 0381/3818532, Fax 0381/3818590, E-Mail: stadtgruen@rostock.de

M-Vor 7
Größe: 16,8 ha
frei zugänglich
1, 11, 24 Saarplatz
Veranstaltungen: im Rahmen des Behindertenclubs,
Infos bei: Tel. 0381/4922898,
Fax 0381/4922898

Rostocker Wallanlagen

Kröpeliner Tor / Steintor, Rostock

Nach der Gründung des Rostocker Verschönerungsvereins 1836 wurden die Wallanlagen gestaltet. Die Anlagen gliedern sich in Ober-, Unter- und Mittelwall. Der Oberwall ist ein grüner Spazierweg entlang der Stadtmauer mit verschiedenen Plastiken. Die offene Tür in der Stadtmauer lädt zum Besuch des Klostergartens ein. Ein romantischer Weg entlang des Wallgrabens prägt die Unterwallanlage. Hier schafft die Kombination von Wasser, Stauden und Plastik eine Atmosphäre von Ruhe und Entspannung. Die Teufelskuhle mit Liegewiese und Kinderspielplatz prägt den Mittelwall. Von der Fischerbastion, einem Teil der ehemaligen Befestigung, hat man einen guten Blick zum Stadthafen. Ein weiterer Anziehungspunkt ist der Rosengarten mit Springbrunnen, umgeben von alten Lindenalleen. Im Jahr 2002 wurden die historischen Wallanlagen um einen Bereich entlang der Wallkante erweitert, in dem einzelne Spielstationen und eine Skateranlage untergebracht sind.

M-Vor 8
Eigentümer/in: Hansestadt Rostock, Amt für Stadtgrün, Naturschutz und Landschaftspflege, Am Westfriedhof 2, 18059 Rostock,
Tel. 0381/3818532,
Fax 0381/3818590,
E-Mail: stadtgruen@rostock.de
Größe: 13,2 ha,
frei zugänglich
1, 4, 11, 12 Steintor
1, 4, 11, 12 Kröpeliner Tor
P gebührenpflichtig

Botanischer Garten der Universität Rostock

Freigelände Hamburger Straße 28, Rostock

Der Garten mit einer großen Gebirgsanlage, dem Alpinum, und ausgedehntem Arboretum umfasst zahlreiche Spezialanlagen: Systematische Abteilung, Morphologie und Biologie, Pflanzen nach Inhaltsstoffen, Pflanzeneinführung, geschützte

M-Vor 9
Größe: 7,8 ha
Öffnungszeiten: Mitte März bis Ende Nov.,
Di bis Fr, 7–18 Uhr,
Sa, Feiert., 9–18 Uhr,

Eintritt: frei
Führungen: sonntags
Spezialführungen nach Plan, sonst nach Vereinbarung, kostenpflichtig
2, 12, 28 Holbeinplatz

Arten, Wildrosen-Sortiment sowie mehrere Biotope, darunter Feuchtwiese, Buchenwald, Röhricht- und Wasserpflanzen-Gesellschaften, Erlenbruch und Hochmoor.
Eigentümer/in: Universität Rostock, Botanischer Garten, 18051 Rostock, Tel. 0381/4986250
Veranstaltungen: Landes-Pilzausstellung, jährlich, am letzten September-Wochenende, Blütenfest, im Frühsommer

M-Vor 10
Größe: 10,3 ha, frei zugänglich
Attraktionen: Fontäne im Schwanenteich Mai bis Sept.
2, 12, 24, 25 Kunsthalle
2, 12, 24, 25 Kuphalstraße
Veranstaltungen: Biennale Kunstausstellung, Infos bei: Tel. 0381/82337 oder 0381/ 8016288,
Fischerfest Volksfest August/Sept.

Schwanenteichpark

Reutershagen, Rostock

Der Stadtgarteninspektor Alfred Jahr gestaltete 1937 Rostocks ersten Wohngebietspark, der mit dem Teich, einheimischen Bäumen und weiten Wiesenflächen die norddeutsche Landschaft nachahmte. Teile der Anlage werden heute durch die Kombination von Stauden und moderner Kunst geprägt.
Eigentümer/in: Hansestadt Rostock, Amt für Stadtgrün, Naturschutz und Landschaftspflege, Am Westfriedhof 2, 18059 Rostock, Tel. 0381/3818532, Fax 0381/3818590, E-Mail: stadtgruen@rostock.de

M-Vor 11
Größe: 4 ha
frei zugänglich
Führungen: nach Voranmeldung beim Eigentümer oder der Tourismus- und Kur GmbH, Tel. 038206/7030, Fax 038206/70320, Preis 3 €/Person
Attraktionen: Rhododendrenblüte
DB Schwanenberg Graal
Veranstaltungen: Parkfest mit Wahl der Rhododendrenkönigin im Mai

Rhododendronpark Graal-Müritz

Parkstraße, Ostseeheilbad Graal-Müritz

Der Park wurde in mehreren Bauabschnitten in den Jahren 1954 bis 1963 durch den Gartenarchitekten Friedrich-Karl Evert aus Rostock geschaffen. Ihm ist ein 1992 errichteter Gedenkstein gewidmet. Rund 2 000 Rhododendren in 60 Sorten und Arten wachsen im Park. Die vorwiegend anzutreffenden Rhododendron Catawbiense-Hybriden umfassen vor allem das Sortiment des Rhododendronzucht-Betriebes Rudolf Seidel in Grüngräbchen bei Kamenz, Sachsen. Seit 1986 steht der Park unter Denkmalschutz. Er war ein Außenobjekt der IGA 2003 in Rostock.
Eigentümer/in: Ostseeheilbad Graal-Müritz, staatlich anerkanntes Seeheilbad, Ribnitzer Straße, 18181 Ostseebad Graal-Müritz, Tel. 0382/81111, Fax 038206/81110

M-Vor 12
Größe: 13 ha
frei zugänglich
Anmeldung für Gruppen erbeten Führungen: nach Voranmeldung, für Gruppen bis 25 Personen, Preis auf Anfrage
Scheunenviertel, Alter Bahnhof
Dahlien

Kurpark Bad Sülze

Bad Sülze

Große Teile einer alten Saline wurden 1908 zum Kurpark umgestaltet. Nach längerer Zeit der Verwilderung konnte er ab 1980 rekultiviert werden. Die große Attraktion des Kurparks sind nach der Tulpenblüte im Frühjahr die von Juli bis Oktober blühenden 6000 Dahlien in über 270 Sorten, die ihn in ein Blütenmeer verwandeln. Bei dem Dahlienfest am 1. Wochenende im September werden unter anderem riesige, aus Dahlien gesteckte Plastiken gezeigt.

Eigentümer/in: Stadt Bad Sülze, Am Markt 1,
18334 Bad Sülze, Tel. 038229/80680

Die Stralsunder Wallanlagen

Knieperwall / Frankenwall, Stralsund

Mit der Aufhebung des Festungscharakters der Stadt Stralsund im Jahre 1873 begann die gärtnerische Gestaltung der Wallanlagen. Nach den Plänen des königlichen Hofgarteninspektors J. B. F. Jühlke wurden in den darauffolgenden Jahren entlang der alten Wälle Alleen gepflanzt. Die Bastionen erhielten einen landschaftsparkartigen Charakter. Spielplätze und Kriegerdenkmale wurden in die Gartenanlagen eingefügt. Trotz gestalterischer Verluste und Überformungen durch bauliche Veränderungen und Erweiterungen des Straßensystems beeindrucken die Wallanlagen noch heute durch einen ausgeprägten alten Gehölzbestand.

M-Vor 13
Eigentümer/in: Hansestadt Stralsund, Bauamt, Abt. Straßen und Stadtgrün, Badenstraße 17, 18439 Stralsund, Tel. 03831/267136, Fax 03831/267135
Größe: 15 ha,
frei zugänglich
Bus 2, 3, 4, 5 Frankenwall, Busbahnhof, Knieperwall
P gebührenpflichtig

Parkanlage am Wulflamufer

Wulflamufer / Weidendamm, Stralsund

Foto: Pfennig

Unter Leitung des Gartenbauinspektors Hans Winter wurde die Anlage zwischen 1926 und 1927 als Bürgerpark für die Wohnanlage Bürgermeisterviertel am südlichen Frankenteichufer gebaut. Wie zahlreiche Parkanlagen jener Zeit entstand sie im Rahmen von Notstandsarbeiten. Die künstlerische Qualität besteht vor allem in der Gestaltung verschiedener Gartenräume im architektonischen Stil und in der großartigen Einbeziehung der Gartenanlage in den Landschaftsraum der die Altstadt umschließenden Stadtteiche. Aus der Altstadt über den Weidendamm kommend gelangt man über eine Spielanlage zum zentralen Sitzbereich mit Blick über eine weite, mit Pyramideneichen trichterförmig gesäumte Wiese und den Frankenteich hinüber zu den drei Kirchen der Altstadt.

M-Vor 14
Eigentümer/in: Hansestadt Stralsund, Bauamt, Abt. Straßen und Stadtgrün, Badenstraße 17, 18439 Stralsund, Tel. 03831/267136, Fax 03831/267135
Größe: 2,1 ha
frei zugänglich
Bus 2, 3 Busbahnhof
P gebührenpflichtig

M-Vor 15
Eigentümer/in: Hansestadt Stralsund, Bauamt, Abt. Straßen und Stadtgrün, Badenstraße 17, 18439 Stralsund, Tel. 03831/267136, Fax 03831/267135
Größe: 7,5 ha
frei zugänglich
🚌 4, 5 Theaterplatz
Veranstaltungen: Wallensteintage – Seegefecht, Juli Segelregatta Sundschwimmen, Konzerte

Die Sundpromenade

Sarnowstraße / Seestraße, Stralsund

Bereits um 1900 begannen in Teilabschnitten die Arbeiten an der Uferpromenade am Sundstrand, welcher seit der Mitte des 19. Jahrhunderts durch Strandbadeanstalten erschlossen ist. Nach Plänen von Gartenbauinspektor Hans Winter entstand in den Jahren 1927 und 1928 im Rahmen von Notstandsarbeiten das sogenannte Hindenburg-Ufer. Sandstrand und Gartenanlagen verschmelzen in einem Landschaftsraum zu einem sehenswerten Gartenkunstwerk. Ein durch Baumalleen geführter, großzügig geschwungener Promenadenweg verbindet zahlreiche der Erholung dienende Plätze miteinander. Die gartenkünstlerische Qualität des langgestreckten Gartenraums besteht im wesentlichen in der spannungsvollen Zuordnung von Alleen und Plätzen. Trotz teilweiser Veränderung, unter anderem 1962 durch die Errichtung eines monumentalen Denkmals für Ernst Thälmann auf einem der beiden Schmuckplätze, sowie ersten Baumverlusten innerhalb der Lindenalleen, zählt die Sundpromenade nach wie vor zu den beliebtesten öffentlichen Gartenanlagen Stralsunds.

M-Vor 16
Eigentümer/in: Hansestadt Stralsund, Bauamt, Abt. Straßen und Stadtgrün, Badenstraße 17, 18439 Stralsund, Tel. 03831/267136, Fax 03831/267135
Größe: 2,5 ha
frei zugänglich
Attraktionen: Springbrunnen im Sommer stundenweise
🚌 3, 4, 5 Knieperdamm

Die Brunnenaue

Knieperdamm / Sarnowstraße, Stralsund

Eine bereits 1630 erwähnte Heilquelle wurde im 18. Jahrhundert Mittelpunkt eines Kur- und Badebetriebes. Nach dessen Auflösung entstand Mitte des 19. Jahrhunderts eine repräsentative, zierende Park- und Gartenanlage im Geschmack der Biedermeierzeit. Dieser Park wurde in den 60er Jahren auf Grundlage einer Planung von Hans Friedrich Werkmeister aus dem Jahre 1937 umgestaltet. Die Brunnenaue präsentiert sich seitdem als eine Parkanlage mit großzügigem Wegesystem, einer weiten, zentralen Wiesenfläche, Spielplätzen, Sitzbereichen und zeitgenössischen Plastiken. Der Hauptanziehungspunkt ist die polygonale Springbrunnenanlage – eine Reminiszens an den Ursprung der Anlage.

M-Vor 17
Eigentümer/in: Stadt Putbus, Markt 8, 1858 Putbus, Tel. 038301/6430, Fax 038301/292, E-Mail: rathaus@putbus.de, Internet: www.putbus.de
Größe: 75 ha
frei zugänglich
2 €/Person, Schloßpark und Museumsführung 5 €/Person (Kinder bis 12 Jahre jeweils die Hälfte)

Schloßpark Putbus

Putbus

Der Ortsgründer Wilhelm Malte, Fürst und Herr zu Putbus, gestaltete den vorhandenen barocken Park am Anfang des 19. Jahrhunderts in einen Landschaftspark nach englischem Vorbild um. Fremde Gehölze wurden, zum Teil in einem jahrelangen Prozeß, an das hiesige Klima gewöhnt und fanden im Park ihren Platz. Viele Bäume zeugen durch ihre gewaltigen Kronen und Stämme von hohem Alter. Zu den baulichen Besonderheiten zählen so bedeutende Gebäude wie der Marstall, der nach grundlegender Rekonstruktion überwiegend für

kulturelle Zwecke genutzt wird. Die Orangerie ist heute das Ausstellungszentrum der Stadt mit mehreren Galerien. Zu den bedeutenden Gebäuden im Park gehört auch die Putbuser Kirche, die ursprünglich als Kursaal erbaut wurde. In der Nähe der Kirche liegt das 8 Hektar große Wildgehege, das Rot- und Damwild beheimatet.
Führungen: nach Voranmeldung
Stadtinformation Putbus, Circus 1, Postfach 1142, 18581 Putbus, Tel. 038301/62025, E-Mail: Urmola@t-online.de

DB Putbus
P gebührenpflichtig oder kostenlos

Botanischer Garten Greifswald Arboretum

Friedrich-Ludwig-Jahnstraße, Greifswald

Die Erweiterung des Botanischen Gartens 1934 wurde zum Grundstein des Arboretums. Seit der Gründungszeit sind viele alte Bäume zu stattlicher Größe herangewachsen und geben der Anlage das Ambiente einer großzügig gestalteten Parkanlage. Die Gehölzsammlungen sind nach pflanzengeographischen Gesichtspunkten geordnet. Etwa 1.500 verschiedene Gehölzarten und -sorten werden kultiviert. Ein Heidegarten und Staudenrabatten an exponierten Gartenbereichen runden das Bild ab.
Eigentümer/in: Ernst-Moritz-Arndt-Universität, Grimmerstraße 88, 17487 Greifswald, Tel. 03834/861130, Fax 03834/861129, E-mail: pkoenig@uni-greifswald.de, Internet: www.uni-greifswald.de/botgart

M-Vor 18 NEU
Größe: 7 ha
Eintritt: frei
Führungen:
nach Voranmeldung
1–2 €/Person
Öffnungszeiten:
April–Oktober täglich,
April, Oktober 9–15.45 Uhr,
Mai–Sept 9–18 Uhr
Attraktionen:
Rhododendron-Blüte Mai, Juni
DB Greifswald Hbf
6, 7 St. Georgsfeld
P

Botanischer Garten Greifswald Gewächshausanlage und Freilandbereich

Münterstraße 2, Greifswald

M-Vor 19 NEU
Größe: 2 ha
Eintritt: frei
Führungen:
nach Voranmeldung
Öffnungszeiten:
ganzjährig geöffnet,
Mo–Fr, 9–15.45,
Gewächshäuser von
12–12.30 Uhr geschlossen,
Sa, So, Feiertags: 13–15,
im Sommer bis 18.00 Uhr
DB Greifswald Hbf
6, 7 Busbahnhof
P

Die Ursprünge des Botanischen Gartens gehen auf das Jahr 1763 zurück, als ein Arzneigarten und ein Jahr später ein „hortus academicus“ (Wissenschaftsgarten) angelegt wurde. Ende des 19. Jahrhunderts erfolgte eine Verlegung und Erweiterung auf das jetzige Gelände. Der Gewächshauskomplex, bestehend aus Palmen-, Kalt- und Warmhaus, bildet auch heute noch den Kern der insgesamt 16 Gewächshäuser, die Hälfte den Besuchern zugänglich. Die Palette der Gewächshauspflanzen reicht von Sukkulenten, tropischen Nutzpflanzen, Palmfarnen bis hin zu zahlreichen Orchideen. Der Freilandbereich wird geprägt von Gewürz- und Heilpflanzen, einer Wasserpflanzensammlung, Alpinum und zahlreichen Kübelpflanzen.
Eigentümer/in: Ernst-Moritz-Arndt-Universität, Grimmerstraße 88, 17487 Greifswald, Tel. 03834/861130, Fax 03834/861129, E-mail: pkoenig@uni-greifswald.de, Internet: www.uni-greifswald.de/botgart

M-Vor 20 NEU
Größe: 0,4 ha
Eintritt: 1,50 €
Führungen: nach Voranmeldung für Gruppen bis 15 Personen 5 €/Person
Öffnungszeiten: im Sommer täglich 10–18 Uhr, im Winter Mi, Do, Sa, So 10–16 Uhr
Veranstaltungen: April–Oktober Gartenführungen mit der Gärtnerin, Di 16 Uhr
DB Zempin
→ ca. 2,5 km Fußweg über den Deich

Garten des Ateliers Otto Niemeyer-Holstein

Lüttenort, Koserow

1933 flüchtete der Künstler Otto Niemeyer-Holstein aus Berlin an die Ostseeküste und schuf sich über fast 50 Jahre ein Refugium, das überall die gestaltende Hand des Künstlers erkennen lässt. 120 verschiedene Gehölze, zahlreiche Obstbäume und viele Rosen und Stauden künden von der Gartenleidenschaft des Künstlers. Eine alte Schiffsglocke im Winkel zweier Birkenstämme, alte Planken, Schwemmfunde vom Strand, Mühl- und Mahlsteine, Skulpturen, Reliefs und Zierrat, selbst Gartenmöbel oder eine Leiter im Birnbaum werden zu Gestaltungselementen. Dem Willen des Künstlers, daß alles nach seinem Tode der Öffentlichkeit zugänglich gemacht werden soll, wird entsprochen. Behutsame und kontinuierliche Rekonstruktionsarbeiten und Erhaltungsmaßnahmen sichern die Gartenanlage.
Eigentümer/in: Landkreis Ostvorpommern, Demminer Str. 71 – 74, 17398 Anklam, Tel. 038375/20213, Fax 038375/20213, E-mail: Atelier-ONH@t-online.de, Internet: www.atelier-otto-niemeyer-holstein.de

M-Vor 21 NEU
Eigentümer/in: Land Mecklenburg-Vorpommern, Verwaltung der staatlichen Schlösser und Gärten,

Landschaftsgarten Wiligrad

Schloß Wiligrad, Lübstorf

Zeitgleich mit dem Ende des 19. Jahrhunderts vom Architekten Albrecht Haupt im Neorenaissancestil errichteten Schloß wurde ein Landschaftsgarten angelegt, der sich am Hochufer des Schweriner Sees erstreckt. Im angrenzenden, fast 200 Hektar großen Buchenwald, der mit zahlreichen exotischen Gehölzen durchmischt ist, sind Kleinarchitekturen und Skulpturen eingestreut. Über die Elisabethquelle führt der Weg hinunter zum Ufer des Schweriner Sees. Erwähnenswert ist auch der als „Dorf" angelegte Wirtschaftshof mit stilistisch auf das Schloß abgestimmten Wohn- und Wirtschaftsgebäuden.

Werderstr. 4, 19055 Schwerin,
Tel. 0385/509612,
Fax 0385/509124,
E-mail:
dietmar.braune@bbl-mv.de,
Internet: www.bbl-mv.de
Größe: 18 ha, frei zugänglich
DB Lübsdorf
P

Schloßgarten und Burggarten Schwerin

Schloßstraße, Schwerin

Das Schweriner Schloß liegt auf einer Insel zwischen Schweriner See und Burgsee. Schon im frühen Mittelalter als Burg genutzt, entstand der heutige Bau 1846 bis 1857 im Stil der Neorenaissance. Die Dachbauten haben ihr Vorbild in den Loire-Schlössern. Der das Schloß umgebende Burggarten wurde zeitgleich mit dem Schloßneubau von Peter Joseph Lenné entworfen. Es ist eine Mischung aus landschaftlichem und formalem Stil mit Brunnen, Grotte, Treppen- und Terrassenanlagen, von denen man eindrucksvolle Sichten über den See hat. Südwestlich des Schlosses, über eine Brücke verbunden, erstreckt sich der Barockgarten aus der Mitte des 18. Jahrhunderts, der zwar im Laufe der Zeit in seiner Ausstattung vereinfacht wurde, aber in seiner Grundstruktur erhalten blieb. Die Hauptachse des Parks bildet der von Baumquartieren eingefasste Kreuzkanal mit einer Kaskade als Abschluß. Dominiert wird diese von dem großen Reiterstandbild des Großherzogs Friedrich Franz II. Die das Wasserbassin begleitenden Sandsteinfiguren sind Kopien der Originale von 1752. Mitte des 19. Jahrhunderts wurde der Park durch Laubengänge ergänzt und nach Plänen Lennés durch einen Landschaftsgarten erweitert.

M-Vor 22
Eigentümer/in: Schloßgarten: Verwaltung der Staatlichen Schlösser und Gärten Mecklenburg-Vorpommern, Werderstraße 4, 19055 Schwerin,
Tel. 0385/509612,
Fax 0385/509124,
Burggarten: Landtag Mecklenburg-Vorpommern,
Tel. 0385/525 2128,
Fax 0385/5252188,
Größe: 50 ha,
Eintritt frei
Öffnungszeiten: Burggarten im Sommer 8–20 Uhr, im Winter 8–16 Uhr, Schloßgarten frei zugänglich
DB Schwerin
P gebührenpflichtig

Englischer Landschaftspark Dammereez

Am Schloßpark, Dammereez

Der Englische Landschaftspark in Dammereez entstand Anfang des 19. Jahrhunderts unter Einbeziehung der vorhandenen Gehölze des bereits bestehenden Gutsparks. Mehrere hundertjährige Bäume, darunter zwanzig ca. 400 Jahr alte Stieleichen, Eschen und Linden künden vom Alter des ehemaligen Gutsparks. Aufgrund des sehr alten und exotischen Gehölzbestandes ist der Dammereezer Park einer der wertvollsten dendrologischen Gärten in Mecklenburg. Zu seinen Exoten gehören Mammutbäume, japanische Sichel- und Schirmtannen, Zweizeilige Sumpfzypressen aus Nordamerika, Rispenhortensie aus Ostasien und viele weitere mehr. Das

M-Vor 23 NEU
Größe: 6 ha
Führungen: nach Voranmeldung
frei zugänglich
DB Brahlstorf
1 km entfernt vom Bahnhof
P
Veranstaltungen: Osterspaziergang mit Führung durch den Park durch den Förderverein, Ostermontag, 14 Uhr, Reservierung über den Förderverein, Pfingstspaziergang,

Pfingstmontag, 14 Uhr.
Laubfeuer – Der Dammereezer Park im Fackelschein, Ende Oktober
Picknick-Korb mit regionalen Spezialitäten auf Bestellung

Alter dieser besonderen Gehölze liegt zwischen 100 und 200 Jahren.
Eigentümer/in: Gemeinde Dersenow, Bewirtschaftung durch Förderverein „Dammereezer Park“ e.V., Dorfstraße 8, 19273 Dammereez, Tel. 038848/22635, Fax 038848/22636, E-mail: hans-henning-petersen@t-online.de, Internet: www.dammereez.de

M-Vor 24
Eigentümer/in.
Verwaltung der Staatlichen Schlösser und Gärten Mecklenburg-Vorpommern, Werderstr. 4, 19055 Schwerin, Tel. 0385/509612, Fax 0385/509124
Größe: 135 ha, frei zugänglich
DB Ludwigslust
→ A27 Ludwigslust

Schloßpark Ludwigslust

Parkstraße, Ludwigslust

Das Schloß Ludwigslust wurde Anfang des 18. Jahrhunderts zunächst als Jagdschloß errichtet, dann von 1772 bis 1776 durch den Baumeister J. J. Busch als neue Residenz der Herzöge von Mecklenburg-Schwerin ausgebaut. Die Bauzeit des Spätbarock-/Rokokoparks mit umfangreichen Alleen, Kanälen und Wasserkünsten zog sich über 40 Jahre von 1750 bis 1790 hin. Peter Joseph Lenné gestaltete die Anlage unter Einbeziehung der formalen Elemente in einen Landschaftspark um. Besonders sehenswert sind die Große Kaskade vor dem Schloß, die Wasserspiele wie „Die vierundzwanzig Sprünge“, die Brücke über den Hauptkanal, die Mausoleen für die Erbprinzessin Helene Pawlowna und Herzogin Luise, das Schweizerhaus und die künstliche Ruine. Im ausgedehnten Park wechseln sich waldartige Bestände mit weiten Wiesen ab. Neben heimischen Bäumen sind auch viele Gehölze aus Asien und Nordamerika, wie Kaukasische Flügelnuß und Urweltmammutbaum, zu sehen.

M-Vor 25
Eigentümer/in:
Verwaltung der Staatlichen Schlösser und Gärten Mecklenburg-Vorpommern, Werderstr. 4, 19055 Schwerin, Tel. 0385/509612, Fax 0385/509124,
Größe: 2 ha, Eintritt: frei
Öffnungszeiten: im Sommer 6–20 Uhr, im Winter 8 Uhr bis Einbruch der Dämmerung
DB Güstrow

Renaissancegarten Schloß Güstrow

Franz-Parr-Platz 1, 18273 Güstrow

Im Anschluß an die Restaurierung des Schlosses entstand 1974 bis 1978 nach dem Vorbild alter Kupferstiche ein Gartenparterre mit neun musterartig gegliederten Beetquartieren, eingefaßt von Laubengang und Wassergraben. Der ursprüngliche Garten aus der Mitte des 16. Jahrhunderts dürfte ähnlich ausgesehen haben, da sich auch die heutige Bepflanzung an der früheren Zusammenstellung von Blumen mit Duft- und Würzpflanzen wie Lavendel, Thymian, Salbei und Gemüse orientiert.

M-Vor 26
Größe: 100 ha
frei zugänglich
Führungen: nach Voranmeldung

Seepromenade

Krakow am See

Eigens für die Kurgäste wurde vor über 100 Jahren ein Park um den Jörnberg und auf der Halbinsel Lehmwerder angelegt. Heute erstreckt sich die etwa 1 km lange, schon zur Krokus-

blüte besonders attraktive, Seepromenade entlang der Fischerei bis zum Jörnberg mit der denkmalgeschützten Badeanstalt, der Freilichtbühne und dem Waldsportplatz. Entlang der Uferkante säumen viele kleine reetgedeckte Bootshäuser den See. Den schönsten Rundblick über die Krakower Seenlandschaft hat man vom Aussichtsturm in 105 Meter Höhe über dem Meeresspiegel.
Eigentümer/in: Luftkurort Krakow am See,
Markt 2, 18292 Krakow am See,
Tel. 038457/22258, Fax 038457/23613,
E-Mail: info1@krakow-am-see.de,
Internet: www.krakow-am-see.de

Touristinformation
Krakow am See,
Lange Straße 2,
18292 Krakow,
Tel. 038457/22258,
Fax 038457/23613,
Internet: www.krakow.de
DB Krakow am See

Dendrologischer Park Blücherhof

Parkstraße, Blücherhof

Prof. Alexander Koenig, Privat-Gelehrter aus Bonn, erwarb 1904 das Gut Blücherhof und ließ den Park durch Georg Kuphalt als Englischen Landschaftspark umgestalten. Durch die Sammelleidenschaft Koenigs und dessen Vorliebe für Koniferen schuf Kuphalt einen ungewöhnlichen Park mit zirka 160 verschiedenen Baum- und Straucharten, darunter Riesen- und Urweltmammutbäume, Sumpf-Zypressen, Fluss-Zedern, Siskya-Fichten, Ginkgos, Japanische Schirmtannen und Tulpenbäume.
Eigentümer/in: Rothraud Meindorfer,
Parkstraße, 17194 Blücherhof

M-Vor 27 NEU
Größe: 8,5 ha
Führungen:
nach Voranmeldung
bei Norbert Schipke,
Hof 5, 17194 Blücherhof,
Tel. 039933/70807,
Fax 039933/71910
50 €/Gruppe bis 30 Personen,
75 €/Gruppe bis 50 Personen
frei zugänglich
in der Saison
im Café

Wangeliner Garten

Nachtkoppelweg, Wangelin

Wangeliner Garten – größter Kräutergarten Mecklenburgs mit Heilkräutern, Zauberpflanzen, Färber- und Trickpflanzen in mehr als 900 Pflanzenarten und -sorten. Eine Spiellandschaft mit Weidenlabyrinth, Maulwurfshügel und Zauberblume lockt mit vielfältigen Betätigungsmöglichkeiten für groß und klein. Dieser Garten hat sich zu einer Oase der Ruhe entwickelt. Er belebt den Geist, erfreut Auge und Nase und bringt Lust für alle Sinne. Das Café, ein außergewöhnlicher Lehmbau, lädt ein zum Verweilen.
Eigentümer: FAL e.V., Am Bahnhof 2, 19395 Ganzlin,
Tel. 038737/20142, Fax 038737/20117,
E-Mail: fal@fal-ev.de, Internet: www.FAL-ev.de,
Veranstaltungen: Gartenfest im August, Führungen, Seminare, Vorträge rund um die Pflanze

M-Vor 28
Größe: 1,5 ha
Eintritt: 4 € , Kinder frei bis 9 Jahre, ermäßigt 2,50 € für Studenten, Zivis, Kinder ab 10 Jahre 1,30 €, Gruppen ab 15 Personen 3 €/Pers.
Führungen: nach Voranmeldung für Gruppen ab 20 Personen 6 €/Person (inkl. Eintritt),
Öffnungszeiten:
01.05.–31.09. täglich
10–18 Uhr
→ 10 km südlich von Plau am See
✿ Pflanzen aus dem Garten, regionale Produkte

M-Vor 29 NEU
Größe: 3 ha
Führungen:
nach Voranmeldung
Touristinformation Mirow,
Torhaus, 17252 Mirow
für Gruppen bis 50 Personen
40 € oder 1,50 €
ab 10 Personen
frei zugänglich
DB Mirow
Veranstaltungen:
Konzerte, Ausstellungen,
Touristinformation Mirow,
Torhaus, 17252 Mirow
P

Schloßgarten Mirow

Torhaus, Mirow

Anfang des 18. Jahrhunderts entwickelte sich auf der Schloßinsel eine Nebenresidenz des Strelitzer Fürstenhauses. Die ursprünglich barocke Gartenanlage wurde zwischen 1822 und 1860 landschaftlich überformt. Der Schloßgarten wird seit 1999 schrittweise wiederhergestellt. Das Kräuterbeet zwischen Kavalierhaus und Remise und das Rondell zwischen Kavalierhaus und Schloß sind bereits rekonstruiert. Besonders reizvoll ist die sogenannte Liebesinsel, auf der der letzte Strelitzer Großherzog nach seinem Freitod 1918 die letzte Ruhestätte fand.
Eigentümer/in: Land Mecklenburg-Vorpommern, Verwaltung der staatlichen Schlösser und Gärten, Werderstraße 4, 19055 Schwerin, Tel. 0385 509611, Fax 0385 509124, E-mail: ulrich.kache@bbl-mv.de, Internet: www.bbl-mv.de

M-Vor 30 NEU
Eigentümer/in:
Land Mecklenburg-Vorpommern, Verwaltung der staatlichen Schlösser und Gärten,
Werderstraße 4,
19055 Schwerin,
Tel. 0385/509611,
Fax 0385/509124,
E-mail:
ulrich.kache@bbl-mv.de,
Internet: www.bbl-mv.de
Größe: 22 ha
Führungen:
nach Voranmeldung
Schloßverein Hohenzieritz,
Schulstraße 1,
17237 Hohenzieritz,
Tel. 039824/20020 oder 20270
für Gruppen bis 25 Personen
2,50 €/Person inkl. Louisengedenkstätte und Kirche,
frei zugänglich
Neustrelitz-Hohenzieritz
P

Schloßpark Hohenzieritz

Hohenzieritz

Die sanft geschwungenen Hügel mit den weiten Aussichten in das Tollensetal wusste schon Herzog Karl II. von Mecklenburg-Strelitz zu schätzen, der sich hier im 18. Jahrhundert ein Schloss als Sommersitz bauen ließ. Der englische Gärtner

Archibald Thomson schuf ab 1771 den ersten Landschaftsgarten Mecklenburgs. Bis zur Mitte des 19. Jahrhunderts erfolgten mehrere Umgestaltungen; seitdem ist der Schlosspark, der die reizvolle umgebende Landschaft mit einbezieht, in seinen Grundzügen fast unverändert erhalten geblieben. Durch den Tod der beliebten preußischen Königin Luise 1810 ist Hohenzieritz berühmt geworden. Ihr zu Ehren wurde 1815 der Rundtempel südlich des Schlosses erbaut.

Schloßgarten Neustrelitz

Buttelplatz, Hertelstraße, Neustrelitz

Foto: Heinzel

Der Neustrelitzer Schloßgarten wurde zwischen 1726 und 1731 von Christoph Julius Löwe aus Braunschweig angelegt. Herzog Adolf Friedrich IV., der von 1752–1794 regierte, ließ den im Zeitgeschmack des Barock konzipierten Garten unter dem Eindruck einer Reise nach Versailles völlig neu gestalten. Im Auftrag Großherzogs Georg und unter Einbeziehung Peter Joseph Lennés wurde er 1842/43 – besonders in seinem westlichen Teil – im Sinn eines englischen Landschaftsparks umgestaltet. Diese Gartenanlage blieb im wesentlichen bis zum Ende des Zweiten Weltkriegs erhalten. Noch heute ist er mit seinen Skulpturen, Brunnen, Säulen und wertvollen alten Bäumen eindrucksvoller Mittelpunkt des einstigen Schloßareals zwischen der Schloßkirche, der klassizistischen Orangerie, dem Marstall und dem Ufer des Zierker Sees. Auf der Mittelachse des Gartens befinden sich zwei Marmorspringbrunnen, die zusammen mit dem Kinderbrunnen an der Orangerie Geschenke König Friedrich Wilhelm IV. sind. Eine weitere Besonderheit ist die Götterallee mit Skulpturen antiker Gottheiten und allegorischen Figuren und der Hebetempel. Im westlichen Teil des Gartens befindet sich die 1892 errich-

M-Vor 31
Eigentümer/in: Land Mecklenburg-Vorpommern, Finanzministerium, Referat Schlösser und Parks, Grüne Straße 14, 19055 Schwerin, Tel. 0385/5812771
Größe: 50 ha
frei zugänglich
Führungen: nach Voranmeldung Stadtinformation, Markt 1, 17235 Neustrelitz, Tel. 03981/253119, E-Mail: stadtinformation@neustrelitz.de, Internet: www.neustrelitz.de für Gruppen bis 25 Personen, 30 €/Gruppe,
Attraktionen: 2 Springbrunnen, April bis September
DB Neustrelitz
Bus 1, 2, 3 Buttel-Platz
P
Veranstaltungen: Mecklenburger Sängerfest, Infos bei Stadtinformation, Veranstaltungen im Rahmen des Kultursommers Neustrelitz

tete Gedächtnishalle für die preußische Königin Luise, geborene Prinzessin zu Mecklenburg-Strelitz und Schwester von Großherzog Georg, mit einer Kopie der zweiten Grabstatue von Christian Daniel Rauch.

M-Vor 32
Eigentümer/in: Stadt Neubrandenburg, Friedrich-Engels-Ring 52, 17033 Neubrandenburg, Tel. 0395/5550, Fax 0395/5552600
Größe: 35 ha
frei zugänglich
Führungen: nach Voranmeldung bei der Stadtverwaltung Neubrandenburg, Fachbereich 08 Grün- und Freiflächen, Tel. 0395/5551800
alle Linien ab Busbahnhof Lessingstraße
Veranstaltungen: Frühlingsfest, Mai
Herbstfest, Sept./Okt.

Kulturpark Neubrandenburg

Schwedenstraße / Windburgsweg, Neubrandenburg

Auf einer zwischen der historischen Innenstadt und dem Tollensesee liegenden Bruchwaldfläche wurde zwischen 1969 und 1975 der Stadtpark angelegt. An den anfänglichen Arbeiten zur Vorbereitung des Geländes und den späteren Pflegemaßnahmen waren viele Betriebe und Bürger der Stadt beteiligt. Der Park entwickelte sich mit seinen großen Wiesenflächen, den bruchwaldartigen Pflanzen und einer Vielfalt gepflanzter, standortgerechter Gehölze zu einer beliebten Anlage. Durch die großzügig angelegte Hauptpromenade wird der Besucher durch den Eingangsund den Mittelbereich zum Uferbereich geführt. Stauden-, Moorbeet- und Wildrosengarten, Festwiese, Tiergehege und Spielanlagen laden zum Verweilen ein. Die Promenaden münden in der Uferpromenade mit Anbindung an den Tollenseseerundweg und Verbindung zu den beiden neugestalteten Standbädern. Nach fast 25jähriger Entwicklung der Parkanlage steht gegenwärtig die Rekonstruktion und Ergänzung vieler Bestandteile entsprechend den heutigen Nutzungsansprüchen an.

M-Vor 33
Größe: 1,3 ha
Eintritt: 3 €
Kinder frei bis 9 Jahre, ermäßigt 1 € für Kinder von 10 bis 15 Jahren
Öffnungszeiten ganzjährig
täglich Im Sommer 9–19 Uhr
Im Winter 9–16 Uhr

Botanischer Garten Christiansberg

Christiansberg 123, Luckow

In diesem privaten Liebhabergarten finden sich Pflanzen aus dem gesamten Gartenbereich. Herausragend sind die Sammlungen von Paeonien (300 Arten und Sorten), Rhododendren (300 Arten und Sorten), Magnolien (100 Arten und Sorten) und Rosen (150 Arten und Sorten). Weitere Elemente des Gartens sind der Heidegarten, ein Alpinum und ein natürlicher Gartenteich.

Eigentümer: Walter Kapron, Manfred Genseburg, Christiansberg 123, 17375 Luckow, Tel. 039775/20138, Fax 039775/26833, E-Mail: Walter.Kapron@freenet.de, Internet: www.botanischer-garten-christiansberg.de

Ndsa

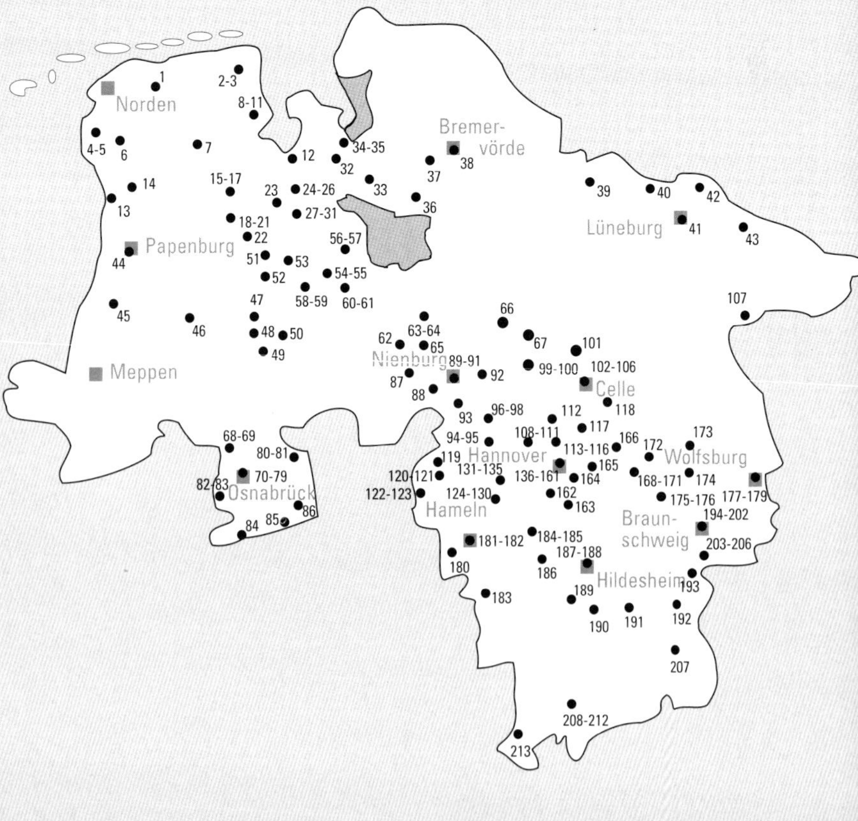
Norden
Papenburg
Meppen
Osnabrück
Bremer-
vörde
Nienburg
Lüneburg
Celle
Hannover
Wolfsburg
Hameln
Braun-
schweig
Hildesheim
1
2-3
8-11
4-5
6
7
12
13
14
15-17
18-21
22
23
24-26
27-31
32
33
34-35
36
37
38
39
40
41
42
43
44
45
46
47
48
49
50
51
52
53
54-55
56-57
58-59
60-61
62
63-64
65
66
67
68-69
70-79
80-81
82-83
84
85
86
87
88
89-91
92
93
94-95
96-98
99-100
101
102-106
107
108-111
112
113-116
117
118
119
120-121
122-123
124-130
131-135
136-161
162
163
164
165
166
168-171
172
173
174
175-176
177-179
180
181-182
183
184-185
186
187-188
189
190
191
192
193
194-202
203-206
207
208-212
213

Schloßpark Lütetsburg

Lütetsburg

Der Lütetsburger Schloßpark wurde ab 1790 u. a. durch Mitwirken von C. F. Bosse in einen Englischen Landschaftsgarten umgewandelt. Aus dieser Zeit stammen noch einige Bauwerke wie der Freundschaftstempel, die Nordische Kapelle und das Monument auf der Carolineninsel. Zahlreiche Wasserläufe und kleine Seen sowie über 150 verschiedene Baum- und Straucharten durchziehen den Park und verleihen ihm eine besondere Atmosphäre. Nach schweren Zerstörungen im Zweiten Weltkrieg wurde der Schloßpark in großen Teilen mit Rhododendren und Azaleen neu bepflanzt, die heute während ihrer Blütezeit zwischen Mitte Mai und Mitte Juni ein prächtiges Farbenspiel darbieten.

Eigentümer/in: Huberta Gräfin zu Inn- und Knyphausen, Gräflich zu Knyphausen'sches Rentamt, Landstraße 55, 26524 Lütetsburg, Tel. 04931/4254, Fax 04931/4253, Internet: www.schloss-luetetsburg.de

Ndsa 1
Größe: 30 ha
Eintritt: 1 €,
Öffnungszeiten 9–20 Uhr
Führungen:
nach Voranmeldung,
Preis nach Vereinbarung,
Attraktionen: Rhododendron- und Azaleenblüte,
Christi Himmelfahrts-Gottesdienst im Freien
DB Norden, Ostfriesland
→ BAB bis Emden Nord, B 210 Richtung Aurich bis Georgsheil, B 72 nach Norden, abbiegen Richtung Hage / Esens, ca. 2 km bis Lütetsburg

Gulfhofgarten

Sillensteder Straße 7, Wangerland-Waddewarden

Foto: Harms-Thiemann

Der Garten ist naturnah und nach Feng-Shui-Gesichtspunkten angelegt. Mit seiner ganzjährig artenreichen Pflanzenwelt dient er der Familie und vielen Besuchern als Erholungsort für Körper und Geist. Anmeldung erbeten

Eigentümer: Fam. Harms-Thiemann, Sillensteder Straße 7, 26434 Wangerland-Waddewarden, Tel. 04461/5854, Fax 04461/912527, E-Mail: hans-peter.thiemann@ewetel.net

Ndsa 2
Größe: 0,12 ha
Eintritt: frei
Führungen: nach Voranmeldung
für Gruppen bis 15 Personen
10 €/Gruppe
Öffnungszeiten:
ganzjährig

Jeverländer Bauerngarten

Friedrich-August-Groden 6, Wangerland

Nicht weit von der Nordseeküste liegt der große ländliche Garten. Eine lange Staudenrabatte entlang des früheren Stalles blüht von Mai bis August am schönsten.

Ndsa 3
Größe: 0,3 ha
Eintritt: frei
Öffnungszeiten:
Mai bis September

→ An der Straße von Carolinensiel nach Friederikensiel
P ♿

Anmeldung erbeten
Eigentümer: Ilse und Enno Jürgens, Friedrich-August-Groden 6, 26434 Wangerland, Tel. 04464/362

Ndsa 4
Größe: 0,2 ha
Besichtigung, auch Gruppen, nach telefonischer Anmeldung
Eintritt: 2 €
auf Wunsch auch Tee/Kaffee und Kuchen für 4 €
DB Uttum
P

Privatgarten Kummer

Kloster Miedelsum, Krummhörn-Uttum

Naturnah gestalteter Bauerngarten mit Sichtachsen zu den Teichen, dem üppigen Staudenbeet und engl. Rosen oder über dem blauen Beet zum Gartentor und Jugendstilzaun zur Kleintierwiese. Gemüserondell, Kräuterspirale, Trockenmauer, Obelisken und Spaliere geben Ideen zum Nachahmen. Verschiedene Lauben oder der Rosenpavillon laden zum Verweilen ein.
Eigentümer/in: Frauke Kummer, Kloster Miedelsum, 26736 Krummhörn-Uttum, Tel. 04923/1400, Fax 04923/80397, Internet: www.bauernhof-nordseeurlaub.de
Öffnungszeiten: nach Voranmeldung Mai–Sept. 10–18 Uhr

Ndsa 5
Größe: 0,4 ha
Öffnungszeiten: Mai bis Okt.
Anmeldung erbeten
Eintritt: 2,50 €
Führungen: nach Voranmeldung, 3 €/Person
Kaffee und Kuchen für Gruppen nach Voranmeldung möglich, 7 €/Pers inkl. Führung
P ♿

Bauerngarten Saathoff

Greetsieler Straße 22 bis 24, Krummhörn-Middelstewehr

Die ehemalige Herrlichkeit und später Gut Middelstewehr besteht noch heute auf einer Warf. Ein Teil der historischen Burganlage bildet der alte Bauerngarten mit Altbaumbestand, umgeben von einer Graft. Neu angelegt wurden ein Buchsbaumgarten, ein Obstgarten, ein Laubengang und eine Grotte, die den Übergang in Gartenbereiche, teilweise aus jüngerer Zeit, bilden.
Eigentümer/in: Diane Saathoff, Greetsieler Straße 22 bis 24, 26736 Krummhörn, Tel. 04926/912033, Fax 04926/912034
E-Mail: diane.saathoff@t-online.de,
Internet: www.ferienhof-saathoff.de

Ndsa 6
Größe: 850 m^2,
Anmeldung erbeten
Öffnungszeiten: März bis Juli
Eintritt: 2 €
Führungen: nach Voranmeldung, für Gruppen bis 15 Personen,
Preis im Eintritt enthalten
Attraktionen: Kakteen
→ B 210 Emden/Aurich, Ortsausgang Emden, Richtung

Privatgarten Knospe

Alter Postweg 13, Hinte

Der seit 1973 angelegte naturnahe Sammlergarten schließt heimische Pflanzen, Orchideen, Raritäten und Wildkräuter ein – alles ist zusammengefügt zu einem Botanikum mit Teichen, Wasserlauf, Alpinum und Kakteenhaus. Neben dem Hauseingang befindet sich eine Miniatur-Wildblumenwiese.
Eigentümer/in: Monika und Klaus Knospe, Alter Postweg 13, 26759 Hinte, Tel. 04925/8296, Fax 04925/8296

Foto: Knospe

Greetsiel/Hinte, nach dem Bahnübergang 3. Querstraße links
P ✿

Japan-Alpin

Siemsstraße 1, Neuenburg

Foto: Schubert

Das große Alpinum, gestaltet aus Kalkknollen und Kalktuffstein, erscheint wie eine gewachsene Berglandschaft. Die verschiedenen Felspartien sind mit vielen Zwerggehölzen, Bonsais und mit der dazugehörigen Alpenflora bepflanzt. Wasserfall und Teichanlagen bilden den Mittelpunkt. Weitere Schwerpunkte sind in Annäherung zur japanischen Gartenkunst formgeschnittene Gehölze, Groß-Bonsai, Bambus, Buchs, Azaleen, Fächerahorne, Wasserläufe und Laternen-Tori.

Ndsa 7
Eigentümer/in:
Horst Schubert,
Siemsstraße 1,
26340 Neuenburg,
Tel. 04452/555
Größe: 850 m²,
Öffnungszeiten: Mai bis Juni
Anmeldung erbeten
Eintritt: 3 € inkl. Führung
Führungen:
nach Voranmeldung
DB Varel
Bus Varel-Neuenburg
→ Bundesstraße 437 Varel-Neuenburg, bei Ortsschild links, dann 3. Straße rechts und gleich wieder rechts

Ndsa 8
Größe: 0,8 ha
Öffnungszeiten:
ganzjährig geöffnet,
nicht am 24./31.12. und 1.1.,
im Sommer Mo–Fr:
7–18.30 Uhr,
Sa/So/Feiertag: 10–16 Uhr,
im Winter Mo–Fr: 9–14 Uhr,
Sa/So/Feiertag: 10–12 Uhr,
Tropenhaus ganzjährig täglich
10–12 Uhr,
Eintritt: frei
Führungen: nach
Voranmeldung, kostenlos
A/1 Hegelstraße

Botanischer Garten der Stadt Wilhelmshaven

Gökerstraße 125, Wilhelmshaven

Der kleinste Botanische Garten Deutschlands hat sich aus einem Schulgarten heraus entwickelt. Ein Sammlungsschwerpunkt sind die für Nordwestdeutschland typischen Pflanzengesellschaften Wald, Feld und Wiese, Strand und Außendeichsvorland, Teich, Moor und Heide. Im Technologischen Garten und im Arzneipflanzengarten wachsen Pflanzen, die der Mensch in Gegenwart und Vergangenheit nutzte. Neben Stauden, Blumen und Ziersträuchern präsentieren die Gewächshäuser Pflanzen aus dem Mittelmeerraum, den Tropen und Subtropen und eine kleine Sukkulentensammlung. Im Sommer wird im beheizten Seerosenbecken eine Riesen-Seerose, Viktoria cruciana, kultiviert.
Weitere Besonderheiten sind ein Schaubienenkasten, ein Terrarium mit europäischen Sumpfschildkröten, eine Kräuterspirale und ein Barfußpfad.
Eigentümer/in: Stadt Wilhelmshaven, Fachbereich Bildung, Kultur und Sport, Botanischer Garten, Gökerstraße 125, 26384 Wilhelmshaven, Tel. 04421/304543, Fax 04421/304543, E-Mail: botanischer-garten@stadt.wilhelmshaven.de, Internet: botanischergarten/wilhelmshaven.de

Ndsa 9
Größe: 17 ha
frei zugänglich
Eintritt: frei
Führungen: nach
Voranmeldung
Wilhelmshaven-Info,
Tel. 04421/913000,
Preis auf Anfrage
1 Peterstraße und Reha-Klinik
2 Bülowstraße

Kurpark Wilhelmshaven

Bismarckstraße, Wilhelmshaven

Der Kurpark ist die älteste Parkanlage in Wilhelmshaven, 1869 erstmals in den Bauplanungen des preußischen Marineministeriums erwähnt. Die Gartenplanung verlangte angesichts des rauhen Klimas eine möglichst dichte Bepflanzung. Zwei künstliche Gewässer wurden angelegt: der Parkteich in der Nordostecke des Parks mit den zwei Steinfiguren Grete und Hein und ein zweiter Teich in der Nähe des Eingangs Hindenburgtor.
Eigentümer/in: Stadt Wilhelmshaven, Grünflächenamt, Virchowstraße 1, 26382 Wilhelmshaven, Tel. 04421/160, Fax 04421/42562, E-Mail: Stadt Wilhelmshaven.de, Internet: www.Wilhelmshaven.de
Attraktionen: Fontänen und Friesenbrunnen, Mai bis Oktober
Veranstaltungen: Kurkonzerte im Musikpavillon, So, Mai bis September, Infos bei: Wilhelmshaven Projekt GmbH, Postfach 1453, 26354 Wilhelmshaven, Tel. 04421/92790, Fax 04421/12508

Ndsa 10
Größe: 0,1 ha
Eintritt: 2,50 €
Führungen:

Privatgarten Weerda

Steindamm 4, Wilhelmshaven

Der 1984 teilweise umgestaltete Bauerngarten der etwa 100 Jahre alten Hofanlage wird von einer Graft mit alten Bäumen

umgeben. Die Bepflanzung mit farblich abgestimmten Staudenrabatten, Rosenbögen, Clematis, Gemüsegarten, Obstbäumen, Eiben und Buchshecken entspricht der klassischen und ländlichen Atmosphäre. Von den Christrosen im Winter über Clematis und Rosen im Juni/Juli und den Dahlien im September erstrecken sich die Blühhöhepunkte.
Anmeldung erbeten
Öffnungszeiten: ganzjährig
Eigentümer: Heinz und Elfi Weerda, Steindamm 4, 26388 Wilhelmshaven, Tel. 04423/2915, Fax 04423/2915

nach Voranmeldung
für Gruppen bis 40 Personen
inkl. Tee und Kuchen
7,50 €/Person
DB Wilhelmshaven
Bus Fedderwardergroden
→ A29 Abfahrt Wilhelmshaven-Coldewei in Richtung Fedderwardergroden, nach 1,3 km links in den Steindamm
Café nach Voranmeldung
P ♿ ✿

Privatgarten Janßen

Friesenweg 6, Wilhelmshaven, OT Sengwarden

Ländlicher, 30 Jahre alte Biogarten am Ortsrand mit Blick auf die Marschlandschaft. Der vordere und hintere Gartenteil wird durch zwei große Blutbuchen geprägt. Im buchsgefaßten romantischen Bauerngarten werden alte, neu entdeckte Gemüsesorten, interessante Kräuter und einjährige Blumen gezogen. Obstbäume, Beerensträucher, alte Rosensorten sind ebenso zu finden wie Sitzecken, Gewächshaus und Pavillon.
Eigentümer/in: Karl und Edelgard Janßen, Friesenweg 6, 26388 Wilhelmshaven, OT Sengwarden, Tel. 04423/2212

Ndsa 11
Größe: 900 m²
Anmeldung erbeten
Öffnungszeiten: April bis Oktober, nur Führungen möglich, auch für Gruppen bis 12 Personen,
Eintritt: 3 €,
Unterkunft für Urlauber
→ bei Anmeldung
P ✿

Landschaftsgarten Kulturschatzhof Cramer

Bollhagener Straße 51, Jade

Umrahmt von hohen Eichen und Buchen liegt der Hof, der in der 17. Generation von der Familie bewirtschaftet wird und Gründungshof der Stiftung „Kulturschatz Bauernhof" ist. Der Landhausgarten gliedert sich in ein buchsgesäumtes Rosenparterre mit Historischen Rosen, alte Steingrotte aus der Gründerzeit, kleinen Teich und Pavillion. Er wird von vielfältigen Gehölz- und Staudenrabatten und einem Gemüsegarten im Stil eines Potagers umrahmt. Über zwei Brücken gelangt man zu einem Quartier mit Hortensien, herbstfärbenden Laubgehölzen und einer Gräser- und Präriestaudenrabatte. Ein längerer Spazierweg führt durch einen von Rhododendren begrenzten Waldweg in das Landschaftsschutzgebiet „Jader Moormasch".
Anmeldung erbeten
Eigentümer/in: Lieselotte Cramer, Bollhagenerstr. 51, 26349 Jade, Tel. 04454/948897, Fax 04454/1532,
Internet: www.cramerhof.de

Ndsa 12
Größe: 0,7 ha
Eintritt: 2,50 €
Kinder frei bis 14 Jahre
Führungen: nach Voranmeldung
Öffnungszeiten:
Mai bis Oktober
Veranstaltungen Gartenfest „Gartenlust und Gaumenfreude"
1. Sept.-Wochenende,
Sa, So 10–19 Uhr
Café nach Voranmeldung
P 🐕 i ✿

Park des Organeums

Norderstraße 18, Weener (Ems)

Ursprünglich gehörte ein großer Park zum rückwärtigen Grundstück. Die Formensprache der 70er Jahre des letzten

Ndsa 13
Größe: 0,1 ha,
frei zugänglich
DB Weener

P ♿
Veranstaltungen: Gartenfeste und Konzerte im Sommer

Jahrhunderts wurde bei der Neugestaltung des Gartens aufgenommen, dabei blieben die vorhandenen älteren Gehölze erhalten. Die meisten der heutigen Pflanzenarten wurden schon damals in Ostfriesland in den Bauerngärten verwendet, zum Beispiel Buchsbaum, Efeu, Prinzenfeder, Hasenpfötchen usw. Das kleine Bauerngärtchen, dreiseitig umschlossen von den Mauern der Remise, wurde nach einem Bepflanzungsplan aus dem Jahre 1870 angelegt. Seit 1997 ist in der großbürgerlichen Villa das Organeum eingerichtet, das Konzerte im Gebäude und Garten veranstaltet.
Eigentümer/in: Stadt Weener (Ems) Osterstraße 1, 26826 Weener (Ems), Geschäftsführung: Hafen und Tourismus GmbH und Organeum, Norderstr. 18, 26826 Weener, Tel. 04951/912203, Fax 04951/912205, Internet: www.rheiderland.de/organeum

Ndsa 14
Eigentümer/in:
Landkreis Leer,
Bergmannstraße 37,
26789 Leer,
Tel. 0491/9261445,
Fax 0491/9261388,
E-Mail: landkreis@leer.net
Größe: 18,5 ha,
frei zugänglich
DB Leer
→ 2,3 km vom Bahnhof,
Fahrradverleih
P 🐕 ♿

Schloß Evenburg mit Parkanlage

Am Schloßpark, Leer

Erbaut wurde Schloß Evenburg im Zeitraum von 1642 bis 1650 durch Oberst Erhard von Ehrentreuter im niederländisch-klassizistischen Baustil. Die erste Gartenanlage am Schloß, vermutlich im Barockstil, entstand zwischen 1718 und 1740 durch den damaligen Besitzer Erhard von Wedel. In der Mitte des 19. Jahrhunderts ließ Carl Erhard Leopold von Wedel neben den Gebäuden auch Garten und Park von Schloß Evenburg wieder herrichten. Es ist zu vermuten, daß die ehemals barocke Anlage dem Zeitgeist entsprechend in einen Englischen Landschaftsgarten umgewandelt wurde. Das alte Schloß ersetzte er 1860 bis 1862 durch einen Neubau im neugotischen Stil. Mit dem Weggang der Familie von Wedel in den 1930er Jahren und dem 2. Weltkrieg begann der Niedergang von Schloß und Park. Aufgrund der unzureichenden Pflege nach dem Kriege bis in die erste Hälfte der 1970er Jahre verwilderte der Park immer mehr, andererseits blieben seine wesentlichen Gestaltungselemente weitgehend erhalten. Durch den Erwerb von Schloß und Park durch den Landkreis Leer wurde dieser Niedergang aufgehalten. Um den Park wieder seinem ursprünglichen Zustand anzupassen, wurde 1998 mit der schrittweisen Sanierung begonnen.

Ndsa 15
Eigentümer/in:
Dr. Eberhard Pühl,
Postfach 1111,
26641 Westerstede,
Tel. 04488/71971,
Internet:
www.maxwaldpark.de,

Maxwald Park

Westerstede

Carl v. Negelein, Gut Fiekensholt, ließ das Gelände 1824 mit Kiefern bepflanzen und nannte es zu Ehren seines Sohnes Maximilian Maxwald. Der Baumschulenbesitzer G. D. Böhlje erneuerte 1880 nach Ankauf des Waldes den Kiefernbestand. 1890 erwarb er ein umfangreiches Rhododendrensortiment des berühmten Zuchtbetriebs Waterer, England. Mit Pflanzen aus dieser Sammlung schuf Böhlje ab 1918 hier den Alten Rhododendronpark. Eine Eichenallee bildet die Verbindung zwischen Haus und Park. Mächtige Kiefern und leuchtend rot blühende Rhododendren 'Caractacus' betonen den Eingang. Am Weg beeindrucken bis zu 5 Meter hohe Enkianthus und malerisch gewachsene Pieris japonica mit ihren weißen Blütentrauben im April. Verschlungene Pfade führen durch die Rhododendren-Gruppen mit eingestreuten ausgesäten Farnen, Siebenstern und Fingerhut. So ist ein Rhododendron Woodland entstanden, wie von William Robinson und Gertrude Jekyll empfohlen. Weitere Anlagen sind ein Moosgarten, ein Taxusgarten und ein Kräuter- und Rosengarten in alter Form, umgeben von einem Lindenlaubengang.

Größe 10 ha
Anmeldung für Gruppen erbeten,
Öffnungszeiten: Mai, Juni Mi, Sa 13–18 Uhr,
Eintritt: 5 €
Führungen: 15 Uhr 7,50 €, Kinder unter 14 Jahren haben aus haftungsrechtlichen Gründen keinen Zutritt
→ Bei Anmeldung
P ⓘ ✿
Veranstaltungen im Mai, Juni, Oktober

Foto: Dr. Pühl

Privatgarten Schultze-Heubach

Schloßweg 8, Westerstede

Rund um ein 350 Jahre altes Ammerländer Bauernhaus erstreckt sich der Landhausgarten mit weitläufigen Rasenflächen und altem Baumbestand, darunter zahlreiche Gehölzraritäten, wie Cornus, Davidia, Disanthus, Franklinia, Magnolia, Nyssa, Sinocalycanthus, Stewartia u. v. a. Neben einer umfangreichen Sammlung von Kamelien (ca. 180, davon 40 im Freiland ausgepflanzt) stehen Rhododendren, Hortensien, japanische Ahorne, Historische Rosen, seltene Dahlien, Aurikeln, Citrus- und andere Kübelpflanzen sowie Fuchsien. Ein kleiner Waldgarten umgibt einen natürlichen Teich. Zwei Gewächshäuser dienen den empfindlichen Pflanzen als Winterquartiere. Anmeldung erbeten

Ndsa 16
Größe: 0,26 ha
Eintritt: frei
Öffnungszeiten: ganzjährig nach Voranmeldung,
Attraktionen: Kamelienblüte ab Februar, Rosenblüte im Juni, Laubfärbung ab Oktober,
DB Westerstede – Ocholt
→ A28, Abfahrt Westerstede, links Richtung Westerstede, links Richtung Ocholt, links Richtung Reithalle
P ♿

Eigentümer: Susanne und Dr. Joachim Schultze-Heubach, Schloßweg 8, 26655 Westerstede, Tel. 04488/77898, E-Mail: ssh94@aol.com

Ndsa 17
Eigentümer/in: Inh. Volker Dürre, Zum Hullen 3, 26655 Westerstede / Linswege, Tel. 04488/2294, Fax 04488/859931, E-Mail: hobbie.rhodo@t-online.de, Internet: www.hobbie-rhodo.de
Größe: 70 ha
Anmeldung für Gruppen erbeten
Öffnungszeiten: Ende April, bis Anfang Juni 8–19 Uhr
Sonderbusse, Zeiten bitte beim Verkehrsverein Westerstede erfragen
Eintritt: 5,50 €, Kinder frei bis 16 Jahre, Gruppen ab 15 Personen 4,50 €/Person
Führungen: nach Voranmeldung, 25 €/Gruppe
→ A28 Abfahrt Westerstede, rechts ab der Beschilderung Rhododendronpark folgen

Rhododendron-Waldpark Hobbie

Zum Hullen 3, Westerstede / Linswege

Seit mehr als 50 Jahren zieht der Rhododendronpark der Familie Hobbie zur Blütezeit Tausende von Besuchern und Fachleute an. Unter dem Schutz hoher Kiefern, aber auch in Begleitung zum Teil exotischer Nadel- und Laubgehölze wachsen in diesem größten Rhododendron-Waldpark Deutschlands Abertausende Rhododendren, viele hundert Sorten eigener und fremder Züchtungen, dazu über 200 Wildarten. Ein ca. 2,5 Kilometer langer Rundweg sowie viele kleine Wege und Pfade mit einer Gesamtlänge von ca. 8 Kilometern ermöglichen ein stundenlanges Wandern. Zum Ausruhen und Verweilen sind Bänke an vielen Stellen aufgestellt.

Foto: Hobbie

Ndsa 18
Größe: 10 ha, frei zugänglich
Führungen: nach Voranmeldung, für Gruppen bis 50 Personen, Preis auf Anfrage
→ BAB-Ausfahrt Zwischenahner Meer, Richtung Wiefelstede, nach 2 km auf der rechten Seite, Parkplatz 100 m nach dem Eingang links

Rhododendronpark Gristede

Bad Zwischenahn-Gristede

Der Rhododendronpark wurde in den 50er Jahren aufgebaut. In dem großzügig angelegten Waldpark werden mehr als 500 Rhododendren in Arten und Sorten kultiviert, insbesondere auch sehr viele Neuheiten, die von Wilhelm Bruns in den letzten 40 Jahren gekreuzt wurden.
Eigentümer/in: Johann Bruns Deutsche Export Baumschulen, Johann-Bruns-Allee 1, 26160 Bad Zwischenahn, Tel. 04403/6010, Fax 04403/601135

Ndsa 19
Größe: 0,5 ha
Führungen: nach Voranmeldung bei Gruppen

Bauerngarten auf dem Kösterhof

Hermann-Ehlers-Str. 8, Bad Zwischenahn-Ofen

Die über 600 Jahre alte Hofanlage war im 19. und frühen 20. Jahrhundert eine beliebte Schankwirtschaft mit großem

Kaffeegarten. An den alten Garten erinnern nur die Graftanlage, an deren Teich ein reetgedeckter Pavillon steht, und die alten Rhododendren. Viele thematische Gartenteile mit Nischen, Brunnen, Skulpturen, Sitzgelegenheiten laden zum Verweilen und Betrachten ein. Eine zickzackförmige, zweireihige Buchsbaumhecke gliedert den großen Gemüsegarten, in dem neben Nutzpflanzen auch viele Blumen zu finden sind.
Anmeldung erbeten nur bei Gruppen
Eintritt: frei bei Gruppen 5 €/Person inklusive Kaffe und Kuchen
Eigentümer: Insea Köster-von Laer,Hermann-Ehlers-Str. 8, 26160 Bad Zwischenahn-Ofen, Tel. 0441/69404, Fax 0441/6919673, E-Mail: j.koester@koesterhof.de, Internet: www.koesterhof.de

im Eintritt enthalten
Öffnungszeiten:
Mai/Juni
So 9–19 Uhr
und nach Vereinbarung
DB Oldenburg Hbf
10 Ofen
→ A28, Ausfahrt 10 Wechloy/Ofen
P
auf Bestellung
✿ Spargel und Zubehör

Privatgarten Bolms-Grap

Hortensienweg 16, Bad Zwischenahn

Der naturnahe Staudengarten mit selbstgefertigten keramischen Objekten ist in mehrere Gartenräume unterteilt: Wassergarten mit Teichen und Bachlauf, Historische und Englische Rosen, Sitzplätze auf unterschiedlichen Ebenen, Rilke-Garten und Mondgarten und Kinderbereich. Auf der angrenzenden Streuobstwiese haben Heidschnucken, Bienen, Hühner und Enten ihr Zuhause. Anmeldung erbeten
Eigentümer: Gabriele Bolms-Grap, Hortensienweg 16, 26160 Bad Zwischenahn,
Tel. 04403/64918, Fax 04403/626283

Ndsa 20
Größe: 1 ha
Eintritt: 2 €
Kinder frei bis 16 Jahre
ermäßigt 1 € für Senioren, Studenten, Zivildienstleistende
Führungen nach Voranmeldung
20 Personen 40 €
Öffnungszeiten:
Juni, Juli, September und am Tag der offenen Gartentür
→ Ortsteil Ohrwege
✿

Park der Gärten – Gartenkulturzentrum Niedersachsen

Elmendorfer Straße, Bad Zwischenahn

Auf dem Gelände der ersten Niedersächsischen Landesgartenschau 2002 wird weiterhin Gartenkultur auf hohem Niveau präsentiert. Über 40 Themengärten, wie Japan-, Skulpturen-,

Ndsa 21
Größe: 14 ha
Eintritt: 7,50 €
Kinder frei bis 18 Jahre
ermäßigt 6 € für Schüler,

Studenten, Zivis, Arbeitslose, Sozialhilfeempfänger, Schwerbehinderte ab 80%
Gruppen ab 15 Personen 6 €/Person
Führungen: nach Voranmeldung für Gruppen bis 25 Personen 40–50 €
Bad Zwischenahn
Pendelbus Park der Gärten Mai bis Oktober
→ A28, Abfahrt 8 Zwischenahner Meer, Ausschilderung OT Rostrup
Rollstühle- und Bollerwagen-Verleih gegen Pfand

Bauern-, Blindengarten, Heilender oder Romantischer Garten, Stauden- und Wildstaudengarten, Arboretum, Ahorntal und Sommerblumenband zeigen die Vielfalt der gärtnerischen Möglichkeiten. Eine der größten Rhododendren- und Azaleensammlungen der Welt entfalten zur Blütezeit im Frühjahr ein einzigartiges Farbenspiel. Das „Kinderfantakel" und eine Bühne sorgen für Unterhaltung und Abwechslung.
Eigentümer: Gartenkulturzentrum Niedersachsen, Park der Gärten GmbH, Elmendorfer Straße 40/65, 26160 Bad Zwischenahn, Tel. 04403/819610, Fax 04403/819666, E-Mail: info@park-der-gaerten.de, Internet: www.park-der-gaerten.de
Veranstaltungen: Seminare, Pflanzenausstellungen, Blumenschauen, Konzerte, „Schule im Grünen"
Öffnungszeiten: 1. Mai bis 3. Oktober täglich 9.30–18 Uhr

Ndsa 22
Größe: 1 ha
Führungen: nach Voranmeldung
Öffnungszeiten: Mitte April bis Juli
Veranstaltungen: Gartentherapie
Kaffee und Kuchen auf Bestellung

Seelengarten

Häherweg 17, Friedrichsfehn

Der große Garten ist in zwei Bereiche geteilt. Im vorderen Teil ist ein Teich in einen kleinen englischen Landschaftgarten eingebettet. Durch einen kleinen Birkenwald gelangt man in den hinteren Gartenteil, in „die Seele und das Herz" des Gartens mit einem romantischen Staudengarten bzw. Wildstaudengarten. Zahlreiche Azaleen und Rhododendren laden im Frühjahr ein, gefolgt von Rosen im Frühsommer. Schon nach nur sieben Jahren hat sich der Garten zu einem Ort voller Harmonie und Ruhe entwickelt.
Anmeldung erbeten
Eigentümer: Ebba Nietfeld-von Waeber, Häherweg 17, 26188 Edewecht-Friedrichsfehn, Tel. 04486/94334, Fax 04486/8802, E-Mail: ebba.nietfeld.v.waeber@nwn.de, Internet: www.seelengarten.de

Ndsa 23
Größe: 600 m², Anmeldung erbeten
Öffnungszeiten: März bis Sept.
Eintritt: 2 €
Führungen: nach Voranmeldung, für Gruppen bis 20 Personen
Oldenburg
1, 3
→ am Ortsausgang von Oldenburg
Helleborus orientalis

Privatgarten Petschallies

Buchenstraße 13, Wiefelstede-Metjendorf

Das Grundkonzept dieses Hausgartens wurde 1975 von dem Zürcher Landschaftsarchitekten Prof. Dr. Kienast entwickelt. Die Bepflanzung wurde besonders von englischen und niederländischen Gärten beeinflußt. Es gibt verschiedene Bereiche in den Farbtönen Weiß/Grau/Grün, Purpur und Rosa/Creme/Gelbgrün. Pflanzliche Schwerpunkte sind selbst vermehrte Helleborus, Historische Rosen, Hortensien und Kletterpflanzen.
Eigentümer/in: Waltraud und Gerhard Petschallies, Buchenstraße 13, 26215 Wiefelstede, Tel. 0441/61225

Hauckes Garten

Grafestraße 29, Rastede

Foto: Haucke

Viele unterschiedliche Gartenräume im „Landhausgarten Haucke" sorgen immer wieder für Überraschungen. Auch für Pflanzensammler bietet der Garten einen großen Fundus, wie eine umfangreiche Hostasammlung und viele Schattenraritäten. Im Juni/Juli bezaubern Historische Rosen und Prachtstauden. Beim Rundgang öffnet sich der Garten immer wieder durch Ausblicke in die Ammerländer Parklandschaft. Eine Abrundung des kleinen Landschaftsparks bieten Skulpturen, die Wolfgang Haucke künstlerisch gestaltet hat.

Ndsa 24
Eigentümer/in: Wolfgang und Hille Haucke, Grafestraße 29, 26180 Rastede, Tel. 04402/81630
Größe: 2 ha
Anmeldung erbeten
Eintritt: 3 €
Öffnungszeiten: „Maitage" Ende Mai, „Offene Pforte" 2 Wochenenden Ende Juni / Anfang Juli
Botanische Führungen für Gruppen ab Ende Mai bis Mitte Juli nach Voranmeldung
Kinder unter 12 Jahren haben aus haftungsrechtlichen Gründen keinen Zutritt
DB OL Hbf Patentbusch
→ A 29 Oldenburg – Wilhelmshaven, Abfahrt Brake, links Richtung Neusüdende

Kleiner Landschaftspark Hankhausen

Emsoldstraße 1A, Rastede-Hankhausen

In der knapp 10 Jahre alten, kleinen Parkanlage im englischen Landschaftsgartenstil wurden die Bäume und Sträucher nach besonderem Austrieb, Blütenfarben, Fruchtständen und -farben und Herbstfärbungen ausgewählt. Die Staudenbeete sind nach Farben und Blühzeiten gegliedert. Neben vielen Rhododendren, Rosengängen und Frühlingsgeophyten enthält der Garten drei Teiche mit Randbepflanzungen, Linden- und Hainbuchenhain, eine Ruine und ein Schilfklärbeet.
Anmeldung erbeten
Eigentümer: GbR Rastede T., R., D. Onnen, Emsoldstr. 1A, 26180 Rastede-Hankhausen, Tel. 04402/4973

Ndsa 25
Größe: 2 ha
Eintritt: frei, evtl. Spende für UNICEF
Öffnungszeiten: Mai bis Oktober
DB Rastede

Privatgarten Vahlenkamp

Knickweg 65, Rastede-Neusüdende

Dieser großzügige Bauerngarten ist in verschiedene Bereiche unterteilt. Interessant ist der große Bestand an Stauden. Außerdem sind historische Rosen, Einjährige, Zwiebelgewächse, diverse seltene Gehölze, ein alter Apfelgarten, ein traditioneller

Ndsa 26
Größe: 0,8 ha
Anmeldung erbeten
Öffnungszeiten: ganzjährig geöffnet
Eintritt: 2,50 €

Führungen: nach Voranmeldung, für Gruppen bis 50 Personen
→ Von Oldenburg Richtung Neusüdende, über die Autobahnüberführung, rechts
P ☕ ✿

Küchengarten, ein mit Buchsbaum gefaßtes Kräuterbeet und verschiedene Sitzplätze zu sehen.
Eigentümer/in: Eveline Vahlenkamp, Knickweg 65, 26180 Rastede-Neusüdende, Tel. 04402/4029, Fax 04402/987995
Attraktionen: Historische Rosen

Ndsa 27
Größe: 18,5 ha
Öffnungszeiten: ganzjährig geöffnet, 8 Uhr bis Einbruch der Dämmerung
Eintritt: frei
Führungen: nach Voranmeldung Gemeinschaft der Freunde des Schloßgartens e.V., Irmgard Tantzen, Lessingstr. 8, 26131 Oldenburg,
Attraktionen: Pflanzenschauhäuser
Bus 1, 3, 4, 6, 8, 9, 10, 14, 17 Schloßgarten
→ 5 Gehminuten vom Zentrum
P gebührenpflichtig
🐕 ♿

Schloßgarten zu Oldenburg

Schloßwall / Gartenstraße, Oldenburg

Außerhalb der Wallanlagen Oldenburgs entstand auf sumpfigem Wiesenland entlang des Flusses Hunte ab 1810 der Schloßgarten im Stil eines englischen Landschaftsgartens mit malerischen Pflanzungen um den Schloßteich und das Bächlein Hausbäke. Seine exponierte Lage unmittelbar an der Fußgängerzone des Stadtzentrums von Oldenburg hebt seine Bedeutung als Gartendenkmal. Auf Veranlassung des Großherzogs Peter Friedrich Ludwig (1755 bis 1829) entstand der Schloßgarten unter Anleitung des Hofgärtners Julius F. W. Bosse. Bis auf den Küchen- und Obstgarten war er schon zu Zeiten der Herzöge für die Öffentlichkeit zugänglich. Der Blumengarten (1819), die Nadelholzsammlung (Pinetum, 1865) und besonders die Rhododendronpflanzungen (ab 1895) prägen den Garten. Erweiterungen nach Süden erfuhr der Schloßgarten 1952 unter Gartendirektor Heber. 1988 erhielt der Schloßgarten ein Parkpflegewerk, das die Arbeitsgrundlage für fachliche Restaurierungen und Pflege der Anlage unter dem Aspekt Denkmalpflege darstellt.
Eigentümer/in: Land Niedersachsen, vertreten durch das Landesmuseum Oldenburg, Schloßgarten Oldenburg, Gartenstraße 37, 26122 Oldenburg, Tel. 0441/9558957, Fax 0441/9558959, E-Mail: schlossgartenol@t-online.de, Internet: www. schlossgarten-oldenburg.de,
Veranstaltungen: Lesungen im Pavillon und im Park, organisiert durch die Gemeinschaft der Freunde des Schloßgartens e.V.

Ndsa 28
Eigentümer/in: Land Niedersachsen vertreten durch das Landesmuseum Oldenburg, Schloßgarten Oldenburg, E-Mail: schlossgartenol@t-online.de, Internet: www.schlossgarten-oldenburg.de, Tel. 0511/ 16843801, Fax 0511/16842914
Bus 1, 6, 14 Hauptstraße
P 🐕 ♿

Everstenholz

Hauptstraße, Oldenburg

Ab 1770 wurde ein alter Eichenwald zu einem öffentlichen Lustwald geometrisch gestaltet. Ab 1832 überformte der großherzogliche Hofgärtner Julius F. W. Bosse den Park im Stil eines Landschaftsparks. Neuerliche Umgestaltungen erfolgten in der 2. Hälfte des 19. Jahrhunderts. Mit vielen Spazierwegen, Wiesen und einem bis zu 300jährigen Baumbestand ist das Everstenholz eine der beliebtesten Naherholungsanlagen Oldenburgs.
Größe: 16,5 ha, frei zugänglich

Wallanlagen Oldenburg

Oldenburg

Nach Abtragung der barocken Stadtwallbefestigungen wurde um 1800 eine vierreihige Linden- und Ulmenpromenade als Wallring um den historischen Stadtkern gepflanzt. Da die Wallgründe mit den Festungsgräben zum damaligen Zeitpunkt (1836–1840) noch dem Großherzog gehörten, wurden sie von der gleichen gestalterischen Hand wie der Schloßgarten im englischen Landschaftsstil angelegt. Trotz der Anpassung an die heutigen Verkehrsansprüche bilden die Wallanlagen mit dem Schloßgarten und dem Schloß ein unverwechselbares Ensemble mit klassizistischer Gebäudebegleitung. Seit 1989 wurden die Wallabschnitte Heiligengeistwall, Paradewall, Theaterwall und Staulinie gartendenkmalpflegerisch erneuert.

Ndsa 29
Eigentümer/in: Stadt Oldenburg, Amt für Stadtgrün und Umwelt, Industriestraße 1, 26105 Oldenburg, Tel. 0441/2352255, Fax 0441/2353110, E-Mail: stadtgruen@stadt-oldenburg.de
Größe: 6,4 ha, frei zugänglich

Botanischer Garten Oldenburg

Philosophenweg 39/41, Oldenburg

Der öffentliche Garten geht auf einen Lehrgarten von 1882 zurück. Er enthält traditionelle Abteilungen wie das Systematische Quartier, das ca. 1200 verschiedene Pflanzen aus dem Weser-Ems-Gebiet zeigt. Hier ist das floristische Inventar der Region fast vollständig vorhanden. Weitere Schwerpunkte sind die Mittelmeersammlung mit etwa 1200 Arten, geographische und pflanzensoziologische Bereiche mit lebendem Hochmoor, ein Alpinum, der neu angelegte Arzneigarten mit ca. 400 Arten und der Bauerngarten. Der Heidebereich wurde 2001 neu gestaltet. Die Gewächshäuser sind auf Nachfrage öffentlich zugänglich. Als Besonderheit werden Reptilien und Vögel in Terrarien und Volieren gezeigt.
Eigentümer/in: C.v.O. Universität Oldenburg, Fakultät V, Ammerländer Heerstraße 114–118, 26129 Oldenburg, Tel. 0441/777654, Fax 0441/71641, E-Mail: bot.garten@uni-oldenburg.de, Internet: www.uni-oldenburg.de/bot.garten

Ndsa 30
Größe: 3,7 ha
Öffnungszeiten: ganzjährig geöffnet, im Sommer 7.30–20 Uhr, Sa, So, feiertags ab 10 Uhr, im Winter 8–16 Uhr
Eintritt: Spende erwünscht Kinder und Jugendliche frei
Führungen: nach Voranmeldung,
DB Oldenburg
7, 9, 12 Westkreuz
P
Veranstaltungen: Ausstellungen, verschiedene Präsentationen
zeitweise

Garten der Stille

Wulfswall 22, Oldenburg

Durch die Eingliederung eines vorhandenen Erdwalls konnte der Garten in sehr unterschiedliche Gartenräume gegliedert werden. Umfangreiche Erdarbeiten verwandelten ihn in eine abwechslungsreiche Landschaft, bestehend aus einer Farnschlucht mit 4 Metern Höhenunterschied und einem Tal mit Teichen, in die ein Bach über mehrere Wasserfälle mündet. Viele Rhododendronsorten und -arten und Azaleen mit ihren Blüten im Frühjahr, Ahorn mit ihren Herbstfärbungen, Bambus und gestaltete Kiefern sowie Steinsetzungen bilden die räumliche Struktur und

Ndsa 31
Größe: 0,12 ha
Eintritt: 2 €
Öffnungszeiten: April bis Oktober
DB Oldenburg Hbf
304 Neusüdender Weg
P

geben ihm eine fernöstliche Atmosphäre. Ein großes Farn- und Hostasortiment und eine Auswahl weitere Blattpflanzen runden das Bild ab. Anmeldung erbeten
Eigentümer: Christel und Harald Dannapfel, Wulfswall 22, 26125 Oldenburg, Tel. 0441/602846,
E-Mail: Harald_Dannapfel@t-online.de

Ndsa 32
Größe: 0,35 ha
Eintritt: 2 €
Führungen: nach Voranmeldung
Öffnungszeiten: ganzjährig
→ An der Bäderstraße zwischen Diekmannshausen und Nordseebädern
P ♿

Privatgarten Wettermann

Augustgroden 39, Stadland

Der Landhausgarten ist vom Haus in einen nördlichen und südlichen Bereich geteilt. Zum Norden liegt ein Kräuter- und Rosengarten mit viel Buchsbaum in unterschiedlichen Formen. Der südliche Teil besteht aus einem etwa 500 Quadratmeter großen Teich mit Insel, umgeben von Gartenflächen mit Skulpturen aus Stein und Eisen. Anmeldung erbeten
Eigentümer: Ute und Claus Wettermann,
Augustgroden 39, 26937 Stadland, Tel. 04734/287,
E-Mail: Ute@Wettermann.de

Ndsa 33
Größe: 5,3 ha, frei zugänglich
🚌 2 Rathaus
P gebührenpflichtig
🐕 ♿

Parkanlage Gateteiche

Walther-Rathenau-Straße, Nordenham

Die Gateteich-Anlagen entstanden 1934 aus einem sumpfigen Gelände eines Altarms des Flüßchens Gate. Durch eine ansprechende Modellierung unter Verwendung heimischer Gehölze entwickelte sich eine Parkanlage, die nun in ihr reifes Alter eintritt.
Eigentümer: Stadt Nordenham, Walther-Rathenau-Straße 25, 26954 Nordenham, Tel. 04731/840, Fax 04731/84349,
E-Mail: stadt@nordenham.de, Internet: www.nordenham.de

Ndsa 34
Größe: 0,6 ha
Eintritt: 2,50 € inkl. Führung
Öffnungszeiten: ganzjährig

Gartenanlage Hof Volkers

Dorfstr. 2, Nordenham

Dicht am Wind liegt der alte Küstengarten mit mächtigen Bäumen und einer alten Kastanienallee. Schattenstauden,

Rosen, Rhododendren und andere Gehölze bilden die Randbepflanzung der parkähnlichen Anlage mit Blick in die Weite der Marsch. Anmeldung erbeten
Eigentümer: Hildburg Böschen, Dorfstraße 2,
26954 Nordenham – Hof Volkers,
Tel. 04731/37195, Fax 04731/38397

Attraktionen: Kastanien- und Rosenblüte Mitte Mai/Mitte Juni
P ♿

Erholungsparadies

Barkhof 9, Hagen bei Bremen

Etwa 200 Rosen geben diesem wildromantischen Garten rund um ein Blockhaus seinen besonderen Charakter. Gemütliche Sitzplätze, Holzterrassen und Strandkorb laden zum Verweilen ein. Vom Pavillon geht der Blick auf einen Schwimmteich und einen Goldfischteich mit Seerosen. Im Spätsommer sind Riesenstauden eine besondere Attraktion. Neugierige Blicke und kalte norddeutsche Winde werden durch Säuleneiben- und Ilexhecken und Kirschlorbeer abgehalten, die den Garten umgeben.

Ndsa 35 NEU
Eigentümer/in:
Katrin und Jörg Lorenz,
Barkhof 9, 27628 Hagen,
Tel. 04746/725664,
E-mail:
katrin.lorenz@ewetel.net,
Internet: www.lorenz-hagen.de
Größe: 1,3 ha
Anmeldung erbeten
Eintritt: 1 €
Führungen:
nach Voranmeldung
Öffnungszeiten:
Juni–September
DB Bremen Hbf
Bus 660 Hagen, Firma Buschmann, Bushaltestelle 800 m vom Haus entfernt
Veranstaltungen:
Tag der offenen Gartenpforte letzter Sonntag im Juni, 11–17 Uhr
Ferienwohnung im Hause, ganzjährig
P ♿ i ✿ Garten- und Wohnaccessoires

Ndsa 36
Geschäftsführung:
Barkenhoff-Stiftung
Worpswede,
Osterholzer Straße 23,
27711 Osterholz-Scharmbeck,
Tel. 04791/930205,
Fax 04791/90890203
Größe: 0,2 ha
frei zugänglich
Museum tgl. 10–18 Uhr,
Tel. 04792/3968
DB Bremen Hbf
Bus 670 Worpswede
P

Barkenhoff

Ostendorfer Straße 10, Worpswede

Foto: Barkenhoff-Stiftung

1895 kaufte der Maler Heinrich Vogeler einen kleinen Hof mit verwahrlostem Gemüseland und verwandelte ihn innerhalb weniger Jahre in einen blühenden Garten, wie er von vielen seiner Gemälde und Zeichnungen bekannt ist. Vogelers Interesse konzentrierte sich auf zwei hausnahe Flächen, den nördlich liegenden Hausplatz sowie die nach Osten gerichteten Terrasse und den Blumengarten. Dabei finden sich viele Formen der Außenfassade des völlig umgestalteten Bauernhauses in der Gestaltung des Gartens wieder. Geometrische Formen wie das Rechteck, Quadrat, Kreis, Oval und Kugel spielen auch in den Freiflächen eine entscheidende Rolle. Die Terrasse mit der sich nach unten weitenden Treppe ist achsial in das Haus und die sich zur anderen Seite anschließenden Beete eingespannt. Die runden Blumenbeete waren teils mit Sommerblumen, teils mit Stauden bepflanzt. Am Ende der Achse steht auf einer künstlichen Anhöhe eine kleine Laube. In den 1980er Jahren ist dieser Bereich aufwendig nach den Gemälden Vogelers und mündlichen Überlieferungen wiederhergestellt worden.

Ndsa 37
Größe: 0,7 ha
Eintritt: frei
Besichtigung nur nach Voranmeldung
Öffnungszeiten: besonders im Mai/Juni, in Ausnahmen ganzjährig
→ in der Nähe der B74, 3 km vom Ortskern Gnarrenburg
P

Privatgarten Podgornik

Kohlheimer Straße 13 / Alte Schule, Gnarrenburg

Auf dem Gelände einer alten Dorfschule entstand in über 30 Jahren ein Moorgarten mit verschiedenen Bereichen, wie Rhododendron- und Heidegarten, Waldgarten, asiatischer Bereich. Neben vielen Töpfen und Trögen bestimmt eine naturnahe Gestaltung mit Materialien aus dem nahen Teufelsmoor und der Geest den meditativen Charakter; die eigene mystische Stimmung wird noch durch einzelne Plastiken und viele Verweilbereiche hervorgehoben. Die über 50 Jahre alten

Rhododendronpflanzen haben ihren Blütehöhepunkt im späten Frühjahr, gefolgt von der Heide im Hochsommer. Anmeldung erbeten:
Eigentümer: Heidi und Rolf Podgornik,
Kohlheimer Str. 13 / Alte Schule, 27442 Gnarrenburg,
Tel. 04763/1082, Fax 04763/1082

NABU-Umweltpyramide und Altes Forsthaus

Huddelberg 14, Bremervörde

Im Rahmen der Niedersächsischen Landesausstellung Natur im Städtebau errichtete der Naturschutzbund Deutschland ein Niedrigenergiehaus in Pyramidenform und ein interessantes Außengelände. Darin werden auf einem Naturpfad zahlreiche schützenswerte Lebensräume und Erlebnisbereiche gezeigt. Vorbei am Bauern- und Naturgarten führt der Weg unter anderem zu einer Streuobstwiese, einem Duft- und Schnupperbeet und dem Gezieferzoo.
Eigentümer/in: Naturschutzbund Deutschland (NABU), Umweltbildung und Naturschutz, Huddelberg 14, 27432 Bremervörde, Tel. 04761/71330, Fax 04761/71352, E-Mail: nabu-umweltpyramide@t-online.de

Ndsa 38
Größe: 1 ha
Öffnungszeiten: April bis Mitte Okt. Sonn- und Feiertage, 10–18 Uhr
Führungen: nach Voranmeldung für Gruppen ab 10 Personen 3,50 €/Pers.
DB Bremervörde, Fahrradverleih
→ Beschilderung vorhanden
P
Veranstaltungen: eigenes Seminarprogramm

Privatgarten Hustedt

Schlehenweg 31, Buchholz i.d. Nordheide – Holm-Seppensen

Der Stauden- und Rhododendrengarten mit Teich, Wein- und Kiwi-Pergola ist etwa 30 Jahren alt. Besonders hervorzuheben ist die große Fuchsiensammlung mit zirka 250 Arten und Sorten und weitere Kübelpflanzen. Anmeldung erbeten.
Eigentümer: Inge und Walter Hustedt,
Schlehenweg 31, 21244 Buchholz in der Nordheide,
Tel. 04187/6222, Fax 04187/6122

Ndsa 39
Größe: 0,19 ha
Eintritt: frei
Öffnungszeiten: ganzjährig
Attraktionen: Fuchsienblüte Juni bis September
DB Buchholz idN
Holm-Seppensen Machangelweg
P

Landesgartenschau Winsen/Luhe 2006

Scharmbecker Weg, Winsen

Eine blühende Fantasie – mit diesem Motto wirbt die Landesgartenschau Winsen (Luhe), die aus fünf Bereichen besteht. Dorotheas Garten erinnert an die Winsener Herzogin Dorothea, die sich einen Rosengarten wünschte. Am barocken Winsener Wasserschloß aus dem 13. Jahrhundert mit der neu geschaffenen Terrasse des Schloßteichs entstand ein sensibel gestalteter Rosengarten, an dem sich zahlreiche Blumenbeete anschließen. Durch eine eigens errichtete Brücke für Besucher der Schau ist der Eckermann-Park mit den nördlich davon gelegenen Gärtner-Fantasien verbunden. Das gesamte Terrain ist in die ursprüngliche Landschaft eingebettet. In Sumpfbiotopen und Feuchtwiesen zeigt sich eine selten gewordene, schützenswerte

Ndsa 40 NEU
Eigentümer/in: Landesgartenschau Winsen 2006 GmbH, Löhnfeld 26, 21423 Winsen, Tel. 04171/69240, Fax 04171/692424, E-mail: info@lgs-wl.de, Internet: www.lgs-wl.de
Größe: 22 ha
Eintritt: 12 €, Kinder frei bis 6 Jahre, bis 18 Jahre 5 €, ermäßigt 10 € für Schüler, Studenten, Arbeitslose, Sozialhilfeempfänger, Schwerbehinderte (80%), Zivis
Gruppen 11 € ab 15 Personen

Führungen: für Gruppen nach Voranmeldung
Öffnungszeiten: 21.04–15.10.2006, 9 Uhr – Einbruch der Dämmerung
Attraktionen: Wassertaxi auf der Luhe
DB Winsen
P gebührenpflichtig
Hundeunterkunft

Pflanzenwelt. Der ökumenische Begegnungsraum und ein gestalteter Friedhof mit beispielhaften Grabstätten sind Orte der Stille. Im Experimentiergarten ist der Forschergeist der Kinder gefragt; im Weiden-Labyrinth dürfen auch Erwachsene diese Qualität unter Beweis stellen. Luhis Lagune steht ganz im Zeichen von Spiel und Sport. Viele Sondergärten, unter anderem Beiträge der Winsener Partnerstädte, und Hallenschauen zeigen die ganze Bandbreite gärtnerischen Könnens.
Veranstaltungen: 600 Veranstaltungen und Thementage

Ndsa 41
Größe: 0,1 ha
Anmeldung erbeten
Öffnungszeiten: Juli/August
Eintritt: frei
Führungen: nach Voranmeldung
→ bei Anmeldung
P

Privatgarten Ruks

Im Sandhagen 3, Echem

Neben einem Steingarten, einem kleinen Teich und unterschiedlichen Kübelpflanzen wird der Garten von Fuchsien bestimmt. Über 300 verschiedene Pflanzen, darunter sehr alte Exemplare, sind im ganzen Garten verteilt.
Eigentümer/in: Heide und Waldemar Ruks,
Im Sandhagen 3, 21379 Echem, Tel. 04139/6234

Ndsa 42
Eigentümer/in: Dr. Karlheinz Müller und Annemarie Müller, Ellringer Straße 20, 21368 Dahlenburg, Tel. 05851/214
Größe: 0,3 ha
Anmeldung erbeten
Öffnungszeiten: 10. Mai bis 15. Juli
Eintritt: Spende erwünscht
→ Ortsanfang erste Straße links

Privatgarten Müller

Ellringer Straße 20, Dahlenburg

Der Garten - 1955 auf einem Kartoffelacker und einer Abraumgrube der 1928 stillgelegten Ziegelei angelegt - ist im ländlichen Idyll zu einem umweltfreundlichen Kleinod herangewachsen. Es wurden Wildblumen und Wildstauden heimisch gemacht, die von einer Vielzahl von Rhododendren, Azaleen und Magnolien in Weiß, Rosa, Gelb und von Rosen umgeben sind, die als Kletter- oder Hochstammrosen, als duftende Historische oder Englische Strauch- und Edelrosen einen Höhepunkt der Blütenpracht im Sommer bilden. Mehr als 100 Clematispflanzen ranken über Bögen, Pfeiler, Büsche oder in Bäumen und an Hauswänden empor, auch als Stauden in den Beeten. Im offenen Garten findet man Wasserspiele, Brunnen, einen Teich und viele Sitzplätze in Lauben, Pergolen und auf Terrassen zum Ausruhen. Ein Paradies für Vögel und Schmetterlinge und die freilaufenden Hühner.

Ndsa 43
Eigentümer/in: Stadt Papenburg, Kulturamt, Postfach 1755, 26857 Papenburg, Tel. 04961/82295, Fax 04961/82314
frei zugänglich
Anmeldung für Gruppen erbeten beim Kulturamt

Gut Altenkamp

Papenburg-Aschendorf

Gleichzeitig mit dem Bau eines Herrenhauses ließ Freiherr Hermann Anton Bernhard von Velen, Droste des Emslandes, einen repräsentativen Garten anlegen. Im Verhältnis zur Gesamtfläche wurde nur ein kleines, aus zwei reich verzierten Elementen bestehendes Parterre geschaffen. Demgegenüber fiel das Boskett mit den unterschiedlichen sogenannten Sälen und Kabinetten deutlich größer aus, denn in der Tradition des holländisch-norddeutschen Barockgartens wurde hier auch Obst und Gemüse angebaut. Eine besondere Eigenart waren die kunstvoll geschnittenen Hecken. Es enstanden ornamentale Reliefs und pflanzliche Mauern von Zinnen und Türmen gekrönt. Bereits gegen Ende des 18. Jahrhunderts wurde die Pflege stark eingeschränkt und ein unaufhaltsamer Verfall begann. Durch Besitzerwechsel 1856 nahm diese Entwicklung eine positive Wende. Auch wenn der Pflanzenbestand verändert und ergänzt wurde, blieb das barocke Konzept erhalten. Nach dem Zweiten Weltkrieg setzte eine weitere Phase des Niedergangs ein, die erst 1981 durch den Ankauf der Anlage durch die Stadt Papenburg gestoppt werden konnte. Seit dieser Zeit wurden Garten und Gebäude mit großem Engagement und finanziellem Aufwand gesichert und restauriert. Im Herrenhaus befindet sich heute ein Ausstellungszentrum, in dem schwerpunktmäßig Exponate aus den Sammlungen der Stiftung Preußischer Kulturbesitz gezeigt werden.

der Stadt Papenburg,
Tel. 04961/82308
Fax 04961/82314
Führungen: nach Voranmeldung Kulturamt der Stadt Papenburg für Gruppen bis 20 Personen
DB Papenburg-Aschendorf
→ In unmittelbarer Nähe der B 70
Veranstaltungen: Sommerkonzerte
Infos bei: Kulturamt der Stadt Papenburg,
Tel. 04961/82308

Schloßpark Jagdschloß Clemenswerth

Sögel

Die Schloßanlage und der Park wurden 1737 bis 1747 nach dem Schema der Jagdsterne – ein landschaftsgestalterisches Prinzip, das auf die Étoiles in den königlichen Wäldern Frankreichs zurückgeht – für den Kurfürsten und Erzbischof Clemens August angelegt. In der Mitte des achtschneisigen Alleesterns steht der kurfürstliche Rokokopavillon, umgeben von acht kleineren Pavillons, die als Wohnungen für die adligen Jagdgäste dienten. Hinter der Schloßkapelle, wegen ihrer besonderen Atmosphäre auch als nördlichste Rokokokapelle Bayerns bezeichnet, liegt der Garten der Kapuziner, umgeben von einer fast 300 Meter langen, doppelreihigen Eibenhecke, die zinnenhaft geschnitten ist. Die regelmäßigen, mit Buchs umfaßten und mit Sommerblumen bepflanzten Beete gruppieren sich um eine zentrale Sonnenuhr. Der Baumbestand des Parks stammt in großen Teilen aus dem späten 19. Jahrhundert. Nach Niederlegung der alten, nur noch unvollständigen Alleelinien wurde 2001 mit der Neupflanzung von 430 Linden der barocke Alleestern wiederhergestellt. Clemenswerth ist ein Paradebeispiel fürstlicher Jagdarchitektur in Europa.

Ndsa 44
Eigentümer/in:
Emslandmuseum Schloß Clemenswerth, 49751 Sögel,
Tel. 05952/932325,
Fax 05952/932330,
E-Mail: schloss@clemenswerth.de,
Internet: www.clemenswerth.de
Größe: 62 ha
Öffnungszeiten: April bis Okt. Di–So, 10–18 Uhr
Eintritt: in den Park frei
Klostergarten im Rahmen von Schloßbesichtigung gebührenpflichtig
Führungen: nach Voranmeldung für Gruppen ab 20 Personen 16 €/Gruppe + Eintritt Schloß
Veranstaltungen: s. Internet
→ ab Ortseingang ausgeschildert

Galerie Lindern – Skulpturengarten

Am Schützenplatz 13, Lindern

Der Skulpturengarten mit wechselnden Ausstellungen der Galerie Lindern wurde 1995 angelegt. Nach Plänen von Hermann Freese entstand ein Garten, der durch Raumgebung, Gestaltung und Pflanzenverwendung die hier ausgestellten Skulpturen und Plastiken besonders vorteilhaft zur Wirkung bringt.

Ndsa 45
Größe: 0,3 ha
Anmeldung erbeten
Öffnungszeiten: während der Ausstellungen und nach Vereinbarung
Eintritt: frei
Führungen: nach

Voranmeldung
→ Lindern in Richtung Werlte/Sögel, nach Ortsausgang erste Straße links

Eigentümer/in: Volkmar Grigull und Dieter Benken, Am Schützenplatz 13, 49699 Lindern, Tel. 05957/1619, Fax 05957/1610
Veranstaltungen: Ausstellungen, Musik und Tanz während der Ausstellungszeiten

Ndsa 46
Größe: 20 ha
Öffnungszeiten: ganzjährig geöffnet, im Sommer 9–18 Uhr, im Winter 9–16.30 Uhr
Eintritt: 5 €, Kinder frei bis 6 Jahre, ermäßigt 3 € für Schwerbeschädigte, Studenten, Zivis, Wehrdienstleistende, 2,50 € für Schüler, Gruppen ab 20 Personen 3,50 €/Erw., 1,50 €/Schüler
Führungen: nach Voranmeldung, für Gruppen bis 40 Personen, 15–30 €/Gruppe
DB Cloppenburg

Bauerngärten des Museumsdorfes Cloppenburg

Bether Straße 6, Cloppenburg

In parkähnlicher Landschaft, eingerahmt von hohen Bäumen und malerischen Bachläufen, präsentiert sich das Museumsdorf Cloppenburg mit beeindruckenden ländlichen Baudenkmälern aus den letzten 500 Jahren. Neben den Gehöften der Großbauern sind auch die Häuser der Landarbeiter und Tagelöhner zu besichtigen. Ebenso vielfältig ist auch das Gartenbild: von kleinen, ausschließlich der Selbstversorgung dienenden Gemüsegärtchen bis zum Bauerngarten Wehlburg, der mit geschnittenen Buchshecken und Eibenfiguren den Besitzerstolz der wohlhabenden Bauern des Osnabrücker Nordlandes zum Ausdruck bringt.
Eigentümer/in: Museumsdorf Cloppenburg, Niedersächsisches Freilichtmuseum, Bether Straße 6, 49661 Cloppenburg, Tel. 04471/94840, Fax 04471/948474, E-Mail: info@museumsdorf.de, Internet: www.museumsdorf.de
Veranstaltungen: Sonderausstellungen, Infos: Museumsdorf

Ndsa 47
Größe: 0,53 ha
Anmeldung erbeten
Öffnungszeiten: nach Vereinbarung
Eintritt: nach Vereinbarung für Einzelpersonen, 2 €/Person für Gruppen ab 15 Personen
Führungen: nach Voranmeldung
→ bei Anmeldung

Bauerngarten auf Hof Averesch

Nordholter Straße 4, Elsten

Der Garten ist etwa 180 Jahre alt. Außer dem Fachwerkbauernhaus haben sich aus dieser Zeit noch eine 270 Meter lange Hainbuchenhecke mit Laube, ein Eichen-Buchen-Kamp sowie eine alte Linde und eine Traueresche erhalten. Historische Rosen und viele Stauden bereichern den Garten, dessen alte Kreuzform mit Buchsrabatten und Rondell ab 1985 erneuert wurde. In Hausnähe bühen im Frühjahr viele Gehölze und verwilderte Zwiebelgewächse. Ein Spalierhäuschen und breite Mixed Border runden das Gartenbild ab.
Eigentümer/in: Maria Berges, Nordholter Straße 4, 49692 Elsten, Tel. 04477/228, Fax 04477/1427

Ndsa 48
Größe: 0,3 ha
nur telefonische Anmeldung erbeten
Öffnungszeiten: März bis Oktober
Eintritt: 2 €,

Hof Göttke-Krogmann

Diepholzer Straße 21, Lohne-Kroge

In der Nähe des Hauses befinden sich drei unterschiedlich gestaltete Sondergärten: ein Steingarten, ein terrassenförmig angelegter Staudengarten und ein Bauerngarten mit Gemüse und Schnittblumen und einem Rosenrondell in der Mitte.

Eine Parklandschaft mit hundertjährigen Eichen führt in die angrenzende Wald- und Wiesenlandschaft.
Eigentümer/in: Ingrid Göttke-Krogmann, Diepholzer Straße 21, 49393 Lohne-Kroge, Tel. 04442/4433

Kinder frei bis 14 Jahre
DB Lohne, Diepholz
bei Anmeldung
P
Kaffe und Kuchen auf Anfrage

Zitadellenpark Vechta

Zitadelle, Vechta

Nach Entwürfen von J. Winkler ist der Zitadellenpark Vechta nach umfangreichen archäologischen Grabungen in den Jahren 1987 bis 1991 erstellt worden. Dabei wurde ein Teil der alten Festung mit der kompletten Friedrich-Christian-Bastion mit ihren hohen Wällen und dem verbindenden Hauptwall (Courtine) nachgebaut. Eingeschlossen in diese Rekonstruktion ist der Hauptgraben mit einem 45 Meter originalbreiten Abschnitt und das Vorgelände bis zum zickzackförmigen Außenwall mit Abschlußgraben. Ein Rosengarten mit Pavillon ist in den Zitadellenpark eingebunden.

Ndsa 49
Eigentümer/in: Stadt Vechta, Burgstraße 6, 49377 Vechta, Tel. 04441/8860, Fax 04441/886199, E-Mail: info@vechta.de, Internet: www.vechta.de
Größe: 22 ha
frei zugänglich
Führungen: nach Voranmeldung im Rahmen einer Stadtführung möglich
DB Vechta
P
i im Historischen Museum im Zeughaus

Landhausgarten

Dorfweg 34, Wardenburg-Westerburg

In ländlicher Umgebung liegt das reetgedeckte, ehemalige Bauernhaus mit Nebengebäuden im Mittelpunkt einer Gartenanlage mit verschieden gestalteten Gartenräumen, eingerahmt von hohen Rotbuchenhecken. Über Staudenpflanzungen, sowohl als Rabatte wie als Pflanzung unter altem Baumbestand, original englisch-viktorianischem Gewächshaus, als Steingarten bepflanzten Erdkeller, Gemüsegarten und Obstbaumwiese schweift der Blick immer wieder in die freie Landschaft. Anmeldung erbeten.
Eigentümer: Hanna Gardeler-Hemmerich, Dorfweg 34, 26203 Wardenburg-Westerburg, Tel. 04407/2222, Fax 04407/2522, E-Mail: hanna@gardeler-hemmerich.de

Ndsa 50
Größe: 0,3 ha
Eintritt: 2,50 €
Kinder frei bis 12 Jahre
Führungen: nach Vornameldung für Gruppen bis 15 Personen
Öffnungszeiten: Mitte Mai bis Ende September
→ A29 Abfahrt Wardenburg in Richtung Huntlosen/Westerburg, nach ca. 1 km rechts in den Dorfweg
P

Privatgarten Kröger

Hasselbusch 5, Großenkneten-Döhlen

Große Rasenflächen mit einzelnen Bauminseln und einem kleinen Teich prägen den Landhausgarten in dörflicher Umgebung. Die Schwerpunkte der Bepflanzung liegen auf Stauden und Rosen. Anmeldung erbeten
Eigentümer: Familie Kröger, Hasselbusch 5, 26197 Großenkneten-Döhlen, Tel. 04487/598

Ndsa 51
Größe: 0,3 ha
Eintritt 1 €
Führungen: nach Voranmeldung
Öffnungszeiten: ganzjährig
P

Ndsa 52
Größe: 0,8 ha
telefonische Anmeldung erbeten
Öffnungszeiten:
Mai bis September
→ bei Anmeldung
P
✿ Wildstauden

Flower Power

Dorfstraße 37, Hatten-Hatterwüsting

Der große, naturnah angelegte Garten ist das ganze Jahr reizvoll und interessant. Die Pflanzenvielfalt reicht von Wildpflanzen über Beetstauden bis zu Englischen Rosen und heimischen Gehölzen. Im ökologisch bewirtschafteten Bauerngarten wachsen Obst, Gemüse und Kräuter zur Selbstversorgung.

Eigentümer/in: Rosie und Thomas Olschewski, Dorfstraße 37, 26209 Hatten-Hatterwüsting, Tel. 04481/909149

Ndsa 53
Größe: 3,6 ha
Führungen: nach Voranmeldung
frei zugänglich
DB Delmenhorst
Bus Delmenhorst Falkenberg
→ A28, Abfahrten Hude oder Ganderkesee West
P
nach Voranmeldung

Parkanlage im Lutherstift in Falkenburg

Hauptstraße 30, Ganderkesee

Foto: Jeanette Schaun

Zu der Anlage des noch heute in seinen Grundstukturen erhaltenen Parks um das klassizistische Amtshaus kam es in den dreißiger Jahren des 20. Jahrhunderts. Der zu Wohlstand gekommene Kaufmann Hermann Hagestedt kehrte nach längerem Peruaufenthalt nach Deutschland zurück und widmete sich besonders der Pflege und Gestaltung der landschaftlichen Parkanlage, in der sich offene Rasenpartien mit waldartigen Parkabschnitten abwechseln. Beeindruckend ist eine etwa 600 Jahre alte, knorrige Eiche. Einige Flächen werden immer noch als Nutzgarten in Anspruch genommen, wie Obstgarten, Staudenbeete mit Schnittblumen und ein vor 15 Jahren angelegter Bauerngarten mit Buchsbaumhecken. Ab 2004 lädt ein Meditationsgarten in Form eines flachen Labyrinths mit Küchen-, Heil-, Duft- und Symbolpflanzen aus Brauchtum und Religion ein, alle fünf Sinne zu gebrauchen und zur Ruhe zu kommen. Anmeldung erbeten für Gruppen

Eigentümer: Ev.-Luth. Landeskirche Hannover,
Rote Reihe 6, 30169 Hannover,
Tel. 04222/92150, Fax 04222/921521,
E-Mail: info@lutherstift.de, Internet: www.lutherstift.de

Skulpturengarten Bertram

Bremer Weg 37, Ganderkesee

In dem vom Gartenarchitekten Köhler konzipierten, sachlich gehaltenen Garten soll eine Symbiose zwischen Kunst und Natur hergestellt werden. Der bewußt streng gehaltene Rahmen, u. a. mit formalem Wasserbecken und Trockenmauer aus rötlichem Porphyr, unterstreicht die einzelne Schönheit der Skulpturen der klassischen Moderne, die von Stauden, Kletterpflanzen und Gehölzen umspielt werden. Dadurch entwickelt sich ein wechselvolles Spiel von Formen, Farben, Licht und Schatten. Anmeldung erbeten
Eigentümer: Ruth und Manfred Bertram, Bremer Weg 37, 27777 Ganderkesee, Tel. 04221/81707, Fax 04221/6851181, E-Mail: manfred.Bertram@ewetel.net, Internet: www.route-der-gartenkultur.de

Ndsa 54
Größe: 0,25 ha
Eintritt: 2 €
Führungen: nach Voranmeldung für Gruppen bis 10 Personen im Eintritt enthalten
Öffnungszeiten: ganzjährig
DB Schierbrok, Bookholzberg
P

Graftanlagen mit Burginsel

Bismarckstraße, Delmenhorst

Der Landschaftspark wurde zu Beginn des 20. Jahrhunderts durch den Bremer Gartendirektor Orth gestaltet. Der Park liegt auf dem Gelände einer 1711 geschleiften mittelalterlichen Wasserburg, die von zwei Graften umgeben und geschützt war. Eindrucksvoll ist der 100jährige Baumbestand der Graftanlagen.
Eigentümer/in: Stadt Delmenhorst, Am Stadtwall 1, 27749 Delmenhorst, Tel. 04221/992854, Fax 04221/991255

Ndsa 55
Größe: 16 ha
frei zugänglich
Führungen: nach Voranmeldung, kostenlos,
→ Im Stadtzentrum
P
Veranstaltungen: Gildeveranstaltungen, Ritterturnier, Klassikkonzerte

Wollepark

Stedinger Straße, Delmenhorst

Der Landschaftspark wird von der Delme durchflossen und entstand Ende des 19. Jahrhunderts auf dem Areal der Norddeutschen Wollkämmerei und Kammgarnspinnerei. Er weist einen 100jährigen Baumbestand und einen großen Teich auf.
Eigentümer/in: Stadt Delmenhorst, Am Stadtwall 1, 27749 Delmenhorst, Tel. 04221/992854, Fax 04221/991255

Ndsa 56
Größe: 4,4 ha,
frei zugänglich
202, 203 Stedinger Straße/Wollepark
→ Im Stadtzentrum
P

Englischer Garten Krebs Ton

Bundesstraße 30, Dötlingen-Uhlhorn

Der Garten mit Duftwiese und Baumgruppen wird geprägt von einem großen Schwimmteich mit Wasserlauf und schönen

Ndsa 57
Größe: 0,2 ha
Eintritt: 3 € inklusive Englischer Garten Krebs

Kinder frei bis 14 Jahre
Führungen: nach Voranmeldung
Öffnungszeiten: 1. Mai, 3. Oktober, letztes Juniwochenende 10–18 Uhr und nach Vereinbarung
DB Brettorf

Staudenrabatten. Besondere Gartenbereiche sind ein „mensch-ärgere-dich-nicht“, Grotte, Brunnengarten und eine Clematislaube.
Eigentümer/in: Hanna und Uwe Krebs Ton, Wendbüdel 3, 27801 Dötlingen-Uhlhorn, Tel. 04432/94194, Fax 04432/94196, E-Mail: mail@uwe-krebs.de, Internet: www.uwe-krebs.de

Ndsa 58
Größe: 0,5 ha
Anmeldung für Gruppen erbeten
Eintritt: frei
Führungen: nach Voranmeldung, für Gruppen bis 25 Personen
DB Brettorf
→ OT Nuttel liegt zwischen Ganderkesee und Kirchhatten

herb's Kräutergarten

Stedinger Weg 16, Nuttel bei Dötlingen

Der 1995 angelegte Schaugarten neben dem von alten Bäumen umgebenen Resthof zeigt die Vielfalt der Kräuter, vor allem die umfangreichen Thymian- und Minzensammlungen. Der von Hecken umgebene Schnuppergarten lädt nicht nur zum Anschauen ein.
Eigentümer/in: Herbert Vinken, Stedinger Weg 16, 27801 Nuttel bei Dötlingen, Tel. 04432/94003, Fax 04432/94004
Öffnungszeiten: April bis Oktober Do, Fr 14.30–19.30 Uhr, Sa 9–15.30 Uhr

Ndsa 59
Größe: 2 ha
Anmeldung für Gruppen erbeten
ganzjährig geöffnet
Eintritt: frei
Führungen: nach Voranmeldung
→ Ab Harpstedt ausgeschildert

Zentrum Prinzhöfte, Permakulturgelände

Simmerhauser Straße 1, Prinzhöfte

Der Verein erwarb Haus und Gelände vor 12 Jahren. In dieser Zeit wurde das Gelände nach permakulturellen Aspekten gestaltet. Es umfaßtt eine Pflanzenkläranlage für das Haus, Kräutergarten, Kleintierhaltung, Imkerei, einen Waldgarten im Aufbau, ein Anlehngewächshaus sowie einen Kinderspielplatz.
Eigentümer/in: Verein für ganzheitliches Lernen e.V., Simmerhauser Straße 1, 27243 Prinzhöfte, Tel. 04244/95066, Fax 04244/8679

Ndsa 60
Größe: 1,4 ha
Anmeldung für Gruppen erbeten
ganzjährig geöffnet
Eintritt: frei
→ Ab Harpstedt ausgeschildert
Veranstaltungen: Kulturcafé mit wechselndem Programm, jedes Wochenende
am Sonntag

Mikado, Permakulturgelände

Zur Großen Höhe 20, Prinzhöfte-Horstedt

Das Mikado ist ein neu erworbenes Gelände mit Haus, das der Verein umgebaut und umgestaltet hat. Der Garten ist ein teilweise durch Trockenmauern gestaltetes Permakulturgelände auf sandigem Boden. Die Pflanzung besteht überwiegend aus Wildobstgehölzen und Kräuterpflanzen. Es gibt ein Anlehngewächshaus, einen Bouleplatz, einen Kinderspielplatz, eine Imkerei sowie eine Pflanzenkläranlage für das Haus.
Eigentümer/in: Verein für ganzheitliches Lernen e.V., Zur Großen Höhe 20, 27243 Prinzhöfte-Horstedt, Tel. 04224/95066, Fax 04244/95067

Schaugarten Elfenblume

Am Sportplatz 99, Engeln-Scholen

Englisch beeinflußter Landhausgarten speziell für Staudeninteressierte. Rote, gelbe, blaue Rabatten säumen Kies-, Rasen- und Pflasterwege. Zum genauen Betrachten der raffinierten Farbzusammenstellungen laden lauschige Sitzplätze ein. Üppig blühende Rosen und Clematis haben sich Pergolen und Lauben erobert – ein Traum in Duft und Farbe. Vom Weg entlang des Gräsergartens führt eine mit Wisteria romantisch berankte Brücke, die den großen Teich mit Seerosen überspannt.
Nicht selten findet hier ein abendliches Froschkonzert statt.
Eigentümer/in: Margret Jambroszyk, Am Sportplatz 99, 27305 Engeln-Scholen, Tel. 04252/2040, Fax 04252/9090089, Internet: www.elfenblume.com, E-Mail: info@elfenblume.com

Ndsa 61
Größe: 0,23 ha
Anmeldung erbeten
Öffnungszeiten: Juni bis September und Aktionstage der „Gartentour Mittelweser"
Eintritt: frei
Führungen: nach Voranmeldung
P
✿ Staudenraritäten, Rosen, Clematis

Privatgarten Hormann

Brandheide 1, Martfeld

Ein romantischer, ländlicher Garten mit vielen Historischen Rosen, Buchshecken, Clematis und Stauden.
Eigentümer/in: Ulla Hormann,
Brandheide 1, 27327 Martfeld, Tel. 04255/1348
Öffnungszeiten: 2.Wochenende Juni, 14–20 Uhr und nach telefon. Vereinbarung

Ndsa 62
Größe: 0,5 ha
Eintritt: frei
P ♿
☕ privat
✿ Historische Rosen, Stauden, Taglilien

Privatgarten Schulze

Auf dem Stühr 10, Martfeld

Neben Rhododendren und Schattenstauden gibt es einen streng gegliederten Gartenteil mit Strauchrosen, Päonien und vielen anderen Stauden, Historischen Rosen und Wildrosen.
Eigentümer/in: Lieselotte Schulze, Auf dem Stühr 10, 27327 Martfeld, Tel. 04255/207

Ndsa 63
Größe: 0,3 ha
Öffnungszeiten:
2. Sonntag im Juni 12–18 Uhr
Eintritt: frei
P 🐕 ♿

Privatgarten Zempel

Essener Straße 10, Asendorf

Den idyllisch gelegenen, unter Denkmalschutz stehenden Bauernhof umgibt ein alter Baumbestand und ein neu angelegter Garten nach englischem Vorbild. Neben einem Innenhof mit Buchsbaumhecken, Rosen, Clematis und Stauden umfaßt der Garten eine Teichanlage mit einer interessanten Staudenrandbepflanzung.
Eigentümer/in: Heidemarie und Harmen Zempel,
Essener Straße 10, 27330 Asendorf,
Tel. 04253/683, Fax 04253/1282

Ndsa 64
Größe: 1 ha
Anmeldung erbeten
Eintritt: 2 €
Führungen: nach Voranmeldung, kostenlos
Öffnungszeiten: Mai bis Sept.
→ Ca. 400 m von der B 6, Richtung Hoya
P 🐕 ♿

Ndsa 65
Größe: 0,5 ha
Anmeldung erbeten
Öffnungszeiten: auf Anfrage, Termine siehe „Das offene Tor"
Eintritt: frei
Führungen: nach Voranmeldung 2 €/Person
→ bei Anmeldung
P ♿ 🐕
✕ Butterkuchen und Brot aus dem Holzbackofen

Privatgarten Gester

Orthof 18, Visselhövede/Wittorf

In dem vor 8 Jahren neu begonnenen Garten auf einer hofnahen Weide mit altem Baumbestand gibt es neben einer Rhododendrenpflanzung unter alten Eichen und einem Gemüse- und einem Heidegarten inzwischen viele Rosen und Stauden, Rosenbögen, Pergolen und Formschnittpflanzen. Landschaftsgarten mit verschiedenen Themenbereichen wie Küchengarten, Naschgarten, Heidegarten, Waldgarten. Eingerahmt von Farbrabatten und Formschnittgehölzen, z. B. einer Pilzeibe, befinden sich Sitzplätze und Kunstobjekte. Höhepunkte des Gartens sind die Frühjahrsblüte mit Narzissen, Scilla und Muscari sowie die Rhododendren- und Azaleenblüte im Mai.

Eigentümer/in: Karin und Christoph Gester, Orthof 18, 27374 Visselhövede/Wittorf,
Tel. 04260/620, Fax 04260/951142,
E-Mail: gester@t-online.de
Attraktionen: Juni: Künstler stellen aus

Ndsa 66
Eigentümer/in: Familie Brehm, Am Rieselbach, 29664 Walsrode,
Tel. 05161/2015/17,
Fax 05161/8210,
E-Mail: Office@vogelpark-walsrode.de
Internet: www.vogelpark-walsrode.de
Größe: 24 ha
Öffnungszeiten: März bis Okt. 9–19 Uhr
Eintritt: 12 €, Kinder frei bis 3 Jahre, ermäßigt 8 € für Kinder (3–14 Jahre)
Gruppen ab 20 Personen 9 €/Person,
für Gruppen ab 20 Personen 8 €/Pers., für Kinder ab 15 Personen 7 €/Pers.
Führungen: nach Voranmeldung, für Gruppen bis 35 Personen,
Preis auf Anfrage
DB Walsrode
→ Ausgeschildert ab BAB-Abfahrten A7 (Fallingbostel) oder A27 (Walsrode West und Süd)
P ✕ ☕ ♿ ℹ

Vogelpark Walsrode

Am Rieselbach, Walsrode

Foto: Vogelpark Walsrode

Der größte Vogelpark der Welt ist eine gelungene Synthese aus Botanischem und Zoologischem Garten. Es werden sowohl seltene Bäume und Sträucher als auch eine ständig wechselnde Blumenpracht gezeigt. Attraktionen sind die Rhododendren-, die Rosen- und die Heideblüte sowie die prächtige Laubfärbung im Herbst. Mehrere Steingärten und spezielle Anlagen für Fuchsien-, Heide- und Tropenpflanzen sind weitere Anziehungspunkte. Neu ist die Tropenwaldhalle mit einer exotischen Bepflanzung von indonesischen Tropenpflanzen.

Privatgarten Kiesekamp

Oberortsstraße 1, Bramsche, OT Epe

Großzügiger bäuerlicher Garten mit altem Baum- und Obstbaumbestand. Bewährtes, Modernes und fast Vergessenes kann in jahreszeitlichem Wandel im Garten entdeckt werden. Im Buchsbaumgärtchen blühen Rosensträucher und Stauden, im Kräuterbeet, das von einer Trockenmauer umgeben ist, Gewürz- und Duftpflanzen. Ein traditioneller Gemüsegarten rundet das Bild ab.

Eigentümer/in: Anneliese und Jürgen Kiesekamp, Oberortstraße 1, 49565 Bramsche/OT Epe, Tel. 05461/62452, Fax 05461/62421

Ndsa 67
Größe: 0,25 ha
Anmeldung bei Gruppen erbeten
Öffnungszeiten: Mai bis Sept. 15–17, 19–21 Uhr
Eintritt mit Führungen 2 €, sonst Spende
Kinder frei bis 10 Jahre
DB Bramsche
→ bei Anmeldung
P ♿

Privatgarten Furmanek

Buchenweg 9, Bramsche

Eine wellenförmig geschnittene Hainbuchenhecke umrahmt den Garten, gibt aber über einer Sandsteinquadermauer den Blick in die Landschaft frei. Der noch junge Garten mit einem alten Brunnen vereinigt sowohl Nutz- als auch Blühaspekte.

Eigentümer/in: Familie Wilhelm Furmanek, Buchenweg 9, 49565 Bramsche, Tel. 05468/362

Ndsa 68
Größe: 0,1 ha
Anmeldung erbeten
Öffnungszeiten: ab der Mohnblüte (ca. Ende Mai)
Eintritt: frei
DB Bramsche
→ bei Anmeldung
P ♿

Schloßgarten Osnabrück

Neuer Graben, Schloßwall Osnabrück

Das fürstbischhöfliche Paar Ernst August I. und Sophia von der Pfalz, späteres Kurfürstenpaar von Hannover, ließ nach französischem Vorbild um 1674 einen Barockgarten anlegen. Der aus Frankreich stammende Hofgärtner Martin Chabonnier nahm hier einige Prinzipien des später von ihm geschaffenen Großen Gartens in Hannover-Herrenhausen vorweg. Das Mittelparterre des Schloßgartens wird räumlich durch Lindenalleen gefaßt, die es zum Schloßwall hin halbkreisförmig schließen. Auf der Westseite des Schlosses werden zwei kleine Plätze durch kastenförmig geschnittene Linden umschlossen. Mit seinen aufwendig gestalteten Frühjahrs- und Sommerbepflanzungen ist der Schloßgarten ein beliebter Anziehungspunkt.

Eigentümer: Stadt Osnabrück und Land Niedersachsen, Fachbereich Grün und Umwelt, Natruper-Tor-Wall 2, 49076 Osnabrück, Tel. 0541/3234243, Fax 0541/3234346

Ndsa 69
Größe: 3,4 ha
frei zugänglich
P gebührenpflichtig
🐕 ♿

Johannisfriedhof

Hauswörmannsweg, Osnabrück

Als 1808 die alten städtischen Friedhöfe geschlossen wurden, entstand südlich der Bürgergärten vor dem Johannistor der

Ndsa 70
Eigentümer/in:
Stadt Osnabrück,
Natruper Torwall 1,

Postfach 4460,
49034 Osnabrück,
Tel. 0541/434935,
Fax 0541/3234346
Größe: 6,5 ha,
frei zugänglich
🚌 2, 6, 402, 403, 404
Lutherkirche
P 🐕 ♿

Johannisfriedhof. Nach mehreren Erweiterungen im 19. und 20. Jahrhundert entwickelte sich die heutige Anlage, die den Phasen ihrer Erweiterung entsprechend in 5 Bereiche gegliedert ist. Im ersten Friedhofsabschnitt, der bis um die Mitte des 19. Jahrhunderts ausreichte, befinden sich Grabstätten der wohlhabenderen Familien mit einer größeren Anzahl an Grabdenkmälern des Klassizismus.

Ndsa 71
Größe: 8,6 ha
Anmeldung für Gruppen erbeten
Öffnungszeiten: ganzjährig geöffnet, im Sommer Mo–Fr 8–20 Uhr, sonn- und feiertags 10–20 Uhr, Sa 14–20 Uhr, im Winter Mo–Fr 8–16 Uhr, sonn- und feiertags 10–16 Uhr, Sa geschlossen
Eintritt: frei
Führungen: nach Voranmeldung, für Gruppen bis 20 Personen, Preis nach Vereinbarung
🚌 2 Sedanplatz
P ♿
Veranstaltungen: Tag des Botanischen Gartens
ℹ Verkauf im Sekretariat

Botanischer Garten der Universität Osnabrück

Albrechtstraße 29, Osnabrück

In dem seit 1984 in einem ehemaligen Steinbruchgelände angelegten Garten werden Pflanzen der Waldgesellschaften Nordamerikas und Asiens, des europäischen Schluchtwaldes, der Schwäbischen Alb sowie Pflanzen der alpinen Regionen Europas und des Mediterraneums kultiviert. Außerdem wurden Beete zu den Themen Heil- und Duftpflanzen, Tertiärrelikte, Farne sowie Ericaceen angelegt. Im Sommer sind Kübelpflanzen aufgestellt. Die tropischen und subtropischen Pflanzen in den Anzuchtgewächshäusern sind nur im Rahmen von Führungen für Gruppen oder Schulklassen zu besichtigen. 1997 wurde das Regenwaldhaus als erster Teil des geplanten Tropicariums für Besucher geöffnet. In dem bis zu 21 Meter hohen Haus wird in den nächsten Jahren ein Stück des stark gefährdeten Tieflandregenwalds heranwachsen.
Eigentümer/in: Universität Osnabrück, Landeseinrichtung, Albrechtstraße 29, 49076 Osnabrück, Tel. 0541/9692739, Fax 0541/9692724,
E-Mail: uroesema@rz.uni-osnabrueck.de,
Internet: www.bogos.uni-osnabrueck.de

Ndsa 72
Eigentümer/in: Stadt Osnabrück, Natruper-Tor-Wall 1, Postfach 4460, 49034 Osnabrück, Tel. 0541/434935, Fax 0541/3234346
Größe: 10,4 ha
frei zugänglich
DB Hasetorbahnhof
🚌 4, 8, 501, 502, 503, 504, 505, 506 Hasefriedhof
P 🐕 ♿

Hasefriedhof

Bramscher Straße, Osnabrück

Der Hasefriedhof ist neben dem Johannisfriedhof der älteste Friedhof Osnabrücks und wurde im Jahre 1808 auf Geheiß des Königs von Westfalen, Jerome Bonaparte, angelegt. Es gibt insgesamt 6 Abteilungen, die im Laufe der Zeit von Süden nach Norden entstanden. Vor allem in den Mauern der ersten und 1837 entstandenen zweiten Abteilung finden sich zahlreiche Grabplatten bekannter Osnabrücker Bürger des 19. Jahrhunderts. Kennzeichnend für den parkartigen Friedhof ist die große Zahl schöner, alter Grabstellen, zum Teil in Form von Gruften und Mausoleen. Auffällig ist ferner der alte wertvolle Gehölzbestand. Der Friedhof wird nicht mehr belegt, sondern nach Auslauf der Ruhefristen in eine öffentliche Grünanlage umgewandelt.

Bürgerpark Osnabrück

Veilchenstraße/Senator-Wagner-Weg, Osnabrück

Im Jahre 1833 regte der Tuchhändler Gerhard Friedrich Wagner an, das damals unwegsame Gelände neben dem Kloster Gertrudenberg zu einer Promenade zu gestalten. Mit Hilfe des von ihm 1815 gegründeten Verschönerungsvereines verstand er es, die Bürgerschaft zu finanzieller und sachlicher Unterstützung seiner Pläne zur Anlage eines Lustgarten zu bewegen. 1876 ging das vom Verein gepachtete Gelände in städtischen Besitz über und wurde als ein Landschaftspark mit unregelmäßigem Wechsel von Grünflächen und baumbestandenen Partien angelegt. Die Besonderheit des Bürgerparks liegt in seinem Alter und im teilweise seltenen Baumbestand. Die Nutz- und Erlebnismöglichkeiten wurden durch die Anlage eines Kinderspielplatzes, einer Schattenstaudenpflanzung, den Bau einer Rodelbahn sowie die Umgestaltung des Rosengartens erweitert.

Ndsa 73
Eigentümer/in:
Stadt Osnabrück,
Natruper Torwall 1,
Postfach 4460,
49034 Osnabrück,
Tel. 0541/3234243,
Fax 0541/3234346
Größe: 11 ha,
frei zugänglich
DB Hasetorbahnhof
Bus 4, 8, 501, 502, 503, 504, 505, 506 Roopstraße/Haus am Bürgerpark
Veranstaltungen:
Bürgerparkfest, im August

Privatgarten Steinkamp

Nahner Weg 11, Osnabrück

Foto: Steinkamp

Ein Staudengarten, im Frühling viele Zwiebelgewächse, viele Rosen, ein Teich und viele Gartenkeramiken.
Eigentümer/in: Anny Steinkamp, Nahner Weg 11,
49082 Osnabrück, Tel. 0541/53019

Ndsa 74
Größe: 800 m²
Anmeldung erbeten
Öffnungszeiten: Mai, Juni

La Cartuja

Gustav-Beckmann-Weg 43, Osnabrück

In Gartenzimmern mit mehreren Sitzecken wachsen auf engem Raum Obstbäume und -sträucher, verschiedene Kletterpflanzen, Stauden und Immergrüne. Selbst für einen Topfgarten mit Einjährigen, Gemüsen und Kräutern und zwei Mini-Feuchtbiotopen (mit Frosch) ist noch Platz.
Eigentümer/in: Bettina und Christoph Porsch,
Gustav-Beckmann-Weg 43, 49076 Osnabrück,
Tel. 0541/2021027, E-Mail: ChristophPorsch@aol.com

Ndsa 75
Größe: 120 m²,
Anmeldung erbeten
Öffnungszeiten:
ganzjährig geöffnet
Eintritt: frei
DB Osnabrück
Bus 21 Atterfeld

Ndsa 76
Eigentümer/in: Petra und Helmut Hövelkamp, Tiemannstraße 21, 49084 Osnabrück, Tel. 0541/708965
Größe: 500 m², Anmeldung erbeten
Öffnungszeiten: ganzjährig geöffnet
Eintritt: frei
Führungen: nach Voranmeldung
DB Osnabrück
Bus 11, 12, 13 Ölweg
✿

Privatgarten Hövelkamp

Tiemannstraße 21, Osnabrück

Der Reihenhausgarten ist durch Hecken und Rankzäune in mehrere Gartenräume unterteilt, die durch buchsbaumgesäumte Wege erreichbar und erlebbar sind. Neben der vorhandenen Erstbepflanzung aus den 60er Jahren (Magnolie, Goldregen, Felsenbirne) sollen 20 neugepflanzte, kleinkronige Obstbäume einen Waldgarten schaffen, in dem wechselndes Licht- und Schattenspiel eine besondere Atmosphäre schafft. Schwerpunkte dieses naturnahen Sammlergartens sind Buchsbaum (zirka 40 Sorten), rund 10 000 frühjahrsblühende Blumenzwiebeln, Großstauden und Ziergräser. Die Sammlung von Hosta und Hemerocallis soll in den nächsten Jahren weiter ausgebaut werden.

Ndsa 77
Größe: 0,12 ha
Öffnungszeiten: ganzjährig geöffnet Mo bis Fr, 10–18 Uhr, So 12–18 Uhr
Eintritt: frei
Führungen: nach Voranmeldung, für Gruppen bis 50 Personen
DB Osnabrück
P 🐕 ♿ ℹ
✿ Kunst-Keramik

Atelier Trieb

Am Sutthauser Bahnhof 5 b, Osnabrück

Der Ateliergarten des Künstlers Volker Johannes Trieb hat sich zu einem magischen Ort, einem Refugium zeitloser Symbolistik und meditativer Kontemplation – zu einem Biotop des Besonderen entwickelt. Skulpturen und Brunnen bewegen sich hier im Einklang mit der sie umgebenden Natur. Geheimnisvoll leuchten farbige Keramikobjekte aus dem Dunkel. Wasser quillt aus dem Boden. So entstand durch Kunst ein sakraler Ort. Stelen aus verschiedenen Materialien beherrschen die Vertikale und stehen so in reizvollem Kontrast zu horizontal orientierten Farnen und schaffen ein insgesamt magisches Ambiente. Große Aufmerksamkeit legt Volker Johannes auf die Lichteffekte in seinem Garten. Der Abend und die Nacht werden hier zum Erlebnis und so für den Lebensalltag zurückgewonnen; eine gelungene harmonische Balance zwischen einem blühenden Paradies und künstlerischen Elementen.
Eigentümer/in: Volker Johannes Trieb,
Am Sutthauser Bahnhof 5b, 49082 Osnabrück,
Tel. 0541/597153, Fax 0541/597103,
E-Mail: info@atelier-trieb.de, Internet: www.atelier-trieb.de

Ndsa 78
Größe: 0,1 ha
nur telefonische Anmeldung erbeten
Öffnungszeiten: ganzjährig geöffnet
Eintritt: frei
DB Osnabrück
Bus 6 Tannenkamp
P 🐕

Privatgarten Polewsky

Am Tannenkamp 28, Osnabrück

Der vielfältige, weibliche (nur runde Formen!) Wohn- und Nutzgarten wird naturnah bewirtschaftet. Durch die Gestaltung verschiedener Gartenräume und Einbeziehung von „Höhen und Tiefen", 15 unterschiedlich gestalteten Sitzplätzen, einer Buchenlaube, großen Teichbereichen, einem Hochbeet, einem Hügelbeet, einem selbst entwickelten Trockenheckensystem, Trockenmauern, Bögen aus unterschiedlichen Pflanzen und einem alten Obstbaumbestand

wirkt er sehr abwechslungsreich. Strukturierendes Element bilden viele kleine Buchsbaumhecken.
Eigentümer/in: Maria Polewsky, Am Tannenkamp 28, 49088 Osnabrück, Tel. 0541/80047881

Garten am Meyerhof zu Stirpe

Mindener Straße 16, Bohmte/Stirpe

Dieser traditionell gestaltete farbenfrohe Bauerngarten gehört zu einem bewirtschafteten Hof und liegt direkt am Hang des Wiehengebirges. Bemerkenswert sind die uralten Bäume, die große Grotte und der sehr alte Brunnen. Eine Vielfalt von Rosen und Stauden, seltene Gehölze, der naturbelassene Teich, die Kräuterspirale und der Obst- und Gemüsegarten geben dem Garten einen besonderen Ausdruck.
Eigentümer/in: Ulrike Mithoff, Mindener Straße 16, 49163 Bohmte/Stirpe, Tel. 05471/2224, Fax 05471/950911, Führungen: nach Voranmeldung, Preis auf Anfrage

Ndsa 79
Größe: 0,5 ha
Anmeldung erbeten
Öffnungszeiten: April bis Oktober
Eintritt: 3 €, Gruppenermäßigung
DB Bohmte
Bus Osnabrück – Bad Essen Stirpe-Oelingen
P ♿

Ippenburger Schloßgarten

Schloßstraße 1, Bad Essen

Der Schloßgarten umgibt das neugotische Schloß aus dem 19. Jahrhundert inner- und außerhalb des Schloßgrabens. Historische Bereiche wurden, soweit vorhanden, erhalten bzw. rekonstruiert. Insgesamt hat sich der Garten in den letzten 15 Jahren als Neuschöpfung im Stil englischer Cottage-Gärten entwickelt. In die Parklandschaft wurden zahlreiche Beete mit Rosen und Stauden eingefügt.
Eigentümer/in: Philip Freiherr von dem Bussche, Schloßstraße 1, 49152 Bad Essen, Tel. 05472/4475, Fax 05472/2764, Internet: www.ippenburg.de
Veranstaltungen: Gartenmesse „Gartenlust & Landvergnügen“ 8.–11. Juni 2006, Termin Ländliches Herbstfest 2006 und Termin 2007 s. Internet

Ndsa 80
Größe: 4 ha
Öffnungszeiten: im Anschluß an das viertägige Festival Sa und So bis Ende Juli, genaue Zeiten bitte erfragen
Eintritt Festival: 12 €, ermäßigt 5 € für Kinder ab 12 Jahre; Eintritt an den Wochenenden: 5 €, ermäßigt 2 € für Kinder ab 12 Jahre
DB → ausgeschildert an der B 65
P gebührenpflichtig nur während der Messe
✕ ☕ ♿ i keine Hunde
✿

Park und Staudengarten der Fachhochschule Osnabrück

Am Krümpel 33, Osnabrück-Haste

Der Park hat seinen Ursprung in einem bäuerlichen Anwesen, dem Michelhof. Aus dieser Zeit stammt das Grundgerüst des beeindruckenden Gehölzbestands aus mächtigen Buchen und Eichen. Im Jahre 1949 wurde die Höhere Gartenbauschule gegründet, aus der die Fakultät für Agrarwissenschaften und Landschaftsarchitektur der FH Osnabrück hervorgingen. Neben dem alten Baumbestand sind die Staudenpflanzungen und blütenreichen Beete und Freiflächen jüngeren Datums. Der Staudengarten, ursprünglich eine reine Sichtungsanlage,

Ndsa 81
Größe: 6,8 ha
Eintritt: frei
Führungen: nach Voranmeldung 0541/9695092 oder 0541/684238
3 €/Person
Öffnungszeiten: frei zugänglich nur der Park ganzjährig Staudengarten im Sommer 7–18 Uhr, im Winter 9–15.30 Uhr
DB Osnabrück Hbf oder Osnabrück-Hasetor

🚌 41 ab Neumarkt
St. Angela 581, 582, 584
Bramscher Straße
→ A2, Wallenhorst/Osnabrück-Nord, Richtung Osnabrück, erste Ampel links
Mensa, Cafeteria Mo-Fr 9–16.15 Uhr, in der Vorlesungszeit
P ✕ ♿

ist in den letzten Jahren umgebaut worden. Stauden und Gehölze werden jetzt in ihrer Verwendung gezeigt, in Kombination und Benachbarung. Neben einer Steingartenanlage mit Natursteintrockenmauern sind die Lebensbereiche der Stauden, wie Gehölz, Gehölzrand, Freifläche, Beet, Wasser und Wasserrand, dargestellt. Die Besichtigung der Sortimentssichtung von Astern, Helenium und Herbstanemonen ist nur auf Anfrage möglich.
Eigentümer: FH Osnabrück, Am Krümpel 33, 49090 Osnabrück, Tel. 0541/969-5160 o. -5092, Fax 0541/9695050, E-Mail: r.weddige@fh-osnabrueck.de, Internet: www.la.fh-osnabrueck.de

Ndsa 82
Größe: 0,2 ha
Anmeldung erbeten
Öffnungszeiten: ganzjährig geöffnet
Eintritt: frei
Führungen: nach Voranmeldung, für Gruppen bis 6 Personen
Attraktionen: Schneeglöckchenblüte Februar und März, Staudenblüte Mai und Juni
P

Privatgarten Dankelmann

Am Lohkamp 23, Hasbergen bei Osnabrück

Gut die Hälfte des Gartens nimmt ein parkähnlicher Bereich mit alten Bäumen mit Unterpflanzungen, diversen Stauden, einem kleinen Alpinum, Treibhaus, Teich und einem kleinen Japanteil ein. Zahlreiche Nistmöglichkeiten für Vögel und Insekten (u.a. Hornissen) sind vorhanden. In einem großen Nutzgarten werden nach biologischen Anbauprinzipien viele Beerensträucher, Obstbäume und diverse Gemüsearten gezogen, so daß, auch wegen des Tomatenhauses, eine ganzjährige Ernte möglich ist.
Eigentümer/in: Dieter und Bärbel Dankelmann, Am Lohkamp 23, 49205 Hasbergen bei Osnabrück, Tel. 05405/1686, Fax 05405/1686

Ndsa 83
Größe: 0,35 ha
Anmeldung erbeten
Eintritt: frei
Führungen: nach Voranmeldung
→ B 51 gegenüber Einfahrt Glandorf-Industriegebiet links, Am Schützenplatz, erstes Haus rechts
P 🐕 ♿

Privatgarten Dallmöller

Am Schützenplatz 4, Glandorf

Der ländliche Wohn- und Ziergarten hat Schwerpunkte mit formgeschnittenen Solitären aus Buchsbaum und Eibe und zahlreiche seltene Gehölze, unter anderem eine kleine Ahornsammlung (Zimtahorn, Japanische Ahorne usw.). Genutzt wird der Garten aber auch von Kindern, Hunden und Hühnern.
Eigentümer/in: Anne und Klaus Dallmöller, Am Schützenplatz 4, 49219 Glandorf, Tel. 05426/5027
Öffnungszeiten: ein Wochenende im Juni und nach Vereinbarung

Ndsa 84
Größe: 600 m^2,
Anmeldung für Gruppen erbeten
Eintritt: frei

Privatgarten van Leerdam

Am Sonnenhang 11, Dissen am Teutoburger Wald

Kleiner Garten im englischen Stil mit vielen Englischen und Alten Rosen, aparten Stauden, Clematis und Buchsbaum. Ein Tip für Rosenliebhaber!

Eigentümer/in: Dr. Henry und Margo van Leerdam,
Am Sonnenhang 11, 49201 Dissen am Teutoburger Wald,
Tel. 05421/4721, Fax 05421/5650,
E-Mail: Henry.van@t-online.de
Öffnungszeiten: erste zwei Wochenenden im Juni, 10–17 Uhr

Führungen: nach Voranmeldung
Dissen-Bad Rothenfelde
→ nach Ortsausgang Richtung Bielefeld, erste Straße rechts, danach erste Straße rechts

Schloßgarten Gesmold

Melle

In der äußeren Vorburg des aus dem 16. Jahrhundert stammenden, von Wassergraften umgebenen Renaissanceschlosses wurde 1997 bis 1999 ein barockes Parterre mit vier Rasenstücken, die von Blumenrabatten mit niedrigen Buchsbaumhecken begrenzt sind, angelegt. Das Wegekreuz wird durch eine Vase auf einem Podest betont. Um das Schloß herum erstreckt sich der Wallgarten. Davor liegt der 11 Hektar große, frei zugängliche Tiergarten. Vom diesem alten barocken Park, der entlang des Flusses Else schöne Blicke auf das Schloß freigibt, sind nur noch ein Wasserbassin, die ehemaligen Blickachsen des Jagdsterns und ein achteckiges Wasserbecken erhalten.
Eigentümer/in: Hans-Adam Freiherr von Hammerstein,
Schloßallee 5, 49326 Melle,
Tel. 05422/44216, Fax 05422/49755
E-Mail: SchlossGesmold@aol.com

Ndsa 85
Größe: 3 ha
Anmeldung für Gruppen erbeten
Öffnungszeiten: Juni bis August, 10–18 Uhr oder nach Vereinbarung
Eintritt nur mit Gruppenführung nach Voranmeldung, Preis auf Anfrage
Melle
→ A 30, Abfahrt Gesmold

Herrenkamper Gärten

Herrenkamp 1, Siedenburg

Der kleine Schaugarten mit Waldgarten, großer Anzahl an Sempervivum, Stauden- und Gehölzbeeten befindet sich noch im Aufbau. Ein Schwerpunkt liegt auf nordamerikanischen und asiatischen Stauden- und Gehölzraritäten.

Ndsa 86 NEU
Eigentümer: Martin Dieck,
Herrenkamp 1,
27254 Siedenburg,
Tel. 04272/963163,
E-mail:
info@herrenkampergaerten.de,
Internet:
www.herrenkaempergaerten.de
Größe: 0,5 ha
Anmeldung erbeten
Eintritt: frei
Führungen:
nach Voranmeldung
kostenfrei
Öffnungszeiten: ganzjährig geöffnet
nordamerikanische und asiatische Gehölzraritäten

Ndsa 87
Größe: 0,3 ha
ganzjährig geöffnet
Eintritt: frei
Führungen: nach Voranmeldung
Nienburg/Weser
Nienburg-Stolzenau/Lichte

Pfarrgarten

Binnen

Am Kirchplatz mit Pfarrgarten befinden sich historische Gebäude wie die Kirche aus dem 13. Jahrhundert, das Küster- und Gemeindehaus, ein Fachwerkbau aus dem 17. Jahrhundert und das Pfarrhaus im ländlichen Jugendstil von 1931. Die parkähnliche Anlage in offener Flächengestaltung zeichnet sich durch den alten Baumbestand mit einer 450 Jahre alten Linde und bis zu 800 Jahre alten Eiben aus.
Eigentümer/in: Kirchengemeinde Binnen, 31619 Binnen, Tel. 05023/2685, Fax 05023/2192

Ndsa 88
Größe: 600 m², Anmeldung erbeten, Öffnugnszeiten: Mai, Juni
Führungen: nach Voranmeldung
Attraktionen: Rosen- und Staudenblüte, Sitzplätze, „Schweinegarten"

Privatgarten Kadach

Rossittener Weg 5 A, Nienburg

Der Privatgarten ist nach englischem Vorbild gegliedert und enthält Rambler- und Kletterrosen, Historische und Englische Rosen, Stauden, Buchsgärtchen, Skulpturen und ein formales Wasserbecken.
Eigentümer/in: Erika und Horst Kadach, Rossittener Weg 5 A, 31582 Nienburg, Tel. 05021/910675, Fax 05021/969278

Ndsa 89
Größe: 0,3 ha
Anmeldung für Gruppen erbeten bei Alwine Gerner, Tel. 05021/12318
Öffnungszeiten: Mai bis Sept. Di, Fr, So, 15–18 Uhr
Eintritt: frei
Führungen: nach Voranmeldung, evtl. gegen Spende
→ Vom Berliner Ring in die Ziegelkampstraße stadtauswärts

Naturnaher Schau- und Lehrgarten

Ziegelkampstraße, Nienburg

Die Stadt Nienburg hat der BUND-Kreisgruppe Nienburg ein Areal für die Einrichtung eines naturnahen Schau- und Lehrgartens zur Verfügung gestellt. Ziel dieser Einrichtung ist es, ein Gefühl für naturnahe Gartengestaltung und Gartenpflege zu vermitteln. Der Garten soll ein Lernort für Erwachsene und Kinder und auch ein lebendiger Kontrast zu vielen eintönigen Zier- und Nutzgärten sein.
Eigentümer/in: Bund für Umwelt- und Naturschutz BUND, Kreisgruppe Nienburg, Wallstraße 6, 31582 Nienburg, Tel. 05021/14499, Fax 05021/14499
Veranstaltungen: Infos unter Tel. 05027/565

Ndsa 90
Größe: 0,1 ha
Öffnungszeiten: Mai bis Anfang Sept. 9–20 Uhr
Eintritt: frei
Führungen: nach Voranmeldung, kostenlos
Attraktionen: Rhododendren, Azaleen
Nienburg
→ Im Stadtzentrum

Privatgarten Hausendorf

Moltkestraße 25, Nienburg

Der Garten besteht aus Rhododendren und Azaleen als Hybriden und Wildformen mit Kiefernrindenschicht als Bodendeckung. Zwischen 1998 und 2000 kamen 200 Remontant-, Englische und Historische Rosen dazu. In einem geräumigen Gewächshaus werden Orchideen, Phalaenopsis und Cattleyen kultiviert.
Eigentümer/in: Christa und Günther Hausendorf, Moltkestraße 25, 31582 Nienburg, Tel. 05021/66266

Privatgarten Otto

Waldstraße 8, Steimbke

Der Garten ist besonders im Winter attraktiv durch immergrüne Blattpflanzen beziehungsweise Winterblüher. Er formt sich mit pflanzlichen Fundstücken aus der Natur nach und nach immer interessanter.

Eigentümer/in: Uta Otto, Waldstraße 8, 31634 Steimbke, Tel. 05026/1747, Fax 05026/9026906

Ndsa 91
Größe: 0,1 ha
Anmeldung erbeten
Öffnungszeiten: ganzjährig geöffnet
Eintritt: frei
→ bei Anmeldung

Privatgarten Oesterheld

In der Blankenau 12, Husum-Schessinghausen (bei Hannover)

Der Garten in ländlicher Umgebung wurde vor ca. 20 Jahren angelegt, aber in den letzten sieben Jahren erheblich verändert und neugestaltet. Der Garten ist dem Charakter des Landschaftsgartens ähnlich. Ein großer Naturteich von zirka 0,1 Hektar Fläche und zwei kleinere, künstlich angelegte Teiche, die durch einen mit Sandsteinfelsen gestalteten Bachlauf miteinander verbunden sind, stehen im Mittelpunkt. Der Garten ist in verschiedene Räume aufgeteilt. So wurde vor etwa fünf Jahren ein kleiner formaler Obstgarten geschaffen und vor zwei Jahren ein Bauerngarten. Bei der Begehung öffnen sich dem Besucher immer wieder neue Blickachsen. Viele Sitzmöglichkeiten laden zum Verweilen ein.

Ndsa 92
Eigentümer/in: Alexander Oesterheld, In der Blankenau 12, 31632 Husum-Schessinghausen (bei Hannover), Tel. 05027/294, Fax 05027/1615
Größe: 0,5 ha
Anmeldung erbeten
Öffnungszeiten: ganzjährig geöffnet
Eintritt: frei
Führungen: nach Voranmeldung, kostenlos

Foto: Oesterheld

Bauerngarten am Seminarhaus Idensen

Brinkstraße 20 A, Wunstorf, OT Idensen

Nach der liebevollen Restaurierung des 1847 erbauten Bauernhauses und der Umnutzung zum Seminarhaus Idensen wurde im August 1996 damit begonnen, auf dem Hofgrundstück einen Bauerngarten anzulegen. Eine strenge äußere Struktur mit Wegekreuz, Rondell, Buchsbaumfassung, Bordüre und bepflanzter Trockenmauer gliedert den Bauerngarten, der durch einen Vorgarten von der Dorfstraße getrennt wird. In

Ndsa 93
Eigentümer/in: Bernd Hildebrandt, Brinkstraße 20 A 31515 Wunstorf/OT Idensen, Tel. 05031/912253, Fax 05031/7798983
Größe: 300 m²
Öffnungszeiten: Juni und August auf Anfrage
Eintritt: frei, Führungen: nach Voranmeldung

K.-D. Lorch, Hannover,
Tel. und Fax 0511/7000062
kostenlos
DB Wunstorf
Bus R 4/5, 764 Idensen Friedhof
P

den Beeten bilden geplant und auch spontan gepflanzte Sommerblumen, Stauden, Gewürze und Duftkräuter, Zwiebelgewächse, Gemüse und Beerensträucher immer wieder neue und interessante Kombinationen aus Farben, Gerüchen und Formen.

Ndsa 94
Eigentümer/in:
Landkreis Hannover,
c/o Deponie Kolenfeld,
z. Hd. Dr. A. Steiner,
31515 Wunstorf-Kolenfeld,
Tel. 05031/14561
Größe: 3,5 ha
Anmeldung erbeten
Öffnungszeiten: Mai bis September 7–16 Uhr
Eintritt: frei
Führungen: nach Voranmeldung
→ Beschreibung bei Anmeldung
P
♿ Hauptbereiche

Gärtnerei des Landkreises Hannover

Deponie Kolenfeld, Wunstorf-Kolenfeld

Seit 1995 werden im Rahmen von Arbeitsbeschaffungsmaßnahmen Teile der noch im Betrieb befindlichen Hausmülldeponie in eine Parklandschaft umgewandelt, um bereits heute für die Zeit nach der Schließung der Deponie in etwa zehn Jahren Ideen zu entwickeln und zu erproben. Die Gärtnerei besteht aus einem Produktionsbereich, u.a. mit einem großem Geranium-Sortiment, und einer vielfältigen Parklandschaft, die in wenigen Jahren entstanden ist. Besondere Attraktionen sind das Rhododendrental mit Eichenallee, der Demonstrationsgarten und die Schmetterlingsteiche, die Japanische Brücke und der Wasserfall, die Streuobstwiese, Dachbegrünung und nachwachsende Rohstoffe, die Mutterpflanzenquartiere und die Staudensammlung. Ein weiterer Schwerpunkt ist die Aus- und Fortbildung.

Ndsa 95
Eigentümer/in: Mariannne und Werner Fabich, Münzkamp 12,
31535 Neustadt/Warmeloh,
Tel. 05073/555,
Fax 05073/555,
E-Mail: Fabich@T-online.de
Größe: 0,2 ha
Anmeldung erbeten
Öffnungszeiten: Mai/Juni
Eintritt: frei
Führungen: nach Voranmeldung
Bus 465 Warmeloh
P ♿

Landschaftsgarten Fabich

Münzkamp 12, Neustadt/Warmeloh

Foto: Gauditz

Am Landschaftsschutzgebiet Blankes Flat liegt der Garten von Laubbäumen eingerahmt. Die Düne des Leine-Urstromtals wurde schwungvoll aufgenommen und der Garten modelliert, so daß eine reizvolle Spannung entstand. Ein Rosenbogen ist die offene Gartenpforte. In den Staudenbeeten stehen keramische Brunnen und Skulpturen aus der eigenen Töpferwerkstatt. Über den Teich führt eine Brücke, die zugleich die Sichtachse für die weite Landschaft ist. Der mit alten Rundkopfsteinen gepflasterte Weg (Heideparkett) führt zum selbstgebauten Backofen unter einem Fachwerkhäuschen.

Privatgarten Herrfurth

Eichenweg 5, Neustadt

Der Zier- und Nutzgarten bietet eine große Auswahl an Rhododendren und Azaleen, Kletter- und Historische Strauchrosen sowie Stauden.
Eigentümer/in: Marta und Ingrid Herrfurth, Eichenweg 5, 31535 Neustadt, Tel. 05032/3978
Öffnungszeiten: Mai/Juni auf Anfrage

Ndsa 96
Größe: 900 m^2
Eintritt: frei
Führungen: nach Voranmeldung, kostenlos
DB Poggenhagen oder Neustadt
P

Privatgarten Thiele

Weichselweg 1, Neustadt/OT Bordenau

Die farblich abgestimmten Gartenräume umfassen Strauch- und Kletterrosen, Clematis und strahlen mediterranes Flair aus.
Eigentümer/in: Hella und Enno Thiele, Weichselweg 1, 31535 Neustadt/OT Bordenau, Tel. 05032/64163

Ndsa 97
Größe: 500 m^2
nur telef. Anmeldung erbeten
Öffnungszeiten: ganzjährig geöffnet und Offene Pforte Hannover,
Eintritt: frei
444 Dorfteich
P

Privatgarten Heinze

An der Marsch 19, Gilten

Ndsa 98
Größe: 0,4 ha

Foto: Palma

Anmeldung erbeten
Öffnungszeiten: Mai bis Juli und Termine der „Offenen Pforte"
Eintritt: frei
P ♿
✿ Kräuter
B & B (Bed & Breakfast)

Großer ländlicher Garten im englischen Stil: Staudenrabatten, Laubengang, Kräuter-Senkgarten, klassischer Rosengarten mit Buchs- und Eibenhecken.
Eigentümer/in: Marianne und Hartmut Heinze,
An der Marsch 19, 29690 Gilten, Tel. 05071/3009,
Fax 05071/3009, Internet: www.gardeners-bed.de
Führungen: nach Voranmeldung, Personenanzahl und Preis nach Absprache

Ndsa 99
Eigentümer/in: Ingrid und Rolf Günther,
Drebberfuhrenweg 20,
29690 Essel,
Tel. 05071/3380
Größe: 0,3 ha
Anmeldung erbeten
Öffnungszeiten: März bis Oktober,
ehem. Wochenendgebiet, Richtung Ostenholz (Esseler Damm) nach 800 m links
P 🐕 ♿

Privatgarten Günther

Drebberfuhrenweg 20, Essel

Vor Jahren begann die Umwandlung einer Fichten- und Kiefernmonokultur in einen Waldgarten mit überwiegend Schattenpflanzen. Unter den verbliebenen alten Kiefern wurden flächig Stauden und Gräser gepflanzt mit den Schwerpunkten Helleborus, Hosta, Bergenia. Der Garten ist in Farbsegmente unterteilt, wie Weiß/Gelb im Birkenhain oder blaue Töne vor dem Waldesrand. Zahlreiche Details, wie Ramblerrosen auf den hängenden Leitern zwischen gekappten Fichten, sorgen für Überraschungen.

Ndsa 100
Größe: 0,13 ha
nur telefonische oder Fax-Anmeldung erbeten
Öffnungszeiten: ganzjährig geöffnet nach Absprache
Eintritt: frei
Führungen: nach Voranmeldung
DB Celle
🚌 Winsen Museumshof
→ bei Anmeldung
P ♿

Parkplatz für die Seele

Kaninchenweg 2, Winsen an der Aller

Foto: Leuchtmann

Der in Themenbereiche unterteilte Garten enthält vier Teichanlagen mit Koi-Karpfen. Sie bilden eine Wasserlandschaft mit Brücke, Trittstufen, Insel, Bergbachlauf und einem in eine Trockenmauer integrierten Pavillon, Rosenbögen, verschiedenen Terrassenebenen aus Rosagranit und Holz. Beeindruckend ist die Rhododendronblüte im Mai, gefolgt von den blühenden Rosen.
Eigentümer/in: Rita und Christian Leuchtmann,
Kaninchenweg 2, 29308 Winsen an der Aller,
Tel. 05143/93730, Fax 05143/93730

Schloßanlagen

Schloßplatz, Celle

Die Vorgeschichte der Schloßanlagen beginnt mit dem späten 18. Jahrhundert. Bis dahin waren die Befestigungsanlagen unangetastet geblieben. Mit dem Abbruch wurde 1784 an den westlichen Bastionen begonnen und bis 1827 fortgesetzt. Das Material wurde größtenteils in den ursprünglich sehr breiten Schloßgraben verfüllt. Das neu entstandene Gelände zwischen Schloß und dem auf eine durchschnittliche Breite von zirka 6,7 Meter reduzierten Schloßgraben wurde mit Bäumen bepflanzt und als Promenade entlang einer rundumführenden Pappelallee genutzt. Als 1839 beschlossen wurde, das Celler Schloß für das Hannoversche Königshaus herzurichten, wurden zahlreiche Flächen angekauft und vom Hannoverschen Hofgarteninspektor Christian Schaumburg gestaltet. Seit dieser Zeit sind bis auf einige Flächenverluste die Grundzüge der Anlage erhalten geblieben.

Ndsa 101
frei zugänglich
Eigentümer/in: Stadt Celle, Grünflächenamt, Lüneburger Straße 66, 29223 Celle, Tel. 05141/939011, Fax 05141/35078
Größe: 6,3 ha, frei zugänglich
Führungen: nach Voranmeldung Fremdenverkehrsamt, Tel. 05141/12350 oder 12455 für Gruppen bis 30 Personen
🚌 alle Linien zur Innenstadt
P gebührenpflichtig
Veranstaltungen: Theater im Schloß, Ausstellungen im Schloß, Infos bei: Tel. 05141/12350/12455

Privatgarten Kocot

Im Heidlande 67, Celle / OT Westercelle

Der Garten am Reiheneckhaus gliedert sich in verschiedene Bereiche: eine ganzjährig attraktive Vorgarten-Gestaltung, einen Arbeitshof, den romantischen „Feierabend“-Wohngarten mit Wasser, Klang und Licht und eine kleine „versteckte“ Naschecke.

Eigentümer/in: Heidemarie und Klaus Kocot, Im Heidlande 67, 29227 Celle, OT Westercelle, Tel. 05141/981778, E-Mail Kocot@t-online.de

Veranstaltungen: im Sommer bis Frühherbst finden literarisch-musikalische Klangerlebnis-Abende im Garten mit der Mystik des Didgeridoo statt. Termine auf Anfrage

Ndsa 102
Größe: 600 m²
Anmeldung erbeten
Gruppen bis 10 Personen
Öffnungszeiten: ganzjährig geöffnet
Eintritt: frei
Attraktionen: Pflanzenvielfalt auf geringer Fläche, Rosen und Begleitstauden, Garten als Wohnraum mit abendlicher Beleuchtung,
🚌 1, 6 Dasselsbrucher Straße
P

Trift

Bahnhofstraße / Trift, Celle

Die ursprünglich alte Viehtrift vor dem Westerceller Tor wurde unter dem letzten Celler Herzog Georg Wilhelm (1624–1705) 1680 das erste Mal überplant. Zwischen 1710 und 1730 entstand das fast schloßähnliche Zuchthaus am nordwestlichen Rand. Im Zuge dieses Baus sollte auch die Trift als Grünanlage umgestaltet werden, doch erst das Nutzungsverbot von 1833 leitete die Umwandlung der Trift in eine homogene im landschaftlichen Stil gestaltete Parkanlage ein. Neben ihrer geschichtlichen Bedeutung für die städtebauliche Entwicklung und als das Stadtbild prägende Grünanlage dient die Trift heute vor allem der wohnungsnahen Erholung im Grünen für die angrenzenden, sehr dicht bebauten Wohnquartiere im Süden und im Westen der Stadt.

Ndsa 103
Eigentümer/in: Stadt Celle, Grünflächenamt, Lüneburger Straße 66, 29223 Celle, Tel. 05141/939011, Fax 05141/35078
Größe: 4,1 ha
frei zugänglich
Führungen: nach Voranmeldung, für Gruppen bis 30 Personen,
→ Im Stadtzentrum
P

Ndsa 104
Größe: 9,4 ha
frei zugänglich
Führungen: nach Voranmeldung, für Gruppen bis 30 Personen,
Attraktionen: Fontäne Dauerbetrieb im Sommer
→ Im Stadtzentrum
P gebührenpflichtig
Veranstaltungen: Konzerte 1 bis 2 × jährlich
Infos bei:
Tel. 05141/12350/12455,
Kinderfest/Flohmarkt 4 × jährlich,
Fronleichnamsprozession jährlich

Französischer Garten

Magnusstraße, Celle

Die erste komplette Anlage eines Nutz- und Lustgartens in der höfischen Gartentradition entstand im frühen 18. Jahrhundert. In den Jahren 1695 und 1696 wurde eine doppelte Lindenallee gepflanzt, eine bis heute bestehende dominante Mittelachse in Ost-West-Richtung. Die Lindenallee wurde zwischen 1951 und 1953 vollständig erneuert. Mitte des 19. Jahrhunderts erfolgte die schrittweise Umwandlung in einen englischen Landschaftspark. Nach dem 1. Weltkrieg wurde im Osten der heute noch bestehende Kinderspielplatz angelegt, im Westen ein kleiner Rosengarten, der 1996 überholt wurde. Durch kleinere Eingriffe im Rahmen der laufenden Unterhaltung soll der schutzwürdige Zustand des Landschaftsparks von 1860 schrittweise wiederhergestellt werden.
Eigentümer/in: Stadt Celle, Grünflächenamt,
Lüneburger Straße 66, 29223 Celle,
Tel. 05141/939011, Fax 05141/35078

Ndsa 105
Größe: 1,9 ha
frei zugänglich
Führungen: nach Voranmeldung, für Gruppen bis 30 Personen,
Attraktionen:
Fontäne Mai bis Oktober
11 Langensalzaplatz, Hallenbad
P
Veranstaltungen: kulturelle Veranstaltungen, Infos bei Tourismus Region Celle,
Markt 4, 29221 Celle,
Tel. 05141/1212,
Fax 05141/12459

Stadtpark Celle

77er Straße, Celle

Auf dem Gelände der ehemaligen Heidekaserne am Rande der Altstadt und unmittelbar südlich des historischen Französischen Gartens hat die Stadt Celle nach Plänen von Prof. Günter Nagel und Dipl.-Ing. Christoph Schonhoff Ende der 90er Jahre eine neue öffentliche Parkanlage gebaut. Die fast 2 Hektar große Fläche liegt inmitten des traditionsreichen Militärgeländes, das zukünftig durchWohnen und eine Konzentration der städtischen Verwaltungsdienststellen bestimmt sein wird. Kernstück der Anlage ist eine große Wasserfläche, die in einem Kreis mit einem Durchmesser von 20 Meter endet. Über 70 neu gepflanzte Bäume, 3000 Sträucher und 1000 Heckenpflanzen gliedern den Garten. Rosen, Stauden und Blumenzwiebeln laden zum Verweilen ein.
Eigentümer/in: Stadt Celle, Grünflächenamt,
Lüneburger Straße 66, 29223 Celle,
Tel. 05141/939011, Fax 05141/35078

Ndsa 106
Größe: 1,25 ha
Eintritt: frei
Führungen: nach Voranmeldung
Kosten nach Vereinbarung
Öffnungszeiten:
ganzjährig Mo–Fr 8–18 Uhr, im Sommer Sa 8–15 Uhr
P

Duft- und Wandelgärtnerei Schoebel

Hindenburgplatz 3, Bergen-Dumme

Sechs Themengärten entwickelten sich auf einem Nord-Hanggrundstück mit altem Baumbestand. Unter einer 200jährigen Magnolie im Magnoliengarten laden Tische und Stühle zum Verweilen ein. Der Farngarten zeigt Farne und Cyclamen als ideale Partner im Baumschatten. Natürlich wirkt das extensiv begrünte Dach einer Remise im Dachgarten. Im Blattgarten locken kleine Fabelwesen zwischen hohen Stauden mit ver-

schieden Blattstrukturen und -farben. Ein Schachtelhalmbrunnen wird im Rosengarten mit Historischen Rosen eingerahmt. Duftpelargonien laden im Kräutergarten zum Reiben, Riechen und Entspannen ein. Für Kinder gibt es naturnahes Spiel, wie Eichenholzxylophon, Sand, Wald, Wiese.
Eigentümer: Duft- und Wandelgärtnerei Schoebel, Hindenburgplatz 3, 29468 Bergen-Dumme, Tel. 05845/237, Fax 05845/1445, E-Mail: k.schoebel@gaertnerei-schoebel.de, Internet: www.gaertnerei-schoebel.de

Veranstaltungen:
4 Aktionswochenenden:
Frühling der Sinne im März, offene Gartenräume im Juni und September, Winterlicht im November,
Picknicktasche willkommen
Cyclamen, Farne, Duftblattpelargonien, Kräuter

Stadtpark Garbsen

Bremer Straße, Garbsen

Mit dem Stadtpark Garbsen entstand ab 1984 bis heute in der Mitte der Stadt ein bedeutendes Naherholungsgebiet, welches Bestandteil eines überregionalen, vernetzten Grünsystems ist. Nach dem 1990 erstellten Konzept „Grüne Mitte Garbsen 2000“, wurde der größte Teil bereits realisiert. Im Einklang der Komponenten Wasser, Wald, Freiflächen, Ruhezonen und klassischer Park wurde hier ein Landschaftsteil erschlossen und als Stadtpark der Bevölkerung zugänglich gemacht. Mittelpunkt des Stadtparks ist der Schwarze See, eine ehemalige Tongrube mit benachbarter Ziegelei. Als Element der früheren Industrienutzung liegt ein Ringofen inmitten der überwiegend naturnahen Parkgestaltung. Ein Baumlehrpfad weist 54 verschiedenen Arten aus. Der neue Erschließungsweg führt vom Eingangsbereich Kastendamm durch einen alten Obstgarten und einen Eichenhain, in denen im Frühjahr überreich Wildtulpen und Glockenscilla blühen. Weiterhin geplant sind ein Stauden- und ein Rosental.

Ndsa 107
Eigentümer/in: Stadt Garbsen, Grünflächenamt, Rathausplatz 1, 30823 Garbsen, Tel. 05131/707430, Fax 05131/707777
Größe: 25 ha
frei zugänglich
Führungen: nach Voranmeldung
441 Kastendamm
481 Märchenstraße/Osteriede
420 Märchenstraße/Osteriede

Privatgarten Nordmeyer

Heinrich-Oberheu-Weg 1, Garbsen

Ehemals zwei unterschiedliche Gärten sind jetzt in einer Hand und gleichen sich langsam an, wobei die naturhafte, nach Intuition kreierte Gestaltung immer mehr gewinnt. Um die drei Teiche herum blüht es das ganze Jahr über.
Eigentümer/in: Magdalene Nordmeyer, Heinrich-Oberheu-Weg 1, 30826 Garbsen, Tel. 05131/2716, Fax 05131/455379

Ndsa 108
Größe: 0,17 ha
Anmeldung erbeten
Eintritt: frei
Öffnungszeiten: Juni, nachmittags 15–18 Uhr
440 Leistlinger Straße

Privatgarten König

Frielinger Straße 51, Garbsen

Architektonischer englischer Garten für Pflanzenliebhaber und ein etwas anderer Schwimmteich.
Eigentümer/in: Cornelia König, Frielinger Straße 51, 30826 Garbsen, Tel. 05131/51568, Fax 05131/53156, E-Mail: info@meissner-garten.de

Ndsa 109
Größe: 700 m²
Eintritt: frei
440 Denkmal / Frielingen
→ in Richtung Frielingen, zirka 600 Meter nach Ortsende links

Öffnungszeiten: Mai bis Sept. freitags 14–18 Uhr, samstags 10–14 Uhr

Ndsa 110
Größe: 720 m²
Anmeldung erbeten
Öffnungszeiten: ganzjährig geöffnet
Eintritt: frei
Hannover Hbf
10 Ahlem
571 Endhaltestelle Velber
P

Privatgarten Papsch

Im Helland 5, Seelze

Der Hausgarten beinhaltet Strauch- und Kletterrosen, Clematis, Stauden und Gehölze. Die um das Haus verteilten Gartenräume sind farblich gegliedert in einen kleinen weißen Garten, einen gelb-orange-roten Garten und einen rosa-blau-violetten Garten.
Eigentümer/in: Familie Papsch, Im Helland 5, 30926 Seelze, Tel. 0511/483214
Attraktionen: Rosenblüte Juni, Herbstastern Ende September bis Anfang Oktober

Ndsa 111
Größe: 900 m²
Anmeldung für Gruppen erbeten
Eintritt: frei
Führungen: nach Voranmeldung, nach Vereinbarung
Bissendorf
→ im OT Bissendorf in S-Kurve Flasworth, Heinrich-Sievers-Straße links
P

Privatgarten Läer

Am Alten Freyhof 26, Wedemark, OT Bissendorf

Der formale, in verschiedene Bereiche angelegte Privatgarten besteht aus üppigen, farblich abgestimmten Staudenrabatten und Rosen, einem Frühlingsgarten mit Rhododendren, Terrassen gerahmt von Kletterpflanzen, einem buchsgefaßten Kräutergarten und einem ruhig-strengen Teichbereich.
Eigentümer/in: Claudia und Peter Läer, Am Alten Freyhof 26, 30900 Wedemark, Tel. 05130/6371, Fax 05130/97032
Öffnungszeiten: s. Offene Pforte Hannover und nach Vereinbarung

Ndsa 112
Eigentümer/in: Stadt Langenhagen, Grünflächenamt, Am Marktplatz 1, 30853 Langenhagen, Tel. 0511/7307469, Fax 0511/7307499
Größe: 25 ha
frei zugänglich
1 Langenhagen/Zentrum
→ Über Kirchplatz
P

Stadtpark Langenhagen

Langenhagen

Die Anlage entstand im Zusammenhang mit der 1862 gegründeten Nervenheilanstalt der Stadt Hannover in Langenhagen. Die Ziergärten erstreckten sich zunächst nur in Gebäudenähe. Darüber hinaus gab es Obstwiesen, Gemüsegärten, Bleichwiesen und Weiden. In den folgenden Jahrzehnten wurden der Gebäudebestand und die Gärten ständig erweitert und unter anderem drei Teiche sowie eine kleine kreisförmige Friedhofsanlage geschaffen. Bei der letzten größeren Erweiterung der Nervenheilanstalt vor dem Ersten Weltkrieg durch einzelstehende pavillonartige Bauten wurden 1902 bis 1912 auch die verschiedenen Teile der Gartenanlagen zu einer Gesamtkonzeption im Stile der Lenné-Meyer-Schule verbunden. Der für die Gestaltung verantwortliche Gartenarchitekt ist nicht bekannt. Trotz Gebäudeverlusten im Zweiten Weltkrieg, der Errichtung von Neubauten in den letzten Jahrzehnten und Flächenverlusten im südlichen Randbereich besitzt die Anlage durch das teilweise noch erhaltene Wegenetz und den alten Baumbestand viele Reize.

Privatgarten Haag

Kreuzwippe 12, Langenhagen, OT Engelbostel

Foto: Haag

Unterschiedliche kleine Höfe und Sitzplätze rund ums Haus sowie Staudenbeete in Sonne und Schatten, reizvoll zu jeder Jahreszeit, charakterisieren diesen naturnahen Garten.

Ndsa 113
Eigentümer/in:
Dorothea Haag,
Kreuzwippe 12,
30855 Langenhagen,
OT Engelbostel,
Tel. 0511/782868,
Fax 0511/782868
Größe: 0,1 ha
Anmeldung erbeten
Öffnungszeiten:
ganzjährig geöffnet
Eintritt: frei
Führungen: nach Voranmeldung, für Gruppen bis 15 Personen, kostenlos
→ Bei Anmeldung
P ♿

Brinker Park

Langenhagen

Der Mitte der 80er Jahre geschaffene Park liegt in der Kernstadt Langenhagens. In ihm verbinden sich Reste alter bäuerlicher Kulturlandschaft mit Spiel- und Erholungseinrichtungen.
Eigentümer/in: Stadt Langenhagen, Grünflächenamt, Am Marktplatz 1, 30853 Langenhagen, Tel. 0511/7307469, Fax 0511/7307499

Ndsa 114
Größe: 12,5 ha
frei zugänglich
1 Berliner Platz
P ♿
Veranstaltungen: Kinderfeste, Osterfeuer
Musikveranstaltungen
Grillmöglichkeiten

Schapers Garten

Köllingsmoor 22, Langenhagen

Abwechslungsreiche Anlage mit verschlungenen (Rhodo-) Waldwegen, die – vorbei an Wasserspielen und besonderen Aussichtspunkten – die Bereiche Heidegarten, Bauerngarten, Teichgarten und Bambusgarten miteinander verbinden. Besonders attraktiv ist der Garten zur Zeit der Azaleen- und Rhododendronblüte (Mai/Juni).
Eigentümer/in: Familien Heinz-Christian und Burkardt Schaper, Köllingsmoor 22, 30855 Langenhagen, Tel. 0511/755650, Handy 01772392648

Ndsa 115
Größe: 0,5 ha
nur telefonische Anmeldung erbeten
Öffnungszeiten: Mai bis September
Eintritt: frei
→ bei Anmeldung
P ♿

Museumshof Wöhler-Dusche

Am Ortfelde 40, Isernhagen NB

Der Museumshof Wöhler-Dusche ist eine typische alte Isernhagener Hofstelle mit Bauerngarten, Obstgarten, Wiese, Grashof und einem alten Backhaus im Eichenwald.

Ndsa 116
Größe: 450 m²
Anmeldung erbeten
Öffnungszeiten: Mai bis Okt.
Sonntag, 11–17 Uhr,

Gruppen auch wochentags
Eintritt: frei
Führungen: nach Voranmeldung
7 Fasanenkrug
62 Dehne/Isernhagen NB
nur Sonntag

Kräutergarten, Blumen- und Gemüsebeete sind mit Buchs eingefaßt, im Rondell wächst eine alte Rose Centifolia non nominata.
Eigentümer/in: Nordhannoversches Bauernhausmuseum Isernhagen e.V., Burgwedeler Straße 51, 30916 Isernhagen NB, Tel. 0160/95118550

Ndsa 117
Größe: 4 ha
Anmeldung erbeten
Öffnungszeiten: ganzjährig geöffnet
Eintritt: frei
Führungen: nach Voranmeldung
DB Celle
Celle-Wienhausen
→ An den Klosterpark Wienhausen grenzend
P

Privatgarten Hoppe

Mühlenstraße 8, Wienhausen bei Celle

Der Pflanzensammler begann vor zirka 20 Jahren mit der Anpflanzung von exotischen Gehölzen und erweiterte diese jährlich. Ein Weg führt durch ein verwildertes Parkgelände mit einem großen Pavillon, das durch verschiedene Teiche und Gewässerzonen belebt wird. Besonderheiten sind zum Beispiel: Rhododendrenanpflanzungen, Mammutbäume, Sumpfzypressen, Bambus, Magnolien, Scheinkamelien, verschiedene Kastanien, Eichen.
Eigentümer/in: Klaus-Friedrich Hoppe, Mühlenstraße 8, 29342 Wienhausen bei Celle, Tel. 05149/366
Attraktionen: Rhododendrenblüte Mai/Juni

Ndsa 118
Größe: 0,1 ha
nur telefonische Anmeldung erbeten
Eintritt: frei
DB Lindhorst
P

Privatgarten Beckmann

Tunner-Hartmann-Straße 9, Sachsenhagen

Ein in Buchsbaum eingefaßter Staudengarten mit zahlreichen Rosen und einer gut eingewachsenen Teichanlage.
Eigentümer/in: Anne Beckmann, Tunner-Hartmann-Straße 9, 31553 Sachsenhagen, Tel. 05725/913203, Fax 0177/6844424, E-Mail: an.be@gmx.de
Öffnungszeiten: April bis Oktober

Ndsa 119
Größe: 4,9 ha
frei zugänglich
Führungen: nach Voranmeldung, ab 5 Pers. 2,50 €/Person, für Gruppen von 10 bis 30 Personen 25 €,
Attraktionen: diverse Springbrunnen, Mai bis September
DB Stadthagen w, Stadthagen, Bahnhof
2014 Schloß
P gebührenpflichtig
Veranstaltungen: Diverse Infos bei Touristik-Information Stadthagen, Am Markt 1, 31655 Stadthagen oder Internet: www.stadthagen.de,

Schloßpark und Stadtgarten

Obernstraße / Habichhorsterstraße / Ecke Oberntorstraße, Stadthagen

Der Schloßpark des Stadthäger Schlosses, dessen südlicher Teil der heutige Stadtgarten ist, wurde als barocke Gartenanlage im 18. Jahrhundert gestaltet. Fünf gerade Wegeachsen, an den Längsseiten mit Baumalleen gestaltet, gliedern den Garten in Nord-Süd-Richtung. Das ehemalige gräfliche Lusthaus – heute Stadtgartencafé – steht mitten in einem rechteckigen Teich, der den nördlichen Abschluß der Wegemittelachse bildet. In südlicher Richtung schließen sich drei Brunnenanlagen an. Das Bade- und Gärtnerhaus mit Quellbrunnen im Südosten des Stadtgartens erinnert noch heute an den frühen Badebetrieb im ehemaligen Schloßpark, der bis zur Anlage von Bad Eilsen um 1800 nachweisbar ist.
Eigentümer/in: Land Niedersachsen (Schloßpark), vertreten durch das Finanzamt, Stadt Stadthagen (Stadtgarten)
Schloß (Land Niedersachsen), Rathauspassage 1,
31655 Stadthagen, Tel. 05721/7820, Fax 05721/110,
E-Mail: stadtverwaltung@stadthagen.de,
Internet: www.stadthagen.de

Tel. 05721/926070,
Fax 05721/925055

Park des Rittergutes Remeringhausen

Gut Remeringhausen, Stadthagen

In den Jahren 1805/06 wurde der alte Lustgarten im landschaftlichen Stil nach Plänen des Kasseler Hofgärtners Georg W. Homburg zusammen mit dem Gutshof neu gestaltet. Die Wiederherstellung des in seiner Substanz stark gefährdeten Parks erfolgte nach Plänen Homburgs von 1998 bis 2000. Die Anlage ist von altem, mächtigen Baumbestand geprägt, der auf die Entstehungsjahre zurückgeht. In typischer Landschaftsgartenmanier wechseln sich weite Wiesenflächen mit dichten Gehölzbeständen, hainartigen Pflanzungen, Solitärbäumen, Sitzplätzen und Gewässern ab.
Eigentümer/in: Hans Hildebrand von Breitenbach,
Gut Remeringhausen, 31655 Stadthagen,
Tel. 05725/701188, Fax 05725/701189,
E-Mail: vonschoening@gmx.de,
Internet: www.gut-remeringhausen.de

Ndsa 120
Größe: 3 ha
Anmeldung erbeten
Öffnungszeiten: ganzjährig geöffnet,
Fr 9–18 Uhr
Eintritt: frei
Führungen: nach Voranmeldung
Veranstaltungen: Romantic Garden, Parkfestival rund um Garten, Haus, ländliche Lebensart, Kunst, Kultur und Kulinarisches im August, Termin auf Anfrage
→ 4 Kilometer östlich von Stadthagen, 1 Kilometer südlich der B 65

Schloßpark Bückeburg

Schloß, Bückeburg

Die erste Erwähnung des Gartens findet sich ab 1560. Um 1610 als prachtvoller Renaissancegarten angelegt, behielt der alte Schloßgarten westlich des Schlosses seitdem seine Größe von ca. 10 ha bei. Dieser von einer Sichtachse geteilte Garten wurde 1790 im englischen Stil neu angelegt und 1870 ein letztes Mal umgestaltet. Die Schloßinsel wurde bis 1806 entfestet. Die ältesten Gehölze stammen aus dieser Zeit. Es dominieren Linden- und Kastanienalleen und Solitärbäume wie Taxodien,

Ndsa 121
Größe: über 60 ha,
frei zugänglich
Gruppenführungen auf Anfrage möglich unter 05722/5039,
Dauer ca. 1,5 Stunde,
Kosten 4,50 €/Pers.
incl. Mausoleumsbesichtigung,
DB Bückeburg
Bus Schloßtor, Stadtkirche

Veranstaltungen:
Landpartie Schloß Bückeburg, immer Fronleichnam, Info unter www.landpartie-schloss-bueckeburg.de und Tel. 0441/13138;
Ritterspiele vor dem Mausoleum: immer im Juli, Info: www.spectaculum.de

große Eiben und Eichen und Süntelbuchen. Auch gibt es einen Rosengarten. 1906/07 erfolgte eine Erweiterung nach Süden auf eine als großzügiger Landschaftspark gestaltete Fläche von 50 ha Größe. Mit der Anlage des Mausoleumsparks 1912 vergrößerte sich der Schloßpark um weitere 10 ha und nach der Anlage des Golfplatzes 1929 wurde eine Größe von ca. 60 ha erreicht.
Eigentümer/in: Alexander Prinz zu Schaumburg-Lippe,
Verwaltung: Fürstliche Schloßverwaltung, Schloßplatz 1, 31675 Bückeburg, Tel. 05722/5039 oder 909182, Fax 05722/909184, E-Mail: schlossbueckeburg@t-online.de, Internet: www.schloss-bueckeburg.de
Attraktionen: Mausoleum April bis Nov., 10–17 Uhr

Ndsa 122
Größe: 15 ha
frei zugänglich
Attraktionen: Wasserspiele im Sommer, 10–12 Uhr und

Kurpark Bad Eilsen

Bad Eilsen

Im Zentrum des Kurparks mit seinem alten, dendrologisch interessanten Baumbestand und den historischen Kuranlagen liegen die Brunnenanlagen mit zahlreichen Wasserspielen, um

die sich diverse Blumenbeete mit farbenfroher Bepflanzung erstrecken. Eingebettet in den Landschaftspark sind außerdem ein Stein- und ein Rosengarten.
Eigentümer/in: LVA Hannover, Rehazentrum Bad Eilsen, Harrlallee 2, 31707 Bad Eilsen, Tel. 05722/8840, Fax 05722/85572

14.30–17 Uhr, täglich
Busbahnhof Bad Eilsen
Veranstaltungen, Konzerte im Konzertgarten

Privatgarten Vicankova
Deisterstraße 37, Lauenau, OT Feggendorf
Großzügige Staudenpflanzungen verbinden das Haus mit Teichen, Gemüsegarten, Obstwiese und Wäldchen, wobei sie dennoch den Blick in die malerische Landschaft am Deister und Süntel ermöglichen.
Eigentümer/in: Dr. med. Ludmila Vicankova und Dr. Jan Vicanek, Deisterstraße 37, 31867 Lauenau, OT Feggendorf, Tel. 05043/5346, E-Mail: mail@janvicanek.de

Ndsa 123
Größe: 0,6 ha
Anmeldung für Gruppen erbeten
Öffnungszeiten: nach tel. Anmeldung
Eintritt: frei

Rittergut Langreder
Kapellenstraße 2, Barsinghausen
Der ab 1969 angelegte Englische Landschaftsgarten ist in Nord-Süd-Richtung ausgerichtet, von einem überbrückten Deisterbach durchflossen und mit zahlreichen seltenen Bäumen bestanden. Er wird im Südosten und Südwesten von Gehölzen eingerahmt, im Nordosten bilden Gutshaus (1734) und stillgelegte Wassermühle (1578) den abschließenden Rahmen.
Eigentümer/in: Georg von Ilten Langreder, Kapellenstraße 2, 30890 Barsinghausen, Tel. 05105/58990, Fax 05105/589916
Attraktionen: Blüte des Taschentuchbaumes (Davidia involucrata) und der Paulownie
nach Vereinbarung

Ndsa 124
Größe: 1,5 ha
Anmeldung erbeten
Öffnungszeiten: Tag der Offenen Pforte Hannover und nach Vereinbarung
Eintritt: Spende für den „Verein Historische Gärten in Niedersachsen",
Führungen: nach Voranmeldung,
Preis nach Vereinbarung
560, 561 Langreder

Privatgarten Kayser
Rilkeweg 3, Barsinghausen, OT Egestorf
Der Garten rund ums Haus ist in verschiedene Räume aufgeteilt, zu denen man jeweils durch einen Rosenbogen gelangt. Formale Bereiche – buchsbaumgesäumte, z. T. symmetrische Beete, Kräutergarten, Wasserbecken – wechseln mit natürlicher Gestaltung im Bereich eines Gartenteichs ab. Die bunte Vielfalt der Stauden, Rosen, vor allem Kletterrosen, und Clematis hat ihr ruhiges Pendant in einem mit wildem Wein überwucherten, schattigen Laubengang mit Hosta und Farnen.
Eigentümer/in: Adolf und Karin Kayser, Rilkeweg 3, 30890 Barsinghausen, OT Egestorf, Tel. 05105/8652

Ndsa 125
Größe: 500 m^2
Anmeldung erbeten
Öffnungszeiten: ganzjährig geöffnet
Eintritt: frei
Führungen: nach Voranmeldung
DB Egestorf
→ über Wennigser Straße, Geibelstraße, 3. rechts Rilkeweg

Ndsa 126
Größe: 0,25 ha
Anmeldung erbeten
Öffnungszeiten: Ende April bis Anfang Oktober
Eintritt: frei
Führungen: nach Voranmeldung
DB Barsinghausen
Bus 570 Auf dem Damm
P ♿

Privatgarten Pristin

Auf dem Damm 8, Barsinghausen, OT Groß Munzel

Der Garten ist großzügig in schwungvollen und fließenden Linien mit alten Sandsteinen gestaltet. Farblich abgestimmte Staudenbereiche und -inseln sind mit Historischen Rosen bereichert und von vielen Sitzplätzen aus zu betrachten. Eine Wildrosenhecke und ein Beerengarten schaffen harmonisch den Übergang zu einer Obstbaumwiese „im Umbruch". Die stärksten Auftritte hat der Garten zur Tulpen-, Rosen- und Asternblüte. Wegen seiner großen Vielfalt an Gehölzen, Stauden und Rosen ist er jedoch auch zu jeder anderen Zeit attraktiv.
Eigentümer/in: Aleksandra Pristin, Auf dem Damm 8, 30890 Barsinghausen, OT Groß Munzel, Tel. 05035/2368,
E-Mail: apristin@aol.com

Ndsa 127
Größe: 0,26 ha
Anmeldung erbeten
Öffnungszeiten: Mai/Juni
Eintritt: frei
Führungen: nach Voranmeldung
DB Barsinghausen
Bus 570 Groß Munzel Ortsmitte
P 🐕 ♿

Privatgarten Seyfang

Westerhagen 5, Barsinghausen, OT Groß Munzel

Großer ländlicher Garten um einen 200jährigen Bauernhof mit unterschiedlichen Gartenräumen, extensiven und intensiven Bereichen mit Stauden sowie einem formalen Nutzgarten.
Eigentümer/in: Dr. Volkmar Seyfang, Westerhagen 5, 30890 Barsinghausen, OT Munzel, Tel. 05035/459,
Fax 05035/488, E-Mail: v.seyfang@hx.upb.de

Ndsa 128
Größe: 6 ha
Anmeldung erbeten
Öffnungszeiten: Mai bis Oktober
Eintritt: frei
Führungen: nach Voranmeldung
DB Barsinghausen, weiter mit Bus 532

Gutspark von Heimburg

Barsinghausen

Der Park gliedert sich in zwei Teile, einen früheren mit Mausoleum und einen um 1890 angelegten Landschaftsgarten. Dieser sogenannte Südpark ist dem Haus (1890) zugeordnet und kulissenartig angelegt. Blickachsen in die Landschaft und über den Hausgraben zu einem kleinen Teich geben der Anlage ihren eigenen Reiz. Buchen, Eichen, Kastanien, Ulmen, Linden und Pappeln bestimmen das Bild.

Eigentümer/in: Anno von Heimburg, Alte Dorfstraße 2, 30890 Barsinghausen-Eckerde, Tel. 05105/1413, Fax 05105/63225

9 Empelde, weiter mit Bus 532
532 Eckerde Mitte

Privatgarten Tölcke

Rehbockstraße 5, Apelern

Der Garten um ein denkmalgeschütztes Fachwerkhaus aus dem 18. Jahrhundert öffnet sich zum Münchhausen-Park. Die Rasenflächen zwischen alten Bäumen sind mit Beeten mit Rosen und Stauden gegliedert.
Eigentümer/in: Heidi Tölcke, Rehbockstraße 5, 31552 Apelern, Tel. 05043/1495, E-Mail: heiditoelcke@aol.com

Ndsa 129
Größe: 0,14 ha
nur telefonische Anmeldung erbeten
Öffnungszeiten: April bis Oktober
Wochenenden 14–19 Uhr
Eintritt: frei
→ bei Anmeldung

Obergut Lenthe

Winterstraße 23, Gehrden

Das Obergut Lenthe ist ein alter Landschaftsgarten des späten 18. Jahrhunderts, dessen Wegesystem und ein großer Teil des Baumbestands noch aus dieser Zeit stammen. Der Gutsgarten ist vollständig von einer Mauer umgeben. Über den Wassergraben, der zwischen Garten und Herrenhaus liegt, führt eine Brücke des klassizistischen Baumeisters Laves.
Eigentümer/in: Friedrich von Lenthe, Winterstraße 23, 30989 Gehrden, Tel. 05137/93153, Fax 05137/93152

Ndsa 130
Größe: 1 ha
Anmeldung erbeten
Eintritt: frei
Führungen: nach Voranmeldung
Öffnungszeiten: ganzjährig geöffnet
580 Lenthe, K 30

Untergut Lenthe

Im Eickhof 6, Gehrden-Lenthe

Der Englische Landschaftspark aus der Mitte des 19. Jahrhunderts liegt sanft in die umgebende Landschaft gebettet. Sehenswert sind eine 150 Jahre alte Süntelbuche und ein Arboretum junger Eichen mit etwa 90 verschiedenen Sorten.
Eigentümer/in: Dr. Hans Jürgen Frhr. von Richthofen, Im Eickhof 6, 30989 Gehrden-Lenthe, Tel. 05137/4134, Fax 05137/2736

Ndsa 131
Größe: 3 ha
Anmeldung erbeten
Öffnungszeiten: nur an bestimmten Tagen geöffnet (auf Anfrage)
Eintritt: frei
Führungen: nach Voranmeldung, kostenlos
→ Bei Anmeldung

Parkanlage Berggasthaus Niedersachsen

Köthner Berg, Gehrden

Julius Trip, der erste Gartenbaudirektor Hannovers, hat die 1898 fertiggestellte Parkanlage am Berggasthaus gestaltet. Der Park, verwildert aber reizvoll, ist ein Beispiel für die Gartenkunst des Gemischten Stils, wie er im 19. Jahrhundert zeittypisch war, ein Kleinod der Calenberger Landschaft. Seit 1991 wurde auf der Grundlage eines Entwicklungsplanes für das Naherholungsgebiet Gehrdener Berg der Zentralbereich der Tripschen Parkanlage behutsam und zeitgemäß instand

Ndsa 132
Eigentümer/in: üstra, Hannoversche Verkehrsbetriebe AG, Am Hohen Ufer 6, 30159 Hannover, Tel. 0511/16681, Fax 0511/1668666
Größe: 14 ha, frei zugänglich
DB Hannover
U 3, 7 Wettbergen,

umsteigen in
500 Gehrden / Steintor
oder U 9 Empelde, umsteigen
in 532 Gehrden / Steintor

gesetzt. So kann man heute über die rekonstruierte Freitreppenanlage an Rasenwegen in die angrenzenden Parkräume gelangen. Von den Terrassen der Freitreppe geht der Blick weit in die Calenberger Landschaft.

Ndsa 133
Größe: 200 m²
Anmeldung erbeten
Öffnungszeiten: Mai bis Okt.
Eintritt: frei
Führungen: nach Voranmeldung, für Gruppen bis 15 Personen, kostenlos
Regio Sprinter 500 Dettmer
→ Ab Haltestelle zweimal rechts und dann zweimal links abbiegen

Hausgarten Meyer

Tulpenweg 2, Ronnenberg

Die abwechslungsreiche Anlage mit artenreicher Bepflanzung liegt in einem Reihenhauseckgrundstück auf verschiedenen Ebenen. Diese bestehen aus Heidegarten (Vorgarten), Pergola mit Kletterpflanzen, Teich, Zwergsträuchern, Stauden und Rosen und einem Alpinum als Schwerpunkt.
Eigentümer/in: Friedrich Meyer, Tulpenweg 2,
30952 Ronnenberg, Tel. 05109/1255
Attraktionen: Hauptblüte der Gebirgspflanzen, letzte Maiwoche

Ndsa 134
Größe: 800 m²
Anmeldung erbeten
Öffnungszeiten:
15. April bis 31. Oktober
Eintritt: frei
DB Ronnenberg
500 Langereihe
→ Bauernwiesenweg, in Wilhelm-Humbeck-Straße abbiegen, dann 2. Straße rechts

Privatgarten Am Teiche

Am Teiche 4, Ronnenberg

Verschiedene romantische Gartenräume mit Rosen und Stauden gruppieren sich um einen Teich mit einem Steingarten als Zentrum. Obst und Gemüse ist in den artenreichen Garten integriert. Mehrere Pergolen sind mit unterschiedlichen Kletterpflanzen berankt. Einige Gehölzraritäten sind zu entdecken.
Eigentümer/in: Marita Hemmann, Am Teiche 4,
30952 Ronnenberg, Tel. 05109/1217
Führungen: nach Voranmeldung,
für Gruppen bis 15 Personen

Ndsa 135
Größe: 20 ha
frei zugänglich
Führungen: nach Voranmeldung,
35 €/Gruppe,
Tel. 0511/16843801,
Informationsblatt zu Führungen durch Parks und Gärten in Hannover ist gegen frankierten, adressierten Rückumschlag erhältlich
Grünflächenamt der Stadt Hannover,
Langensalzastr. 17,
30169 Hannover
4 Marienwerder/ Wissenschaftspark

Hinüberscher Garten

Am Hinüberschen Garten, Hannover

Der Hinübersche Garten in Marienwerder ist einer der frühesten Landschaftsgärten in Deutschland. Inspiriert durch die Landschaftsgärten in England schuf 1765 Jobst Anton von Hinüber auf dem bewaldeten Dünenrücken beim Kloster Marienwerder einen Landschaftsgarten. Im Mittelpunkt des Konzepts stand die wohldurchdachte Verteilung von bewachsenen Flächen und Freiräumen, die einen Blick über das Umland gewährten. Durch behutsame Eingriffe wurden 1999 im Rahmen denkmalpflegerischer Maßnahmen unter anderem einstige Ausblicke auf Teiche und die Leineaue wiederhergestellt. Durch den Einbau einer Treppe im alten Hexenturm hat der Park neue Attraktivität gewonnen. Der Park bezieht nach wie vor seine Wirkung aus der besonderen landschaftlichen Situation am Rande des Leinetals.

Eigentümer/in: Landeshauptstadt Hannover, Fachbereich Umwelt und Stadtgrün, Langensalzastraße 17, 30169 Hannover, Tel. 0511/16843801, Fax 0511/16842914, E-Mail: 67@hannover-stadt.de, Internet: www.hannover.de

126 Marienwerder/ Friedhof

Gartenhof Wend

Quantelholz 38A, Hannover

Der als Wohnhof konzipierte Garten wurde in den 60er Jahren angelegt und unter Beibehaltung der architektonischen Grundstruktur und der bestimmenden Gehölze den wechselnden Lebensphasen der Familie angepaßt. Neben Stauden und Wasserpflanzen geben Kübelpflanzen, für deren Überwinterung ein Gewächshaus gebaut wurde, dem Garten sein besonderes Gepräge.

Foto: Wend

Ndsa 136
Eigentümer/in: Ursula und Karl-Heinz Wend, Quantelholz 38 €, 30419 Hannover, Tel. 0511/799460
Größe: 120 m²
Öffnungszeiten: März bis Okt.
Eintritt: frei
Anmeldung erbeten
4 Marienwerder/ Wissenschaftspark
126, 420 Marienwerder/ Friedhof

Stadtfriedhof Stöcken

Stöckener Straße 68, Hannover

Unter den großen kommunalen Friedhöfen Hannovers nimmt der Stöckener Friedhof eine Sonderstellung ein. Zwischen 1901 und 1902 nach Plänen von Stadtgartendirektor Julius Trip angelegt, lädt der Stadtfriedhof Stöcken wie kein anderer in Hannover als konsequent durchgestalteter Parkfriedhof zum besinnlichen Spaziergang ein. Vor allem zur Zeit der Rhododendronblüte im Mai ist die Parklandschaft rund um den 2,5 Hektar großen Teich ein Anziehungspunkt.
Eigentümer/in: Landeshauptstadt Hannover, Fachbereich Umwelt und Stadtgrün, Langensalzastraße 17, 30169 Hannover, Tel. 0511/16845441/2, Fax 0511/16845670

Ndsa 137
Größe: 55 ha
Öffnungszeiten: ganzjährig geöffnet, im Sommer 8–20 Uhr, im Winter 9–17 Uhr
Eintritt: frei
Führungen: nach Voranmeldung
4, 5 Stöcken/Friedhof

Botanischer Schulgarten Burg

Vinnhorster Weg 2, Hannover

Der Botanische Schulgarten Burg ist ein primär unter pädagogischen Gesichtspunkten angelegter Garten und Park, der in

Ndsa 138
Eigentümer/in: Landeshauptstadt Hannover, Bibliothek und Schule,

Schulbiologiezentrum,
Vinnhorster Weg 2,
30419 Hannover,
Tel. 0511/16847665,
Fax 0511/16847352
E-Mail: schulbiologiezentrum@hannover-stadt.de,
Internet: www.schulbiologiezentrum-hannover.de
Größe: 7,5 ha
Anmeldung für Gruppen erbeten
Öffnungszeiten: ganzjährig geöffnet, Mo–Fr 7–16.30 Uhr, Sa 8–12 Uhr
Eintritt: frei
Führungen: nach Voranmeldung, Spende erbeten
4, 5 Schaumburgstraße
136 Altenauer Straße
P ♿
Veranstaltungen: Umweltforum, September Sonntagvormittagsveranstaltungen zwischen Oster- und Herbstferien außerhalb der Ferien, 10–13.30 Uhr

den achtzig Jahren seines Bestehens mehrmals umgestaltet wurde. Er ist in Fläche und Mitarbeiterzahl der größte Teil des Schulbiologiezentrums Hannover, der neben den Botanischen Schulgärten Burg und Linden auch die Freiluftschule Burg und die Zooschule umfaßt. Die ursprünglich gärtnerisch-botanische Ausrichtung ist heute sehr stark erweitert worden. Das ganzheitliche Arbeitskonzept umfaßt alle die Natur und Umwelt betreffenden Themen. Das Gelände spiegelt diese Konzeption wider. Es ist offensichtlich, daß der Garten kein Schaugarten ist, sondern von dem lebt, was Schüler, Lehrer und andere Besucher in und mit ihm tun können. Im Gelände gibt es den sogenannten Tüxenschen Wald, eine zirka 2 Hektar große, teilweise etwas verwunschene, pflanzensoziologische Anlage mit Teich und Bach, einen Garten für ökologische Kleinexperimente und Schulgeländegestaltung, einen Sinnespfad und Duftgarten, einen Gemüse- und Bienengarten, verschiedene Kleintiergehege, den Garten für Sonne, Energie und Klima, den Geogarten sowie Stauden- und Gehölzpflanzungen. 1000 Quadratmeter Gewächshäuser zur Produktion von Unterrichtsmaterial und ein 180 Quadratmeter großes Unterrichtsgewächshaus ergänzen die Anlage. Anläßlich der EXPO 2000 wurden der seit der Gründung bestehende Heilpflanzengarten neu gestaltet, ein Farbgarten angelegt, die Genetikbeete zum Garten für Genetik, Evolution und Züchtung erweitert und der Bienengarten zum Garten für Insekten umgewandelt.

Ndsa 139
Eigentümer/in: Landeshauptstadt Hannover, Herrenhäuser Gärten, Herrenhäuser Straße 4, 30419 Hannover,
Tel. 0511/16847576,
Fax 0511/16847374,
E-Mail: herrenhaeuser-gaerten@hannover-stadt.de,
Internet: www.herrenhaeuser-gaerten.de,
Größe: 56 ha
Öffnungszeiten: ganzjährig geöffnet, im Sommer 9–20 Uhr, im Winter 9–16.30 Uhr
Eintritt: Kombiticket mit Berggarten 4 €/Person, Abendliche Illumination inkl. Grotte Mitte Mai bis Mitte September, Mittwoch, Samstag, Sonntag und nach Veranstaltungen ab 20 Uhr 4 €/Person,
Führungen: nach

Herrenhäuser Gärten – Großer Garten

Herrenhäuser Straße, Hannover

In Herrenhausen, vor den Toren Hannovers, entwickelte sich von der Mitte des 17. Jahrhunderts bis 1866 die Sommerresidenz der welfischen Herzöge, Kurfürsten und Könige, deren vier Gärten Großer Garten, Berggarten, Georgengarten und Welfengarten heute ein einzigartiges Gartenensemble darstellen. Unter dem Kurfürsten Ernst-August und seinem Sohn Georg-Ludwig wurde die Sommerresidenz Ende des 17. Jahrhunderts vergrößert und die heute noch erhaltene Orangerie gebaut. Das Schloß, 1943 durch Bomben zerstört, wurde nicht wieder aufgebaut. Die kunstsinnige Kurfürstin Sophie, Gattin Ernst-Augusts, hatte mit Hilfe ihres Ratgebers, des Gelehrten Leibniz, großen Einfluß auf die Gestaltung des Großen Gartens, der zwischen 1680 und 1714 seine heutigen Größe und Ausstattung erlangte. Die Struktur des fast rechtwinkligen Gartens, der ihn umgebende Graben und zahlreiche Gartenbauwerke und Skulpturen blieben erhalten, da die Nachfahren der Kurfürstin Sophie über 120 Jahre in Personalunion auch Könige von England waren, und so die Sommerresidenz lange Zeit einen Dornröschenschlaf schlief. Dies bewahrte die Anlage vor der Umwandlung in einen Landschaftsgarten. Nach der Übernahme des Gartens durch die Stadt Hannover in den 30er Jahren gab es einige Veränderungen, unter anderem in der Ausstattung der Beete und Heckengärten. Die Prachtentfaltung und Komposition eines barocken Gartens ist dennoch erlebbar. Neben dem prächtigen Parterre, einem Irrgarten, Sondergärten, zahlreichen Kaskaden, Tempeln und Brunnen, unter anderem die bis zu 70 Meter hoch springende Große Fontäne, lädt das originale Heckentheater mit seinen vergoldeten Figuren zu unvergeßlichen Aufführungen ein. Zahlreiche Kübelpflanzen, teils über 300 Jahre alt, schmücken den nördlichen Gartenbereich. 2003 wurde die historische Grotte mit der künstlerischen Gestaltung durch die Künstlerin Niki de Saint Phalle geöffnet.

Voranmeldung, für Gruppen bis 25 Personen, 90 €
Attraktionen: Fontäne, April bis Sept., Mo–Fr 11–12 Uhr, 15–17 Uhr, Sa, So, Feiertag 11–12 Uhr, 14–17 Uhr
Abendliche Illumination, Niki-de-Saint-Phalle-Grotte
4, 5 Herrenhäuser Gärten
P gebührenpflichtig
Veranstaltungen: Festwochen im Sommer mit Konzerten, Oper, Musical, Theater in der Galerie, Orangerie und Gartentheater. Kleinkunst, Feuerwerkswettbewerb von Mai bis September, Winterfestwochen mit Varieté und Konzerten
Infos bei: Hannover Tourist Information, Tel. 0511/16849710 (Info), 16849720 (Kartenverk.), Feuerwerkswettbewerb, mehrere Termine Theater/Konzerte im Gartentheater, Internet: www.festwochen-herrenhausen.de; www.feuerwerkswettbewerb-herrenhausen.de

Foto: Preißel

Herrenhäuser Gärten – Berggarten

Herrenhäuser Straße, Hannover

Auf den Resten einer eiszeitlichen Düne – daher der Name Berggarten – entstand nördlich des Großen Gartens im späten 17. Jahrhundert ein Küchengarten. In den folgenden 150 Jahren erfolgte eine schrittweise Umwandlung in einen Botanischen Garten. Pflanzen wie das Usambaraveilchen starteten von hier ihre weltweite Verbreitung. Die Lindenallee stammt von 1728. Schwerpunkte im Freilandbereich sind der Iris-, Stein-, Kletterpflanzen-, Wüsten- und der 1997 eingeweihte Präriegarten sowie große Rhododendrenpflanzungen im Paradies und die gärtnerisch gestalteten und bepflanzten Landschaftsräume Moor, Heide sowie Wald und Wiese. In den Gewächshäusern sind Kakteen und andere Sukkulenten, Pflanzen der Kanarischen Inseln, der Tropen und eine der größten Orchideensammlungen der Welt ausgestellt. Der Schmuckhof ist mit zahlreichen Sommerblumen und Kübel-

Ndsa 140
Eigentümer/in: Landeshauptstadt Hannover, Herrenhäuser Gärten, Herrenhäuser Straße 4, 30419 Hannover, Tel. 0511/16847576, Fax 0511/16847374, E-Mail: herrenhaeuser-gaerten@hannover-stadt.de, Internet: www.herrenhaeuser-gaerten.de
Größe: 21 ha
Öffnungszeiten: ganzjährig geöffnet, Berggarten: 9–16.30 Uhr, im Sommer 9–20 Uhr, Schauhäuser 30 Min. früher,
Eintritt: Berggarten: 2 €, Kombiticket

mit Großem Garten 4 €/Person
Führungen: nach Voranmeldung, für Gruppen bis 25 Personen, 90 €
Attraktionen: Rhododendrenblüte, Blumenzwiebeln, Präriegarten, Orchideen ganzjährig
4, 5 Herrenhäuser Gärten
P gebührenpflichtig

pflanzen ausgestattet. Die zukünftige Betriebsform des 2000 erbauten Regenwaldhauses war bei Drucklegung noch offen.

Foto: Preißel

Ndsa 141
Eigentümer/in: Landeshauptstadt Hannover, Herrenhäuser Gärten, Herrenhäuser Straße 4, 30419 Hannover, Tel. 0511/16847576, Fax 0511/16847374, E-Mail: herrenhaeuser-gaerten@hannover-stadt.de, Internet: www.herrenhaeuser-gaerten.de; www.wilhelm-busch-museum.de
Größe: 70 ha, frei zugänglich
Führungen: nach Voranmeldung, für Gruppen bis 25 Personen, 90 €,
4, 5 Schneiderberg, Universität Hannover
P
Veranstaltungen: Open-Air-Konzert der Chopin-Gesellschaft, August; Gartenfestival Herrenhausen im Mai und September
Infos bei: Hannover Tourist Information, Tel. 0511/16849710 und www.gartenfestival-herrenhausen.de

Herrenhäuser Gärten – Georgengarten

Nienburger Straße, Hannover

Auf beiden Seiten der 2 Kilometer langen, barocken Lindenallee, die 1972 bis 1974 erneuert wurde, liegt der Georgengarten, benannt nach Georg IV., König von England und Hannover. Entlang der Allee hatten mehrere Adlige des Hofes kleine Palais mit barocken Gärten errichten lassen. Reichsgraf Johann von Wallmoden ließ im späten 18. Jahrhundert einige dieser Gärten in einen frühen Landschaftsgarten umwandeln und baute das Wallmoden-Palais, das heutige Wilhelm-Busch-Museum (Deutsches Museum für Karikatur und kritische Grafik). Von 1835 bis 1841 und noch einmal zwischen 1859 und 1860 vergrößerte der Hofgarteninspektor Christian Schaumburg den Park und schuf einen malerischen Landschaftsgarten nur mit den natürlichen Mitteln Bäume, Sträucher, Wasser und Wiesen. Der Georgengarten ist in seinen Grundstrukturen größtenteils erhalten geblieben und die einzige in Hannover noch existierende Anlage Schaumburgs. Aufwendige gartendenkmalpflegerische Arbeiten, vor allem vor und hinter dem Wilhelm-Busch-Museum, wie die Neugestaltung des Palaisgartens durch Reinald Eckart, trugen in den letzten Jahren zu seinem Erhalt bei.

Ndsa 142
Eigentümer/in: Land Niedersachsen Hannover, Tel. 0511/16843801, Fax 0511/16842914

Herrenhäuser Gärten – Welfengarten

Nienburger Straße, Hannover

Der Welfengarten ist aus den ursprünglich barock gestalteten Anlagen des ehemaligen Lustschlosses Montbrillant hervorgegangen und wurde 1720 angelegt. Im 19. Jahrhundert wurde der Park durch den Landschaftsgärtner Christian Schaumburg mehrmals umgestaltet und erweitert. Heute dient der direkt hinter dem Welfenschloß, der heutigen Universität, gelegene Park mit seinem schönen, alten Baumbestand Bewohnern der Nordstadt und Studenten der Universität als Erholungsfläche. In den letzten Jahren wurde der Garten mehrmals gartendenkmalpflegerisch überarbeitet.

Größe: 13 ha
frei zugänglich
4, 5 Schneiderberg
Veranstaltungen: Sommerfest der Universität Hannover, Anfang Juli
Infos bei: Tel. 0511/7620

Vahrenwalder Park

Dragonerstraße, Hannover

Der Vahrenwalder Park ist ein Quartierspark, der 1986 als Sanierungsvorhaben auf einem ehemaligen Gewerbegrundstück entstand. Der Park hat eine großzügige offene Wiesenfläche als Mittelpunkt, deren Randbereiche Raum für verschiedene Aktivitäten bieten. Mauern und berankte Pergolen schirmen den Park gegen den Straßenverkehr ab. Der zweite Bauabschnitt des Vahrenwalder Parks wurde 1997 fertiggestellt. Seither nutzen insbesondere die Anwohner der angrenzenden Stadtteile den Park intensiv. Besondere Attraktionen sind die Staudenanlagen, ein Brunnen und ein großer Kinderspielplatz.

Eigentümer/in: Landeshauptstadt Hannover, Fachbereich Umwelt und Stadtgrün, Langensalzastraße 17, 30169 Hannover, Tel. 0511/16843801, Fax 0511/16842914, E-Mail: 67@hannover-stadt.de, Internet: www.hannover.de

Ndsa 143
Größe: 2,5 ha
frei zugänglich
Führungen: nach Voranmeldung, Tel. 0511/16843801, 35 €/Gruppe, Informationsblatt zu Führungen durch Parks und Gärten in Hannover ist gegen frankierten, adressierten Rückumschlag erhältlich s. Adresse Eigentümer/in
1, 2, 8 Dragonerstraße

Privatgarten in der Vereinsanlage Ehlershausen-Garten 57

Tannenbergallee/Masurenweg, Hannover

Ein Garten mit Zimmern – mehr oder weniger ordentlich. Ein alter Kleingarten wurde vorsichtig verändert, um zu sehen, was in ihm steckt. Hecken und Stauden unterteilen den Garten in verschiedene Räume unterschiedlichen Charakters.

Eigentümer/in: Jörg Ledderbogen und Andreas Wessels, Lister Kirchweg 90, 30177 Hannover, Tel. 0511/624495 oder 625213, Fax 0511/625213

Ndsa 144
Größe: 500 m^2,
Anmeldung erbeten
Öffnungszeiten: nach Vereinbarung
Eintritt: frei
Führungen: nach Voranmeldung
128 Möckernstraße

Laurins Garten

An der Wietze 12, Hannover, OT Isernhagen-Süd

Laurins Garten sind verschiedene gastliche Gartenräume mit Gartenküche Zur Alten Jungfer und Stöberstübchen Zur Kaffeemütze. Der Vier-Jahreszeiten-Garten wurde in den 40er Jahren angelegt und unter Mitarbeit von Peter Hübotter in den 90er Jahren umgestaltet. Die Anlage umfaßt Skulpturen, Pflastergarten, Wasser, hohe Bäume, Rhododendren und Giersch.

Ndsa 145
Größe: 0,2 ha
Öffnungszeiten: Mai – Okt.
Anmeldung erbeten unter Tel. 0511/65450
Eintritt: frei
Führungen: nach Voranmeldung
7 Fasanenkrug

Veranstaltungen: u.a. Kochen im Garten

Eigentümer/in: Ilsemarie Lorenz, An der Wietze 12, 30657 Hannover, OT Isernhagen-Süd, Tel. 0511/650610, Fax 0511/651020

Ndsa 146
Eigentümer/in: Schulamt der Landeshauptstadt Hannover, Schulbiologiezentrum Hannover, Vinnhorster Weg 2, 30419 Hannover, Tel. 0511/16844077, Fax 0511/16841318
Größe: 2 ha
Anmeldung für Gruppen erbeten
Eintritt: frei
Führungen: nach Voranmeldung, Spende erbeten
9 Bernhard-Caspar-Straße
P

Botanischer Schulgarten Linden

Am Lindener Berge 50, Hannover

Ein Weinberg in Hannover? Wenigstens ein kleines Rebstück mit der dazugehörigen Begleitvegetation liegt am Westhang des Lindener Berges, im Steingarten des Botanischen Schulgartens, oberhalb eines schilfumwachsenen Teichs. Als Teil des Schulbiologiezentrums Hannover produziert der Botanische Schulgarten Linden Material für Schulen. Schüler der umliegenden Schulen kommen, um ihre Beete für jeweils ein Jahr zu bestellen. Kräuter- und Gemüsegarten, Schnittblumen, der Gehölzbestand, Mooranlage und fleichschfressende Pflanzen sind weitere Gründe für Lehrer, Schüler und andere Besucher, den ehemaligen Steinbruch zu besuchen. Die für Hannover ungewohnte Hanglage mit den alten Bäumen macht den besonderen Reiz des Gartens aus.
Öffnungszeiten: ganzjährig geöffnet Mo bis Do, 7–13 Uhr

Ndsa 147
Größe: 7 ha
Eintritt frei
Öffnungszeiten: Nov. bis Feb. 8–17 Uhr, März, April, Sept., Okt. 8–19 Uhr, Mai bis Aug. 8–21 Uhr
Führungen: nach Voranmeldung, Tel. 0511/16843801, 35 €/Gruppe, Informationsblatt zu Führungen durch Parks und Gärten in Hannover ist gegen frankierten, adressierten Rückumschlag erhältlich s. Adresse Eigentümer/in
Veranstaltungen: Jazzfrühstück usw., Infos beim Förderverein Von-Alten-Garten, Tel. 0511/441577, E-Mail: sebastian.v.a.garten@tonline.de
U 9 Lindener Marktplatz
132 Martinskirche
nur im alten Teil erlaubt

Von-Alten-Garten

Posthornstraße, Hannover

Die Familie von Platen legte um 1700 unterhalb des Lindener Bergs einen Privatpark im barocken Stil mit zentral gelegenem Schloß an, der an Ausstattung und Schönheit seinerzeit mit den Königlichen Gärten in Herrenhausen verglichen wurde. Ende des 18. Jahrhunderts wurde der Park in einen Landschaftsgarten umgewandelt und Anfang des 19. Jahrhunderts an die Familie von Alten verkauft. Wesentliche Teile des Gutes wurden nach 1945 wegen der Zerstörung des Schlosses und der Gutshäuser als öffentliche Parkanlage mit Spielplätzen und großen Rasenflächen der Öffentlichkeit zugänglich gemacht. Ein bis 1998 in Privatbesitz befindlicher Parkteil konnte im Rahmen des Projekts „Stadt als Garten“ zu einem Schmuckstück mit historischen Elementen gestaltet werden. Besondere Attraktion ist die erhaltene und restaurierte Terrassenanlage des Schlosses und alter Baumbestand, der zum Teil noch aus der Blütezeit des Gutes stammt. Im gesamten öffentlichen Park verteilt lassen sich noch Spuren aus der Vergangenheit entdecken.
Eigentümer/in: Landeshauptstadt Hannover, Fachbereich Umwelt und Stadtgrün, Langensalzastraße 17, 30169 Hannover, Tel. 0511/16843801, Fax 0511/16842914, E-Mail: 67@hannover-stadt.de, Internet: www.hannover.de

Lindener Töpfergarten im Hof

Stephanusstraße 2, Hannover-Linden

Der Innenhofgarten mit kreisförmigem Platz in der Mitte ist gepflastert. Als Ausweg aus der kleinen Grundfläche wurden hauptsächlich Stauden und Kletterpflanzen verwendet. Der Garten ist Bindeglied zwischen Wohn- und Arbeitswelt.
Eigentümer/in: Töpferei Oppermann, Stephanusstraße 2, 30449 Hannover, Tel. 0511/445856, Fax 0511/445654, E-Mail: Mistercera@t-online.de
Veranstaltungen: Ausstellung von Gartenkeramik, Wandbrunnen, Steinzeug-Tafelgeschirren aus eigener Herstellung. Töpfereibesichtigung und -führung möglich

Ndsa 148
Größe: 50 m²
Anmeldung für Gruppen erbeten
Öffnungszeiten:
ganzjährig geöffnet
Mo 15–18 Uhr, Di bis Fr 10–18 Uhr, Sa 10–13 Uhr, geschlossen mittags 14–15 Uhr
Eintritt: frei
9 Lindener Markt
120, 132 Lindener Markt

Privatgarten Schöning

Am Ginsterbusch 15, Hannover

Der in einer über 50 Jahre alten Kleinsiedlung gelegene Hausgarten ist ökologisch gestaltet, naturnah gepflegt und dient überwiegend der Selbstversorgung. Schwerpunkte des Gartens sind eine Regenwassernutzungsanlage, Fassadenbegrünung, Dachbegrünung, Steingarten, Tonteich, Gemüsebeete mit Buchsbaumeinfassung und ein besonderer Pavillon.
Eigentümer/in: Bärbel und Uwe Schöning, Ute Meierdiercks, Am Ginsterbusch 15, 30459 Hannover, Tel. 0511/2330043/2330308

Ndsa 149
Größe: 900 m²
Anmeldung erbeten
Eintritt: frei
Führungen: nach Voranmeldung, kostenlos
Öffnungszeiten:
3, 7 Am Sauerwinkel

Maschpark

Am Maschpark, Hannover

Foto: Bede

Der Maschpark wurde um 1900 in direktem Zusammenhang mit dem Bau des Neuen Rathauses von Gartendirektor Julius Trip geplant und ausgeführt. Mittelpunkt des Parks ist ein mit vielen Einbuchtungen und Vorsprüngen versehener künstlicher Teich, der sich seitlich unter einer Bogenbrücke verengt

Ndsa 150
Eigentümer/in:
Landeshauptstadt Hannover, Fachbereich Umwelt und Stadtgrün, Langensalzastraße 17, 30169 Hannover, Tel. 0511/16843801, Fax 0511/16842914, E-Mail: 67@hannover-stadt.de, Internet: www.hannover.de
Größe: 10 ha
frei zugänglich
Führungen: nach Voranmeldung, Tel. 0511/16843801, 35 €/Gruppe
Informationsblatt zu Führungen durch Parks und Gärten in Hannover ist gegen frankierten, adressierten Rückumschlag erhältlich
s. Adresse Eigentümer/in
1, 2, 4, 5, 6 Aegidientorplatz

🚌 120 Rathaus/Osterstraße
132 Bleichenstraße
P gebührenpflichtig

und dann in ein zweites Becken übergeht. Die Wegeführung orientiert sich meist an den Teichufern, und von verschiedenen Standpunkten aus ergeben sich reizvolle Ausblicke auf eine wirkungsvolle Bepflanzung, die den Park in Szene setzt. Auf einem erhöhten Aussichtspunkt steht die Plastik Schottisches Kreuz von Henry Moore. Der Maschpark ist das Bindeglied zwischen der Innenstadt und der naturnahen Leineaue.

Ndsa 151
Größe: 80 ha
frei zugänglich
Führungen: nach Voranmeldung, Tel. 0511/16843801, 35 €/Gruppe, Informationsblatt zu Führungen durch Parks und Gärten in Hannover ist gegen frankierten, adressierten Rückumschlag erhältlich s. Adresse Eigentümer/in
1, 2, 4, 5, 6 Aegidientorplatz
🚌 132 Maschsee/ Sprengelmuseum
P

Maschsee

Rudolf-von-Bennigsen-Ufer, Hannover

Der Maschsee entstand Anfang der 30er Jahre im Rahmen einer Arbeitsbeschaffungsmaßnahme in der Leinemasch. An seinen Ufern liegen neben mehreren Bootsschulen auch Restaurants sowie am Südufer ein Strandbad. Das Ostufer ist als Promenade gestaltet, während sich das Westufer in geschwungener, landschaftlicher Form darstellt. Von dort führen Wege in die angrenzende, naturnahe Leineaue. Der Maschsee ist das beliebteste Naherholungsgebiet der Hannoveraner. In den Sommermonaten ist er auch Ort verschiedener Veranstaltungen, wie zum Beispiel dem Maschseefest im August. Im Herbst 1997 wurde eine rund 2000 Quadratmeter große Staudenpflanzung nach Plänen des niederländischen Landschaftsarchitekten Piet Oudolf im sogenannten Staudengrund an der Maschseequelle angelegt.

Eigentümer/in: Landeshauptstadt Hannover, Grünflächenamt, Langensalzastraße 17, 30169 Hannover, Tel. 0511/16843801, Fax 0511/16842914, E-Mail: 67@hannover-stadt.de, Internet: www.hannover.de

Veranstaltungen: Maschseefest, August, Infos bei: Hannover Tourist Information, Ernst-August-Platz 2, 30159 Hannover. Boote: Tel. 0511/16849710/11, Bootsfahrten (Abend-/Kaffeefahrten), täglich (wöchentlich)

Ndsa 152
Eigentümer/in: Landeshauptstadt Hannover, Fachbereich Umwelt und Stadtgrün, Langensalzastraße 17, 30169 Hannover, Tel. 0511/16845441/2, Fax 0511/16845670
Größe: 21,7 ha
frei zugänglich
Führungen: nach Voranmeldung
1, 2, 8, 18 Altenbekener Damm

Stadtfriedhof Engesohde

Alte Döhrener Straße 96, Hannover

Der Engesohder Friedhof an der Alten Döhrener Straße wurde 1861 bis 1864 nach Plänen des Stadtbaumeisters Ludwig Droste angelegt. Mit 16 Morgen Größe war er zu damaliger Zeit der größte Begräbnisplatz Hannovers. Der Flächengrundriß zeigt eine Gliederung durch das damals übliche einfache Wegeraster. Durch ein Achsenkreuz entstand eine zusammenhängende symmetrische Gesamtform. Nach 1890 wurde der Friedhof für Beisetzungen in Reihengräbern gesperrt. Damit begann die gärtnerische Ausgestaltung der Innenflächen der Abteilungen mit den heute noch sehr schönen Hecken, Anpflanzungen und Grabstätten.

Der Besucher betritt den Friedhof am Haupteingang durch die Arkaden, die in orientalisch-historisierender Form von Ludwig Droste geschaffen und 1880 von Otto Wilsdorff erweitert wurden. Sehenswert sind neben den Grabmalen auch die aus dieser Zeit stammenden eisernen Einfriedungen der Grabstätten, von denen nur noch wenige erhalten sind. Viele bekannte Persönlichkeiten Hannovers sind hier bestattet.

121 Elkartallee
370 BBS Wirtschaft, Siemensstraße

Stadtpark Hannover

Clausewitzstraße / Stadthalle, Hannover

Der Stadtpark, der zu den gepflegtesten und anspruchvollsten öffentlichen Gärten in Hannover zählt, entstand in enger räumlicher und zeitlicher Verbindung zu den Gebäuden des heutigen Congress-Zentrums. Er zeichnet sich aus durch einen Reichtum an aufeinander abgestimmten Gehölz-, Stauden- und Wechselbepflanzungen in Verbindung mit Wasseranlagen und einem Rosengarten, der zirka 140 Sorten umfaßt. Hier befindet sich auch das Rosencafé. Der Stadtpark wurde 1914 als eine streng axiale Ergänzung zur Stadthalle angelegt. 1933 fand hier die Jahresschau Deutscher Gartenkultur statt, 1951 die erste Bundesgartenschau. Beide Ausstellungen wurden von dem Gartenarchitekten Wilhelm Hübotter planerisch begleitet. Große Teile der Konzeption der BUGA 1951 sind unverändert erhalten geblieben, so daß sich der Stadtpark als einzigartiges Gartendenkmal der Nachkriegszeit darstellt. Eine besondere Attraktion des Stadtparks ist der 1996 eingeweihte und im Rahmen der Städtepartnerschaft zwischen Hannover und Hiroshima geschaffene Japanische Teegarten, in dem regelmäßig die japanische Teezeremonie gefeiert werden kann. Höhepunkte der Vegetationsperiode sind die Blüten der Rhododendren im Mai, die der Rosen im Juni und Juli und die Prachtstauden von August bis September.

Ndsa 153
Eigentümer/in: Landeshauptstadt Hannover, Fachbereich Umwelt und Stadtgrün, Langensalzastraße 17, 30169 Hannover, Tel. 0511/16843801, Fax 0511/16842914, E-Mail: 67@hannover-stadt.de, Internet: www.hannover.de
Größe: 6 ha
Öffnungszeiten: ganzjährig geöffnet, im Sommer 8–21, im Winter 8–16.30 Uhr,
Eintritt: frei
Führungen: nach Voranmeldung, Tel. 0511/16843801, 35 €/Gruppe
11 Congress-Zentrum/ Stadtpark
Veranstaltungen: Pflanzentage im Mai, Rendezvous im Stadtpark und andere Veranstaltungen in den Sommermonaten, Infos bei: Tel. 0511/16843801, Teezeremonie auf Anmeldung

Hermann-Löns-Park

Hermann-Löns-Park, Hannover

Der Hermann-Löns-Park wurde zwischen 1936 und 1939 als verbindendes Glied zwischen Eilenriede und dem Tiergarten gebaut. Dem Park liegt eine außergewöhnliche Gestaltungsidee zugrunde. Einerseits ist er mit Sportanlage, Freibad, Kleingartenanlage, Teich, Spielplätzen und Liegewiesen ein typischer Volkspark. Andererseits stellt er idealisiert ein Stück niedersächsische Landschaft dar. Der Park zeigt die Pflanzen überwiegend an ihrem natürlichen Standort und vermittelt den Eindruck perfekter Natur. Das Anpflanzen von Nadelgehölzen, die in der nordwestdeutschen Niederungslandschaft nicht heimisch sind, wurde grundsätzlich vermieden. In seiner

Ndsa 154
Größe: 100 ha
frei zugänglich
Führungen: nach Voranmeldung, Tel. 0511/16843801, Informationsblatt zu Führungen durch Parks und Gärten in Hannover ist gegen frankierten, adressierten Rückumschlag erhältlich
s. Adresse Eigentümer/in
35 €/Gruppe,
5 Bleekstraße

124, 123 Bleekstraße

besonderen Eigenart ist der Hermann-Löns-Park ein Gartenkunstwerk und eines der bedeutendsten Gartendenkmale der Stadt Hannover. Durch eine differenzierte Parkpflege siedelten sich in den letzten Jahren seltene Pflanzen, darunter auch Orchideen an.
Eigentümer/in: Landeshauptstadt Hannover, Fachbereich Umwelt und Stadtgrün, Langensalzastraße 17, 30169 Hannover, Tel. 0511/16843801, Fax 0511/16842914, E-Mail: 67@hannover-stadt.de, Internet: www.hannover.de

Ndsa 155
Größe: 400 m²
Eintritt: frei
Hannover, Karl-Wiechert-Allee
4 Roderbruch
124, 127 An der Breiten Wiese
Karl-Wiechert-Allee

Wohngarten Rohde am Reihenendhaus

Müdener Weg 61, Hannover

Zwei Gartenteile mit schmaler Verbindung sind – zwischen 5 Nachbargrundstücken und einem Garagenhof – 1970 ums Haus angelegt worden. Der vordere Teil ist seit 1998 durch Natursteinpflaster gegliedert. Fürs Gärtnern ist der allzu schnell trocknende sandige Füllboden ein bestimmender Faktor. Der Pflanzenbestand, möglichst sich selbst überlassen, hat recht widerstandsfähige Gemeinschaften entwickelt: so bieten Bäume, darunter Metasequoia und weiblicher Ginkgo, sowie Sträucher, Stauden, Zweijährige und etliche Nutzpflanzen ganzjährig Erlebnisse.
Eigentümer/in: Barbara und Peter Rohde, Müdener Weg 61, 30625 Hannover, Öffnungszeiten: ganzjährig geöffnet, Empfehlung Wende März/April und Sept./Okt. Anmeldung erbeten Tel. 0511/575828 (8–13 und 18–21 Uhr)

Ndsa 156
Größe: 570 m²
Anmeldung erbeten
Eintritt: frei
Führungen: nach Voranmeldung
124, 127 An der Breiten Wiese

Wohngarten am Reihenbungalow

Wilseder Weg 33, Hannover

Naturnaher Wohngarten am Endhaus einer Reihenbungalowsiedlung. Der reine Wohngarten ist als Erweiterung des Innenraumbereichs angelegt, mit vielfältigen Sitz- und Sichtmöglichkeiten. Kernstück ist die überdachte Terrasse mit einem Wildteich und einer Wildwiese. Seitlich ist ein streng gehaltener Blumen- und Kräutergarten angelegt.
Eigentümer/in: Marianne und Dietrich Lüderwaldt, Wilseder Weg 33, 30625 Hannover, Tel. 0511/575923

Ndsa 157
Eigentümer/in: Tierärztliche Hochschule Hannover, Bünteweg 17 d, 30559 Hannover, Tel. 0511/9538196, Fax 0511/953828196,

Westfalenhof

Bünteweg 17 d, Hannover

Um 1920 legte der Direktor der Lothringen AG Geres in einem feuchten Gelände den Park mit vielen verschiedenen Baum- und Straucharten an. Er ließ die stattliche, heute als Botanisches Institut genutzte Villa mit den beiden Torhäusern

Foto: Schulz

E-Mail: peter.
thoenelt@tihohannover.de
Größe: 4 ha
frei zugänglich
Anmeldung für Gruppen erbeten
Führungen: nach Voranmeldung,
Dr. Dieter Schulz,
Tel. 0173/6068560,
E-Mail:
schulz_dieter@t-online.de
S Linie 6, Bünteweg/ Tierärztliche Hochschule
Bus 131, 370, 371 Westfalenhof
P ♿ i

bauen und nannte sie in Erinnerung an seine westfälische Heimat Westfalenhof. Der Teich wurde vergrößert, eine kleine Insel eingerichtet und in der Nordostecke des Gewässers ein Teehäuschen angelegt. Ende der 40er Jahre erwarb das Land Niedersachsen das Anwesen und stellte es 1953 der Tierärztlichen Hochschule zur Verfügung. Seit dieser Zeit wird der Gehölzbestand durch Zupflanzungen ständig erweitert, um die Anlage für Lehr- und Demonstrationszwecke zu nutzen. Der Name Westfalenhof gilt heute für das gesamte Gelände, das ebenso wie die Gebäude unter Denkmalschutz steht. Mit seinen aus fünf Kontinenten stammenden 227 Baum- und Straucharten stellt er nach dem Berggarten die umfangreichste Gehölzsammlung in Hannover dar. Die Attraktivität dieses Gartens ist bedingt durch das Nebeneinander von einheimischen und ausländischen Arten und von sehr alten und jungen Exemplaren. Der Garten wird durch drei Rundwege gegliedert, alle Gehölzarten sind mit Schrifttafeln versehen.

Hausgarten Hübotter

Tessenowweg 9-11, Hannover-Kirchrode

Der Garten beinhaltet neben Frühjahrsblühern auch Stauden und Wildsträucher in ihren verschiedenen Lebensräumen.
Eigentümer/in: Hübotter, Tessenowweg 9 bis 11, 30559 Hannover-Kirchrode, Tel. 0511/514548

Ndsa 158
Größe: 0,1 ha
max. 18 Pers.
Anmeldung erbeten
Öffnungszeiten: März bis Juli
Eintritt: frei, Spende für Plan International
Bus 5 Großer Hillen

Stadtfriedhof Seelhorst

Garkenburgstraße 43, Hannover

Anstelle zweier kleiner alter Friedhöfe entstand um 1920 an der Seelhorst eine strenge, formale Friedhofsanlage durch Stadtgartendirektor Hermann Kube.
Das Rückgrat der Anlage bildet ein Achsenkreuz, in dessen Schnittpunkt die dominierende Kapelle und das ehemalige Krematorium liegen. Auf beiden Seiten der Achsen reihen sich

Ndsa 159
Eigentümer/in:
Landeshauptstadt Hannover, Fachbereich Umwelt und Stadtgrün,
Langensalzastraße 17,
30169 Hannover,
Tel. 0511/16845441/2,
Fax 0511/16845670

Größe: 68,5 ha
Öffnungszeiten: ganzjährig geöffnet, im Sommer 8–20 Uhr, im Winter 9–17 Uhr
Eintritt: frei
Führungen: nach Voranmeldung
8, 18 Stadtfriedhof Seelhorst
123, 128, 134 Hoher Weg

symmetrisch die Grababteilungen für Erd- und Urnengräber, die bis ins Detail durchgearbeitet waren. Hinter dem ehemaligen Krematorium nimmt ein vertieft liegendes Wasserbecken, flankiert von streng linear gestalteten Urnenabteilungen, die Funktion der Mittelachse wieder auf. Den Abschluß der Achse bildet ein erhöhtes, von Bäumen umrahmtes Halbrund. Hecken und Alleen übernehmen wichtige Gliederungsfunktionen und die optische Führung der Hauptwege. Neben einer Gedenkstätte für die hannoverschen Bomben- und KZ-Opfer ist auch eine Gedenkstätte für niederländische Kriegsopfer eingefügt.

Ndsa 160
Größe: 49 ha
Öffnungszeiten: frei zugänglich bis EXPO-Park-Süd und Parc agricole, Gärten im Wandel 8–19 Uhr
Hannover Laatzen/Messe
8, 18 Messe/Nord; 6, 16 Messe/Ost
330 EXPO-Plaza,
Messe-Ost/Expo-Plaza 340 Avenida de Sevilla

EXPO 2000 – Gärten: „Gärten im Wandel", „EXPO-Park-Süd", „Parc agricole"

Chicago Lane, Hannover

Zur Weltausstellung EXPO 2000 in Hannover wurde ein Gartenband als grüne Achse und Verbindung in den Landschaftsraum Kronsberg vom Berliner Landschaftsarchitekten Kamel Louafi geschaffen. Es stellt heute ein herausragendes und preisgekröntes Beispiel zeitgenössischer Landschaftsarchitektur dar. Die über 1 Kilometer langen, schmalen „Gärten im Wandel" zeigt den Übergang von formalen Elementen und dunklen Tönen im Schwarzen Garten zu weichen, fließenden Linien und hellen Farben im Wüstengarten. Im daran anschließenden „EXPO-Park-Süd" gehen streng geformte Wälle in sanfte Wiesen über. 15 Meter hohe Himmelstürme, eine Rasentreppe und das aufwendig gestaltete Regenrückhaltebecken sind charakteristische Merkmale dieses Gartens. Östlich davon liegt der „Parc agricole", der mit seinen landwirtschaftlich genutzten Wiesen und Äckern den Übergang zum Landschaftsraum Kronsberg schafft. Ein künstlicher Aussichtshügel verschafft weite Blicke über die Stadt und das Umland.
Eigentümer: Landeshauptstadt Hannover, Fachbereich Umwelt und Stadtgrün, Langensalzastraße 17, 30169 Hannover, Tel. 0511/16843801, Fax 0511/16842914, E-Mail: 67@hannover-stadt.de, Internet: www.hannover-stadt.de

Ndsa 161
Größe: 0,8 ha
Anmeldung für Gruppen erbeten
Öffnungszeiten: März bis Okt. Mo–Fr 9–18 Uhr, Sa 9–16 Uhr
Eintritt: frei
Führungen: nach Voranmeldung
Hemmingen
Hemmingen,

Historische Rosengärten

Göttinger Landstraße 75, Hemmingen

Von rosigen Träumen und Zeiten erzählt der neu entstandene Rosenhof Hemmingen. Von einer Natursteinmauer und einer Rosenhecke umschlossen blühen Alte und Historische Rosen, Provencerosen und Duft- und Strauchrosen sowie Aromastauden und -gehölze. Ferner gibt es einen Laubengang mit 60 Rank- und Kletterrosen, den weißen Schattengarten, einen Senkgarten nach Karl Foerster, einen Bauerngarten und einen Wintergarten mit altem Mauerwerk und Spiegelillusion.

Eigentümer/in: Sabine Heiner-Lindenblatt, Göttinger Landstraße 75, 30966 Hemmingen, Tel. 0511/42077-0, Fax 0511/42077-13, E-Mail: info@rosengalerie.de, Internet: www.rosengalerie.de
Veranstaltungen: Rosenführungen im Juni, Informationen über Rosenschnitt, gesunde Rosen, Rosen und Begleitstauden, aktuelle Terminvorschau im Internet

Deveser Straße
→ Direkt an der B 3, Ecke Deveser Straße, Privateinfahrt durchfahren

Privatgarten Meyer

Bachstraße 41, Sarstedt

Der Schwerpunkt des Gartens mit viktorianischem Pavillon, Bachlauf und Teichen liegt auf Historischen und Englischen Rosen. Die Beete sind mit Buchsbaum eingefaßt. An der Terrasse ist ein Gewächshaus in mediterranem Stil errichtet.
Eigentümer/in: Elke Meyer, Bachstraße 41, 31157 Sarstedt, Tel. 05066/64440, Fax 05066/64440

Ndsa 162
Größe: 400 m²
Anmeldung für Gruppen erbeten
Öffnungszeiten: Juni (s. Öffnung Offene Pforte Hannover)
Eintritt: frei
DB Hannover
1 Röntgenstraße

Regionaler Grünzug / Park der Sinne

Hauptstraße, Karlsruher Straße, Laatzen

Als Herzstück des EXPO-Projektes „Regionaler Landschaftsraum am Kronsberg" wurde der vom hannoverschen Garten- und Landschaftsarchitekten Hans-Joachim Adam geplante Park im Jahr 2000 eröffnet. Die vier Elemente Feuer, Wasser, Luft, und Erde können an verschiedenen Erlebnisstationen die Sinne Sehen, Hören, Fühlen, Schmecken und Riechen geschärft werden. Ein hoher, mit Wildrosen und anderen Wildgehölzen dicht bepflanzter Wall schirmt den Park vom Verkehrslärm ab, die eingeschlossene Fläche ist einem Talkessel nachempfunden. Auf einem Spaziergang durch den Park können zahlreiche Erlebnisstationen entdeckt werden: Treffpunkt am Wasser, Garten der Düfte, Trockental, Hecken-Labyrinth, Info-Station, Echo-Garten, Ort der Idylle, Steiniger Weg, Civitan- Hain, Ort der Begegnung, Spielwald, Quelle, Tal der Schmetterlinge, Schlucht und Spiel der Farben.
Eigentümer/in: Stadt Laatzen, Marktplatz 13, 30880 Laatzen, Tel. 0511/82050 und 875 6874, Fax 0511/8205373, E-Mail: rathaus@laatzen.de, Internet: www.laatzen.de

Ndsa 163
Größe: 7 ha
Öffnungszeiten: ganzjährig geöffnet, 8 Uhr bis Einbruch der Dunkelheit
Eintritt: frei
Führungen: nach Voranmeldung, für Gruppen bis 25 Personen, 75 €/Gruppe, 50 €/ermäßigungsberechtigte Gruppe
DB Laatzen-Messe, Eingang Karlsruher Straße
1 Park der Sinne

Privatgarten Overfeld

Siekfeldstraße 17, Lehrte, OT Aligse

Der Garten bietet Mensch wie Tier Lebensraum mit unterschiedlichen Sitzplätzen, Trockenmauern, Teich und Bachlauf. Außerdem gibt es einen vielseitigen Obst- und Gemüsegarten.
Eigentümer/in: Waltraud Overfeld, Siekfeldstraße 17, 31275 Lehrte, OT Aligse, Tel. 05132/3461
Attraktionen: Windlichtkeramiken

Ndsa 164
Größe: 765 m²
Öffnungszeiten: s. Offene Pforte Hannover und nach Vereinbarung
Eintritt: frei
DB Lehrte
Pflanzen werden verschenkt

Ndsa 165
Größe: 0,1 ha
Anmeldung erbeten
Öffnungszeiten: Mai bis September
Eintritt: frei
Führungen: nach Voranmeldung, für Gruppen bis 10 Personen, 30 €/Gruppe
DB Peine
Bus 6 Edemissen
P

Privatgarten Gemba

Waterkamp 24, Edemissen

Der Naturgarten ist umgeben von Wildsträucherhecken in 50 verschiedenen Arten, davon 10 verschiedene Wildrosen. Trockenmauern, Trockenbeete, Sumpfgraben und Teich, Fassaden- und Dachbegrünung, jeweils mit entsprechender Wildstaudenflora, kleiner Wildblumenwiese, Wege und Sitzplätze verteilen sich rund um das Niedrigenergie-Haus.
Eigentümer/in: Rosemarie und Wolfgang Gemba, Waterkamp 24, 31234 Edemissen, Tel. 05176/90038, Fax 05176/922502, E-Mail: rosemarie.gemba@t-online.de

Ndsa 166 NEU
Größe: 1 ha
Anmeldung erbeten
Eintritt: frei
Führungen: nach Voranmeldung
Öffnungszeiten: Muttertag 11–18 Uhr
DB Dollbergen
P

Arboretum Dr. Weidner

Im Steinkamp 24, Edemissen-Abbensen

Seit der Gründung des Arboretums (Baumsammlung) vor über dreißig Jahren werden nach mehreren Erweiterungen jetzt zirka 270 verschiedene Gehölze kultiviert. Am 600 m² großen Teich wachsen nässeliebende Gehölze, andere bevorzugen auf dem sandig-lehmigen Boden trockene Standorte.
Eigentümer: Dr. med. Reinhard Weidner Im Steinkamp 24, 31234 Edemissen-Abbensen, Tel. 05177/98000, Fax 05177/980098

Ndsa 167
Eigentümer/in: Stadt Peine, Tiefbauamt, Kantstraße 5, 31207 Peine, Tel. 05171/49429, Fax 05171/49390
Größe: 0,4 ha
frei zugänglich
DB Peine
→ Im Stadtzentrum
P

Villengarten im Unternehmenspark II

Woltorfer Straße, Peine

Eingebettet in den Unternehmenspark II, der in den frühen 90er Jahren des letzten Jahrhunderts entstand, liegt der 1926 angelegte Garten der Gäbler-Villa, eine geometrische Anlage mit Parterre und Natursteinmauer. Der verwilderte Garten wurde zwischen 1992 und 1993 nach Plänen von Ruprecht Dröge, Hannover, unter Berücksichtigung der alten Grundsätze wiederhergestellt. Die auf das Villengebäude ausgerichtete Wegeachse mit Rankbogen durchschneidet den mit Buchsbeeten und Staudenunterpflanzungen versehenen Rosengarten und ein vertieftes Pflasterparterre, das von Staudenpflanzungen eingefaßt ist. Die vorhandenen Altbäume konnten behutsam in die Gestaltung integriert werden.

Ndsa 168
Eigentümer/in: Stadt Peine, Tiefbauamt, Kantstraße 5, 31207 Peine, Tel. 05171/49429, Fax 05171/49390
Größe: 0,5 ha
frei zugänglich

Rosengarten am Stadtpark

Am Rosengarten, Peine

Der östlich an den Peiner Stadtpark angrenzende Grünzug wurde Mitte der 60er Jahre angelegt. In seinem Mittelteil befindet sich ein Rosengarten, der an seiner Nordkante mit einer Pergola begrenzt ist. Dieser Grünzug wird täglich von mehreren hundert Schülern der umliegenden Schulen genutzt.

Wegen einer sehr hohen Zerstörungsbelastung wurde 1988 der gesamte Bereich erneuert und mit gärtnerisch aufwendigen Rabatten versehen. Der Rosengarten selbst wurde mit neuen Rosensorten, Gräsern und niedrigen Koniferen aufgewertet.

P gebührenpflichtig
🐕 ♿

Burgpark
Am Amtshof, Peine
Wie der Name schon andeutet liegt der Burgpark auf dem Gelände der mittelalterlichen Burg. Bei der vor einigen Jahren durchgeführten Renovierung und Erweiterung der Anlage wurden die Befestigungsanlage freigelegt und die ursprünglich vorhandene Zugbrücke gestalterisch nachempfunden. Von dem Plateau der restaurierten Kasematte und der angrenzenden Erdwallbastion eröffnet sich das Panorama der Altstadt. Neben dem alten Baumbestand bieten ein historischer Brunnen, eine aufwendige Pergolaanlage und vielgestaltige Staudenrabatten eine hohe Aufenthaltsqualität.
Eigentümer: Stadt Peine, Kantstr. 5, 31224 Peine,
Tel. 05171/49429, Fax 05171/49463,
E-Mail: info@peine.de, Internet: www.peine.de

Ndsa 169
Größe: 0,57 ha
Führungen nach Voranmeldung
Verkehrsverein Peine,
Tel. 05171/48200
20 Personen 41 €
frei zugänglich
DB Peine
Veranstaltungen Musikfestival Juli/August Verkehrsverein Peine
♿ teilweise

Privatgarten Heimberg
Im Boege 14, Peine-Rosenthal
Abwechslungsreicher naturnaher Garten mit mehreren Sitzplätzen ums Haus. Er umfaßt unter anderem zahlreiche Gehölze, Stauden, Buchs und Bambus.
Eigentümer/in: Edeltraud und Horst Heimberg,
Im Boege 14, 31226 Peine-Rosenthal, Tel. 05171/53690,
Fax 05171/54806, Führungen: nach Voranmeldung

Ndsa 170
Größe: 0,1 ha
Anmeldung erbeten
Öffnungszeiten:
ganzjährig geöffnet
Eintritt: frei
DB Peine
🚌 Peine-Rosenthal
P

Privatgarten Thiem
Breslauer Ring 10, Leiferde bei Gifhorn

Foto: Thiem

Ndsa 171
Eigentümer/in:
G. und H.Thiem,
Breslauer Ring 10,
38542 Leiferde,
Tel. 05373/1587
Größe: 0,1 ha
Anmeldung erbeten
Öffnungszeiten:
nach Vereinbarung
Eintritt: frei
Führungen: nach Voranmeldung, kostenlos
DB Leiferde
→ Bei Anmeldung
P

Dieser romantische Waldgarten gliedert sich in verschiedene Gartenräume. Er zeichnet sich durch seine große Pflanzenvielfalt aus: Vor allem seine Schattenstauden und seine alpinen Stauden sind sehenswert.

Ndsa 172
Größe: 0,1 ha
Anmeldung für Gruppen erbeten
Öffnungszeiten: ganzjährig geöffnet
Eintritt: frei
DB Calberlah
P

Privatgarten Mudra-Bebnowski

Zu den Höfen 9, Calberlah, OT Edesbüttel

Der Privatgarten auf dem Lande am Ortsrand eines Dorfes gliedert sich in unterschiedliche Gartenbereiche: Terrassen, Wasserfläche, Stauden- und Gehölzpflanzungen, Obstwiese, Rasen-, Wege- und Hofflächen.
Eigentümer/in: FamilieMudra-Bebnowski, Zu denHöfen 9, 38547 Edesbüttel, Tel. 05374/4200, Fax 05374/6500

Ndsa 173
Eigentümer/in: Frauke und Karl-Heinz Bunge, Am Walde 6, 38533 Vordorf-Eickhorst, Tel./Fax 05304/4770
Größe: 0,1 ha
Anmeldung erbeten
Öffnungszeiten: Mai bis Sept.
Eintritt: frei
Führungen: nach Voranmeldung, kostenlos
Attraktionen: Rosenblüte
P

Privatgarten Bunge

Am Walde 6, Vordorf-Eickhorst

Foto: Bunge

Der Staudengarten zeichnet sich durch eine Vielzahl Historischer und Alter Rosen aus. Wunderschöne Staudenrabatten in Hanglage, Teich, Bachlauf und verschiedene gemütliche Sitzplätze geben dem Garten einen romantischen Charakter. Der Garten befindet sich nahe dem Waldrand.

Ndsa 174
Größe: 0,6 ha
Anmeldung erbeten
Öffnungszeiten: Mai bis Okt. nur nachmittags
Eintritt: frei
Führungen: nach Voranmeldung, kostenlos
DB Braunschweig
Bus 450, von Braunschweig

Hausgarten Lange und Parkanlage

Denstorfer Straße 3, Vechelde-Wedtlenstedt

Der Hausgarten und die Parkanlage mit Teichen liegen direkt nebeneinander. Rosen aller Klassen, Gehölze und Stauden – farblich aufeinander abgestimmt – bestimmen die Bepflanzung.
Eigentümer/in: Sabine Lange, Denstorfer Straße 3, 38159 Vechelde-Wedtlenstedt, Tel. 05302/1713
→ Von der B 1 Braunschweig–Hildesheim in Denstorf in die Denstorfer Straße. Kurz vor der Einmündung in den Stadtweg rechts zur Schule, auf der linken Seite

Privatgarten Vemmer

Hornkampsweg 3, Vechelde-Wedtlenstedt

Der Garten umfaßt Kleinstrauchrosen auf Bodendeckern, vor allem Thymian, Bodendeckerstauden, Kletterrosen und einige Ziersträucher.

Eigentümer/in: Eilike und Herward Vemmer, Hornkampsweg 3, 38159 Vechelde-Wedtlenstedt, Tel. 05302/4134

Ndsa 175
Größe: 0,5 ha
Anmeldung erbeten
Öffnungszeiten:
ganzjährig geöffnet
Eintritt: frei
🚌 450, von Braunschweig Wedtlenstedt, Schleusenstraße

Schloßpark Fallersleben

Hofekamp / Hinterm Hagen, Wolfsburg

Der Schloßpark bildet innerhalb von Fallersleben, das heute als Stadtteil zur Stadt Wolfsburg gehört, den zentralen Freiraumbereich. Zusammen mit den angrenzenden historischen Bauten wie Schloß, Kirche, Hoffmannhaus oder Brauscheune prägt er ganz entscheidend das Bild der Altstadt. Das Schloß Fallersleben wurde erstmals 1337 erwähnt. Der Park, über dessen historische Entwicklung nur wenig bekannt ist, entstand aus einer Vielzahl von Gärten und ehemaligen Hofanlagen.

Ndsa 176
Eigentümer/in: Stadt Wolfsburg, Geschäftsbereich Grün, Dieselstraße 17, 38446 Wolfsburg,
Tel. 05361/282812,
Fax 05361/281807
Größe: 3,7 ha
frei zugänglich
🚌 3 Gröpertor
4 Altes Brauhaus
P gebührenpflichtig

Schloßpark Alt-Wolfsburg

Schloßstraße, Wolfsburg

Der Schloßpark wurde Anfang des 19. Jahrhunderts als Landschaftspark durch die damaligen Eigentümer, die Grafen von der Schulenburg, angelegt. Dieser Park ist eng mit dem Schloß Wolfsburg verknüpft und damit Bestandteil einer historischen Gesamtanlage. Von besonderer Bedeutung ist der alte Baumbestand und die gut erlebbare Raumstruktur des Parks.

Ndsa 177
Eigentümer/in: Stadt Wolfsburg, Geschäftsbereich Grün, Dieselstraße 17, 38446 Wolfsburg,
Tel. 05361/282812,
Fax 05361/281807
Größe: 6,5 ha, frei zugänglich
🚌 1 Alt-Wolfsburg
P

Barockgarten Alt-Wolfsburg

Schloßstraße, Wolfsburg

Der Barockgarten wird erstmals Anfang des 18. Jh. als Lustgarten oder Neuer Park erwähnt. Wie der Schloßpark Alt-Wolfsburg ist auch der Barockgarten eng mit dem Ausbau des Schlosses Alt-Wolfsburg verbunden. Mit dem Parterrebereich, den Heckenbosketts und dem Parkwaldgürtel, die mehrfach saniert und umgestaltet wurden, dient der Barockgarten der Erholung sowie bei festlichen Gelegenheiten zur Repräsentation und als Kulisse für Veranstaltungen.

Ndsa 178
Eigentümer/in: Stadt Wolfsburg, Geschäftsbereich Grün, Dieselstraße 17, 38446 Wolfsburg,
Tel. 05361/282812,
Fax 05361/281807
Größe: 1,7 ha,
frei zugänglich
🚌 1 Alt-Wolfsburg
P

Kurpark Bad Pyrmont

Bad Pyrmont

Die seltene Verbindung von intaktem barocken Alleensystem mit einem Landschaftsgarten gibt dem Park eine herausragende gestalterische Qualität und ist Zeugnis der Entwicklung

Ndsa 179
Größe: 17 ha
frei zugänglich
Eintritt: 3 € nur April bis Okt., ermäßigt 1,50 €, für Schüler,

Studenten
Gruppen ab 10 Personen
2 €/Person
Führungen: Historische Kurparkführungen, Botanische Parkführungen nach Plakatankündigung oder Vereinbarung, 2,50 €/Person, Gruppen ab 20 Pers. 50 €, Tel. 05281/151802
DB Bad Pyrmont
diverse Kaiserplatz
diverse Untere Hauptallee
P
Veranstaltungen: Goldener Sonntag Parkillumination, Feuerwerk, Musikdarbietungen erster Sonntag im Sept., Infos bei: Informationszentrum, Tel. 05281/940511, Fax 05281/940555, Pyrmonter Sommer Kulturelle Veranstaltungen Juli bis Aug. Kurmusik, Konzerte des Kurorchesters tägl. außer Mi
Floristik, Palmen

Bad Pyrmonts zur Kurstadt. Die Anlage geht auf Graf Georg Friedrich von Waldeck-Pyrmont zurück, der 1668 die Hauptallee anlegen ließ. Bis 1772 wurde das Pyrmonter Alleensystem vervollständigt und ist bis heute Gliederungselement der Stadt und der Kuranlagen. Ein Teil der Alleen konnte in den letzten Jahren ersetzt werden. Von 1903 bis 1907 erweiterte der fürstliche Gartendirektor Julius Trip den Kurpark nach Westen. Hofgartendirektor Werner Dirks vervollständigte den Kurpark und schuf durch Umwandlung der französischen Anlage den Palmengarten, den bekanntesten Parkteil. Mit 330 bis zu 11 Meter hohen Palmen verschiedener Arten und über 400 tropischen und subtropischen Gewächsen ist der Palmengarten die nördlichste Palmenfreianlage Europas. In den Wintermonaten sind die Palmen in den Palmenhäusern zu besichtigen. Die 20 Hektar umfassende nördliche Kurparkerweiterung bis an den Waldrand des Bombergs, den Bergkurpark, ließ Werner Dirks in den 30er Jahren anlegen. Die historische Entwicklung der Anlagen ist heute noch gut nachlesbar. Die letzte wesentliche Maßnahme war 1995 bis 1998 die Neupflanzung der Klosterallee in einer Länge von 1,2 Kilometer mit Kaiserlinden. Das ortsprägende Erscheinungsbild der barocken Alleen wird damit auch für künftige Generationen erhalten.
Eigentümer/in: Niedersächsisches Staatsbad Pyrmont, Kurverwaltung, Heiligenangerstraße 6,
31812 Bad Pyrmont, Tel. 05281/151515, Fax 05281/151910
Attraktionen: Heilquellen, Schloß mit Festungsanlage, Museum, Naturphänomen „Dunsthöhle" (CO_2-Gasaustritt)

Ndsa 180
Eigentümer/in:
Dietrich Freiherr von Hake, Rittergut Ohr, 31860 Emmerthal, Tel. 05151/64563,

Ohrbergpark

Rittergut Ohr, Emmerthal

Der Park auf dem Ohrberg liegt nur wenige Kilometer südlich von Hameln, wurde 1817 bis 1840 durch Georg Adolph von Hake angelegt und von den nachfolgenden Generationen behutsam weiterentwickelt und gepflegt. Die Anlage ist ein wichtiges Zeugnis für Landschaftsgärten in Niedersachsen und bildet zusammen mit den Gutswiesen und dem Rittergut Ohr ein unter Denkmalschutz stehendes Ensemble. Seit 1997 erfolgen auf Grundlage eines Parkpflegekonzepts umfangreiche Rodungsarbeiten zur Wiederherstellung von Sichtachsen, erweiterten Parkwiesen und Ausblicken ins Wesertal.

Fax 05151/63786
Größe: 15 ha,
frei zugänglich
Attraktionen: Blüte von Rhododendren- und Azaleenbüschen
➜ 5 km südlich von Hameln an der B 83

Park des Ritterguts Hastenbeck

Von-Reden-Weg 15, Hameln-Hastenbeck

Der Park des Ritterguts Hastenbeck liegt an einem neugotischen Schloß aus dem Jahr 1869. Er wurde nach den Freiheitskriegen von dem Königl.-Hannov. Major Ferdinand von Reden angelegt. Durch eine von Tilly zerstörte Wasserburg in der Mitte des Landschaftsparks gibt es Höhenunterschiede, Graften und Teichflächen. Neben einer 300- bis 400jährigen Esche gibt es eine Vielzahl schöner, alter und zum Teil außergewöhnlicher Bäume, wie eine Süntelbuche, eine schlitzblättrige Platane und die blaue Form eines Riesenmammutbaumes.
Führungen: nach Voranmeldung

Ndsa 181
Eigentümer/in:
Frank-Garlich Hohlt,
Bückebergstraße 23,
31789 Hameln-Hastenbeck,
Tel. 05151/56617,
Fax 05151/56618
Größe: 5 ha
Öffnungszeiten:
ganzjährig geöffnet
Anmeldung erbeten
Eintritt: frei
➜ bei Anmeldung

Gutspark Westerbrak

Westerbrak 10, Kirchbrak

Von dem zwischen 1667 bis 1678 angelegten Garten sind neben zwei Terrassen mit barockem Engelstor von 1733 noch Treppen, Bassin mit Springbrunnen, Skulpturen und eine Lindenallee erhalten. Von dem alten Baumbestand sind eine Trauerbuche, große Magnolien und ein etwa 150jähriger Tulpenbaum besonders erwähnenswert.
Eigentümer/in: Eckbrecht von Grone, Westerbrak 10, 37619 Kirchbrak, Tel. 05533/2623,
Fax 05533/1085, E-Mail: gronewesterbrak@t-online.de

Ndsa 182
Größe: 2,5 ha
Anmeldung für Gruppen erbeten
ganzjährig geöffnet
DB Hameln, Holzminden
Bus RBB Westerbrak

Gutspark Hasperde

Hasperder Straße 4, Bad Münder-Hasperde

Schon im 18. Jahrhundert war der Gutspark architektonisch im französischen Stil gestaltet. Davon sind heute nur Reste erhalten. 1825 wurde die Anlage in einen Englischen Landschaftsgarten umgewandelt. Einige der damals gepflanzten Bäume wie die Griechische Tanne (Abies cephalonica) und ein reizvolles Gartenhaus stammen noch aus dieser Zeit. Zwischen 1870 und 1890 erfuhr der Park eine weitere Umgestaltung und Bepflanzung, die wesentlich das heutige Aussehen bestimmen. Die Wegegestaltung und einige Solitärbäume gehen auf die Planung des Gartenarchitekten Otto Ebert aus Hannover

Ndsa 183
Größe: 2 ha
Anmeldung erbeten
Öffnungszeiten: Freitag im Sommer 14–17 Uhr und nach telef. Vereinbarung
Eintritt: frei, Spende zur Erhaltung erbeten
Führungen: nach Voranmeldung, kostenlos
DB Bad Münder
Bus 15, 16 Hasperde, Ort
➜ in Hasperde abseits der B 217

zurück. Ein wichtiger Blickpunkt in der Hasperde umgebenden Landschaft ist das Mausoleum, 1882 als Begräbnisstätte für die Besitzer des Guts Hasperde erbaut.
Eigentümer/in: Graf und Gräfin Adelmann, Hasperder Straße 4, 31848 Bad Münder-Hasperde, Tel. 05151/52490, Fax 05151/53719, E-Mail: adelmann.hasperde@t-online.de

Ndsa 184
Größe: 14 ha
frei zugänglich
Führungen: nach Voranmeldung
DB Bad Münder am Deister
S S5 Hannover-Hameln
Veranstaltungen: Konzerte, Mai bis September 10.45 und 15.45 Uhr, Oldies, Pop und Rock'n Roll, Freitag vor Pfingsten, Lichterfest, letzter Samstag im August, Soundmix im Park, Juni bis August, 14tägig donnerstags, KiK – Kunst im Kurpark, September
Infos bei Tourist-Information der GeTour GmbH, Tel. 05042/929804, Fax 05042/929805

Kur- und Landschaftspark Bad Münder

Am Kurpark, Bad Münder

Dem klaren Entwurf der renommierten Züricher Landschaftsarchitekten Kienast, Vogt und Partner folgend, wurde der erweiterte Kur- und Landschaftspark unter Betonung vorhandener landschaftlicher Qualitäten gestaltet. Ziel war es, aus Bestehendem und Neuem ein ausgewogenes Ganzes zu schaffen und dabei Natur und Kultur in bewußten Kontrast zu setzen. Der alte Kurpark mit seinem beeindruckenden Baumbestand, Kugeleiben und Wechselflorbepflanzung bildet durch seine Lage an Konzertmuschel, Konzertsaal und Kurmittelhaus das stimmungsvolle kulturelle Herz der Anlage. Der neue Parkteil, geprägt durch seine Lage am Hang, bietet zum einen faszinierende Ausblicke, zum anderen eröffnet er durch seine Freizeitangebote wie Minigolf, Freiluftschach und Kinderspielplatz Möglichkeiten der Begegnung, bietet aber auch Orte, die einfach zum ruhigen Sein anregen. Am neuen Kurparksee ragen lange schmale Steininseln wie Tierrücken aus dem Wasser. Ein Regenrückhaltebecken ist als idyllischer kleiner See angelegt. Ein Gradierwerk auf Basis der vorhandenen Solequelle und eine Wassertretstelle mit biologischer Wasserreinigung ergänzen das Angebot.
Eigentümer/in: Stadt BadMünder am Deister, Postfach 1140, 31841 Bad Münder, Tel. 05042/9430, Fax 05042/943150, E-Mail: info@bad-muender.de, Internet: www.bad-muender.de

Ndsa 185
Größe: 300 m²
Anmeldung erbeten
Öffnungszeiten: März bis Okt.
Eintritt: frei
DB Nordstemmen
→ Heyersumer Straße, hinter Gewächshäusern links
✿ Stauden, heimische Wildpflanzen

Privatgarten Tangermann

Rauhe Wiese 17, Nordstemmen

Ein Hausgarten im Wandel der Zeit: Über 40 Jahre lebt dieser Garten und hat trotz einiger baulicher Veränderungen am Haus seine klaren Formen und Linien beibehalten. Durch das Wachstum der Gehölze haben die zurückhaltenden Schattenstauden die vielen, farbenprächtigen Sonnenstauden mit den Jahren verdrängt. Im Frühjahr übersäen Schneeglöckchen, Krokus, Primula vulgaris, Veilchen und Günsel den Rasen mit ihren Blüten.
Eigentümer/in: Erika und Willi Tangermann, Rauhe Wiese 17, 31171 Nordstemmen, Tel. 05069/3683, Fax 05069/3030

Wallanlagen und Ernst-Ehrlicher-Park

Hildesheim

Wie in vielen anderen Städten wurden auch in Hildesheim die mittelalterlichen Stadtmauern im 19. Jahrhundert geschleift und überbaut. Ein großer Teil der Wallanlagen und Gräben blieben jedoch erhalten und wurden zu einer innerstädtischen Grünanlage umgestaltet, die den alten Stadtkern von drei Seiten umschließt. Da die bis zu 25 Meter hohen Wälle ihre ursprünglichen Ausmaße bewahrt haben, sind sie auch von großem historischem Wert. Unmittelbar angrenzend liegt der Ernst-Ehrlicher-Park, der sich aus einem um 1885 angelegten Villengarten entwickelte und noch über viele Bäume aus seiner Gründungszeit verfügt. Seit den 20er Jahren steht der Park der Öffentlichkeit zur Verfügung und ist durch eine naturnahe Pflege ein Rückzugsgebiet von gefährdeten Tier- und Pflanzenarten.

Ndsa 186
Eigentümer/in:
Stadt Hildesheim,
Marktstraße 13,
31134 Hildesheim,
Tel. 05121/301282,
Fax 05121/301308
Größe: 19 ha
frei zugänglich

Garten am Lerchenberg

Bleckenstedter Straße 12, Hildesheim

Seit 1987 wurde der Garten im Außenbereich Hildesheims in teils steiler, steiniger Hanglage angelegt und durch Terrassierung im Trockenmauerverfahren und durch freistehende Trockenmauern gegliedert. Durch Freilegung einer Fläche von zirka 800 Quadratmetern des anstehenden Muschelkalks gelang die Anlage eines Felsflurgartens. Neben Sammelschwerpunkten wie alpine, ungewöhnliche Stauden und seltene Gehölze für kalkige Lagen gibt es weitere Pflanzungen von Gehölzen sowie Stauden für schattige Bereiche.

Eigentümer/in: Karl-Heinz Neuwirth,
Bleckenstedter Straße 12, 31137 Hildesheim,
Tel. 05121/44377, Fax 05121/44377

Ndsa 187
Größe: 0,3 ha
Anmeldung erbeten
Öffnungszeiten: nur an bestimmten Tagen, nach Vereinbarung
Eintritt: frei,
Spenden zu Gunsten der Gartenbotanischen Vereinigung/Arktisch-Alpiner Garten Chemnitz
Führungen: nach Voranmeldung, für Gruppen bis 20 Personen
3, 4 Waldquelle
→ Bei Anmeldung

Privatgarten Kruse

Dammstraße 39, Eberholzen

Der extensiv gepflegte Garten um einen alten Fachwerkkleinbauernhof des 17. bis 20. Jahrhunderts vereint gärtnerisch Europa mit Ostasien. Vor dem Wohnhaus und einer Fachwerkscheune liegt ein buchsgefaßter Rosen- und Staudengarten. Hinter den Häusern liegen – umgeben von einer Wiese – ein klassischer Japanischer Steingarten und ein Wandelgarten mit großem Teich und Steinen. Über eine Brücke gelangt man in den von Hecken umgebenen Teegarten mit japanischem Teehaus. Besondere Attraktionen bilden Trockenwasserfälle und von Ahornbäumen, Azaleen und Päonien umgebene japanische Wasserbecken. Ein Bambushain mit vielen Phyllostachysarten bildet den Hinter-

Ndsa 188
Eigentümer/in: Christine und Karl Bernhard Kruse,
Dammstraße 39,
31079 Eberholzen,
Tel. 05065/8669
E-Mail: Karl-Bernhard.Kruse@Bistum-Hildesheim.de
Größe: 0,4 ha
Besichtigung nach Anmeldung, ganzjährig, nur mit Führung
Eintritt: Spende
P
→ bei Anmeldung

grund für den Teich. *Helleborus orientalis* von weiß- bis schwarz-, rot-, gelb- und blaublühend werden aus Samen gezogen und in kleinen Mengen auch abgegeben. Eine Bonsaisammlung einheimischer Arten wird seit fünfzehn Jahren gepflegt.

Ndsa 189
Größe: 5,2 ha
frei zugänglich
DB Bad Salzdetfurth und Solebad
Bus 2453 Detfurther Allee
P gebührenpflichtig

Kurpark Bad Salzdetfurth

Bad Salzdetfurth

Der Kurpark bietet vom üppigen Blumenzwiebelflor im Frühjahr bis zur Herbstfärbung der Bäume in jeder Jahreszeit neue Aspekte. Besonders hervorzuheben sind die 250 Jahre alten Gradierwerke und das Rosarium mit vielfältigen Rosenarten.
Eigentümer/in: Kurbetriebsgesellschaft Bad Salzdetfurth mbH, Unterstraße 87, 31162 Bad Salzdetfurth,
Tel. 05063/9000, Fax 05063/1260
Veranstaltungen: Kurparkkonzerte, Chöre, Kapellen, Musikkorps Mai bis Oktober, So 15–17 Uhr

Ndsa 190
Größe: 100 ha
frei zugänglich
Führungen: nach Voranmeldung, Tel. 05327/829103 für Gruppen bis 60 Personen, 5 €/Person
Mindestentgelt: 50 €,
Attraktionen: Blüte, Herbstlaubfärbung
P
Veranstaltungen: Trekkingtouren Infos bei: Bad Grund Information,

Arboretum Bad Grund

Am Forstamt 8, Bad Grund

Das niedersächsische Forstamt Riefensbeek entwickelt in der Nähe des Harzer Bergstädtchens Bad Grund seit 1975 einen Exotenwald. Der Aufbau erfolgt nach pflanzensoziologischen Gesichtspunkten, ganze Waldgesellschaften aus den verschiedensten Erdteilen werden kultiviert. Die Pflanzungen sind in ein langfristig konzipiertes Beobachtungs- und Messungsschema integriert. Die einzelnen Bestände sollen Aufschluß über die Resistenz der eingeführten Baumarten gegenüber biotischen und abiotischen Schadfaktoren geben, Wuchsvergleiche zwischen fremdländischen und einheimischen Arten ermöglichen und das waldbauliche Verhalten der fremdlän-

dischen Baumarten außerhalb ihres natürlichen Verbreitungsgebietes aufzeigen. Darüber hinaus erhält das Arboretum eine vielgestaltige und interessante Wander- und Erholungslandschaft.
Eigentümer/in: Niedersächsisches Forstamt Riefensbeek, Sösetalstraße 37, 37520 Osterode,
Tel. 05522/90420, Fax 05522/904255

Tel. 05327/700710,
Fax 05327/700770

Schwikkardscher Klostergarten

Frankenberger Plan 5A, Goslar

Nach der Säkularisation ging das Kloster Frankenberg 1838 in das Privateigentum der Familie Schwikkard über. Ein Teil des parkartigen Geländes übernahm vor 40 Jahren ein christliches Sozialwerk, das darin ein Altenheim errichtete. Der übrige Klostergarten blieb im Familieneigentum. Der Klostergarten zeichnet sich vor allem durch seinen alten Baumbestand, die üppige Blütenpracht, ein Feuchtbiotop für Feuersalamander und freilaufende Zwerghühner aus. Neben der „Königslaube“ steht ein alter Ginkgo, den der hannoversche König Georg V., der ab 1862 während seiner Kuraufenthalte mit seinem Hofstaat im Kloster Frankenberg weilte, der Familie Schwikkard schenkte.

Ndsa 191 NEU
Eigentümerin:
Christa Schwikkard,
Frankenberger Plan 5A,
38640 Goslar,
Tel. 05321/20511
Größe: 0,4 ha
Anmeldung erbeten
Eintritt: freiwillige Spende
Führungen: nach Voranmeldung
Öffnungszeiten: April–Oktober
DB Goslar ab Bahnhof 1 km
P gebührenpflichtig
✿ soweit vorhanden, Besonderheiten Phlox und Astilben

Gutspark Altenrode

Rittergut Altenrode, Gielde

Durch Erweiterung einer älteren Parkanlage neben dem Gutsgarten ist der heutige Landschaftspark zwischen 1895 und 1909 um das neu erbaute Gutshaus im Villenstil entstanden. Der unbekannte Planer hat die vorhandenen zwei Teiche, eine alte Klostermauer, Weideland, 250jährige Huteeichen und Waldteile in die Parkanlage mit einbezogen und weite Durchblicke auf die Harzberge geschaffen. In den letzten Jahren sind Brücken, Tennisplatz und Rhododendronpflanzungen erneuert worden. Besonderheit des Parks, der mit der gesamten Gutsanlage unter Denkmalschutz steht, ist eine zirka 180jährige Sumpfzypresse *(Taxodium distichum)*.
Eigentümer/in: Johann Diedrich Wätjen,
Rittergut Altenrode, 38315 Gielde,
Tel. 05339/809, Fax 05339/441

Ndsa 192
Größe: 4,8 ha
Anmeldung erforderlich
Öffnungszeiten: Wochenenden im Mai und Juni nach Vereinbarung
Eintritt: frei
Führungen: nach Voranmeldung
→ K 83 zwischen Werlaburgdorf und Gielde, Landkreis Wolfenbüttel
P

Botanischer Garten der Technischen Universität Braunschweig

Humboldtstraße 1, Braunschweig

Der Botanische Garten in Braunschweig, im 19. Jahrhundert als Anatomiegarten angelegt, gehört heute noch zu den

Ndsa 193
Größe: 4 ha
Anmeldung für Gruppen erbeten
Öffnungszeiten: im Sommer 8–18 Uhr, Gewächshäuser:

Di–Do 13.30–16.30 Uhr,
im Winter 8–16 Uhr,
Gewächshäuser: Di–Do
13.30–16 Uhr
Eintritt: frei
Führungen: nach
Voranmeldung, für Gruppen
bis 25 Personen,
Preis auf Anfrage
3, 8 Botanischer Garten
Veranstaltungen: Torhaus des Botanischen Gartens (Galerie), wechselnde Ausstellungen, Floristische Ausstellungen

kleinsten, aber auch schönsten Botanischen Gärten Deutschlands. Für die meisten Besucher, die jedes Jahr den Botanischen Garten von Braunschweig aufsuchen, ist die - nach seiner Erweiterung 1995 - fast 4 Hektar große Grüne Oase in der Stadt ein lohnendes Ziel für einen Spaziergang. In den Gewächshäusern und im Freigelände sind zirka 40 000 Pflanzen in 4000 Arten aus unterschiedlichen Gebieten, wie dem tropischen Amazonasgebiet, den Wüstengebieten, den gemäßigten Zonen Europas oder den Bergregionen unserer Alpen beherbergt.
Eigentümer/in: Land Niedersachsen, TU Braunschweig, Institut für Pflanzenbiologie und Botanischer Garten, Humboldtstraße 1, 38106 Braunschweig, Tel. 0531/3915888/5889, Fax 0531/3918128, Internet: www.ifp.tu-bs.de/botgart,
Attraktion: Braunschweigs höchster Wasserfall (6 Meter)

Ndsa 194
Eigentümer/in:
Stadt Braunschweig,
Fachbereich Stadtgrün,
Lessingplatz 10,
38100 Braunschweig,
Tel. 0531/4704900,
Fax 0531/4704999
Internet:
www.braunschweig.de
Größe: 43 ha,
frei zugänglich

Bürgerpark

Lessingplatz, Braunschweig

Der Bürgerpark bildet mit seinen Wiesenflächen und waldartigen Partien, mit romantischen Teichen, Hügeln sowie dem Fluß Oker, der die Anlage durchzieht, einen Freiraum von hohem ästhetischem Reiz. Die Idee einer öffentlichen Parkanlage in diesem Bereich, der bis Mitte des 19. Jahrhunderts überwiegend baumlos sowie durch feuchte Wiesen und Flußschleifen der Oker geprägt war, entwickelte der Gartenarchitekt Friedrich Kreiß im Jahre 1868, konnte diese aber erst zwanzig Jahre später verwirklichen. Bei dem von zahlreichen Trauerweiden umstandenen Portikusteich befindet sich der 1896 dort aufgestellte Säulenportikus, der bis heute erhalten ist, während andere Bauwerke insbesondere während des 2.Weltkriegs schwer beschädigt oder zerstört wurden. Ab 1892 wurde der Bürgerpark großzügig nach Süden und Südosten erweitert. In dieser Zeit entstand auch der sogenannte Südteich. In den Jahren 1976 und zwischen 1990 und 1991 wurde der Park um große Spiel- und Liegeflächen im Nordwesten und Westen erweitert. Vor allem im Südteil werden die früher intensiv gestalteten Bereiche heute verstärkt naturnah gepflegt.

Ndsa 195
Eigentümer/in:
Stadt Braunschweig,
Fachbereich Stadtgrün,
Lessingplatz 10,

Richmondpark

Wolfenbütteler Straße, Braunschweig

Der Richmondpark wurde 1768 von der englischen Prinzessin und späteren Braunschweiger Herzogin Auguste Friederike Luise wahrscheinlich nach Plänen des englischen Landschaftsarchitekten Capability Brown angelegt. Das Besondere am Braunschweiger Park waren von Anfang an die vom Schloß ausgehenden großen Sichtachsen, die, durch unregelmäßig gestaltete Baumgürtel gegliedert, weit in die Talaue reichten. Die Anlage war in der für Brown typischen Art vorrangig auf die Gewinnung eines möglichst ruhig und malerisch wirkenden idealen Landschaftsgemäldes angelegt. Ein Beispiel dafür ist die Lage des Schlößchens auf einem landschaftsprägenden Hügel über der Oker. Die nach Beginn der Restaurierung 1978 sichtbar gewordene Gartenfläche vermittelt inzwischen wieder den Eindruck von ihrer ursprünglichen Gestalt aus dem 18. Jahrhundert. Im Rahmen der Parkrestaurierung wurden als erste Schritte die großen Sichtachsenfächer, der Pleasureground mit seinem Blumenbeet vor dem Schloß und zahlreiche Wege instandgesetzt.

38100 Braunschweig,
Tel. 0531/4704900,
Fax 0531/4704999
Internet:
www.braunschweig.de
frei zugänglich

Inselwallpark

Inselwall, Braunschweig

Auf dem Terrain des ehemaligen Ludwigbollwerks, das mehrere Inseln einschloß, entstand nach 1800 der sogenannte Inselwallpark und Löbbeckes Insel. Heute wird das Bild bestimmt von der im italienischen Renaissancestil auf dem höchsten Punkt der Insel zwischen 1880 und 1881 errichteten Löbbeckes-Villa, heute das Gästehaus der Technischen Universität Braunschweig und dem zwischen Villa und Promenade liegenden Teich. Eine äußerst reizvolle Ensemblewirkung, die die Absicht des Gestalters des 19. Jahrhunderts verrät, auch im Garten Traumbilder zu schaffen. Unmittelbar daneben liegt der Inselwallpark mit seinem alten Baumbestand und dem nach dem 2.Weltkrieg an Stelle der ehemaligen Bierbaumschen Villa eingefügten Brunnen mit Fontäne, der zum neuen Hauptblickpunkt des Parks geworden ist und ihn zugleich festlich und lebendig erscheinen läßt.

Ndsa 196
Eigentümer/in:
Stadt Braunschweig,
Fachbereich Stadtgrün,
Lessingplatz 10,
38100 Braunschweig,
Tel. 0531/4704900
Fax 0531/4704999
frei zugänglich
Attraktionen: Fontäne

Arzneipflanzengarten Braunschweig

Mendelssohnstraße, Braunschweig

Der Arzneipflanzengarten ist in verschiedene thematische Bereiche gegliedert: Arzneipflanzen, die heute von Bedeutung sind, wurden in den Beeten nach Inhaltsstoffgruppen geordnet. Nachbildungen von historischen Arzneipflanzengärten zeigen die Entwicklung dieser Gärten aus den Klostergärten des Mittelalters auf. Arzneipflanzen, die derzeit in der aktuellen Diskussion stehen, sind in gesonderten Beeten mit aktuellen Informationsblättern untergebracht.

Ndsa 197
Größe: 0,2 ha
Anmeldung für Gruppen erbeten
E-Mail: Garten@tu-bs.de
Internet: www.ipb.de
Öffnungszeiten: ganzjährig Mo bis Fr 10–16 Uhr, Mai bis Sept. mittwochs bis 19 Uhr
Eintritt: frei
Führungen: nach Voranmeldung,

für Gruppen bis 25 Personen
auch wissenschaftliche und Spezialführungen,
Preis auf Anfrage
3, 8 Grabenstraße

Eigentümer/in: Technische Universität Braunschweig, Institut f. Pharmazeutische Biologie, Mendelssohnstraße 1, 38106 Braunschweig, Tel. 0531/3915680, Fax 0531/3918104, E-Mail: Garten@tu-bs.de, Internet: www.ipb.de
Veranstaltungen: Tag der offenen Tür, Führungen und Pflanzenverkauf 1. Sonntag im Juni

Ndsa 198
Eigentümer/in:
Stadt Braunschweig,
Fachbereich Stadtgrün,
Lessingplatz 10,
38100 Braunschweig,
Tel. 0531/4704900,
Fax 0531/4704999,
Internet:
www.braunschweig.de
Größe: 54 ha
frei zugänglich
18 Stadtpark
Veranstaltungen:
Drachenfestival, im Sommer

Prinz-Albrecht-Park (Prinzenpark)

Ebertallee, Braunschweig

Den Auftrag, das ursprüngliche Exerziergelände in einen Park umzuwandeln, bekam der Gartenarchitekt Friedrich Kreiß 1895. Auf einer Fläche von 58 Hektar wurden Pflanzungen im Wechsel mit Wiesenflächen angelegt, wobei insbesondere die sanft zum Nußberg ansteigenden Hänge freigehalten wurden. Kreiß verzichtete auf Details wie künstliche Bodenerhebungen, Wasserläufe oder Ruinen zum Vorteil einer schlichten aber großzügigen und einprägsamen Großform. Innerhalb des Geländes wurde ein Promenadenring angelegt, der in weiten, ornamenthaften Bögen die wiesenartig gestalteten Freiflächen und Waldgürtel durchzieht und in Wegekreuzpunkten kreis- oder ellipsenförmig aufgeweitet ist. Insgesamt stellt sich der Park als typische, das heißt sowohl freie landschaftliche als auch formale Elemente integrierende Parkanlage des späten 19. Jahrhunderts dar.

Ndsa 199
Eigentümer/in:
Stadt Braunschweig,
Fachbereich Stadtgrün,
Lessingplatz 10,
38100 Braunschweig,
Tel. 0531/4704900,
Fax 0531/4704999,
Internet:
www.braunschweig.de
Größe: 8 ha
frei zugänglich
16, 36 Theater

Museum- und Theaterpark

Ehemaliger Herzoglicher Garten, Am Theater, Braunschweig

Die Wallanlagen Braunschweigs mit promenadenartigen Straßenachsen, Plätzen, Parkanlagen und Gärten sind nach 1800 aus den barocken Festungsanlagen der Stadt entstanden. Sie bilden den inneren der drei grünen Ringe und beinhalten neben den baumbestandenen Straßen und Villengärten an der Oker unmittelbar an die Innenstadt angrenzende Parkanlagen mit hohem Erholungswert für die Bürger der Stadt. Der Museumpark und der Theaterpark sind aus dem ehemaligen Herzoglichen Garten hervorgegangen, der ab 1803 nach Plänen von Johann Gottlieb Schoch als Englicher Landschaftspark angelegt wurde. Die Gesamtanlage wurde durch den Bau des Theaters 1858 bis 1861 zweigeteilt, Parkteile durch den Bau des Herzog-Anton-Ulrich-Museums und weiterer Eingriffe zum Teil erheblich verändert. Trotzdem sind weite Bereiche der ursprünglichen Parkstrukturen erhalten geblieben und werden seit 1995 mit Hilfe der Richard-Borek-Stiftung saniert.

Schul- und Bürgergarten

Duweseeweg 1, Braunschweig

Die Anlage ist ein für die Region Braunschweig einmaliges Zeugnis für die gartenkünstlerische Auffassung der 20er Jahre, die naturbezogene Lehrinhalte im Rahmen eines gartenarchitektonischen Konzepts zu vermitteln und dabei gestalterische Ansprüche und pädagogische Ziele miteinander zu verbinden suchte. Auch die Parkerweiterung von 1953 ist aufgrund ihrer einheitlichen und abgeschlossenen Gestaltung ein gutes Beispiel für Parkanlagen der 50er Jahre ist.
Öffnungszeiten: ganzjährig geöffnet 9–15 Uhr
Führungen: nach Voranmeldung

Ndsa 200
Eigentümer/in:
Stadt Braunschweig,
Fachbereich Stadtgrün,
Lessingplatz 10,
38100 Braunschweig,
Tel. 0531/4704900,
Fax 0531/4704999,
Internet:
www.braunschweig.de
Größe: 5 ha
Eintritt: frei
P ♿

Klostergarten Riddagshausen

Klostergang 65, Braunschweig

Auf dem Gelände der Kirchengemeinde Riddagshausen wurden Teile des Gartens des früheren Zisterzienserklosters nachgebildet. Die hier kultivierten Pflanzen des 2004 eröffneten Schaugartens zeigen auch die Lebensart der Mönche. Im Kräuergarten, Gemüsegarten und Obstgarten ist die ganze Palette der klösterlichen Pflanzenvielfalt dargestellt. Bei den Obst- und Gemüsesorten wurde auf alte, regionale Sorten geachtet, die teilweise vom Aussterben bedroht sind.

Ndsa 201 NEU
Eigentümer/in:
Ev-luth. Kirchengemeinde
Riddagshausen,
Klostergang 57,
38104 Braunschweig,
Tel. 0531/372900,
Fax 0531/372922,
E-mail:
Klosterkirche@hotmail.com,
Internet: www.Klosterkirche-Riddagshausen.de
Größe: 0,7 ha
Eintritt: frei, Spende erwünscht
Führungen: nach
Voranmeldung
1 €/Person
Öffnungszeiten: ganzjährig
geöffnet
außer montags,
10–16 Uhr
DB Braunschweig Hbf
Bus 413
Kreuzteich
P ♿

Wallanlagen Wolfenbüttel

Rosenwall / Herzogtorwall, Wolfenbüttel

Ab 1804 wurde in der Auguststadt begonnen, die Befestigungen zu beseitigen, 1837 das Harztor abgebrochen. Auf dem

Ndsa 202
Größe: 14 ha
frei zugänglich
Attraktionen: Fontäne Sommer

Wolfenbüttel
P gebührenpflichtig

Gelände der Befestigungsanlagen, die die westliche Altstadt umfassen, entstand ein Garten im englischen Landschaftsstil. Auch ein Teil des ehemaligen Stadtgrabens ist noch erhalten.
Eigentümer/in: Stadt Wolfenbüttel, Postfach 1864, 38299 Wolfenbüttel, Tel. 05331/860

Ndsa 203
Größe: 190 m²
frei zugänglich
Wolfenbüttel
P gebührenpflichtig

Garten am Lessinghaus

Lessingplatz, Wolfenbüttel

Der kleine Gartenhof mit einem 1978 rekonstruierten Parterre gehört zu einem um 1735 errichteten Wohnhaus mit Gartensaal und wurde 1777 bis 1781 von Lessing bewohnt. Seit 1970 wird das Gebäude als Museum genutzt.
Eigentümer/in: Land Niedersachsen, Herzog-August-Bibliothek, Wolfenbüttel, Tel. 05331/8080, Fax 05331/808266

Ndsa 204
Eigentümer/in:
Eigentümergemeinschaft
Größe: 0,2 ha
frei zugänglich
Wolfenbüttel
P gebührenpflichtig

Garten am Kleinen Schloß

Schloßplatz, Wolfenbüttel

Ursprünglich gehörten auch Teile des Parks Seeliger zum Garten des Kleinen Schlosses, das um 1643 erbaut wurde. Eine Steinbrücke über die Oker verband diese Teile. 1869 erwarb Gustav Seeliger das Grundstück um das Kleine Schloß herum und legte den Park, der heute nur noch bis zur Oker geht, im Stil eines englischen Landschaftsgartens an, wobei eine zeittypische Vorliebe für die Verwendung von „exotischen" Pflanzen vorherrscht. Zeugnisse dieser Bepflanzung sind der große Ginkgo-Baum und ein Schwarznußbaum im hinteren Teil des Gartens. Aus der Zeit Gustav Seeligers stammen noch ein Ginkgo und eine Platane. Unmittelbar am Schloß gibt es einen Giardino secreto, die Einfriedung gegen den Schloßplatz besteht unter anderem aus Pfeilern mit Putten und einem schmiedeeisernen Tor.

Ndsa 205
Eigentümer/in:
Stadt Wolfenbüttel,
Postfach 1864,
38299 Wolfenbüttel,
Tel. 05331/298346,
Fax 05331/298347
Größe: 3,7 ha
frei zugänglich
Wolfenbüttel
P gebührenpflichtig

Park Seeliger

Jägerstraße / Schulwall, Wolfenbüttel

Der Park wurde von Gustav Seeliger, der das Gelände 1869 kaufte, angelegt. Das Gelände umfaßt das Bollwerk „Den wunderlichen Heinz", später Lindenberg genannt. Teile dieses Bollwerks sind noch im Park zu sehen. Nach dem 2.Weltkrieg wurden große Teile des Gartens als Nutzgarten betrieben, wovon noch heute viele Obstbäume zeugen. Die auffälligsten Bäume des Altbaumbestandes sind ein Trompetenbaum, eine farnblättrige Buche und ein

Schwarznußbaum. Diverse Neupflanzungen ergänzen den Bestand. Zu den nicht heimischen Bäumen wurde ein Lehrpfad mit Hinweistafeln, die Auskunft über die Herkunftsländer der Bäume geben, angelegt.

Kurpark Braunlage

Promenade, Braunlage

Der Kurpark entstand um 1909. Mit der Ausdehnung der Kureinrichtungen wurde 1980 ein neues Kurgastzentrum gebaut und aus diesem Anlaß das Umfeld, der zentrale Bereich des Parks, nach Plänen des Garten- und Landschaftsarchitekten Raimund Herms neu gestaltet. Im Park sind die Elemente der Oberharzlandschaft in den Erlebnisraum des Kurgastes zusammengeführt: ein Wasserfall, gespeist mit dem Wildwasser der Warmen Bode, gebaut aus dem Granit der nahen Berge, ein Waldbach mit dem Quellwasser der Berghänge, Granit-Terrassen, die im kühlen Tal Sonnenwärme sammeln, Pflanzungen mit Arten der Landschaft und Gestaltungen nach dem Prinzip der strömenden Bewegung, die im Durchschreiten wohltun, indem sie beruhigend und beschwingend zugleich wirken.
Eigentümer/in: Kurbetriebsgesellschaft Braunlage, Elberingeröderstraße 17, 38700 Braunlage, Tel. 05520/93070, Fax 05520/930720
Attraktionen: großer Zierteich mit Fontäne, Gartenschachspiel, Bocciabahn, Wassertretbecken Mai - Oktober

Ndsa 206
Größe: 14 ha
frei zugänglich
DB Goslar
Bus Goslar–Braunlage
P gebührenpflichtig
Veranstaltungen: Kurkonzerte, Mai bis Oktober: Di–So
Infos bei Kurverwaltung Braunlage,
Tel. 05520/93070

Botanischer Garten Göttingen: Neuer Botanischer Garten

Grisebachstraße 1a, Göttingen

Der Neue Botanische Garten umfaßt spezielle Versuchs- und Demonstrationsquartiere für ausländische und einheimische Waldgesellschaften und unterschiedliche Wiesentypen. Das Alpinum, das zwischen 1988 und 1989 angelegt wurde, zeigt auf zirka 5000 Quadratmetern Pflanzenformationen der nordamerikanischen, europäischen und asiatischen Hochgebirge. Die Staudensammlung umfaßt mehrere hundert Wildstauden. Einige Flächen, die in der mittelalterlichen Form der Dreifelderwirtschaft bewirtschaftet werden, beherbergen viele bedrohte Wildkräuter. Seit 1996 wird eine Sammlung historischer Obstsorten aus der Göttinger Region aufgebaut. Spezielle Einrichtungen wie Grundwasserbecken und Rolldächer ermöglichen ökologische Freilandversuche unter kontrollierbaren Bedingungen. Einen Dauerversuch stellt die Sukzessionsfläche seit

Ndsa 207
Eigentümer/in: Universität Göttingen Göttingen,
Tel. 0551/395713,
Fax 0551/393556,
E-Mail: rcallau@gwdg.de
Internet: www.gwdg.de/rcallau/botgart.htm
Größe: 32 ha
frei zugänglich
Führungen: nach Voranmeldung, Spende,
Bus 5 Kellnerweg
P
Veranstaltungen, Verkaufs- und Tauschbörsen, jährlich Ende April / Anfang Okt.
Gebirgspflanzen, Carnivore Pflanzen

1968 dar, auf der die Entwicklung einheimischer Pflanzengesellschaften mit und ohne Kulturmaßnahmen verfolgt wird.
Attraktionen: Alpenpflanzenblüte Mai – Juni

Ndsa 208
Eigentümer/in: Georg-August-Universität Göttingen, Göttingen,
Tel. 0551/395753/395755,
E-Mail: mschwer@gwdg.de
Internet: www.altgart.uni-goettingen.de
Größe: 4,5 ha
ganzjährig geöffnet
werktags: 8–18 Uhr,
sonn- und feiertags: 8–15 Uhr
Eintritt: frei
Führungen: nach Voranmeldung,
Tel. 0551/395753 oder 395755
1 €/Person
Attraktionen: Frühjahrsgeophyten,
Veranstaltungen: Pflanzenbörsen, Ausstellungen
♿ ℹ
✿ zeitweiser Verkauf von Pflanzen

Botanischer Garten Göttingen: Alter Botanischer Garten

Untere Karspüle 2, Göttingen

Der Alte Botanische Garten der Universität Göttingen wurde 1736 von Albrecht von Haller gegründet und ist damit so alt wie die Universität selbst. Inmitten der Innenstadt gelegen, beherbergt er auf ca. 5 ha Fläche über 10 000 Pflanzenarten. Im Freiland befinden sich u.a. eine Systematische Abteilung, mehrere Teiche, ein Alpinum, eine kulturhistorische Abteilung mit Kulturpflanzen, Heilpflanzen und Unkräutern und ein Arboretum mit altem Baumbestand, auf dessen Flächen im Frühjahr Zehntausende von Frühlingsblumen blühen. In der alten Anlage, die von den Göttingern als „schönste Grünanlage der Innenstadt" geschätzt wird, haben sich auch Tierarten angesiedelt, die man sonst in Städten nicht zu Gesicht bekommt. Nostalgischer Charme geht auch von den alten Gewächshäusern aus: Neben dem Farnhaus (1857) stehen auch Regenwaldhaus, Cycadeenhaus, Araceenhaus, Kakteenhaus, Erikenhaus und Viktoriahaus dem Besucher offen, in der Orangerie werden im Sommer Ausstellungen, Konzerte u.a. kulturelle Veranstaltungen ausgerichtet. Schwerpunkte des Alten Botanischen Gartens sind europäische Wildpflanzen, Kalthauspflanzen, Bromelien, Passionsblumen, Farne und heimische wie tropische Wasserpflanzen.

Ndsa 209
Eigentümer/in: Stadt Göttingen, Fachbereich Stadtgrün, Hiroshimaplatz 1–4, 37083 Göttingen,
Tel. 0551/4002481,
Fax 0551/4002841
Größe: 35,6 ha
frei zugänglich
Führungen: nach Voranmeldung Fremdenverkehrsverein Göttingen e.V. für Gruppen bis 25 Personen,

Stadtfriedhof Göttingen

Kasseler Landstraße, Göttingen

Der erste, 7,5 Hektar umfassende Friedhofsabschnitt wurde 1881 eingeweiht und nur neun Jahre später wurde eine Erweiterung notwendig. Weitere folgten in den Jahren bis 1963. Mit ca. 40 000 Gräbern und mehr als 1000 Ruhestätten der Opfer von Krieg und Gewaltherrschaft war der Friedhof 1976 voll belegt. Die anspruchsvolle gärtnerische Gestaltung lag in den Händen des Gartenbaumeisters August Ahlborn. Vielfältig sind auch die Grabdenkmäler Göttinger Bürger, die Zeugnis von hoher handwerklicher Denkmalkunst ablegen. Heute stellt sich der Göttinger Stadtfriedhof als ein historisch gewachsenes Gesamtkunstwerk dar. Verbunden mit den zahlreichen Gräbern berühmter Göttinger Bürger werden auch die Grabstellen von acht Nobelpreisträgern häufig von Besuchern aus aller Welt aufgesucht.

75 €/Gruppe
🚌 3, 4, 5, 6 Stadtfriedhof
P ♿

Stadtwall Göttingen

Göttingen

Die Wallanlagen sind Überreste der historischen Stadtbefestigungen. Sie umschließen die Göttingen Altstadt zum Teil noch mit einer Höhe von 3–5 Metern. Als die Wallanlagen als Befestigung ihre Bedeutung verloren hatten, erfolgte 1765 die erste Lindenpflanzung auf dem Wall und damit die Umgestaltung der Wallanlagen zur Grünzone. Von den ersten Linden stehen wegen der ungünstigen Bondenverhältnisse nur noch wenige. Zwischen Weender Tor im Norden und Bahnhof im Westen wurden um 1930 die alternden Linden mit Rotbuchen durchsetzt. Zusätzlich wurden Bergahorn, Esche, Roßkastanie und Robinie eingebracht. Im Jahre 2000 wurde das Vorfeld des Walls um ein Rosarium ergänzt.

Ndsa 210
Eigentümer/in:
Stadt Göttingen,
Fachbereich Stadtgrün,
Hiroshimaplatz 1–4,
37083 Göttingen,
Tel. 0551/4002481,
Fax 0551/4002841
Größe: 16,5 ha
frei zugänglich
Führungen: nach Voranmeldung Fremdenverkehrsverein Göttingen e.V.,
für Gruppen bis 25 Personen,
75 €/Gruppe
→ Im Stadtzentrum
P gebührenpflichtig
✕ ☕ 🐕 ♿

Forstbotanischer Garten und Arboretum der Uni Göttingen

Büsgenweg 2, Göttingen

Die Anlagen gehören zur Fakultät für Forstwissenschaften und Waldökologie der Georg-August-Universität Göttingen. Im Forstbotanischen Garten sind zur Zeit 140 Pflanzengattungen mit zirka 1100 Wildarten, Subspecies, Varietäten, Formen und Kultursorten angepflanzt. Hinzu kommt das im gesamten Nordbereich zwischen den Instituten gelegene pflanzengeographische Arboretum. Es umfaßt mit Nordamerika, Japan, China, Korea und Kaukasus Kleinasien fünf pflanzengeographische Sammelgebiete und präsentieren damit die gesamte nördliche Hemisphäre. Hier sind insgesamt zirka 45 Gattungen mit etwa 800 Arten, Subspecies, Varietäten und Kultursorten angepflanzt. Im Bereich eines neu erstellten Geoparks wurde mit dem Aufbau eines Tertiärwaldes begonnen.

Ndsa 211
Eigentümer/in: Universität Göttingen, Büsgenweg 2,
37077 Göttingen,
Tel. 0551/393492,
Fax 0551/392705,
E-Mail: v.meng@gwdg.de
Größe: 36 ha
frei zugänglich
Führungen: nach Voranmeldung,
für Gruppen bis 60 Personen,
2 €/Person
Attraktionen: Kirsch- und Apfelblüte, Herbstfärbung,
🚌 5 Burckhardtweg
P 🐕 ♿ ✿ auf Anfrage
Veranstaltungen: Pflanzentauschbörse, jährlich im Okt., genauer Termin auf Anfrage

Arboretum Habichtsborn

Forstamtstraße 6, Staufenberg-Escherode

Das Arboretum liegt auf durch Lößlehm überlagertem Buntsandstein des westlichen Kaufungerwaldes im südlichen Niedersachsen am Ortsrand Escherode. Seit 1934 wurden hier Baumarten, überwiegend aus den gemäßigten Zonen der Erde,

Ndsa 212
Eigentümer/in: Nds. Forstliche Versuchsanstalt, Abt.C,
Forstamtstraße 6,
34355 Staufenberg-Escherode,
Tel. 05543/94080,
Fax 05543/940861,

E-Mail: nfv-abtc@t-online.de
Größe: 6 ha
Öffnungszeiten: ganzjährig geöffnet,
im Sommer 8–20 Uhr,
im Winter 8–17 Uhr
Eintritt: frei
Führungen: nach Voranmeldung, kostenlos
P 🐕

in Gruppen und Einzelbäumen gepflanzt. Insgesamt stehen zirka 3000 Einzelbäume und Sträucher von über 200 Arten und Varietäten, darunter vor allem von Picea abies zur Verfügung. Unter anderem findet man hier aus Stecklingen gezogene, 40 Jahre alte Nadelbäume. Das Arboretum Habichtsborn dient seit den Anfängen als Lehrobjekt für forstgenetische, forstpflanzenzüchterische und botanische Weiterbildung. Im kleinen Umfang wird es auch für züchterische (Kreuzungen) und morphologische beziehungsweise phänologische Untersuchungen genutzt.

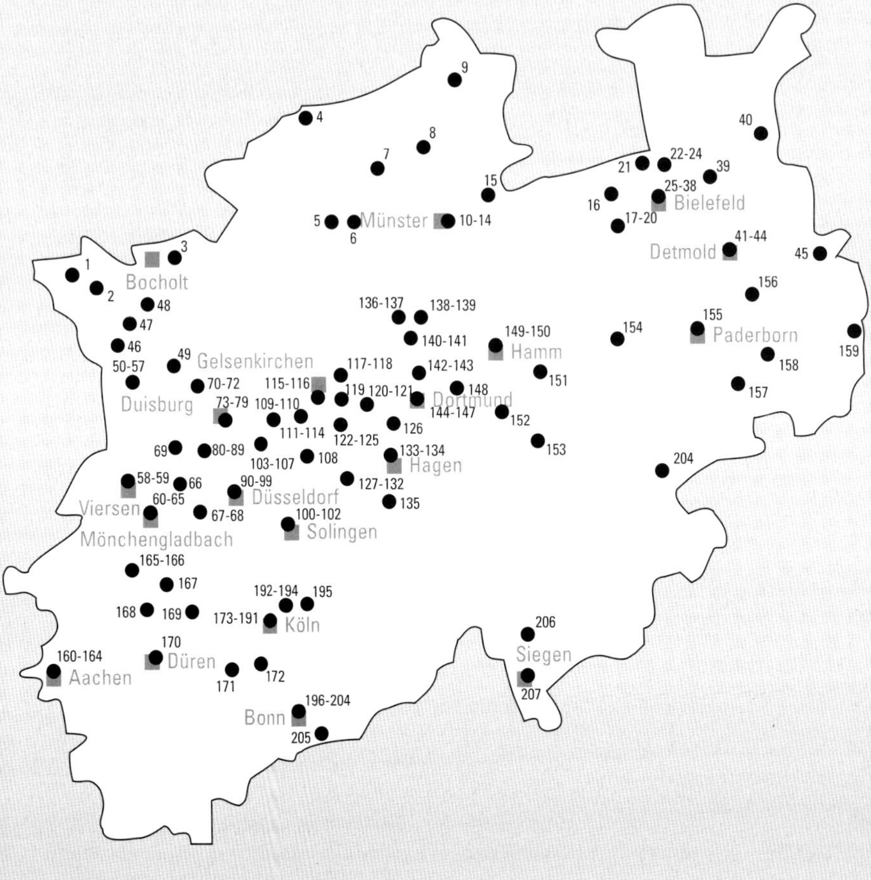
Bocholt
Münster
Bielefeld
Detmold
Paderborn
Gelsenkirchen
Duisburg
Hamm
Dortmund
Hagen
Viersen
Mönchengladbach
Düsseldorf
Solingen
Köln
Düren
Aachen
Bonn
Siegen

NRW 1
Eigentümer/in: Stadt Kleve, Stadtverwaltung, Kavariner Straße 20–22, 47533 Kleve
Größe: 11,6 ha
ohne Alter und Neuer Tiergarten
frei zugänglich
DB Kleve
Bus 58 Forstgarten
P

Klever Gärten

Tiergartenstraße, Kleve

Johann Moritz von Nassau-Siegen, als preußischer Statthalter in Kleve eingesetzt, gestaltete Mitte des 17. Jahrhunderts das städtische Umland Kleves als frühes Beispiel einer Gartenlandschaft aus. Zentrum und Höhepunkt ist das sogenannte Amphitheater, ein Terrassengarten nach italienischer Tradition, der in einer Quellmulde am nördlichen Hang des Springberges entstand. Von hier aus geht der Blick über die Kanalachse zum Turm der Stiftskirche auf dem Eltenberg. Der Tempel und der Obelisk stammen aus der Mitte des 19. Jahrhunderts. Vom im Tiergarten gelegenen Sternberg strahlen Achsen sternförmig in die Landschaft. Im frühen 19. Jahrhundert nahm der Landschaftsgärtner M. F. Weyhe unter Beibehaltung der Grundkonzeption Veränderungen im landschaftlichen Stil vor und schuf mehrere neue Parks, wie den Forstgarten und den Elsenbusch. Die nach 1975 einsetzende Restaurierung nach Plänen Rose und Gustav Wörners gab dem seit dem 1. Weltkrieg stark verwilderten Ensemble wieder ein Gesicht, das die verschiedenen Entstehungsepochen berücksichtigt.

NRW 2
Eigentümer/in: Klaus Bender und Manfred Lucenz, Mühlenstraße 6, 47551 Bedburg-Hau, OT Schneppenbaum, Tel. 02821/60270
Größe: 0,4 ha
Anmeldung für Gruppen erbeten
Öffnungszeiten: 1. Wochenende im April, jeweils 3. Wochenende

Privatgarten Bender und Lucenz

Mühlenstraße 6, Bedburg-Hau, OT Schneppenbaum

An eine Sichtachse gliedern sich verschiedene Gartenräume. Im Zentrum steht ein weißer Garten, ein gelber Hügel und ein Purpurgarten schließen sich an. Der mit Buchs eingefaßte Gemüsegarten verbindet ästhetische Gesichtspunkte mit Nützlichkeit – er gewährleistet eine Versorgung der Küche rund ums Jahr mit biologischem Gemüse. Im Frühjahr blühen 10 000 Narzissen um einen Wiesenteich. Alle vier bis sechs Wochen gibt es andere Schwerpunkte in Pflanzen und Blütenfarben.

Foto: Elke Borkowski

im Mai und Juni
Eintritt: 2,50 €, Gruppen unter 20 Personen: 50 €
DB Bedburg-Hau
→ im OT Schneppenbaum zwischen L 362 Uedem-Kleve und K 27 Alte Bahn
P

Privatgarten Rudolf

Zum Flugplatz 21, Borken

25 Jahre Garten in der Landschaft: Eine ehemalige Hofstelle wurde in einen Landschaftsgarten umgewandelt und harmonisch mit der freien Natur verbunden. Der Garten wurde bei Wettbewerben ausgezeichnet. Folgende Gartenthemen werden präsentiert: Senkgarten, Staudengarten, Wohngarten, Wasser im Garten und Blumenwiese.
Eigentümer/in: Dieter und Jutta Rudolf, Zum Flugplatz 21, 46325 Borken, Tel. 02861/1821, Fax 02861/65468
Führungen: nach Voranmeldung, für Gruppen bis 20 Personen

NRW 3
Größe: 0,7 ha
Anmeldung erbeten
ganzjährig geöffnet
Eintritt: 3 €, Kinder frei bis 12 Jahre, ermäßigt 2 € für Schüler, Studenten, Soldaten, Zivis, Gruppen 2 €/Person
→ Nähe Segelflugplatz Borken-Hoxfeld
P

Der Inselpark

Gronau-Losser

Das Gelände der ersten grenzüberschreitenden Landesgartenschau Gronau-Losser 2003 ist als dritter innerstädtischer Park erhalten geblieben. Im Inselpark, dem Kerngelände der Gartenschau 2003, präsentieren sich in dem mit Grachten des Flusses Dinkel durchzogenen Gelände die Blätter- und Wassertropfeninsel, ein Wasserlabyrinth und eine Pirateninsel, 12 Themengärten, eine 17 m hohe Pyramide und diverse Spielmöglichkeiten. Der Pausengarten und der Familiengarten am Lindenhof mit dem Bauerngarten und das Regenrückhaltebecken mit 150 000 Stauden am Landschaftsfilm runden das Gartenbild ab.
Mit den beim Touristik-Service am Gronauer Bahnhof zu leihenden Mieträdern können Ausflüge entlang der „Dinkelsteinroute“ in das benachbarte niederländische Losser gemacht werden. Dort sind die Perlen von Losser, alte Kultur- und Industrielandschaften, z. B. die Ziegelei „De Werklust“, das Bauernhofmuseum „Erve Kraesgenberg“ und das Schmuggelmuseum zu besichtigen.
Eigentümer: Stadt Gronau, Konrad-Adenauer-Straße 1, 48599 Gronau, Tel. 02562/12-410, Fax 02562/12-7410, Internet: www.gronau.de

NRW 4
Größe: 24 ha
Öffnungszeiten:
1.04.–15.10.
8–20 Uhr
DB Gronau mit Fahrradstation
P
Regelmäßige Veranstaltungen

NRW 5
Größe: 400 m²
Eintritt: frei
Führungen: nach Voranmeldung
Öffnungszeiten: Mai bis August
DB Billerbeck
P

Privatgarten Rusch

Lindenstraße 6, Billerbeck

Foto: Rusch

Der naturnahe Garten zum Träumen und Entspannen enthält sonnenhungrige Stauden in Verbindung mit Englischen Rosen und zwei kleinen Teichen mit Brücke. Durch geschwungene Wege und Beete auf verschiedenen Höhenniveaus wird die Raumwirkung gesteigert.
Eigentümer: Winfried Rusch, Lindenstraße 6, 48727 Billerbeck, Tel. 02543/4584, E-Mail: RuschW@gmx.de, Internet: www.w-rusch.de

NRW 6 NEU
Eigentümer/in: Gemeinde Havixbeck, Willi-Richter-Platz 1, 48329 Havixbeck, Tel. 02507/33137, Fax 02507/3880, E-mail: gemeinde@havixbeck.de, Internet: www.friedhof.havixbeck.de
Größe: 2,7 ha
Eintritt: frei
Öffnungszeiten: ganzjährig geöffnet, im Sommer: 8–18 Uhr, im Winter: 8–16 Uhr
P

Friedhof Havixbeck

Schulstraße, Havixbeck

Der Havixbecker Friedhof, angelegt durch Gärtnermeister Matthias Vennenmann, ist geprägt durch seine vielfältige und üppige Vegetation. Der alte Friedhofsteil ist ein typischer Parkfriedhof mit einer artenreichen Gehölzbepflanzung und die Grabfelder umgebenden Randbepflanzung. Die Erweiterungsbereiche zeichnen sich besonders durch die hochwertige Grabmalgestaltung aus. An zentraler Stelle befindet sich die Friedhofshalle mit Trauerraum. Vegetation, Architektur, Grabmäler und Ausstattung, wie Brunnen und Tore, bilden eine harmonische Einheit. Mit hohen gestalterischen Ansprüchen und viel Liebe zum Detail ist ein sehenswerter „Garten für die Lebenden und die Toten“ entstanden.

Kreislehrgarten Steinfurt

Veltruper Kirchweg / Wemhöferstiege, Steinfurt-Burgsteinfurt

Foto: Krohme

Bereits 1914 wurde der Kreislehrgarten auf einer Fläche von 3 Hektar gegründet. Im Laufe von über 80 Jahren sind viele Mustergärten mit dem Ziel entstanden, zeitgemäße Gartenbaukultur in nachahmenswerter Weise zu demonstrieren. Die Besucher finden hier Anregungen für die Gestaltung der eigenen Gärten und in Kursen theoretisches und vor allem praktisches Wissen über umweltbewußtes Gärtnern. Schwerpunkte sind Themengärten wie beispielsweise der Stein-, der Kräuter- oder der Bauerngarten. Mit einem Hauch der Verwilderung präsentieren sich die farbenfrohen Beete mit Rosen, Stauden und Sommerblumen. Eindrucksvoll werden in den Sommermonaten Kübelpflanzen aus aller Welt vorgestellt, darunter alleine 120 Fuchsiensorten in einer Fuchsienallee. Über 300 verschiedene alte wie auch neue Obstsorten werden in den Obstquartieren des Lehrgartens auf ihre Eignung für das Münsterland überprüft.

NRW 7
Eigentümer/in:
Kreisverwaltung Steinfurt,
Tecklenburger Straße 10,
48565 Steinfurt,
örtliche Adresse:
Wemhöferstiege 33,
48565 Steinfurt,
Tel. 02551/833388,
Fax 02551/5090,
E-Mail: kreislehrgarten@kreis-steinfurt.de
Größe: 3,2 ha
Öffnungszeiten: 8 Uhr bis Einbruch der Dunkelheit
Eintritt: frei
Führungen: nach Voranmeldung,
Tel. 02551/833388 für Gruppen 40 €
DB Burgsteinfurt
Bus 271 Kreislehrgarten
Veranstaltungen: jährliches Veranstaltungsprogramm,
Infos bei: www.kreis-steinfurt.de
nur nach Voranmeldung für Gruppe

Galeriegarten

Münsterstraße 7, Emsdetten

Angrenzend an eine etwa 1930 erbaute Villa wurde der Garten mit Taxushecken formal in einzelne kleinere Gartenräume und Wege unterteilt. Die so entstandenen Räume sind mit Skulpturen, Brunnenanlagen und Gartenmöblen eingerichtet und dekoriert. Neben Staudenrabatten, Heckengarten mit Rundtempel und mit Buchsbaum eingefaßten Rosenbeeten finden sich in einer kleinen, durch Sandstein und Taxushecken

NRW 8
Größe: 0,27 ha
Eintritt: frei
Führungen: nach Voranmeldung
Öffnungszeiten: ganzjährig außer 23.12.–30.01.
Fr 10–12 und 14–18 Uhr,
Sa 10–13 Uhr

und nach Vereinbarung
DB Emsdetten
P ♿ i
Brunnen, Skulpturen

gerahmten Manege unterschiedlichste Tiermotive aus Buchsbaumformschnitten (Topiary).
Eigentümer: H&G Die Haus & Garten Galerie, Münsterstraße 7, 48282 Emsdetten, Tel. 02572/952724, Fax 02572/98288, E-Mail: info@hug-galerie.com, Internet: www.hug-galerie.com

NRW 9
Eigentümer/in: Familie Loismann,
Betreuung: Maria Hoppe, Loismannweg 3, 49479 Ibbenbüren-Dörenthe, Tel. 05451/500467
Größe: 2 ha
Anmeldung für Gruppen erbeten
Öffnungszeiten: April bis Okt. 9.30–12 Uhr, 14–18 Uhr
Eintritt: 1 €, Kinder frei bis 12 Jahre,
Führungen: nach telefonischer Voranmeldung
Bus 163 Botanischer Garten – Loismannweg
P Hund ♿

Botanischer Garten Ibbenbüren

Loismannweg, Ibbenbüren

Foto: Stadt Ibbenbüren

Auf das Land des Bauern Bernhard Loismann sen. wurde 1894/95 der Aushub des Dortmund-Ems-Kanals 5–6 Meter hoch aufgeschüttet. Dadurch verlor das Land seine landwirtschaftliche Eignung und auch die zunächst angepflanzten Obstbäume brachten nicht den gewünschten Ertrag. So siedelte der Pflanzenliebhaber Loismann sen. in den darauf folgenden Jahrzehnten einheimische und fremdländische Gehölze an, die heute einen Baumpark mit zahlreichen imposanten Baumgestalten, interessanten Blütengehölzen und Baumarten mit auffälligem Frucht- und Blattbesatz bilden. Zu den besonderen Kostbarkeiten zählen der ca. 30 m hohe Mammutbaum und die ca. 20 Meter hohe Honoki-Magnolie.

Botanischer Garten der Westfälischen Wilhelms-Universität Münster

Schloßgarten 3, Münster

Fürstbischof Max Friedrich ließ zwischen 1766 und 1784 ein Residenzschloß erbauen, das heute die Verwaltung der Westfälischen Wilhelms-Universität beherbergt. Zu Beginn des 19. Jahrhunderts wurde der alte fürstliche Garten zu einem der Medizinischen Fakultät angegliederten Botanischen Garten umgewandelt. Trotz starker Zerstörungen in beiden Weltkriegen in dieser Gegend sind die historischen Grundkonzepte und die Orangerie von 1840 erhalten. Vielfältige Pflanzensammlungen im Freiland und in den Gewächshäusern stehen Lehre und Forschung, aber auch der Information und der Erholung der Bevölkerung zur Verfügung. Der Freilandbereich bietet unter anderem Pflanzensystem, Blütenökologie, Heide und Moor, Heil- und Giftpflanzen, Alpinum, Mittelmeerflora, Wildwiese, Bauern-, Tast- und Riechgarten und in den Sommermonaten die Flora Neuseelands und Australiens. Der Unterglasbereich gliedert sich in tropischen Regenwald der Alten Welt und in Kakteen-, Kanaren-, Südafrika-, Victoria- und Bromelienhaus. Der Botanische Garten, der 2003 sein 200jähriges Bestehen feierte, ist in den Schloßpark eingebettet.

Foto: Voigt

NRW 10
Eigentümer/in: Westfälische Wilhelms-Universität, Institut für Botanik, Schloßgarten 3, 48149 Münster, Tel. 0251/8323827, Fax 0251/8323800, E-Mail: voigth@uni-muenster.de, Internet: www.uni-muenster.de/biologie/botanik
Größe: 4,5 ha
Anmeldung für Schulklassen erbeten
Öffnungszeiten: im Sommer 8–17 Uhr, im Winter 8–16 Uhr
Eintritt: frei
Führungen: nach Voranmeldung, Tel. 0251/8323827 für Gruppen bis 25 Personen, Preis nach Absprache
🚌 12 Freiherr-vom-Stein-Gymnasium (Hindenburgplatz) 14 Landgericht (Hindenburgplatz)
P gebührenpflichtig
Veranstaltungen: Ausstellungen in der Alten Orangerie, Sommer
✕ ♿ ℹ

NRW 11
Größe: 0,48 ha
frei zugänglich
Führungen: nach Voranmeldung unter Tel. 02533/1317 im Zusammenhang mit der Führung durch das Haus Rüschhaus von März bis Dez., 3 €/Person, ermäßigt für Schüler und Studenten 2 €
5 Haus Rüschhaus

Garten Haus Rüschhaus

Am Rüschhaus 81, Münster

1745 bis 1749 wurde das Anwesen von Johann-Conrad Schlaun als dessen Landsitz erbaut. In dieser Zeit entstanden Garten und Auffahrtsallee. Von 1826 bis 1846 lebte hier die westfälische Dichterin Annette von Droste-Hülshoff. 1979 erwarben die Stadt Münster und der Landschaftsverband Westfalen-Lippe das Anwesen. Der Garten wurde nach Plänen Johann-Conrad Schlauns rekonstruiert. Die Originalpläne befinden sich im Landesmuseum Münster am Domplatz.
Eigentümer/in: Stadt Münster, Landschaftsverband Westfalen-Lippe, Amt für Grünflächen und Umweltschutz, Albersloher Weg 33, 48155 Münster,
Tel. 0251/4926750, Fax 0251/4927737,
E-Mail: Amt_67@stadt-muenster.de

NRW 12
Eigentümer/in: Stadt Münster, Amt für Grünflächen und Umweltschutz, Albersloher Weg 33, 48155 Münster, Tel. 0251/4926750, Fax 0251/4927737, E-Mail: Amt_67@stadt-muenster.de
Größe: 25,3 ha, frei zugänglich
Münster
Informationen in der Bürgerberatung im Stadthaus 1

Promenade Münster

Münster

Die Promenade ist ein Bau-, Boden- und Gartendenkmal von hohem Rang, das aus dem historischen Stadtgrundriß entstanden ist. Nachdem die mittelalterlichen Befestigungsanlagen geschleift, d. h. Mauern und Türme abgerissen, innerer und äußerer Wallgraben weitgehend verfüllt wurden, ließ der Minister Franz von Fürstenberg durch den Barockbaumeister Johann Conrad Schlaun um 1764 unter Beteiligung des Wallmeisters Möllmann sowie einer besonderen Promenadenkommission einen grünen Ring um die Stadt entstehen. Es wurden Ulmen und Linden in vier Reihen gepflanzt. In dieser noch heute geschlossenen Form ist der grüne Ring um die Altstadt für Städte in vergleichbarer Größenordnung einmalig. Im 19. Jahrhundert wurden die ehemaligen Schanzanlagen zu Schmuckanlagen. 1985 bis 1992 wurde der Promenadenring als vierreihige Allee erneuert. Die Erweiterung der Engelenschanze, Teil der Wallanlagen, erfolgte 2004.

NRW 13
Eigentümer/in: Stadt Münster, Amt für Grünflächen und Umweltschutz, Albersloher Weg 33, 48155 Münster, Tel. 0251/4926750, Fax 0251/4927737, E-Mail Amt_67stadt-muenster.de
Größe: 3 ha, frei zugänglich
Informationen in der Bürgerberatung im Stadthaus 1

Aa-Seitenweg

Am Stadtgraben, Cheruskerring, Münster

Die Entstehung der Stadt Münster ist eng mit der Aa verbunden. An einer strategisch wichtigen Stelle entwickelte sich seit dem 8. Jahrhundert die Stadt. Die Aa fließt quer durch die Altstadt und wird von dem Aa-Seitenweg begleitet, der nach der Zerbombung der Altstadt für die Bürgerschaft als Spazierweg nutzbar gemacht wurde. Von der Straße Am Stadtgraben bis zum Cheruskerring wurde ein idyllischer Uferweg geschaffen, der von jeder querenden Straße aus zu erreichen ist. Von 1994 bis 1996 wurden Sanierungsarbeiten durchgeführt. An verschiedenen Stellen gibt es idyllische Motive mit Blick auf die Türme der Martinikirche, des Doms und der Überwasserkirche. Entlang des Weges wurde ein stadtökologischer Lehrpfad eingerichtet. Der Schwerpunkt der 18 eingerichteten Stationen liegt auf grünen Themen, die vor Ort erlebbar sind und anschaulich erläutert werden. Vom Aa-Seitenweg kann die Promenade erreicht werden.

Sinnespark Haus Kannen

Alexianerweg 9, Münster

Der Sinnespark Haus Kannen befindet sich auf dem Außengelände des Alexianer-Krankenhauses, einer Fachklinik für Psychiatrie und Psychotherapie. In Anlehnung an Hugo Kükelhaus (1900–1984) sprechen verschiedene Erfahrungsstationen alle menschlichen Sinne an und tragen zu ihrer Sensibilisierung bei. Die einzelnen Sinneserfahrungsobjekte, die zu einem Großteil eigens für diesen Park entwickelt wurden, sind in eine naturnah gestaltete Anlage eingebettet. Der Park wurde 1994 eingeweiht und ist bis heute Vorbild für viele neue Gartenanlagen an Krankenhäusern, Alten- und Behinderteneinrichtungen. Der Park steht nicht nur Patienten zur Verfügung, sondern wurde bewußt nach außen geöffnet.

NRW 14 NEU
Eigentümer/in:
Alexianer-Krankenhaus GmbH – Münster,
Alexianerweg 9,
48163 Münster,
Tel. 02501/966233/265,
Fax 02501/966105,
E-mail: icopak@alexianer.de
Größe: 1,4 ha
Anmeldung erbeten nur bei Gruppen über 30 Personen
Führungen:
nach Voranmeldung
kostenfrei
frei zugänglich
DB Münster
Bus R 41
Alexianer-Krankenhaus
Veranstaltungen: diverse,
Prospekt erhältlich
P ☕ ♿
✿ Kräuter

NRW 15
Größe: 800 m²
Eintritt: freiwillige Spende
Führungen: nach Voranmeldung
25 Personen
im Eintritt enthalten
Öffnungszeiten:
Mai bis Oktober
P
✿ überzählige Pflanzen

Privatgarten Göwert

Am Haarhaus 24, Ostbevern

Lauschige Sitzplätze inmitten einer großen Staudenvielfalt und zahlreichen Rosen in alten und neuen Sorten laden zum Verweilen ein. Clematis und Kletterrosen erklimmen Pergolen und alte Obstbäum. Pflanzen für extreme Standorte wachsen in einem kleinen Steingarten und im Moorbeet. Ein Hemerocallisbeet im Sommer, Dahlien in ca. 35 Sorten und ein großes Asternbeet im Oktober runden das Gartenjahr ab.
Anmeldung erbeten
Eigentümer: Maria und Reinhard Göwert,
Am Haarhaus 24, 48346 Ostbevern, Tel. 02532/5504

NRW 16
Größe: 700 m²
Anmeldung erbeten
Öffnungszeiten:
ganzjährig geöffnet
Eintritt: frei
DB Künsebeck
→ B 68, an der Ampelkreuzung in Künsebeck Richtung Süden, über die Bundesbahnlinie 100 m, links Brinkweg
P 🐕 ♿ ✿

Privatgarten Beckmann

Brinkweg 8, Halle/Künsebeck (Westf.)

Schwerpunktthema in diesem Hausgarten sind Taglilien. Etwa 250 Hemerocallissorten sind aufgepflanzt, darunter selektierte Pflanzen aus der Kreuzungsarbeit namhafter deutscher Züchter und aus eigenen Kreuzungen. Auch neueste Hemerocallissorten aus den USA, wie 'Unusual Forms', sind vorhanden. Zusätzlich gibt es einige Stauden mit Seltenheitscharakter zu sehen.
Eigentümer/in: Elmar Beckmann, Brinkweg 8,
33790 Halle/Künsebeck (Westf.), Tel. 05201/70250
Attraktionen: Hemerocallisblüte

NRW 17
Größe: 0,3 ha
Anmeldung erbeten
Eintritt: 2,50 €

Privatgarten Müther

Ammerweg 1, Gütersloh

Der Hausgarten mit verschiedenen Sitzplätzen und Wasserbecken mit einem Bachlauf, Stauden, Rosen, Gräsern und

Gehölzen, Gemüsegarten mit Hochbeetkulturen, einer Blumenwiese, einem Kräutergarten und einem Gewächshaus.
Eigentümer/in: Monika und Karl Josef Müther, Ammerweg 1, 33335 Gütersloh, Tel. 05209/2731, Internet: www.muether.net/garten.htm
Öffnungszeiten: Mai bis September

42 Großekathöfer, 94 Molkerei

Botanischer Garten – Blumengarten

Parkstraße 51, Gütersloh

Der Garten, der seit 1912 am nordöstlichen Rand des Stadtparks angelegt wurde, stellt die Pflanzen nicht, wie bei Botanischen Gärten üblich, systematisch nach ihrer geographischen Herkunft dar. Der Stadtgärtner Karl Rogge entwarf vielmehr einen Schaugarten, mit typischen Grundzügen der englischen Gartenkunst des beginnenden 20. Jahrhunderts. Wesentliche Merkmale, wie das Spannungsverhältnis von architektonischer Gestaltung, Raumbildung und pflanzlicher Vielfalt, bestimmen den Reiz dieser Gartengestaltung. Der Kern der Anlage ist bis heute in der ursprünglichen Form erhalten. Geometrische Wasserbecken, Laubengänge mit Sitznischen und hohe Hainbuchenhecken schaffen immer noch Räumlichkeit und formale Geschlossenheit. In späteren Jahren hinzugekommene seitliche Bereiche wurden durch größere Rasenflächen und geschwungene Wege räumlich geöffnet. Nach außen hin schließen hohe, meist einheimische Bäume und Sträucher den Garten ab. 1992 wurde der Garten komplett erneuert. Mit der Anlage des Apothekergartens sowie des naturnahen Gartenbereichs in den Jahren 1997 und 1998 erreichte der Garten seine heutige Größe.

NRW 18
Eigentümer/in: Stadt Gütersloh, Grünflächenamt, Postfach 2955, 33326 Gütersloh, Tel. 05241/822423, Fax 05241/822426
Größe: 3,35 ha
Öffnungszeiten: ganzjährig geöffnet 8 Uhr bis Einbruch der Dunkelheit
Eintritt: frei
Führungen: nach Voranmeldung, kostenlos
DB Gütersloh
42 Reckenberger Straße, 45 Verler Straße

Wassergarten Schael

Brenzelpath 7, Gütersloh

Der Wassergarten an einem Reihenhaus mit kleinem Wasserlauf, zwei Sitzplätzen und einer Halbinsel mit Zierkirsche umfaßt eine nach Lebensbereichen gegliederte Staudenpflanzung, darunter Waldhumussträucher und Wiesenstauden.
Eigentümer/in: Heike und Dieter Schael, Brenzelpatt 7, 33334 Gütersloh, Tel. 05241/67870

NRW 19
Größe: 500 m²
Anmeldung erbeten
Öffnungszeiten: ganzjährig geöffnet
Eintritt: frei
Führungen: nach Voranmeldung, kostenlos

Privatgarten Geissler

Grundtvigstraße 2, Gütersloh

Ein Reihenhausgarten mit architektonischem Wasserbecken, Pergola, Stauden, Kletterpflanzen, Kübelpflanzen und begrüntem Flachdach.

NRW 20
Größe: 350 m²
Anmeldung erbeten
Öffnungszeiten: ganzjährig geöffnet

Eintritt: frei
Führungen: nach Voranmeldung
DB Gütersloh
→ bei Anmeldung
P 🐕 ♿

Eigentümer/in: Volker und Monika Geissler, Grundtvigstraße 2, 33330 Gütersloh, Tel. 05241/36782, Fax 05241/36782
Internet: www.monikageissler.de

NRW 21
Größe: 1 ha
Anmeldung erbeten
Öffnungszeiten: Ausstellungstage, verschiedene Termine (bitte erfragen) und nach Vereinbarung
Eintritt: frei
DB Bielefeld Hbf
🚌 59 Weinhorst
P 🐕 ♿

Skulpturengarten art + work

Auf der Bleeke 41, Werther-Häger

In dem parkartigen Gelände mit sehr altem Baumbestand, Hecken, Großstauden, Obstwiese und Wasserläufen sind verschiedene Mosaikarbeiten, Springbrunnen und Kleinskulpturen aus Holz, Glas und Metall eingefügt. An den Ausstellungstagen stellen auch andere Künstler aus der Region aus.
Eigentümer/in: Irmgard Wiesbrock, Auf der Bleeke 41, 33824 Werther-Häger, Tel. 05203/5235, 01705/51322, Fax 05203/5235

NRW 22
Größe: 0,2 ha
Anmeldung erbeten
Eintritt: frei
Führungen: nach Voranmeldung, kostenlos
DB Brake bei Bielefeld
P 🐕 ♿
✿ Pflanzen werden evtl. verkauft

Stedefreunder Staudengarten

Stieglitzweg 18, Herford

Die Anlage ist aus einem Staudenanzuchtbetrieb in den Jahren 1970 bis 1989 hervorgegangen. Es finden sich viele interessante Stauden unterschiedlicher Bereiche, wie Alpinum, Beetstauden, Schattenpflanzen, Steppenpflanzen, Wasser- und Uferpflanzen.
Eigentümer/in: Doris Pfennig, Stieglitzweg 18, 32051 Herford, Tel. 05221/32424
Öffnungszeiten: Mai bis August

NRW 23
Größe: 800 m²
Anmeldung erbeten
Eintritt: frei
Führungen: nach Voranmeldung
🚌 S5 Oberingstraße
P 🐕 ♿
kostenloser Ausschank von eigenem Kräutertee
✿ Heil- und Duftpflanzen, Heilpflanzenliste kostenlos

Privatgarten Philipsen

An der Waldspitze 35, Herford

Ein naturnaher Hausgarten als Heilgarten. Etwa 150 Heilpflanzenarten, einschließlich Duftpflanzen, sind ihren natürlichen Standorten entsprechend am Teichrand, in Stauden- und Gehölzpflanzungen und in einer Kräuterwiese integriert und beschildert. Außerdem finden sich in diesem Wohngarten, der auch als Pflanzenschaugarten dient, vier Brunnenanlagen, mehrere Sandstein-Gartenplastiken, Pergolen, Terrassen mit Steingarten sowie Strauchrosen und diverse Kletterpflanzen.
Eigentümer/in: Helga und Johannes Philipsen,
An der Waldspitze 35, 32049 Herford,
Tel. 05221/981419, Fax 05221/981421
Öffnungszeiten: Mai bis Oktober

Privatgarten Wemhöner

Plankstraße 1, Herford

In dem ländlich modernen Garten steht ein Badeteich mit Felseninsel mit Kunstplastik, Wasserfall und Strand im Mittelpunkt. Neben einem Bauerngärtchen haben Kinder eine eigene Ecke.
Eigentümer/in: Elke und Heiner Wemhöner, Plankstraße 1, 32052 Herford, Tel. 05221/770210, Fax 05221/770239

NRW 24
Größe: 0,2 ha
Anmeldung erbeten
Öffnungszeiten: Mai bis Oktober Sa 10–17 Uhr
Eintritt: frei
DB Herford
P ♿

Privatgarten Bayreuther-Finke

Telgenbrink 79, Bielefeld

Foto: Bayreuther-Finke

Der stimmungsvolle, sehr naturnahe Bauerngarten an einem westfälischen Fachwerkkotten liegt in der freien Landschaft am Waldrand. Alte Rosen, Duftpflanzen, Wasseranlagen, lauschige Sitzplätze, ein Bienenstand und Vögel, darunter Schleiereulen, machen den Garten attraktiv.

NRW 25
Eigentümer/in:
Barbara Bayreuther-Finke und Dr. Peter Finke,
Telgenbrink 79,
33739 Bielefeld,
Tel. 05206/1466,
Fax 05206/2838,
E-Mail: Bayreuther-Finke@t.online.de
Größe: 0,2 ha
Anmeldung erbeten
Öffnungszeiten:
die beiden letzten Wochenenden im Juni und nach Vereinbarung, 10–18 Uhr
Eintritt: frei
Führungen: nach Voranmeldung
→ von der Straße 80 m Fußweg über Privatweg des Hauses 77
♿
P nur an der Straße Telgenbrink, nicht an der Zuwegung

NRW 26
Eigentümer/in: Stadt Bielefeld,
33597 Bielefeld,
Tel. 0521/513985,
Fax 0521/513437
Größe: 6,4 ha
frei zugänglich
Nordpark
Nordpark

Nordpark

Bünderstraße 25 a, Bielefeld

In mehreren Schritten wurde der Nordpark zu einem landschaftlich geprägten Stadtpark. Besonders hervorzuheben ist ein schöner, als Café genutzter steinerner Pavillon, der nach dem Krieg aus einem Privatgarten in den Nordpark versetzt wurde. Das Bauwerk, vermutlich von einem Schüler des Baumeisters Karl Friedrich Schinkel 1830 errichtet, steht unter Denkmalschutz. Besonders attraktiv ist neben der vielfältigen Staudenpflanzung die Dahlienschau.
Veranstaltungen: Konzerte im Café Nordpark

NRW 27
Eigentümer/in: Christhard Ehrig,
Marderweg 23,
33689 Bielefeld,
Tel. 05205/7647,
Fax 05205/72351
Größe: 0,1 ha
Anmeldung erbeten
Öffnungszeiten: April bis Okt.
Eintritt: frei
Führungen: nach Voranmeldung
Attraktionen: Frühjahrsblüte
→ bei Anmeldung

Hausgarten Christhard Ehrig

Marderweg 23, Bielefeld

Foto: Ehrig

Der Privatgarten am Waldrand umfaßt Stauden, Wasserspiegel und zahlreiche Natursteinarbeiten.

NRW 28
Eigentümer/in: Stadt Bielefeld,
33597 Bielefeld,
Tel. 0521/513985,
Fax 0521/513437
Größe: 4,4 ha
frei zugänglich
Attraktionen: Ruine des ehemaligen Torgebäudes und Schienenwegreste
DB Bielefeld

Rochdale Park – Ravensberger Spinnerei-Garten

Heeper Straße 45–49, Bielefeld

Im Jahre 1854 entstand die damals europaweit modernste Spinnerei. Nach dem 2.Weltkrieg lief die Produktion aus. Durch eine Bürgerinitiative konnte der Abbruch verhindert werden und es entstand der Museumspark in Verbindung mit Einrichtungen der Volkshochschule. Im Gebäude der ehemaligen Direktorenvilla ist die Kunstgewerbesammlung der Stiftung Huelsmann untergebracht. Der Direktorengarten konnte weitgehend originalgetreu mit Wegeführung, Teich, Springbrunnen wiederhergerichtet werden. Der südliche Teil der Gesamtparkanlage ist Rochdale, der englischen Partnerstadt von Bielefeld, gewidmet.

Bürgerpark und Rosengarten

Wertherstraße 88 / Stapenhorststraße, Bielefeld

Der Bürgerpark einschließlich des Rosengartens ist die attraktivste städtische Grünanlage in Bielefeld. Die Anfänge gehen auf eine Arbeitsbeschaffungsmaßnahme in den 20er Jahren zurück, als man eine aufgelassene Tongrube in eine innerstädtische Erholungsanlage umgestaltete. Seine jetzige Prägung erhielt der Bürgerpark nach dem 2.Weltkrieg durch häufige Umgestaltungen. Der Rosengarten zeigt eine Auswahl großblumiger Edelrosen, Polyantharosen, Bodendeckerrosen sowie Hochstammrosen in attraktiven Sorten.
Eigentümer/in: Stadt Bielefeld, 33597 Bielefeld,
Tel. 0521/513985, Fax 0521/513437

NRW 29
Größe: 8,5 ha
frei zugänglich
Attraktionen: großflächige Frühjahrs- und Sommerbepflanzung, weitläufige Rhododendronhecken, freilaufende Kronenkraniche
Oetkerhalle
Oetkerhalle

Privater Künstlergarten

Herner Straße 13, Bielefeld

Foto: Stegmann

Der eigenwillig gestaltete Garten eines Malers mit diversen, bis zu 7 Meter hohen Bambus- und zahlreichen Azaleen- und Rhododendrenarten erhält durch asiatische Stein- und Holzplastiken interessante Formelemente.

NRW 30
Eigentümer/in: Sigrid und Klaus Stegmann, Herner Straße 13, 33649 Bielefeld, Tel. 0521/442044, Fax 0521/433474
Größe: 800 m²
Anmeldung erbeten
Öffnungszeiten: ganzjährig geöffnet
Eintritt: frei
Führungen: nach Voranmeldung
Attraktionen: Blüte von Azaleen, Rhododendren, Japanischen Kirschen und Magnolien Mai bis Juni

NRW 31
Größe: 400 m²
frei zugänglich
Eintritt: frei evtl. Spende zur Erhaltung und Erweiterung der Projekte
Führungen: nach Voranmeldung, evtl. Spende
3 Babenhausen-Süd

Blinden-, Duft- und Tastgarten

Stadtblick 12, Bielefeld

Ein offener Blinden-, Duft- und Tastgarten mit freiem Zutritt, dessen Besonderheiten Historische und Englische Rosen, kombiniert mit Stauden, vor allem Phloxe und staudige Sonnenblumen sind. Ein Teil der Rosen ist in Schwarz- und Blindenschrift ausgezeichnet.
Eigentümer/in: Heidi Thielke, Stadtblick 12, 33739 Bielefeld, Tel. 0521/888212

NRW 32
Größe: 0,6 ha
Anmeld. für Gruppen erbeten
Öffnungszeiten: Februar bis Dezember Di bis Fr 10–18 Uhr, Sa und So 11–18 Uhr
Eintritt: 3 €, Kinder frei bis 6 Jahre, ermäßigt 1,50 €, Schulklassen 1 €/Person, Familienkarte 7 €
Führungen: nach Voranmeldung für Gruppen bis 25 Personen 55 €
24 Tierpark

Bauernhausmuseum Bielefeld

Dornberger Straße 82, Bielefeld

Der Bauerngarten ist historischen Vorbildern aus der Zeit zwischen 1850 und 1900 im Ravensberger Land nachempfunden. Kräuter, Beerensträucher und Zierpflanzen wachsen in geometrischer Anlage mit von Buchs umrahmten Beeten neben einer Hainbuchenlaube und einer Obstwiese.
Eigentümer/in: Bielefelder Bauernhausmuseum GmbH, Dornberger Straße 82, 33619 Bielefeld, Tel. 0521/5218550, Fax 0521/5218522, E-Mail: bauernhausmuseum@owl-online.de, Internet: www.bielefelder-bauernhausmuseum.de

NRW 33
Eigentümer/in: Stadt Bielefeld, Am Kahlenberg 16, 33617 Bielefeld, Tel. 0521/513178, Fax 0521/513178, E-Mail: botanischer.garten@bielefeld.de, Internet: www.bielefeld.de, Umweltbetrieb-bielefeld.de
Größe: 4 ha
frei zugänglich
Führungen: nach Voranmeldung, evtl. Spende,
Attraktionen: Frühjahrsblüte im Steingarten,
1 Bethel-Eck
Bethel
24 Bauernhausmuseum
→ Ab der Straßenbahnhaltestelle ausgeschildert
Veranstaltungen: s. homepage

Botanischer Garten

Am Kahlenberg 16, Bielefeld

Im Jahre 1912 legte die Stadt Bielefeld nach einem Plan des damaligen Gartenbaudirektors Meyerkamp einen Garten an. Zwei Gesichtspunkte waren hierbei maßgebend: die Beschaffung von Anschauungsmaterial für den naturkundlichen Unterricht an Schulen und die Funktion als Schaugarten mit vielen heimischen und nichtheimischen Pflanzen. Meyerkamp lehnte einen nach streng wissenschaftlichen Grundsätzen eingerichteten Garten und eine Einfriedigung ab. Die Anlage sollte der Allgemeinheit gehören. Trotz verschiedener Erweiterungen und Veränderungen gelten diese Prinzipien auch heute noch, wobei der Aspekt des Schulgartens in den letzten Jahren fast völlig verdrängt wurde. Gestalterisch sind in vielen Bereichen noch die Planungen der zweiten Erweiterung von 1925 bis 1927 erkennbar. Besonderheiten des Gartens sind ausgedehnte Rhododendren- und Wildstaudenflächen, der Staudengarten, das Alpinum, der Arznei- und Gewürzgarten, der Heidegarten und 200 gefährdeten Arten aus der Roten Liste NRW. Die geologische Erdzeituhr veranschaulicht die Entwicklung der Erde und der Lebewesen.

Privatgarten Bolte

Mannheimer Straße 1, Bielefeld

Der an einem 2-Familien-Haus aus den 50er-Jahren gelegene Garten wurde erst kürzlich neu angelegt, wobei ein älterer Baumbestand mit überwiegend Buchen und einer großen Trauerbuche einbezogen werden konnte. Während der Bereich vor dem Haus als Staudengarten mit Tee- und Heilpflanzen gestaltet ist, enthält der Garten hinter dem Haus Rhododendren, Englische Rosen und eine Terrasse mit Quelle und Bachlauf zu einem großen Schwimmteich.

Eigentümer/in: Jutta Bolte, Mannheimer Straße 1, 33659 Bielefeld, Tel. 0521/492518, E-Mail: juttabolte@aol.com

NRW 34
Größe: 0,1 ha
Anmeldung erbeten
Öffnungszeiten: März bis September nach Vereinbarung
Eintritt: frei
DB Bielefeld
Bus 135 Spelenkampweg
→ bei Anmeldung
P Hund

Skulpturengarten Pladeck

Am Brodhagen 97, Bielefeld

Die alten knorrigen Bäume, denen Kletter-Rosen und Clematis eine zweite Blüte verleihen, und die vielen Staudeninseln bieten einen wunderschönen Rahmen für Ausstellungen der im eigenen Atelier gefertigten Skulpturen aus Bronze und hochgebrannter frostfester Keramik.

Eigentümer/in: Doris Pladeck, Am Brodhagen 97, 33613 Bielefeld, Tel. 0521/882266

Öffnungszeiten: 15. April bis 31. Oktober

NRW 35
Größe: 0,21 ha
Anmeldung erbeten
Eintritt: frei
Führungen: nach Voranmeldung
DB Bielefeld
Bus 25, 26 Am Brodhagen
P Hund ♿

Privatgarten Röder

Am Mühlenberg 30, Bielefeld

Den Vorgarten in Hanglage bestimmt eine einfache, großzügige Gestaltung mit altem Baumbestand. Rankgerüste und reiche Staudenpflanzungen mit strukturierten Platz- und Rasenflächen gliedern den rückwärtigen Teil in verschiedene Gartenräume. Neben gärtnerischen Baustoffen bestimmen Werkstoffe wie Mühlstein, Balustraden, Futtertröge und schmiedeeiserne Gitter das Bild, komplettiert durch zahlreiche Skulpturen aus Terrakotta und anderen Materialien.

Eigentümer/in: Marianne und Friedrich W. Röder, Am Mühlenberg 30, 33619 Bielefeld, Tel. 0521/102337

NRW 36
Größe: 0,1 ha
Anmeldung erbeten
Eintritt: frei
Führungen: nach Voranmeldung
Öffnungszeiten: ganzjährig geöffnet
DB Bielefeld
Bus 22 Wettensiek
♿ über Nachbargrundstück, Auf der Egge 117

Schrebergarten Müller

Schrebergartenanlage Oldentrup, Garten 3, Bielefeld

Der Kleingarten ist intensiv bepflanzt mit Azaleen, Rhododendren, Steingarten-, Sumpf- und Moorbeetpflanzen, Kiwis, Clematis und Wein, Päonien, Erdorchideen, fleischfressenden Pflanzen und einer Fuchsiensammlung mit 180 verschiedenen Arten und Sorten. Anmeldung erbeten

NRW 37
Größe: 330 m^2
Eintritt: frei
Öffnungszeiten: April bis Oktober 9–19 Uhr
P ♿
✿ Fuchsien und andere Ableger

Eigentümer, Pächter: Arno und Edeltraud Müller, Schrebergartenanlage Oldentrup, Garten 3, 33605 Bielefeld, Tel. 0521/25954, E-Mail: Arno.Edeltraut@web.de

NRW 38 NEU
Größe: 0,1 ha
Führungen:
nach Voranmeldung
Kosten auf Anfrage
frei zugänglich
Attraktionen:
Azaleenblüte Ende April, Laubfärbung im Herbst
DB Bielefeld Hbf
1 Betheleck
122 Hotel Lindenhof
Veranstaltungen:
Kirschblütenfest, Mitte April
Info: Gisela Bremer,
Tel./Fax 0521/297910
Diverse Sommerfeste mit japanischen Attraktionen

Japanischer Garten Bielefeld

Am Tagungszentrum Hotel Lindenhof, Quellenhofweg 125, Bielefeld-Bethel

Zum 10. Jahrestag des Besuchs des japanischen Kaiserpaares in Bethel wurde der Garten 2003 eingeweiht und diesem gewidmet. Schirmherren waren der japanische Kronprinz SKH Naruhito und Alt-Bundespräsident Johannes Rau. Dieser klassische Zen-Garten wurde im Stil der späten Edo-Zeit (18. Jhdt.) von dem Landschaftsarchitekten Hartmut Raible geplant. Besonderheiten sind neben den exklusiven Großbonsai, den alten Steinlaternen, den geharkten Kiesflächen und dem traditionellen Holzbau die Hervorhebung der unterschiedlichen Jahreszeiten im Garten; ein für Deutschland einmaliger japanischer Garten.
Eigentümer: Von Bodelschwinghsche Anstalten Bethel/co Deutsch-Japanische-Gesellschaft Bielefeld, Am Rehwinkel 27, 33619 Bielefeld, Tel. 0521/1640165, Fax 0521/9117313
E-mail: djg-bielefeld@yahoo.de, Internet: www.bielefeld.de, www.raible-landschaftsarchitekten.de

NRW 39
Eigentümer/in: Stadt Bad Salzuflen, Umweltamt, 32102 Bad Salzuflen,
Tel. 05222/952245,
Fax 05222/952168
Größe: 5 ha
frei zugänglich
350, 351, 940, 942, 961, 963 Schötmar Markt

Schloßpark Schötmar

Schloßstraße, Bad Salzuflen

Die Schloßanlage mit dem über 275 Jahre alten Schloß, ein typischer kleiner barocker Adelssitz, stellt in Verbindung mit dem anglisierten Park, der von einer hohen Mauer umgrenzt wird, eine schützenswerte Einheit dar. Der Landschaftspark aus dem 19. Jahrhundert, der über mehrere Umgestaltungen und Vergrößerungen seine heutige Gestalt erhielt, liegt etwas abseits vom Schloß. Von der Südseite des Schlosses erreicht man den Park über einen unscheinbaren Seitengang. Vom Haupteingang zum Marktplatz öffnet sich der Park in eine baumbestandene Wiese. Südlich vom Schloß liegt ein Rosen- und Steingarten, eine Eichenallee führt zu einem Mausoleum mit den davorliegenden Grabstätten der Familie von Stietencron, den ehemaligen Besitzern, die 1949 von der Stadt Schötmar gekauft wurde.

NRW 40
Eigentümer/in: August Großmann GmbH & Co KG, Senkelteichstraße 13, 32602 Vlotho/Weser,

Bauernbad – Kurpark

Senkelteichstraße, Bad Senkelteich (Vlohto, Ortsteil Valdorf, Kurgebiet)

Der um 1860 angelegte Kurpark liegt am Rand des Erdfalltrichters von Bad Senkelteich. Intensiv gestaltete Bereiche wie der Rosengarten lösen sich zur Landschaft hin auf. Den Landschaftsgarten zeichnen einen terrassenförmigen Aufbau mit alten Treppen, ein alter Baumbestand und zahlreiche Ausblicke ins Tal bei südexponierter Hanglage aus. Eine geologische Besonderheit ist der Erdfalltrichter, in dem sich über 8000 Jahre lang ein 40 Meter mächtiges Moor entwickelt hat. Aus dem Moorteich entspringende Heilquellen werden seit 1866 zur Heilbehandlung genutzt.

Tel. 05733/9210,
Fax 05733/921400,
Internet
www.bad-senkelteich.de
Größe: 1,8 ha,
frei zugänglich
Stadtbussystem

Kaiser-Wilhelm-Platz

Paulinenstraße / Hermannstraße/Bismarckstraße, Detmold

Der Kaiser-Wilhelm-Platz wurde im Zuge der gründerzeitlichen Stadterweiterung als zeittypischer Vertreter eines Rasenschmuckplatzes 1875 angelegt. Die streng rasterförmige Wegestruktur ist von Lindenalleen gefaßt.
Eigentümer/in: Stadt Detmold, FB 7,
Georgstraße 10, 32756 Detmold,
Tel. 05231/977703, Fax 05231/977718

NRW 41
Größe: 1,5 ha
frei zugänglich
→ Im Stadtzentrum
gebührenpflichtig

Schloßplatz Detmold

Schloß Detmold, Detmold

Der Schloßplatz des Residenzschlosses zu Detmold ist die zentrale Grünanlage des historischen Stadtkerns. In seiner wechselvollen Geschichte entwickelte er sich aus dem Vorwerk einer Burganlage über einen Exerzierplatz mit Esplanade aus drei Baumreihen um 1750 zur heutigen Parkanlage, die durch geschwungene Rasenflächen und wertvollen Altbaumbestand geprägt ist. Der Schloßplatz steht ebenso wie die umgebenden Bauwerke, darunter das Weser-Renaissance-Schloß und seine Nebengebäude, unter Denkmalschutz.
Eigentümer/in: Stadt Detmold, FB 7,
Georgstraße 10, 32756 Detmold,
Tel. 05231/977703, Fax 05231/977718

NRW 42
Größe: 1,9 ha
frei zugänglich
701, 702, 703, 704
Rosental
→ Im Stadtzentrum
gebührenpflichtig

Palaisgarten

Allee, Detmold

Der Palaisgarten wurde um 1718 zunächst im französischen Stil als langgestreckter, von Mauern umgebener Barockgarten angelegt. Von dieser Gestaltung sind heute nur wenige Reste, darunter Hecken und Futtermauer erhalten. Die heutige Grundstruktur der Anlage entstand in der Zeit von 1850 bis 1860 durch Umgestaltung und Erweiterung zum Landschaftspark. Der Palaisgarten ist seit 1919 öffentlich zugänglich xund verfügt über einen wertvollen Altbaumbestand. Das am Rande des Gartens gelegene Palais ist Sitz der Nordwestdeutschen Musikakademie.

NRW 43
Eigentümer/in: Land
Nordrhein-Westfalen
Größe: 8,1 ha,
frei zugänglich
701, 703 Palaisgarten

NRW 44

Eigentümer/in: Wesfälisches Freilichtmuseum Detmold, Landesmuseum für Volkskunde Krummes Haus, 32760 Detmold, Tel. 05231/7060, Fax 05231/706106, E-Mail: wfm-detmold@lwl.org, Internet: www.freilichtmuseum-detmold.de

Größe: 90 ha

Öffnungszeiten: April bis Oktober Di bis So 9–18 Uhr

Eintritt: 5 €, Kinder frei bis 6 Jahre, Gruppen ab 16 Personen 4 €/Person, Führungen: nach Voranmeldung, Tel. 05231/706104 für Gruppen bis 30 Personen, ab 32 €/Gruppe

DB Detmold

701 Freilichtmuseum

→ ausgeschildert

Veranstaltungen, verschiedene, wechselnde Veranstaltungen.

✿ geplant, seltene Zier- und Nutzpflanzen

Gärten des Westfälischen Freilichtmuseums Detmold

Detmold

Foto: Fotodienst Fehn

Bei zahlreichen Einzelgebäuden und in den Dorfanlagen des Freilichtmuseums sind ländliche Gärten nach historischem Vorbild wieder angelegt worden. Den Rekonstruktionen waren umfangreiche Forschungsarbeiten vorangegangen, so daß die Gärten sowohl der geographischen als auch der zeitlichen und sozialen Zuordnung der Gebäude, zu denen sie gehören, entsprechen. Die Spanne reicht von den repräsentativen Gärten der gehobenen bäuerlichen Schicht bis zu verzierten Nutzgärten, reinen Ziergärten und Obstgärten mit ihren regionalen, bzw. lokalen Obstsorten.

NRW 45

Größe: 0,1 ha

Öffnungszeiten: auf Anfrage

Eintritt: frei

→ Von Hameln in Richtung Höxter, B 83 bis Polle, in Polle an der 1. Ampel rechts Richtung Bad Pyrmont – Falkenhagen

✿ Pflanzen werden bei Sonderausstellungen verkauft

Arndts Bonsaiparadies

Falkenhagen 27, Lügde

Das Wohnhaus ist ein Nebengebäude des Klosters Falkenhagen. Der Garten ist nach japanischer Art mit Teichen, Brücken und gestalteten Büschen angelegt. 130 ausgesuchte, schöne Bonsai-Solitäre sind zu bewundern, weitere 200 sind in den Garten integriert. Zum Garten gehören auch ein Senkgarten mit mediterranen Pflanzen, ein Feng-Shui Garten mit Schildkröteninsel-Steingestaltung und ein Gehege mit Papageien und Kanarienvögeln. In einem Pavillon werden Suiseki und Biseki (japanische Meditations- und Betrachtungssteine) sowie Betrachtungssteine aus aller Welt gezeigt. Eine weitere ständige Ausstellung zeigt Bonsai-Grundgestaltungen von 20 deutschen und europäischen Bonsaikünstlern.

Eigentümer/in: Dieter und Anita Arndt, Falkenhagen 27, 32676 Lügde, Tel. 05283/1282

Veranstaltungen: Bonsaifrühlingsfest, 3. April-Wochenende, Tage des offenen Gartens, 1. und 3. Wochenende im Mai und 1. Wochenende im Juni, Ausstellungen des Bonsai-Clubs Lippe Südost, letztes Augustwochenende

Op de Bartelt

Bartelter Weg 20, Geldern

Der Garten vor dem Haus fügt sich mit seiner Vielfalt an Stauden und Rosen in formalen Buchsbaumbeeten harmonisch in die ländliche Umgebung ein. Im Garten hinter dem Haus wechseln freie und formale Gestaltungselemente einander ab. Terrassen und Sitzplätze mit langen Blickachsen, Teiche und Rasenfläche mit Obstbäumen, Kräutergärtchen und Schattenpfade bestimmen die romantische Gartensituation.
Eigentümer/in: Hildegard Beauvy, Robert Uster, Bartelter Weg 20, 47608 Geldern, Tel. 02831/7648, Fax 02831/991788, E-Mail: HB-RU@gmx.de, Internet: www.angelfire.com/country/gardener

NRW 46
Größe: 0,25 ha
Anmeldung für Gruppen erbeten
Öffnungszeiten: jeweils 3. Wochenende im Mai und Juni, Sa und So 11–18 Uhr
Eintritt: 3 €, Kinder frei bis 12 Jahre
DB Geldern
→ Nähe Krankenhaus, Schloß Haag
P

Privatgarten van Huet

Mühlenfeld 16, Sonsbeck

Ein beinahe ganzjährig blühender, bunter Staudengarten, kombiniert mit Rosen und Blütensträuchern, eingerahmt von Bäumen und Rhododendren. Schattige Bereiche, Teich, Springbrunnen und Rasen wechseln ab, unter anderem mit einem blau-gelben und rosa-blau-purpurfarbenen Border. Dabei werden Farben, Formen und Blattexturen harmonisch miteinander kombiniert und ergänzt.

Foto: Helmut van Huet

NRW 47
Eigentümer/in: Johanna und Helmut van Huet, Mühlenfeld 16, 47665 Sonsbeck, Tel. 02838/96234, Fax 02838/9511
Größe: 0,13 ha
Öffnungszeiten: Mai bis Ende Juli, genaue Termine im Faltblatt: „Gärten am Niederrhein öffnen ihre Pforten"
Eintritt: 3 €, Kinder frei bis 12 Jahre
Führungen: für Gruppen nach Voranmeldung
→ A 57, Ausfahrt Nr. 5 Richtung Sonsbeck-Xanten 3 km, bis Stoppschild, links, nach 300 m rechts, 2. Straße rechts (Stichstraße)
P in begrenzter Zahl
Attraktionen: Skulpturen aus der Hand des Eigentümers

Privatgarten Krautwig

Fürstenberg 18, Xanten

Das Grundstück erstreckt sich hinter einem 130 Jahre alten Bauernhaus. Beherrscht wird es von einer Allee ebenso alter

NRW 48
Eigentümer/in: Christel Krautwig, Fürstenberg 18, 46509 Xanten,

Tel. 02801/4443
Größe: 1,5 ha
Anmeldung erbeten
Öffnungszeiten: März bis Juni, Termine im Faltblatt „Gärten am Niederrhein öffnen ihre Pforten"
(gegen frankierten Rückumschlag erhältlich)
Eintritt: 3 €, Kinder frei bis 12 Jahre
Führungen: nach Voranmeldung
Attraktionen: Narzissen- und Rosenblüte
DB Xanten
→ Veener Weg (Richtung Krankenhaus), am Kleinen Waldstück links (Fürstenberg), dann 1. Feldweg links, 2. Haus (altes Bauernhaus)

Eßkastanien. Es ist naturnah (un-)gestaltet – auch Brennnesseln, Disteln und Brombeeren erhalten in der Wildblumenwiese ihren Lebensraum. Im Kontrast dazu wachsen Alte Rosen mitten in der Wiese. Ebenso ein Rambler-Rosenbogengang. Ein Teich, ein Kräutergarten, ein mit Buchs formal gestalteter Blumengarten und ein Innenhof mit alten Myrthen schaffen Gartenräume.

Foto: Krautwig

NRW 49
Größe: 2,2 ha
Öffnungszeiten: ganzjährig geöffnet, im Sommer 8 Uhr im Winter 9 Uhr bis Einbruch der Dunkelheit
Eintritt: frei
Führungen: nach Voranmeldung Ordensmuseum, Abteiplatz 24, Tel. 02842/4062,
DB Moers
32 Bergrücken Kamp

Terrassengarten am Kloster Kamp

Am Abteiplatz, Kamp-Lintfort

Der historische Terrassengarten der Abtei Kamp entstand im Jahre 1700 unter dem Abt Emundus Richterich. Nach der Aufhebung der Abtei während der französischen Herrschaft am Niederrhein von 1794 bis 1814 verfiel die Anlage und geriet zunehmend in Vergessenheit. In den Jahren 1986 bis 1990 ließ die Stadt Kamp-Lintfort die barocke Gartenanlage nach historischem Vorbild wiedererrichten, jedoch mit architektonischen Gestaltungsmitteln der Gegenwart. Der Terrassengarten präsentiert seit 1990 zeitgenössische Kunst.
Eigentümer/in: Stadt Kamp-Lintfort, Kulturamt, Am Rathaus 2, 47479 Kamp-Lintfort, Tel. 02842/912333, Fax 02842/912494
Veranstaltungen: Ausstellungen zeitgenössischer Kunst in der westlichen Orangerie, Mai bis Sept., Infos bei: Kulturamt der Stadt, Tel. 02842/912333, Fax 02842/912367

NRW 50
Größe: 1,2 ha
Eintritt: frei
Führungen: nach Voranmeldung, Tel./Fax 02153/89374,

NABU-Naturschutzhof

Sassenfeld 200, Nettetal

Die Anlage gibt Anregungen zur Gestaltung von Hausgarten, Schulgarten und Kindergartengelände unter den Gesichtspunkten des Tier- und Pflanzenartenschutzes. Dazu dienen

Schaubiotope wie Kräutergarten, Heckenanlagen, Kleingewässertypen, Duftgarten, Kräuterspirale, Lebensturm, Bauerngarten, Ackerwildkräuter, Blumenwiesen, Steingarten, Dachbegrünung, Rankgewächse, Totholzmauer, Benjeshecke, Obstgarten mit alten Sorten, Trockenmauer, Pflanzenklärbecken und Bruthügel für Nashornkäfer. Ergänzt werden die Schaubiotope durch Schauanlagen wie Windrad zur Wasserförderung, Bienenstock, Freiluft-Klassenzimmer, Sonnenuhr, Vogeluhr und Nutzung der Sonnenenergie. Neueste Errungenschaft ist eine Schmetterlingsuhr, auf der zehn einheimische Schmetterlinge mit ihren jeweiligen Flugzeiten, Raupen und Futterpflanzen dargestellt sind. Mit dem Strohballenhaus wird alternatives Bauen demonstriert.
Eigentümer/in: Naturschutz-Hof, Sassenfeld 200, 41334 Nettetal, Tel. 02153/89374, Fax 02153/89374
Öffnungszeiten: Freifläche ganzjährig geöffnet, Info-Center: Ende April bis Anfang Oktober
Attraktionen: Steingartenblüte, Wiesenblüte, Obstblüte
Internet: www.nabu-krefeld.de/nabuhof.htm

Preis auf Anfrage
🚌 093 Schlöp
→ A 40, Richtung Venlo, Abfahrt Herongen/Straelen, nach Leuth, von da nach Lobberich, dann nördl. Richtung De Wittsee, weiter nach Ausschilderung
Veranstaltungen: Saison-Eröffnung, Saison-Abschluß
🐕 ♿ ℹ
✿ gegen Spende in sehr begrenztem Umfang

Landschaftspflegehof

Baerlo 149, Nettetal

Ziel der Anlagenkonzeption ist, die Entwicklung einer Naturlandschaft zu einer Kulturlandschaft zu demonstrieren. Gleichzeitig wird ein typischer Ausschnitt einer historischen niederrheinischen Kulturlandschaft gezeigt. Die Anlage befindet sich noch in der Aufbauphase. Wesentliche Elemente sind jedoch bereits vorhanden, darunter ein Bauerngarten, Teiche und Heckenpflanzungen.
Eigentümer/in: Bernd Rosenkranz, Arbeitsgemeinschaft Biotopschutz im Kreis Viersen e.V., Schulstr. 11, 41334 Nettetal, Tel. 02153/730660
Veranstaltungen: naturkundliche Ausstellung

NRW 51
Größe: 3 ha
frei zugänglich
Eintritt: frei
Führungen: nach Voranmeldung, Preis nach Vereinbarung, in Teilbereichen ganzjährig geöffnet
→ Östlich der K 3 zwischen Breyell und Leuth
P 🐕 ♿

Gartenanlage um den Rokokopavillon in Nettetal-Kaldenkirchen

Friedrichstraße 22A, Nettetal

Die Anlage um einen Rokokopavillon ist in ihrer Gestaltung den historischen Vorlagen nachempfunden. Einfassungshecken aus exakt beschnittenem Liguster trennen die Wege von den umgebenden Rasenflächen und formen in der Hauptachse ein Rosenrondell. Garteninventar aus der Entstehungszeit des Pavillons ist zum Teil noch vorhanden, darunter eine Sonnenuhr, Steinbänke. Der sehr gut erhaltene Pavillon ist ein bedeutendes Beispiel niederrheinischer Gartenbauten.

NRW 52
Eigentümer/in: Eheleute Hubert Funken, Friedrichstraße 22A, 41334 Nettetal, Tel. 02157/6117
Größe: 0,1 ha
Anmeldung erbeten
ganzjährig geöffnet
Eintritt: frei
→ Bei Anmeldung
P 🐕 ♿

NRW 53
Größe: 3,5 ha
Anmeldung erbeten
ganzjährig geöffnet
Führungen: nach Voranmeldung,
Eintritt: 2 €, Kinder 1 €
🚌 092, 093
Kreuzmönchstraße, 074
Schwimmbad Kaldenkirchen
🐕 ♿

Sequoiafarm

Buschstraße 98, Nettetal-Kaldenkirchen

Das Arboretum mit ca. 600 Pflanzenarten wurde nach dem 2. Weltkrieg angelegt. Besonderheiten sind eine Baumreihe aus Metasequoia glyptostroboides, Bestände von Sequoiadendron giganteum und Sequoia sempervirens sowie eine alte Winterlinde im Eingangsbereich. Die wissenschaftliche Leitung erfolgt durch die GHS Essen.
Eigentümer/in: Stadtwerke Nettetal GmbH,
Leuther Straße 25, 41334 Nettetal,
Tel. 02157/1205111 oder 6133, Fax 02157/1205159
Attraktionen: Rhododendren-Blüte, Blüte der Buchenflora (Anemone, Salomonsiegel, Maiglöckchen)

NRW 54
Größe: 6 ha
Öffnungszeiten: alle zwei Jahre ein Tag der offenen Tür
Eintritt: frei
Attraktionen: Das Gesamtgelände kann vom Feuerwachturm auf den Hinsbecker Höhen überschaut werden.
→ Lage im Naturschutzgebiet Krickenbecker Seen, Anreise mit dem Fahrrad empfohlen
🅿 ♿
Veranstaltungen: Musikveranstaltungen im Schloßhof
☕ nur am Tag der offenen Tür

Schloßpark am Schloß Krickenbeck

Schloßallee 1, Nettetal

Anfang des 18. Jahrhunderts wurde um das Schloß, dessen Ursprünge im Mittelalter liegen, eine barocken Gartenanlage angelegt und Mitte des 19. Jahrhunderts teilweise landschaftlich überformt. Zu Beginn unseres Jahrhunderts erfolgten weitere Umgestaltungen im neobarocken Stil. Der letzte Ausbauzustand wurde auf der Grundlage der Planung von Rose und Gustav Wörner 1990 wiederhergestellt, als im Schloß ein Tagungshotel und Bildungszentrum eingerichtet wurde. Besonders bemerkenswert ist heute der wertvolle Altbaumbestand im Park. Es ergeben sich reizvolle Ausblicke auf die umliegende Seenlandschaft des Naturschutzgebiets Krickenbecker Seen.
Eigentümer/in: WestLB AG,
Akademie Schloß Krickenbeck GmbH,
Schloßallee 1, 41334 Nettetal, Tel. 02153/9170

NRW 55
Größe: 3 ha
frei zugänglich
Attraktionen: Fontänen Sommermonate
→ Im Stadtzentrum Nettetal-Lobberich
🅿 ✕ ☕ 🐕 ♿

Ingenhovenpark

Hochstraße / Marktstraße, Nettetal-Lobberich

Der zentrale Stadtpark besitzt einen wertvollen alten Baumbestand, unter anderem mit Eichen, Rotbuchen, Amberbäumen und Ginkgo. Den Mittelpunkt der Anlage bildet eine große, künstliche Teichanlage mit Insel und Wasserfontäne. Reizvoll im Park gelegen ist die Wasserburg Ingenhoven aus dem 15. Jahrhundert sowie Haus Erlenbroich, eine in neugotischem Stil errichtete Villa aus der Zeit um 1900.
Eigentümer/in: Stadt Nettetal, Fachbereich Tiefbau,
Doerkesplatz 11, 41334 Nettetal, Tel. 02153/8986701,
Fax 02153/95306701

Garten Gröne

Busch 7, Nettetal-Leuth

Im Garten Gröne mit seinem alten Baumbestand wachsen zirka 750 mehrjährige, winterharte Gartenpflanzen. Die 15 verschiedenen, nach modernen, naturnahen Gestaltungsideen bepflanzten Beete zeigen einen Querschnitt durch das Spezial- und Standardsortiment der Baumschulen und Staudengärtnereien, insbesondere die Gattungen Aster, Geranium und Narzisse.
Eigentümer/in: Hermann Gröne, Busch 7, 41334 Nettetal-Leuth, Tel. 02157/5177, E-Mail: info@garten-groene.de, Internet: www.garten-groene.de
Öffnungszeiten: ganzjährig geöffnet nach telefonischer Vereinbarung, Tage der Offenen Tür im April, Juli, Sept., Termin auf Anfrage oder im Internet

NRW 56
Größe: 0,2 ha
Anmeldung erbeten
Kostenbeitrag: 1,50 €
Führungen: nach Voranmeldung
DB Nettetal-Kaldenkirchen
→ bei Anmeldung
P ♿ ℹ
✿ Gartenkunst

Oirlicher Blumengarten

Oirlich 9, Nettetal-Hinsbeck

Ein Bach durchzieht den Garten in einer Hanglage. Es blüht von Februar/März mit Schneeglöckchen und Christrosen über den Mai/Juni mit Rittersporn, Glockenblumen, Storchenschnabel und Pfingstrosen bis zum Blütenhöhepunkt der Taglilien im Juni/Juli. Die ständig wachsende Tagliliensammlung mit vielen seltenen Sorten ist in Sammlerkreisen gut bekannt.
Anmeldung erbeten
Eigentümer: Marlu und Günter Waldorf, Oirlich 9, 41334 Nettetal-Hinsbeck, Tel. 02153/5967, Fax 02153/953657, E-Mail: waldo@oirlicher-blumengarten.de Internet: www.oirlicher-blumengarten.de

NRW 57
Größe: 0,3 ha
Eintritt: frei
Führungen: nach Voranmeldung
Öffnungszeiten: Mitte Juni bis Juli Sa, So nach Voranmeldung
→ Hinweisschilder zum benachbarten Café Künstler beachten
P
✿ Taglilien, Hosta

Alter Garten Viersen

Bahnhofstraße / Ecke Burgstraße, Viersen

Die Anlage besitzt einen neobarocken Charakter mit zeitgenössischen Stilelementen des Jugendstils und wurde 1901 von dem Düsseldorfer Gartenarchitekt M. Reinhard geplant. Es entstand ein Barockgarten mit zeitgetreuen Stilelementen der Gartenkunst. Der Garten ist symmetrisch aufgebaut. Auch die Vegetation betont die Symmetrie, die durch Taxushecken und Solitärtaxus in Kegel- und Kegelstumpfform gekennzeichnet ist. Im Mittelpunkt der Parkanlage befindet sich ein Wasserbecken, einseitig von einer geschwungenen Brüstung mit Kandelabern aus Sandstein eingefaßt. Die in der Mitte vorspringende Balustrade trägt drei bronzene Wasserspeier in Form von Löwenköpfen. Symmetrisch angelegte Schmuckbeetpflanzen ergänzen die Gartengestaltung.

NRW 58
Eigentümer/in: Stadt Viersen, Bahnhofstraße 23, 41747 Viersen, Tel. 02162/101420/416, Fax 02162/101473
Größe: 0,6 ha
frei zugänglich
Attraktionen: Wasserspiele April bis Okt.
🚌 VVG 19, CE 89 Casinogarten
P 🐕 ♿

NRW 59
Eigentümer/in: Stadt Viersen, Bahnhofstraße 23, 41747 Viersen, Tel. 02162/101420/416, Fax 02162/101473
Größe: 0,5 ha, frei zugänglich
VVG 92 Gereonsplatz/ Hauptstraße

Wildstaudengarten Viersen

Hauptstraße, Viersen

Der Wildstaudengarten ging aus einer innerstädtischen Grünanlage hervor. Ziel der Umgestaltung war, den hohen Anteil an versiegelten Flächen auf das notwendigste Maß zu beschränken, das tote Betonbecken durch einen naturnahen Teich zu ersetzen, um das Wasser als Lebenselement ins Blickfeld zu stellen, und die artenarmen, standortfremden, überalterten Pflanzenbestände mit Betonung auf Naturnähe und Wahrung einer gartenkulturellen Vielfalt zu erneuern. So wurden 10 Lebensbereiche geschaffen, die die unterschiedlichsten Vegetationsformen beinhalten. Eine Besonderheit ist eine analemmatische Sonnenuhr, bei der der Körper des Besuchers den Schattenstab darstellt.

NRW 60
Eigentümer/in: Stadt Mönchengladbach, FB Ingenieurbüro und Baubetrieb, Abt. Grünflächen und Friedhöfe, Postfach, 41050 Mönchengladbach, Tel. 02161/25-6810, Fax 02161/25-6879, E-Mail: Jürgen.Essers@ mönchengladbach.de
Größe: 2,6 ha
Außenanlage frei zugänglich
Führungen: nach Voranmeldung, Tel. 02166/928900, Fax 02166/9289049, E-Mail: info@schlossrheydt.de, www.museum-schloss-rheydt.de
www.moenchengladbach.de
Öffnungszeiten Museum und Wallanlage: April bis Sept. Di–So 11–19 Uhr, Okt. bis März Di–Sa 11–16 Uhr, sonntags 11–18 Uhr
Eintritt: 3,– €, erm. 1,50 €
016 Schloß Rheydt

Schloßpark Rheydt

Ritterstraße, Mönchengladbach

Mit Torburg, Vorburg und Herrenhaus, mit Wall, Bastionen und Gräben ist Schloß Rheydt eine der besterhaltenen Wasserburgen am Niederrhein. Die Anlage erhielt ihre heutige Gestalt in den Jahren 1565 bis 1585, erbaut auf den Resten einer mittelalterlichen Burg. Der Renaissancebau des Herrenhauses und die Vorburg dienen als Museum für Kunst- und Kulturgeschichte. Die Außenanlagen, im 18. und 19. Jahrhundert zum Landschaftsgarten umgestaltet, wurden in den Jahren 1994 bis 1997 nach Plänen von Rose und Gustav Wörner, Wuppertal, überarbeitet. Die ehemaligen Befestigungsanlagen sind noch partiell erkennbar. Ein wiederhergestellter Bereich der Bastionsauen vermittelt ein Bild von der Wehrhaftigkeit des Schlosses Ende des 16. und im 17. Jahrhundert. Rundwege über die Wallanlagen sowie im Außenbereich mit Blickschneisen auf die Schloßgebäude bieten ein abwechslungsreiches Natur- und

Kulturerlebnis. Schloß Rheydt liegt an der Südseite eines zirka 200 Hektar umfassenden Wald- und Wiesengebietes, Teil des Niersgrünzuges.

Volksgarten Mönchengladbach

Peter-Krall-Straße / Carl-Diem-Straße, Mönchengladbach

Der Volksgarten wurde im Jahre 1893 vom Unternehmers Peter Krall gestiftet. Den Mittelpunkt bildet ein Weiher mit Insel, um den Wiesenflächen, ein Kinderspielplatz und ein Café-Restaurant liegen. Der Volksgarten geht nahtlos in ein Waldgebiet, den Bungtwald, und das Naturschutzgebiet Elschenbruch mit Schloß Rheydt über. Erwähnenswert sind Buchenaltholzbestände im Volksgarten und Bungtwald mit Höhen bis zu 35 Meter.

Eigentümer/in: Stadt Mönchengladbach, FB Ingenieurbüro und Baubetrieb, Abt. Grünflächen und Friedhöfe, Postfach, 41050 Mönchengladbach,
Tel. 02161/25-6810, Fax 02161/25-6879,
E-Mail: Jürgen.Essers@mönchengladbach.de

NRW 61
Größe: 20 ha
frei zugänglich
Attraktionen: Kahnfahrten,
008 Volksgarten-Restaurant, 008 Buchenhof

Geropark

Weiherstraße / Hittastraße, Mönchengladbach

Der Geropark, eine Parkanlage im Herzen des Stadtbezirks Stadtmitte, entstand nach dem 2. Weltkrieg auf den Trümmern der Altstadt, auf ehemaligem Fabrikgelände und auf Grabelandflächen. Ein Weiher und ein Stück der mittelalterlichen Stadtmauer sind Zeugen der Vergangenheit. Benannt ist der Park nach dem Kölner Erzbischof Gero, dem Begründer der ehemaligen Benediktinerabtei, dem heutigen Rathaus, das oberhalb des Parkes liegt. Eine Grünverbindung in östlicher Richtung führt durch den Abteigarten sowie den Hans-Jonas-

NRW 62
Eigentümer/in: Stadt Mönchengladbach,
FB Ingenieurbüro und Baubetrieb, Abt. Grünflächen und Friedhöfe, Postfach,
41050 Mönchengladbach,
Tel. 02161/25-6810,
Fax 02161/25-6879,
E-Mail: Jürgen.Essers@mönchengladbach.de
Größe: 5 ha

frei zugänglich
Führungen: nach Voranmeldung, kostenlos,
🚌 005, 015, 017 Geroplatz
P ✕ 🐕 ♿

Park bis zur Fußgängerzone Hindenburgstraße. Architektonische Besonderheit des Abteigartens ist das Museum Abteiberg, entworfen von dem österreichischen Architekten Hans Hollein, eröffnet 1982. Der Abteigarten besticht durch seine Brunnenanlage und kunstvoll gestalteten Terrassen, von denen man einen guten Blick auf die Stadt hat.

NRW 63
Eigentümer/in: Stadt Mönchengladbach, FB Ingenieurbüro und Baubetrieb, Abt. Grünflächen und Friedhöfe, Postfach, 41050 Mönchengladbach, Tel. 02161/25-6810, Fax 02161/25-6879, E-Mail: Jürgen.Essers@mönchengladbach.de
Größe: 19 ha
frei zugänglich
Führungen: im Schloßpark April bis Oktober jeden 3. Sonntag 14.30 Uhr Treffpunkt Litfaßsäule, Eingang Parkplatz Neukircher Weg
Anmeldung nicht erforderlich
Infos: 02161/25-2408
Weitere Infos und Führungen auf Anfrage
Marketinggesellschaft Mönchengladbach, MGMG
Tel. 02161/252525 (montags bis freitags 8–17 Uhr)
Internet: www.euroga-mg.de; www.moenchengladbach.de
🚌 006, 016, SB1 Wickrath Markt
P ✕ Halbinsel
☕ 🐕 ♿

Schloßpark Wickrath

Hochstadenstraße, Mönchengladbach

Die „Dezentrale Landesgartenschau 2002“ in NRW, die in der Region Düsseldorf/Mittlerer Niederrhein präsentiert wurde, bot Rahmen und Anlaß, Schloß- und Parkanlage in Wickrath mit Hilfe eines Parkpflegewerkes von Armin Henne, Wuppertal, zu neuem Glanz zu verhelfen. Zwar war das barocke Schloß, Kern und Zentrum des großen regelmäßigen Komplexes, schon 1859 abgerissen worden, aber die bedeutenden Ökonomiegebäude (Marställe und Remisen), Park, Alleen, Gräben und Teiche waren noch vorhanden. So wurde das barocke Rasenparterre der Vorburg nach den Plänen von Soiron einschließlich der Ehrenhofmauern wiederhergestellt. Der Landschaftspark der Hauptburg ist komplett überarbeitet worden. Künstlerisch gestaltete Blumenbeete interpretieren das gartenkünstlerische Element des Pleasuregrounds neu. Auf der Hauptburginsel ist die barocke Kronenform wiederhergestellt und durch eine neue Brücke erlebbar gemacht worden. Die historischen Alleen wurden saniert und 230 neue, kastenförmig geschnittene Linden doppelreihig auf der Vor- und Hauptburginsel gepflanzt. Erst durch die Restaurierung des Bestands ist deutlich geworden, daß die Schloßanlage weit über den regionalen Rahmen hinaus ein bedeutendes Denkmal barocker Bau- und Gartenkunst darstellt.

Dabei konnte die lange und wichtige Tradition von Pferdezucht und Reitsport in Wickrath ebenfalls fortgesetzt werden, denn das „Rheinische Pferdestammbuch e.V." ist 2002 in den Ostflügel der Vorburg zurückgekehrt.

Bunter Garten

Lettow-Vorbeck-Straße/Bettrather Straße, Mönchengladbach

NRW 64
Eigentümer/in: Stadt Mönchengladbach, FB Ingenieurbüro und Baubetrieb, Abt. Grünflächen und Friedhöfe, Postfach, 41050 Mönchengladbach, Tel. 02161/25-6810, Fax 02161/25-6879, E-Mail: Jürgen.Essers@mönchengladbach.de
Größe: 30 ha
frei zugänglich
Attraktionen: Blumenparterre, Narzissen-, Azaleen-, Rhododendrenblüte,
001, 015 Kaiser-Friedrich-Halle,
001, 015 Schürenweg

Der Bunte Garten ist die bekannteste Grünfläche der Stadt. Er ging hervor aus der Deutschen Rosenschau des Jahres 1928. Zum Bunten Garten zählen auch der Kaiserpark mit der Kaiser-Friedrich-Halle und der Botanische Garten. Seine nördlich angrenzenden Ausläufer, der Nordwald und der sogenannte Jahrtausendwald sowie der Hauptfriedhof reichen bis an die nördliche Stadtgrenze und bilden zusammen einen Grünkomplex von 100 Hektar. Die Hauptattraktion im Bunten Garten ist das Blumenparterre mit seinen jahreszeitlichen Wechselpflanzungen. Aber auch die Blütezeiten der Narzissen, der Azaleen und Rhododendren bilden Höhepunkte im Gartenjahr. Der Botanische Garten grenzt unmittelbar im Südwesten an den Bunten Garten.

Botanischer Garten Mönchengladbach

Bettrather Straße, Mönchengladbach

NRW 65
Eigentümer/in: Stadt Mönchengladbach, FB Ingenieurbüro und Baubetrieb, Abt. Grünflächen und Friedhöfe, Postfach, 41050 Mönchengladbach, Tel. 02161/25-6810, Fax 02161/25-6879, E-Mail: Jürgen.Essers@mönchengladbach.de

Der Botanische Garten entstand ab 1927 auf dem Gelände einer Friedhofsgärtnerei und später auf zwei aufgegebenen Friedhöfen. Einige alte Grabmäler sind bis zum heutigen Tage erhalten. Der Verzicht auf eine streng geometrische Anordnung der Pflanzenbestände hat eine Anlage im Parkcharakter entstehen lassen. Hier gedeihen, bedingt durch das milde atlantische Klima, Pflanzen, die sonst selten in gleichen

Größe: 5 ha
frei zugänglich
Führungen: nach Voranmeldung, kostenlos,
009 Hagelkreuzstraße

Breiten anzutreffen sind. Schutz vor Nord- und Ostwinden bietet der hohe Baumbestand des angrenzenden Kaiserparks beziehungsweise Bunten Gartens. Die botanische Sammlung umfaßt Pflanzen aus allen fünf Kontinenten, die in 30 Abteilungen geordnet sind. 1978 wurde als Ergänzung ein Blindengarten geschaffen. Eine Voliere ist besonderer Anziehungspunkt für jung und alt. Der Botanische Garten ist Bestandteil des Bunten Gartens, in den er ohne Abgrenzung übergeht.

NRW 66 NEU
Eigentümer/in: Stadt Willich, Postf. 1361, 47854 Willich,
Tel. 02156/949267,
Fax 02156/949336,
E-mail: stadtplanung@stadt-willich.de,
Internet: www.stadt-willich.de
Größe: 25 ha
frei zugänglich
Mönchengladbach
036 Schloß Neersen
→ A 44 Abfahrt Neersen
Veranstaltungen: Schloßfestspiele, Theater, Open Air Mai–August
02156/949114/132
02156/ 949116

Schloßpark Neersen

Hauptstraße 6, Willich

Der Ende des 19. Jahrhunderts entstandene Landschaftspark um das Schloß Neersen wurde zur Dezentralen Landesgartenschau „Euroga 2002“ gartendenkmalpflegerisch wiederhergestellt und erweitert. Dadurch wurde der alte Parkcharakter als Kulturelement der Niederungslandschaft wieder deutlich. Die neu geöffneten Sichtachsen leiten nun den Blick in die umgebende Auenlandschaft. Ein Blumenparterre an der Rückfront des Schlosses erschließt Freitreppen und eine Brücke über die Grabenanlage in den Landschaftspark mit seinen Bäumen aus aller Welt. Die östliche, waldwiesenartige Erweiterung der Parkanlage wird als Schulbiologisches Zentrum ausgebaut.

NRW 67
Eigentümer/in: Stadt Neuss, Grünflächenamt, Bergheimer Straße 67, 41464 Neuss,
Tel. 02131/908500,
Fax 02131/908527
Größe: ca. 23 ha
854 Lupinenstraße

Selikumer Park

Aurinstraße/Nixhütter Weg, Neuss-Reuschenberg

Der heutige Selikumer Park hat seinen Ursprung in der historischen Parkanlage des Reuschenberger Schlosses. Das Arboretum wurde 1958 innerhalb des Parks angelegt. Einige Jahre später kam das Wildgehege hinzu. Unmittelbar an den Park angrenzend wurde 1976 der Kinderbauernhof der Stadt Neuss eingerichtet, dem 1996 ein Naturschutz- und Landschaftsschutzzentrum in der ehemaligen Scheune sowie 1998 eine historische Spielzeugausstellung in dem alten Pferdestall angegliedert wurden. Im Zuge der Sanierung des Parks von 1992 bis 1994 wurde auch ein Landschaftslehrpfad in die beliebte Naherholungsanlage integriert.

Stiftung Insel Hombroich

Neuss

In einer Park-Auen- und Terrassenlandschaft, die von dem Landschaftsplaner Bernhard Korte kenntnisreich erarbeitet wurde, liegen, zum Teil versteckt, zehn skulpturenartige Bauten, entworfen von Erwin Heerich. Die Bauten dienen als Ausstellungsräume für Moderne Kunst und ältere Kunstwerke aus Asien, Afrika und Südamerika. Die spannungsreiche Verbindung von Kunst und Natur in dieser geschützten Landschaft kommt schon im Namen der Stiftung „Kunst parallel zur Natur“ zum Ausdruck.
Eigentümer/in: Stiftung Insel Hombroich, 41472 Neuss, Tel. 02182/2094, Fax 02182/1229
E-Mail: stiftung@inselhombroich.de
Internet: www.inselhombroich.de
Öffnungszeiten: Februar bis November, im Sommer 10–19 Uhr, im Winter 10–17 Uhr
Führungen: nach Voranmeldung, Tel. 0211/573107

NRW 68
Größe: 80 ha
Anmeldung für Gruppen erbeten
Eintritt: 15 €, Sa, So und feiertags 10 €, Mo–Fr, erm. 7/5 € für Schüler, Studenten und Behinderte, Kinder frei bis 6 Jahre
DB Neuss
Bus 869, 877 Insel Hombroich
→ ausgeschildert ab Autobahnabfahrten Neuss-Reuschenberg (A 57) und Grevenbroich-Kapellen (A 46)

Privatgarten Tümmers

Unterweiden 23 D, Kempen

Der intensiv gestaltete Hausgarten geht in eine Obstwiese über. Der Garten zwischen den beiden Terrassen am Haus und dem Sitzplatz am Teich ist regelmäßig gestaltet. Niedrige Buchsbaumhecken umschließen die Beete, der Sitzplatz wird von drei Platanen mit speziell flach gezogenen Kronen beschattet.
Öffnungszeiten: Juli/August

NRW 69
Eigentümer/in: Karl-Heinz und Dorothee Tümmers, Unterweiden 23 D, 47906 Kempen, Tel. 02152/52179, Fax 02152/52179
Größe: 0,2 ha
Anmeldung erbeten
Eintritt: frei

Freizeitpark Moers

Krefelder Straße, Moers

An die alten Stadtgräben grenzend verbindet der Freizeitpark die Innenstadt mit der umgebenden Landschaft. Den Moersbach begleitend bietet er eine Vielzahl von Möglichkeiten zur Erholung und sportlichen Betätigung. Zu den besonderen Attraktionen zählen die große Spielzone mit diversen Geräten, der Kletterzirkus, Streichelzoo mit Haustieren, eine Skateboardanlage, ein Rodelberg, Grillplätze und ein Japanischer Garten. Im Süden schließt das beliebte Naturfreibad Bettenkamp an.

NRW 70
Größe: 22,6 ha
frei zugänglich
Bus 911 – 914, 921, 929 und andere
Königlicher Hof
Veranstaltungen: Moers-Festival im Zirkuszelt, Camping im Freizeitpark Pfingsten jeden Jahres
Infos bei: 02841/201777

Eigentümer/in: Stadt Moers, Grünflächenamt, Meerstraße 2, 47439 Moers, Tel. 02841/201812, Fax 02841/201679

NRW 71
Eigentümer/in: Stadt Moers, Grünflächenamt, Meerstraße 2, 47439 Moers, Tel. 02841/201812, Fax 02841/201679
Größe: 17,5 ha
frei zugänglich
Führungen: nach Voranmeldung Stadtinformation Moers, Tel. 02841/201777
Attraktionen: Fontänen Ostern – Herbstferien
🚌 4, 7 und andere 921 Königlicher Hof
→ Im Stadtzentrum, am Schloß
P ✕ 🐕
Veranstaltungen: Parkfest Musik, Show, Lampions
♿ außer Wallanlage

Schloßpark und Wallanlagen Moers

Schloß Moers / Hanckwitzstraße, Moers

Das Schloß hat seine Ursprünge in einer frühmittelalterlichen Burganlage. Im Auftrage des Besitzers, des Moerser Fabrikanten Friedrich Wintgens, wurde auf dem in der französischen Besatzungszeit verwilderten Gelände im Jahre 1836 ein privater Park, der östliche Teil des heutigen Schloßparks, angelegt. Das heutige Schloßparkgelände wechselte im 19. Jahrhundert mehrmals den Besitzer, der Park wurde dabei stetig vergrößert. Nach der Einbeziehung des Schloßgrabens um 1860 folgte eine Erweiterung und teilweise Umgestaltung des alten Parkteils, der viele alte Bäume zum Opfer fielen. Die Stadt Moers kaufte Schloß und Parkgelände 1905. Eine letzte bedeutende Vergrößerung erfolgte in den frühen 1930er Jahren, da die alte Anlage dem Besucheransturm nicht mehr gewachsen war. Heute kann man den Schloßpark mit dem Stadtgraben unter den vielen alten Bäumen in Ruhe genießen. Die Pflege erfolgt nach gartendenkmalpflegerischen Gesichtspunkten auf der Grundlage eines Parkpflegewerkes.

NRW 72
Größe: 800 m^2
Anmeldung erbeten
Öffnungszeiten: Mai bis September, nach Vereinbarung
Eintritt: 2 €
→ bei Anmeldung
P vor dem Haus

Privatgarten Schmitz

Lintforter Straße 133, Moers

Die Blumen- und Kräuterbeete des Bauerngartens sind mit Buchs eingefaßt. Daneben gibt es eine Liege- und Spielwiese, eine Kräuterecke, einen Pavillon, einen Springbrunnen, Obstbäume und Beerenobst.
Eigentümer/in: Elle und Herbert Schmitz, Lintforter Straße 133, 47415 Moers, Tel. 02841/72776

NRW 73
Eigentümer/in: Stadtverwaltung Duisburg, 47049 Duisburg, Tel. 0203/2830, Fax 0203/2833222, E-Mail: presseamt@duisburg.de, Internet: www.stadt-duisburg.de
Größe: 8,7 ha
frei zugänglich
🚋 U 79, 902 Karl-Jarres-Straße
🚌 937 Heerstraße,

Böninger Park

Johanniterstraße / Karl-Jarres-Straße, Duisburg-Innenstadt

Der Böninger-Park entstand aus dem ehemaligen Privatgarten der Familie Böninger. Diese erwarb bereits im Jahre 1774 die am Lauf des Dickelsbachs gelegene Marienmühle und richtete später dort ihren Sommersitz ein. Ab 1912 wurde der Garten schrittweise der Öffentlichkeit zugänglich gemacht. Im Jahre 1921 erwarb die Stadt den 7,5 Hektar großen westlichen Teil und richtete einen attraktiven Stadtpark ein. Im Zeitraum zwischen 1949 und 1951 wurde der Park, zusammen mit dem im Jahre 1937 erworbenen östlichen Teil, instand gesetzt. Das Gebäude der ehemaligen Böninger-Mühle wurde 1944 zerstört. Der Park ist in etwas veränderter Form heute noch erhalten. Der Dickelsbach allerdings wurde verrohrt beziehungsweise umgeleitet. Die Anlage wurde so gestaltet, daß im westlichen Teil ein Bereich für die aktive Erholung ausgewiesen wurde. Der östliche Teil ist aufgrund seiner Ausstattung mit Zierrasen, Wasserspielen, Rosen- und Staudengärten und einem reichhaltigen Pflanzensortiment Ruhe- und Entspannungsbereich.

921, 924, 944 Karl-Jarres-Straße

Volkspark Rheinhausen

Gartenstraße / Moerser Straße / Kreuzacker, Duisburg-Rheinhausen

In den Jahren 1928 bis 1930 entstand mit Unterstützung des Siedlungsverbandes Ruhrkohlenbezirk (SVR) entlang der Gartenstraße eine 5 Hektar große Anlage. Sie wurde nach den Plänen der Gartenarchitekten Hans Friedrich Pohlenz und Julius Müller angelegt und hielt sich in ihrer Linienführung streng an die Vorbilder der französischen Renaissancegärten. Nach Errichtung einer Kleingartenanlage an der Moerser Straße wurde der Park 1950 erheblich erweitert. Im Zuge dieser Erweiterung wurde eine mit Müll aufgefüllte Fläche zu einem Hügel umgestaltet und begrünt. Zwischen 1955 und 1962 konnte, wiederum mit Unterstützung des SVR, eine Fläche von 4,5 Hektar parkartig ausgebaut werden, eine weitere wurde waldähnlich aufgeforstet. Der alte Teil des Volksparks, der durch Kriegseinwirkungen und Bergsenkungen beeinträchtigt war, wurde gleichzeitig umgestaltet. Die Anlage ist mit mehreren Spiel- und Sportanlagen, Wasserflächen, Heidegarten, Damwildgehege, Musikpavillon, Minigolfanlage und einem heimatkundlichen Studio, dem heutigen Naturschutzzentrum, ausgestattet. Im Musikpavillon werden saisonal Konzerte aufgeführt.

NRW 74
Eigentümer/in:
Stadtverwaltung Duisburg,
47049 Duisburg,
Tel. 0203/2830,
Fax 0203/2833222,
E-Mail:
presseamt@duisburg.de,
Internet:
www.stadt-duisburg.de
Größe: 31 ha
frei zugänglich
914, 921, 922 Johanniter-Krankenhaus
Veranstaltungen: Konzerte, saisonal

Stadtpark Meiderich

Bürgermeister-Pütz-Straße, Duisburg-Meiderich / Beeck

Die Errichtung des Stadtparks Meiderich geht auf einen Beschluß der Duisburger Stadtverordnetenversammlung aus dem Jahre 1911 zurück. Die Planungen stammen allerdings schon aus der Zeit, als Meiderich noch eigenständige Stadt war, 1896–1905, und beruhen wesentlich auf dem Engagement des Meidericher Bürgermeisters Josef Pütz. In den Jahren 1911 bis 1913 wurde der Park in seiner Grundstruktur fertiggestellt. Von 1923 bis 1927 folgten einige Erweiterungen, wie der Neubau des beheizbaren Seerosenbeckens, der Stauden- und Rosengarten für die Stadtgärtnerei, das Stadtgarten-Café und die Erweiterung nach Westen um 9 Hektar mit dem Konzert- und dem Sportplatz. In der Folgezeit war der Stadtpark ständigen Veränderungen unterworfen, zuletzt durch

NRW 75
Eigentümer/in:
Stadtverwaltung Duisburg,
47049 Duisburg,
Tel. 0203/2830,
Fax 0203/2833222,
E-Mail: presseamt@duisburg.de,
Internet: www.stadt-duisburg.de
Größe: 17,5 ha
frei zugänglich
U 79, 902, 903 Auf dem Damm
907 Freihafen,
906, 909, 916 Kaiser-Wilhelm-Krankenhaus

den Bau der Berliner Brücke, wodurch ein Teil des östlichen Bereichs abgetrennt wurde. Der Stadtpark ist für die stark belasteten Stadtteile Unter- und Mittel-Meiderich ein wichtiger Erholungsraum. Er bietet großzügige Rasenflächen, auf denen zahlreiche Einzelbäume und Baumgruppen mit unterschiedlichen Gehölzflächen angeordnet sind. Ein umfangreiches Wegenetz verbindet die gartenähnlich angelegten Ruhebereiche mit Rosen- und Staudenbeeten, die 1990 neu gestalteten Spielplatzeinrichtungen, den Sport- und den Hundedressurplatz und die Kleingartenanlagen im Westen des Parks.

NRW 76
Eigentümer/in:
Stadtverwaltung Duisburg,
47049 Duisburg,
Tel. 0203/2830,
Fax 0203/2833222,
E-Mail:
presseamt@duisburg.de,
Internet: www.stadt-duisburg.de
Größe: 230 ha
frei zugänglich, außer Projektausstellung und „Zugänge zum Eisen"
Führungen: nach Voranmeldung,
Tel. und Fax 0203/420151,
Führungen zur Hüttenwerksgeschichte Sa, So, feiertags 14 Uhr, spezielle Führungen mit Voranmeldung, kostenlos
Attraktionen:
Projektausstellung (Alte Verwaltung) und Zugänge zum Eisen (Hüttenmagazin)
Di–So: 10–18 Uhr
🚌 906, 909, 910
Landschaftspark DU-Nord
P ✕ 🐕 ♿
Veranstaltungen:
Lichtinstallation der Hochofenanlage, Sa, So und Feiertage: nach Einbruch der Dunkelheit bis 2 Uhr

Landschaftspark Duisburg-Nord

Lösorter Straße / Emscherstraße, Duisburg-Meiderich / Beeck

Der Kern dieses größten industriellen Landschaftsparks Europas bildet das 1985 stillgelegte Hüttenwerk Meiderich der Thyssen Stahl AG, dem drei weitere brachliegende Industrieflächen, Siedlungsareale und landwirtschaftliche Nutzflächen angegliedert sind. Im Jahre 1989 wurde der Landschaftspark von der Stadt Duisburg als Projekt zur Internationalen Bauausstellung Emscher Park (IBA) angemeldet und als IBA-Leitprojekt aufgenommen. Ziel des Projekts ist die Verbesserung der Wohn- und Lebensverhältnisse im Duisburger Norden durch die Anlage eines großen verbindenden Freiraums bei gleichzeitiger Erhaltung der industriell geprägten Mitte des Stadtbilds. Teile der ehemaligen Werkflächen wurden nach einem Entwicklungskonzept des Planungsteams Latz und Partner behutsam zum Park umgestaltet, andere hinsichtlich ihrer Arten- und Biotopfunktion für die Tier- und Pflanzenwelt als Industriebrachen gepflegt. Zentraler Anziehungspunkt ist die Hochofenanlage, die zum Teil als Aussichtsturm zugänglich ist und nachts als künstlerische Lichtinstallation erstrahlt. Ein Teil der Erzbunkeranlage ist zum Klettergarten umgestaltet worden, einschließlich eines Kinderspielplatzes mit Riesenrutsche. Die Sinterbunkeranlage umfaßt mehrere Themengärten. Das Gelände der Schachtanlage, der Kokerei und des Manganeisenlagers ist dem Natur- und Artenschutz vorbehalten. Auf den schon teilweise Jahrzehnte brachgefallenen Flächen hat sich eine artenreiche, einzigartige Spontanvegetation eingestellt, die sich zum Teil zu Wald entwickeln, teilweise aber auch als Pionier- und Hochstaudenfluren erhalten bleiben sollen. Die Flächen um den Ingenhammshof, der heute als Lern- und Lehrbauernhof genutzt wird, und den Emstermannshof, der nicht mehr existiert, sind einige der letzten landwirtschaftlichen Nutzflächen in Duisburgs Norden. Alleen, Hecken, Obstwiesen, Weiden und Einzelbäume prägen das Landschaftsbild dieser bäuerlichen Kulturlandschaft.

Revierpark Mattlerbusch

Wehofer Straße, Duisburg

Kilometerlange Spazier- und Waldwege, Teichanlagen, ein Feuchtbiotop und eine abwechslungsreiche Parklandschaft laden zum Spazieren, Bummeln oder auch zu sportlichen Aktivitäten ein. Das Herzstück des Parks ist das historische Hofgeviert mit Reiterhof und eigener Hausbrauerei mit großem Biergarten. Die 40 m lange Saline grenzt die Niederrhein-Therme, eine gesundheitsorientierte Bäderanlage, vom Parkbereich ab.

Eigentümer/in: Revierpark Mattlerbusch GmbH, Wehofer Straße 42, 47169 Duisburg, Tel. 0203/995840, Fax 0203/9958444, Internet: www.niederrhein-therme.de

NRW 77
Größe: 45 ha
frei zugänglich
Duisburg
903 Duisburg-Walsum/ Rathaus
umsteigen 905 GHH-Brücke
Veranstaltungen: abwechslungsreiches Programm in Park und Therme

Freizeitpark Hamborn

Wehofer Straße / Ziegelhorststraße, Duisburg-Hamborn

Der Freizeitpark Hamborn ist Bestandteil des Regionalen Grünzugs A, in dem sich die drei Anrainerstädte Duisburg, Mülheim und Oberhausen zusammengeschlossen haben, um die verstreut liegenden Grün- und Parkflächen mit Wegen zu vernetzen. Ausgangspunkt des Freizeitparks sind die alten Anlagen Mattlerbusch und Jubiläumshain. 1914 erwarb die damalige Stadt Hamborn einen Teil der 30 Hektar großen Ländereien des Mattlerhofes und legte in den 20er Jahren eine Art Volkspark mit Wegen, Spielwiesen, Tennisplätzen und Schwimm- und Planschbecken an. Der Ausbau des Jubiläumhains als Parkanlage erfolgte zwischen 1908 und 1912 nach dem Entwurf des Gartenarchitekten M. Rheinhardt. Mit dem heute vorhandenen Pflanzenbestand, dem Rosen- und Staudengarten wurden die historischen Qualitäten der Anlage erhalten. Der Ausbau des Freizeitparks begann 1967, der des Revierparks 1976. Danach stand mit dem Freizeitpark Hamborn ein großes und abwechslungsreich gestaltetes Erholungsgebiet zur Verfügung.

NRW 78
Eigentümer/in: Stadtverwaltung Duisburg, 47049 Duisburg, Tel. 0203/2830, Fax 0203/2833222, E-Mail: presseamt@duisburg.de, Internet: www.stadt-duisburg.de
Größe: 123 ha
Eintritt: frei, ganzjährig geöffnet außer Jubiläumshain im Sommer 7–22 Uhr, im Winter 8–17 Uhr
Attraktionen: Wellenbad, Freibad, Freizeithaus, Mattlerhof,
901 Hermannstraße
905 Jubiläumshain/ Krankenhaus Nord/ Mühlbachstr/ Niederrheintherme

Botanischer Garten Hamborn

Fürst-Pückler-Straße 18, Duisburg-Hamborn

In unmittelbarer Nähe des Stadtwaldes, durch die Hamborner Straße getrennt und eingerahmt von ehemaligen Thyssen-Häusern, liegt der Botanische Garten Hamborn. Die Stadt Hamborn erwarb 1906 ein 2 Hektar großes Gelände und richtete dort 1908 das erste Gewächshaus zur Anzucht von Pflanzen ein. Im Verlauf seiner Geschichte hat der Botanische Garten zahlreiche Veränderungen erfahren. Heute gliedert er sich in verschiedene Freilandabteilungen und in die Gewächshausanlage. Im Freiland werden etwa 1000 verschiedene Pflanzenarten aus den gemäßigten Breiten der Erde kultiviert.

NRW 79
Eigentümer/in: Stadtverwaltung Duisburg, 47049 Duisburg, Tel. 0203/2830, Fax 0203/2833222, E-Mail: presseamt@duisburg.de, Internet: www.stadt-duisburg.de
Größe: 3,1 ha
Öffnungszeiten: im Sommer Mo–Fr 7–18 Uhr, Sa/So/Feiertag 10–18 Uhr,

im Winter Mo–Fr
7.30–16 Uhr,
Sa/So/Feiertag 10–16 Uhr
Eintritt: frei
Führungen: nach
Voranmeldung, kostenlos
903 Hamborn Rathaus
908, 910 St. Johannes-Hospital

Schwerpunkte bilden die Heidelandschaft, Arznei- und Gewürzpflanzen, Pflanzen der Biologischen Abteilung, Sammlung Freilandfarne, Rhododendren- sowie die Primel- und Fuchsiensammlung. Im Gewächshausbereich werden auf zirka 2000 Quadratmeter etwa 2500 Arten tropischer und subtropischer Pflanzen gezeigt. Schwerpunkte bilden hier das Tropenhaus mit tropischen Nutzpflanzen, das Subtropenhaus mit geographisch geordneten Hartlaubgewächsen, die Schauabteilung mit insektenfangenden Pflanzen und das Kakteenhaus.

NRW 80
Größe: 4,3 ha
frei zugänglich
041 Stadtgarten

Stadtgarten Krefeld

St.-Anton-Straße, Krefeld

Der Stadtgarten ist aus dem ersten kommunalen Friedhof Krefelds entstanden, der bereits 1867 wieder aufgegeben und um 1885 in eine öffentliche Parkanlage umgewandelt wurde. Alte Lindenalleen und teilweise noch vorhandene Grabsteine prägen den Charakter des Parks.
Eigentümer/in: Stadt Krefeld, Fachbereich Grünflächen, Konrad-Adenauer-Platz 1, 47803 Krefeld,
Tel. 02151/864402, Fax 02151/864440,
Internet: www.krefeld.de

NRW 81
Eigentümer/in: Stadt Krefeld Botanischer Garten,
Sandberg 2, 47809 Krefeld,
Größe: 4,5 ha
Tel. 02151/540519,
Fax 02151/548335,
Internet: www.krefeld.de
Öffnungszeiten: ganzjährig geöffnet,
im Sommer 8–18 Uhr,
im Winter Mo–Do 9–15 Uhr,
Fr 9–12 Uhr,
Sa/So: geschlossen
Eintritt: frei
Führungen: nach Voranmeldung,
Tel. 02151/540519
044 Botanischer Garten
Veranstaltungen: ART OF EDEN Design im Botanischen Garten 1. Maiwochenende
Kakteenausstellung
Umweltwochenende
VHS-Pflanzentauschbörse

Botanischer Garten Krefeld

Sandberg 2, Krefeld

Der Botanische Garten in Krefeld entstand um 1930 aus einem kleinen Schulgarten und entwickelte sich bis heute zu einer harmonischen Gartenanlage, die – umgeben von dem ausgedehnten Schönwasserpark – Teil eines Grüngürtels ist. Das Arboretum, in dem die Laubgehölze und Nadelbäume nach Pflanzenfamilien geordnet sind, bildet den äußeren Rahmen des Botanischen Gartens. Ebenfalls gemäß ihrer Familienzugehörigkeit stehen heimische und nichtheimische Wildpflanzen in übersichtlichen Beeten in der Systematischen Abteilung. In anderen Bereichen findet man Pflanzen zu speziellen Themen wie Apotheker- und Blindengarten und die Abteilung für technisch nutzbare Pflanzen. Ein Rhododendrongürtel umschließt eine weite Rasenfläche, dahinter liegt der Rosengarten mit seinen etwa 150 Rosensorten. Vielfältige Sommerblumenbeete setzen farbenfrohe Akzente und geben Anregungen für den heimischen Garten. Neben dem Staudenbereich liegt ein kleiner Steingarten. Das 1997 fertiggestellte Gewächshaus zeigt eine Kakteenlandschaft und einen Ausschnitt aus der Flora der Kanarischen Inseln und des Mittelmeerraumes. Sehenswert ist auch der Niederrheinische Bauerngarten mit seinen buchsbaumgesäumten Beeten, in denen Obst, Gemüse, Kräuter und Blumen wachsen.

Skulpturengarten der Museen Haus Lange/Haus Esters

Wilhelmshofallee 91 und 97, Krefeld

Im Bauhausstil entwarf Ludwig Mies von der Rohe 1928 die benachbarten Backsteinvillen für die Seidenfabrikanten Hermann Lange und Josef Esters. Der Architekt prägte auch die Gestaltung der Gärten mit geschnittenen Hecken und strenger Wege- und Beetaufteilung. Heute werden die miteinander verbundenen Anlagen als Skulpturengarten genutzt.
Eigentümer/in: Stadt Krefeld, Kunstmuseen,
Karlsplatz 35, 47798 Krefeld,
Tel. 02151/97558-111, Internet: www.krefeld.de/kunstmuseen

NRW 82
Größe: 0,4 ha
Öffnungszeiten: während der Wechselausstellungen,
Di–So, 11–17 Uhr
Eintritt: frei
054 Haus Lange

Schönwasserpark

Johansenaue, Krefeld

Der langgestreckte Park aus dem 19. bzw. Anfang des 20. Jh. gilt als die erste Volksparkanlage Krefelds. Während der westliche Parkbereich von Haus Schönwasser mit vorgelagertem Teich und markanten Sumpfzypressengruppen geprägt wird, schließt sich nach Osten das ruhiger gestaltete Wiesental der Johansenaue an. Seit 2002 verbindet ein neuer Weg die Anlage mit dem Burgpark Linn. Frisch gepflanzte Säuleneichen und Lichtinstallationen unterstreichen die neue Verbundenheit bei Tag und Nacht.

NRW 83
Eigentümer/in: Stadt Krefeld,
Fachbereich Grünflächen,
Konrad-Adenauer-Platz 1,
47803 Krefeld,
Tel. 02151/864402,
Fax 02151/864440,
Internet: www.krefeld.de
Größe: 28 ha
frei zugänglich
Führungen: nach Vereinbarung
Tel. 02151/864414
044 Kuhleshütte

Sollbrüggenpark

Uerdinger Straße, Krefeld

Das klassizistische Herrenhaus Sollbrüggen hat seinen Ursprung in einem mittelalterlichen Rittersitz und ist heute noch von Wassergräben umgeben. Der Krefelder Samt- und Seidenhändler Peter de Greiff ließ die Gebäude von dem rheinischen Gartenkünstler Maximilian Friedrich Weyhe mit einem Landschaftspark umgeben. Nach umfangreichen garten-

NRW 84
Größe: 5 ha
frei zugänglich
042, 043
Sollbrüggenstraße
Veranstaltungen: Open Air Kino, Sommermonate
Infos bei: Stadtmarketing Krefeld, Tel. 02151/861501

denkmalpflegerischen Arbeiten im Jahr 2002 ist der gärtnerisch aufwendig gestaltete hausnahe Parkbereich, der sog. Pleasureground, wiederhergestellt und das Herrenhaus hat sein repräsentatives Eingangsrondell zurückerhalten.
Eigentümer/in: Stadt Krefeld, Fachbereich Grünflächen, Konrad-Adenauer-Platz 1, 47803 Krefeld, Tel. 02151/864402, Fax 02151/864440, Internet: www.krefeld.de

NRW 85
Größe: 16 ha
frei zugänglich
058, 059 Bergstraße

Stadtpark Uerdingen

Nikolaus-Groß-Straße, Krefeld

1897 wurde der Stadtpark nach Plänen der Gärtner Peter und Heinrich Vincenz mit Stadtparkrestaurant, Tennisanlage, Weiher und waldartigen Parkpartien gestaltet. 1928 folgte eine Erweiterung mit einer großen, hippodromförmigen Spielwiese.
Eigentümer/in: Stadt Krefeld, Fachbereich Grünflächen, Konrad-Adenauer-Platz 1, 47803 Krefeld, Tel. 02151/864402, Fax 02151/864440, Internet: www.krefeld.de

NRW 86
Größe: 4,5 ha
frei zugänglich
Führungen: nach Vereinbarung 02151/864414
042, 043 Sonnenhof

Schönhausenpark

Uerdinger Straße, Krefeld

An exponierter Stelle im Park ließ Textilfabrikant Carl Hügel um 1865 eine Villa im Stil des Italianismus bauen. Brunnenbecken, ein verschlungener Parkweiher mit kleinen Brücken, weich modellierte Wiesenräume, kleine Aussichtshügel und artenreicher Baumbestand machen den Reiz dieses 2003 im Rahmen der EUROGA 2002plus umfassend restaurierten Villenparks aus.
Eigentümer/in: Stadt Krefeld, Fachbereich Grünflächen, Konrad-Adenauer-Platz 1, 47803 Krefeld, Tel. 02151/864402, Fax 02151/864440, Internet: www.krefeld.de

Burgpark Linn

Rheinbabenstraße, Krefeld-Linn

NRW 87
Größe: 8,7 ha
Führungen: nach Vereinbarung 02151/864402
frei zugänglich
DB Linn
044 Burg Linn
059 Auf dem Bollwerk
P
Veranstaltungen: Flachsmarkt, historischer Handwerkermarkt am Pfingstwochenende

Um 1830 entwarf der rheinische Gartenkünstler Maximilian Friedrich Weyhe auf den Wallanlagen der Burg einen Landschaftspark für den Seidenhändler Philipp de Greiff. Die ehemaligen Bollwerke formte Weyhe zu lindenbestandenen Aussichtshügeln um, die den Blick auf Burg und angrenzende Landschaft lenken. Obstbaumblüte und Tausende Blumenzwiebeln bieten im Frühling ein fröhliches Bild. Wildstaudenpflanzungen in den Gehölzflächen ergänzen den Blühaspekt im Sommer. Vom wieder eröffneten Wehrgang aus erlebt man den Park heute auch von der Burg aus in einer eigenen Perspektive. Obstspaliere, Rosen und Lavendelbeete verleihen dem Hof der Vorburg einen heiteren Gartenhofcharakter. Die Burg beherbergt heute das Niederrheinmuseum.
Eigentümer: Stadt Krefeld, Fachbereich Grünflächen, Konrad-Adenauer-Platz 1, 47803 Krefeld, Tel. 02151/864402, Fax 02151/864440, Internet: www.krefeld.de

Greiffenhorstpark

Greiffenhorst, Krefeld-Linn

NRW 88
Eigentümer/in: Stadt Krefeld, Fachbereich Grünflächen, Konrad-Adenauer-Platz 1, 47803 Krefeld, Tel. 02151/864402, Fax 02151/864440, Internet: www.krefeld.de
Größe: 12 ha
frei zugänglich
044 Am Steinacker
059 Greiffenhorst
P

Den schmalen, langgestreckten Park entwarf Maximilian Friedrich Weyhe um 1840 für den Krefelder Seidenhändler Cornelius de Greiff. Mit geschwungenen Weihern und optischer Einbeziehung der angrenzenden landwirtschaftlichen Fläche verlieh Weyhe dem Park Großzügigkeit und Weite. Im Zentrum des Parks steht das Greiffenhorstschlößchen, das Weyhe mit einem System ausgeklügelter Sichtachsen und Blickverbindungen in Szene setzte. der Greiffenhorstpark war wie der Burgpark Linn 2002 Standort der Dezentralen Landesgartenschau in NRW und wurde wie andere Krefelder Parkanlagen im Rahmen der EUROGA 2002plus umfassend nach gartendenkmalpflegerischen Gesichtspunkten instand gesetzt. Der Park beherbergt das größte bekannte Kammolchvorkommen in NRW. Das ehemalige Jagdschlößchen Greiffenhorst wird heute für Ausstellungen und Konzerte genutzt.

NRW 89
Eigentümer/in:
Berthold Leendertz,
Maria-Sohmann-Straße 93,
47802 Krefeld,
Tel. 02151/560191,
Fax 02151/953849,
Internet:
www.Heilmannshof.de
Größe: 3,2 ha
Anmeldung erbeten
Öffnungszeiten: Mai an Werktagen
Eintritt: frei
Führungen: nach Voranmeldung 3 €/Person, für Gruppen bis 20 Personen 50,- €/Gruppe
Attraktionen: Rhododendren- und Azaleenblüte April bis Mai
DB Krefeld
Bus 052 Flünnertzdyk
P ✿
♿ nur teilweise

Heilmannshof

Maria-Sohmann-Straße 93, Krefeld

Foto: Leendertz

Die Parkanlage Heilmannshof erstreckt sich entlang der beiden Ufer der Niepkuhlen, einer eiszeitlichen Altstromrinne. Der älteste Teil entstand in der zweiten Hälfte des 19. Jahrhunderts. Die im Zusammenhang mit dem 1909 erbauten Wohnhaus entstandenen kleinteiligen Hecken- und Beetstrukturen wurden nach Vorschlägen des Gartenarchitekten Roland Weber nach dem 2. Weltkrieg aufgegeben zugunsten einer großzügigen Wiesenfläche, die sich vom Wohnhaus bis zur Wasserfläche erstreckt. 1937 bis 1939 wurde nach Plänen von Walter Baron von Engelhardt unter anderem ein großer Gehölz- und Staudengarten westlich des Wohnhauses angelegt. Eine breite Querachse, deren Endpunkte mit Sitzplätzen betont sind, gliedert die langgestreckte Gesamtanlage. Der Staudengarten wurde durch Kriegseinwirkung zerstört, der Gehölzgarten blieb unbehelligt und wird nach Gesichtspunkten der Gartendenkmalpflege erhalten. Der Garten enthält neben einigen dominierenden Großbäumen ein den kleinklimatischen Gegebenheiten angepaßtes dendrologisch interessantes Sortiment, das in den Jahren von 1960 bis 1990 durch den jetzigen Eigentümer erheblich angereichert wurde.

Südpark Düsseldorf

Emmastraße / Philipshalle, Düsseldorf

Anläßlich der Bundesgartenschau 1987 wurde der Volksgarten aus dem späten 19. Jahrhundert durch die Rekultivierung angrenzender Gewerbegebiete und einer Kiesgrube beträchtlich erweitert. Im nördlichen Bereich des Südparks liegen die prächtigen alten Bäume, die weiten Wiesen, der lauschige Weiher und die rekultivierte Düssel. Die naturnahen Lebensräume Wasser und Wiese mit ihrer Wildblumenpracht prägen den südlichen Teil. Verbunden werden beide Teile mit einer Gartenachse, die das Thema Natur zur Freizeit- und Erholungsbeschäftigung werden läßt. Zwischen alten Obstbäumen reihen sich Teile der Schaugärten mit Stauden, Sommerblumen und Rosen, die von der Bundesgartenschau erhalten blieben, sowie der Biogarten und interessante Spielanlagen, darunter eine Wasserlandschaft.

NRW 90
Eigentümer/in: Stadt Düsseldorf, Gartenamt, Kaiserswerther Straße 390, 40474 Düsseldorf, Tel. 0211/8994800, Fax 0211/8929058
Größe: 78 ha, frei zugänglich
U74, U77, 715 Oberbilk S/ Philipshalle
701, 707, 711, 713 Christophstraße
735, 827 Südpark
S 6, 7 Düsseldorf-Oberbilk
P
Veranstaltungen: Pflanzentauschbörse im VHS-Biogarten, regelmäßig im Oktober an einem Samstag

Benrather Schloßpark

Benrather Schloßallee, Düsseldorf

Als 1755 Kurfürst Carl Theodor seinem Ersten Architekten und Generaldirektor der Gebäude und Gärten, Nicolas de Pigage, den Auftrag zum Bau einer neuen Sommerresidenz gab, schloss dies auch die Umgestaltung des hinter dem alten Wasserschloß liegenden Tiergartens mit ein. Als Gesamtkunstwerk ergänzen sich Bauwerk, Gartenwerk und Wasserwerk gegenseitig und bilden gemeinsame Bezugspunkte. Den Innenräumen des Schlosses wurden entsprechende Gartenräume zugeordnet, beispielsweise der Spiegelweiherraum dem Kuppel-

NRW 91
Eigentümer/in: Stiftung Schloß und Park Benrath, Benrather Schloßallee 102, 40597 Düsseldorf, Tel. 0211/8997106
Größe: 63 ha, frei zugänglich
701 Benrather Schloßallee
S 6 Benrath
P

saal, die Privatgärten, heute Englischer und Französischer Garten, den Privaträumen des Kurfürstenpaares. Der Park ist dem Zeitgeist entsprechend streng gestaltet. Der unregelmäßige Tiergarten wurde zu einem geometrisch gegliederten Jagdgarten mit sternförmig von einem Rondell ausgehenden Alleen gestaltet. Der Englische Garten, auch Blumengarten genannt, wurde von dem Gartenarchitekten Maximilian Weyhe 1841 umgewandelt. 2002 wurden anläßlich der dezentralen Landesgartenschau der Küchengarten und der Parterre-Garten an der Orangerie wiederhergestellt und mit üppigen Blumenrabatten ausgestattet. Im Ostflügel des Schlosses ist das Museum für europäische Gartenkunst untergebracht. Neben seiner Bedeutung als Gartendenkmal von nationalem Rang ist der Park auch ein Refugium für viele Pflanzen- und Tierarten.

NRW 92
Eigentümer/in: Stadt Düsseldorf, Gartenamt, Kaiserswerther Straße 390, 40474 Düsseldorf, Tel. 0211/8994800, Fax 0211/8929058
Größe: 27 ha
frei zugänglich
→ Im Stadtzentrum
P gebührenpflichtig

Hofgarten Düsseldorf

Maximilian-Weyhe-Allee / Jägerhofstraße, Düsseldorf

Foto: Otte

Um 1770 wurde nach dem Siebenjährigen Krieg der älteste Teil des Hofgartens von Nicolas de Pigage angelegt. Von dieser regelmäßigen Barockanlage blieben nur die Jägerhof- und Seufzerallee neben der kanalartigen Düssel erhalten. Nach großen Zerstörungen in den französischen Revolutionskriegen vergrößerte der Gartenkünstler Maximilian Weyhe ab 1811 den Hofgarten und bezog auch die ehemaligen Wallanlagen der Stadt mit ein. Er schuf einen Landschaftsgarten, in dem es ihm gelang, durch geschickte Bodenmodellierung und mit Hilfe von Baumgruppen, Wiesen und einem Teich den Eindruck von Großzügigkeit und Weite zu erreichen. Heute ist der Hofgarten, in dem noch viele der alten Gestaltungsabsichten Weyhes gut abzulesen sind, eine beliebte und vielbesuchte Parkanlage.

Botanischer Garten der Heinrich-Heine-Universität Düsseldorf

Universitätsstraße 1, Düsseldorf

Die Attraktion des 1973 gegründeten Botanischen Gartens ist ein 18 Meter hoher, filigraner Kuppelbau - ein über 1000 Quadratmeter großes Kalthaus mit ca. 400 Pflanzenarten aus Gebieten mit mediterranem Klima. Der Rundweg durch das Freiland führt um eine Wildblumenwiese, an deren Randbereichen Kübelgärten, Sommerblumen- und Demonstrationsbeete, z. B. für Nutzpflanzen, Morphologie und gefährdete Pflanzen, das „System" sowie die pflanzensoziologischen und geographischen Abteilungen angeordnet sind. Bauern- und Apothekergarten laden zum Verweilen, Duft- Stink- und Tastgarten zum Mitmachen ein. Die Besichtigung des Alpinums aus Kalk- und Granitgestein und des alpinen Buchenwaldes rundet den Rundgang ab.

Eigentümer/in: Heinrich-Heine-Universität,
Universitätsstraße 1, 40225 Düsseldorf,
E-Mail: B.Garten@uni-duesseldorf.de,
Internet: botanischergarten.uni-duesseldorf.de,
Tel. 0211/8112477, Fax 0211/8111760

NRW 93
Größe: 7 ha
Öffnungszeiten:
April bis September Mo bis Fr 8–19 Uhr, Sa 13–19 Uhr, So 10–19 Uhr
März und Okt. Mo bis Fr 8–18 Uhr, Sa 13–18 Uhr, So 10–18 Uhr
Nov. bis Feb. Mo bis Do 8–16 Uhr, Fr. 8–14.30 Uhr
Eintritt: frei
Führungen nach Voranmeldung unter Tel. 0211/8113237
Veranstaltungen: vielseitiges Programm des Freundeskreises
707, 711, 716 Universität Ost / Botanischer Garten
735, 827, 835, 836 Universität Süd

Nordpark Düsseldorf

Kaiserswerther Straße, Düsseldorf

Entstanden ist der Nordpark in nur eineinhalbjähriger Bauzeit nach Plänen des damaligen Düsseldorfer Gartenamtsdirektors Willi Tapp anläßlich der Großen Reichsausstellung Schaffendes Volk. Zahlreiche Großbäume aus Parks und Friedhöfen wurden damals in die entstehende, streng architektonische und mit markanten Blickachsen ausgestattete Anlage verpflanzt. Nach langjährigen Wiederherstellungsarbeiten präsentiert sich der Nordpark heute in weiten Bereichen so, wie er 1937 angelegt wurde. Dazu gehören neben zahlreichen Plastiken eine Wasserachse mit der Großen Fontänenterrasse und dem Wassergarten, andere Sondergärten und die umfangreichen Sommerblumenbeete. Ergänzt wurde er um zahlreiche Spieleinrichtungen für Kinder und Jugendliche. 1975 schenkte die Japanische Gemeinde der Landeshauptstadt Düsseldorf einen 5000 Quadratmeter großen Japanischen Garten, für dessen Pflege auch heute noch gelegentlich japanische Gärtner nach Düsseldorf kommen.

NRW 94
Eigentümer/in: Stadt Düsseldorf, Gartenamt, Kaiserswerther Straße 390, 40474 Düsseldorf,
Tel. 0211/8994800,
Fax 0211/8929058
Größe: 37 ha
frei zugänglich
Attraktionen: Japanischer Garten
U 78, U 79 Nordpark/ Aquazoo
P gebührenpflichtig
Veranstaltungen: Pflanzentauschbörse im Ballhaus, März/April an einem Sonntag

Flora-Garten

Bilker Allee, Kronenstraße, Palmenstraße Düsseldorf

Als private Erholungsfläche 1876 von einer Aktiengesellschaft gegründet und 1902 von der Stadt übernommen zeigt der Flora-Garten auf vergleichsweise kleiner Fläche eine für das

NRW 95
Größe: 2,6 ha
frei zugänglich
DB Düsseldorf-Bilk S
706, 707, 712 Düsseldorf-

Bilk S
P an der Bachstraße

späte 19. Jahrundert zeittypische „landschaftliche" Parkanlage. Gartendirektor Grube plante eine abwechslungsreiche, geschwungene Wegeführung um einen See mit malerischen Ufern und einer artenreichen Gehölzpflanzung. Ein interessant gestalteter Spielplatz rundet das Erholungsangebot ab.
Eigentümer: Stadt Düsseldorf Gartenamt,
Kaiserswerther Straße 390, 40474 Düsseldorf,
Tel. 0211/8994800, Fax 0211/8929058

NRW 96
Größe: 9,6 ha
frei zugänglich
835 Alt Himmelgeist
P teilweise

Schloßpark Mickeln

Kölner Weg, Düsseldorf-Himmelgeist

Der 1843 geschaffene Park ist das letzte Werk von Maximilian Friedrich Weyhe. Der ehemals verwilderte Park, das klassizistische Schloß und die umgebenden landwirtschaftlichen Flächen wurden nach dem Vorbild der „ornamented farm" (ein landwirtschaftliches Gut mit Gebäuden und Freiflächen, das mit Mitteln der Gartenkunst landschaftlich „aufgeschmückt" wird) entworfen. Seit 2001 stellte die Stadt Düsseldorf den Landschaftspark, von dessen ursprünglicher Bepflanzung eine Reihe markanter Bäume noch erhalten sind, in seinen Grundzügen wieder her. Die Lage des alten Dorfes Himmelgeist am Rhein mit den landwirtschaftlichen Flächen, der Pfarrkirche St. Nikolaus, dem Schloß mit Park und dem Gut Meierhof ist als kulturhistorisches Ensemble besonders hervorhebenswert.
Eigentümer: Arenberg-Schleiden GmbH, c/o Stadt Düsseldorf, Gartenamt Kaiserswerther Str. 390, 40474 Düsseldorf,
Tel. 0211/8994800, Fax 0211/8929058

NRW 97
Größe: 6,7 ha
frei zugänglich
703, 709, 712, 715, 719
Graf-Adolf-Platz

Ständehaus-Park

Elisabethstraße, Haroldstraße, Reichsstraße Düsseldorf

In unmittelbarer Nähe zur Königsallee entstand der Park in den 1830er und 1840er Jahren nach Plänen des königlichen Gartendirektors Maximilian Friedrich Weyhe auf den ehemaligen Befestigungsanlagen der Stadt. Besonders die weiten Wasserflächen des Schwanenspiegels und des Kaiserteichs, die durch zwei Halbinseln gegliedert werden, prägen den Landschaftsgarten. Das Ständehaus aus dem späten 19. Jahrundert, das lange Zeit als Landtag diente, dominiert den südlichen Parkteil. Seit 2002 wird es von der K21 als zweiter Standort der Kunstsammlung NRW genutzt. In diesem Zusammenhang wurden einige moderne Skulpturen im Park aufgestellt.
Eigentümer: Stadt Düsseldorf Gartenamt,
Kaiserswerther Straße 390, 40474 Düsseldorf,
Tel. 0211/8994800, Fax 0211/8929058

Golzheimer Friedhof

Friedhof Fischerstraße, Klever Straße Düsseldorf

Maximilian Friedrich Weyhe entwarf den 1805 in Nutzung genommenen und 1898 wieder geschlossenen Friedhof als eine langgestreckte, von geraden Wegen durchzogene Anlage auf der damaligen „Golzheimer Insel" am Rhein. Er ist heute eine ruhige Grünanlage mit vielen erhaltenen klassizistischen, neo-gotischen und neo-romanischen Grabmalen unter alten Bäumen und zählt zu den bedeutendsten Friedhofsanlagen Nordrhein-Westfalens. Viele Persönlichkeiten Düsseldorfs des 19. Jahrhunderts sind hier bestattet worden.
Eigentümer: Stadt Düsseldorf Gartenamt,
Kaiserswerther Str. 390, 40474 Düsseldorf,
Tel. 0211/8994800, Fax 0211/8929058

NRW 98
Größe: 4 ha
frei zugänglich
78, 79 Victoriaplatz,
Klever Straße

Park Heltorf

Heltorfer Schloßallee, Düsseldorf

Die Ursprünge des Waldparks Heltorf gehen auf 1796 zurück. Mit etwa 700 verschiedenen Arten und Sorten verfügt er über eine außerordentliche Fülle seltener und schöner Gehölze. Zudem ist hier das zweitälteste Rhododendronvorkommen in Deutschland.

NRW 99 NEU
Eigentümer/in: Gräflich von Spee'sche Forstbetriebe,
Heltorfer Schloßallee 100,
40489 Düsseldorf,
Tel. 0203/746465,
Fax 0203/746355
Größe: 54 ha
Eintritt: 2,50 €
Kinder frei bis 14 Jahre
Führungen:
nach Voranmeldung
für Gruppen bis 30 Personen
50 €/Gruppe
Öffnungszeiten:
Mai–Oktober: Sa, So,
Feiertage, 10–18 Uhr
Attraktionen: Rhododendron-Blüte, Mai–Juni
DB Düsseldorf Hbf
79 Froschenteich
Veranstaltungen:
Freiluftkonzert im Park
Christi Himmelfahrt

NRW 100
Eigentümer/in: Stadt Solingen, Amt 6224, Postfach 100165, 42609 Solingen, Tel. 0212/2904461, Fax 0212/2904450
Größe: 5 ha, frei zugänglich
691 Lukas-Klinik

Parkanlage Engelsberger Hof

Langhansstraße, Solingen

Entstanden zwischen 1908 und 1910 im Stil eines klassischen Landschaftsparks sind ursprüngliche Elemente noch gut erhalten, darunter die Wegeführung, die Brunnenanlage und der Teich mit Brücken und Inseln. Der Park, der an das Naturschutzgebiet Obligser Heide grenzt, enthält viele von starker Feuchtigkeit geprägte Bereiche mit seltenen Pflanzenarten. Neben der Anlage befindet sich ein großer Spielplatz.

NRW 101
frei zugänglich
Führungen: nach Voranmeldung bei Info/Museumskasse Tel. 0212/2422626 und Renate Graumann, Tel. 0202/470571
Attraktionen: Rosenblüte, Seilbahn
683 Unterburg
→ A 1, Ausfahrt Schloß Burg
P gebührenpflichtig

Historische Gärten auf Schloß Burg an der Wupper e.V.

Schloßplatz 2, Solingen-Oberburg

Schloß Burg an der Wupper ist eine der größten wieder errichteten mittelalterlichen Burganlagen Westdeutschlands und ein sehr beliebtes Ausflugsziel, hoch über dem Fluß gelegen, mit herrlichen Wanderwegen und Rundblicken. Die umfangreichen Gärten innerhalb und außerhalb der Burganlage sind nach historischen Vorbildern gestaltete Garten- und Pflanzanlagen, wie Hexengarten, Kräutergarten, Hildegard-von-Bingen-Garten, Strabo-Garten, Schattenbeet u.a. Der Außenbereich mit verstreut liegenden Rosenanpflanzungen ist jederzeit zugänglich, die Innenhöfe gehören zum Museumsbereich. Dort sind auch historische Rosen gepflanzt.
Eigentümer/in: Schloßbauverein Burg an der Wupper e.V., Schloßplatz 2, 42659 Solingen-Oberburg, Tel. 0212/2422626
Veranstaltungen: Ritterspiele, Märkte und Basare, Ausstellungen

NRW 102
Größe: 4 ha
Öffnungszeiten: ganzjährig geöffnet, Schauhäuser: Mi 13–15.30 Uhr, So und Feiertage 10–13 Uhr
Garten: im Sommer 8–19.30 Uhr, im Winter 9–16.30 Uhr
Eintritt: frei
Führungen: nach Voranmeldung, Tel. 0212/599820, Fax 0212/5998215
682 Heresbachstraße
690 Eigen,
692, 693 Vogelsang oder Klinikum

Botanischer Garten Solingen

Vogelsang 2a, Solingen

Der Botanische Garten wurde 1963 eröffnet. 1965 wurde das Tropenhaus eingeweiht, das neben dem Bromelien-, Sukkulenten-, Kakteen- und Orchideenhaus die Vielfalt der nicht winterharten Pflanzen zeigt. Schwerpunkte des Freilandes sind Alpinum, Irisgarten, Wassergarten mit Teichanlage, Heidegarten, Bauerngarten, Staudengarten mit Heil- und Gewürzkräutern, Mauervegetation sowie eine Sichtungsfläche der Firma Flora-Frey mit Zwiebelpflanzen und Sommerflor. Eine 150 Quadratmeter große Rosenpflanzung, mit robusten ADR-Rosen bepflanzt, wird vom Verein zur Förderung der Rosenkultur des Bergischen Landes e.V. gepflegt. Seit 2005 unterhält die Stiftung Botanischer Garten Solingen e.V. ein ca. 60 m^2 großes Heilpflanzenbeet in Anlehnung an das Capitulare de villis, einer Landgüterverordnung Karls des Großen, erlassen zwischen 800 und 810.

Eigentümer/in: Stadt Solingen, Amt 6224, Postfach 100165, 42601 Solingen, Tel. 0212/2906572, Fax 0212/2906690, Internet: www.solingen.de/botanischergarten
Veranstaltungen: Weihnachtsausstellung (Floristik), Wochenende vor dem 1. Advent, Sa 10–18 Uhr und So 10–13 Uhr

Landesgartenschau Mülheim an der Ruhr 1992

Am Schloß Broich, Mülheim

Ausgangspunkt der Gartenschauentwürfe waren die von der Ruhr geprägte Geschichte der Stadt und ihre landschaftliche Lage am Fluß. Durch die Planung wurden rund 7 Kilometer städtisches und landschaftliches Ruhrufer zu einem Grünzug verbunden. Unterschiedlichste Strukturen wie der Schloßpark Styrum, Schloß Broich, Auenbereiche und Waldflächen wurden in die Planung integriert. Mit der Landesgartenschau 1992 wurde die traditionelle Gestaltungsform bisheriger Gartenschauen aufgehoben. Die Landesgartenschau Mülheim ist nicht mehr der große, kompakte Landschaftspark mit vielen gartenarchitektonisch gegliederten Teilbereichen, sondern ein Stadt- und Landschaftspark mit eigenständigen Einzelparks. Die zahlreichen gestalterischen Höhepunkte der Landesgartenschau sind auch heute noch erlebbar. Die Spanne reicht dabei vom Biogarten über einen Wasser- und einen Matschspielplatz sowie eine Camera obscura bis hin zu einem renovierten historischen Wasserturm, der heute das hochmoderne, multimediale Museum Aquarius beherbergt, das wohl einzige Wassermuseum der Welt.

NRW 103
Eigentümer/in: Stadt Mülheim an der Ruhr, Mülheimer Grün und Wald, Lahnstraße 35, 45478 Mülheim an der Ruhr, Tel. 0208/4556700, Fax 0208/4556799, E-Mail: gruen.und.wald@stadt-mh.de, Internet: www.muelheim-ruhr.de
Größe: 23 ha, frei zugänglich
Veranstaltungen: Reservierungen, Prospekte bei MST Mülheimer Stadtmarketing und Tourismus GmbH, Tel. 0208/9609610, Fax 0208/9609619, E-Mail: MST@stadt-mh.de,
102, 124, 132 Stadthalle

Altstadtfriedhof

Kettwiger Straße 7, Mülheim an der Ruhr

Über 100 Jahre wurden auf dem 1812 in Benutzung genommenen Friedhof Bestattungen vorgenommen. 1967 wurde der Friedhof geschlossen und in einen Park umgewandelt. Seit 1987 können jedoch wieder Urnen beigesetzt werden. Der Alte Friedhof mit seinem schönen Altbaumbestand und den interessanten, zum Teil imposanten Grabmalen hat einen unverwechselbaren, besinnlichen Charakter. Anhand der Grabsteine kann die geschichtliche Entwicklung Mülheims vom Dorf zur Großstadt in weniger als 100 Jahren beobachtet werden. Bekannte Firmengünder wie August Thyssen und Mathias Stinnes liegen hier begraben.

NRW 104
Eigentümer/in: Stadt Mülheim an der Ruhr, Mülheimer Grün und Wald, Lahnstraße 35, 45478 Mülheim an der Ruhr, Tel. 0208/4556700, Fax 0208/4556799, E-Mail: gruen.und.wald@stadt-mh.de, Internet: www.muelheim-ruhr.de
Größe: 5,2 ha
frei zugänglich
Anmeldung für Gruppen erbeten
110 Wertgasse

Hauptfriedhof

Zeppelinstraße 132, Mülheim an der Ruhr

Vorwiegend nach Plänen des Magdeburger Gartenarchitekten Friedrich Bauer wurde 1915 der erste, geometrische Teil des Friedhofs gebaut. Mehrere Erweiterungen folgten bis 1978.

NRW 105
Größe: 40,4 ha
Öffnungszeiten: ganzjährig geöffnet, im Sommer 8–20 Uhr,

im Winter 8–17.30 Uhr
Eintritt: frei
104, 110, 114
Hauptfriedhof

Dann übernahm das Wuppertaler Landschaftsarchitektenpaar Rose und Gustav Wörner die Gestaltung. Den Eingangsbereich dominiert das 1924 erbaute Verwaltungsgebäude von Suhnel. Hauptgestaltungsmerkmale sind alleegesäumte Wege, die der Übersicht dienen und in mehreren Gräberfeldern zusammengefaßte, überschaubare Räume. Die Hauptallee besteht aus geschnittenen Säuleneichen, bemerkenswert ist auch die Flußzedernallee südlich der Trauerhalle.
Eigentümer/in: Stadt Mülheim an der Ruhr,
Mülheimer Grün und Wald, Lahnstraße 35,
45478 Mülheim an der Ruhr, Tel. 0208/4556700,
Fax 0208/4556799, E-Mail: gruen.und.wald@stadt-mh.de,
Internet: www.muelheim-ruhr.de

NRW 106
Größe: 11,3 ha
frei zugänglich
122 Raffelberg
Veranstaltungen: Theater an der Ruhr im Kurhaus

Kurpark am Solbad Raffelberg

Akazienallee, Mülheim an der Ruhr

Der 1909 begonnene Kurpark mit Kurhaus und Badehaus ist ein herausragendes Beispiel von Kur- und Erholungsanlagen der spätwilhelminischen Zeit. Der besondere Reiz des durch den Gartenarchitekten Walter Baron von Engehardt geplanten Parks liegt in der zeitgenössischen Terrassengestaltung mit Natursteinmauern und Stufenanlagen am Rande einer ehemaligen Mittelterrasse des Rheins und Resten eines Ruhraltlaufs. Das Herzstück bildet eine große Teichanlage mit Brücke und Fontäne. Viele der dendrologisch interessanten Bäume stammen noch aus der Gründerzeit.
Eigentümer: Stadt Mülheim an der Ruhr,
Mülheimer Grün und Wald, Lahnstraße 35,
45478 Mülheim an der Ruhr, Tel. 0208/4556700,
Fax 0208/4559999, E-Mail: gruen.und.wald@stadt-mh.de,
Internet: www.muelheim-ruhr.de

NRW 107
Größe: 4 ha
frei zugänglich
110 Wertgasse

Dimbeckanlage/Freilichtbühne

Kettwiger Straße, Mülheim an der Ruhr

Auf dem Gelände eines ehemaligen Steinbruchs entstand zwischen 1933 und 1936 nach Plänen des Mülheimer Gartenbaudirektors Fritz Keßler ein der interessanten Topographie angepaßter kleiner Park, dessen Hauptattraktion eine einzigartige Freilichtbühne ist. Weitere Elemente der Anlage, um deren Restaurierung sich ein Förderverein kümmert, sind Schluchtenwege mit Resten von Felsszenarien, ein Rosengarten mit Pergolaanlage sowie schöne Aussichtspunkte.
Eigentümer: Stadt Mülheim an der Ruhr,
Mülheimer Grün und Wald Lahnstraße 35,
45478 Mülheim an der Ruhr, Tel. 0208/4556700,
Fax 0208/4559999, E-Mail: gruen.und.wald@stadt-mh.de,
Internet: www.muelheim-ruhr.de

Privatgarten Hüsgen

Buchfeld 7, Velbert

Mitten in einem Landschaftsschutzgebiet liegt der im landschaftlichen Stil angelegte große Garten. Etwa 150 Rhododendren und Azaleen, Heide- und Staudenbeete sorgen dafür, daß immer etwas blüht. Das Wasser des ökologischen Teichs mit Bachlauf und Wasserfall wird nur durch Kiesbeete gereinigt.
Anmeldung erbeten
Eigentümer: Ulrich und Maria Hüsgen, Buchfeld 7, 42551 Velbert, Tel. 02051/81681, Fax 02051/930272, E-Mail: ahuesgen@telebel.de

NRW 108
Größe: 1 ha
Eintritt: frei
Führungen: nach Voranmeldung
Öffnungszeiten: ganzjährig

Kaisergarten

Am Kaisergarten / Sterkrader Straße, Oberhausen

Ende des 19. Jahrhunderts ließ die Stadt Oberhausen einen Volksgarten errichten, der 1897 anläßlich des 100. Geburtstags des vormaligen Kaisers Wilhelm I. seinen Namen erhielt. Der Park wurde mit einem Gesellschaftshaus, mit Blumenschmuck auf geometrisch angeordneten Beeten, einem Gondelweiher, geschwungenem Wegesystem und zwei Tennisplätzen ausgestattet. Dies stieß schon zu seiner Bauzeit auf Kritik, da zu wenig Spiel-, Sport- und Freizeitmöglichkeiten für Arbeiterfamilien zur Verfügung standen. In den 20er Jahren entstand ein kleiner Zoo, der wie das gesamte Parkgelände im 2.Weltkrieg zerstört wurde. Pergolastelen an der Konrad-Adenauer-Allee markieren heute die frühere Lage des Gesellschaftshauses. Das Tiergehege entstand 1954 neu und wurde in den 60er Jahren erweitert.

NRW 109
Eigentümer/in: Stadt Oberhausen, Schwartzstraße 72, 46042 Oberhausen, Tel. 0208/8251, Fax 0208/8252755
Größe: 20 ha
frei zugänglich
122, 952 Schloß Oberhausen
Veranstaltungen: Ludwig Galerie, Schloß Oberhausen Gedenkhalle, ganzjährig
Infos bei: Tel. 0208/8251, Fax 0208/804016
Museumsshop

Revierpark Vonderort

Bottroper Straße, Oberhausen

Grundlage für den 1969 entwickelten Revierpark Vonderort war der seit 1925 geplante Volksgarten Osterfeld. Der Volksgarten wurde unter Erhaltung des Waldbestandes und Nutzung bestehender alter Kiesgruben als Wasserflächen angelegt. Der neue Stadtwald Osterfeld entsprach im Ergebnis sowohl in gestalterischer als auch in funktionaler Hinsicht den Volkspark-Vorbildern seiner Zeit. Nach den Zerstörungen durch den 2.Weltkrieg und Bergsenkungen verfiel der Stadtwald in den Nachkriegsjahren. 1969 begann mit der Errichtung des Revierparks eine neue Epoche. Das bisherige Areal wurde stark erweitert und durch den Landschaftsarchitekten Gustav Wörner geplant. Heute bietet der Revierpark Vonderort Bereiche für Sport und Spiel, ein Freizeithaus und ein Freizeitbad.

NRW 110
Eigentümer/in: Stadt Oberhausen, Schwartzstr. 72, 46042 Oberhausen, Tel. 0208/8251, Fax 0208/8252755
Größe: 32 ha
frei zugänglich
Führungen: nach Voranmeldung
CE 91 Revierpark Vonderort

NRW 111
Eigentümer/in: Grün und Gruga Essen, Külshammer Weg 32, 45149 Essen, Tel. 0201/8883104, Fax 0201/8883007
Größe: 8 ha
frei zugänglich
Altenessen
U 11, U 17 Kaiser-Wilhelm-Park
183 Palmbuschweg

Kaiser-Wilhelm-Park

Palmbuschweg, Essen

1897 beschloss der Gemeinderat von Altenessen, zum Andenken an Kaiser Wilhelm I. einen Volksgarten anzulegen. Der Düsseldorfer Gartenarchitekt Fritz Gude erarbeitete einen Gestaltungsplan, in dem Teich, Kinderspielplatz, Blumenrabatten und von Wegen durchzogene Rasenflächen wichtigste ursprüngliche Bestandteile waren. Im 2.Weltkrieg wurden große Teile der Parkanlage zerstört, worauf vor allem in den 1970er Jahren umfangreiche Instandsetzungsarbeiten mit Betonung des Freizeitcharakters erfolgten. Die Stadt Essen beabsichtigt heute, im Park nach und nach einige der historischen Strukturen wiederherzustellen.

NRW 112
Größe: 65 ha
Öffnungszeiten: ganzjährig geöffnet, 9 Uhr bis Anbruch der Dunkelheit
Eintritt (50% ermäßigt im Winter): 2,50 €, Kinder frei bis 5 Jahre, Kinder und Jugendliche bis 14 Jahre 1 €, Schüler, Studenten, Wehrpflichtige und Zivis 1,50 €, Familien 5 €, Gruppen ab 10 Personen 2 €/Person
Führungen: Anmeldung unter Tel. 0201/8883104 für Gruppen bis 25 Personen, Fachführung 50 €, allgem. Parkführung 37,50 €
U 11 Messe Ost/Gruga
U 17 Margarethenhöhe
teilweise gebührenpflichtig
Veranstaltungen: Ausstellungen in der Orangerie: Pflanzenbörse, China, Essen erntet und Kunstausstellung, Musikveranstaltungen, Parkfeste, Kinderfeste und -theater
Bonsais

Grugapark Essen

Külshammer Weg 32, Essen

Der Name stammt von einer Ausstellung Ende der 20er Jahre: Große Ruhrländische Gartenbauausstellung 1929. Der Botanische Garten innerhalb des Grugaparks wurde bereits 1927 auf Kippengelände und Äckern errichtet. Aus dieser Zeit stammen die Japanische Sicheltannen-Gruppe und der Pagoden- oder Schnurbaum, ebenso der Chinesische Taschentuchbaum und die Gehölzsammlung besonderer Säulen- und Hängeformen. Im Rhododendrontal steht ein Wald von vornehmlich Rhododendron catawbiense-Hybriden. Sie sind 1927 als 50jährige Gehölze von aufgelassenen Friedhöfen dorthin verpflanzt worden. Die Größe und das Aussehen der Anlage veränderten sich durch weitere Austellungen, wie die Reichsgartenschau 1938 und die Bundesgartenschau von 1965. Die strenge Geometrie der ursprünglichen Gartenanlage, die im 2. Weltkrieg zerstört wurde, ist 1952 im wiedereröffneten Grugapark aufgegeben worden. Seitdem zeichnet er sich durch geschwungene Wegführung und ausgedehnte Rasenflächen aus. Die 1965 geschaffenen Möglichkeiten der aktiven Erholung durch Sport und Spiel wurden nach 1981 weiter ausgebaut. Mit der Aufgabe des Aquariums und Terrariums entstanden neue Greifvogel- und Eulenvolieren, ein Japanischer Garten, Grill- und Partyplätze, Rollschuhbahn, Verkehrsspielplatz, Ponyhof und Streichelzoo. Zusätzlich sind Themengärten wie Westfälischer Bauerngarten, Weißer und Blauer Garten, Garten der Sinne (Duft- und Tastgarten), Rosen-, Mittelmeer-, Staudengarten, Dahlienarena und das Alpinum mit Wasserfall sehenswert. Die drei hohen Glaspyramiden der Pflanzenschauhausanlage sind architektonisch interessant und bieten dem Besucher 1500 Quadratmeter Schaufläche für tropischen Regenwald, Bergnebelwald und Wüste. Im Innenhof befindet sich ein Bonsai-Garten mit Exemplaren aus berühmten japanischen

Sammlungen. Seit 1996 ist die neue Vogelfreiflughalle zu besichtigen.
Eigentümer/in: Grün und Gruga Essen,
Külshammer Weg 32, 45149 Essen,
Tel. 0201/8883104, Fax 0201/8883007,
E-Mail: info@grugapark.de, Internet: www.grugapark.de
Attraktionen: Rhododendrenblüte

Foto: Jardner

Park der Villa Hügel

Essen

Alfred Krupp ließ in der Zeit von 1870 bis 1873 die Villa Hügel nach eigenen Entwürfen bauen. Auch Garten und Park wurden nach Krupps eigenen Entwürfen durch seinen Baumeister Barchewitz und den damaligen Obergärtner Bete gestaltet. So entstanden 1873 südlich der Villa am Hang über der Ruhr zwei untereinander liegende Terrassengärten mit umgebendem Park im gemischten Stil, die nicht künstlerisch gestaltet waren, sondern den persönlichen Wünschen des Bauherrn entsprachen, damit aber zugleich zeittypische Züge trugen. Nach dem Tod Alfred Krupps 1887 erhielt der Park unter Friedrich Alfred und Margarethe Krupp und auch anschließend unter Gustav und Bertha Krupp von Bohlen und Halbach ein zunehmend repräsentativeres Aussehen. Im Vorfeld des 150jährigen Jubiläums der Firma Krupp 1961 fiel die grundsätzliche Entscheidung, dem Ensemble Hügel sein heutiges, parkartiges Erscheinungsbild zu geben und es damit zugleich den Erfordernissen der langfristigen musealen Nutzung anzupassen. Teile des Ostparks und vor allem des Westparks wurden abgetrennt und stehen seither als sogenannter Krupp-Wald der Allgemeinheit zur Erholung zur Verfügung.

NRW 113
Eigentümer/in: Alfried Krupp von Bohlen und Halbach-Stiftung, Hügel 15, 45133 Essen,
Tel. 0201/1884823,
Fax 0201/6162911
Größe: 28 ha
Öffnungszeiten: ganzjährig, täglich 8–20 Uhr
Eintritt: 1 €, Kinder bis 14 Jahre und Rentner frei
107 Frankenstraße, umsteigen in
194 Villa Hügel
S 6 Bhf Hügel
→ A52, Abf. Essen-Rüttenscheid, Alfredstraße (B224) Richtung Solingen, Beschilderung Villa Hügel folgen
P ♿
Veranstaltungen: wechselnde Kunstausstellungen der Kulturstiftung Ruhr im Großen Haus der Villa

NRW 114
Eigentümer/in: Grün und Gruga Essen,
Külshammer Weg 32,
45149 Essen,
Tel. 0201/8883104,
Fax 0201/8883007,
E-Mail: info@grugapark.de,
Internet: www.grugapark.de
Größe: 42 ha
frei zugänglich
DB Essen-Borbeck
103 Schloß Borbeck

Schloßpark Borbeck

Schloßstraße, Essen-Borbeck

Im Westen von Essen erstreckt sich der Park von Schloß Borbeck. Heute liegt er inmitten geschlossener Bebauung im gleichnamigen Essener Stadtteil. Erstmals sind Gärten, Plantagen und Alleen im Zusammenhang mit dem Neubau des Schlosses zwischen 1640 und 1655 erwähnt. Nach 1783 erfolgte eine Umgestaltung des Parks im englisch-chinesischen Stil. Die historische Parkstruktur ist heute, bedingt durch Erholungsnutzung und forstliche Pflege der Waldbestände, stark verändert, soll jedoch nach und nach wiederhergestellt werden. Aufgrund der Größe der Anlage und der hohen Strukturvielfalt ist der Park auch von ökologischer Bedeutung und ein Beispiel für eine frühe und besondere Form des Landschaftsgartens.

NRW 115
Eigentümer/in: Stadt Gelsenkirchen, Gelsengrün,
Immermannstraße 47,
45894 Gelsenkirchen,
Tel. 0209/1694227,
Fax 0209/1694808
Größe: 100 ha
frei zugänglich
383 Zum Bauverein

Bundesgartenschau 1997

Nordsternstraße, Gelsenkirchen

Die Bundesgartenschau Gelsenkirchen ist ein Projekt im Rahmen der Internationalen Bauausstellung Emscherpark (IBA – Emscherpark). Im Rahmen des auf zehn Jahre angelegten Projekts sollen in der Emscherzone von Duisburg bis Dortmund strukturelle, ökonomische, ökologische, soziale und auch baulich-landschaftliche Veränderungen initiiert werden. Die Bundesgartenschau 1997 gilt als Beispiel dafür, wie Industriebrachen im Ruhrgebiet für neue Nutzungen erschlossen werden könnnen. Am westlichen Rand Gelsenkirchens wurde auf einem ehemaligen Zechen- und Haldengelände ein moderner Landschaftspark nach Entwürfen des Marler Landschaftsarchitekten Wedig Pridik gestaltet. Das Gelände zeigt heute durch die nicht romantisierte Neugestaltung das Gesicht einer nachindustriellen Parklandschaft, die die Wunden der industriellen Nutzung nicht verdeckt. Landschaftspark, Rhododendren-Hain und die als stumpfkegelige Pyramide umgestaltete Halde sind nur einige Elemente der Anlage.

NRW 116
Eigentümer/in: Stadt Gelsenkirchen, Revierpark Nienhausen GmbH,
Feldmarkstraße 201,
45883 Gelsenkirchen,
Tel. 0209/941310,
Fax 0209/9413199
Größe: 30 ha
frei zugänglich
127 Revierpark Nienhausen
Veranstaltungen: ganzjähriges Programm

Revierpark Nienhausen

Feldmarkstraße, Gelsenkirchen

Der Revierpark Nienhausen ist einer von fünf Freizeitparks, die der Kommunalverband Ruhrgebiet gemeinsam mit den Anliegergemeinden in den 70er Jahren errichtet hat. Der Park in Gelsenkirchen entstand auf dem historischen Gelände des ehemaligen Gutes Nienhausen. Die Freizeitanlage gliedert sich in drei Bereiche: Freizeithaus mit Restauration, Badeanlagen mit Wellenbad, Aktivarium und Spiel- und Parkbereich. Der angrenzende Waldpark aus den 1920er Jahren mit Café, Bootsteich und Spazierwegen ergänzt das Freizeitangebot.

Landschaftspark Scherlebeck

Scherlebecker Straße / Gertrudenstraße, Herten

Der Landschaftspark ist auf einer ehemaligen Zechenbrache im Zusammenhang mit einem Gewerbegebiet und einer Wohnbebauung entstanden. Im Zuge der Bodensanierung wurden die belasteten Böden in einem zirka 20 Meter hohen Erdhügel eingebaut. Die Anlage besteht im wesentlichen aus Extensivrasen und Grünverbindungswegen, waldartigen Bereichen, einem Regenrückhaltebecken sowie zwei auffällig gestalteten Brückenbauwerken.

NRW 117
Eigentümer/in: Stadt Herten, Kurt-Schumacher-Straße 2, 45699 Herten, Tel. 02366/303319, Fax 02366/303229
Größe: 3 ha
frei zugänglich
224, 242 Gertrudenstraße oder Scherlebecker Straße

Schloßpark Herten

Im Schloßpark, Herten

Die Anlage, erstmals erwähnt im Jahre 1376, wurde ab 1680 in einen Barockgarten umgestaltet, 1725 errichtete man die Orangerie. Von der barocken Struktur sind noch zwei kreisrunde Plätze, die Barockwiese, Fischteiche und mehrere Alleen zu erkennen. Maximilian Friedrich Weyhe wandelte den Schloßpark von 1814 bis 1817 in einen englischen Landschaftsgarten um. Aus dieser Zeit stammt ein großer Teil des alten Baumbestandes mit über 200 seltenen, dendrologisch wertvollen Gehölzarten. Eine besondere Attraktion ist die vor etwa 100 Jahren gepflanzte Narzissenwiese. Der Park, 1974 für die Öffentlichkeit freigegeben, wurde bis 1982 wiederhergestellt. Die Gestaltungsgrundsätze Weyhes sind in diesem fast unverändert gebliebenen Park gut ablesbar.
Eigentümer/in: Landschaftsverband Westfalen-Lippe, Pächterin: Stadt Herten, Freiherr-vom-Stein-Platz 1, 48133 Münster, Tel. 0251/5910, Fax 0251/591254

NRW 118
Größe: 26,3 ha
frei zugänglich
Führungen: nach Voranmeldung, Tel. 02366/303568, kostenlos,
Recklinghausen
234, 224, 219, 210 Rathaus – Schloß Herten 240 Schloß Herten
Veranstaltungen: Fest der Griechischen Gemeinde, Mai
Kunstmarkt, Pfingsten
Folkfestival, August

Gysenbergpark

Am Revierpark 40, Herne

Der erste Freizeitpark im Ruhrgebiet war der Gysenbergpark im Grenzbereich der Städte Herne und Bochum. Auf der Grundlage eines bestehenden Waldparks mit Tierpark, Gartenwirtschaften und Freizeiteinrichtungen wurde seit 1970 nach den Vorstellungen des Kommunalverbandes Ruhrgebiet (KVR), der die Idee der Revierpark entwickelt hat, eine Landschaft aus Terrassen, Rabatten und Rasenflächen gestaltet. Wellenbad, Freizeithaus, Sport- und Spielanlagen, Wasser-, Sole- und Saunabereiche sind einige Elemente, die heute den Gysenbergpark als Freizeitanlage mit regionalem Einzugsbereich auszeichnen.

NRW 119
Eigentümer/in: Revierpark Gysenpark Herne GmbH, Am Revierpark 40 44627 Herne, Tel. 02323/969-0, Fax 02323/969-111
Größe: 32 ha
frei zugänglich
323 Revierpark

NRW 120
Eigentümer/in: Stadt Castrop-Rauxel, Friedhofswesen, Europaplatz 1, 44575 Castrop-Rauxel, Tel. 02305/1062790, Fax 02305/1062788
Größe: 7,7 ha
frei zugänglich
🚌 481 Friedhof Bladenhorst
P ♿

Waldfriedhof Bladenhorst

Schulstraße / Eichenweg, Castrop-Rauxel

Der Kommunalfriedhof, südlich von Schloß Bladenhorst gelegen, wurde in den 20er Jahren unter Einbeziehung des alten Baumbestandes durch den Gartenarchitekten Gustav Allinger geplant. 1960 bis 1962 folgten eine Erweiterung der Friedhofsfläche und umfangreiche Neuanpflanzungen von Bäumen und Sträuchern. Der Parkfriedhofscharakter der Anlage wird durch die südliche und westliche Einbindung in das Waldgebiet Castroper Holz noch verstärkt.

NRW 121
Größe: 0,1 ha
Anmeldung erbeten
Öffnungszeiten: ganzjährig, Friedhof ist abgeschlossen
Schlüssel bei Eigentümerin erhältlich
Eintritt: frei
🚌 458, 472, 481 Engelsburgplatz
♿

Jüdischer Friedhof

Obere Münsterstraße, Castrop-Rauxel

Der aus dem 18. Jahrhundert stammende Jüdische Friedhof ist der älteste Friedhof im Zentrum Castrop-Rauxels. Ein alter Baumbestand und alte Grabsteine ab 1812 prägen diesen Ort. Die Eingrenzung der Friedhofsfläche mit Ziegelmauer und Eingangstor erfolgte um 1930.
Eigentümer/in: Stadt Castrop-Rauxel, Friedhofswesen, Europaplatz 1, 44575 Castrop-Rauxel, Tel. 02305/1062790, Fax 02305/1062788

NRW 122
Eigentümer/in: Stadt Bochum, Rathaus, 44777 Bochum, Tel. 0234/9103460, Fax 0234/9103443
Größe: 33 ha
frei zugänglich
🚌 336, 353 Gudrunstraße
P ✂ 🐕 ♿

Stadtpark Bochum

Bergstraße, Bochum

Der erste, von der öffentlichen Hand in Auftrag gegebene und finanzierte Stadtpark im Ruhrgebiet wurde 1878 fertiggestellt. Vom Kölner Landschaftsgärtner Anton Strauß geplant, war er ein zeittypischer Landschaftsgarten im gemischten Stil. Er umfaßte auch Restaurationsgebäude mit aufwendig gestalteten Terrassen sowie einen Milch- und Mineralwasserausschank im Nordostteil. Seine heutige Größe erreichte der Stadtpark 1903 bis 1908, in den 30er Jahren wurden ein Tiergehege und ein Aquarium eingefügt. In den 50er und 60er Jahren erhielten die Teichanlagen Fontänen und Wasserspiele, es wurden Rhododendron-, Stauden- und Sommerblumengärten angelegt und der Rosen- und der Dahliengarten erweitert. Viele alte Gehölze, größtenteils aus Asien stammend, setzen mit ihren bizarren Wuchsformen, auffallender Belaubung und leuchtender Herbstfärbung deutliche Akzente.

NRW 123
Eigentümer/in: Stadt Bochum, Rathaus, 44777 Bochum, Tel. 0234/9103460, Fax 0234/9103443
Größe: 20 ha
frei zugänglich

Stadtgarten Wattenscheid

Stadtgartenring, Bochum

Der erste Stadtgarten in der ehemaligen Stadt Wattenscheid mit einer Größe von 4,5 Hektar entstand nach Entwürfen des Gartenarchitekten Reinhold Hoemann bis 1900: ein zeittypischer Park mit aufwendigen Rosen- und Blumenbeeten, aber auch einem mit Geräten ausgestatteten Kinderspielplatz. Bis 1932 wuchs der Stadtgarten auf seine heutige Größe in mehreren Schritten an und erhielt einen Gondelteich, einen botanischen Schulgarten, Tiergehege, Sportplätze und eine Freiluftbühne. Nach dem Zweiten Weltkrieg kamen noch ein Haus für exotische Tiere, Aquarium und ein Rosengarten hinzu. Geprägt wird der Stadtgarten vor allem durch viele alte Bäume aus der Entstehungszeit.

302 August-Bebel-Platz
363 Stadtgartenring

Botanischer Garten an der Ruhr-Universität Bochum

Universitätsstraße, Bochum

Die seit etwa 1970 bestehende Anlage ist als Forschungs- und Lehrgarten konzipiert und umfaßt auch einen knapp 5000 Quadratmeter großen Gewächshauskomplex, von dem etwa die Hälfte öffentlich zugänglich ist: darunter das Tropenhaus mit frei fliegenden Kolibris und Tukanen, das Wüsten- bzw. Sukkulentenhaus und Savannenhäuser. Die Freilandfläche ist überwiegend geographisch gegliedert und zeigt neben aktuellen Vegetationsbildern (Alpinum) auch historische Aspekte (Tertiär-Vegetation). Ein Chinesischer Garten ergänzt die Anlagen im Freiland.

NRW 124
Eigentümer/in: Ruhr-Universität, Universitätsstraße 150, 44801 Bochum, Tel. 0234/323098, Fax 0234/3214423, Internet: www.ruhr-uni-bochum.de/boga/
Größe: 13 ha
Öffnungszeiten: im Sommer 9–18 Uhr, im Winter 9–16 Uhr
Eintritt: frei
U 35 Ruhr-Universität
349, 356 Querenburger Straße

Privatgarten Schrenk

Am alten General 11, Bochum

Der Hanggarten befindet sich teilweise in extremer Hanglage und kann nur über Treppen erreicht werden. Ausruhen und Schauen ist auf den zahlreichen Sitzplätzen oberhalb der Felsen und Bruchsteinmauern zwischen alte Gehölzen möglich, auch mit Blick auf das Adlerfarnstück. Auf der anderen, wärmeverwöhnten Seite wachsen einige Weinstöcke, Feigen und eine Sammlung von Stauden, wie Sonnenhut, Sonnenbraut, Sonnenauge und mehrjährige Sonnenblumen.
Eigentümer/in: Cornelia und Herbert Schrenk, Am alten General 11, 44879 Bochum, Tel. 0234/494123, Fax 0234/410040

NRW 125 NEU
Größe: 0,1 ha
Anmeldung erbeten
Eintritt: frei
Führungen: nach Voranmeldung
kostenfrei
DB Bochum-Dahlhausen
318 Dahlhausen

Schwesterngarten

Pferdebachstraße, Witten

Die Idee zur Anlage eines Gartens in der Nachbarschaft eines Diakonissenhauses entstand 1906. Der etwa 1912 fertiggestellte Schwesterngarten in Witten ist eine originelle Anlage, die sich nicht einer zeitgenössischen Gartenkunst um 1900 zuordnen läßt. Es entstanden 14 Kleinlandschaften, die ineinander übergehen und eine einheitliche Gesamtanlage bilden. Der Weg führt von der Herbstwiese über Quelltal, Frühlingsmulde,

NRW 126
Eigentümer/in: Diakonissenwerk Ruhr, Pächter: Stadt Witten, Betriebsamt, Pferdebachstraße 109, 58454 Witten, Tel. 02302/5813530, Fax 02302/5813599
Größe: 2 ha

frei zugänglich
🚌 320, 350 Witten Rathaus
dann 375 Diakonissenstraße
♿

Kiefernhöhe, Azaleental, Fliederweg zur Spielwiese. Weitere Landschaften sind Alpenrosental, Eichenwald, Heidetal, Laubengang sowie Veilchen-, Tiefen- und Bachtal. Ende der 80er Jahre wurde das Areal überarbeitet.

NRW 127
Größe: 2,5 ha
Öffnungszeiten: ganzjährig geöffnet,
im Sommer 7.30–19 Uhr,
Sa, So und Feiert. 9–19 Uhr,
im Winter 7.30–16.30 Uhr,
Sa, So und Feiert.:
9–16.30 Uhr
Eintritt: frei
Führungen: nach Voranmeldung,
Tel. 0202/5634180, kostenlos
🚌 643 Botanischer Garten
P ♿

Botanischer Garten der Stadt Wuppertal

Elisenhöhe 1, 42107 Wuppertal

Als botanischer Schulgarten der damaligen Stadt Elberfeld 1890 gegründet avancierte er durch die Städtezusammenlegung 1929 zum Botanischen Garten Wuppertal. Hier befinden sich die denkmalgeschützten Gebäude Elisenturm von 1838 und der 1820 errichtete Landsitz mit Orangerie, die sog. Eller'sche Villa. Der weithin sichtbare Elisenturm steht auf dem höchsten Punkt des Botanischen Gartens und bildet mit seiner Höhe von 21,40 Metern den optischen Mittelpunkt dieses Bereichs der Hardtanlage. Der Botanische Garten beherbergt 4100 Pflanzenarten und hat 240 Tauschpartner in aller Welt. Besonders erwähnswert sind die Blumenzwiebel- und Cyclamenkollektion, der tropische Seerosenteich im Freiland, ein Alpinum, Heil- und Gewürzkräutergarten und eine Zapfensammlung.
Eigentümer/in: Stadt Wuppertal,
Tel. 0202/5634180, Fax 0202/5638092
Veranstaltungen: Rund um den Elisenturm Gartenfest in Verbindung mit dem Förderverein, 3. Wochenende im August eines jeden Jahres

NRW 128
Eigentümer/in:
Stadt Wuppertal,
Große Flurstraße 10,
42269 Wuppertal,
Tel. 0202/5635498,
Fax 0202/5638049,
E-Mail:
0202 563 207@online.de,
Internet: www.wuppertal.de
Größe: 57 ha
frei zugänglich
🚌 643 Parkanlage Hardt
P ✕ ☕ 🐕 ♿
Veranstaltungen: Waldbühne (Freilichtbühne) unterschiedliche Veranstaltungen (Jazz, Theater, Rock-Veranstaltungen, Konzerte) Sommer
Infos bei: Stadt Wuppertal,
Tel. 0202/5634184/24589,
Fax 0202/563455198
Kinderfeste

Zentrale Parkanlage Hardt

Elisenhöhe 1, Wuppertal

Die Lage zwischen den Siedlungsschwerpunkten Elberfeld und Barmen begründet die vorrangige Bedeutung der Hardt für die innerstädtische Erholung. Der Hardtberg erhebt sich mit Elisenturm, Bismarckturm und der Kuppe über den Hardthöhlen westlich der Kirchlichen Hochschulen bis zu 90 Meter unmittelbar über der Wupper und bietet einen Ausblick über die Tallagen der Stadt, auf Elberfeld und Barmen und die umgebenden bewaldeten Höhen. Historisch wertvolle Gestaltungselemente wie Brücken, Treppenanlagen und Denkmäler sind noch erhalten. Die Freilichtbühne befindet sich in einem ehemaligen Steinbruch, der als geologischer Aufschluß als Naturdenkmal ausgewiesen ist. Der westliche Teil der Anlage ist seit Anfang des 19. Jahrhunderts intensiv gestaltet und beinhaltet einen gut ausgestatteten und auf mehreren Ebenen angelegten Kinderspielplatz mit betreutem Spielplatzhaus. Der Garten an der aus der 2. Hälfte des 19. Jahrhunderts stammenden Ellerschen Villa ist ein pflanzlich intensiv gestalteter Bereich von besonderem Reiz und umfaßt international anerkannte Pflanzenraritäten.

natUR-WALDgarten

Echoer Straße 57, Wuppertal

Der natUR-WALDgarten ist ein privater Versuchsgarten. Auf einer einst brachliegenden Waldwiese am Stadtrand von Wuppertal wird seit 1980 ein Waldgarten entwickelt. Das Ziel, einen nachhaltigen, vielseitigen Lebensraum für Pflanzen, Tiere und Menschen zu schaffen, ist weitgehend verwirklicht. In der genußvollen, erholsamen und eßbaren Landschaft wird das Konzept der Permakultur angewendet.

Eigentümer/in: Johannes Dickmann, Echoer Straße 57, 42369 Wuppertal, Tel. 0202/469160, Fax 0202/464770

NRW 129
Größe: 0,3 ha
ganzjährig geöffnet
Führungen: nach Voranmeldung, gegen Spende
620 Parkstraße umsteigen 640 Echoer Straße
Veranstaltungen: Permakulturseminare, auf Anfrage Diavorträge Wochenendworkshops

Vorwerk Park

Adolf-Vorwerk-Straße, Wuppertal

Der immer noch in Privateigentum befindliche Park wurde um 1900 vom Kommerzienrat Adolf Vorwerk sen. angelegt. Er ist in eine intensiv gestaltete Parkanlage und einen extensiveren, landschaftlichen Teil untergliedert. Das Herzstück bildet ein bepflanzter Steinbruch mit zwei angebauten Aussichtskanzeln, von denen man einen guten Ausblick über das Bergische Land hat. Eine Besonderheit sind die in allen Farben blühenden Gruppen großer Rhododendronpflanzungen.

Eigentümer: Private Stiftung, Information über Stadtverwaltung Wuppertal, Große Flurstraße 10, 42269 Wuppertal, Tel. 0202/5635076, Fax 0202/5638049

NRW 130
Größe: 5,6 ha
frei zugänglich
DB Wuppertal

Rosebank

Mastweg 21, Wuppertal-Cronenberg

Intensiv gestalteter Garten mit schönen Ausblicken in die Bergische Landschaft. Er gliedert sich bei einer Länge von 140 Metern und 35 Metern Höhenunterschied in sechs Teilbereiche, von denen vier formal gehalten sind: Der Staudengarten um das Haus mit Hecken und Beetstauden, ein Gemüsegarten mit Schwerpunkt Beerenobst und Frühbeeten, der Hausgarten mit der Hauslinde, Staudenpflanzungen, Rasen und Sitzflächen sowie Gehölzen und ein formaler Bauerngarten. Eine besondere Spezialität ist der Rosenhang, die sog. Rosebank und eine Strauch- und Kletterrosensammlung mit 550 Arten und Sorten, eine Auswahl gesunder Rosen auch für rauhe Lagen und kühles Klima, mit Stauden unterpflanzt. Neu entstanden sind ein kleiner Secretgarten, ein Clematis-Rondell und ein Skulpturen-Ring.

Eigentümer/in: Hermann Rieth, Renate Graumann, Mastweg 21, 42349 Wuppertal, Ortsteil Cronenberg, Tel. 0202/470571

NRW 131
Größe: 0,5 ha
Anmeldung erbeten
Öffnungszeiten: ganzjährig geöffnet
Eintritt: frei
Führungen: nach Voranmeldung, kostenlos
DB Wuppertal Hbf
635 Mastweg
→ Kann zugesandt werden
Getränke und Kaffeemahlzeit nach Vereinbarung, Übernachtung in besonderem Falle

NRW 132
Eigentümer/in: Anja Maubach
Monschaustraße 76,
42369 Wuppertal-Ronsdorf,
Tel. 0202/464610,
Fax 0202/464957,
E-Mail:
stauden@arends-maubach.de,
Internet:
www.arends-maubach.de
Größe: 2 ha
Anmeldung für Gruppen erbeten
Öffnungszeiten: ganzjährig geöffnet Mo, Mi , Do, Fr: 8–12 Uhr, 13–17 Uhr, Sa 9–16 Uhr, November bis Februar: Sa geschlossen
Eintritt: frei
Führungen: nach Voranmeldung, für Gruppen bis 20 Personen, 90 €/Gruppe
DB Wuppertal
P
Veranstaltungen: Tag der Offenen Tür, letzter Samstag im August, Gartenseminare, Diavorträge
✿ Pflanzenversand, umfangreicher Katalog gegen 10 € vorab, Gartenplanung

Schaugarten der Staudengärtnerei Arends-Maubach

Monschaustraße 76, Wuppertal-Ronsdorf

Die älteste deutsche Staudengärtnerei wurde 1888 von dem bekannten Staudenzüchter Georg Arends gegründet und wird heute von seiner Urenkelin Anja Maubach geleitet. Als Gartenarchitektin zeigt sie mit unterschiedlichen Schaubeeten, wie gärtnerische Tradition und Gartenkunst eine glückliche Liaison eingehen. Viele der Arendsii-Züchtungen, wie zum Beispiel die große Palette der Astilben, sind zu weltweiten Klassikern der Staudenkultur geworden. Zahlreiche inspirierende Verwendungsmöglichkeiten der Stauden wie ein Septemberbeet, Simple Border, Graues Beet und June-Border werden demonstriert. Der alte Schaugarten „Felspartie" und der neue „Garten der langen Vorfreude" werden am letzten Samstag im August und zu speziellen Einladungen und Führungen der Gärtnerei gezeigt.

Foto: Anja Maubach

NRW 133
Eigentümer/in: Stadt Hagen, Grünflächenamt,
Berliner Platz 2,
Postfach 4249,
58042 Hagen,
Tel. 02331/2074615,
Fax 02331/2072467,
E-Mail: gruenflaechenamt@stadt-hagen.de
Größe: 1,5 ha
Öffnungszeiten: ganzjährig geöffnet Mo–Sa, werktags: 8–16 Uhr, samstags: 14–18 Uhr
Eintritt: frei
522, 525 Haßleyer Straße

Garten der Villa Hohenhof

Stirnband, Hagen

Die Villa Hohenhof entstand zwischen 1906 und 1908 im Auftrag des Hagener Kulturreformers Karl Ernst Osthaus nach Plänen des belgischen Architekten Henry van der Velde. Der Gesamtplan entstand allein nach künstlerischen Gesichtspunkten. In den sogenannten Architektengärten jener Zeit spielten Pflanzen nur eine untergeordnete Rolle. Der geometrische Grundriß der Villa setzt sich in den Formen einzelner Gartenbereiche fort. Alle Gartenräume beziehen sich über Symmetrieachsen auf das Gebäude. Der von van der Velde realisierte Garten entsprach jedoch nicht den Vorstellungen von Osthaus, der daraufhin 1913 den Gartenarchitekten Leberecht Migge mit einem Bepflanzungskonzept beauftragte. Der Entwurf Migges löste eine Auseinandersetzung zwischen ihm und van der Velde aus. Letztendlich wurde Migges Entwurf fast unverändert umgesetzt. Bis 1960 blieb der Garten in seinen Strukturen unverändert. In den 60er Jahren wurden Teilbereiche durch Baumaßnahmen völlig verändert. 1976 beschloß die Stadt Hagen, die Villa samt Garten zu restaurieren. Die in den Garten hineingebauten Pavillons konnten 1987 wieder entfernt werden. Eine Restaurierung erfolgte bisher nur in kleinen Teilbereichen.

Stadtgarten Hagen

Buscheystraße, Hagen

Im Februar 1884 kamen Hagener Bürger zusammen, um sich über den Plan zur Errichtung eines für alle Volkskreise offenen Gartens zu unterhalten. Noch im gleichen Jahr wurde die Aktiengesellschaft Hagener Stadtgarten gegründet, um weitere Gelder zu erschließen. Ziel der Aktiengesellschaft war es, einen neutralen Vereinigungspunkt zu schaffen für alle Gesellschaftsklassen, für Reich und Arm, für Hoch und Niedrig, wo der Arbeiter sehe, daß für seine Erholung und Erfrischung in eben dem Maße gesorgt sei wie für diejenige anderer Leute. Seit 1896 Eigentum der Stadt Hagen, blieb die Grundstruktur bis heute erhalten.

NRW 134
Eigentümer/in: Stadt Hagen, Grünflächenamt, Berliner Platz 2, Postfach 4249, 58042 Hagen, Tel. 02331/2074615, Fax 02331/2072467, E-Mail: gruenflaechenamt@stadt-hagen.de
frei zugänglich
513, 524 Allgemeines Krankenhaus

Gartenlust

Altemühle 1, Halver

Der naturnahe Schaugarten umfaßt Hunderte von Blütenstauden, Trockenmauern, einen Senkgarten und großen Teich. Neben gezielten Farbbepflanzungen gibt es viele Stauden, darunter etliche Raritäten und seltene Sorten. Sehenswert sind auch die ausgefallenen Gartenkeramiken.
Eigentümer/in: Karin Schröder, Altemühle 1, 58553 Halver, Tel. 02353/10740, Fax 02353/903932,
Internet: www.gartenlust-halver.de
Veranstaltungen: Tag der Offenen Tür im Juni (Termin bitte nachfragen), Kaffee kann serviert werden

NRW 135
Größe: 0,3 ha
Anmeldung für Gruppen erbeten
Eintritt: frei
Öffnungszeiten: April bis Okt. Di–Fr: 15–19.30 Uhr, Sa: 10–16 Uhr, So: nach Vereinbarung
Eintritt: frei
→ Stadtmitte Halver, Bächterhof abbiegen, am Schulzentrum vorbei hinab ins Tal, dann ausgeschildert

Rosengarten Seppenrade

Am Rosengarten 6, 59348 Lüdinghausen-Seppenrade

1972 wurde Seppenrade mit seinem inzwischen 18 753 m² großen Rosengarten vom Verein Deutscher Rosenfreunde zum dritten Rosendorf der BRD ernannt. Hier stehen etwa 24 000 Rosen in 600 verschiedenen Sorten. Die Anlage wird vom Heimatverein finanziert und von 117 ehrenamtlichen Rosenfrauen und -männern gepflegt. Etwa 2,5 km gepflasterte Wege und 39 Ruhebänke stehen den Besuchern zur Verfügung. Frühjahrsblüher ziehen schon früh im Jahr Besucher in die ganzjährig geöffnete Anlage, von Juni bis Ende August ist sie ein einziges Blütenmeer.

NRW 136
Größe: 1,8 ha
frei zugänglich
Führungen: im Rosendorf oder Rosengarten
Infos bei Lüdinghausen Marketing
Tel. 02591/78008, Fax 02591/78010
Attraktionen: Rosenblüte
DB Lüdinghausen
→ Der Rosengarten liegt etwa in der Ortsmitte von Seppenrade, vom Bf.

Lündinghausen 3 km entfernt, an der B 58 und B 474.
P 🐕 ♿

Eigentümer/in: Heimatverein Seppenrade e.V., Hauptstraße 20, 59348 Lüdinghausen, Tel. 02591/88303, Fax 02591/891389
Veranstaltungen: jedes Jahr wiederkehrend:
Bauernmarkt 3. Wochenende im Juni So.
Rosen-Kunst-Ambiente 3. Wochenende im Juli Sa und So.
Rosen und Volksfest 3. Wochenende im August Sa, So und Mo

NRW 137
Größe: 0,12 ha
Anmeldung erbeten
Öffnungszeiten: ganzjährig geöffnet, insbesonders Juli, August
Eintritt: frei
Führungen: nach Voranmeldung, kostenlos
P ♿

Bauerngarten Christensen

Leversum 6, Lüdinghausen-Seppenrade

Die von Hecken eingefaßten und von Buchsbaum umsäumten wunderschönen Rabatten sind üppig mit Stauden, Knollenpflanzen und Sommerblumen bepflanzt.
Eigentümer/in: Gabriele und Stephan Christensen, Leversum 6, 59348 Lüdinghausen-Seppenrade, Tel. 02591/989899, Fax 02591/989809
Attraktionen: Staudenblüte, Kübelpflanzen

NRW 138
Größe: 600 m^2,
Anmeldung erbeten
Eintritt: frei
P
✿ Pflanzen können evtl. abgegeben werden.

Privatgarten Mart

Rosenstraße 64, Nordkirchen

Der Garten mit einer üppigen Staudenpflanzung ist insbesondere zwischen Mitte Mai bis Mitte Juni während der Blüte sehenswert.
Eigentümer/in: Jürgen und Gudrun Mart, Rosenstraße 64, 59394 Nordkirchen, Tel. 02596/2018
Öffnungszeiten: ganzjährig geöffnet
Führungen: nach Voranmeldung kostenlos

NRW 139
Eigentümer/in: Land Nordrhein-Westfalen, Fachhochschule für Finanzen, Schloß, 59394 Nordkirchen, Tel. 02596/9330, Fax 02596/933333
Größe: 70 ha
frei zugänglich
P ✂ 🐕 ℹ
Veranstaltungen: Schloßkonzerte
Infos bei Schul- und Kulturamt, Kreis Coesfeld, Tel. 02541/180, Fax 02541/18454

Schloßpark Nordkirchen

Schloß, Nordkirchen

Schloß Nordkirchen, das Westfälische Versailles, besaß im 18. Jahrhundert einen der schönsten Barockgärten im französischen Stil, von Johann Conrad Schlaun geplant und ausgeführt. Schon 1705 begann unter dem Architekten Pictorius die Errichtung einer Gartenanlage im holländischen Stil, die sich damals bis zu den runden Türmen bei der jetzigen Oranienburg erstreckte. Es war ein eingefriedetes Carré, zum Teil mit hohen Mauern und Toren versehen. Ab 1723/24 begann Schlaun seine Tätigkeit in Nordkirchen für den jungen Reichsgrafen Ferdinand von Plettenberg. Er ließ unter anderem die ehemalige Orangerie aus dem holländischen Garten zu einem zweigeschossigen Theatergebäude aufstocken. Der Schlaunsche Garten hatte etwa einhundert Jahre Bestand und wurde im 19. Jahrhundert von den nächstfolgenden Schloßbesitzern, den ungarischen Grafen Esterhazy-Galantha, durch den Landschaftsgärtner Friedrich Weyhe aus Düsseldorf in einen Landschaftsgarten umgestaltet. Dieser idyllisch-romantische Park bestand bis 1903. Der Herzog von Arenberg hatte nach dem Kauf dieser Schloßanlage durch seinen französischen Architekten Dùchené etlichen Bereichen des Schloßensembles den Stil des Neobarocks aufdrücken lassen, indem er typische Stilelemente wie Balustraden, verschiedene Höhenparterres, Promenoirs verwendete. Ein repräsentativer Teil dieses französischen Gartens, die sogenannte Venusinsel auf der Nordseite der Schloßanlage ist Anfang der 1990er Jahre im Stil des Neobarocks restauriert worden. Für den westlichen, französisch-barocken Garten à la Schlaun bestehen gute Chancen der Rebarockisierung in den nächsten Jahren.

Foto: Fachhochschule für Finanzen

Park von Schloß Cappenberg

Freiherr-vom-Stein-Straße, Selm

Seit dem 9. Jahrhundert stand auf einer steil aufragenden Erhebung die einzige Höhenburg Westfalens Karolingischen Ursprungs. 1122 wurde hier das erste Prämonstratenserkloster auf deutschem Boden gegründet. Die im Barock umgebauten Stiftsgebäude waren nach der Säkularisation ab 1816 Alterssitz und Sterbeort des preußischen Politikers und Reformers Freiherr vom Stein. Bis heute blieben viele Elemente des Klosters in ihren Grundstrukturen erhalten. Dazu gehören unter anderem Fischteiche, Obstgärten, Weinberg und Stiftsgarten. Nach dem Besitzwechsel 1816 nahm der ehemalige preußische Staatsminister Karl Friedrich vom und zum Stein starken Einfluß auf die Entwicklung des Schloßparks. Die historischen Strukturen im Stil englischer Landschaftsgärten blieben in der neuen Anlage weitgehend unverändert und bis heute erhalten. 1719 wurde der Anlage ein Tiergarten hinzugefügt. Der ca. 35 ha große Wildpark Schloß Cappenberg mit seinem Besatz an Rot- und Damwild, Greif- und Wasservögeln wirkt als Stätte der Ruhe und Besinnlichkeit sowie des Naturerlebnisses.

NRW 140
Eigentümer/in:
Graf von Kanitz,
Freiherr-vom-Stein-Straße 27,
59379 Selm
Öffnungszeiten: Ostern
bis Ende Okt. Sa, So,
feiertags 10–18 Uhr
Mo bis Fr nur Gruppen nach
telefonischer Anmeldung
Eintritt: 4 €,
Kinder 2,50 €
DB Lünen Hbf
Bus 530 Schloß Cappenberg

Veranstaltungen: Theater Schloß Cappenberg, Greifvogelvorführungen im Wildpark Schloß Cappenberg, Infos bei Verwaltung Graf von Kanitz, 59379 Selm-Cappenberg, Tel. 02306/7500 60, Fax 02306/7500 666 E-Mail: Verwaltung@Kanitz.net

NRW 141
Größe: 2,5 ha
Anmeldung für Gruppen erbeten
Öffnungszeiten: ganzjährig geöffnet Mo–Fr, 9–16 Uhr und nach Vereinbarung
Eintritt: frei
Führungen: nach Voranmeldung
DB Lüdinghausen
Bus S 90, ab Münster, Hst. Busbhf. Lüdinghausen
P ♿ (nicht alle Wege) i

Naturgarten des Biologischen Zentrums

Rohrkamp 29, Lüdinghausen

Das Biologische Zentrum ist eine regionale Umweltbildungseinrichtung. Der Naturgarten lädt zum Entdecken und Erleben von Pflanzen und Tieren in naturnahen Lebensräumen wie Wildblumenwiesen, Teichanlagen, Hecken und Gehölzen ein. Eine Vielzahl von Nutzpflanzen wird im Münsterländer Bauerngarten, im Heilkräutergarten und in den Obstanlagen kultiviert. In den Sommermonaten sind auch der Lehrbienenstand und der Fledermausstollen für Besucher geöffnet.
Eigentümer/in: Biologisches Zentrum, Rohrkamp 29, 59348 Lüdinghausen, Tel. 02591/4129, Fax 02591-940198, E-Mail: biologisches-zentrum@muensterland.de, Internet: www.biologisches-zentrum.de
Veranstaltungen: Tag der Offenen Tür, Pfingstmontag, Infos s. Homepage

NRW 142
Eigentümer/in: Stadt Lünen, Willy-Brandt-Platz 1, 44530 Lünen, Tel. 02306/104 671, Fax 02306/104680
Größe: 63 ha
frei zugänglich
Führungen: nach Voranmeldung, Geländeführung kostenlos, Apotheker-Garten Preis nach Vereinbarung
DB Lünen
Bus R 11 der VKU Baukelweg
P im Bereich Schloßpark Schwansbell
✕ ☕ 🐕 ♿

Seepark Lünen

Preußenstraße, Lünen

Der Seepark entstand 1996 aus der Landesgartenschau Nordrhein-Westfalen als Projekt der Internationalen Bauausstellung, IBA-Emscher-Park. Auf einer industriell überformten Fläche ist eine vielfältig nutzbare Freizeitanlage entstanden, deren Kernstück der zirka 10 Hektar große, neu geschaffene Badesee mit Sandstrand, Liege- und Spielwiese ist. Bereiche mit Schmuckstauden und Themengärten, insbesondere ein intensiv gestalteter Apothekergarten, laden neben der Landschaftsgestaltung zu ausgedehnten Spaziergängen ein. Große Skulpturen aus Baumstämmen bestimmen die weiten Spielbereiche. Der Seepark ist planerisch aufgeteilt in Bereiche für intensive Freizeitnutzung und in ökologische Vorranggebiete. Hier sind insbesondere eine zirka 4 Hektar große Streuobstwiese mit traditionellen, regionaltypischen Obstsorten sowie der naturnah gestaltete Bereich am neugeschaffenen See mit wechselfeuchten Zonen, dem Schilfgürtel und kleineren Tümpeln bemerkenswert. Die Landesschule der Kleingärtner Westfalen-Lippe ist in die Anlage integriert. Ergänzt wird der neue Park im Norden durch den Schloßpark Schwansbell, ein etwa 7 Hektar großer Landschaftsgarten mit altem Baumbestand. Im Süden des Parks befindet sich die Bergehalde Preußen als Sukzessionsbrache.

Park der Landesgartenschau Lünen 1996

Preußenstraße, Lünen

Ein Jahrhundert lang prägte der Bergbau die Struktur und Landschaft Lünens. Fast das gesamte Gelände war vor der Landesgartenschau Poldergebiet und gegenüber dem Umland aufgrund von Bergsenkungen um bis zu 14 Meter abgesunken. Leitidee der Gartenschau war es, siedlungsnahe Freiräume mit hohem und vielseitigem Gebrauchswert für den Menschen zurückzugewinnen und natürliche Potentiale der Landschaft zu aktivieren. Der Gartenpark in Lünen ist ein Landschaftspark neuen Typs, ein siedlungsbezogener Erholungsraum mit einem Wechsel von groß- und kleinflächigen, offenen und geschlossenen Landschaftsräumen mit integrierten Spielzonen, Kleingärten und Friedhofsflächen. Seine Qualität liegt in den vielseitig nutzbaren Bereichen, die bisher im Raum Lünen fehlten.

NRW 143
Eigentümer/in: Stadt Lünen, Grünflächenamt, Cappenberger Straße 28, 44534 Lünen,
Tel. 02306/104670
Größe: 60 ha
frei zugänglich
R 12 Volkspark

Westfalenpark Dortmund

An der Buschmühle 3, Dortmund

Ursprung des Westfalenparks ist der 1894 von Dortmunder Bürgern eröffnete Kaiser-Wilhelm-Hain. Die Anlage um den Kaiserhainteich war mit seltenen exotischen Bäumern und Sträuchern bepflanzt und mit mehreren Denkmalen ausgestattet. Nach der ersten von drei Bundesgartenschauen (1959, 1969, 1991) erhielt der Park seinen heutigen Namen und den 214 Meter hohen Fernsehturm mit sich drehendem Turmrestaurant. Der Westfalenpark beherbergt das Deutsche Rosarium, die drittgrößte Rosensammlung der Welt mit über 3500 Rosensorten und -arten in insgesamt 38 Einzelgärten und Schaupflanzungen. Des weiteren umfaßt die Anlage einen Japanischen Garten, den Geologischen Garten, das Rhododendron-Thema, die Naturschutzinsel mit Naturschutzhaus und Kartenbiotop, Sommerblumenpflanzungen, Staudengärten wie der Romantische Garten oder zahlreiche Themengärten, eine Heidelandschaft und viele interessante Spielbereiche für Kinder und Jugendliche.
Eigentümer/in: Stadt Dortmund, Stadtamt,
44122 Dortmund, Tel. 0231/5026100, Fax 0231/5026111,
Internet: www.dortmund.de/westfalenpark

NRW 144
Größe: 70 ha
Öffnungszeiten: ganzjährig geöffnet 9–21 Uhr
Eintritt: 1,80 €, Kinder frei bis 6 Jahre, ermäßigt 1 € für Behinderte und ihre Begleiter
Führungen: nach Voranmeldung,
Tel. 0231/5026100,
Parkführungen, Baumführungen, Rosenführungen
öffentl. Führungen kostenlos,
Privatführung: 75 €
Attraktionen: Fontäne, Sesselbahn, Kleinbahn, Turmauffahrten,
U 47, 41 Westfalenpark
U 45, 49 Märkische Straße

Revierpark Wischlingen

Höfkerstraße, Dortmund

Seit 1974 wurde auf dem 39 Hektar großen Gelände eine ausgedehnte Park- und Freizeitanlage entwickelt. Integriert

NRW 145
Eigentümer/in: Revierpark Wischlingen GmbH,
Höfkerstraße,

44149 Dortmund,
Tel. 0231/9170710
E-Mail: info@wischlingen.de,
Internet: www.wischlingen.de
Größe: 39 ha
frei zugänglich
Ⓢ 2 Dortmund Wischlingen

in die Anlage ist das Gelände der ehemaligen Wasserburg Wischlingen aus dem Jahre 1284, von der nur noch die Fachwerkkapelle auf mittelalterlichen Fundamenten zu sehen ist. Heute bietet der Revierpark ein vielfältiges Angebot an Freizeitaktivitäten, von ruhiger Erholung wie Wandern, Bootfahren oder Naturbeobachtung im angrenzenden Naturschutzgebiet Hallerey bis zu sportlichen Angeboten wie Sauna, Solebad, Aktivarium und Eislaufhalle.

NRW 146
Größe: 0,28 ha
Eintritt: frei
Führungen: nach Voranmeldung
Öffnungszeiten: ganzjährig
DB Dortmund Hbf
U 41 Bahnhof Hörde
441 Schöner Pfad

Privatgarten Ferges

Untermarkstraße 21, Dortmund

Der romantische Sammlergarten beherbergt eine Sammlung seltener Bäume und Sträucher aus Ostasien, Nordamerika, Europa und anderen gemäßigten, subtropischen und subarktischen Gebieten. Auch viele Neuseelandpflanzen, Kübelpflanzen, Stauden und Gräser verleihen dem Garten ganzjährig Farbe und Struktur. Anmeldung erbeten
Eigentümer: Josef Ferges, Untermarkstraße 21,
44267 Dortmund, Tel. 0231/485905

NRW 147
Eigentümer/in: Stadt Dortmund,
Am Rombergpark 49 b,
44225 Dortmund,
Tel. 0231/5024164,
Fax 0231/5024163
Öffnungszeiten: Freigelände frei zugänglich,
Pflanzenschauhäuser: ganzjährig geöffnet,
im Sommer 10–18 Uhr,
im Winter 10–16 Uhr
Eintritt: frei außer Pflanzenschauhaus, Spenden möglich über Freudeskreis
Führungen: nach Voranmeldung
U 49 Rombergpark

Botanischer Garten Rombergpark

Am Rombergpark, Dortmund-Brünninghausen

Gisbert von Romberg beauftragte ab 1820 den königlichen Hofgartendirektor Maximilian Weyhe mit der Planung eines neuen Landschaftsparks. Nach dem Verkauf an die Stadt Dortmund 1927 begann unter dem Gartendirektor Nose der Bau eines Botanischen Gartens, unter anderem mit einem Schulgarten, dem Rhododendronhain und der Anpflanzung eines nach Pflanzenfamilien geordneten Arboretums. Die Gehölzsammlungen wurden unter der Leitung von Gert Krüssmann erweitert. Es entstand der Gehölzsichtungsgarten für Ziersträucher und Kleinbäume und Geographische Gehölzpflanzungen aus Nordamerika, Asien und dem Kaukasus. Dr. Otto Bünenmann entwickelte den Botanischen Garten unter ökologischen Gesichtspunkten weiter. Ab 1980 wurde ein Kräuter- und Heilpflanzengarten, Moor- und Heidegarten und das Schulbiologische Zentrum geschaffen. Seit 1995 werden durch Heribert Reif die Gehölz- und Baumsortimente aufgebaut, neu geordnet und erweitert.

NRW 148
Größe: 600 m²,
Anmeldung erbeten
Eintritt: frei
→ bei Anmeldung

Privatgarten Mail-Brandt

Hochweg 30, Kamen

1995 angelegter romantischer Duftgarten mit Alten Rosen und Staudenraritäten in farblich und räumlich unterteilten Ecken, auf einem langen, schmalen Grundstück.

Eigentümer/in: Wolfgang Brandt, Marina Mail-Brandt, Hochweg 30, 59174 Kamen, Tel. 02307/21935, E-Mail: garten@garten-literatur.de
Internet: www.garten-literatur.de
Öffnungszeiten: April bis Oktober nach Vereinbarung

P ♿ i
✿ Gartenbücher

Maximilianpark

Alter Grenzweg 2, Hamm

Ursprünglich war der Maximilianpark Standort der Zeche Maximilian.1984 fand auf dem Gelände die erste Landesgartenschau Nordrhein-Westfalens statt. Natur und Kunst treten in einen Dialog: Vorhandene Vegetation und Ruinenfragmente der ehemaligen Zeche wurden in den Park integriert oder in künstlerische Installationen einbezogen. Im Park stehen sich natürlich Entstandenes und künstlich Geschaffenes – verbunden durch fließende Übergänge – gegenüber. Es gibt großflächige Stauden- und Sommerblumenpflanzungen sowie einen Duftgarten, Kräutergarten, Apothekergarten und Schulgarten mit Themenausstellungen. Ein Paradies für Kinder aller Altersstufen stellen die verschiedenen Spielplätze dar. Im tropischen Schmetterlingshaus tummeln sich schillernde Falter. Das erste renaturierte Zechengelände in Deutschland ist Ankerpunkt in der Route der Industriekultur. Bekanntes Wahrzeichen des Maximilianparkes ist die durch eine Stahl-Glas-Konstruktion als Glaselefant umgestaltete ehemalige Kohlenwäsche des Hammer Künstlers Horst Rellecke.

NRW 149
Eigentümer/in: Maximilianpark Hamm GmbH,
Alter Grenzweg 2,
59071 Hamm,
Tel. 02381/982100,
E-Mail:
info@maximilianpark.de,
Internet:
www.maximlianpark.de
Größe: 22 ha
Öffnungszeiten:
im Sommer 9–19 Uhr,
im Winter 10–17 Uhr
Eintritt: März bis Okt. 3 € Erw., 1,50 € Kinder, Familien 7,50 €, Nov. bis Feb. 1,50 € Erw., 1 € Kinder
🚌 1, 3 Maximilianpark
P ✕ ☕ ♿

Kurpark Hamm

Ostenallee, Hamm

Ausgehend von einem 1883 angelegten Sole-Thermalbad entwickelte sich die ausgedehnte Parkanlage des Kurparks Hamm. Nach dem 2. Weltkrieg übernahm der Kurpark die Funktion einer innerstädtischen Grünanlage und bis heute bestimmt die ruhige Parkstruktur mit weiten Wiesenflächen, geschlossenen Gehölzgruppen und vereinzelten Solitärgehölzen das Erscheinungsbild.

NRW 150
Eigentümer/in: Stadt Hamm,
Grünflächenamt,
Grenzweg 76, 59071 Hamm,
Tel. 02381/89761
Größe: 50 ha
frei zugänglich
🚌 1 Bad Hamm
P 🐕 ♿

Der Garten fürs Leben

Schwarzen Weg 10, Lippetal-Oestinghausen

Der Ausstellungsgarten hat den Schwerpunkt Beispiele für den Hausgarten. Neben diesen Schau- und Mustergärten wird eine umfangreiche Ausstellung von Gartenbronzen und Skulpturen gezeigt. Terracotta aus Impruneta und Wasserspiele aus Naturstein runden das Angebot ab.
Eigentümer/in: Pegasos-Quante GmbH,
Schwarzen Weg 10, 59510 Lippetal-Oestinghausen,

NRW 151
Größe: 3,5 ha
Anmeldung für Gruppen erbeten
Eintritt: 5 €
Führungen: nach Voranmeldung
DB Soest
🚌 R36 Herzfeld Lindenweg
☕ (nach Anmeldung) ♿ i ✿

Tel. 02923/97260, Fax 02923/972628,
E-Mail: info@pegasos-quante.de,
Internet: www.pegasos-quante.de
Öffnungszeiten: Ende März bis Mitte Oktober,
Mo–So 14–18 Uhr

NRW 152
Größe: 280 m²
Eintritt: frei
Öffnungszeiten:
ganzjährig

Privatgarten Donner

Am Brautmorgen 39, Ense-Niederense

Der kleine Garten wird vom Wasser in unterschiedlichsten Gestaltungen, wie Teiche, Bachläufe und Wasserspiele, geprägt. Schilf und andere Gräser sowie etwa 80 Rosen geben Struktur, Farbe und Duft. Anmeldung erbeten.
Eigentümer: Annegret Donner, Am Brautmorgen 39,
59469 Ense-Niederense, Tel. 02938/2789

NRW 153
Größe: 0,15 ha
Eintritt: frei
Führungen: nach Voranmeldung
Öffnungszeiten:
Mai bis Oktober
P 🐕 ♿
✿ Überzählige, selbstgezogene Stauden

Privatgarten Daldrup

Wedinghauser Straße 20, Arnsberg

Der Garten, geprägt durch das Wohnhaus mit neoklassizistischer Fassade, ist 1900 auf dem Grund des ehemaligen Klosters Wedinghausen angelegt worden. Er wurde in den letzten Jahren durch Hecken in formale und naturhafte Gartenbereiche unterteilt, die jahreszeitliche Schwerpunkte setzen: Frühlingswiese, Rosenblüte, Hochsommerstauden, herbstfärbende Gehölze. Aus historischer Zeit sind ein Klosterbrunnen sowie formale Staudenbeete, strukturiert mit Buchshecken und -kugeln erhalten.
Anmeldung erbeten.
Eigentümer: Regine Daldrup,
Wedinghauser Str. 20, 59821 Arnsberg,
Tel. 02931/13387, E-Mail: r.daldrup@gmx.de

Privatgarten Barton

Flachsweg 16, Lippstadt-Benninghausen

Foto: Nickig

NRW 154
Eigentümer/in: Reinhild und James Barton,
Flachsweg 16, 59556 Lippstadt-Benninghausen,
Tel. 02945/6098
Größe: 0,1 ha
Anmeldung erbeten
Öffnungszeiten: Mai bis Juli
Eintritt: frei
Soest oder Lippstadt Dorf Benninghausen
→ in Benninghausen Richtung Horn, gegenüber Gewerbegebiet, 2. Straße rechts, 1. links, 2. links (rot gepflasterte Spielstraße)
P

Der Privatgarten im englischen Stil ist durch Buchs- und Buchenhecken in verschiedene Bereiche wie Teich-, Kräuter-, Rosen-, Schatten-, Wildstaudengarten, Geraniumecke und Rabatten in einheitlichen Farbabstufungen unterteilt.

Schloß- und Auenpark Paderborn

Marstallstraße 10, Paderborn-Schloß Neuhaus

Foto: Schloß- und Auenpark Paderborn mbH

NRW 155
Eigentümer/in: Schloß- und Auenpark Gesellschaft Paderborn mbH,
Marstallstraße 10,
33104 Paderborn,
Tel. 05254/80192,
Fax 05254/80199,
E-Mail: schloss.auenpark@paderborn.de,
Internet: www.schlosspark-paderborn.de
Größe: 42 ha
frei zugänglich
Führungen: nach Voranmeldung bei Tourist Information Paderborn
Tel. 05251/882980
1, 8, 11 Schloß Neuhaus

Veranstaltungen: Schloßsommer, Programm vom 1. Mai bis 3. Okt.
Museen, Ausstellungen

Abb. gegenüber: Kurpark Bad Driburg

Im Stadtteil Schloß Neuhaus wurde der Schloß- und Auenpark Paderborn im Rahmen der Landesgartenschau Paderborn 1994 angelegt. Mit dem Weserrenaissanceschloß und den historischen Gartenanlagen im Zentrum, umrahmt von landschaftlich reizvollen Flußauen, ist die Anlage inzwischen zu einem beliebten Ausflugsziel geworden und hat jene Patina angesetzt, die ein solcher Park braucht, um seine gesamte Schönheit als Komposition aus Natur und Architektur zu entwickeln. Während im Schloßpark ein kulturgeschichtliches Erbe barocker Gartenkunst in seinen wesentlichen Formen wiederhergestellt werden konnte, bietet die weitläufige Flußlandschaft heute Entwicklungsmöglichkeiten für Pflanzen und Tiere, deren Lebensräume vielerorts durch menschliche Eingriffe zerstört wurden.

NRW 156
Eigentümer/in: Landesverband Lippe, Parkstraße 17, 32805 Horn-Bad Meinberg, Tel. 05234/9010, Fax 05234/901217, Internet: www.staatsbad-meinberg.de
Größe: 5,8 ha
frei zugänglich, im Sommer bei Veranstaltungen: 10–18 Uhr nicht frei zugänglich
Anmeldung für Gruppen erbeten
Eintritt: 1,80 €, Kinder frei bis 14 Jahre, ermäßigt für Schüler und Studenten, für Gruppen Preis nach Vereinbarung
Führungen: nach Voranmeldung
Attraktionen: Fontäne in der Stauteichanlage Sommerhalbjahr
DB Horn
Bus Horn – Bad Meinberg Allee Bad Meinberg
Veranstaltungen: diverse, siehe Jahresveranstaltungskalender

Historischer Kurpark Horn-Bad Meinberg

Horn-Bad Meinberg

Foto: Staatsbad Meinberg

Im 18. Jahrhundert wurde Bad Meinberg aufgrund seiner Kohlensäuregas- und weiterer Mineralwasserquellen bekannt. 1767 legte der Oberförster Feige einen Park mit quadratischem Grundriß an. Im Parkmittelpunkt steht der 1842 durch den Brunnenarzt Dr. Carl Piderit erbaute Brunnentempel, das Wahrzeichen des Ortes. Lange Zeit diente er als Badehaus. Im denkmalgeschützten Kurpark, der reich mit Wechselbepflanzungen ausgestattet ist, befindet sich neben dem Kurgastzentrum von 1987 eine Musikmuschel von 1929 und das 1770

erbaute Ballhaus, jetzt Institut für Tinnitus Forschung und Therapie (in.ti). Neben dem historischen Kurpark gehört zu der insgesamt 60 Hektar umfassenden Kurparkfläche Bad Meinbergs auch der 1930 angelegte Bergkurgarten, die Stauteichanlagen von 1956 und das 1962 entstandene Silvaticum mit 14 Länderwaldgebieten.

NRW 157
Größe: 0,32 ha
Anmeldung erbeten
Eintritt: frei
Führungen: nach Voranmeldung
DB Paderborn
Bus Paderborn–Lichtenau Brücke Lichtenau
P
Etagen-Primeln

Bauerngarten An der Sauer

Lange Straße 5, Lichtenau

Der Blumengarten mit einem Staudenbeet im viktorianischen Stil, Cottage-Garden und alten Bauernheilpflanzen blüht das ganze Jahr. An dem großen Seerosenteich gibt es japanisch angelehnte Partien und einen neu angelegten Steingarten. Am Bachlauf stehen unter alten Bäumen zahlreiche Rhododendren und Buchsbaum.

Eigentümer/in: Elisabeth Plank, Lange Straße 5, 33165 Lichtenau, Tel. 05295/8413, Fax 05295/930319
Öffnungszeiten: ganzjährig geöffnet

NRW 158
Größe: 60 ha
Führungen: nach Voranmeldung frei zugänglich

Kurpark Bad Driburg

Bad Driburg

Der über 200 Jahre alte historische Kurpark im Stil eines englischen Landschaftsgartens besticht durch seinen eindrucksvollen Baumbestand, weitläufige Rasenflächen und prachtvolle wechselnde Blumenrabatten. Besonders reizvoll ist der hinter der Trinkhalle gelegene Rosengarten mit Monopteros oder die im Sommer herrlich blühende Lilienwiese in Sichtweite des Brunnens. Auch die Diotima-Insel mit einer Säulenskulptur im großen Teich oder der Hölderlin-Hain laden zum Verweilen ein.

Eigentümer/in: Gräfl. Gesundheits- und Fitness-Bad, Bad Driburg, Im Kurpark, 33014 Bad Driburg, Tel. 05253/952516, Fax 05253/952539, Internet: www.graefliches-gesundheitsbad.de

NRW 159
Eigentümer/in: Land NRW, verantwortl. wissenschaftl. Leiter: Prof. Dr. Volkmar Seyfang, An der Wilhelmshöhe 44, 37671 Höxter, Tel. 05271/687181, Fax 05271/687159, E-Mail: volkmar.seyfang@fh-luh.de
Größe: 3,7 ha

Botanischer Lehr- und Sichtungsgarten der FH Lippe und Höxter, Abt. Höxter

An der Wilhelmshöhe 44, Höxter

Anfang der 80er Jahre begann die Entwicklung der Außenanlagen für die Studierenden der Landespflege. Kontinuierlich hat sich seitdem ein sowohl von der Pflanzenvielfalt als auch von der Gestaltungsqualität herausragender Lehrgarten für Landschaftsarchitektur entwickelt. In den Gehölzquartieren stehen zirka 900 Arten und Sorten. Bei den Staudenpflanzungen mit zirka 250 verschiedenen Arten und Sorten sind die Beetstauden in regelmäßigen Beeten ausgepflanzt, die

Wildstauden mit Beetstaudencharakter nach gestalterischen Kriterien miteinander kombiniert. Daneben werden auch ökologische Zusammenhänge, zum Beispiel in den Steinanlagen gezeigt. Acht kleinere, miteinander verbundene Gartenhöfe, die sogenannten Mauergärten, wie Steingartenhof, Gräser- und Farngarten oder Ostasiengarten sollen Möglichkeiten aufzeigen, möglichst optimal durch Gestaltung mit Pflanzen zu individuellen und beispielhaften Lösungen zu kommen. Neben Versuchspflanzungen zur Staudenverwendung im öffentlichen Grün werden im Garten auch umfangreiche Sortimente der Gattungen Geranium, Heuchera und Pulmonaria im Rahmen der bundesweiten Staudensichtung bearbeitet.

Anmeldung für Gruppen erbeten
Öffnungszeiten: ganzjährig geöffnet nur an Werktagen, 7.30–18 Uhr
Eintritt: frei
Führungen: nach Voranmeldung
DB Höxter
Bus 591 An der Wilhelmshöhe
P ♿

Foto: Seyfang

Park des Klosters St. Raphael

Strüverweg 3, Aachen

Der Park wurde vor etwa 200 Jahren angelegt. Mittelpunkt war das alte Gut Obere Müsch. Wilhelm Körfgen, Generalsekretär der französischen Verwaltung in Aachen, erwarb das Gut als Sommersitz und umgab seine Wiesen und Felder mit Parkwegen. Damit schuf er eine Ferme ornée, wie sie damals in Frankreich und England üblich war. Dieser Parkstil ist hier als besondere Seltenheit bis heute erhalten geblieben! Im Laufe der Zeit haben mehrere Aachener Familien das Gut als Sommersitz besessen. 1929 erwarb das Kloster St. Raphael das Parkgelände und stellt nun den naturnahen Park von historischer Bedeutung den Bewohnern seines Altenheims zur Verfügung.

NRW 160
Eigentümer/in:
Ordensgemeinschaft der Töchter vom heiligen Kreuz
Strüverweg 3,
52070 Aachen,
Tel. 0241/918510,
Fax 0241/9185111
Größe: 13 ha
Anmeldung erbeten
ganzjährig geöffnet
Eintritt: frei
Bus 57 Soers Kloster
57 Purweiderweg
P

NRW 161
Eigentümer/in: Stadt Aachen,
Aachener Stadtbetrieb,
Madrider Ring 20,
52058 Aachen,
Tel. 0241/4321879,
Fax 0241/4321806
Größe: 34 ha,
frei zugänglich
🚌 3, 13 Kupferstraße
P ✕ ☕ 🐕 ♿

Parkanlage Lousberg/Salvatorberg
Kupferstraße, Aachen
Die Parkanlage umfaßt das Areal von Lousberg, Salvatorberg und Lammertzpark. Im Jahr 1807 beschloss der Rat der Stadt die Bepflanzung des Lousbergs. Ab 1815 plante und betraute der Düsseldorfer Hofgärtner M. F. Weyhe das Projekt. Somit ist der Lousberg eine der ersten öffentlichen Grünanlagen in Europa und ein besonderes kulturhistorisches Erbe. Der Park ist durch viele Wege erschlossen und umfaßt Rast- und Aussichtsplätze, interessante Bauwerke, Anlagen für Spiele und Freizeit und einen alten und artenreichen Baumbestand. Von der höchsten Stelle des Berges hat man einen herrlichen Ausblick auf die Stadt. Der Lousberg liegt 90 Meter über dem Marktplatz und ist nur 1500 Meter davon entfernt.

NRW 162
Größe: 18,1 ha
frei zugänglich
Attraktionen: Fontänen, Musikpavillon, Lenneépavillon, Spielkasino,
🚌 3, 13 Eurogress
P gebührenpflichtig
Parkhaus Eurogress
Veranstaltungen: Kurkonzerte, Ausstellungen, Kongresse
✕ 🐕 ♿

Kurpark, Stadtgarten mit Farwickpark und ehemaligem Evangelischem Friedhof
Monheimsallee, Aachen
Die Parkanlage liegt im Zentrum der Stadt und ist eine wichtige öffentliche Grünanlage mit historischen Ansprüchen in Aachen. Im Jahre 1853 wurde der Kurpark nach den Plänen von Peter Joseph Lenné angelegt. Im Stadtgarten entstand ab 1880 ein Botanischer Garten (heute aufgelöst). Die Anlage wurde um 1926 um den Farwickpark erweitert. Die Parkanlage ist mit dem dendrologisch wertvollen Bestand, dem gut ausgebauten Wegenetz und den vielen Möglichkeiten für Freizeit, Erholung und Entspannung ein Ort der Begegnung für viele Bürger der Stadt Aachen.
Eigentümer/in: Stadt Aachen, Aachener Stadtbetrieb, Madrider Ring 20, 52058 Aachen, Tel. 0241/4321879, Fax 0241/4321806

NRW 163
Eigentümer/in: Stadt Aachen,
Aachener Stadtbetrieb,
Madrider Ring 20,
52058 Aachen,
Tel. 0241/4321879,
Fax 0241/4321806
Größe: 6,7 ha
frei zugänglich
🚌 2 Am Hangeweiher
P ✕ ☕ 🐕 ♿

Kaiser-Friedrich-Park
Kaiser-Friedrich-Park-Allee, Aachen
Im Süden der Stadt Aachen wurde um die Jahrhundertwende ein Volkspark geschaffen. Er besitzt heute einen wertvollen Baumbestand, ein gut ausgebautes Wegenetz und großzügig angelegte Anlagen für Sport, Freizeit und Erholung, wie „Hangeweiher" mit Bootsverleih, Restaurant und Café, Terrassengarten mit Pergola, Treppenaufgang, Brücke über den Paubach, Sitzhügel mit Rankgerüst, Eingangssäulen und das Paubachtal mit Weiher und Tritonenbrunnen.

NRW 164
Eigentümer/in: Stadt Aachen,
Aachener Stadtbetrieb,
Madrider Ring 20,

Von-Halfern-Park
Lütticher Straße / Preusweg, Aachen
Der Park wurde von dem Besitzer des Gutes Hochgrundhaus, dem Fabrikanten Friedrich von Halfern 1870 an seinem Land-

sitz angelegt. 1891 erfolgte die Erweiterung des Parks im Stil des Englischen Landschaftsgartens nach den Plänen von Stadtgartendirektor Heinrich Grube auf zirka 10 Hektar. Friedrich von Halfern war ein leidenschaftlicher Dendrologe und pflanzte eine große Zahl in der damaligen Zeit nur schwer erhältlicher, seltener Baumarten und Varietäten. Nach über 100 Jahren haben sie sich zu prächtigen, großkronigen Bäumen in 130 Arten entwickelt. Mehrere Bäume wurden zwischenzeitlich zu Naturdenkmalen erklärt.

52058 Aachen,
Tel. 0241/4321879,
Fax 0241/4321806
Größe: 10 ha
frei zugänglich
🚌 24 Grundhaus
P Ende Preusweg

Stadtpark Erkelenz

Theodor-Körner-Straße, Erkelenz

1870 wurde der Park von einem Erkelenzer Fabrikanten angelegt. 1929, zur Zeit der Wirtschaftskrise, wurde ein Teil der Parkanlage verkauft und bebaut. 1940 übernahm die Stadt Erkelenz den Park und verpflichtete sich, ihn als Grünanlage zu erhalten und nicht zu bebauen. Nach den Zerstörungen des 2.Weltkriegs wurde der Park wiederhergestellt und bepflanzt. Eine weitere Umgestaltung erfolgte in den 70er Jahren des 20. Jahrhunderts. Dennoch sind anhand der Bäume die einzelnen Entwicklungen der Anlage gut ablesbar.

NRW 165
Eigentümer/in: Stadt Erkelenz,
Johannismarkt 17,
41812 Erkelenz,
Tel. 02431/850,
Fax 02431/85295
Größe: 0,9 ha
frei zugänglich
🚌 alle Linien Busbahnhof
P

Ziegelweiher-Park

Krefelder Straße / Oestricher Straße, Erkelenz

Der Ziegelweiher-Park wurde 1994 neu gestaltet. Schwerpunkt war dabei der naturnahe Ausbau von Grünflächen mit landschaftlichen Gehölzpflanzungen, Wildblumenwiese, Obstwiese und Bauerngarten. Optischer Mittelpunkt der Anlage ist ein Erdwall, der als Rasenhügel gestaltet wurde und im Winter als Rodelhügel genutzt werden kann. Der Hügel wurde so ausgerichtet, daß der Besucher auf der Kuppe einen schönen Blick auf die Innenstadt hat. Größere Einzelbäume übernehmen die gliedernde und raumbildende Funktion. Einen weiteren Schwerpunkt bildet der rondellartig angelegte Eingangsbereich, der Stadtmitte und Parkanlage optisch miteinander verbindet.
Eigentümer/in: Stadt Erkelenz, Bauverwaltungsamt,
Johannismarkt 17, 41812 Erkelenz,
Tel. 02431/85277, Fax 02431/85343
Attraktionen: Fontäne April bis Oktober

NRW 166
Größe: 6,5 ha
frei zugänglich
DB Erkelenz
🚌 1, 11, 18 Ziegelweiher
P
Veranstaltungen:
Lambertusmarkt, Frühkirmes
Frohnleichnam bis einschl.
folgenden Montag
Infos bei: Tel. 02431/85329,
Fax 02431/70558,
Burgkirmes, Herbstkirmes
2. September-Wochenende,
Circus Varieté
1 × jährlich, ohne festen
Termin

Schloßpark Dyck

Jüchen

Das imposante in einem weiten Landschaftspark gelegene Wasserschloß Dyck gilt als eines der bedeutendsten Kulturdenkmäler am Niederrhein. So kann es auf eine fast 1000jäh-

NRW 167
Eigentümer/in: Stiftung
Schloß Dyck, 41363 Jüchen,
Tel. 02182/8240,
Fax 02182/824110,

E-Mail: info@stiftung-schloss-dyck.de,
Internet: www.stiftung-schloss-dyck.de
Größe: 70 ha
DB Grevenbroich
Bus 96 Kastanienallee
870 Schloß Dyck
S 8 Kleinenbroich
→ A 46, Abfahrt Grevenbroich – Kapellen
Veranstaltungen: Tagungen und Ausstellungen

rige Geschichte zurückblicken. Die heutige Gestalt des barocken Schlosses geht weitestgehend auf das 17. Jahrhundert zurück. Mit Hilfe des Landes NRW und des Rhein-Kreis Neuss wurden ab 1999 nicht nur der bedeutende Schloßpark instand gesetzt und neue zeitgenössische Gärten angelegt, sondern auch die gesamte Schloßanlage mit ihren drei Vorburgen, die sich umgeben von Wasser romantisch in den Park erstreckt, wurde saniert. Im Rahmen des „Zentrums für Gartenkunst und Landschaftskultur" sind hier Ausstellungen zur Gartenkunst sowie zeitgenössische Kunst zu besichtigen.
Öffnungszeiten: Nov. bis März 10–17 Uhr, Eintritt: 6 €, ermäßigt 3 €; April bis Okt. 10–18 Uhr, Eintritt: 6 €, ermäßigt 4 €, Kinder frei bis 6 Jahre, Kinder 7–16 Jahre 1 €; Führungen: auf Anfrage

NRW 168 NEU
Größe: 33 ha
Eintritt: 3 €, Kinder gestaffelt nach Größe bis 1,50 €, Gruppen 2,30 €/Person ab 15 Personen
Führungen: nach Voranmeldung 02461/979514
50 €/Gruppe bis 25 Personen
Öffnungszeiten: ganzjährig geöffnet,
im Sommer: 9.30–18 Uhr,
im Winter: 10–17 Uhr
DB Jülich
Rurtalbahn

Brückenkopf-Park

Rurauenstraße, Jülich

Zur Landesgartenschau 1998 vergab der Bund Deutscher Landschaftsarchitekten seinen Höchstpreis an den heutigen Brückenkopf-Park. Ausgezeichnet wurde er für die sensible Gestaltung der Grünanlagen mit dem Festungsbauwerk im Zentrum. Der napoleonische Brückenkopf bildet eine eindrucksvolle Kulisse für den Stadtgarten mit Rosengarten, Veranstaltungszelt und Spielturm sowie den „Ort der Stille". Überall im Park findet man Ruheplätze, sei es auf den großflächigen Wiesen rund um das Apfelquadrat, im Zoo oder entlang der Waldwege. Ein ausgedehntes Wegenetz führt zu unterschiedlichsten Themengärten, Tiergehegen, Kunstwerken und zu der mediterran bepflanzten Blumenhalle mit diversen Zitrusgewächsen und Olivenbäumen. Besonderer Höhepunkt ist der Wasserfall, der Teile der historischen Festung mit einbezieht.

Eigentümer/in: Brückenkopf-Park Jülich GmbH
Rurauenstr. 11, 52428 Jülich,
Tel. 02461/97950, Fax 02461/979522,
E-mail: brueckenkopf-park@t-online.de,
Internet: www.brueckenkopf-park.de

Conny's Romantikgarten

Drosselweg 16, Bergheim/Erft

Um den in der Mitte des Gartens gelegenen runden Brunnenplatz wachsen in ornamentalen Beeten Rosen und Stauden. Putten und Laternen geben der parkähnlichen Anlage einen Hauch von Romantik. Besonders sehenswert sind die über 40 verschiedenfarbigen Iris sowie viele Lilienarten.
Eigentümer/in: Helmut und Cornelia Sahle,
Drosselweg 16, 50126 Bergheim/Erft, Tel. 02271/61953,
E-Mail: connysahle@web.de

NRW 169
Größe: 500 m^2,
Öffnungszeiten:
März bis Oktober
Anmeldung erbeten
Eintritt: frei
Führungen: nach Voranmeldung
DB Bergheim/Erft

Stadtpark – Willy-Brandt-Park

Valencienner Straße, Düren

Westlich des Flusses Rur wurde der Stadtpark Ende des 19. Jahrhunderts nach Plänen des Kölner Gartendirektors Adolf Kowallek angelegt. Um eine alte Gastwirtschaft entstand mit Hilfe von Spenden Dürener Bürger eine typische gründerzeitliche Anlage mit geschwungenen Wegen, Rasenflächen und Baumgruppen sowie zusätzlich eine große Rhododendrenpflanzung. Schon damals wurden ein Kinderspielplatz und ein Rasentennisplatz integriert. Zum 100jährigen Bestehen wurde der Eingangsbereich umgestaltet.

NRW 170
Eigentümer/in: Stadt Düren, Amt für Tiefbau und Grünflächen,
Zollhausstraße 40,
52348 Düren,
Tel. 02421/251348,
Fax 02421/252677
Größe: 4,8 ha
frei zugänglich
DB Südbahnhof
Bus 2 Aachener Straße
3 Eiswiese

Schloßpark Gracht

Fritz-Erler-Straße, Erftstadt-Liblar

Die typische Anlage einer niederrheinischen Wasserburg, bestehend aus Haupt- und Vorburg auf zwei Inseln, ist bei Schloß Gracht besonders gut erhalten. Architektonisch erhielt das Schloß im 19. Jahrhundert ein neues Gesicht. Um 1700 wurde unter Johann Adolf II. ein prachtvoller Barockgarten im französischen Stil mit Zier-, Nutzgarten und Boskett angelegt, wie ihn damals an Vielgestaltigkeit und Schönheit nicht einmal der Kurfürst besaß. Davon sind bis heute das Gartenparterre, das Wegesystem sowie Hecken und Laubengänge erhalten. Ab 1748 ließ sein Sohn Franz Joseph die übrigen Gartenteile im Englischen Stil gestalten. Der Garten beherbergt heute seltene Gehölze und dendrologische Besonderheiten. Seit dem Jahr 2002 ist die Anlage vollständig restauriert. Seit August 2004 ist der Park Teil der Straße der Gartenkunst zwischen Rhein und Maas.

NRW 171
Eigentümer: Stadt Erftstadt,
Holzdamm 10,
50374 Erftstadt,
Tel. 02235/409412,
Fax 02235/409563
Größe: 2 ha
Öffnungszeiten:
frei zugänglich
Eintritt frei
Führungen: nach Voranmeldung durch den Förderverein Schloßpark Gracht e.V., Herrn Prof. Paul,
Tel. 02235/41748,
Bus 979 Carl-Schurz-Halle

NRW 172
Größe: 74,4 ha
Öffnungszeiten:
im Sommer 7–21 Uhr,
im Winter 8–17 Uhr
Eintritt: frei
Führungen: Ende Mai bis Ende Sept., Auskunft unter Tel. 02232/44000, 5 €/Pers.
DB RE 5, RB 26, RB 48 Brühl
S 18 Brühl-Mitte
P ✕ 🐕 ♿
Veranstaltungen: 24 klassische Schloßkonzerte im Prunktreppenhaus von Schloß Augustusburg Mai bis August

Barockgarten von Schloß Augustusburg

Schloßstraße 6, Brühl

Die Schlösser Augustusburg und Falkenlust zählen mit ihren Gartenanlagen zum Weltkulturerbe der UNESCO. Die barocke Gartenanlage stammt von Dominique Girard, einem Schüler André Le Nôtres. Im 19. Jahrhundert nahm der preußische Hofgartendirektor Peter Joseph Lenné im Auftrag Friedrich-Wilhelms IV. von Preußen eine Umgestaltung zum Englischen Landschaftsgarten vor, von dem Teile im Waldgebiet heute noch erhalten sind. Das Gartenparterre wurde 1934 nach den Originalplänen Girards rekonstruiert und gilt heute als das authentischste Beispiel barocker französischer Gartenbaukunst in Europa. Zum Teil ist noch der Baumbestand aus dem 18. Jahrhundert erhalten.
Eigentümer/in: Verwaltung Schloß Brühl, Schloßstraße 6, 50321 Brühl, Tel. 02232/44000, Fax 02232/43254
Internet: www.schlossbruehl.de

NRW 173
Eigentümer/in: Stadt Köln, Amt für Landschaftspflege und Grünflächen, Botanischer Garten Verwaltung, Amsterdamer Straße 34, 50735 Köln,
Tel. 0221/560890,
Fax 0221/5608926
Größe: 11,5 ha
Öffnungszeiten: ganzjährig geöffnet 8 Uhr bis Einbruch der Dunkelheit, spätestens 21 Uhr, Schaugewächshäuser: 10–18 Uhr, im Winter bis Einbruch der Dunkelheit
Eintritt: frei
Führungen: ganzjährig, jeden 1. So im Monat um 11 Uhr
🚋 15, 16 Zoo/Flora
17, 19 Kinderkrankenhaus
🚌 134 Zoo/Flora
→ nach innerstädtischen Wegweisern: Zoo/Flora
P ✕ ♿

Flora und Botanischer Garten

Alter Stammheimer Weg, Am Botanischen Garten, Köln-Riehl

Auf Initiative wohlsituierter Kölner Bürger unter Führung des Bankiers Eduard von Oppenheim wurde 1859 die Aktiengesellschaft Flora gegründet. Ihr Ziel war die Errichtung eines Botanischen Zier- und Lustgartens, dessen baulicher und gesellschaftlicher Mittelpunkt ein repräsentativer tropischer Wintergarten sein sollte. Er wurde als Glaspalast nach dem Vorbild des Londoner Crystal Palace von Joseph Paxton erbaut. Die Gartenanlagen der Flora und ihre Gewächshäuser wurden in den Jahren 1862 bis 1864 nach Entwürfen von Peter Joseph Lenné in modernem Style, d. h. im Stil des Historismus, angelegt. Das repräsentativste Element der Flora-Anlagen ist ein den Formen des Barock entlehntes Französisches Parterre, das dem Glaspalast zum Eingang hin vorgelagert ist. Es dient mit einer Fontäne im Mittelpunkt und seiner opulenten Blumenausstattung als prachtvoller Eingangsteppich und festliches Entrée. Auf der Südseite des Wintergartens zitiert Lenné die italienische Renaissance – eingespannt zwischen Laubengängen aus geschnittenen Hainbuchen plätschert Wasser über eine fünfstufige Kaskade und verleiht dem Garten hier eine heiter-südliche Atmosphäre. Die beiden formal-regelmäßigen Teile sind in Parkbereiche im Stil des Englischen Landschaftsgartens eingebettet. Elegant geschwungene Wege führen durch gemuldete Wiesen zu prächtigen Solitärbäumen und zum Floraweiher. Am Rande des Weihers entstand 1906 zur Deutschen Kunstausstellung der Frauen-Rosenhof mit dem Roten Garten von Josef Maria Olbrich. 1914 wurde der Botanische Garten der Stadt Köln im Norden der Flora eröffnet, der als streng formale, wissenschaftliche Anlage konzipiert war. Zwischen den Weltkriegen wurden beide Anlagen verschmolzen und bilden heute nach Zerstörung, Wiederaufbau und dem Bau von 4 Schaugewächshäusern eines der schönsten und vielfältigsten Gartenensembles in Köln.

Innerer Grüngürtel Köln

Köln

Die Anlagen des Inneren Grüngürtels, bis auf einige Flächen zwischen 1923 und 1924 entstanden, erstrecken sich in einer Länge von rund 7 Kilometern vom Rhein bei Riehl bis zur Luxemburger Straße und umfassen insgesamt 104 Hektar. In die Ausführung eingeschlossen waren auch die 1500 Meter lange Verbindung zum Stadtwald – die Lindenthaler Kanalanlage. Das bereits vorher umgestaltete Fort X, der seit 1810 bestehende Friedhof Melaten, der Botanische und der Zoologische Garten sind ebenfalls integriert. für die Ausgestaltung der Freiflächen war der Bebauungsplan von Fritz Schumacher aus dem Jahr 1919 maßgebend. Dieser Plan sah von Bebauung umschlossene Räume, meist längliche Rechtecke, die den verschiedenen Bedürfnissen neuzeitlicher öffentlicher Grünanlagen gerecht werden müssen, in einer straffen Formgebung vor. Schumacher ließ nur dort, wo die Architektur in ihrer bestimmenden Wirkung zurücktrat, eine freizügigere Gestaltung zu. Auch waren im Bebauungsplan die Funktionen der einzelnen Teilbereiche festgelegt. Die Ausgestaltung der Grünflächen erfolgte durch Gartendirektor Fritz Encke weitgehend nach Vorgaben von Schumacher. Nach dem Zweiten Weltkrieg wurden große Teile umgestaltet.

NRW 174
Eigentümer/in: Stadt Köln, Amt für Landschaftspflege und Grünflächen, Willy-Brandt-Platz 2,
50679 Köln,
Tel. 0221/22122584,
Fax 0221/22123867,
E-Mail:
gruenflaechenamt@stadt-koeln.de,
Internet: www.stadt-koeln.de
Größe: 104 ha
frei zugänglich
Attraktionen: integrierte begrünte Fortanlage, Aachener Weiher
→ Im Stadtzentrum

NRW 175
Eigentümer/in: Stadt Köln, Amt für Landschaftspflege und Grünflächen, Willy-Brand-Platz 2, 50679 Köln, Tel. 0221/22122584, Fax 0221/22123867, E-Mail: gruenflaechenamt@stadt-koeln.de, Internet: www.stadt-koeln.de
Größe: 4,5 ha
frei zugänglich
Attraktionen: integrierte begrünte Fortanlage,
15, 16 Schönhauser Straße

Friedenspark

Oberländer Wall, Köln

Kernstück des heutigen Friedensparks bildet ein umgestaltetes ehemaliges Festungswerk, das Fort I. Die ursprünglich sehr viel stärkeren Niveauunterschiede dieser Verteidigungsanlage wurden etwas ausgeglichen, das heißt der Wall ein wenig abgetragen und die Grabensohle aufgefüllt. Die so entstandene differenzierte Geländeformation bedingt eine eigenwillige Grundrißstruktur. Den verschiedenen Geländeniveaus entsprechen ausgewählte Pflanzengesellschaften. Auf der südlichen Wallseite überwuchern Polsterstauden die Trockenmauern. Davor ziert ein bunter Blumengarten mit Staudenbeeten, der heute in seiner einst vielgerühmten Artenvielfalt stark dezimiert ist, den gestuften, sonnigen Ruhebereich in Höhe des unteren Wallabsatzes. Den sich anschließenden schattigen Wallgraben belebt eine immergrüne Bepflanzung. Die klare Raumabgrenzung und die schlicht gegliederten Grünpartien kennzeichnen die gesamte Parkanlage, die nach einem Entwurf von Fritz Encke 1914 bis 1916 entstand.

NRW 176
Eigentümer/in: Stadt Köln, Amt für Landschaftspflege und Grünflächen, Willy-Brand-Platz 2, 50679 Köln, Tel. 0221/22122584, Fax 0221/22123867, E-Mail: gruenflaechenamt@stadt-koeln.de, Internet: www.stadt-koeln.de
Größe: 40 ha
frei zugänglich
13 Neuenhöfer Allee

Beethovenpark

Neuenhöfer Allee, Köln

Der Beethovenpark wurde nach einem Entwurf von Fritz Encke zwischen 1924 und 1926 angelegt. Einen markanten Akzent setzen die im Kreis gepflanzten Pappeln im Eingangsbereich, ein im ersten Drittel des 20. Jahrhunderts beliebtes Gestaltungselement. Diese Baumgruppe umgibt ein streng geometrischer Parkteil, an den sich nach Südwesten ein weitläufiger landschaftlich gestalteter Park anschließt. Dessen Herzstück ist ein offener Wiesenraum. Parallel zur Berrenrather Straße entstand nach dem Kriege am Parkrand ein langgestreckter Trümmerberg, der wie zahlreiche andere auch in den 50er Jahren aufgeforstet wurde und heute integraler Parkbestandteil ist. Der landschaftlich gestaltete Park geht in den angrenzenden Äußeren Grüngürtel über.

NRW 177
Eigentümer/in: Stadt Köln, Amt für Landschaftspflege und Grünflächen, Willy-Brand-Platz 2, 50679 Köln, Tel. 0221/22122584, Fax 0221/22123867, E-Mail: gruenflaechenamt@stadt-koeln.de, Internet: www.stadt-koeln.de
Größe: 6 ha

Klettenbergpark

Siebengebirgsallee, Köln

Kennzeichnend für den nach einem Entwurf von Fritz Encke 1906 bis 1907 angelegten Klettenbergpark ist die Abfolge von nachgestalteten rheinischen Landschaftsformationen. Eine ehemalige Kiesgrube, deren tiefliegendes Zentrum sich für eine Teichanlage anbot, wurde zum Ausgangspunkt der Anlage. Die Bewässerung erfolgte durch den eigens umgeleiteten Duffesbach, der zunächst das belebende Element einer ebenen Blumenwiese bildet und sich dann als Felsbach über einen mit Basaltlava bestückten Steilabfall ergießt. Heidelandschaft, feuchte

Uferpartien mit durchlichteter Ufervegetation und Waldpartien als heimische Landschafts- und Vegetationsbilder sind hier erstmals in Köln als Gestaltungselemente eingesetzt. Heimische Baum- und Pflanzenarten in lockeren Gruppen prägen das Bild. Ein übersichtlich angelegter Rosengarten am Parkrand ist durch Sichtbezüge mit den landschaftlichen Parkpartien verknüpft.

frei zugänglich
Attraktionen: künstlicher Schiefer- und Basaltbruch,
18, 19 Siebengebirgsallee

Humboldtpark

An der Pulvermühle, Köln

Der Humboldtpark, eine im Grundriß annähernd dreieckige Anlage, wurde zwischen 1912 und 1914 nach dem Entwurf von Fritz Encke angelegt. Auf relativ kleinem Raum entstand eine regelmäßig geformte Anlage zum Ausruhen, Spazierengehen und Spielen für die rasch wachsende Bevölkerung des anliegenden Wohngebiets. Ein breiter Spazierweg führt in etwa parallel zu den umgebenden Straßen durch die zum Teil dichte und hohe Randbepflanzung. Die Parkanlage öffnet sich im mittleren Teil einer Seite zur Straße An der Pulvermühle. Blickfang ist hier der tiefergelegte Blumengarten mit seinen Wegen. Dahinter liegt der zentrale, von Linden umstandene und mit Kies gedeckte große Spielplatz mit einem überdimensionalen runden Sandbecken in der Mitte.

NRW 178
Eigentümer/in: Stadt Köln, Amt für Landschaftspflege und Grünflächen, Willy-Brand-Platz 2, 50679 Köln, Tel. 0221/22122584, Fax 0221/22123867, E-Mail: gruenflaechenamt@stadt-koeln.de, Internet: www.stadt-koeln.de
Größe: 2,2 ha
frei zugänglich
153 Weilberger Straße

Rheinpark

Rheinparkweg, Köln

Das Rheinparkgelände wurde erstmals 1914 im Zuge der Werkbundausstellung gestaltet. 1922 erweiterte Fritz Encke diesen ehemaligen Kaiser-Wilhelm-Park um den Messehofgarten, einer geometrischen Schmuckanlage nördlich der Messegebäude. Eine zweite Ausweitung nahm Theodor Nußbaum 1928 vor, indem er in der Achse des halbrunden Staatenhauses den Leuchtbrunnen anlegte und ihn im Umkreis mit Rhododendren bepflanzen ließ. Der heutige Rheinpark wird im wesentlichen durch die Gestaltung der 50er Jahre geprägt, die 1957 anläßlich der Bundesgartenschau unter der technischen und künstlerischen Oberleitung von Kurt Schönbohm entstand. Damals wurden hier landschafts- und gartengestalterische Gesichtspunkte in gleicher Weise wie städtebauliche und architektonische Aspekte berücksichtigt. Die Anlage mit den farbigen Blumenrabatten sollte fließend in die natürliche Uferlandschaft mit Wiesen und Pappeln übergehen. Der Panoramablick auf Köln und das Parkcafé sind gestalterisch in die Gartenlandschaft integriert. Der so als Einheit geplante, in seine städtebauliche Umgebung eingepaßte grüne Freiraum ist zur Straße und Eisenbahnlinie kulissenhaft mit dichter Bepflanzung und Verbauung abgeschirmt.

NRW 179
Eigentümer/in: Stadt Köln, Amt für Landschaftspflege und Grünflächen, Willy-Brand-Platz 2, 50679 Köln, Tel. 0221/22122584, Fax 0221/22123867, E-Mail: gruenflaechenamt@stadt-koeln.de, Internet: www.stadt-koeln.de
Größe: 40 ha
frei zugänglich
Attraktionen: Brunnen, Wasserspiele, Kunstwerke, Panoramablick auf Köln,
1, 2 Bahnhof Deutz
P

NRW 180
Eigentümer/in: Stadt Köln, Amt für Landschaftspflege und Grünflächen, Willy-Brand-Platz 2, 50679 Köln, Tel. 0221/22122584, Fax 0221/22123867, E-Mail: gruenflaechenamt@stadt-koeln.de, Internet: www.stadt-koeln.de
Größe: 8,5 ha
frei zugänglich
1, 2 Aachener Straße, Melatenfriedhof

Lindenthaler Kanal

Innere Kanalstraße, Köln

Fritz Schumacher plante die Lindenthaler Kanalanlage, die 1925 angelegt wurde. Sie verbindet den Inneren mit dem Äußeren Grüngürtel und führt geradlinig vom Aachener Weiher zum Stadtwald. Sie wird von Alleen gesäumt und ist in barocker Formgebung gehalten. Am Karl-Schwering-Platz ist der Wasserlauf unterbrochen. Einfriedungen, Beckengeländer, Blumengärten und andere Elemente tragen zur dekorativen Ausgestaltung dieses Parkabschnitts bei. Einen besonderen Akzent erhält die Anlage durch die steinernen Figuren von Peter Grasegger: ein Zentaur mit einer sich vor ihm beugenden Najade. Die Lindenthaler Kanalanlage vermittelt heute am ehesten einen Eindruck von Anlagen aus den 1920er Jahren.

NRW 181
Eigentümer/in: Stadt Köln, Amt für Landschaftspflege und Grünflächen, Willy-Brand-Platz 2, 50679 Köln, Tel. 0221/22122584, Fax 0221/22123867, E-Mail: gruenflaechenamt@stadt-koeln.de, Internet: www.stadt-koeln.de
Größe: 6 ha
frei zugänglich
3, 4, 5 Hans-Böckler-Platz

Stadtgarten Köln

Venloer Straße, Köln

Der Stadtgarten, zwischen 1827 und 1829 angelegt, ist die älteste erhaltene öffentliche Grünanlage Kölns. Auf Initiative und Empfehlung der Verschönerungskommission kaufte die Stadt Köln 1826 das sogenannte Ziegelfeld, ein außerhalb der Umwallung liegendes Gelände. Kölns erster Gartendirektor, Jacob Greiß, erstellte die Pläne für die 3 Hektar große Parkanlage mit westlich angrenzender, 8 Hektar großer Baumschule. 1864 übernahm die Stadt einen Teil der Baumschule und gliederte sie dem bei den Bürgern beliebten Park an, wobei der damalige Stadtgärtner Anton Strauss die Umgestaltung besorgte. Durch den Eisenbahnbau und den Neubau der Wälle im Zuge der Stadterweiterung wurde der Stadtgarten verkleinert und erhielt 1888 seine endgültige Gestalt durch den Stadtgartendirektor Adolf Kowallek.

NRW 182
Eigentümer/in: Stadt Köln, Amt für Landschaftspflege und Grünflächen, Willy-Brand-Platz 2, 50679 Köln, Tel. 0221/22122584, Fax 0221/22123867, E-Mail: gruenflaechenamt@stadt-koeln.de, Internet: www.stadt-koeln.de
Größe: 18,5 ha
frei zugänglich
Attraktionen: Bootsverleih,
13 Parkgürtel

Blücherpark

Parkgürtel, Köln

Der 1911 bis 1913 angelegte Blücherpark erscheint auf den ersten Blick hin nicht zeitgemäß. Die straffe barocke Form wurde hier jedoch bewußt als Mittel gewählt, um Räume unterschiedlicher Zweckbestimmung klar zu umreißen. Charakteristisch ist die Auswahl einheimischer Baumsorten. Den Blickfang am stadtwärtigen Parkende bildet ein von Pyramidenpappeln eingefaßtes Wasserbecken. Schattige Spazierwege führen durch Lindenalleen entlang des rechteckigen Weihers, über die mit Kastanien bestandenen, erhöhten und von Mauern eingefaßten Plätze mit Blumengärten bis hin zu der von einer Ahornallee gerahmten Volkswiese. Liege- und Spielwiese sowie ein zentrales Gewässer zum Kahnfahren und Schlittschuhlaufen laden zum Verweilen ein. Niveauunterschiede betonen die durch Bepflanzung und Wegführung markierte Raumgliederung. Heute hat der Blücherpark seine Erholungsfunktion durch Verkehrslärmbelastung des Autobahnzubringers stark eingebüßt.

Vorgebirgspark

Kreuznacher Straße, Köln

Als nach der Jahrhundertwende die Vororte immer dichter zusammenzuwachsen drohten, sah der damalige Stadtbaumeister Carl Rehorst Grünräume zwischen den Neubaugebieten vor, um ein annähernd gesundes Wohnumfeld zu gewährleisten. Aufgrund dessen plante Fritz Encke den Vorgebirgspark zwischen Zollstock und Raderthal. Der größere Teil des Parks ist in landschaftlichem Stil gehalten. Ein weiter, offener Binnenraum ist durch Gehölzstreifen nach außen hin abgeschlossen. Geradezu revolutionär war damals das im nördlichen Teil befindliche Planschbecken, das jedermann zu jeder Zeit betreten konnte. Vier verschiedene, klar voneinander getrennte Ruhegärten am östlichen Rand betonen die Asymmetrie des Landschaftsparks. Die geometrische Grundrißstruktur dieser Sondergärten ist dem barocken Garten nachempfunden. Die damals vorhandenen Statuen, Brunnen, Blumenrabatten, Hecken und Baumkulissen sind zwar barocke Gartenelemente, aber in ihrer ungekünstelten Ausgestaltung Zeugnisse des Jugendstils. Statt hochgezüchteter Zierpflanzen wurden bei der Parkgestaltung von 1911 bis 1914 herkömmliche Stauden wie Malven oder Rittersporn in Verbindung mit heimischen Baumarten wie Pappeln verwendet.

NRW 183
Eigentümer/in: Stadt Köln,
Amt für Landschaftspflege
und Grünflächen,
Willy-Brand-Platz 2,
50679 Köln,
Tel. 0221/22122584,
Fax 0221/22123867,
E-Mail:
gruenflaechenamt@stadt-koeln.de,
Internet: www.stadt-koeln.de
Größe: 14 ha
frei zugänglich
132, 133 Bonntor

Volksgarten Köln

Volksgartenstraße, Köln

Der Volksgarten wurde 1887 bis 1889 der Zeit entsprechend als Landschaftspark im gemischten Stil geschaffen. Den baulichen Schwerpunkt bildete ehemals ein erhöht liegendes Parkhaus in der Nordostecke am Eifelplatz mit einem Restaurant und regelmäßigen, kreisförmig angelegten Gartenterrassen mit einem Musikpavillon. Von der heute hier vorhandenen Rasenfläche bietet sich dem Besucher ein Blick über einen buchtenreichen Teich und offenen Wiesenraum, in die sich von den Seiten kulissenartig gestellte Gehölzgruppen schieben. Ein dem Restaurant benachbartes älteres Festungswerk, einst als Milchwirtschaft und billiges Wirtshaus in den Park einbezogen, ist mit einem regelmäßigen Rosengarten halbkreisförmig umgeben. Ein ausgedehntes Wegenetz mit einem Ringweg erschließt verschiedene kleinere, als malerische Naturausschnitte gedachte Teilräume.

NRW 184
Eigentümer/in: Stadt Köln,
Amt für Landschaftspflege
und Grünflächen,
Willy-Brand-Platz 2,
50679 Köln,
Tel. 0221/22122584,
Fax 0221/22123867,
E-Mail:
gruenflaechenamt@stadt-koeln.de,
Internet: www.stadt-koeln.de
Größe: 14 ha
frei zugänglich
Attraktionen: Fortanlage,
Fontäne,
10, 12 Eifelplatz

NRW 185
Eigentümer/in: Stadt Köln, Amt für Landschaftspflege und Grünflächen, Willy-Brand-Platz 2, 50679 Köln, Tel. 0221/22122584, Fax 0221/22123867, E-Mail: gruenflaechenamt@stadt-koeln.de, Internet: www.stadt-koeln.de
Größe: 8 ha
frei zugänglich
152 Stammheimer Ring

Stammheimer Schloßpark

Stammheimer Hauptstraße, Köln

Zwischen dem alten Dorfkern von Stammheim, dem Rheinufer und der Wallfahrtskirche Mariä Geburt ließ der Reichsfreiherr Franz Egon von Fürstenberg von dem Landschaftsgärtner Maximilian Weyhe an seinem Schloß einen Park anlegen. Das Schloß wurde im Zweiten Weltkrieg zerstört und nicht wieder aufgebaut. Die einst zum Schloß führende alte Lindenallee ist noch erhalten. Südlich von dieser geradlinigen Baumbegrenzung schließt sich der Park im klassischen Landschaftsstil an. Einen weiteren Akzent innerhalb dieser 1828 bis 1832 entstandenen Anlage setzt ein erhöhter Aussichtsstandort im südlichen Parkteil nahe des Rheinufers.

NRW 186
Eigentümer/in: Stadt Köln, Amt für Landschaftspflege und Grünflächen, Willy-Brand-Platz 2, 50679 Köln, Tel. 0221/22122584, Fax 0221/22123867, E-Mail: gruenflaechenamt@stadt-koeln.de, Internet: www.stadt-koeln.de
Größe: 800 ha
frei zugänglich
Attraktionen: Decksteiner Weiher, Fortanlagen
2 Stüttgenhof
18, 19 Effern
978 Hürth-Effern, Hertzstraße

Äußerer Grüngürtel Süd

Militärringstraße, Köln

Auf dem äußeren Festungsring, der nach dem Versailler Vertrag als militärisches Gelände aufgegeben werden mußte, entstand 1926 bis 1929 nach dem Generalbebauungsplan Fritz Schumachers von 1923 beiderseits der Militärringstraße ein Grünbereich mit Kleingärten, Sport-, Wald- und Wiesenflächen. Der hierfür ausgearbeitete Entwurf von Fritz Encke, der einen relativ dichten Baumbewuchs vorsah, wurde von Theodor Nußbaum völlig überarbeitet. Weite Rasenflächen und mehr Gewässer waren kennzeichnend für seinen Entwurf. Im wesentlichen besteht der äußere Bereich der Anlage aus einer von Gehölz gerahmten weiten Wiesenfläche. Der mittlere Teil nahe der Militärringstraße umfaßt geometrisch geformte Freiflächen, Sport- und Spielflächen. Im inneren, stadtwärtigen Teil, soweit er auf dieser Seite der Militärringstraße angelegt wurde, erstreckt sich ein Kleingartengelände. Gruppierungen von Bäumen gleicher Art sind typisch für die Bepflanzung des Äußeren Grüngürtels. Baumreihen erstrecken sich entlang von Spazierwegen oder grenzen Freiflächen voneinander ab.

NRW 187
Eigentümer/in: Stadt Köln, Schillingsrotter Straße, 50996 Köln, Tel./Fax 0221/354325, E-Mail: forstbotanischergarten@netcologne.de
Größe: 25 ha
frei zugänglich
Führungen: nach Voranmeldung, für Gruppen bis 30 Personen regelmäßig 1. Mi im Monat, 14.30 Uhr,

Forstbotanischer Garten Köln

Schillingsrotter Straße, Köln-Rodenkirchen

Anfang der 60er Jahre wurden auf einer ehemaligen Ackerfläche Bäume, Sträucher und Stauden aus vielen Teilen der Welt gepflanzt. Hier läßt sich beobachten, wie sie im mitteleuropäischen Klima gedeihen und ob sie in bezug auf Größe und Aussehen für eine Gartenverwendung interessant sind. Der Forstbotanische Garten bietet Naturerlebnisse zu jeder Jahreszeit: Rhododendronschlucht, Heidegarten, Pfingstrosenwiese, eine japanische Abteilung mit Kirschen- und Azaleenblüte und prächtiger Herbstfärbung der Fächerahorne und Kuchenbäume, Bambus und eine 1,5 Hektar große Waldfläche mit nordamerikanischen Bäumen wie Riesenmammutbaum, Gelbkiefer, Flußzeder und Coloradotanne. Im Süden schließt sich der in den 80er Jahren angelegte, 26 Hektar große Friedenswald an, wo Bäume und Sträucher aus allen Staaten, zu denen die Bundesrepublik damals diplomatische Beziehungen pflegte, gepflanzt wurden. Die tropischen und subtropischen Länder, deren typische Vegetationen hier nicht winterhart sind, sind durch symbolische Gehölze vertreten.

und 3. Sa im Monat, 15 Uhr, kostenlos
16 Rodenkirchen
131 Konrad-Adenauer-Straße
135 Schillingsrotter Straße
P ♿

Mülheimer Stadtgarten

Lasallestraße, Köln

Die Niederung des Strundener Bachs bildete die natürliche Grundlage für den muldenförmig angelegten Mülheimer Stadtgarten. Ein Teich inmitten offener Wiesenflächen, vereinzelte Baumgruppen und der dicht bepflanzte, ansteigende Parkrand verleihen diesem Grünraum eine ruhige landschaftliche, geschlossene Atmosphäre. In geometrische Grundrisse gebundene Parkteile sind in die randlichen Partien eingestreut. Einen markanten erhöhten Eckpunkt stellt das Rondell um den 1914 von Wilhelm Albermann entworfenen Märchenbrunnen an der Ecke Jan-Wellem- und Lassallestraße dar. Von dieser Stelle öffnet sich der Blick in den weitläufigen offenen Raum. Ein in sich geschlossener Parkteil ist der parallel zur Lassallestraße gelegene Rosengarten mit dem zentralen Seerosenbecken und den Zieräpfeln, die das mittlere Karree einrahmen.

NRW 188
Eigentümer/in: Stadt Köln, Amt für Landschaftspflege und Grünflächen, Willy-Brand-Platz 2, 50679 Köln, Tel. 0221/22122584, Fax 0221/22123867, E-Mail: gruenflaechenamt@stadt-koeln.de, Internet: www.stadt-koeln.de
Größe: 7,5 ha, frei zugänglich
Attraktionen: Brunnenanlage
16, 18 Wiener Platz
♿

MediaPark

Erftstraße, Köln

Aufbauend auf den Ergebnissen eines international ausgelobten Wettbewerbs entsteht zur Zeit auf dem Gelände des ehemaligen Güterbahnhofs Gereon das Medienzentrum MediaPark. Die gleichnamige Grünanlage legt sich halbkreisförmig um die Bebauung und schirmt sie gegen die Bahnanlage ab. Nach einem Gesamtentwurf des Landschaftsarchitekten Schubert, Köln, entstand sowohl entlang der Erftstraße eine private Grünanlage mit einem zentral gelegenen Gewässer als auch zwischen Bebauung und Bahnanlagen eine öffentliche Grünanlage mit Spielplätzen, Liegewiesen und Spazierwegen. Über zwei Brücken ist der MediaPark mit dem Stadtgarten und dem Herkulesberg verbunden und somit in das gesamtstädtische Grünsystem einbettet.

NRW 189
Eigentümer/in: Stadt Köln, Amt für Landschaftspflege und Grünflächen, Willy-Brand-Platz 2, 50679 Köln, Tel. 0221/22122584, Fax 0221/22123867, E-Mail: gruenflaechenamt@stadt-koeln.de, Internet: www.stadt-koeln.de
Größe: 10 ha, frei zugänglich
1, 15, 19 Kaiser-Wilhelm-Ring
P gebührenpflichtig
♿

Finkens Garten

Friedrich-Ebert-Straße 49, Köln

In dem Naturerlebnisgarten für Kinder im Vorschulalter werden praktisches Naturerleben und -erfahren am konkreten

NRW 190
Größe: 5 ha
Öffnungszeiten: ganzjährig geöffnet Sa, So, feiertags,

Mo–Fr: Kindergärten und Tagesstätten, Schulen und Fachschulen, 9–18 Uhr
Eintritt: frei
Führungen: nach Voranmeldung
131 Friedrich-Ebert-Straße

Objekt vermittelt. Die Kindern sollen Natur sehen (lernen), beobachten, riechen, schmecken, fühlen und tasten. Pflege und Unterhaltung der Anlage geschehen durch benachteiligte Jugendliche in Berufsvorbereitungsprogrammen. Finkens Garten berät und unterstützt auch Kinder- und Schulgärten, u.a. mit der Kinderpflanze des Jahres.
Eigentümer/in: Stadt Köln, Amt für Landschaftspflege und Grünflächen, Willy-Brand-Platz 2, 50679 Köln,
Tel. 0221/2857364, Fax 0221/2857363,
E-Mail: finkensgarten@netcologne.de

NRW 191
Größe: 800 m^2
Eintrit: frei
Führungen: nach Voranmeldung
für Gruppen bis 10 Personen inkl. Getränk und Gebäck
5 €/Person
Öffnungszeiten: ganzjährig
Köln Hbf
6, 18 Altonaer Platz

Privatgarten Wildt

Brunsbütteler Str. 17, Köln

Der natürlich gestaltete Garten ist für die ganze Familie gemacht. In unterschiedlichen, durch Gehölze, Gräser und Stauden geschaffenen Gartenräumen sind ein kleiner Schwimmteich sowie eine Teichanlage mit Quellstein und Bachlauf eingefügt. Anmeldung erbeten
Eigentümer: Elisabeth Wildt, Brunsbütteler Straße 17, 50737 Köln, Tel. 0221/7407268

NRW 192
Größe: 27 ha
frei zugänglich
Attraktionen: Narzissenblüte,
212, 214 Schloß
→ Das Schloß liegt im Stadtteil Schlebusch und ist an jeder größeren Kreuzung als Museum Morsbroich ausgeschildert.

Schloßpark Schloß Morsbroich

Gustav-Heinemann-Straße 80, Leverkusen

Der Park gliedert sich in zwei Teile: Der innerhalb des Wassergrabens gelegene, rund 10 Hektar große, innere Schloßpark ist als Repräsentationsgrünfläche gestaltet. Der 17 Hektar große äußere Schloßpark ist naturnah gestaltet und dient als Skulpturenpark. Im inneren Schloßpark blühen im Frühjahr ausgedehnte Narzissenfelder.
Eigentümer/in: KulturStadt Leverkusen, kommunaler Eigenbetrieb FORUM, Am Büchelter Hof 9, 51373 Leverkusen,
Tel. 0214/4064100, Fax 0214/4064103
Veranstaltungen: Morsbroicher Sommer - Konzerte und Theater im Schloßpark, Klassik, Folk, Jazz in den Sommermonaten
Infos bei: KulturStadtLer, Kulturbüro,
Tel. 0214/4064170, Fax 0214/4064103

NRW 193
Eigentümer/in: Bayer AG Kaiser-Wilhelm-Allee, 51369 Leverkusen,
Tel. 0214/30-0
Größe: 32 ha
frei zugänglich
Attraktionen: Gedenkstätte

Carl-Duisberg-Park

Kaiser-Wilhelm-Allee, Leverkusen

Der Carl-Duisberg-Park, in Rheinnähe zwischen Leverkusen und Köln gelegen, wird an drei Seiten von den Produktionsstätten und Verwaltungsgebäuden der Bayer AG umgeben. Die Ursprünge des Parks gehen auf den bergischen Fabrikanten Carl Leverkus zurück, der Mitte des 19. Jahrhunderts in der Nähe eine Farbenfabrik betrieb. Benannt ist der Park nach Geheimrat Carl Duisberg, dem früheren Bayer-Generaldirektor, der den Park um 1912 wegen seiner Wohlfahrtswirkungen für die Fabrikarbeiter neu gestaltete und wesentlich erweiterte. Neben Werksangehörigen wird dieser von der Leverkusener Bevölkerung und Bayer-Gästen gern besucht. Neben ausgedehnten Rasenflächen bietet der Park einen wunderbaren alten Baumbestand, in dem neben Buchen, Eichen und Kastanien auch seltenere Bäume wie Geweihbaum, Judasbaum, Blasenbaum, Mispel und Blauglockenbaum zu sehen sind. Erwähnenswert ist auch der hier befindliche Japanische Garten.

und Japanischer Garten
DB Leverkusen
Bus 201, 227, 233, 250, 255 Bayerwerk
S 6 bis Bayerwerk
P nur an Wochenenden
Veranstaltungen:
Tag der offenen Tür
Infos bei:
Tel. 0214/3050100,
Fax 0214/3052140
Tag des Denkmals

Japanischer Garten

Kaiser-Wilhelm-Allee, Leverkusen

Der Japanische Garten der Bayer AG wurde 1913 von Geheimrat Carl Duisberg, dem damaligen Bayer-Generaldirektor, als Garten seiner Dienst-Villa angelegt, 1926 von ihm, inspiriert durch zahlreiche Fernost-Reisen, wesentlich erweitert und später der Öffentlichkeit zugänglich gemacht. Umgeben von Bachläufen und einem Teich enthält der Garten eine Fülle von baulichen, künstlerischen und floristischen Kostbarkeiten aus vielen Teilen Ostasiens. Darunter finden sich ein Teehaus, Brücken und Laternen, Bronzeskulpturen japanischer Gottheiten und Fabeltiere sowie eine Sammlung von Pflanzen fernöstlicher wie europäischer Herkunft, die dem Garten zu jeder Jahreszeit einen besonderen Reiz verleihen.
Eigentümer/in: Bayer AG, Kaiser-Wilhelm-Allee,
51369 Leverkusen, Tel. 0214/30-0

NRW 194
Größe: 1 ha
Öffnungszeiten: im Sommer 9–20 Uhr, im Winter 9 Uhr bis Einbruch der Dunkelheit
Eintritt: frei
Führungen: nach Voranmeldung,
Tel. 0214/3050100,
Fax 0214/3052140,
mit Diashow,
DB Leverkusen
Bus 201, 227, 233, 250, 255 Bayerwerk
S 6 bis Bayerwerk
P nur an Wochenenden

Park von Haus Lerbach

Lerbacher Weg, Bergisch Gladbach

Das repräsentative Herrenhaus des Papierfabrikanten Richard Zanders wurde ab 1898 in historisierenden Formen des Münchner Neubarock erbaut. Es wird heute als Schloßhotel Lerbach genutzt. Der Park wurde ab 1905 nach einem Lageplan von Oskar Lindemann angelegt. Der Garten läßt sich in drei verschiedene gestalterische Bereiche unterteilen: gärtnerische Anlagen für Wirtschaftszwecke, heute kaum noch vorhanden, ein regelmäßig angelegter Gartenteil in unmittelbarer Umgebung zur Haus- und Hofanlage und ein Landschaftspark mit mächtigen, alten Bäumen und vielen exotischen Pflanzen.
Eigentümer/in: c/o Schloßhotel Lerbach,
Lerbacher Weg, 51465 Bergisch Gladbach,
Tel. 02202/2040, Fax 02202/204940,
Internet: www.schlosshotel-lerbach.com

NRW 195
Größe: 28 ha
frei zugänglich
Anmeldung für Gruppen erbeten unter
Tel. 02202/2040
Führungen sind evtl. möglich
→ Abfahrt Bergisch Gladbach–Bensberg
P
Veranstaltungen:
Musikveranstaltungen

NRW 196
Eigentümer/in: Universität Bonn,
Meckenheimer Allee 171,
53115 Bonn,
Tel. 0228/735523,
Fax 0228/739058,
E-Mail: botgart@uni-bonn.de
Internet:
www.botgart.unibonn.de
Größe: 13,5 ha
Öffnungszeiten: im Sommer April bis Okt. 9–18 Uhr,
So und Feiertage 9–13 Uhr,
im Winter Mo–Fr 9–16 Uhr
Eintritt: frei
Führungen: nach Voranmeldung,
Tel. 0228/644416
für Gruppen bis 20 Personen,
Preis nach Vereinbarung
DB Hauptbahnhof
Bus 620, 624, 625 Am Botanischen Garten

Botanische Gärten der Universität Bonn

Meckenheimer Allee 171, Bonn

Die Bonner Gärten blicken auf eine über 400jährige Geschichte zurück und sind damit mit die ältesten und traditionsreichsten Gärten nördlich der Alpen. Im 17. Jahrhundert entstand einer der glanzvollsten Gärten seiner Zeit, in dem bereits Orangerien vorhanden waren. Im 18. Jahrhundert wurde im Stil der damaligen Zeit das Poppelsdorfer Schloß Clemensruh erbaut. In seinen Grundzügen basiert der heutige Botanische Garten am Poppelsdorfer Schloß auf dem zirka 1715 bis 1725 entstandenen kurfürstlichen Barockgarten, von dem noch zwei Buchen erhalten sind. Mit der Gründung der Universität wurde 1818 der heutige Botanische Garten angelegt. Gründer und erster Direktor (1818–1830) war Nees von Esenbeck. In den Botanischen Gärten werden heute etwa 11 000 Planzenarten kultiviert. Das Freiland besteht aus einem parkartig angelegten Arboretum und den aus Beeten aufgebauten Lehrabteilungen, unter anderem mit Biotopen, Systematischer und Geographischer Abteilung, Nutz- sowie Arzneipflanzen. Die Schaugewächshäuser bestehen aus 9 miteinander verbundenen Einzelhäusern, in denen rund 4500 Arten gezeigt werden. Hinzu kommen noch 4 kleinere Kultur- und Schauhäuser.

NRW 197
Eigentümer/in: Bundesstadt Bonn, Servicebetrieb Stadtgrün, Berliner Platz 2,
53103 Bonn,
Tel. 0228/774230,
Fax 0228/774272
Größe: 3 ha
Öffnungszeiten:
im Sommer 7.30–20 Uhr,
im Winter 8–17 Uhr
Eintritt: frei
Führungen: durch VHS Bonn
Bus 620, 625, 626, 627, 635 Alter Friedhof
P

Alter Friedhof

Thomasstraße, Bonn

1715 wurde der Alte Friedhof auf Veranlassung des Kurfürsten Joseph Clemens außerhalb der Stadt angelegt. Mehrere Erweiterungen im 19. Jahrhundert folgten, die letzte 1876. 1884 wurde der Friedhof aufgelassen. Die zunächst schlichte zweckmäßige Plangestaltung wurde landschaftsgärtnerisch aufgelockert. An der Planung war u. a. Peter Joseph Lenné beteiligt. Bedeutende Persönlichkeiten des deutschen Kultur- und Geisteslebens wie Ernst Moritz Arndt, Robert und Clara Schumann, August Wilhelm von Schlegel fanden hier ihre letzte Ruhestätte. Der über 100jährige Baumbestand, darunter einige imposante Exemplare, verstärken den parkartigen Charakter.

NRW 198
Größe: 0,3 ha
frei zugänglich
U 16, 63, 66 Bundesrechnungshof / Auswärtiges Amt

Arndtgarten

Adenauerallee 79, Bonn

Als Wohnsitz ließ sich Ernst Moritz Arndt 1819 eine Villa mit Parkanlage errichten. Der Garten wird von zwei Seiten durch eine Linden- beziehungsweise

Kastanienreihe eingefaßt. Interessant sind die Rosenrabatten im Innenbereich.
Eigentümer/in: Bundesstadt Bonn,
Kulturamt – Stadtmuseum,
Altes Rathaus Markt, 53113 Bonn,
Tel. 0228/772094, Fax 0228/774298

Hofgarten

Am Hofgarten, Bonn

Der Hofgarten wurde um 1725 nach Plänen des Gartenarchitekten Robert de Cotte zunächst als Barockgarten im französischen Stil angelegt, aber schon gegen Ende des 18. Jahrhunderts in eine große Wiese umgewandelt. An das ehemalige Blumenparterre mit seinen vielen verschnörkelten Rabatten und Buchseinfassungen erinnert heute noch die tieferliegende, als Spielgrund und Liegeplatz nicht nur bei den Studierenden sehr beliebte Rasenfläche. Der Baumbestand hingegen zeigt die ursprüngliche Lage der Heckenbosketten an. Heute säumt je eine Allee aus Roßkastanien und Linden die gesamte Anlage. Wo sich ursprünglich eine große Brunnenanlage befand, errichtete man 1824 die Alte Akademie, das heutige Akademische Kunstmuseum.

NRW 199
Eigentümer/in: Land NRW, Universität Bonn
Größe: 7,5 ha
frei zugänglich
DB Bonn Hbf
U 16, 63, 66 Universität/Markt

Stadtpark / Kurpark

Koblenzer Straße, Bonn-Bad Godesberg

Die weitläufige Anlage wurde in den Jahren 1890 und 1891 vom Kölner Gartendirektor Adolf Kowallek im Stil eines Englischen Gartens angelegt, in dem markante Baumgruppen oder Einzelbäume angeordnet wurden. Der wasserzügige Niederterrassenboden, auf dem der Stadt- und Kurpark eingerichtet wurde, bietet für die Entwicklung der Bäume günstige Voraussetzungen. Immer wieder öffnen sich zwischen den Baumgruppen wunderschöne Blickachsen auf den vom Rhein freigelegten Basalthügel mit der Godesburg und auf das Kurfürstliche Ballhaus Redoute jenseits der Kurfürstenallee. Gegenüber der Stadthalle liegt der geschwungen ovale Kurparkteich mit Fontäne, um den interessante Gehölze aus fast allen Kontinenten gepflanzt sind. Westlich an die Stadthalle schließt sich im Bereich der ehemaligen Stadtgärtnerei die Trinkhalle an. Auf diesem Standort wurde 1962 die Kurfürstenquelle eingerichtet. Südlich erstreckt sich die knapp 5 Hektar große Rigalsche Wiese, benannt nach den Freiherren von Rigal-Grunwald.

NRW 200
Eigentümer/in: Bundesstadt Bonn, Servicebetrieb Stadtgrün, Berliner Platz 2, 53103 Bonn,
Tel. 0228/774230,
Fax 0228/774272
Größe: 8 ha
frei zugänglich
DB Bad Godesberg
U 16, 63 Stadthalle

NRW 201
Eigentümer/in: Bundesstadt Bonn, Servicebetrieb Stadtgrün, Berliner Platz 2, 53103 Bonn,
Tel. 0228/774230,
Fax 0228/774272
Größe: 6,5 ha
frei zugänglich
DB Bad Godesberg
U 16, 63 Stadthalle

Redoutenpark

Kurfürstenallee, Bonn-Bad Godesberg

Der Park wurde 1820 nach der Vollendung des Kurfürstlichen Ballhauses Redoute im Stil eines Englischen Landschaftsgartens angelegt und 1856 nochmals erweitert. Der leichte Anstieg markiert hier den Übergang von der breiten Niederterrassenfläche des Rheins zu den am Hang nur in schmalen Leisten oder Riegeln erhaltenen Resten verschiedener Stufen der Mittelterrasse. Im Redoutenpark findet man etliche alte und wertvolle Baumarten aus vielen Ländern.

NRW 202
Größe: 2 ha
frei zugänglich
852, 857 Mehlem Ort

Drachensteinpark

Mainzer Straße, Bonn-Bad Godesberg / Mehlem

Der rheinseitig vorgelagerte Teil des ehemaligen Parkgeländes der Villa Drachenstein ist ein Landschaftspark des 19. Jahrhunderts und liegt gegenüber dem Siebengebirge mit Blick zum Drachenfels. Die Anlage mit schloßartiger Villa wird geprägt durch einen alten Baumbestand.
Eigentümer/in: Bundesstadt Bonn,
Servicebetrieb Stadtgrün, Berliner Platz 2, 53103 Bonn,
Tel. 0228/774230, Fax 0228/774272

NRW 203
Eigentümer/in: Bundesstadt Bonn, Servicebetrieb Stadtgrün, Berliner Platz 2, 53103 Bonn,
Tel. 0228/774230,
Fax 0228/774272
Größe: 35 ha rechtsrheinisch, 125 ha linksrheinisch
frei zugänglich
66 Rheinaue (linksrheinisch)
66 Ramersdorf (rechtsrheinisch)

Rechts- und linksrheinische Rheinaue

Ludwig-Erhardt-Allee, Bonn-Gronau

Der Rheinauenpark, der sich in unmittelbarer Nähe zum ehemaligen Regierungsviertel befindet, wurde zur Bundesgartenschau 1979 von dem Landschaftsarchitekten Gottfried Hansjakob, München, geplant und ist seither als Freizeitgelände sehr beliebt. Die auf der linksrheinischen Seite landschaftsgärtnerisch gestaltete Anlage besteht in großen Teilen aus Rasenflächen und Gehölzgruppen, darunter auch die im rheinischen Auenwald heimischen Baum- und Straucharten. In ihren Formen greift die Rheinaue die Elemente der natürlichen Auenlandschaft wie Terrassenstufen, Uferkanten und Inselkörper auf. Der langgestreckte, 15 Hektar große Rheinauensee ist einem Altwasser in einer verlassenen Strömungsrinne nachempfunden. Im Park befindet sich ein Blindengarten, der mit ausgewählter Bepflanzung vor allem den Tast- und Geruchssinn schult. Sehenswert ist auch der japanische Meditationsgarten sowie ein Rosengarten mit rund 6000 Pflanzen in mehr als 30 Sorten. Im rechtsrheinischen Teil ist als Besonderheit die Anlage von rund 4000 Quadratmeter Wiesenfläche aus dem Projekt Future Garden des amerikanischen Künstlerehepaares Helen Mayer Harrison und Newton Harrison zu nennen.

Arboretum Härle

Büchelstraße, Bonn-Oberkassel

Foto: Härle

NRW 204
Eigentümer/in: Stiftung Arboretum „Park Härle", Büchelstraße 40, 53227 Bonn, Tel. 0228/249927-0, Fax 0228/249927-27, E-Mail: arboretum.haerle@t-online.de, Internet: www.aboretum-haerle.de
Größe: 4,7 ha
Öffnungszeiten: Nur im Rahmen von Führungen zugänglich! Öffentliche Führungen von März bis Okt. jeweils am 1. Samstag im Monat um 10 Uhr und am 3. Mittwoch um 17 Uhr, zusätzlich für Gruppen ab 15 Personen nach Absprache
Eintritt: frei, um eine Spende wird gebeten
🚌 62, 66: Oberkassel-Mitte
♿ nur in Teilen des Parks

Das von der Familie Härle gegründete Arboretum hat seinen Ursprung in einem 1870 angelegten Park mit zahlreichen seltenen Gehölzen. Das günstige Klima am Hang des Rheintals fördert das Gedeihen von mehr als 800 verschiedenen Bäumen und Sträuchern. Der Park gliedert sich in drei Bereiche mit unterschiedlichem Charakter. Der 130jährige Altbestand beeindruckt mit vielen Frühjahrsblühern und einer farbenfrohen Herbstfärbung unter hohen Zedern und Mammutbäumen. Der Bereich einer ehemaligen Gärtnerei wurde von der Künstlerin Maria Härle mit Koniferen, Rosen und Stauden in harmonischen Farbkombinationen gestaltet. Im hügeligen Waldpark liegt ein Teich mit Seerosen und Rhododendron als Uferbepflanzung. Seit 1998 sichert eine Stiftung den weiteren Erhalt und die Entwicklung des Parks.

Am Blauen See – Die Kunst des Gartens

Am Blauen See 27, Königswinter-Thomasberg

Der Garten verteilt sich um einen See, der in einem ausgebeuteten Basaltsteinbruch entstanden ist. Im Gesamtgelände besteht ein einseitiges Gefälle über mehrere Ebenen mit einem Höhenunterschied von 35 Metern. Im Lauf von 40 Jahren wurde duch ständiges Auslichten und behutsame Neuanpflanzungen ein ausgewogenes, spannendes Verhältnis zwischen ebenen Wiesenflächen und umgebenden Baumgruppen erzielt.

NRW 205 NEU
Größe: 4,5 ha
Anmeldung erbeten
Wegebeschreibung bei Anmeldung
P nächster Parkplatz am Obsthof Siebengebirge, Dollendorfer Straße 227, ca. 500 m entfernt
Veranstaltungen: Literatur, Musik und mehr, Mai bis Oktober, s. Internet

Eigentümer/in: Petra Forster,
Am Blauen See 27, 53639 Königswinter-Thomasberg
Tel. 0228/9899280, Fax 0228/9899210
E-mail: p.forster@am-blauen-see.de,
Internet: www.am-blauen-see.de

NRW 206
Eigentümer/in: Stadt Kreuztal
Siegener Straße 5,
57223 Kreuztal,
Größe: 1,2 ha
Tel. 02732/51264,
Fax 02732/57936,
E-Mail: info@kreuztal-kultur.de
Internet: www.kreuztal-kultur.de
frei zugänglich
🚌 1 Kreuztal-Mitte 75 Ernsdorf – Wende
P ✕ ☕ 🐕 ♿

Dreslers Park

Hagener Straße 22–30, Kreuztal

Im Zentrum Kreuztals liegen zwei Gründerzeitvillen im Stil italienischer Renaissancepalazzi mit Nebengebäuden, die früher als Fabrikantenwohnsitz dienten und heute Bürger- und Kulturzentrum sind. Die Parkanlagen entstanden um 1860. Die Gelbe Villa besitzt einen formalen Garten mit Staudenpflanzungen, die Weiße Villa einen Landschaftsgarten, der 1999 saniert wurde. Viele Elemente des späten 19. Jahrhunderts sind noch vorhanden. Neben Staudenpflanzungen und vielen Rhododendren beeindrucken die Gärten vor allem durch den alten Baumbestand, darunter die 1898 gepflanzte Bismarckeiche.
Veranstaltungen: diverse Veranstaltungen, Infos bei: Stadt Kreuztal, Tel. 02732/51264, Fax 02732/57936

NRW 207
Eigentümer/in: Stadt Siegen,
Postfach 100352,
57003 Siegen,
Tel. 0271/4040
Größe: 2,3 ha
Öffnungszeiten: Nov. bis Sept., im Sommer 7–22.30 Uhr, im Winter 7–19 Uhr
Eintritt: frei
🚌 15 Marburger Tor
Veranstaltungen: Sonntagnachmittag um 4 im Schloßgarten Musik, Tanz, Lied, Theater Mai bis Sept. Infos bei: Tel. 0271/4041285, Siegener Sommerfestival, Juni bis Juli, Kindertheater in den Ferien, Juli bis August
✕ ☕ 🐕 ♿

Parkanlage Oberes Schloß

Burgstraße, Siegen

Um den aus dem 15. Jahrhundert stammenden Gebäudekomplex des Oberen Schlosses, der über dem historischen Stadtkern auf einer Bergkuppe liegt, gruppieren sich die Schloßgärten. 1888 wurde das Gelände durch die Stadt vom Preußischen König erworben, um einen Bürgerpark zu errichten. Mit der Eröffnung des Siegerlandmuseums im Oberen Schloß wurde er zu Beginn des 20. Jahrhunderts öffentlich zugänglich. Der nach dem 2. Weltkrieg sanierte Park wurde unter Berücksichtigung der historischen Umgebung Anfang der 70er Jahre entsprechend den Bürgerbedürfnissen umgestaltet. Aufgrund der exponierten Lage kann man weite Teile der Stadt überblicken. Durch den alten Baumbestand, die gepflegten Pflanzungen und ein abwechslungsreiches Kulturprogramm sind die Schloßanlagen über die Region hinaus bekannt.

NRW 208
Größe: 0,14 ha
Eintritt: frei
Führungen: nach Voranmeldung

Rosenbogen Assinghausen

Zum Küsterland 10, Olsberg

Unter Rosenliebhabern längst ein Geheimtip ist die Rosengärtnerei in Assinghausen. Am Rande eines romantischen

Fachwerkdorfes im Hochsauerland finden Sie den liebevoll angelegten Schaugarten, mit ca. 200 Rosensorten, kombiniert mit Stauden und Clematis. Die Schwerpunkte liegen auf Ramblern und Historischen Rosen.
Eigentümer/in: Helmut und Mechthild Heidrich,
Zum Küsterland 10, 59939 Olsberg, Tel. 02962/5236,
Fax 02962/802879, E-Mail: info@rosenbogen-heidrich.de,
Internet: www.rosenbogen-heidrich.de
Öffnungszeiten: letzter Sa im März bis Ende November
Mo, Mi–Fr, 10–12.30 Uhr und 14.30–18 Uhr, Sa 10–16 Uhr

✿ Rosen, Begleitstauden
Veranstaltungen: Rosenfest
2. Wochenende im Juli, alle
2 Jahre, nächster Termin: 2007

Rheinland-Pfalz

RhPf

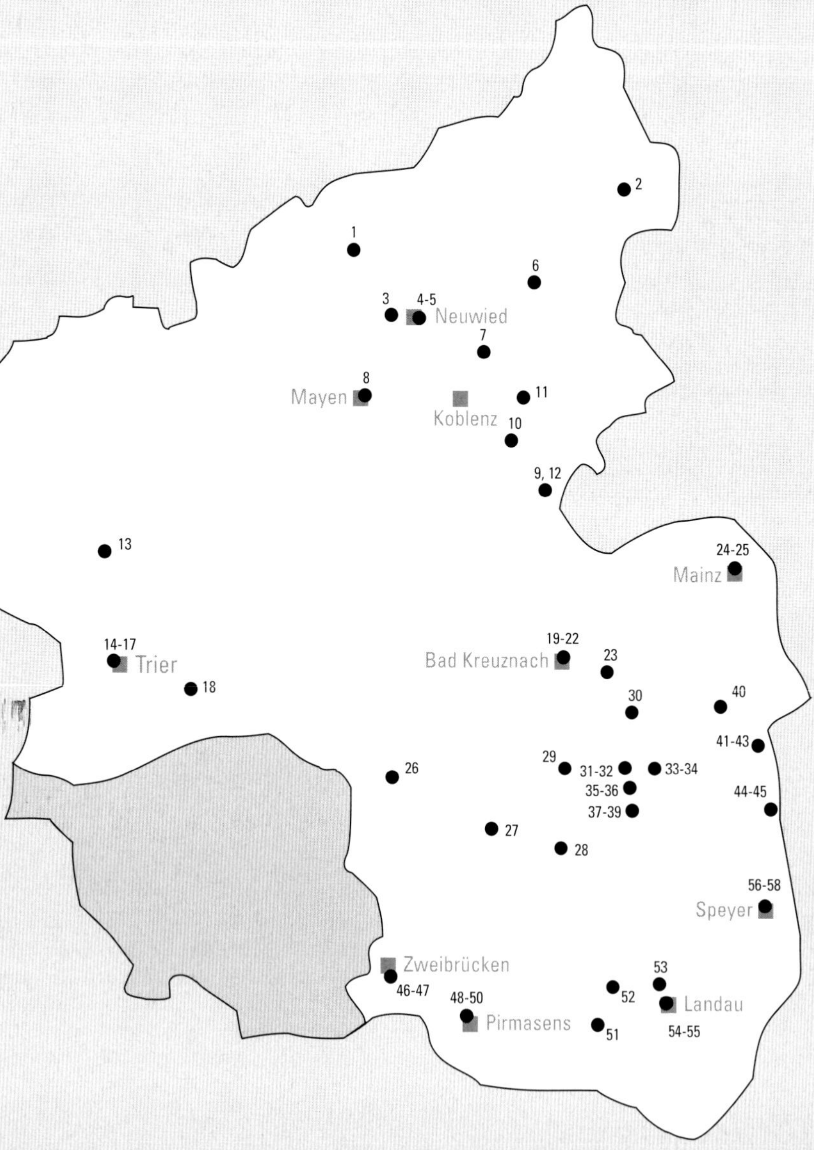

Park des Zehnthofs

Zehnthofstraße 2, Sinzig

Peter Joseph Lenné schuf von 1857 bis 1864 einen Garten und einen Park um die schloßartige Anlage Zehnthof. Im näheren Schloßbereich befindet sich ein Ziergarten mit hoher Balustrade, Doppelpergola und anschließender Orangerie und Gartensaal. Orangerie und Gartenbereich sind eine verkleinerte Kopie der Anlage von Sanssouci in Potsdam, die Lenné einige Jahre zuvor errichtet hatte. Beide Elemente wurden restauriert und befinden sich in einem guten Zustand. Der Park erstreckt sich entlang eines Höhenwegs an einem ehemaligen Weinberg. Die Treppenanlagen, Halbtürme am Hang und einige alte Bäume zeigen noch die Reste der Strukturen. Die Beete, der Teich und die Nutzgärten sind hingegen nur noch zu erahnen. Lennés Anlage um die Kirche von 1863 ist nicht mehr erkennbar. Auch der weitere Park um das Sinziger Schloß, von seinem Neffen Joseph August Lenné geplant, 100 Meter vom Kirchberg entfernt, wurde stark verändert.

RhPf 1
Eigentümer/in: Dieter Schewe (Garten),
Im Ellig 8,
53424 Remagen,
Tel. 02228/8585,
Fax 02228/8585,
Internet:
www.zehnthof-sinzig.de
Größe: Garten 900 m², Park 1 ha
frei einsehbar
DB Sinzig
P

Kurpark Bad Marienberg

Bad Marienberg

Die Kurparkanlage gliedert sich in zwei etwa gleich große Bereiche: der ältere Teil mit Musikpavillon hinter der Kurverwaltung zeichnet sich durch einen zirka 40 Jahre alten Baumbestand und mehrere, sehr vielseitige Beete mit Wechselbepflanzungen, Bereiche mit Schattenstauden und einem Staudenbeet vor dem Musikpavillon aus; der neuere Teil, die Bornwiese, besteht zum größeren Teil aus einer Streuobstwiese mit einigen älteren und zirka 30 neugepflanzten Obstbäumen. 2002 wurde hier mit Hilfe des Kneippvereins ein 460 Quadratmeter großer Apothekergarten angelegt.

RhPf 2
Eigentümer/in: Stadt Bad Marienberg,
Wilhelmstraße 10,
56470 Bad Marienberg,
Tel. 02661/7031,
Fax 02661/931747,
Internet:
www.badmarienberg.de
Größe: 3 ha
Eintritt: frei
frei zugänglich
P

Gutspark Nettehammer

Andernach

Das Gut, das seit 1836 im Besitz der Familie des Eigentümers ist, war bis zur Säkularisation klösterlich. In der zweiten Hälfte des 19. Jahrhunderts erfolgten zahlreiche Umbaumaßnahmen, u.a. auch durch den Architekten Henry van der Velde. Neben dem Landschaftspark mit schönem Altbaumbestand – viele Eichen stammen noch aus der klösterlichen Zeit – sind eine von Wasser umgebene Ruine, Eiskeller, Wasserfall, Rosengarten und Lavendelbeet bemerkenswert.
Eigentümer/in: Hermann-Viktor Luithlen,
Gut Nettehammer, 56626 Andernach,
Tel. 02636/957141, Fax 02636/957176,
E-Mail: L.Luithlen@nettehammer.de,
Internet: www.nettehammer.de

RhPf 3
Größe: 4 ha
Öffnungszeiten:
Juni bis September
Parkbesichtigung nur in Verbindung mit Führung
Führungen: nach Terminabsprache,
für Gruppen bis 25 Personen,
30 €/Gruppe
→ bei Anmeldung
P

Foto: Luithlen

RhPf 4
Größe: 1,6 ha,
4,5 ha Naturpark
Öffnungszeiten: frei zugänglich, außer Kräutergarten
Eintritt: frei
Führungen: nach Voranmeldung,
Tel. 02622/837365
evtl. Spende
Bus: Linie 2: Mo bis Fr,
Linie 12: Sa/So Königsgericht
P, Hund
i sonn- und feiertags

Ehemalige Abtei Rommersdorf

Stiftsstraße 2, Neuwied

Die ehemalige Abtei Rommersdorf wurde um 1135 von dem Prämonstratenser-Orden gegründet. Nach 1680 entstand ein Barockgarten. Der gegenüberliegende Englische Garten war ein ehemaliger Weinberg und hat einen alten Baumbestand. Seit 1976 gehört die Abtei einer Stiftung, die auch den Kräutergarten im Kreuzgang, mit einem Springbrunnen als Höhepunkt, gestaltete.
Eigentümer/in: Abtei Rommersdorf Stiftung,
Stiftsstraße 2, 56566 Neuwied
Attraktionen: Kräutergarten im Kreuzgang nur mit Führung, von Ostern bis Allerheiligen, sonn- und feiertags, 13–18 Uhr

RhPf 5
Größe: 20 ha
frei zugänglich
DB Neuwied
P, rollstuhlgerecht
Hund nur angeleint

Schloßpark Neuwied

Neuwied

Der ursprünglich regelmäßige Barockgarten wurde 1810 in einen Landschaftsgarten umgewandelt. Der Forschungsreisende Prinz Maximilian zu Wied fügte exotische Bäume hinzu, von denen nach Sturm und Hochwasser 1876 nur noch wenige vorhanden sind. Unter Beratung des Muskauer Gartendirektors Eduard Petzold erfolgte eine teilweise Umgestaltung. Professor Wiebking überplante den Park 1955. Seit 2001 wird der Landschaftsparkcharakter des Gartens mit seinen Sichtachsen wiederhergestellt. Zwei Drittel des Parks sind öffentlich zugänglich.
Eigentümer/in: Fürst zu Wied,
Schloßstraße 1, 56564 Neuwied,
Tel. 02631/39430, E-Mail: rentkammer@zuwied.net

RhPf 6
Größe: 0,2 ha
Anmeldung erbeten
Öffnungszeiten: Mai bis

Privatgarten Ziegler

Bergstraße 18, Dierdorf

Der 30 Jahre alte Garten in ländlicher Umgebung verfügt über einen alten Baumbestand. Eine Umgestaltung des Gartens

erfolgte 1993 nach den Plänen der Eigentümerin, die hier ihr Büro für Gartenarchitektur betreibt. Gestaltungsakzente werden durch Trockenmauern, Treppenanlagen, verschiedenartige Pflasterungen – vorwiegend aus Natur- und Ziegelstein –, Pergolen, Fassadenbegrünung und eine Teichanlage gesetzt. Der Nutzgarten dient der Selbstversorgung der Familie. Zentraler Punkt des Gartens ist das 1998 fertiggestellte Gartenhaus mit Dachbegrünung.
Eigentümer/in: Dipl.-Ing. Sonja Ziegler, Bergstraße 18, 56269 Dierdorf, Tel. 02689/1239, Fax 02689/971174, E-Mail: info@garten-architektur.de, Internet: www.garten-architektur.de
Veranstaltungen: Ausstellung Gartenkunst bei Nacht, div. Kurse und Workshops, Programm gegen Rückporto

September
Eintritt: frei
Führungen: nach Voranmeldung
DB Neuwied
Bus stündlich bis Dierdorf, Obertor
→ Autobahn A3, Ausfahrt Dierdorf, in Dierdorf am zweiten Kreisverkehr rechts Richtung Selters, 2 km, im Ortsteil Brückrachdorf
1. Straße links, 1. Straße rechts

Schloßpark und Burgberg Sayn

Schloßstraße, Sayn

Der Schloßpark entstand 1848 bis 1850 unter Fürst Ludwig zu Sayn-Wittgenstein-Sayn und bezog die oberhalb gelegene romantische Ruinenlandschaft mit der im Dreißigjährigen Krieg zerstörten Stammburg der Sayner Grafen und anderer Burgmannensitze mit ein. Der Schloßpark wird auf natürliche Weise eingerahmt durch die Bäche Sayn und Brex, die sich am westlichen Ende des Parks vereinen, sowie durch Mauern und Halsgraben der Burg Sayn. Leider ist die Parkanlage z. Z. noch von einer Straße durchschnitten und die verbindende große Freitreppe vor dem Schloß fehlt. Verantwortlich für die Planung im Stil des Englischen Gartens war der Nassauische Hofgärtner Karl Friedrich Thelemann. Die Ausführung lag bei den Brüdern Heinrich und Nikolaus Siesmayer. Zu den Attraktionen des Parks zählen heute ein bemerkenswerter Bestand seltener alter Bäume, eine ehemalige Kunstgrotte, die sogenannte Löwengrube, zwei Weiher mit Fontäne sowie die aufgestellten Kreuzwegstationen aus Eisenkunstguß der Sayner Hütte. Vom Burgberg genießt der Besucher den Blick über die Koblenz-Neuwieder Rheinebene auf die Berge der Vulkaneifel.
Eigentümer/in: Alexander Fürst zu Sayn-Wittgenstein-Sayn, Schloßstraße 100, 56170 Sayn, Tel. 02622/90240, Fax 02622/902425, E-Mail: schloss@sayn.de, Internet: www.sayn.de

RhPf 7
Größe: 10 ha
Schloßpark frei zugänglich
Attraktionen: Garten der Schmetterlinge, Glashäuser mit freifliegenden tropischen Schmetterlingen, Chinesischen Zwergwachteln, Koi-Karpfen, Schildkröten,
Anfang März bis Ende November geöffnet,
Eintritt 6 €/Erw.,
Infos unter Tel. 02622/15478, Fax 02622/15479,
E-Mail: schmetterlinge@sayn.de
Bus 8, KEVAG Schloß Sayn
Veranstaltungen: Exkursionen mit Schwerpunkt Vogelwelt, Fledermäuse und Baumbestand 1 bis 2 Mal/Jahr
Flugvorführungen der Falknerei, täglich außer Mo, 3,50 €

Gärten am Schloß Bürresheim

Mayen / Eifel

Südlich des Schlosses Bürresheim liegen zwei Terrassengärten. Die unregelmäßig rechteckige Terrasse vor der Südfront des Schlosses wurde im 17. Jahrhundert angelegt. Das zentrale, vierpassige Fontänenbecken und die Geißblattlaube stammen

RhPf 8
Eigentümer/in: Burgen, Schlösser, Altertümer Rheinland-Pfalz
Festung Ehrenbreitstein, 56077 Koblenz,

örtliche Adresse,
Schloßverwaltung Bürresheim,
56727 Mayen,
Tel. 02651/76440,
Fax: 02651/902410
Größe: 0,2 ha
Eintritt: 2,60 €,
ermäßigt 1 € für Kinder
→ Ca. 5 km nordwestl. von Mayen, Landstraße von Mayen nach Weibern Beschilderung folgen
P

ebenfalls aus dieser Zeit. Nach einer Abbildung auf einem Gemälde des Schlosses von 1711 wurden 1965 Rasenbeete mit Buchs und Eibenpyramiden rekonstruiert. Auch die regelmäßige Beetaufteilung des ehemaligen Wirtschaftsgartens auf der zweiten, rechteckigen Terrasse südöstlich des Schlosses ist das Ergebnis der Rekonstruktion von 1965. Die Gartenterrassen der ältesten erhaltenen Gartenanlage im Land Rheinland-Pfalz sind nicht zugänglich, sondern nur von oben aus dem Schloß beziehungsweise vom Anfahrtsweg aus zu betrachten.
Öffnungszeiten Schloß: Jan., Feb., März, Okt., Nov. 9–17 Uhr, April bis Sept. 9–18 Uhr, Dez. geschlossen

RhPf 9
Eigentümer/in: Staatsbad Bad Ems GmbH, Römerstraße 1,
56130 Bad Ems,
Tel. 02603/973143,
Fax 02603/973100,
E-Mail: sbbe@staatsbad-badems.de,
Internet:
www.staatsbad-badems.de
Größe: 7 ha
frei zugänglich
Führungen: nach Voranmeldung April bis September
DB Bad Ems
P gebührenpflichtig
Veranstaltungen, Jacques Offenbach Festival / Brückenfestival, Anfang Juni bis Mitte Juli
Infos bei
Tel. 02603/973119,
Fax 02603/973100
Open Air Operngala
Musik- und Showprogramm, Schlemmermeile

Kurpark Bad Ems

Römerstraße / Lahnufer-Promenade, Bad Ems

Foto: Bernd Plenz

Der im 19. Jahrhundert entstandene Kurpark gliedert sich in zwei Teile. Ein der Spielbank vorgelagerter geometrischer Bereich mit drei Achsen, Rosen-, Blumenbeeten und Springbrunnen ist auf ein Kaiser-Wilhelm-Denkmal ausgerichtet. Zu beiden Seiten verlaufen Alleen mit heckenumsäumten Sitznischen. Der anschließende Landschaftsgarten enthält alten Baumbestand, darunter eindrucksvolle Solitärgehölze. Bemerkenswert sind die Sichtbeziehungen zur gegenüberliegenden russischen Kapelle und zur parallel verlaufenden Lahn.

RhPf 10
Größe: 0,1 ha
Anmeldung für Gruppen erbeten unter
Tel. 02627/206 oder
Fax 02627/8866
Eintritt: 4,50 €, Kinder frei bis 6 Jahre, Kinder und Jugendl. 6–18 Jahre 3,50 €,

Gärten der Marksburg

Braubach

1786 legte der Kommandant der im 12. Jahrhundert errichteten Marksburg im oberen Zwinger ein Barockgärtlein an, dessen Grundriß noch in dem zu Beginn des 19. Jahrhunderts von Hill gefertigten Plan zu erkennen ist. 1969 wurde von Karl Müller der Botanische Schau- und Lehrgarten mit Pflanzen des Mittelalters angelegt. Er umfaßt folgende Abteilungen: Hexen- und Zauberpflanzen sowie Pflanzen des Aberglaubens, das Lustgärtlein, Heil- und Würzpflanzen nach Hildegard von

Bingen und Pflanzen des *Capitulare de villis et curtis imperialibus*, eine um 800 nach Christus erschienene Anweisung zum Betrieb königlicher Güter und Königshöfe.
Eigentümer/in: Deutsche Burgenvereinigung e.V., Marksburg, 56338 Braubach, Tel. 02627/536, Fax 02627/8866
Öffnungszeiten: ganzjährig geöffnet,
im Sommer 10–17 Uhr, im Winter 11–16 Uhr
Führungen: Sommersaison: Führungen finden laufend statt, Wintersaison: Führungen jeweils zur vollen Stunde, Preis im Eintritt enthalten

Gruppen
ab 20 Personen ermäßigt
DB Braubach
Marksburg-Express
P auch für Busse

Skulpturengarten Thiesmeyer

Am Viktoriastollen, Kaub am Rhein

Der Garten um das restaurierte Betriebsgelände einer stillgelegten Schiefergrube zwischen Kaub und Weisel gliedert sich in zwei Bereiche. Auf der Hoffläche befindet sich ein Topfgarten in großen, handgearbeiteten Töpfen als Nutzgarten, Immergrünen-, Rank- und Sommergarten. Über dem Wasserreservoir liegt ein südlich anmutendes Staudenbeet. Der terrassierte Garten hinter dem Haus mit altem Baumbestand hat einen naturnahen Charakter. Viele große und kleine Skulpturen aus dem Atelier des Besitzers machen den wildromantischen Garten spannend und auch geheimnisvoll.
Eigentümer/in: Beate Thiesmeyer, Michael Sälzer,
Am Viktoriastollen, 56349 Kaub am Rhein,
Tel. 06774/1452, Fax 06774/8111
Veranstaltungen: Kunst- und Gartenausstellung, Aktionen, Wildstaudenmarkt, kleines Café, Sommeranfang und die letzten zwei Wochenenden im September

RhPf 11
Größe: 0,2 ha
Anmeldung für Gruppen erbeten
Öffnungszeiten: Mai bis Okt. 9–12 Uhr, 14.30–18 Uhr
Eintritt: frei
Führungen: nach Voranmeldung
DB Kaub/Rhein
→ Besucher, die mit der Bahn kommen, müssen vom Bahnhof abgeholt werden (3 km steil bergan).
P
nur zu den Veranstaltungen

Klostergarten der Minoriten

Oberwesel

Im Rahmen einer Gebäudesanierung entstand auf dem ehemaligen Klostergartengelände, teilweise auf einer Tiefgarage, ein intensiv gestalteter Garten. Der Ziergarten mit einem als Rosenrondell gestaltetem Wegekreuz blüht fast das ganze Jahr. Er geht über in einen parkartigen Randbereich mit älteren Gehölzen. Optisch geschickt einbezogen sind die angrenzenden Ruinen der mittelalterlichen Kirche und der Blick über die Altstadt.
Eigentümer/in: Anton Heinrich Hütte, Oberstraße 11, 55430 Oberwesel, Tel. 06744/8884, Fax 06744/711027

RhPf 12
Größe: 0,15 ha
Anmeldung erbeten
Öffnungszeiten: Mai bis September
Eintritt: frei
DB Oberwesel
Im Sommer Linienschiffe auf dem Rhein

Schloßgarten Malberg

Schloßstraße 45, Malberg

Um die zu Beginn des 18. Jahrhunderts zum Schloß erweiterte mittelalterliche Burg Malberg ließ Johann Werner von Veyder

RhPf 13
Größe: 0,25 ha
Besichtigung im Rahmen einer Schloßführung von April bis

Oktober möglich, Auskunft: Tourist-Info Kyllburger Waldeifel, Tel. 06563/930243, E-Mail: touristinfo@ kyllburg.de, Preis 3 €, Kinder frei bis 16 Jahre
DB Kyllburg
Bus 4377 Malberg
P

mehrere barocke Gartenterrassen errichten. Der von Mauern umgebene Eiserne Garten hat noch die ursprüngliche Aufteilung in vier Kompartimente mit einem Brunnen im Wegekreuz. Eine von zwei Eckpavillons eingefaßte, schmale Terrasse wird von einer Balustrade zum Runden Garten begrenzt. Dieser Gartenteil schließt die gesamte Anlage halbkreisförmig ab. Auch hier ist ein Brunnenbecken Zentrum des Wegekreuzes.
Eigentümer/in: Verbandsgemeinde Kyllburg, Marktplatz 8, 54655 Kyllburg, Tel. 06563/59129, Fax 06563/59220, E-Mail: vgv-kyllburg@t-online.de

RhPf 14
Eigentümer/in: Stadt Trier, Grünflächenamt, Gärtnerstraße 62, 54292 Trier, Tel. 0651/7181670, Fax 0651/7181678
Größe: 5,3 ha
frei zugänglich
Bus 2, 6, 21, 26 Weberbachstraße
30, 31, 33 Mustorstraße
P gebührenpflichtig in den Straßen der Umgebung

Palastgarten

Weberbach / Weimarer Allee, Trier

Der Palastgarten liegt im Herzen der Stadt, eingebettet zwischen dem Kaiserlich-Römischen Palast, der Basilika und der heutigen Kirche der evangelischen Gemeinde, dem Kurfürstlichen Palais im Renaissancestil sowie an Resten der Stadtmauer. Im Süden wird er durch die Römischen Kaiserthermen begrenzt. In seiner ursprünglichen Konzeption im Auftrage des Kurfürsten Philipp von Walderdorff Mitte des 18. Jahrhunderts entworfen, wurde er nur in ganz kleinen Teilen verwirklicht. Nach einer sich anschließenden, sehr wechselhaften Nutzung stiftete Franz Weißebach 1937 den Park der Stadt Trier. In seiner jetzigen Form entstand der Park nach 1945 auf der Grundlage von historischen Plänen. In Form geschnittene Hainbuchenhecken gliedern die Anlage, die barocke Stilelemente und eine Vielzahl von über 200 Jahre alten Steinfiguren griechischer Gottheiten besitzt. Für Kinder ist ein reichhaltiges Spielangebot für verschiedene Altersgruppen vorhanden. Unter einem Teil des Palastgartens befindet sich eine mehrstöckige Tiefgarage, die von außen nur an den Treppenzugängen und der seitlich angeordneten Ein- und Ausfahrt erkennbar ist. Innerhalb des Parks befinden sich Wasserspiele in verschiedenster Form, so eine zirka 8 Meter hohe Fontäne unmittelbar gegenüber den Kaiserthermen, ein Wasserspiel in barocker Brunnenfassung, Quellfontänen im Langbecken und ein begehbarer Brunnen mit sechs radial angeordneten Fontänen, die in der Mitte zusammentreffen.

RhPf 15
Eigentümer/in: Stadt Trier, Grünflächenamt, Gärtnerstraße 62, 54292 Trier, Tel. 0651/7181670, Fax 0651/7181678
Größe: 8,5 ha
frei zugänglich

Mattheiser Weiher

Arnulfstraße / Auf der Weismark, Trier

1950 entstanden, hat sich auf ehemals landwirtschaftlich genutzten Flächen ein Erholungspark entwickelt, dessen landschaftliche Gestaltung im wesentlichen vom Mattheiser Weiher und vom Caspay-Weiher sowie einem teilweise über 150 Jahre alten Baumbestand geprägt wird. Entlang des Caspay-Weihers befindet sich ein einmaliger und unter Naturschutz stehender Speierling-Bestand. Zwischen den Weihern liegt ein Kinderspielplatz.

🚌 3, 15 Kyrianderstraße
🅿 gebührenpflichtig in den Straßen der Umgebung

Nells Park

Dasbachstraße, Verteilerring, Trier

Im äußersten Norden der Stadt Trier gelegen, wurde der Nells Park hergestellt und finanziert durch Nikolaus von Nell, Kanonikus am Stift von St. Paulin. Für den 1801 unter großem finanziellem und personellem Aufwand fertiggestellten Park wurde ein ehemals sumpfiges Gelände teilweise trockengelegt und im frühromantisch englisch-holländischen Stil gestaltet. Der Park wird geprägt von einem alten und artenreichen Baumbestand, der im 2. Weltkrieg stark in Mitleidenschaft gezogen wurde. Von der östlichen Seite her speist ein natürlicher Bachzulauf die ausgedehnte Teichanlage. Bei der Trockenlegung des Geländes entstanden mehrere Inseln, auf denen sich im Laufe der Jahre ein bedeutender Rhododendrenbestand entwickelte. Der Bach fließt entlang der alten Gutsschrotmühle, welche bis 1918 in Betrieb war. Ökonomiegebäude und Orangerie sind ebenfalls noch vorhanden, wenn auch mittlerweile einer anderen Nutzung zugeführt. Eine moderne in den Park integrierte Hotelanlage ergänzt die historischen Bauwerke. Auf der Grundlage eines kleinen Rosengartens aus den 1960er Jahren wurde 1982 ein neuer Rosengarten geschaffen, in dem über 6000 Rosenstöcke in 400 Sorten blühen.

RhPf 16
Eigentümer/in: Stadt Trier, Grünflächenamt, Gärtnerstraße 62, 54292 Trier, Tel. 0651/7181670, Fax 0651/7181678
Größe: 10,2 ha
frei zugänglich
🚌 30, 35 Verteilerring
🅿

Landesgartenschau Trier 2004 / Petrisberg

Sickingenstraße, Trier

Aus der Landesgartenschau Trier 2004 entwickelte sich ein intensiv genutzter Sport- und Spielpark mit zahlreichen Spielangeboten für alle Sinne. Gärtnerisch sind neben den Staudenbändern vor allem die zahlreichen Sondergärten, wie Japanischer Garten, Römischer Garten, Garten der Region und die Gärten der Partnerstädte Weimar, Luxemburg, Metz (Frankreich), Gloucester (Großbritannien), Ascoli Pieceno (Italien). Pula (Kroatien), Herzogenbusch (Niederlande) und Fort Worth (USA) interessant.
Eigentümer/in: Stadt Trier, Landesgartenschau Folgegesellschaft Augustinerhof, 54224 Trier, Tel. 0651/7181670, Fax 0651/7181678, Internet: www.trier.de

RhPf 17 NEU
Größe: 2,65 ha
Eintritt: frei
Öffnungszeiten: April–Oktober
im Sommer: 9–22 Uhr
Frühjahr/Herbst: 9–20 Uhr
DB Trier
🚌 4 Wissenschaftspark Petrisberg
🅿

Privatgarten Mathow

Zur Borwiese 8, Beuren-Prosterath

Der Garten besteht aus zwei unterschiedlichen Teilen. Der Wohngarten mit Terrasse, Staudenhang und Teich wird ergänzt

RhPf 18
Größe: 0,14 ha
Anmeldung erbeten
Öffnungszeiten: Mai bis

September
Eintritt: frei
→ bei Anmeldung
P ♿

von einem symmetrisch angelegten Bauerngarten mit Buchsbaumumgrenzung, in dem Gemüse und ein- und zweijährige Sommerblumen wachsen.
Eigentümer/in: Dr. Helmuth Mathow, Zur Borwiese 8, 54413 Beuren-Prosterath, Tel. 06586/234, Fax 06586/99066

RhPf 19
Größe: 3 ha
frei zugänglich
Attraktionen:
Sole-Zerstäuberanlage, alter Baumbestand, Wechsel-/Blütenflor Sommer
DB Bad Kreuznach
Bus 8, 10 Kreisverwaltung, Badeallee
P ✕ ☕ ♿
Veranstaltungen: Kurkonzerte, Sommer, Infos bei:
Tel. 0671/836000,
Fax 0671/8360080

Kurpark Bad Kreuznach

Badeallee / Kurhausstraße, Bad Kreuznach

Als Lustgarten der Pfälzer Kurfürsten angelegt, ging der Park 1834 in den Besitz der Solbäder AG über und wurde einige Jahre später in einen Kurpark umgewandelt. Seit dem Neubau des Kurhauses 1913 ist der Park in seinen Grundstrukturen erhalten geblieben. Der Konzertplatz mit Tanzfläche, Springbrunnen und zahlreiche Wechselbepflanzungen machen den mit alten Bäumen bestandenen Park zu einem beliebten Ausflugsziel.
Eigentümer/in: Stadt Bad Kreuznach,
Grünflächen- und Umweltamt,
Viktoriastraße 13, 55529 Bad Kreuznach,
Tel. 0671/800745, Fax 0671/800767

RhPf 20
Größe: 8 ha
frei zugänglich
Attraktionen: zwei Fontänen im Sommer
DB Bad Kreuznach
Bus 4 Schloßpark
P 🐕 ♿

Schloßpark Bad Kreuznach

Dessauer Straße, Bad Kreuznach

1775 ließ Henriette von Anhalt-Dessau um das nach seinen späteren Besitzern Puricelli-Schlößchen genannte Schloß einen Rokokogarten anlegen, den die neuen Besitzer nach 1855 zu einem Landschaftsgarten umwandeln ließen. 1903 ging der Park in den Besitz der Max-Planck-Gesellschaft über, 1977 in den der Stadt, die ihn kurze Zeit später umgestaltete und als Arboretum der Öffentlichkeit zugänglich machte. Der größte Teil der Fläche wird extensiv als Wald und Wiese gepflegt.
Eigentümer/in: Stadt Bad Kreuznach, Grünflächenamt,
Viktoriastraße 13, 55543 Bad Kreuznach,
Tel. 0671/800745, Fax 0671/800767,
E-Mail: gruenflaechen-amt@bad-kreuznach.de,
Internet: www.bad-kreuznach.de

RhPf 21
Größe: 1 ha
frei zugänglich
DB Bad Kreuznach
Bus 8, 10 Oranienpark
P gebührenpflichtig
Veranstaltungen:
Musikalische Darbietungen im Musikpavillon, Infos bei:

Oranienpark Bad Kreuznach

Salinenstraße / Kaiser-Wilhelm-Straße, Bad Kreuznach

Der Park, 1934 nach Plänen des ehemaligen Essener Gartendirektors Rudolf Korte gestaltet, ist mit Rosarium, Stauden, Blumenbeeten, Seerosenbecken und Kinderspielplatz ausgestattet. Nach langen Jahren mangelnder Pflege wurde die Bepflanzung des Tiefgartens mit Wasserbecken 1995 ergänzt.

Eigentümer/in: Stadt Bad Kreuznach, Grünflächenamt, Viktoriastraße 13, 55543 Bad Kreuznach, Tel. 0671/800745, Fax 0671/800767, E-Mail: gruenflaechen-amt@bad-kreuznach.de, Internet: www.bad-kreuznach.de

Tel. 0671/836000,
Fax 0671/8360080

Kirschsteinanlage

Bad Kreuznach

Der kleine, neu entstandene Park, benannt nach einem früheren Bürgermeister, liegt idyllisch am Rande der Innenstadt im inneren Mündungsbogen des Mühlgrabens in die Nahe. Das Ufer entwickelt sich aus einer breiten, zwischen Natursteinmauern eingespannten Freitreppe zu hochgelegenen Sitzstufen, auf deren höchsten Terrasse ein Mahnmal für den örtlichen Holocaust steht. Die weiten Rasenflächen sind von Kirschbäumen überstellt, die mit ihrer weißen Blütenpracht und der feurigen Herbstfärbung für Höhepunkte im Frühling und Herbst sorgen. Eigentümer/in: Stadt Bad Kreuznach, Grünflächenamt Viktoriastraße 13, 55543 Bad Kreuznach, Tel. 0671/800745, Fax 0671/800767, E-Mail: gruenflaechen-amt@bad-kreuznach.de, Internet: www.bad-kreuznach.de

RhPf 22
Größe: 0,6 ha
frei zugänglich
Attraktionen: Nahekanzel, kleine Plattform über dem sog. Mühlenteich
DB Bad Kreuznach
1 Wilhelmstraße
P gebührenpflichtig

Arboretum JUWÖ

Ziegelhüttenstraße, Wöllstein

Die Parkanlage mit einer Vielzahl unterschiedlichster Bäume, Sträucher und Gräser besteht aus einem öffentlichen und einem privaten Teil. Erde, Wasser, Luft und Feuer – die vier Grundelemente der Natur – sind die Rohstoffe für die Ziegeleiproduktion. Diese besondere Beziehung war der Grundstock für das Anlegen des Arboretums zu Beginn der 90er Jahre. Verteilt über das Gelände sind Skulpturen aus Granit, Marmor und Sandstein ausgestellt.

RhPf 23 NEU
Eigentümer/in:
JUWÖ Porotonwerke, Ziegelhüttenstr. 40–44, 55597 Wöllstein,
Tel. 06703/910110,
Fax 06703/910139,
E-mail: poroton@juwoe.de,
Internet: www.juwoe.de
Größe: 1 ha
frei zugänglich
P

Botanischer Garten der Johannes Gutenberg-Universität Mainz

Anselm-von-Bentzel-Weg 9, Mainz

Der noch junge Botanische Garten aus dem Jahr 1950 dient vorwiegend der Forschung und Lehre. Das Freiland enthält eine große Systematische Abteilung, ein Arboretum mit einer Gymnospermenabteilung und einen Steppenwald. In einer Steppenanlage werden auch vom Aussterben bedrohte Pflanzen in Erhaltungskulturen gezogen. In der Biologischen Abteilung befindet sich eine der größten Pergolen Europas, die mit zahlreichen Rank-, Kletter- und Windepflanzen der nördlichen Hemisphäre bepflanzt ist. Ein Arzneipflanzengarten und ein

RhPf 24
Größe: 10 ha
Öffnungszeiten: ganzjährig geöffnet,
Freianlagen 7.30–18 Uhr,
Gewächshäuser: 10–15 Uhr
Attraktionen: Tropisches Nutzpflanzenhaus Juli bis September
Eintritt: frei
Führungen: nach Voranmeldung, kostenlos
6, 6A, 56, 64, 65 Universität

→ Mit PKW Einfahrt in die Universität nur an Sonn- und Feiertagen sowie samstags möglich.
P ♿
Veranstaltungen: Wechselnde Sonderausstellungen

Alpinum vervollständigen das Freilandangebot. Ein Teil der Gewächshäuser ist für Besucher zugänglich, darunter Tropenhäuser, das Sukkulentenhaus und das Haus für tropische Nutzpflanzen, das in der kalten Jahreszeit zur Überwinterung der Kübelpflanzen dient.
Eigentümer/in: Universität Mainz,
Saarstraße 21, 55122 Mainz,
Tel. 06131/3922251, Fax 06131/3923524,
E-Mail: botanischergarten@uni-mainz.de,
Internet: www.uni-mainz.de/FB/Biologie/Botanikspeziell/SpezBot.html

RhPf 25
Eigentümer/in: Stadt Mainz, Grünamt, Geschwister-Scholl-Straße 4, 55131 Mainz,
Tel. 06131/123321,
Fax 06131/123357
Größe: 11 ha
frei zugänglich
Pflanzenschauhäuser und Vogelhaus:
ganzjährig geöffnet,
im Sommer 9–19 Uhr,
im Winter 9–16 Uhr
Eintritt: frei
🚌 60, 61, 62, 63 Stadtpark
Ⓢ Südbahnhof
P ✕ ☕ 🐕 ♿
Veranstaltungen: Ausstellung im Blütenhaus, alle vier Wochen
Infos bei: Touristik Centrale Mainz, Tel. 06131/286210
Mainzer Weinmarkt
Ende August / Anfang Sept.

Stadtpark Mainz

Karl-Weiser-Straße / Unterer Michelsbergweg, Mainz

Ein an der Stelle des heutigen Stadtparks gelegenes Schloß Favorite mit barockem Garten wurde 1793 total zerstört.
Ab 1820 begann nach den Plänen des Mainzers Peter Wolff die Gestaltung der Neuen Anlagen, die aber in den folgenden Jahrzehnten wieder verwilderten. 1888 erhielt der Park durch die Gartenarchitekten Gebrüder Siesmayer seine heutige Gestalt. Neben einer großen Restaurationsterrasse wurde 1892 das Palmenhaus gebaut. In Verbindung mit einer Rosenschau entstand 1925 der bis heute in seiner Struktur erhaltene Rosengarten mit 7500 Rosen.
Nach Beseitigung der Kriegszerstörungen bis 1950 wurden Teile des Stadtparks 1962 anläßlich der 2000-Jahres-Feier der Stadt umgestaltet, ein modernes Café, heute Hotel, mit vier Gewächshäusern und einem Vogelhaus mit Innen- und Außenvolieren gebaut. Der an den Stadtpark anschließende Volkspark ist ein Freizeit- und Ausstellungsgelände mit zahlreichen Spiel- und Sportmöglichkeiten.

Kräutergarten auf Burg Lichtenberg

Zehntscheune, Thallichtenberg

Der Kräutergarten ist nach dem Vorbild des St. Gallener Klostergartens aus der Zeit um 820 gestaltet worden. In 24 schmalen, rechteckigen Beeten, die durch Rasenwege erschlossen werden, sind die 24 wichtigsten Kräuter und Heilpflanzen jener Zeit aufgepflanzt.

Eigentümer/in: Landkreis Kusel, Kreisverwaltung Kusel – Burg Lichtenberg, Trierer Straße 49–51, 66869 Kusel, Tel. 06381/8429, Fax 06381/40429, E-Mail: Burg-Lichtenberg@t-online.de

Öffnungszeiten: ganzjährig geöffnet, am Infostand des Museums Zehntscheune ist Schlüssel erhältlich, im Sommer 10–17 Uhr, im Winter 10–12 Uhr, 14–17 Uhr

RhPf 26

Größe: 130 m^2

Anmeldung für Gruppen erbeten

Eintritt: frei

Führungen: nach Voranmeldung im Rahmen von Burgführungen

DB Kusel

Bus 6539, 6542 Burg Lichtenberg

P ✗ 🐕 ⓘ

Privatgarten Barth

Zum Sängerhain 14, Trippstadt

Foto: Barth

Auf dem Gelände sind unter besonderer Berücksichtigung des vorhandenen alten Baumbestandes verschiedene Gartenräume verwirklicht, so zum Beispiel ein Italienischer Garten, ein im Kiefernwald befindlicher Japanischer Garten mit Teich und kleinem Wasserfall sowie der größte Teil des Grundstücks im englischen Landschaftsstil, in dem sich auch der neu gestaltete Weiße Garten befindet. Das große Adlerfarnvorkommen verbindet die unterschiedlichen Gartenbereiche harmonisch miteinander. Das Herzstück ist der am Wohnhaus gelegene Italienische Garten, welcher im Sommer durch seine ausgewogene Staudenpflanzung und im Winter durch seine strenge architek-

RhPf 27

Eigentümer/in: Christian Barth, Zum Sängerhain 14, 67705 Trippstadt, Tel. 06306/2971, E-Mail: Privatgarten.Barth@t-online.de

Größe: 0,7 ha

Anmeldung erbeten

Öffnungszeiten: Mai bis Sept.

Eintritt: 4 €

Führungen: nach Voranmeldung, für Gruppen bis 20 Personen

DB Kaiserslautern

Bus 6512 Trippstadt Denkmal

P ⓘ ✿

tonische Form die Blicke auf sich zieht. Eine Klinkermauer mit Nischen, in denen sich Büsten und Wandreliefs befinden, bildet den Abschluß dieses mediterranen Raumes. Eibenhecken und das Wohnhaus grenzen den klassischen Garten zu den anderen Seiten hin ab. Eine viktorianische Orangerie aus England perfektioniert das private Gartenreich.

RhPf 28 NEU
Größe: 0,22 ha
Anmeldung erbeten
Eintritt: 2 €,
Kinder frei bis 12 Jahre,
Gruppen 2 €/Person
Führungen: nach Voranmeldung
Gruppen bis 25 Personen
Öffnungszeiten:
April – Dezember
Veranstaltungen:
Konzerte, Ausstellungen, Weihnachtsmarkt
☕ bei schönem Wetter jeden Sonntag, sonst auf Bestellung
P 🐕 ♿ ℹ ✿

La Nuova Vita

Weidenhof 5, Leistadt – Wochenendgebiet Rotsteige

Der große Garten erhält sein mediterranes Flair durch zahlreiche Mauern und Bögen im Terracottaton und viele eingestreute Accessoires. Neben zahlreichen Stauden sorgen Englische Rosen für Farbakzente.
Eigentümer/in: Christa und Wolfgang Meyer, Postf. 1443, 67088 Düw, Tel. 06322/65940, Fax 06322/956830, E-mail: la-nuova-vita@t-online.de

RhPf 29 NEU
Eigentümer/in: Magdalena und Robert Schindler,
Schulstraße 7,
67725 Breunigweiler,
Tel. 06357/509716,
E-mail:
magdalenaschindler@gmx.de,
Internet:
www.magdalena-schindler.de
Größe: 0,25 ha
Anmeldung erbeten
Eintritt: frei
Öffnungszeiten: Juni
P

Privatgarten Schindler

Schulstraße 7, Breunigweiler

Natur-Mischgarten ist die passende Bezeichnung für dieses große Grundstück mit verschiedenen Ebenen am Hang mit Wiesen, Rasen, alten Obstbäumen und Koniferen,Teich und Steinmauer. Im alten Sandsteingebäude ist eine Kunstgalerie untergebracht.

Schloßgarten Kirchheimbolanden

Dr.-Edeltraud-Sießl-Allee, Kirchheimbolanden

Der Schloßgarten entstand um 1738 unter Fürst Carl August von Nassau-Weilburg. Zusammen mit dem Schloßneubau wurde der Park nach Vorbild des Heidelberger Schlosses im barocken Stil angelegt. Sein heutiges Erscheinungsbild erhielt er ab etwa 1889. Dem damaligen Zeitgeist entsprechend ließ der neue Besitzer Dr. Heinrich von Brunck, Vorstandsvorsitzender der BASF Aktiengesellschaft in Ludwigshafen, den Schloßpark von der Frankfurter Gartenbaufirma Gebrüder Siesmayer umgestalten. Im Sinne Sckells, Lennés und Meyers entstand ein ausgewogenes Gesamtkunstwerk, das die einzelnen Parkteile Terrassengarten, Parterregarten und Obstgarten ergänzte und harmonisch miteinander verband. Zahlreiche Baum- und Straucharten machen den Schloßpark, der seit 1941 im Besitz der Stiftung ist, zu einer botanischen Besonderheit.

RhPf 30
Eigentümer/in: Dr.-Heinrichvon-Brunck-Gedächtnis-Stiftung, BASF,
67056 Ludwigshafen am Rhein,
Anilinstraße 6–8,
Tel. 0621/6048328,
Fax 0621/6045274
Größe: 8 ha
frei zugänglich
🚌 alle Linien Kreisverwaltung, Hitzfeldstraße
🅿 🐕 ♿

Stadtpark Grünstadt

Grünstadter Berg, Grünstadt

Westlich des Stadtgebietes am Haardtrand gelegen mit herrlicher Aussicht über die Rheinebene bis zu den Ausläufern des nördlichen Schwarzwalds und des Odenwalds sowie Teile des Nordpfälzer Berglands lädt der überwiegend naturbelassene Stadtpark mit vielen Spazier- und Wanderwegen auch in die angrenzenden Weinberge ein.
Eigentümer/in: Stadt Grünstadt, Stadtverwaltung, Kreuzerweg 2, 67269 Grünstadt, Tel. 06359/805240, Fax 06359/85688, E-Mail: stadt.gruenstadt@t-online.de, Internet: www.gruenstadt.de

RhPf 31
Größe: 20,8 ha
frei zugänglich
Attraktionen: Kneipp-Anlage
DB Grünstadt
🅿 🍴 🐕 ♿

St.-Peters-Park

Asselheimer Straße, Grünstadt

In Stadtzentrumsnähe liegt die kleine Anlage mit altem Baumbestand, Spielplatz und Spielwiese, Vogelvoliere und Wasserbecken sowie einem napoleonischen Kriegerdenkmal.
Eigentümer/in: Stadt Grünstadt, Stadtverwaltung, Kreuzerweg 2, 67269 Grünstadt, Tel. 06359/805240, Fax 06359/85688, E-Mail: stadt.gruenstadt@t-online.de, Internet: www.gruenstadt.de

RhPf 32
Größe: 1 ha
frei zugänglich
DB Grünstadt
🐕 ♿

RhPf 33
Größe: 0,1 ha
Öffnungszeiten Palatina-Keramik: Do u. Fr 14–19 Uhr, Sa 10–16 Uhr, So 11–13 Uhr, Januar und Februar geschlossen
Öffnungszeiten Garten: nach Vereinbarung
Eintritt: frei
DB Frankenthal / Pfalz
Bus 460, 461 Großkarlbach – Kirche
✿ Qualitätspflanzkeramik aus eigener Töpferei, Terrakotta aus Kreta, England, der Provence und Toskana

Der Garten von Palatina-Keramik

Hauptstraße 51, Großkarlbach

Der Garten gehört zu einem denkmalgeschützten Weingut. Unter Berücksichtigung vorhandener barocker Strukturen wurde die Neugestaltung 1994 begonnen, die eine Verbindung aus Bauern- und mediterranem Garten darstellt. Neben südländischen Gehölzen bestimmen vor allem zahlreiche Kübelpflanzen das Gartenbild.
Eigentümer/in: Birgit Hagenburger und Erk Kanis, Hauptstraße 51, 67229 Großkarlbach, Tel. 06238/929008, Fax 06238/929007, E-Mail: h+k@palatina-keramik.de, Internet: www.palatina-keramik.de

RhPf 34
Größe: 0,3 ha
Anmeldung erbeten
Öffnungszeiten: März bis Oktober, So 14–18 Uhr und nach Vereinbarung
Eintritt: frei
Führungen: nach Voranmeldung
DB Kirchheim / Weinstraße
P ✕ ♿ ✿

Italienischer Garten

Hauptstraße 67, Großkarlbach

Mit möglichst authentischen Pflanzen und Materialien, wie Pinienbalken, Marmorterrassen und -kaminen, und einem toskanischen Gartenhaus wirkt der Garten wie aus Italien nach Deutschland versetzt. Durch das milde Klima gedeihen neben Libanonzedern und Päonien auch immergrüne Korkeichen und zwei Zypressenalleen.
Eigentümer/in: Gebr. Meurer, Hauptstraße 67, 67229 Großkarlbach, Tel. 06238/678, Fax 06238/1007

RhPf 35
Eigentümer/in: Stadt Bad Dürkheim, Mannheimer Straße 24, 67098 Bad Dürkheim, Tel. 06322/935156, Fax 06322/935159, Internet:

Kurpark Bad Dürkheim

Kurgartenstraße, Bad Dürkheim

Der Kurpark Bad Dürkheim gliedert sich in zwei Teile. Mittelpunkt des oberen Kurgartens bildet eine schattenspendende Platanenallee, welche ein Parterre mit Blumenrabatten einfaßt. Attraktiver Endpunkt bildet die reizvolle Jugendstilanlage des Valentin-Ostertag-Brunnens. Der untere Teil des Kurgartens stellt eine Parkanlage im englischen Stil mit einem prächtigen alten Baumbestand dar. Hier finden Ausstellungen und Konzerte statt. Die bekannteste Veranstaltung im Kurpark Bad Dürkheim ist die in zweijährigem Rhythmus stattfindende Kurparkgala mit dem größte Roulette der Welt. Der Gradierbau im unteren Kurgarten verkörpert ein Wahrzeichen der Kur- und Kongreßstadt Bad Dürkheim und gilt als eines der längsten Gradierbauwerke Deutschlands.

www.bad-duerkheim.de
Größe: 4 ha
frei zugänglich
Attraktionen: Wasserspiele bei der Brunnenhalle täglich
Bad Dürkheim
Veranstaltungen: Kurkonzerte, mehrmals wöchentlich, Kurparkgala alle 2 Jahre

Foto: Stadt Bad Dürkheim

RhPf 36
Größe: 0,5 ha
Öffnungszeiten: ganzjährig geöffnet Mo–Fr: 8–12 Uhr, 13–18 Uhr Sa: 10–16 Uhr
Eintritt: frei
Führungen: nach Voranmeldung, für Gruppen bis 100 Personen, 3 €/Person
Bad Dürkheim
Rhein-Haardt-Bahn
Mannheim-Bad Dürkheim

Garten beim Weingut Fitz-Ritter

Weinstraße Nord 51, Bad Dürkheim

Dieser Gutsgarten neben dem unter Denkmalschutz stehenden Weingut (erbaut 1785) wurde 1987 als Schönster Garten an der Deutschen Weinstraße prämiert. Prunkstück des Gartens ist ein Fächerblattbaum (Ginkgo biloba), der als einer der größten und ältesten Bäume dieser Art in Deutschland beschrieben wird. Andere Besonderheiten sind eine zirka 300jährige Stieleiche (Quercus robur), eine selten große und breite Säulen- oder Pyramideneiche (Quercus robur Fastigiata), eine große Sumpfzypresse (Taxodium distichum) mit zahlreichen hohen Luftwurzeln entlang dem Ententeich und vieles mehr. Während der Glyzinien-Blüte, Anfang Mai, werden die schönen Strauchpäonien (Paeonia suffruticosa) ganz besonders bewundert.

Eigentümer/in: Konrad Fitz,
Weinstraße Nord 51, 67098 Bad Dürkheim,
Tel. 06322/5389, Fax 06322/66005,
E-Mail: info@fitz-ritter.de, Internet: www.fitz-ritter.de

RhPf 37
Eigentümer/in:
Stadt Deidesheim,
Tourist-Information,
Bahnhofstraße 5,
67146 Deidesheim,
Tel. 06326/96770,
Fax 06326/967718
Größe: 1,3 ha
frei zugänglich
Führungen:
Juni bis Okt. alle 14 Tage Do und nach Voranmeldung
Deidesheim

Stadtpark Deidesheim

Stadtplatz, Deidesheim

In dieser Parkanlage ist eine Fülle verschiedener Arten mediterraner Pflanzen zu sehen, wie man sie in Deutschland wohl selten findet. Vom Stadtplatz kommend betritt man den Park durch eine Pflanzung von Rebstöcken aus aller Herren Ländern. Der Pergolagarten mit Sitz- und Liegestühlen ist umsponnen von Kletter- und Schlingpflanzen, darunter auch Kiwis, die jedes Jahr Früchte ausbilden. Die Attraktion des Parks ist die Mediterrane Terrasse. Die mediterranen Pflanzen wurden auf der IGA 1983 in München erstmals gezeigt und konnten von Deidesheim am Ende der Ausstellung übernommen werden. Inzwischen haben sich immergrüne Magnolien, Echter Lorbeer, Zypressen, verschiedene Sorten von Oliven, Dattelpflaume, Seidenbaum und vieles mehr prächtig entwickelt.

RhPf 38
Eigentümer/in:
Stadt Deidesheim,
Tourist-Information,
Bahnhofstraße 5,
67146 Deidesheim,
Tel. 06326/96770,
Fax 06326/967718
Größe: 0,7 ha
frei zugänglich

Schloßpark Deidesheim

Bahnhofstraße, Deidesheim

Die heutige Parkanlage wurde mit viel Liebe und Eigenleistungen der Bürger von Deidesheim im ehemaligen Schloßgraben des Fürstbischöflichen Schlosses angelegt. Die obere Anlage weist heute noch deutlich die Struktur des Schloßgrabens auf, bauliche Kleinode sind der Turm des Turmschreibers und eine steinerne Brücke. Dem milden Klima der Weinstraßenlandschaft angepaßt sind in der Schloßpark-Anlage botanische Seltenheiten wie Taschentuchbaum, Eisenholzstrauch, Amberbaum, Palmlilie. Im zweiten Teil des Schloßparks sind unter anderem der Kalifornische Mammutbaum, ein Judasbaum, ein Lederhülsenbaum und ein Ginkgo zu bewundern.

Führungen:
Juni bis Okt. alle 14 Tage Do und nach Voranmeldung
DB Deidesheim
P

Jedermann – Biodiversität

Weinstraße 80, Deidesheim

Ein kleiner Garten mitten in den Weinbergen. Jedermann und jederfrau ist der Zutritt möglich; das gilt auch für die Vielfalt der Pflanzen, solange sie andere nicht zu sehr verdrängen.
Eigentümerin: Regina Menger-Krug,
Weinstr. 80, 67146 Deidesheim,
Tel. 06326 7733, Fax 06326 4179,
E-mail: menger-krug@t-online.de

RhPf 39 NEU
Größe: 200 m^2
Führungen:
nach Voranmeldung
frei zugänglich
DB Weinheim,
Abholung möglich
Vinothek
P

Garten beim Weingut J. G. Orb

Am Markt 9–13, Westhofen

In den 1960er Jahren wurden ein historischer mittelachsiger Garten des 19. Jahrhunderts mit zentralem Pavillon und Roseninsel mit einem Garten aus den 1950er Jahren zusammengelegt. Die teilweise strenge Gliederung der beiden alten Gärten mit ihren Busch- und Baumbeständen, Mauern und Rasenflächen ist noch immer erkennbar, aber beide Teile sind zu einer harmonischen Anlage zusammengewachsen. Neben Nutz-, Kräuter-, Blumen- und Steingarten ist vor allem das Rosarium mit über 220 Rosen in mehr als 80 Sorten erwähnenswert.
Anmeldung erbeten für Gruppen
Eigentümer: Claudia K. Orb, Am Markt 9–13,
67593 Westhofen, Tel. 06244/828, Fax 06244/57176,
E-Mail: info@weingut-orb.de, Internet: www.weingut-orb.de

RhPf 40
Größe: 0,17 ha
Eintritt: 5 €/Pers. inklusive Führung
Öffnungszeiten:
„Tag der offenen Rheinhessischen Gärten"
oder nach Vereinbarung für Gruppen ab 10 Personen,
s. Homepage
DB Worms
434 Westhofen
P

Schloßpark Herrnsheim

Herrnsheimer Hauptstraße, Worms

Der Schloßpark im Wormser Ortsteil Herrnsheim gilt als bedeutendster Englischer Landschaftsgarten in Rheinland-Pfalz. Seine Entstehung reicht bis in das 15. Jahrhundert zurück. Anfang des 18. Jahrhunderts erfolgte die Konzeption einer Barockanlage. Um das Jahr 1788 gestaltete Friedrich Ludwig von Sckell die Anlage in einen Englischen Landschaftsgarten um. Im Zuge des klassizistischen Schloßneubaus

RhPf 41
Eigentümer/in: Stadt Worms
Marktplatz 2, 67547 Worms,
Tel. 06241/8530 und 55674,
Fax 06241/8536098
Größe: 10,6 ha
frei zugänglich
3, 403 Cornelius-Wilhelm-Straße
P

im Jahre 1808 erfolgte durch Johann Michael Zeyer, einem Schüler Sckells, eine weitere Umgestaltung und Erweiterung unter Beibehaltung der Sckellschen Grundidee. Wesentliche Gestaltungselemente sind die große Wiesenmulde in der Parkmitte, die ausgedehnte Teichanlage mit Brücken, Inseln, Kanälen und Amorgrotte, die waldartigen Baumbestände im Norden, die lebendige Wegeführung, die immer neuen Kulissen, Durchblicke und Sichtachsen, wie die zur St.-Anna-Kapelle, zum Teehaus in den Weinbergen oder zum romantischen Schillerturm und der Pleasure-Ground sowie die Orangerie im Schloßhof. Mit der Erstellung eines Parkpflegewerks im Jahr 1988 nach Planung von Peter Jordan, Aschaffenburg, entwickelte Worms eine wichtige Grundlage zur Erhaltung des Gartens. Zunächst wurde 1992 bis 1994 die Teichanlage saniert. Im Baum- und Gehölzbestand findet eine umfangreiche Pflege und Verjüngung statt und die 2001 begonnene Sanierung der Wege wird konsequent weitergeführt.

RhPf 42
Eigentümer/in: Stadt Worms
Marktplatz 2,
67547 Worms,
Tel. 06241/8530,
Fax 06241/8536098
Größe: 3 ha
frei zugänglich
Führungen: nach Voranmeldung, Verkehrsverein Worms e.V., Neumarkt 14, 67547 Worms,
Tel. 06241/25045,
Fax 06241/26328 für Gruppen bis 50 Personen,
45 €/Gruppe,
DB Worms
Bus 2, 4 Adenauerring
P gebührenpflichtig

Ringanlagen

Worms

Die Ringanlagen, ein historischer Grünzug entlang der mittelalterlichen Stadtmauer, sind die wohl bedeutendsten Grünflächen der Wormser Innenstadt. Ursprünglich als Verteidigungsgraben angelegt, erfolgte gegen 1860 die Umgestaltung zu einer Grünanlage. Eine weitere Umgestaltung erfolgte in den 1920er Jahren und prägt noch heute ihr Aussehen. In den Ringanlagen ist der Besucher zu Fuß durch zwei Jahrtausende unterwegs und erlebt so hautnah die wechselvolle Geschichte einer der ältesten Städte Deutschlands. Ebenso abwechslungsreich wie die Historie ist auch die gärtnerische Gestaltung der Anlage. Während am Adenauerring ein symmetrisches Konzept mit strenger Mittelachse und aufwendigen Blumenrabatten dominiert, sind die Anlagen am Willy-Brandt-Ring als Spazierweg landschaftlicher Prägung gehalten. Die Artenvielfalt der Bäume am Lutherplatz soll die weltweite Ausbreitung des Reformationsgedankens widerspiegeln. Hervorzuheben sind außerdem die reizvollen Blickbeziehungen zum Dom St. Peter, zum Andreasstift und zur altehrwürdigen Stadtmauer.

RhPf 43
Eigentümer/in: Stiftung Kunsthaus Heylshof,
Stephansgasse 9,

Heylshofgarten

Stephansgasse 9, Worms

Der Heylshofgarten ist eine repräsentative Parkanlage im Stadtzentrum. Sie befindet sich in unmittelbarer Nähe zum

Dom und zur alten Stadtmauer auf geschichtsträchtigem Gelände. Ursprünglich stand hier eine karolingische Königspfalz und später der mittelalterliche Bischofshof, in dem beim Reichstag 1521 die Verhandlung gegen Martin Luther stattfand. Im letzten Drittel des 19. Jahrhunderts wurde der Park durch Gartenbaudirektor Thierolf im Auftrag des Großindustriellen Cornelius Wilhelm Freiherr von Heyl im Zusammenhang mit der Erbauung des Heylshofs gestaltet. Im Westen grenzt der Garten an den historischen Wehrgang, dessen Rundbögen Motive zur Stadtgeschichte aufweisen. Eine romantisierende Grotte mit Wasserspiel befindet sich ebenfalls in diesem Teil des Parks. Als Parkschmuck sind verschiedene Rokoko-Figuren aufgestellt. Seine besondere Atmosphäre erhält die Anlage vor allem durch den alten Baumbestand und die Kulisse aus historischen Bauwerken. Hierzu zählt auch das Museum Heylshof, das neben seiner Kollektion Alter und Neuer Meister auch bedeutende Sammlungen historischer Gläser und Porzellane zeigt.

67547 Worms,
Tel. 06241/22000,
Fax 06241/309485,
E-mail: info@heylshof.de
Größe: 1 ha
Öffnungszeiten: ganzjährig geöffnet,
im Sommer 8.30–20 Uhr,
im Winter 8.30–18 Uhr
Eintritt: frei
Führungen: nach Voranmeldung im Museum Heylshof, Adresse s. Stiftung Kunsthaus Heylshof,
Gruppen bis 50 Personen,
45 €/Gruppe
DB Worms
Bus 1, 2, 3 Marktplatz

Friedenspark

Gustav-Heinemann-Allee, Ludwigshafen am Rhein

Der 1992 fertiggestellte Friedenspark entstand auf einem ehemaligen Industriegelände. Schwerpunkt der Anlage bildet eine 600 Meter lange, dreireihige Kastanienallee, die an ihren Endpunkten in Rondelle mündet. Im östlichen Rondell stehen eine Reihe Skulpturen aus rotem Sandstein, die die Geschichten und Legenden der Stadtteile zum Thema haben. Der Park mit seinen ausgedehnten Spielmöglichkeiten, wie Wasserspiel- und Abenteuerbereich, ist besonders bei Kindern sehr beliebt.

RhPf 44
Eigentümer/in: Stadt Ludwigshafen am Rhein,
Sparte Umwelt,
Bismarckstraße 29,
67059 Ludwigshafen,
Tel. 0621/5043036,
Fax 0621/5043788
Größe: 9 ha
frei zugänglich
Tram 10 Marienkirche
Bus 156, 158 Marienkirche
P gebührenpflichtig

Ebertpark

Erzberger Straße, Ludwigshafen am Rhein

Für die Süddeutsche Gartenbauausstellung wurde 1925 auf dem Standort eines versumpften, ehemaligen Rheinarmes ein Park errichtet, der zeittypisch architektonische Elemente mit Landschaft kombinierte. Trotz starker Kriegszerstörungen blieben viele der ursprünglichen Gestaltungsideen erhalten und wurden mit neuen Elementen harmonisch kombiniert. Wahrzeichen des Parks ist der geometrisch angelegte Eingangsbereich mit Springbrunnenanlagen, Blumenbeeten und dem Turmrestaurant. Neben den weiten Wiesenflächen und dem Parkweiher sind die Sondergärten wie Waldstauden-, Rosen-, Quell-, Rhododendren- und Lesegarten sehr beliebt.

RhPf 45
Eigentümer/in: Stadt Ludwigshafen am Rhein,
Sparte Umwelt,
Bismarckstraße 29,
67059 Ludwigshafen,
Tel. 0621/5043036,
Fax 0621/5043788
Größe: 29 ha
frei zugänglich
Tram 10 Ebertpark
P Veranstaltungen: Freiluftkonzerte, Parkfest

RhPf 46
Eigentümer/in: Stadt Zweibrücken, Stadtbauamt, PF 1853, 66468 Zweibrücken, Tel. 06332/871670, Fax 06332/871607
Größe: 5 ha
Öffnungszeiten: April bis Okt.
Eintritt: 3 €, ermäßigt 2 €, Kinder frei bis 6 Jahre,
Führungen: nach Voranmeldung Mo–Fr kostenlos, Sa, So, Feiertage 30 €/Gruppe
Infos beim Kultur- und Verkehrsamt, Herzogstraße 1, 66482 Zweibrücken, Tel. 06332/871451 oder 471, Fax 06332/871460
E-Mail: tourist@zweibrücken.de
Internet: www.zweibruecken.de
Veranstaltungen: diverse, Mai bis Sept., Rosentage, Juni

Europas Rosengarten

Rosengartenstraße, Zweibrücken

Inmitten der Rosen- und Pferdestadt Zweibrücken präsentiert der 1914 von den Pfälzer Rosenfreunden gegründete Garten die Königin der Blumen. In stilvoller Umgebung von Gehölzen, Stauden und Teichen werden Rosen aus aller Welt vorgestellt: die neuesten und ältesten, die seltensten und prächtigsten internationaler Züchter, rund 60 000 Rosen in über 2000 Arten.

RhPf 47
Größe: 2 ha
frei zugänglich
Infos beim Kultur- und Verkehrsamt, Herzogstraße 1, 66482 Zweibrücken, Tel. 06332/871451 oder 471, Fax 06332/871460
E-Mail: tourist@zweibrücken.de
→ Beim Romantik-Hotel

Wildrosengarten Zweibrücken

Fasanerie, Zweibrücken

Der Wildrosengarten im Gelände des ehemaligen Lustschlosses Fasanerie beherbergt ca. 900 Arten und Sorten. Eine Sammlung Historischer Rosen ergänzt das Sortiment zu einem lebendigen Rosenmuseum inmitten eines Wiesengeländes mit Obstbäumen.

Eigentümer/in: Stadt Zweibrücken, Stadtbauamt, PF 1853, 66468 Zweibrücken, Tel. 06332/871670, Fax 06332/871607
Attraktionen: Blüte der Wildrosen Juni/Juli

RhPf 48
Eigentümer/in: Stadt Pirmasens, Garten- und Friedhofsamt, Am Waldfriedhof 3, 66953 Pirmasens, Tel. 06331/55110, Fax 06331/551120,
E-Mail: Gartenamt@Pirmasens.de

Neuffer-Park

Zeppelinstraße / Luisenstraße, Pirmasens

Ende des letzten Jahrhunderts war das Gelände im Besitz von Emil Paqué, der auf der Abraumfläche eines ehemaligen Steinbruchs eine Villa mit einer parkähnlichen Anlage errichten ließ, die vorrangig als Nutzgarten bewirtschaftet wurde. 1928 erwarb Emil Neuffer die Parkanlage und errichtete das Gartenhaus, heute Café. In dem seit 1965 öffentlichen Park sind der alte Baumbestand mit waldartigem Charakter, die Felsformationen des Roten Sandsteins und eine Konzertbühne hervorzuheben.

Größe: 4,5 ha
frei zugänglich
6 Luisenstraße

Alter Friedhof Pirmasens

Buchsweilerstraße, Pirmasens

Die Gründung des Friedhofs erfolgte um 1740 außerhalb der Stadtmauern. Zwischen 1929 und 1953 waren auf Grund der räumlichen Enge nur noch Bestattungen in Familiengräbern möglich. Von 1973 bis 1976 erfolgte die Umwandlung in einen Stadtpark. Dabei blieben die kunst- und stadtgeschichtlich sowie handwerklich bedeutsamen Grabmäler und das Germaniadenkmal von 1938 erhalten, ebenso das durch den alten Baumbestand vorgegebene Wegenetz. Durch Erweiterung des Rhododendrengartens, Erneuerung und Vergrößerung von Pflanzflächen und Einfügen schattenverträglicher Stauden und Zwiebelgewächse wurde ein ganzjährig attraktiver Park mit besonderem Blühcharakter geschaffen, in den sich moderne Kunstobjekte aus Sandstein harmonisch einfügen.

RhPf 49
Eigentümer/in: Stadt Pirmasens, Garten- und Friedhofsamt, Am Waldfriedhof 3, 66953 Pirmasens,
Tel. 06331/55110,
Fax 06331/551120,
E-Mail:
Gartenamt@Pirmasens.de
Größe: 6 ha
frei zugänglich
1–8 Alter Friedhof

Strecktal-Park

Fröhnstraße, Pirmasens

Der Strecktal-Park wurde in den Jahren 1998 bis 2001 auf dem Sanierungsgelände einer ehemaligen Gerberei errichtet. Als Kerngelände für die Gartenschaubewerbung 2000 in Rheinland-Pfalz ursprünglich geplant, wurde ein abwechslungsreicher multifunktionaler Landschaftspark geschaffen,

RhPf 50 NEU
Eigentümer/in:
Stadtverwaltung Pirmasens,
Garten- und Friedhofsamt,
Am Waldfriedhof 3,
66953 Pirmasens,
Tel. 06331/55110,
Fax 06331/551120,
E-mail:
Gartenamt@Pirmasens.de,
Internet: www.pirmasens.de
Größe: 7,5 ha
frei zugänglich
DB Pirmasens
Adam-Müller-Straße

der zum Erholen, Spazieren, Spielen etc. einlädt und unmittelbar an das Stadtzentrum angrenzt. Das Herzstück des Parks stellt der nach der französischen Partnerstadt Poissy benannte Poissy-Garten mit seinen reichhaltigen Staudenpflanzungen dar. Weitere Landschaftselemente, wie ein naturnaher Weiher, eine mit alten Obstsorten bestandene Streuobstwiese, ein kleiner Wasserfall und Bachläufe bereichern den Park. Für den Freizeit- und Fitness-Bereich stehen ein Kneipp-Becken, eine Seebühne, ein Abenteuer- und Wasserspielplatz, sowie diverse Anlagen für Trendsportarten und eine Skateanlage zur Verfügung.

RhPf 51
Eigentümer/in: Stadt Landau in der Pfalz, Grünflächenabteilung, Königstraße 21, 76825 Landau in der Pfalz, Tel. 06341/13460/461, Fax 06341/13407
Größe: 30 ha
frei zugänglich
Führungen: nach Voranmeldung, Tel.: 06341/13460
DB Landau
P

Öffentliche Parkanlagen Landau

Landau

Die Schleifung der ehemaligen Festung führte in der Zeit von 1874 bis 1905 zur Anlage mehrer Parks auf Wallanlagen, Vorwerken und dem Glacis. Die Gestaltung orientierte sich an dem Stil der Englischen Landschaftsparks. So entstanden durch den Weitblick des damaligen Stadtrats insgesamt acht Parkanlagen mit einem abwechslungsreichen Pflanzenbestand, großen Rasen- und Wasserflächen, bunten Blumenbeeten und einem weitverzweigten Wegesystem. Der Goethe-, Savoyen-, Schillerpark, Spionskopf, Luitpoldpark, Zoo und Nordpark umgeben im Westen die Altstadt. Der Ostpark mit großem Teich liegt bei der Festhalle.

RhPf 52 NEU
Größe: 900 m²
Anmeldung erbeten
Eintritt: frei
Führungen: nach Voranmeldung kostenfrei
DB Annweiler
P

Privatgarten Wüst

Burgenring 73, Annweiler

Dem Ziergarten geben Frühjahrsgeophyten, Rhododendren, Bauerngartenstauden, Duft- und Englische Rosen Form und Farbe. Eine Araukarie hat schon einige Winter im Freien überstanden. Gemüse wird im Hochbeet geerntet. Vom Wintergarten mit einer natürlichen Schattierung aus Weinreben geht der Blick über den Garten in die umgebende Berglandschaft.
Eigentümer/in: Annemarie und Fred Wüst, Burgenring 73, 76855 Annweiler, Tel. 06346/3550, Fax 06346/3550, E-mail: fred.wuest@web.de

Weingut Scherr Wilhelm

Karl-Stein-Straße 9, Hainfeld

Auf einer Wiese zwischen Weinbergen und Dorfrand entstand vor 20 Jahren um das Wohnhaus eines Weingutes ein Garten, in dem viele Pflanzen aus alten Bauerngärten eine neue Heimat fanden. Begünstigt durch das milde Klima wachsen aber auch Feigen, Judasbaum, Paulownien und Bitterorangen, die Pfälzer Zitronen, ergänzt durch zahlreiche Kübelpflanzen im Sommer. An Klettergerüsten wachsen bunt gemischt Kiwi, Wein und Clematis.
Öffnungszeiten: April bis Oktober 1. So imMonat, 9–16 Uhr

RhPf 53
Eigentümer/in:
Weingut Scherr, Wilhelm
Karl-Stein-Straße 9,
76835 Hainfeld,
Tel. 06323/3777
Größe: 0,2 ha
Eintritt: frei
→ Nähe Edenkoben
P

Mediterraner Garten Maikammer

Immengartenstraße, Maikammer

Der Garten enthält eine botanische Sammlung mediterraner Pflanzen, die im Freiland überwintern. Die Anlage, geplant vom Ingenieurbüro outdoor und dem Pflanzenspezialisten Peter Straub, ist gegliedert in einen Pflanzbereich mit unterschiedlichen Standortbedingungen und in einen Bouleplatz unter Pinien.
Eigentümer/in: Gemeinde Maikammer, Immengartenstr. 24, 67487 Maikammer, Tel. 06321/589960, Fax 06321/589990

RhPf 54
Größe: 0,12 ha
frei zugänglich
nur für Sondertermine
Anmeldung für Gruppen erbeten, Führungen: nach Voranmeldung Büro für Tourismus Maikammer, Tel. 06321/589917,
→ hinter dem Verwaltungsgebäude
P

Privatgarten Bock

Weinstraße 26, Klingenmünster

Von einem alten Bauerngarten innerhalb eines 250 Jahre alten, barocken Gehöfts waren nur Teile einer alten Buchsbaumhecke und einige Rosenstöcke übrig geglieben. Sie bildeten den Grundstock bei der Neuanlage des Gartens nach alten Vorbildern: Sommerblumen, Stauden, Gemüse und Kräuter wachsen gemischt in den mit Buchsbaum umsäumten Beeten. An Eisengalerien an der alten Mauer finden sich, wie in der

RhPf 55
Eigentümer/in: Dr. Christian und Marion Bock,
Weinstraße 26,
76889 Klingenmünster,
Tel. 06349/6900,
Fax 06349/928219
Größe: 500 m²
Öffnungszeiten: ab Mai
Eintritt: frei

Anmeldung erbeten
→ Klingenmünster, südliche Weinstraße, zwischen Bad Bergzabern und Landau
♿

Pfalz in alten Gärten üblich, Wein, Clematis, Efeu und Feigen. Die Rosen, Iris, Päonien und ausgepflanzte Kamelien tragen dazu bei, daß in diesem Garten immer etwas blüht.

Foto: Ellen Fischer

RhPf 56
Eigentümer/in: Bischöfliches Ordinariat,
Kleine Pfaffengasse 16,
67346 Speyer,
Tel. 06232/102-0,
Fax 06232/102555
Größe: 6,6 ha
frei zugänglich
Führungen: nach Voranmeldung
🚌 VBS 565 Domplatz
🅿 gebührenpflichtig
☕ 🐕 ♿ ℹ

Domgarten

Domplatz, Speyer

Rund um den weithin sichtbaren, mächtigen Dom der Salier liegt der Domgarten, der seinen Ursprung im frühen 19. Jahrhundert hat. Der 1816 fertiggestellte, zwischen Dom und der alten Stadtmauer gelegene obere Domgarten wurde überwiegend aus dem Verkauf von großen Teilen der Stadtmauer finanziert. Einige mächtige Platanen stammen noch aus dieser Zeit. Der Brunnen ist 1883 gebaut und 1982 erneuert worden. Die verwilderte Anlage wurde in den 1930er Jahren wiederhergestellt und zwischen 1947 und 1950 bis zum Rhein hin erweitert. In diesem unteren Domgarten befinden sich neben größeren Wiesenbereichen und dem 1986 geschaffenen Speyerbachbrunnen auch verschiedene Sport- und Freizeiteinrichtungen und eine Schiffsanlegestelle.

Feuerbachpark

Ludwigstraße, Speyer

Der Park, benannt nach Anselm Feuerbach, der aus Speyer stammte, ist auf eine ehemalige Sandgrube gebaut. Durch den damaligen Gartenamtsleiter Otto Rißmann erhielt er 1942 seine strenge, fast rechtwinklige Gestalt. Die tieferliegende Rasenfläche umgibt eine zweireihige, geschnittene Platanenallee, die hohen Böschungen sind mit Gehölzen dicht bepflanzt. Die ursprünglich vorhandenen Blumenrabatten und Rosenbögen wurden in den letzten Jahren aus Kostengründen entfernt.

RhPf 57

Eigentümer/in: Stadt Speyer,
Landauer Straße 75,
67343 Speyer,
Tel. 06232/621847,
Fax 06232/621848
Größe: 1 ha
frei zugänglich
🚌 578 Merl
P 🐕 ♿

Adenauerpark

Bahnhofsstraße, Speyer

Auf dem Gelände eines alten Friedhofs – die Friedhofkapelle von 1516 und einige alte Grabsteine erinnern noch daran – schuf der Stadtgärtner Friedrich Lindner 1958 einen kleinen, aber intensiv gestalteten Innenstadtpark, der seinen Charakter bis heute bewahrt hat. In dem großen Seerosenbecken blühen im Sommer zahlreiche Seerosen und Sumpfpflanzen. Neben einer berankten Pergola und zahlreichen Blumenbeeten sind viele seltene Bäume erwähnenswert, die aufgrund des milden Klimas hier besonders gut gedeihen.

RhPf 58

Eigentümer/in: Stadt Speyer,
Landauer Straße 75,
67343 Speyer,
Tel. 06232/621847,
Fax 06232/621848
Größe: 1,5 ha
frei zugänglich
P gebührenpflichtig
♿

Saar

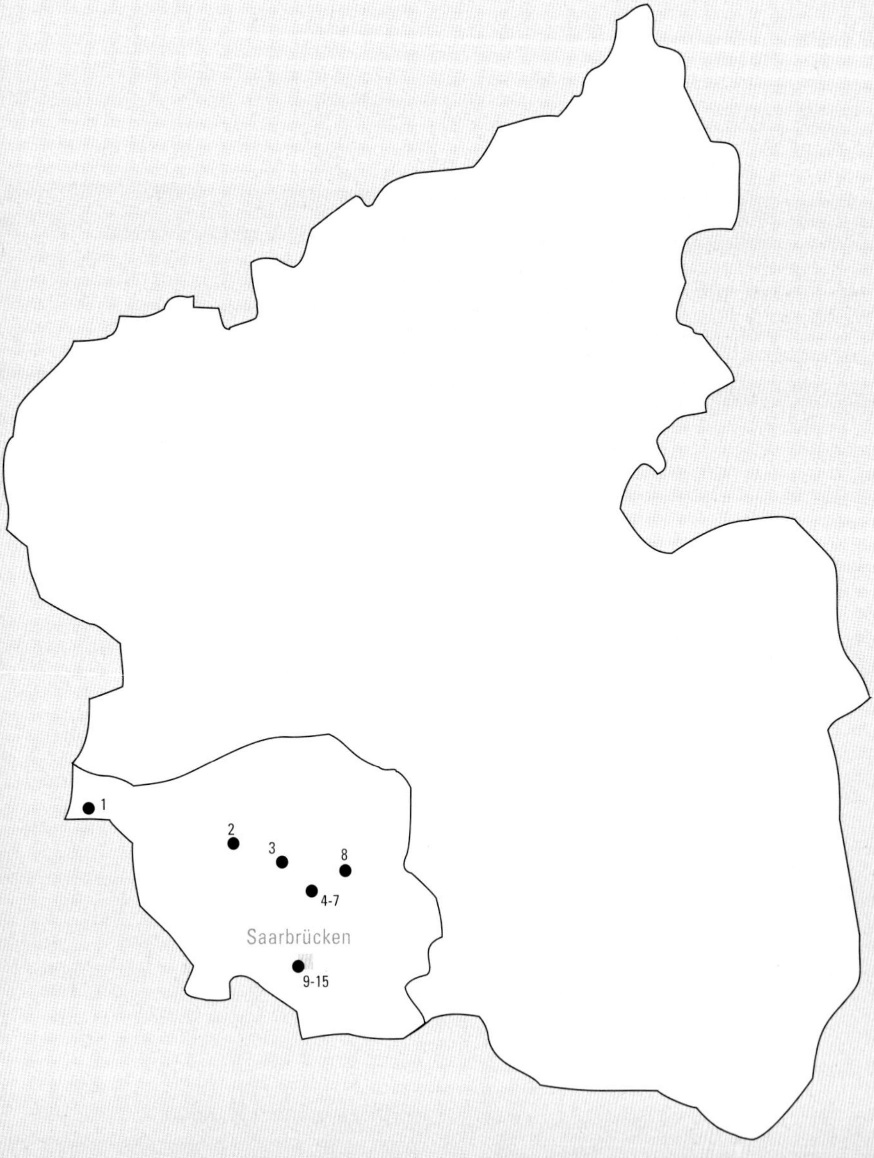

Garten der Römischen Villa Borg

Perl-Borg

Die sechs Gärten der Rekonstruktion einer gallo-römischen Villenanlage schuf im Rahmen des EU-Projekts „Gärten ohne Grenzen" Hella Kreiselmeyer zusammen mit der Christlichen Erwachsenen Bildung. Archäologische Funde haben eine Annäherung an die römische Pflanzenwelt ermöglicht, die ihren Ausdruck finden als Kräutergarten, Blumen- oder Rosengarten, Gemüse-, Obst- und Atriumgarten. Der Duft der Rosen, Kräuter und Blumen in den Gärten und der Anblick des buchsbaumgesäumten Innenhofes mit dem Wasserbecken deuten die antike Pracht an, die den lebendigen Zeitgeist unserer Vorfahren vermitteln soll.

Saar 1 NEU
Eigentümer/in:
Kulturstiftung für den Landkreis Merzig-Wadern/ Römische Villa Borg, 66706 Perl-Borg, Tel. 06865/91170, Fax 06865/911717, E-mail: info@villa-borg.de, Internet: www.villa-borg.de
Größe: 0,3 ha
Anmeldung erbeten für Gruppen
Eintritt: 4 €, Kinder frei bis 6 Jahre, bis 14 Jahre 2 €, ermäßigt 3 € für Schüler, Studenten, Zivis, Wehrdienstleistende, Gruppen 3 € ab 20 Personen,
Führungen: nach Voranmeldung durch Christliche Erwachsenenbildung, Tel. 06861/930844
Kosten auf Anfrage
Öffnungszeiten: Februar–Dezember täglich außer Mo, im Sommer: 11–18 Uhr, im Winter: 11–16 Uhr
→ A 8 Abfahrt 3, Perl-Borg
Veranstaltungen: diverse, s. Veranstaltungskalender
P ✗ 🐕 ♿ ℹ
✿ soweit vorhanden

Privatgarten Heinrich

Mozartstraße 29, Lebach

In dem kleinen Siedlungsgarten sollte auf geringer Fläche ein möglichst großes Gartenerlebnis erzielt werden. Das wurde durch zahlreiche, mit bunten Sommerblumen bepflanzte Kübel und Kästen auf Terrasse, Mauern und an der Hauswand erreicht. Anmeldung erbeten
Eigentümer: Ute Heinrich, Mozartstr. 29, 66822 Lebach, Tel. 06881/2676, E-Mail: ute-heinrich@t-online.de

Saar 2
Größe: 100 m^2
Eintritt: frei
Öffnungszeiten: Juli bis September
P 🐕

Gärten des Umwelt- und Freizeitzentrums Finkenrech

Tholeyer Straße, Eppelborn-Dirmingen

Vom Entree-Bereich mit seinem Duftbeet führt die Staudenstraße hinein in das Gartenparadies Finkenrech. In den ausgedehnten Gartenbereichen finden sich Stauden, Lilien, Dahlien und viele andere Blumen. Im Rosengarten, in Form einer langstieligen Rose angelegt, wachsen Rosen in den unterschiedlichsten Sorten und Arten. Arzneipflanzen-, Bio-, Stein- und Obstgarten zeigen spezielle Pflanzen und Gartenanlagen. Ökologischer, naturkundlicher, geologischer und landwirtschaftlicher Lehrpfad, der Imkerlehrstand sowie verschiedene

Saar 3
Größe: 5 ha
frei zugänglich
Führungen: nach Voranmeldung, Tel. 06827/902990
→ A 1 Abfahrt Eppelborn – Dirmingen, in Dirmingen Richtung Tholey L 323
P ✗ 🐕 ♿

moderne Umwelttechniken erfüllen die hohen ökologischen Ansprüche des Zentrums, das aber auch Spiel- und Freizeitbereiche, darunter der Nordic.Fitness.Park Finkenrech für Nordic Walking, anbietet.
Eigentümer/in: Landkreis Neunkirchen, Wilhelm-Heinrich-Straße 36, 66564 Ottweiler, Internet: www.Landkreis-Neunkirchen.de, Tel. 06824/906400, Fax 06824/906401, E-Mail: info@finkenrech.de, Internet: www.finkenrech.de
Veranstaltungen: Tag der Landwirtschaft, Juni, Infos unter Tel. 06827/902990, Herbst auf Finkenrech, September

Saar 4
Größe: 0,3 ha
frei zugänglich
Anmeldung für Gruppen erbeten
Führungen: nach Voranmeldung
➜ In Stennweiler ausgeschildert
P 🐕 ♿
Veranstaltungen: Rosenfest, 1. Juliwochenende

Rosengarten Stennweiler

Waldstraße, Stennweiler

In dem an einem Hang gelegenen Garten sind zirka 2400 Rosen in den verschiedensten Arten und Sorten aufgepflanzt, die von Stauden und Blumen umgeben sind. Die zehn Beete sind durch befestigte Wege getrennt und durch Rasen- und Strauchflächen aufgelockert.
Eigentümer/in: Rosen- und Blumenfreunde Stennweiler e.V., Günter Scherer, 1. Vorsitzender, Zur Kipp 17 B, 66578 Stennweiler, Tel. 06824/5410, E-Mail: rosenkreis-neunkirchen @t-online.de, Internet: www.Landkreis-Neunkirchen.de

Saar 5
Größe: 0,8 ha
Öffnungszeiten: ganzjährig geöffnet
Eintritt: bis 6 Personen 15 €, jede weitere Person 3,50 € ab 10 Personen 25 €, jede weitere Person 2,50 €
Anmeldung erbeten
Führungen: nach Voranmeldung, für Gruppen bis 60 Personen
DB Neunkirchen-Saar, Landsweiler-Ottweiler
🚌 RSW Grenner Stennweiler
P ♿

Schell's Heidegarten

In der Schlangengasse 23, Schiffweiler-Stennweiler

Die Heidepflanzen wurden in ein Erdsubstrat aus Gerberlohe gepflanzt. Die Anlage ist mit ihren vielen Begleitpflanzen einmalig in Deutschland. Über 100 verschiedene Heidesorten und verschiedene Arten blühen das ganze Jahr über. Auch zahlreiche verschiedene wildwachsende Orchideen und seltene Tiere wie Wespenspinne sind im Heidegarten anzutreffen.
Eigentümer/in: Michael und Olga Schell, In der Schlangengasse 23, 66578 Schiffweiler-Stennweiler, Tel. 06824/7467, Fax 06824/7467
Veranstaltungen: Heideschnittkurs, Praktische Vorführung 1. Samstag im April, 15 Uhr
Attraktionen: Freilandorchideen, Sommer- und Winterheide, Raritäten

Saar 6
Größe: 0,5 ha
frei zugänglich
Führungen: nach Voranmeldung
P

Rosengarten Welschbach

Zur kupfernen Hölle, Illingen

Der Rosengarten umfaßt 3000 Rosen in 120 Arten, dazu 40 Obstbäume umsäumt mit Sträuchern. Von dem am Hang liegenden Garten gibt es eine wunderbare Aussicht zum höchsten Berg des Saarlandes (Schaumberg, 598 m).

Eigentümer/in: Hermann Baus, Jungwaldstraße 17a, 66557 Illingen-Welschbach, Tel. 06825/41779, E-Mail: rosenkreis-neunkirchen@t-online.de, Internet: www.Landkreis-Neunkirchen.de

Veranstaltungen: Rosenfest, 1. Sonntag im August

Rosengarten Wemmetsweiler

Rosengartenweg, Merchweiler-Wemmetsweiler

Das Rosarium, in den 1920er Jahren von Mitgliedern des Vereins der Rosenfreunde angelegt, wird als Vorläufer vieler Rosengärten im Saarland angesehen. Es umfaßt etwa 3000 Rosenstöcke. In die Rosenanlage integriert sind eine Minigolfanlage, eine Freischachanlage und eine Kapelle.
Eigentümer/in: Verein der Rosenfreunde Wemmetsweiler e.V., Rosengartenweg, 66589 Merchweiler-Wemmetsweiler, Tel. 06825/3511/43007

Saar 7
Größe: 0,3 ha
frei zugänglich
Anmeldung für Gruppen erbeten, Tel. 06825/43007
Führungen: nach Voranmeldung
DB Wemmetsweiler
NVG Rathaus oder Bildstockstraße
P

Barock-Rosengarten Ottweiler

Am Stengelschen Pavillon, Ottweiler

Der im barocken Stil angelegte Rosengarten am Stengelschen Pavillon hat den Schwerpunkt auf Edel- und Hochstammrosen, allen voran die Neuzüchtung Gräfin von Ottweiler. Durch mit Kletterrosen berankte Rosenbögen gelangt man zu den einzelnen von Buchsbaum umsäumten Rosenbeeten.
Eigentümer/in: Stadt Ottweiler, Illinger Straße 7, 66564 Ottweiler, Tel. 06824/30080, Fax 06824/300866, E-Mail info@ottweiler.de, Internet www.ottweiler.de

Saar 8
Größe: 0,27 ha
frei zugänglich
Führungen: nach Voranmeldung Tourist-Information der Stadt Ottweiler, Tel. 06824/3511,
DB Ottweiler
P gebührenpflichtig

Botanischer Garten der Universität des Saarlandes

Universitätsgelände, Saarbrücken

Auf etwa 800 Quadratmetern Schauhausfläche werden tropische und subtropische Pflanzen gezeigt, insbesondere Nutzpflanzen

Saar 9
Eigentümer/in: Universität des Saarlandes, Postfach 151150, 66041 Saarbrücken, Tel. 0681/3024263, Fax 0681/3022555, E-Mail: bot.garten@mx.uni-saarland.de, Internet: uni-saarland.de/botanischergarten
Größe: 3,3 ha
Öffnungszeiten: ganzjährig geöffnet,
im Sommer 10–20 Uhr,
Gewächshäuser:
Mo–Do 10–15.30 Uhr,
Fr u. Sa geschlossen,
So, Feiertage 13–17 Uhr,
im Winter 10–18 Uhr,
Gewächshäuser: Mo–Do 10–15.30 Uhr,
Fr–So u. Feiertage geschlossen,

Eintritt: frei
Führungen: für Gruppen nach Voranmeldung, Tel. 0681/3024263,
11, 12, 13, 19, 49, 50, Universität Campus
gebührenpflichtig

(Nahrungs-, Genuß-, Arznei-, Zierpflanzen sowie technisch nutzbare Pflanzen), zum Beispiel Süßkartoffel, Kaffee, Baumwolle, Banane, Chinarinde. Darunter finden sich auch anschauliche Sammlungen an Orchideen, Bromelien, Sukkulenten und Fleischfressenden Pflanzen. Das Freiland beherbergt Bäume und Sträucher aus aller Welt in einem parkähnlichen Arboretum, wo über die Sommermonate auch zahlreiche exotische Kübelpflanzen ausgestellt werden. Dem Garten zugehörig ist ein Arzneipflanzen-Museum.

Saar 10
Größe: 0,2 ha
frei zugänglich
19, 42 Keplerstraße

Stengelanlage

Saarbrücken

Bei der Stengelanlage handelt es sich um eine kleine innerstädtische Grünanlage aus den 50er Jahren mit Brunnen und Wasserspielen, die 1995 restauriert wurde.
Eigentümer/in: Landeshauptstadt Saarbrücken, Amt für Grünanlagen, Forsten und Landwirtschaft, Nassauer Straße 4, 66111 Saarbrücken, Tel. 0681/9051434, Fax 0681/9051760

Saar 11
Größe: 9 ha
frei zugänglich
Führungen: nach Voranmeldung Kontour, Tel. 0681/36901, für Gruppen bis 25 Personen, kostenlos,
1 Trierer Straße, Ludwigstraße
10, 17, 38 Auf der Werth
→ Im Stadtzentrum

Bürgerpark Hafeninsel

Saarbrücken

Nach längerer Planungsphase in den Jahren 1986 bis 1989 entstand der Park nach dem Entwurf von Prof. Peter Latz auf einem alten Industriestandort, dem ehemaligen Kohlehafen Saarbrückens. Die typisch postmoderne Gestaltung greift vielfach auf vorhandene Materialien und Strukturen zurück und bezieht die Geschichte des Geländes mit ein.
Eigentümer/in: Landeshauptstadt Saarbrücken, Amt für Grünanlagen, Forsten und Landwirtschaft, Nassauer Straße 4, 66111 Saarbrücken, Tel. 0681/9051434, Fax 0681/9051760

Saar 12
Größe: 32,6 ha
frei zugänglich
Führungen: nach Voranmeldung Kontour GmbH Saar, Tel. 0681/938090, für Gruppen bis 25 Personen, 60 €/Gruppe,
Attraktionen: Wasserorgel jede volle Stunde
11, 19 DFG, Ehrental
Veranstaltungen: Kinderfest Ende der Sommerferien
Infos bei: Kontour GmbH Saar, Tel. 0681/938090, diverse Musikveranstaltungen

Deutsch-Französischer Garten

Metzer Straße / Deutschmühlental, Saarbrücken

Der Garten wurde 1960 als deutsch-französische Gartenschau zum Zeichen der Aussöhnung zwischen Deutschland und Frankreich eröffnet. Er entstand in einer deutsch-französischen Gemeinschaftsarbeit der vier Preisträger eines im Jahr 1958 ausgerichteten internationalen Ideenwettbewerbs. Mit einer reichhaltigen gärtnerischen Ausstattung wie Deutscher und Französischer Rosengarten, Sonnenheide, Schattenhain, Tal der Blumen und Immergrünpflanzung ist es die größte bis heute erhaltene Anlage in der Formensprache der 50er Jahre.
Eigentümer/in: Landeshauptstadt Saarbrücken, Amt für Grünanlagen, Forsten und Landwirtschaft, Nassauer Straße 4, 66111 Saarbrücken, Tel. 0681/9051434, Fax 0681/9051760

Stadenanlage

Saarbrücken

Die historische Parkanlage, entstanden um 1910, liegt an der Saar und ist einer um die Jahrhundertwende entstandenen Villenbebauung vorgelagert.

Eigentümer/in: Landeshauptstadt Saarbrücken, Amt für Grünanlagen, Forsten und Landwirtschaft, Nassauer Straße 4, 66111 Saarbrücken, Tel. 0681/9051434, Fax 0681/9051760

Saar 13
Größe: 33 ha
frei zugänglich
1 Hellwigstraße
26 Staatstheater
gebührenpflichtig

Theatergarten

Schillerplatz, Saarbrücken

Diese jüngste Grünanlage Saarbrückens wurde 1998 der Öffentlichkeit übergeben. Auf dem ehemals als Parkplatz genutzten Schillerplatz hinter dem Saarländischen Staatstheater entstand auf dem Dach einer Tiefgarage ein kleiner, aber strukturell anspruchsvoller Park. Die Raumbildung erfolgte durch 98 kleinkronige Bäume (Rotdorn) und 250 geschnittene Heckenpflanzen (Hainbuchen) in strenger Anordnung.

Eigentümer/in: Landeshauptstadt Saarbrücken, Amt für Grünanlagen, Forsten und Landwirtschaft, Nassauer Straße 4, 66111 Saarbrücken, Tel. 0681/9051434, Fax 0681/9051760

Saar 14
Größe 0,6 ha
frei zugänglich
1 Johanneskirche
20, 26 Staatstheater
gebührenpflichtig

Privatgarten Rotter-Otto

Waldstraße 44, Saarbrücken

Die Gartenanlage einer Jugendstilvilla – erbaut 1912 – war bei Übernahme der jetzigen Eigentümer sehr verwahrlost und wurde in den vergangenen Jahren restauriert und teilweise neu angelegt. Der alte Baumbestand wurde erhalten. Dadurch entstand im überwiegenden Teil der Anlage ein romantischer Schattengarten mit Waldcharakter. Der Reiz des Gartens liegt in der Gestaltung unterschiedlicher Bereiche (Pavillon, Wassergarten, Wiese, Staudenbeete), die immer wieder überraschende Einblicke bieten. Besondere Lieblingspflanzen sind Hortensien, Funkien und Farne.

Saar 15
Eigentümer/in: Zita Rotter-Otto und Winfried Otto, Waldstraße 44, 66113 Saarbrücken, Tel. 0681/740128
Größe: 0,15 ha
Anmeldung erbeten
Öffnungszeiten:
Mai bis September
Eintritt: frei
Saarbrücken-Burbach
10 Hochstraße

Foto: W. Klauke

Sachs

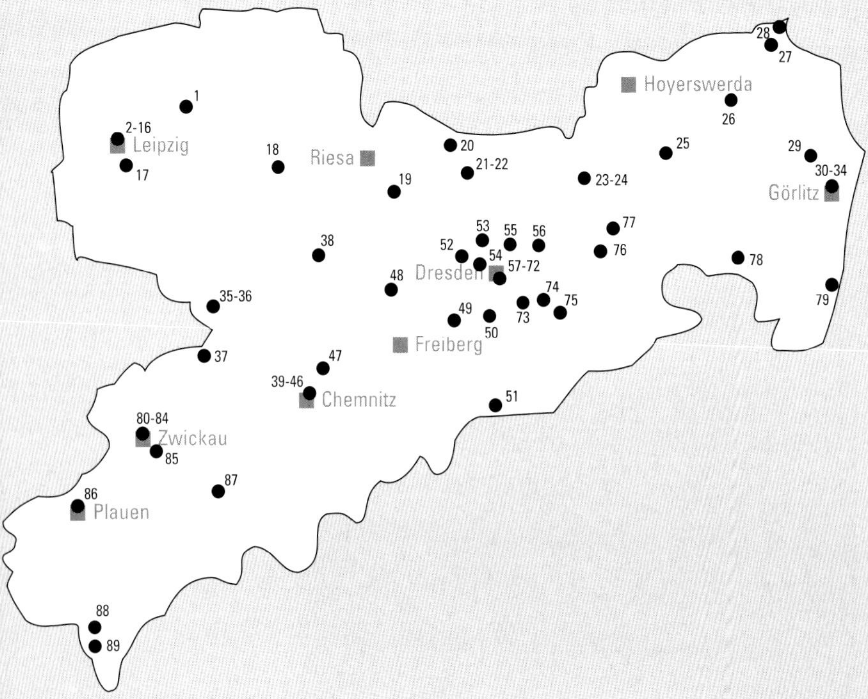

Hoyerswerda
Leipzig
Riesa
Görlitz
Dresden
Freiberg
Chemnitz
Zwickau
Plauen
1
2-16
17
18
19
20
21-22
23-24
25
26
27
28
29
30-34
35-36
37
38
39-46
47
48
49
50
51
52
53
54
55
56
57-72
73
74
75
76
77
78
79
80-84
85
86
87
88
89

Landschaftsgarten zu Machern

Schloßplatz, Machern

Hinter dem ursprünglich barocken Schloß in Machern begann ab 1782 Carl Heinrich August von Lindenau, Oberstallmeister am Hofe des Königs Friedrich Wilhelm II. von Preußen, mit der Anlage eines Landschaftsgartens. Besonderen Wert legte er auf die Herausbildung einzelner abgeschlossener Gartenszenen, die jeweils einen bestimmten Charakter trugen. Daneben fanden die Ideen der Aufklärung und des Freimaurertums in vielfältiger Weise Eingang. Die zahlreichen und zum großen Teil noch erhaltenen Gartengebäude wie Hygieia-Tempel, Pyramide und Wilhelmsruhe stammen überwiegend aus der Hand des Architekten Ephraim Wolfgang Glasewald. Sein bemerkenswertestes Bauwerk ist die Ritterburg an der nordöstlichen und am höchsten gelegenen Stelle im Garten. Vor zehn Jahren begann man die Burg, die 1951 ausbrannte, mit dem Ziel musealer Nutzung zu restaurieren. Bei der Bepflanzung wurden viele ausländische Gehölze verwendet. 1802 verkaufte Lindenau seinen Besitz, doch auch unter seinen Nachfolgern erfuhr der Park keine wesentlichen Veränderungen und ist daher ein äußerst gut erhaltenes Beispiel für einen frühen Landschaftsgarten in Deutschland.

Sachs 1
Eigentümer/in: Gemeinde Machern, Kommunale Dienste Machern – Eigenbetrieb, Schloßplatz 9a, 04827 Machern, Tel. 034292/72058, Fax 034292/72755, Internet: www.parkmachern.de
Größe: 34 ha
Eintritt: 4 €, ermäßigt 2 € für Schüler, Studenten,
Führungen: April – Okt., Sa, So, Feiertage, 14 Uhr, ab Schloßplatz oder nach Vereinbarung 3 €/Pers., 1,50 €/Schüler, Studenten
DB Machern
S Bahnhof Machern
Veranstaltungen: Highland-Games (Schottische Kulturtage), Theater- und Opernaufführungen im Park

Botanischer Garten der Universität Leipzig

Linnéstraße 1, Leipzig

Bereits 1542 legte die Leipziger Universität einen Hortus medicus an, der Botanische Garten ist somit die älteste Einrichtung dieser Art in Deutschland. Nach mehreren Umzügen fand der Garten 1877 seinen jetzigen Standort. Die Freilandanlagen sind aufgeteilt in eine Systematische, Pflanzengeographische und Ökologische Abteilung und ein Arboretum. In den bis zu 15 Meter hohen Schauhäusern sind tropische Land- und Wasserpflanzen, Ananasgewächse und Sukkulenten zu sehen. Seit einigen Jahren ist das Schmetterlingshaus eine besondere Attraktion. Zusätzlich wurde in der Nähe (im Friedenspark) 2001 auf 3000 Quadratmetern ein über 300 Arten umfassender Apothekergarten eröffnet, in dem sich so seltene Arten wie Alraunwurz, Boldostrauch oder Bilsenkraut befinden.
Eigentümer/in: Freistaat Sachsen / Universität Leipzig, Linnéstraße 1, 04103 Leipzig,
Tel. 0341/9736850, Fax 0341/9736868
Führungen: nach Voranmeldung, kostenlos im Rahmen der „Grünen Schule“

Sachs 2
Größe: 3,1 ha
Öffungszeiten:
Freiland u. Apothekergarten März, April, Oktober 9.00–18.00 Uhr
Mai–Sept. 9.00–20.00 Uhr
Nov.–Feb. 9.00–16.00 Uhr (nur Freiland)
Gewächshäuser So u. Feiertage 10.00–15.00 Uhr (im Winter)
10.00–18.00 Uhr (im Sommer)
Di–Sa 13.00–15.00 Uhr (im Winter)
13.00–18.00 Uhr (im Sommer)
Eintritt: frei (ausgenommen bei Sonderveranstaltungen)
15 Ostplatz
2, 16 Johannisallee
60 Liebigstraße oder Johannisallee

Volkspark Kleinzschocher

Antonienstraße, Leipzig

Das heutige Parkgelände war Bestandteil des Rittergutes Kleinzschocher, zu dem unter anderem ein Schloß und ein aus

Sachs 3
Eigentümer/in: Stadt Leipzig, Grünflächenamt, Nonnenstraße 5 c,

04092 Leipzig,
Tel. 0341/1236100/6197,
Fax 0341/1236098/6088
Größe: 47,8 ha
frei zugänglich
3 Schwartzestraße
1, 2 Rödelstraße

der 1. Hälfte des 19. Jahrhundert stammender Park gehörten. 1920 erwarb die Stadt Leipzig das Rittergut mit der Absicht, auf den Flächen einen großen Volkspark für die dicht besiedelten südwestlichen Stadtbezirke zu schaffen. Von 1928 bis 1936 wurde der Park nach Plänen des Leipziger Gartendirektors Nicolaus Molzen angelegt. Zunächst sah die Planung eine ausgedehnte, streng symmetrische Anlage vor. Nach diesem Konzept entstanden die regelmäßigen Sondergärten an der Antonienstraße. In der Folgezeit wurde die Planung jedoch modifiziert und dem vorhandenen reizvollen Landschaftsraum der Elsteraue angepaßt, der Schloßpark sowie ein Sommerbad in die Gesamtanlage einbezogen. Gutachterlich war für die Anlage der Berliner Gartenbaudirektor a. D. Gustav Allinger tätig. Im Krieg wurde das Schloß zerstört und später abgetragen. Der Volkspark mit dem ehemaligen Schloßpark, den Sondergärten und dem Freibad ist im wesentlichen erhalten.

Sachs 4
Eigentümer/in: Stadt Leipzig,
Grünflächenamt,
Nonnenstraße 5 c,
04092 Leipzig,
Tel. 0341/1236100/6197,
Fax 0341/1236098/6088
Größe: 23,9 ha
frei zugänglich
Attraktionen: Fontäne
März bis Okt.
3, 7, 8, 13, 15,
Angerbrücke Straßenbahnhof
1, 2 Clara-Zetkin-Park

Palmengarten

Karl-Heine-Straße, Leipzig

Für das Gelände, auf dem zuvor schon verschiedene Gartenbauausstellungen stattgefunden hatten, wurde 1897 ein Gestaltungswettbewerb zur Einrichtung des Palmengartens durchgeführt. Weitestgehend umgesetzt wurden die Planungen des zweiten Siegers, des Leipziger Landschaftsgärtners Otto Moßdorf. Bereits 1899 kam es zur Eröffnung der Anlage nach dem Vorbild des Palmengartens in Frankfurt am Main. Zentrum von aufwendigen formalen und landschaftlichen Gartenteilen mit verschiedenen Teichen und Fontänen, diversen Pavillons und Kiosken war ein sogenanntes Gesellschaftshaus mit Palmenhaus, welches schon 1938/39 für eine auf diesem Areal geplante Gutenberg-Reichsausstellung abgerissen wurde. Nachdem es kriegsbedingt nicht zu weiteren Vorbereitungsarbeiten für die Ausstellung gekommen war, wurde in der Nachkriegszeit eine vereinfachte Gestaltung des Parks durchgeführt. Bis heute sind ein besonders artenreicher Gehölzbestand, Reste einer Grotte, eine Teichanlage mit Insel, ein gußeiserner Pavillon von 1893 und eine Brücke mit steinernen Puttenfiguren erhalten.

Sachs 5
Eigentümer/in: Stadt Leipzig,
Grünflächenamt,
Nonnenstraße 5 c,
04092 Leipzig,
Tel. 0341/1236100/6197,
Fax 0341/1236098/6088
Größe: 9 ha
frei zugänglich
P gebührenpflichtig

Promenadenring

Leipzig-Mitte

Nachdem es bereits seit Beginn des 18. Jahrhunderts zu ersten Begrünungsmaßnahmen auf dem Gelände der Stadtbefestigungen gekommen war, ließ der Bürgermeister C.W. Müller 1784 auf dem Areal zwischen Hallischem und Grimmaischem Tor eine der ersten bürgerlichen Parkanlagen Deutschlands anlegen. In der Folge entstanden weitere Begrünungen und vor den Stadttoren jeweils ein größerer Platz, darunter der heutige

Augustusplatz. Ab 1857 wurde der Bereich zwischen Augustusplatz und Peterstor nach Plänen Peter Joseph Lennés gestaltet. Ein Vorbild war der von ihm geschaffene Marly-Garten in Potsdam. Unter den Stadtgartendirektoren Wittenberg und Hampel kam es zu einer weiteren Ausgestaltung des Promenadenrings, in dessen Verlauf eine Vielzahl von Denkmälern und Brunnen integriert wurde. Mit dem Bau des Hauptbahnhofs ab 1910 begann die langsame aber stetige Reduzierung der Anlagen vor allem durch den immer mehr Raum beanspruchenden Straßenverkehr. Dennoch ist ein großer Teil der kulturgeschichtlich wertvollen Substanz des Ringgrüns erhalten, das im Zusammenhang mit der städtebaulichen Umgebung ein einzigartiges und beeindruckendes Ensemble bildet.

Foto: Stadt Leipzig

Kleingartenanlage Dr. Schreber

Aachener Straße 7, Leipzig

Am 25. Mai 1865 wurde in Leipzig der erste sogenannte Schreberplatz eingeweiht. Zunächst bestand dieser nur aus einer Wiesenfläche für das Spielen und Turnen von Kindern. Ziel

Sachs 6

Eigentümer/in: Stadt Leipzig, Grünflächenamt, Fachbereich Kleingärten, Nonnenstraße 5 c,

04092 Leipzig,
Tel. 0341/1236161,
Fax 0341/9600509
Größe: 3,4 ha
frei zugänglich
Führungen: nach Voranmeldung Deutsches Kleingärtnermuseum, geöffnet Di–Do 10–16 Uhr
Tel. 03241/2111194
2 €/Pers., erm. 1,50 €/Pers.
Attraktionen: Museum mit Museumsgarten und Ausstellung
3, 4, 7, 8, 13, 15 Waldplatz
1, 2, 14 Marschner Straße

des verantwortlichen, nach dem Leipziger Arzt Dr. Schreber benannten Vereins war die Förderung der leiblichen und geistigen Erziehung des Nachwuchses. Bald entstand der erste Gerätespielplatz Leipzigs. 1868 wurden auf einem Teil des Vereinsgeländes Beete eingerichtet, die sich aus Gründen der Pflege zu Familienbeeten entwickelten. Damit entstanden die ersten später sogenannten Schrebergärten. Aufgrund von Straßenbauprojekten mußte die Anlage 1876 aufgegeben werden. Noch im gleichen Jahr wurde ein neuer Schreberplatz, die heutige Kleingartenanlage Dr. Schreber eingerichtet. Sie umfaßt 158 Gartenparzellen, eine große zentrale Vereinswiese mit nach historischem Vorbild wiederhergestelltem Kinderspielplatz und ein Vereinshaus. Von einem 1901 nach dem Entwurf des Architekten Georg Wünschmann in Erinnerung an die Vereinsväter errichteten Schreber-Hauschild-Denkmal existiert noch eine Bronze-Tafel. Die Rekonstruktion eines 1927 aufgestellten Trinkbrunnens unter Einbeziehung der originalen Brunnenfigur ist geplant. Im Vereinshaus des ältesten deutschen Schrebervereins wurde 1996 das Deutsche Kleingärtnermuseum eröffnet. Der dazu gehörige Museumsgarten ist nach dem Vorbild eines Kleingartens um 1900 gestaltet. Eine weitere Gartenfläche beherbergt eine Ausstellung historischer sächsischer Gartenlauben von 1880 bis 1930. Die Gesamtanlage steht unter Denkmalschutz.

Sachs 7
Eigentümer/in: Stadt Leipzig, Grünflächenamt
Nonnenstraße 5 c,
04092 Leipzig,
Tel. 0341/1236100/6197,
Fax 0341/1236098/6088
Größe: 118 ha,
frei zugänglich
1, 3, 4, 7, 12, 15 Goedelerring
12, 20, 24 Zoo

Das Rosental

Emil-Fuchs-Straße, Leipzig

Vor den Toren der alten Stadt Leipzig plante Kurfürst August der Starke um 1700 den Bau eines Lustschlosses, das die Bürger der Stadt finanzieren sollten. Diese konnten mit zahlreichen Ausflüchten den Bau verhindern. Über 100 Jahre erinnerte nur ein großes Wiesenstück, umgeben von einem Waldstück mit 13 strahlenförmig angelegten Schneisen, an die großen Pläne. Der spätere Ratsgärtner Rudolph Siebeck erarbeitete 1835 einen Entwurf, bei dessen Umsetzung dem ehemals barocken Grundriß durch gezielte Neupflanzungen die strenge Regelmäßigkeit genommen wurde. Mit der behutsamen Umgestaltung der Anlage zum Landschaftspark im englischen Stil konnten bis heute Teile des Rosentals als ursprünglicher Auenwaldbestand mit einer großen Vielfalt an Tier- und Pflanzenarten erhalten bleiben. Die Gründung des Zoologischen Gartens 1878 auf dem Pfaffendorfer Gut brachten für das Rosental erhebliche Veränderungen mit sich, vor allem durch Erweiterungen in den 20er Jahren. Durch das 1976 gebaute sogenannte Zoofenster können Spaziergänger im Rosental an Lamas, Kamelen, Straußen und anderen exotischen Tieren vorbeiflanieren. Neben zahlreichen Denkmalen sind der Dendrologische Lehrpfad und Aussichtsturm erwähnenswert.

Johannapark

Ferdinand-Lassalle-Straße / Marschnerstraße, Leipzig

Der 1863 fertiggestellte Johannapark war ein Geschenk des Bankiers Wilhelm Seyfferth an die Bürger der Stadt Leipzig zur Erinnerung an seine früh gestorbene Tochter Johanna. Wilhelm Seyfferth beauftragte den Königlich-Preußischen Gartendirektor Peter Joseph Lenné mit der Planung, der für seine Gestaltung auch Motive des von ihm geplanten Marly-Gartens in Potsdam mit seinen reichen Schmuckpflanzungen verwendete. In seinem Testament verfügte Seyfferth, daß der Park nie bebaut, nichts an der Lennéschen Schöpfung verändert werden darf und der Johannapark für immer seinen Namen behalten soll. Außerdem verfügte er, daß die Verbindung nach den Wiesen und Wäldern der Aue dem Publikum erhalten bleibt. Ein weiser, vorausschauender Beschluß, da der Johannapark heute ein Bindeglied zwischen der Innenstadt und dem grünen Gürtel Leipzigs und ein bedeutendes Kulturdenkmal ist.

Sachs 8
Eigentümer/in: Stadt Leipzig, Grünflächenamt
Nonnenstraße 5 c,
04092 Leipzig,
Tel. 0341/1236100/6197,
Fax 0341/1236098/6088
Größe: 11 ha
frei zugänglich
Attraktionen: Fontäne
März – Okt.
1, 5, 8, 13 Karl-Tauchnitz-/Friedrich-Ebert-Straße
2, 8, 9 Neues Rathaus
1, 2, 14 Marschner Straße
89

Mariannenpark

Rohrteichstraße / Lindenallee, Leipzig

Auf der Grundlage von Plänen des bekannten Gartenarchitekten Leberecht Migge, zunächst auch unter seiner Leitung, wurde der Mariannenpark 1928 fertiggestellt. Verantwortlich nach der Ablösung Migges waren die Leipziger Stadtgartendirektoren Carl Hampel und Nikolaus Molzen. Der als klassischer Volkspark konzipierte Mariannenpark ermöglicht mit seiner charakteristischen Kombination aus formalen und landschaftlichen Gartenteilen sowohl Erholung als auch aktive Freizeitgestaltung durch Sport und Spiel. Trotz einiger baulicher Veränderungen ist der Charakter der Anlage in wesentlichen Strukturen erhalten geblieben. 1991 wurde sie als Kulturdenkmal unter Schutz gestellt. Besonderheiten sind der vom Frühling bis Herbst leuchtend blühende Sommerblumengrund, der Staudengarten, der Rosengarten und die Spiel- und Sporteinrichtungen sowie der Rodelberg.

Sachs 9
Eigentümer/in: Stadt Leipzig, Grünflächenamt,
Nonnenstraße 5 c,
04092 Leipzig,
Tel. 0341/1236100/6197,
Fax 0341/1236098/6088
Größe: 22,3 ha
frei zugänglich
1, 17, 22, 27 Stannebeinplatz
70, 90 Stannebeinplatz

Clara-Zetkin-Park

Karl-Tauchnitz-Straße / Marschnerstraße, Leipzig

Im Jahr 1877 wurde im Scheibenholz nach Plänen des Gartendirektors C. O. Wittenberg der Volksgarten angelegt. 1897 fand auf dem nördlich angrenzenden Gelände die Sächsisch-Thüringische Industrie- und Gewerbeausstellung statt, in die Teile des Scheibenholzes einbezogen wurden. Die Gestaltung des Ausstellungsgeländes geht im wesentlichen ebenfalls auf Gartendirektor C. O. Wittenberg, Landschaftsgärtner Moßdorf sowie die Architekten Schmidt und Johlige zurück. Die

Sachs 10
Eigentümer/in: Stadt Leipzig, Grünflächenamt,
Nonnenstraße 5 c,
04092 Leipzig,
Tel. 0341/1236100/6197,
Fax 0341/1236098/6088
Größe: 23,2 ha,
frei zugänglich
Attraktionen: Fontäne
März bis Okt.

1, 2 Clara-Zetkin-Park
2, 8, 9 Neues Rathaus
89 Mozartstraße
Veranstaltungen: Parkbühne
verschiedene Veranstaltungen
Sommerhalbjahr

sumpfigen Wiesen wurden entwässert und umfangreiche Erdmassen bewegt. Die Gebäude wurden, nachdem die Ausstellung geschlossen worden war, abgerissen, und die gärtnerischen Anlagen erweitert. Anläßlich des 25jährigen Regierungsjubiläums des sächsischen Königs im Jahre 1898 erhielt die Anlage den Namen König-Albert-Park. Aus der Entstehungszeit sind der Inselteich, das große Bassin mit Fontäne und die vierreihige Lindenallee erhalten. 1912 wurde der noch vorhandene Musikpavillon der Öffentlichkeit übergeben. Ab 1955 faßte man das ehemalige Ausstellungsgelände und alle angrenzenden Anlagen, also Johannapark, Nonne, Scheibenholz, Palmengarten und Richard-Wagner-Hain zum Zentralen Kulturpark Clara Zetkin zusammen.

Sachs 11
Eigentümer/in: Stadt Leipzig, Grünflächenamt, Nonnenstraße 5 c, 04092 Leipzig, Tel. 0341/1236100/6197, Fax 0341/1236098/6088
Größe: 2,8 ha
frei zugänglich
3, 7, 8, 13, 15 Jahnallee/Sportforum

Richard-Wagner-Hain

Friedrich-Ludwig-Jahn-Allee, Leipzig

Im Jahre 1932 wurde in Leipzig ein Ausschuß für die Errichtung eines Richard-Wagner-Denkmals gebildet. Mit der Machtübernahme durch die Nationalsozialisten wurde das Projekt zum Richard-Wagner-Nationaldenkmal erklärt und im wesentlichen vom Architekten W. Lossow, dem Gartenarchitekten G. Allinger und dem Bildhauer E. Hipp geplant. Mit Ausnahme des Denkmalplatzes wurde der Hain im 2. Weltkrieg fertiggestellt. Er ist auf der Ost- und Westseite des Elsterflutbeckens streng axial aufgebaut – beide Ufer sind terrassiert. Teile der Anlage wurden in den 50er Jahren beseitigt. Eine 225 Meter lange Trockenmauer und die westliche Blumenterrasse mit Wasserbecken sind erhalten. Letztere wird von einer weiträumigen Pergola, die 1992 erneuert wurde, gerahmt.

Sachs 12
Größe: 0,4 ha
Öffnungszeiten: April bis Oktober, außerhalb der Saison nach Anmeldung
Eintritt: frei
Führungen: nach Voranmeldung
Leipzig-Connewitz
11 Hildebrandstraße
Veranstaltungen: Frühjahrsfest, Erntedankfest Workshops
auf Anmeldung

Stadtgarten Connewitz

Kohrener Straße 50, Leipzig

Der Stadtgarten Connewitz ist ein Beratungszentrum für naturnahe Gartengestaltung und biologischen Gartenbau. Die Bereiche des Gartens sind auf Umweltbildungskonzepte ausgelegt. Sie beinhalten unter anderem Kräutergarten, Gemüsegarten, Streuobstbereich, Trockenschutthang, Teich, Trockenmauer und einen wechselfeuchten Erfahrungsbereich. Das noch in Teilen vorhandene Gestaltungsgerüst aus den 30er Jahren wurde durch die Einfügung regionaltypischer, standortgerechter Stauden- und Gehölzpflanzungen weiterentwickelt.
Eigentümer/in: Freistaat Sachsen, Projektträger: Ökolöwe – Umweltbund Leipzig e.V., Bernhard-Göring-Straße 152, 04277 Leipzig, Tel. 0341/3065114, Fax 0341/3065179, E-Mail: stadtgarten@oekoloewe.de

Robert-Koch-Park

Nikolai-Rumjanzew-Straße 100, Leipzig
Der Park und die wichtigsten Gebäude errichtete in der Zeit von 1910 bis 1913 der Großindustrielle Rudolf Sack als Sommersitz für höhere Angestellte. Für die architektonische Gestaltung der Gebäude und des Parks, der typisch für die Gestaltung zu Beginn des 20. Jahrhunderts ist, sind die Architekten Schmidt und Johlige verantwortlich. Die Familiengrabanlage wurde vom Gartenarchitekten Otto Moßdorf gestaltet. Nach dem Ende des 2. Weltkriegs übernahm das Gesundheitswesen die Parkanlagen. 1962 wurden ein neues Klinikgebäude und weitere Häuser an den Parkgrenzen errichtet.
Öffnungszeiten: ganzjährig geöffnet, 5–20 Uhr

Sachs 13
Eigentümer/in: Stadt Leipzig, Robert-Koch-Klinik, Nikolai-Rumjanzew-Straße 100, 04207 Leipzig, Tel. 0341/4230, Fax 0341/4231266
Größe: 19,6 ha
Eintritt: frei
1, 8 Schönauer/Ratzelstraße
66 Schönauer/Ratzelstraße
S Stuttgarter Allee

Wilhelm-Külz-Park

Leipzig
Der Park wurde im Zusammenhang mit dem Bau des Völkerschlachtdenkmals geplant. Die Entwürfe des Denkmals und der unmittelbar angrenzenden Freianlagen stammen von Bruno Schmitz. 1904 wurde mit dem Bau der Anlagen am Napoleonstein begonnen, 1912 das Parkgelände um die Marienquelle erstellt, beide im wesentlichen unter dem Leipziger Gartendirektor Carl Hampel. Die Quelle war bereits im 16. Jahrhundert Ausgangspunkt einer Wasserleitung, die nach Leipzig führte. Der von Linden umstandene ovale Platz trägt den Namen Hampels. Er bildete früher den Schwerpunkt eines geometrisch gestalteten Anlagenteils. Heute überwiegt auch in diesem Bereich die in allen anderen Parkteilen schon ursprünglich konzipierte landschaftliche Gestaltung. Der Park beherbergt eine Anzahl dendrologischer Besonderheiten.

Sachs 14
Eigentümer/in: Stadt Leipzig, Grünflächenamt, Nonnenstraße 5 c, 04092 Leipzig, Tel. 0341/1236100/6197, Fax 0341/1236098/6088
Größe: 24,9 ha
frei zugänglich
Attraktionen: Völkerschlachtdenkmal April bis Okt. 10–17 Uhr, Nov. bis März: 9–16 Uhr
15 Naunhofer Straße
S S 1

Alter Johannisfriedhof

Prager Straße / Täubchenweg, Leipzig
Der Alte Johannisfriedhof ist die älteste kommunale Begräbnisstätte der Stadt. Hier spiegelt sich die Leipziger Stadtgeschichte auf besonders anschauliche Weise wider: Bereits Ende des 13. Jahrhunderts wurde auf dem Areal ein Hospital für Leprakranke eingerichtet, zu welchem auch ein Friedhof und eine Johannis dem Täufer gewidmete Kapelle gehörte. 1536 wurde der Friedhof zum allgemeinen Begräbnisplatz der Stadt bestimmt. Bis zur letzten Beerdigung 1883 wurde der Friedhof systematisch gen Osten erweitert. Von den bis zum Beginn des 20. Jahrhunderts noch zahlreich vorhandenen Grufthäusern blieb lediglich die barocke Baumgärtnerische Gruft unmittelbar hinter dem Grassimuseum erhalten. Heute gibt es noch etwa 400 Grabmale. Sie stellen eine interessante Abfolge Leipziger Grabmalkunst aus Barock, Klassizismus und Historismus dar. Auf dem Gelän-

Sachs 15
Eigentümer/in: Stadt Leipzig, Grünflächenamt, Nonnenstraße 5 c, 04092 Leipzig, Tel. 0341/1236100/6197, Fax 0341/1236098/6088
Größe: 3,1 ha
Öffnungszeiten: ganzjährig geöffnet, im Sommer Di–So 10–18 Uhr, im Winter Di bis So 10–16 Uhr
Eintritt: frei
4, 7, 12, 15 Johannisplatz
S S 1

de des alten Johannisfriedhofs befindet sich heute auch ein Lapidarium mit Grabmonumenten des säkularisierten Neuen Johannisfriedhofs, heute Friedenspark, darunter auch die Grabsteine der Leipziger Verlegerfamilien Brockhaus und Reclam.

Sachs 16
Eigentümer/in: Stadt Leipzig, Grünflächenamt, Abt. Friedhöfe, Friedhofsweg 3, 04299 Leipzig, Tel. 0341/8629201, Fax 0341/8781535
Größe: 82 ha
Öffnungszeiten: ganzjährig geöffnet, Apr. bis Sept. 7–21 Uhr, Okt. bis März 8–18 Uhr
Eintritt: frei
Führungen: nach Voranmeldung
DB Leipzig
15 Völkerschlachtdenkmal oder Südfriedhof
70 An der Tabaksmühle
S 1 Völkerschlachtdenkmal
P

Südfriedhof Leipzig

Friedhofsweg 3, Leipzig

Die größte und hinsichtlich ihrer Grabanlagen und Freiflächenstrukturen bemerkenswerteste Friedhofsanlage in Sachsen ist der Südfriedhof. Es handelt sich um einen seit 1886 ohne Unterbrechung in Belegung befindlichen, in seiner Entstehungszeit hochmodernen Park- und Landschaftsfriedhof. Mehrere repräsentative Wegeachsen sind auf den sogenannten Feierhallenkomplex, einem der größten Friedhofsbauwerke Deutschlands und Europas, ausgerichtet. Der Kernbereich des Begräbnisplatzes hat als Grundriß die Form eines Lindenblattes (der Stadtname Leipzig geht auf ein Wort der slawischen Urbevölkerung für Linde zurück). Das später in unmittelbarer Nachbarschaft errichtete Völkerschlachtdenkmal wirkt in das Ensemble des Südfriedhofs hinein und findet in dem 64 Meter hohen Glockenturm des Feierhallenkomplexes sein architektonisches Gegenstück. Tatsächlich wurden auch die Lage und Struktur des Begräbnisplatzes im Zusammenhang mit dem Bau des Monuments verändert und gestalterisch ausgearbeitet. Beachtenswert sind eine Vielzahl monumentaler Grabdenkmale verschiedener Stilepochen, insbesondere des Jugendstils, darunter die Grabmale bekannter Verlegerfamilien, Industrieller und Geistesschaffender aus Leipzig. Der Südfriedhof ist durch eine erhebliche Artenvielfalt an Bäumen und Sträuchern geprägt, besonders hervorzuheben ist der teilweise bereits sehr alte Bestand an alten und umfangreichen Rhododendren.

Sachs 17
Größe: 2,4 ha
Öffnungszeiten: Mai bis Sept. Mo bis Fr 8–18 Uhr, Sa, So, feiertags 10–17 Uhr, April und Okt. Mo bis Fr: 8–15 Uhr
Eintritt: frei
Führungen: nach Voranmeldung, für Gruppen bis 30 Personen, 2,50 €/Person, 1 € Grundschüler
DB Großpösna-Oberholz
171 Pflaumenallee
P
Kräuter, Zierpflanzen, Balkonpflanzen, Zimmerpflanzen

Botanischer Garten für Arznei- und Gewürzpflanzen

Störmthaler Weg 2, Großpösna

Dieser spezialisierte Botanische Garten wurde 1936 von den Leipziger Mitgliedern vom Verband der Deutschen Drogistenschaft gegründet. Sein Sortiment umfaßt ca. 400 Heilpflanzen, einschließlich Bäumen und Sträuchern. Der Schwerpunkt liegt auf den Arznei- und Gewürzpflanzen, doch werden auch verschiedenste Gift- und Zierpflanzen sowie nachwachsende Rohstoffe gezeigt. Speziell für Kinder werden Führungen unter Aspekten des Umwelt- und Naturschutzes angeboten. Ihnen steht auch ein kleiner Streichelzoo mit einigen Lämmern, Kaninchen und Meerschweinchen zur Verfügung.
Eigentümer/in: Verein zur beruflichen Förderung von Frauen in Sachsen e.V., Störmthaler Weg 2, 04463 Großpösna, Tel. 034297/41249, Fax 034297/15899

4. Sächsische Landesgartenschau Oschatz 2006

Parkstraße, Oschatz

Von der Oschatzer Innenstadt führt ein 113 Meter langer Stadtsteg direkt zum Ausstellungsgelände zum Eingang der Blumenhalle, in der insgesamt 15 Blumenschauen zu sehen sind. Das Besondere dieser Landesgartenschau sind die Heckenkabinette. Hinter 2,30 Meter hohen Hainbuchenhecken verstecken sich Themengärten, heimische und exotische Tiere sowie Spielmöglichkeiten. Auf über 4000 Quadratmetern durchziehen Wechselflorflächen das gesamte Gelände. Weitere Attraktionen sind der künstlich angelegte Rosensee, die textilbewehrte Brücke – eine Weltneuheit im Brückenbau – sowie eine für Deutschland einmalige Skater-Anlage.

Eigentümer/in: Landesgartenschau Oschatz 2006 GmbH, Parkstraße 12a, 04758 Oschatz, Tel. 03435/666780, Fax 03435/6667826, E-mail: info@lago2006.de, Internet: www.lago2006.de

Sachs 18 NEU
Größe: 25 ha
Eintritt: 11 €, Kinder frei bis 6 Jahre, ermäßigt 10 € für Senioren, 9 € für Schüler, Studenten, Zivis, Schwerbehinderte ab 80%, Gruppen ab 20 Personen 9 €/Person
Führungen: nach Voranmeldung, Anmeldeformular unter www.lago2006.de
25 €/Gruppe bis 25 Personen
Öffnungszeiten: 22. April bis 8. Oktober, 9–19 Uhr
Attraktionen: Blumenschau im 14tägigen Wechsel
DB Oschatz
Schmalspurbahn ab Bahnhof
P ✂ ☕
während der Gartenschau
♿ ℹ ✿

Barockgarten Seußlitz

An der Weinstraße, Diesbar-Seußlitz

Der vordere Teil des Gartens wurde von 1725 bis 1728 im französischen Stil angelegt. Er ist in seiner Grundanlage unverändert geblieben. Kugelförmige Taxusbüsche, Buchenhecken und Blumenrabatten, gesäumt von schönen Sandsteinskulpturen, fügen sich harmonisch in die Anlage ein. Der Barockgarten setzt sich jenseits der Straße bis hinauf zur Heinrichsburg fort. Ein Englischer Garten mit Teich ergänzt den unteren Schloßpark. Neben zahlreichen exotischen Kübelpflanzen besitzt der Park viele seltene Bäume wie Ginkgo, Sumpfzypresse, Roteiche, Krimlinde, Flatterulme und Silberahorn. Einige Laubbäume sind über 100 Jahre alt.

Eigentümer/in: Gemeinde Diesbar-Seußlitz über Touristinformation Diesbar-Seußlitz, An der Weinstraße 1a, 01612 Diesbar-Seußlitz, Tel. 035267/50225, Fax 035267/50249

Sachs 19
Größe: 3 ha
frei zugänglich
Führungen: nach Voranmeldung, 1,50 €/Person
🚌 407 Meißen-Nünchritz, 415 Meißen-Diesbar-Seußlitz Seußlitzer Hof
P gebührenpflichtig am Wochenende
Veranstaltungen: verschiedener Art, ganzjährig
Infos bei Touristinformation Diesbar-Seußlitz, Tel. 035267/50225, Fax 035267/50249
🐕 ♿ ℹ

Barockgarten Zabeltitz

Am Park, Zabeltitz

Kurfürst Freidrich August I., als August der Starke bekannt, übereignete 1728 seinem Kabinettsminister Reichsgraf von Wackerbarth das Rittergut Zabeltitz, das schon damals einen über 100 Jahre alten Lustgarten besaß. Von Wackerbarth ließ ein neues Schloß im Barockstil errichten und einen großen Park nach dem Vorbild von Versailles anlegen. Die Planung des Gartens wird Johann Christoph Knöffel und seinem Lehrmeister Zacharias Longuelune zugeschrieben. Auffallend

Sachs 20
Größe: 15 ha
Führungen: nach Voranmeldung
20 Personen
25 €/Gruppe
frei zugänglich
Attraktionen: Fontäne im Spiegelteich April bis Oktober, 10 – 22 Uhr
DB Zabeltitz

P
Veranstaltungen: Parkfest im August, Hubertusfest im Oktober/November

ist die intensive gestalterische Umsetzung des vorhandenen Wasserreichtums. Die Hauptachse des Parks wird durch den Spiegelteich und den Flaschenteich geprägt und erlangt mit einer Blickachse in die freie Landschaft eine über die Parkgrenze hinausgehende Verlängerung. Bis in das späte 18. Jahrhundert führten die nachfolgenden Besitzer die Arbeiten fort. Der Brunnen mit den Riesenkindern, weitere Sandsteinskulpturen, die Elisabethinsel mit dem Pavillon und die „Wildnis" nach englischem Vorbild im hinteren Teil des Parks stammen aus dieser Periode. Zabeltitz gehört zu den größten und bedeutendsten in seinen Grundzügen erhaltenen Barockgärten in Sachsen.
Eigentümer: Verwaltung Gemeindeverwaltung Zabeltitz, Fremdenverkehrsamt, Am Park 2, 01561 Zabeltitz, Tel. 03522/502555, Fax 03522/502565, E-Mail: fremdenverkehrsamt@zabeltitz.de, Internet: www.zabeltitz.de

Sachs 21
Eigentümer/in:
Gemeinde Schönfeld, Gemeindeverwaltung, Straße der MTS 11, 01561 Schönfeld, Tel. 035248/834104,
Größe: 6,7 ha
frei zugänglich
Führungen: nach Voranmeldung durch den Förderverein Schloß Schönfeld 1996 e.V., Tel. 035248/20360, Fax 035248/20361 oder Landschaftsarchitektin Pätzig, Dresden, Tel. 0351/015748 für Gruppen bis 50 Personen, 60 €/Gruppe
Großenhain – Schönfeld – Ponickau, Schloß Schönfeld, Großenhain – Schönfeld – Ortrand, Schloß Schönfeld, Großenhain – Schönfeld – Radeburg, Schloß Schönfeld
→ an B 98
P

Schloßpark Schönfeld

Straße der Jugend 3, Schönfeld

Foto: Pätzig

Der Park wurde von dem Dresdener Gartenarchitekten Max Bertram in der Zeit von 1882 bis 1884 gestaltet. Der Umbau der Renaissance-Schloßanlage erfolgte ab 1882 durch den Dresdener Architekten Möckel zu einem der bedeutendsten Neorenaissancebauten Sachsens. Nach 1910 veränderte der Berliner Gartenarchitekt Willy Lange den Park, der seit 1989 schrittweise wieder instandgesetzt wird. Neben mehreren Teichen und einem kleinen Bachlauf wird er vor allem durch seinen hervorragenden Baumbestand mit großen Eschen, Ulmen und dendrologische Besonderheiten wie Celtis occidentalis, Quercus heleophylla geprägt.

Park der Landesgartenschau 2002

Dresdner Straße, Großenhain

Der Park wurde für die 3. Sächsische Landegartenschau 2002 geplant, ist aber nachhaltig für die Aufwertung der Röderaue und die Verbindung und Erschließung unterschiedlichster Stadträume von Bedeutung. Gärtnerisch wichtig ist vor allem das Tal der Gräser und der Auenpark mit unterschiedlichsten Baumarten aus der ganzen Welt. In den Park integriert sind diverse Freizeiteinrichtungen, wie Freilichtbühne, Gondelteich, Aussichtsturm, Natur-Erlebnis-Bad und mehrere Spielplätze für Kinder und Jugendliche. Für Wasserwanderer auf der Röder ist eine Bootsanlegestelle auf dem Parkgelände vorhanden. Der Radweg „Sächsische Salzstraße", der quer durch den Park entlang der Röder führt, stellt die Verbindung zum Elberadweg her.
Eigentümer: Stadt Großenhain, Hauptmarkt 1,
01558 Großenhain, Tel. 03522/3040, Fax 03522/304222,
E-Mail: MSchmieder@stadt-grossenhain.de

Sachs 22
Größe: 17 ha
frei zugänglich
Attraktionen Fontaine, Faunbrunnen, Gondelbetrieb April bis November
DB Großenhain-Cottbusser Bhf.
Bus Dresden – Großenhain Dresdner Straße
Veranstaltungen Konzerte auf der Freilichtbühne
P ✕ 🐕 ♿
Caravanstellplätze

Hutberg

Am Hutberg, Kamenz

Der Königliche Hoflieferant und Kamenzer Stadtgärtner Wilhelm Weiße schuf vor über 100 Jahren diese Anlage, um neu eingeführte Pflanzenarten auf Klimaresistenz zu testen. Mit der Zeit legte er somit eine botanische Sammlung an, mit Schwerpunkt auf nordamerikanische Koniferen. Sein Nachfolger Ernst Hilscher entwickelte den Park weiter, so daß heute über 130 verschiedene Gehölzarten, zum Teil mit schönen alten Exemplaren vorhanden sind. Im Frühjahr besonders attraktiv sind die umfangreichen Rhododendron- und Azaleenpflanzungen. Ein Teil der Anlage besteht aus einem naturnahen Waldpark mit dem Lessingturm auf der Kuppe des Berges.

Sachs 23 NEU
Eigentümer/in:
Stadt Kamenz,
Markt 1,
01317 Kamenz,
Tel. 03578/3790,
Fax 03578/379299,
E-mail:
stadtverwaltung@kamenz.de,
Internet: www.kamenz.de
Größe: 19 ha
Führungen: nach Voranmeldung
Kamenzer Stadtinformation, Tel. 03578 379204
frei zugänglich
DB Kamenz
Veranstaltungen: Konzerte auf der Freilichtbühne,
Kamenzer Stadtinformation
Tel. 03578/379204
P ✕ 🐕

Sachs 24 NEU
Größe: 0,4 ha
Führungen: nach Voranmeldung
Kamenzer Stadtinformation, Tel. 03578/379204
frei zugänglich
DB Kamenz
P gebührenpflichtig

Wilhelm-Weiße-Garten

Poststraße, Kamenz

Der Garten in der Kamenzer Innenstadt ist aus der ehemaligen Kunst- und Handelsgärtnerei von Wilhelm Weiße (1846–1916) hervorgegangen. Er wurde von der Stadt erworben und von 1998 bis 2000 rekonstruiert. Neben einer Vielzahl von Stauden und schöner, zum Teil sehr alter Gehölze sind das ehemalige Brunnenhaus, das Gartenhäuschen, historische Gedenksteine und ein beleuchteter Brunnenschacht erwähnenswert.

Eigentümer/in: Stadt Kamenz, Markt 1, 01317 Kamenz, Tel. 03578/3790, Fax 03578/379299, E-mail: stadtverwaltung@kamenz.de, Internet: www.kamenz.de

Sachs 25
Größe: 5 ha
frei zugänglich
Führungen: nach Voranmeldung
Naturschutzstation Neschwitz, Tel. 035933/30077,
Bautzen-Hoyerswerda Neschwitz
P
Veranstaltungen, Schloßkonzerte

Schloßpark Neschwitz

Neschwitz

Die Besonderheit dieses Parks ist die Teilung in einen französisch-regelmäßigen und einen englisch-landschaftlichen Teil. Der französische Teil wurde mit dem Bau des Alten Schlosses im frühen 18. Jahrhundert gestaltet. Von den ehemals fünf Pavillons sind noch vier erhalten. Im späten 18. Jahrhundert entstand mit dem Neuen Schloß, das 1945 abbrannte, ein Landschaftsgarten. Vom Alten Schloß aus führen drei Sichtachsen in die freie Landschaft, auf die Kirche Neschwitz und auf den Jagdpavillon am Ende einer Kastanienallee.

Eigentümer/in: Gemeinde Neschwitz, Bahnhofstraße 1, 02699 Neschwitz, Tel. 035933/3860, Fax 035933/38611

Sachs 26 NEU
Größe: 15 ha
Eintritt: 3 €/Person, Kinder frei bis 5 Jahre, ermäßigt 1 € für Kinder bis 16 Jahre, Gruppen 2 € ab 10 Personen
Führungen: nach Voranmeldung
30 €/Gruppe
Öffnungszeiten: 15. März bis 15. November, 10–18 Uhr
im November 10–17 Uhr
DB Weißwasser
255, 256
Nochten, Ortseingang
Imbiß am Wochenende
P

Lausitzer Findlingspark Nochten

Bautzener Straße 7, Boxberg / OT Nochten

Mit etwa 3000 Findlingen wurden naturnahe Gartenbereiche gestaltet. Zentrum der Anlage ist ein Steingarten mit steilen Hängen, Bergspitzen und Hohlwegen Die Bepflanzung des Steingartens mit zahlreichen Polsterstauden erfolgte so, daß der Findling immer seine dominante Stellung behält. Zwei Täler werden von Bächen mit Kaskaden und kleinen Wasserfällen durchflossen, die in einen großen Teich münden. Im Norden und Westen bildet ein zirka 1,5 ha großer Heidegarten eine besondere Attraktion. Er ist der ideale Übergang zur umgebenden Naturheide. Um diesen Übergang so vollendet wie möglich zu gestalten, beginnt der Heidegarten mit felsiger Gebirgsheide, die von Anfang November bis April blüht, dem steinigen Heidehang und dem auf Schotter und Felsen stehenden Wildrosen. In einer langgezogenen, von Dünen begrenzten Senke liegt der eigentliche Heidegarten mit zahlreichen Sorten der Besenheide und einem Heidemoor.

Eigentümer/in: Förderverein Lausitzer Findlingspark Nochten, Bautzener Str. 7, 02943 Boxberg/OT Nochten, Tel. 035774/74711, Fax 035774/74711, E-mail: findlingspark-nochten@t-online.de, Internet: www.lausitzer-findlingspark-nochten.com

Kromlauer Park

Halbendorfer Straße, Kromlau

1844 wurde der Landschaftspark von dem Gutsbesitzer Friedrich Herrmann Rötschke angelegt. Dabei machte sich Rötschke die natürlichen Gegebenheiten des Muskauer Faltenbogens zunutze. Er fügte Bauwerke mit einmaligen romantischen Finessen, wie die Rakotzbrücke, das Kavaliershaus, Basaltsäulengruppen und Grotten liebevoll in den Park ein. Seit 1889 war die Familie von und zu Egloffstein Eigentümer des Parkes und es wurde unter der Leitung von Gartenbauinspektor Eichler unter anderem mit der Pflanzung von Rhododendren und Freilandazaleen in Größenordnungen begonnen, die den Grundstock für die heutige Bekanntheit als Rhododendrenpark bilden. Bemerkenswert sind aber auch zahlreiche alte Bäume wie eine zirka 30 Meter hohe Tulpenbaumgruppe, eine geschlitztblättrige Rotbuche und riesige Trauerbuchen.

Eigentümer/in: Gemeindeamt Gablenz, Dorfstraße 19, 02953 Gablenz,Tel. 03576/223284, Fax 03576/211799

Sachs 27
Größe: 200 ha
frei zugänglich
Führungen: nach Voranmeldung bei Tourismusbüro Kromlau, Tel./Fax 03576/222828, für Gruppen unter 30 Personen 1,50 €/Person, ab 30 Personen 1 €/Person
Attraktionen: Rhododendrenblüte, Mai/Juni
Waldeisenbahn, Schmalspurbahn, Mai–Okt., Sa/So, Voranmeldung
DB Weißwasser
P gebührenpflichtig
Veranstaltungen: Park- und Blütenfest, Pfingsten
Infos bei Eigentümer oder Tourismusbüro Kromlau

Fürst-Pückler-Park Bad Muskau / Park Muỳakowski

Bad Muskau

Der in die Liste des Welterbes der UNESCO eingetragene Fürst-Pückler-Park Bad Muskau / Park Muỳakowski ist ein klassischer Landschaftspark, dessen Anlage von dem Grafen

Sachs 28
Eigentümer/in: Freistaat Sachsen, Stiftung „Fürst-Pückler-Park Bad Muskau", Orangerie, 02953 Bad Muskau, Besucherzentrum „Blauer Garten", Tel. 035771/51525, Fax 035771/51526, Email: info.stiftung@muskau.de Internet: www.muskauer-park.de
Größe: 830 ha, davon zwei Drittel auf polnischem Staatsgebiet, der östliche Teil ist über die Doppelbrücke zu folgenden Zeiten erreichbar: April bis Oktober, täglich von 8–20 Uhr, Nov. bis März an den Wochenenden von 8–18 Uhr
Führungen an Wochenenden, jeweils 15 Uhr ab Besucherzentrum „Blauer Garten"

Weißwasser
→ Zugang über Marktplatz – Altes Schloß
P gebührenpflichtig
Veranstaltungen: Ausstellungen und Veranstaltungen in der Orangerie und im Marstall

und späteren Fürsten Hermann von Pückler-Muskau (1785–1871) ab 1811 begonnen wurde. Durch die Herausgabe der „Andeutungen über Landschaftsgärtnerei" im Jahr 1834 mit der Beschreibung des Parkes und den gartentheoretischen Beiträgen erlangte der Park weltweite Bekanntheit und wurde zum bedeutenden Vorbild eines ganzen Zweiges der Garten- und Landschaftsgestaltung. Unter Ausnutzung des markanten Reliefs, welches sich in Muskau durch die sich überschneidenden Landschaftsräume des Muskauer Faltenbogens (einer geologisch besonderen Ausformung einer Endmoräne) und des Neißetals zeigt, schuf Pückler bei Verwendung weniger Gestaltungsmittel immer wieder wechselnde großräumige Landschaftsszenarien. Ausgehend vom ideellen und räumlichen Mittelpunkt, dem Neuen Schloß, entstand durch visuelle Vernetzung mit hervorspringenden oder erhöhten Geländepunkten beiderseits der Neiße ein komplexes Sichtachsensystem, dessen Wirkung durch Einbeziehung alten Baumbestandes und gezielte Neupflanzungen auf geniale Weise noch gesteigert wird. Die Abstimmung der Farben von Blüten und Blattwerk zu den verschiedenen Jahreszeiten trägt zur weiteren Verstärkung der natürlich wirkenden Landschaftseindrücke bei. Der an Pflanzenarten reiche Pleasureground umfängt allseitig das Neue Schloß. In ihn eingebettet liegen drei Blumengärten, die eine „Erweiterung der Wohnung" darstellen. Im Gegensatz zum Pleasureground wurden im eigentlichen Park „nur einheimische oder völlig acclimatisierte Gehölze" verwendet. Westlich des Schloßparks liegt auf einer Flußterrassenkante der historische Stadtkern von Bad Muskau, um den der Oberweg auf an einer noch darüber liegenden Hangkante in den sich nach Westen erstreckenden Bergpark führt. Von diesem Weg ergeben sich überwältigende Blicke über die Stadt hinweg in den Schloßpark und die östlichen Parkgebiete. Vom Bergpark kann man an einigen Stellen in das südliche Neißetal und oft auch bis zu weit entfernt liegenden Höhenzügen schauen. Auf der östlichen Neißeseite in Polen liegen der Terrassenpark auf der „mittleren Ebene" und der Oberpark auf der oberen Flußterrasse. Im Osten schließt die Braunsdorfer Feldflur in Form einer Ornamental Farm an, die in die umgebende Landschaft überleitet. In den östlichen Parkteil gelangt man am schnellsten über die wieder neu errichtete Doppelbrücke. Wichtige Anlaufpunkte im östlichen Park sind ehemalige Gebäudestandorte, wie der des Mausoleums oder des im Norden gelegenen englischen Hauses. Besonders der Blick von der Mausoleumsterrasse herunter zum Neuen Schloß und dem sich dahinter bzw. darüber befindlichen Gebiet des Oberwegs spiegelt die einmalige Weitläufigkeit und die scheinbare Endlosigkeit dieser Parklandschaft wider. In den östlichen Parkbereichen treten nach jahrelangen Freistellungsarbeiten wieder zahlreiche uralte Eichen aus dem Baumbestand hervor. Verlorengegangene Exemplare, wie die

Hermannseiche, wurden durch Neupflanzung in den alten Stubben ersetzt. Am Wegesrand bemerkt man an vielen Stellen Steinbänke aus Granit, die besonders bemerkenswerte Aussichten markieren. Nicht versäumen sollte man eine Visite beim Pücklerstein auf einem erhöhten Platz nahe der Neiße, von dem sich ein großartiges Panorama auf den Schloßpark eröffnet.

Garten der Pension Wiesenhof

Kunnersdorfer Straße 8, Kodersdorf, OT Torga

Um den über 100jährigen Vierseitenhof stehen verschiedene Bäume wie Birke, Linde, Weide, Tannen und kleinere Ziergehölze. Der Garten in schöner landschaftlicher Lage, mit Obst- und Gemüsegarten mit Kräuterecke, vielen Blumen und Stauden, einem Teich mit Goldfischen, Rosen, Rhododendren und einer Trockenmauer lädt zum Ausruhen ein.
Eigentümer/in: Andreas und Waltraud Schillings, Kunnersdorfer Straße 8, 02923 Kodersdorf, OT Torga, Tel. 035825/5619, Fax 035825/5619

Sachs 29
Größe: 0,5 ha
Öffnungszeiten:
Mai bis September
Anmeldung erbeten
Eintritt: frei
→ bei Anmeldung
P

Stadtpark Görlitz

Am Stadtpark / Kahlbaumallee, Görlitz

Sachs 30
Eigentümer/in: Stadt Görlitz, Hugo-Keller-Straße 14, 02826 Görlitz, Tel. 03581/672621, Fax 03581/672622
Größe: 8,2 ha
frei zugänglich
B Schützenstraße
P gebührenpflichtig

Foto: Stadt Görlitz

Der Stadtpark stellt heute die größte zentrale Grünanlage der Stadt Görlitz dar. Er ist gleichzeitig ein wichtiges Bindeglied zwischen den weitgestreckten städtischen Grünanlagen, die sich im großen Halbkreis von Norden nach Süden östlich um die Innenstadt ziehen. Ab 1830 wurde eine städtische Viehweide zum Landschaftspark umgestaltet. Das Wirken Peter Joseph Lennés auf die Gestaltung einzelner Bereiche gilt als sicher, sein Einfluß auf die Gesamtkonzeption der Anlage jedoch als umstritten. Die Stadthalle und der Stadthallengarten wurden zwischen 1909 und 1911 hinzugefügt. 1924 wurden Pflanzungen für den heutigen Rhododendron-Hang ausgeführt sowie der Goldfischteich angelegt. Die heutige Rosenterrasse entstand in den 50er Jahren unter dem damaligen Gartenbaudirektor Henry Kraft. Eine Neubepflanzung erfolgte 1995. Der Park beeindruckt heute vor allem durch seinen landschaftlichen Charakter. Nadelholzgruppen wechseln mit ausgedehnten Wiesen-, Blumen- und Staudenpflanzungen. Denkmäler und Plastiken ergänzen den Gesamteindruck. Der alte Baumbestand enthält neben einheimischen Gehölzen auch eine Vielzahl dendrologischer Besonderheiten.

Sachs 31
Größe: 0,4 ha
Öffnungszeiten: April bis Mitte Sept.: 8–21 Uhr, 16.09.–31.10.: 8–20 Uhr
Eintritt: frei
1, 2 Jägerkaserne

Nikolaizwinger

Nikolaistraße / Bei der Peterskirche, Görlitz

Der Raum zwischen innerer und äußerer mittelalterlicher Stadtbefestiung wurde 1953 und 1954 durch den Gartenbaudirektor Henry Kraft zu einer attraktiven Anlage umgestaltet. Eine Sanierung mit teilweiser Neugestaltung der vier Zwingerhöfe unterschiedlichen Charakters wurde 2000 abgeschlossen. Ein Rundgang läßt einen interessanten Wechsel von intimen Gartenräumen und weiten Ausblicken über Stadtlandschaft und Neißetal erleben.
Eigentümer/in: Stadt Görlitz, Hugo-Keller-Straße 14, 02826 Görlitz, Tel. 03581/672621, 03581/672622

Sachs 32
Eigentümer/in: Stadt Görlitz, Hugo-Keller-Straße 14, 02826 Görlitz, Tel. 03581/672621, Fax 03581/672622
Größe: 3,1 ha
frei zugänglich
1, 2 Heiliges Grab

Ölberggarten

Friedhofstraße, Görlitz

Der Ölberggarten erhielt seine heutige Gestaltung um 1925. Er steht inhaltlich in Verbindung mit dem südlich benachbarten Heiligen Grab, welches um 1480 entstand. Stellt das Heilige Grab mit Grabkapelle, Kreuzkapelle und Kreuzweg eine architektonische Nachbildung des Grabes Jesu in Jerusalem dar, ist der Ölberggarten als landschaftliche Nachahmung der Jerusalemer Topographie zu verstehen. Daraus abgeleitet sind Kidrontal, Ölberg mit Ölbaum und Jüngerwiese. Die mit Obstbäumen bestandenen Wiesenhänge, die Rosenterrasse mit Blick über Görlitz sowie der angelegte Teich im Kidrontal ergänzen den landschaftlich reizvollen Ort mit interessanter Symbolik. 1999 wurde die historische direkte Wegebeziehung zwischen Heiligem Grab und Ölberggarten wiederhergestellt.

Sachs 33
Größe: 0,2 ha
Öffnungszeiten:
April bis Okt. 8–20 Uhr

Ochsenzwinger

Bergstraße / Uferstraße, Görlitz

An der ältesten Bastei von Görlitz wurde bis 1834 das Vieh auf die Weide und zum Städtischen Schlachthof getrieben.

Die dahinter befindliche Gartenanlage, der Ochsenzwinger, entstand in den Jahren 1962/63 nach Plänen des in Görlitz wirkenden Gartenbaudirektors Henry Kraft. Den nördlichen Teil charakterisieren eine Brunnenachse und Schmuckbeete in barocker Formensprache. Die obere Terrasse wurde im Jahr 2000 völlig neu gestaltet. In Bezug zur italienisch anmutenden Loggienfassade des angrenzenden Renaissancehauses Kränzelstraße 27, „Zum Anker", wurde ein mediterraner Garten entworfen, dessen Flair durch wärmeliebende Stauden und Pflanzen des Mittelmeerraumes, wie Agapanthus, Citrus, Lavendula, unterstrichen wird. Die dreiseitige Blauregen-Pergola, eine Brunnenhütte und die wirkungsvolle Verwendung von Naturstein ist charakterbildend.
Eigentümer/in: Stadt Görlitz, Hoch-, Tiefbau- und Grünflächenamt, Hugo-Keller-Straße 14, 02826 Görlitz, Tel. 03581/672621, Fax 03581/672622

Eintritt: frei
1, 2 Demianiplatz
P gebührenpflichtig

Weinberganlagen

An der Landskronbrauerei, Görlitz

Bereits im 15. Jahrhundert erwähnt, wurde an den südexponierten Neißehängen wohl eine Zeitlang versucht, Wein anzubauen. Ab 1871 kam es zur parkartigen Gestaltung mit Ulmenplatz und Luther-Buche. Seit 1890 ist das Weinberghaus mit Aussichtsturm fester Bestandteil der Anlage. Auf Initiative des Besitzers und Direktors der Landskronbrauerei Scheller entstand um die Jahrhundertwende ein landschaftlich-romantisch gestalteter Park, der Schellergrund. Die zum Teil stark geneigten Hänge wechseln mit waldartigem Baumbestand und gehölzfreien Rasenflächen. Dieses Erscheinungsbild erhielt der Schellergrund 1940 bis 1950. Der Berggarten ist kleinräumig und erinnert an eine Gebirgslandschaft. Die 1941 vom Kaufmann Winkler eingerichtete und 1961 nach Entwürfen des Gartenbaudirektors Kraft umgestaltete Anlage enthält zahlreiche seltene Laubund Nadelgehölze.

Sachs 34
Eigentümer/in: Stadt Görlitz, Hoch-, Tiefbau- und Grünflächenamt, Hugo-Keller-Straße 16, 02806 Görlitz, Tel. 03581/672621, Fax 03581/672622
Größe: 15 ha
frei zugänglich
Attraktionen: Oldtimer-Parkeisenbahn,
1 Goethestraße
P

Park Rüdigsdorf mit Schwindpavillon

Kohren-Sahlis

Südlich von Kohren-Sahlis befindet sich der Ortsteil Rüdigsdorf mit dem ehemaligen Rittergut. Im idyllischen Mausbachtal zieht sich der Landschaftspark um die hochgelegene Gutsanlage mit Herrenhaus herum. Ein Parkteich mit Wasserzulauf an der Südfront des Gebäudes, mittels Bogenbrücke verbundene Parterreteile und ein waldparkartiger Teil kennzeichnen die Anlage. Dr. Heinrich Wilhelm Leberecht Crusius, der 1824 die Güter Sahlis und Rüdigsdorf übernahm, ließ das Gutshaus umbauen sowie Park und Orangerie anlegen. Das Orangeriegebäude, 1829 gebaut,

Sachs 35
Eigentümer/in: Stadt Kohren-Sahlis, Markt 68, 04655 Kohren-Sahlis, Tel. 034344/8100, Fax 034344/81022
Größe: 3,3 ha
frei zugänglich
Führungen: nach Voranmeldung
Fremdenverkehrsverband Kohrener Land e.V. Tel. 034344/61258, Fax 034344/61613,

für Gruppen bis 40 Personen, Führungen nur für Schwindpavillon
🚆 Frohburg oder Geithain
🚌 Frohburg – Kohren – Sahlis
→ Im Ort ausgeschildert
P ✕ 🐕 ♿
Veranstaltungen: Kammerkonzerte im Schwindpavillon, Sommermonate
ℹ Verkauf im Schwindpavillon

enthält im rechten Seitenflügel, dem Schwindpavillon, den wohl bemerkenswertesten Innenraum aus der 1. Hälfte des 19. Jahrhunderts, der im Leipziger Gebiet erhalten geblieben ist. Der Maler Moritz von Schwind schuf im Auftrag von Crusius 1837 im Gartensalon einen Freskenzyklus nach Motiven des antiken Märchens von Amor und Psyche in neun Wandbildern, wovon er vier eigenhändig ausführte. Der Entwurf der Innendekoration des Pavillons stammt von Gotfried Semper, dem bedeutendsten Architekten Sachsens.

Sachs 36
Eigentümer/in: BVS Berlin
Größe: 1,4 ha
frei zugänglich
Führungen: nach Voranmeldung Fremdenverkehrsverband Kohrener Land e.V., Tel. 034344/61258, Fax 034344/61613, nach Vereinbarung
🚆 Frohburg oder Geithain
→ Zugang vom hinteren Tor an Straße zwischen Sahlis und Lindenvorwerk
P 🐕 ♿ ℹ

Rokokogarten Sahlis

Kohren-Sahlis

Die kleine reizvolle Anlage gehört zum ehemaligen Rittergut Sahlis im gleichnamigen Ortsteil des 1000jährigen Töpferstädtchens Kohren-Sahlis. Die Gründung des Rittergutes Sahlis geht auf das 15. Jahrhundert zurück. 1754 kaufte der Chemnitzer Textilkaufmann Georg Leberecht Crusius das Rittergut, ließ 1756 das Herrenhaus neu erbauen und südlich davon 1771 den Garten anlegen. Die langgestreckte Gartenanlage, mit der Symmetrieachse auf das Herrenhaus bezogen, weist eine Folge heckenumschlossener Gartenräume auf unterschiedlichen Ebenen mit typischen Merkmalen des Rokoko auf. Bemerkenswert ist das von einem Heckengang umschlossene Parterre mit einem vertieft angelegten, unterteilten Rasenstück und Rasenböschungen. Die Übergänge der Gartenräume werden durch hohe, hutförmig geschnittene Bäume betont. Das nach Süden ansteigende Gelände wird in der Mittelachse durch Treppenanlagen überwunden, während die jeweils seitlich begrenzenden Alleen rampenartig zum halbrunden Parterre der Putten, die vier Jahreszeiten darstellend, ansteigen. Dieser Gartenteil zeigte ursprünglich eine dreifache Heckenumgrenzung von differenzierter Ausformung. Ansteigende Rasenböschungen, die sich aus Rasenschnecken entwickeln, unterstützen die Raumwirkung. Die Mittelachse war ursprünglich durch Wasserspiele belebt, die des Wiederaufbaus harren, beginnend am geschwungenen Springbrunnenbecken, über den wassersprühenden Blumenkorb bis zum großen Teich mit Fontäne am Gartenende.

Sachs 37
Eigentümer/in: Stadt Waldenburg, Markt 1, 08396 Waldenburg, Tel. 037608/1230, Fax 037608/12310, E-Mail: info@waldenburg.de,

Grünfelder Park

Grünfelder Straße, Waldenburg

Der Grünfelder Park zählt zu den bedeutendsten Werken sächsischer Gartenkunst und gehört mit zu den schönsten Landschaftsparks der Romantik und Sentimentalität. In den Jahren 1780 bis 1795 ließ Otto Carl Friedrich von Schönburg den zirka 113 Hektar großen Park anlegen, der zunächst Greenfield, nach seinem Vorbild in Kew/England, genannt wurde. Otto Carl Friedrich verwirklichte in den Grünfelder Parkanlagen seine Vorstellungen von natürlicher Garten- und antiker Baukunst. Im vorderen Teil des Parks befindet sich die von alten Kastanien gesäumte Kastanienallee, die in die mächtige Eichenaallee einmündet. Angelegte Teiche, wie zum Beispiel der Gondelteich, früher Sauteich genannt, der Schafteich und der in saftige Wiesen eingebettete Elisenteich geben dem Park ein besonderes Flair. Der hintere Bereich der Parkanlage wird durch ein gewaltiges Steintor eröffnet. Es war das ehemalige Eingangstor des 1619 abgebrannten Schlosses, dessen Inschrift „Zur Stillen Naturfreude" von der Absicht des Grafen zeugt. Das Badehaus mit klassizistischen Innendekorationen und der Gesundheitsbrunnen, im Volksmund Hirschtränke genannt, beide um 1790 errichtet, blieben erhalten. Die vielen Kleinplastiken aus der Gründungszeit, die ästhetisch im Park eingegliedert wurden, sind leider verlorengegangen. In den Jahren um 1815 wurden das Mausoleum und das Teehaus 1844–46 mit neogotischen Stilelementen errichtet. Die einstigen Wirtschaftsräume des Schlößchens werden heute als Hotel und Gaststätte Grünfelder Schloß genutzt.

Internet: www.waldenburg.de
Größe: 113 ha
frei zugänglich
Führungen: nach Voranmeldung, Gruppen ab 10 Personen 2–3,50 €/Pers.,
DB Waldenburg
Bus T 110, T112, T120, T123 Waldenburg
P ✗ ☕ ♿ ℹ
Veranstaltungen: Theateraufführungen auf der Freilichtbühne
Infos bei Fremdenverkehrsamt Geschwister-Scholl-Platz 1, 08396 Waldenburg, Tel. 037608/21000 Fax 037608/21006, E-Mail: tourismus-kultur@waldenburg.de

Arktisch-Alpiner Pflanzengarten

OT Gorschmitz Nr. 14, Leisnig

Der Pflanzengarten ist seit 1995 als Botanischer Garten Deutschlands für Gebirgspflanzen registriert. Die 2500 Pflanzenarten sind geographisch in die Abteilungen Europa auf Kalk, Europa auf Urgestein, Asien, Canadische Rocky Mountains, Neuseeland/Australien, Nordische Länder sowie andere Versuchsreihen aufgeteilt. Besonderheit sind 200 verschiedene zwergige Weiden-Arten, darunter die seit 1930 am Wildstandort in Grönland ausgestorbene Salix ivigtutiana.

Sachs 38
Größe: 0,14 ha
Anmeldung für Gruppen über 10 Personen erbeten
Öffnungszeiten: ganzjährig geöffnet, im Sommer März bis Okt., Do–Sa 9–18 Uhr
im Winter Nov. bis Febr. Sa 9–16 Uhr
Eintritt: frei
Führungen: nach Voranmeldung, für Gruppen bis

25 Personen, kostenlos
DB Leisnig
→ Im Ortsteil Gorschmitz auf der Hauptstraße Hinweisschild zu der Anlage
✿ 800 Arten Gebirgspflanzen

Eigentümer/in: Siegfried Geißler, OT Gorschmitz Nr. 14, 04703 Leisnig, Tel. 034321/14623, Fax 034321/14623
Veranstaltungen: Pflanzenbörse, zur Sonnenwende im Juni, Pflanzenbörse, 2.Wochenende im Sept.
Attraktionen: Blütezeit Saxifraga, Draba, Dianthus April/Mai

Sachs 39
Größe: 12 ha
Eintritt: frei
Öffnungszeiten: ganzjährig geöffnet,
im Sommer 8–18 Uhr,
im Winter 8–17 Uhr
Führungen: nach Voranmeldung
21 Wittgensdorfer Straße (Eisstadion)
P gebührenpflichtig
Veranstaltungen: Diverse Infos bei Eigentümer

Botanischer Garten Chemnitz

Leipziger Straße 147, 09114 Chemnitz

1898 vom damaligen Städtischen Gartendirektor von Chemnitz, Otto Werner, als erster sächsischer schulbotanischer Garten auf einer Fläche von ca. 2 Hektar angelegt, hat diese Anlage mittlerweile eine Größe von 15 Hektar. Der Garten präsentiert ausgewählte Pflanzengesellschaften Mitteleuropas, wobei die wissenschaftlichen Idealvorstellungen dieser Biotope nach ökologisch-pflanzensoziologischen Aspekten gärtnerisch umgesetzt und gestaltet werden. Anlagen wie Heide, Düne, Steppenhügel und verschiedene Kleingewässer bieten einen umfassenden Überblick über die entsprechenden Pflanzengemeinschaften. Eng mit den Zielstellungen der Einrichtung verbunden ist eine intensive Kinder- und Jugendtätigkeit. Gemeinsam mit dem Naturschutzbund Deutschland, Regionalverband Erzgebirge e.V., werden zahlreiche Schüler-Arbeitsgruppen betreut, Erlebnis- und Projekttage organisiert.
Eigentümer/in: Stadt Chemnitz, Grünflächenamt, Annaberger Straße 89–93, 09120 Chemnitz, Tel. 0371/4886700, Fax 0371/4886799, E-Mail: gruenflaechenamt@stadt-chemnitz.de, Internet: www.chemnitz.de

Sachs 40
Größe: 0,2 ha
Anmeldung erbeten
Öffnungszeiten: ganzjährig geöffnet, Mo–Fr 9–17 Uhr
Eintritt: frei Spenden erbeten
Führungen: nach Voranmeldung
✿ April – Okt., Mi und jeden 1. Sa, 9 – 18 Uhr, außer September

Arktisch-Alpiner-Garten

Schmidt-Rottluff-Straße 90, Chemnitz

Der zirka 5000 Pflanzenarten umfassende Arktisch-Alpine-Garten stellt ein Kleinod sowohl für Wissenschaftler als auch für interessierte Liebhaber und botanische Laien dar. Auf kleinstem Raum werden vielfältige Pflanzengesellschaften in ausdrucksvoller Art und Weise gezeigt. Durch den Kontakt zu Botanischen Gärten und internationalen Samenaustausch sind auch die Pflanzensammlungen außereuropäischer Gebiete reichhaltig. Es werden Informationen über laufende Artenschutz- und Umweltprojekte sowie Ergebnisse taxonomischer Untersuchungen vermittelt. Ferner sind die „Sammelblätter Gebirgspflanzen" käuflich zu erwerben, die weiterführende Informationen zu Steingartenpflanzen geben.

Eigentümer/in: Walter-Meusel-Stiftung, Schmitt-Rottluff-Straße 90, 09114 Chemnitz, Tel. 0371/426895, E-Mail: jessen.walter-meusel-stiftung@t-online.de, Internet: www.arktisch-alpiner-garten.de

Schloßplatz

Hechlerstraße, Salzstraße, Chemnitz

Der Schloßplatz entstand im Jahr 1900 als eine in seiner Gestaltung und Gliederung in Chemnitz einzigartigen architektonischen Platzanlage mit umlaufenden Blumenrabatten, Ornamentbeeten, Hochstämmen und immergrünen Pflanzenrondells, die im Rahmen der Rekonstruktion 1993 wiederhergestellt wurden. In unmittelbarer Nähe befinden sich die Schloßberganlagen mit einer sehenswerten Gestaltung aus den 1970er Jahren und einem herrlichen Blick auf die Chemnitzer Innenstadt.
Eigentümer/in: Stadt Chemnitz, Grünflächenamt, Annaberger Straße 89–93, 09120 Chemnitz, Tel. 0371/4886700, Fax 0371/4886799, E-Mail: gruenflaechenamt@stadt-chemnitz.de, Internet: www.chemnitz.de

Sachs 41
Größe: 0,8 ha
frei zugänglich
🚌 21, 22 Küchwaldring
P ✕ 🐕 ♿

Neue und Alte Schloßteichanlagen

Hartmannstraße / Schloßteichstraße / Erich-Schmidt-Straße, Chemnitz

Der Schloßteich mit einer heutigen Wasserfläche von 11 Hektar wurde 1493 vom Abt Heinrich von Schleinitz als Fischteich für das Kloster angelegt. 1860 wurde er von der Stadt aufgekauft und erhielt nach Plänen des Stadtrats Zipper seine Gestalt. Die bestehende Anlage konnte ab 1930 wesentlich erweitert werden, als man im Rahmen von Notstandsarbeiten das Gelände der ehemaligen Hartmannschen Werke zum Park umgestaltete. Als wesentliches Gestaltungselement wurde die Neue Schloßteichanlage durch eine Achse über die Schloßteichinsel mit der Alten Anlage verknüpft. Neben dem Leuchtbrunnen und einer Staudenterrasse entstand eine Treppenanlage, die die 1868 von Johannes Schilling geschaffenen vier Allegorien zum Thema „Die Tageszeiten" aufnimmt. Diese überlebensgroßen Figurengruppen aus Postelwitzer Sandstein standen ursprünglich am Treppenaufgang zur Brühlschen Terrasse in Dresden, bis sie 1898 der Stadt Chemnitz geschenkt wurden.

Sachs 42
Eigentümer/in: Stadt Chemnitz, Grünflächenamt, Annaberger Straße 89–93, 09120 Chemnitz, Tel. 0371/4886700, Fax 0371/4886799, E-Mail: gruenflaechenamt@stadt-chemnitz.de, Internet: www.chemnitz.de
Größe: 20 ha
frei zugänglich
Attraktionen: beleuchtete Wasserspiele,
🚌 21, 22, 23 Hartmannstraße
P ☕ 🐕 ♿
Veranstaltungen: Sommerkonzerte auf der Schloßteichinsel

Stadtpark

Beckerstraße / Südring, Chemnitz

Der Stadtpark erstreckt sich entlang der Chemnitz vom Zentrum bis zum Stadtrand. Die erste Anlage eines kleinen

Sachs 43
Größe: 55 ha, frei zugänglich
Attraktionen:
Otto-Werner-Garten,

5, 6 Treffurthstraße
43 Scheffelstraße
49 Händelstraße

Bereiches erfolgte 1798 an der Beckerstraße mit Erweiterungen ab 1884. So entstanden der Kleine und der Große Stadtparkteich, das Rosarium und eine prachtvolle Staudenanlage, welche später nach dem Gartendirektor Otto Werner benannt wurde, der Planung und Realisierung des Stadtparks zwischen 1909 und 1923 maßgeblich vorangetrieben hat. Nach dem 2. Weltkrieg gab es Veränderungen, die jedoch den Charakter der Anlage nicht beeinträchtigen. Gegenwärtig werden Teilbereiche um den kleinen Teich, den Rosengarten und den Otto-Werner-Garten denkmalgerecht saniert.
Eigentümer/in: Stadt Chemnitz, Grünflächenamt, Annaberger Straße 89–93, 09120 Chemnitz, Tel. 0371/4886700, Fax 0371/4886799, E-Mail: gruenflaechenamt@stadt-chemnitz.de, Internet: www.chemnitz.de

Sachs 44
Größe: 0,1 ha
frei zugänglich
jede Linie Zentralhaltestelle
gebührenpflichtig

Rosenhof

Innere Klosterstraße / Theaterstraße, Chemnitz

Der Rosenhof entstand ab 1964 im Gebiet früherer alter Märkte. Die Erstpflanzung bestand unter anderem aus Rosen, die aus Leningrad, Lidice, Oradour und Coventry als Geschenke der Freundschaft übergeben wurden. In den Jahren 2000 bis 2002 wurde dieses innerstädtische Erholungsgebiet nach Plänen des Landschaftsarchitektur-Planungsbüros WES, Hamburg, neu gestaltet.
Eigentümer/in: Stadt Chemnitz, Garten-, Friedhofs- und Forstamt, Annaberger Straße 89, 09120 Chemnitz, Tel. 0371/4886700, Fax 0371/4886799

Sachs 45
Eigentümer/in: Stadt Chemnitz, Grünflächenamt, Annaberger Straße 89–93, 09120 Chemnitz, Tel. 0371/4886700, Fax 0371/4886799, E-Mail: gruenflaechenamt@stadt-chemnitz.de, Internet: www.chemnitz.de
Größe: 94 ha
frei zugänglich
Attraktionen: Parkeisenbahn, Kosmonautenzentrum,
21, 22 Küchwaldring

Küchwaldpark

Küchwaldstraße / Leipziger Straße, Chemnitz

Der Küchwaldpark in Chemnitz entwickelte sich aus dem mittelalterlichen Klosterwald. Nach Staatswald und Ratsforst begann ab 1898 die Planung und Realisierung der Umgestaltung des Küchwaldes zum Waldpark durch die Städtische Gartenverwaltung. Der damalige Gartendirektor Otto Werner legte mit seiner gestalterischen Intention mit spannungsreichem Wechsel von waldartigen Partien und Wiesenflächen sowie der Ausstattung mit Tennisplatz und Küchwaldschänke eine Grundlage, die heute noch Bestand hat. Nach dem 2. Weltkrieg erfolgte ab 1952 die Gestaltung des Kulturparks Küchwald mit Freilichtbühne am Standort der Küchwaldschänke, Parkeisenbahn, Schullandheim, Eissportkomplex, Kosmonautenzentrum und vielfältigen Spielbereichen.

Am Roten Turm

Straße der Nationen, Chemnitz

Die Anlage Am Roten Turm entstand in Verbindung mit dem Bau der Chemnitzer Stadthalle. Durch reichhaltigen plastischen Schmuck sowie durch die Wasserspiele ist diese Grünfläche im Zentrum der Stadt besonders attraktiv. Der Rote Turm ist in seinen Fundamenten das älteste noch vorhandene Bauwerk aus der Geschichte der Stadt und war Teil der Stadtbefestigung. In den Jahren 1999 bis 2001 wurde die Anlage nach Plänen des Landschaftsarchitekten Günter Kretschmar, Dresden, neu gestaltet.
Eigentümer/in: Stadt Chemnitz, Grünflächenamt,
Annaberger Straße 89-93, 09120 Chemnitz,
Tel. 0371/4886700, Fax 0371/4886799,
E-Mail: gruenflaechenamt@stadt-chemnitz.de,
Internet: www.chemnitz.de

Sachs 46
Größe: 1,6 ha,
frei zugänglich
jede Linie
Zentralhaltestelle
P gebührenpflichtig

Barockgarten Schloß Lichtenwalde

August-Bebel-Straße 6, Lichtenwalde

Graf Friedrich Carl von Watzdorf ließ von 1730 bis 1737 neben dem kurz zuvor errichteten Schloß einen Garten anlegen, der stilgeschichtlich den repräsentativen französischen Barockgarten mit dem intimeren, auf den Wechsel der Erlebnisbereiche konzipierten Park des Rokoko vereint. Bei der Planung des Parks war nicht die Zuordnung zum Schloß, sondern die Einordnung in das hängige Gelände des Zschopautals und die Öffnung der gestalteten Natur in die freie Landschaft entscheidend. Der besondere Reiz der Anlage geht von seiner Terrassierung sowie der Aufteilung in einzelne Heckengärten aus. Rondells, Wasserbecken, Wasserspiele mit ursprünglich über 400 Springstrahlen, Plastiken und botanische Elemente runden die künstlerische Gestaltung ab. Wesentliche Teile des um 1800 durch einen Landschaftspark erweiterten Gartens wurden seit 1954 erneuert.
Eigentümer/in: Gemeinde Niederwiesa,
Dresdner Straße 22, 09577 Niederwiesa,
Tel. 03726/71860, Fax 03726/718640
Veranstaltungen: diverse Konzerte im Park, Schloß und Orangerie

Sachs 47
Größe: 10 ha
Öffnungszeiten:
ganzjährig geöffnet
Eintritt: 2 €, Kinder frei bis 12 Jahre, ermäßigt 1 € Schüler, Auszubildende, Studenten und Schwerbehinderte
Führungen: nach Voranmeldung,
Preis auf Anfrage,
Fremdenverkehrsamt
Tel. 037206/5200,
Fax 037206/887753,
Attraktionen: Fontänen ab Ostern bis zum 3. Oktober 10–18 Uhr
Schloß Lichtenwalde
P gebührenpflichtig

Klosterpark Altzella

Am Schloß 3, 01683 Nossen

Die Ruinen des ehemaligen Zisterzienserklosters Altzella zählen zu den ältesten architektonischen Zeugnissen in Sachsen. Um 1800 gestaltete der Kunstgärtner Johann Gottfried Hübler unter Einbeziehung der Ruinen einen Englischen Landschaftspark. Das Mausoleum, die Grablege der Wettiner,

Sachs 48
Eigentümer/in:
Freistaat Sachsen, Sächsische Schlösserverwaltung,
Stauffenbergallee 2,
01099 Dresden,
Tel. 035242/68700,
Fax 035242/68700

Größe: 17,5 ha
Öffnungszeiten: April bis Okt. Mo–Fr: 10–17 Uhr, Sa u. So 10–18 Uhr, März und Nov. Sa, So 11–16 Uhr
Eintritt: 2 €, Kinder frei bis 6 Jahre, ermäßigt 1,50 € Schulklassen 1 €/Person
Führungen: nach Voranmeldung Tel. 035242/68700 1,50 €/Pers. Mindestgebühr 15 €
DB Nossen
P
Veranstaltungen: Infos bei: Staatl. Schloßbetrieb, Schloß Nossen / Kloster Altzella, Tel. 035242/50430 oder 50450, E-Mail: oeffentlichkeit@schloss-nossen.de, Internet: www.kloster-altzella.de

paßte sich in die Gestaltung ein. Maler wie Caspar David Friedrich und Ludwig Richter wurden durch die Romantik des Parks inspiriert.

Foto: Schloßbetrieb Altzella

Sachs 49
Eigentümer/in: Technische Universität Dresden, 01062 Dresden, Tel. 035203/3831274, Fax 035203/3831604, E-Mail: forstpark@forst.tudresden.de
Größe: 34 ha
Öffnungszeiten: April bis Okt. Sa–Do, 8–17 Uhr
Eintritt: frei
Führungen: nach Voranmeldung, für Gruppen bis 30 Personen, 40 €/Gruppe, ermäßigt 20 €/Gruppe
Attraktionen: Forstbotanisches Museum 13.30–15.30 Uhr
P gebührenpflichtig

Forstbotanischer Garten Tharandt

Pienner Straße 8, 01737 Tharandt

Foto: TU Dresden

Der Forstbotanische Garten Tharandt wurde bereits im Jahre 1811 durch Heinrich Cotta und Adam Reum angelegt und zählt somit zu den ältesten Arboreten der Welt. Ein Bestand von derzeit zirka 3000 Sippen winterharter Gehölze machen den Garten nicht nur für den Dendrologen außerordentlich wertvoll, sondern auch zu einem touristischen Magneten der Region. Der Forstgarten wird derzeit um eine nordamerikanische Gehölzflora erweitert. Hier sind auch die Apalachen, Rocky Mountains und Great Lakes angedeutet. Das dem Garten angeschlossene Forstbotanische Museum mit der Wald-Erlebnis-Werkstatt Sylvaticon wendet sich mit einem vielfältigen Angebot zur Umweltbildung an jung und alt.

Schloßpark Nöthnitz

Schloß Nöthnitz, Bannewitz

Das dreiflügelige Renaissanceschloß Nöthnitz wurde Anfang des 17. Jahrhunderts erbaut. Über die Grenzen Sachsens hinaus wurde das Schloß bekannt durch die bedeutenden Gelehrten, Graf Heinrich von Bünau und seinen Mitarbeiter Johann Joachim Winkelmann. Ihrem Gedenken ist das Museum im Schloß gewidmet. Teile des ehemaligen Renaissancegartens, der dem Schloß auf drei Ebenen vorgelagert war, sind zuletzt im 19. Jahrhundert zu einem Landschaftspark umgestaltet worden. Mittlerweile ist ein großer Teil des bis zu 250 Jahren alten Baumbestandes überaltert. Ziel der seit längerer Zeit laufenden Restaurierungsarbeiten ist die Wiederherstellung der Renaissanceanlage mit Skulpturengarten.

Sachs 50 NEU
Eigentümer: Victor Freiherr von Finck, Schloß Nöthnitz, 01728 Bannewitz,
Tel. 0351/409040,
Fax 0351/4015574
Größe: 3 ha
Anmeldung erbeten
Eintritt: frei
Führungen: nur durch das Schloß
Öffnungszeiten: ganzjährig geöffnet, Mittwochnachmittag und nach Vereinbarung
DB Dresden Hbf
Bus 360 Nöthnitz
Veranstaltungen: Klassikkonzerte im Schloß

Botanischer Garten Schellerhau

Hauptstraße 41a, Schellerhau

Foto: Barthel

Sachs 51
Eigentümer/in: Stadt Altenberg, Platz des Bergmanns 2, 01773 Altenberg
Größe: 1,5 ha
Öffnungszeiten: Ostern bis Oktober täglich 9–17 Uhr
Führungen: nach Voranmeldung, Tel. 035052/67938
Bus 360, 367 (Regionalverkehr Dresden) Botanischer Garten
→ Anfahrt über B170/E55 Dresden – Grenzübergang Zinnwald – Prag

Harmonisch eingebunden in die von Bergwiesen, Steinrücken und ausgedehnten Wäldern geprägte Landschaft des Osterzgebirges befindet sich der reizvolle Erzgebirgsort Schellerhau mit seinem traditionsreichen Botanischen Garten. Hervorgegangen aus der vom Königlich-Sächsischen Garteninspektor Gustav Adolf Porscharsky 1906 angelegten Pflanzensammlung beherbergt der erst in jüngster Zeit wesentlich erweiterte und naturnah gestaltete Garten zirka 1200 ausschließlich im Freiland kultivierte Gebirgspflanzen. Neben der Flora des Erzgebirges und der europäischen Hochgebirge umfaßt die Sammlung aber auch ausgewählte Vertreter nordamerikanischer und asiatischer Gebirge. Die Quartiere der europäischen Hochgebirge beinhalten typische Arten der alpinen Rasen, Fels- und Schuttfluren, der subalpinen Zwergstrauchheiden, Hochstaudenfluren sowie der Latschenkiefern- und Grünerlengebüsche. Dem Schutz gefährdeter und vom Aussterben bedrohter Arten des Osterzgebirgsraums fühlt sich der Botanische Garten in besonderem Maße verpflichtet. Mit Erhaltungskulturen und der Betreuung geschützter Pflanzen am Naturstandort ist er in das Artenschutzprogramm des Freistaats Sachsen integriert. Naturnah angelegte Biotope (Wiesen- und Waldgesellschaften, Steinrücken, Moor, Bachlauf und Teich) bringen im Garten die Vielfalt der heimischen Flora und auch die pflanzensoziologischen Bindungen der jeweiligen Arten zum Ausdruck.

Sachs 52
Größe: 0,67 ha
frei zugänglich
DB Radebeul Ost

Garten des historischen Weingutes Sorgenfrei 1783

Augustusweg 48, Radebeul

Das zwischen 1783 und 1789 entstandene Haus Sorgenfrei ist einer der stattlichsten Herrensitze der Oberlößnitz. Eine alte Allee führt axial auf das mit einem mächtigen Glockenträger versehene Herrenhaus zu, das von einem Haus für

Bedienstete und einem Gartensaalbau flankiert wird. Vor dem Hauptgebäude weitet sich ein halbkreisförmiger Vorplatz, der mit gegliederten Holzzaunanlagen und Vasen geschmückt ist. Vor dem Saalbau erstreckt sich eine französische Gartenanlage mit geschnittenen Hecken und Formgehölzen, Brunnen und einer Sphinx. Eine Brunnenanlage nimmt die rückseitige Hauptachse des Herrenhauses auf. Oberhalb des Wirtschaftshofes erstreckt sich der ehemalige Weinberg. Das gesamte Ensemble ist vor einigen Jahren aufwendig saniert worden.
Eigentümer: Hotel-Restaurant Villa Sorgenfrei,
Augustusweg 48, 01445 Radebeul,
Tel. 0351/7956660, Fax 0351/79566677,
E-Mail: mail@hotel-sorgenfrei.de,
Internet: www.hotel-sorgenfrei.net

Schloß Moritzburg

Moritzburg

Foto: Schöner

Sachs 53
Eigentümer/in: Freistaat Sachsen, Sächsische Schlösserverwaltung, Stauffenbergallee 2, 01099 Dresden,
Tel. 035207/87310,
Fax 035207/87311
Größe: 4 ha
Öffnungszeiten: ganzjährig geöffnet, Sommer 10–18 Uhr, Winter 10–15 Uhr
Eintritt: frei
Schmalspurbahn Radebeul – Radeburg
P gebührenpflichtig

1542 bis 1546 wurde unter Herzog Moritz von Sachsen ein Renaissancehaus als Jagdsitz nach Entwürfen der Architekten H. von Dehn-Rothfelser und C.V. von Wierandt gebaut. Im 16. und 17. Jahrhundert erfolgten zahlreiche Umbauten, die 1723 bis 1733 unter der Leitung des Oberlandbaumeisters M. D. Pöppelmann im Umbau des alten Renaissancebauwerks zum Jagd- und Lustschloß für August den Starken endeten. Durch die Nutzung der das Schloß umgebenden Teichlandschaft entstand im 18. Jahrhundert eine als Gesamtkunstwerk konzipierte Kulturlandschaft, deren gestalterische Ideen auf August den Starken zurückzuführen sind. Neben dem König selbst waren die Architekten M. C. Dietze und M. D. Pöppelmann maßgeblich beteiligt. Nach 1726 wurde mit der Anlage eines Lustgartens, vermutlich nach Plänen von Pöppelmann, am mit der Insel verbundenen nördlichen Teichufer begonnen. Sehr detaillierte Planungen von J. Ch. Knöffel und G. G. Meister wurden offensichtlich nur in Teilen in diesem Bereich realisiert. 1770 erfolgte der Bau des Neuen Palais, dem späteren Fasanenschlößchen, durch den Architekten J. D. Schade unter Kurfürst Friedrich August III. Der Hauptzugang zur Fasanerie erfolgte über eine Allee, die von Westen her vom Jagdschloß aus durch den Tiergarten geführt worden war. In der zweiten Hälfte des 18. Jahrhunderts wurden in die großzügig angelegten, durch Alleen und Kanäle gebildeten Sichtachsen zahlreiche Elemente der Landschaft einbezogen und so zu gestalteten Landschaftsbildern verändert.

Sachs 54
Größe: 0,25 ha
Eintritt: frei
Führungen: nach Voranmeldung
Kosten nach Vereinbarung
Öffnungszeiten: ganzjährig
Im Sommer 8–18 Uhr,
im Winter 9–16 Uhr
P
♿ i ✿ großes Pflanzensortiment

Pflanzengarten

Am Heidehof 37, Steinbach / Moritzburg

Aus einem Hausgarten entwickelte sich ein Pflanzengarten, in dem zur Zeit 3650 Arten und Sorten von winterharten ausdauernden Zierpflanzen untergebracht sind. Das Spektrum reicht von der 2 Zentimeter großen Zwergprimel bis zum Riesenmammutbaum. Ein Rundweg führt durch die naturnah angelegten Lebensbereiche, wie Alpinum, Steingarten, Wassergarten, Staudenrabatte, Heidegarten und Schattengärten. Eigentümer: Siegfried Stübler – Spezialbetrieb für winterharte Zierpflanzen, Am Heidehof 37,
01471 Steinbach/Moritzburg, Tel. 035243/32541,
Fax 035243/32548, E-Mail: wi-zi-stuebler@t-online.de,
Internet: www.staudenstuebler.de

Sachs 55
Eigentümer/in: Landesverein Sächsischer Heimatschutz e.V., Wilsdruffer Straße 29, 01067 Dresden,
Tel. 0351/4956153,
Fax 0351/4951559,
E-Mail: huback@t-online.de (Seifersdorfer Thal e.V.)
Größe: 40 ha
frei zugänglich
Führungen: nach Voranmeldung Klaudia Kröning,Tel. 0351/8808537, oder Birgit Pätzig,
Tel. 0351/4015748,
für Gruppen bis 50 Personen,
Rundgang ca. 2 Stunden
Preis nach Vereinbarung

Seifersdorfer Thal

Seifersdorf

Das Seifersdorfer Thal, ab 1781 von Hans Moritz, dem Sohn des sächsischen Premierministers Heinrich von Brühl, und seiner Frau Christina geschaffen, gehört zu den bedeutendsten frühen Landschaftsgärten und Zeugnissen der empfindsamen Gartenkunst in Deutschland. In dem 1 Kilometer von Dorf, Schloß und Herrenhaus Seifersdorf entfernten Tal der Großen Röder konzipierten die Brühls über 40 Gartenszenen, griffen in den vorhandenen reizvollen Landschaftsraum jedoch nur behutsam ein. Zentraler Punkt ist die in Resten noch vorhandene Hermannseiche auf dem sogenannten Burgberg. Zu seinen Füßen befindet sich die Marienmühle, das einzige noch erhaltene Gebäude der Anlage. Die Brühls waren mit dem Weimarer Kulturkreis um die Herzogin Anna-Amalia verbunden. Besonders die Theorien Johann Gottfried von Herders lieferten Anregungen für das ideelle Konzept des Gartens. Als gestalterische Vorlage diente oft Georg Hirschfelds Theorie der Gartenkunst. Bis zur Mitte des 19. Jahrhunderts entstanden unter dem Sohn Karl von Brühl, Intendant des Königlichen Schauspielhauses in Berlin, noch einige Gedenksteine, die sich jedoch dem Konzept des frühen Landschaftsgartens unterordneten. Für den Umbau des bis dahin unbewohnbaren Renaissanceschlosses im neogotischen Stil lieferte Schinkel Entwürfe. Um das Schloß entstand gegen Ende des 18. Jahrhunderts ein Landschaftspark. Schloß, Herrenhaus und Park, wenn auch mit Veränderungen, sind erhalten. Im ehemaligen Garten am Herrenhaus befindet sich noch ein stark verfallener, Ende des 18. Jahrhunderts errichteter Gartenpavillon. Von den insgesamt 45 Gartenszenen im Seifersdorfer Thal sind über die Hälfte zumindest in Resten heute noch vorhanden.

Radeberg Ottendorf-Okrilla
Radeberg
Veranstaltungen: Opernaufführung, Sommermonate
Infos bei: Wilfried Promnitz, Tel. 0351/2640261,
Thalfest mit Wandelkonzert Laufen und Lauschen, Sommermonate Pfingstsingen
nur bei Veranstaltungen

Botanischer Blindengarten

Pillnitzer Straße 71, Radeberg

In dem 1996 nach Plänen des Landschaftsarchitekturbüros Smeets und Damaschek angelegten Garten gedeihen mittlerweile über 1000 Arten und Sorten, davon 700 Duftpflanzenarten. Gerade der Duft ist für die taubblinden, blinden und mehrfachbehinderten blinden Gäste der Begegnungsstätte Storchennest besonders wertvoll. In 25 Hochbeeten und an 20 verschiedenen Sitzplätzen sind viele Salbei-, Minze- und Duftpelargoniumarten, duftende Kübelpflanzen, Sträucher, Duftrasen und Duftpfade zu erleben. Gerade für Nichtsehende wird Duft zur Farbe und läßt die Pflanzen noch einmal ganz anders „lebendig“ werden.
Eigentümer/in: Taubblindendienst e.V., Pillnitzer Straße 71, 01454 Radeberg, Tel. 00528/43970, Fax 03528/439721, E-mail: info@taubblindendienst.de, Internet: www.taubblindendienst.de

Sachs 56 NEU
Größe: 1,4 ha
Anmeldung erbeten für Gruppen
Eintritt: frei
Führungen: nach Voranmeldung, 5 €/Gruppe,
Öffnungszeiten: ganzjährig geöffnet, im Sommer Di, Mi, Sa 13.30–19 Uhr im Winter Mi, Sa 11–16 Uhr
DB Radeberg
Veranstaltungen: Tag der offenen Tür letzter Sonntag im April, 11–18 Uhr,
Gartenfest erster Sonntag im September, 11–18 Uhr

Botanischer Garten der TU Dresden

Stübelallee 2, Dresden

Der Botanische Garten Dresden zeigt rund 10 000 Pflanzenarten aus verschiedenen Regionen und Klimazonen der Erde. Er wurde 1820 gegründet. 1890 erfolgte eine Verlegung an den heutigen Standort. Die Gliederung der Gartenbereiche folgt vor allem pflanzengeographischen Gesichtspunkten, so daß die Besucher auf kleinstem Raum eine „botanische Weltreise“ erwartet. Tropische Regionen sind inbegriffen: Drei Schaugewächshäuser geben einen Einblick in die Pflanzenwelt der Wüsten und Regenwälder Afrikas, Asiens und Amerikas. Die Morphologische Abteilung stellt pflanzliche Anpassungen an verschiedene Umweltfaktoren vor. Benachbart dazu findet man eine Sammlung von Heil- und Nutz-

Sachs 57
Eigentümer/in: Technische Universität Dresden, Stübelallee 2, 01307 Dresden, Tel. 0351/4593185, Fax 0351/4403798
Größe: 3,2 ha
Öffnungszeiten: ganzjährig geöffnet, im Sommer 8–18 Uhr, Gewächshäuser 10–18 Uhr, im Winter 10–15.30 Uhr
Eintritt: frei
Führungen: für Gruppen nach Voranmeldung, kostenlos

1, 2, 4, 10, 12, 13
Straßburger Platz
Veranstaltungen:
Infos bei:
Tel. 0351/4593185

pflanzen. Die Vegetation eines mitteleuropäischen Braunkohlenwaldes ist mit Hilfe von lebenden Verwandten dieser Gehölze in der Tertiärpflanzenabteilung nachgestaltet. Ausgestellte Fossilien, darunter mächtige Baumstümpfe aus sächsischen Lagerstätten, schlagen eine Brücke zwischen damals und heute. Die Systematische Abteilung geht auf botanische Verwandtschaftsverhältnisse ein. Als Besonderheit wird hier im Sommer auch eine rund 800 Arten umfassende Sammlung einjähriger Pflanzen gezeigt. Neben dem Kerngelände gehören drei Außenstellen zum Botanischen Garten Dresden: die Botanischen Sammlungen in Pirna-Züschendorf, der Pflanzengarten auf der Bosel bei Meißen und ein weiterer auf dem Gipfel des Fichtelberges.

Sachs 58
Größe: 1 ha
Anmeldung für Gruppen erbeten
Öffnungszeiten: ganzjährig geöffnet, 7 Uhr bis Einbruch der Dunkelheit
Eintritt: frei
Führungen: nach Voranmeldung, kostenlos
1 Kleinzschachwitz
83 Pillnitz, Pillnitzer Platz, Elbfähre nach Pillnitz
→ 10 Minuten Fußweg durch den Schloßpark

Gärten der HTW Dresden in Pillnitz

Pillnitzer Platz, Dresden-Pillnitz

Pillnitz mit seinem Lustschloß an der Elbe ist ein Schwerpunkt des sächsischen Garten-, Wein- und Obstbaus. 1922 wurde die Höhere Staatslehranstalt für Gartenbau gegründet und in Marstallgebäuden des ehemaligen Kammerguts angrenzend an Schloß und Park untergebracht. Mit dem Aufbau der gartenkünstlerischen Ausbildung entstanden beispielhafte Außenanlagen, die aber nach der Verlegung der Ausbildungsstätte in den 60er Jahren vernachlässigt und zum Teil zerstört wurden. Seit Anfang der 90er Jahre wird der Bestand gesichert und wieder als Lehr- und Demonstrationsanlage weiterentwickelt – nunmehr für den Fachbereich Landbau/Landespflege der HTW Dresden. Botanisch gesehen stellen die Gärten eine Ergänzung der Pflanzenbestände des Schloßparks Pillnitz und der Lehrund Sichtungsgärten der Sächsischen Landesanstalt für Landwirtschaft dar. Die Neuanlagen sind einer zeitgemäßen Entwurfshaltung verpflichtet.

Eigentümer/in: Freistaat Sachsen, Hochschule für Technik u. Wirtschaft Dresden (FH), Fachbereich Landbau/Landespfl., Pillnitzer Platz 2, 01326 Dresden,
Tel. 0351/4622761, Fax 0351/4622167,
E-Mail: dekanat@pillnitz.htw-dresden.de,
Internet: www.htw-dresden.de/pillnitz

Sachs 59
Eigentümer/in:
Sächsische Landesanstalt für Landwirtschaft, August-Böcksteigel-Straße 1,
01326 Dresden-Pillnitz,
Tel. 0351/26120,
Fax 0351/2612489
Größe: 1,5 ha

Lehr- und Sichtungsgarten und das Versuchsfeld für Gartenbau Dresden-Pillnitz

Lohmener Straße, Dresden-Pillnitz

Der Lehr und Sichtungsgarten umfaßt unterschiedliche Gestaltungselemente zur Material- und Pflanzenverwendung für öffentliche Grünanlagen und private Gärten. Er wurde 1997 neu angelegt und ist in der Entwicklung begriffen. An ihn schließt sich das Versuchsfeld des Fachbereichs Gartenbau und Landespflege an. Es besteht aus großflächigen Anlagen der Referate Obst-, Zierpflanzen- und Gemüsebau. Unter dem Aspekt der Park- und Gartengestaltung bieten die hier auch angesiedelten Demonstrations- und Versuchsflächen des Referates Landespflege, Baumschule und Friedhofsgärtnerei zahlreiche Einzelthemen. Neben dem BdB-Gehölzsortiment (Bund deutscher Baumschulen) und umfangreichen Staudenpflanzungen wurden in den letzten Jahren großflächige Demonstrationsanlagen für Klein- und Großstrauchrosen angelegt. 20 verschiedene handelsübliche Wiesenblumenmischungen werden in einem mehrjährigen Versuch geprüft. Die Anlagen sind vorrangig für Lehre und Versuchswesen konzipiert.

Anmeldung erbeten
Öffnungszeiten:
ganzjährig geöffnet
Eintritt: frei
Führungen: nach
Voranmeldung
🚌 Elbdampfer nach Pillnitz
🅿 ♿

Schloßpark Pillnitz

Fliederhof, 01326 Dresden

1694 gelangte Pillnitz in den Besitz der Wettiner. Unter August dem Starken begannen im Jahre 1718 umfangreiche Planungen für pavillonartige Palaisneubauten und ein großes Zentralschloß mit dazugehörigen Gärten. Zwischen 1720 und 1721 wurde mit den ersten Arbeiten begonnen, einige Jahre später waren die zwei Palaisbauten im chinoisen Stil mit dem in seiner Grundstruktur bis heute erhaltenen Garten fertiggestellt. Als Schöpfer der Anlage ist M. D. Pöppelmann anzusehen, Z. Longuelune war an den Planungen in Pillnitz maßgeblich beteiligt. Mit dem Garten wurde ein Lustort geschaffen, der in konzentrierter Form wohl jeglichem Spieltrieb Befriedigungsmöglichkeiten bot. Der Garten wurde 1725 in Richtung der Hauptachse durch eine Allee verlängert, die später als Mail-Bahn genutzt wurde. Durch den Bau eines Aha gelang 1790 eine klare optische Verbindung zwischen der inneren Hauptallee am westlichen Schloßeingang und der Mail-Bahn. Alle nachfolgenden architektonischen und gartenkünstlerischen Gestaltungen akzeptierten die aus der ersten Hälfte des 18. Jahrhunderts stammende Gestaltungsidee und orientierten sich an ihr. Durch die Nutzung als Sommerresidenz des Sächsischen Hofes kam es nach 1765 zu Veränderungen: 1778 bis 1791 erfolgte die Erweiterung des Schloßparks im englischen Stil mit dem Pavillon im Englischen Garten, die Errichtung der Flügelbauten des Palais, die Anlage des Holländischen Gartens und des Chinesischen Gartens mit dem Pavillon im chinesischen Geschmack nach C.F. Schuricht. Die Umgestaltung des Lustgartens wurde in den Jahren 1838 bis 1867 in mehreren Etappen vorgenommen. Seine heutige Form entspricht im wesentlichen den auf den Gestaltungsideen P. J. Lennés aufbauenden Planungen des Hofgartendirektors G. F. Krause aus dem Jahre 1866. In der von den Flügelbauten des Neuen Palais gebildeten Hoffläche legte man darüber hinaus

Sachs 60
Eigentümer/in: Freistaat Sachsen, Sächsische Schlösserverwaltung, Stauffenbergallee 2, 01099 Dresden, Tel. 0351/2613265/267, Fax 0351/2613261
Größe: 28 ha
Anmeldung für Gruppen erbeten
Öffnungszeiten: ganzjährig geöffnet bis Eintritt der Dunkelheit
Eintritt: frei, Voranmeldung für Gruppen bis 30 Personen
Attraktionen: Kamelienblüte Ende Febr. bis Mitte/Ende April
🚋 9, 14 Kleinzschachwitz
85 Pillnitz
🚌 Elbdampfer: Schloß Pillnitz
🅿 gebührenpflichtig
Veranstaltungen: Elbhangfest Kultur- und Volksfest letztes Wochenende im Juni
Infos bei: Tel. 0351/2683832
🍴 ☕ 🐕 ♿ ℹ
✿ Kamelien

den Fliederhof an. 1858 bis 1861 entstand das Palmenhaus. Seit Ende des 18. Jahrhunderts diente Pillnitz den naturwissenschaftlich interessierten Regenten Sachsens als botanisches Experimentierfeld. Im Park gibt es eine Vielzahl dendrologischer Raritäten. Die über zweihundertjährige Kamelie mit bis zu 15 000 Blüten jährlich gehört zu den bekanntesten ihrer Art in Europa.

Sachs 61
Eigentümer/in: Freistaat Sachsen, Sächsische Schlösserverwaltung, Stauffenbergallee 2, 01099 Dresden, Tel. 0351/4456600, Fax 0351/4456722
Größe: 147 ha
frei zugänglich
Attraktionen: Parkeisenbahn Ostern bis Ende Okt.
9, 10, 11, 13, 26 Lennéstraße, Stübelallee
P gebührenpflichtig

Großer Garten

Lennéstraße, Dresden

Foto: Pellmann

Unter Kurprinz Johann Georg, dem späteren Kurfürsten Johann Georg III., wurde ab 1676 mit der Gestaltung des Großen Gartens begonnen. Von 1676 bis 1687 erfolgten in mehreren Etappen Flächenankäufe für die Gartenanlage, deren erste Planungen dem Gärtner M. Göttler zugeschrieben werden. 1678 bis 1683 wurde das Palais nach Plänen von Oberlandbaumeister J. G. Starcke in der Mitte des Gartens errichtet. Kurfürst Johann Georg III. entschied, den Garten zukünftig nach Plänen J. F. Karchers zu gestalten. Die bis zu diesem Zeitpunkt erst in Ansätzen fertiggestellte Anlage wurde so in einen Barockgarten umgestaltet. Ab 1684 folgte die Errichtung von acht Pavillonbauten. 1715 wurde das Palaisbassin angelegt, vier Jahre später das Parterre und die Boskette um das Palais sowie das Fasanengehege. Nach mehreren kriegsbedingten Zerstörungen wurden unter Amtshauptmann von Carlowitz nach 1813 erste romantische Veränderungen des Gartens vorgenommen. Durch Friedrich Bouché erfolgte von 1873 bis 1914 die landschaftliche Umgestaltung des Großen Gartens unter Beibehaltung barocker Grundstrukturen. Nach 1945 wurde der Garten zum Volkspark erklärt und mit entsprechenden Funktionsbereichen versehen.

Zwinger

Theaterplatz, Dresden

Auf dem Gelände der zwischen der äußeren und inneren Stadtbefestigung – dem sogenannten Zwinger – gelegenen Gärten ließ August der Starke durch M. D. Pöppelmann eine Orangerie errichten. Der Bau des Königlichen Orangeriegebäudes geschah in mehreren Etappen, so daß zwischen 1711 und 1728 die Bogengalerien am Wallpavillon, das Nymphenbad, der Mathematische Salon und der Französische Pavillon, das Kronentor mit den Langgalerien, der Rohbau des Wallpavillons und die südlichen Pavillonbauten errichtet wurden. Die Fläche des Zwingers wurde bis in die Mitte des 18. Jahrhunderts als Festplatz und Orangerieparterre genutzt, wobei die Verwendung der Gebäude als Orangerie 1728 eingestellt wurde. 1820 bis 1830 erfolgte die Umgestaltung dieses Gebietes und die Anlage des Zwingerteichs nach Plänen des Hofgärtners C. A. Terscheck. Mit der Gründung der Zwingerbauhütte 1924 bis 1936 unter Leitung von H. Ermisch wurde der Zwinger saniert und restauriert sowie eine den Plänen von Pöppelmann nachempfundene Parterreanlage realisiert.

Sachs 62
Eigentümer/in: Freistaat Sachsen, Sächsische Schlösserverwaltung, Stauffenbergallee 2, 01099 Dresden, Tel. 0351/4914601/603, Fax 0351/4914625
Größe: 5,4 ha
frei zugänglich
Attraktionen: Brunnenanlagen mit Fontänen Mai bis Okt.
P gebührenpflichtig
Veranstaltungen: Konzerte, Sommer

Elbpromenade mit Rosen- und Staudengarten

Königsufer, Carolabrücke / Diakonissenweg, Dresden

Rosengarten und Staudengarten entstanden nach Plänen des Stadtgartendirektors Heinrich Balke und zählen zu den bedeutendsten städtebaulich-gärtnerischen Leistungen dieser Zeit. Am Neustädter Elbufer gelegen, sind sie Teil der landschaftlich gestalteten Uferpromenade. Das sogenannte Königsufer bildet das Pendant zur architektonisch ausgebildeten Altstädter Seite. Die Anlagen wurden im Zusammenhang mit einer Gartenausstellung 1936 als Lehr- und Schaugärten eröffnet. Der Rosengarten wies einen Bestand von 6000 Rosenstöcken auf. Er gliedert sich in die aufeinander folgenden Bereiche Trennungsteil, Hochstammquartier und Senkgarten. Diesem ist ein Rittersporngarten vorgelagert. In ihrer Ausprägung mit den streng geometrischen Formen, dem rechteckigen Mittelfeld und den Umgehungswegen, der Rahmung, Reihung und Materialauswahl sowie der bildkünstlerischen Gestaltung gelten die Gärten als typische Vertreter der 1930er Jahre.

Sachs 63
Eigentümer/in: Landeshauptstadt Dresden, Grünflächenamt, Comeniusstraße 101, 01309 Dresden, Tel. 0351/4887100, Fax 0351/4887103, E-Mail: gruenflaechenamt@dresden.de
Größe: 6 ha
frei zugänglich
3, 7, 9 Carolaplatz
6, 13 Rosa-Luxemburg-Platz,
11 Pulsnitzer Straße
Fähre zwischen Johannstädter Fährgarten und Drachenschänke
P
Veranstaltungen: Filmfestnächte, Juni bis Juli

Volkspark Räcknitz

Räcknitzhöhe, Dresden

Zwischen 1896 und 1905 kam es zur Errichtung von zwei Wasserhochbehältern, deren Umfeld die Stadtgartenverwaltung zu einem öffentlichen Park umgestalten ließ. Von den Gartenbauausstellungen 1926 und 1936 wurden viele

Sachs 64
Größe: 4 ha
frei zugänglich
11 Räcknitzhöhe
P gebührenpflichtig

wertvolle Gehölze in den Volkspark versetzt. Vom Park genießt man schöne Ausblicke auf Dresden und Umgebung.
Eigentümer/in: Landeshauptstadt Dresden,
Grünflächenamt, Comeniusstraße 101, 01309 Dresden,
Tel. 0351/4887100, Fax 0351/4887103,
E-Mail: gruenflaechenamt@dresden.de

Sachs 65
Eigentümer/in:
Landeshauptstadt Dresden,
Grünflächenamt,
Comeniusstraße 101,
01309 Dresden,
Tel. 0351/4887100,
Fax 0351/4887103,
E-Mail:
gruenflaechenamt@dresden.de
Größe: 4,5 ha
frei zugänglich
9, 11, 13 Lennéplatz

Bürgerwiese

Bürgerwiese, Dresden

Die Dresdener Bürgerwiese – der Name reflektiert einen von alters her überkommenen städtischen Besitz – zieht sich unweit der einstigen mittelalterlichen Stadtbefestigung als 1 Kilometer langes und durchschnittlich 100 Meter breites Band in südöstlicher Richtung zum Areal des Großen Gartens hin. Die Kommune veranlaßte die Gestaltung einer öffentlichen Gartenanlage und beauftragte den Hofgärtner Terscheck 1838 mit der Planung und Ausführung eines ersten Abschnitts, der sogenannten Inneren Bürgerwiese. Diese trägt noch heute biedermeierliche Züge. Die Äußere Bürgerwiese sowie der Erweiterungsteil wurde zwischen 1859 und 1869 nach Plänen des preußischen Gartendirektors Peter Joseph Lenné angelegt. Lenné entsprach in seinen Entwürfen mit sanften Ausmuldungen und Hügelungen sowie der geschickten Einbeziehung eines Bachlaufs dem ursprünglichen Charakter der Auenlandschaft. Durch die Betonung der Diagonalen entsteht trotz der geringen Breite räumliche Tiefe. Reizvoll sind der Teich mit Fontäne, aber auch der Blick zu den Türmen der Kreuzkirche und des Rathauses. Verschiedene Plastiken sowie zwei Brunnen akzentuieren wichtige Parkpartien.

Sachs 66
Größe: 1,7 ha
frei zugänglich
61 Dornblüthstraße
gebührenpflichtig

Hermann-Seidel-Park

Ermelstraße, Dresden

1892 wurde der Moorbeetkulturen-Betrieb von Hermann Seidel nach Laubegast verlegt. Auf dem Gelände blieben im Altkiefernbestand Rhododendron-Mutter- und Sichtungspflanzen zurück. Daraus ging 1920 der von der Stadtgartenverwaltung angelegte Park hervor, in dem 1930 ein Jugendstil-Märchenbrunnen aufgestellt wurde. Weitere Umgestaltungen folgten 1990.
Eigentümer/in: Landeshauptstadt Dresden,
Grünflächenamt, Comeniusstraße 101, 01309 Dresden,
Tel. 0351/4887100, Fax 0351/4887103,
E-Mail: gruenflaechenmat@dresden.de

Sachs 67
Größe: 1,5 ha
frei zugänglich
8 Fritz-Schule-Straße

Bienertpark

Paschkystraße, Dresden

Von Max Bertram geplant wurde der Park um 1900 mittels Spenden von Kommerzienrat Th. Bienert im landschaftlichen

Stil erbaut. Von der Aussichtsplattform hat man einen guten Blick über den Südteil von Dresden. Durch den dendrologisch wertvollen Park geht der Weg steil vom linken Weißeritzufer hinauf nach Dölzschen.
Eigentümer/in: Landeshauptstadt Dresden, Grünflächenamt, Comeniusstraße 101, 01309 Dresden, Tel. 0351/4887100, Fax 0351/4887103, E-Mail: gruenflaechenamt@dresden.de

82, 89
gebührenpflichtig

Fichtepark

Ehemaliger Westendpark, Bernhardstraße / Am Fichtepark, Dresden

Der Park, der 1891 nach Plänen von Carl Hampel angelegt wurde, liegt auf der Höhe von Plauen und fällt nach Nordwesten ab. Vom 25 Meter hohen, 1896 erbauten und kürzlich renovierten Fichteturm hat man einen guten Blick über Dresden und das Elbsandsteingebirge. Von der Höhe fließt ein künstlicher Bach und mündet in einen Betonteich. Die Rekonstruktion des Parks unter denkmalpflegerischen Aspekten wurde 1996 abgeschlossen.
Eigentümer/in: Landeshauptstadt Dresden, Grünflächenamt, Comeniusstraße 101, 01309 Dresden, Tel. 0351/4887100, Fax 0351/4887103, E-Mail: gruenflaechenamt@dresden.de

Sachs 68
Größe: 1,5 ha
frei zugänglich
3 Kotteweg
89
gebührenpflichtig
Verkauf zu den Turmöffnungszeiten

Leutewitzer Park

Am Leutewitzer Park, Dresden

Die bedeutendste Grünanlage im Westen der Stadt, auf einem fruchtbaren Elbhang gelegen, ist der Volkspark Leutewitz. Er ist ein verbindendes architektonisches und landschaftliches Element im Ensemble des alten historischen Dorfkerns von Leutewitz und den angrenzenden Obstbaumwiesen, Kleingärten und Wiesenflächen, auf denen die Leutewitzer Windmühle, heute eine Gaststätte, steht. Die Gestaltung des Parks ist sehr stark von der Volkspark-Bewegung der Gründerzeit geprägt: Er wurde zwischen 1908 und 1911 als Spielplatz für die Kinder der Arbeitervororte Dresdens angelegt. Klare symmetrische Linienführung ohne größere künstlerische Elemente und der die große Rasenfläche umschließende ovale Ringweg mit der doppelreihigen Ahornallee sind typische Stilelemente dieser Zeit. Die diagonalen Wege sind noch heute mit Silberlinden eingefaßt. Die mit dichten Hecken umpflanzten Nischen wurden als Spiel- beziehungsweise Ruhebereich genutzt. Die Innenreihe der Ahornallee ging verloren, als die Fläche im Ringweg 1920 bis 1922 in zwei getrennte Sportplätze umgebaut wurde. Seit 1993 laufen gartendenkmalpflegerische Restaurierungsarbeiten.

Sachs 69
Eigentümer/in: Landeshauptstadt Dresden, Grünflächenamt, Comeniusstraße 101, 01309 Dresden, Tel. 0351/4887100, Fax 0351/4887103, E-Mail: gruenflaechenamt@dresden.de
Größe: 7 ha
frei zugänglich
80 Gorbitzer Straße
gebührenpflichtig

Sachs 70 NEU
Eigentümer/in: Familie Hansel, Schomberg,
Ebereschenweg 21,
01328 Dresden,
Tel. 0351/2620713,
Fax 0351/2620777,
E-mail: schomberg@hansel.de,
Internet: www.hansel.de
Größe: 0,1 ha
Anmeldung erbeten
Eintritt: frei
Führungen: nach Voranmeldung
für Gruppen bis 25 Personen kostenfrei
Öffnungszeiten: ganzjährig geöffnet
DB Dresden-Neustadt
11 Ullersdorfer Platz umsteigen
61 Fernsehturm Pappritz
P

„Supergarten von Deutschland"

Ebereschenweg 21, Dresden

Der Mittelpunkt des 2004 in einer Fernsehsendung preisgekrönten Gartens – daher der Name – bildet ein Schwimmteich mit glasklarem Wasser, dessen chemieloses Wasserreinigungssystem der Bauherr selbst entwickelt hat. Neben aufwendigen Natursteinelementen und Holzdecks ist die große Auswahl schön blühender Gehölze sehenswert. Für die Kleinen schwebt in vier Metern Höhe auf Robinienhölzern ein Baumhaus mit knallblauem Segel. Die Großen erfreuen sich am mit Dachplatanen beschatteten Sitzplatz, der dem Garten ein südländisches Flair verleiht.

Sachs 71
Eigentümer/in:
Landeshauptstadt Dresden,
Grünflächenamt,
Comeniusstraße 101,
01309 Dresden,
Tel. 0351/4887100,
Fax 0351/4887103,
E-Mail:
gruenflaechenamt@dresden.de
Größe: 11 ha
frei zugänglich
11 Schloß Albrechtsberg
P gebührenpflichtig

Park Schloß Albrechtsberg

Bautzner Straße, Dresden

Foto: Pätzig

Das Schloß wurde 1850 bis 1854 für Prinz Albrecht von Preußen vom Preußischen Landbaumeister Lohse, einem Schinkelschüler, im spätklassizistischen Stil gebaut. Die umgebende Parkanlage entstand nach einem Entwurf von Neide, die Ausführung leitete Hofgärtner Neumann. Die Gestaltung des Elbhangs ist an die italienische Renaissance angelehnt und durch seine Terrassen sehr wirkungsvoll. Die große Terrasse ist 127 Meter lang und 12 Meter hoch. Große Viadukte, eine Serpentinenstraße, Säulenhallen und Wasseranlagen wurden geschaffen. Der Park, der unter denkmalpflegerischen Aspekten seit 1990 rekonstruiert wird, weist einen wertvollen Baumbestand auf. Unterhalb des Parks, von dem man einen weiten Blick auf Dresden und das Elbtal hat, liegt ein Weinberg.

Fremder Garten

Bischofsweg 24, Dresden

Sachs 72
Größe: 120 m²
Eintritt: frei
Führungen: nach Voranmeldung für Gruppen bis 15 Personen
Spende erbeten
Öffnungszeiten: ganzjährig während der Ausstellungen
Mi, Do, Fr 14–18 Uhr, Sa 12–16 Uhr
DB Dresden – Neustadt
7, 8 Bischofsweg 13 Alaunplatz

Foto: büro für kunst

Die im Mai 2000 im Hof eines Wohnblocks eröffnete, von der Bildenden Künstlerin Ulrike Gärtner konzipierte Anlage auf einem ehemaligen Wäscheplatz folgt der Devise: Kein noch so schäbiger Ort kann zu klein für einen Garten sein. In der Symbiose aus europäischer Gartenarchitektur und ostasiatischen Wohn- oder Zen-Gartenstrukturen sind ausschließlich Pflanzen aus China und Japan zu finden, die aber durch lange Gartenkultur in Europa sehr vertraut sind, wie Aprikose, Azalee, Forsythie, Funkie, Hortensie, Pfingstrose, Seidel'sche Rhododendren, Taglilien und Winterjasmin.
Eigentümer: Büro für Kunst, Elly Brose-Eiermann, Bischofsweg 24, 01099 Dresden, Tel. 0351/8485983, Fax 0351/8584697, E-Mail: brose-eiermann@t-online.de, Internet: www.buero-fuer-kunst.de

Sachs 73
Eigentümer/in:
Freistaat Sachsen,
Staatlicher Schloßbetrieb,
Parkstraße 85,
01809 Heidenau,
Tel. 03529/56390,
Fax 03529/563999
Größe: 18 ha
Öffnungszeiten: Mitte März bis Sept. 8.00–20.00 Uhr, Oktober 8.00–17.00 Uhr, Nov. bis Mitte März geschlossen
Eintritt: 2,60 €, Kinder frei bis 6 Jahre, ermäßigt 1,50 €
Führungen: nach Voranmeldung unter Tel. 03529/56390, zusätzlich in der Saison jeden So und Feiertag 15 Uhr, 2,60 €/Pers., erm.: 2,10 €
Attraktionen: Wasserspiele im Sommerhalbjahr
Ⓢ Heidenau – Großsedlitz
→ Touristische Wegweisungsschilder
P gebührenpflichtig, Busse frei
Veranstaltungen: Sommerkonzerte u.a. im Freien bzw. in einer Orangerie, jeweils Sa oder So
Infos bei: Tel. 03529/56390, Wechselausstellungen in den Orangerien

Barockgarten Großsedlitz

Parkstraße, Heidenau

Foto: Pohle

Unweit von Dresden begann 1719 der Ausbau eines Gartens unter Graf August Christoph von Wackerbarth, einem sächsischen General und Vertrauten Augusts des Starken. In einem Geheimvertrag 1723 von Wackerbarth abgekauft, ließ August bis 1732 von bedeutenden Künstlern seiner Zeit, wie C. J. Knöffel, Z. Longuelune und M. D. Pöppelmann, eine Gartenanlage schaffen, die seinen höfischen Ansprüchen entsprach. Prunkvolle Feste, Glanz, Größe und Macht konnten so präsentiert werden. Die Anlage zählt zu den vollkommensten Kompositionen deutscher barocker Gartenkunst. Sie blieb unvollendet, ist jedoch in ihrer Grundstruktur bis in die heutige Zeit nahezu original erhalten. In der besonderen territorialen Hanglage wurden geschickt terrassierte Gartenräume angelegt. Die Höhendifferenzen wurden dabei durch prachtvolle Treppenanlagen, Stützmauern und Böschungen überbrückt. Große markante Sichtachsen führen den Blick durch den Garten. In die Anlage sind das Friedrichschlößchen sowie die Obere und Untere Orangerie eingefügt. Farbenfrohe Blumenrabatten, zahlreiche Orangenbäumchen sowie künstlerisch wertvolle Sandsteinskulpturen und eine Vielfalt von Wasserspielen prägen das prachtvolle Ensemble. Vor dem Hintergrund der Stillen Musik, einem reizvollen Glanzstück der Gartenanlage, finden unter anderem die beliebten Sommerkonzerte statt.

Sachs 74
Eigentümer/in: Freistaat Sachsen, Landesamt für Finanzen, Sächsische Schlösserverwaltung, Stauffenbergallee 2, 01099 Dresden, Tel. 035027/5426, Fax 035027/5552,

Schloßpark Weesenstein

Am Schloßberg 1, 01809 Weesenstein

Neben dem Renaissanceschloß Weesenstein mit klassizistischem Wintergarten von 1775 liegen am Flüßchen Müglitz ein Rokokopark und Reste eines Landschaftsgartens aus dem späten 18. Jahrhundert. In den letzten Jahren wurden viele Fragmente einstiger Parkarchitekturen gefunden und gesichert.

Foto: Pellmann

E-Mail:
Weesenstein@-online.de,
Internet:
www.schloss-weesenstein.de
Öffnungszeiten: ganzjährig geöffnet, im Sommer 9–18 Uhr, im Winter 9–17 Uhr
Eintritt: 3,50 €, ermäßigt 2,50 € für Schüler, Studenten
Führungen: nach Voranmeldung bei der Schloßverwaltung unter Tel. 035027/6260, Fax 035027/62628, 2 €/Pers. Führungszuschlag auf Eintrittspreis
Weesenstein
umsteigen in Heidenau-Nord
gebührenpflichtig
Veranstaltungen:
Sonderführung
Der verschwundene Park
Infos bei:
Tel. 035027/5426,
Fax 035027/5552

Botanische Sammlungen der TU Dresden

Am Landschloß 6, Pirna

Neben dem Landschloß Zuschendorf, das 1553 aus einer alten Burg umgebaut wurde, legte der kurfürstliche Sekretarius Dr. Stöckel um 1730 einen Garten an, von dem aber nichts erhalten ist. Seit Anfang der 1990er Jahre haben es sich die Botanischen Sammlungen zur Aufgabe gemacht, das genetische Potential von Kulturpflanzen zu bewahren. Aus kulturgeschichtlichen und züchterischen Gründen werden so viele alte Sorten wie möglich erhalten. Der wichtigste und wertvollste Teil der Sammlungen sind die Kamelien. Ursprung hat die Zucht der vor allem in der Mitte des 19. Jahrhunderts sehr beliebten Pflanze in der Gärtnerfamilie Seidel. Über 100 Kameliensorten aus Seidels denkmalgeschützten Beständen und 100 weitere Sorten dominieren die 1000 Quadratmeter großen Gewächshausbestände. Auch die anderen Sammlungen von Azaleen, Hortensien, Bonsai, Zwergobstbäumen in Töpfen und Efeu haben im einst sehr bedeutenden Dresdner Gartenbau eine lange Tradition.

Eigentümer/in: Freistaat Sachsen und Förderverein Landschloß Pirna-Zuschendorf e.V., Am Landschloß 6, 01796 Pirna-Zuschendorf, Tel. 03501/527734, Fax 03501/527734,
Internet: www.kamelienschloss.de

Attraktionen: Kamelienschau, Azaleen, Hortensien, Efeu, Bonsai und Zwergobstbäume, März bis Oktober

Sachs 75
Größe: 1,5 ha
Öffnungszeiten: März bis Oktober Di–Fr 10–18 Uhr, Sa, So, Feiertag 10–17 Uhr
Eintritt: 3 €, für Kinder von 4 bis 14 Jahren 1 €, Gruppen ab 10 Personen 2,50 €/Person
Führungen: nach Voranmeldung, 3 €/Person
Pirna
Zuschendorf
→ Der Garten liegt kurz vor dem Ortsausgang von Pirna in Richtung Liebstadt
teilweise
Kamelien, Bonsai

Sachs 76
Eigentümer/in: Freistaat Sachsen, Sächsische Schlösserverwaltung, Stauffenbergallee 2, 01099 Dresden, Tel. 03594/703559, Fax 03594/703559
Größe: 5 ha
Öffnungszeiten: ganzjährig geöffnet, im Sommer 10–18 Uhr, im Winter So–Fr 10–16 Uhr, Sa 13–16 Uhr

Schloßpark Rammenau

Am Schloß 4, 01877 Rammenau

1717 wurde das in der Oberlausitz gelegene Rittergut Rammenau von E. F. von Knoch, Königlich-Polnischer und Kurfürstlich-Sächsischer Kammerherr, erworben, der kurz darauf mit dem Bau des neuen Schlosses im Barockstil und der regelmäßigen Gartenanlage auf der Fläche des trockengelegten Kleppschteichs begann. 1794 bis 1820 erfolgten umfangreiche Baumaßnahmen in dem 1749 fertiggestellten Schloß. Unter dem damaligen Besitzer Rittmeister F. von Kleist wurde die landschaftliche Umgestaltung der regelmäßigen Gartenanlage vorgenommen. J. C. von Hoffmannsegg kaufte das Gut 1820. Vermutlich ließ er eine weitere Ausgestaltung der englischen Anlage vornehmen. Bekannt wurde von Hoffmannsegg durch einen weitreichenden Pflanzenhandel mit eigenen Pflanzenzüchtungen. 1879 bis 1914 erfolgte unter C. Ch. E. von Posern eine nochmalige Ergänzung und Erweiterung der Gartenanlage, an welcher seine Frau Priscilla von Posern entscheidenden Anteil hatte. In den 60er Jahren wurden Planungen zur Rekonstruktion der teilweise verfallenen Gartenanlage nach Vorlagen von Ch. Bretschneider vorgenommen, die jedoch nur in Ansätzen ausgeführt wurden.

Sachs 77
Größe: 0,6 ha
Öffnungszeiten: Mai bis Oktober, Mittwoch bis Freitag 10–16 Uhr, Samstag, Sonntag und an Feiertagen 11–18 Uhr
Führungen: nach Voranmeldung,
Bautzen-Kamenz Panschwitz-Kuckau
Veranstaltungen: Konzerte, Termine auf Anfrage,
E-Mail: kloster@marienstern.de

Umwelt- und Lehrgarten im Kloster St. Marienstern

Cisinskistraße 35, 01920 Panschwitz-Kuckau

Von der Schönheit und Vielfalt der Natur zeugen über 500 Pflanzenarten und -sorten in der von Klostermauern umschlossenen Gartenanlage. In den einzelnen Bereichen sind garten- und pflanzenbauliche Demonstrationsbeispiele neben Erläuterungen zur gesunden Ernährung und zum umweltgerechten Gärtnern zu finden. Spezielle Kräuter, Pflanzen und Tiere in den verschiedenen Biotopen können mit allen Sinnen erlebt und beschaut werden. Der historische Kräutergarten, kurz Hortulus genannt, konnte mit seinen in Holz gefassten Beeten originalgetreu nach den Vorgaben des Abts Walahfried Strabo aus dem 9. Jahrhundert nachgestaltet werden.
Eigentümer/in: Christlich-Soziales Bildungswerk Sachsen e.V. Kurze Straße 8, 01920 Nebelschütz OT Miltitz,
Tel. 035796/9710, Fax 035796/97116
E-Mail: info@csb-miltitz.de, Internet: www.csb-miltitz.de

Sachs 78
Größe: 0,12 ha
Eintritt: 2,50 € inkl. Tee
Führungen nach Voranmeldung für Gruppen bis 20 Personen
Öffnungszeiten: Juni bis September
Bautzen bis Carlsberg oder Halbendorf
Veranstaltungen:

Paradisino

Tannenweg 5, Crostau-Carlsberg

Der in Terrassen gegliederte naturnahe Garten auf anstehendem Granit mit 200 Jahre altem Jagdhaus und Gartenhäuschen liegt direkt am Wald. Durch „Fenster“ im Zaun wird die angrenzende Oberlausitzer Berglandschaft in die Gartengestaltung mit Sammlungen alter Rosen, Tellerhortensien in Töpfen und Farnen einbezogen. Verschiedenste Sitzplätze laden zum Genießen ein. Tel. Anmeldung erbeten

Eigentümer: Ingerose Jänichen-Kucharska, Tannenweg 5, OT Carlsberg, 02681 Crostau, Tel. 03592/32636, Fax Dr. Frenzel 03592/31489.

Kammermusik, Austellungen
Malerei und Keramik
Info auf Anfrage

Garten der Bibelpflanzen

St. Marienthal 10, Ostritz

Im Gartenhof des 1234 gegründeten Klosters St. Marienthal sind etwa 50 bereits in der Bibel erwähnte Pflanzen zu besichtigen, wie Ölbaum, Akanthus, Dattelpalme, Mandelbaum und Maulbeerbaum. Da die meisten nicht winterhart sind, werden sie als Kübelpflanzen oder als ein- und zweijährige Pflanzen gezeigt. Durch die Verwendung weiterer Stauden und Gehölze wird eine ganzjährig attraktive Strukturvielfalt erreicht. Eigentümer: Internationales Begegnungszentrum St. Marienthal, St. Marienthal 10, 02899 Ostritz, Tel. 035823/770, Fax 035823/77250, E-Mail: IBZ-St.Marienthal@t-online.de, Internet: www.ibz-marienthal.de

Sachs 79
Größe: 0,1 ha
Eintritt 2 €
Kinder frei bis 14 Jahre
ermäßigt 1 €
DB Krzewina Zgorzelecka (Polen)
Görlitz – Zittau St. Marienthal

Schloßpark Planitz

Lengenfelder Straße, Zwickau

Foto: Voigstberger

Als Teil eines Ensembles aus Schloß, Schloßkirche mit Schloßfriedhof, Lukaskirche mit Gemeindefriedhof und Parkanlage handelt es sich bei dem Planitzer Schloßpark um eine Neuschöpfung Carl Eduard A. Petzolds aus Muskau. Eine erste urkundliche Erwähnung weist die Anlage im Jahre 1583 als Wirtschafts- und Obstgarten aus, der in Besitz der Familie Arnim 1667 in einen Lustgarten umgewandelt wurde. Seit der Entstehung des Landschaftsparks 1869 blieb seine verhältnismäßig geringe Ausdehnung unverändert. Dennoch gewinnt der Park an Größe und Vielfalt dank einer Folge ineinander übergehender Räume, deren Wirkung gesteigert wird durch geschickte Gestaltung topographischer Gegebenheiten, den kulissenartigen Aufbau der Gehölzbestände sowie durch gezielte Auswahl und An-

Sachs 80
Eigentümer/in: Stadt Zwickau, Garten- und Friedhofsamt, PF 200933, 08009 Zwickau, Tel. 0375/836701, Fax 0375/836799, E-Mail: GartenundFriedhofsamt@zwickau.de, Internet: www.zwickau.de
Größe: 7,3 ha
frei zugänglich
DB Zwickau
16, 19 Niederplanitz / Strandbad Planitz

ordnung der Gehölzarten, insbesondere einheimischer Baumarten und deren Formen. Der besondere Erlebniswert der Anlage ist heute im wesentlichen auf die Parkräume und das Teehaus beschränkt, da die von Petzold konzipierten Ausblicke auf Stadt und Landschaft nur noch vereinzelt gegeben sind.

Sachs 81
Eigentümer/in: Stadt Zwickau, Garten- und Friedhofsamt, PF 200933, 08009 Zwickau, Tel. 0375/836701, Fax 0375/836799, E-Mail: GartenundFriedhofsamt@zwickau.de, Internet: www.zwickau.de
Größe: 41,5 ha
frei zugänglich
Attraktionen: Fontäne, Gondelbetrieb Mai bis Oktober
DB Zwickau
Straßenbahn 1, 7 Zentralhaltestelle
Bus 13, 14, 15, 16, 17, 18, 19, 20, 21, 22, 23, 29 Zentralhaltestelle
→ P ♿

Schwanenteichpark

Humboldtstraße, Parkstraße, Zwickau

Foto: Voigtsberger

Der Stadtpark am Schwanenteich ist wohl die älteste gartengestalterische Anlage Zwickaus. Der Grundstein für die ursprünglich aus fünf Teichen bestehende Anlage wurde 1473 auf Initiative zweier Ratsherrren und Bergwerksunternehmer, Martin Römer und Hans Federangel, gelegt. Sie diente in den folgenden Jahrhunderten unter anderem auch der Stadtverteidigung. Der Plan für die Gestaltung eines Parks mit dem Großen Teich als Mittelpunkt wurde Mitte des 19. Jahrhunderts gefaßt und von Carl Eduard A. Petzold in der noch heute bestehenden Form ausgeführt. Die seit 1850 auf dem Teich beheimateten Schwäne (der Schwan ist das Wappentier der Stadt Zwickau) prägten schließlich den heutigen Namen der Parkanlage. Nach 1950 erhielt der Schwanenteichpark nach Jahren der Stagnation seinen heutigen Volksparkcharakter. Neben baulichen Anlagen, wie dem Schwanenbrunnen (1935), dem Lothar-Streit-Denkmal, der Gondelstation, dem VVN-Denkmal, dem Denkmal der Gefallenen des Ersten Weltkriegs und der Freilichtbühne, bestehen im Park Angebote für Sport und Spiel.

Sachs 82
Eigentümer/in: Stadt Zwickau, Garten- und Friedhofsamt, PF 200933, 08009 Zwickau, Tel. 0375/836701,

Park Neue Welt

Leipziger Straße, Zwickau

Der Konzert-Park Neue Welt mit Terrassensaal entstand kurz nach der Jahrhundertwende als Bestandteil eines Ensembles aus Ballhaus (1903) für 3000 Gäste, Festwiese und Park. Der streng symmetrisch angelegte Garten wurde unter anderem mit Grotten, Brunnen und künstlichen Felsen sowie einem Rosarium, einem Alpinum und einer Dahlienplantage gestaltet. Mit der Aufstellung zahlreicher Gartenplastiken des 1860 in Zwickau geborenen Bildhauers R. Mosebach konnte der künstlerische Rahmen besonders hervorgehoben werden. Im Jahre 1911 fand im Park und in den Räumen des Ballhauses Neue Welt eine Gartenbauausstellung des Verbandes der Handelsgärtner Deutschlands statt. Zu Beginn der 80er Jahre wurden umfassende Rekonstruktionsarbeiten vorgenommen. Eine Wiederherstellung der gesamten originalen Ausstattungen war jedoch nicht möglich. In Ergänzung zur historischen Parkachse erfolgten Erweiterungen in nördlicher und südlicher Richtung, wobei neben großen Parkwiesen auch kleinteilige Gartenbereiche entstanden.

Fax 0375/836799,
E-Mail:
GartenundFriedhofsamt@
zwickau.de,
Internet: www.zwickau.de
Größe: 3 ha
frei zugänglich
DB Zwickau
7, 8 Konzerthaus Neue Welt
P
Veranstaltungen: Konzert und Tanzveranstaltungen im Ballhaus Neue Welt
Infos bei: Tel. 0375/2701913 und 0375/834633 (Konzerte)

Foto: Voigtsberger

Schlobigpark

Zwickau

Der Schlobigpark, ursprünglich als Anstaltsgarten konzipiert, wurde am Ende des 19. Jahrhunderts im Auftrag Dr. Schlobigs geschaffen. Nach Aufgabe der ursprünglichen Nutzung diente die Fläche der wohngebietsnahen Erholung. Zwischen 1990 und 1999 wurden nach dem fast vollständigen Abriß der Klinikgebäude eine neue Parkanlage geschaffen. Im Mittelpunkt der neuen Konzeption stand die Erhaltung des wertvollen Baumbestandes von 80 bis 100 Jahren und die Einbeziehung der benachbarten Flußlandschaft der Mulde.

Sachs 83
Eigentümer/in: Stadt Zwickau, Garten- und Friedhofsamt, PF 200933, 08009 Zwickau, Tel. 0375/836701,
Fax 0375/836799,
E-Mail:
GartenundFriedhofsamt@
zwickau.de,
Internet: www.zwickau.de
Größe: 3,2 ha
frei zugänglich
DB Zwickau
7, 8 Lessingstraße
P

Promenade am Dr.-Friedrichs-Ring

Zwickau

Die Grünflächen des Dr.-Friedrichs-Rings kennzeichnen die Lage der ehemaligen Verteidigungsanlagen der Stadt

Sachs 84
Größe: 4,3 ha
frei zugänglich
Führungen: nach

Voranmeldung
Stadtinformation,
Tel. 0375/835270
Zwickau
1, 3, 6, 7, 8 Neumarkt
13, 14, 16, 20, 23
Dr.-Friedrichs-Ring, Finanzamt
gebührenpflichtig

Zwickau, die bis auf das 13. Jahrhundert zurückreichen. Nach dem Schleifen der Stadtmauern und dem Verfüllen der Grabenanlagen entwickelte sich im 19. Jahrhundert weitgehend das heute denkmalgeschützte Ringgrün. Den besonderen Charakter der Anlage prägen die mit einer doppelreihigen Kastanienallee gesäumte Promenade und angrenzende Schmuckplätze in Verbindung mit der weitgehend erhaltenen Gebäudesubstanz der Gründerzeit. Am östlichen Rand des alten Stadtkerns erinnern Reste der Stadtmauer mit dem Pulverturm an den historischen Ursprung der Grünanlage.
Eigentümer/in: Stadt Zwickau, Garten- und Friedhofsamt, PF 200933, 08009 Zwickau,
Tel. 0375/836701, Fax 0375/836799,
E-Mail: GartenundFriedhofsamt@zwickau.de,
Internet: www.zwickau.de

Sachs 85
Größe: 0,76 ha
Führungen: nach Voranmeldung
kostenlos
Öffnungszeiten: ganzjährig
Im Sommer 9–18 Uhr,
im Winter 9–16 Uhr
Zwickau Hbf
Zwickau – Reinsdorf

Privatgarten „Monsalvat"

Grubenweg 14, Reinsdorf-Wilhelmshöhe

Der parkartige Garten besitzt eine umfangreiche dendrologische Sammlung mit vorwiegend ostasiatischen und nordamerikanische Gehölzen. Bei den über 200 Rhododendren und Azaleen überwiegen die modernen Züchtungen.
Anmeldung erbeten nur bei Gruppen, Eintritt: frei
Eigentümer: Jörg Grothe, Grubenweg 14, 08141 Reinsdorf-Wilhelmshöhe,
Tel. 0375/295487, Fax 0375/295487
Attraktionen: Rhododendren- und Azaleenblüte April bis Juni

Sachs 86
Eigentümer/in: Stadt Plauen, FB Bau und Umwelt, FG Umweltangelegenheiten, Kommunale Grünplanung, Unterer Graben 1, 08523 Plauen,
Tel. 03741/2911706,
Fax 03741/29131706
Größe: 18 ha
frei zugänglich
2, 5 Oberer Bahnhof
A Bethanienkrankenhaus

Stadtpark Plauen

Stadtparkring, Plauen

Der Stadtpark wurde zwischen 1905 und 1910 nach Plänen des Düsseldorfer Gartenarchitekten Reinhold Hoemann auf dem Gelände eines Ziegeleigrundstücks angelegt. Seine anspechende, halbkreisförmige Hanglage, die durch die beiden Haine und gehölzreiche Privatgärten besonders betont wird, verdankt er den Quellmulden zweier Rinnsale, die den Parkteich speisen. Der westliche Parkteil wurde 1964 bis 1974 völlig umgestaltet. Im Mittelpunkt dieses Bereiches steht jetzt das Parktheater mit 2900 Zuschauerplätzen, in dem während der Saison Konzerte, Sommerfilmtage und andere Veranstaltungen stattfinden. In der Nähe liegen bunte Stauden- und Sommerblumenpflanzungen. Weitere interessante Elemente des Stadtparks sind Volieren, die Drachengrotte und der Schiller-Gedenkstein. Der Park ist mit 68 verschiedenen Arten Laub- und 18 Arten Nadelbäumen die dendrologisch umfassendste Anlage Plauens.

Schloßpark Wildenfels

Parkstraße, Wildenfels

Das Schloß wurde im 12. Jahrhundert erbaut. Am Fuß des Schloßberges befindet sich der Park mit dem Schloßteich. Ein Rundweg führt um den 3,5 Hektar großen Teich. In den Sommermonaten ist ein Gondelbetrieb möglich.
Eigentümer/in: GmbH Schloß Wildenfels, Poststraße 26, 08134 Wildenfels, Tel. 037603/8346, Fax 037603/8347
Veranstaltungen: Parkfest, Ende Juni Rosenschau auf Schloß Wildenfels, alle zwei Jahre

Sachs 87
Größe: 10 ha
frei zugänglich
Attraktionen: Gondelbetrieb Sommermonate
Kirchberg – Wildenfels Sternplatz Zwickau – Wildenfels Sternplatz
➜ Autobahnausfahrt Zwickau Ost – 2 km

Botanischer Garten Adorf

Waldbadstraße 7, Adorf

Der Garten befindet sich im Gelände der Miniaturschauanlage „Klein-Vogtland". Schwerpunkt der Sammlung ist die Pflanzenwelt der Hochgebirge, die mit ca. 1000 Arten und Sorten und derzeit über 11 000 Exemplaren repräsentiert wird. Eine Besonderheit ist der größte gestaltete Kalktuffbereich in einem Botanischen Garten in Deutschland.
Eigentümer: Stadt Adorf, Markt 1, 08626 Adorf, Tel. 037423/2247 oder 48060, Fax 037423/78776, E-Mail: info@botanischer-garten-adorf.de, Internet: www.botanischer-garten-adorf.de
Führungen: nach Voranmeldung

Sachs 88
Größe: 0,35 ha
Eintritt: 4 €, Kinder frei bis 5 Jahre, ermäßigt 1,50 € für Schüler, Studenten, Schwerbehinderte, 3 € für Rentner, Arbeitslose,
Gruppenermäßigungen: 8–20 Pers. 10 % ab 21 Pers. 20 %
Öffnungszeiten: April bis Oktober täglich 10–18 Uhr
DB Adorf
T9, T30 Adorf Waldbad

Kurpark Bad Elster

Badstraße, Bad Elster

Kurz nach der Ernennung Bad Elsters zum sächsischen Staatsbad Mitte des 19. Jahrhunderts entstand nach Plänen des bekannten Landschaftsgärtners Eduard Petzold ein erster Landschaftsgarten, der in den darauf folgenden einhundert Jahren beständig erweitert und umgestaltet wurde. Neben dem Dresdner Gartenbaudirektor Max Bertram um 1890 waren vor allem der Badgärtner Paul Schindel bis 1921 und die Gartenarchitekten Gustav Allinger und Hermann Schüttauf in den Zwanziger und Dreißiger Jahren im Park tätig. Markante Bestandteile des Kurparks sind der geometrisch angelegte Badeplatz, der Louisasee mit dem Tempel der Flora, der Rosengarten, die Naturbadanlage, das fast hundert Jahre alte Naturtheater und das 1931 eingeweihte Stadion mit seiner malerischen Kulisse.

Sachs 89 NEU
Eigentümer/in: Stadt Bad Elster, Kirchplatz 1, 08645 Bad Elster, Tel. 037437/5660, Fax 037437/56688, E-mail: touristinfo@bad-elster.de, Internet: www.stadt-badelster.de
Größe: 50 ha
Führungen:
frei zugänglich
Attraktionen: Rhododendron-Blüte Mai, Juni
DB Bad Elster
P gebührenpflichtig
Veranstaltungen:Konzerte, tagsüber und abends, Kulturveranstaltungen im Kurtheater und im Kurhaus, Brunnenfest letztes Juni-Wochenende

Sachsen-Anhalt

SaAn

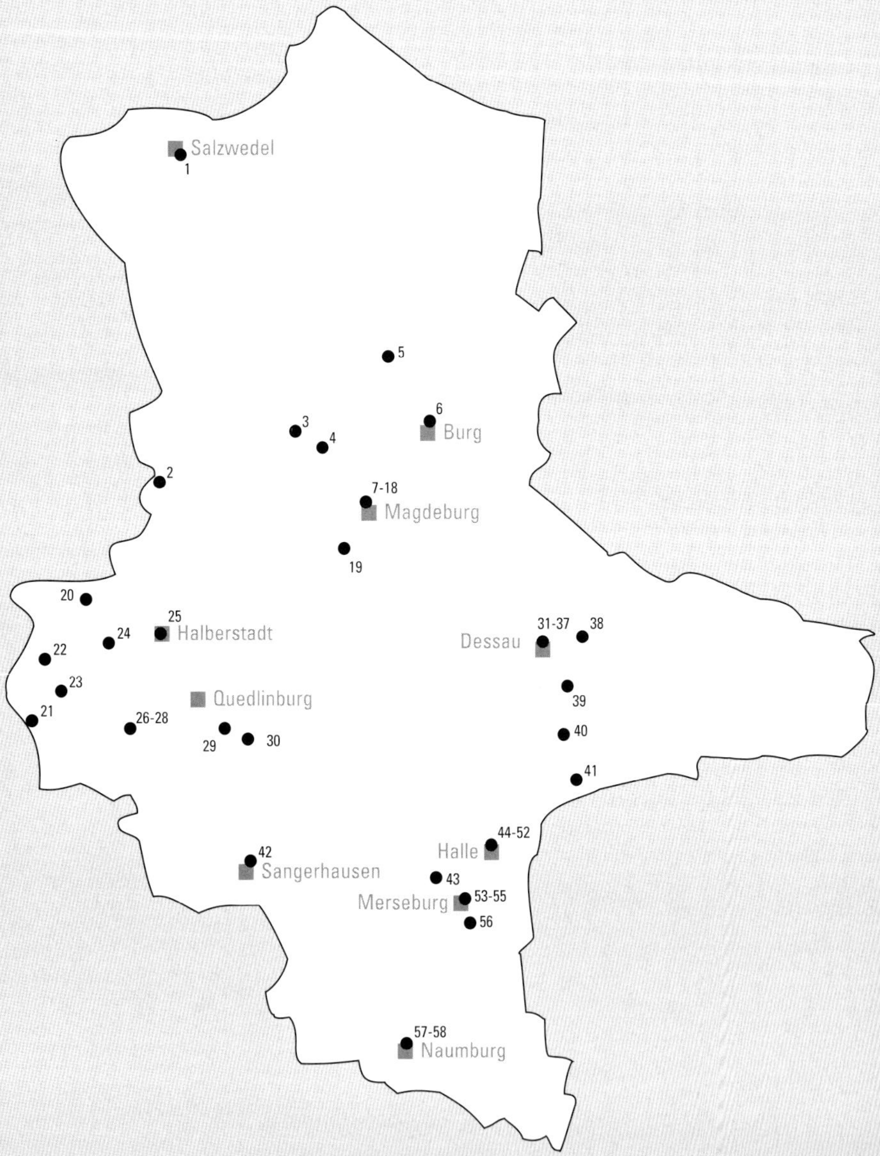

Duft- und Tastgarten und Märchengarten

Braunschweiger Straße / An der Warthe, Salzwedel

Im Rahmen eines ABM-Projekts entstand 1998 aus einer Ödlandfläche ein Garten für alle Sinne. Etwa 135 verschiedene Pflanzenarten laden zum Anfassen und Schnuppern ein. Angrenzend bringt der Märchengarten Kindern und Erwachsenen viele Märchen anschaulich ins Gedächtnis zurück. In Hütten und kleinen Gärtchen sind die Geschichten der Gebrüder Grimm, die Streiche von Max und Moritz, aber auch die Sagenwelt der Altmark zu entdecken.

Eigentümer/in: Stadt Salzwedel Jeetze-Landschaftssanierung GmbH, Braunschweiger Straße / An der Warthe, 29410 Salzwedel, Tel. 03901/32838, Fax 03901/423295

SaAn 1 NEU
Größe: 6 ha
Eintritt: frei
Öffnungszeiten: April–Oktober, 10–18 Uhr
DB Salzwedel
Bus An der Warthe
Grillmöglichkeit vorhanden

Gutspark Seggerde

Gutshof 1, Seggerde

Der ausgedehnte landschaftliche Gutspark mit großen Teichen, Wiesen- und Waldflächen wurde im frühen 19. Jahrhundert angelegt. Auf dem weitläufigen Wegesystem hat man immer wieder Ausblicke auf das schloßartige Gutshaus, die Orangerie, das ehemalige Palmenhaus, in die umgebende Landschaft und auf schöne alte Solitärbäume, wie Pyramideneichen, Sumpfzypressen, Platanen und Blutbuchen.

Eigentümer: Rudolf von Davier, Gutshof 1, 39356 Seggerde, Tel. 039061/2207, Fax 039061/3621, E-Mail: vondavier@aol.com

SaAn 2
Größe: 40 ha
frei zugänglich
Veranstaltungen Konzerte und Ausstellungen im Schloß
nur bei Veranstaltungen

Privatgarten Otto

Alvensleber Straße 10, Haldensleben

Der Garten mit Ziergarten, Stauden, Rosen und großen Laubbäumen wurde 1936 angelegt. Die Grundkonzeption ist bis heute erhalten. In den letzten Jahren entstand ein Hügelbeet mit Wildrosen unter großen Bäumen. Zusätzlich wurden Lenz-Rosen und über 40 Clematisarten und -sorten gepflanzt und die Steingartenanlage vergrößert. Alle Rosen und Clematis tragen zur besseren Orientierung Namensschilder.

Eigentümer/in: Christine Otto, Alvensleber Straße 10, 39340 Haldensleben, Tel. 03904/40040

SaAn 3
Größe: 950 m^2
Anmeldung für Gruppen erbeten,
Öffnungszeiten: ganzjährig geöffnet
Eintritt: frei
→ Bei Anmeldung

Barockgarten und Landschaftspark Hundisburg – Althaldensleben

Hundisburg

Das Schloß und der Barockgarten zu Hundisburg sind ein Hauptbeispiel barocker Bau- und Gartenkunst in Norddeutschland. Johann Friedrich von Alvensleben ließ das Ensemble von 1693 bis 1719 unter der Leitung Hermann Korbs

SaAn 4
Eigentümer/in:
KULTUR-Landschaft e.V.,
Gartenverwaltung Hundisburg,
39343 Hundisburg,
Tel. 03904/44256,
Fax 03904/2541,

E-Mail:
schloss.hundisburg@t-online.de
Internet:
www.schloss-hundisburg.de
Größe: 100 ha
frei zugänglich
Führungen: nach Voranmeldung
DB Haldensleben
HDL 13 Hundisburg
Veranstaltungen: umfangreiches kulturelles Jahresprogramm

errichten. Der sich anschließende Landschaftspark entstand ab 1811 unter Johann Gottlob Nathusius und erstreckt sich zum 2 Kilometer entfernten Kloster Althaldensleben. Der Park besitzt noch heute über 150 einheimische und fremdländische Gehölzarten. In die Rekonstruktion der barocken Anlagen wurde eine Sammlung alter Lokalobstsorten integriert.

SaAn5
Größe: 22 ha
Führungen: nach Voranmeldung
20 Personen
15 €/Gruppe
frei zugänglich
Attraktionen: Wasserfall
Öffnungszeiten: Sa, So, Feiertage
DB Tangerhütte
Veranstaltungen Parkfest 2. Wochenende nach Pfingsten

Stadtpark Tangerhütte

Parkstraße, Tangerhütte

Der Park wurde ab 1870 von dem Eisengießereibesitzer Franz Wagenführ und seinem Nachfolger F. R. C. von Armin angelegt. Auf ehemals sumpfigem Gelände entstand eine Parkanlage im „Gemischten Stil" der Lenneé-Meyerschen Schule mit landschaftlichen und formalen Partien. Neben verschiedenen Kleinarchitekturen, einem Mausoleum und künstlichem Wasserfall wurde auch der in der Eisenhütte für die Pariser Weltausstellung 1889 gefertigte Kunstgußpavillon im Park aufgestellt. Zwei Villen – die Alte Villa von 1874 und die Neue Villa von 1911 – zeugen von dem einstigen Wohlstand der Besitzer. Nach umfangreichen Sanierungsmaßnahmen an Bauten und im Garten präsentiert das Anwesen ein einmaliges Nebeneinander von Industrie- und Gartenlandschaft.
Eigentümer: Stadt Tangerhütte, Bismarckstraße 5, 39517 Tangerhütte, Tel. 03935/933835, Fax 03935/28427, E-Mail: Maike.Abel@tangerhuette.de,
Internet: www.tangerhuette.de

SaAn 6
Größe: 6,1 ha
frei zugänglich
DB Burg

Goethepark

Bahnhofstraße, Burg

Eine ältere Gartenanlage zwischen dem Bahnhof und der Innenstadt wurde in den 70er Jahren neu gestaltet. Neben weiten Rasenflächen und einem schönen Altbaumbestand mit Tulpenbaum, Silbertanne und Schwarznußbäumen wird

der Park durch größere Saisonbepflanzungen geschmückt. 1998 erhielt der Goethepark zusätzliche Sommerblumenbeete und ein Wasserbecken.
Eigentümer/in: Stadt Burg, Bauamt, In der Alten Kaserne 2, 39288 Burg, Tel. 03921/921600, Fax 03921/921516

Vogelgesangpark

Kastanienstraße, Magdeburg
Die heutige Gestalt des Vogelgesangparks beruht im wesentlichen auf den Plänen des Landschaftsgärtners Rudolf Schoch von 1842. Seitdem ist er beliebtes Ausflugsziel der Magdeburger. Neben großen, parkartigen Bereichen sind die zahlreichen Sondergärten wie Rosengarten mit Pergola und Brunnen, Senkgarten, Heidegarten und Rhododendrontal erwähnenswert. Sie wurden in den letzten Jahrzehnten liebevoll restauriert. Nördlich des Parks entstand in den frühen 50er Jahren der Zoo. Der Name Vogelgesang stammt von einem Waldstück, in dem Vogelfänger im Mittelalter ihre Netze spannten, um Singvögel zu fangen.

SaAn 7
Eigentümer/in:
Landeshauptstadt Magdeburg,
Eigenbetrieb Stadtgarten und
Friedhöfe Magdeburg,
Große Diesdorfer Straße 160,
39110 Magdeburg,
Tel. 0391/7368-3,
Fax 0391/7368-409,
Größe: 21 ha (inkl. Zoo),
frei zugänglich
1, 10 Zoo

Elbuferpromenade

Schleinufer, Magdeburg
Bis zum 2. Weltkrieg war der innerstädtische Zugang zum Elbufer durch Gleisanlagen, Packhof und andere Anlagen abgeschnitten. Zwischen 1973 und 1974 entstand eine 4 Kilometer lange, grüne Promenade. Zahlreiche Plastiken, Brunnenanlagen und Sitzbereiche wechseln sich mit üppigen Saison- und Rosenpflanzungen ab. Von der Promenade eröffnen sich immer wieder reizvolle Ausblicke auf die Stadt.
Eigentümer/in: Landeshauptstadt Magdeburg, Magdeburger Stadtgartenbetrieb, Maybachstraße 1, 39104 Magdeburg, Tel. 0391/5405901, Fax 0391/5405955

SaAn 8
Größe: 8,4 ha
frei zugänglich
1, 2, 8, 9, 10 Breiter Weg

Rotehorn-Park

Magdeburg
Die Rotehorn-Insel in der Elbe, direkt gegenüber der Altstadt gelegen, ist das wichtigste Naherholungsgebiet Magdeburgs, für die innerstädtische Biotopvernetzung und den Naturschutz von außerordentlicher Bedeutung. Der Stadtgartendirektor Paul Niemeyer begann 1871 mit der landschaftsparkartigen Gestaltung, die seine Nachfolger bis in das 20. Jahrhundert fortsetzten. In den Park eingebettet liegt die 1928 erbaute Stadthalle mit angegliedertem Ausstellungsgelände. Der größte Teil der Insel dient der Freizeit und Naherholung für zahlreiche Sportvereine und Freizeitruderer. Zahlreiche Objekte wie Tempel, Brücken und Zitadellenbau sind unter Denkmalschutz gestellt.

SaAn 9
Eigentümer/in:
Landeshauptstadt Magdeburg,
Eigenbetrieb Stadtgarten und
Friedhöfe Magdeburg,
Große Diesdorfer Straße 160,
39110 Magdeburg,
Tel. 0391/7368-3,
Fax 0391/7368-409,
Größe: 200 ha,
frei zugänglich

SaAn 10
Größe: 0,4 ha
Öffnungszeiten:
ganzjährig geöffnet,
außer Mo 9–17 Uhr,
Eintritt: 1,80 €, ermäßigt 1 €
für Senioren, Schüler, Studenten, Soldaten, Zivis,
Gruppen ab 10 Personen
0,80 €/Person
Führungen: nach
Voranmeldung, kostenlos
2, 8 Gruson-Gewächshäuser

Gruson-Gewächshäuser

Schönebecker Straße 129a, Magdeburg

Die Gewächshäuser sind nach dem Magdeburger Industriellen Hermann Gruson benannt, der 1895 die Pflanzensammlung seines Vaters der Stadt vererbte. Die Sammlung umfaßt über 3000 Pflanzenarten und -sorten. Neben 15 Meter hohen Palmen und riesigen Seerosen im Victoria-Regia-Haus sind die sogenannten Schwiegermuttersitze, die Kakteenart Echinocactus grusonii, besondere Anziehungspunkte. Der Kaktus wurde übrigens nach Hermann Gruson benannt.
Eigentümer/in: Landeshauptstadt Magdeburg,
39104 Magdeburg, Tel. 0391/5406655, Fax 0391/5406690

SaAn 11
Eigentümer/in:
Landeshauptstadt Magdeburg,
Eigenbetrieb Stadtgarten und
Friedhöfe Magdeburg,
Große Diesdorfer Straße 160,
39110 Magdeburg,
Tel. 0391/7368-3,
Fax 0391/7368-409,
Größe: 11 ha
frei zugänglich
2, 8 Gruson-Gewächshäuser

Klosterbergegarten

Schönebecker Straße, Magdeburg

Auf dem Gelände des in den Napoleonischen Kriegen völlig zerstörten Klosters Berge ließ der Magistrat der Stadt Magdeburg zwischen 1825 und 1835 den ersten Volksgarten im deutschsprachigen Raum bauen. Die Pläne stammten von dem Preußischen Hofgartendirektor Peter Joseph Lenné, das Gesellschaftshaus wurde zwischen 1828 und 1829 nach Plänen des Berliner Baumeisters Karl Friedrich Schinkel gebaut. Von der ursprünglichen Größe von 33 Hektar sind heute noch 11 Hektar erhalten. In den letzten Jahren fanden schrittweise Sanierungsarbeiten statt. Unweit vom Gesellschaftshaus befinden sich die Gruson-Gewächshäuser.

SaAn 12
Eigentümer/in:
Landeshauptstadt Magdeburg,
Eigenbetrieb Stadtgarten und
Friedhöfe Magdeburg,
Große Diesdorfer Straße 160,
39110 Magdeburg,
Tel. 0391/7368-3,
Fax 0391/7368-409,
frei zugänglich
2, 9, 10 Dom
→ Ausgang des Remtergangs zum Domplatz

Garten der Möllervogtei

Hegelstraße, Magdeburg

1377 erstmalig erwähnt, ist anzunehmen, daß sich diese aus einem erzbischöflichen Baumgarten hervorgegangene Anlage seit dem Mittelalter kaum verändert hat. Durchläuft man den Garten, gelangt man zum einzig erhaltenen Stadttor Magdeburgs von 1493. Der Möllervogteigarten, etwas versteckt neben dem Domplatz liegend, wurde 2002 saniert. Er bietet dem Besucher eine unverwechselbare, in Magdeburg seltene Kleinteiligkeit. Zu seinen Besonderheiten gehören neben dem wertvollen Baumbestand die in die innere Zwingermauer eingelassenen Nischen, eine zu den Resten der Gangolfikapelle emporsteigende steinerne Treppe sowie ein schlichter Brunnen.

SaAn 13
Eigentümer/in:
Landeshauptstadt Magdeburg,
Eigenbetrieb Stadtgarten und
Friedhöfe Magdeburg,

Geschwister-Scholl-Park

Richard-Wagner-Straße, Magdeburg

1895 im Rahmen einer Gartenbauausstellung nach Plänen des Magdeburger Stadtgartendirektors Gottlieb Schoch auf einer ehemaligen Bastion entstanden, entwickelte sich der

Königin-Luise-Garten zu einem Kleinod der Gartenbaukunst, wie es in zeitgenössischen Berichten heißt. Die Anlage, 1951 in Geschwister-Scholl-Park umbenannt, wurde in den letzten Jahren umfassend und originalgetreu saniert. Umgeben von prächtigen gründerzeitlichen Villen ist dieser Park ein gutes Beispiel für die Gartenkunst der Jahrhundertwende.

Große Diesdorfer Straße 160,
39110 Magdeburg,
Tel. 0391/7368-3,
Fax 0391/7368-409,
Größe: 5 ha
frei zugänglich
1, 8, 9, 10 Lorenzweg

Schneidersgarten

Brunner-Straße, Magdeburg

Der Villengarten des späten 19. Jahrhunderts, der seit 1993 unter Denkmalsschutz steht, wurde 1907 von der Stadt Magdeburg gekauft und der Öffentlichkeit zugänglich gemacht. Das jetzige Wegenetz stammt von 1958. Ein alter Baumbestand und Rasenflächen kennzeichnen die Anlage. Am Rand des Gartens befindet sich ein Kinderspielplatz, in der Mitte stehen noch die alten Grabsteine der Familie Schneider.
Eigentümer/in: Landeshauptstadt Magdeburg,
Eigenbetrieb Stadtgarten und Friedhöfe Magdeburg,
Große Diesdorfer Straße 160, 39110 Magdeburg,
Tel. 0391/7368-3, Fax 0391/7368-409

SaAn 14
Größe: 1,3 ha
frei zugänglich
1, 10 Halberstädter Straße/Südring

Park am Fürstenwall und Fürstenwall

Hegelstraße, Magdeburg

Der Park am Fürstenwall ist aus dem Umbau einer alten Festungsbastion entstanden und geht auf Entwürfe des Stadtgartendirektors Rudolf Schoch von 1900 zurück. Bei umfangreichen Sanierungen in den letzten Jahren wurden unter anderem die wertvollen Baumbestände mit Blühgehölzen und Stauden unterpflanzt. Blickpunkt ist das sog. Kriegerdenkmal, ein Monument zu Ehren der Gefallenen der Kriege 1866 und 1870/71. Der anschließende Fürstenwall, die verfüllte, ehemalige Zwingeranlage, ist mit regelmäßigen Baumpflanzungen und Rasenbanketten versehen. Neben den letzten Stadttürmen sind hier aus den Trümmern der Stadt geborgene Plastiken aufgestellt.

SaAn 15
Eigentümer/in:
Landeshauptstadt Magdeburg,
Eigenbetrieb Stadtgarten und Friedhöfe Magdeburg,
Große Diesdorfer Straße 160,
39110 Magdeburg,
Tel. 0391/7368-3,
Fax 0391/7368-409,
Größe: 1,7 ha
frei zugänglich
2, 9, 10 Dom

Nordpark Magdeburg

Hohepfortestraße, Magdeburg

Auf dem 1827 nach Plänen Peter Joseph Lennés angelegten Friedhof waren nur liegende Grabplatten gestattet. Ab 1898 wurde der Friedhof in einen öffentlichen Platz umgewandelt. Eine Sammlung schöner Grabsteinplatten bedeutender Magdeburger Bürger erinnert noch an seine Vergangenheit. Ein sowjetischer Ehrenfriedhof mit 1652 Einzelgräbern wurde in den Park eingefügt. Im zeitigen Frühjahr lockt der Park mit blauen Teppichen aus Scilla-Blüten.

SaAn 16
Eigentümer/in:
Landeshauptstadt Magdeburg,
Eigenbetrieb Stadtgarten und Friedhöfe Magdeburg,
Große Diesdorfer Straße 160,
39110 Magdeburg,
Tel. 0391/7368-3,
Fax 0391/7368-409,
Größe: 10 ha, frei zugänglich
2 Peter-Paul-Straße

SaAn 17
Eigentümer/in:
Landeshauptstadt Magdeburg,
Eigenbetrieb Stadtgarten und
Friedhöfe Magdeburg,
Große Diesdorfer Straße 160,
39110 Magdeburg,
Tel. 0391/7368-3,
Fax 0391/7368-409,
Größe: 64 ha,
frei zugänglich
6 Herrenkrug

Herrenkrugpark

Herrenkrugstraße, Magdeburg

Die ersten parkartigen Strukturen gab es hier schon Ende des 18. Jahrhunderts. Somit ist der Herrenkrugpark Magdeburgs älteste Parkanlage. Ab 1824 war Peter Joseph Lenné aus Potsdam hier tätig. Weitere Umgestaltungen erfolgten bis in die 1930er Jahre. Nach starken Zerstörungen im 2. Weltkrieg wurden in den letzten Jahren große Anstrengungen zur Sanierung dieses idyllisch an der Elbe gelegenen Parks, seiner alten Gebäude und Gartenplastiken, wie die Löwenplastik von 1845 und die Kugelsonnenuhr von 1861 gemacht. Einen besonderen Reiz besitzt die alte Gaststätte mit Pergola und Schmuckbeeten. Der angrenzende Wiesenpark ist durch seinen Bestand an alten Bäumen bemerkenswert. 1999 entstand ein dendrologischer Lehrpfad mit zirka 120 verschiedenen Laub- und Nadelholzarten.

SaAn 18
Eigentümer/in: Natur- und
Kulturpark Elbaue GmbH,
Tessenowstraße 5 a,
39114 Magdeburg,
Tel. 0391/5957400,
Fax 0391/5957190,
E-Mail:
info@elbauenpark-md.de,
Internet: www.elbauenpark.de
Größe: 100 ha
Öffnungszeiten:
ganzjährig geöffnet
Eintritt: 2,60 €, Kinder frei
bis 5 Jahre, ermäßigt 2 €,
Führungen: nach
Voranmeldung unter
Tel. 0391/5957400
DB Magdeburg-Hbf
6 Jerichower Platz Nord,
5 Elbauenpark/Messegelände
51 Jerichower Platz
P gebührenpflichtig

Elbauenpark

Jerichoer Platz, Herrenkrugstraße, Magdeburg

Im April 1999 im Rahmen der 25. Bundesgartenschau eröffnet, präsentiert sich heute das Areal als Freizeit- und Erholungspark an der Alten Elbe im Osten von Magdeburg. Der Elbauenpark besticht vor allem durch seine Vielseitigkeit an Gartenarchitektur und Gartenkunst sowie durch seine Mannigfaltigkeit an Freizeitbereichen für alle Altersgruppen. Themen- und Rosengärten, Europa-, Stauden, und Paradiesischer Garten, Rhododendronweg und großzügig gestaltete Wechselflorbeflanzungen bieten den Besuchern zu jeder Jahreszeit neue Einblicke in die verschiedenen. Naturbereiche. Zu den größten Attraktionen des Elbauenparks zählen sowohl der weltweit einmalige 60 Meter hohe Jahrtausendturm in Holz-Leimbinder-Konstruktion mit einer Ausstellung über 6000 Jahre Menschheitsgeschichte, wie auch die „schwimmende" überdachte Seebühne, die Panoramabahn, die Natur- und Abenteuerspielplätze, der 25 Meter hohe Kletterfelsen, die Sommerrodelbahn, der Skaterparcours und das tropische Schmetterlingshaus mit exotischen Faltern sowie Kleintieren.

Privatgarten Rossa

Alte Dorfstraße 1, Osterweddingen

Foto: Rossa

SaAn 19
Eigentümer/in: Ilona Rossa,
Alte Dorfstraße 1,
39171 Osterweddingen,
Tel. 039205/9065,
E-Mail: ilonarossa@gmx.de,
Internet:
www.paradise-regained.com
Größe: 0,17 ha
nur telefonische Anmeldung erbeten
Öffnungszeiten:
3. Wochenende im Juni,
14–19 Uhr und nach telef. Vereinbarung
Eintritt: 2 €
→ bei Anmeldung
P

Auf einem typischen Bördehof, umfriedet von Natursteinmauern und Scheunen, ist in nur fünf Jahren ein formaler Garten mit all seinen wesentlichen Merkmalen entstanden:

Blickachsen, Alleen, Buchsparterre, Banknischen. Es gibt verschiedene Gartenräume wie Rasengarten mit gemischten Rabatten, ein Bauerngarten mit Wegekreuz, Poolgarten.

SaAn 20
Eigentümer/in: Gemeinde Hessen, Mittelstraße 15, 38835 Hessen, Größe: 3 ha
frei zugänglich
Führungen: nach Voranmeldung, Thomas Scheliga, Stopfkuchen 3 a, 38304 Wolfenbüttel, Tel. 05331/41484, 35 €/Gruppe
Halberstadt – Wolfenbüttel
→ im Ort Hessen bei Halberstadt, direkt an der B 79
P
über Förderverein Schloß Hessen, 38835 Hessen

Ehemaliger Lustgarten und Gutspark des Schlosses Hessen

Hessen

Kurz vor dem Dreißigjährigen Krieg ließ hier Herzogin Elisabeth von Braunschweig-Lüneburg einen bedeutenden manieristischen Lustgarten anlegen. Von der wahrhaft königlichen Anlage nördlich des Schlosses, von der es sehr gute zeitgenössische Stiche gibt, sind nur Fundamentreste der Kanalmauern und eines mehrschaligen Paradiesbrunnens erhalten. Der Großteil des bronzenen Figurenschmucks ist noch in Braunschweig, Amsterdam und Paris zu sehen. Westlich an den alten Lustgarten grenzt der Gutspark des Schlosses Hessen aus den 70er und 80er Jahren des 19. Jahrhunderts. Er befindet sich auf dem Terrain des ehemaligen fürstlichen Küchengartens. Imposant ist der Baumbestand des Parks mit einer 120jährigen Eiche, alten Platanen, Schwarzkiefern, einer Süntelbuche sowie einer nahezu vollständigen Allee aus Linden und Kastanien. In der nordöstlichen Ecke des Parks, am Eingang zur Kleingartenkolonie, steht am ehemaligen Trenngraben zwischen Lust- und Küchengarten ein Exemplar der vom Aussterben bedrohten „Volckmarischen Birne".

SaAn 21
Eigentümer/in: Nationalpark Hochharz, Lindenallee 35, 38855 Wernigerode, Tel. 03943/550220, Fax 03943/550237
Größe: 1 ha
Öffnungszeiten: Besichtigungen sind nur im Rahmen von Führungen möglich Mai bis Oktober
Eintritt: frei
Führungen: der Brockengarten ist nur im Rahmen von Führungen zu besichtigen, Mai bis Okt. Mo bis Fr 11.30 und 14 Uhr, Sa und So in Kombination mit Brockenführung um 11.15 und 13 Uhr
DB Harzer Schmalspurbahn, Bahnhof Brocken
P in Drei-Annen, Hohne oder Schierke

Brockengarten, Schau- und Versuchsgarten auf dem Brocken im Nationalpark Harz

Foto: Karste

Der Brockengarten wurde 1890 durch Prof. Dr. A. Peter, Göttingen, als Versuchs- und Schaugarten auf dem höchsten Berg des Harzes (1142 m) begründet. Er war als Alpenpflanzengarten sowie in seiner wissenschaftlichen Konzeption und Aufgabenstellung deutschlandweit die erste derartige Einrichtung. Da bereits 1961 der Brocken zum militärischen Sperrgebiet erklärt wurde, konnten die gärtnerischen Pflegemaßnahmen in den Folgejahren nur noch unregelmäßig durchgeführt werden. Ab 1971 mußten dann jedoch alle Arbeiten am Garten für fast zwei Jahrzehnte völlig eingestellt werden. Die 1990 eingeleiteten Aufbauarbeiten erfolgten gemeinsam durch die Universitäten Halle und Göttingen sowie den Nationalpark Hochharz, die den Garten auch gemeinsam betreuen. Heute enthält die Anlage einen Pflanzenbestand von zirka 1500 Arten, die nach pflanzengeographischen Gesichtspunkten angeordnet sind. Der Brockengarten dient wieder der Lehre und Forschung und ist gleichzeitig eine öffentliche Schauanlage für Hochgebirgspflanzen aus aller Welt. Darüber hinaus erfüllt er auch bedeutsame Naturschutzaufgaben und dient der Erhaltung vom Aussterben bedrohter Pflanzenarten des Hochharzes.

Klostergarten Drübeck

Klostergarten 6, Drübeck

Die Anlage des Gartens der Klosteranlage des 12. Jahrhunderts geht weitgehend auf das 18. Jahrhundert zurück. In letzter Zeit wurde eine gartendenkmalpflegerische Konzeption für die Gärten erarbeitet und gartenarchäologische Grabungen durchgeführt. In den nächsten Jahren ist die stückweise Wiederherstellung der gesamten historischen Gartenanlage, wie „Garten der Äbtissin“ als Barock- und Rosengarten, die „Fünf Gärten der Stiftsdamen“, der Klosterhof mit alter Linde, der „Pensionärsgarten“ und der Hausgarten für die Versorgung der hauseigenen Küche geplant.
Anmeldung erbeten für Gruppen
Eigentümer: Kloster Drübeck, Evangelisches Zentrum der Ev. Kirche der Kirchenprovinz Sachsen, Klostergarten 6, 38871 Drübeck, Tel. 039452/94301, Fax 039452/94345, E-Mail: EZ@Kloster-Druebeck.de,
Internet: www.Kloster-Druebeck.de

SaAn 22
Größe: 1,8 ha
Führungen: täglich 14 Uhr, So 11 und 14 Uhr und nach Voranmeldung
2,50 €/Person, Kinder frei bis 13 Jahre, ermäßigt für Schüler, Studenten 1,50 €/Person
frei zugänglich
DB Ilsenburg
Abholung mit Kleinbus möglich
Veranstaltungen: Sommerkonzerte in Klosterkirche; Kunstausstellungen, Romantische Nacht 1. Augustwochenende, Pfingstfest
✕ Vollpension in Tagungsstätte
P ♿ i

Lustgarten Wernigerode

Wernigerode

Der schon seit dem 16. Jahrhundert bestehende Garten wurde 1715 bis 1723 unter Graf Christian Ernst im barokken Stil umgestaltet. Graf Henrich Ernst hielt den Lustgarten während seiner kurzen Regierungszeit 1771 bis 1778 instand. Danach setzte der Verfall des barocken Gartens ein und mündete 1790 im Verkauf der sich im Lustgarten befindenden 160 Sandsteinfiguren. Um 1828 erfolgte vermutlich die Umgestaltung in einen Englischen Landschaftspark unter Graf Henrich durch seinen Hofgärtner Karl Kunicke. Duch Anpflanzung zahlreicher ausländischer Gehölze erhielt der Park einen hohen dendrolo-

SaAn 23
Eigentümer/in: Stadt Wernigerode, SG Grünanlagen, Zaunwiese 23, 38855 Wernigerode, Tel. 03943/654688, Fax 03943/632756
Größe: 10 ha
frei zugänglich
P 🐕 ♿

gischen Wert. Trotz großer Verluste im 2. Weltkrieg sind noch viele alte Bäume erhalten. Das Tor mit den wappentragenden Löwen und die Lustgartenmauer stammen aus dem Jahr 1722. Die barocke Orangerie von 1720 dient heute als Landeshauptarchiv von Sachsen-Anhalt, Außenstelle Wernigerode. Das westlich danebenstehende Palmenhaus wurde um 1877 errichtet. Der Park wird seit 1989 umfassend rekonstruiert.

SaAn 24
Größe: 20 ha
Führungen: nach Voranmeldung
frei zugänglich
Schloßbesichtigung nach Voranmeldung
Langenstein
38820 ab Halberstadt Langenstein – Bahnhofstraße
3885 ab Werningerrode Langenstein – Bahnhofstraße
38889 ab Blankenburg Langenstein – Bahnhofstraße
Mittagessen, Kaffee und Kuchen nach Voranmeldung
Kyffhäuser Bildungs- und Sozialwerk, Tel 03941/56640

Schloßpark Langenstein

Bahnhofstraße, Langenstein

Frau von Branconi, eine Mätresse des Erbprinzen K.-Ferdinand von Braunschweig ließ 1778 bis 1783 in Langenstein ein Schloß errichten und das umliegende Landgut in einen Lustgarten umwandeln. Mitte des 19. Jahrhunderts erwarb Oberamtmann August-Wilhelm Rimpau das Anwesen und beauftragte den Muskauer Garteninspektor Eduard Petzold mit der Umgestaltung in einen Landschaftspark mit Teich, Wiesenflächen und Pflanzungen von seltenen Bäumen. Rimpaus Sohn nahm Ende des 19. Jahrhunderts Änderungen am Schloß und im Park vor. Zahlreiche Details zeugen immer noch von der gestalterischen Qualität des Landschaftsgartens, der vom Kyffhäuser Bildungs- und Sozialwerk e.V. Langenstein als Erbbaupächter verwaltet wird.
Eigentümer: Land Sachsen-Anhalt, Ministerium für Gesundheit und Soziales, Turmschanzenstraße 25, 39114 Magdeburg, Tel. 0391/5674548

SaAn 25
Größe: 20 ha
Führungen: nach Voranmeldung
für Gruppen bis 40 Personen
frei zugänglich
Halberstadt
Schafstall

Park Spiegelsberge

Spiegelsberge 4, Halberstadt

Die historische Parkanlage, ein sehr früher Landschaftsgarten des 18. Jahrhunderts, wurde nach seinem früheren Besitzer E. L. C. Spiegel benannt. Die noch vorhandenen Gartenstaffagen wie Grotten, Gedenksäule, Eremitage und Mausoleum sowie das Jagdschloß im Renaissancestil, geben anschau-

lich die Empfindungswelt des ausgehenden 18. Jahrhunderts wieder. Durch die Lage auf einem Höhenzug bieten sich schöne Ausblicke auf Halberstadt und den Harz.
Eigentümer: Stadt Halberstadt, Spiegelsberge 4,
38820 Halberstadt, Tel. 03941/24132, Fax 03941/448016

Schafstall

Foto: Fotostudio Mahlke

Thiepark Blankenburg

Blankenburg

Schon in vorkarolingischer Zeit kamen Hunderte von Menschen auf der unter dem Schutz der Götter stehenden Gerichts- und Versammlungsstätte, auch Thingstätte genannt, zusammen. An der Stelle des 1877 eingeweihten ehemaligen Gymnasiums standen zwei alte Linden, unter denen Gericht abgehalten und über Leben und Tod entschieden wurde. Hier pflegten später die Kaiser, sooft sie diese Gegend besuchten, Ämter und Würden zu verleihen und Recht zu sprechen für jedermann. Mehrmals war das Thie Schauplatz kriegerischer Auseinandersetzungen und Heerlager. Die Pflanzung der beiden Lindenalleen erfolgte 1717. Anläßlich der 700-Jahr-Feier von Blankenburg im Jahr 1937 stifteten die Stadtwerke eine Springbrunnenanlage für den Thiepark. Mitte der 80er Jahre erfolgte die Rekonstruktion einer Lindenallee und in den Jahren 1991 bis 1994 die Sanierung der Wege, der Springbrunnen und Umgestaltung der Randbereiche.

SaAn 26
Eigentümer/in:
Stadt Blankenburg,
Harzstraße 3,
38889 Blankenburg (Harz),
Tel. 03944/943480,
Fax 03944/365067
Größe: 3,3 ha
frei zugänglich
Attraktionen: beleuchteter Springbrunnen mit wechselnden Fontänenbildern
Ende April bis Mitte Okt.
DB Blankenburg
→ Nur wenige Fußminuten vom Bahnhof entfernt

SaAn 27
Eigentümer/in:
Stadt Blankenburg,
Stiftung Barocke Gärten,
Harzstraße 3,
38889 Blankenburg (Harz),
Tel. 03944/943480,
Fax 03944/365067,
Internet: www.blankenburg.de
Größe: 107 ha, davon 27 ha Schloßpark, 1 ha Terrassengarten, 0,8 ha Berggarten, 0,7 ha Fasanengarten,
frei zugänglich
Führungen: Info bei Tourist- und Kurinformation,
Tel. 03944/2898, 2,50 €/Pers.
Attraktionen: 3 Springbrunnen, Neptungrotte, Ende April bis Mitte Okt.
DB Blankenburg
→ Vom Bahnhof über die Herzogstraße, den Lühnertorplatz weiter zum Schnappelberg – zwischen Terrassen- und Fasanengarten führt der Weg direkt in den Schloßpark
P gebührenpflichtig
Veranstaltungen:
Serenadenkonzert,
Historisches Wochenende
Infos bei: Kurverwaltung,
Markt 3,
38889 Blankenburg,
Tel. 03944/2898
nicht im Terrassen-, Berg- und Fasanengarten

Barocke Schloßgärten Blankenburg

Blankenburg

Blankenburg zählt zu den sehr gut erhaltenen Beispielen deutscher Kleinresidenzen des Barockzeitalters. Aus dieser Zeit sind in der Grundstruktur der Tiergarten, der Schloßpark, der Terrassengarten mit Orangenplatz, der Berggarten und der Fasanengarten erhalten geblieben.

Tiergarten

Den ältesten Teil des Gartenensembles am südlichen Rand der Altstadt Blankenburgs bildet der bereits 1668 unter Herzog Rudolph August von Braunschweig-Lüneburg-Wolfenbüttel eingefriedete Tiergarten. Der Charakter dieses Jagdparks ist bis heute in wesentlichen Teilen kaum verändert. Auf dem höchsten Punkt, dem Calvinusberg, wurde 1728 zu Ehren der Herzogin Christine Luise von Braunschweig-Lüneburg-Wolfenbüttel ein Aussichtsschlößchen, die Luisenburg, errichtet.

Schloßpark

Von 1705 bis 1718 ließ Herzog Ludwig Rudolph von Braunschweig-Lüneburg-Wolfenbüttel das damalige Renaissanceschloß von seinem Landesbaumeister Hermann Korb zu einer barocken Residenz umbauen. In dieser Zeit gelangten auch die Schloßgärten zu einer neuen Blüte. Die heute noch vorhandenen Wegeverbindungen des Schloßparks entsprechen überwiegend denen des 17. und 18. Jahrhunderts. Größere Anpflanzungen, wie zum Beispiel die der Eßkastanienallee im Bereich der großen Schloßwiese, erfolgten vor zirka 150 bis 200 Jahren. In seiner heutigen Gestalt bietet der Schloßpark von Blankenburg überwiegend das Bild eines Landschaftsparks, in dem weite Wiesenflächen mit zum Teil hainartig offenem Waldbestand wechseln und weite Ausblicke in die Umgebung möglich werden.

Terrassengarten mit Orangenplatz

Der Terrassengarten entstand in den ersten drei Jahrzehnten des 18. Jahrhunderts als Ausdruck höfischer Repräsentanz, als eine kleine, wohldurchdachte und geschickt proportionierte Lustgartenanlage mit einem Fürstlichen Gartenhaus, welches noch heute in seiner Grundstruktur erhalten ist. Neben Brunnenanlagen wurden die Terrassen des Gartens mit Vasen und Skulpturen ausgestattet. Die Gestaltung des Gartens ist zum Teil italienischen Vorbildern angenähert, während die ornamentale Struktur der Broderie unverkennbar französischen Beispielen folgte. Die um 1747 am Südrand des Terrassengartens entstandene und um 1976 restaurierte Neptungrotte akzentuiert den Übergang des regelmäßigen Gartens zum naturhaften Tiergarten. Hinter der Grotte befand sich während des 18. Jahrhunderts der sog. Melonenplatz mit einem Treibhaus für Ananas. Das dort heute vorhandene Denkmal bestimmt den Platz und seine Gestaltung erst seit 1935. Ein ursprünglich sehr bedeutsamer Teil war der Orangerieplatz. Seine Gestaltung erfolgte vermutlich nach 1740, als das hier ursprünglich gelegene barocke Gartentheater aufgelöst wurde. Im 18. Jahrhundert bis 1795 war die Platzfläche durch einen ovalen Brunnen, Plastiken und diverse Orangenbäume in großen Kübeln bestimmt. Die Rekonstruktion des Orangenplatzes durch eine Jugendmaßnahme der Bundesanstalt für Arbeit wurde im August 2003 abgeschlossen.

Berggarten

Zu Beginn des 18. Jahrhunderts ließ hier der Leibarzt des Herzogs einen Garten einrichten, dessen kompositorisch-gestalterisches Rückgrat eine rund 35 Meter lange Freitreppe war, an deren Enden sich jeweils Brunnenplätze befanden. Der Platz am Teehaus war durch seine Größe und künstlerische Gestaltung hervorgehoben. Die Terrassen unterhalb des Aussichtsplatzes am Teehaus bilden in ihrer noch heute ablesbaren Architekturform einen Gestaltzusammenhang mit dem benachbarten Terrassengarten. Das Kleine Schloß war ein wesentlicher Point de vue für den Berggarten, wie zugleich das Teehaus für den Terrassengarten. Im späten 19. Jahrhundert erwarb Prinzregent Albrecht von Preußen das Grundstück mit dem angrenzenden Rosenwinkel, um den Berggarten ausdehnen zu können.
Aus dieser Zeit stammen Veränderungen an der Gestalt des ehemaligen Aussichtsplatzes. Er erhielt 1894 zusätzliche Ausschmückungen durch 12 Kaiserbüsten auf hohen Postamenten sowie Pflanzungen mit Bäumen. Die Gartenanlage wurde über Jugendmaßnahmen der Bundesanstalt für Arbeit bis 2001 teilrekonstruiert.

Fasanengarten

Am Schloßparkweg gegenüber dem Terrassengarten befindet sich der bereits um 1700 angelegte Fasanengarten. Durch den Bau der Infanteriekaserne um 1860 wurde die Gartenfläche verkleinert und überplant. Im August 2003 konnte die künstlerische Neugestaltung des Fasanengartens unter Berücksichtigung der historischen Grundstrukturen abgeschlossen werden. Ein Brunnen, 6 Meter hohe Fasanenfedern aus Stahl und ein künstlerisch gestaltetes Fasanenhaus bestimmen den Garten. Der Wiederaufbau erfolgte durch eine Jugendmaßnahme der Bundesanstalt für Arbeit und die Allianz Umweltstiftung.

SaAn 28
Größe: 0,18 ha
Eintritt: 3,60 €, ermäßigt 2,10 € für Familien, Gruppen, Schulklassen
Veranstaltungen: Fachführungen, Seminare, Klosterfest
DB Blankenburg (Harz)
Bus 253 nach Wernigerode Waldmühle

Klostergärten Michaelstein

Michaelstein 3, Blankenburg (Harz)

Im ehemaligen Zisterzienserkloster Michaelstein wurden zwei nach mittelalterlichem Vorbild gestaltete Gärten angelegt. An der Südseite des Klostergebäudes liegt der von einer alten Außenmauer umfriedete Heilkräutergarten mit etwa 250 verschiedenen Heilpflanzen. Der Gemüsegarten präsentiert seltene und historische Kulturpflanzenarten und -sorten. Das Herzstück der Gärten bilden die geometrisch angeordneten, mit Holzplanken eingefassten Hochbeete, wie sie bis zum 15. Jahrhundert in Klöstern üblich waren.

Eigentümer/in: Stiftung Kloster Michaelstein, verwaltet durch die Stiftung Dome und Schlösser in Sachsen-Anhalt, Michaelstein 3, 38889 Blankenburg (Harz), Tel. 03944/90300, Fax 03944/903030, E-Mail: rezeption@kloster-michealstein.de, Internet: www.kloster-michaelstein.de

Öffnungszeiten: Mai–Sept. Di–So, Feiertag 10–18 Uhr, Okt.–April Di bis Sa 14–17 Uhr, So und Feiertag 10–17 Uhr, 1. 1., 24., 25. und 31. 12. geschlossen

SaAn 29
Größe: 30 ha
Führungen: nach Voranmeldung 039483/263
frei zugänglich
Attraktionen: Fontänen an Wochenenden im Sommerhalbjahr
Bus QLB-8, QLB-18 Ballenstedt
Veranstaltungen: Musiksommer

Schloßpark Ballenstedt

Schloßplatz, Ballenstedt

Nachdem im späten 18. Jahrhundert Ballenstedt Residenz der bernburgischen Linie des anhaltischen Fürstenhauses wurde, entstand neben dem Schloß ein kleiner Lustgarten. Eine teilweise Umgestaltung erfuhr das Gelände nach 1850 nach den Plänen des königlich-preußischen Gartendirektors Peter Joseph Lenné. Der Park im gemischten Stil mit landschaftlichen und formalen Elementen gilt als ein herausragendes Beispiel der späten Werke Lennés. Prägend ist die in den Hang eingebaute, terrassenförmig angelegte Wasserachse mit Brunnen, Becken und Fontänen, die sich an die Formen der italienischen Renaissance

anlehnt. Nach aufwendigen gartendenkmalpflegerischen Arbeiten in den letzten 20 Jahren zeigt der Park wieder seine hohe gestalterische Qualität.
Eigentümer: Stadt Ballenstedt, Verwaltungsgemeinschaft Ballenstedt, Rathausplatz 12, 06493 Ballenstedt, Tel. 039483/96724, Fax 039483/278

Landschaftspark Degenershausen

Wieserode

Der Landschaftspark Degenershausen wurde von Johann Christian Degener 1835 angelegt und war bis 1947 im Besitz der Familie von Bodenhausen-Degener. 1924 wurde der Park durch einen Landschaftsarchitekten aus Kew-Gardens im englischen Stil umgestaltet. Seit der Rekonstruktion in den Jahren 1991 bis 1995 wachsen hier zirka 180 Gehölzarten und -sorten aus Amerika, Asien und Europa. Im Zentrum des Parks befindet sich ein 16 Meter hoher Obelisk zum Gedenken an den Begründer des Parks. Eine weitere Besonderheit ist der Staudenschau- und -sichtungsgarten mit einer Fläche von 1200 Quadratmeter. Er befindet sich auf dem Gelände des früheren Botanischen Gartens, der 1914 angelegt wurde. Er beherbergt über 200 Arten und Sorten sowie ein Kräuterbeet.

SaAn 30
Eigentümer/in:
Gemeinde Wieserode,
Anger 24,
06543 Wieserode,
Tel. 034742/257
Größe: 11,8 ha
Öffnungszeiten: ganzjährig geöffnet, Sommer 8–18 Uhr, im Winter 9–18 Uhr
Eintritt: frei
Führungen: nach Voranmeldung
→ zirka 3 Kilometer östlich der Burg Falkenstein/Harz
P 🐕 ♿ i
Veranstaltungen: Parkfest

Luisium

Dessau-Waldersee

Das Luisium, östlich der Stadt Dessau gelegen, entstand als Teil des Gartenreiches Dessau-Wörlitz. Fürst Leopold III. Friedrich Franz von Anhalt-Dessau ließ für seine Frau, Prinzessin Luise Henriette Wilhelmine, das klassizistische Landhaus erbauen und den Garten anlegen. Das Bauwerk entstand in den Jahren 1774 bis 1778 nach Plänen von Friedrich Wilhelm von Erdmannsdorff. Der intime und besonders stimmungsvolle Charakter des Landschaftsgartens wurde von Zeitgenossen gelobt und ist noch heute erlebbar.

SaAn 31
Eigentümer/in: Kulturstiftung DessauWörlitz, Schloß Großkühnau, 06846 Dessau,
Tel. 0340/646150,
Fax 0340/6461510,
E-Mail: ksdw@ksdw.de,
Internet: www.gartenreich.com
Größe: 14 ha, Besichtigung Schloß nur innerhalb einer Führung möglich,
Park frei zugänglich
DB Dessau
P 🐕 ♿

Schloßpark Mosigkau

Knobelsdorffallee 2/3, Dessau

Zwischen 1752 und 1757 wurde mit der Erbauung des Schlosses der Park als Französischer Lustgarten angelegt. Im 19. Jahrhundert im Stile des Englischen Landschaftsgartens umgestaltet, erinnern heute noch Partien wie der Irrgarten, der Fischteich und Heckenquartiere an den Barockgarten. Botanische Exoten sind in den Orangerien untergebracht und finden in den Sommermonaten ihren Platz im Freien. Als Gartenarchitektur ist das Chinesische Teehaus, erbaut 1774, besonders erwähnenswert.

SaAn 32
Eigentümer/in:
Kulturstiftung DessauWörlitz,
Schloß Großkühnau,
06846 Dessau,
Tel. 0340/646150,
Fax 0340/6461510,
E-Mail: ksdw@ksdw.de,
Internet: www.gartenreich.com
Größe: 6 ha
Anmeldung für Gruppen erbeten
Eintritt: frei

Öffnungszeiten: ganzjährig geöffnet 8 Uhr bis Einbruch der Dunkelheit
Führungen: Besichtigung Schloß nur innerhalb einer Führung
DB Strecke Dessau–Köthen, Bahnhof Mosigkau
L/D Kindergarten
P gebührenpflichtig

Foto: Fräßdorf

SaAn 33
Eigentümer/in: Stadtverwaltung Dessau, Grünflächenamt, Am Wörlitzer Bahnhof 1, 06844 Dessau, Tel. 0340/2041067
Größe: 7,5 ha
frei zugänglich
DB Dessau
1, 2 Hauptpost

Stadtgarten Dessau

Kavalierstraße, Friedrichstraße, Dessau

Aus dem um 1800 entstandenen Palaisgarten wurde in den 20er Jahren des 20. Jahrhunderts und nach 1960 durch Hinzufügen größerer Flächen eine zentrale innerstädtische Grünanlage geschaffen. Die Grünfläche ist reich gegliedert und mit vielfältigen gärtnerischen Sonderanlagen versehen. Im Zentrum befindet sich die Gaststätte Teehäuschen, eine ehemalige Orangerie. Besonders erwähnenswert ist die dendrologisch wertvolle Ausstattung und Vielzahl von Skulpturen und Plastiken (W. Müller, F. Schneider, Moses Mendelssohn, Zentaur von Begas usw.). Die als Grabdenkmal um 1780 gestaltete sogenannte Eugenspyramide wurde nach 1950 entfernt.

SaAn 34
Eigentümer/in: Stadtverwaltung Dessau, Grünflächenamt, Am Wörlitzer Bahnhof 1, 06844 Dessau, Tel. 0340/2041067
Größe: 118 ha
frei zugänglich
DB Dessau

Georgengarten Dessau

Puschkinallee, Dessau

In der Zeit von 1780 bis 1800 wurde der Georgengarten vom Bruder des Fürsten Franz, Prinz Johann Georg, dem Architekten F. W. v. Erdmannsdorff und den Gärtnern I. F. Eyserbeck und I. G. Schoch angelegt. Ursprünglich außerhalb der Stadt in einer offenen Wiesenlandschaft gelegen, erstreckte sich der Park von den Römischen Ruinen, dem Georgenhaus, dem Beckerbruch bis zur Elbe. Es entstand eine Parkanlage mit einer Vielzahl von Parkarchitekturen (Römische Ruinen, Jonischer Tempel, Georgenhaus, Orangerie, Roter und Weißer Bogen, Vasenhaus, Schwarzer- und Fürstensitz und Wallwitzburg) und Kleindenkmalen (Diana, Flora, Apollino, medicäische Venus, Franz-Statue, Apollo, verschiedene Sitze und Vasen). Den gesamten Park durchziehen eine Reihe von Sichten. Die ursprünglichen Verbindungen zur Landschaft bestehen nur noch im Norden an der Elbe. Ansonsten ist der Park durch das Wachstum der Stadt zumindest im südlichen Teil zu einer innerstädtischen Parkanlage geworden. Ab 1815 erfolgten mehrfach strukturelle Veränderungen. Der Bau der Eisenbahnlinie, die Errichtung einer Landesbaumschule und Fasanerie, der Bau des Mausoleums, des Wasserbeckens im Beckerbruch und die Vergrößerung des Wallwitzsees sind hauptsächlich zu nennen.

Mausoleumspark

Querallee, Dessau

Mit dem Bau des Mausoleums 1894 bis 1898 für die anhaltinischen Herzöge wurde zeitgleich der Park nach Plänen von A. Hoof errichtet. Der Park liegt unmittelbar gegenüber dem Georgengarten. Die Parkgestaltung verwendete Elemente des Jugendstils, sie ist durch die Wegeführung und differenzierte Geländemodellierung stark gegliedert. Das Mausoleum wird an zwei Seiten von einem Teich umfaßt. Seit 1958 dient der Park, in dem etwa 120 verschiedene Gehölzarten wachsen, als Lehrpark für Tier- und Pflanzenkunde. In einer 1992 erarbeiteten Konzeption wurde versucht, die unterschiedlichen Funktionen – Begräbnisstätte, Jugendstilpark und Lehrpark miteinander zu verknüpfen.
Eigentümer/in: Stadtverwaltung Dessau, Grünflächenamt, Am Wörlitzer Bahnhof 1, 06844 Dessau, Tel. 0340/2041067

SaAn 35
Größe: 11 ha
Öffnungszeiten: ganzjährig geöffnet,
im Sommer 9–18 Uhr,
im Winter 9–16 Uhr
Eintritt: 2,50 €,
Kinder frei bis 3 Jahre,
ermäßigt 1,60 € für Senioren, Schüler, Studenten, Zivis, Wehrpflichtige, Arbeitslose, Azubis
DB Dessau
P ✗ ♿ i
Veranstaltungen: Tierparkfest

Großkühnauer Landschaftspark

Burgkühnauer Allee, Dessau

In der Zeit von 1805 bis 1862 wurde der Landschaftspark als letzte große Parkschöpfung im Dessau-Wörlitzer Gartenreich angelegt. Besonders bemerkenswert ist die großräumige Einbeziehung der Elbaue mit dem Kühnauer See. Durch Hochwasser (besonders 1845) ist die Parkgestaltung mehrfach unterbrochen worden. Aus dem Park heraus eröffnen sich weiträumige Sichten in die Umgebung. Bemerkenswert sind das Weinberghaus als kleiner tempelartiger Bau mit toskanischer Säulenhalle (1820), das Rittertor und das Löwentor. Weinberghaus und See sind durch eine Sichtachse verbunden.
Veranstaltungen: Weinbergfest im Weinberghaus, September

SaAn 36
Eigentümer/in:
Stadtverwaltung Dessau,
Grünflächenamt,
Am Wörlitzer Bahnhof 1,
06844 Dessau,
Tel. 0340/2041067
Größe: 77,5 ha
frei zugänglich
DB Dessau
Bus Großkühnau
→ zwischen Dessau und dem Vorort Großkühnau gelegen
P Hund ♿

Schillerpark

Ringstraße, Dessau

Mit dem um die Jahrhundertwende im Norden der Stadt entstandenen Wohnviertel wurde ab 1904 mit dem Bau des Schillerparks begonnen. Der Park gruppiert sich ellipsenförmig

SaAn 37
Größe: 15 ha
frei zugänglich
DB Dessau
Bus Rosenhof Schillerstraße

→ vom Hauptbahnhof am nordöstlichen Rand von Dessau-Nord
P 🐕 ♿

um einen kleinen See, an den sich eine zentrale große Wiesenfläche anfügt. Bedeutung erlangte der Park durch seine artenreiche Ausstattung mit heimischen Gehölzen und botanischen Besonderheiten.
Eigentümer/in: Stadtverwaltung Dessau, Grünflächenamt, Am Wörlitzer Bahnhof 1, 06844 Dessau, Tel. 0340/2041067

SaAn 38
Eigentümer/in:
Kulturstiftung DessauWörlitz,
Schloß Großkühnau,
06846 Dessau,
Tel. 0340/646150,
Fax 0340/6461510,
E-Mail: ksdw@ksdw.de,
Internet: www.gartenreich.com
Größe: 112 ha, frei zugänglich
Führungen: nach Voranmeldung, Wörlitz-Information,
Tel./Fax 034905/20216
für Gruppen bis 40 Personen
Führungen für Einzelpersonen tgl. 13.30 Uhr,
Beginn: Nähe Schloß,
Dauer: 2 Stunden,
Museen sind nur mit Führung zu besichtigen
Attraktionen: Gondelrundfahrten, nach Vorbestellung auch mit Bewirtung April bis Okt. 10–17 bzw. 18 Uhr
DB Dessau, auch mit Dessau-Wörlitzer Museumsbahn
P gebührenpflichtig
✕ ☕ 🐕 ♿ ℹ ✿

Wörlitzer Anlagen

Wörlitz

Die Wörlitzer Anlagen entstanden in der zweiten Hälfte des 18. Jahrhunderts. Leopold III. Friedrich Franz von Anhalt-Dessau ließ den Landschaftsgarten nach englischen Vorbildern errichten. Das Schloß im Stil eines englischen Landhauses entstand nach Plänen des Architekten Friedrich Wilhelm von Erdmannsdorff von 1769 bis 1773 und gilt als der Gründungsbau des Klassizismus in Deutschland. Fürst Franz machte den Kleinstaat Anhalt-Dessau im 18. Jahrhundert zu einem Musterland der Aufklärung. Von Anfang an war der Park für die Öffentlichkeit zugänglich. Das Schloßmuseum mit original klassizistischer Einrichtung und das Gotische Haus, ebenfalls mit Originalausstattung und bedeutender Schweizer Glasgemäldesammlung, können nur mit Führung von April bis Oktober besichtigt werden. Der Park mit seinem schönen Altbaumbestand, zahlreichen Bauwerken, Tempeln, Grotten, Brücken und der Vulkaninsel ist das bekannteste und am besten erhaltene Beispiel eines frühen Landschaftsgartens in Deutschland. Vom Elbdeich hat man einen guten Ausblick auf die weite Elbaue mit zum Teil jahrhundertealten Eichen.

SaAn 39
Eigentümer/in:
Kulturstiftung DessauWörlitz,
Schloß Großkühnau,
06846 Dessau,
Tel. 0340/646150,
Fax 0340/6461510,
E-Mail: ksdw@ksdw.de,
Internet: www.gartenreich.com
Größe: 38 ha mit Wald
Öffnungszeiten: ganzjährig geöffnet,
im Sommer 6.30–21 Uhr,
im Winter 7.30–18 Uhr
Eintritt: frei
Führungen: Besichtigung Schloß nur innerhalb einer Führung
Attraktionen: Pagode Sa/So Mai bis Sept.

Schloßpark Oranienbaum

Schloß Oranienbaum, Oranienbaum

Von 1683 bis 1698 wurden der Ort Oranienbaum nach Plänen des niederländischen Baumeisters Cornelius Ryckwaert neu gestaltet, ein Barockschloß errichtet und ein Park angelegt, dessen regelmäßige Anlage sich im Kern weitgehend unzerstört erhalten hat. Der niederländische Einfluß ging auf die Prinzessin Henriette Katharina von Nassau-Oranien zurück, die mit Fürst Johann Georg II. von Anhalt-Dessau verheiratet war. Das Schloß dient heute als Landesarchiv, ein Museum befindet sich im Seitenflügel. Gegen Ende des 18. Jahrhunderts wurde der Inselgarten und ein Stück des angrenzenden Waldgebiets umgewandelt. Es entstand hier, in der Zeit des empfindsamen Landschaftsgartens der Englisch-chinesische Garten, eine gartenkünstlerische Schöpfung von bedeutendem Wert, die fast unverändert erhalten blieb. Seit über 300 Jahren besteht in Oranienbaum eine Tradition der Zitruskultur. Im

18. Jahrhundert standen über 500 Zitruspflanzen im Schloßpark von Oranienbaum. Nach großen Verlusten im Jahre 1961 wuchs der Bestand seit 1991 wieder auf 200 Zitruspflanzen an.

14–16 Uhr
P gebührenpflichtig

Gutspark und Labyrinth Altjeßnitz

Hauptstraße, Altjeßnitz

Der Gutspark besitzt einen wertvollen, alten Baumbestand. Hauptattraktion ist der größte und älteste noch erhaltene barocke Irrgarten mit einer Fläche von über 2500 Quadratmeter. Er ist so kompliziert angelegt, daß über eine Nottür abends manchmal Verirrte hinausgeleitet werden müssen.
Eigentümer: Gemeinde Altjeßnitz, Hauptstr. 9,
06800 Altjeßnitz, Tel. 03494/77187

SaAn 40
Größe: 4 ha
Eintritt: 1 €, Kinder frei bis 6 Jahre ermäßigt 0,50 € für Schüler, Studenten
Öffnungszeiten: ganzjährig
Im Sommer 7–19.30 Uhr
Im Winter 8–17 Uhr
P gebührenpflichtig

Kleingarten Werner

Kleingartenverein Goldene Aue e.V., Hahnstückenweg, Gartennummer 217, Bitterfeld

Ein Kleingarten mit einer umfangreichen Rosenanpflanzung mit vielen Neuheiten, aber auch Raritäten. Eine besondere Attraktion in Fritzens Rosenranch ist ein Birnbaum mit 13 aufveredelten Sorten und andere Mehrsortenbäume.
Pächter: Friedrich Werner, Humboldtstraße 14,
06749 Bitterfeld, Tel. 03493/26300
Attraktionen: Rosenblüte Ende Juni, Anfang Juli

SaAn 41
Größe: 500 m^2
Anmeldung erbeten
Öffnungszeiten: ganzjährig geöffnet
Eintritt: frei
Führungen: nach Voranmeldung
DB Bitterfeld
P

Europa-Rosarium

Steinberger Weg, Sangerhausen

Das Europa-Rosarium ist mit 7500 Rosensorten und Arten die größte Rosensammlung der Welt. Es wurde 1903 vom Verein Deutscher Rosenfreunde gegründet. Ende Mai beginnt die Blüte des über 400 Arten umfassenden Wildrosensortiments. Mitte Juni setzt die Hauptblüte aller Beetrosen ein. Das Rosenfinale mit Park- und Kletterrosenpyramiden findet Ende Juni bis Anfang Juli statt. Die Hauptblüte aller Rosenklassen fällt in die Zeit von Mitte Juni bis Ende Juli. Alle modernen und öfterblühenden Rosen zeigen bis Saisonende Farbe. Besonders sehenswert sind die prächtigen Kletterrosenpyramiden, die in ungewöhnlicher Weise an Fichtenstangen kultiviert werden. 300 verschiedene Baum- und Straucharten geben der Rosensammlung einen würdigen Rahmen.
Eigentümer/in: Stadtverwaltung Sangerhausen,
Europa-Rosarium, Steinberger Weg, 06526 Sangerhausen,
Tel. 03464/572522, Fax 03464/578739

SaAn 42
Größe: 12,5 ha
Öffnungszeiten: Mitte April bis Mitte Okt. 8–19, bzw. 20 Uhr
Eintritt: 6 €, Kinder frei bis 6 Jahre, Kinder 2 €, Gruppen ab 20 Personen 5 €/Person
Führungen: nach Voranmeldung
Rosenstadt Sangerhausen GmbH, Tourist-Information, Tel. 03464/19433, Fax 03464/515336
Gruppen bis 19 Pers. 28 A/Gruppe, ab 20 Pers. 1,50 €/Person
DB Sangerhausen
P gebührenpflichtig
✿ Rosen

Veranstaltungen: Berg- und Rosenfest letztes Wochenende im Juni. Nacht der 1000 Lichter Mitte August
Infos bei: Tel. 03464/19433, Fax 03464/515336, wechselnde Ausstellungen

SaAn 43
Eigentümer/in: Land Sachsen-Anhalt,
Rechtsträger: Historische Kuranlagen und Goethe-Theater, Bad Lauchstädt GmbH, Parkstraße 18, 06246 Bad Lauchstädt, Tel. 034635/7820, Fax 034635/20083, E-Mail info@goethe-theaterbad.com, Internet www.goethe-theaterbad.com
Größe: 5 ha
frei zugänglich
Attraktionen: Teichfontänen April bis Oktober, tägl. 10–18 Uhr
DB Bad Lauchstädt
Bus Halle–Bad Lauchstädt, Merseburg–Bad Lauchstädt Markt, Lindenstraße

Historische Kuranlagen Bad Lauchstädt

Bad Lauchstädt

Im späten 18. Jahrhundert war Bad Lauchstädt als „sächsisches Pyrmont" berühmt, vor allem nachdem der Dresdener Kurfürst Friedrich August III. mehrere Jahre seine Sommerresidenz hierher verlegte. Der Merseburger Stiftsbaumeister Johann Wilhelm Chryselius schuf zwischen 1776 und 1787 eine bau- und gartenkünstlerische Anlage, die heute in Deutschland das einzige vollständig erhaltene Beispiel für ein Badeensemble dieser Zeit ist. Der Gartenteil zwischen Schloß und Kursaal ist im formalen Stil mit Teich, Lindenalleen, geschnittenen Hecken, Beeten und Brunnen gehalten. Eingebettet sind mehrere Pavillons, Lauben, Kolonnaden. Der hintere Gartenbereich im Stil des Landschaftsgartens besitzt einen zum Teil 200 Jahre alten Baumbestand an Buchen, Platanen, Ahorn und Eichen.
Das Sommertheater, in dem Goethe einige Jahre als Oberdirektor wirkte, ist noch in seinem originalen Zustand einschließlich der Bühnentechnik von 1802 erhalten und wird von Mai bis Oktober bespielt.
Veranstaltungen: „Theatersommer" von Mai bis Oktober, „Konzertwinter" von Oktober bis April
Führungen ganzjährig

SaAn 44
Eigentümer/in: Stadt Halle (Saale), Geschäftsbereich II, Planen, Bauen und Straßenverkehr, Fachbereich Grünflächen, Marktplatz 1, 06100 Halle (Saale), Tel. 0345/131690, Fax 0345/1316915, E-Mail: gruenflaechenamt@halle.de
Größe: 5,5 ha
frei zugänglich
Führungen: nach Voranmeldung
Attraktionen: Aussichtspunkte, Burg Giebichenstein, Jahnhöhle
Tram 7, 8 Burg Giebichenstein

Amtsgarten

Seebener Straße, Halle an der Saale

Zwischen 1740 und 1750 wurde das Gelände der ehemaligen Obst- und Ziergärten der Erzbischöfe von Magdeburg in einen Barockgarten und 25 Jahre später in einen Englischen Landschaftsgarten umgestaltet. Nach der Nutzung als Küchengarten in der zweiten Hälfte des 19. Jahrhunderts ging das Gelände 1902 in städtischen Besitz über. 1907 bis 1909 schuf Stadtgartendirektor Emil Berckling die Grundlagen für den heutigen Amtsgarten. Der ehemalige Küchengarten wurde terrassiert und mit im architektonischen Stil angelegten Schmuckbeeten aus Rosen und Sommerblumen versehen. Neben vier Lederhülsenbäumen stehen hier auch der älteste Roßkastanienbaum und der schönste Gingko der Stadt Halle. Die Bercklingsche Gestaltung war 1966 bis 1967 Grundlage für Rekonstruktionsmaßnahmen. Der untere Teil der Saalepromenade ist im englischen Landschaftsstil erhalten. Der Park bietet von seinem höchsten Punkt aus einen eindrucksvollen Blick über die Saale zum gegenüberliegenden Stadtteil Kröllwitz.

Veranstaltungen: Laternenfest, Ende August

Reichardts Garten

Seebener / Wittekindstraße, Halle an der Saale

Johann Friedrich Reichardt, Komponist, Publizist und Hofkapellmeister preußischer Könige, erwarb 1794 ein vor den Toren der Stadt Halle, im Dorf Giebichstein, gelegenes Gut und ließ nach den Vorbildern Wörlitz und Weimar einen Englischen Garten anlegen. Zu Beginn des 19. Jahrhunderts entwickelte sich das Anwesen zum Giebichsteiner Dichterparadies beziehungsweise zur sogenannten Herberge der Romantik. Johann Wolfgang von Goethe, Novalis, Achim von Armin, Clemens von Brentano, Ludwig Tieck und Jean Paul waren hier zu Gast. Nach Zerstörungen durch Napoleons Truppen wechselte das Anwesen mehrmals den Besitzer. 1824 begann eine erste große Umgestaltung des Geländes. Neben einem Haus auf dem Hügel wurden Kaskaden angelegt und zahlreiche neue Bäume gepflanzt. 1902 kaufte die Stadt die Anlage und machte den Park als sogenannten Bürgergarten öffentlich zugänglich. Aus dieser Zeit stammen 18 Platanen und ein Kinderspielplatz. Ein einziger Baum aus Reichardts Zeit, eine Buche, hat die Zeit bis heute gut überstanden. An den Gründer des Gartens erinnert eine im Jahre 1947 aufgestellte Büste.

SaAn 45
Eigentümer/in:
Stadt Halle (Saale), Geschäftsbereich II, Planen, Bauen und Straßenverkehr, Fachbereich Grünflächen, Marktplatz 1, 06100 Halle (Saale), Tel. 0345/131690, Fax 0345/1316915, E-Mail: gruenflaechenamt@halle.de
Größe: 3,4 ha
frei zugänglich
Führungen: nach Voranmeldung
7, 8 Burg Giebichenstein
2, 3, 12 Kurallee
Veranstaltungen: Konzert anläßlich Reichardts Geburtstag, Juni

Pestalozzipark

Diesterwegstraße/Böllberger Weg, Halle an der Saale

Der Pestalozzipark im Süden der Stadt wurde vom Gartenarchitekten Franz Mengel als öffentliche Parkanlage im Zusammenhang mit dem Bau der Gartenvorstadt Gesundbrunnen, einem sozialen Wohnungsbauprojekt, 1926 bis 1931 geschaffen. In den 70er Jahren wurde er zum Wohngebietspark für die später entstandenen Neubaugebiete erweitert. Aufgrund der auf beiden Seiten anschließenden Klein- und Hausgärten wirkt der Park wie ein weiträumiger Grünzug, obwohl er in den meisten Abschnitten nur 60 Meter breit ist. Der insgesamt 1,5 Kilometer lange Park ist durch Straßenquerungen in fünf Abschnitte geteilt und weist verschiedene thematische Gliederungen auf: Schaugarten, Eichenwiese, Dahliengarten, Rosengarten, Birkenwiese, Kinderspielplätze, Festwiese. Traditionell sind der Jahreszeit entsprechende Pflanzenschauen, wie Frühlingsblumen- und Dahlienschau. Der Park weist verschiedene seltene Baumarten auf, wie Angelikabaum, Judasbaum und Ginkgo. Gegenwärtig wird der Rosengarten nach historischen Vorlagen rekonstruiert.

SaAn 46
Eigentümer/in:
Stadt Halle (Saale), Geschäftsbereich II, Planen, Bauen und Straßenverkehr, Fachbereich Grünflächen, Marktplatz 1, 06100 Halle (Saale), Tel. 0345/131690, Fax 0345/1316915, E-Mail: gruenflaechenamt@halle.de
Größe: 10,5 ha
frei zugänglich
1, 6 Böllberg
2, 3, 8 Paul-Suhr-Straße

SaAn 47
Eigentümer/in:
Stadt Halle (Saale),
Geschäftsbereich II, Planen,
Bauen und Straßenverkehr,
Fachbereich Grünflächen,
Marktplatz 1,
06100 Halle (Saale),
Tel. 0345/131690,
Fax 0345/1316915,
E-Mail:
gruenflaechenamt@halle.de
Größe: 3,6 ha
frei zugänglich
Führungen: nach
Voranmeldung
8 Volkspark
Veranstaltungen: Laternenfest,
Ende August

Heinrich-Heine-Park

Riveufer/Burgstraße, Halle an der Saale

Der Park befindet sich an der Stelle eines mittelalterlichen Steinbruchs und späteren Weinbergs auf einem Hang an der Saale im Norden von Halle. Der hallesche Dichter August Gottlieb Eberhardt begann hier um 1820 mit dem Bau eines ländlichen Wohnhauses und eines romantischen Parks, der nach dem Erwerb des Geländes durch den Bankier Ludwig Lehmann völlig umgestaltet wurde. Ein Musentempel, Aussichtsturm, Zierteich und Sitzbänke wurden errichtet, ein verspieltes Wegesystem angelegt. Der ehemalige Privatpark wurde 1935 der Öffentlichkeit teilweise zugänglich gemacht. Der gesamte Lehmannsche Garten ist seit 1945 öffentlich nutzbar. 1956 erhielt er anläßlich des 100. Todestages von Heinrich Heine seinen neuen Namen. Von 1960 bis 1966 erfolgte eine Umgestaltung des Parks. Neue Wege mit Treppenanlagen ermöglichen dem Besucher aus Richtung Burgstraße beziehungsweise Riveufer den rund 30 Meter über dem Saaleufer liegenden Parkteil zu erreichen. Von den Aussichtspunkten an der Felskante sind eindrucksvolle Ausblicke über das Saaletal und die Stadt möglich.

SaAn 48
Eigentümer/in:
Stadt Halle (Saale),
Geschäftsbereich II, Planen,
Bauen und Straßenverkehr,
Fachbereich Grünflächen,
Marktplatz 1,
06100 Halle (Saale),
Tel. 0345/131690,
Fax 0345/1316915,
E-Mail:
gruenflaechenamt@halle.de
Größe: 3,5 ha
frei zugänglich
5, 6 Gimritzer Damm
P
Veranstaltungen: Laternenfest,
Ende August

Gimritzer Park

An der Wilden Saale, Halle an der Saale

Der Gimritzer Park entstand aus dem Gelände des Vorwerks Gimritz, einem ursprünglichen Klosterbesitz, auf der südlichen Spitze der Peißnitzinsel zwischen der Schiffssaale und der Wilden Saale. Außer seinen dendrologischen Besonderheiten wie Gurkenmagnolie und Tulpenbaum weist er naturnahe Vegetation in den Uferbereichen des Flusses, eine reiche Wiesenflora und zahlreiche heimische Gehölzarten auf. Die Anfänge der Parkgestaltung und einige noch heute vorhandene Bäume gehen auf das Jahr 1850 zurück. Die Stadt erwarb das Gelände 1887. Aus dem zunächst nicht intensiv gepflegten Park baute Gartenbauinspektor Ernst Meyer zwischen 1925 und 1926 das heutige Erscheinungsbild auf. Dabei nahm er besonders auf den wertvollen alten Baumbestand Rücksicht und bezog auch die vorhandene, als ideal zu bezeichnende Wegeführung in die Gestaltung ein. Gleichzeitig entwarf er einen angrenzenden Obst- und Gemüsegarten. Besonders reizvoll ist der Park im Frühling zur Blüte von Lerchensporn und Anemonen. Der Parkteil unterhalb der zweiarmigen Eingangstreppe ist im architektonischen Stil gehalten, dahinter erstreckt sich der Landschaftspark.

SaAn 49
Eigentümer/in:
Stadt Halle (Saale),
Geschäftsbereich II, Planen,

Stadtpark

Magdeburger Straße, Halle an der Saale

Der einzige Park in der Innenstadt befindet sich unweit des Hauptbahnhofs und hat eine Verbindung zu den Ringanlagen der Stadt. Er grenzt an den aus dem 16. Jahrhundert stammenden Stadtgottesacker. Teile dieses Friedhofs wurden nach dem 2. Weltkrieg dem Park hinzugefügt. Ab 1876 legte der Städtische Verschönerungsverein in Verbindung mit der Neubebauung an der Magdeburger Straße die Grünanlage an. Umgestaltungsmaßnahmen erfolgten aus Anlaß der Parkerweiterung durch Hinzunahme ehemaliger Friedhofsflächen 1975 sowie 1993. Dabei wurden der repräsentative Eingangsbereich mit Wasserspiel, Pergolensitzplatz und den Spielflächen neu gestaltet. Ein Obelisk des halleschen Schiefer- und Ziegeldeckergewerbes weist im ehemaligen Friedhofsteil auf die Gefallenen der Befreiungskriege hin. Im Park befinden sich außerdem Plastiken und ein Trinkbrunnen als Ergebnis eines städtischen Wettbewerbs.

Bauen und Straßenverkehr,
Fachbereich Grünflächen,
Marktplatz 1,
06100 Halle (Saale),
Tel. 0345/131690,
Fax 0345/1316915,
E-Mail:
gruenflaechenamt@halle.de
Größe: 4,6 ha
frei zugänglich
2, 5, 7, 12
Universitätskliniken

Botanischer Garten der Martin-Luther-Universität

Am Kirchtor 3, Halle an der Saale

Foto: Kümmel

Der 1698 gegründete Hortus medicus der Universität in Halle war die älteste derartige Einrichtung im ehemaligen

SaAn 50

Eigentümer/in: Martin-Luther-Universität Halle-Wittenberg,
Am Kirchtor 3,
06108 Halle (Saale),
Tel. 0345/5526271,
Fax 0345/5527096,
E-Mail: botanischer_garten@botanik.uni-halle.de,
Internet: www.biologie.uni-halle.de/Botany/garten.html
Größe: 4,5 ha
Öffnungszeiten:
Mai bis Mitte Oktober,
Mo bis Fr 14–18 Uhr
Sa, So und Feiert. 10–18 Uhr
Eintritt: 1,50 €, Kinder frei bis 6 Jahre, ermäßigt 0,80 € für Kinder und Jugendliche bis 16 Jahre, Rentner
Führungen: nach Voranmeldung
DB Halle (S.)
7 Universitätsring

Preußen und zugleich eine der wenigen heute noch an ihrem Gründungsort existierenden Botanischen Gärten in Deutschland. Einer über 300jährigen, mit bedeutenden Wissenschaftspersönlichkeiten verbundenen Tradition verpflichtet, stellt er eine international anerkannte Lehr- und Forschungsstätte dar. Von den 12000 in den Schau-, Kultur- und Versuchsgewächshäusern sowie Freilandanlagen gezogenen Pflanzenarten gehören allein 5000 zu den Spezialsammlungen (Kakteen, Insektivoren, Bromelien, tropische Orchideen und Wasserpflanzen, Pflanzen Mittel- und Zentralasiens, der Kanarischen Inseln und der Mittelmeerländer). Hervorzuheben sind neben den Schauhäusern (Sukkulenten-Haus, Großes Tropen-Haus, Victoria-Haus, Immergrünen-Haus) die Freiland-Schauanlagen für winterharte Kakteen, Pflanzen der Winterregen- und Steppengebiete, Hochstauden, Farne und die umfangreiche Gehölzsammlung. Der gesamte Pflanzenbestand wird intensiv für Lehre, Forschung, Schulunterricht (Botanik-Schule Halle), die Öffentlichkeitsarbeit und den Artenschutz genutzt.

SaAn 51
Größe: 6,1 ha
frei zugänglich
DB Halle/Saale
2, 5 Heinrich-Schütz-Straße, Lutherstraße
P

Park am Thüringer Bahnhof

Thüringer Straße, Halle/Saale

Auf dem Gelände des nach 1991 geschlossenen und teilweise abgerissenen Thüringer Bahnhofs entstand zwischen 1999 und 2002 ein Park als verbindendes Element zwischen den verbliebenen, zum Teil rostenden Bahnanlagen und den denkmalgeschützten Industriebauten. Im Frühling sorgen Hunderte Wildkirschen für einen besonderen Zauber. Die mit Wildkräutern und -blumen sowie artenreichen Stauden bewachsenen Schienengärten sind eine besondere Attraktion.
Eigentümer: Stadt Halle/Saale, Fachbereich Grünflächen
Marktplatz 1, 06100 Halle/Saale, Tel. 0345/131690,
Fax 0345/131690, E-Mail: gruenflaechenamt@halle.de

SaAn 52 NEU
Größe: 100 m²
Anmeldung erbeten
Eintritt: frei
DB Halle Hbf
P gebührenpflichtig
Übernachtungsmöglichkeiten
2 – 3 Personen
bei Anmeldung
viele Katzen
Halle-Graphik

Etagengarten der Galerie Hamers und Penz

Mittelstraße 3, Halle

Da das Grundstück in der Haller Innenstadt so klein ist, wurde der Garten auf vier Etagen angelegt, vom Rosengarten, Wintergarten und Galerie im Erdgeschoß bis zur Dachbegrünung. Auch wenn nicht immer betretbar, sind die Gärten vom Nachbargrundstück gut einsehbar.
Eigentümer/in: Galerie Hamers + Penz,
Mittelstraße 3, 06108 Halle/Saale, Tel. 0345/2032584
Öffnungszeiten: Galerie ganzjährig geöffnet,
2. Sonntag im September Tag des offenen Denkmals,
11–18 Uhr

Schloßgarten Merseburg

Oberaltenburg, Merseburg

Ein einfaches Barocktor und die Brücke über den ehemaligen Festungsgraben führen vom Schloß zum nördlich gelegenen Schloßgarten. Der Park bietet sehenswerte Ausblicke zum Schloß, auf die Saale und das Wehr. Unter Herzog Christian dem Älteren wurde 1661 vom Königshof „ein gut Theill" zu einem schönen Lust-Garten umgestaltet und mit einer Mauer umgeben. Das Nordende schließt ab durch den Schloßgartensalon, von J. M. Hoppenhaupt dem Älteren ab 1727 erbaut. Der Salon wurde ursprünglich von zwei rechteckigen Orangerien eingefaßt. Im Park befinden sich zwei Obeliskenpaare aus der zweiten Hälfte des 17. Jahrhunderts. Ein Denkmal im westlichen Teil des Parks erinnert an die Völkerschlacht bei Leipzig.

SaAn 53
Eigentümer/in:
Stadt Merseburg, Straßen- und Grünflächenamt,
Lauchstädter Straße 1–3,
06217 Merseburg,
Tel. 03461/500182,
Fax 03461/525598
Größe: 3,8 ha
frei zugänglich
P ✕ 🐕 ♿

Stadtpark Merseburg

Am Stadtpark, Merseburg

Im Norden der Stadt gelegen, geht der Stadtpark von einem denkmalgeschützten Landschaftsgarten im oberen Bereich über den Saalehang mit naturnahem Waldbestand in die Saaleaue über. Der Landschaftspark wurde Ende des 19. Jahrhunderts angelegt und zeichnet sich durch eine große Vielfalt in Flora und Fauna aus. Besondere Attraktionen sind die 1995 wiederhergestellte Quellenanlage Arnimsruh und der Rast- und Spielplatz an der 80jährigen Kastanie.

SaAn 54
Eigentümer/in:
Stadt Merseburg, Straßen- und Grünflächenamt,
Lauchstädter Straße 1–3,
06217 Merseburg,
Tel. 03461/500182,
Fax 03461/525598
Größe: 8,7 ha
frei zugänglich
🚋 5 Am Stadtpark
✕ 🐕 ♿

Südpark Merseburg

Feldschlößchenweg, Merseburg

In den 70er Jahren entstand im Süden der Stadt, angrenzend an die Geiselaue, eine neue Parkanlage, die attraktive Sport- und Spielangebote aufweist. Der integrierte Heimattierpark beherbergt etwa 280 Tiere in 52 Arten. Vom Südpark in Richtung Stadtmitte erreicht man die Grünanlagen des Vorderen und Hinteren Gotthardteiches mit einem Rosengarten, der fast 15000 Rosen in 92 Sorten zeigt.

SaAn 55
Eigentümer/in:
Stadt Merseburg, Straßen- und Grünflächenamt,
Lauchstädter Straße 1–3,
06217 Merseburg,
Tel. 03461/500182,
Fax 03461/525598
Größe: 23,9 ha
frei zugänglich
🚌 A/B Café Geiseltal
P ✕ 🐕 ♿

Park mit Plastiken

Franz-Lehmann-Straße, Leuna

Die Parkanlage setzt sich aus einem größeren landschaftlichen Teil und einem kleineren architektonischen Bereich zusammen. Sie grenzt direkt östlich an das Stadtgebiet Leunas beziehungsweise an die Gartenstadtsiedlung Neu-Rössen an. Der land-

SaAn 56
Eigentümer/in: Stadt Leuna
Rathausstraße 1,
06237 Leuna,
Tel. 03461/8400,
Fax 03461/813222

Größe: 8,2 ha
frei zugänglich
5 Pfalzplatz

schaftliche Parkteil, die sogenannten Saale-Anlagen, umfaßt die Übergangszone von der Saale-Hochterrasse zur Saaleaue. In ihm befinden sich zahlreiche Quellaustritte. Durch die Topographie vorgeprägt, enthält dieser Parkteil viele Aussichtspunkte in die landwirtschaftlich genutzte Saale-Aue. Der architektonische Bereich wurde in der Zeit von 1962 bis 1965 durch den Gartenarchitekten Franz Mengel zu einer Freiluft-Ausstellungsfläche der Staatlichen Galerie Moritzburg, Halle, umgestaltet. Zahlreiche Plastiken zeitgenössischer Künstler prägen auch heute noch das Erscheinungsbild des Parks.

SaAn 57
Größe: 20 ha
frei zugänglich
Attraktionen: Fontäne
Frühjahr bis Herbst
Stadtlinie Bürgergarten
Gaststätte

Bürgergarten Naumburg

Neidschützer Straße, Naumburg

Der Bürgergarten ist eine große Parkanlage im Süden der Stadt. Sie ist im gemischten Stil eines Volksgartens angelegt und besitzt daher keine einheitlichen Gestaltungsprinzipien. Die Erweiterungen der Anlage gehen bis in die 30er Jahre des letzten Jahrhunderts im jeweiligen Stil der Zeit zurück. Im Park befinden sich ein Rosengarten, ein Steingarten, eine Fontäne und mehrere Denkmäler.

Eigentümer/in: Stadt Naumburg an der Saale,
Gartenbauamt Markt 1, 06618 Naumburg an der Saale,
Tel. 03445/273435, Fax 03445/273460

SaAn 58
Größe: 2 ha
frei zugänglich
Attraktionen: Fontäne
Frühjahr bis Herbst
Stadtlinie Postring
gebührenpflichtig

Stadtpark Naumburg

Postring, Naumburg

Der Stadtpark befindet sich im Zentrum der Stadt. Hervorgegangen ist die Anlage aus einem ehemaligen Friedhof, der seit Anfang des 20. Jahrhunderts aufgelassen ist. Nach Bombenschäden wurde die Fläche zu einer Parkanlage umgestaltet, vor einigen Jahren ein neues Wegesystem angelegt und eine Fontäne gebaut.

Eigentümer/in: Stadt Naumburg an der Saale,
Gartenbauamt Markt 1, 06618 Naumburg an der Saale,
Tel. 03445/273435, Fax 03445/273460

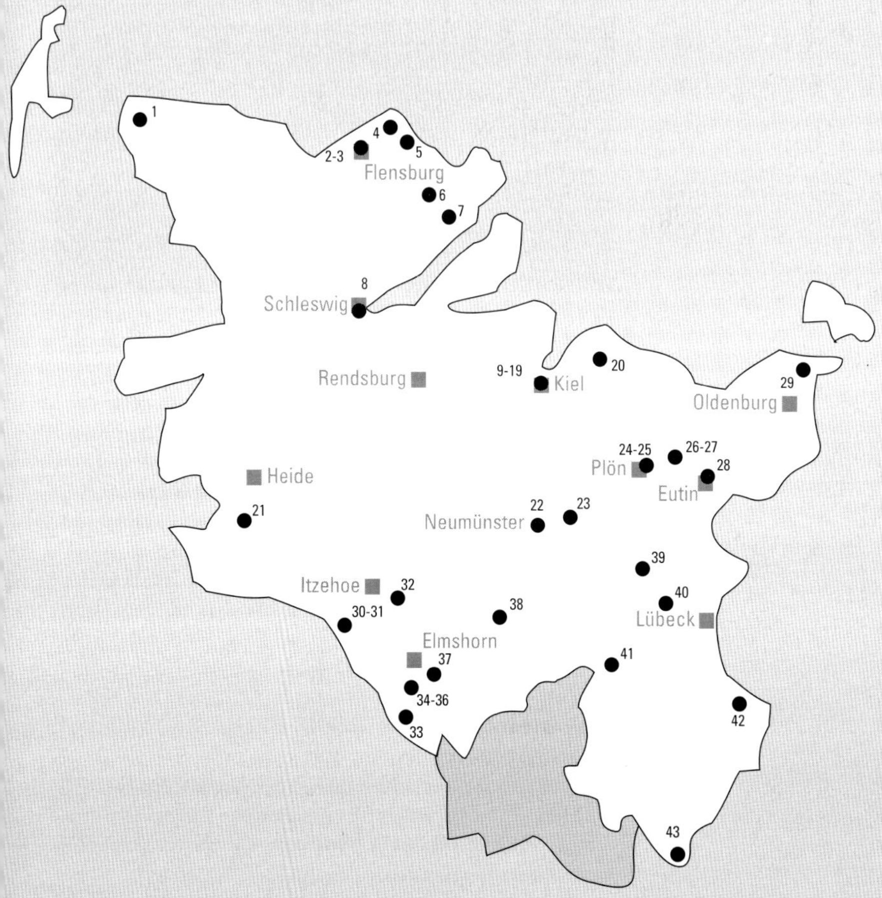
1
2-3
4
5
Flensburg
6
7
8
Schleswig
Rendsburg
9-19
Kiel
20
29
Oldenburg
24-25
26-27
28
Plön
Eutin
Heide
21
22
23
Neumünster
39
Itzehoe
32
40
30-31
38
Lübeck
Elmshorn
37
41
34-36
33
42
43

SchH 1
Größe: 0,2 ha
Öffnungszeiten: März bis November,
im Sommer 9–19 Uhr,
im Winter 9–18 Uhr
Eintritt: frei
Niebüll, Klanxbüll
Seebüll, Fischerhäuser

Nolde-Garten Seebüll

Seebüll, Neukirchen

Der Garten des expressionistischen Malers Emil Nolde (1867–1956) an seinem zwischen 1927 und 1937 erbauten Wohn- und Atelierhaus in Seebüll wurde nach seinen Entwürfen angelegt und blieb bis heute weitestgehend unverändert. Auch die Bepflanzung folgt dem Vorbild des Malers. Eigentümer/in: Nolde-Stiftung Seebüll, Seebüll, 25927 Neukirchen, Tel. 04664/364, Fax 04664/1475, Internet www.nolde-stiftung.de

SchH 2
Eigentümer/in:
Stadt Flensburg,
Fachbereich 4,
Rathausplatz 1,
24937 Flensburg,
Tel. 0461/852805,
Fax 0461/851677
Größe: 5 ha
frei zugänglich
Führungen: nach Voranmeldung Christa Kolhorst, Förderkreis Christiansenpark e.V.,
Tel. 0461/61429
Infozentrum Förderkreis Cristiansenpark e.V.
im Sommer,
So 15–17 Uhr u.n.V.
5 Kanonenberg
gebührenpflichtig

Christiansenpark

Westliche Höhe / Mühlenstraße / Stuhrsallee, Flensburg

Foto: Knoll

Der heutige Christiansenpark ist letzter Bestandteil der früher weitläufigen Gärten der Familie Christiansen, die 1820 aus ursprünglich zwei Landschaftsgärten zusammenwuchsen: aus dem westlich des Alten Friedhofs gelegenen, ab 1797 angelegten Landschaftsgarten des Kaufmannes Peter C. Stuhr und dem östlich des Friedhofs gelegenen Garten Christiansens mit der 1799–1800 erbauten Boreas-Mühle, dem heutigen Museum. Im Zentrum der damals schon öffentlichen Gärten lag der keilförmig eingeschobene Friedhof. Trotz Parzellierungen im 19. Jahrhundert sind wesentliche Elemente der einstigen Gärten erhalten.

SchH 3
Eigentümer/in:
Stadt Flensburg,
Fachbereich 4,
Rathausplatz 1,
24937 Flensburg,

Alter Friedhof

Selckstraße, Flensburg

Der Alte Friedhof mit seinen zahlreichen historischen Grabstätten und Kriegergräbern ist der wichtigste Parkfriedhof aus der Zeit des Klassizismus in Schleswig-Holstein. Als erster kommunaler Begräbnisplatz des Landes wurde er in den Jahren

1810 bis 1813 nach Plänen des Architekten Axel Bundsen errichtet. In seiner langgestreckten Tropfenform bezeichnet der Friedhof einen antiken anthropoiden Sarkophag (Revolutionsarchitektur). Er lag damals noch vor den Toren der Stadt, als Teil der Englischen Gärten des Kaufmanns Peter Clausen Stuhr und der Kaufleute Christiansen. Der Begräbnisplatz bildet bis heute mit dem Christiansenpark und dem Museumsberg eine unzertrennliche Einheit.

Tel. 0461/852805,
Fax 0461/851677
Größe: 2,61 ha
frei zugänglich
Führungen: nach Voranmeldung 0461/61429, Christa Kolhorst, Förderkreis Christiansenpark e.V.,
🚌 5 Kanonenberg
P gebührenpflichtig
♿

Schloßpark Rosarium Glücksburg

Am Schloßpark 2b, Glücksburg

In einer der schönsten Gegenden Norddeutschlands, 10 Kilometer von Flensburg entfernt, an der Flensburger Förde, liegt das Renaissanceschloß Glücksburg. Das Wasserschloß wurde zwischen 1582 und 1587 erbaut. Auf dem Gelände der nördlich des Schlosses gelegenen ehemaligen Gärtnerei wurde in den Jahren 1990 bis 1991 ein Rosengarten nach Plänen von Günther Schulze, Hamburg, geschaffen. Der Garten beherbergt über 400 Rosensorten der bekannten Rosenfirma Rosen Jensen, die vor allem Historische Rosen, Kletterrosen und Englische Rosen in ihrem Sortiment führt. Es handelt sich nicht um einen normalen Rosengarten mit in regelmäßigen Beeten gepflanzten Beetrosen, sondern um die Vergesellschaftung von Rosen mit Stauden. Für diese Art der Bepflanzung eignen sich die Historischen sowie die Englischen Rosen hervorragend. Der Garten beginnt im Norden und Osten als Heckengarten. Eine Rasenachse trennt diesen Teil optisch vom westlichen Teil, der den Englischen Gärten nachempfunden ist. Dieser Bereich ist gleichzeitig das Bindeglied zum Schloßpark, der als Landschaftsgarten gehalten wird. Parallel zur Rasenachse verläuft eine aus 20 hintereinanderliegenden Bögen bestehende Rosenbogenallee. Eine Säulenallee mit Kletterrosen begleitet den Rundweg im hinteren Teil des Gartens am Hang.

SchH 4
Pächter: Rosen Jensen GmbH, Am Schloßpark 2 b, 24960 Glücksburg,
Tel. 04631/60100,
Fax 04631/2080,
Internet: www.rosenjensen.de
Größe: 0,9 ha
Öffnungszeiten: 15. Mai bis 30. Sept. 10–18 Uhr
Eintritt: 2,50 €,
Kinder frei bis 14 Jahre,
Gruppen ab 10 Personen 2 €/Person
Führungen: nach Voranmeldung
🚌 ZOB
→ Neben dem Schloß
P gebührenpflichtig
Veranstaltungen: Rosenblütenausstellung, wechselnder Termin auf Anfrage
Infos bei:
Tel. 04631/601020,
Fax 04631/2080

SchH 5
Größe: 1,2 ha
nur telefonische Anmeldung erbeten
Öffnungszeiten: April bis September
Eintritt: frei
P einige vorhanden

Privatgarten Ehrmann-Green

Tösmus 1, Dollerup / Nordbullig

Seit 1992 entsteht auf einer ursprünglich landwirtschaftlich genutzten Fläche eine bewegte Gartenlandschaft mit Gewässerbiotopen. Eine üppige ganzjährige Blüten- und Staudenvielfalt in harmonischen Farbabstimmungen und Formen inspirieren das Malerauge und das Gärtnerherz.
Eigentümer/in: Sibille Ehrmann-Green, Uwe Green, Tösmus 1, 24989 Dollerup / Nordbullig, Tel. 04636/1719, Fax 04636/976478

SchH 6
Größe: 1,5 ha
nur telefonische Anmeldung erbeten
Öffnungszeiten: Mai bis Juli, nach Vereinbarung
Eintritt: frei
→ bei Anmeldung
P

Privatgarten Streppel

Westerstraße 14, Ahneby

Der ländliche Garten besticht mit artenreichen Staudenbeeten, einem Kräuter- und Nutzgarten sowie einer Streuobstwiese. Etwa 1 Hektar ist ein naturbelassener Garten. Diese Parklandschaft wird von Knicks und einem Weiher umgeben.
Eigentümer/in: Helga und Friedrich Streppel, Westerstraße 14, 24996 Ahneby, Tel. 04637/1716

SchH 7
Größe: 0,1 ha
Anmeldung erbeten
Führungen: (Garten und Museum) ab 20 Personen
2 €/Person, Kinder frei
→ bei Anmeldung
P

Bauerngarten Holländerhof

Holländerhof, Wagersrott

In dem Bauerngarten des alten Bauernhofs aus dem 17. Jahrhundert, in dem ein kleines Bauermuseum eingerichtet ist, wachsen viele alte Stauden. Die schönste Zeit ist von Mitte Juni bis Mitte Juli, wenn über 100 verschiedene Sorten und Arten Historischer Rosen blühen.
Eigentümer/in: Gretchen Bartel, Holländerhof, 24392 Wagersrott, Tel. 04641/2292
Öffnungszeiten: Mai bis Oktober, Mo 14–16 Uhr, für Gruppen nach telefonischer Vereinbarung

Bibelgarten St. Johanniskloster

Am St. Johanniskloster 4, Schleswig

In dem 1996/97 von der Landschaftsarchitektin Gudrun Lang/Hamburg angelegten Bibelgarten werden biblische Pflanzen gezeigt, die in unserem Klima wachsen können, wie z. B. Feigenbaum, Wein, Alraune, Zeder und Ysop. Die Anlage hat die typische Form der Klostergärten, in dem die Wege ein Kreuz bilden, und die die Apotheke des Mittelalters waren. Es werden Kräuter wie Salbei, Süßholz, Frauenmantel und Lavendel ebenso hier gezeigt wie Pflanzen aus christlicher Tradition und Legende wie Akanthus, Judasbaum und Christrose. Der Findling im Zentrum des Gartens erinnert an eine biblische Geschichte: Moses schlägt Wasser aus dem Felsen. Im hinteren Teil des Gartens stehen unter alten Bäumen Skulpturen zum Thema Prophetie.
Führungen: nach Voranmeldung, für Gruppen bis 30 Personen, 1 €/Person

SchH 8
Eigentümer/in:
Nordelbisches Bibelzentrum,
St. Johanniskloster,
Am St. Johanniskloster 4,
24837 Schleswig,
Tel. 04621/25853,
Fax 04621/23734
E-Mail: bibelzentrum-sl@foni.net,
Internet: www.bibelzentrum-schleswig.de
Größe: 500 m^2
frei zugänglich
DB Schleswig
Bus 1, 3, 4 Kaserne Auf der Freiheit
→ Holm im St.-Johannis-Kloster (historische Fischersiedlung)
P, Hund, Rollstuhl, i

Botanischer Garten Kiel

Am Botanischen Garten 1–9, Kiel

Foto: Botanischer Garten Kiel

Der seit 1669 bestehende Garten wurde 1985 am neuen Standort für das Publikum eröffnet. Er kultiviert über 14 000 Pflanzenarten aus der ganzen Welt. Im Freiland gibt es die Bereiche System, Alpinum, Arzneipflanzen, Blüten- und Ausbreitungsökologie, Arboretum, sowie die ökologischen Lehrbiotope Düne, Salzwiese, Teich, Moor und Heide. Die Gewächshäuser sind in Mediterranhaus, Farne, Tropenpflanzen und Sukkulenten, darunter viele Kakteen, gegliedert. Es gibt eine große Sammlung tropischer und subtropischer Nutzpflanzen wie Kakao, Kaffee, Tee, Zuckerrohr, Ananas, Zitronen, Feigen, Granatäpfel, Bananen und Ingwer.

SchH 9
Größe: 8 ha
Öffnungszeiten:
ganzjährig geöffnet,
im Sommer 9–18 Uhr,
im Winter 9–15 Uhr
Eintritt: frei
Führungen: nach Voranmeldung,
Tel. 0431/8804276,
Attraktionen: Blüte Alpinum,
7 Schaugewächshäuser,
Bus 6, 22, 32, 82 Uni-Sportstätten
→ Beschilderung folgen
P, Rollstuhl, i

Eigentümer/in: Land Schleswig-Holstein, Christian-Albrechts-Universität, Olshausenstraße 40, 24098 Kiel, Tel. 0431/8804276, Fax 0431/8804306, E-Mail: hortus@bot.uni-kiel.de
Veranstaltungen: Lehrwanderung, Vorträge, 1. Sonntag im Monat, 11 Uhr, Infos bei: Tel. 0431/8804275, Fax 0431/8804306, Veranstaltungen des Freundeskreises Kunstausstellung, Konzerte, Vorträge, Führungen monatlich

SchH 10
Eigentümer/in: Landeshauptstadt Kiel, Grünflächenamt, Postfach, 24099 Kiel, Tel. 0431/8804276, Fax 0431/8801527, E-Mail: hortus@bot.uni-kiel.de
Größe: 2,5 ha
Öffnungszeiten: ganzjährig geöffnet 8 Uhr bis Einbruch der Dunkelheit
Eintritt: frei
Führungen: nach Voranmeldung, jeden 2. So eines Monats, 10.30 Uhr, außer Dez./Jan., Treffpunkt: Eingang Schwanenweg
🚌 41, 42 Schwanenweg
Fördeschiffahrt Seegarten oder Reventlovallee
🐕 ♿

Alter Botanischer Garten Kiel

Düsternbrooker Weg / Schwanenweg, Kiel

Der Alte Botanische Garten liegt an der Kieler Förde. Dieser vierte Botanische Garten wurde 1884 eröffnet. Das von der Universität 1868 erworbene Gelände vergrößerte der Kieler Kaufmann A. C. Brauer zum Landschaftspark nach englischem Vorbild. Von 1878 bis 1884 wurde der Brauersche Garten unter Adolf Engler zum Botanischen Garten umgestaltet, wobei der alte Baumbestand erhalten blieb. 1978 wurde der Botanische Garten abermals verlegt: auf das neue Universitätsgelände an der Olshausenstraße. Der vierte Botanische Garten, jetzt der Alte geworden, hat einen entsprechend schönen Baumbestand. Auf einem relativ begrenzten Areal ist mit den Jahren eine erstaunlich artenreiche Gehölzsammlung entstanden. Hinzu kommt die ungemein reizvolle Hügellandschaft, in der er angelegt ist. Von seinem höchsten Punkt, der Plattform des historischen Aussichtspavillons, hat man eine herrliche Aussicht auf die Kieler Förde.

Forstbaumschule

Feldstraße / Schlieffenallee / Kösterallee, Kiel

1788 wurde für die Forstlehranstalt eine Baumschule eingerichtet. Die ehemalige Düvelsbeker Baumschule wies nicht nur Waldbäume auf, sondern auch in- und ausländische Zierbäume und -sträucher. Sie wurde 1808 erweitert. Die Auflösung der Lehranstalt erfolgte 1835, die öffentliche Handelsbaumschule bestand jedoch weiter. Es fand eine Vermehrung der Bestände ausländischer und einheimischer Gehölze statt. Schon bald wurde die um 1900 zu einem Landschaftspark vergrößerte Forstbaumschule zum beliebten Ausflugsziel der Kieler Bevölkerung.

SchH 11
Eigentümer/in:
Landeshauptstadt Kiel,
Grünflächenamt,
Postfach, 24099 Kiel,
Tel. 0431/9013800,
Fax 0431/90163809
Größe: 14,5 ha
frei zugänglich
32, 33, 41, 42, 61, 62
Düvelsbeker Weg 41, 42
Diederichsenpark

Kleiner Kiel, Hiroshima-Park, Ratsdienergarten

Lorentzendamm / Jensendamm / Martensdamm / Rathausstraße, Kiel

Diese historisch gewachsene Anlage umschließt im Norden und Westen die Altstadt. Die beiden Gewässer des Kleinen Kiel sowie der Bootshafen waren Teil der Kieler Förde, wurden aber durch Aufschüttungen und Straßenbau in ihrem ursprünglichen Umfang reduziert. Der Hiroshimapark wurde 2004 neu gestaltet. Eine neue Attraktion bildet das interaktive Wasserspiel „Changes Possible" des dänischen Künstlers Jeppe Hein.
Eigentümer/in: Landeshauptstadt Kiel,
Grünflächenamt, Postfach, 24099 Kiel,
Tel. 0431/9013800, Fax 0431/90163809

SchH 12
Größe: 14,5 ha,
frei zugänglich
Attraktionen: Fontäne Frühjahr bis Herbst
22, 32, 33, 61, 62, 705
Schloßgarten
11, 91, 200, 201, 501, 502, 900, 901 Lorentzendamm
12, 51, 71, 100, 101 Fleethörn
Veranstaltungen: Kieler Woche, letzte volle Woche im Juni

Diederichsen-Park

Hindenburgufer / Niemannsweg / Parkstraße, Kiel

Den Diederichsen-Park legte 1786 Christian Cay Lorenz Hirschfeld, Verfasser der Theorie der Gartenkunst, als Teil seiner Fruchtbaumschule an. Von 1866 bis 1942 war die Anlage im Besitz der Familie Diederichsen, bis 1944 das Haus Forsteck zerstört wurde. 1958 übergab die Stadt Kiel anläßlich der Kieler Woche den Park der Öffentlichkeit. Er

SchH 13
Eigentümer/in:
Landeshauptstadt Kiel,
Grünflächenamt,
Postfach, 24099 Kiel,
Tel. 0431/9013800,
Fax 0431/90163809
Größe: 4,4 ha
frei zugänglich

32, 33, 41, 42, 61, 62
Düvelsbeker Weg
41, 42 Diederichsenpark

verbindet die Forstbaumschule mit dem Hindenburgufer. Vom Park aus bietet sich ein herrlicher Blick auf die Förde in Richtung Laboe.

SchH 14
Eigentümer/in:
Landeshauptstadt Kiel,
Grünflächenamt
Postfach, 24099 Kiel,
Tel. 0431/9013800,
Fax 0431/90163809
Größe: 2,7 ha, frei zugänglich
22, 32, 33, 61, 62, 705
Schloßgarten
41, 42 Kiellinie
Veranstaltungen:
Ausstellungen während der Kieler Woche, letzte volle Woche im Juni

Schloßgarten und Prinzengarten

Düsternbrooker Weg, Kiel

Nördlich des Schlosses an der Kieler Förde gelegen, gehört der Garten mit seiner wechselvollen Geschichte zu den ältesten Anlagen in Schleswig-Holstein: Renaissance-Garten um 1558 bis 1568, Barockanlage ab 1695 in holländisch-französischem Stil, 1739 bis 1749 Anlage eines Französischen Gartens von Johann Christian Lewon. Ab 1838 erfolgte eine landschaftliche Umgestaltung mit Volksgartencharakter durch den Hannoverschen Hofgarteninspektor Christian Schaumburg, Ende des 19. Jahrhunderts zu einem kaiserlichen Volksgarten. Im 2. Weltkrieg wurden das Schloß und der Garten zerstört und danach zeitgemäß wiederaufgebaut.

SchH 15
Eigentümer/in:
Landeshauptstadt Kiel,
Grünflächenamt,
Postfach, 24099 Kiel,
Tel. 0431/9013800,
Fax 0431/90163809
Größe: 29 ha
frei zugänglich
41, 42 Roomstraße, Bellevue, Hindenburgufer, Institut für Weltwirtschaft
Veranstaltungen: Konzerte auf der Freilichtbühne, Sommerhalbjahr

Düsternbrooker Gehölz

Düsternbrooker Weg / Niemannsweg / Karolinenweg / Lindenallee, Kiel-Brunswik / Düsternbrook

Kiels ältester und bekanntester Erholungsraum ist ein großer Waldpark nördlich des Stadtkerns. Das Gebiet hat sich als Rest eines Waldgebiets seit der Mitte des 18. Jahrhunderts bis heute in seinen Außengrenzen erhalten. Bis 1874 Staatsbesitz, wurde es von der Stadt mit der Auflage gekauft, es als Wald zu erhalten. Der Gartentheoretiker Christian Cay Lorenz Hirschfeld hatte schon 1780 den landschaftlichen Reiz dieser Landschaft erkannt und den natürlich gewachsenen Buchenwald mit seinen malerischen Ausblicken auf die Kieler Förde als Spaziergebiet für die Kieler Bürger entdeckt. Seit Anfang des 19. Jahrhunderts ist die Anlage öffentliches Ausflugsziel mit verschiedenen, heute nicht mehr erhaltenen Restaurationsbetrieben und Erholungseinrichtungen. Das topographisch sehr bewegte Gelände umfaßt im Süden die Krusenkoppel mit einer Freilichtbühne und Tennisplätzen, im Norden den Aussichtspunkt Bellevue mit Hotel.

SchH 16
Größe: 1,2 ha
Öffnungszeiten: beste Zeit ist Juli bis zum Frost nach telefonischer Vereinbarung
Eintritt: frei
Führungen: nach Voranmeldung
Kiel

Steenbeker Garten

Bremerskamp 91, Kiel

Der auf dem Gelände einer kleinen Sortimentsbaumschule entstandene Garten zweier Pflanzensammler umfaßt viele Stauden und Gehölze aus aller Welt. Schwerpunkte sind Buxus, Hypericum und Freilandfuchsien in zahlreichen Arten und Sorten. Diese stellen sich in unterschiedlich gepflegten Bereichen dem Spiel mit der Natur.

Eigentümer/in: Marta und Wolfgang Frädrich,
Bremerskamp 91, 24106 Kiel,
Tel. 0431/542944, Fax 0431/2597786
Öffnungszeiten: Juli bis Oktober

22, 32 Bremerskamp

Schrevenpark

Goethestraße, Schillerstraße, Kiel

Der Park entstand 1901/02 nach Plänen des damaligen Stadtgartendirektors Hurtzig im landschaftlichen Stil der Lenné-Meyerschen-Schule. Prägend ist die große Wasserfläche des Schreventeichs und zahlreiche mehr als 100 Jahre alte Parkbäume, darunter einige dendrologisch bemerkenswerte Exemplare. Trotz größerer Schäden im 2. Weltkrieg ist die ursprüngliche Gestaltungsidee noch gut erkennbar, zumal zum 100jährigen Parkjubiläum umfangreiche Wiederherstellungsarbeiten durchgeführt wurden, u.a. die Rekonstruktion des Rosengartens aus den 1920er Jahren und die Wiederherstellung wichtiger Blickbeziehungen auf den Teich. Der Schrevenpark ist einer der bedeutendsten Anlagen dieser Zeit in Schleswig-Holstein.
Eigentümer: LH Kiel, Grünflächenamt,
Kehdenstr. 2–10, 24103 Kiel,
Tel. 0431/9013800, Fax 0431/90163809,
E-Mail: tui.67@lhstadt.kiel.de, Internet: www.kiel.de

SchH 17
Größe: 11,6 ha
frei zugänglich
12, 71 Arndtplatz

Volkspark syn. Werftpark

Werftstraße, Ostring Kiel

Der Volkspark gilt als Beispiel der reformatorischen Gartenkunst der Jahrhundertwende. Seinen Ursprung hat er Ende des 19. Jahrhunderts als Erholungspark für die Arbeiter der benachbarten Kaiserlichen Werft und deren Angehörige. Umgestaltungen erfolgten nach den beiden Weltkriegen. Erhalten ist ein Freiluftbecken mit Felssteinmauern, als Parkelement der 1920er Jahre einmalig in Schleswig-Holstein. Das topographisch abwechslungsreiche Gelände hat Aussichtspunkte in die Werft und die Altstadt, eine großzügige Staudenanlage sowie Spiel- und Liegewiesen. Umfangreiche Rekonstruktionsarbeiten wurden 2002 bis 2005 durchdeführt.
Eigentümer: LH Kiel, Grünflächenamt,
Kehdenstraße 2–10, 24103 Kiel,
Tel. 0431/9013800, Fax 0431/90163809,
E-Mail: tui.67@lhstadt.kiel.de, Internet: www.kiel.de

SchH 18
Größe: 7,5 ha
frei zugänglich
11, 12, 100, 200, 201, 210 Werftstraße 101 Ostring
Veranstaltungen: Kieler Woche
Kinder- und Jugendtheater „Theater im Werftpark“

Skulpturenpark Hans-Koch-Stiftung

Seekamper Weg, Kiel

Der Skultpurenpark ist ein Miteinander von Kunst und Natur. Der dänische Etatsrat Erich von Berger erwarb 1801

SchH 19 NEU
Eigentümer/in:
Hans-Koch-Stiftung,
Herrenkamper Weg 14,

24159 Kiel,
Tel. 0431/372322
Größe: 3 ha
frei zugänglich
Gutshaus,
samstags 10 – 12 Uhr
Kiel Hbf
33, 501, 502 Seekamp
→ An der K 17, Fördestraße, Hinweisschild auf Hans-Kock-Stiftung
P
Veranstaltungen: Ausstellungen, Wort- und Musikveranstaltungen im Sommer

das Gut Seekamp. Sein Enkel war der Maler Hans Olde, ab 1902 Direktor der Weimarer Kunstschule, der viele Künstler auf das Gut einlud. Hans Oldes Enkelin wiederum heiratete den Bildhauer Hans Kock, der die Hofparzelle Seekamp in ihre endgültige künstlerische Fassung brachte. Kock fand internationale Anerkennung durch die Teilnahme an mehreren Weltausstellungen, u.a. der documenta 3 in Kassel und der EXPO in Montreal 1967. Durch die von der Grasfläche aufragenden Bildwerke im Skulpturenpark entsteht im Dialog mit den Bäumen die Atmosphäre eigentümlichen Aufgehobenseins in Schöpfungsstimmigkeit. Das Gutshaus bietet eine Auswahl an Kleinplastiken; der ehemalige Pferdestall dient zu Veranstaltungen und Ausstellungen junger Künstler.

SchH 20
Größe: 0,15 ha
Eintritt: frei
Öffnungszeiten:
Mai bis September

Bauerngarten Steffen

Am Dorfteich 2, Probsteierhagen-Muxall

Merkmale dieses typisch holsteinischen Bauerngartens vor einem 250 Jahre alten, reetgedeckten Fachhallenhaus sind Rabatten mit Stauden und vorwiegend Alten und Englischen

Rosen, Buchsbaumbeete und Rosenbeete mit den Sorten 'Sommerwind', 'Bernsteinrose' und 'Lilli Marleen'.
Anmeldung erbeten für Gruppen
Eigentümer: Dörte Steffen, Am Dorfteich 2, 24253 Probsteierhagen-Muxall, Tel. 04348/343, Fax 04348/914275

Atrraktionen: Rosenblüte im Juni
DB Kiel
Bus 200, 201 Muxall
P

Historische Rosensammlung Meldorf

Jungfernstieg 4, Meldorf

50 verschollene Rosensorten aus 400 Jahren Dithmarscher Gartengeschichte wurden in alten Bauerngärten und Friedhofshecken wiederentdeckt und zusammen mit ländlichen Blütenstauden angepflanzt. Da die Sorten sehr alt sind, erstreckt sich die Blütezeit auf nur acht bis zehn Wochen im Jahr, von etwa Ende Mai bis Mitte Juni.
Eigentümer/in: Schleswig-Holsteinisches Landwirtschaftsmuseum, Jungfernstieg 4, 25704 Meldorf, Tel. 04832/979390

SchH 21
Größe: 0,2 ha, frei zugänglich
Führungen: nach Voranmeldung
Dr. Jutta Müller, Tel. 04832/600060 für Gruppen bis 30 Personen, 21 €/Gruppe
DB Meldorf
→ 10 Fußminuten vom Bahnhof
P

Künstlergarten

Schilstraße 90, Neumünster

Der über 100 Jahre alte Garten wurde von der jetzigen Besitzerin, einer Grafikerin, von 1995 bis 2000 neu gestaltet und war 2002 Preisträger für Mittel-Schleswig-Holstein. Durch Integration des alten Baumbestandes sind 11 verschiedene Themengärten entstanden: Schwimmbereich, Kugelgarten, Wäschegarten, Englischer Teilgarten, Alter Garten, Italienischer Garten, Piazza, Biotop und Rosen-, Wald- und Schneckengarten. Durchkreuzte Wildkatzen fühlen sich auf dem Grundstück wohl. Anmeldung erbeten
Eigentümer/in: Elke Bensen, Schilstr. 90, 24536 Neumünster, Tel. 04321/33703

SchH 22
Größe: 0,18 ha
Eintritt: frei
Führungen: nach Voranmeldung
Öffnungszeiten: August
DB Neumünster
P
Veranstaltungen: Kunstausstellung

Die Staudengärten von Bornhöved

Plöner Straße 10, Bornhöved

Foto: re-natur

SchH 23
Eigentümer/in: Staudengärtnerei Bornhöved OHG, Svenja Schwedtke und Rainer Kumetat, Plöner Straße 10, 24619 Bornhöved, Tel. 04323/6580, Fax 04323/900838, E-Mail: info@staudengaerten.de, Internet: www.staudengaerten.de
Größe: 1,5 ha
Eintritt: frei
Anmeldung für Gruppen erbeten,

Führung nach Voranmeldung,
Preis nach Vereinbarung
Öffnungszeiten:
März bis Okt. Mo, Do, Fr, Sa 10–18 Uhr, Mi 13–18 Uhr,
Nov., Dez. Do, Fr, Sa 10–16 Uhr,
Jan., Feb. nach Verabredung
DB Neumünster, Plön, Kiel
→ Direkt an der B 430
P
Veranstaltungen: Programm über Eigentümer
✿ Kräuter

Auf einem sonnigen Südhang wurden winterharte Arznei- und Gewürzkräuter aufgepflanzt. Eine andere große Gartenanlage gibt jede Menge Ideen zur abwechslungsreichen Verwendung von Stauden nach ihren Lebensbereichen. Höhepunkte sind der Felsenbirnenwald im Frühjahr, die Zierlauchblüte im Frühsommer und die Gräser im Herbst. Ein großer Teich und viele Sitzgelegenheiten laden zum Ausruhen und Genießen ein. Kleine Themengärten, wie der Dunkle und Geheimnisvolle Garten, der Grüne Garten, der in Gelb-Orange und Rot gehaltene Heiße Garten sowie der Schnittblumengarten, geben Ideen und machen Lust auf den eigenen Garten. Neu entstanden sind in den letzten Jahren der Long Walk, das Blau-Gelbe Beet, ein Kräuterbeet, ein Weidenpavillon im Wald und ein Blumenzwiebellabyrinth.

SchH 24
Eigentümer/in:
Deutsche Stiftung Denkmalschutz, Koblenzer Str. 75,
53177 Bonn
frei zugänglich
Führungen: Tourist Information Plön, Tel. 04522/50950,
Fax 04522/509520,
Freunde des Plöner Prinzenhauses e.V.,
Tel./Fax 04522/6669
DB Plön
→ Im Stadtzentrum, unterhalb des Schlosses
P gebührenpflichtig

Schloßgarten Plön

Plön

Der Schloßgarten der Residenz Plön liegt unterhalb des Schlosses über dem Nordufer des Großen Plöner Sees. Ab 1730 wurde er als aufwendiger Régencegarten mit Rokoko-Gartenhaus für die Herzöge von Schleswig-Holstein-Sonderburg-Plön angelegt. Nach 1784 diente er als Königlich Dänische Fruchtbaumschule, bevor ihn der Hannoversche Hofgarteninspektor Christian Schaumburg um 1840 für das dänische Königshaus in einen vielbeachteten Landschaftsgarten umwandelte, wobei er viele Strukturen des Barockgartens beispielsweise die Lindenalleen, erhielt.
In den letzten Jahren wurde das spätbarocke Gartenhaus restauriert und zahlreiche denkmalpflegerische Maßnahmen durchgeführt. Der Park mit der anschließenden Halbinsel mit Wiesen und Weiden und einem alten Bauernhaus mit Gastwirtschaft ermöglicht eine wunderschöne Aussicht auf den See und auf das Schloß.

SchH 25 NEU
Eigentümer/in: Marion Heine
Seestr. 5a, 24306 Plön,
Tel. 04522/2247,
E-mail: marionheine@yahoo.de
Größe: 0,12 ha
Anmeldung erbeten, nicht an den Aktionstagen des „Offenen Gartens" in Schleswig-Holstein und Hamburg
Eintritt: 1,50 €
Führungen: nach Voranmeldung,

Privatgarten Marion Heine

Seestraße 5a, Plön

Schwungvolle Heckenpflanzungen strukturieren diesen „Gräsergarten" in leichter Westhanglage nahe dem Kleinen Plöner See. Ein Garten der Morgen- und Abendsonne, der im Spätsommer und Frühherbst seinen Höhepunkt hat, wenn die Gräser blühen und die besonderen Gehölze, wie Eisenholzbaum, Pagoden-Hartriegel und Federbuschstrauch in prächtiger Herbstfärbung stehen.Ein Kräuter- und Gemüserondell steht in formalem Kontrast zur übrigen lockeren Bepflanzung des ansteigenden Geländes. Eine kleine Wasserfläche spiegelt den Himmel wider.

für Gruppen zwischen 8 und 20 Personen 3 €/Person inkl. Eintritt,
2 €/Person für Einzelbesucher
Öffnungszeiten:
Juni, Sept., Okt.
Veranstaltungen:
Gräserpflanzen-Tag, Gartenbesichtigung und Pflanzenabgabe, März/April
DB Plön
P
✿ soweit vorhanden
☕ Tee und Kaffee auf Wunsch

Kurpark Bad Malente-Gremsmühlen

Bahnhofstraße 4a, Bad Malente-Gremsmühlen

Der Hamburger Gartenarchitekt Karl Plomin schuf in den 1960er Jahren den naturnahen Kurpark im Zentrum Malentes. Zwischen den Eichen und Buchengruppen des „Brahmberg"-Geländes und der modernen Architektur von Musikmuschel, Liegehalle und Kaminhäuschen komponierte Plomin seine „Vegetationsbilder" mit Rhododendren, Blumenhartriegeln, Magnolien und Waldstauden. Die angrenzende feuchte Schwentinewiese gestaltete er mit acht kreisrunden Teichen, die seinerzeit mit Holzstegen verbunden waren (z. Zt. Kieswege). Die Blattfärbung der inzwischen großen Gehölze von Katsura-Baum, Flügelnuß und Sumpfzypresse ergibt im Herbst zusammen mit dem Laub der Schildblattstauden und verschiedenen Ahornen ein farbenprächtiges Bild. Im Frühjahr können blühenden Parrotien, Zaubernüsse und frühe Zierkirschen bewundert werden. Neben der Rhododendron- und Zierkirschblüte im April/Mai ist die Feuchtwiese mit verschiedenen blühenden Wildorchideenarten, Sumpfdotterblumen, Kuckuckslichtnelken u. a. sehenswert.

SchH 26
Größe: 5,8 ha
Öffnungszeiten: ganzjährig geöffnet,
im Sommer 8–22 Uhr,
im Winter 9–18 Uhr
Eintritt: frei
Führungen: nach Voranmeldung
DB Bad Malente-Gremsmühlen
🚌 4320 Kiel-Eutin Bad Malente-Gremsmühlen
P 🐕 ♿
Veranstaltungen, Diverse

Eigentümer/in: Kurverwaltung der Gemeinde Malente,
Bahnhofstraße 4a, 23714 Bad Malente-Gremsmühlen,
Tel. 04523/2356, Fax 04523/6221,
E-Mail: KMALENTE@t-online.de

SchH 27
Größe: 0,4 ha
Anmeldung erbeten
Öffnungszeiten: Mai und Juni
Eintritt: frei
DB Bad Malente
P

Privatgarten Freese

Wöbbensredder 34, Bad Malente

Japanische Einflüsse prägen den Garten in Hausnähe: Kieselflächen mit Trittsteinen, Brunnen, Azaleen und Ahorne. Zum tiefergelegenen Flüßchen Schwentine hin entwickelt sich das Gelände über Schattenpartien mit farben- und formenreichen Blattstauden in ein Refugium für geschützte Pflanzen. Ende Mai/Anfang Juni wetteifern blühende Iris und Kermesina-Azaleen mit der Hochblüte der Feuchtwiese (Kuckuckslichtnelken, Knabenkrautorchideen).

Eigentümerin: Julia Freese,
Wöbbensredder 34, 23714 Bad Malente,
Tel. 04523/1658, Fax 04523/1626,
E-Mail: bamboo.freese@t-online.de

SchH 28
Eigentümer/in:
Stiftung Schloß Eutin,
23701 Eutin,
Tel. 04521/709510
Größe: 14 ha
frei zugänglich
DB Eutin
P gebührenpflichtig
Veranstaltungen:
Sommerspiele auf
Freiluftbühne
Infos bei:
Eutiner Sommerspiele GmbH,
Tel. 04521/2161

Eutiner Schloßgarten

Jungfernstieg/Oldenburger Landstraße, Eutin

Der Schloßgarten Eutin, landschaftlich äußerst reizvoll am Großen Eutiner See gelegen, blickt auf eine fast 500jährige Gartengeschichte zurück. Nach mehreren kleineren Anlagen entstand um 1670 ein repräsentativer Barockgarten nach holländischem Vorbild auf der Schloßinsel, den ab 1716 ein luxuriöser französischer Barockgarten ablöste. Unter dem aufgeklärten Oldenburger Herzog Peter Friedrich Ludwig wurde der barocke Garten von 1787 bis 1803 in einen Englischen Landschaftsgarten umgestaltet und dabei um rund ein Viertel seiner Fläche vergrößert. Der Eutiner Schloßgarten ist das bedeutendste Gartenkunstdenkmal der Aufklärung in Schleswig-Holstein. Auf einer für Landschaftsgärten relativ kleinen Fläche bieten sich immer wieder wechselnde Bilder, Sichtachsen in den Garten und Ausblicke auf die umgebende Seenlandschaft. Die Anlage besteht aus dem Schloßplatz mit Marstall, Remise und Kavaliershaus, dem Schloß aus dem späten 17. Jahrhundert mit mittelalterlichem Rundturm, dem zentralen Gartenbereich südlich des Schlosses mit Lindenallee, Teich, Großem Wasserfall und Seepavillon, der Ländlichen Gegend mit einem Stauteich, dem Kleinen Wasserfall und dem Tuffsteinhaus, dem Küchengarten mit Orangerie sowie aus dem Tempelgarten mit Monopteros und Chinesischer Bogenbrücke.

Privatgarten Reise
Teichstraße 11–13, Großenbrode
Die kleine, aber geschützt gelegene Gartenanlage umfaßt neben Buchsbaum, Rhododendren und Rosen auch Hortensien. Rosenbögen, Kletterpflanzen, Efeu und verschieden gepflasterte Bereiche unterteilen den Garten in Räume.
Eigentümer/in: Heide Reise, Teichstraße 11–13, 23775 Großenbrode, Tel. 04367/361, Fax 04367/342

SchH 29
Größe: 150 m²
Anmeldung erbeten
Öffnungszeiten: ganzjährig geöffnet
Eintritt: frei
Attraktionen: Rhododendrenblüte, Englische Rosen
♿

Städtische Anlagen Glückstadt (Elbe)
Janssenstraße/Itzehoer Straße, Glückstadt (Elbe)
Die Städtischen Anlagen in Glückstadt entstanden nach Schleifung der Wallanlagen 1814 bis 1818 und Schenkung der ehemaligen Festungsländereien durch den dänischen König an die Stadt. Unter Federführung des Stadtpräsidenten Ernst Seidel wurde hier ab 1818 mit der Anlage eines Bürgerparks begonnen. Der Park entstand in drei Stufen: die Gestaltung des zentralen Bereichs um die ehemaligen Festungsteiche und Bastionen erfolgte bis 1850, die Anlage des nördlichen Parkbereichs nach gründerzeitlichen Gestaltungsprinzipien in der 2. Hälfte des 19. Jahrhunderts und die Anlage des südlichen Bereichs als Volkspark mit großer Liegewiese von 1900 bis 1950. Die Städtischen Anlagen werden derzeit mit Förderung des Landes Schleswig-Holstein denkmalgerecht saniert.

SchH 30
Eigentümer/in:
Stadt Glückstadt,
Am Markt 4,
25348 Glückstadt (Elbe),
Tel. 04124/930420,
Fax 04124/930444
Größe: 9,5 ha
frei zugänglich
DB Glückstadt
P 🐕 ♿

Garten am Palais Quasi non Possidentes
Am Hafen 46, Glückstadt (Elbe)
Nach der Gründung der Stadt Glückstadt 1617 entstanden mehrere Spätrenaissance-Palais mit Gärten. Quasi non Possidentes war als einziges Palais mit Gartenanlage als Ensemble dargestellt. Die Neuformung und Pflanzung dieses öffentlichen, formalen Gartens mit von Buchsbaumhecken umfassten Beeten erfolgte 1992. Besonders hervorzuheben sind Historische Rosen, eine reiche botanische Sammlung von Heilpflanzen und Raritäten.
Eigentümer/in: Stadt Glückstadt, Rathaus,
Am Markt 4, 29348 Glückstadt,
Tel. 04124/9300, Fax 04124/930444
Das Palais selbst ist verpachtet und es finden dort regelmäßig Ausstellungen mit aktueller Kunst statt.

SchH 31
Größe: 500 m²
frei zugänglich
Attraktionen: Frühlingsblüher, Blüte historischer Rosen Mai, Juni/Juli
DB Glückstadt
→ 10 Fußminuten bis zum Hafen
P ☕ ℹ

Immen un Blomen
Schinkelweg 4, Breitenberg
Üppiger, gemütlicher Cottagegarten mit verschiedenen Gartenräumen und vielen Sitzplätzen. Es gibt Staudenra-

SchH 32
Größe: 0,3 ha
Eintritt: 2,50 €
Führungen für Gruppen

auf Wunsch Kaffe und Kuchen,
Anmeldung erforderlich,
→ 23 Abfahrt Hohenfelde,
durch Lägerdorf,
rechts Richtung Kellinghusen
P ♿

batten in unterschiedlichen Farbthemen, einen Gehölzgarten, einen Heidegarten, einen buchsgefaßten Küchengarten, Pergolen mit historischen Rosen, Ramblerrosen in uralten Bäumen, viele Clematis, zwei Teiche und einen formalen Rosengarten.
Eigentümer/in: Helga Stäcker-Rick, Schinkelweg 4, 25597 Breitenberg, Tel./Fax 04822/5761,
E-Mail: helga-rick@freenet.de
Öffnungszeiten: Mitte Mai bis Mitte September

SchH 33
Eigentümer/in:
Gutsverwaltung Haseldorf,
Schöneich v. Karolath,
Schloßweg, 25489 Haseldorf,
Tel. 04129/269
frei zugänglich
nur Außenbereiche
🚌 77, ab Wedel Haseldorf
P 🐕 ♿
Veranstaltungen:
Schleswig-Holstein-Festival
Konzerte im Schloß

Gutspark Haseldorf

Schloßweg, Haseldorf

Das Kernstück des Gutshofs und Parks, der sich in einer Ausbuchtung des Elbdeiches befindet, ist eine kreisrunde Burginsel aus dem 12. Jahrhundert, umgeben von einem Wall und einem doppelten Ringgraben. Von einem alten, geometrischen Garten aus der Mitte des 18. Jahrhunderts sind nur fünf hochgewachsene Linden erhalten, sogenannte Klopstocklinden nach dem berühmten Dichter benannt, der sich zeitweilig in Haseldorf aufhielt. Sie gehörten zu einem Salon aus sechs beschnittenen Linden. Auch die Linden an der Zufahrt stammen aus dieser Zeit. Um 1780 entstand hier eines der ältesten Arboreten Norddeutschlands, dessen ungewöhnlicher Artenreichtum in der waldarmen Marschlandschaft eine Besonderheit darstellt. Danach wurde der Garten mehrfach in landschaftlichem Stil verändert. Das Mausoleum des Architekten Schütte aus Quedlinburg und der umgebende Gartenbereich sind von 1884. In den letzten Jahren wurde die nur in den Außenbereichen frei zugängliche Anlage nach gartendenkmalpflegerischen Vorgaben betreut.

SchH 34
Führungen: mit Kopfhörer
kostenlos,
frei zugänglich
DB Tornesch
🚌 62, 63, 65, 66, 67, 75,
77, 78 Buttermarkt
P ☕ 🐕 ♿
Veranstaltungen: Klostertage
verschiedene Veranstaltungen
zum früheren Klosterleben
1 × jährlich

Klostergarten Uetersen

Klosterhof 1, Uetersen

Im Jahre 1235 gründete Ritter Hinrich von Barmstede das Zisterzienserinnen-Kloster zu Ueterst End auf einem Landgut neben der Burg. Zwar ist diese heute verschwunden, der Spazierweg führt allerdings noch am Burggraben entlang in den Klosterbereich. Der Park ist nicht nur wegen der klösterlichen Gärten und Bepflanzungen sehenswert, sondern auch wegen der Gebäude. Neben dem Teehaus, dem Klosterfriedhof und der Klosterkirche sorgt das Erscheinungsbild des Parks mit seinem alten Kopfsteinpflaster dafür, daß man nicht mehr darüber staunen muß, daß selbst der junge Goethe hierhin schrieb.
Eigentümer/in: Adeliges Kloster,
Klosterprobst Graf Luckner, Klosterhof 1, 25436 Uetersen

Rosarium Uetersen

Wassermühlenstraße 7, Uetersen

Das 1934 anläßlich der Deutschen Rosenschau eröffnete Rosarium zeigt 35 000 Rosen in über 900 Sorten. Zu den Gründungsvätern zählen die bekannten Rosenzüchter Wilhelm Kordes und Mathias Tantau. Das Rosarium ist in streng klassischer Gestaltung um zwei Teiche angelegt und ganzjährig geöffnet. Uetersen, die nördlichste aller Rosenstädte, liegt im Zentrum des größten Baum- und Rosenschulgebietes der Welt. Das Gesicht des Rosariums hat sich durch Erweiterungen, Umbauten, Witterungseinflüsse und anderes mehrmals verändert. Besucher können heute in einer bunt gestaffelten Schaupflanzung ein breites Sortiment alter und neuer Park-, Beet-, Kletter- und Hochstammpflanzen bewundern.

SchH 35
Eigentümer/in: Stadt Uetersen, Wassermühlenstraße 7, 25436 Uetersen, Tel. 04122/714287, Fax 04122/714288
Größe: 7 ha
frei zugänglich
Führungen: nach Voranmeldung, Tel. 04122/714287 kostenlos,
DB Tornesch
Bus 61 Wassermühlenstraße

Foto: Stadt Uetersen

Museumspark Langes Tannen

Heidgrabener Straße, Uetersen

1979 traf Werner Lange kurz vor seinem Tod die Entscheidung, der Stadt Uetersen sein Anwesen Langes Neue Mühle mit der denkmalgeschützten Gebäudegruppe zu vererben, die aus einem klassizistischen Herrenhaus aus dem frühen 19. Jahrhundert, einer Scheune aus dem Jahre 1762 und dem oktagonalen Mühlenstumpf aus dem Jahre 1796 sowie einiger Nebengebäude besteht. Die Gebäudegruppe liegt idyllisch eingebettet in einem Großgrundbesitz von 26 Hektar Wald, Wiesen, Feldern, Parkanlagen und Teichen, der dem ganzen Anwesen auch seinen Namen gibt: Langes Tannen. Der großzügigen Stiftung lag der Wunsch zugrunde, daß dieser historisch gewachsene Besitz für die Öffentlichkeit erhalten bleibt. Das Gebäudeensemble dient seither als Museum mit Café, Wald, Wiesen und Park als Erholungsgebiet.

SchH 36
Eigentümer/in: Stadt Uetersen, Wassermühlenstraße 7, 25436 Uetersen, Tel. 04122/714216, Fax 04122/714288
Größe: 26 ha
frei zugänglich
Führungen: nach Voranmeldung, Tel. 04122/714216 kostenlos
DB Tornesch
Bus 61, 62, 67 Langes Tannen
Veranstaltungen: Konzerte, Lesungen, wechselnde Ausstellungen

SchH 37
Größe: 17 ha
Öffnungszeiten: ganzjährig geöffnet, im Sommer 9–19 Uhr, im Winter 9 bis Eintritt der Dunkelheit
Eintritt: 4 € als Spende erbeten
Führungen: nach Voranmeldung
Preis nach Absprache
185 Arboretum
→ Mit Bus von Pinneberg bis Arboretum, bis zum Park ca. 7 Min. Fußweg
P
sonntags 14 – 18 Uhr
im Sommerhalbjahr

Arboretum Baumpark Ellerhoop-Thiensen

Thiensen 17, Ellerhoop

Das Arboretum – eine Sammlung von lebenden Bäumen und Sträuchern – befindet sich am Rande der Bilsbekniederung, eingebettet in die typische holsteinische Knicklandschaft. 1956 von der Baumschule Timm & Co. gegründet, wurde das Gelände 1980 vom Landkreis Pinneberg erworben, um die weithin bekannte Gehölzsammlung zu erhalten und die Anlage der Öffentlichkeit für Informationszwecke und zur Naherholung zugänglich zu machen. Die Sammlung des Arboretums enthält über 2200 verschiedene Baumarten und -sorten, Laub- und Nadelgehölze sowie große Sortimente von Zierkirschen und Zieräpfeln. Weitere Attraktionen der um einen kleinen See gestalteten Anlage sind unter anderem der Bauerngarten, der Blauregentunnel, der Heidegarten, die 27 Millionen Jahre alten versteinerten Baumstümpfe von Sumpfzypressen (Taxodium spec.), die Blüte der großen Sammlung von Strauch-Pfingstrosen im Mai und die im Juli/August zahlreich blühenden Lotosblumen im Arboretum-See.
Eigentümer/in: Kreis Pinneberg, Träger: Förderkreis Arboretum Baumpark Ellerhoop-Thiensen e.V., Thiensen 17, 25373 Ellerhoop, Tel. 04120/218, Fax 04120/909981

SchH 38
Größe: 0,3 ha
Gruppen bis 5 Personen, nur telefonische Anmeldung erbeten
Eintritt: frei
Führungen: nach Voranmeldung
→ bei Anmeldung
P

Hof Hohenmoor

Kaltenkirchen

Die gemischten Rabatten in dem ländlichen Garten sind nach Farben sortiert. Außerdem bestimmen viele Bodendecker das Bild.
Eigentümer/in: Doris Freese, 24568 Kaltenkirchen, Tel. 04191/1217, Fax 04191/77338
Attraktionen: Rhododendronblüte Mitte Mai bis Anfang Juni
Öffnungszeiten: nach Absprache, Verkauf und Selbstpflücken von Erdbeeren im Juni/Juli

SchH 39
Größe: 0,4 ha
Eintritt: frei
Führungen: nach Voranmeldung
Öffnungszeiten 24./25. Juni 2006 11–18 Uhr und nach telefonischer Anmeldung
DB Bad Segeberg

Privatgarten Hövermann

Im Glin 4, Wensin-Garbek

Um eine 200 Jahre alte Räucherkate entstand ein großer Garten mit üppigem Baumbestand, Natursteinmauern, einem Heckengarten mit Pavillon und Terracotta-Brunnen und einer Feldsteinbrücke über einen großen Teich, der von einer Gruppe indischer Laufenten bevölkert wird. Ein Laubengang aus Blauregen, weitere Brunnen, Beete und über 30 verschiedenen Strauch- und Kletterrosen fügen sich in das Bild des romantischen Gartens ein.

Eigentümer/in: Christiane und Ortwin Hövermann,
Im Glin 4, 23827 Wensin-Garbek,
Tel. 04559/784, Fax 04559/999978

→ B 432 Richtung Puttgarden, in Wensin an Ampelkreuzung Richtung Garbek

P i

✿ Pflanzenphotos

Privatgarten Röthig

Hauptstraße 65, Arfrade

SchH 40
Größe: 0,28 ha
Eintritt: frei
Öffnungszeiten: Mai bis August

Foto: Röthing

In der Mischung aus Natur-, Rosen- und Bauerngarten wechseln sich ein großer Wiesenbereich mit Teichanlage, Strauch- und Baumpflanzungen, bunte und farblich thematisierte Staudenbeete und zahlreiche Rosenarten und -sorten ab. Bei den Strauchrosen, aber auch bei Stauden und anderen Gehölzen wird auf den Duft besonderer Wert gelegt. Auf den verwinkelten Wegen zeigt sich der Garten immer wieder aus einer anderen Perspektive. Anmeldung erbeten

Eigentümer: Silvia und Lutz Röthig Hauptstr. 65, 23617 Arfrade, Tel. 04506/1370, E-Mail: LutzRoethig@aol.com

SchH 41
Größe: 0,4 ha
Öffnungszeiten: April bis 15. Juli
Anmeldung erbeten
Eintritt: frei
Führungen: nach Voranmeldung, Spende erbeten
DB Bargteheide
→ Vom Bahnhof in Richtung Tremsbüttel, ca. 10 Minuten Fußweg
P ♿
Picknicks auf Anfrage möglich

Privatgarten Krüger

Tremsbütteler Weg 54, Bargteheide

Untergliedert in Teichgarten, Gemüsegarten, formalen Garten und parkartige Flächen bietet der um ein Stadthaus von 1910 angelegte Garten mit altem Obstbaumbestand eine Fülle von schönen Details. Insbesondere die Plazierung von Gartenkeramik – die Besitzerin ist Töpferin und darauf spezialisiert – und die harmonische Einfügung von Pavillons, Gewächshaus, Toren und Pfeilern sind sehenswert.
Eigentümer/in: Eva Sabine Krüger, Tremsbütteler Weg 54, 22941 Bargteheide, Tel. 04532/7279
Veranstaltungen: Tag der offenen Gartenpforte und Keramikausstellung, Termine im Juni

SchH 42
Eigentümer/in: Brigitte Schur, Mieterin: Adelheid Sievers, Schmiedestraße 1, 23909 Ratzeburg, Tel. 04541/6721
Größe: 70 m2
telefonische Anmeldung erforderlich
Öffnungszeiten: Juni bis Oktober, Wochenenden
Eintritt: frei
Führungen: nach Voranmeldung
DB Ratzeburg
🚌 Hamburg – Ratzeburg Marktplatz
P gebührenpflichtig
Veranstaltungen: Art and Garden Kunstausstellung jährlich, Termin auf Anfrage
🐕 ♿ ℹ

Art and Garden Adelheid Sievers

Schmiedestraße 1, Ratzeburg

Foto: Streppel

Der historische Hinterhofgarten eines Hauses von 1693 in der Altstadt Ratzeburgs ist gemeinsam von der Mieterin und der Besitzerin im Stil eines Klostergartens mit zwei Beeten mit Wegekreuz, Rosen, Kräutern und Bauerngartenbepflanzung gestaltet worden. Auf dem Kopfsteinpflaster stehen zahlreiche Kübel- und Topfpflanzen, Objekte und Plastiken sind zu entdecken.

Privatgarten Ohlrogge

Am Kuhgrund 4, Lauenburg

Rund um ein finnisches Holzhaus liegt ein Naturgarten mit vielen Stauden, Gemüse und einer Kräuterspirale.

Eigentümer/in: Marion Ohlrogge, Am Kuhgrund 4, 21481 Lauenburg, Tel. 04153/2586

Öffnungszeiten: Termine der Aktion Offener Garten und nach Absprache

SchH 43

Größe: 0,18 ha

Anmeldung für Gruppen erbeten

Eintritt: frei

DB Lauenburg

P

Thür

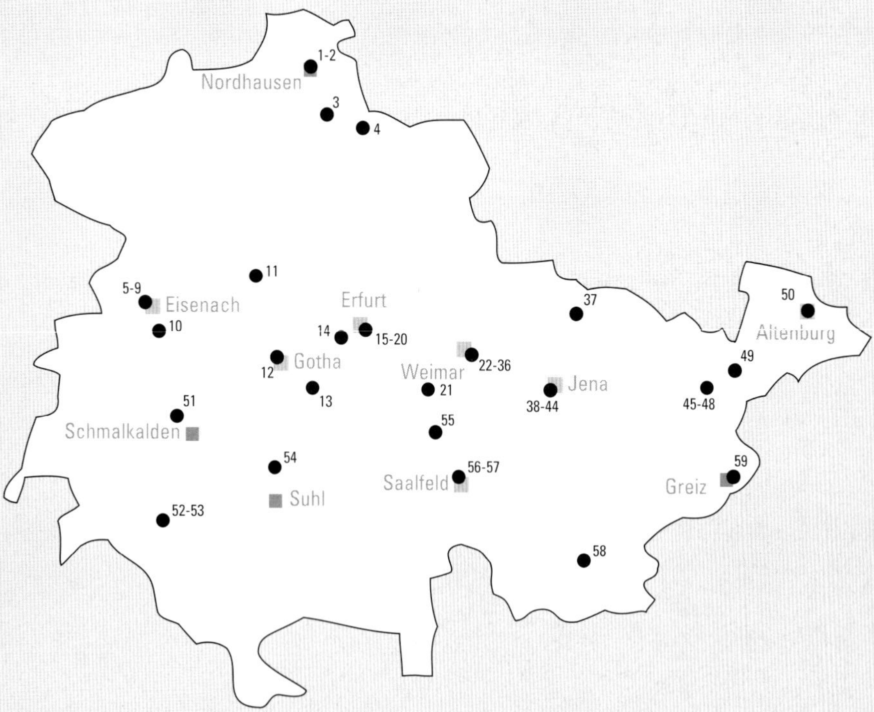
1-2
Nordhausen
3
4
11
5-9
Eisenach
10
Erfurt
14
15-20
12
Gotha
13
Weimar
21
22-36
37
Jena
38-44
50
Altenburg
49
45-48
51
Schmalkalden
55
54
Suhl
Saalfeld
56-57
59
Greiz
52-53
58

Petersberggarten

Nordhausen

Durch die 2. Thüringer Landesgartenschau entstand in Nordhausen eine „neue Mitte". Von acht außergewöhnlichen Gartenterrassen in Südlage geht der Blick in die Thüringer Landschaft. Wasserspiele am Petriturm, Wasserachse, Kletterberg und Freilichtbühne sind einige der zahlreichen Angebote.

Eigentümer/in: Stadt Nordhausen, Markt 1, 99734 Nordhausen, Tel. 03631/6960, Fax 03631/696150, E-Mail: rathaus@nordhausen.de, Internet: www.nordhausen.de

Veranstaltungen: s. Internet

Thür 1
Größe: 15 ha
frei zugänglich
DB Nordhausen
P gebührenpflichtig

Staudenpark am Meyenburg-Museum

Alexander-Puschkin-Straße 31, Nordhausen

Foto: Bergel

Thür 2
Eigentümer/in: Stadtverwaltung Nordhausen, Bauamt, Abt. Grünflächen und Friedhöfe, Stresemannring 50, 99734 Nordhausen, Tel. 03631/479124, Fax 03631/479123, E-Mail: bauamt@nordhausen.de
Größe: 0,7 ha
Öffnungszeiten: ganzjährig geöffnet
Mo bis Do 10–17 Uhr, So 11–17 Uhr
Eintritt: 2 € inkl. Museum, Kinder frei bis 6 Jahre, ermäßigt 1,50 € für Senioren, Schüler, Studenten, Gruppen ab 10 Personen 1,50 €/Person
Führungen: nach Voranmeldung
Attraktionen: Lapidarium mit barocken Sandsteinfiguren
1 Stolberger Straße
P

Der Villengarten wurde 1918, genau zehn Jahre nach Fertigstellung der in einer Mischung aus Jugendstil und Historismus gebauten Villa, angelegt. Erst der zweite Besitzer, der Nordhäuser Fabrikant Carl Becker jr., ließ das Grundstück als Park gestalten. Er beauftragte damit den Dresdner Gartenarchitekten Wilhelm Röhnick. Zwar hat sich die Anlage seitdem nur wenig verändert, doch wirken sich Folgen mangelnder Gehölzpflege auf das Gesamterscheinungsbild ungünstig aus. Baumwuchs bildet den Rahmen des Parks, Stützmauern unterstreichen die Einteilung in drei Ebenen, Stauden sind das markanteste Gestaltungsmerkmal.

Thür 3
Eigentümer/in: Stiftung Thüringer Schlösser und Gärten Schloß Heidecksburg, Postfach 100142, 07391 Rudolstadt, E-Mail: stiftung@thueringer-schloesser.de
Ansprechpartner: Schloßverwaltung Herr Dr. Buchmann, Schloß Sondershausen, 99706 Sondershausen, Tel. 03632/663102, Fax 03632/663104, E-Mail: schloss@sondershausen.de
Größe: 30 ha
frei zugänglich
DB Sondershausen
P ✕ 🐕 ♿ ℹ

Schloßpark Sondershausen

Schloß Sondershausen, 99706 Sondershausen

Hinweise auf erste Gartenanlagen, vermutlich Küchengärten westlich des heutigen Schloßgebäudes, stammen aus dem Jahr 1530. Um 1700 entstanden auf einer erweiterten Fläche der Lustgarten mit Achteckhaus, Mailbahn und dem im 2. Weltkrieg zerstörten Orangeriehaus. Zur gleichen Zeit wurde der Lohplatz am westlichen Ende der heutigen Parkanlage gärtnerisch gestaltet. Um 1800 und 1837 erfolgte eine Neugestaltung des Lohplatzes. Hier fanden bereits ab 1801 regelmäßig Musikaufführungen statt, die als Lohmusik und Lohorchester bis heute bekannt sind. Nach 1835 begann die klassizistische Umgestaltung des Schloßbezirks nach Plänen des Schinkelschülers Carl Scheppig und die Erweiterung sowie Neugestaltung der bisherigen Gartenanlagen nach Planung und unter Leitung des Hofgarteninspektors Tobias Ekart. Eine Überarbeitung der Anlagen nach Plänen von Eduard Petzold und unter Leitung des späteren Gartendirektors Carl Arlt folgte nach 1850. Der Schloßpark Sondershausen zählt zu den ehemals fürstlichen Gartenanlagen in Thüringen, die durch Kriegseinwirkungen und nicht zuletzt durch außergewöhnliche Vernachlässigungen nach dem 2. Weltkrieg am stärksten in Mitleidenschaft gezogen wurden.

Thür 4
Größe: 0,4 ha
Eintritt: frei
Führungen: nach Voranmeldung
Öffnungszeiten: Mai bis Oktober
P 🐕 ♿ ℹ ✿

Natur- und Kräutergarten Bendeleben

Lehdenstraße 35, Bendeleben

Im Laufe der Jahre ist eine umfangreiche Kollektion an Gehölzen, Stauden, Blumenzwiebeln, Heil- und Gewürzpflanzen und landwirtschaftlichen Nutzpflanzen zusammengekommen, die in naturnah gestalteten Biotopen, wie Wildblumenwiese, Naturteich, Moorbeet, Steppenhügel und Wildstrauchhecke präsentiert werden. Weitere Sonderbereiche sind u.a. der Kräutergarten mit über 200 Heilpflanzenarten, der Sammlergarten mit über 60 Beifuß- und 60 Pfefferminzarten, das Indianerland mit nordamerikanischen Pflanzen, der Chinagarten

mit chinesischen Heilpflanzen, der Färbegarten mit heimischen Färbepflanzen, der Hexengarten mit mystischen Pflanzen und das Albinum mit weißblühenden Pflanzen. Anmeldung erbeten
Eigentümer: Wilfried und Christine Neumerkel, Lehdenstraße 35, 99706 Bendeleben, Tel. 034671/76993

Foto: Neumerkel

Alter Friedhof Eisenach

Schloßberg, Eisenach

1599 wurde der Gottesacker vor dem Predigertor angelegt, besser bekannt unter dem Namen der Alte Friedhof. Sein Ausmaß reichte im östlichen Teil bis zu dem Platz, auf dem 100 Jahre später die Kreuzkirche gebaut wurde, im nördlichen Teil bis zur Stadtmauer am Georgentor. Mit der Erbauung der Leichenhalle durch den Architekt Coudray aus Weimar im Jahre 1829 erlangte der Alte Friedhof große Berühmtheit. Das Gebäude war zwar nicht die erste, aber die modernste Leichenhalle in Deutschland. Auf dem Alten Friedhof sind auch Mitglieder der Familie Bach beigesetzt. Eine weitere Prominente auf dem Eisenacher Friedhof ist Dorothea Grimm, die Ehefrau von Wilhelm Grimm. Auch Goethes Freundin Julie von Bechtolsheim fand hier ihre letzte Ruhestätte.

Thür 5
Eigentümer/in: Stadtwerke Eisenach – Abt. Grünflächen, Heinrichstraße 11, 99817 Eisenach, Tel. 03691/79180, Fax 03691/670967
Größe: 0,7 ha, frei zugänglich
→ Am Schloßberg, am Weg zur Wartburg

Stadtpark Eisenach

Wartburgallee, Eisenach

Ende der 30er Jahre des 19. Jahrhunderts erwarb Friedrich Eichel den Garten im Flurstück Pflugensberg und ließ ihn durch den Gartenkünstler Eduard Petzold zwischen 1841 und 1844 in einen Landschaftsgarten umwandeln. In der Zeit von 1890 bis 1892 baute die Familie Eichel-Streiber das schloßähnliche Gebäude im spätgotischen Stil inmitten des Parks,

Thür 6
Eigentümer/in: Stadtwerke Eisenach – Abt. Grünflächen, Heinrichstraße 11, 99817 Eisenach, Tel. 03691/79180, Fax 03691/670967
Größe: 26,7 ha, frei zugänglich

→ Grenzt direkt an die Wartburgallee, an der B 19

weitere Grundstücke wurden hinzugekauft. Mit deren Einbeziehung in die vorhandene Anlage veränderten sich Wege- und Wasserführung. Mit dem Königlich-Sächsischen Gartendirektor Max Bertram aus Dresden änderte sich der Gartenkunststil in Eisenach. Als Bertram 1902 eine Neuauflage des Lehrbuchs der schönen Gartenkunst seines Lehrmeisters Gustav Meyer bearbeitete, lieferte er einen ausführlichen Ergänzungsbestand, in dessen Mittelpunkt er die Erweiterung der Pflugensberger Anlage rückte. Sie bildete für ihn das Muster, an der er Anfänger in allen technischen Einzelheiten moderner Gartenkunst schulen wollte.

Thür 7
Eigentümer/in: Stadtwerke Eisenach – Abt. Grünflächen, Heinrichstraße 11, 99817 Eisenach, Tel. 03691/79180, Fax 03691/670967
Größe: 3,8 ha, frei zugänglich
3 Wandelhalle
Veranstaltungen: Wandelhallenkonzerte des Eisenacher Sängerkreises, Mai bis Juli

Kartausgarten

Wartburgallee, Eisenach

Die Geschichte des Kartausgartens reicht bis 1378 zurück, als die Kartäuser ihr Kloster gründeten und um 1390 einen Garten anlegten. 1694 diente er als herzoglicher Küchengarten, später folgte eine Schweizerei und um 1790 die Umgestaltung in einen ersten Landschaftsgarten. Auf Veranlassung Johann Wolfgang von Goethes entstand daraus 1802 ein Botanischer Garten mit Gewächshäusern zur Pflanzenzucht. Ab 1930 als Privatgärtnerei genutzt, kam die Anlage erst 1942 in städtische Hand.

Thür 8
Eigentümer/in: Stadtwerke Eisenach – Abt. Grünflächen, Heinrichstraße 11, 99817 Eisenach, Tel. 03691/79180, Fax 03691/670967
Größe: 10 ha, frei zugänglich
Hötzelsroda Soldatenfriedhof/Dürrerhof
→ An der B 84 Richtung Bad Langensalza

Dürrerhof

Eisenach-Hötzelsroda

Der landschaftlich gestaltete Gutspark wurde von 1839 bis 1843 von Eduard Petzold angelegt. Petzold bezog vorhandene Strukturen wie die zuführenden Alleen, die beiden Teiche und bestehende Bäume in die Planung ein. Unter Berücksichtigung grandioser Fernsichten auf die Wartburg, den Thüringer Wald, die Hörselberge und den Hainich legte er Wegenetz und Pflanzungen an. Nach seinem Fortgang 1843 sorgte Fachpersonal aus der Muskauer Schule für den Dürrerhof.

Thür 9
Größe: 0,4 ha
Anmeldung erbeten
Öffnungszeiten: Mai, Juni
Eintritt: frei
Führungen: nach Voranmeldung
3, 10 Prinzenteich

Villen-Garten Herrmann

Fritz-Koch-Straße 3, Eisenach

Der Garten aus der Jahrhundertwende mit Blickbeziehungen zur Wartburg liegt in einem einmaligen Villengebiet von etwa 600 Villen. Bemerkenswert sind der alte Baumbestand und die Rhododendren. Nach längerer Zeit der Vernachlässigung entsteht der Garten langsam wieder in seiner alten Schönheit.

Eigentümer: Thomas Herrmann, Fritz-Koch-Straße 3, 99817 Eisenach, Tel. 03691/29970, Fax 03691/29975

Schloßpark Wilhelmsthal

Wilhelmsthal

Benannt ist das Schloß-Park-Ensemble nach seinem Erbauer, dem Eisenacher Herzog Johann Wilhelm, der sich von 1712 bis 1715 von dem Eisenacher Oberbaumeister Johann Mützel eine barocke Sommerresidenz errichten ließ. Eine wichtige Bedeutung für das Gesamtkunstwerk ist die Einheit von Schloß und Park. Die Anlage wurde seit der Zeit von Großherzog Carl August in einen Landschaftsgarten umgestaltet und zwischen 1852 und 1855 von dem Hofgarteninspektor Hermann Jäger, vom Landschaftsgärtner Eduard Petzold und Fürst Pückler mehrmals überarbeitet. Nach 1960 sind leider in einigen Bereichen des Parks Neubauten entstanden, doch ist er mit seinen langen Sichtachsen, dem aufgestauten Wilhelmsthaler See und den alten Baumgruppen ein wichtiges und schönes Zeugnis der Landschaftsgartenkunst.

Eigentümer/in: Freistaat Thüringen, vertreten durch das Thüringer Liegenschaftsmanagement, Ludwig-Ehrhard-Ring 8, 99099 Erfurt, Tel. 0361/3787369, Fax 0361/3787088,
E-Mail: HJGerlach@thuelima.thueringen.de
Internet: www.thueringen.de/de/tfm

Thür 10
Größe: 18,5 ha
frei zugänglich
DB Eisenach
TB2 – Wilhelmsthal
→ 5 km südlich von Eisenach, an der Bundesstraße 19

TRACO-Park

Poststraße 17, Bad Langensalza

Der TRACO-Park entstand aus einem ausgebrochenen Travertinsteinbruch. Die Kombination von örtlichem Kalk- und Sandstein sowie Travertin bilden mit einer passenden Kombination von Büschen, Bäumen und vor allem Rosen eine außergewöhnliche Situtation im Firmengelände. Besonderheiten sind Parkausstattungen in Naturstein und eine Kugelmühle für Murmeln.

Thür 11 NEU
Eigentümer/in: TRACO GmbH, Poststr. 17, 99947 Bad Langensalza, Tel. 03603/8520, Fax 03603/85120, E-mail: info@traco.de, Internet: www.traco.de
Größe: 0,5 ha
Eintritt: frei
Öffnungszeiten: ganzjährig geöffnet, im Sommer Mo bis Fr 8–19 Uhr, Sa 9–15 Uhr, im Winter Mo bis Fr 8–17 Uhr, Sa 9–15 Uhr
DB Bad Langensalza

Thür 12
Größe: 37 ha
frei zugänglich
Attraktionen: Orangerie, Rosengarten
DB Gotha
1, 2, 4 Friedrichstraße
P gebührenpflichtig
Veranstaltungen: Ekhof-festival, Pfingstfest, Barock-fest, Gothardusfest
Infos bei: Gotha-Information, Tel. 03621/222-138, Fax 03621/222134,
Naturkundliche Ausstellung, Wechselnde Sonderausstellungen im Schloß Friedenstein
im Schloß Friedenstein-Pagenhaus

Parkanlagen um Schloß Friedenstein mit Orangerie

Parkallee, Gotha

Schloß Friedenstein wurde nach der Gründung des Herzogtums Sachsen-Gotha-Altenburg 1643–1654 durch Herzog Ernst I. der Fromme gebaut. In den darauffolgenden 250 Jahren entstanden um das Schloß Gärten und Parkanlagen, deren Strukturen noch heute gut erkennbar sind. Heutiger und damaliger Bestand decken sich noch in großen Teilen. Der Tannengarten verdankt seinen Namen den vielen Nadelgehölzen, die bei der landschaftlichen Anlage um 1880 verwendet wurden. Vorher existierte an dieser Stelle lange Zeit ein Lust- und Küchengarten. Das Ensemble der Orangerie entstand unter Bauleitung des Landbaumeisters G.H. Krone in der Barockzeit des 18. Jahrhunderts und zählt zu den bedeutenden Kulturdenkmalen der Stadt Gotha. Südlich des Leinekanals liegt der ehemalige Herzogliche Park oder auch Englische Garten. Dieser wohl älteste Landschaftsgarten Thüringens wurde 1769 zeitgleich mit Wörlitz begonnen. Der östliche Teil mit dem Merkurtempel wurde 1782 fertiggestellt. Auf der Insel im künstlichen Parkteich liegen mehrere Mitglieder der herzoglichen Familie begraben. Nach 1804 wurde der Park nach Westen erweitert.
Eigentümer/in: Stiftung Thüringer Schlösser und Gärten, Schloß Heidecksburg, Postfach 100142, 07391 Rudolstadt, E-Mail: stiftung@thueringerschloesser.de,
Ansprechpartner: Schloßverwaltung Frau Seeber, Schloß Friedenstein, 99853 Gotha
Tel. 03621/823464, Fax 03621/823465

Thür 13
Eigentümer/in: Stadt Arnstadt, Markt 1, 99310 Arnstadt, Tel. 03628/620011,

Schloßgarten Arnstadt

Bahnhofstraße, Arnstadt

Einst eine der berühmtesten Renaissance-Anlagen Deutschlands, wurde die Parkanlage des Schlosses Neideck 1553 bis

1560 angelegt. Ursprünglich war sie etwa doppelt so groß wie heute. Der Garten unterlag vielfachen Veränderungen und Zerstörungen. Er wurde unter anderem über 100 Jahre gärtnerisch und landwirtschaftlich genutzt. Gegenwärtig werden alle Bemühungen unternommen, die größte und im Herzen der Stadt liegende Park- und Gartenanlage zu sanieren. Dies betrifft sowohl die gärtnerische Gestaltung, die Baumpflege und die Instandhaltung der historischen Mauer sowie Wegebeziehungen.

Fax 03628/620014
Größe: 9,8 ha
frei zugänglich
Arnstadt
Veranstaltungen: Kinderfest am Weltkindertag

Schloßpark Molsdorf

Hauptstraße 99192 Neudietendorf-Molsdorf

Die Anfänge der Gartengestaltung gehen auf die Zeit um 1716 und 1717 zurück. Nach 1734 entstand nachweislich im Zusammenhang mit baulichen Veränderungen am und im Schloß ein regelmäßig-architektonischer Garten. Um 1826 erfolgte eine Überformung der Anlage nach den Gestaltungsvorstellungen eines Landschaftsgartens unter Einbeziehung von Teilen des ehemaligen Achsen- und Kanalsystems und der Alleen sowie der Umfassungsmauer und der schmiedeeisernen Gitter. Nach 1988 begannen Instandsetzungsmaßnahmen in der jahrzentelang vernachlässigten Anlage. 1998 wurde ein kleines Lapidarium am Parkeingang geschaffen, in dem einige Exemplare des ursprünglich reichen Skulpturbestands des barocken Gartens zur Demonstration aufgestellt sind.

Thür 14
Eigentümer/in: Stiftung Thüringer Schlösser und Gärten Schloß Heidecksburg, Postfach 100142, 07391 Rudolstadt, E-Mail: stiftung@thueringer-schloesser.de
Ansprechpartner: Schloßverwaltung, Frau Amarell Schloß Molsdorf, Schloßplatz 6, 99192 Molsdorf, Tel. 036202/22085, Fax 036202/22084,
Größe: 9 ha
frei zugänglich
Erfurt oder Arnstadt
Erfurt – Molsdorf, Arnstadt – Molsdorf

ega – Cyriaksburg

Gothaer Straße, Erfurt

Der von dem Landschaftsarchitekten Reinhold Lingner in den 60er Jahren gestaltete Park ist als Gartenensemble rund um die Zitadelle Cyriaksburg mit seinen Gärten, Parkanlagen, Schauhäusern und Erlebnisbereichen ein Zeugnis deutscher Gartenkunst. Ein Rosengarten mit über 20 000 Rosen, ein einmaliger Japanischer Garten, eine große Fuchsiensammlung, Sondergärten, Wasserspiele, Staudenanlagen und Europas größtes ornamental gestaltetes Blumenbeet von 6000 Quadratmeter Größe sind die gärtnerischen Attraktionen, die um Pflanzenschauhäuser mit Schmetterlings-, Victoria-, Kakteen-, Tropen- und Orchideenhaus bereichert werden. Für Kinder sind ein riesiger 2,5 ha großer Spielplatz mit Kinderbauernhof und ein Nutriagehege interessant.
Betreiberin: Thüringer Freizeit und Bäder GmbH, Bereich ega Erfurt, Service-Telefon: 0361/564 37 37, Fax 0361/564 37 22, E-Mail: info@ega-online.de, Internet: www.ega-erfurt.com

Thür 15
Größe: 40 ha
Öffnungszeiten: ganzjährig geöffnet
Eintritt: aktuelle Eintrittspreise bitte beim Service-Telefon erfragen
Führungen: nach Voranmeldung
Erfurt Hbf
2 ega / messe
gebührenpflichtig
Veranstaltungen Infobroschüre anfordern,
diverse Ausstellungen, Feste

Thür 16 NEU
Eigentümer/in:
Stadtverwaltung Erfurt,
Fischmarkt 1, 99084 Erfurt,
Tel. 0361/65500,
Fax 0361/6555829,
E-mail: planung.
gartenamt@erfurt.de
Internet: www.erfurt.de
Größe: 1,7 ha
frei zugänglich
DB Erfurt
1, 4 Gothaer Platz
59 Wartburgstraße

Luisenpark / Dreibrunnenpark

Alfred-Hess-Straße, Erfurt

Die Flutgrabenbrücke mit den allegorischen Figuren von Karl Mellwin „Arbeit", „Ernte", „Schönheit" und „Genuß" bildet den Auftakt zu Erfurts ausgedehnten landschaftlichen Parkanlagen. Der um 1900 angelegte Dreibrunnenpark wird im Eingangsbereich in Erinnerung an den Aufenthalt der preußischen Königin Luise in Erfurt im Jahr 1803 auch Luisenpark genannt. Die Parkanlage in der Geraniederung ist durch ihren alten Baumbestand geprägt. Kurz hinter dem Eingang auf der rechten Seite ist von der Loussiusbrücke aus die sogenannte „Nase" zu besichtigen. Hier wird der Bergstrom, der über das Papierwehr aus der Gera gespeist wird, in zwei Wasseradern aufgespaltet, den Berg- und den Walkstrom. Sie durchfließen die Innenstadt. Über eine kleine überdachte Holzfußgängerbrücke ist der Botanisch-Dendrologische Garten zu erreichen. Ein kleiner Abstecher führt entlang des Wanderweges flußaufwärts bis an das Papierwehr und die bereits 1843 angelegten Dreiquellen.

Thür 17 NEU
Eigentümer/in:
Stadtverwaltung Erfurt,
Fischmarkt 1, 99084 Erfurt,
Tel. 0361/65500,
Fax 0361/6555829,
E-mail: planung.
gartenamt@erfurt.de
Internet: www.erfurt.de
Größe: 9 ha
frei zugänglich
DB Erfurt
3, 6 Baumerstraße,
Universität
P

Nordpark

Auenstraße, Erfurt

Entlang des in Nord-Südrichtung verlaufenden Hauptweges liegen großzügige, im landschaftlichen Stil angelegte Rasenflächen, die durch einzelne Gruppen von Rosensträuchern und Ziergehölzen unterbrochen werden. Der im ehemaligen Geraauenbereich vorhandene Baumbestand wurde in den Jahren 1925–1927 bei der Neugestaltung der Badeanstalt an der Gera einbezogen. Der Park selber entstand nach Plänen von Max Bromme erst 1937. In den Jahren 1949–1954 erfolgte eine umfangreiche Rekonstruktion der Parkanlage, insbesondere in Bezug auf den erhaltenswerten Baumbestand und den sich durchsetzenden Kulturparkgedanken.

Thür 18 NEU
Eigentümer/in:
Stadtverwaltung Erfurt,
Fischmarkt 1, 99084 Erfurt,
Tel. 0361/65500,
Fax 0361/6555829,
E-mail: planung.
gartenamt@erfurt.de
Internet: www.erfurt.de
Größe: 6,2 ha
frei zugänglich
DB Erfurt
3, 4, 5 Bahnhof, Robert-Koch-Straße

Stadtpark

Schillerstraße, Erfurt

Die Geschichte des Stadtparks geht bis auf um 1600 errichtete Befestigungsanlagen zurück. Der spätere Umbau zu einem Festungswerk und die Entfestigung 1873 ermöglichten es knapp zwei Jahrzehnte später Garteninspektor Bergfeld, die vor den Toren der Stadt liegende Fläche mit einfachen Mitteln bepflanzen zu lassen. Bei der Stadterweiterung wurde im Zusammenhang mit der Neugestaltung der Wallanlagen auch das Gelände des heutigen Stadtparks gestaltet. Zugrunde lagen Pläne von Otto Linne und Max Bromme. Die erste Hälfte der stadtseitigen Parkanlage wurde in den Jahren 1908–1911 angelegt, die Gestaltung der Südhälfte in den Jahren 1917–1926 unter maßgeblicher Beteiligung von Herrmann Braband fortgesetzt. Im Zusammenhang mit der Beseitigung von Luftschutzbunkern für den Bahnhof erfuhr die Anlage 1950 eine weitere Umgestaltung. Die Planungsgrundlage hierfür entwarf der 1945 in Erfurt tätige Gartenarchitekt Gustav Allinger. Der Stadtpark, der insbesondere durch seine imposante Treppenanlage geprägt ist, bot Platz für vielfältige Erfurter Garten- und Blumenausstellungen. Neben den landschaftlichen Elementen verdienen im Stadtpark auch die streng geometrischen architektonischen Gestaltungselemente, der Pavillon, die Treppenanlage und die Nord-Süd-Achse Aufmerksamkeit. Im Süden befindet sich eine senkgartenähnliche Anlage um den Sorgebrunnen. Von den vielen dendrologischen Raritäten sind besonders die Amur-Korkbäume (Phellodendron amurense) und der stattliche Maulbeerbaum (Morus alba) mit zwei Metern Stammumfang hervorzuheben.

Botanisch-Dendrologischer Garten

Winzerstraße, Erfurt

Der in den Jahren 1959 bis 1961 von den Potsdamer Architekten Walter Funcke und Hermann Göritz angelegte Park ist heute ein Gartendenkmal. Statt eine allgemeine Gehölzsammlung anzupflanzen, entschloß die Stadt sich, die Pflanzenfamilie der Rosengewächse (Rosaceae) im neuen Garten umfassend darzustellen. Der Garten der Rosaceae ist beispielhaft in den vorhandenen Landschaftsraum und seine Topographie integriert. In das hängige Gelände wurden weitgehend hangparallel Wege, Plätze und Baukörper integriert. Neben den inneren Sichtachsen ist die optische Verbindung von der großen Terrasse in den Landschaftsraum von besonderer Bedeutung. Prägend ist das klare Gestaltungsprinzip aus den 60er Jahren: zeittypische Brüstungsgeländer und Pergolen gekoppelt

Thür 19 NEU
Eigentümer/in:
Stadtverwaltung Erfurt,
Fischmarkt 1, 99084 Erfurt,
Tel. 0361/65500,
Fax 0361/6555829,
E-mail: planung.
gartenamt@erfurt.de
Internet: www.erfurt.de
Größe: 3,5 ha
frei zugänglich
DB Erfurt
1, 4 Gothaer Platz
59 Wartburgstraße
♿ teilweise

mit modernen Baustoffen, wie z. B. Betonkantensteinen. Auffällige Bauteile sind Mauern aus Lehester Schiefer. Hervorzuheben sind die Blütenkirschen mit ihrem faszinierenden Blütenflor im Frühling und die im Jahr 2002 rekonstruierten Sitzterrassen mit Pergolen. Die Parkanlage befindet sich unmittelbar im Übergang zwischen ega und Dreibrunnenpark.

Thür 20 NEU
Eigentümer/in:
Stadtverwaltung Erfurt,
Fischmarkt 1, 99084 Erfurt,
Tel. 0361/65500,
Fax 0361/6555829,
E-mail: planung.gartenamt@erfurt.de,
Internet: www.erfurt.de
Größe: 1,5 ha
frei zugänglich
DB Erfurt
1, 4 Brühler Garten
Veranstaltungen:
Konzerte Mai–September
mobiles Café

Brühler Garten

Theaterplatz, Erfurt

Der Brühler Zwinger nimmt eine ca. 30–50 m breite Fläche zwischen den mittelalterlichen Stadtmauern ein. In seiner wechselvollen Geschichte wechselte er mehrmals zwischen Friedhof und Lustgarten. Hiervon künden noch einzelne Grabplatten an der inneren Stadtmauer. Besonders hervorzuheben sind das neogotische Grabmal des Steinmetzmeisters Sahlender (gest. 1862) und der Volutensarkophag für A. W. Sucro (gest. 1868). Ein 2001 restauriertes klassizistisches Grabdenkmal von 1853, entworfen vom Schinkel-Schüler F. A. Stüler, wurde zu Ehren des preußischen Generalfeldmarschalls von Müffling errichtet. Zwischen 1925 und 1961 wandelte sich der Brühler Garten vom Kurpark in mehreren Phasen in einen Stadtpark. Im Jahr 2003 konnte eine umfangreiche Sanierung und Neugestaltung des Brühler Gartens nach Plänen des Weimarer Büros Wittig erfolgen. Grundidee der Neuinterpretation war die Entwicklung einer zeitgemäßen, klaren Formensprache, welche sich aus dem Bestand mit ca. 200jähriger Baumallee aus Winterlinden, zwei Rasenparterres, Musikmuschel, Pergola mit dazwischenliegendem Parterre sowie den Fragmenten der historischen Stadtmauer heraus entwickelt. Zusätzlich wurde ein Zugang zum Ufer des Walkstroms am Roßwehr ermöglicht.

Kurpark Bad Berka

Goetheallee, Bad Berka

Wie gut, daß die Heilwasser von Berka „sich nicht in einer Wildnis hervortun, sondern, daß sie sich in der Nähe eines wohlgelegenen Städtchens befinden… Wenn man die Gegend um Berka als einen Lustplatz ansieht, so gewährt er viele Reize. Es wird leicht sein, stundenlange Promenaden in entgegengesetzten Richtungen anzulegen." Dies sagte Goethe im Jahre 1812, als man sich am herzoglichen Hof in Weimar entschloß, die heilsamen Quellen im nahe gelegenen Berka zu nutzen, und schon im Juni 1813 wurde eine Schwefelbadeanstalt eröffnet. Goethe selbst machte Vorschläge zur Trockenlegung des sumpfigen Geländes, zur Gestaltung des Badeplatzes und zum Anlegen einer Allee, von Promenaden und Plätzen. Der Kurpark Berka wurde zu einem Teil der damaligen geistigen Bewegung Weimars. Es war die Zeit der Rückbesinnung auf natürliche Sinnesempfindungen. So ist besonders der nördliche Bereich des Parks geprägt durch natürlich belassene Baum- und Strauchgruppen sowie Feuchtwiesen mit reichhaltiger, zum Teil inzwischen sehr seltener Flora. Den südlichen Teil des Parks beherrschen große Einzelbäume, Baumgruppen, Wiesen sowie gestaltete und bepflanzte Flächen. Die Goethe-Allee durchzieht den Bad Berkaer Kurpark in seiner gesamten Länge. Das Schwefelwasser ist zwar inzwischen versiegt, dafür spendet aber der Goethebrunnen am südlichen Eingang des Kurparks Bad Berka ein heilsames Calcium-Sulfat-Hydrogencarbonat Wasser, das besonders für Trinkkuren empfohlen wird.

Thür 21 NEU
Eigentümer/in:
Stadtverwaltung Bad Berka,
Am Markt 10,
99438 Bad Berka,
Tel. 036458/550,
Fax 036458/55155,
E-mail: stadtverwaltung@bad-berka.de,
Internet: www.bad-berka.de
Größe: 11 ha
Führungen:
nach Vornameldung
Kurverwaltung Bad Berka,
Tel. 036458/5790,
Fax 036458/57999
Stadtführungen mit Parkführung
Kosten auf Anfrage
frei zugänglich
Attraktionen: Kurkonzerte, Ausstellungen Mai–September
DB Bad Berka
P gebührenpflichtig
Veranstaltungen: Brunnenfest, 2. Wochenende im Juni
Kurverwaltung Bad Berka
Schützenfest, August

Schloßpark Ettersburg und Pücklerschlag

Ettersburg

Der barocke Ettersburger Schloßkomplex besteht aus dem dreiflügligen Alten Schloß mit östlich anschließender Kirche und dem südlich als Corps de Logis vorgelagerten Neuen

Thür 22
Eigentümer/in:
Stiftung Weimarer Klassik und Kunstsammlungen,
Burgplatz 4, 99423 Weimar,

Tel. 03643/545401/2/3,
Fax 03643/419816,
E-Mail: info@swkk.de,
Internet: www.swkk.de
Größe: 6 ha
frei zugänglich
Führungen: nach Voranmeldung,
Tel. 03643/545401/2/3
DB Weimar
Bus 6 Ettersburg
→ Ettersburger Straße in Richtung Sömmerda bis Abzweig Ettersburg

Schloß mit Blumenparterre. Aus der gleichen Zeit stammt der aus neun Schneisen bestehende Jagdstern sowie der heute leider nicht mehr vorhandene Brunfthof. Von 1776 bis 1780 war Ettersburg Sommersitz der Herzogin Anna Amalia, die im Ettersburger Forst ihre ersten Anlagen im englischen Stil anlegte. Nach 1842 entstand der Schloßpark und die barocken Schloßparterres wurden nach Plänen Eduard Petzolds umgestaltet. 1845 wurde auf Anregung des Fürsten Hermann von Pückler-Muskau zur Verbesserung der Aussicht aus dem Neuen Schloß die zum ehemaligen barocken Jagdstern gehörende schmale Schloßallee zu einer breiten, den Hang hinaufziehenden Waldwiese, dem sogenannten Pücklerschlag, umgestaltet. Als besondere Gehölze sind ein über 200jähriger Tulpenbaum, Gurken-Magnolie, Breitblättrige Mehlbeere, Einblättrige Esche, Pyramideneiche unter anderen zu nennen. Seit 1999 verbindet eine der alten Jagdschneisen als sogenannte Zeitschneise Schloß Ettersburg mit der Gedenkstätte Buchenwald.

Foto: Geske

Thür 23
Eigentümer/in:
Stiftung Weimarer Klassik und Kunstsammlungen,
Burgplatz 4, 99423 Weimar,

Park an der Ilm

Weimar

Der Park an der Ilm entstand in den Jahren zwischen 1778 und 1828. In der Anfangsphase nahm Goethe, in den darauffolgenden Jahren immer mehr der Herzog Carl August regen

Anteil an der Parkgestaltung. Ausgehend von den ersten englischen Anlagen in der Nähe des Borkenhäuschens im Jahre 1778 bezog man nach und nach die noch vorhandenen alten Schloßgärten sowie weitere Flächen des Ilmtals und seiner Uferhänge ein und gestaltete sie zu einem großen Landschaftspark um. Empfindsam-kleinteilige Parkszenerien, die die ersten Jahre der Gestaltung kennzeichneten, wurden im Laufe der Zeit um großzügige Wiesenflächen mit Baum- und Strauchgruppen sowie sparsamen Staffagen erweitert. Zum Höhepunkt der Parkentwicklung wurde die Errichtung des Römischen Hauses 1791 bis 1797, das dem Herzog zum Sommeraufenthalt diente und zu den bedeutendsten klassizistischen Bauwerken in Deutschland gehört. Eine Dauerausstellung im Souterrain des Gebäudes informiert über die Geschichte des Parks. Zahlreiche Sichtachsen schaffen Blickbeziehungen zwischen den verschiedenen Parkteilen und in die Landschaft hinaus. Mit dem Tod Carl Augusts 1828 endete auch weitestgehend die Entwicklung des Parkes. 1848 leitete Eduard Petzold die dringend notwendigen Regenierungsmaßnahmen am Gehölzbestand ein, die von Julius Hartwig fortgesetzt wurden. Bis heute blieb der Park in Größe und Gestaltung im wesentlichen erhalten. Der Park an der Ilm gehört zu einem 7 Kilometer langen, die Altstadt berührenden Grünzug, der den Schloßpark Belvedere mit dem Schloßpark Tiefurt verbindet.

Tel. 03643/545401/2/3,
Fax 03643/419816,
E-Mail: info@swkk.de,
Internet: www.swkk.de
Größe: 48 ha
frei zugänglich
Führungen: nach Voranmeldung,
Tel. 03643/545401/2/3,
Attraktionen: Goethes Garten mit Gartenhaus am Stern, Parkhöhlen
→ Am Stadtschloß beginnend oder über die Belvederer Allee
Besucherinfo der SWK, Frauentorstraße

Foto: Geske

Schloßpark Belvedere und Orangerie

Belvederer Allee, Weimar

Der Weimarer Herzog Ernst August ließ im Jahre 1724 den Grundstein zu einem Jagdhaus legen, das ab 1728 zu einer repräsentativen Sommerresidenz nach französischem Vorbild

Thür 24
Eigentümer/in:
Stiftung Weimarer Klassik und Kunstsammlungen,
Burgplatz 4, 99423 Weimar,

Tel. 03643/545401/2/3,
Fax 03643/419816,
E-Mail: info@swkk.de,
Internet: www.swkk.de
Größe: 43 ha
frei zugänglich
Führungen: nach Voranmeldung,
Tel. 03643/545401/2/3
12 Belvedere
im Schloß

erweitert wurde. Bis 1748 wurde das Schloß mit einer barokken Gartenanlage umgeben, zu der auch eine umfangreiche Orangerie gehörte. Nach 1758 setzte eine allmähliche Auflösung der regelmäßigen symmetrischen Gartenstruktur ein. Ab 1811 entstand unter Erbgroßherzog Carl Friedrich ein Landschaftsgarten nachklassisch-romantischer Prägung mit zahlreichen Architekturen und Schmuckplätzen im Hangbereich. Gleichzeitig ließ er für seine Gemahlin, die Zarentochter Maria Pawlowna, den regelmäßig gestalteten Russischen Garten anlegen, der in vielen Details dem Pawlowsker Höchsteigenen Garten der Zarenfamilie in der Nähe von St. Petersburg nachgebildet ist. 1823 wurde das Heckentheater und 1843 der Irrgarten angefügt. Das Parkbild wird von markanten alten Eichen geprägt. Neben einheimischen Baumarten sind auch dendrologische Besonderheiten wie Coloradotanne, Nikkotanne, Götterbaum, Panaschierter Eschenahorn, Trompetenbaum und eine Paulownie zu finden. Im Blumengarten wird jedes Jahr ein reiches Sortiment an Frühjahrs- und Sommerblumen gepflanzt. Der Rote Turm, von Carl August in den 20er Jahren des 19. Jahrhunderts als botanisches Studienkabinett genutzt, ist mit chinoisen Fresken geschmückt. Die Orangerie beherbergt eine mehrere hundert Arten umfassende Sammlung in- und ausländischer Gewächse, die im Sommer den Orangerieplatz zieren.

Thür 25
Eigentümer/in:
Stiftung Weimarer Klassik und Kunstsammlungen,
Burgplatz 4, 99423 Weimar,
Tel. 03643/545401/2/3,
Fax 03643/419816
E-Mail: info@swkk.de,
Internet: www.swkk.de
Größe: 21 ha
frei zugänglich
Führungen: nach Voranmeldung,
Tel. 03643/545401/2/3
3 Tiefurt (Endhaltestelle)
→ Über Tiefurter Allee und Robert-Blum-Straße oder über Eduard-Rosenthal-Straße
Verkauf im Schloß Tiefurt

Schloßpark Tiefurt

Tiefurt

Foto: Geske

1776 erhielt Prinz Constantin, der jüngste Sohn der Herzogin Anna Amalia, das zu einem Landschlößchen umgebaute ehemalige Gutspächterhaus zur eigenen Hofhaltung. Gemeinsam mit seinem Erzieher Karl Ludwig von Knebel legte er nach Anregungen von Adam Friedrich Oeser die ersten englischen, das heißt landschaftlich gestalteten Partien an. Ab 1781 verlegte Herzogin Anna Amalia ihren Sommersitz nach Tiefurt und setzte die Parkgestaltung schrittweise fort, indem sie den Park mit Erinnerungsmalen, Gesellschaftsplätzen und einem Musentempel ausstattete. In den 80er Jahren des 18. Jahrhunderts entfaltete die Hofgesellschaft um Anna Amalia in Tiefurt ein reges gesellschaftliches Leben, unter anderem mit Theateraufführungen im Park und einer eigenen literarischen Zeitschrift, dem „Tiefurter Journal". Unter den Gästen der Tiefurter Runde waren Johann Wolfgang von Goethe und Christoph Martin Wieland, Johann Gottfried Herder und Friedrich von Schiller zu finden. In den Jahren 1846 bis 1850 wurde der Gehölzbestand des Parks durch den Gartenkünstler Eduard Petzold regeneriert und der Park teilweise umgestaltet. Viele der heute das Parkbild bestimmenden Baumgruppen wurden in dieser Zeit gepflanzt, unter ihnen Blutbuche, Silberahorn, Panaschierter Bergahorn und der aus Nordamerika stammende Geweihbaum.

Weimarhallenpark

Schwanseestraße, Weimar

Die Geschichte des Parks begann mit einem einen Teich umfassenden Baumgarten schon 1569. Von 1778 bis 1925 war er im Besitz der Familie Bertuch/Froriep, die ihn zunächst als Hausgarten mit Obst und Gemüse und anschließendem parkartigen Teil anlegte. Ab 1830 wurde die gesamte Anlage zu einem Landschaftsgarten umgestaltet, 1907 teilweise verändert. Nach dem Kauf durch die Stadt 1925 wurde der Park durch die westlich angrenzenden Schwansee- und Sportanlagen zu einem städtischen Grünzug erweitert und durch den Bau der Weimarhalle zwischen 1930 und 1932 wieder verkleinert. An seine Geschichte erinnern viele alte Bäume wie Blutbuche, Eiche und Urweltmammutbaum sowie die Grabstätte der Familie Bertuch.

Thür 26
Eigentümer/in:
Stadtverwaltung Weimar,
Schwanseestraße 17,
99421 Weimar,
Tel. 03643/7620,
Fax 03643/902392,
Internet: www.weimar.de
frei zugänglich
→ Im Stadtzentrum

Goethes Garten am Stern

Corona- / Schröter-Straße im Park an der Ilm, Weimar

Der Goethegarten am Stern ist der Garten um Johann Wolfgang von Goethes Gartenhaus. Herzog Carl August schenkte Goethe das Grundstück ein Jahr nach seiner Ankunft in Weimar 1776 und Goethe nutzte es bis zu seinem Tode 1832. Der nach historischem Vorbild wiederhergestellte Garten ist ein Zeugnis der einfachen, naturverbundenen Lebensweise Goethes in seiner ersten Weimarer Zeit. Bis 1782 war das

Thür 27
Eigentümer/in:
Stiftung Weimarer Klassik und Kunstsammlungen,
Burgplatz 4, 99423 Weimar,
Tel. 03643/545401/2/3,
Fax 03643/419816,
E-Mail: info@swkk.de,
Internet: www.swkk.de
Größe: 0,9 ha

Öffnungszeiten:
ganzjährig geöffnet,
April bis Ende Okt. 10–18 Uhr,
Nov. bis Ende März 10–16 Uhr
Eintritt: 3 €, ermäßigt 2 €,
Schüler 1 €
Führungen: nach
Voranmeldung
Tel. 03643/545401/2/3
→ im Park an der Ilm
ⓘ im Gartenhaus

Gartenhaus sein Hauptwohnsitz. Der Aufenthalt dort schlägt sich in Naturzeichnungen und zahlreichen lyrischen Gedichten nieder.

Foto: Geske

Thür 28
Größe: 0,2 ha
Anmeldung für Gruppen
erbeten unter,
Tel. 03643/545500,
Fax 03643/545503
Eintritt: 6 € für Museum und
Garten
ermäßigt 4,50 €,
Schüler 1,50 €
Führungen: nach
Voranmeldung,
Tel. 03643/545401/2/3

Goethes Hausgarten am Frauenplan

Frauenplan 1, Weimar

Das 1709 im barocken Stil erbaute Haus am Frauenplan hat Johann Wolfgang von Goethe bis zu seinem Tod fast 50 Jahre bewohnt. Der Hausgarten am Frauenplan steht seit 1886 den Besuchern offen. Er wurde vor allem von Goethes Frau Christiane betreut und hauptsächlich zur Versorgung des Haushalts mit Obst und Gemüse genutzt. Der Garten wird heute annähernd so gehalten, wie er in den 20er Jahren des 19. Jahrhunderts aussah. Auf den Rabatten wachsen Rosen, Aurikel, Dahlien und viele Sommerblumen. Die früheren Gemüsebeete sind durch Rasenflächen ersetzt worden.
Eigentümer/in: Stiftung Weimarer Klassik
und Kunstsammlungen, Burgplatz 4, 99423 Weimar,
Tel. 03643/545401/2/3, Fax 03643/419816,
E-Mail: info@swkk.de, Internet: www.swkk.de
Öffnungszeiten: nur bei schönem Wetter uund im Rahmen des Museumsbesuches zu besichtigen, ganzjährig geöffnet, April bis Ende Okt. 9–18 Uhr, Nov. bis Ende März 9–16 Uhr

Thür 29
Eigentümer/in: Evangelisch-
Lutherische Kirchgemeinde
Weimar, Herderplatz 8,

Herdergarten

Herderplatz 8, Weimar

Von 1776 bis 1803 hatte Johann Gottfried von Herder hier eine Dienstwohnung, deren Hausgarten er mit zahlreichen

Blumenrabatten, Obstbäumen, Beerensträuchern und Gemüsebeeten gestaltete. 1994, anläßlich des 250. Geburtstags Herders, wurde der Garten, der heute zur Wohnung des Superintendenten gehört, nach alten Plänen rekonstruiert. Öffnungszeiten: ganzjährig geöffnet, Mo bis Fr 8–18 Uhr, Sa 10–14 Uhr.

99423 Weimar,
Tel. 03643/851518,
Fax 03643/851519
Größe: 0,2 ha
Eintritt: frei
→ hinter der Herderkirche

Haus Hohe Pappeln

Belvederer Allee 58, Weimar

In die Diskussion um die Reformierung der Gartengestaltung schaltete sich Henry van de Velde aktiv mit einem ausgeführten Gartenplan am eigenen, neu errichteten Haus Hohe Pappeln in Weimar ein. Nach der Fertigstellung 1908 war sein Wohnhaus Endpunkt einer noch unvollständigen Villenbebauung an der Belvederer Allee. Die Pappeln standen als Baumgruppe am Papiergraben und waren Teil des Galeriewalds entlang der Belvederer Allee. Der Garten darf als direkte Fortsetzung der Wohnung, als Wohnung im Freien verstanden werden. Er gliederte sich in drei Teile: in den öffentlichen Teil mit Rondell und zwei Einfahrten, der der Begrüßung und Repräsentation diente, den privaten Teil auf der Seite zur Belvederer Allee im Bereich der Terrasse mit Streuobstwiese, Pergola und Brunnen sowie in den Nutzgarten auf der Seite zum Papiergraben. Alle drei Teile waren durch Stufen, die die natürlichen Niveauunterschiede ausglichen, deutlich voneinander abgesetzt. Verstärkt wurde die Trennung durch die unterschiedlichen Bodenbeläge und Bepflanzungen. Nach dem Verkauf des Hauses 1919 gingen van de Veldes Ideen durch die veränderten Nutzungen sowie die Um- und Ausbauten weitestgehend verloren. Von 1991 bis 1993 wurde das Haus in die Form von 1908 zurückgebaut. Seit 1994 wird jedes Jahr ein Stück des Gartens entsprechend der Planung van de Veldes hergerichtet. So wurde 2004 die Pergola auf der Südseite vollständig erneuert. Inzwischen sind die wichtigsten Gartenbereiche mit ihren streng-architektonischen Elementen wiederhergestellt und bilden einen angemessenen Rahmen für das imposante und eigenwillige Wohnhaus.

Thür 30
Eigentümer/in: Dr. Klaus Gallas, vermietet an Stiftung Weimarer Klassik und Kunstsammlungen,
Burgplatz 4,
99423 Weimar,
Besucherinformations-Tel. 03643/545-400/401,
E-Mail: info@swkk.de,
Internet: www.swkk.de
Größe: 0,2 ha,
Eintritt: 2 €,
übliche Ermäßigungen
Öffnungszeiten: nur im Sommer täglich außer dienstags 13–18 Uhr
1, 12 Papiergraben

Gartenanlage der Villa Haar

Dichterweg 2a, Weimar

Mit oder kurz nach dem Bau der Villa des Weimarer Justizrates Werner Voigt 1885, der heutigen Villa Haar, erfolgte die Gartengestaltung und der Bau einer imposanten Treppen- und Terrassenanlage. Ausgehend von streng linearen Strukturen um die Villa und entlang der Treppenachse, wechseln die Gartenformen über eine locker symmetrische Verwendung gleicher Elemente bis hin zu einem, dem natürlichen Gelände angepaßten, land-

Thür 31
Eigentümer/in: Stiftung Dr. Georg Haar,
Dichterweg 2a,
99425 Weimar,
Tel. 03643/83540,
Fax 03643/835423,
E-Mail: weimar@stiftunghaar.de,
Internet: www.stiftunghaar.de

Größe: 4,7 ha
Anmeldung erbeten
Öffnungszeiten: ganzjährig geöffnet
Eintritt: frei
🚌 2 Bodelschwinghstraße, 1 Falkenburg

schaftsparkähnlichen Stil. Die Weimarer Kaufmannsfamilie Haar erwarb das Grundstück oberhalb des Goetheparks 1905, nahm aber außer einem Wintergartenanbau im Jugendstil keine größeren Umgestaltungen vor. Mit Übergang an die Stadt Weimar 1945, der Errichtung einer Stiftung und der Umnutzung der Villa Haar als Kinderheim sank zunächst das Interesse an der Gartenanlage. Trotz Verlusts zahlreicher Elemente ist die Grundgestaltung aber bis heute erlebbar. Als prägende Struktur ist die Treppenachse mit der ehemaligen Wasserkunst zu sehen. Hinzu kommt die Gebäudearchitektur, die sich an Gestaltungselemente von Prunkbauten früherer Stilrichtungen anlehnt und auf die näheren Gartenbereiche übergreift. Dem Bauensemble Villa und Treppenachse kann in Verbindung mit der über 4 Hektar großen Gartenanlage eine gewisse Einzigartigkeit in Weimar zugesprochen werden. Zudem wird die Anlage seit 1993 in Kooperation mit der Bauhaus-Universität für das internationale Projekt „KünstlerGärten Weimar" genutzt, was interessante Akzente setzt.

Thür 32
Eintritt: frei
Öffnungszeiten: ganzjährig geöffnet 8 Uhr bis Einbruch der Dunkelheit
🚌 5, 6, 8 Poseckscher Garten

Historischer Friedhof

Poseckscher Garten / Berkaer Straße, Weimar

Auf dem 1818 eröffneten, parkartig gestalteten Friedhof sind zahlreiche Grabstätten aus klassischer und nachklassischer Zeit zu finden. Herausragend sind die 1822 bis 1827 als Fürstengruft erbaute Goethe- und Schillergruft und die 1859 angebaute Russisch-Orthodoxe Kapelle, Grabstätte der Großherzogin Maria Pawlowna.
Eigentümer/in: Stadtverwaltung Weimar, Schwanseestraße 17, 99421 Weimar, Tel. 03643/7620, Fax 03643/902392, Internet: www.weimar.de

Thür 33
Eigentümer/in: Stadtverwaltung Weimar, Schwanseestraße 17, 99421 Weimar, Tel. 03643/7620, Fax 03643/902392
Länge: 3 km, frei zugänglich
🚌 6 Rießner Straße/ Buchenwaldstraße
🐕 ♿

Ettersburger Allee

Weimar

Die Ettersburger Allee verbindet das Stadtgebiet mit dem Ettersburger Wald und dem Schloß. Die Alleebepflanzung wurde 1835 bis 1840 von Großherzogin Maria Pawlowna begonnen und von Petzold 1844 bis 1848 durch eine beidseitige 20 Meter breite, parkartige Saumbepflanzung weitergeführt und verbessert. Diese Anlage wurde beispielgebend von Petzold in Lehrbüchern für Alleebepflanzungen in der Landschaft angeführt.

Thür 34
Eigentümer/in: Diakonie Landgut Holzdorf gGmbH, Humboldtstr. 14,

Gut Holzdorf

Otto-Krebs-Weg 5, Weimar-Holzdorf

Der Mannheimer Industrielle und Kunstsammler Otto Krebs erwarb das Gut 1917. Die Erneuerung des Herrenhauses begann 1923. Zeitgleich wurden Gärten und Park angelegt. Direkt östlich des Herrenhauses schlossen sich Stauden- und Begoniengarten an. Außerhalb des Parks lag noch ein Rosengarten, im Anschluß daran ein landschaftsparkähnlich gestalteter Teil mit künstlicher Felsenwelt. Gärten und Park waren mit Skulpturen des Weimarer Bildhauers Josef Heise ausgestattet. Mit der Roten Armee verschwanden 1951 die Kunstwerke aus Haus und Park. Danach fanden mehrfach Besitzer- und Nutzungswechsel statt. In den 80er Jahren wurde der Park saniert, der Begoniengarten anhand alter Unterlagen neu angelegt und das Bad instandgesetzt. Die heutige Form entspricht noch in wesentlichen Zügen der Gestaltung aus den 20er Jahren. In der Gesamtheit der Anlage fehlt nur der Rosengarten, der nach dem Krieg abgetrennt wurde. Jetzt sind Gut und Park Eigentum des Diakonischen Werks und werden saniert.

Tel. 03643/24100
99423 Weimar,
Größe: 8 ha
frei zugänglich
DB Holzdorf

Schloßpark Kromsdorf

Kromsdorf

Der zwischen 1666 und 1685 entstandene späte Renaissancegarten ist in seinen Grundzügen noch vorhanden. Eine Mauer mit 64 Nischen, in der Porträtbüsten stehen, umschließt den Garten. Vasen bekrönen die Torpfeiler, zwei weitere barocke Sandsteinvasen stehen auf Sockeln im Garten, zwei Bären aus Sandstein vor dem Schloßportal. Diese werden zur Zeit saniert, ebenso wie die Skulpturen der Juno, Aurora, Vesta und Diana, die ihren Standort in den Bastionen der Parkmauer haben.

Thür 35
Eigentümer/in:
Gemeindeverwaltung
Kromsdorf,
Platz der Demokratie 47,
99441 Kromsdorf,
Tel. 03643/421836,
Fax 03643/418427
Größe: 1 ha
frei zugänglich

Gutspark Oßmannstedt

Oßmannstedt

Das zwischen Weimar und Apolda gelegene Gut Oßmannstedt war von 1797 bis 1803 im Besitz Christoph Martin Wielands. Daran erinnert ein kleines Museum im Erdgeschoß des barocken Herrenhauses. Im Gutspark befindet sich die Grabstätte Wielands, in der auch seine Frau Anna Dorothea und die ebenfalls in Oßmannstedt gestorbene Sophie Brentano, Enkelin seiner Jugendfreundin Sophie La Roche, beigesetzt sind.
Führungen: nach Voranmeldung Tel. 03643/545401/2/3

Thür 36
Eigentümer/in:
Stiftung Weimarer Klassik und Kunstsammlungen,
Burgplatz 4, 99423 Weimar,
Tel. 03643/545401/2/3,
Fax 03643/419816,
E-Mail: info@swkk.de,
Internet: www.swkk.de
Größe: 6 ha, frei zugänglich
DB Oßmannstedt

Dornburger Schloßgärten

Dornburg

Oberhalb der Saale liegen an einem Steilhang die drei Dornburger Schlösser, von denen das Renaissance- und das Rokokoschloß als Museum eingerichtet sind. Zu den reizvollen gärtnerischen Anlagen gehört ein landschaftlicher

Thür 37
Größe: 4 ha
Öffnungszeiten: ganzjährig geöffnet 8 Uhr bis Einbruch der Dunkelheit
Eintritt: frei

Führungen: nach Voranmeldung
Tel. 03643/545401/2/3
Attraktionen: Rosenblüte
DB Dornburg → B 88
P gebührenpflichtig
✕ im Renaissanceschloß

Garten am Renaissanceschloß, ein Rosengarten mit Rosenlaubengang und ein kleiner in den 1950er Jahren nachempfundener Barockgarten. Auf den Schloßterrassen wird seit Jahren wieder Wein angebaut. Von den Dornburger Schlössern hat man einen weitreichenden Blick in das mittlere Saaletal. Zur Zeit der Rosenblüte präsentieren sich die Gärten in besonderer Schönheit.
Eigentümer/in: Stiftung Weimarer Klassik und Kunstsammlungen, Burgplatz 4, 99423 Weimar, Tel. 03643/545401/2/3, Fax 03643/419816, E-Mail: info@swkk.de, Internet: www.swkk.de

Thür 38
Eigentümer/in: Friedrich-Schiller-Universität, Institut für Spezielle Botanik, Fürstengraben 26, 07743 Jena, Tel. 03641/949270 und 71, Fax 03641/949272
Größe: 4,5 ha
Öffnungszeiten: ganzjährig geöffnet, im Sommer 9–18 Uhr, im Winter 9–17 Uhr
Eintritt: 2 €, Kinder frei bis 6 Jahre, ermäßigt 1 € für Senioren, Schüler, Studenten, Zivis, Wehrdienstleistende und Arbeitslose
Führungen: nach Voranmeldung, Tel. 03641/949271, 18 €/Gruppe
→ Im Stadtzentrum, neben dem runden Universitätsturm
Veranstaltungen: s. Jahresprogramm, Infos bei: Tel. 03641/949271, Fax 03641/949272
✿ Pflanzen gegen Spende

Botanischer Garten der Friedrich-Schiller-Universität Jena

Fürstengraben 26, Jena

Der Botanische Garten Jena wurde bereits im Jahre 1586 als Hortus medicorum in Collegio gegründet und ist damit nach Leipzig (1542) die zweitälteste Einrichtung dieser Art in Deutschland. Seit 1631 auf dem Standort ansässig ist der Garten heute eine Abteilung des Instituts für Spezielle Botanik und damit auch ein der Öffentlichkeit zugänglicher Teil der FSU. Auf 4,5 Hektar Grundfläche werden in Frei- und Gewächshausanlagen zirka 10 000 Pflanzenarten aus allen wichtigen Vegetationseinheiten der Erde kultiviert und ästhetisch wirksam präsentiert. In den Freilandanlagen sind die Pflanzen nach ökologischen, pflanzengeographischen, systematischen und ästhetischen Gesichtspunkten geordnet: in ein Arboretum, ein Alpinum, eine Wald-, Steppen-, Moor-, Heide- und Teichanlage, eine Anlage für Nutz- und Heilpflanzen, eine systematische Pflanzung und eine Terrassenanlage, in der morphologische und biologische Besonderheiten gezeigt werden. Die öffentlich zugänglichen Gewächshäuser wurden in den Jahren 1980 bis 1983 rekonstruiert und erweitert. Ein Eingangsgebäude mit Ausstellungsvitrinen verbindet einen Komplex von fünf Glashäusern: Kakteen- und Sukkulentenhaus, Hartlaub- und Lorbeerwaldhaus, Palmen- und Tropenhaus, Evolutionshaus und Victoria-Haus, die einen freien Innenhof mit einem beheizbaren Wasserbecken umschließen, der auch für Ausstellungen und Konzerte genutzt wird. Die neueste Einrichtung im Botanischen Garten ist das 2003 eröffnete Evolutionshaus.

Thür 39 NEU
Größe: 2,8 ha
frei zugänglich
DB Jena
Lobeda-Ost

Drackendorfer Goethe-Park

Alte Dorfstraße, Jena-Drackendorf

Der kleine Park, heute Kulturdenkmal des Freistaates Thüringen, entstand um 1800 auf Initiative der Familie Freiherr von Ziegesar als englischer Landschaftsgarten. 1854 bis 1856 erfolgte der Bau des „Römischen Teehauses". Bekannt wurde der Park durch zahlreiche Besuche Goethes aufgrund seiner Beziehung zur Familie Ziegesar und deren Tochter Silvie. Eigentümer/in: Stadt Jena, Umweltamt, Leutragraben 1, 07743 Jena, Tel. 03641/495150, Fax 03641/495155, E-mail: umweltamt@jena.de, Internet: www.jena.de

Drackendorf
P 🐕 ♿

Oberaue / Paradies

Stadtrodaer Straße, Jena

Die ersten Gestaltungsbemühungen erfolgten bereits in den 1930er Jahren. Die heutige Gestalt geht auf die Planungen von Georg Weichelt in den Jahren 1952 bis 1958 zurück; realisiert wurden die Bauarbeiten vom Nationalen Aufbauwerk. Die Gestaltung knüpft an die Volksparkidee der 1920er Jahre an: Licht, Luft, Wasser, Sonne. Sie ist ein gutes Beispiel für einen nutzungsbetonten Erholungspark mit Brunnen, Liegewiesen, Aufenthaltsbereichen und Sportaktivitäten. Die drei Parkteile Rasenmühleninsel, Paradies und Oberaue der größten Grünanlage Jenas sind Bestandteil der Saaleaue mit altem Gehölz- und Baumbestand und mit seltenen Rote Liste Arten.

Thür 40 NEU
Eigentümer/in:
Stadt Jena, Umweltamt,
Leutragraben 1,
07743 Jena,
Tel. 03641/495150,
Fax 03641/ 495155,
E-mail: umweltamt@jena.de,
Internet: www.jena.de
Größe: 23,7 ha
frei zugänglich
DB Jena-Paradiesbahnhof
P gebührenpflichtig
☕ 🐕 ♿

Nordfriedhof Jena

Hufelandweg 4, Jena

Thür 41 NEU
Eigentümer/in:
Kommunalservice Jena,
Abt. Städt. Friedhöfe,
Löbstedter Straße 68,
07749 Jena,
Tel. 03641/45780,
Internet: www.ksj24.de
Größe: 18,9 ha
Eintritt: frei
Öffnungszeiten:
ganzjährig geöffnet,
im Sommer: 6–20 Uhr,
im Winter: 8–17 Uhr
DB Jena-Saalbahnhof
🚌 Zwätzen
Nordschule
P

Der Nordfriedhof wurde 1886 bis 1887 vom großherzoglichen Garteninspektor Louis Maurer geplant. Die Feierhalle und das Verwaltungsgebäude wurden kurze Zeit später erbaut und in den letzten Jahren aufwendig saniert. Noch vor der Jahrhundertwende wurde ein Feuerbestattungsverein gegründet und ein Krematorium gebaut, eines der ersten in Deutschland. Vor und nach dem Ersten Weltkrieg wurde der Friedhof mehrmals erweitert. Der Landschaftsfriedhof auf hängigem Gelände besticht durch seinen alten Baumbestand und die florale Vielfalt und ist ein bedeutendes Zeugnis für die Friedhofskultur. Viele Grabmäler des späten 19. und frühen 20. Jahrhunderts sind von besonderer kunsthistorischer Bedeutung, vor allem der Urnenhain mit dem „Diekmannschen Labyrinth", in kleinen Stützmauern und Nischen freistehende Urnen, geplant 1926 vom Friedhofsinspektor Gustav Diekmann.

Thür 42 NEU
Eigentümer/in:
Friedrich-Schiller-Universität,
Fürstengraben 1,
07737 Jena,
Tel. 03641/944166,
Fax 03641/944152,
Größe: 1,3 ha
frei zugänglich
DB Jena Hbf
1 Spittelplatz
P gebührenpflichtig

Griesbachgarten (Prinzessinnengarten)

Am Planetarium 7, Jena

Der Garten und das dazugehörige Gartenhaus wurden 1784/85 vom Theologieprofessor Johann Jakob Griesbach errichtet. Einige Jahre nach seinem Tod im Jahre 1812 wurden Haus und der englische Landschaftsgarten an den Weimarer Hof verkauft. Goethe hatte das Anwesen der Großherzogin Maria Pawlowna als Sommeraufenthalt für ihre beiden Töchter Marie und Augusta empfohlen. Für den Garten bürgerte sich darauf der Name „Prinzessinnengarten" ein. 1821 wurde hier das weltweit erste Goethedenkmal errichtet. Zum vielfältigen Baumbestand gehören auch einige Mammutbäume.

Thür 43 NEU
Eigentümer/in:
Friedrich-Schiller-Universität,
Fürstengraben 1,
07737 Jena,
Tel. 03641/931188,
Fax 03641/931186,
Größe: 0,75 ha
Eintritt: 2,50 €, Kinder frei bis 6 Jahre, ermäßigt 1,30 € für Senioren, Schüler, Studenten, Zivildienstleistende
Führungen:
nach Voranmeldung
15 €/Gruppe bis 20 Personen
Öffnungszeiten: ganzjährig geöffnet, 11 bis 15 Uhr, im Winter sonntags geschlossen
DB Jena-Paradiesbahnhof
P gebührenpflichtig

Schillergarten

Schillergäßchen 2, Jena

Friedrich Schiller kaufte das Gartenhaus und den Garten vor den Toren der Stadt im März 1797. Er verbrachte hier mit seiner Familie die Sommermonate 1797 bis 1799 und arbeitete an „Wallenstein", „Maria Stuart" und „Die Jungfrau von Orleans". Bei der um 1800 typischen Hausgartengestaltung teilen die von Blumenrabatten gesäumten Wege das Areal in regelmäßige Felder, die in Hausnähe dem Anbau von Gemüse dienten, während auf den Wiesenflächen zahlreiche Obstbäume stehen. Im Gartenhaus, das ursprünglich um 1740 errichtet und später nach Originalplänen rekonstruiert wurde, hat die Universität Jena ein Museum eingerichtet.

Johannisfriedhof

Am Heinrichsberg, Jena

Urkundlich erwähnt wurde der Friedhof, der ursprünglich außerhalb der Johannisvorstadt lag, 1307. Der schon seit vielen Jahrzehnten aufgelassene Friedhof hat mit seinen alten, vielfach mit Efeu bewachsenen Bäumen einen parkwaldartigen Charakter. Die zahlreichen alten Grabsteine sind Zeugnis der Jenaer Stadtgeschichte. Der älteste Stein stammt aus dem Jahr 1484, die meisten sind aber Erinnerungen an verstorbene Persönlichkeiten, darunter viele Professoren und Gelehrte der Universität aus der Zeit des Barocks und der Klassik. Die barocke Friedenskirche von 1693 mit dem wuchtigen, helmbekrönten Turm ist nur nach Voranmeldung zu besichtigen.

Eigentümer/in: Ev.-Luth. Kirchgemeinde Jena, Stadtkirchenamt, Lutherstr. 3, 07743 Jena, Tel. 03641/57380, Fax 03641/573847, E-mail: Kirchgemeinde-Jena@t-online.de, Internet: www.kirchkreis-jena.de

Thür 44 NEU
Größe: 0,75 ha
Führungen:
nach Voranmeldung
Herr Holzapfel,
Tel. 03641/447422
frei zugänglich
DB Jena Hbf
P
Besichtigung Friedenskirche
www.kirchkreis-jena.de

Küchengarten

Küchengarten, Gera

Thür 45 NEU
Eigentümer/in:
Stadt Gera,
Kornmarkt 12,
07545 Gera,
Tel. 0365/8381119,
Fax 0365/8381125,
E-mail:
stadtmarketing@gera.de,
Internet: www.gera.de
Größe: 2 ha
frei zugänglich
DB Gera Hbf
P

Erbaut wurde der Küchengarten und die angrenzende Orangerie, die heute die Städtische Kunstgalerie beherbergt, in der ersten Hälfte des 18. Jahrhundert. Zu dieser Zeit gab es eine große Sammlung von Kübelpflanzen. Teile der Anlage wurden zwar landschaflich umgestaltet, doch ist die geometrische Struktur noch gut erkennbar. Der zentrale Brunnen wurde 2005 neu gestaltet.

Thür 46 NEU
Größe: 1 ha
Eintritt: frei
Öffnungszeiten:
1. April–30. Oktober 9 Uhr bis Einbruch der Dämmerung
DB Gera Hbf
10/11 Rathenaustraße
P
Veranstaltungen: Dahlienfest Anfang September

Dahliengarten

Straße des Friedens, Gera

1928 entstand auf dem Gelände einer ehemaligen Lehmgrube der Dahliengarten, für den die Köstritzer und Geraer Dahliengärtner die Pflanzen kostenlos zur Verfügung stellten. Im Mittelpunkt des kreisförmig angelegten Gartens steht die 1930 von Thilo Schoder, einem Schüler Henry van de Veldes, entworfene Brunnenplastik „Die Dahlie".
Eigentümer/in: Stadt Gera, Kornmarkt 12, 07545 Gera, Tel. 0365/8381119, Fax 0365/8381125, E-mail: stadtmarketing@gera.de, Internet: www.gera.de

Thür 47 NEU
Größe: 0,75 ha
Eintritt: frei, Eintritt bei Sonderveranstaltungen
Führungen: nach Voranmeldung, Tel. 0365/52003
15 €/Gruppe bis 25 Personen
Öffnungszeiten: ganzjährig geöffnet, im Sommer: Mo bis Fr 8–17 Uhr, Sa, So, Feiertag 11–17 Uhr, im Winter: Mo bis Fr 8–15.30 Uhr
DB Gera Hbf
3 Sorge/Markt
10, 20 Schillerstraße, Stadtgraben
P gebührenpflichtig
Tel. 0365/52003
Fax 0365/52025

Botanischer Garten am Museum für Naturkunde

Schillerstraße / Nikolaistraße, Gera

Bereits 1863/64 wurde am Westhang des Geiersberges vom Kommerzienrat Ferber ein spätklassizistisches Gartenhaus mit Turm im italienischen Stil errichtet, heutiger Sitz des Museums für Naturkunde. Der dazugehörige kleine Landschaftsgarten wurde Ende des 19. Jahrhunderts in einen botanischen Garten für die Geraer Schulen umgewandelt. Heute zeigt der Botanische Garten neben Küchenkräutern, Arznei- und anderen Nutzpflanzen noch immer ein Abbild der Pflanzenwelt Ostthüringens mit zirka 300 Pflanzenarten der verschiedenen Lebensräume von Laubwald bis Fels- und Schotterflur. Eine geologische Lehrwand von 1898 stellt die Steine des Mittleren Elstergebirges vor.
Veranstaltungen: Grüne Schule, Gartenfeste, Fuchsien-, Kakteen- und Pilzausstellung, wechslende Termine
Eigentümer/in: Stadt Gera/Kulturdirektion Museum für Naturkunde, Nicolaiberg 3, 07545 Gera, Tel. 0365/8381313, Fax 0365/83852025, E-mail: naturkundemuseum@gera.de, Internet: www.gera.de

Thür 48 NEU
Eigentümer/in: Bundesgartenschau Gera und Ronneburg 2007 GmbH, Gagarinstr. 81,

Bundesgartenschau Gera und Ronneburg 2007

Gera und Ronneburg

Die Bundesgartenschau 2007 findet an zwei Standorten in den Städten Gera und Ronneburg mit fünf BUGA-Bereichen statt. Mit dem Rückbau der ehemaligen Bergbaulandschaft

Ronneburg zu einer ursprünglichen Naturlandschaft, die mit landschaftlich architektonischen Akzenten untersetzt ist, renaturiert eine Bundesgartenschau bislang weltweit erstmalig ganze Landschaftszüge. Das Gebiet der Neuen Landschaft Ronneburg ist ein Ort der Wandlungen und der Weite; die Bergbaufolgelandschaft wird revitalisiert und den Menschen als (Er-)Lebensraum besonderer Art zurückgegeben. Dieses Gebiet, das einer Mondlandschaft glich, wird mit der Bundesgartenschau neu erwachen: streng geometrische Formen der „Lichtenberger Kanten" wechseln sich mit den weichen Formen der umliegenden, natürlich gewachsenen Landschaft ab. Faszinierend ist der Blick vom Ronneburger Balkon auf die Weite des Gessentals und auf zwei weitere Höhepunkte der BUGA: eine ca. 300 m lange Spannbandbrücke aus Holz führt über das Tal und leitet den Besucher zum Arboretum – eine Sammlung der Bäume der nördlichen Erdhalbkugel. Eine große Blüten- und Farbenvielfalt zeigt der Rosengarten auf dem Ronneburger Balkon mit 12 000 Rosen in 400 verschiedenen Arten und Sorten. Vor der Kulisse des Geraer Stadtwaldes entsteht mit dem „Hofwiesenpark Gera" aus einem ehemaligen Sportgelände ein moderner Stadtpark mit sehr viel Raum für Erholung und Unterhaltung. Durch eine sanfte Geländemodellierung erhält der Park einen Auencharakter, der mit Aktionsinsel Raum und Zeit für Begegnungen bietet. Über diese beiden Hauptausstellungsbereiche hinaus bilden der Ufer-Elster-Park, das Gessental und der Stadtpark Ronneburg ein durchgängiges „grünes Band".

07545 Gera,
Tel. 0365/552007,
Fax 0365/5520099,
E-mail: info@buga2007.de,
Internet: www.buga2007.de
Größe: 75 ha
Eintritt: zirka 14 €, genaue Preise ab Mitte 2006 im Internet oder beim Veranstalter abrufbar
Führungen: für Gruppen nach Voranmeldung
Öffnungszeiten:
27.04. – 14.10.2007
9 Uhr – Eintritt der Dunkelheit, bei Abendveranstaltungen länger
Attraktionen:
zahlreiche Blumensonderschauen
DB Gera Hbf
Am Küchengarten
P gebührenpflichtig
Veranstaltungen:
Großes Kunst-, Kultur- und Sportprogramm
Newsletter über marketing@buga2007.de
✿ Gärtnermarkt

Schloßpark Tannenfeld

Löbichau / Tannenfeld

Ab 1796 initiierte Herzogin Anna Dorothea von Kurland den Bau von Schlößchen und Park Tannenfeld, der Gärtner ist unbekannt. Bemerkenswert ist die Dreiteilung des Parks in einen deutschen Wald, einen Englischen Landschaftsgarten und ein französisches Parterre am Schloß. Der Englische Landschaftsgartenteil ist noch ursprünglich erhalten. Er wurde in einem den Park in Ost-West-Richtung durchziehenden Tal angelegt – mit Quelle, Bach, Teich und Insel, die eine Eremitage en miniature bildet. Der französische Gartenteil auf der Südseite des Schlößchens wurde 1911 in einen formalen Rosengarten umgewandelt.
Vielfältige Blickbeziehungen sind sowohl innerhalb des Parks als auch nach außen erlebbar. Bei klarem Wetter reicht der Blick bis zum Erzgebirge. Im Frühjahr sind die arten- und zahlreichen Blumenzwiebeln, die über 100 Jahre lang von den Gärtnern in die Parkwiesen eingebracht wurden, und die mächtigen alten Rhododendren und Azaleen eine besondere Attraktion.

Thür 49
Eigentümer/in: BfA Nutzer, Landkreis Altenburg, Heime GmbH, Schloß, 04626 Löbichau/Tannenfeld
Größe: 14 ha
frei zugänglich
Attraktionen: Geophytenblüte, Rhododendrenblüte März bis Juni
DB Nöbdenitz
→ vom Bahnhof 3 km zu Fuß, BAB 4, Abfahrt Ronneburg in Richtung Altenburg, nach 1 km liegt die Einfahrt zum Park auf der rechten Seite
P

Thür 50 NEU
Eigentümer/in:
Stadtverwaltung Altenburg,
Markt 1, 04600 Altenburg,
Tel. 03447/5940,
Fax 03447/594139,
E-mail:
info@stadt-altenburg.de,
Internet: www.altenburg-tourismus.de
Größe: 13,1 ha
frei zugänglich
DB Altenburg
5 Marstall/Hausweg
P gebührenpflichtig

Schloßpark Altenburg

Marstall, Altenburg

Die Geschichte des Schloßgartens beginnt um 1600 als kleiner Lustgarten nach dem Vorbild der italienischen Renaissance. Zu Beginn des 18. Jahrhunderts erfolgte eine Umgestaltung in einen Barockgarten, von dem noch das Teehaus, die Orangerie und einige Tore erhalten sind. Eine komplexe Umwandlung in einen Landschaftsgarten mit Erweiterungen erfolgte zwischen 1827 und 1839. Auch in den folgenden Jahrzehnten gab es immer wieder Veränderungen und bauliche Ergänzungen: das Lindenau-Museum, ein Neorenaissancebau um 1875, und Anfang des 20. Jahrhunderts die Herzogin-Agnes-Gedächtniskirche und das in Form eines Gartenschlößchens errichtete Naturkundliche Museum Mauritanium. Der Altenburger Schloßpark mit seinem alten und vielfältigen Baumbestand erstreckt sich über den gesamten Schloßberg.

Thür 51
Eigentümer/in: Stiftung Thüringer Schlösser und Gärten,
Schloß Heidecksburg,
Postfach 100142,
07391 Rudolstadt,
E-Mail: stiftung@thueringer-schloesser.de
Ansprechpartner: Schloßverwaltung, Herr Muschiol,
Schloß und Park Altenstein,
36448 Bad Liebenstein,
Tel. 036961/72513,
Fax 036961/33408,
Größe: 160 ha, frei zugänglich
DB Eisenach oder Bad Salzungen

Park Altenstein

Schloß Altenstein, 36448 Bad Liebenstein

1799 begann die Parkgestaltung auf Anweisung Herzog Georg I. von Sachsen-Meiningen. Es entstand eine Vielzahl der für den Landschaftsgarten typischen Parkarchitekturen, wie die Schweizer Sennhütte mit künstlichem Wasserfall, die Chinesische Rotunde, das Chinesische Häuschen, die Ritterkapelle und die Teufelsbrücke. Nach 1845 erfolgte die Neugestaltung eines Teils der Anlage nach Vorschlägen Fürst Pücklers und Carl Eduard Petzolds. Eine weitere Umgestaltung des Innenparks und der Neubau des Schloßgebäudes folgte 1888. Das Schloßgebäude brannte 1982 aus, wurde aber in den Folgejahren in den äußeren Formen wieder aufgebaut. Charakteristisch für die Anlage sind weite Sichtbeziehungen aus dem

Altensteiner Park bis in das Werratal und in die Rhön. Seit 1990 wird die Anlage im Rahmen eines Gartendenkmalpflegekonzepts erhalten.

Eisenach–Bad Liebenstein, Bad Liebenstein–Altenstein, Bad Salzungen–Bad Liebenstein

Schloßpark

Schloßplatz, Meiningen

Nach der Fertigstellung des Schlosses Elisbethenburg im späten 17. Jahrhundert wurde hinter dem Schloßgraben ein Barockgarten angelegt. Ab 1810 erfolgte nach dem Vorbild des Weimarer Ilm-Parks eine Umwandlung in einen „freiwachsenden Natur- und Landschaftspark". Maßgeblich beteiligt war die Familie Buttmann, die drei Generationen als herzogliche Hofgärtner in Meiningen tätig waren. Den bis an die Werra reichenden Park mit angrenzendem Waldpark durchziehen künstliche Wasserläufe, überspannt von einer alten Bogenbrücke. Sehenswert ist auch die Schloßanlage mit Marstall und Theatermuseum in der ehemaligen Reithalle.

Thür 52 NEU
Eigentümer/in:
Stadt Meiningen,
Schloßplatz 1,
98617 Meiningen,
Tel. 03693/454550,
Fax 03693/454611,
E-mail: rolf.koelsche@stadtmeiningen.de,
Internet:
www.meiningen.de
Größe: 10 ha
frei zugänglich
DB Meiningen
P gebührenpflichtig
Veranstaltungen: Feuerwerk, Lasershow, Stadtfest, verschiedene Termine, Tourist-Information Meiningen, Markt 14, 98617 Meiningen

Englischer Park

Bernhardstraße, Meiningen

Herzog Georg I. von Sachsen-Meiningen ließ im Rahmen seines Ausbaus Meiningens zu einer Residenzstadt ab 1782 auch eine angemessene Parkanlage anlegen. Hervorgegangen aus einem „Thier- und Fasanengarten", später ergänzt durch das „große Lusthaus", das sogenannte Redoutenhaus, vergrößerte Georg I. mit Hilfe der Hofgärtner Buttmann den Park. Neben dem alten und wertvollen Baumbestand erinnern vor allem der große und kleine Teich mit Fontäne, die auch als Theaterkulisse genutzte künstliche Ruine und die Gruftkapelle von der historischen Gestaltung. Die alten Grabsteine um die Gruftkapelle stammen vom ehemaligen Gottesacker.

Thür 53 NEU
Eigentümer/in:
Stadt Meiningen,
Schloßplatz 1,
98617 Meiningen,
Tel. 03693/454550,
Fax 03693/454611,
E-mail: rolf.koelsche@stadtmeiningen.de
Internet:
www.meiningen.de
Größe: 10 ha
frei zugänglich
DB Meiningen
P

Veranstaltungen: Theater, Feuerwerke, Skulpturen-Show, verschiedene Termine, Tourist-Information Meiningen, Markt 14, 98617 Meiningen
🐕 ♿

Thür 54
Größe: 7 ha
Öffnungszeiten: Ende April bis Anfang November 9–18 Uhr
Eintritt: 3 €, Kinder frei bis 6 Jahre, ermäßigt 2,50 €/Person für Gruppen
Führungen: nach Voranmeldung oder kurzer Einführungsvortrag, Führung 35 €, Einführung 15 €
DB Oberhof
🚌 Suhl – Oberhof Parkplatz Ronndell/Rennsteiggarten
Veranstaltungen: Kräutertag und Blütenfest im Juni, Herbstfest im September
P ☕ ♿ ℹ
✿ Gebirgspflanzen

Rennsteiggarten Oberhof – Botanischer Garten für Gebirgspflanzen

Am Pfanntalskopf, Oberhof / Thüringen

Unter den klimatischen Bedingungen des Rennsteiggartens, der auf über 800 Meter Höhe in Kammlage des Thüringer Walds mit niedriger Jahresdurchschnittstemperatur, hoher Niederschlagsmenge und bis zu 150 Tagen Schneebedeckung liegt, können die Gebirgspflanzen ihren typischen Wuchs und Blütenflor entfalten. Die fast 4000 verschiedenen Pflanzenarten aus den Gebirgen Europas, Asiens, Nord- und Südamerikas, Neuseelands und aus der arktischen Region sind nach ihren ökologischen Ansprüchen und ihrer geographischen Verbreitung Pflanzflächen angesiedelt. Ein künstlich geschaffenes kleines Hochmoor ermöglicht das Kennenlernen typischer Pflanzenarten dieser sonst nicht zugänglichen Biotope.
Eigentümer/in: Kulturbund e.V. Am Pfanntalskopf,
PSF 12/18, 98557 Oberhof in Thüringen,
Tel. 036842/22245, Fax 036842/20753,
E-Mail: info@rennsteiggartenoberhof.de
Internet: www.rennsteiggartenoberhof.de

Schloßpark Großkochberg

Großkochberg

Das um 1600 gebaute Schloß wurde bis zum 19. Jahrhundert mehrfach verändert. Das Gebäude beherbergt neben einer Goethe-Erinnerungsstätte eine Ausstellung über die Geschichte des Schlosses und des Parks. Der in eine reizvolle Landschaft eingebettete Schloßpark mit Badeteich, Wasserläufen und Blumengarten sowie einem prächtigen alten Baumbestand wurde unter Carl von Stein im ersten Drittel des 19. Jahrhunderts angelegt.
Eigentümer/in: Stiftung Weimarer Klassik und Kunstsammlungen, Burgplatz 4, 99423 Weimar,
Tel. 03643/545401/2/3, Fax 03643/419816,
E-Mail: info@swkk.de, Internet: www.swkk.de

Thür 55
Größe: 6 ha
Öffnungszeiten: ganzjährig geöffnet
8 Uhr bis Einbruch der Dunkelheit
Eintritt: frei
Führungen: nach Voranmeldung
Tel. 03643/545401/2/3
Bus: Rudolstadt – Großkochberg
P ✕ Hund i
Veranstaltungen: Konzerte und Theateraufführungen im Liebhabertheater, im Sommer

Park Bergfried

Tiefer Weg 7, Saalfeld

Von dem auf einer Anhöhe im Süden der Stadt gelegenen Herrenhaus mit Schmuckhof führt eine beschnittene Lindenallee zum Weiherhäuschen. Weiter nach Süden schließt sich das Gelände des ehemaligen Golfplatzes an. Am nördlich gelegenen Hang zur Stadt sind ein Japanischer Garten sowie der Stein- und Wassergarten (Nympheum) eingeordnet. Zum baulichen Ensemble gehört unter anderem auch ein Glockenturm. Als Villa der 20er Jahre des 20. Jahrhunderts zeigt das Ensemble eine völlige Einheitlichkeit in der Gestaltung von Haus, Nebengebäuden und umgebendem Parkgelände. Diese Einheitlichkeit in der Umsetzung der Gestaltungsidee ist als einmalig im Thüringer Raum anzusehen. Max-Hans Kühne

Thür 56
Eigentümer/in: Land Thüringen, Erbpachtvertrag, Stadt Saalfeld, Grünflächenamt, Markt 1, 07318 Saalfeld,
Tel. 03671/598360,
Fax 03671/598339,
E-Mail: gfa@stadt-saalfeld.de
Größe: 15 ha, frei zugänglich
Attraktionen: Glockenspiel im Park zu besonderen Anlässen
Bus: D Freibad
P Hund ♿

von Lossow und Kühne in Dresden entwarf die Gesamtanlage sowie die Architektur und Innenausstattung der einzelnen Gebäude. Die gärtnerische Gestaltung ist bis auf geringfügige Änderungen in ihrer ursprünglichen Form erhalten und kommt erst jetzt, nach zirka 70 Jahren Wachstum, voll zur Geltung.

Thür 57
Eigentümer/in:
Stadt Saalfeld,
Grünflächenamt, Markt 1,
07318 Saalfeld,
Tel. 03671/598360,
Fax 03671/598339,
E-Mail: gfa@stadt-saalfeld.de
Größe: 2 ha
Eintritt: frei
Bus: A Landratsamt

Schloßpark Saalfeld

Schloßstraße / Halbe Gasse, Saalfeld

Die ursprüngliche Gliederung des ehemaligen Barockgartens am Schloß Saalfeld in Parterrebereich, Kastanienwäldchen und Orangengärten mit geschnittenen Hecken und regelmäßigen Bepflanzungen ist heute nur noch andeutungsweise zu erkennen. Der Park wird maßgeblich durch die in den 60er Jahren erfolgte Umgestaltung zum Heimattiergarten mit Schwanenteich und Vogelvolieren bestimmt.
Öffnungszeiten: ganzjährig geöffnet, im Sommer 7–19 Uhr, im Winter 9–17 Uhr

Thür 58 NEU
Eigentümer/in:
Stadt Saalburg-Ebersdorf,
Parkstr. 1,
07929 Saalburg-Ebersdorf,
Tel. 036651/3810,
Fax 036651/38111,
E-mail: verwaltung@saalburg-ebersdorf.de,
Internet:
www.saalburg-ebersdorf.de
Größe: 50 ha
Führungen: nach Voranmeldung
frei zugänglich
DB: Lobenstein
Bus: 170 Ebersdorf

Park in Ebersdorf

Parkstraße, Saalburg-Ebersdorf

Die Anfänge des Parks liegen im frühen 18. Jahrhundert als regelmäßiger Garten, der ab 1800 zu einem großzügigen Landschaftsgarten umgewandelt wurde. Als Schöpfer gilt der Dresdner Baumeister Schuricht. 1949 bis 1953 wurde eine Schule im sogenannten Pavillonstil errichtet, die heute ein Kulturdenkmal ist. Der besondere Reiz des Parks liegt in den eindrucksvollen Gehölzgruppen, sowie dem Wechselspiel von Wegen, Wiesen, Wasserflächen und hainartigen Baumbeständen. Eingestreut in die Anlage liegen der Pfotenteich mit Teichhäuschen, Grabmal und Denkmal für die fürstliche Familie Reuß und ein Teehäuschen.

Greizer Park

Brückenstraße, 07973 Greiz

Die Anfänge der Gartengestaltung des heutigen Greizer Parks gehen bis auf die Zeit um 1650 zurück. Zwischen 1779 und 1789 entstand das Sommerpalais und eine regelmäßig-architektonisch gestaltete Gartenanlage. Um 1800 erfolgte eine grundlegende Umgestaltung und Erweiterung der bisherigen Anlage als Landschaftsgarten, an die 1828 das Pinetum im Zusammenhang mit einer erneuten Umgestaltung nach dem Plan des Laxenburger Schloßhauptmanns von Riedl anschloß. Fünfzig Jahre später entwarf Carl Eduard Petzold neue Pläne, die der ausführende Gartendirektor Rudolph Reinecken jedoch nur teilweise umsetzte. Nach 1967 wurde das ehemalige Orangeriegebäude am Parkeingang Brückenstraße zur Parkverwaltung umgebaut. 1971 entstand ein Mahnmal für die Befreiung vom Faschismus nach dem Entwurf des Berliner Bildhauers Jürgen Raue und 1975, anläßlich der 30. Wiederkehr der deutschen Kapitulation, entlang der Ufermauer zur Weißen Elster eine kleine Gedenkstätte für sowjetische Soldaten und Zivilpersonen, die im 2. Weltkrieg und in den ersten Jahren danach in Greiz umgekommen sind.

Thür 59
Eigentümer/in:
Stiftung Thüringer Schlösser und Gärten,
Schloß Heidecksburg,
Postfach 100142,
07391 Rudolstadt,
E-Mail: stiftung@thueringer-schloesser.de
Ansprechpartner:
Schloßverwaltung,
Frau Büttner,
Staatliche Bücher- und Kupferstichsammlung,
Sommerpalais Greiz,
Postfach 1146, 07961 Greiz,
Tel. 03661/7058-0,
Fax 03661/7058-25
Größe: 60 ha
frei zugänglich
DB Gera
Bus Gera-Greiz

Die Offenen Pforten in Deutschland

Diese Liste enthält 2.500 geöffnete Privatgärten in 59 Aktionen in Deutschland.

Soweit nicht anders angegeben sollten die frankierten Rückumschläge das Format DIN lang haben.

Bundesweit
◆ Die Offene Pforte
umfasst zirka 170 Gärten
Broschüre nur für Mitglieder der Gesellschaft der Staudenfreunde über
GdS-Geschäftsstelle
Klaus Zimmermann
Tel. 06233/371837
Fax 06233/371937
info@gds-staudenfreunde.de

Baden-Württemberg
◆ Landkreis Emmendingen
Offene Gärten
Zirka 10 Gärten
Information über
Werner Dutzi
Beratungsstelle für Obst- und Gartenbau des Landratsamtes Emmendingen
Tel. 07641/451288
w.dutzi@landkreis-emmendingen.de

◆ Ortenaukreis (Mittlerer Schwarzwald)
Die offene Gartentür
Zirka 40 Gärten
Liste: gegen frankierten Rückumschlag (0,55 €)
Amt für Landwirtschaft
Prinz-Eugen-Str. 2
D-77654 Offenburg
Tel. 0781/9239-0
Fax 0781/9239-200
Landwirtschaftsamt@ortenaukreis.de
www.ortenaukreis.de

Bayern
◆ Bayern landesweit
Tag der offenen Gartentür
Meist letztes Wochenende im Juni, zirka 280 Gärten
Regierungsbezirke des Freistaates Bayern und Bayr. Landesverband für Gartenbau und Landespflege e.V.

Bezug:
Regierung von Unterfranken
Sachgebiet Gartenbau
Postfach 6349
97013 Würzburg

Regierung von Mittelfranken
Sachgebiet Gartenbau
Promenade 27 (Schloß)
91522 Ansbach

Regierung von Oberfranken
Sachgebiet Gartenbau
Postfach 11 01 65
95420 Bayreuth

Regierung der Oberpfalz
Sachgebiet Gartenbau
93039 Regensburg

Regierung von Schwaben
Sachgebiet Gartenbau
86145 Augsburg

Regierung von Niederbayern
Sachgebiet Gartenbau
Am Lurzenhof 3
84036 Landshut/Schönbrunn

Regierung von Oberbayern,
Sachgebiet Gartenbau
Hörselbergstr. 3
81677 München
oder
Bayr. Landesverband für Gartenbau und Landespflege e.V.
Postfach 15 03 09
80043 München
Tel. 089/5443050
Fax 089/5328841
info@gartenbauvereine.org
www.gartenbauvereine.org

◆ Allgäu und Schwaben
Offene Gärten
Zirka 35 Gärten
Liste: gegen Einsendung von 1,44 € in Briefmarken (kein Kuvert – Briefmarken nicht aufkleben)

Gerhard Sandtner
Bürgerm.-Grimmiger-Str. 14
89420 Höchstädt
oder
Staudengärtnerei
Dieter Gaißmayer
Jungviehweide 3
89257 Illertissen

Berlin und Brandenburg
Offene Gärten in Berlin, Potsdam und Umland
Zirka 45 Gärten
Vorverkauf der Plaketten u.a.

URANIA-Verein „Wilhelm Foerster“
Potsdam e.V.
Gutenbergstraße 71/72
08523 Potsdam
www.urania-potsdam.de

Hamburg/Schleswig-Holstein
Offener Garten
Zirka 190 Gärten
Liste: gegen frankierten Rückumschlag (1,44 €)

Aktion „Offener Garten“
Lindenweg 4
23730 Hermannshof
www.offenergarten.de

Hessen
◆ Hessen landesweit
Die offene Gartenpforte
Zirka 40 Gärten
Liste gegen frankierten Rückumschlag (0,55 €) über

Bund Deutscher Landschaftsarchitekten
Landesgruppe Hessen
Geschäftsführerin
Ulrike Schneider
Birkenwaldstraße 191
70191 Stuttgart
Tel. 0711/2537433
Fax 0711/2537434
E-Mail: hessen@bdla.de
www.hessen.bdla.de
www.gartenwelten.net

◆ Rheinhessen und Wonnegau
Tage der offenen Gärten und Höfe
Zirka 20 Gärten
Information über

Interessengemeinschaft Rheinhessische Gartenführerinnen
Geschäftsführung Anne Rahn
Wahlheimer Hof 22
55278 Hahnheim
Tel. 06737/809788
Fax 06737/809789

◆ Rhein-Main
GartenRheinMain
75 öffentliche und private Gärten
Karte und Veranstaltungsprogramm über:

Kultur-Initiative Rhein-Main e.V.
Heidrun Merk
Poststraße 16
D-60329 Frankfurt am Main
www.gartenrheinmain.de

◆ Frankfurt/Main
Die offene Gartentür
3 Gärten
Besuch nach Absprache bei

Sylvia V. Rumscheidt
Eschersheimer Landstr. 410
60433 Frankfurt/M
Tel. 069/511180

◆ Landkreis Marburg-Biedenkopf
Gärten für Zaungucker
16 Gärten
Liste gegen frankierten Rückumschlag (0,55 €)

Elisabeth Schmitt-Nau
Am Friedenstein 2a
35287 Amöneburg
Tel. 06422/857444
Elisabeth.Schmittt-Nau@web.de

◆ Schwalm-Eder-Kreis
Lust auf Garten
Zirka 15 Gärten
Liste gegen frankierten Rückumschlag (0,55 €)

Mignon Walther
Waldweg 5
34576 Homberg
Tel. 05682/6819
Lustaufgarten.sek@freenet.de

Niedersachsen
◆ Nordostniedersachsen
Gärten Europas – Der Weg ins Grüne
Zirka 110 Gärten und Parks, davon 80 Privatgärten zwischen Nordsee und Heide
Broschüre gegen frankierten Rückumschlag (DIN A5, 1,44 €)

Stadt Celle
Projektbüro Crossing Fences
Helmuth-Hörstmann-Weg 1
29221 Celle
www.gaerten-europas.de

◆ Braunschweig
Die Offene Pforte
Zirka 20 Gärten
Liste gegen frankierten Rückumschlag (0,55 €)

Maria Warnat
An der Wasche 12b
38122 Braunschweig
www.offenepforte.braunschweig.de

◆ Butjadingen und Stadland
Gärten im Küstenwind
5 Gärten
Liste gegen frankierten Rückumschlag (0,55 €)

Galerie am Wehlhamm
Sonnenstraße 1
26969 Ruhwarden
Tel. 04736/598

◆ Celler Land
Die Offene Pforte
Zirka 60 Gärten
Broschüre gegen frankierten Rückumschlag (DIN lang, 0,95 €)

AK Offene Pforte im Celler Land
Adelheit Schmidt Heilpflanzengarten
Wittinger Straße 765
29223 Celle
Tel. 05141/208173

◆ Dötlingen
Offene Gartenpforten
Zirka 25 Gärten
Informationen gegen frankierten Rückumschlag (0,55 €)

Gemeinde Dötlingen
Hauptstraße 26
27801 Neerstedt
www.doetlinger-gartenkultour.de

◆ Landkreis Gifhorn
Offene Gärten
30 Gärten
Information und Liste

Kreisverband der Landfrauen Gifhorn e.V.
Adelheid Standt
Tel. 05304/2932
Anne-Gret Aselmeyer-Kohl
Tel. 05833/970409

◆ Gifhorn/Leiferde
Tag der offenen Gartentür in Leiferde
Zirka 17 Gärten, alle zwei Jahre, voraussichtlich Juni 2006

Information über:
Leiferder NABU-Artenschutzzentrum
38542 Leiferde
www.nabuzentrum-leiferde.de
oder
Kulturring Leiferde
Dr. Jürgen Helmcke
Tel. 05373/6582
juergen.helmcke@ptb.de
www.kulturring-leiferde.de

◆ Göttingen/Eichsfeld
Tag des offenen Gartens
Zirka 25 Gärten
Liste gegen frankierten Rückumschlag (0,55 €)

IGB Göttingen/Eichsfeld
Karin Schade
Reintalstraße 5
37130 Reinhausen
www.igbauernhaus.de

◆ Goslar
Die Offene Pforte
12 Gärten
Informationen gegen frankierten Rückumschlag (0,55 €)

Bernhard Klebe
FB 1.1.24
Charley-Jacob-Straße 3
38640 Goslar
Tel. 05321/70 45 27
www.goslar.de

◆ Landkreis Hameln/Pyrmont
Tag des Offenen Gartens
12 Gärten
Programm gegen frankierten Rückumschlag (0,55 €)

Natur- und Umweltzentrum
Berliner Platz 4
31785 Hameln
www.bund-hameln.de

◆ Hannover
Die Offene Pforte
Zirka 110 Gärten
Prospekt: gegen frankierten Rückumschlag (1,44 €)

Landeshauptstadt Hannover
Fachbereich Umwelt und Stadtgrün
Langensalzastr. 17
30169 Hannover
Tel. 0511/16843801
Fax 0511/16842914
www.hannover.de

◆ Langenhagen
Offene Pforte Langenhagen
7 Gärten
Liste gegen frankierten Rückumschlag (0,55 €)

Dr. Heinz Jansen
Auf dem Rußkampe 36
30855 Langenhagen
Tel. 0511/73 22 80
www.langenhagen.de

◆ Region Mittelweser
Gartentour
15 Gärten
Liste gegen frankierten Rückumschlag (0,55 €)

Margret Jambroszyk
Am Sportplatz 99
27305 Engeln – Scholen
Tel. 04252/2040
Fax 04252/9090089
www.gartentour-niedersachsen.de

◆ Nienburg/Weser
Quer durch die Beete
Zirka 25 Gärten
Liste gegen frankierten Rückumschlag über:

Anne Pagels
Kleine Rolle 8
31582 Nienburg/Weser oder
Sabine Cordts
Am Riedekamp 24
31582 Nienburg/Weser

◆ Osnabrück und Umgebung
Das offene Gartentor
Zirka 40 Gärten
Liste gegen frankierten Rückumschlag (0,55 €)

Rüdiger Weddige
Stollenweg 22b
49134 Wallenhorst
0541/684238

◆ Osnabrücker Land I
Gärten im Hasetal
Zirka 50 Gärten
Bezug einer 72-seitigen Broschüre mit Karte für 1,50 € über

Zweckverband Erholungsgebiet Hasetal
Langenstr. 33
49624 Löningen
Tel. 05432/599599
Fax 05432/599598
zeh@hasetal.de
www.hasetal.de

◆ Osnabrücker Land II
Hinter'm Zaun das Paradies
Radwanderroute „GartenTraumTour"
30 Gärten
Informationen und Streckenkarte gegen frankierten Rückumschlag (A4, 1,44 €)

Gemeinde Ostercappeln
Fachdienst Tourismus
Gildebrede 1
49179 Ostercappeln
Tel. 05473/92020

◆ Landkreis Peine
Die Offene Pforte
zirka 30 Gärten
Liste gegen frankierten Rückumschlag (0,95 €) über

Landkreis Peine
Agenda21-Büro
Elke Kentner
Burgstraße 1
31225 Peine
Tel. 05171/401294

◆ Landkreis Rotenburg/Wümme
Private Gärten entdecken und erleben
25 Gärten
Liste gegen frankierten Rückumschlag (0,95 €)

Karin und Christoph Gester
Orthof 18
27374 Visselhövede OT Wittorf
Tel. 04260/620

◆ Schaumburger Land
Offene Pforte
Zirka 40 Gärten
Liste gegen frankierten Rückumschlag (0,55 €) über

Ulrike Schabel
Hauptstraße 70
31719 Wiedensahl
Tel. 05726/788

◆ Soltau-Fallingbostel
Über Zäune schau'n…
Zirka 40 Gärten
Liste gegen frankierten Rückumschlag (0,55 €) über

Marita Eichler
Marienburger Straße 1
29683 Bad Fallingbostel

Tel. 05162/62 82
www.stauden-eskuche.de/gg/gg.htm

◆ Region Uelzen
Offene Gärten in der Region Uelzen
Zirka 20 Gärten
Liste gegen frankierten Rückumschlag (0,55 €) über

HeideRegion Uelzen
Herzogenplatz 2
29525 Uelzen
Tel. 0581/73040
Fax 0581/72384
http://www.heideregion-uelzen.de/urlaub-freizeit/kultur-geschichte/gartentraeume/offene-gaerten/index.php

◆ Kreis Verden/Aller Armsen
Tag der offenen Gärten
Zirka 10 Gärten in ungeraden Jahren im Juni
Liste gegen frankierten Rückumschlag (0,55 €) über

Marela Seemann
Dorfstr. 45
27308 Kirchlinteln/OT Armsen
Tel. 04238/230

◆ Wendland
Gartenräume
Zirka 30 Gärten
Broschüre gegen 1,50 € und frankierten Rückumschlag (0,95 €)

Gruppe Gartenräume
Müggenburg 34
29439 Lüchow
Tel. 05841/961366
www.gartenraeume.info/

◆ Weser Ems I
Ems-Dollart –
In Nachbars Garten/Het tuinpad op
150 Gärten grenzübergreifend in den Niederlanden und in Deutschland
144-seitiger Gartenführer für 8,– € über

Sekretariat „In Nachbars Garten"
Tel. 04928/411
www.innachbarsgarten.de

◆ Weser Ems II
Route der GartenKultur im Nordwesten
120 Privatgärten in 14 Faltblättern

Bezug:
Oldenburg Tourismus und Marketing GmbH
Kleine Kirchstraße 10
26122 Oldenburg
Tel. 0441/3616130
Tel. 01805/938 333 (12 Cent/Min.)
Fax 0441/36161350
www.nordwestgarten.de

◆ Weser-Ems III
Bauerngärten im Nordwesten
Zirka 25 Gärten
Informationen gegen frankierten Rückumschlag (0,55 €)

Niedersächsische Gartenakademie
Hogen Kamp 51
26160 Bad Zwischenahn-Rostrup
Tel. 04403/979632
www.bauerngaerten-nordwest.de

Nordrhein-Westfalen

◆ Bielefeld/Herford
Zirka 40 Gärten
Prospekt: gegen frankierten Rückumschlag (0,55 €)

DGGL-Westfalen
Jan Höft
Eimterstr. 85
32049 Herford
Tel. 05221/24899

◆ Kreis Coesfeld/Münsterland
Offene Gärten
Zirka 25 Gärten

Winfried Rusch
Lindenstr. 6
48727 Billerbeck
Tel. 02543/4584
http://www.w-rusch.de/offene-gaerten.htm

◆ Hattingen und Essen
Offene Gartenpforte
12 Gärten
Liste gegen frankierten Rückumschlag (0,55 €)

Ingrid Adelt
Essener Str. 128
45529 Hattingen
Tel. 02324/41378
www.adelt.staudengarten.de.uv

◆ Hellweg Region
Gärten der Hellweg Region
15 Gärten

Bezug:
Hellweg Touristik e.V.
Lange Straße 15
Stadtpalais
59555 Lippstadt
Tel. 02941/97940
Fax 02941/979422
info@hellweg-touristik.de
www.hellweg-touristik.de

◆ Landkreis Minden
Parks, Natur- & Bauerngärten…
…öffnen ihre Pforten
13 Gärten
Liste gegen frankierten Rückumschlag (0,55 €)

Mühlenkreis Minden Lübbecke
Postfach 2580
32382 Minden
Tel. 0571/807-2317 oder -2329
www.landartfestival.de

◆ Niederrhein I
Gärten am Niederrhein öffnen ihre Pforten
5 Gärten
Liste gegen frankierten Rückumschlag (0,55 €)

Jo und Helmut van Huet
Mühlenfeld 16
47665 Sonsbeck
02838/96234
www.angelfire.com/country/gardener

◆ Niederrhein II
Straße der Gartenkunst zwischen Rhein und Maas
50 Gärten
Prospekt: gegen frankierten Rückumschlag (0,95 €)

Stiftung Schloß Dyck
Zentrum für Gartenkunst und Landschaftskultur
41363 Jüchen
Tel. 02182/8240
Fax 02182/824110
E-Mail info@strasse-der-gartenkunst.de
www.strasse-der-gartenkunst.de

◆ Niederrhein III
Die Offene Gartenpforte
Zirka 135 Gärten am Niederrhein

Zentrum für Gartenkunst und Landschaftskultur
Schloß Dyck
Aktion Offene Gartenpforte
41363 Jüchen
www.offene-gartenpforte.de

◆ Ostbevern
Blütenträume
3 Gärten im Rahmen einer geführten Radtour

Information
Gemeinde Ostbevern
Hauptstraße 24
48346 Ostbevern
Tel. 02532/82-0
Fax 02532/82-46
gemeinde@ostbevern.de
www.ostbevern.de

◆ Westfalen-Lippe
Tag der Offenen Gartentür
7 Gärten

Landesverband der Gartenbauvereine Westfalen-Lippe e.V.
Postfach 1444
48544 Steinfurt
Tel. 02551/833389
www.gartenbauvereine.de/westfal

Rheinland-Pfalz

◆ Pfalz und Elsaß
Die offenen Gärten in der Pfalz und im Elsaß
zirka 75 Gärten
Prospekt gegen 1 € Schutzgebühr in Briefmarken im mit 1,44 € frankierten DIN-A5-Rückumschlag

Dipl.-Ing. G. Westermann
Schießmauer 7
76872 Minfeld
Tel. 07275/913805
www.outdoor-plan.de

Saarland

◆ Gärten ohne Grenzen
17 Gärten im Saarland, in Frankreich und Luxemburg

Bezug:
CEB – Akademie für Gärten, Umwelt und Tourismus
Industriestr. 6–8
66663 Merzig
Tel. 06861/930820
Fax 06861/930823

info@ceb-merzig.de
www.gaerten-ohne-grenzen.de

◆ Saar-Mosel
Das offene Gartentor
Zirka 20 Gärten
Liste gegen frankierten Rückumschlag
(0,55 €)

DGGL-Saar-Mosel
Beate Ulmer
Hinter den Gärten 32
66424 Homburg
www.dggl.org
Landesverband Saar-Mosel

◆ Kreis Neunkirchen
Rosengärten im Kreis Neunkirchen
10 Gärten

Bezug:
Tourismus- und Kulturzentrale
Neunkirchen
Wilhelm-Heinrich-Str. 36
66564 Ottweiler
Tel. 06824/906400
Fax 06824/906401
www.landkreis-neunkirchen.de

Sachsen-Anhalt
◆ Sachsen Anhalt landesweit
Gartenwelten – Gartenspaziergänge
Sachsen Anhalt
Zirka 25 Gärten
Liste gegen frankierten Rückumschlag
(0,55 €)

Matthias Därr
Landschaftsarchitekturbüro Därr
Ernst-Grube-Straße 1
06120 Halle/Saale
Tel. 0345/555810
Fax 0345/5558130
lsa@bdla.de
www.lsa.bdla.de
www.gartenwelten.net

Sachsen Anhalt landesweit
◆ Gartenträume Historische Parks in
Sachsen-Anhalt
40 Parks und Gärten

Bezug:
Landesmarketing Sachsen-Anhalt GmbH
Am alten Theater 6
39104 Magdeburg
Tel. 0180/5372000
lmg@lmg-sachsen-anhalt.de
www.sachsen-anhalt.de

◆ Altmark
Altmark ist Garten – Offene Gärten in
der Altmark
18 Gärten

Marcel Heins
Tel. 03471/3551178
Mobil 0173/9571929
Touristinformation Gardelegen
Tel. 03907/42266
http://www.altmark-ist-garten.de/

Schleswig-Holstein
s. auch Hamburg
◆ Labenz
Tag der Offenen Gärten
5 Gärten

Renate Philipp
Hauptstr. 45
23898 Labenz
www.renate-philipp.de

◆ Kreis Schleswig-Flensburg
Offene Gärten im Wikingerland
8 Gärten

Information über:
http://www.wikingerland.de/Start/
Beitraege/inhalt_gartenfreunde.htm

Thüringen
◆ Thüringer Open Gardens –
Offene Gärten
Zirka 130 Gärten

Bezug:
Bund Deutscher Landschaftsarchitekten
Landesverband Thüringen
K. Schuchert & M. Dane
Schubertstr. 6
99422 Weimar
Tel. 03643/49260
Fax 03643/492626
Mail mail@dane-la.de
bdla-thuer.customer.metux.de

Die DGGL stellt sich vor

Die Deutsche Gesellschaft für Gartenkunst und Landschaftskultur e.V. ist ein gemeinnütziger Verein, aktiv in allen Bundesländern und einer Bundesgeschäftsstelle in Berlin. Die DGGL ist ein berufs- und parteipolitisch neutraler Bundesverband.

Die DGGL wurde 1887 in Dresden gegründet: Garten- und Landschaftsplaner traten für die Erhaltung der gartenkünstlerischen und landschaftskulturellen Werte ein. Für diese traditionellen Werte setzt sich die DGGL nach wie vor ein, um nachhaltig die Qualität unserer Landschaften, Parks und Gärten zu gewährleisten. Die DGGL will erreichen, daß verstärkt ästhetische, ökologische und landschaftsplanerische Argumente die Politik beeinflussen. Die DGGL fordert Bürger und Politiker zum Handeln auf.

Ziele der DGGL

Die DGGL setzt sich für grün- und umweltpolitische Ziele in unserer Gesellschaft ein:
- Erhalt und Förderung der Landschaftskultur und des Landschaftsbildes,
- Sicherung und Entwicklung von Natur und Landschaft in ihrer Eigenart, Vielfalt und Leistungsfähigkeit,
- Erhaltung und Schaffung von künstlerisch gestalteten Freiräumen in Stadt und Land, insbesondere Gärten und Parks,
- Förderung von Wissenschaft, Forschung und Lehre, Ausbildung in Schulen und Hochschulen.
- Für die Weiterführung dieser Ziele sucht die DGGL verantwortungsbewußte Mitstreiter.

Aktivitäten der DGGL

Veranstaltungen
Die DGGL ist ein Forum für Informationsaustausch, Diskussion und Fortbildung. Im gesamten Bundesgebiet finden Veranstaltungen der Landesverbände und Arbeitskreise statt: Vorträge und Diskussionen, Seminare und Kongresse, Exkursionen und Studienreisen.

Stellungnahmen
Die DGGL mischt sich ein in das politische und planerische Geschehen vor Ort und verfaßt Stellungnahmen zu aktuellen Fragen, Bauvorhaben oder Gesetzen.

Veröffentlichungen
In loser Folge werden Publikationen der Arbeitskreise zu den Fachkongressen oder Dokumentationen der Wettbewerbe veröffentlicht.
Monatlich erscheint die Zeitschrift „Garten + Landschaft" im Callwey-Verlag, München, herausgegeben von der DGGL.
Der „Reiseführer zu privaten und öffentlichen Gärten und Parks in Deutschland" erscheint jährlich.

Arbeitskreise

Historische Gärten
Der Arbeitskreis führt Seminare und Fachexkursionen durch und trägt zur Erforschung und Sicherung historischer Gärten und Parkanlagen bei.

Spiel(T)raum
Die Mitglieder des Arbeitskreises entwickeln planerische und pädagogische Konzepte zum Spielen für jung und alt und stellen die Ergebnisse in Vorträgen und Workshops vor.

Junge Landschaftsarchitekten
Mit diesem Arbeitskreis fördert die DGGL den Erfahrungsaustausch der Studenten und Berufsanfänger und eröffnet ihnen eine Weiterqualifizierung durch Wettbewerbsausschreibungen und Workshops.

Landschaftskultur
Mit diesem Arbeitskreis werden Wege zur Erhaltung der Kulturlandschaft vor allem in Deutschland erarbeitet und im Rahmen von Seminaren und Vorträgen diskutiert.

Finanzen

Die DGGL hat einen Fonds zur Förderung des Berufsnachwuchses eingerichtet. Abschlußarbeiten und Projekte können finanziell gefördert werden, junge Landschaftsarchitekten haben die Möglichkeit, alle zwei Jahre am DGGL-Förderwettbewerb „Ulrich Wolf" teilzunehmen.

Die DGGL erhebt einen Jahresbeitrag; auf Antrag erhalten Studenten, Erwerbslose und Familien Beitragsermäßigungen.

Die DGGL bietet auch Förder- oder Firmenmitgliedschaften sowie Patenschaften für einzelne Projekte.

Mitglieder

Die DGGL steht allen offen, die sich von ihren Zielen und Aktivitäten angesprochen fühlen und sich engagieren wollen.
Die DGGL freut sich auf Ihre Teilnahme oder Ihre finanzielle Unterstützung.
Spenden und Beiträge sind steuerlich absetzbar:
DGGL e.V.
Berliner Sparkasse
Konto 113 000 5280
BLZ 100 500 00

Informationen und Programme

Bundesgeschäftsstelle
Wartburgstraße 42
10823 Berlin
Tel. 030/7881125
Fax 030/7874337
DGGL-BUND@t-online.de
www.dggl.org

Botanische Gärten und botanische Sammlungen

BaWü 1	Schau- und Sichtungsgarten Hermannshof	Weinheim an der Bergstraße	10
BaWü 3	Exotenwald Weinheim	Weinheim	11
BaWü 16	Botanischer Garten der Universität (TH) Karlsruhe	Karlsruhe	17
BaWü 20	Schloßplatz, Schloßgarten, Fasanengarten, Botanischer Garten	Karlsruhe	18
BaWü 40	Alpengarten Pforzheim	Pforzheim-Würm	28
BaWü 43	Botanischer Garten der Uni Stuttgart in Hohenheim	Stuttgart	31
BaWü 54	Wilhelma – Zoologisch-Botanischer Garten	Stuttgart-Bad Cannstatt	36
BaWü 56	Exotischer Garten – Landesarboretum Baden-Württemberg und Hohenheimer Landschaftsgarten	Stuttgart-Hohenheim	37
BaWü 57	Botanischer Garten der Universität Hohenheim	Stuttgart-Hohenheim	39
BaWü 71	Lehr- und Versuchsgärten der Hochschule Nürtingen-Geislingen, Abt. Braike	Nürtingen	43
BaWü 72	Lehr- und Versuchsgärten der Hochschule Nürtingen-Geislingen, Abt. Tachenhausen	Oberboihingen	44
BaWü 85	Sukkulenten-Garten der Dopp-Institute	Empfingen	50
BaWü 86	Botanischer Garten der Universität Tübingen	Tübingen	50
BaWü 92	Botanischer Garten der Universität Ulm	Ulm	52
BaWü 106	Duft- und Würzkräuter-Schaugarten	Hilzingen-Binningen	59
BaWü 112	Insel Mainau	Insel Mainau	61
Bay 11	Botanischer Garten Hof	Hof	69
Bay 17	Ökologisch-Botanischer Garten der Universität Bayreuth	Bayreuth	73
Bay 34	Schaugarten Karbacher Staudenversand	Karbach	80
Bay 37	Botanischer Garten der Universität Würzburg	Würzburg	81
Bay 55	Rhododendronpark Schloß Dennenlohe	Unterschwaningen	88
Bay 59	Aromagarten Erlangen	Erlangen	90
Bay 60	Botanischer Garten der Universität Erlangen-Nürnberg	Erlangen	90
Bay 73	Heilkräuter, Lehr- und Schaugarten	Altdorf-Weinhof	97
Bay 78	Gräflicher Hofgarten Burg Pappenheim	Pappenheim	99
Bay 85	Medizinalgarten des Deutschen Medizinhistorischen Museums	Ingolstadt	101
Bay 88	Botanischer Lehr- und Versuchsgarten	Regensburg	103
Bay 98	Schaugarten der Staudengärtnerei Gaißmayer	Illertissen	108
Bay 99	Botanischer Garten Augsburg	Augsburg	108
Bay 106	Prälatengarten der Benediktinerabtei Schäftlarn	Hohenschäftlarn	111
Bay 111	Städtische Baumschule Bischweiler	München	114
Bay 122	Alter Botanischer Garten	München	118
Bay 130	Botanischer Garten München-Nymphenburg	München	121
Bay 137	Sichtungsgarten Weihenstephan	Freising	125
Bay 154	Alpengarten auf dem Schachen		131
Bln 4	Botanischer Volkspark	Berlin-Blankenfelde	137
Bln 52	Botanischer Garten und Botanisches Museum Berlin-Dahlem	Berlin-Dahlem	161
Bln 53	Lehr- und Forschungsgarten des Instituts für Ökologie und Biologie	Berlin	161
Bln 65	Späthsches Arboretum	Berlin-Treptow	167
Brbg 16	Forstbotanischer Garten Eberswalde	Eberswalde	177
Brbg 33	Freundschaftsinsel	Potsdam	184
Brbg 34	Botanischer Garten der Universität Potsdam	Potsdam	184
Brbg 45	Botanischer Garten	Frankfurt (Oder)	190
Brm 11	Botanischer Garten / Rhododendron-Park Bremen	Bremen	204
Hmb 9	Bauerngarten im Museumsdorf Volksdorf	Hamburg-Volksdorf	214
Hmb 11	Botanischer Sondergarten	Hamburg	215
Hmb 12	Planten un Blomen	Hamburg	215
Hmb 17	Stadtpark Harburg inclusive Schulgarten	Hamburg	217
Hmb 23	Botanischer Garten	Hamburg	219
Hess 5	Gewächshaus für tropische Nutzpflanzen – Universität Kassel	Witzenhausen	224
Hess 7	Arboretum der Räume und Sinne	Bauhaus	225
Hess 16	Botanische Gärten der Universität Marburg	Marburg	228
Hess 19	Botanischer Garten der Justus-Liebig-Universität	Gießen	230
Hess 25	Dahliengarten	Fulda	233
Hess 30	Park Forschungsanstalt Geisenheim	Geisenheim	236
Hess 36	Apothekergarten	Wiesbaden	238
Hess 58	Botanischer Garten der Johann-Wolfgang-Goethe-Universität	Frankfurt am Main	247
Hess 61	Palmengarten	Frankfurt am Main	249
Hess 73	Botanischer Garten der Technischen Universität Darmstadt	Darmstadt	254
M-Vor 3	Gehölzlehrgarten Lübsche Torweide	Wismar	259
M-Vor 9	Botanischer Garten der Universität Rostock	Rostock	261
M-Vor 11	Rhododendronpark Graal Müritz	Ostseeheilbad Graal Müritz	262
M-Vor 18	Botanischer Garten Greifswald Arboretum	Greifswald	265
M-Vor 19	Botanischer Garten Greifswald Gewächshausanlage und Freilandbereich	Greifswald	265
M-Vor 27	Dendrologischer Park Blücherhof	Blücherhof	269
M-Vor 33	Botanischer Garten Christ	Luckow	272
Ndsa 8	Botanischer Garten der Stadt Wilhelmshaven	Wilhelmshaven	278
Ndsa 17	Rhododendron-Waldpark Hobbie	Westerstede / Linswege	282
Ndsa 18	Rhododendronpark Gristede	Bad Zwischenahn-Gristede	282

Ndsa 21	Park der Gärten – Gartenkulturzentrum Niedersachsen	Bad Zwischenahn	283
Ndsa 30	Botanischer Garten Oldenburg	Oldenburg	287
Ndsa 71	Botanischer Garten der Universität Osnabrück	Osnabrück	302
Ndsa 81	Park und Staudengarten der Fachhochschule Osnabrück	Osnabrück-Haste	305
Ndsa 89	Naturnaher Schau- und Lehrgarten	Nienburg	308
Ndsa 138	Botanischer Schulgarten Burg	Hannover	325
Ndsa 140	Herrenhäuser Gärten – Berggarten	Hannover	327
Ndsa 146	Botanischer Schulgarten Linden	Hannover	330
Ndsa 157	Westfalenhof	Hannover	334
Ndsa 166	Arboretum Dr. Weidner	Edemissen-Abbensen	338
Ndsa 190	Arboretum Grund	Bad Grund	346
Ndsa 193	Botanischer Garten der Technischen Universität Braunschweig	Braunschweig	347
Ndsa 197	Arzneipflanzengarten Braunschweig	Braunschweig	349
Ndsa 200	Schul- und Bürgergarten	Braunschweig	350
Ndsa 207	Botanischer Garten Göttingen: Neuer Botanischer Garten	Göttingen	353
Ndsa 208	Botanischer Garten Göttingen: Alter Botanischer Garten	Göttingen	354
Ndsa 211	Forstbotanischer Garten und Arboretum der Uni Göttingen	Göttingen	355
Ndsa 212	Arboretum Habichtsborn	Staufenberg-Escherode	355
NRW 7	Kreislehrgarten Steinfurt	Steinfurt-Burgsteinfurt	361
NRW 9	Botanischer Garten Ibbenbüren – Arboretum Loismann	Ibbenbüren	362
NRW 10	Botanischer Garten der Westfälischen Wilhelms-Universität Münster	Münster	363
NRW 18	Botanischer Garten – Blumengarten	Gütersloh	367
NRW 33	Botanischer Garten	Bielefeld	371
NRW 31	Blinden-, Duft- und Tastgarten	Bielefeld	372
NRW 53	Sequoiafarm	Nettetal-Kaldenkirchen	380
NRW 79	Botanischer Garten Hamborn	Duisburg-Hamborn	391
NRW 81	Botanischer Garten Krefeld	Krefeld	392
NRW 93	Botanischer Garten der Heinrich-Heine-Universität Düsseldorf	Düsseldorf	399
NRW 102	Botanischer Garten Solingen	Solingen	402
NRW 112	Grugapark Essen	Essen	406
NRW 124	Botanischer Garten der Ruhr-Universität Bochum	Bochum	411
NRW 127	Botanischer Garten der Stadt Wuppertal	Wuppertal	412
NRW 144	Westfalenpark Dortmund	Dortmund	419
NRW 147	Botanischer Garten Rombergpark	Dortmund-Brünninghausen	420
NRW 159	Botanischer Lehr- und Sichtungsgarten der FH Lippe und Höxter, Abt. Höxter	Höxter	426
NRW 173	Flora und Botanischer Garten	Köln-Riehl	432
NRW 187	Forstbotanischer Garten Köln	Köln-Rodenkirchen	438
NRW 196	Botanische Gärten der Universität Bonn	Bonn	442
NRW 204	Arboretum Härle	Bonn-Oberkassel	445
RhPf 23	Arboretum JUWÖ	Wöllstein	457
RhPf 24	Botanischer Garten der Johannes Gutenberg-Universität Mainz	Mainz	457
Saar 9	Botanischer Garten der Universität des Saarlandes	Saarbrücken	477
Sachs 2	Botanischer Garten der Universität Leipzig	Leipzig	481
Sachs 17	Botanischer Garten für Arznei- und Gewürzpflanzen	Großpösna	488
Sachs 38	Arktisch-Alpiner Pflanzengarten	Leisnig	499
Sachs 39	Botanischer Garten Chemnitz	Chemnitz	500
Sachs 40	Arktisch-Alpiner-Garten	Chemnitz	500
Sachs 49	Forstbotanischer Garten Tharandt	Tharandt	504
Sachs 51	Botanischer Garten Schellerhau	Schellerhau	505
Sachs 54	Pflanzengarten	Steinbach / Moritzburg	508
Sachs 56	Botanischer Blindengarten	Radeberg	509
Sachs 57	Botanischer Garten der TU Dresden	Dresden	509
Sachs 58	Gärten der HTW Dresden in Pillnitz	Dresden-Pillnitz	510
Sachs 59	Lehr- und Sichtungsgarten und das Versuchsfeld für Gartenbau Dresden-Pillnitz	Dresden-Pillnitz	510
Sachs 75	Botanische Sammlungen der TU Dresden	Pirna	519
Sachs 77	Umwelt- und Lehrgarten im Kloster St. Marienstern	Panschwitz-Kuckau	520
Sachs 79	Garten der Bibelpflanzen	Ostritz	521
Sachs 88	Botanischer Garten Adorf	Adorf	525
SaAn 10	Gruson-Gewächshäuser	Magdeburg	530
SaAn 21	Brockengarten, Schau- und Versuchsgarten auf dem Brocken im Nationalpark Harz		534
SaAn 50	Botanischer Garten der Martin-Luther-Universität	Halle an der Saale	549
SchH 9	Botanischer Garten Kiel	Kiel	557
SchH 10	Alter Botanischer Garten Kiel	Kiel	558
SchH 11	Forstbaumschule	Kiel	559
SchH 37	Arboretum Baumpark Ellerhoop-Thiensen	Ellerhoop	570
Thür 15	ega – Cyriaksburg	Erfurt	581
Thür 19	Botanisch-Dendrologischer Garten	Erfurt	583
Thür 38	Botanischer Garten der Friedrich-Schiller-Universität Jena	Jena	594
Thür 46	Dahliengarten	Gera	598
Thür 47	Botanischer Garten am Museum für Naturkunde	Gera	598
Thür 54	Rennsteiggarten Oberhof – Botanischer Garten für Gebirgspflanzen	Oberhof / Thüringen	602

Rosengärten

BaWü 4	Luisenpark mit Chinesischem Garten	Mannheim	11
BaWü 14	Rosengarten Oberderdingen	Oberderdingen	16
BaWü 35	Rosengarten Gönneranlage	Baden-Baden	26
BaWü 38	Internationaler Rosenneuheitengarten Beutig	Baden-Baden	28
BaWü 104	Rosengarten und Rosendorf Nöggenschwiel	Weilheim / Nöggenschwiel	58
Bay 6	Coburger Rosengarten	Coburg	67
Bay 26	Rosengarten der Stadt Arnstein	Arnstein	76
Bay 31	Rosengarten	Bamberg	78
Brbg 13	Rosengarten	Saathain	177
Brbg 58	Ostdeutscher Rosengarten Forst	Forst (Lausitz)	197
Hess 4	Schloßpark Wilhelmshöhe	Kassel	223
Hess 27	Rosenmuseum Steinfurth	Bad Nauheim	234
Hess 44	Hattersheimer Rosengarten	Hattersheim	241
Hess 48	Rosenhang Karben	Karben	243
Hess 64	Burg Hayn in der Dreieich	Dreieich	251
Hess 75	Park Rosenhöhe	Darmstadt	255
Ndsa 153	Stadtpark Hannover	Hannover	333
Ndsa 161	Historische Rosengärten	Hemmingen	336
Ndsa 168	Rosengarten am Stadtpark	Peine	338
NRW 29	Bürgerpark und Rosengarten	Bielefeld	371
NRW 90	Südpark Düsseldorf	Düsseldorf	397
NRW 94	Nordpark Düsseldorf	Düsseldorf	399
NRW 107	Dimbeckanlage / Freilichtbühne	Mülheim an der Ruhr	404
NRW 112	Grugapark Essen	Essen	406
NRW 136	Rosengarten Seppenrade	Lüdinghausen-Seppenrade	415
NRW 144	Westfalenpark Dortmund	Dortmund	419
NRW 208	Rosenbogen Assinghausen	Olsberg	446
RhPf 46	Europas Rosengarten	Zweibrücken	468
RhPf 47	Wildrosengarten Zweibrücken	Zweibrücken	468
Saar 4	Rosengarten Stennweiler	Stennweiler	476
Saar 6	Rosengarten Welschbach	Illingen	476
Saar 7	Rosengarten Wemmetsweiler	Merchweiler-Wemmetsweiler	477
Saar 8	Barock-Rosengarten Ottweiler	Ottweiler	477
Saar 12	Deutsch-Französischer Garten	Saarbrücken	478
Sachs 44	Rosenhof	Chemnitz	502
Sachs 63	Elbpromenade mit Rosen- und Staudengarten	Dresden	513
SaAn 42	Europa-Rosarium	Sangerhausen	545
SchH 4	Schloßpark Rosarium Glücksburg	Glücksburg	555
SchH 21	Historische Rosensammlung Meldorf	Meldorf	563
SchH 35	Rosarium Uetersen	Uetersen	569
Thür 15	ega – Cyriaksburg	Erfurt	581
Thür 48	Bundesgartenschau Gera und Ronneburg 2007	Gera	598

Privatgärten

BaWü 7	Japanischer Garten Ladenburg	Ladenburg	13
BaWü 11	Klostergarten Mosbach	Mosbach	15
BaWü 15	Privatgarten Schreck	Eggenstein-Leopoldshafen	16
BaWü 25	Parkgarten am Waldsaum	Ettlingen	22
BaWü 32	Der Garten von Thomas Seiler	Heilbronn	25
BaWü 40	Alpengarten Pforzheim	Pforzheim-Würm	28
BaWü 42	Privatgarten Busse	Backnang	31
BaWü 59	Garten Porten	Stuttgart	39
BaWü 73	Privatgarten Hörsch	Uhingen	45
BaWü 74	Privat- und Schaugarten Jeutter Gärtnerhof	Göppingen-Faurndau	45
BaWü 76	Skulpturengarten Strassacker	Süssen	46
BaWü 77	Privatgarten Schweizer	Deggingen	47
BaWü 81	Privatgarten Kopp	Oberkirch / Haslach	49
BaWü 82	Privater Fuchsiengarten	Oberkirch	49
BaWü 83	Privatgarten Längin	Lahr-Mietersheim	49
BaWü 84	Privatgarten Lau	Dornstetten-Hallwangen	50
BaWü 90	Privatgarten Heß	Münsingen-Magolsheim	52
BaWü 93	Privatgarten Frick	Achstetten	53
BaWü 94	Privatgarten Birkel	Schwendi-Bußmannshausen	53
BaWü 98	Landhausgarten Ettenbühl	Bad Bellingen-Hertingen	55
BaWü 102	Privatgarten Fartenbacher	Häusern	58
BaWü 106	Duft- und Würzkräuter-Schaugarten	Hilzingen-Binningen	59
BaWü 107	Privatgarten Wahl	Aach	59
BaWü 108	Privatgarten Blümke	Rielasingen-Worblingen	60
BaWü 112	Insel Mainau	Insel Mainau	61
BaWü 113	Privatgarten Oelfken	Kressbronn am Bodensee	62

BaWü 114	Privatgarten Davidson	Wangen / Allgäu	62
BaWü 115	Privatgarten Schwarzmann	Mietingen-Walpertshofen	63
Bay 1	Privatgarten Steigerwald	Niederlauer	65
Bay 2	Privatgarten Amschler	Unsleben	65
Bay 3	„In der Neuen Straße“	Herbstadt, OT Breitensee	66
Bay 4	Schaugarten Garten & Kunst Carola Rückert	Rödental	66
Bay 5	Privatgarten Kaiser	Neustadt bei Coburg	66
Bay 12	Bauerngartenensemble Eichner / Schmitt	Neudrossenfeld	70
Bay 24	Privatgarten Gogolin	Obernburg / Main	75
Bay 25	Kräutergarten der Dorfgemeinschaft Hohenroth	Gemünden	76
Bay 27	Innenhof der ehemaligen Präparandenschule	Arnstein	76
Bay 29	Privatgarten Walter	Waigolshausen	77
Bay 30	Privatgarten Mußer	Eisenheim / Obereisenheim	78
Bay 33	Privatgarten Arm	Strullendorf	79
Bay 34	Schaugarten Karbacher Staudenversand	Karbach	80
Bay 36	Privatgarten Seubert-Kohrmann	Uettingen	81
Bay 45	Dietrichs stacheliges Blumengärtlein	Gelchsheim	84
Bay 46	Privatgarten Rau	Frickenhausen / Main	85
Bay 47	Privatgarten Winzerhof Brückner	Hüttenheim	85
Bay 48	Privatgarten Hofmann	Wachenroth	85
Bay 49	Japanischer Garten Schäfer	Höchstadt a. d. Aisch	85
Bay 50	Privatgarten Krauß	Höchstadt a. d. Aisch	86
Bay 51	Hausgarten in der Fränkischen Schweiz	Effeltrich	86
Bay 52	Ländlicher Garten Steiner	Waldthurn	87
Bay 55	Rhododendronpark Schloß Dennenlohe	Unterschwaningen	88
Bay 56	Privatgarten Maurer	Emskirchen	88
Bay 57	Zwei Privatgärten	Cadolzburg	89
Bay 62	Künstleringarten	Eckental-Eckenhaid	91
Bay 73	Heilkräuter, Lehr- und Schaugarten	Altdorf-Weinhof	97
Bay 74	Kreislehrgarten Ezelsdorf	Ezelsdorf bei Burgthann	97
Bay 76	Kräutergärtlein Weiltingen	Weiltingen	98
Bay 80	Lumo-Garten & Atelier	Königsmoos	100
Bay 87	Privatgarten Neufert	Parsberg	102
Bay 93	Privatgarten Schmid	Regensburg	106
Bay 95	Privatgarten Traut	Gundelfingen-Peterswörth	106
Bay 96	Historischer Park Gut Schwaighof	Allmannshofen	107
Bay 98	Schaugarten der Staudengärtnerei Gaißmayer	Illertissen	108
Bay 102	Privatgarten Daxberg	Erkheim	109
Bay 103	Privatgarten Rauch	Landsberg-Erpfting	111
Bay 132	Privatgarten Viala	München	122
Bay 134	Schwebende Hecke und Gärten der Swiss Re	Unterföhring	123
Bay 135	NaturSchauGarten Haar	Haar	124
Bay 136	Natur-Schau-Garten Witt	Ottenhofen	124
Bay 138	Privatgarten Schiller	Fraunberg-Thalheim	125
Bay 141	Privatgarten Saller	Oberaichbach / Niederaichbach	126
Bay 142	Schloßpark Schönau	Schönau	126
Bay 143	Arosa	Winhöring	127
Bay 144	Privatgarten Jüngling	Unterneukirchen	128
Bay 145	Privatgarten Kasberger	Bad Griesbach	128
Bay 146	Privatgarten Seitz	Ruhstorf-Sulzbach	128
Bay 147	Henning	Rustorf-Schmidham	128
Bay 151	Pfarrgarten St. Johann	Peißenberg	129
Bay 152	Skulpturengarten Propach	Weilheim	130
Bay 156	Privatgarten Egger	Rohrdorf	133
Bay 158	Garten am Künstlerhaus Julius Exter	Übersee-Feldwies	158
Brbg 1	Naturlehrgarten Lenzen (Elbe)	Lenzen	170
Brbg 2	Park der Burg Lenzen	Lenzen (Elbe)	171
Brbg 4	Schloßpark Groß Pankow	Groß Pankow	172
Brbg 5	Gutspark Hoppenrade	Hoppenrade	173
Brbg 7	Landschaftspark Gadow	Gadow / Prignitz	173
Brbg 11	Kräutergarten Oppelhain	Oppelhain	175
Brbg 12	Pfarrgarten Saxdorf	Saxdorf	176
Brbg 15	Gutspark Annenwalde	Densow	177
Brbg 20	Schloßpark Ziethen	Groß-Ziethen	179
Brbg 22	Weigela Sichtungsgarten	Buckow	180
Brbg 23	Garten des BrechtWeigelHauses	Buckow	180
Brbg 28	Schaupflanzungen der Staudengalerie an der Plane	Locktow	182
Brbg 35	Gartenanlagen-Gedenkstätte Karl Foerster	Potsdam-Bornim	185
Brbg 42	Privatgarten Reichelt	Stahnsdorf	189
Brbg 57	Galerie Garten Romantik Forst	Forst (Lausitz)	197
Brbg 59	Privatgarten Bernhard	Forst (Lausitz)	198
Brm 4	Blindengarten Bremen	Bremen-St. Magnus	201
Brm 10	Privatgarten Landmark	Bremen	204
Brm 18	Vorgarten und Patio Ursel Gut	Bremen	207
Bln 44	Garten der Gedenk- und Bildungsstätte Haus der Wannsee-Konferenz	Berlin	157

Hmb 1	Privatgarten Auf der Heide	Hamburg	210
Hmb 9	Bauerngarten im Museumsdorf Volksdorf	Hamburg-Volksdorf	214
Hmb 14	Reihenhausgarten Wollkopf	Hamburg	216
Hmb 21	Privatgarten Nissen	Hamburg	218
Hess 10	Park der Garvensburg	Züschen bei Fritzlar	226
Hess 13	hr-„Fernsehgarten" 2004 – Foerster	Homberg-Efze	227
Hess 14	Garten des Ökologischen Landschulheimes Licherode	Licherode	227
Hess 15	Privatgarten Rüdt	Marburg	228
Hess 18	Gail'scher Park	Biebertal-Rodheim	229
Hess 20	Wochenendgarten Lienemeyer	Feldatal-Windhausen	231
Hess 41	Privatgarten Woticky	Wiesbaden	239
Hess 42	Japanischer Garten Puchmüller	Niedernhausen im Taunus	240
Hess 49	Privatgarten Flügel / Schäfer	Nidderau	243
Hess 63	West-Östlicher Feng Shui Garten	Frankfurt am Main	250
Hess 66	Kleingartenverein Bruchköbel „Parzelle 2"	Bruchköbel	252
Hess 68	Privatgarten Dr. Rückriegel	Niedergründau	252
Hess 69	Privatgarten Schnitzke-Spijker	Gelnhausen-Hailer	252
Hess 71	Bauerngarten des Naturschutzhauses Weilbacher Kiesgruben	Flörsheim-Weilbach	253
Hess 72	Japanischer Garten Sellner	Trebur-Astheim	254
Hess 79	Privatgarten Wassermeyer	Darmstadt	257
M-Vor 1	Schloßpark Bothmer	Klütz	259
M-Vor 20	Garten des Ateliers Otto Niemeyer-Holstein	Koserow	266
M-Vor 23	Englischer Landschaftspark Dammereez	Dammereez	267
M-Vor 28	Wangeliner Garten	Wangelin	269
M-Vor 33	Botanischer Garten Christiansberg	Luckow	272
Ndsa 1	Schloßpark Lütetsburg	Lütetsburg	275
Ndsa 2	Gulfhofgarten Wangerland	Wangerland-Waddewarden	275
Ndsa 3	Jeverländer Bauerngarten	Wangerland	275
Ndsa 4	Privatgarten Kummer	Krummhörn-Uttum	276
Ndsa 5	Bauerngarten Saathoff	Krummhoern-Middelstewehr	276
Ndsa 6	Privatgarten Knospe	Hinte	276
Ndsa 7	Japan-Alpin	Neuenburg	277
Ndsa 10	Privatgarten Weerda	Wilhelmshaven	278
Ndsa 11	Privatgarten Janßen	Wilhelmshaven, OT Sengwarden	279
Ndsa 12	Landschaftsgarten Kulturschatzhof Cramer	Jade	279
Ndsa 15	Maxwald Park	Westerstede	280
Ndsa 16	Privatgarten Schultze-Heubach	Westerstede	281
Ndsa 17	Rhododendron-Waldpark Hobbie	Westerstede / Linswege	282
Ndsa 18	Rhododendronpark Gristede	Bad Zwischenahn-Gristede	282
Ndsa 19	Bauerngarten auf dem Kösterhof	Bad Zwischenahn-Ofen	282
Ndsa 20	Privatgarten Bolms-Grap	Bad Zwischenahn	283
Ndsa 22	Seelengarten	Edewecht-Friedrichsfehn	284
Ndsa 23	Privatgarten Petschallies	Wiefelstede-Metjendorf	284
Ndsa 24	Hauckes Garten	Rastede	285
Ndsa 25	Kleiner Landschaftspark Hankhausen	Rastede-Hankhausen	285
Ndsa 26	Privatgarten Vahlenkamp	Rastede-Neusüdende	285
Ndsa 31	Garten der Stille	Oldenburg	287
Ndsa 32	Privatgarten Wettermann	Stadland	288
Ndsa 34	Gartenanlage Hof Volkers	Nordenham	288
Ndsa 35	Erholungsparadies	Hagen bei Bremen	289
Ndsa 36	Barkenhoff	Worpswede	290
Ndsa 37	Privatgarten Podgornik	Gnarrenburg	290
Ndsa 38	NABU-Umweltpyramide und „Altes Forsthaus"	Bremervörde	291
Ndsa 39	Privatgarten Hustedt	Buchholz i. d. Nordheide	291
Ndsa 41	Privatgarten Ruks	Echem	292
Ndsa 42	Privatgarten Müller	Dahlenburg	292
Ndsa 45	Galerie Lindern – Skulpturengarten	Lindern	293
Ndsa 46	Bauerngärten des Museumsdorfes Cloppenburg	Cloppenburg	294
Ndsa 47	Bauerngarten auf Hof Averesch	Elsten	294
Ndsa 48	Hof Göttke-Krogmann	Lohne-Kroge	294
Ndsa 50	Landhausgarten	Wardenburg-Westerburg	295
Ndsa 51	Privatgarten Kröger	Großenkneten-Döhlen	295
Ndsa 52	Flower Power	Hatten-Hatterwüsting	296
Ndsa 53	Parkanlage im Lutherstift Falkenburg	Ganderkesee	296
Ndsa 54	Skulpturengarten Bertram	Ganderkesee	297
Ndsa 57	Englischer Garten Krebs Ton	Dötlingen-Uhlhorn	297
Ndsa 58	herb's Kräutergarten	Nuttel bei Dötlingen	298
Ndsa 59	Zentrum Prinzhöfte, Permakulturgelände	Prinzhöfte	298
Ndsa 60	Mikado, Permakulturgelände	Prinzhöfte-Horstedt	298
Ndsa 61	Schaugarten Elfenblume	Engeln-Scholen	299
Ndsa 62	Privatgarten Hormann	Martfeld	299
Ndsa 63	Privatgarten Schulze	Martfeld	299
Ndsa 64	Privatgarten Zempel	Asendorf	299
Ndsa 65	Privatgarten Gester	Visselhövede / Wittorf	300
Ndsa 66	Vogelpark Walsrode	Walsrode	300
Ndsa 67	Privatgarten Kiesekamp	Bramsche, OT Epe	301

Ndsa 68	Privatgarten Furmanek	Bramsche	301
Ndsa 74	Privatgarten Steinkamp	Osnabrück	303
Ndsa 75	La Cartuja	Osnabrück	303
Ndsa 76	Privatgarten Hövelkamp	Osnabrück	304
Ndsa 77	Atelier Trieb	Osnabrück	304
Ndsa 78	Privatgarten Polewsky	Osnabrück	304
Ndsa 79	Garten am Meyerhof zu Stirpe	Bohmte / Stirpe-Oelingen	305
Ndsa 80	Ippenburger Schloßgarten	Bad Essen	305
Ndsa 82	Privatgarten Dankelmann	Hasbergen bei Osnabrück	306
Ndsa 83	Privatgarten Dallmöller	Glandorf	306
Ndsa 84	Privatgarten van Leerdam	Dissen am Teutoburger Wald	306
Ndsa 85	Schloßgarten Gesmold	Melle	307
Ndsa 86	Herrenkamper Gärten	Siedenburg	307
Ndsa 87	Pfarrgarten	Binnen	308
Ndsa 88	Privatgarten Kadach	Nienburg	308
Ndsa 89	Naturnaher Schau- und Lehrgarten	Nienburg	308
Ndsa 90	Privatgarten Hausendorf	Nienburg	308
Ndsa 91	Privatgarten Otto	Steimbke	309
Ndsa 92	Privatgarten Oesterheld	Husum / Schessinghausen (bei Hannover)	309
Ndsa 93	Bauerngarten am Seminarhaus Idensen	Wunstorf, OT Idensen	309
Ndsa 95	Landschaftsgarten Fabich	Neustadt / Warmeloh	310
Ndsa 96	Privatgarten Herrfurth	Neustadt	311
Ndsa 97	Privatgarten Thiele	Neustadt, OT Bordenau	311
Ndsa 98	Privatgarten Heinze	Gilten	311
Ndsa 99	Privatgarten Günther	Essel	312
Ndsa 100	„Parkplatz für die Seele"	Winsen an der Aller	312
Ndsa 102	Privatgarten Kocot	Celle, OT Westercelle	313
Ndsa 106	Duft- und Wandelgärtnerei Schoebel	Bergen-Damme	314
Ndsa 108	Privatgarten Nordmeyer	Garbsen	315
Ndsa 109	Privatgarten König	Garbsen	315
Ndsa 110	Privatgarten Papsch	Seelze	316
Ndsa 111	Privatgarten Läer	Wedemark, OT Bissendorf	316
Ndsa 113	Privatgarten Haag	Langenhagen, OT Engelbostel	317
Ndsa 115	Schapers Garten	Langenhagen	317
Ndsa 116	Museumshof Wöhler-Dusche	Isernhagen NB	317
Ndsa 117	Privatgarten Hoppe	Wienhausen bei Celle	318
Ndsa 118	Privatgarten Beckmann	Sachsenhagen	318
Ndsa 120	Park des Rittergutes Remeringhausen	Stadthagen	319
Ndsa 121	Schloßpark Bückeburg	Bückeburg	319
Ndsa 123	Privatgarten Vicankova	Lauenau, OT Feggendorf	321
Ndsa 124	Rittergut Langreder	Barsinghausen	321
Ndsa 125	Privatgarten Kayser	Barsinghausen, OT Egestorf	321
Ndsa 126	Privatgarten Pristin	Barsinghausen, OT Groß Munzel	322
Ndsa 127	Privatgarten Seyfang	Barsinghausen, OT Groß Munzel	322
Ndsa 128	Gutspark von Heimburg	Barsinghausen	322
Ndsa 129	Privatgarten Tölcke	Apelern	323
Ndsa 130	Obergut Lenthe	Gehrden	323
Ndsa 131	Untergut Lenthe	Gehrden-Lenthe	323
Ndsa 133	Hausgarten Meyer	Ronnenberg	324
Ndsa 134	Privatgarten Am Teiche	Ronnenberg	324
Ndsa 136	Gartenhof Wend	Hannover	325
Ndsa 144	Privatgarten in der Vereinsanlage „Ehlershausen" – Garten 57	Hannover	329
Ndsa 145	Laurins Garten	Hannover, OT Isernhagen-Süd	329
Ndsa 148	Lindener Töpfergarten im Hof	Hannover-Linden	331
Ndsa 149	Privatgarten Schöning	Hannover	331
Ndsa 155	Wohngarten Rohde am Reihenendhaus	Hannover	334
Ndsa 156	Wohngarten am Reihenbungalow	Hannover	334
Ndsa 158	Hausgarten Hübotter	Hannover-Kirchrode	335
Ndsa 162	Privatgarten Meyer	Sarstedt	337
Ndsa 164	Privatgarten Overfeld	Lehrte, OT Aligse	337
Ndsa 165	Privatgarten Gemba	Edemissen	338
Ndsa 166	Arboretum Dr. Weidner	Edemissen-Abbensen	338
Ndsa 170	Privatgarten Heimberg	Peine-Rosenthal	339
Ndsa 171	Privatgarten Thiem	Leiferde bei Gifhorn	339
Ndsa 172	Privatgarten Mudra-Bebnowski	Calberlah, OT Edesbüttel	340
Ndsa 173	Privatgarten Bunge	Vordorf-Eickhorst	340
Ndsa 174	Hausgarten Lange und Parkanlage	Vechelde-Wedtlenstedt	340
Ndsa 175	Privatgarten Vemmer	Vechelde-Wedtlenstedt	341
Ndsa 181	Park des Ritterguts Hastenbeck	Hameln-Hastenbeck	343
Ndsa 182	Gutspark Westerbrak	Kirchbrak	343
Ndsa 185	Privatgarten Tangermann	Nordstemmen	344
Ndsa 187	Garten am Lerchenberg	Hildesheim	345
Ndsa 188	Privatgarten Kruse	Eberholzen	345
Ndsa 191	Schwikkardscher Klostergarten	Goslar	347
Ndsa 192	Gutspark Altenrode	Gielde	347

NRW 2	Privatgarten Bender und Lucenz	Bedburg-Hau, OT Schneppenbaum	358
NRW 3	Privatgarten Rudolf	Borken	359
NRW 5	Privatgarten Rusch	Billerbeck	360
NRW 8	Galeriegarten	Emsdetten	361
NRW 14	Sinnespark Haus Kannen	Münster	365
NRW 15	Privatgarten Göwert	Ostbevern	366
NRW 16	Privatgarten Beckmann	Halle / Künsebeck (Westf.)	366
NRW 17	Privatgarten Müther	Gütersloh	366
NRW 19	Wassergarten Schael	Gütersloh	367
NRW 20	Privatgarten Geissler	Gütersloh	367
NRW 21	Skulpturengarten art + work	Werther-Häger	368
NRW 22	Stedefreunder Staudengarten	Herford	368
NRW 23	Privatgarten Philipsen	Herford	368
NRW 24	Privatgarten Wemhöner	Herford	369
NRW 25	Privatgarten Bayreuther-Finke	Bielefeld	369
NRW 27	Hausgarten Christhard Ehrig	Bielefeld	370
NRW 30	Privater Künstlergarten	Bielefeld	371
NRW 34	Privatgarten Bolte	Bielefeld	373
NRW 35	Skulpturengarten Pladeck	Bielefeld	373
NRW 36	Privatgarten Röder	Bielefeld	373
NRW 37	Schrebergarten Müller	Bielefeld	373
NRW 38	Japanischer Garten Bielefeld	Bielefeld-Bethel	374
NRW 40	Bauernbad – Kurpark	Bad Senkelteich	374
NRW 46	Op de Bartelt	Geldern	377
NRW 47	Privatgarten van Huet	Sonsbeck	377
NRW 48	Privatgarten Krautwig	Xanten	377
NRW 50	NABU-Naturschutzhof	Nettetal	378
NRW 51	Landschaftspflegehof	Nettetal	379
NRW 52	Gartenanlage um den Rokokopavillon in Nettetal-Kaldenkirchen	Nettetal	379
NRW 54	Schloßpark am Schloß Krickenbeck	Nettetal	380
NRW 56	Garten Gröne	Nettetal-Leuth	381
NRW 57	Oirlicher Blumengarten	Nettetal-Hinsbeck	381
NRW 68	Stiftung Insel Hombroich	Neuss	387
NRW 69	Privatgarten Tümmers	Kempen	387
NRW 72	Privatgarten Schmitz	Moers	388
NRW 89	Heilmannshof	Krefeld	396
NRW 108	Privatgarten Hüsgen	Velbert	405
NRW 125	Privatgarten Schrenk	Bochum	411
NRW 131	Rosebank	Wuppertal-Cronenberg	413
NRW 132	Schaugarten der Staudengärtnerei Arends-Maubach	Wuppertal-Ronsdorf	414
NRW 135	Gartenlust	Halver	415
NRW 137	Bauerngarten Christensen	Lüdinghausen-Seppenrade	416
NRW 138	Privatgarten Mart	Nordkirchen	416
NRW 140	Park von Schloß Cappenberg	Selm	417
NRW 141	Naturgarten des Biologischen Zentrums	Lüdinghausen	418
NRW 146	Privatgarten Ferges	Dortmund	420
NRW 148	Privatgarten Mail-Brandt	Kamen	420
NRW 151	Der Garten fürs Leben	Lippetal-Oestinghausen	421
NRW 152	Privatgarten Donner	Ense-Niederense	422
NRW 153	Privatgarten Dalldrup	Arnsberg	422
NRW 154	Privatgarten Barton	Lippstadt-Benninghausen	423
NRW 157	Bauerngarten „An der Sauer“	Lichtenau	426
NRW 158	Kurpark Bad Driburg	Bad Driburg	426
NRW 160	Park des Klosters St. Raphael	Aachen	427
NRW 167	Schloßpark Dyck	Jüchen	429
NRW 169	Conny's Romantikgarten	Bergheim / Erft	431
NRW 191	Privatgarten Wildt	Köln	440
NRW 194	Japanischer Garten	Leverkusen	441
NRW 195	Park von Haus Lerbach	Bergisch-Gladbach	441
NRW 204	Arboretum Härle	Bonn-Oberkassel	445
NRW 205	Am Blauen See – Die Kunst des Gartens	Königswinter-Thomasberg	445
NRW 208	Rosenbogen Assinghausen	Olsberg	446
RhPf 1	Park des Zehnthofes	Sinzig	449
RhPf 3	Gutspark Nettehammer	Andernach	449
RhPf 4	Ehemalige Abtei Rommersdorf	Neuwied	450
RhPf 5	Schloßpark Neuwied	Neuwied	450
RhPf 6	Privatgarten Ziegler	Dierdorf	450
RhPf 7	Schloßpark und Burgberg Sayn	Sayn	451
RhPf 8	Gärten am Schloß Bürresheim	Mayen / Eifel	451
RhPf 10	Gärten der Marksburg	Braubach	452
RhPf 11	Skulpturengarten Thiesmeyer	Kaub am Rhein	453
RhPf 12	Klostergarten der Minoriten	Oberwesel	453
RhPf 18	Privatgarten Mathow	Beuren-Prosterath	455
RhPf 27	Privatgarten Barth	Trippstadt	459
RhPf 28	La Nuova Vita	Geistadt – Wochenendgebiet Rotsteige	460
RhPf 29	Privatgarten Schindler	Breunigweiler	460

RhPf 30	Schloßgarten Kirchheimbolanden	Kirchheimbolanden	461
RhPf 33	Der Garten von „Palatina-Keramik“	Großkarlbach	462
RhPf 34	Italienischer Garten	Großkarlbach	462
RhPf 36	Garten beim Weingut Fitz-Ritter	Bad Dürkheim	464
RhPf 39	Jedermann – Biodiversität	Deidesheim	465
RhPf 40	Garten beim Weingut J. G. Orb	Westhofen	465
RhPf 43	Heylshofgarten	Worms	466
RhPf 52	Privatgarten Wüst	Annweiler	470
RhPf 53	Weingut Scherr Wilhelm	Hainfeld	471
RhPf 54	Mediterraner Garten Maikammer	Maikammer	471
RhPf 55	Privatgarten Bock	Klingenmünster	471
Saar 1	Garten der Römischen Villa Borg	Perl-Borg	475
Saar 2	Privatgarten Heinrich	Lebach	475
Saar 3	Gärten des Umwelt- und Freizeitzentrums Finkenrech	Eppelborn-Dirmingen	475
Saar 4	Rosengarten Stennweiler	Stennweiler	476
Saar 5	Schell's Heidegarten	Schiffweiler-Stennweiler	476
Saar 6	Rosengarten Welschbach	Illingen	476
Saar 7	Rosengarten Wemmetsweiler	Merchweiler-Wemmetsweiler	477
Saar 15	Privatgarten Rotter-Otto	Saarbrücken	479
Sachs 29	Garten der Pension „Wiesenhof“	Kodersdorf, OT Torga	495
Sachs 38	Arktisch-Alpiner Pflanzengarten	Leisnig	499
Sachs 40	Arktisch-Alpiner-Garten	Chemnitz	500
Sachs 52	Garten des historischen Weingutes Sorgenfrei 1783	Radebeul	506
Sachs 54	Pflanzengarten	Steinbach / Moritzburg	508
Sachs 70	„Supergarten von Deutschland“	Dresden	516
Sachs 72	Fremder Garten	Dresden	517
Sachs 78	Paradisino	Crostau	520
Sachs 79	Garten der Bibelpflanzen	Ostritz	521
Sachs 85	Privatgarten „Monsalvat“	Reinsdorf-Wilhelmshöhe	524
Sachs 87	Schloßpark Wildenfels	Wildenfels	525
SaAn 1	Duft- und Tastgarten und Märchengarten	Salzwedel	527
SaAn 2	Gutspark Seggerde	Seggerde	527
SaAn 3	Privatgarten Otto	Haldensleben	527
SaAn 19	Privatgarten Rossa	Osterweddingen	533
SaAn 28	Klostergärten Michaelstein	Blankenburg (Harz)	540
SaAn 41	Kleingarten Werner	Bitterfeld	545
SaAn 52	Etagengarten der Galerie Hamers und Penz	Halle an der Saale	550
SchH 1	Nolde-Garten Seebüll	Neukirchen	554
SchH 4	Schloßpark Rosarium Glücksburg	Glücksburg	555
SchH 5	Privatgarten Ehrmann-Green	Dollerup / Nordbullig	556
SchH 6	Privatgarten Streppel	Ahneby	556
SchH 7	Bauerngarten Holländerhof	Wagersrott	556
SchH 8	Bibelgarten St. Johanniskloster	Schleswig	557
SchH 19	Skulpturenpark Hans-Koch-Stiftung	Kiel	561
SchH 20	Bauerngarten Steffen	Probsteierhagen-Muxall	562
SchH 22	Künstlergarten	Neumünster	563
SchH 23	Die Staudengärten von Bornhöved	Bornhöved	563
SchH 25	Privatgarten Marion Heine	Plön	564
SchH 27	Privatgarten Freese	Bad Malente	566
SchH 29	Privatgarten Reise	Großenbrode	567
SchH 32	Immen un Blomen	Breitenberg	567
SchH 33	Gutspark Haseldorf	Haseldorf	568
SchH 38	Hof Hohenmoor	Kaltenkirchen	570
SchH 39	Privatgarten Hövermann	Wensin-Garbeck	570
SchH 40	Privatgarten Röthig	Arfrade	571
SchH 41	Privatgarten Krüger	Bargteheide	572
SchH 42	„Art and Garden“ Adelheid Sievers	Ratzeburg	572
SchH 43	Privatgarten Ohlrogge	Lauenburg	573
Thür 4	Natur- und Kräutergarten Bendeleben	Bendeleben	576
Thür 9	Villen-Garten Herrmann	Eisenach	578
Thür 11	TRACO-Park	Bad Langensalza	579

Kurparks

BaWü 26	Schloßpark, Kurpark und Salinengarten	Bad Rappenau	23
BaWü 53	Kurpark Bad Cannstatt	Stuttgart-Bad Cannstatt	36
BaWü 103	Kurpark Grafenhausen	Grafenhausen	58
Bay 9	Kurpark Bad Steben	Bad Steben	68
Bay 94	Kurpark St. Englmar	St. Englmar (Bayerischer Wald)	106
Brbg 17	Kurpark Bad Freienwalde	Bad Freienwalde	178
Hess 6	Kurpark Bad Sooden-Allendorf	Bad Sooden-Allendorf	224
Hess 11	Kurpark am Kurhaus	Bad Zwesten	226

Hess 12	Kurpark am Löwensprudel	Bad Zwesten	227
Hess 33	Kurpark Wiesbaden	Wiesbaden	237
Hess 46	Kurpark Bad Homburg vor der Höhe	Bad Homburg vor der Höhe	242
Hess 65	Staatspark Wilhelmsbad	Hanau-Wilhelmsbad	251
M-Vor 6	Kurpark Warnemünde	Rostock-Warnemünde	260
M-Vor 12	Kurpark Bad Sülze	Bad Sülze	262
Ndsa 9	Kurpark Wilhelmshaven	Wilhelmshaven	278
Ndsa 122	Kurpark Bad Eilsen	Bad Eilsen	320
Ndsa 179	Kurpark Bad Pyrmont	Bad Pyrmont	341
Ndsa 184	Kur- und Landschaftspark Bad Münder	Bad Münder	344
Ndsa 189	Kurpark Bad Salzdetfurth	Bad Salzdetfurth	346
Ndsa 207	Kurpark Braunlage	Braunlage	353
NRW 40	Bauernbad – Kurpark	Bad Senkelteich	374
NRW 106	Kurpark am Solbad Raffelberg	Mülheim an der Ruhr	404
NRW 150	Kurpark Hamm	Hamm	421
NRW 156	Historischer Kurpark Horn-Bad Meinberg	Horn-Bad Meinberg	424
NRW 158	Kurpark Bad Driburg	Bad Driburg	426
NRW 162	Kurpark, Stadtgarten mit Farwickpark und ehemaligem Evangelischem Friedhof	Aachen	428
RhPf 2	Kurpark Bad Marienberg	Bad Marienberg	449
RhPf 9	Kurpark Bad Ems	Bad Ems	452
RhPf 19	Kurpark Bad Kreuznach	Bad Kreuznach	456
RhPf 35	Kurpark Bad Dürkheim	Bad Dürkheim	462
SaAn 43	Historische Kuranlagen Bad Lauchstädt	Bad Lauchstädt	546
Sachs 89	Kurpark Bad Elster	Bad Elster	525
SchH 26	Kurpark Bad Malente-Gremsmühlen	Bad Malente-Gremsmühlen	565
Thür 21	Kurpark Bad Berka	Bad Berka	585

Orte

Aach	Privatgarten Wahl	BaWü 107	59
Aachen	Park des Klosters St. Raphael	NRW 160	427
Aachen	Parkanlage Lousberg / Salvatorberg	NRW 161	428
Aachen	Kurpark, Stadtgarten mit Farwickpark und ehemaligem Evangelischem Friedhof	NRW 162	428
Aachen	Kaiser-Friedrich-Park	NRW 163	428
Aachen	Von-Halfern-Park	NRW 164	428
Aalen-Fachsenfeld	Schloßpark Fachsenfeld	BaWü 78	47
Achstetten	Privatgarten Frick	BaWü 93	53
Adorf	Botanischer Garten Adorf	Sachs 88	525
Ahneby	Privatgarten Streppel	SchH 6	556
Ahrensfelde	Ostkirchhof Ahrensfelde	Brbg 21	179
Albstadt	Schloßpark Albstadt-Lautlingen	BaWü 91	52
Allmannshofen	Historischer Park Gut Schwaighof	Bay 96	107
Altdorf-Weinhof	Heilkräuter, Lehr- und Schaugarten	Bay 73	97
Altenburg	Schloßpark Altenburg	Thür 50	600
Altjeßnitz	Gutspark und Labyrinth Altjeßnitz	SaAn 40	545
Andernach	Gutspark Nettehammer	RhPf 3	449
Angelbachtal-Eichtersheim	Eichtersheimer Schloßpark	BaWü 12	15
Annweiler	Privatgarten Wüst	RhPf 52	470
Ansbach	Hofgarten Ansbach	Bay 53	87
Apelern	Privatgarten Tölcke	Ndsa 129	323
Arfrade	Privatgarten Röthig	SchH 40	571
Arnsberg	Privatgarten Daldrup	NRW 153	422
Arnstadt	Schloßgarten Arnstadt	Thür 13	580
Arnstein	Rosengarten der Stadt Arnstein	Bay 26	76
Arnstein	Innenhof der ehemaligen Präparandenschule	Bay 27	76
Arnstein	Wernpark und Naturbadesee	Bay 28	76
Aschaffenburg	Schöntal	Bay 20	74
Aschaffenburg	Park Schönbusch	Bay 21	74
Aschaffenburg	Schloßanlagen Aschaffenburg	Bay 22	74
Aschaffenburg	Fasanerie Aschaffenburg	Bay 23	75
Asendorf	Privatgarten Zempel	Ndsa 64	299
Augsburg	Siebentischpark	Bay 100	109
Augsburg	Botanischer Garten Augsburg	Bay 99	108
Augsburg-Göggingen	Park des Kurhaustheaters	Bay 101	109
Backnang	Privatgarten Busse	BaWü 42	31
Bad Bellingen-Hertingen	Landhausgarten Ettenbühl	BaWü 98	55
Bad Berka	Kurpark Bad Berka	Thür 21	585
Bad Driburg	Kurpark Bad Driburg	NRW 158	426
Bad Dürkheim	Kurpark Bad Dürkheim	RhPf 35	462

Bad Dürkheim	Garten beim Weingut Fitz-Ritter	RhPf 36	464
Bad Eilsen	Kurpark Bad Eilsen	Ndsa 122	320
Bad Elster	Kurpark Bad Elster	Sachs 89	525
Bad Ems	Kurpark Bad Ems	RhPf 9	452
Bad Essen	Ippenburger Schloßgarten	Ndsa 80	305
Bad Freienwalde	Kurpark Bad Freienwalde	Brbg 17	178
Bad Griesbach	Privatgarten Kasberger	Bay 145	128
Bad Grund	Arboretum Grund	Ndsa 190	346
Bad Homburg vor der Höhe	Kurpark Bad Homburg vor der Höhe	Hess 46	242
Bad Homburg vor der Höhe	Schloßpark Bad Homburg	Hess 47	242
Bad Kreuznach	Kurpark Bad Kreuznach	RhPf 19	456
Bad Kreuznach	Schloßpark Bad Kreuznach	RhPf 20	456
Bad Kreuznach	Oranienpark Bad Kreuznach	RhPf 21	456
Bad Kreuznach	Kirschsteinanlage	RhPf 22	457
Bad Langensalza	TRACO-Park	Thür 11	579
Bad Lauchstädt	Historische Kuranlagen Bad Lauchstädt	SaAn 43	546
Bad Liebenstein	Park Altenstein	Thür 51	600
Bad Malente	Privatgarten Freese	SchH 27	566
Bad Malente-Gremsmühlen	Kurpark Bad Malente-Gremsmühlen	SchH 26	565
Bad Marienberg	Kurpark Bad Marienberg	RhPf 2	449
Bad Münder	Kur- und Landschaftspark Bad Münder	Ndsa 184	344
Bad Münder-Hasperde	Gutspark Hasperde	Ndsa 183	343
Bad Muskau	Fürst-Pückler-Park Bad Muskau / Park Muyakowski	Sachs 28	493
Bad Nauheim	Rosenmuseum Steinfurth	Hess 27	234
Bad Pyrmont	Kurpark Bad Pyrmont	Ndsa 179	341
Bad Rappenau	Schloßpark, Kurpark und Salinengarten	BaWü 26	23
Bad Salzdetfurth	Kurpark Bad Salzdetfurth	Ndsa 189	346
Bad Salzuflen	Schloßpark Schötmar	NRW 39	374
Bad Senkelteich	Bauernbad – Kurpark	NRW 40	374
Bad Sooden-Allendorf	Kurpark Bad Sooden-Allendorf	Hess 6	224
Bad Steben	Kurpark Bad Steben	Bay 9	68
Bad Sülze	Kurpark Bad Sülze	M-Vor 12	262
Bad Wildungen	3. Hessische Gartenschau Bad Wildungen 2006	Hess 8	225
Bad Wildungen	Kurparkverbindung Bad Wildungen und Reinhardshausen	Hess 9	225
Bad Zwesten	Kurpark am Kurhaus	Hess 11	226
Bad Zwesten	Kurpark am Löwensprudel	Hess 12	227
Bad Zwischenahn	Privatgarten Bolms-Grap	Ndsa 20	283
Bad Zwischenahn	Park der Gärten – Gartenkulturzentrum Niedersachsen	Ndsa 21	283
Bad Zwischenahn-Gristede	Rhododendronpark Gristede	Ndsa 18	282
Bad Zwischenahn-Ofen	Bauerngarten auf dem Kösterhof	Ndsa 19	282
Baden-Baden	Rosengarten Gönneranlage	BaWü 35	26
Baden-Baden	Lichtentaler Allee	BaWü 36	27
Baden-Baden	Wasserkunstanlage Paradies	BaWü 37	27
Baden-Baden	Internationaler Rosenneuheitengarten Beutig	BaWü 38	28
Badenweiler	Schloß- und Kurpark Badenweiler	BaWü 97	54
Ballenstedt	Schloßpark Ballenstedt	SaAn 29	540
Bamberg	Rosengarten	Bay 31	78
Bannewitz	Schlosspark Nöthnitz	Sachs 50	505
Bargteheide	Privatgarten Krüger	SchH 41	572
Barsinghausen	Rittergut Langreder	Ndsa 124	321
Barsinghausen	Gutspark von Heimburg	Ndsa 128	322
Barsinghausen, OT Groß Munzel	Privatgarten Seyfang	Ndsa 127	322
Barsinghausen, OT Egestorf	Privatgarten Kayser	Ndsa 125	321
Barsinghausen, OT Groß Munzel	Privatgarten Pristin	Ndsa 126	322
Bauhaus	Arboretum der Räume und Sinne	Hess 7	225
Bayreuth	Felsengarten Sanspareil	Bay 13	71
Bayreuth	Schloßpark Fantaisie bei Bayreuth	Bay 14	71
Bayreuth	Hofgarten Bayreuth	Bay 15	72
Bayreuth	Hofgarten Eremitage	Bay 16	72
Bayreuth	Ökologisch-Botanischer Garten der Universität Bayreuth	Bay 17	73
Bayreuth	Röhrenseepark	Bay 18	73
Bedburg-Hau, OT Schneppenbaum	Privatgarten Bender und Lucenz	NRW 2	358
Bendeleben	Natur- und Kräutergarten Bendeleben	Thür 4	576
Benediktbeuern	Gärten am Kloster Benediktbeuern	Bay 155	132
Bensheim-Auerbach	Staatspark Fürstenlager	Hess 80	257
Bergen-Damme	Duft- und Wandelgärtnerei Schoebel	Ndsa 106	314
Bergheim / Erft	Conny's Romantikgarten	NRW 169	431
Bergisch-Gladbach	Park von Haus Lerbach	NRW 195	441
Berlin	Dorotheenstädtischer Kirchhof	Bln 25	146
Berlin	Garten der Gedenk- und Bildungsstätte Haus der Wannsee-Konferenz	Bln 44	157
Berlin	Lehr- und Forschungsgarten des Instituts für Ökologie und Biologie	Bln 53	161
Berlin-Biesdorf	Schloßpark Biesdorf	Bln 39	154
Berlin-Blankenfelde	Botanischer Volkspark	Bln 4	137

Berlin-Buch	Schloßpark Buch	Bln 5	137
Berlin-Charlottenburg	Volkspark Jungfernheide	Bln 13	140
Berlin-Charlottenburg	Schloßpark Charlottenburg	Bln 14	141
Berlin-Charlottenburg	Schustehruspark	Bln 15	141
Berlin-Charlottenburg	Brixplatz	Bln 16	142
Berlin-Charlottenburg	Landeseigener Friedhof Heerstraße	Bln 17	142
Berlin-Charlottenburg	Außenanlagen Corbusierhaus	Bln 18	143
Berlin-Charlottenburg	Karolingerplatz	Bln 19	143
Berlin-Charlottenburg	Lietzenseepark	Bln 20	144
Berlin-Charlottenburg	Savignyplatz	Bln 21	144
Berlin-Dahlem	Botanischer Garten und Botanisches Museum Berlin-Dahlem	Bln 52	161
Berlin-Friedrichsfelde	Tierpark Friedrichsfelde	Bln 37	153
Berlin-Friedrichshain-Kreuzberg, OT Friedrichshain	Volkspark Friedrichshain	Bln 34	151
Berlin-Friedrichshain-Kreuzberg, OT Kreuzberg	Viktoriapark	Bln 56	163
Berlin-Frohnau	Zeltinger Platz und Ludolfinger Platz	Bln 1	136
Berlin-Kladow	Gutspark Kladow	Bln 12	140
Berlin-Köpenick	Schloßinsel Köpenick	Bln 66	168
Berlin-Lichterfelde	Lilienthalpark und Gedenkstätte	Bln 55	162
Berlin-Lübars	Freizeitpark und Jugendfarm Lübars	Bln 3	136
Berlin-Mahlsdorf	Gutspark Mahlsdorf mit Gründerzeitmuseum	Bln 40	155
Berlin-Mariendorf	Volkspark Mariendorf	Bln 57	163
Berlin-Marienfelde	Gutspark Marienfelde	Bln 58	163
Berlin-Mitte	Invalidenpark	Bln 27	147
Berlin-Mitte	Lustgarten	Bln 28	148
Berlin-Mitte	Fernsehturm und Marx-Engels-Forum	Bln 29	149
Berlin-Mitte	Köllnischer Park	Bln 30	149
Berlin-Mitte / Kreuzberg	Luisenstädtischer Kanal	Bln 31	150
Berlin-Neukölln	Volkspark Hasenheide	Bln 59	164
Berlin-Neukölln	Körnerpark	Bln 60	164
Berlin-Neukölln	Von-der-Schulenburg-Park	Bln 61	165
Berlin-Neukölln	Gutspark Britz	Bln 62	165
Berlin-Niederschönhausen	Volkspark Schönholzer Heide	Bln 6	137
Berlin-Pankow	Bürgerpark Pankow	Bln 7	138
Berlin-Pankow	Schloßpark Niederschönhausen	Bln 8	138
Berlin-Prenzlauer Berg	Friedhofspark Pappelallee	Bln 32	150
Berlin-Prenzlauer Berg	Jüdischer Friedhof Schönhauser Allee	Bln 33	151
Berlin-Schöneberg	Viktoria-Luise-Platz	Bln 49	159
Berlin-Schöneberg	Rudolph-Wilde-Park	Bln 50	160
Berlin-Schöneberg	Natur-Park Schöneberger Südgelände	Bln 51	160
Berlin-Spandau	Koeltzepark	Bln 10	139
Berlin-Spandau	Südpark Spandau	Bln 11	139
Berlin-Spandau	Wröhmännerpark	Bln 9	138
Berlin-Steglitz	Stadtpark Steglitz	Bln 54	162
Berlin-Tegel	Schloßpark Tegel	Bln 2	136
Berlin-Tiergarten	Großer Tiergarten	Bln 26	146
Berlin-Treptow	Treptower Park	Bln 64	167
Berlin-Treptow	Späthsches Arboretum	Bln 65	167
Berlin-Wannsee	Garten der Liebermann-Villa	Bln 43	156
Berlin-Wedding	Volkspark Rehberge	Bln 22	144
Berlin-Wedding	Schillerpark	Bln 23	145
Berlin-Wedding	Volkspark Humboldthain	Bln 24	146
Berlin-Weißensee	Park Weißensee	Bln 35	152
Berlin-Weißensee	Jüdischer Friedhof Weißensee	Bln 36	152
Berlin-Wilmersdorf	Villa Harteneck	Bln 48	159
Berlin-Zehlendorf	Klein-Glienicke mit Böttcherberg und Jagdschloßpark	Bln 41	155
Berlin-Zehlendorf	Pfaueninsel	Bln 42	156
Berlin-Zehlendorf	Waldfriedhof Zehlendorf	Bln 45	157
Berlin-Zehlendorf	Heinrich-Laehr-Park	Bln 46	158
Berlin-Zehlendorf	Schwarzer Grund – Thielpark – Triestpark	Bln 47	158
Beuren-Prosterath	Privatgarten Mathow	RhPf 18	455
Bezirk Neukölln	Britzer Garten	Bln 63	166
Bezirk-Marzahn-Hellersdorf	Erholungspark Marzahn – Gärten der Welt	Bln 38	153
Biebertal-Rodheim	Gail'scher Park	Hess 18	229
Bielefeld	Privatgarten Bayreuther-Finke	NRW 25	369
Bielefeld	Nordpark	NRW 26	370
Bielefeld	Hausgarten Christhard Ehrig	NRW 27	370
Bielefeld	Rochdale Park – Ravensberger Spinnerei-Garten	NRW 28	370
Bielefeld	Bürgerpark und Rosengarten	NRW 29	371
Bielefeld	Privater Künstlergarten	NRW 30	371
Bielefeld	Blinden-, Duft- und Tastgarten	NRW 31	372
Bielefeld	Bauernhausmuseum Bielefeld	NRW 32	372
Bielefeld	Botanischer Garten	NRW 33	372
Bielefeld	Privatgarten Bolte	NRW 34	373
Bielefeld	Skulpturengarten Pladeck	NRW 35	373

Bielefeld	Privatgarten Röder	NRW 36	373
Bielefeld	Schrebergarten Müller	NRW 37	373
Bielefeld-Bethel	Japanischer Garten Bielefeld	NRW 38	374
Billerbeck	Privatgarten Rusch	NRW 5	360
Binnen	Pfarrgarten	Ndsa 87	308
Bitterfeld	Kleingarten Werner	SaAn 41	545
Blankenburg	Thiepark Blankenburg	SaAn 26	537
Blankenburg	Barocke Schloßgärten Blankenburg	SaAn 27	538
Blankenburg (Harz)	Klostergärten Michaelstein	SaAn 28	540
Blankensee	Sudermannpark	Brbg 32	184
Blücherhof	Dendrologischer Park Blücherhof	M-Vor 27	269
Bochum	Stadtpark Bochum	NRW 122	410
Bochum	Stadtgarten Wattenscheid	NRW 123	410
Bochum	Botanischer Garten der Ruhr-Universität Bochum	NRW 124	411
Bochum	Privatgarten Schrenk	NRW 125	411
Bohmte / Stirpe-Oelingen	Garten am Meyerhof zu Stirpe	Ndsa 79	305
Bonn	Botanische Gärten der Universität Bonn	NRW 196	442
Bonn	Alter Friedhof	NRW 197	442
Bonn	Arndtgarten	NRW 198	442
Bonn	Hofgarten	NRW 199	443
Bonn-Bad Godesberg	Stadtpark / Kurpark	NRW 200	443
Bonn-Bad Godesberg	Redoutenpark	NRW 201	444
Bonn-Bad Godesberg / Mehlem	Drachensteinpark	NRW 202	444
Bonn-Gronau	Rechts- und linksrheinische Rheinaue	NRW 203	444
Bonn-Oberkassel	Arboretum Härle	NRW 204	445
Borken	Privatgarten Rudolf	NRW 3	359
Bornhöved	Die Staudengärten von Bornhöved	SchH 23	563
Boxberg, OT Nochten	Lausitzer Findlingspark Nochten	Sachs 26	492
Bramsche	Privatgarten Furmanek	Ndsa 68	301
Bramsche, OT Epe	Privatgarten Kiesekamp	Ndsa 67	301
Braubach	Gärten der Marksburg	RhPf 10	452
Braunlage	Kurpark Braunlage	Ndsa 206	353
Braunschweig	Botanischer Garten der Technischen Universität Braunschweig	Ndsa 193	347
Braunschweig	Bürgerpark	Ndsa 194	348
Braunschweig	Richmondpark	Ndsa 195	348
Braunschweig	Inselwallpark	Ndsa 196	349
Braunschweig	Arzneipflanzengarten Braunschweig	Ndsa 197	349
Braunschweig	Prinz-Albrecht-Park (Prinzenpark)	Ndsa 198	350
Braunschweig	Museum- und Theaterpark	Ndsa 199	350
Braunschweig	Schul- und Bürgergarten	Ndsa 200	351
Braunschweig	Klostergarten Riddagshausen	Ndsa 201	351
Breitenberg	Immen un Blomen	SchH 32	567
Bremen	Privatgarten Landmark	Brm 10	204
Bremen	Botanischer Garten / Rhododendron-Park Bremen	Brm 11	204
Bremen	Neustadtswallanlagen	Brm 12	205
Bremen	Park Höpkensruh	Brm 14	206
Bremen	Muhles Park	Brm 15	206
Bremen	Waller Park	Brm 16	206
Bremen	Heinekens Park	Brm 17	207
Bremen	Vorgarten und Patio Ursel Gut	Brm 18	207
Bremen	Wallanlagen	Brm 8	203
Bremen	Bremer Bürgerpark	Brm 9	203
Bremen-Schönebeck	Schönebecker Schloß und Landschaftsraum Schönebecker Aue	Brm 7	202
Bremen-Sebaldsbrück	Schloßpark Sebaldsbrück	Brm 13	205
Bremen-St. Magnus	Blindengarten Bremen	Brm 4	201
Bremen-St. Magnus	Knoops Park	Brm 5	201
Bremen-Vegesack	Stadtgarten Vegesack	Brm 6	202
Bremerhaven	Thieles Garten	Brm 1	200
Bremerhaven	Friedhof Wulsdorf	Brm 2	200
Bremerhaven	Bürgerpark Bremerhaven	Brm 3	200
Bremervörde	NABU-Umweltpyramide und „Altes Forsthaus“	Ndsa 38	291
Breunigweiler	Privatgarten Schindler	RhPf 29	460
Brocken	Brockengarten, Schau- und Versuchsgarten auf dem Brocken im Nationalpark Harz	SaAn 21	534
Bruchköbel	Kleingartenverein Bruchköbel „Parzelle 2“	Hess 66	252
Bruchsal	Schloßgarten Bruchsal	BaWü 13	15
Brühl	Barockgarten von Schloß Augustusburg	NRW 172	432
Buchholz i. d. Nordheide	Privatgarten Hustedt	Ndsa 39	291
Bückeburg	Schloßpark Bückeburg	Ndsa 121	319
Buckow	Weigela Sichtungsgarten	Brbg 22	180
Buckow	Garten des BrechtWeigelHauses	Brbg 23	180
Burg	Goethepark	SaAn 6	528
Cadolzburg	Zwei Privatgärten	Bay 57	89
Calberlah, OT Edesbüttel	Privatgarten Mudra-Bebnowski	Ndsa 172	340
Calden	Schloßpark Wilhelmsthal	Hess 2	222
Cammer	Parkanlage Cammer	Brbg 27	182

Castrop-Rauxel	Waldfriedhof Bladenhorst	NRW 120	410
Castrop-Rauxel	Jüdischer Friedhof	NRW 121	410
Celle	Schloßanlagen	Ndsa 101	313
Celle	Trift	Ndsa 103	313
Celle	Französischer Garten	Ndsa 104	314
Celle	Stadtpark Celle	Ndsa 105	314
Celle, OT Westercelle	Privatgarten Kocot	Ndsa 102	313
Chemnitz	Botanischer Garten Chemnitz	Sachs 39	500
Chemnitz	Arktisch-Alpiner-Garten	Sachs 40	500
Chemnitz	Schloßplatz	Sachs 41	501
Chemnitz	Neue und Alte Schloßteichanlagen	Sachs 42	501
Chemnitz	Stadtpark	Sachs 43	501
Chemnitz	Rosenhof	Sachs 44	502
Chemnitz	Küchwaldpark	Sachs 45	502
Chemnitz	Am Roten Turm	Sachs 46	503
Cloppenburg	Bauerngärten des Museumsdorfes Cloppenburg	Ndsa 46	294
Coburg	Coburger Rosengarten	Bay 6	67
Coburg	Schloßpark Rosenau im Rödental	Bay 7	67
Coburg	Hofgarten Coburg	Bay 8	68
Cottbus	Branitzer Park	Brbg 54	195
Cottbus	Spreeauenpark Cottbus	Brbg 55	196
Cottbus	Innerstädtischer Grünring Cottbus	Brbg 56	196
Criewen	Lenné-Park Criewen	Brbg 18	178
Crostau	Paradisino	Sachs 78	520
Dachau	Schloßgarten Dachau	Bay 107	112
Dahlenburg	Privatgarten Müller	Ndsa 42	292
Dammereez	Englischer Landschaftspark Dammereez	M-Vor 23	267
Darmstadt	Botanischer Garten der Technischen Universität Darmstadt	Hess 73	254
Darmstadt	Prinz-Georg-Garten	Hess 74	255
Darmstadt	Park Rosenhöhe	Hess 75	255
Darmstadt	Orangerie	Hess 76	256
Darmstadt	Prinz-Emil-Garten	Hess 77	256
Darmstadt	Herrngarten	Hess 78	256
Darmstadt	Privatgarten Wassermeyer	Hess 79	257
Deggingen	Privatgarten Schweizer	BaWü 77	47
Deidesheim	Stadtpark Deidesheim	RhPf 37	464
Deidesheim	Schloßpark Deidesheim	RhPf 38	464
Deidesheim	Jedermann-Biodiversität	RhPf 39	465
Delmenhorst	Graftanlagen mit Burginsel	Ndsa 55	297
Delmenhorst	Wollepark	Ndsa 56	297
Densow	Gutspark Annenwalde	Brbg 15	177
Dessau	Schloßpark Mosigkau	SaAn 32	541
Dessau	Stadtgarten Dessau	SaAn 33	542
Dessau	Georgengarten Dessau	SaAn 34	542
Dessau	Mausoleumspark	SaAn 35	543
Dessau	Großkühnauer Landschaftspark	SaAn 36	543
Dessau	Schillerpark	SaAn 37	543
Dessau-Waldersee	Luisium	SaAn 31	541
Detmold	Kaiser-Wilhelm-Platz	NRW 41	375
Detmold	Schloßplatz Detmold	NRW 42	375
Detmold	Palaisgarten	NRW 43	375
Detmold	Gärten des Westfälischen Freilichtmuseums Detmold	NRW 44	376
Dierdorf	Privatgarten Ziegler	RhPf 6	450
Diesbar-Seußlitz	Barockgarten Seußlitz	Sachs 19	489
Dinkelsbühl-Weidelbach	Skulpturengarten	Bay 75	97
Dissen am Teutoburger Wald	Privatgarten van Leerdam	Ndsa 84	306
Dollerup / Nordbullig	Privatgarten Ehrmann-Green	SchH 5	556
Dornburg	Dornburger Schloßgärten	Thür 37	593
Dornstetten-Hallwangen	Privatgarten Lau	BaWü 84	50
Dortmund	Westfalenpark Dortmund	NRW 144	419
Dortmund	Revierpark Wischlingen	NRW 145	419
Dortmund	Privatgarten Ferges	NRW 146	420
Dortmund-Brünninghausen	Botanischer Garten Rombergpark	NRW 147	420
Dötlingen-Uhlhorn	Englischer Garten Krebs Ton	Ndsa 57	297
Dreieich	Burg Hayn in der Dreieich	Hess 64	251
Dresden	Botanischer Garten der TU Dresden	Sachs 57	509
Dresden	Schloßpark Pillnitz	Sachs 60	511
Dresden	Großer Garten	Sachs 61	512
Dresden	Zwinger	Sachs 62	513
Dresden	Elbpromenade mit Rosen- und Staudengarten	Sachs 63	513
Dresden	Volkspark Räcknitz	Sachs 64	513
Dresden	Bürgerwiese	Sachs 65	514
Dresden	Hermann-Seidel-Park	Sachs 66	514
Dresden	Bienertpark	Sachs 67	514
Dresden	Fichtepark	Sachs 68	515
Dresden	Leutewitzer Park	Sachs 69	515

Dresden	„Supergarten von Deutschland“	Sachs 70	516
Dresden	Park Schloß Albrechtsberg	Sachs 71	516
Dresden	Fremder Garten	Sachs 72	517
Dresden-Pillnitz	Gärten der HTW Dresden in Pillnitz	Sachs 58	510
Dresden-Pillnitz	Lehr- und Sichtungsgarten und das Versuchsfeld für Gartenbau Dresden-Pillnitz	Sachs 59	510
Drübeck	Klostergarten Drübeck	SaAn 22	535
Duisburg	Revierpark Mattlerbusch	NRW 77	391
Duisburg-Hamborn	Freizeitpark Hamborn	NRW 78	391
Duisburg-Hamborn	Botanischer Garten Hamborn	NRW 79	391
Duisburg-Innenstadt	Böninger Park	NRW 73	388
Duisburg-Meiderich / Beeck	Landschaftspark Duisburg-Nord	NRW 76	390
Duisburg-Meiderich / Beeck	Stadtpark Meiderich	NRW 75	389
Duisburg-Rheinhausen	Volkspark Rheinhausen	NRW 74	389
Düren	Stadtpark – Willi-Brandt-Park	NRW 170	431
Düsseldorf	Südpark Düsseldorf	NRW 90	397
Düsseldorf	Schloßpark Benrath	NRW 91	397
Düsseldorf	Hofgarten Düsseldorf	NRW 92	398
Düsseldorf	Botanischer Garten der Heinrich-Heine-Universität Düsseldorf	NRW 93	399
Düsseldorf	Nordpark Düsseldorf	NRW 94	399
Düsseldorf	Flora-Garten	NRW 95	399
Düsseldorf	Schloßpark Mickeln	NRW 96	400
Düsseldorf	Ständehaus-Park	NRW 97	400
Düsseldorf	Golzheimer Friedhof	NRW 98	401
Düsseldorf	Park Heltorf	NRW 99	401
Eberholzen	Privatgarten Kruse	Ndsa 188	345
Eberswalde	Forstbotanischer Garten Eberswalde	Brbg 16	177
Echem	Privatgarten Ruks	Ndsa 41	292
Eckental-Eckenhaid	Künstleringarten	Bay 62	91
Edemissen	Privatgarten Gemba	Ndsa 165	338
Edemissen-Abbensen	Arboretum Dr. Weidner	Ndsa 166	338
Edewecht-Friedrichsfehn	Seelengarten	Ndsa 22	284
Effeltrich	Hausgarten in der Fränkischen Schweiz	Bay 51	86
Eggenstein-Leopoldshafen	Privatgarten Schreck	BaWü 15	16
Eichenzell	Park Schloss Fasanerie	Hess 26	234
Eichstätt	Bastionsgarten	Bay 79	99
Eisenach	Alter Friedhof Eisenach	Thür 5	577
Eisenach	Stadtpark Eisenach	Thür 6	577
Eisenach	Kartausgarten	Thür 7	578
Eisenach	Villen-Garten Herrmann	Thür 9	578
Eisenach-Hötzelsroda	Dürrerhof	Thür 8	578
Eisenheim / Obereisenheim	Privatgarten Mußer	Bay 30	78
Ellerhoop	Arboretum Baumpark Ellerhoop-Thiensen	SchH 37	570
Ellingen	Schloßpark Ellingen	Bay 54	87
Elsten	Bauerngarten auf Hof Averesch	Ndsa 47	294
Eltville	Kurfürstliche Burg Eltville	Hess 31	236
Emmerthal	Ohrbergpark	Ndsa 180	342
Empfingen	Sukkulenten-Garten der Dopp-Institute	BaWü 85	50
Emsdetten	Galeriegarten	NRW 8	361
Emskirchen	Privatgarten Maurer	Bay 56	88
Engeln-Scholen	Schaugarten Elfenblume	Ndsa 61	299
Ense-Niederense	Privatgarten Donner	NRW 152	422
Eppelborn-Dirmingen	Gärten des Umwelt- und Freizeitzentrums Finkenrech	Saar 3	475
Erftstadt-Liblar	Schloßpark Gracht	NRW 171	431
Erfurt	ega – Cyriaksburg	Thür 15	581
Erfurt	Luisenpark / Dreibrunnenpark	Thür 16	582
Erfurt	Nordpark	Thür 17	582
Erfurt	Stadtpark	Thür 18	582
Erfurt	Botanisch-Dendrologischer Garten	Thür 19	583
Erfurt	Brühler Garten	Thür 20	584
Erkelenz	Stadtpark Erkelenz	NRW 165	429
Erkelenz	Ziegelweiher-Park	NRW 166	429
Erkheim	Privatgarten Daxberg	Bay 102	109
Erlangen	Schloßgarten Erlangen	Bay 58	89
Erlangen	Aromagarten Erlangen	Bay 59	90
Erlangen	Botanischer Garten der Universität Erlangen-Nürnberg	Bay 60	90
Escheberg	Schloßpark Escheberg	Hess 1	222
Essel	Privatgarten Günther	Ndsa 99	312
Essen	Kaiser-Wilhelm-Park	NRW 111	406
Essen	Grugapark Essen	NRW 112	406
Essen	Park der Villa Hügel	NRW 113	407
Essen-Borbeck	Schloßpark Borbeck	NRW 114	408
Esslingen am Neckar	Merkel-Park	BaWü 66	42
Esslingen am Neckar	Lenau-Anlage	BaWü 67	42
Esslingen am Neckar	Schilleranlage	BaWü 68	42
Esslingen am Neckar	Maille	BaWü 69	43

Ettal	Schloßpark Linderhof	Bay 153	130
Ettersburg	Schloßpark Ettersburg und Pücklerschlag	Thür 22	585
Ettlingen	Watthaldenpark	BaWü 22	20
Ettlingen	Festplatz, Horbachpark, Horbachtal	BaWü 23	21
Ettlingen	Schloßgarten, Klostergarten und Stadtgarten	BaWü 24	22
Ettlingen	Parkgarten am Waldsaum	BaWü 25	22
Eutin	Eutiner Schloßgarten	SchH 28	566
Ezelsdorf bei Burgthann	Kreislehrgarten Ezelsdorf	Bay 74	97
Feldafing	Park Feldafing mit Roseninsel	Bay 104	111
Feldatal-Windhausen	Wochenendgarten Lienemeyer	Hess 20	231
Flensburg	Christiansenpark	SchH 2	554
Flensburg	Alter Friedhof	SchH 3	554
Flörsheim-Weilbach	Bauerngarten des Naturschutzhauses Weilbacher Kiesgruben	Hess 71	253
Forst (Lausitz)	Galerie Garten Romantik Forst	Brbg 57	197
Forst (Lausitz)	Ostdeutscher Rosengarten Forst	Brbg 58	197
Forst (Lausitz)	Privatgarten Bernhard	Brbg 59	198
Frankfurt (Oder)	Oderpromenade	Brbg 43	189
Frankfurt (Oder)	Lennépark	Brbg 44	190
Frankfurt (Oder)	Botanischer Garten	Brbg 45	190
Frankfurt (Oder)	Anger	Brbg 46	191
Frankfurt am Main	Solmspark	Hess 50	243
Frankfurt am Main	Wallanlagen	Hess 51	243
Frankfurt am Main	Bethmannpark	Hess 52	244
Frankfurt am Main	Der Chinesische Garten im Bethmannpark	Hess 53	245
Frankfurt am Main	Günthersburgpark	Hess 54	245
Frankfurt am Main	Lohrpark	Hess 55	246
Frankfurt am Main	Ostpark	Hess 56	246
Frankfurt am Main	Nizza	Hess 57	246
Frankfurt am Main	Botanischer Garten der Johann-Wolfgang-Goethe-Universität	Hess 58	247
Frankfurt am Main	Bolongarogarten	Hess 59	248
Frankfurt am Main	Stadtpark Höchst	Hess 60	248
Frankfurt am Main	Palmengarten	Hess 61	249
Frankfurt am Main	Hauptfriedhof Frankfurt am Main	Hess 62	249
Frankfurt am Main	West-Östlicher Feng Shui Garten	Hess 63	250
Fraunberg-Thalheim	Privatgarten Schiller	Bay 138	125
Freiburg	Neuer Hauptfriedhof	BaWü 96	54
Freiburg-Herdern	Alter Friedhof	BaWü 95	53
Freising	Sichtungsgarten Weihenstephan	Bay 137	125
Frickenhausen / Main	Privatgarten Rau	Bay 46	85
Fulda	Schloßgarten Fulda	Hess 21	232
Fulda	Klostergarten Franziskaner	Hess 22	232
Fulda	Klostergarten der Benediktinerinnen der Abtei zur Hl. Maria	Hess 23	233
Fulda	Domdechanei-Garten	Hess 24	233
Fulda	Dahliengarten	Hess 25	233
Fürstlich-Drehna	Schloßpark Fürstlich-Drehna	Brbg 52	193
Fürth	Fürther Stadtpark	Bay 61	90
Gadow / Prignitz	Landschaftspark Gadow	Brbg 7	173
Ganderkesee	Parkanlage im Lutherstift in Falkenburg	Ndsa 53	296
Ganderkesee	Skulpturengarten Bertram	Ndsa 54	297
Garbsen	Stadtpark Garbsen	Ndsa 107	315
Garbsen	Privatgarten Nordmeyer	Ndsa 108	315
Garbsen	Privatgarten König	Ndsa 109	315
Gehrden	Obergut Lenthe	Ndsa 130	323
Gehrden	Parkanlage Berggasthaus Niedersachsen	Ndsa 132	323
Gehrden-Lenthe	Untergut Lenthe	Ndsa 131	323
Geisenheim	Park Monrepos	Hess 29	235
Geisenheim	Park Forschungsanstalt Geisenheim	Hess 30	236
Geistadt – Wochenendgebiet Rotsteige	La Nuova Vita	RhPf 28	460
Gelchsheim	Dietrichs stacheliges Blumengärtlein	Bay 45	84
Geldern	Op de Bartelt	NRW 46	377
Gelnhausen-Hailer	Privatgarten Schnitzke-Spijker	Hess 69	252
Gelsenkirchen	Bundesgartenschau 1997	NRW 115	408
Gelsenkirchen	Revierpark Nienhausen	NRW 116	408
Gemünden	Kräutergarten der Dorfgemeinschaft Hohenroth	Bay 25	76
Gera	Küchengarten	Thür 45	597
Gera	Dahliengarten	Thür 46	598
Gera	Botanischer Garten am Museum für Naturkunde	Thür 47	598
Gera und Ronneburg	Bundesgartenschau Gera und Ronneburg 2007	Thür 48	598
Gielde	Gutspark Altenrode	Ndsa 192	347
Gießen	Botanischer Garten der Justus-Liebig-Universität	Hess 19	230
Gilten	Privatgarten Heinze	Ndsa 98	311
Glandorf	Privatgarten Dallmöller	Ndsa 83	306
Glücksburg	Schloßpark Rosarium Glücksburg	SchH 4	555
Glückstadt (Elbe)	Städtische Anlagen Glückstadt (Elbe)	SchH 30	567
Glückstadt (Elbe)	Garten am Palais Quasi non Possidentes	SchH 31	567

Gnarrenburg	Privatgarten Podgornik	Ndsa 37	290
Göppingen-Faurndau	Privat- und Schaugarten Jeutter Gärtnerhof	BaWü 74	45
Görlitz	Stadtpark Görlitz	Sachs 30	495
Görlitz	Nikolaizwinger	Sachs 31	496
Görlitz	Ölberggarten	Sachs 32	496
Görlitz	Ochsenzwinger	Sachs 33	496
Görlitz	Weinberganlagen	Sachs 34	497
Goslar	Schwikkardscher Klostergarten	Ndsa 191	347
Gotha	Parkanlagen um Schloß Friedenstein mit Orangerie	Thür 12	580
Göttingen	Botanischer Garten Göttingen: Neuer Botanischer Garten	Ndsa 207	353
Göttingen	Botanischer Garten Göttingen: Alter Botanischer Garten	Ndsa 208	354
Göttingen	Stadtfriedhof Göttingen	Ndsa 209	354
Göttingen	Stadtwall Göttingen	Ndsa 210	355
Göttingen	Forstbotanischer Garten und Arboretum der Uni Göttingen	Ndsa 211	355
Grafenhausen	Kurpark Grafenhausen	BaWü 103	58
Greifswald	Botanischer Garten Greifswald Arboretum	M-Vor 18	265
Greifswald	Botanischer Garten Greifswald Gewächshausanlage und Freilandbereich	M-Vor 19	265
Greiz	Greizer Park	Thür 59	605
Gronau	Der Inselpark	NRW 4	359
Groß Pankow	Schloßpark Groß Pankow	Brbg 4	172
Großenbrode	Privatgarten Reise	SchH 29	567
Großenhain	Park der Landesgartenschau 2002	Sachs 22	491
Großenkneten-Döhlen	Privatgarten Kröger	Ndsa 51	295
Großkarlbach	Der Garten von „Palatina-Keramik"	RhPf 33	462
Großkarlbach	Italienischer Garten	RhPf 34	462
Großkochberg	Schloßpark Großkochberg	Thür 55	603
Großpösna	Botanischer Garten für Arznei- und Gewürzpflanzen	Sachs 17	488
Groß-Ziethen	Schloßpark Ziethen	Brbg 20	179
Grünstadt	Stadtpark Grünstadt	RhPf 31	461
Grünstadt	St.-Peters-Park	RhPf 32	461
Gundelfingen-Peterswörth	Privatgarten Traut	Bay 95	106
Gusow	Schloßpark Gusow	Brbg 24	181
Güstrow	Renaissancegarten Schloß Güstrow	M-Vor 25	268
Gütersloh	Privatgarten Müther	NRW 17	366
Gütersloh	Botanischer Garten – Blumengarten	NRW 18	367
Gütersloh	Wassergarten Schael	NRW 19	367
Gütersloh	Privatgarten Geissler	NRW 20	367
Haar	NaturSchauGarten Haar	Bay 135	124
Hagen	Garten der Villa Hohenhof	NRW 133	414
Hagen	Stadtgarten Hagen	NRW 134	415
Hagen bei Bremen	Erholungsparadies	Ndsa 35	289
Hainfeld	Weingut Scherr Wilhelm	RhPf 53	471
Halberstadt	Park Spiegelsberge	SaAn 25	536
Haldensleben	Privatgarten Otto	SaAn 3	527
Halle an der Saale	Amtsgarten	SaAn 44	546
Halle an der Saale	Reichardts Garten	SaAn 45	547
Halle an der Saale	Pestalozzipark	SaAn 46	547
Halle an der Saale	Heinrich-Heine-Park	SaAn 47	548
Halle an der Saale	Gimritzer Park	SaAn 48	548
Halle an der Saale	Stadtpark	SaAn 49	548
Halle an der Saale	Botanischer Garten der Martin-Luther-Universität	SaAn 50	549
Halle an der Saale	Park am Thüringer Bahnhof	SaAn 51	550
Halle an der Saale	Etagengarten der Galerie Hamers und Penz	SaAn 52	550
Halle / Künsebeck (Westf.)	Privatgarten Beckmann	NRW 16	366
Halver	Gartenlust	NRW 135	415
Hamburg	Privatgarten Auf der Heide	Hmb 1	210
Hamburg	Bergedorfer Schloßgarten	Hmb 10	214
Hamburg	Botanischer Sondergarten	Hmb 11	215
Hamburg	Planten un Blomen	Hmb 12	215
Hamburg	Jenischpark	Hmb 13	216
Hamburg	Reihenhausgarten Wollkopf	Hmb 14	216
Hamburg	Schwarzenbergpark	Hmb 15	216
Hamburg	Ehemaliger Friedhof an der Christianskirche	Hmb 16	217
Hamburg	Stadtpark Harburg inklusive Schulgarten	Hmb 17	217
Hamburg	Wacholderpark, ehem. Öffentlicher Garten Fuhlsbüttel	Hmb 18	217
Hamburg	Hirschpark	Hmb 19	218
Hamburg	Römischer Garten	Hmb 2	210
Hamburg	Hammer Park	Hmb 20	218
Hamburg	Privatgarten Nissen	Hmb 21	218
Hamburg	Botanischer Garten	Hmb 23	219
Hamburg	Friedhof Ohlsdorf	Hmb 3	211
Hamburg	Jüdischer Friedhof an der Königstraße	Hmb 4	212
Hamburg	Volkspark Altona	Hmb 6	213
Hamburg	Stadtpark Winterhude	Hmb 7	213
Hamburg-Bergedorf	Barockgarten Glockenhaus	Hmb 8	214

Hamburg-Eimsbüttel	Park Alstervorland	Hmb 5	212
Hamburg-Rothenburgsort	Elbpark Entenwerder	Hmb 22	219
Hamburg-Volksdorf	Bauerngarten im Museumsdorf Volksdorf	Hmb 9	214
Hameln-Hastenbeck	Park des Ritterguts Hastenbeck	Ndsa 181	343
Hamm	Maximilianpark	NRW 149	421
Hamm	Kurpark Hamm	NRW 150	421
Hanau-Wilhelmsbad	Staatspark Wilhelmsbad	Hess 65	251
Hannover	Hinüberscher Garten	Ndsa 135	324
Hannover	Gartenhof Wend	Ndsa 136	325
Hannover	Stadtfriedhof Stöcken	Ndsa 137	325
Hannover	Botanischer Schulgarten Burg	Ndsa 138	325
Hannover	Herrenhäuser Gärten – Großer Garten	Ndsa 139	326
Hannover	Herrenhäuser Gärten – Berggarten	Ndsa 140	327
Hannover	Herrenhäuser Gärten – Georgengarten	Ndsa 141	328
Hannover	Herrenhäuser Gärten – Welfengarten	Ndsa 142	328
Hannover	Vahrenwalder Park	Ndsa 143	329
Hannover	Privatgarten in der Vereinsanlage „Ehlershausen" – Garten 57	Ndsa 144	329
Hannover	Botanischer Schulgarten Linden	Ndsa 146	330
Hannover	Von-Alten-Garten	Ndsa 147	330
Hannover	Privatgarten Schöning	Ndsa 149	331
Hannover	Maschpark	Ndsa 150	331
Hannover	Maschsee	Ndsa 151	332
Hannover	Stadtfriedhof Engesohde	Ndsa 152	332
Hannover	Stadtpark Hannover	Ndsa 153	333
Hannover	Hermann-Löns-Park	Ndsa 154	333
Hannover	Wohngarten Rohde am Reihenendhaus	Ndsa 155	334
Hannover	Wohngarten am Reihenbungalow	Ndsa 156	334
Hannover	Westfalenhof	Ndsa 157	334
Hannover	Stadtfriedhof Seelhorst	Ndsa 159	335
Hannover	EXPO 2000 – Gärten – „Gärten im Wandel", „EXPO-Park-Süd", „Parc Agricole"	Ndsa 160	336
Hannover-Kirchrode	Hausgarten Hübotter	Ndsa 158	335
Hannover, OT Isernhagen-Süd	Laurins Garten	Ndsa 145	329
Hannover-Linden	Lindener Töpfergarten im Hof	Ndsa 148	331
Hasbergen bei Osnabrück	Privatgarten Dankelmann	Ndsa 82	306
Haseldorf	Gutspark Haseldorf	SchH 33	568
Hatten-Hatterwüsting	Flower Power	Ndsa 52	296
Hattersheim	Hattersheimer Rosengarten	Hess 44	241
Häusern	Privatgarten Fartenbacher	BaWü 102	58
Havixbeck	Friedhof Havixbeck	NRW 6	360
Heidenau	Barockgarten Großsedlitz	Sachs 73	518
Heidenheim-Brenz	Brenzpark	Bay 77	98
Heilbronn	Ziegeleipark	BaWü 27	23
Heilbronn	Waldheide	BaWü 28	23
Heilbronn	Parkanlage Pfühlsee	BaWü 29	24
Heilbronn	Parkanlage Trappensee	BaWü 30	24
Heilbronn	Freizeitpark Wertwiesen	BaWü 31	25
Heilbronn	Der Garten von Thomas Seiler	BaWü 32	25
Hemmingen	Historische Rosengärten	Ndsa 161	336
Herbstadt, OT Breitensee	„In der Neuen Straße"	Bay 3	66
Herford	Stedefreunder Staudengarten	NRW 22	368
Herford	Privatgarten Philipsen	NRW 23	368
Herford	Privatgarten Wemhöner	NRW 24	369
Herne	Gysenbergpark	NRW 119	409
Herrenchiemsee	Schloßpark Herrenchiemsee	Bay 157	133
Herten	Landschaftspark Scherlebeck	NRW 117	409
Herten	Schloßpark Herten	NRW 118	409
Herzberg / E.	Jugendstilgarten Herzberg	Brbg 50	192
Hessen	Ehemaliger Lustgarten und Gutspark des Schlosses Hessen	SaAn 20	534
Hildesheim	Wallanlagen und Ernst-Ehrlicher-Park	Ndsa 186	345
Hildesheim	Garten am Lerchenberg	Ndsa 187	345
Hilzingen-Binningen	Duft- und Würzkräuter-Schaugarten	BaWü 106	59
Hinte	Privatgarten Knospe	Ndsa 6	276
Höchstadt a. d. Aisch	Japanischer Garten Schäfer	Bay 49	85
Höchstadt a. d. Aisch	Privatgarten Krauß	Bay 50	86
Hockenheim	Gartenschaupark Hockenheim	BaWü 10	14
Hof	Stadtpark Theresienstein	Bay 10	69
Hof	Botanischer Garten Hof	Bay 11	69
Hofheim-Marxheim	Taunusgarten	Hess 43	240
Hohenschäftlarn	Prälatengarten der Benediktinerabtei Schäftlarn	Bay 106	111
Hohenzieritz	Schloßpark Hohenzieritz	M-Vor 30	270
Homberg-Efze	hr-„Fernsehgarten" 2004 – Foerster	Hess 13	227
Hoppenrade	Gutspark Hoppenrade	Brbg 5	173
Horn-Bad Meinberg	Historischer Kurpark Horn-Bad Meinberg	NRW 156	424
Höxter	Botanischer Lehr- und Sichtungsgarten der FH Lippe und Höxter, Abt. Höxter	NRW 159	426

Hundisburg	Barockgarten und Landschaftspark Hundisburg – Althaldensleben	SaAn 4	527
Husum / Schessinghausen (bei Hannover)	Privatgarten Oesterheld	Ndsa 92	309
Hüttenheim	Privatgarten Winzerhof Brückner	Bay 47	85
Ibbenbüren	Botanischer Garten Ibbenbüren – Arboretum Loismann	NRW 9	362
Illertissen	Schaugarten der Staudengärtnerei Gaißmayer	Bay 98	108
Illingen	Rosengarten Welschbach	Saar 6	476
Ingolstadt	Glacis Ingolstadt	Bay 81	100
Ingolstadt	Schwarzer Weg	Bay 82	101
Ingolstadt	Klostergarten St. Johann im Gnadenthal	Bay 83	101
Ingolstadt	Luitpoldpark	Bay 84	101
Ingolstadt	Medizinalgarten des Deutschen Medizinhistorischen Museums	Bay 85	101
Ingolstadt	Klenzepark	Bay 86	102
Insel Mainau	Insel Mainau	BaWü 112	61
Isernhagen NB	Museumshof Wöhler-Dusche	Ndsa 116	317
Jade	Landschaftsgarten Kulturschatzhof Cramer	Ndsa 12	279
Jena	Botanischer Garten der Friedrich-Schiller-Universität Jena	Thür 38	594
Jena	Oberaue / Paradies	Thür 40	595
Jena	Nordfriedhof Jena	Thür 41	595
Jena	Griesbachgarten (Prinzessinnengarten)	Thür 42	596
Jena	Schillergarten	Thür 43	596
Jena	Johannisfriedhof	Thür 44	597
Jena-Drackendorf	Drackendorfer Goethe-Park	Thür 39	594
Jüchen	Schloßpark Dyck	NRW 167	429
Jülich	Brückenkopf-Park	NRW 168	430
Kaltenkirchen	Hof Hohenmoor	SchH 38	570
Kamen	Privatgarten Mail-Brandt	NRW 148	420
Kamenz	Hutberg	Sachs 23	491
Kamenz	Wilhelm-Weiße-Garten	Sachs 24	492
Kamp-Lintfort	Terrassengarten am Kloster Kamp	NRW 49	378
Karbach	Schaugarten Karbacher Staudenversand	Bay 34	80
Karben	Rosenhang Karben	Hess 48	243
Karlsruhe	Botanischer Garten der Universität (TH) Karlsruhe	BaWü 16	17
Karlsruhe	Nottingham-Anlage	BaWü 17	17
Karlsruhe	Stadtgarten Karlsruhe	BaWü 18	17
Karlsruhe	Albgrün mit Günther-Klotz-Anlage	BaWü 19	18
Karlsruhe	Schloßplatz, Schloßgarten, Fasanengarten, Botanischer Garten	BaWü 20	18
Karlsruhe	Schloßgarten Durlach	BaWü 21	20
Kassel	Staatspark Karlsaue	Hess 3	222
Kassel	Schloßpark Wilhelmshöhe	Hess 4	223
Kaub am Rhein	Skulpturengarten Thiesmeyer	RhPf 11	453
Kehl	Garten der zwei Ufer (Rheinpromenade)	BaWü 79	48
Kempen	Privatgarten Tümmers	NRW 69	387
Kempten (Allgäu)	Hofgarten Kempten	Bay 149	149
Kempten (Allgäu)	Chapuis-Park	Bay 150	129
Kiel	Alter Botanischer Garten Kiel	SchH 10	558
Kiel	Forstbaumschule	SchH 11	559
Kiel	Kleiner Kiel, Hiroshima-Park, Ratsdienergarten	SchH 12	559
Kiel	Diederichsen-Park	SchH 13	559
Kiel	Schloßgarten und Prinzengarten	SchH 14	560
Kiel	Steenbeker Garten	SchH 16	560
Kiel	Schrevenpark	SchH 17	561
Kiel	Volkspark	SchH 18	561
Kiel	Skulpturenpark Hans-Koch-Stiftung	SchH 19	561
Kiel	Botanischer Garten Kiel	SchH 9	557
Kiel-Brunswik / Düsternbrook	Düsternbrooker Gehölz	SchH 15	560
Kirchbrak	Gutspark Westerbrak	Ndsa 182	343
Kirchheimbolanden	Schloßgarten Kirchheimbolanden	RhPf 30	461
Kleve	Klever Gärten	NRW 1	358
Klingenmünster	Privatgarten Bock	RhPf 55	471
Klütz	Schloßpark Bothmer	M-Vor 1	259
Kodersdorf, OT Torga	Garten der Pension „Wiesenhof"	Sachs 29	495
Kohren-Sahlis	Park Rüdigsdorf mit Schwindpavillon	Sachs 35	497
Kohren-Sahlis	Rokokogarten Sahlis	Sachs 36	498
Köln	Innerer Grüngürtel Köln	NRW 174	433
Köln	Friedenspark	NRW 175	434
Köln	Beethovenpark	NRW 176	434
Köln	Klettenbergpark	NRW 177	434
Köln	Humboldtpark	NRW 178	435
Köln	Rheinpark	NRW 179	435
Köln	Lindenthaler Kanal	NRW 180	436
Köln	Stadtgarten Köln	NRW 181	436
Köln	Blücherpark	NRW 182	436
Köln	Vorgebirgspark	NRW 183	437
Köln	Volksgarten Köln	NRW 184	437

Köln	Stammheimer Schloßpark	NRW 185	438
Köln	Äußerer Grüngürtel Süd	NRW 186	438
Köln	Mülheimer Stadtgarten	NRW 188	439
Köln	MediaPark	NRW 189	439
Köln	Finkens Garten	NRW 190	439
Köln	Privatgarten Wildt	NRW 191	440
Köln-Riehl	Flora und Botanischer Garten	NRW 173	432
Köln-Rodenkirchen	Forstbotanischer Garten Köln	NRW 187	438
Königsmoos	Lumo – Garten & Atelier	Bay 80	100
Königswinter-Thomasberg	Am Blauen See – Die Kunst des Gartens	NRW 205	445
Konstanz	Außenanlagen der Universität Konstanz	BaWü 111	61
Koserow	Garten des Ateliers Otto Niemeyer-Holstein	M-Vor 20	266
Krakow am See	Seepromenade	M-Vor 26	268
Krefeld	Stadtgarten Krefeld	NRW 80	392
Krefeld	Botanischer Garten Krefeld	NRW 81	392
Krefeld	Skulpturengarten der Museen Haus Lange / Haus Esters	NRW 82	393
Krefeld	Schönwasserpark	NRW 83	393
Krefeld	Sollbrüggenpark	NRW 84	393
Krefeld	Stadtpark Uerdingen	NRW 85	394
Krefeld	Schönhausenpark	NRW 86	394
Krefeld	Heilmannshof	NRW 89	396
Krefeld-Linn	Burgpark Linn	NRW 87	395
Krefeld-Linn	Greiffenhorstpark	NRW 88	395
Kressbronn am Bodensee	Privatgarten Oelfken	BaWü 113	62
Kreuztal	Dreslers Park	NRW 206	446
Kromlau	Kromlauer Park	Sachs 27	493
Kromsdorf	Schloßpark Kromsdorf	Thür 35	593
Krummhoern-Middelstewehr	Bauerngarten Saathoff	Ndsa 5	276
Krummhörn-Uttum	Privatgarten Kummer	Ndsa 4	276
Laatzen	Regionaler Grünzug / Park der Sinne	Ndsa 163	337
Ladenburg	Grünprojekt „Leben und Erleben“ – Ladenburg 2005	BaWü 6	12
Ladenburg	Japanischer Garten Ladenburg	BaWü 7	13
Lahr	Stadtpark Lahr	BaWü 80	48
Lahr-Mietersheim	Privatgarten Längin	BaWü 83	49
Landau	Öffentliche Parkanlagen Landau	RhPf 51	470
Landsberg-Erpfting	Privatgarten Rauch	Bay 103	111
Landshut	Hofgarten Landshut	Bay 139	125
Landshut	Herzogsgarten	Bay 140	126
Langenhagen	Stadtpark Langenhagen	Ndsa 112	316
Langenhagen	Brinker Park	Ndsa 114	317
Langenhagen	Schapers Garten	Ndsa 115	317
Langenhagen, OT Engelbostel	Privatgarten Haag	Ndsa 113	317
Langenstein	Schloßpark Langenstein	SaAn 24	536
Lauenau, OT Feggendorf	Privatgarten Vicankova	Ndsa 123	321
Lauenburg	Privatgarten Ohlrogge	SchH 43	573
Lebach	Privatgarten Heinrich	Saar 2	475
Leer	Schloß Evenburg mit Parkanlage	Ndsa 14	280
Lehrte, OT Aligse	Privatgarten Overfeld	Ndsa 164	337
Leiferde bei Gifhorn	Privatgarten Thiem	Ndsa 171	339
Leipzig	Clara-Zetkin-Park	Sachs 10	485
Leipzig	Richard-Wagner-Hain	Sachs 11	486
Leipzig	Stadtgarten Connewitz	Sachs 12	486
Leipzig	Robert-Koch-Park	Sachs 13	487
Leipzig	Wilhelm-Külz-Park	Sachs 14	487
Leipzig	Alter Johannisfriedhof	Sachs 15	487
Leipzig	Südfriedhof Leipzig	Sachs 16	488
Leipzig	Botanischer Garten der Universität Leipzig	Sachs 2	481
Leipzig	Volkspark Kleinzschocher	Sachs 3	481
Leipzig	Palmengarten	Sachs 4	482
Leipzig	Kleingartenanlage Dr. Schreber	Sachs 6	483
Leipzig	Das Rosental	Sachs 7	484
Leipzig	Johannapark	Sachs 8	485
Leipzig	Mariannenpark	Sachs 9	485
Leipzig-Mitte	Promenadenring	Sachs 5	482
Leisnig	Arktisch-Alpiner Pflanzengarten	Sachs 38	499
Lenzen	Naturlehrgarten Lenzen (Elbe)	Brbg 1	170
Lenzen (Elbe)	Park der Burg Lenzen	Brbg 2	171
Leonberg	Pomeranzengarten Leonberg	BaWü 60	40
Leuna	Park mit Plastiken	SaAn 56	551
Leverkusen	Schloßpark Schloß Morsbroich	NRW 192	440
Leverkusen	Carl-Duisberg-Park	NRW 193	440
Leverkusen	Japanischer Garten	NRW 194	441
Licherode	Garten des Ökologischen Landschulheimes Licherode	Hess 14	227
Lichtenau	Bauerngarten „An der Sauer“	NRW 157	426
Lichtenwalde	Barockgarten Schloß Lichtenwalde	Sachs 47	503
Lindern	Galerie Lindern – Skulpturengarten	Ndsa 45	293

Lindow / Mark	Kloster Lindow	Brbg 14	177
Lippetal-Oestinghausen	Der Garten fürs Leben	NRW 151	421
Lippstadt-Benninghausen	Privatgarten Barton	NRW 154	423
Löbichau / Tannenfeld	Schloßpark Tannenfeld	Thür 49	599
Locktow	Schaupflanzungen der Staudengalerie an der Plane	Brbg 28	182
Lohne-Kroge	Hof Göttke-Krogmann	Ndsa 48	294
Lübstorf	Landschaftsgarten Wiligrad	M-Vor 21	266
Luckau	Gärten am Schloßberg und Stadtpark	Brbg 51	193
Luckenwalde	Stadtpark	Brbg 47	191
Luckenwalde	Waldfriedhof	Brbg 48	191
Luckow	Bot. Garten Christiansberg	M-Vor 33	272
Lüdinghausen	Naturgarten des Biologischen Zentrums	NRW 141	418
Lüdinghausen-Seppenrade	Rosengarten Seppenrade	NRW 136	415
Lüdinghausen-Seppenrade	Bauerngarten Christensen	NRW 137	416
Ludwigsburg	Blühendes Barock Ludwigsburg	BaWü 41	29
Ludwigshafen am Rhein	Friedenspark	RhPf 44	467
Ludwigshafen am Rhein	Ebertpark	RhPf 45	467
Ludwigslust	Schloßpark Ludwigslust	M-Vor 24	268
Lügde	Arndts Bonsaiparadies	NRW 45	376
Lünen	Seepark Lünen	NRW 142	418
Lünen	Park der Landesgartenschau Lünen 1996	NRW 143	419
Lütetsburg	Schloßpark Lütetsburg	Ndsa 1	275
Machern	Landschaftsgarten zu Machern	Sachs 1	481
Magdeburg	Gruson-Gewächshäuser	SaAn 10	530
Magdeburg	Klosterbergegarten	SaAn 11	530
Magdeburg	Garten der Möllervogtei	SaAn 12	530
Magdeburg	Geschwister-Scholl-Park	SaAn 13	530
Magdeburg	Schneidersgarten	SaAn 14	531
Magdeburg	Park am Fürstenwall und Fürstenwall	SaAn 15	531
Magdeburg	Nordpark Magdeburg	SaAn 16	531
Magdeburg	Herrenkrugpark	SaAn 17	532
Magdeburg	Elbauenpark	SaAn 18	532
Magdeburg	Vogelgesangpark	SaAn 7	529
Magdeburg	Elbuferpromenade	SaAn 8	529
Magdeburg	Rotehorn-Park	SaAn 9	529
Maikammer	Mediterraner Garten Maikammer	RhPf 54	471
Mainz	Botanischer Garten der Johannes Gutenberg-Universität Mainz	RhPf 24	457
Mainz	Stadtpark Mainz	RhPf 25	458
Malberg	Schloßgarten Malberg	RhPf 13	453
Mannheim	Luisenpark mit Chinesischem Garten	BaWü 4	11
Mannheim	Herzogenriedpark	BaWü 5	12
Marburg	Privatgarten Rüdt	Hess 15	228
Marburg	Botanische Gärten der Universität Marburg	Hess 16	228
Marquardt	Schloßpark Marquardt	Brbg 31	183
Martfeld	Privatgarten Hormann	Ndsa 62	299
Martfeld	Privatgarten Schulze	Ndsa 63	299
Mayen / Eifel	Gärten am Schloß Bürresheim	RhPf 8	451
Meiningen	Schloßpark	Thür 52	601
Meiningen	Englischer Park	Thür 53	601
Meldorf	Historische Rosensammlung Meldorf	SchH 21	563
Melle	Schloßgarten Gesmold	Ndsa 85	307
Memmelsdorf	Schloß Seehof bei Bamberg	Bay 32	78
Merchweiler-Wemmetsweiler	Rosengarten Wemmetsweiler	Saar 7	477
Merseburg	Schloßgarten Merseburg	SaAn 53	551
Merseburg	Stadtpark Merseburg	SaAn 54	551
Merseburg	Südpark Merseburg	SaAn 55	551
Meyenburg	Schloßpark Meyenburg	Brbg 3	171
Mietingen-Walpertshofen	Privatgarten Schwarzmann	BaWü 115	63
Mirow	Schloßgarten Mirow	M-Vor 29	270
Moers	Freizeitpark Moers	NRW 70	387
Moers	Schloßpark und Wallanlagen Moers	NRW 71	388
Moers	Privatgarten Schmitz	NRW 72	388
Mönchengladbach	Schloßpark Rheydt	NRW 60	382
Mönchengladbach	Volksgarten Mönchengladbach	NRW 61	383
Mönchengladbach	Geropark	NRW 62	383
Mönchengladbach	Schloßpark Wickrath	NRW 63	384
Mönchengladbach	Bunter Garten	NRW 64	385
Mönchengladbach	Botanischer Garten Mönchengladbach	NRW 65	385
Moritzburg	Schloß Moritzburg	Sachs 53	507
Mosbach	Klostergarten Mosbach	BaWü 11	15
Mülheim	Landesgartenschau Mülheim an der Ruhr 1992	NRW 103	403
Mülheim an der Ruhr	Altstadtfriedhof	NRW 104	403
Mülheim an der Ruhr	Hauptfriedhof	NRW 105	403
Mülheim an der Ruhr	Kurpark am Solbad Raffelberg	NRW 106	404
Mülheim an der Ruhr	Dimbeckanlage / Freilichtbühne	NRW 107	404
München	Schloßpark Nymphenburg	Bay 109	113

München	Shakespeareplatz	Bay 110	114
München	Städtische Baumschule Bischweiler	Bay 111	114
München	Olympiapark	Bay 112	115
München	Nordfriedhof	Bay 113	115
München	Westfriedhof	Bay 114	116
München	Stadtpark Pasing	Bay 115	116
München	Alter Südlicher Friedhof	Bay 116	116
München	Hofgarten München	Bay 117	117
München	Alter Nördlicher Friedhof	Bay 118	117
München	Gasteiganlagen	Bay 119	117
München	Garten der Villa Stuck	Bay 120	118
München	Nymphenburger Friedhof	Bay 121	118
München	Alter Botanischer Garten	Bay 122	118
München	Frühlingsanlagen	Bay 123	118
München	Außenanlagen Glyptothek	Bay 124	119
München	Maximiliansplatz	Bay 125	119
München	Auf der Insel / Vater-Rhein-Brunnen	Bay 126	119
München	Westpark	Bay 127	120
München	Maximiliansanlagen	Bay 128	120
München	Englischer Garten	Bay 129	120
München	Botanischer Garten München-Nymphenburg	Bay 130	121
München	Landschaftspark Riem	Bay 131	122
München	Privatgarten Viala	Bay 132	122
München	Petuelpark	Bay 133	123
Münsingen-Magolsheim	Privatgarten Heß	BaWü 90	52
Münster	Botanischer Garten der Westfälischen Wilhelms-Universität Münster	NRW 10	363
Münster	Garten Haus Rüschhaus	NRW 11	364
Münster	Promenade Münster	NRW 12	364
Münster	Aa-Seitenweg	NRW 13	364
Münster	Sinnespark Haus Kannen	NRW 14	365
Naumburg	Bürgergarten Naumburg	SaAn 57	552
Naumburg	Stadtpark Naumburg	SaAn 58	552
Neschwitz	Schloßpark Neschwitz	Sachs 25	492
Nettetal	NABU-Naturschutzhof	NRW 50	378
Nettetal	Landschaftspflegehof	NRW 51	379
Nettetal	Gartenanlage um den Rokokopavillon in Nettetal-Kaldenkirchen	NRW 52	379
Nettetal	Schloßpark am Schloß Krickenbeck	NRW 54	380
Nettetal-Hinsbeck	Oirlicher Blumengarten	NRW 57	381
Nettetal-Kaldenkirchen	Sequoiafarm	NRW 53	380
Nettetal-Leuth	Garten Gröne	NRW 56	381
Nettetal-Lobberich	Ingenhovenpark	NRW 55	380
Netzeband	Gutspark Netzeband	Brbg 9	174
Neubrandenburg	Kulturpark Neubrandenburg	M-Vor 32	272
Neudietendorf-Molsdorf	Schloßpark Molsdorf	Thür 14	581
Neudrossenfeld	Bauerngartenensemble Eichner / Schmitt	Bay 12	70
Neuenburg	Japan-Alpin	Ndsa 7	277
Neukirchen	Nolde-Garten Seebüll	SchH 1	554
Neumünster	Künstlergarten	SchH 22	563
Neuruppin	Tempelgarten	Brbg 10	175
Neuss	Stiftung Insel Hombroich	NRW 68	387
Neuss-Reuschenberg	Selikumer Park	NRW 67	386
Neustadt	Privatgarten Herrfurth	Ndsa 96	311
Neustadt bei Coburg	Privatgarten Kaiser	Bay 5	66
Neustadt, OT Bordenau	Privatgarten Thiele	Ndsa 97	311
Neustadt / Warmeloh	Landschaftsgarten Fabich	Ndsa 95	310
Neustrelitz	Schloßgarten Neustrelitz	M-Vor 31	271
Neu-Ulm	Glacis Neu-Ulm	Bay 97	107
Neuwied	Ehemalige Abtei Rommersdorf	RhPf 4	450
Neuwied	Schloßpark Neuwied	RhPf 5	450
Neuzelle	Klostergärten des Stifts Neuzelle	Brbg 53	194
Nidderau	Privatgarten Flügel-Schäfer	Hess 49	243
Niedergründau	Privatgarten Dr. Rückriegel	Hess 68	252
Niederlauer	Privatgarten Steigerwald	Bay 1	65
Niedernhausen im Taunus	Japanischer Garten Puchmüller	Hess 42	240
Nienburg	Privatgarten Kadach	Ndsa 88	308
Nienburg	Naturnaher Schau- und Lehrgarten	Ndsa 89	308
Nienburg	Privatgarten Hausendorf	Ndsa 90	308
Nordenham	Parkanlage Gateteiche	Ndsa 33	288
Nordenham	Gartenanlage Hof Volkers	Ndsa 34	288
Nordhausen	Petersberggarten	Thür 1	575
Nordhausen	Staudenpark am Meyenburg-Museum	Thür 2	575
Nordkirchen	Privatgarten Mart	NRW 138	416
Nordkirchen	Schloßpark Nordkirchen	NRW 139	416
Nordstemmen	Privatgarten Tangermann	Ndsa 185	344

Nossen	Klosterpark Altzella	Sachs 48	503
Nürnberg	Hesperidengärten	Bay 63	91
Nürnberg	Burggarten Nürnberg	Bay 64	92
Nürnberg	Stadtpark (am Maxfeld)	Bay 65	92
Nürnberg	Luitpoldhain	Bay 66	92
Nürnberg	Schloßgarten Neuhof	Bay 67	93
Nürnberg	Alt-Nürnberger Barockgarten	Bay 68	93
Nürnberg	St.-Johannis-Friedhof	Bay 69	94
Nürnberg	Historischer Militärfriedhof	Bay 70	94
Nürnberg	Hallerwiese	Bay 71	96
Nürnberg	Schloßpark Hummelstein	Bay 72	96
Nürtingen	Garten der Villa Melchior	BaWü 70	43
Nürtingen	Lehr- und Versuchsgärten der Hochschule Nürtingen-Geislingen, Abt. Braike	BaWü 71	43
Nuttel bei Dötlingen	herb's Kräutergarten	Ndsa 58	298
Oberaichbach / Niederaichbach	Privatgarten Saller	Bay 141	126
Oberboihingen	Lehr- und Versuchsgärten der Hochschule Nürtingen-Geislingen, Abt. Tachenhausen	BaWü 72	44
Oberderdingen	Rosengarten Oberderdingen	BaWü 14	16
Oberhausen	Kaisergarten	NRW 109	405
Oberhausen	Revierpark Vonderort	NRW 110	405
Oberhof / Thüringen	Rennsteiggarten Oberhof – Botanischer Garten für Gebirgspflanzen	Thür 54	602
Oberkirch	Privater Fuchsiengarten	BaWü 82	49
Oberkirch / Haslach	Privatgarten Kopp	BaWü 81	49
Obernburg / Main	Privatgarten Gogolin	Bay 24	75
Oberschleißheim	Hofgarten Schleißheim	Bay 108	112
Oberursel im Taunus	Parkanlage Haus der Gewerkschaftsjugend	Hess 45	241
Oberwesel	Klostergarten der Minoriten	RhPf 12	453
Oldenburg	Schloßgarten zu Oldenburg	Ndsa 27	286
Oldenburg	Everstenholz	Ndsa 28	286
Oldenburg	Wallanlagen Oldenburg	Ndsa 29	287
Oldenburg	Botanischer Garten Oldenburg	Ndsa 30	287
Oldenburg	Garten der Stille	Ndsa 31	287
Olsberg	Rosenbogen Assinghausen	NRW 208	446
Oppelhain	Kräutergarten Oppelhain	Brbg 11	175
Oranienbaum	Schloßpark Oranienbaum	SaAn 39	544
Oschatz	4. Sächsische Landesgartenschau Oschatz 2006	Sachs 18	489
Osnabrück	Schloßgarten Osnabrück	Ndsa 69	301
Osnabrück	Johannisfriedhof	Ndsa 70	301
Osnabrück	Botanischer Garten der Universität Osnabrück	Ndsa 71	302
Osnabrück	Hasefriedhof	Ndsa 72	302
Osnabrück	Bürgerpark Osnabrück	Ndsa 73	303
Osnabrück	Privatgarten Steinkamp	Ndsa 74	303
Osnabrück	La Cartuja	Ndsa 75	303
Osnabrück	Privatgarten Hövelkamp	Ndsa 76	304
Osnabrück	Atelier Trieb	Ndsa 77	304
Osnabrück	Privatgarten Polewsky	Ndsa 78	304
Osnabrück-Haste	Park und Staudengarten der Fachhochschule Osnabrück	Ndsa 81	305
Oßmannstedt	Gutspark Oßmannstedt	Thür 36	593
Ostbevern	Privatgarten Göwert	NRW 15	366
Osterweddingen	Privatgarten Rossa	SaAn 19	533
Ostritz	Garten der Bibelpflanzen	Sachs 79	521
Ostseeheilbad Graal-Müritz	Rhododendronpark Graal-Müritz	M-Vor 11	262
Ottenhofen	Natur-Schau-Garten Witt	Bay 136	124
Ottweiler	Barock-Rosengarten Ottweiler	Saar 8	477
Paderborn-Schloß Neuhaus	Schloß- und Auenpark Paderborn	NRW 155	423
Panschwitz-Kuckau	Umwelt- und Lehrgarten im Kloster St. Marienstern	Sachs 77	520
Papenburg-Aschendorf	Gut Altenkamp	Ndsa 43	292
Pappenheim	Gräflicher Hofgarten Burg Pappenheim	Bay 78	99
Paretz (bei Ketzin)	Schloßpark Paretz	Brbg 30	183
Parsberg	Privatgarten Neufert	Bay 87	102
Passau-Hacklberg	Stadtpark Freudenhain	Bay 148	129
Peine	Villengarten im Unternehmenspark II	Ndsa 167	338
Peine	Rosengarten am Stadtpark	Ndsa 168	338
Peine	Burgpark	Ndsa 169	339
Peine-Rosenthal	Privatgarten Heimberg	Ndsa 170	339
Peißenberg	Pfarrgarten St. Johann	Bay 151	129
Perl-Borg	Garten der Römischen Villa Borg	Saar 1	475
Pforzheim	Enzauenpark	BaWü 39	28
Pforzheim-Würm	Alpengarten Pforzheim	BaWü 40	28
Pirmasens	Neuffer-Park	RhPf 48	468
Pirmasens	Alter Friedhof Pirmasens	RhPf 49	469
Pirmasens	Strecktal-Park	RhPf 50	469
Pirna	Botanische Sammlungen der TU Dresden	Sachs 75	519

Plauen	Stadtpark Plauen	Sachs 86	524
Plön	Schloßgarten Plön	SchH 24	564
Plön	Privatgarten Marion Heine	SchH 25	564
Potsdam	Freundschaftsinsel	Brbg 33	184
Potsdam	Botanischer Garten der Universität Potsdam	Brbg 34	184
Potsdam	Der Neue Garten	Brbg 36	186
Potsdam	Park Babelsberg	Brbg 37	186
Potsdam	Park Sanssouci	Brbg 38	187
Potsdam	Pfingstberg	Brbg 39	187
Potsdam	Volkspark Potsdam – ehemaliger BUGA-Park 2001	Brbg 40	188
Potsdam-Bornim	Gartenanlagen – Gedenkstätte Karl Foerster	Brbg 35	185
Prinzhöfte	Zentrum Prinzhöfte, Permakulturgelände	Ndsa 59	298
Prinzhöfte-Horstedt	Mikado, Permakulturgelände	Ndsa 60	298
Probsteierhagen-Muxall	Bauerngarten Steffen	SchH 20	562
Putbus	Schloßpark Putbus	M-Vor 17	264
Radeberg	Botanischer Blindengarten	Sachs 56	509
Radebeul	Garten des historischen Weingutes Sorgenfrei 1783	Sachs 52	506
Rammenau	Schloßpark Rammenau	Sachs 76	520
Rastatt	Pagodenburganlage	BaWü 34	26
Rastede	Hauckes Garten	Ndsa 24	285
Rastede-Hankhausen	Kleiner Landschaftspark Hankhausen	Ndsa 25	285
Rastede-Neusüdende	Privatgarten Vahlenkamp	Ndsa 26	285
Rathenow	Landesgartenschau Rathenow 2006	Brbg 19	178
Ratzeburg	„Art and Garden" Adelheid Sievers	SchH 42	572
Regensburg	Botanischer Lehr- und Versuchsgarten	Bay 88	103
Regensburg	Dörnbergpark	Bay 89	104
Regensburg	Stadtpark	Bay 90	104
Regensburg	Herzogspark	Bay 91	105
Regensburg	Die Allee	Bay 92	105
Regensburg	Privatgarten Schmid	Bay 93	106
Reinsdorf-Wilhelmshöhe	Privatgarten Monsalvat	Sachs 85	524
Reutlingen	Pomologie	BaWü 87	51
Reutlingen	Volkspark Reutlingen	BaWü 88	51
Reutlingen	Stadtgarten Reutlingen	BaWü 89	51
Rheinfelden	Grünprojekt Rheinfelden 2007	BaWü 101	56
Rheinfelden (Baden)	Stadtpark Rheinfelden (Baden)	BaWü 100	56
Rheinsberg	Schloßgarten Rheinsberg	Brbg 8	174
Rielasingen-Worblingen	Privatgarten Blümke	BaWü 108	60
Rödental	Schaugarten Garten & Kunst Carola Rückert	Bay 4	66
Rohrdorf	Privatgarten Egger	Bay 156	133
Ronnenberg	Hausgarten Meyer	Ndsa 133	324
Ronnenberg	Privatgarten Am Teiche	Ndsa 134	324
Rostock	Schwanenteichpark	M-Vor 10	262
Rostock	Lindenpark	M-Vor 7	261
Rostock	Rostocker Wallanlagen	M-Vor 8	261
Rostock	Botanischer Garten der Universität Rostock	M-Vor 9	261
Rostock-Warnemünde	Stephan-Jantzen-Park	M-Vor 5	260
Rostock-Warnemünde	Kurpark Warnemünde	M-Vor 6	260
Rühstädt	Schloßpark Rühstädt	Brbg 6	173
Ruhstorf-Sulzbach	Privatgarten Seitz	Bay 146	128
Rüsselsheim	Stadtpark an der Frankfurter Straße	Hess 70	253
Rustorf-Schmidham	Henning	Bay 147	128
Saalburg-Ebersdorf	Park in Ebersdorf	Thür 58	604
Saalfeld	Park Bergfried	Thür 56	603
Saalfeld	Schloßpark Saalfeld	Thür 57	604
Saarbrücken	Stengelanlage	Saar 10	478
Saarbrücken	Bürgerpark Hafeninsel	Saar 11	478
Saarbrücken	Deutsch-Französischer Garten	Saar 12	478
Saarbrücken	Stadenanlage	Saar 13	179
Saarbrücken	Theatergarten	Saar 14	479
Saarbrücken	Privatgarten Rotter-Otto	Saar 15	479
Saarbrücken	Botanischer Garten der Universität des Saarlandes	Saar 9	477
Saathain	Rosengarten	Brbg 13	177
Sachsenhagen	Privatgarten Beckmann	Ndsa 118	318
Salzwedel	Duft- und Tastgarten und Märchengarten	SaAn 1	527
Sangerhausen	Europa-Rosarium	SaAn 42	545
Sarstedt	Privatgarten Meyer	Ndsa 162	337
Saxdorf	Pfarrgarten Saxdorf	Brbg 12	176
Sayn	Schloßpark und Burgberg Sayn	RhPf 7	451
Schachen	Alpengarten auf dem Schachen	Bay 154	131
Schellerhau	Botanischer Garten Schellerhau	Sachs 51	505
Schiffweiler-Stennweiler	Schell's Heidegarten	Saar 5	476
Schleswig	Bibelgarten St. Johanniskloster	SchH 8	557
Schlüchern-Ramholz	Schloßpark Ramholz	Hess 28	235
Schönau	Schloßpark Schönau	Bay 142	126
Schönewalde-Ahlsdorf	Parkanlage Ahlsdorf	Brbg 49	192

Schönfeld	Schloßpark Schönfeld	Sachs 21	490
Schwäbisch Hall	Ackeranlagen	BaWü 33	26
Schwäbisch-Gmünd	Stadtgarten Schwäbisch Gmünd	BaWü 75	45
Schwendi-Bußmannshausen	Privatgarten Birkel	BaWü 94	53
Schwerin	Schloßgarten und Burggarten Schwerin	M-Vor 22	267
Schwetzingen	Schloßpark Schwetzingen	BaWü 9	14
Seelze	Privatgarten Papsch	Ndsa 110	316
Seggerde	Gutspark Seggerde	SaAn 2	527
Seifersdorf	Seifersdorfer Thal	Sachs 55	508
Seligenstadt	Klostergarten Seligenstadt	Hess 67	252
Selm	Park von Schloß Cappenberg	NRW 140	417
Siedenburg	Herrenkamper Gärten	Ndsa 86	307
Siegen	Parkanlage Oberes Schloß	NRW 207	446
Sindelfingen	Burghalde	BaWü 61	41
Sindelfingen	Stadthallenpark	BaWü 62	41
Sindelfingen	Chorherrengarten	BaWü 63	41
Sindelfingen	Sommerhofenpark	BaWü 64	41
Sindelfingen-Darmheim	Aibachgrund-Park	BaWü 65	42
Singen	Insel Wehrd	BaWü 109	60
Sinzig	Park des Zehnthofs	RhPf 1	449
Sögel	Schloßpark Jagdschloß Clemenswerth	Ndsa 44	293
Solingen	Engelsberger Hof	NRW 100	402
Solingen	Botanischer Garten Solingen	NRW 102	402
Solingen-Oberburg	Historische Gärten auf Schloß Burg an der Wupper	NRW 101	402
Sondershausen	Schloßpark Sondershausen	Thür 3	576
Sonsbeck	Privatgarten van Huet	NRW 47	377
Speyer	Domgarten	RhPf 56	472
Speyer	Feuerbachpark	RhPf 57	473
Speyer	Adenauerpark	RhPf 58	473
St. Englmar (Bayerischer Wald)	Kurpark St. Englmar	Bay 94	106
Stadland	Privatgarten Wettermann	Ndsa 32	288
Stadthagen	Schloßpark und Stadtgarten	Ndsa 119	318
Stadthagen	Park des Rittergutes Remeringhausen	Ndsa 120	319
Stahnsdorf	Südwestkirchhof Stahnsdorf	Brbg 41	189
Stahnsdorf	Privatgarten Reichelt	Brbg 42	189
Staufenberg-Escherode	Arboretum Habichtsborn	Ndsa 212	355
Steimbke	Privatgarten Otto	Ndsa 91	309
Steinbach / Moritzburg	Pflanzengarten	Sachs 54	508
Steinfurt-Burgsteinfurt	Kreislehrgarten Steinfurt	NRW 7	361
Stennweiler	Rosengarten Stennweiler	Saar 4	476
Stralsund	Die Stralsunder Wallanlagen	M-Vor 13	263
Stralsund	Parkanlage am Wulflamufer	M-Vor 14	263
Stralsund	Die Sundpromenade	M-Vor 15	264
Stralsund	Die Brunnenaue	M-Vor 16	264
Strullendorf	Privatgarten Arm	Bay 33	79
Sturttgart	Garten Porten	BaWü 59	39
Stuttgart	Botanischer Garten der Uni Stuttgart in Hohenheim	BaWü 43	31
Stuttgart	Chinagarten Stuttgart	BaWü 44	32
Stuttgart	Landschaftspark Wernhalde	BaWü 45	32
Stuttgart	Wartberg, Leibfriedsches Gelände	BaWü 46	32
Stuttgart	Silberburgpark, Karlshöhe	BaWü 47	33
Stuttgart	Höhenpark Killesberg	BaWü 48	34
Stuttgart	Weißenburgpark	BaWü 49	34
Stuttgart	Stadtgarten	BaWü 50	34
Stuttgart	Park der Villa Berg	BaWü 51	35
Stuttgart	Schloßgartenanlagen	BaWü 52	35
Stuttgart-Bad Cannstatt	Kurpark Bad Cannstatt	BaWü 53	36
Stuttgart-Bad Cannstatt	Wilhelma – Zoologisch-Botanischer Garten	BaWü 54	36
Stuttgart-Bad Cannstatt	Rosensteinpark	BaWü 55	37
Stuttgart-Hohenheim	Exotischer Garten – Landesarboretum Baden-Württemberg und Hohenheimer Landschaftsgarten	BaWü 56	37
Stuttgart-Hohenheim	Botanischer Garten der Universität Hohenheim	BaWü 57	39
Stuttgart-Vaihingen	Stadtpark Vaihingen	BaWü 58	39
Süssen	Skulpturengarten Strassacker	BaWü 76	46
Tangerhütte	Stadtpark Tangerhütte	SaAn 5	528
Thallichtenberg	Kräutergarten auf Burg Lichtenberg	RhPf 26	459
Tharandt	Forstbotanischer Garten Tharandt	Sachs 49	504
Tiefurt	Schloßpark Tiefurt	Thür 25	588
Trebur-Astheim	Japanischer Garten Sellner	Hess 72	254
Trier	Palastgarten	RhPf 14	454
Trier	Mattheiser Weiher	RhPf 15	454
Trier	Nells Park	RhPf 16	455
Trier	Landesgartenschau Trier 2004 / Petrisberg	RhPf 17	455
Trippstadt	Privatgarten Barth	RhPf 27	459
Tübingen	Botanischer Garten der Universität Tübingen	BaWü 86	50

Überlingen	Stadtgarten Überlingen	BaWü 110	60
Übersee-Feldwies	Garten am Künstlerhaus Julius Exter	Bay 158	133
Uetersen	Kloster Uetersen	SchH 34	568
Uetersen	Rosarium Uetersen	SchH 35	569
Uetersen	Museumspark Langes Tannen	SchH 36	569
Uettingen	Privatgarten Seubert-Kohrmann	Bay 36	81
Uhingen	Privatgarten Hörsch	BaWü 73	45
Ulm	Botanischer Garten der Universität Ulm	BaWü 92	52
Unsleben	Privatgarten Amschler	Bay 2	65
Unterföhring	Schwebende Hecke und Gärten der Swiss Re	Bay 134	123
Unterneukirchen	Privatgarten Jüngling	Bay 144	128
Unterschwaningen	Rhododendronpark Schloß Dennenlohe	Bay 55	88
Utting	Park am Künstlerhaus Gasteiger	Bay 105	111
Vechelde-Wedtlenstedt	Hausgarten Lange und Parkanlage	Ndsa 174	340
Vechelde-Wedtlenstedt	Privatgarten Vemmer	Ndsa 175	341
Vechta	Zitadellenpark Vechta	Ndsa 49	295
Veitshöchheim	Hofgarten Veitshöchheim	Bay 35	80
Velbert	Privatgarten Hüsgen	NRW 108	405
Viersen	Alter Garten Viersen	NRW 58	381
Viersen	Wildstaudengarten Viersen	NRW 59	382
Villingen-Schwenningen	Parkanlage Hubenloch Villingen	BaWü 105	59
Visselhövede / Wittorf	Privatgarten Gester	Ndsa 65	300
Vordorf-Eickhorst	Privatgarten Bunge	Ndsa 173	340
Wachenroth	Privatgarten Hofmann	Bay 48	85
Wagersrott	Bauerngarten Holländerhof	SchH 7	556
Waigolshausen	Privatgarten Walter	Bay 29	77
Waldenburg	Grünfelder Park	Sachs 37	498
Waldthurn	Ländlicher Garten Steiner	Bay 52	87
Walsrode	Vogelpark Walsrode	Ndsa 66	300
Wangelin	Wangeliner Garten	M-Vor 28	269
Wangen / Allgäu	Privatgarten Davidson	BaWü 114	62
Wangerland	Jeverländer Bauerngarten	Ndsa 3	275
Wangerland-Waddewarden	Gulfhofgarten Wangerland	Ndsa 2	275
Wardenburg-Westerburg	Landhausgarten	Ndsa 50	295
Wedemark, OT Bissendorf	Privatgarten Läer	Ndsa 111	316
Weener (Ems)	Park des Organeums	Ndsa 13	279
Weesenstein	Schloßpark Weesenstein	Sachs 74	518
Weikersheim	Schloß Weikersheim – Schloßgarten	BaWü 8	13
Weil am Rhein	DreiLänderGarten	BaWü 99	56
Weilburg (Lahn)	Schloßgarten Weilburg	Hess 17	229
Weilheim	Skulpturengarten Propach	Bay 152	130
Weilheim / Nöggenschwiel	Rosengarten und Rosendorf Nöggenschwiel	BaWü 104	58
Weiltingen	Kräutergärtlein Weiltingen	Bay 76	98
Weimar	Park an der Ilm	Thür 23	586
Weimar	Schloßpark Belvedere und Orangerie	Thür 24	587
Weimar	Weimarhallenpark	Thür 26	589
Weimar	Goethes Garten am Stern	Thür 27	589
Weimar	Goethes Hausgarten am Frauenplan	Thür 28	590
Weimar	Herdergarten	Thür 29	590
Weimar	Haus Hohe Pappeln	Thür 30	591
Weimar	Gartenanlage der Villa Haar	Thür 31	591
Weimar	Historischer Friedhof	Thür 32	592
Weimar	Ettersburger Allee	Thür 33	592
Weimar-Holzdorf	Gut Holzdorf	Thür 34	592
Weinheim	Schloßpark Weinheim	BaWü 2	10
Weinheim	Exotenwald Weinheim	BaWü 3	11
Weinheim an der Bergstraße	Schau- und Sichtungsgarten Hermannshof	BaWü 1	10
Weißenstadt	Grasyma Park	Bay 19	73
Wensin-Garbeck	Privatgarten Hövermann	SchH 39	570
Werder	Lenné-Park Petzow	Brbg 29	182
Wernigerode	Lustgarten Wernigerode	SaAn 23	535
Werther-Häger	Skulpturengarten art + work	NRW 21	368
Westerstede	Maxwald Park	Ndsa 15	280
Westerstede	Privatgarten Schultze	Ndsa 16	281
Westerstede / Linswege	Rhododendron-Waldpark Hobbie	Ndsa 17	282
Westhofen	Garten beim Weingut J. G. Orb	RhPf 40	465
Wiefelstede-Metjendorf	Privatgarten Petschallies	Ndsa 23	284
Wienhausen bei Celle	Privatgarten Hoppe	Ndsa 117	318
Wiesbaden	Reisinger-Herbert-Anlagen	Hess 32	236
Wiesbaden	Kurpark Wiesbaden	Hess 33	237
Wiesbaden	Richard-Wagner-Anlage	Hess 34	237
Wiesbaden	Nerotalanlagen	Hess 35	237
Wiesbaden	Apothekergarten	Hess 36	238
Wiesbaden	Kranzplatz	Hess 37	238
Wiesbaden	Tier- und Pflanzenpark Fasanerie	Hess 38	238
Wiesbaden	Warmer Damm	Hess 39	239

Wiesbaden	Schloßpark Biebrich	Hess 40	239
Wiesbaden	Privatgarten Woticky	Hess 41	239
Wiesenburg	Schloßpark Wiesenburg	Brbg 26	181
Wieserode	Landschaftspark Degenershausen	SaAn 30	541
Wildenfels	Schloßpark Wildenfels	Sachs 87	525
Wilhelmshaven	Privatgarten Weerda	Ndsa 10	278
Wilhelmshaven	Botanischer Garten der Stadt Wilhelmshaven	Ndsa 8	287
Wilhelmshaven	Kurpark Wilhelmshaven	Ndsa 9	278
Wilhelmshaven, OT Sengwarden	Privatgarten Janßen	Ndsa 11	279
Wilhelmsthal	Schloßpark Wilhelmsthal	Thür 10	579
Willich	Schloßpark Neersen	NRW 66	386
Winhöring	Arosa	Bay 143	127
Winsen	Landesgartenschau Winsen / Luhe 2006	Ndsa 40	291
Winsen an der Aller	„Parkplatz für die Seele"	Ndsa 100	312
Wismar	Park der Solidarität	M-Vor 2	259
Wismar	Gehölzlehrgarten Lübsche Torweide	M-Vor 3	259
Wismar	Stadtgarten der Landesgartenschau 2002	M-Vor 4	260
Witten	Schwesterngarten	NRW 126	411
Witzenhausen	Gewächshaus für tropische Nutzpflanzen – Universität Kassel	Hess 5	224
Wolfenbüttel	Wallanlagen Wolfenbüttel	Ndsa 202	351
Wolfenbüttel	Garten am Lessinghaus	Ndsa 203	352
Wolfenbüttel	Garten am Kleinen Schloß	Ndsa 204	352
Wolfenbüttel	Park Seeliger	Ndsa 205	352
Wolfsburg	Schloßpark Fallersleben	Ndsa 176	341
Wolfsburg	Schloßpark Alt-Wolfsburg	Ndsa 177	341
Wolfsburg	Barockgarten Alt-Wolfsburg	Ndsa 178	341
Wöllstein	Arboretum JUWÖ	RhPf 23	457
Wörlitz	Wörlitzer Anlagen	SaAn 38	544
Worms	Schloßpark Herrnsheim	RhPf 41	465
Worms	Ringanlagen	RhPf 42	466
Worms	Heylshofgarten	RhPf 43	466
Worpswede	Barkenhoff	Ndsa 36	290
Wunstorf, OT Idensen	Bauerngarten am Seminarhaus Idensen	Ndsa 93	309
Wunstorf-Kolenfeld	Gärtnerei des Landkreises Hannover	Ndsa 94	310
Wuppertal	Botanischer Garten der Stadt Wuppertal	NRW 127	412
Wuppertal	Zentrale Parkanlage Hardt	NRW 128	412
Wuppertal	natUR-WALDgarten	NRW 129	413
Wuppertal	Vorwerk Park	NRW 130	413
Wuppertal-Cronenberg	Rosebank	NRW 131	413
Wuppertal-Ronsdorf	Schaugarten der Staudengärtnerei Arends-Maubach	NRW 132	414
Würzburg	Botanischer Garten der Universität Würzburg	Bay 37	81
Würzburg	Fürstengarten Festung Marienberg	Bay 38	82
Würzburg	Lusamgärtchen	Bay 39	82
Würzburg	Ringpark	Bay 40	82
Würzburg	Landesgartenschaugelände aus dem Jahre 1990	Bay 41	83
Würzburg	Garten des Juliusspitals	Bay 42	83
Würzburg	Reuerer Garten	Bay 43	83
Würzburg	Hofgarten Würzburg	Bay 44	84
Xanten	Privatgarten Krautwig	NRW 48	377
Zabeltitz	Barockgarten Zabeltitz	Sachs 20	489
Ziesar	Burgpark	Brbg 25	181
Züschen bei Fritzlar	Park der Garvensburg	Hess 10	226
Zweibrücken	Europas Rosengarten	RhPf 46	468
Zweibrücken	Wildrosengarten Zweibrücken	RhPf 47	468
Zwickau	Schloßpark Planitz	Sachs 80	521
Zwickau	Schwanenteichpark	Sachs 81	522
Zwickau	Park Neue Welt	Sachs 82	522
Zwickau	Schlobigpark	Sachs 83	523
Zwickau	Promenade am Dr.-Friedrichs-Ring	Sachs 84	523